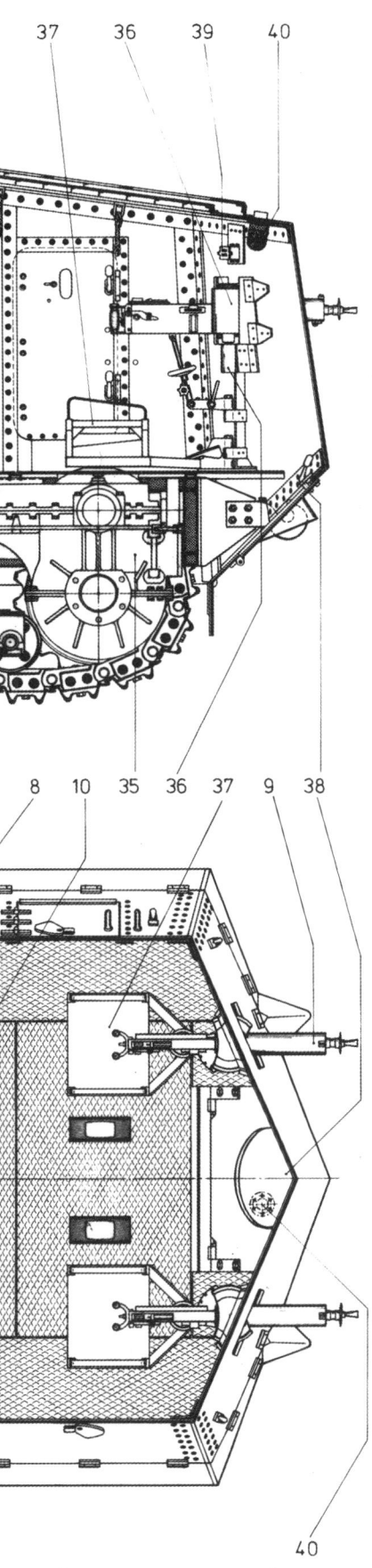

1	5,7 cm Sockel-Panzerwagengeschütz
2	Sockellafette für 5,7 cm Geschütz
3	Stauraum für Waffen-Zubehör u. Werkzeug
4	Geschützte Bodenwanne für Kraftstoffbehälter
5	Einer der beiden Kraftstoffbehälter 250 l
6	Brandschutzplatten über den Kraftstoffbehältern
7	Geschoßkasten für 60 Schuß 5,7 cm-Munition
8	Seitenwandlafette für MG 08
9	Maschinengewehr MG 08
10	MG-Schützensitz mit 10 Munitionskisten
11	Röhrenkühler
12	Behälter Druckschmierung
13	Auspufftopf und äußeres Auspuffrohr
14	Bediengerät Lichtsignalanlage Waffenstationen
15	Öldruckmanometer
16	Schmierstoffbehälter
17	Drehzahlmesser
18	Gemischpumpe
19	Kommandantensitz
20	Kupplungspedal
21	Lenkung mit Drehzahlregelung
22	Bremshebel
23	Fahrstufenwahlhebel
24	Fahrersitz
25	Rückwärtsschalthebel
26	Handkurbelanlasser
27	Anlaßmagnet-Lichtbogenzündung
28	Kraftstoffhilfsbehälter
29	Kommandantenstand
30	Einer der beiden 100 PS Daimler-Motore
31	Kupplung
32	Zielweiseranlage
33	MG-Bedienersitz mit 10 Munitionskisten
34	Übertragungswellen Motor / Getriebe
35	Fahrgetriebe mit 3 Gängen
36	Heckwandlafette für MG 08
37	MG-Schützensitz mit 5 Munitionskisten
38	Notausstiegsklappe
39	Empfänger Lichtsignalanlage Waffenstationen
40	Kampfraumleuchte

Mit dieser Zeichnung wird das Ergebnis der konstruktiven Ausarbeitungen für die Erstellung
der Innenausbauten zum Sturmpanzerwagen A7V im Bauabschnitt II dargestellt. Die Aus=
arbeitungen wurden für das "Komitee Nachbau Sturmpanzerwagen A7V" durchgeführt.

Verantwortlich für diese Ausarbeitungen:
Prof. Dr.-Ing. Wolfram Funk
Leiter Vorhabenbereich Technik und Stellv. Komitee-Vorsitzender
Oberst a.D. Edelfried Baginski
Beauftragter Bauabschnitt II für die Innenausbauten
Günter Böhm
Mitarbeiter Vorhabenbereich Technik für die Konstruktion Innenausbauten

			STURMPANZERWAGEN	A7V	
	Datum	Name	Stand: 30.03.90	Maßstab: 1 : 10	
Bearb.	20.12.89	Böhm	**Komitee** Nachbau Sturmpanzerwagen	Zeichnungs-Nr.:	
Gepr.	30.03.90	Funk	**A7V**	A7V 82.02.0	

6 m   7 m

Den gefallenen Panzersoldaten beider Weltkriege zum Gedenken – den Lebenden zur Mahnung

Nach der Panzerschlacht: Rußland 1942/43

Bundesarchiv Koblenz

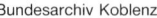

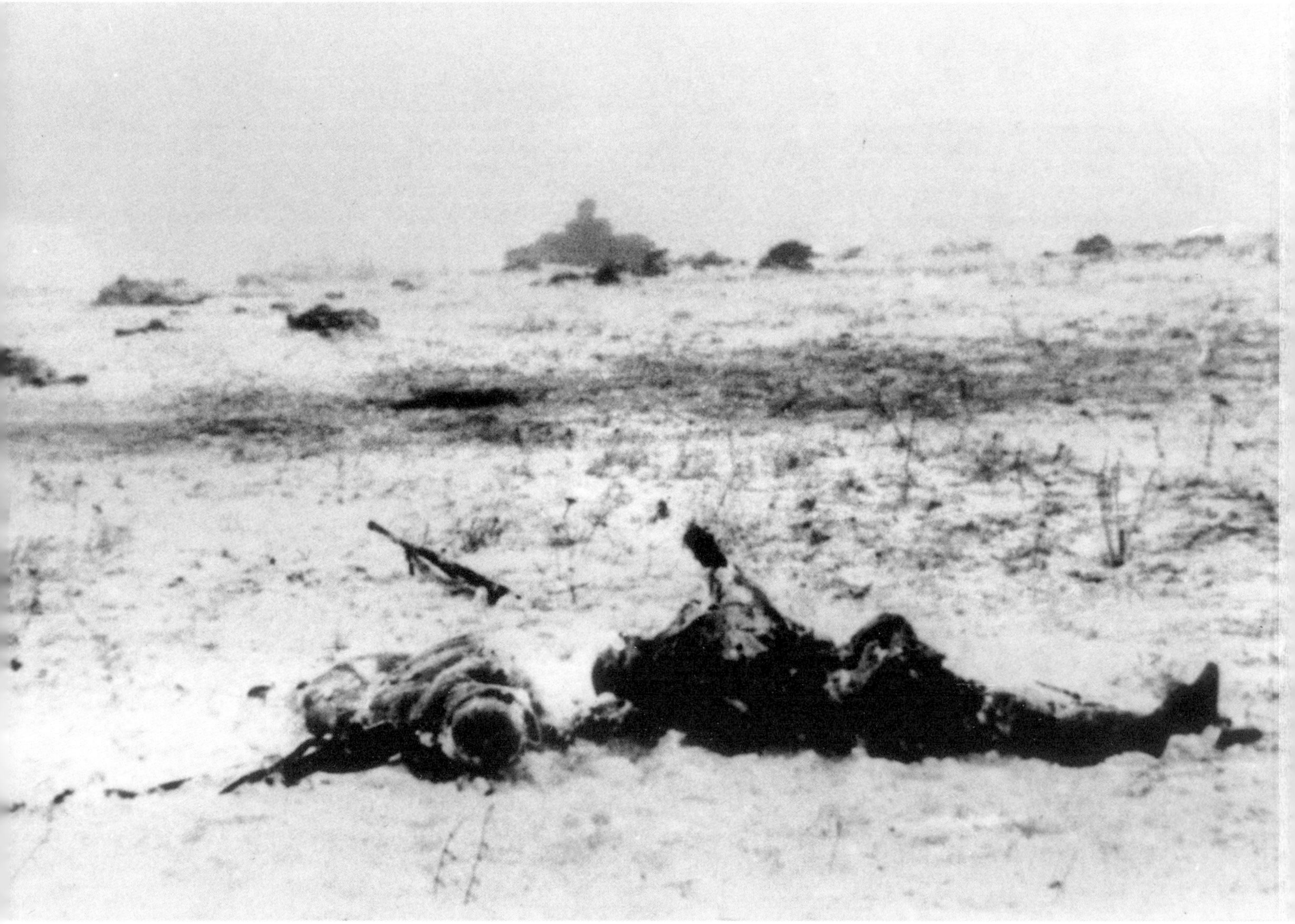

Sturmpanzerwagen A7V

Vom Urpanzer zum Kampfpanzer Leopard 2
Ein Beitrag zur Militär- und Technikgeschichte

Herausgegeben im Auftrage
der Wehrtechnischen Studiensammlung des Bundesamtes
für Wehrtechnik und Beschaffung
von
Wolfram Funk
Karl-Theodor Schleicher
Rolf Wirtgen
in Zusammenarbeit mit dem Komitee
Nachbau Sturmpanzerwagen A7V

Der fertiggestellte Nachbau StPzWA7V steht im Juni 1990 gemeinsam mit dem KPz LEOPARD 2 vor dem Panzermuseum. Ein Blick auf 70 Jahre deutscher Panzerentwicklung.

Sammlung: Komitee

**Wehrtechnik und
wissenschaftliche
Waffenkunde**

Band 15

Komitee Nachbau Sturmpanzerwagen A7V

Sturmpanzerwagen A7V

Vom Urpanzer zum Kampfpanzer Leopard 2

Ein Beitrag zur Militär- und Technikgeschichte

Geleitworte von
Generalleutnant Gert Gudera, Inspekteur des Heeres,
Brigadegeneral a.D. Dr. Günter Roth,
ehemals Amtschef des Militärgeschichtlichen Forschungsamtes,
Brigadegeneral a. D. Dipl.-Ing. Raimund Max Rothenberger,
Vorsitzender des Komitees Nachbau Sturmpanzerwagen A7V

Wissenschaftliche Redaktion: *Heinrich Walle*

Mit Beiträgen von
Edelfried Baginski, Felix Beckmann, Uwe Böhm, Karl-Heinz Frieser,
Wolfram Funk, Heinz Kaufhold-Roll, Ralf Ketzel, Udo Lander,
Uwe Larsen, Klaus Paprotka, Karl-Theodor Schleicher, Wolfgang Schneider,
Heinrich Walle, Gisela Zincke

Bernard & Graefe Verlag

Das Titelbild zeigt den Sturmpanzerwagen A7V. Quelle: Archiv Schleicher
Die Fotos auf der Rückseite zeigen den Kampfwagen WOTAN. Quelle: Bundesarchiv Koblenz
Panzerkampfwagen VI, Tiger B »KÖNIGSTIGER«. Quelle: Archiv Schleicher
Kampfpanzer LEOPARD 2 A6. Quelle: Wilhelm Stöcker

Die Drucklegung dieses Werkes wurde mit den Mitteln aus den Werner-Hahlweg-Fonds gefördert.

Satz: Fibo-Druck + Verlag, Neuried bei München; MB Verlagsdruck, M. Ballas, Schrobenhausen
Druck und Bindung: Fibo-Druck + Verlag, Neuried bei München
Printed in Germany

ISBN 3-7637-6243-4

Inhaltsverzeichnis

Grußwort des Inspekteurs des Heeres   3

Geleitwort der Herausgeber   4

Vorwort des Amtschefs des Militärgeschichtlichen Forschungsamtes zur 1. Auflage 1990   5

Einführung des Vorsitzenden des Komitees Nachbau Sturmpanzerwagen A7V   7

Heinrich Walle
Sturmpanzerwagen A7V – vom Urpanzer zum Leopard 2 13

Heinz Kaufhold-Roll
Die Entwicklung von Technik und Taktik im Ersten Weltkrieg 19

Heinz Kaufhold-Roll
Die Entstehung des Schweren Kampfwagen (A7V) 51

Joseph Vollmer
Deutsche Kampfwagen 80

Gisela Zincke
Oberingenieur Joseph Vollmer – Chefkonstrukteur des deutschen Urpanzers und Pionier des Automobilbaus 93

Wolfram Funk
Zur Technik des Sturmpanzerwagens A7V 117

Udo Lander
Die Bewaffnung der Sturmpanzerwagen A7V 149

Uwe Böhm
Der Aufbau der deutschen Kampfwagentruppe im Ersten Weltkrieg 155

Klaus Paprotka
Uniformierung und Ausrüstung der deutschen Kampfwagentruppe im Ersten Weltkrieg und ihre Führungsmittel 167

Udo Lander
Anstrich und Kennzeichnung der Sturmpanzerwagen A7V 193

Edelfried Baginski
Einsatzgrundsätze deutscher Kampfwagen im Ersten Weltkrieg 197

Klaus Paprotka
Taktische Einsätze der Sturmpanzerwagen A7V im Jahre 1918 209

Uwe Larsen
Geschichte der Sturmpanzerwagen A7V von 1918 bis jetzt 265

Karl-Theodor Schleicher
Übersicht über die Entwicklung der Konzeption gepanzerter Kampftruppen vom Ausgang des Ersten
bis zum Ende des Zweiten Weltkrieges 277

Edelfried Baginski
Übersicht über die Entwicklung deutscher Panzer vom A7V bis zum Leopard 2 311

Kampfkraftvergleich deutscher Panzer 1918 bis 1989 341

Kampfkraftvergleich deutscher Kampfpanzer 1918 bis 1988, international 342

Karl-Heinz Frieser
Schlagen aus der Nachhand – Schlagen aus der Vorhand. Die Schlachten von Char'kov und Kursk 1943 347

Karl-Theodor Schleicher
Übersicht über die Entwicklung der Konzeption gepanzerter Kampftruppen von 1945–1990 361

Heinrich Felix Beckmann
45 Jahre Lehr- und Versuchsübung 1958 (LV 58) 379

Ralf Ketzel
Das Waffensystem Kampfpanzer Leopard 2 389

Wolfgang Schneider
Übersicht über die Entwicklung der Panzertruppe vom Ende des Kalten Krieges bis zum Heer der Zukunft im Jahre 2003 .. 399

Karl-Theodor Schleicher
Geschichte des Nachbaus Sturmpanzerwagen A7V 437

Anhang I
Anlagen zum Beitrag von *Klaus Paprotka*:
Taktische Einsätze derr Sturmpanzerwagen A7V im Jahre 1918 456
Anlage   1: Gesamtlage im Westen 21.3. bis 15.10.1918 456
Anlage   2: Bericht des Tankfahrers, Unteroffizier Schuchard. Schilderung des Einsatzes vom 21. März 1918
            und vorhergehende Erlebnisse 458
Anlage   3: Gefechtsbericht über den Einsatz der deutschen Panzerwagen am 24. April 1918
            bei dem XI. und XIV. Armee-Korps 460
Anlage   4: Gefechtsbericht der Panzergruppe Skopnik bei Villers-Bretonneux am 24. April 1918 460
Anlage   5: Bericht des Feldwebels Eggert, Geschützführer in einem A7V, über das Gefecht bei Villers-Bretonneux
            am 24. April 1918 462
Anlage   6: Tagesbefehl des Hauptmanns Bornschlegel an die Panzerwagenabteilungen nach dem Gefecht
            von Villers-Bretonneux am 24. April 1918 462
Anlage   7: Angriffsbefehl für Panzerwagen Abt. 3 für den Angriff in der Schlacht an der Matz am 29. Juni 1918 463
Anlage   8: Gefechtsbericht der Panzerwagen-Abteilung 1 über den Angriff am 9. Juni 1918 in der Schlacht an der Matz . 464
Anlage   9: Divisionsbefehl für Panzerwagen. Befehl des Kommandeurs der 123. Königl. sächsischen Infanterie-Division,
            Generalleutnant Lucius, für den Angriff am 15. Juli 1918 465
Anlage 10: Gefechtsbefehl der Panzerwagen-Abteilung 1 für den Angriff am 15. Juli 1918 in der 2. Schlacht an der Marne 466
Anlage 11: Gefechtsbefehl der Panzerwagen-Abteilung 1 für den Angriff am 31. August 1918 bei Cambrai 466
Anlage 12: Gefechtsbericht der verstärkten Panzerwagen-Abteilung 1 für den Einsatz am 31. August 1918 bei Cambrai .. 468
Anlage 13: Bericht des Vizefeldwebels Lommen über das Gefecht vom 31. August 1918 469
Anlage 14: Bericht des Leutnant Volckheim über das Gefecht am 31. August 1918 469
Anlage 15: Bericht des Leutnant Wagner über das Gefecht am 31. August 1918 469
Anlage 16: Erlebnisbericht des Leutnant Volckheim über das Gefecht bei Iwuy-Avesnes-le-Sec am 11. Oktober 1918 ... 470

Anhang II
Anlage 17: *Heinrich Walle:* Am Nachbau des Sturmpanzerwagens A7V beteiligte Firmen 472

            Beteiligte Firmen / Weitere Unterstützung durch Unternehmen und Institutionen 474

Die Autoren 475

Die Mitarbeiter und Leihgeber von Bildern und Dokumenten 476

Klapptafel 476

Grußwort

Seit dem Ersten Weltkrieg bestimmt der Panzer das Bild von Kriegen und bewaffneten Konflikten. Im Bau gepanzerter Fahrzeuge blickt gerade Deutschland auf eine lange Tradition zurück. Zwischen dem »A7V« und dem »Leopard 2A6« liegen mehr als 85 Jahre intensiver technischer und konzeptioneller Entwicklung. Ursprünglich als Durchbruchswaffe und später für das »Gefecht der Verbundenen Waffen« ausgelegt, hat sich auch in den jüngsten Einsätzen der Bundeswehr gezeigt, dass der Panzer heute unverändert wichtig und unersetzlich ist. Auch und gerade bei den Kriseneinsätzen, wenn es gilt, den Auftrag notfalls auch robust umzusetzen, bietet der Panzer den Soldaten den besten Schutz und hohe Durchsetzungsfähigkeit. Der Panzer deckt das gesamte Aufgabenspektrum von heute ab – von Friedensmissionen bis hin zur Landes- und Bündnisverteidigung.

Dem veränderten und erweiterten Aufgabenspektrum des Heeres trägt die umfassend erweiterte Neuauflage des Buches »Sturmpanzerwagen A7V – Vom Urpanzer zum Kampfpanzer Leopard 2« Rechnung. Das Buch beschreibt die Geschichte der deutschen Panzerwaffe im Wandel der Konzeptionen und Einsätze vom Ersten Weltkrieg bis heute, von den ersten Schritten der Panzertruppe bis zum »Heer der Zukunft«. Die Beschreibung der Technik, die Darstellung von taktisch-operativen Fragen und nicht zuletzt auch der Blick auf die Menschen, auf die Entwickler und Panzersoldaten, verleihen dem Buch dabei besonderen Wert und Aktualität. Der interessierte Leser wird hier wertvolle Informationen und Anregungen finden können.
Die Erstauflage dieses Buches fand großes Interesse und Zuspruch. Ich wünsche der Neuauflage den gleichen Erfolg, einen interessierten Leserkreis und weite Verbreitung.

Gert Gudera
Generalleutnant

Geleitwort der Herausgeber

Panzer waren die ersten komplexen Waffensysteme für Landstreitkräfte, die bereits gegen Ende des Ersten Weltkriegs trotz ihres damals noch hohen Ausfallrisikos allein durch ihre Präsenz große Kampfkraft demonstrierten. Die seit 1917 mit dem schweren Panzerkampfwagen A7V begonnene Entwicklung bis zum modernsten deutschen Kampfpanzer Leopard 2 A 6 wird hier in allen Phasen aufgezeigt. Schwerpunktmäßig wird dabei allerdings die Technik des schweren Kampfwagens A7V im Detail behandelt, da gerade dieses Fahrzeug, das unter extremen zeitlichen Vorgaben entwickelt und gebaut wurde und sich im praktischen Einsatz nur bedingt bewähren konnte, die weltweite Entwicklung der Panzerwaffe bis in die heutige Zeit maßgeblich beeinflußt hat. Während die bereits früher erfolgten und in großer Zahl zum Einsatz gelangten englischen Entwicklungen heute als technikgeschichtliches Relikt ohne weitergehende Bedeutung zu betrachten sind, ist der A7V in jeder Beziehung als der »Urvater« der heutigen Panzer anzusehen.

Die erste Veröffentlichung zu diesem Thema erschien 1990 aus Anlaß des originalgetreuen Nachbaus eines Panzerkampfwagens A7V für das Panzermuseum in Munster. Aufgestellt in einem Diorama, das einem Schlachtfeld vom Frühjahr 1918 in Flandern nachgebildet wurde, stellt der A7V eine der Attraktionen des Panzermuseums dar.

Da die erste Auflage des Buches sehr schnell vergriffen war, erreichten uns zahllose Anfragen nach einer Neuauflage. Diesen Wünschen wollen wir in Zusammenarbeit mit dem Komitee Nachbau Sturmpanzerwagen A7V mit der überarbeiteten, erweiterten und auf den aktuellen Stand gebrachten Neuherausgabe des vorliegenden Werkes entsprechen.

Technikgeschichte im Sinne dieses Buches ist eingebunden in die Strukturen und Funktionen des Militärwesens und muß als wichtiges Element im Gesamtrahmen von Politik, Gesellschaft, allgemeiner Technik und Ökonomie begriffen werden. Diesen auf vielfältige Weise miteinander verbundenen und doch sehr eigenständigen wissenschaftlichen Disziplinen hat in Deutschland nach dem Zweiten Weltkrieg vor allem Werner Hahlweg (1912–1989) als Professor für Militärgeschichte und Wehrwissenschaften an der Universität Münster in Forschung und Lehre Geltung verschafft.

Seinem wissenschaftlichen Erbe verpflichtet, geben wir im Auftrag der Wehrtechnischen Studiensammlung des Bundesamtes für Wehrtechnik und Beschaffung, dem das Vermögen von Professor Hahlweg gemäß seinem letzten Willen zugeflossen ist, diese Buchreihe heraus. Aufnahme finden vorwiegend Studien, die auf Vorschlag des wissenschaftlichen Beirats des »Werner-Hahlweg-Preises für Militärgeschichte und Wehrwissenschaften« mit einem Preis bedacht, mit einem Förderungsbetrag versehen oder hinsichtlich ihrer Bedeutung für diese Wissenschaftsgebiete ausgewählt wurden.

Die Herausgeber

Die sich des Vergangenen nicht erinnern, sind dazu verurteilt, es noch einmal zu erleben.

Jorge Riuz Santayana (1863–1952)
spanisch-amerikanischer Philosoph

Vorwort zur 1. Auflage 1990

Mit dem Bau einer Replik des ersten deutschen Panzers, des Sturmpanzerwagens A7V im Maßstab 1:1 hat das »Komitee Nachbau Sturmpanzerwagen A7V« ein wichtiges Denkmal der deutschen Militärgeschichte und der Technikgeschichte wiedergewonnen. Die Stiftung dieses Nachbaus und seine Übergabe an das Panzermuseum von Munster, einer bedeutenden militär- und technikgeschichtlichen Sammlung unseres Landes, deren fachliche Betreuung zu den Aufgaben des Militärgeschichtlichen Forschungsamtes zählt, waren Taten, für die ich meine volle Anerkennung ausspreche.

Besondere Würdigung verdient hierbei der Umstand, daß diese Aktion auf rein privater Basis durch das persönliche Engagement eines Zusammenschlusses von fachlich kompetenten Soldaten und zivilen Mitbürgern durchgeführt wurde. Erstmalig wurde ein solches Großprojekt ohne Inanspruchnahme öffentlicher Mittel allein durch unentgeltliche Spenden und Dienstleistungen von Sponsoren aus dem Bereich der Industrie für die kulturellen Aufgaben der Vermittlung von Militärgeschichte geleistet. Damit hat das Komitee neue Wege beschritten, die angesichts einer immer stärker werdenden Verknappung öffentlicher Mittel, die sich auch auf die kulturellen Aufgaben auswirken, welche der Bundeswehr im Rahmen ihres verfassungsmäßigen Auftrages zufallen, von zukunftweisender Bedeutung sind.

In der klaren Erkenntnis, daß die Präsentation von Militärgerät, seien es Waffensysteme oder auch nur militärische Ausrüstungsstücke, in der Öffentlichkeit nur dann zu rechtfertigen ist, wenn diese Exponate als Mittel dienen, dem Betrachter militärgeschichtliche Zusammenhänge zu vermitteln, hat das Komitee einerseits diesen deutschen »Ur-Panzer« in Munster in einem Diorama aufgestellt, das dem Besucher die harten Einsatzbedingungen an der Westfront am Ende des Ersten Weltkrieges verdeutlicht. Auch mit dieser didaktischen Präsentation wurde Richtungweisendes geleistet. Andererseits haben die Initiatoren den Nachbau zum Anlaß genommen, eine erste Systemgeschichte der deutschen Panzerwaffe in Gestalt des vorliegenden Sammelbandes zu veröffentlichen.

So bin ich der Bitte des Vorsitzenden, Herrn Brigadegeneral a. D. Dipl.-Ing. Rothenberger, gern gefolgt, dieses wichtige Publikationsvorhaben zu unterstützen, da hier ein Beitrag zur Militär- und Technikgeschichte erarbeitet wurde, der die Arbeiten des MGFA in idealer Weise ergänzt. Zwar war es angesichts der angespannten Haushaltslage nicht möglich, eine bereits ins Auge gefaßte finanzielle Unterstützung zu gewähren, dennoch konnte engagierten Mitarbeitern aus dem dem MGFA unterstehenden Wehrgeschichtlichen Museum und aus dem MGFA selbst die Mitwirkung als Autoren und vor allem als wissenschaftlichem Redakteur ermöglicht werden.

In den so verschiedenartigen Beiträgen dieses Sammelbandes werden dem Leser nicht nur das politische, wirtschaftliche, technische und militärische Umfeld vermittelt, welches am Ende des Ersten Weltkrieges zur Entstehung dieses für die Militärpotentiale unseres Jahrhunderts so charakteristische neuartige Waffensystem führte. Es werden auch eine Bewertung dieses ersten deutschen Panzers aus der Sicht eines erfahrenen Ingenieurs gegeben sowie die Einsätze auf den Schlachtfeldern an der Westfront im Jahre 1918 in detaillierter Weise geschildert. Über die Geschichte des A7V hinausgehend werden in Beiträgen kompetenter Autoren die technische Entwicklung der deutschen Panzer sowie die Entstehung der operativen Einsatzverfahren und -grundsätze bis zum heutigen Tage im internationalen Vergleich als Wechselwirkung wirtschaftlicher Forderungen behandelt, wie dies in einer solchen Dichte bisher noch nicht der Fall war. Dadurch erreicht diese Publikation einen besonderen Rang und unterstützt in entscheidender Weise die Zielsetzung des Komitees, durch die Replik eines militärgeschichtlich-technischen Denkmals in kritischer Weise historische Zusammenhänge zu vermitteln.

Das Militärgeschichtliche Forschungsamt übt die fachliche Dienstaufsicht über die militärgeschichtliche Bildung für Soldaten aller Dienstgrade innerhalb der Bundeswehr aus. Darüber hinausgehend ist es die wissenschaftliche Einrichtung, welche wichtige Arbeitshilfen aus dem Bereich der Militärgeschichte als Voraussetzung für die erfolgreiche Vermittlung der politisch-historischen Bildung in vielfältiger Weise für die Truppe erstellt. So kann ich als Amtschef des MGFA mit Befriedigung feststellen, daß dieser Band vor allem eine wertvolle Ergänzung unserer Ausbildungshilfen ist: Da das in Kürze erscheinende Projekt eines Studienbuches der Militärgeschichte dieses weite Feld in notwendiger Kürze behandeln muß, ist ein solcher Band, wie diese Systemgeschichte der Panzerwaffe, eine willkommene Ergänzung und Erweiterung des Lehrmittelangebotes.

»Sturmpanzerwagen A7V. Vom Urpanzer zum Leopard 2« sollte deshalb nicht nur von den Soldaten der Panzerwaffe, sondern vor allem von den Kameraden anderer Waffengattungen und Teilstreitkräfte aufgrund seines übergreifenden militärgeschichtlichen Ansatzes gelesen werden.

Ich danke allen Autoren für ihre mit großer Sachkenntnis erarbeiteten Beiträge und vor allem dem wissenschaftlichen Redakteur, Herrn Fregattenkapitän Dr. Walle, der hier in seiner Eigenschaft als Technikhistoriker wesentlich dazu beigetragen hat, daß der systemgeschichtliche Ansatz in überzeugender Weise zum Ausdruck gebracht wurde.

Dr. Günter Roth
Brigadegeneral
Amtschef des
Militärgeschichtlichen Forschungsamtes
Freiburg

Gedenkstein für die Soldaten der Schweren Kampfwagen-Abteilungen der Jahre 1917 bis 1918 im Ehrenhain der Panzertruppenschule zu Munster in der Lüneburger Heide.

Kampftruppenschule

Der Sturmpanzerwagen A7V vor dem Panzermuseum in Munster im Juni 1990.

Sammlung: Komitee

Einführung

des Vorsitzenden des Komitees Nachbau Sturm-
panzerwagen A7V

Das Buch ist vorrangig dem Sturmpanzerwagen A7V, einge-setzt am Ausgang des Zweiten Weltkrieges, und seinem Nach-bau siebzig Jahre danach gewidmet. Es spannt den Bogen vom Urpanzer der Kaiserlichen Armee des Deutschen Reiches bis zum Kampfpanzer LEOPARD 2 der Bundeswehr in der Bundes-republik Deutschland.

Bei der Erstausgabe des Buches im Jahre 1990 führte ich da-mals in der Einführung aus, »der Jahreswechsel 1989/1990« wird wohl als der Zeitpunkt der großen Ereignisse und des stärksten Umbruchs in der Weltpolitik seit 1945 in die Ge-schichte eingehen. Die Veränderungen in den Ländern des Ost-blocks haben ihre Ursachen vor allem in den Erfolgen der weit-sichtigen Sicherheits- und Außenpolitik sowie der Wirtschafts-kraft der westlichen Demokratien. Zu keiner Zeit nach dem Zweiten Weltkrieg war die Gefahr einer militärischen Auseinan-dersetzung zwischen Ost und West geringer einzustufen als heute. Der Ostblock zeigt offenkundige Auflösungserscheinun-gen, über neue Sicherheitssysteme wird nachgedacht. Ist es sinnvoll, in dieser Zeit des Umbruchs zu einer neuen Friedfer-tigkeit, in der manche im Westen schon Vorleistungen einbrin-gen wollen, bevor die Machtpotentiale angepaßt und damit die Absichten realisiert und überzeugend sind, ein Wehrmaterial und damit ein Machtmittel zum Inhalt eines so aufwendigen Bu-ches zu machen? ... Der Sturmpanzer A7V war zu seiner Zeit ein Machtmittel, und der Kampfpanzer LEOPARD 2 ist es heute.«

Anmerkungen zur sicherheitspolitischen Lage

Diese Fragestellung griff der damalige Bundesminister der Ver-teidigung, Herr Professor Dr. Gerhard Stoltenberg, in einer Rede zum damals neuen sicherheitspolitischen Umfeld am 29. März 1990 auf. Da sich an der Beurteilung der Lage nichts geändert hat, sie wurde vielmehr durch die Terroranschläge vom 11. September 2001 auf eine erschreckende Art und Wei-se bestätigt, möchte ich ihn daher auszugsweise zitieren:

»Die realpolitische Einschätzung der europäischen und globa-len Staatenwelt sowie unsere anthropologische Erfahrung führen uns zu der grundsätzlichen Erkenntnis, daß ethisch ver-antwortbare Sicherheitspolitik nicht ohne Macht auskommt. Macht für sich allein kann zwar keine Freiheit beanspruchen, es ist aber ihr Sinn, das äußere Bestehen von Freiheit und Selbst-bestimmung zu ermöglichen. Nur legitimierte Macht kann die Bedingungen schaffen und sichern, kann die Regel setzen und durchsetzen, unter denen die Freiheit eines Staates zugleich

mit der Freiheit der anderen Staaten bestehen kann. Deshalb ist zum Schutz der von uns gewählten freiheitlichen Demokra-tie, zum Schutz der vom Grundgesetz als höchstes Gut ge-setzten Menschenwürde die Kraft zur Selbstbehauptung und damit der Rückgriff auf Macht unverzichtbar und von der Ver-fassung selbst gefordert. Dies heißt aber auch, daß wir zur Ab-wehr von äußeren Gefahren und im Falle von politischen oder militärischen Aggressionen in und gegen Europa auf die Mög-lichkeit zur Anwendung von Gegengewalt nicht verzichten kön-nen.«

In einem Artikel in der Zeitschrift »Europäische Sicherheit«, Ausgabe Januar 2003, führte der derzeitige Bundesminister der Verteidigung, Herr Dr. Peter Struck, zur gegenwärtigen sicher-heitspolitischen Lage u.a. aus:

»Aus dem internationalen Umfeld sind für Deutschland, die Bundeswehr, in den vergangenen Jahren neue Anforderungen erwachsen. Die Terroranschläge vom 11. September 2001 ha-ben dieses zum Teil ausgelöst, zum Teil aber auch nur verdeut-licht und stärker ins Bewußtsein gerückt. Die sicherheitspoliti-sche Situation ist komplexer als in früheren Jahrzehnten. Nicht mehr die starken, sondern schwache Staaten, nichtstaatliche Akteure und asymmetrische Bedrohungen beschäftigen uns. Transnationale Entwicklungen und regionsübergreifende Risi-ken bestimmen mehr und mehr unsere Handlungserfordernis-se. Gewohnte Unterscheidungen zwischen äußerer und inne-rer Sicherheit verschwimmen. Der Kampf gegen äußere Ge-fährdungen muß auch im Innern geführt werden. Eine Vielzahl von Krisen und Konflikten inner- und außerhalb Europas fordern die internationale Staatengemeinschaft und haben das Spek-trum der Einsätze für unsere Streitkräfte kontinuierlich erwei-tert.«

Wenngleich unser gegenwärtiges Denken und Handeln durch die Terrorangriffe des 11. September 2001 beeinflußt wird, dür-fen wir nicht den Blick dafür verlieren, dass das Spektrum der Herausforderungen, für die militärische Mittel vorzuhalten sind, wesentlich weiter gespannt ist!

Zur Entwicklung der Panzer und der Panzertruppe

Mit dem Einsatz der ersten deutschen Sturmpanzerwagen A7V auf den heiß umkämpften Schlachtfeldern Nordfrankreichs im Frühjahr 1918 begann vor mehr als acht Jahrzehnten die Ge-schichte der deutschen Panzerwaffe. Sie ist am Ende des Ersten Weltkrieges aus improvisierten Anfängen heraus entstanden. Im Gegensatz zur Infanterie ist die Panzertruppe erst durch moderne Industrietechnik möglich geworden. Von den vier wesentlichen Komponenten gepanzerter Kampffahrzeuge: Feuerkraft, Schutz, Beweglichkeit und Führungsfähigkeit war die Beweglichkeit erst durch leistungsstarke und zuverlässige Antriebe realisierbar.

Die Entwicklung und der Bau solcher Antriebsmotoren sind aber eine unmittelbare Folge eines technischen Fortschrittes und einer umfassenden Industrialisierung, wie sie in Europa erst am Ende des 19. Jahrhundert erreicht worden war. So ist die Panzertuppe, ungeachtet früherer Versuche und Vorläufer, wie beispielsweise die von Pferden gezogenen Kampfwagen antiker Heere oder Hannibals berühmte Kriegs-Elefanten, die bereits mit Geschützen bestückten Kampfwagen der Hussitenheere des 15. Jahrhunderts oder »Panzerprojekte« des genialen Leonardo da Vinci, eine ausgesprochene Neuschöpfung des 20. Jahrhunderts, deren Anfänge in Deutschland untrennbar mit dem Urpanzer, dem Sturmpanzerwagen A7V, verknüpft sind.

Die Panzertruppe hat trotz der Tatsache, daß ihre Kontinuität als Truppenkörper 1918 durch den Versailler Vertrag und nach dem totalen Zusammenbruch von 1945 unterbrochen wurde, in den vergangenen acht Jahrzehnten eine eigene Tradition entwickelt. Der dreimalige Aufbau der deutschen Panzertruppe, 1917, 1935 und 1956 ist gekennzeichnet durch das Wagnis zum Beschreiten neuer Wege. Meist galt es, sich neuen Technologien anzuvertrauen und dabei entscheidungen von großer Tragweite zu treffen. Die Kritiker der Panzertruppe haben dabei durchaus nicht immer aus starrem Konservatismus heraus argumentiert, sondern vielfach auf tatsächliche und gravierende Probleme hingewiesen, die jedoch von den für die Entwicklung verantwortlichen Ingenieuren und Soldaten als Herausforderung zur Schaffung erfolgreicher Lösungen betrachtet wurden.

Wie der Weg vom A7V zum Leopard 2 zeigt, haben sich Konzeption und Konstruktion grundlegend gewandelt. Auch ihre Einsatzverfahren sind das Ergebnis eines fortwährenden Wechselprozesses von technischen Möglichkeiten, taktischen Forderungen und militärpolitischen Randbedingungen. Geblieben sind aber die soldatischen Anforderungen an die Männer. Neben der Einsatzreife eines solchen Waffensystems hängt sein militärischer Einsatzwert in einem ganz entscheidendem Maße vom Einsatzwillen und Ausbildungsstand der mit ihm kämpfenden Soldaten ab.

Panzer waren von Anfang an, bezogen auf das jeweils vorhandene technische Umfeld, komplexe Waffensysteme. Bereits beim A7V sind alle Komponenten, die ein heutiger Kampfpanzer aufweist, wenn auch vielfach nur in rudimentärer Weise, vorhanden. Damit verdeutlicht dieser deutsche »Urpanzer« die große konstruktive Entwicklung, die damals ihren Anfang nahm und heute noch nicht zu Ende ist. Es war vornehmlich der Panzer, der aufgrund seiner Beweglichkeit den militärischen Führern die operative Freiheit auf dem Schlachtfeld wiedergab. Am Ende des Ersten Weltkrieges konnte man allerdings angesichts der noch geringen Geschwindigkeit damaliger Panzer diese Entwicklung nur erahnen. Anzahl und Beweglichkeit machten aber Panzerverbände zum Symbol moderner Kriege, wie es dann die deutschen Panzertruppen in den ersten Feldzügen der Jahre 1939 bis 1941 demonstrierten.

Es gehört zur Tragik deutschen Soldatentums, daß Opferbereitschaft und Vaterlandsliebe, auch zahlloser deutscher Panzersoldaten, im Zweiten Weltkrieg mißbraucht wurden. Auch daran soll der Nachbau des A7V mahnen. Der Sturmpanzer steht hier für den Anfang einer Entwicklung von modernem Militärpotential, welches seit den dreißiger Jahren des vorigen Jahrhunderts als eines der Symbole für militärische Machtausübung steht. Militärische Macht symbolisiert sich heute nicht mehr allein durch Bajonette, sondern unter anderem durch moderne Panzer und Kampfflugzeuge.

Aber auch hier hat sich seit 1955 eine neue Traditionslinie gebildet: War bis 1945 der Krieg immer noch in irgendeiner Form als legitimes Mittel der Politik anerkannt, so haben die Väter des Grundgesetzes der Bundesrepublik Deutschland in Artikel 26 mit dem darin ausgesprochenen Verbot von Angriffskriegen – Krieg als Mittel zur Durchsetzung politischer Zielsetzungen – endgültig ausgeschlossen. Damit hat Soldatsein in Deutschland eine völlig neue ethische Bewertung erfahren. So ist eine leistungsfähige Ausrüstung, u.a. mit modernen Kampfpanzern, kein Mittel zur Bedrohung fremder Staaten, sondern eine der Voraussetzungen für eine glaubwürdige Verteidigungsfähigkeit. Die Bundeswehr kann ihren Verfassungsauftrag, die Bundesrepublick Deutschland vor äußeren Gefährdungen zu schützen, um die Freiheit und Politikfähigkeit unseres Landes zu erhalten, nur erfüllen, wenn sie dem Auftrag entsprechend schlagkräftigere Streitkräfte hat und neuzeitlich ausgerüstet ist.

Die Bedeutung von Kampfpanzern heute

Die angelaufene politische Entwicklung seit der Auflösung des Warschauer Paktes hat zu einer deutlichen Reduzierung der vorhandenen militärischen Potentiale geführt. Dennoch, auch bei Streitkräften von wesentlich verringertem Umfang werden hochbewegliche Panzer ein wichtiger Bestandteil des verbleibenden Verteidigungspotentials bleiben müssen. Da man heute aber immer wieder die etwas leichtfertige Äußerung hört, daß der Kampfpanzer keine Bedeutung mehr hätte, möchte ich auch im Zusammenhang mit dem Buch darauf kurz eingehen: Trotz wesentlich in Reichweite und Präzision gesteigerter luft- und bodengestützter Waffensysteme wird es in der Mehrzahl aller mit militärischer Gewalt ausgetragener Konflikte erforderlich sein, diese maßgeblich auch durch Präsenz am Boden und unmittelbaren Kontakt mit dem Gegner unter Kontrolle zu bekommen. Dies gilt ganz besonders für Einsätze im erweiterten Aufgabenspektrum von Streitkräften. Je nach Konfliktintensität und Fähigkeiten des Gegners bedarf es hierzu neben rasch auch durch Lufttransport verlegbaren leichten Kräften mit den gewichtsbedingten Einschränkungen im Schutz, auch solcher, die sich durch besonders hohe Durchsetzungs- und Durchhaltefähigkeit auszeichnen. Für friedenserhaltende Einsätze werden leichte Radfahrzeuge vermehrt in die leichten Infanterieverbände eingeführt.

Grund ist u.a. die rasche Lufttransportfähigkeit und die bessere Brückenüberschreitfähigkeit. Sie können aber nicht unter Gefechtsbedingungen Gefahren durch Waffeneinwirkung ausgesetzt werden. So ist bei einem Großteil der Armeen die Rolle des Kampfpanzers weiterhin unumstritten, was das Gefecht höherer Intensität betrifft, sowie seine »deeskalierende« Wirkung, wo seine bloße Präsenz dafür sorgt, daß Streitlust und Aggressivität im Keim erstickt werden. Dies können leichte Fahrzeuge nicht. Für Staaten, die gegenwärtig Bodenkampferfahrung haben, steht dieses außer Frage. Sie haben in den letzten Jahren den Schutz ihrer Kampfpanzer weiter erhöht und auch entsprechend gut geschützte Trägerfahrzeuge für die Infanterie entwickelt.

Panzermuseum in Munster

Nach dem Zweiten Weltkrieg hat man sich in Deutschland schon sehr früh verdienstvoll bemüht, alte Panzerfahrzeuge aufzuspüren und für zwischenzeitlich eingerichtete Museen zu sammeln. Im Hinblick auf gepanzerte Fahrzeuge ist dieses vor allem das Panzermuseum in Munster. Das Museum wurde im Zusammenwirken der Gepanzerten Kampftruppen des deutschen Heeres in der damaligen Kampftruppenschule 2, der heutigen Panzertruppenschule, und der Stadt Munster eingerichtet. Es steht sowohl den Offizier- und Unteroffizierlehrgängen als auch der Öffentlichkeit zur Verfügung. In diesem Museum werden vor allem gepanzerte Kampffahrzeuge aus dem Zweiten Weltkrieg und die für die Bundeswehr entwickelten Fahrzeuge als Lehrsammlung zum Darstellen von Konzeptionen und technischen Entwicklungen ausgestellt. Es ist ein anschaulicher Beitrag zur Geschichte der deutschen Gepanzerten Kampftruppen und der Wehrtechnik sowie der Technikgeschichte unseres Landes.

Die Ergänzung dieser Lehrsammlung durch den »Urpanzer«, den Sturmpanzerwagen A7V, war seit Jahren das Ziel zahlreicher Bemühungen. Das einzige noch vorhandene bzw. bekannte Fahrzeug befindet sich in Brisbane in Australien im Queensland-Museum. Da es nicht erworben werden konnte, blieb nur der Weg über den Nachbau.

Nachbau des Sturmpanzerwagens

Nach einer Initiative durch den General der Kampftruppen im Heeresamt führte ich Anfang 1987, im Rahmen einer Bestandsaufnahme, u.a. Gespräche mit der Industrie, den Hochschulen, der Presse und dem Deutschen Heer. Dabei wurden Fragen wie Interesse am Nachbau, Maßnahmen zur Realisierung, Gründung eines Komitees zur Realisierung des Nachbaus, Durchführung einer Gründungsveranstaltung usw. im einzelnen besprochen. Alle sprachen sich für einen Nachbau aus, um einen Beitrag zur Militär- und Technikgeschichte zu leisten. Die Industrie erklärte ihre Bereitschaft, das Vorhaben durch Arbeitsleistung, finanzielle Mittel oder auf andere Weise zu unterstützen.

Das Komitee zum Nachbau des Sturmpanzerwagens wurde daraufhin auf meinen Vorschlag hin von mir, gemeinsam mit anderen am Nachbau interessierten Männern, am 1. April 1987 in Köln gegründet. Mit den Vorbereitungen zum Nachbau wurde

anschließend zügig begonnen. Alle Maßnahmen im Zusammenhang mit dem Neubau des Sturmpanzerwagens A7V erfolgten auf freiwilliger Basis und nicht im Rahmen der Bundeswehr. Der Neubau erfolgte in zwei Bauabschnitten:

Bauabschnitt I: Äußere Konstruktion mit originalgetreuem Nachbau der Baugruppen Wannengehäuse, Fahrwerk, Hauptbewaffnung einschl. der äußeren Gestaltung.

Bauabschnitt II: Innenausbau mit den verschiedenen Bauteilen, Vorrichtungen und Geräten.

Da der Innenausbau besonders aufwendig war, gab es Tendenzen, diesen erst nach Aufstellung des Panzers im Panzermuseum in Muster in den Folgejahren schrittweise durchzuführen. Die Entwicklung nach dem »Mauerfall« gab dem Komitee nachträglich Recht, diesem Vorschlag nicht nachzugeben und die schwierige Aufgabe in Angriff zu nehmen! Herr Oberst a.D. Edelfried Baginski, vom Komitee als Beauftragter für den Bauabschnitt II eingesetzt, führte diese Maßnahme wie ein Systembeauftragter eines Waffensystems durch. Er erwarb sich dabei große Verdienste!

Von Anfang an ging es mir darum, im Sinne eines Systemdenkens, neben dem Nachbau die folgenden Maßnahmen begleitend durchzuführen:

- Gestaltung des Umfeldes des Sturmpanzerwagens in der Ausstellungshalle, wie Trichtergelände, Schützengraben usw. in Form eines Dioramas,
- Aufstellen eines nachgebildeten Soldaten der Besatzung des Sturmpanzerwagens mit der typischen Lederbekleidung im Diorama,
- Herstellen einer Bildwand zur Veranschaulichung der Geschichte und des Nachbaues des Sturmpanzerwagens,
- Herausgabe eines Buches zum Sturmpanzerwagen und zur Panzerentwicklung insgesamt und
- Schaffen einer Dokumentation zum Sturmpanzerwagen, einschl. von Videofilmen.

Am 31. Januar 1989 wurde bei Thyssen Henschel in Kassel durch das Komitee der Bauabschnitt I des Nachbaus den Freunden und Förderern und der interessierten Öffentlichkeit vorgestellt, und es wurde für eine weitere Unterstützung geworben. Der Bauabschnitt II und damit der vollständige Nachbau wurde Ende März 1990 in München bei der Krauss-Maffei Wehrtechnik GmbH vollendet und Anfang April 1990 nach Munster ins Panzermuseum transportiert.

Mit der Übergabe des Fahrzeuges durch das Komitee am 20. Juni 1990 an das Panzermuseum in Munster, im Beisein der am Nachbau beteiligten Unternehmen, der Freunde und Förderer und der interessierten Öffentlichkeit, wurde die gemeinsame Leistung gewürdigt und zu einem feierlichen Abschluß gebracht.

Würdigung der am Nachbau Beteiligten

Bevor ich den Einsatz und die Leistungen der Mitglieder des

Komitees würdige, möchte ich unseres Mitgliedes, Korvetten-kapitän d.R., Direktor Rolf Huhn gedenken, der unerwartet am 3. Juni 1995 verstorben ist. Mit Rolf Huhn haben wir unseren überaus verdienstvollen Schatzmeister und Organisator der Finanzierung des Nachbaus verloren.

Besonderer Dank gilt den Mitgliedern des Komitees für ihren freiwilligen und ideenreichen Einsatz bei der Steuerung und Realisierung der verschiedenen Vorhaben, weiterhin der deutschen Industrie für die schnelle, großzügige und selbstlose Unterstützung beim Nachbau des Sturmpanzerwagens und das Bereitstellen von finanziellen Mitteln in einer Zeit des Umbruchs und der neuen sicherheitspolitischen Orientierung sowie allen, die bei der Gestaltung des Dioramas im Museum und den sonstigen Maßnahmen mitgewirkt haben.

Dieser Nachbau, der durch ca. dreißig unter anderem mit dem Panzerbau befaßten Industrieunternehmen mit großem Engagement ausgeführt wurde, führte zur Wiederherstellung eines technikgeschichtlichen Denkmals von hohem kulturgeschichtlichem Wert, konstruiert durch den Pionier des Automobilbaus, Oberingeneur Joseph Vollmer, während des Ersten Weltkrieges.

Über seine militärgeschichtliche Bedeutung hinaus ist der A7V auch ein Beispiel für die Impulse, welche ein solches, damals bereits komplexes Waffensystem für die zivile Technik gegeben hat. Der A7V entstand durch die Kombination von technischen Elementen und Baugruppen aus dem zivilen Fahrzeugbau. Die mit diesem deutschen Panzer gemachten technischen Erfahrungen haben sich für die Entwicklung des Traktoren-, Bagger- und Landmaschinenbaus fördernd ausgewirkt.

Auch bei anderen Truppengattungen des deutschen Heeres fehlen einzelne Glieder in der Kette ihrer bisherigen Ausrüstung. Es wird aber nicht möglich sein, alle diese Lücken zu schließen. Das erste gepanzerte Kampffahrzeug nachzubauen, auch unter Berücksichtigung der Bedeutung der Gepanzerten Kampftruppen für den Auftrag des Deutschen Heeres, stellte dabei eine besondere Herausforderung dar.

Zur Tradition

Tradition ist die Überlieferung des gültigen Erbes der Vergangenheit. Traditionspflege ist auch Teil der soldatischen Erziehung, denn Tradition ist Weitergabe und Verpflichtung von Werten aus der Vergangenheit (Josef Pieper). Das geschieht durch Vorbilder, Symbole und Zeremonien. Damit soll sie den Soldaten befähigen, den ihm in Gegenwart und Zukunft gestellten Auftrag besser zu verstehen und zu erfüllen. Eine rechte Traditionspflege ist nur möglich in Dankbarkeit und Ehrfurcht vor den Leistungen und Leiden der Menschen in der Vergangenheit.

Die Tradition von ethischen Werten aus der deutschen Geschichte findet ihren sichtbaren Ausdruck in Symbolen wie

– der schwarz-rot-goldenen Flagge, als Sinnbild deutscher Demokratie und des Zusammengehörigkeitsgefühls aller Deutschen,
– dem Adler des Bundeswappens, als Zeichen der nationalen

Souveränität und der dem Recht dienenden Macht und der geschichtlichen Kontinuität
sowie
– dem schwarz-silbernen bzw. schwarz-weißen Eisernen Kreuz als Sinnbild für Freiheit und gemeinsame treue Pflichterfüllung.

Das Eiserne Kreuz ziert heute auch die Kampfpanzer und die anderen Waffensysteme des deutschen Heeres. Der deutsche »Urpanzer«, der Sturmpanerwagen A7V des Ersten Weltkrieges, trug bereits dieses Hoheitssymbol.

Mit dem Nachbau eines Kampffahrzeuges aus dem Ersten Weltkrieg soll nicht der Krieg verherrlicht werden. Es soll vielmehr den jungen Soldaten der Bundeswehr sowie interessierten Fachleuten und Historikern ein plastischer Eindruck vermittelt werden, unter welchen ergonomischen und technischen Bedingungen die Urväter die deutschen Panzersoldaten im Ersten Weltkrieg ihre schwere Pflicht getan haben. Damit wird dem Leiden und der Leistung der Soldaten ein bleibendes Denkmal gesetzt. Aber auch das technische und handwerkliche Können der Handwerker und Ingeneure vor fünfundachtzig Jahren, die diesen Panzer in einer Rekordzeit entwickelt und gefertigt haben, soll damit aufgezeichnet werden.

Herausgabe eines Buches

Im Rahmen meiner Überlegungen zum Nachbau kam mir auch die Idee, in einem Buch den Werdegang, den Einsatz des A7V, das technische und militärische Umfeld sowie den Nachbau festzuhalten, ferner den Bogen zu spannen zum Kampfpanzer LEOPARD 2. Dieses Buch beschränkt sich deshalb keineswegs auf eine bloße Beschreibung der mannigfaltigen Aktivitäten des Nachbaus des A7V, sondern enthält erstmalig darüber hinausgehend einen Abriß über die Entstehung und Entwicklung der Panzerwaffe von 1916 bis 2003 nach systemgeschichtlichem Ansatz. Das Waffensystem Panzer wird hier als Ergebnis vielfacher Wechselwirkungen und taktischen Forderungen, technischen Möglichkeiten und wirtschaftlichen Hilfsquellen gesehen.

Erstauflage

Die Erstauflage im Jahre 1990 war nur möglich, weil es dem Komitee gelang, maßgebliche Autoren aus den verschiedenen Bereichen zu gewinnen, die das Thema so vielschichtig behandelten. So möchte ich mich bei allen Autoren für Ihre Mitwirkung und die ausgezeichnete Zusammenarbeit bedanken, so auch bei der Enkelin des Konstrukteurs, Frau Gisela Zincke. Herr Brigadegeneral a.D. Dr. Günther Roth, der damalige Leiter des Militärgeschichtlichen Forschungsamtes in Freiburg, hat das Vorhaben unterstützt durch die Abteilung »Ausbildung, Information und Studien« und die Beauftragung von Herrn Fregattenkapitän Dr. Heinrich Walle als Wissenschaftlichem Redakteur. So gilt der Dank neben dem Amt in besonderer Weise Herrn Dr. Heinrich Walle. Dank gilt ferner dem Leiter des Wehrgeschichtlichen Museums Rastatt, Herrn Oberstleutnant Dipl.-Ing. Uwe Böhm, für seine Mitwirkung als Autor und die Beauftragung von Mitarbeitern als Autoren sowie für Sachunterstützung. Für die Steuerung der einzelnen Maßnahmen bei der Herausgabe des Buches schuf das Komitee einen Redaktionsbeirat. Mitglieder waren neben mir die Herren Obersten Dipl.-Ing. Uwe Larsen und Karl-Theo Schleicher. Herr Uwe Larsen führte es mit großen Geschick.

Beim Bundesarchiv in Koblenz, Bundesarchiv-Militärarchiv in Freiburg, Bayerischen Hauptstaatsarchiv in München, Bayrischen Armeemuseum in Ingostadt sowie beim Queensland Museum in Brisbane, Australien, möchte ich mich ebenfalls für die vielseitige Unterstützung bedanken. Allen, die an dieser Stelle nicht genannt wurden und die sich ebenfalls mit so großem persönlichen Engagement für die Vorbereitung dieses Buches eingesetzt haben, spreche ich ebenfalls meinen aufrichtigen Dank aus. Ferner möchte ich auch dem Verlag E.S. Mittler & Sohn GmbH für die gute Zusammenarbeit, die ausgezeichnete Gestaltung, die schnelle und sorgfältige Druckvorbereitung der Erstauflage des Buches danken.

Zuletzt, aber nicht minder herzlich, gilt mein Dank den Mitgliedern des Komitees, den Herren Oberst a.D. Edelfried Baginski, Professor Dr.-Ing. Wolfram Funk, Oberst Dipl.-Ing. Uwe Larsen und Oberst Karl-Theo Schleicher, für ihre Mitwirkung als Autoren, für die Redaktion des Buches im Rahmen des »Redaktionsteams« und die sonstigen organisatorischen Maßnahmen bei der Herausgabe des Buches.

Neuauflage

Die Erstauflage des Buches im Jahre 1990 war sehr schnell vergriffen. So kam von vielen Seiten der Wunsch in einer überarbeiteten und ergänzten Neuauflage das Buch erneut auf den Markt zu bringen. So wurden Beiträge, wo erforderlich, den neuen Erkenntnissen angepaßt. Das Buch wurde auch durch vier aktuelle Kapitel ergänzt, so daß es jetzt noch umfangreicher und aussagekräftiger ist als die Erstauflage. Mein Dank gilt hier erneut allen Autoren sowie Herrn Fregattenkapitän a.D. Dr. Heinrich Walle für seine erneute und eingehende Unterstützung als Wissenschaftlicher Redakteur; ferner dem Bernard & Graefe Verlag GmbH & Co. KG für die gute Zusammenarbeit, die ebenfalls ausgezeichnete Gestaltung und die Neuauflage. Die Neuauflage wird vom Komitee Nachbau Sturmpanzerwagen A7V zusammen mit dem Wissenschaftlichen Beirat zur Verleihung des Werner-Hahlweg-Preises herausgegeben und erscheint in der Reihe »Wehrtechnik und wissenschaftliche Waffenkunde«.

Abschließend möchte ich Herrn Oberst a.D. Karl-Theo Schleicher hervorheben. Er begleitete alle Maßnahmen des Nachbaus als Sekretär des Vorsitzenden und des Komitees Sturmpanzerwagen A7V, und ohne seine Initiative und seine ständige Begleitung wäre die Neuauflage nicht gelungen.

Raimund M. Rothenberger
Brigadegeneral a.D., Dipl.-Ing.

Mit dem ersten Einsatz von Kampfpanzern im Jahre 1916 begann eine neue Epoche der Landkriegführung. Durch dieses neue technische Waffensystem, das bereits in seinen ersten Modellen die Komponenten Feuer, Beweglichkeit und Schutz in sich vereinigte, sollte die Truppe die Möglichkeit der operativen Bewegung wiedererlangen.

Ein A7V-Sturmpanzerwagen bei einer Übung auf einem Truppenübungsplatz hinter der Front im Frühjahr 1918   Bundesarchiv Koblenz

Heinrich Walle

Sturmpanzerwagen A7V – vom Urpanzer zum Kampfpanzer Leopard 2

Als am 15. September 1916 32 britische Tanks vom Typ Mark I gemeinsam mit zwei Infanteriebataillonen deutsche Stellungen an der Somme angriffen, begann mit diesem ersten Panzereinsatz eine neue Epoche in der Kriegsgeschichte[1]. Mehr als ein Jahr benötigte man auf deutscher Seite, um dieser rüstungstechnischen Herausforderung der Entente zu begegnen. Am 21. März 1918 kamen die ersten vier Sturmpanzerwagen A7V bei St. Quentin zum Einsatz[2].

Der mit Maschinengewehren und Schnellfeuergeschützen bewaffnete, motorgetriebene und gepanzerte Kampfwagen vereinigte bereits in seinen ersten Exemplaren die Hauptelemente Feuerkraft, Bewegung und Schutz. Die Bezeichnung »Tank« war ursprünglich eine in England verwendete Tarnbezeichnung zur Geheimhaltung, setzte sich dann aber im internationalen Sprachgebrauch allgemein durch und wurde auch bis in die 30er Jahre in Deutschland angewandt. So wurden die ersten deutschen Panzersoldaten, vor allem in den mit Beutetanks ausgerüsteten Abteilungen »Tanker« genannt. Als man in Deutschland seit 1935 wieder offiziell Kampfwagen entwickelte und zu produzieren begann, wurde dafür die Bezeichnung »Panzer« üblich. Von allen Armeen des Zweiten Weltkrieges war die deutsche vor allem durch ihre gepanzerten Verbände gekennzeichnet, und nicht von ungefähr fand nunmehr die Bezeichnung »Panzer« Eingang in den angelsächsischen Sprachgebrauch und wurde damit gleichsam zum Symbol für eine vom damaligen Deutschland ausgehende militärische Bedrohung[3]. In der Bundeswehr hat sich die etwas differenzierende Bezeichnung »Kampfpanzer« eingebürgert, im Unterschied zur Bezeichnung anderer Panzertypen wie beispielsweise »Berge-« oder »Brückenlegepanzer«.

Die Idee des Kampfwagens war nichts Neues, bereits bei den antiken Vorläufern waren die o. g. drei Hauptelemente, je nach Verwendungszweck, in unterschiedlicher Wichtung vorhanden, wenngleich man anstelle von Feuerkraft hier den Begriff Waffenwirkung gebrauchen sollte. Das Neuartige an den Kampfwagen des 20. Jahrhunderts war aber, daß diese als ausgesprochene Produkte einer industriellen Entwicklung und Fertigungstechnik ihre antiken Vorläufer an Wirkung und Einsatzfähigkeit in so ungeahnter Weise übertreffen und damit weltweite Verbreitung finden sollten. Sprach man seit dem Aufkommen stehender Heere in der frühen Neuzeit von der »Macht der Bajonette«, wenn es galt, die machtpolitische Relevanz von Militärpotentialen zu umschreiben, trat nach dem Ende des Ersten Weltkrieges der Tank oder Panzer als Symbolbegriff für die bewaffnete Macht in Erscheinung. Im vorliegenden Band soll der Versuch unternommen werden, eine Entwicklung der Panzerwaffe unter systemgeschichtlichem Ansatz zu betrachten. Im Mittelpunkt steht die Geschichte des deutschen »Ur-Panzers«, des Sturmpanzers A7V. Die ausführliche Darstellung seiner Entstehung und ihrer Hintergründe, eine grundlegende technische Beschreibung und Bewertung dieses Kampfwagens selbst sowie eine ausführliche Schilderung seiner Einsätze vom März bis zum November 1918 verdeutlichen beispielhaft, daß der moderne Kampfwagen bereits in seinen ersten Ausführungen ein komplexes Waffensystem war, so daß man den Kampfwagen schlechthin als erstes komplexes Waffensystem bei den modernen Landstreitkräften bezeichnen kann.

Das Beispiel des A7V zeigt aber auch, daß ein solches Waffensystem hinsichtlich seiner Konzeption, Produktion und bei seiner militärischen Nutzung von vielen einander bedingenden Faktoren aus den Bereichen der technischen Entwicklung, industrieller und wirtschaftlicher Ressourcen und militärischen Forderungen beeinflußt wurde.

In den 80er Jahren des 19. Jahrhunderts ermöglichten Fortschritte aus dem Bereich der Chemie, der Metallurgie und der industriellen Fertigungstechnik die Konstruktion von neuartigen Feuerwaffen von einer wesentlichen Leistungssteigerung. Rauchlose Pulver, hochfeste Stahllegierungen und Produktionsverfahren, die die Fertigung von lehrenhaltigen Waffen in großen Stückzahlen ermöglichten, waren die technischen Voraussetzungen zur Konstruktion eines kriegsbrauchbaren Maschinengewehrs (1885)[4] oder des Geschützes mit Brems- und Vorholvorrichtung für das Geschützrohr (1885/1888)[5]. Durch das Maschinengewehr, das Geschütz mit Rohrrücklauf und nicht zuletzt auch das technisch ausgereifte Repetiergewehr[6] wurde eine bis dahin kaum für möglich gehaltene Feuerkraft erreicht, deren Wirkung durch technische Verbesserungen bei der Munition wesentlich gesteigert werden konnte. In den Jahren von 1896 bis etwa 1910 war bei den führenden europäischen Armeen die Generation der Waffen zur Einführung gelangt, mit denen der Erste Weltkrieg ausgetragen werden sollte. Als Folge der durch die neuen Waffen ermöglichten Steigerung von Feuerkraft- und Wirkung sollte sich erweisen, daß der Verteidiger dem Angreifer, der sich beim Angriff der gegnerischen Waffenwirkung aussetzten mußte, stets überlegen war. Wie die Schlachten des Ersten Weltkrieges zeigen sollten, war es trotz einer bis ins Extreme gesteigerten Feuerwirkung nicht möglich, einen gut verschanzten Verteidiger völlig zu vernichten. Die Sturmangriffe der Infanteriemassen brachen meist im Feuer der Maschinengewehre, die die überlebenden Verteidiger in Stellung bringen konnten, unter blutigen Verlusten zusammen.

Das Faktum, daß die durch die moderne Technik ermöglichte Steigerung des Feuers den Verteidiger gegenüber einem Angreifer eindeutig begünstigte, war in der damaligen Militärliteratur durchaus erkannt worden, wie Hans Linnenkohl in seinem 1990 erschienenen Band überzeugend darlegte[7], jedoch hatten die militärischen Führungsspitzen der europäischen Armeen daraus zunächst noch keine tiefergehenden Konsequenzen gezogen. In seinem 1899 erschienenen Werk »Der Krieg« hatte der polnische Bankier Johann von Bloch die Wirkung moderner Feuerwaffen untersucht und war zur Auffassung gelangt, daß ein zukünftiger Krieg infolge der gesteigerten Wirkung von Infanterie- und Artilleriewaffen nicht mehr führbar sei, da die Verluste des Angreifers in keinem Verhältnis zu den erreichbaren Zielen stünden und die voraussichtlich lange Kriegsdauer zu Revolutionen und wirtschaftlicher Erschöpfung aller Beteiligten führen müßten[8]. Bloch hatte damit ebenfalls ein Faktum angesprochen, das erstmals im amerikanischen Sezessionskrieg (1861–1865) erkennbar war, daß in einem modernen Industriestaat Militärpotentiale in einer unmittelbaren Abhängigkeit von den industriellen und wirtschaftlichen Ressourcen stehen.

Der Burenkrieg (1899–1902) und vor allem der Russisch-Japanische Krieg (1904–1905) hatten erstmalig die Überlegenheit des Verteidigers gegenüber einem Angreifer aufgrund der gesteigerten Feuerkraft moderner Waffen, vor allem auf dem Bereich der Infanteriewaffen, bewiesen.

Wenngleich durch die moderne Technik um die Jahrhundertwende die Feuerwirkung erheblich gesteigert worden war, waren die damaligen Massenheere operativ relativ unbeweglich. Das einzige damals vorhandene, technisch leistungsfähige Transportsystem, die Eisenbahn, ermöglichte zwar Mobilmachung und Aufmarsch von Millionenheeren, jedoch konnten damit operative Bewegungen von großen Truppenkörpern, vor allem im Feindesland, in nur beschränktem Maße durchgeführt werden. Im Kampfgebiet, vor allem im Gefecht, mußte sich die Infanterie im Fußmarsch fortbewegen, Artillerie und Nachschub konnten nur durch Pferdebespannung nachgeführt werden.

So wurden seit der Jahrhundertwende in steigendem Maße Überlegungen angestellt, mit Hilfe der modernen Technik das Problem der Mobilität auch für militärische Zwecke zu lösen. Dabei ging es einmal um die Schaffung bloßer Transportkapazitäten, um sich vom Eisenbahnnetz zu lösen, aber auch schon um die Konstruktion eines gepanzerten und beweglichen Waffenträgers. Bereits im Krim-Krieg (1853–1856) wurde in England ein gepanzerter Dampftraktor entworfen, der jedoch nicht gebaut wurde. Solche Maschinen wurden dann mit wenig Erfolg im Burenkrieg eingesetzt[9]. Erst mit der Erfindung einer Wärmekraftmaschine mit interner Verbrennung durch Nikolaus August Otto (1832–1891), des »Ottomotors« von 1876[10], den Gottlieb Daimler (1834–1900) 1883 als schnellaufenden Ottomotor für Fahrzeuge wesentlich verbesserte und 1886 erstmalig zum Antrieb eines Kraftfahrzeuges einsetzte[11], stand ein Antriebsaggregat zur Verfügung, dessen Leistung und niedriges Leistungsgewicht die Grundlage für die Schaffung eines neuen Verkehrssystems werden sollte.

Die Vision eines Kampfpanzers, der sich ungehindert durch ein zerschossenes Kampfgelände über Stacheldrahthindernisse und Schützengräben bewegt, hatte wohl erstmalig der britische Science Fiction-Autor H. G. Wells in einem kurzen Artikel im Strand Magazine 1903 veröffentlicht. Seine »Land Ironclads« waren noch als dampfgetriebene Kriegsmaschinen gedacht, die sich auf überdimensionierten, mit Greifern bewehrten Rädern bewegen

sollten[12]. In dem am 28. Februar 1912 für den österreichischen Pionieroberleutnant Gunther Burstyn erteilten Reichspatent Nr. 25 28 15 für eine »Vorrichtung zum Überwinden von Geländehindernissen, insbesonders für Motorfahrzeuge«, wurde wohl erstmalig ein Kampfwagen als technisch realisierbares Projekt vorgestellt[13]. Hatte H. H. Wells seine Kampfmaschine in Anlehnung an den Kriegsschiffbau »Land Ironclad« genannt, so wählte Burstyn für seinen Kampfwagen die Bezeichnung »Landtorpedoboot«. Damit sollte zum Ausdruck kommen, daß man hinsichtlich des Elementes Schutz auf die Erfahrungen mit der Panzerung im Kriegsschiffbau zurückgreifen und hierfür die dort üblichen Panzerbleche verwenden wollte.

Burstyns Projekt war sowohl von den zuständigen Militärbehörden in Wien wie auch in Berlin abgelehnt worden. Erst als sich seit September 1914 die gegnerischen Heere in einem Stellungskrieg im Westen gegenüberlagen, in dem keiner Seite trotz immer größer werdender Artilleriekonzentrationen mit Massenanstürmen ein Durchbruch der gegnerischen Front gelingen sollte, wurde die Forderung nach einem Kriegsmittel, mit dem man die gegnerischen Stellungen überwinden und das der eigenen Infanterie den Weg zum Durchbruch bahnen konnte, so dringend, daß man im Sommer 1915 zuerst in England[14] und dann seit Oktober 1916 auch in Deutschland[15] die Konstruktion und den Bau von gepanzerten Kampfwagen aufnahm. Das Zögern und die ablehnende Haltung der Militärs, vor allem in Deutschland, ist jedoch nicht allein mit Kurzsichtigkeit und Borniertheit der Verantwortlichen zu erklären[16].

Die Entwicklung von Wehrmaterial erfolgte im Grunde genommen bis zum Bau des A7V – von wenigen und unwesentlichen Ausnahmen abgesehen – auf privatwirtschaftlicher Basis und hier auch durchweg aufgrund privater Initiative. Die wenigen staatlichen Waffenfabriken spielten auf dem Gebiet der Neuentwicklung keine große Rolle. Erst wenn ein solches Projekt, wie beispielsweise der Daimlersche Motorwagen, in seinen ersten Modellvarianten vorlag, kaufte die Heeresverwaltung dieses an bzw. bestellte weitere Exemplare[17]. Wie der Beitrag von Uwe Böhm verdeutlicht, geschah dies auf dem Sektor der Kraftfahrzeuge bereits Ende 1898. Es sei nur daran erinnert, daß es erst 1910 feldverwendungsfähige Kraftfahrzeuge gab[18], und wie der Beitrag von Gisela Zincke zeigt, das Automobil etwa in den Jahren von 1904 bis 1906, also immerhin zwei Jahrzehnte nach dem Bau des ersten Motorwagens von Gottlieb Daimler, so weit entwickelt war, daß die ersten einigermaßen funktionsfähigen Modelle für Personen- und Gütertransport produziert werden konnten. Angesichts dieser Umstände ist festzuhalten, daß die militärische Führung mit der Motorisierung der deutschen Armee schon recht früh begonnen hatte, und das zu einem Zeitpunkt, als sich das Kraftfahrzeug noch, technikgeschichtlich gesehen, voll in der Erprobungsphase befand.

Wie die Entwicklung des A7V so beispielhaft deutlich werden läßt – und das gilt auch für die entsprechende Entwicklung in England und Frankreich in analoger Weise –, konnte ein solch komplexes Waffensystem nicht mehr ausschließlich aufgrund privatwirtschaftlicher Initiative realisiert werden. Erst unter dem Zwang der Kriegsereignisse entschloß man sich, der Industrie den Auftrag zu Entwicklung und Bau von Kampfwagen zu erteilen. So waren an der Entwicklung allein schon 13 Unternehmen und am Bau nicht weniger als 20 Firmen, darunter als einziger staatlicher Betrieb die

Gewehrfabrik in Spandau, beteiligt[19]. Aufgrund des hohen Aufwandes, den kaum ein Konzern völlig aus eigenen Mitteln bestreiten kann, wird die Entwicklung von Panzern auch heute noch international durchweg im staatlichen Auftrag von der Industrie betrieben[20].

Die Entstehungsgeschichte des A7V zeigt aber auch, daß Oberingenieur Joseph Vollmer seinen Sturmpanzerwagen in der relativ kurzen Zeit von knapp einem Jahr nur deshalb realisieren konnte, weil er hinsichtlich der Hauptelemente dieses Urpanzers weitgehend auf Komponenten zurückgreifen konnte, die sich bereits in der industriellen Fertigung befanden. Relativ problemlos war dies für das Element der Bewaffnung, die durch den Rückgriff auf die zu diesem Zeitpunkt immer noch brauchbare belgische 5,7-cm-Kasematt-Schnellfeuerkanone Nordenfeldt von 1888 und das im Felde bewährte Maschinengewehr vom Modell 08/15, einer Weiterentwicklung des von Hiram Maxim erfundenen Maschinengewehrs, gelöst wurde. Für den Schutz standen Panzerbleche zur Verfügung, die auch im Kriegsschiffbau bereits Verwendung gefunden hatten. Schwieriger war schon die technische Realisation des Elements Beweglichkeit. Da ein zuverlässiges Antriebsaggregat mit der benötigten Leistung von 200 PS nicht zur Verfügung stand, wählte Vollmer beispielsweise eine Doppelmotorenanlage, bestehend aus zwei Daimler-Motoren von je 100 PS, aus der laufenden Produktion. Auch diese Modelle dürften vor 1914 noch nicht verfügbar gewesen sein. Daß von solchen komplexen Waffensystemen dann auch vielfältige Einflüsse auf die Entwicklung von technischen Geräten für die zivile Nutzung ausgehen, wird bereits am Beispiel des Lebensbildes von Joseph Vollmer deutlich, das seine Enkeltochter Gisela Zincke hier vorgelegt hat. Wie hier vor allem auf dem Bereich der Entwicklung von Nutzfahrzeugen und Traktoren aufgezeigt wurde, handelt es sich dabei ebenfalls um Wechselwirkungen. Wie die im Anlagenteil dieses Bandes dargestellten Aufzählungen der am Nachbau des A7V beteiligten Unternehmen erkennen lassen, gilt dies heute teilweise in einer noch ausgeprägteren Weise als damals. Wie die technische Bewertung des A7V durch Wolfram Funk und dann vor allem die ausführliche Beschreibung der Einsätze dieser Sturmpanzerwagen von Klaus Paprotka erkennen lassen, waren diese 20 Panzer zwar durchaus funktionsfähig, aber von einer so hohen technischen Anfälligkeit, daß schon aus diesen Gründen ihr militärischer Nutzwert sehr eingeschränkt bleiben mußte.

Wie auch Liddell Hart in seiner Geschichte der britischen Tanks über die Verhältnisse auf englischer Seite sehr deutlich beschreibt, waren die britischen Tanks, vor allem die der Mark-Serie, nicht weniger technisch anfällig als die Sturmpanzerwagen A7V. Nur der Umstand, daß Großbritannien damals über bessere Industriekapazitäten und erheblich größere Materialressourcen verfügte, ermöglichte die Produktion von Stückzahlen, die in die Tausende gingen. Die geringen Stückzahlen der deutschen Kampfwagenproduktion waren vor allem eine Folge geringerer Industriekapazitäten und vor allem von kriegsbedingten Mängeln an Facharbeitern und Material.

Aufgrund ihrer technischen Anfälligkeit, ihrer noch geringen Geschwindigkeit und Aktionsradien sowie der noch völlig unzureichenden technischen Führungsmittel waren alle Modelle der im Ersten Weltkriege eingesetzten Panzer kaum etwas mehr als gegen Beschuß gesicherte MG-Nester oder leichte mobile Feldgeschütze, die auf begrenztem Raum als Unterstützungswaffe für die Infanterie eingesetzt werden konnten. Auch durch den Masseneinsatz von Tanks auf seiten der Entente-Mächte wurde bis zum 11. November 1918 kein operativer Durchbruch durch die tiefgestaffelten deutschen Grabensysteme an der Westfront erreicht. Wenn man von einer kriegsentscheidenden Wirkung des Tanks im Ersten Weltkrieg sprechen will, dann nur insofern, als hierdurch der Verschleiß und die Ermattung der deutschen Kräfte beschleunigt und damit die Niederlage des deutschen Heeres bereits Ende 1918 erreicht wurde. Die operativen Möglichkeiten dieses neuen Waffensystems sollten erst mit einer neuen und technisch wesentlich verbesserten Generation von Panzern im Zweiten Weltkrieg ausgeschöpft werden.

Die Entwicklung der operativen Einsatzverfahren, wie sie dann in den 30er Jahren vor allem in Deutschland in so bahnbrechender Weise erfolgen sollte, vollzog sich in einem Wechselprozeß technischer Möglichkeiten und militärischer Forderungen. Sie konnte hier im Beitrag von Karl-Theodor Schleicher nur kurz skizziert werden.

Den Werdegang dieser Einsatzverfahren in Reichswehr und Wehrmacht hat der Oberstleutnant der ehemaligen Nationalen Volksarmee, Dr. Erich Menke, 1989 in einem Aufsatz beschrieben, der in der Revue Internationale d'Histoire Militaire erschienen ist[21]. Abgesehen von einigen ideologischen Passagen hinsichtlich der Bewertung seiner Untersuchungen hat Menke die sachlichen Zusammenhänge wissenschaftlich korrekt erarbeitet. Zum Generalthema »Operatives Denken in deutschen Streitkräften« veröffentlichte das Militärgeschichtliche Forschungsamt von 1988 bis 1989 vier Sammelbände, worin diese Fragestellung in einen größeren militärgeschichtlichen Zusammenhang gestellt und an Hand von ausgewählten militärischen Operationen von 1866 bis 1945 erläutert wurde[22]. Speziell mit der internationalen Entwicklung der Panzerwaffe und ihren Einsatzverfahren befaßt sich der 1990 in London von J. P. Harris und F. H. Toase herausgegebene Band, Armoured Warfare, in dem Winfried Heinemann die Entwicklung der deutschen Panzerwaffe von 1918 bis 1940 dargestellt hat[23].

Das Verdienst, die operativen Möglichkeiten, welche das neue Waffensystem Panzer in sich barg, erkannt und voll ausgeschöpft zu haben, kam Männern zu, die in ihrem militärischen Denken durch die von Generalfeldmarschall Helmuth Graf von Moltke begründete Schule operativen Denkens im Generalstab geprägt worden waren. Moltke sah es als Aufgabe bei der Führung großer Massen, für die Operation so lange wie möglich in der Trennung zu verharren, um dann für die Entscheidung rechtzeitig versammelt zu sein. In der Formulierung: Getrennt marschieren, vereint schlagen, sollten diese Grundsätze später auf den kürzesten Nenner gebracht werden. Der Charakter moderner Kriegführung war nach seiner Auffassung vom Streben nach umfassender und schneller Entscheidung gekennzeichnet[24]. Damit war bereits das Element der Bewegung großer Truppenkörper als wichtige Voraussetzung zum Führen entscheidender Schläge voll erkannt worden. Technisch sollten solche Bewegungen durch konsequente Ausnutzung des modernsten technischen Verkehrssystems seiner Zeit, der Eisenbahn, in einem entscheidenden Maße durchgeführt werden. Die ebenso folgerichtige Nutzung des damals modernsten Fernmeldemittels, des elektrischen Telegraphen, gewährleistete eine flexible Truppenführung, bei der Moltke größten Wert auf die Einhaltung der Auftragstaktik legte[25].

Unter Generalfeldmarschall Alfred Graf von Schlieffen, dem Schüler Moltkes, wurden diese Maximen im »Schlieffen-Plan« geradezu ins Uferlose gesteigert. Die gigantische Umfassungsbewegung, mit der das deutsche Heer im August 1914 die französische Armee einzuschließen versuchte, um sie in einem modernen Cannae vernichtend zu schlagen, mußte nicht zuletzt auch daran scheitern, daß man damals über keine leistungsfähigen mechanisierten Transportmöglichkeiten verfügte, ganz zu schweigen von dem gravierenden Mangel an entsprechenden Fernmeldeverbindungen.

In der Reichswehr hatte dann Generaloberst Hans von Seeckt, ebenfalls in der Denkschule des Großen Generalstabs stehend, nunmehr aber unter völlig geänderten militärpolitischen Umständen, das Dogma des Bewegungskrieges hochgehalten. Angesichts der eigenen Unterlegenheit wurde das Schwergewicht auf eine bewegliche Kampfführung gelegt. »Ein Erfolg war nur durch den Angriff zu erringen. Anzustreben war die Schaffung von Umfassungsmöglichkeiten, immer wieder die Überraschung des Gegners, äußerste Konzentration der Kräfte an einer Stelle und größte Schnelligkeit. Dazu gehörte Mut zur Schwächung weiter Frontabschnitte, Mut zu Lücken, Mut zum Entschluß ins Ungewisse[26].« Nach diesen Leitsätzen sollte das Gefecht als »Gefecht der verbundenen Waffen« geführt werden. Die notwendige Beweglichkeit wollte man durch konsequente Motorisierung erreichen, was sich damals aber noch nicht realisieren ließ. In der hier geforderten Bildung von punktuellen Überlegenheiten ist die Grundidee zu der späteren sogenannten »Blitzkriegstheorie« zu erkennen[27].

Der spätere Generaloberst Heinz Guderian, ebenfalls festverwurzelt in dieser Tradition, hatte als Hauptmann und Fernmeldeoffizier im Ersten Weltkrieg den besonderen Wert der Funktelegraphie als Führungsmittel und damit auch als eine Möglichkeit, die Beweglichkeit von Verbänden steigern zu können, erkannt. Er sollte nun, wie kein anderer, das Gesicht der neuen Panzertruppe prägen. Guderian beschrieb in seinen 1951 veröffentlichten Memoiren die Zielsetzung für den Aufbau der Panzerwaffe wie folgt: »Im Rahmen der [. . .] einsetzenden Aufrüstung verfolgten wir theoretisch das Ziel, mit unseren hochgerüsteten Nachbarn auf gleichen Stand zu kommen. Praktisch konnte es sich [. . .] bis auf weiteres nicht darum handeln, mit einer auch nur annähernd gleichen Zahl oder Güte an Waffen aufzutreten. Wir mußten in der Panzertruppe den Ausgleich in der Organisation und in der Führung suchen. Die straffe Zusammenfassung unserer geringen Kräfte in Großeinheiten [. . .] sollte den Ausgleich für die uns fehlende Zahl bringen[28].«

Als unmittelbare technische Konsequenz dieser Aufgabenstellung ergab sich die Forderung nach schnellen, beweglichen Panzertypen mit einem großen Aktionsradius und einer umfassenden Ausrüstung mit leistungsfähigen Funkgeräten als Grundvoraussetzung für ihre Führbarkeit.

Mitgetragen und unterstützt wurden diese Bestrebungen durch den späteren Generaloberst Ludwig Beck, seit 1933 Chef des Truppenamtes, wie die Tarnbezeichnung für den durch den Versailler Vertrag verbotenen Generalstab damals lautete. Auch Beck stand in der gleichen geistigen Tradition operativen Denkens, jedoch bestanden zwischen dem eher nachdenklichen und mehr intellektuell veranlagten Beck und dem temperamentvollen und bisweilen ungestümen Guderian tiefreichende persönliche Dissonanzen[29]. Sachlicher Anlaß für den Gegensatz Beck–Guderian war

die Auffassung Becks, nach Beobachtungen englischer Panzermanöver in den frühen 30er Jahren, daß die technische Anfälligkeit der damaligen Panzermodelle noch so groß sei, daß deren vorschnelle Einführung für das deutsche Heer zunächst noch nicht zu verantworten sei. Die Forderung Guderians nach einem operativen Einsatz von Panzerverbänden teilte auch Beck, wenn er im Juli 1935 feststellte, der Wert von Panzerverbänden liege »in der Umfassung gegen Flanken und Rücken oder zu frontalem Einsatz dort, wo es gilt, den schon errungenen Erfolg vom Einbruch zum Durchbruch zu steigern«[30]. Damit hatte der Generalstabschef des deutschen Heeres wichtige Elemente eines selbständigen operativen Einsatzes der Panzer- und motorisierten Truppen, der unabhängig vom Handeln der Infanterie erfolgen sollte, skizziert[31].

Die neuen Panzerverbände waren gemischte Truppenkörper für das »Gefecht der verbundenen Waffen«, da nur das Zusammenwirken aller Waffen einer Division das Gefecht in nahezu jedem Gelände und in jeder Gefechtsstart ermöglichte[32]. Wie die Gliederungsdiagramme der ersten Panzerdivisionen von 1935 und 1940 in diesem Band zeigen, bildeten die eigentlichen Panzerverbände nur den Kern einer solchen Division, dem die übrigen Truppenteile zur Unterstützung beigegeben waren.

Neu, und hiermit auch eine konsequente Ausnutzung technischer Möglichkeiten, war die vorrangige Bedeutung, die man dem gemeinsamen Handeln mit den Luftstreitkräften von nun an beimaß. Auch dies war eine Folge der Maxime vom »Gefecht der verbundenen Waffen«. Der spätere Generalfeldmarschall Erich von Manstein, ebenfalls von der Denkschule des Generalstabes geprägt, sollte dann 1940 mit seinem kühnen »Sichelschnittplan«, an dessen Gelingen Generaloberst Guderian maßgeblichen Anteil hatte, erstmalig eine weiträumige Durchbruchsoperation mit gepanzerten Verbänden im Westfeldzug planen[33].

In Mansteins genialem Sichelschnittplan wurden die oben beschriebenen Grundsätze operativen Denkens, wie sie von den führenden Militärs in den 30er Jahren entwickelt worden waren, geradezu auf die Spitze getrieben. Doch waren die Erfolge im Westfeldzug, und dies gilt auch noch für die Anfangserfolge des Rußlandfeldzuges, nicht allein von Exponenten der »Guderian-Schule« errungen, »sondern auch von Generalen, die ihr lange mit großer Skepsis gegenübergestanden haben, aber trotzdem die Grundsätze des Bewegungskrieges beherrschten und in der Lage waren, im Sinne des [. . .] Operationsplanes zu handeln. Die geistigen Voraussetzungen wie das Handwerkszeug [d. h. hier nicht zuletzt auch die modernen technischen Waffensysteme, Anm. d. Verf.] für eine operative Kriegführung waren aus der Schulung des Reichsheeres vorhanden[34].«

Beim Aufbau der Bundeswehr war man sich von Anfang an im klaren, daß das Heer, dem Stand der allgemeinen technischen und industriellen Entwicklung entsprechend, weitestgehend aus vollmechanisierten Kampfverbänden bestehen müsse. Wie die Beiträge von Karl-Theodor Schleicher und Edelfried Baginski aufzeigen, wurden diese organisatorisch und auch hinsichtlich der technischen Konfiguration ihres Gerätes nach dem Prinzip der operativen Kampfführung für das »Gefecht der verbundenen Waffen« konzipiert. Bereits aufgrund einer allgemeinen Motorisierung und der Verfügbarkeit über vielfältige leistungsfähige elektronische Fernmeldesysteme sowie angesichts einer stets quantitativen Unterlegenheit hatte die militärische Führung der Teilstreitkraft Heer in der Bundeswehr klar erkannt, daß sie ihren Verteidigungsauftrag nur durch bestmögliche Ausnutzung des Elements der Bewegung und mit hoher Flexibilität in der Führung erfüllen konnte. So sind denn auch in allen seit 1955 unter den jeweils gültigen militärpolitischen Rahmenbedingungen entwickelten Einsatzgrundsätzen Prinzipien der operativen Bewegung und des »Gefechtes der verbundenen Waffen« bestimmend geblieben.

Kern des Verteidigungspotentials des deutschen Heeres sind die gepanzerten Kampftruppen mit ihren technisch modernen und leistungfähigen Waffensystemen, den Kampfpanzern LEOPARD 1 und 2 sowie dem Schützenpanzer MARDER. Wenn, wie der Inspekteur des Heeres im Grußwort dieses Bandes erklärt, nach der Wiedervereinigung mit weniger Kräften in einem größeren Raum der Verteidigungsauftrag zu erfüllen ist, so kommt dem Gedanken der operativen Bewegung erneut eine wichtige Bedeutung zu. Damit bewährt sich eine Tradition militärischen Denkens, die vor mehr als hundert Jahren der große Militärtheoretiker Helmuth Graf von Moltke begründet hat, aufs neue.

1 Basil H. Liddell Hart: The Tanks. The History of the Royal Regiment and its predecessors Heavy Branch Machine Gun Corps, Tank Corps and Royal Tank Corps, 1914–1945, Band 1 (1914–1939), London 1959, S. 69 f.
2 Vgl. Paprotka: Taktische Einsätze, in diesem Band.
3 Winfried Heinemann: The Development of German Armoured Forces 1918–1940, in: Armoured Warfare, hrsg. von J. P. Harris und F. H. Toase, London 1990, S. 51.
4 Hans Linnenkohl: Vom Einzelschuß zur Feuerwalze. Der Wettlauf zwischen Technik und Taktik im Ersten Weltkrieg, Koblenz 1990, S. 15: 1885 brachte der amerikanische Erfinder Hiram Maxim das erste funktionsfähige Modell eines Maschinengewehrs heraus, das als Rückstoßlader konstruiert war.
5 Linnenkohl, S. 59: 1885 erfand der französische Hauptmann Locard eine hydropneumatische Brems- und Vorholeinrichtung für Geschützrohre. 1888 reichte Dipl.-Ing. Konrad Hauser der Direktion der Krupp-Werke eine Denkschrift ein, worin eine solche Konstruktion detailliert beschrieben war.
6 Das 1898 eingeführte Gewehr 98, es wurde um 1890 aus dem Gewehr 88 entwickelt, wird heute noch im wesentlichen unverändert als Jagdwaffe gebaut.
7 Linnenkohl, Kapitel 2: S. 33–42, und Kapitel 10: S. 149–157.
8 Johann von Bloch: Der Krieg, Übersetzung aus dem Russischen, Band I bis Band VI, Berlin 1899.
9 D. J. Fletcher: The Origin of Armour, in: Armoured Warfare, S. 5.
10 Der große Herder, Band 6, Freiburg 5 1955, S. 1490: Stichw.: Otto.
11 Der große Herder, Band 5, Freiburg 5 1956, S. 1020: Stichw.: Daimler.
12 Fletcher, S. 5.
13 Abruck dieser Patentschrift mit Zeichnungen in: Waffenrevue, Nr. 4, Nürnberg 1972, S. 526 f.
14 Vgl. Kaufhold-Roll in diesem Band, S. 23.
15 Ebd., S. 54.
16 Hier vor allem vgl.: Die ersten deutschen Kampfpanzer, o. Verf. in: Waffenrevue, Nr. 4, S. 523–529. Siehe auch: Wolfgang Schneider, Rainer Strasheim: Deutsche Kampfwagen im 1. Weltkrieg. Der A7V und die Anfänge deutscher Panzerentwicklung, Das Waffenarsenal, Band 112, Friedberg 1988, S. 3.
17 Linnenkohl, passim. Alles dort beschriebene Gerät, vom Infanteriegewehr bis hin zu den schwersten Geschützen waren Entwicklungen, die von privaten Unternehmen durchgeführt worden waren. Das war damals international üblich. Lediglich im Kriegsschiffbau gab es in Deutschland Werften und Konstruktionsbüros in staatlichem Besitz, die dem Reichsmarineamt unterstanden und seit den 60er Jahren des 19. Jahrhunderts Konstruktionspläne für Kriegsschiffe als erste komplexe Waffensysteme überhaupt erarbeiteten.
18 Kaufhold-Roll in diesem Band, S. 20.
19 Ebd., S. 56.
20 Vgl. hierzu für den Panzerbau in Deutschland die grundlegende Arbeit von Hartmut H. Knittel: Panzerfertigung im Zweiten Weltkrieg. Industrieprodukte für die deutsche Wehrmacht, Wehrtechnik und wissenschaftliche Waffenkunde, Band 2, Verlag E. S. Mittler & Sohn, Herford-Bonn 1988.
21 Erich Menke: Militärtheoretische Überlegungen im deutschen Generalstab vor dem Zweiten Weltkrieg über den Einsatz von Panzern, in: Revue Internationale d'Histoire Militaire, No. 71, 1989, S. 151–163.
22 Operatives Denken und Handeln in deutschen Streitkräften im 19. und 20. Jahrhundert (= Vorträge zur Militärgeschichte, Band 9), hrsg. vom Militärgeschichtlichen Forschungsamt, Verlag E. S. Mittler & Sohn, Herford-Bonn 1988. Die operative Idee und ihre Grundlagen. Ausgewählte Operationen des Zweiten Weltkrieges (= Vorträge zur Militärgeschichte, Band 10), hrsg. vom Militärgeschichtlichen Forschungsamt, Verlag E. S. Mittler & Sohn, Herford-Bonn 1989. Operatives Denken bei Clausewitz, Moltke, Schlieffen und Manstein, hrsg. vom Militärgeschichtlichen Forschungsamt, Verlag E. S. Mittler & Sohn, Herford-Bonn 1989. Entwicklung, Planung und Durchführung operativer Ideen im Ersten und Zweiten Weltkrieg, hrsg. vom Militärgeschichtlichen Forschungsamt, Operatives Denken und Handeln in deutschen Streitkräften 2, Verlag E. S. Mittler & Sohn, Herford-Bonn 1989.
23 Heinemann, S. 51–69.
24 Carl-Gero von Ilsemann: Das operative Denken des Älteren Moltke, in: Operatives Denken und Handeln in deutschen Streitkräften im 19. und 20. Jahrhundert, S. 26 f.
25 Roland G. Foerster: Das operative Denken Moltke des Älteren und die Folgen, in: Operatives Denken bei Clausewitz, Moltke, Schlieffen und Manstein, S. 28.
26 Karl-Volker Neugebauer: Operatives Denken zwischen dem Ersten und Zweiten Weltkrieg, in: Operatives Denken und Handeln in deutschen Streitkräften im 19. und 20. Jahrhundert, S. 119.
27 Hierzu sei auf einen Beitrag verwiesen, der 1991 erscheinen wird: Karl-Heinz Frieser: Der Westfeldzug (1940) und die »Blitzkrieg«-Legende, Militärgeschichtliches Beiheft zur Europäischen Wehrkunde/Wehrwissenschaftliche Rundschau.
28 Heinz Guderian: Erinnerung eines Soldaten, Heidelberg 1951, S. 54.
29 Zur Persönlichkeit Guderians siehe auch Georg Meyer: Generaloberst Guderian. Zur Erinnerung an seinen 100. Geburtstag, Militärgeschichtliches Beiheft zur Europäischen Wehrkunde/Wehrwissenschaftliche Rundschau, Heft 3, 1988.
30 Klaus Jürgen Müller: General Ludwig Beck. Studien und Dokumente zur politisch-militärischen Vorstellungswelt und Tätigkeit des Generalstabschef des deutschen Heeres 1933–1938, Boppard 1980, S. 465.
31 Menke, S. 155.
32 Heinz Guderian: Die Panzertruppen und ihr Zusammenwirken mit anderen Waffen, Berlin 1940, S. 25–32.
33 Karl-Heinz Frieser: Die Durchführung des »Sichelschnittplanes« am Beispiel der Panzergruppe Kleist, in: Operatives Denken bei Clausewitz, Moltke, Schlieffen und Manstein, S. 61–92.
34 Neugebauer, S. 120.

Heinz Kaufhold-Roll

Die Entwicklung von Technik und Taktik im Ersten Weltkrieg

Technik und Taktik zu Beginn des Ersten Weltkrieges

In der Zeit zwischen dem Deutsch-Französischen Krieg von 1870/71 und dem Ausbruch des Ersten Weltkrieges vollzogen sich auf der Basis industriell-technischer Entwicklungen der wirtschaftlich führenden Staaten tiefgreifende Veränderungen des Militärwesens. Rasche Fortschritte in den Naturwissenschaften, in Industrie und Technik ermöglichten es, die Streitkräfte mit neuen Waffen auszustatten. Als bestimmende Entwicklungstendenz zeichnete sich eine zunehmende Mechanisierung sowie – seit der Jahrhundertwende – Motorisierung der Armeen ab, die zu einer erheblichen Erhöhung der Feuerkraft und Beweglichkeit der Streitkräfte führten.

Die wichtigsten militärtechnischen Neuerungen, die diese Entwicklung zum Ausdruck brachten, waren rauchschwaches Pulver von weitaus höherer Treibkraft im Gegensatz zu herkömmlichen Pulversorten, weitreichende Gewehre kleineren Kalibers als Mehrlade- und Maschinengewehre, die die Feuerkraft der Infanterie vervielfachten und die Erfindung der Rohrrücklaufbremse, die die Konstruktion von Schnellfeuergeschützen ermöglichte und zusammen mit der Entwicklung neuer Beobachtungs- und Richtgeräte die Feuergeschwindigkeit und Treffsicherheit der Artillerie

erheblich erhöhte[1]. Bis zum Kriegsausbruch 1914 hatte sich gegenüber den Einigungskriegen die Waffenwirkung der Handfeuerwaffen und der Feldartillerie verzehnfacht, die der Artillerie insgesamt vervier- bis verfünffacht. Die ballistische Leistung der Infanteriegewehre hatte um das vierfache, die der Geschütze um das dreifache zugenommen[2].

Seit der Jahrhundertwende erbrachte die nun einsetzende Verwendung des Verbrennungsmotors grundlegend neue Möglichkeiten für den Land- und Seekrieg, wobei die Entwicklung des Flugzeugs und des Unterseeboots der Kriegführung neue Dimensionen erschloß. Zur Nachrichtenübermittlung und Truppenführung über große Entfernungen trat neben Telefon und Telegraf die Funktechnik. Für die Mobilmachung und den Aufmarsch gewann die Eisenbahn weiter an Bedeutung[3].

Die Ausrüstung der europäischen Armeen mit diesen neuen waffentechnischen Entwicklungen, die verstärkt in die letzte Dekade vor Kriegsausbruch 1914 fiel – in Deutschland Einführung der Feldkanone 96 n/A von 1905–1908, der leichten Feldhaubitze 98.09 mit Rohrrücklauf seit 1910, beschleunigte Einführung des Maschinengewehrs 08 seit 1908, Einführung des Gewehrs 98 seit 1898 –, führte zu einer einseitigen Verstärkung der Feuerkraft. Es entstand ein Mißverhältnis zwischen der Waffenwirkung und den Prinzipien der Bewegung. Die Armeen wurden in der Abwehr stärker als im Angriff.

Kaisermanöver 1913
Infanterieregiment in Schützenlinie
Bundesarchiv Koblenz

Das bestehende Kriegsbild wurde durch diese Entwicklung revolutioniert. Die Defensive wurde gegenüber der Offensive die stärkere Kampfform, frontale Angriffe der Infanterie waren kaum noch mit Aussicht auf Erfolg durchzuführen, die Kavallerieattacke war angesichts der Abwehrkraft der Schnellade- und Maschinengewehre sinnlos geworden. Für Angriff wie auch erst recht zur Abwehr mußten Feldbefestigungen angelegt werden. Dies mußte zwangsläufig zu einem Stellungskrieg führen, der die Dauer zukünftiger Kriege erheblich verlängern würde.

Diese aufgrund der waffentechnischen Fortschritte sich ergebenden Konsequenzen zeichneten sich bereits im Verlauf des Russisch-Japanischen Krieges (1904/5) ab, der dem Stellungskrieg des Ersten Weltkrieges bis in Einzelheiten gleichkam. In ihm entwickelten Maschinengewehre und Artillerie eine solche Feuerkraft, daß Bewegungen auf dem Gefechtsfeld unmöglich wurden und sich die Soldaten schließlich in gut ausgebauten Stellungen gegenüberlagen[4].

Die technisch-taktischen Erfahrungen dieses Krieges und der waffentechnischen Enwicklungen wurden in Europa nicht übersehen. Diese nehmen in den militärtheoretischen Erörterungen der Vorkriegszeit einen breiten Raum ein[5]. Deren richtige Einschätzung kam jedoch fast ausschließlich von nichtoffizieller Seite. Der Militärschriftsteller Johann v. Bloch antizipierte 1899 in seinem Werk »Der Krieg der Zukunft« das Kriegsbild des späteren Stellungskrieges mit verblüffender Genauigkeit[6].

Alfred Graf v. Schlieffen, von 1891 bis 1905 Chef des deutschen Generalstabes, beschrieb nach seinem Ausscheiden aus dem Militärdienst das Schlachtfeld der Zukunft im Jahre 1909 mit den Worten: »Nichts ist auf der weiten Öde zu sehen, [. . .] kein Reiter ist zu erblicken. Die Kavallerie muß ihre Aufgaben außerhalb der Tätigkeit der beiden anderen Waffen suchen[7].« Schlieffen hielt im Gegensatz zu den Führungsstäben der europäischen Armeen auch eine Wiederholung ostasiatischer Verhältnisse auf europäischen Schlachtfeldern für möglich[8].

In den Generalstäben Europas schloß man sich diesen Analysen nicht mit dieser Konsequenz an. Man erkannte, daß das Problem des Angriffs in der Annäherung an den Feind, in fehlendem Schutz, mangelnder Feuererkraft und zu geringer Beweglichkeit der die Stoßkraft sichernden Waffen – besonders der stürmenden Infanterie – bestand.

Zur Lösung des Problems wurden taktische Vorschriften weitgehend geändert; die taktischen Formen wurden aufgelöst. Im feindlichen Feuer sollte der Angriff der Infanterie unter Ausnutzung jeder Geländedeckung in Schützenlinie oder Schützenreihe erfolgen. Zur Verstärkung der Feuerkraft der angreifenden Infanterie betonten die Exerzierreglements den Kampf der verbundenen Waffen. Neben der indirekten wurde auch eine direkte Unterstützung der Infanterie durch Artillerie und Maschinengewehre gefordert. Um den Angriff in Bewegung zu halten, richtete man die Taktik ganz darauf aus, die feindliche Feuerzone möglichst schnell zu durchschreiten. Viele Taktiker waren noch davon überzeugt, daß die Schlachtentscheidung durch den Sturmlauf der Infanterie mit der blanken Waffe und durch die geschlossene Attacke der Kavallerie herbeigeführt werde[9].

In der Praxis waren solche Angriffe nicht durchführbar. Die Infanterie konnte ohne direkte Unterstützung schwerer Waffen nicht stürmen, und Artillerie und Maschinengewehre konnten diese Unterstützung nicht leisten, weil sie auf nahe Kampfentfer-

nungen nicht über ausreichenden Schutz und Beweglichkeit verfügten[10].

Zur Überwindung der taktischen Probleme gab es nur eine denkbare Lösung: die Entwicklung einer neuen Waffe, die Schutz, Feuerkraft und Beweglichkeit miteinander verband. Diese Waffe konnte nur das gepanzerte, bewaffnete und geländegängige Motorfahrzeug sein.

Die Schwierigkeit bestand nun darin – und hier lag das Grundproblem im Verhältnis zwischen Technik und Taktik am Vorabend des Ersten Weltkrieges überhaupt –, daß die Entwicklung des Motorfahrzeugs als Kampffahrzeug hinter der Entwicklung der Waffen, deren taktische Vorherrschaft es brechen konnte, dem Maschinengewehr und dem Schnellfeuergeschütz etwa 35 Jahre hinterherhinkte. Die ersten Automobile von Daimler und Benz stammten aus dem Jahre 1886. Feldverwendungsfähige Kraftfahrzeuge gab es frühestens ab 1910. Technisch ausgereifte Kampfwagen, die eine operative Verwendung erlaubten, standen erst seit Mitte der dreißiger Jahre zur Verfügung[11].

Die technischen Bauelemente, die den Bau von Kampfwagen möglich machten, waren vor 1914 zwar alle vorhanden, aber die Kombination dieser Bauteile zu einem zuverlässigen, feldverwendungsfähigen Kampffahrzeug, der Sprung vom Pferd zum Motor, war damals noch nicht möglich. Das Problem bestand nicht im Bau einzelner Fahrzeuge, sondern in deren Massenfertigung und in der Einführung in den Streitkräften in größerem Umfang. Es fehlten vor allem Fachkräfte für den Bau und geschulte Soldaten für die Bedienung und Wartung von Motorfahrzeugen[12].

Daß die verantwortlichen Militärs selbst daran zweifelten, mit den vorhandenen Mitteln einen Krieg führen zu können, belegt ein Satz aus den »Grundzügen der höheren Truppenführung« von 1910: »Aber das Fortschreiten der Technik, erleichterte Verbindungen, neue Bewaffnung, kurz völlig veränderte Umstände lassen die Mittel, durch die früher der Sieg erzwungen wurde, und sogar die von den größten Feldherrn aufgestellten Regeln als vielfach unanwendbar auf die Gegenwart erscheinen[13].«

Die in der Verantwortung stehenden militärischen Führer verfügten im Gegensatz zu den Militärschriftstellern jedoch nicht über die Freiheit festzustellen, daß die erhoffte bewegliche Kriegführung mit schnellen Schlachtentscheidungen mit den Mitteln der Zeit nicht möglich war. Die politische und militärische Situation in Europa hatte sich seit der Jahrhundertwende krisenhaft zugespitzt. Ein großer Krieg stand nach allgemeiner Auffassung unmittelbar bevor[14]. Kein Generalstabschef konnte in dieser Situation vor seine Regierung treten und die Fähigkeit der Streitkräfte zu einer erfolgreichen Kriegführung in Frage stellen. Die militärische Führung war deshalb bestrebt, ein möglichst sicher arbeitendes und berechenbares militärisches Instrument auf dem aktuellen Stand der Technik zu schaffen. Die Vermehrung der bestehenden Waffen war das vordringlichste Gebot, auf das alle Kräfte konzentriert wurden[15]. Die Generalstäbe standen 1914 vor der Aufgabe, Feldzüge ohne die notwendigsten Mittel zur operativen Beweglichkeit führen zu müssen.

Vom Bewegungskrieg zum Stellungskrieg

Die Armeen Europas zogen, getragen von der Begeisterung der Völker, mit großer Siegeszuversicht in den Krieg. Die Anfangserfolge der deutschen Truppen entsprachen den Erwartungen. Die deutschen Armeen drangen scheinbar unaufhaltsam durch Belgien und Nordfrankreich vor. Anfang September 1914 stand der rechte deutsche Angriffsflügel mit der Front nach Süden auf der Höhe von Paris. Dann kam der Vormarsch an der Marne zum Stehen. Für die große operative Bewegung einer Umfassung der französischen Hauptstadt im Sinne des Schlieffenplans[16] fehlten die Mittel und reichten die Kräfte nicht aus. Der Schwerpunkt der Kämpfe verlagerte sich nun immer weiter nach Norden, wo beide Parteien auf der noch freien Flanke vergeblich die Entscheidung suchten. Schließlich bildete sich eine 700 Kilometer lange Front von der Schweizer Grenze bis zur Kanalküste. Ab Mitte November trat an der gesamten Westfront ein völliger Stillstand der Bewegungen ein. Die Armeen lagen sich in Schützengräben gegenüber. Es war zu dem Stellungskrieg gekommen, den die Generalstäbe vor Kriegsausbruch für undenkbar erklärt hatten.

Neben den Schwächen im Bereich der operativen Führung, taktischen Fehlern (frontale Angriffe von Infanterie und Kavallerie ohne ausreichende Artillerievorbereitung), vor allem aber der operativen Unbeweglichkeit der noch nicht motorisierten Truppe, deren Beweglichkeit vorwiegend von den Eisenbahnlinien abhängig war, welche der Gegner nachhaltig durch Störmaßnahmen beeinträchtigt hatte und einem generellen Mangel an Kräften, an Artilleriemunition sowie wegen einer allgemeinen Erschöpfung der Truppe[17], nicht zuletzt durch die gewaltigen Fußmärsche, war es vor allem die Abwehrkraft der modernen Feuerwaffen und damit der Verlust der Stoßkraft des Angreifers auf dem Gefechtsfeld, die zum Zusammenbruch des alten Kriegsbildes und zum Stellungskrieg geführt hatten. Nicht nur im Sturm gegen befestigte Feldstellungen, sondern auch im Begegnungsgefecht standen die durch die Feuerkraft der Mehrlade- und Maschinengewehre hervorgerufenen Verluste auf beiden Seiten in keinem Verhältnis zum Erfolg. Das Gewehr- und Maschinengewehrfeuer des Verteidigers konnte jede Angriffbewegung niederhalten. Die Feuerunterstützung für die angreifende Infanterie durch eigene Maschinengewehre und Feldartillerie reichte wegen der mangelnden Beweglichkeit und des fehlenden Schutzes dieser Waffen im günstigsten Fall bis an die oberste Sturmentfernung (300 Meter)[18]. Im Sturm stand die Infanterie allein. Ihr fehlte es an Feuerkraft und Schutz. Deshalb suchte sie ihr Heil in der raschen Vorwärtsbewegung, in der Flucht nach vorn. Jeder Erfolg, jeder gelungene Sturm auf ein Dorf, ein Wäldchen, ein Bahndamm wurde so zum Pyrrhus-Sieg. Man erlitt Verluste, die bei einer Entscheidungsschlacht an einem einzigen Tag hätten hingenommen werden können, nicht aber Tag für Tag in den Einzelgefechten. Die Regimenter auf beiden Seiten bluteten aus[19].

Beim Angriff auf systematisch angelegte Feldbefestigungen wurde jeder Frontalsturm unmöglich. Das galt nicht nur für die deutschen Truppen, sondern auch für die Gegenangriffe der Franzosen und Engländer[20].

Im Abwehrfeuer der Schnellfeuergewehre brachen Infanterieangriffe auf kürzeste Entfernung zusammen. Zusammenbruch eines französischen Sturmangriffs vor den deutschen Linien im Sommer 1917
Bundesarchiv Koblenz

Es gab keine erfolgreiche Angriffstaktik mehr. Das stellte das amtliche deutsche Kriegswerk selbst fest, als es schrieb, daß »ein frontaler Angriff auf einen zur Verteidigung entschlossenen und vorbereiteten Gegner mit den zur Zeit zur Verfügung stehenden Mitteln nicht möglich« war[21].

Was für die Infanterie galt, galt in noch stärkerem Maße für die Kavallerie. Sie erlitt nicht nur hohe Verluste bei Angriffen, sondern konnte auch ihrer Hauptaufgabe, der bewaffneten Aufklärung, infolge nicht ausreichender Waffenwirkung gegen den aufzuklärenden Feind und wegen frühzeitiger Erschöpfung der Pferde nicht gerecht werden[22].

Der Stellungskrieg, der von nun an das Gesicht des Krieges bestimmte, war ein entscheidender Einschnitt in der Geschichte der Kriegskunst und der Militärtechnik. Die Frage war, wie schnell die militärischen Führungsstäbe aller Staaten zu neuen Formen der Kriegführung finden würden, die Erfolg versprachen, ohne die Menschenverluste ins Unendliche zu steigern.

Die Krise der Taktik – Suche nach neuen Waffen

Deutsche wie Alliierte hofften zunächst, der beginnende Stellungskrieg bedeute nur einen vorübergehenden Zustand. In der Furcht, die Preisgabe des so blutig erkämpften und verteidigten Bodens könne als Eingeständnis einer Niederlage gewertet werden, konnten sich die Heeresleitungen nicht dazu entschließen, ihre Frontlinien so zu begradigen, daß sie für die Anlage von Stellungen gute Voraussetzungen boten. Die Fronten erstarrten im Kampfgelände der letzten Schlachten im Herbst 1914.

Es entstand ein Verteidigungssystem, das aus gut ausgebauten, durchlaufenden Schützengräben für die vorn eingesetzten Kampftruppen und deren Reserven bestand und das durch ein System von Verbindungsgräben den gedeckten Anmarsch der Ablösungen und den Transport des Nachschubs ermöglichte. Die Stellungen wurden in die Tiefe gegliedert und schlossen nach vorne mit einem Vorfeld, dem Niemandsland, zum Gegner hin ab. Geschützt wurden die Gräben durch ein undurchdringliches Gewirr von Stacheldraht und Minenfeldern. Stollenbauten und Unterstände gaben den Soldaten bestmöglichen Schutz auch gegen den Beschuß schwerer und schwerster Kaliber und verliehen den Stellungssystemen im Laufe der Zeit festungsartigen Charakter[23].

Der Stellungskampf brachte sehr rasch eine Vervollkommnung und starke Vermehrung der bestehenden Waffen, besonders der Maschinengewehre und der Artillerie aller Kaliber. Außerdem wurden neue Waffen entwickelt, die den Erfordernissen des Stellungskrieges entsprachen: neue Geschütze, Munition mit verbesserter Spreng- und Splitterwirkung, Flammenwerfer, Minenwerfer und Handgranaten. Entsprechend der Waffenproduktion mußte die Munitionsfertigung gesteigert werden[24].

Das Scheitern des Bewegungskrieges in der Anfangsphase des Krieges und der daraus entstandene Stellungskrieg ließen die Frage des operativen Durchbruchs und mehr noch dessen Erweiterung zum Grundproblem der Kriegskunst werden. Beide Seiten sahen zunächst eine Lösung in der massierten Artillerievorbereitung des Infanterieangriffs. Die Artillerie wurde vermehrt und der Munitionseinsatz gesteigert. Die Franzosen gingen hier voran. Trotz stärksten Artillerieeinsatzes gelang ihnen jedoch in der Champagne im Februar/März 1915 bei gleichzeitig schwersten Verlusten kein Durchbruch durch die deutsche Front. Das Ergebnis dieser Schlacht hätte die militärischen Führungsstäbe aller Staaten bereits in dieser frühen Phase des Krieges zu der Einsicht bringen müssen, daß die Unzulänglichkeit des Artillerieeinsatzes kein wirksames Mittel für einen Durchbruch war[25].

Zu dieser Erkenntnis kam es jedoch nicht, jedenfalls nicht bei den entscheidenden Stellen. Statt dessen versuchte man, den Durchbruch durch den sich immer mehr steigernden Einsatz der Artillerie zu erzwingen. Die Artillerieschlacht entstand. Für die Vorbereitung des Angriffs wurde das Verfahren des »Trommelfeuers« entwickelt, bei dem die zu erstürmenden Stellungen sturmreif geschossen werden sollten. Anfangs dauerte das Trommelfeuer 4–5 Stunden, später zog es sich über Tage hin. Der Munitionsverbrauch stieg ins Unermeßliche. In der ersten großen Artillerieschlacht, der ersten Champagneschlacht im Februar 1915, wurden in fünf Tagen 257 000 Artilleriegeschosse leichten und 65 000 Geschosse schweren Kalibers verschossen, was etwa 10 000 Schuß pro Angriffskilometer ergab. Beim Sturm selbst sollte die Artillerie der Infanterie eine Bresche bahnen, indem das Artilleriefeuer während des Sturmes in Form einer »Feuerwalze« vor den Sturmtruppen herlief. Die Verteidiger antworteten dieser artilleristischen Herausforderung mit »Störungs-«, »Vernichtungs-« und »Sperrfeuer«. Es entstand die »Material- oder Abnutzungsschlacht«, die nur durch die stärkste Anspannung der Rüstungsindustrie, die damit eine immer größere Bedeutung für die Kriegsentscheidung gewann, durchgefochten werden konnte. An der Somme versuchten die Alliierten 1916 mit »Angriffen mit begrenztem Ziel«[26], sich buchstäblich Graben für Graben durch die deutschen Linien »hindurchzufressen«. Diese Taktik brachte bis zum Abbruch der Kämpfe nach fünf Monaten 8 Kilometer Geländegewinn bei 750 000 Mann Verlusten. Die deutschen Verluste waren nicht viel geringer. Die Vormarschgeschwindigkeit wurde nicht mehr in Kilometern pro Tag, sondern in Metern pro Woche gemessen. Dieser Kampfführung stellte die deutsche Oberste Heeresleitung unter Erich v. Falkenhayn vor Verdun die »Ermattungs- oder Zermürbungsstrategie« entgegen. Dabei sollte der Gegner mit begrenzten Kräften an einem empfindlichen Abschnitt seiner Front gebunden und zu fortwährenden Gegenangriffen veranlaßt werden. Dies sollte ihn zur Verausgabung seiner Reserven zwingen, während die eigenen Reserven geschont würden. Dadurch sollte der Gegner so geschwächt werden, daß man möglicherweise wieder zum Bewegungskrieg übergehen konnte[27]. Diese Variante der Abnutzungsschlacht führte ebenfalls zu keinem Erfolg. Die »Maasmühle« verschlang ebenso viele deutsche wie französische Soldaten, eine entscheidende Schwächung des Gegners wurde nicht erreicht.

Die Materialschlachten zeigten, daß ein Verwandeln der Gräben in ein Trichterfeld die Verteidigungskraft nicht brach und daß bei dem damaligen Stand der Waffentechnik im Stellungskrieg eine disziplinierte Truppe auch den Angriffen zahlen- und materialmäßig weit überlegener Kräfte standzuhalten vermochte. Die Steigerung des Materialeinsatzes in einem durch die Schußweite der Artillerie begrenzten Raum konnte keine Entscheidung bringen, weil sich die Waffenwirkung beider Seiten aufhob. Dasselbe galt für die Verwendung von chemischen Kampfstoffen, die seit 1915 auf beiden Seiten eingesetzt wurden.

Um den Durchbruch durch eine vorbereitete Stellungsfront, der durchaus nicht an einem Tag erfolgen mußte, zu schaffen, mußte das mindeste Ziel des ersten Tages die Wegnahme der feindlichen Artilleriezone in ihrer gesamten Tiefe sein. Es durfte kein Stocken in der Angriffsbewegung bis zum völligen Durchstoßen sämtlicher Verteidigungslinien geben und dem Gegner keinesfalls gelingen, sich in rückwärtigen Stellungen erneut festzusetzen. Nach geglücktem Durchbruch war es von großer Bedeutung, den Angriff in Schwung zu halten und so schnell wie möglich die operativen Ziele zu erreichen, bevor der Gegner zu einem Gegenstoß ansetzen konnte. Ein solcher Durchbruch war der damaligen Infanterie nicht möglich, deren Angriffstempo trotz aller damals eingeführten waffentechnischen Verbesserungen im Grunde genommen nicht wesentlich gesteigerten werden konnte.

Seit September 1916 wurden von den Alliierten Kampfwagen eingesetzt. Die technische Unzuverlässigkeit der ersten Panzer, der Mangel an ausgebildetem Personal und fehlende Industriekapazität für die Massenfertigung der Kampfwagen führte dazu, daß die neue Waffe nur allmählich an der Front eingesetzt werden konnte. Deshalb wurde die Artillerieschlacht als Grundform der Gefechtsführung an der Westfront bis Kriegsende beibehalten. Mit zunehmender Zuverlässigkeit und Verfügbarkeit von Kampfwagen wurde in den Schlachten des Jahres 1918 der Artillerieeinsatz auf einen heftigen Feuerschlag bei Angriffsbeginn und gezieltes Stör- und Vernichtungsfeuer auf Schwerpunkte der Verteidigung reduziert. Der Durchbruch durch die gegnerische Front beruhte immer stärker auf dem massierten Kampfwageneinsatz im Zusammenwirken mit der Artillerie und der Infanterie.

Ernest D. Swinton, hier als Oberst und Commandant of the Royal Tank Corps. Auf seine Initiative hin erfolgte die Konstruktion der ersten Kampfwagen in England   Tank Museum Bovington Camp

Der Panzerbau und der Aufbau der Panzertruppe in Großbritannien und Frankreich

Großbritannien

Daß die Entente-Mächte im Ersten Weltkrieg in größerem Umfang über Panzer verfügen konnten, verdanken sie der persönlichen Initiative einiger technisch versierter Offiziere und Politiker sowie ihrem überlegenen Industriepotential und den Rohstoffressourcen. In Großbritannien waren diese Männer vor allem Ernest D. Swinton und Winston S. Churchill.

Swinton, bei Kriegsausbruch bei den Royal Engineers aktiv, war im Herbst 1914 offizieller Berichterstatter beim Britischen Expeditionskorps (British Expeditionary Forces, B. E. F.) in Frankreich[28]. Im Spätsommer 1914 wurde er Augenzeuge der vergeblichen, sehr verlustreichen Angriffe der Briten gegen die deutschen Schützengräben in Nordfrankreich und ersann eine technische Lösung zur Überwindung der Stellungen des Gegners: ein gepanzertes und bewaffnetes Gleiskettenfahrzeug auf der Basis des Vollkettenschleppers vom Typ »Baby-Caterpillar« der amerikanischen Firma Holt-Manufacturing Company. Im Herbst 1914 unterbreitete er seine Vorstellungen über die Konstruktion und die Einsatzweise seines Kampfwagens – von ihm »Maschinengewehrzerstörer« genannt – als Denkschrift den verantwortlichen Stellen. Die Schrift, die in Umrissen bereits die wichtigsten technischen und taktischen Forderungen der späteren Erstkonstruktion aufwies, erregte zwar Aufsehen, fand aber zunächst keine Befürworter. Sowohl das Hauptquartier des Britischen Expeditionskorps (General Head Quarter, G. H. Q.) als auch das

englische Kriegsministerium lehnten Swintons Vorschläge ab[29]. Winston S. Churchill, der die Stellung des Ersten Lords der Admiralität bekleidete und der dem Gedanken der Nutzung von Motorfahrzeugen zu militärischen Zwecken grundsätzlich aufgeschlossen gegenüberstand, griff die Anregungen Swintons auf und ließ seit dem Spätherbst 1914 ohne Wissen der vorgesetzten Stellen Versuche mit gepanzerten Rad- und Gleiskettenfahrzeugen durchführen. Nach umfangreichen Versuchen erkannte man, daß eine ausschließlich auf Gleisketten laufende Maschine die an die Geländegängigkeit des Fahrzeuges gestellten Forderungen am besten erfüllte und konstruierte und baute den LITTLE WILLIE, ein reines Gleiskettenfahrzeug[30].

Im Sommer 1915 gelang es Swinton und Churchill, unterstützt von einigen Offizieren, die ihre Vorstellungen teilten, nach immensen Schwierigkeiten, durch hartnäckige persönliche Bemühungen der Idee des Kampfwagens zu einem gewissen Durchbruch zu verhelfen. Am 22. Juni 1915 forderte das G. H. Q. vom Kriegsministerium unter bezug auf Swintons Denkschrift offiziell den Bau von Panzern[31].

Der bereits recht weit entwickelte LITTLE WILLIE wurde nach Vorschlägen von Oberst Swinton modifiziert. Das neue Fahrzeug, das die Tarnbezeichnung MOTHER erhielt, war der Prototyp aller englischen Panzer der späteren MARK-Baureihe. Das kastenförmige Aussehen des Kampfwagens brachte Oberst Swinton zusammen mit Oberst Dally Jones auf den Namen »tank« als

BABY-HOLT-CATERPILLAR, Vollkettenschlepper mit 45-PS-Vierzylindermotor
BA-MA N 610-4 Nachlaß Petter

Tarnbezeichnung für das Fahrzeug[32]. Die Bezeichnung setzte sich bald allgemein als Name für die neue Waffe durch. Nach Fahr- und Schießversuchen wurde MOTHER am 2. Februar 1916 den militärischen und politischen Führungsspitzen vorgeführt. Zwar bezeichnete der Kriegsminister, Lord Kitchener, den Panzer als »nettes mechanisches Spielzeug«, das an der Front keine Wende würde herbeiführen können, weil die Panzer durch die feindliche Artillerie schnell außer Gefecht gesetzt werden würden[33], aber die Mehrzahl der Beobachter war beeindruckt und überzeugt, hier eine Waffe zu sehen, mit deren Hilfe an der Front Entscheidendes geleistet werden könne. Man beschloß, den Panzer in einer größeren Stückzahl zu bauen.

Die Panzer erhielten die Serienbezeichnung MARK-I. Die schweren Panzer der MARK-Reihe wurden das Rückgrat der englischen Panzertruppe. Notwendige Verbesserungen, die in die laufende Fertigung einflossen (stärkere Panzerung und Motoren, bessere Gleisketten, Verbesserung der Waffenanlage, größere Tanks usw.) führten zur Herausbildung der Baureihen MARK I-V[34]. Die Panzer wurden in einer Ausführung als Kanonen-Panzer und einer als Maschinengewehr-Panzer gebaut. Die Bordwaffen waren in Seitenerkern rechts und links am Aufbau eingebaut. Außerdem verfügten die Panzer über ein Bug-MG. Im Gefecht fiel den Kanonen-Panzern die Aufgabe zu, der stürmenden Infanterie den Weg in die feindlichen Stellungen zu bahnen. Die MG-Panzer

LITTLE WILLIE, Baubeginn 11. 8. 1915. Am 8. 9. 1915 wurde dieser erste Prototyp eines Vollkettenpanzers zum erstenmal bewegt
Sammlung Kaufhold-Roll

sollten die Kanonen-Panzer vor feindlichen Nahkämpfen schützen.

Die Panzer der MARK-Serie zeichneten sich durch eine gute Grabenüberschreitfähigkeit und hohe Kletterfähigkeit aus, waren also zur Überwindung der Stellungssysteme der Westfront gut geeignet. Dagegen war ihr umlaufendes Laufwerk empfindlich gegen Beschuß, sie waren nicht sehr schnell, die Panzerung zu schwach und die Formgebung gegen Beschuß weniger geeignet. Der Wirkungsbereich der Bordwaffen war wegen des Einbaus in die Seitenerker eingeschränkt.

Neben den schweren Panzern der MARK-Reihe wurde in England ein mittlerer Panzer entwickelt, der als Kavallerie-Begleitpanzer konzipiert war und der den von den schweren Panzern erzwungenen Durchbruch durch die feindlichen Stellungen in die Tiefe erweitern sollte. Der 1916 entworfene Prototyp TRITTON CHASER ging als MARK A (WHIPPET) in Produktion[35].

Mit der Entscheidung für den Panzerbau waren die Schwierigkeiten keineswegs überwunden. Ablauf und Umfang der Panzerproduktion in England wurden durch die je nach Erfolg oder Mißerfolg der Panzertruppe an der Front stark schwankende Einschätzung des militärischen Wertes des Panzers, aber auch durch die fortlaufenden Änderungswünsche an die im Bau befindlichen Typen beeinflußt und beeinträchtigt. Erhebliche Verzögerungen erfuhr die Panzerfertigung auch dadurch, daß sie auf der Dringlichkeitsliste der Rüstungsgüter erst an fünfter Stelle stand. Davor rangierten in dieser Reihenfolge: Flugzeuge, Munition, Geschütze, Kraftfahrzeuge und Lokomotiven[36].

Bis zum Frühjahr 1918 kamen der Panzerbau und der Aufbau der Panzertruppe wegen Material- und Personalengpässen und Fertigungsproblemen nur stockend voran. Eine Wende zugunsten des Panzerbaus brachten die zunehmenden Materiallieferungen und Truppensendungen der USA nach Großbritannien und Frankreich. Sie sicherten den Materialbedarf und den Personalsatz für das britische Tank-Korps ohne Reduzierung für die übrigen Waffengattungen[37].

Insgesamt wurden in Großbritannien während des Krieges 1865 schwere und mittlere Panzer gebaut. Eine zusammenfassende Übersicht über die Produktion gibt die folgende Tabelle (MG-Panzer in Klammern):

Panzertyp	Jahr und Stückzahl			
	1916	1917	1918	Gesamt
MARK I	75 (75)	–	–	150
MARK II	–	50	–	50
MARK III	–	50	–	50
MARK IV	–	420 (595)	–	1015
MARK V	–	–	200 (200)	400
WHIPPET	–	– (200)		200
				1865[38]

Frankreich[39]

Wie in Großbritannien waren es auch in Frankreich einige wenige Persönlichkeiten, die angesichts der blutigen und ergebnislosen Abnützungsschlachten an der Westfront zu dem Schluß kamen, daß nur eine neue Waffe den Ausweg aus der Sackgasse des Stellungskrieges bedeuten könne. Ohne daß man von der Entwicklung in England Kenntnis hatte[40], fiel in Paris nur wenig später als in London die Entscheidung für den Bau von Panzern.

Schwerer englischer Kampfwagen vom
Typ MARK IV, des meistgebauten
Modells der MARK-Reihe. Die Eisernen
Kreuze auf der Flanke des abgebildeten
Geschützpanzers zeigen, daß es sich
um einen der etwa 100 Beutepanzer
handelt, die auf deutscher Seite einge-
setzt wurden. Die Aufnahme entstand
im Bayerischen-Armee-Kraftwagen-
Park 20 (BAKP 20) in Charleroi
Bundesarchiv Koblenz

Leichter englischer Panzer vom Typ
WHIPPET, 14 to   Bundesarchiv Koblenz

Zusammengeschossener
CHAR SCHNEIDER   Bundesarchiv Koblenz

Französischer Tank vom Typ CHAR SCHNEIDER   Sammlung Kaufhold-Roll

Der entscheidende Anstoß kam vom Oberst der Artillerie Jean Estienne, der am 1. Dezember 1915 dem französischen Generalstab Pläne zum Bau eines Kampfwagens auf der Basis des auch in Frankreich als Artillerieschlepper eingesetzten BABY-HOLT-CATERPILLAR einreichte[41]. Der Panzer sollte sowohl als Kampfwagen mit vier Mann Besatzung als auch als Schützenpanzer zum Transport von 20 Mann mit Waffen gebaut werden.

Estienne stieß im Generalstab (Grand Quartier General, G. H. G.) mit seinen Vorschlägen auf großes Interesse. Sein Vorhaben wurde in jeder Hinsicht gefördert. Schon Ende Dezember 1915 konnte er den konkreten Entwurf eines Kampfwagens vorlegen. Am 25. Februar 1916 erhielt die Firma Schneider-Creusot einen Bauauftrag über die Fertigung von 400 Panzern – die nach der Herstellerfirma die Typenbezeichnung CHAR SCHNEIDER erhielten – bis zum 25. November 1916[42].

Die Entwicklung und der Bau eines französischen Kampfwagens war dank der Initiative des Obersten Estienne erstaunlich schnell in Angriff genommen worden. In der Folgezeit wurde die Panzerentwicklung jedoch durch verschiedene Schwierigkeiten gehemmt.

Französischer Tank vom Typ CHAR ST. CHAMOND   Bundesarchiv Koblenz

Zu nennen sind technische Probleme beim Panzerbau, Rivalitäten zwischen Generalstab und Kriegsministerium und die konkurrierenden Interessen der beteiligten Firmen.

Aus Rivalität zum Generalstab und unter dem Einfluß von Rüstungsfirmen, die beim Bau des CHAR SCHNEIDER nicht mit Aufträgen berücksichtigt worden waren, nahm das Kriegsministerium in Zusammenarbeit mit der Marinefirma St. Chamond eine eigene Konstruktion – den CHAR ST. CHAMOND – in Angriff, der in den taktisch-technischen Parametern den CHAR SCHNEIDER übertreffen sollte. Unter strengster Geheimhaltung gegenüber Schneider-Creusot sollten bis zum 15. November 1916 – zehn Tage früher als der Liefertermin von Schneider-Creusot(!) – ebenfalls 400 Panzer fertiggestellt werden[43]. Beide Typen litten während ihrer gesamten Bauzeit an vielen Mängeln. Sie waren technisch unzuverlässig, unzureichend gepanzert, und ihre Geländegängigkeit entsprach in keiner Weise den Anforderungen. Von beiden Panzern gab es unterschiedliche Ausführungen: mit und ohne Turm und als Nachschubwagen[44].

Charakteristisch für die französische Panzerentwicklung im Ersten Weltkrieg wurde jedoch weder der mittelschwere CHAR SCHNEIDER noch der schwere Panzer CHAR ST. CHAMOND, sondern der Bau leichter Kampfpanzer des Typs RENAULT M 17/18. Estienne hatte von einer Informationsreise nach England die Einsicht mitgebracht, daß die englischen und französischen Panzer nur als Angriffsartillerie zu betrachten seien, die zu einem vollen Erfolg der Ergänzung durch eine Angriffsinfanterie in Gestalt leichter Panzer bedürften. Nach einem Entwurf Estiennes konstruierte die Firma Renault im Herbst 1916 trotz des erheblichen Widerstands des Kriegsministeriums einen leichten Panzer, der zum meistgebauten Panzer des Ersten Weltkriegs wurde[45].

Der RENAULT M 17/18 war wendig, gut bewaffnet und ausreichend gepanzert. Da er ein relativ kleines Fahrzeug war, war seine Grabenüberschreitfähigkeit begrenzt, dafür war er aber preisgünstig zu produzieren, betriebssicher und eignete sich gut für die Großserienfertigung. Der Panzer wurde in verschiedenen Ausführungen gebaut, u.a. als MG-Panzer mit Drehturm sowie als Kanonen- und Funkpanzer mit starrem Turmbau. Der Einsatz der Renault-Panzer in großen Stückzahlen seit Sommer 1918 trug entscheidend zur taktischen Überlegenheit der alliierten Truppen bei[46]. Alle drei Panzertypen wiesen anfangs viele technische Mängel auf. Beim CHAR ST. CHAMOND waren dies Motorüberhitzung, zu schmale Ketten, Überhitzung und Kohlenmonoxydvergiftung des Kampfraumes. Der CHAR SCHNEIDER hatte ebenfalls zu schmale Ketten. Beim RENAULT M 17/18 mußte die Panzerung aller Fahrzeuge nachgenietet werden[47]. Die Behebung dieser Mängel, und die Einbringung von Verbesserungen in die laufende Produktion und die Konkurrenz der beteiligten militärischen Dienststellen und Privatfirmen führte zu erheblichen Verzögerungen aller Bauprogramme und Liefertermine.

Aber auch ohne diese Schwierigkeiten und trotz der Unterstützung von seiten des französischen Generalstabs hätte die Verwirklichung eines großangelegten Panzerprogrammes nur wenig Aussicht auf Erfolg gehabt. Die Industriekapazität in Frankreich war bei Aufnahme des Panzerbaus im Jahre 1916 völlig überlastet. Ebenso wie in England wurde deshalb auch in Frankreich der Kriegseintritt der USA am 6. April 1917 von entscheidender Bedeutung für die erfolgreiche Durchführung des Panzerbaus in den Jahren 1917 und 1918. Die Amerikaner schickten sofort nach der Kriegserklärung Personal, Fertigteile und Rohstoffe für die Panzerfertigung. Außerdem wurden 1200 Renault-Panzer in den USA bestellt, von denen bis Kriegsende der größte Teil ausgeliefert war. Ohne das amerikanische Engagement wäre es nicht möglich gewesen, binnen eineinhalb Jahren in Frankreich selbst 2500 Renault-Panzer herzustellen. Insgesamt betrug die Panzerfertigung während des Ersten Weltkrieges in Frankreich:

	Jahr und Stückzahl			
Panzertyp	1916	1917	1918	Gesamt
SCHNEIDER M 16	–	340	60	400
ST. CHAMOND M 16	–	400	–	400
RENAULT M 17/18	–	3177	–	3177
				3977[48]

Technisch-taktische Daten der Panzer der Entente-Mächte im Vergleich zum Schweren Kampfwagen (A7V) (Daten der MG-Panzer in Klammern):

	MARK IV	MARK V	ST. CHAM.	CHAR SCHN.	A7V	RENAULT M 17/18
Herstellungsjahr	1917	1918	1917	1917/18	1918	1917/18
Gewicht (to)	28 (27)	29 (28)	23	13.5	32	6,7
Länge (m)	8,05	8,05	7,91	6,01	7,35	4,94
Breite (m)	4,11 (3,20)	4,11 (3,20)	2,67	2,12	3,06	1,74
Höhe (m)	2,46	2,64	2,34	2,38	3,30	2,14
Frontpanzerung (mm)	12	14	17	24	30	22
Besatzung (Anzahl)	8	8	9	6–7	18	2
Kanone (Anzahl)	2 (0)	2 (0)	1	1	1	1 (0)
(Kaliber) (mm)	57 (0)	57 (0)	75	75	57	37 (0)
MG (Anzahl)	4 (6)	4 (6)	4	2	6	0 (1)
Motorleistung (PS)	105	150	90	70	200	40
Höchstgeschw. (Km/h)	6	7,4	8	6	12	8
Fahrbereich (km)	56	72	60	60	30–35	60
Steigfähigkeit (Grad)	35	35	35	30	25	45
Kletterfähigkeit (m)	1,20	1,50	0,40	0,40	0,40	0,60
Überschreitf. (m)	3,00	4,50	2,50	1,80	3,00	1,80
Watfähigkeit (m)	1,00	1,00	0,80	0,80	0,80	0,70[49]

Der Aufbau der englischen Panzertruppe

Die Konstruktion und Produktion der neuen Waffe, die Entwicklung von Einsatzgrundsätzen, die Auswertung erster Gefechtserfahrungen sowie die Formierung der Panzertruppe beeinflußten sich wechselseitig, sie waren untrennbar miteinander verbunden. Nachdem die Panzerfertigung angelaufen war, wurde im April 1916 mit dem Aufbau der Stammtruppe für das zukünftige Panzerkorps begonnen. Die Truppe erhielt qualifiziertes Personal. Sämliche Leute verfügten über irgendeine Sondervorbildung sowie über praktische Motorenkenntnisse. Vor dem Einsatz in Frankreich wurde die Truppe, Mannschaft wie Offiziere, gründlich geschult. Die Ausbildung erstreckte sich über mehrere Monate; Gefechtsschießen mit den Panzern, gründliche Fahrerausbildung und technische und taktische Unterweisung der Kommandanten gehörten zum Ausbildungsplan[50].

Die Organisationsstruktur der Truppe war anfangs auf eine zug- oder gruppenweise Zuordnung zu Infanterieabteilungen hin ausgerichtet. Dabei verfügte eine Kompanie über 24 Kampfwagen in vier Zügen zu je sechs Panzer, die wiederum in drei Gruppen zu je zwei Kampfwagen, davon 1 Kanonen-Panzer, gegliedert waren. Je drei Kompanien bildeten ein Bataillon mit 72 Panzern.

Leichter Französischer Tank CHAR RENAULT 1917/18, hier in der Ausführung als Geschützpanzer mit 37-mm-Bordkanone in Drehturm

BA-MA N 610-3 Nachlaß Petter

Unter dem maßgeblichen Einfluß J. F. C. Fullers, der am 1. Januar 1917 als Chef des Stabes zum Tankkorps versetzt worden war, wurde eine neue Gliederung der Panzereinheiten vorgenommen. Die Gruppe als kleinste Gliederung fiel weg. Eine Kompanie bestand nun aus drei Zügen zu je vier Kampfwagen, dazu 1 Kompanieführerpanzer, 1 Funkpanzer und 1 Nachschubpanzer. Dazu kamen beim Bataillon 12 Reservepanzer, 1 Führerpanzer, 1 Funkpanzer und 2 Nachschubpanzer. Die Neugliederung war auf den Einsatz der Panzertruppe in einem geschlossenen Verband hin angelegt.

Ziel Fullers war es, die Panzertruppe aus der Funktion einer Unterstützungswaffe der Infanterie zu lösen und zu einer selbständig agierenden Schwerpunktwaffe mit entsprechender taktischer und operativer Verwendung zu machen. Neben den Kampfverbänden wurden die notwendigen Rahmenverbände aufgestellt, alle notwendigen technischen Einrichtungen geschaffen und technische und taktische Richtlinien und Vorschriften für Ausbildung und Einsatz erarbeitet. Die Organisation der Panzerkorps nahm so feste Gestalt an.

Der Umfang der Panzertruppe wurde Anfang 1917 von einem auf neun Bataillone erweitert. Die Mißerfolge der Panzer in den Schlachten bei Arras und in Flandern im Jahre 1917, wo sich diese neuen Kampfwagen in dem durch Artilleriebeschuß aufgewühlten Erdreich oft festfuhren, gaben jedoch Anlaß, am Wert der neuen Waffe zu zweifeln. Der Ausbau des Tankkorps wurde gestoppt. Die Entwicklung der Panzertruppe stagnierte bis Mitte Juni 1918. Erst am 18. Juni 1918 wurde die Kriegsgliederung von 18 Bataillonen endgültig gesichert[51].

Der Aufbau der französischen Panzertruppe

Am 14. Juli 1916 erhielt Oberst Estienne den Auftrag für die Aufstellung von Panzereinheiten[52]. Es folgte die Einrichtung von Ausbildungslagern; Offiziernachwuchs von der Artillerie und Kavallerie traf ein, und die Personalstämme für die zukünftigen Panzereinheiten wurden gebildet. Die Truppe wurde in Abteilungen zu je 16 Kampfwagen gegliedert. Jede Abteilung bestand aus 4 Batterien zu je 4 Panzern[53]. Bis Ende Mai 1917 waren 17 Abteilungen mit Kampfwagen vom Typ CHAR SCHNEIDER und 4 Abteilungen mit Panzern vom Typ CHAR ST. CHAMOND aufgestellt, zu denen bis zum Februar 1918 weitere 8 hinzukamen. Die Absicht Estiennes, mehrere Abteilungen zu einem Regiment zusammenzufassen, scheiterte an den unzureichenden Führungsmöglichkeiten eines solchen Verbandes. Dafür wurden aus jeweils 4 CHAR ST. CHAMOND- und CHAR SCHNEIDER-Abteilungen eine Gruppe gebildet. Jede Gruppe, deren Einsatz im Rahmen eines Armeekorps geplant war, verfügte über alle notwendigen Versorgungs- und Instandsetzungsdienste. Eine Grundschule für die Stammausbildung und für die Fahrschule sowie Sonderschulen für die Schießausbildung, Instandsetzung, Funk- und Verbandsausbildung wurden eingerichtet[54].

Die im Jahr 1918 einsetzende Lieferung der leichten Kampfwagen vom Typ RENAULT M 17/18 in großen Stückzahlen führte zur Bildung weiterer Panzereinheiten. Mit den Renault-Panzern wurden leichte Panzerbataillone aufgestellt. Bis Kriegsende waren von 33 geplanten Einheiten 27 formiert. Jedes Bataillon bestand aus 3 Kompanien. Jede Kompanie war in 3 Zügen zu je 5 Panzern, zusammen 15 Kampfwagen und 10 Reservepanzer gegliedert. Entweder 3 oder 6 Bataillone bildeten ein Regiment. Als höhere Gliederung wurden 3 Panzerbrigaden gebildet, deren Stärke sich entsprechend den Neuaufstellungen ständig änderte. Alle Panzertruppen unterstanden dem Kommandierenden General der Panzertruppen.

Der Einsatz von Panzertruppen bei den Entente-Mächten

Panzertaktik und Panzereinsätze bis zum Herbst 1917

Die Führung des englischen Tankkorps hatte technische und taktischen Grundsätze für den Panzereinsatz erarbeitet, die auf den Faktoren Geheimhaltung, Überraschung und Masseneinsatz in panzergünstigem Gelände beruhten. Deshalb sollte der erste Einsatz erst erfolgen, wenn eine größere Anzahl von Panzern bereitstand. Aufgabe der Panzer sollte es sein, Gassen durch die Drahthindernisse zu walzen, die gegnerische Infanterie niederzuhalten, das Abwehrfeuer auf sich zu ziehen und es durch eigene Waffenwirkung auszuschalten und so zusammen mit der eigenen Infanterie den Durchbruch durch die feindliche Stellung zu erzwingen.

Die Panzer sollten in enger Verbindung mit der Infanterie, aber nicht in Abhängigkeit von dieser kämpfen. Dabei galt der von Fuller geprägte Grundsatz, daß die Panzer Gelände erobern und die Infanterie es besetzt und hält. Nach der Einführung verbesserter Kampfwagen sollten die Panzereinheiten unabhängig von der Infanterie selbständig kämpfen und in der Tiefe des Raumes operieren. Die Möglichkeit des operativen Einsatzes großer Panzerverbände, wie sie im Zweiten Weltkrieg Wirklichkeit wurde, deutete sich hier an. Die technische Unzuverlässigkeit aller Kampfwagenmodelle des Ersten Weltkrieges, ihre geringe Reichweite und Geschwindigkeit beschränkte in dieser Zeit jedoch ihre Verwendung auf die einer Begleitwaffe für die Infanterie.

Das britische Oberkommando ignorierte die Vorschläge des Tankkorps, die Panzer in größerer Zahl geschlossen in panzergünstigem Gelände einzusetzen. Die verfügbaren Panzer wurden bei den Offensiven der Jahre 1916 und 1917 auf der gesamten Angriffsfront in Gruppen zu zwei oder drei Kampfwagen je einem Infanteriebataillon zugeteilt, wo sie die Infanterie gegen besonders stark befestigte Wiederstandsnester vorangehen sollten. Auf die Geländeverhältnisse wurde dabei keine Rücksicht genommen[55]. Weder an der Somme, wo am 15. September 1916 der erste Panzerangriff der Kriegsgeschichte erfolgte, als 32 MARK-I Panzer, einzeln oder in Gruppen zu zwei Infanteriebataillonen zugeteilt, gegen die deutschen Stellungen vorbrachen, noch in der Flandernschlacht 1917 wurde das Ziel dieser Offensiven, der Durchbruch durch die deutschen Stellungen, erreicht. Schuld daran waren – neben der verfehlten taktischen Konzeption, die verfügbaren Panzer auf einzelne Infanterieeinheiten aufzuteilen und der jeweils zu geringen Zahl der eingesetzten Panzer[56] – technische Mängel, die den Ausfall von oft mehr als der Hälfte der eingesetzten Kampfwagen verursachten[57].

Die Einsätze zeigten jedoch, daß die deutsche Infanterie über keine wirksamen Abwehrmittel gegen die neue Waffe verfügte. Überall dort, wo die Panzer in den Kampf eingreifen konnten, wurden die Angriffsziele erreicht[58]. Trotz aller Mißerfolge führte die Analyse der Panzereinsätze zu dem Ergebnis, daß diese Waffe die Möglichkeit eröffnete, mit technisch verbesserten und in Massen eingesetzten Panzern in geeignetem Gelände die deutschen Stellungssysteme zu durchbrechen.

Die Männer des Tankkorps gelangten zu diesen Einsichten, vom englischen Oberkommando wurden diese verkannt. Im Gegenteil, die vor der Feuertaufe der Panzer geäußerten Zweifel verstärkten sich noch. Im General Head Quarter sah man nur, daß das Tankkorps Material und Personal gekostet hatte, ohne daß ihm der Durchbruch durch die deutsche Abwehrfront gelungen war. Viele Infanteriekommandeure behaupteten sogar, die Kampfwagen trügen die Schuld an den hohen Infanterieverlusten, weil sie das gegnerische Abwehrfeuer auf sich und damit auf die sie begleitende Sturminfanterie zögen.

Die Führung der französischen Panzertruppe wies den Panzern dieselben Aufgaben zu wie die britische Heeresleitung. Die Kampfwagen wurden taktisch eng an die Infanterie gebunden. Sie sollten als Begleitartillerie der Infanterie Verwendung finden. Ihre Hauptaufgabe sah man darin, zusammen mit der Infanterie gegnerische Widerstandsnester zu bekämpfen. Ein selbständiger Einsatz der Panzereinheiten, wie ihn die Führung des britischen Tankkorps für die Zukunft anstrebte, war zu keiner Zeit geplant.

Der Einsatz in panzerungünstigem Gelände, was zum häufigen Steckenbleiben der Kampfwagen führte, vor allem aber die mangelnde Geländegängigkeit und technische Anfälligkeit der

Originalbildunterschrift: »Tankabwehrposten Höhe 310«. Der Schütze bedient ein Mauser Tankgewehr, Kaliber 13 mm   Bundesarchiv Koblenz

CHAR ST. CHAMOND und CHAR SCHNEIDER hatten zur Folge, daß die Einsätze der französischen Panzer im Jahre 1917 ebenfalls nicht die erhofften Erfolge brachten und oft unter schwersten Verlusten scheiterten[59]. Die französische Heeresleitung hielt trotzdem an der neuen Waffe fest, beschloß jedoch, die Panzer in Zukunft nur noch in geeignetem Gelände einzusetzen.

Während im französischen Heer die Panzer weiterhin als reine Begleitwaffe der Infanterie angesehen wurden, eine Auffassung, die die technisch-taktischen Forderungen an die französischen Panzertypen auch nach dem Ersten Weltkrieg bestimmte, kam es bei den Briten im Jahre 1917 zu heftigen Auseinandersetzungen über die Zweckmäßigkeit des Panzereinsatzes und damit des Kampfwagens überhaupt. General Gough, der Führer der 5. Armee, faßte die Meinung der Panzergegner in dem Urteil zusammen, die Panzer seien langsam, verwundbar und könnten in ungünstigem Gelände nicht eingesetzt werden. Da jedoch das Schlachtfeld durch Artilleriebeschuß immer zum ungünstigen Gelände werde, sei der Panzer zur Kriegführung ungeeignet[60].

Das Mißtrauen gegenüber der neuen Waffe war so groß, daß das General Head Quarter im Herbst 1917 sogar die Auflösung des Tankkorps ins Auge faßte. Dagegen forderte der Kommandeur des Tankkorps die Genehmigung für eine Panzerschlacht nach den von ihm vertretenen taktischen Grundsätzen, nämlich Einsatz in panzergeeignetem Gelände, Masseneinsatz und Überraschung. Aufgrund dieses Vorschlags wurde die Auflösung des Tankkorps von der englischen Heeresleitung vom Ausgang dieser Schlacht abhängig gemacht. Für diesen alles entscheidenden Einsatz wurde ein Frontabschnitt bei Cambrai ausgewählt[61].

Die Schlacht von Cambrai[62]

Als die Panzer des britischen Tankkorps am Morgen des 20. November 1917 zum ersten operativen Einsatz geschlossener Panzerverbände anrollten, waren erstmals alle Bedingungen für einen Erfolg der Truppe gegeben. Mit 478 Panzern auf einer Angriffsfront von 12 Kilometern standen genug Kampfwagen für einen massierten Schlag bereit[63]. Da die englische Führung zum ersten Mal auf eine längere Artillerievorbereitung verzichtet hatte,

war das Angriffsgelände für die Panzer sehr gut befahrbar und die deutschen Truppen waren nicht auf einen Angriff gefaßt. Die Überraschung gelang vollkommen. Die in drei Wellen vorgehenden Panzer überrollten die deutschen Stellungen in breiter Front und walzten breite Gassen in die Stacheldrahtverhaue, durch die im Feuerschutz der Panzer dichtauf folgenden Sturmtruppen der Infanterie vorgingen und die deutschen Gräben säuberten und besetzten. Das Sperrfeuer der deutschen Artillerie wurde unterlaufen, die Artilleriestellungen bald überrollt.

Gegen Mittag hatten die Panzer ihr Gefechtsziel, die Grenze des deutschen Stellungssystems, erreicht. Der Durchbruch durch die deutsche Front war gelungen. Durch die nunmehr erschöpfte englische Angriffsfront trat die britische Kavallerie zum Stoß in die Tiefe gegen Cambrai an, der jedoch im freien Gelände im Feuer weniger deutscher Maschinengewehre zusammenbrach.

Damit war der britische Angriff zum Stillstand und gleichzeitig zu einem schnellen Ende gekommen, da keine ausreichenden Reserven für eine Fortführung des Angriffs im Sinne einer raumgreifenden operativen Bewegung bereitstanden. Die Panzer waren überholungsbedürftig. Sie wurden in den folgenden Tagen noch vereinzelt gegen deutsche Widerstandnester eingesetzt und dann zum Abtransport vorbereitet.

Der Einsatz des Tankkorps am 20. November 1917 hatte gezeigt, wie effektiv und gleichzeitig kräftesparend ein taktisch richtig geplanter Panzereinsatz sein konnte, und er hatte angedeutet, daß der geschlossene Einsatz von Panzern die entscheidende Waffe der Zukunft in der Landkriegführung sein würde. Fuller verdeutlichte dies dem englischen Hauptquartier in einem Vergleich der Schlachten in Flandern und von Cambrai, wobei er die folgende Tabelle aufstellte:

	Flandern	Cambrai
Angriffsbreite in km	15	12
Einbruchstiefe in km	9	9
Zeit in Tagen	90	1
Geschoßeinsatz der Artillerie (to)	102 000	15 000
Eingesetzte Panzer	216	400
Englische Verluste in Mann	332 000	6 200
Deutsche Verluste in Mann	217 000	15 000[64]

Originalbildunterschrift: »Die verlorene Tankschlacht der Engländer bei Cambrai. Aufnahmen einer Reihe der zahlreichen erbeuteten Tanks. Abtransport erbeuteter intakter Tanks.« Im Bild ein britischer Tank vom Typ MARK I, Dezember 1917

Bundesarchiv Koblenz

Eine weitere Aufnahme dieser Serie: »Das Kommando der Tankbergungsstelle Cambrai.« Im Bild ein MARK IV Tank von 1917   Bundesarchiv Koblenz

Da jedoch das Ziel der Operation, die Einnahme von Cambrai, nicht erreicht worden war, blieb das englische Oberkommando auch weiterhin skeptisch. Drei Tage nach der Schlacht von Cambrai äußerte der Oberkommandierende des britischen Expeditionskorps, General Haig, daß die Panzer nur von sehr bedingtem Wert und im Grunde eine bereits überholte Waffe seien[65].

Die Idee des Panzers setzt sich durch

Eine grundlegende Änderung brachte erst die Vereinheitlichung des Oberbefehls über die Truppen der Entente-Mächte, an der Westfront im Frühjahr 1918 durch die Einrichtung des Obersten Kriegsrates, dem als französische Vertreter die Generale Foch und Pétain, beide entschiedene Verfechter der Idee des Panzers, angehörten. Unter dem Einfluß dieser beiden Männer, die auf englischer Seite von Churchill in seiner Funktion als Munitionsminister unterstützt wurden, kam der Oberste Kriegsrat im Sommer 1918 bei der Beratung der Möglichkeiten der Kriegführung im Jahre 1919 am 18. Juni 1918 zu dem Schluß, »daß die Erfolgsaussichten für 1919 wesentlich größer wären, wenn die alliierten Armeen eine große Zahl von Panzern verfügbar hätten«[66]. Der 18. Juni 1918 war der Tag, an dem auf alliierter Seite der Idee der Kriegführung mit gepanzerten Truppen zum Durchbruch verholfen wurde. Noch im Sommer 1918 wurde ein erheblicher Ausbau der Panzerstreitkräfte in Angriff genommen. Die Durchführung dieser Aufgabe wurde in die Hände eines zu diesem Zweck eingerichteten »Inter-Alliierten-Panzer-Komitees« gelegt.

Die Panzereinsätze bei Soissons am 18. Juli 1918 und bei Amiens am 8. August 1918

Seit Juni 1918 zeigten sich bei den Entente-Mächten Anzeichen einer neuen Einsatzkonzeption, die auf den taktischen Erfahrungen der Panzerschlacht von Cambrai beruhten und auf den Faktoren Überraschung, kurze, heftige Artillerievorbereitung – um das Angriffsgelände nicht zu zerstören –, Verschleierung während des Angriffs (Nebelgeschosse) und enger Zusammenarbeit von Panzern und Infanterie aufbaute. Mit dieser neuen, auf der Stoßkraft der Panzer aufbauenden Taktik, dem sog. »Cambrai-

Schlüssel«, sollte in Zukunft der Durchbruch durch die deutschen Stellungen erzwungen werden[67].

Der erste nach diesem taktischen Schema vorgetragene Großangriff erfolgte am 18. Juli 1918 bei Soissons, wo die 10. und die 6. französische Armee, von 1140 Flugzeugen und 430 Panzern unterstützt, zwischen Marne und Aisne die große alliierte Offensive des Jahres 1918 eröffneten[68]. Der Erfolg der Panzer war ähnlich überwältigend wie bei Cambrai. Bei einem Verlust von ca. einem Drittel der eingesetzten Panzer gewannen die Angreifer am ersten Angriffstag 9 Kilometer Gelände. Die deutschen Truppen verloren allein 12000 Mann an Gefangenen und 250 Geschütze. Der französische Angriff bei Soissons bedeutete zusammen mit der Einstellung der deutschen Offensivstöße die endgültige militärische Wende im Kriegsverlauf zugunsten der Alliierten. Jedoch wurde auch hier noch kein operativer Durchbruch erreicht.

Der nächste Schlag erfolgte am 8. August 1918 östlich von Amiens[69]. Für den Hauptstoß wurde die 4. britische Armee mit 11 Infanterie- und 3 Kavalleriedivisionen, 2000 Geschützen, 400 Flugzeugen und 574 Panzern, davon 96 Nachschubpanzer und 22 Panzerhaubitzen (Gun Carrier) und 36 als gepanzerte Mannschaftstransportwagen eingesetzte MARK V-Panzer, bereitgestellt. Von der französischen 1. Armee beteiligten sich an dem Angriff 7 Divisionen, 930 Geschütze und 90 Panzer vom Typ RENAULT M 17/18.

Der Angriffsplan folgte taktisch den Grundsätzen der Angriffe bei Cambrai und Soissons. Am Abend des 8. August war die deutsche Front auf 30 Kilometer Breite 8–11 Kilometer tief eingedrückt. Von zehn Divisionen der 2. deutschen Armee waren acht zerschlagen. Die deutschen Gesamtverluste betrugen 27000 Mann und 400 Geschütze. Dem standen auf alliierter Seite 100 – von 465 tatsächlich eingesetzten – von den Verteidigern außer Gefecht gesetzte Panzer gegenüber, von denen ebenso wie bei Soissons ein Großteil wieder instand gesetzt werden konnte.

Der 8. August 1918 hatte dem deutschen Heer die schwerste Niederlage seit Kriegsbeginn gebracht. Die Alliierten hatten die Stoßkraft auf dem Gefechtsfeld durch den Einsatz von Panzern wiedergewonnen und die Deutschen hatten dagegen kein Mittel, weil sie nicht über eigene Panzer in nennenswerter Anzahl verfügten. Der deutschen militärischen Führung war dies auch bewußt. General Ludendorff erklärte am 30. September, »daß die Kriegführung auf [!] der Westfront jetzt in erster Linie wegen der Wirkung der Tanks den Charakter eines Glücksspiels angenommen habe; die OHL könne nicht mehr mit sicheren Faktoren rechnen«[70]. Am 2. Oktober nannte der Vertreter der OHL bei einer Versammlung aller Führer der im Reichstag vertretenen politischen Parteien in Berlin, auf der er über die Lage an der Front berichtete, zwei Gründe für die Notwendigkeit eines Waffenstillstands, darunter die Überlegenheit des Gegners an Panzern[71].

Dennoch muß hier kritisch festgehalten werden, daß den Truppen der Entente-Mächte trotz ihrer beachtlichen Einbrüche in die deutsche Front, bei denen die Panzer unbestreitbar eine wichtige Rolle spielten, niemals der eigentliche entscheidende operative Durchbruch gelungen war. Die OHL vermochte immer wieder eine neue Front aufzubauen. Das Drängen Ludendorffs auf eine rasche Beendigung des Krieges beruhte auf der Erkenntnis, daß man solchen Einbrüchen des Gegners in die eigene Front nicht mehr lange standhalten konnte.

Der Krieg wurde in Form verlustreicher Abwehrschlachten bis zu dem am 11. November 1918 beginnenden Waffenstillstand fortgesetzt. Die Kämpfe lösten sich dabei mehr und mehr in Teilhandlungen auf. Bei allen Gefechten spielten die Panzer eine entscheidende Rolle. Sowohl beim Durchbruch durch die deutsche Siegfried-Stellung im September als auch bei den Verfolgungskämpfen im Oktober 1918 wurden nennenswerte taktische Erfolge nur beim Einsatz von Panzern erzielt.

Änderungen bei der taktischen Verwendung der Panzerwaffe brachten die Schlachten von Soissons und Amiens nicht. Sie waren nicht der Abschluß einer Entwicklung, sondern der Anfang einer völligen Umgestaltung der Taktik und sollten später zu einer Wiedergewinnung der operativen Bewegung durch die Motorisierung der Truppe führen. Waffensystemen wie dem Panzer und dem Flugzeug kam dabei eine zentrale Bedeutung zu.

Die Idee des Kampfwagens in Deutschland bis zum Jahre 1916

Die Heeresmotorisierung als Voraussetzung für den Panzerbau[72]

Bereits im Deutsch-Französischen Krieg von 1870/71 setzten die preußisch-deutschen Truppen dampfbetriebene Straßenfahrzeuge schwerster Bauart, sogenannte Lokomobile, für den Transport schwerer Lasten ein. Das konstruktionsbedingt hohe Gewicht der Lokomobile, die jeweils mehr als 20 Tonnen wogen und eine Last von mehr als 35 Tonnen zu ziehen vermochten, beschränkte die Möglichkeiten ihrer Verwendung erheblich. Abseits fester Straßen waren sie kaum einzusetzen. Nach dem Krieg von 1870/71 unternahm das Kriegsministerium weitere Versuche mit derartigen Fahrzeugen und kam zu dem Schluß, daß Lokomobile nur für örtlich begrenzte Transportzwecke auf festen Straßen und im Festungsbereich zu gebrauchen seien[73].

An dieser Auffassung konnte sich nichts ändern, solange als Kraftquelle für Motorfahrzeuge nur die schwere Dampfmaschine zur Verfügung stand. Erst die Erfindung der ersten Motorwagen mit schnellaufendem Benzinmotor durch Carl Benz und Gottfried Daimler 1885/86 brachte hier die Wende. Seit 1892 unternahm

Deutsches Lokomobil beim Truppentransport an der Westfront (Elsaß) 1915.
Bundesarchiv Koblenz

man im deutschen Heer Versuche mit Benzinmotoren. Seit 1889 wurden Lastkraftwagen und Personenkraftwagen der Firma Daimler und Benz auf ihre Tauglichkeit für den militärischen Einsatz hin überprüft[74]. Diese Versuche erbrachten zwar zum Teil erstaunliche Transportleistungen; viele Defekte und grundlegende technische Mängel im Bereich der Gemischaufbereitung des Motors, der Zündung, der Kraftübertragung und Bereifung, sie zeigten aber auch, daß die um die Jahrhundertwende noch in den Kinderschuhen steckende Kraftfahrzeugtechnik Zweifel an der Feldverwendungsfähigkeit des Kraftfahrzeugs vor allem als Kampffahrzeug berechtigt erscheinen ließ. Für die Feldverwendungsfähigkeit entscheidend war die Betriebssicherheit. Diese beruhte zwar vornehmlich auf sorgfältiger Pflege und Wartung, dennoch verursachte die technische Unausgereiftheit vieler Elemente dieser komplexen technischen Produkte damals noch zahlreiche Ausfälle und war eine ernstzunehmende Ursache für ihre hohe Anfälligkeit. Zwar waren Pflege und Wartung im Frieden besser möglich; im Kriege im Einsatz tief in Feindesland sah man sie wegen der nicht gesicherten Versorgung mit Ersatzteilen, vor allem aber mit Treibstoff, nicht als gesichert an[75].

Aus diesen Gründen kam vor dem Krieg nach Auffassung der für das Kraftfahrwesen zuständigen Dienststelle, der Inspektion der Verkehrstruppen, abseits der festen Straße »ein leistungsfähiger, militärisch verwendbarer Dauerbetrieb von Lastkraftwagen nicht in Frage«[76]. So wurden auch alle Versuche des Heeres mit Vierradantrieb für Kraftwagen, die zum Zwecke besserer Geländegängigkeit unternommen worden waren, eingestellt[77]. Die Verwendungsmöglichkeiten für Kraftwagen sah man im Großen Generalstab und im Kriegsministerium hauptsächlich im Bereich des Nachschubs auf befestigten Straßen hinter der Front. Hier sollten die Lastkraftwagen die Verbindung zwischen den Eisenbahnendpunkten und den bespannten Kolonnen der Fronttruppe herstellen und so zur Entlastung des Pferdematerials und der Feldbahnen beitragen. Daneben sollten Automobile auf dem Marsch und in der Etappe, aber auch im Gefecht der Befehlsübermittlung und der Beförderung höherer Truppenführer dienen. Besonders sinnvoll schien der Einsatz als Sanitätsfahrzeug[78]. Nach dem Kriegsausbruch nahm das Kriegsministerium die Versuche zur Entwicklung geländegängiger Kraftfahrzeuge wieder auf[79]. Ausgangspunkt war nicht die Forderung nach einem Kampffahrzeug, sondern nach einem geländegängigen Zug- und Transportfahrzeug. Dahinter stand die Absicht, den Aufgabenbereich für das Kraftfahrzeug zu erweitern. Schon 1915 wurden Lastkraftwagen

Subventionierter Armee-Lastzug
(Daimler) von 1910

Sammlung Kaufhold-Roll

verstärkt für den Transport von Truppen eingesetzt. Die Beweglichmachung aller Truppen durch Kraftfahrzeuge wurde in dem engen Rahmen, den die begrenzten Rohstoff und Fertigungskapazitäten setzten, energisch vorangetrieben[80].

Besondere Aufmerksamkeit schenkte man der Motorisierung der Artillerie, besonders der Fußartillerie[81], für die bereits seit Ende 1915 durch ein großangelegtes Beschaffungsprogramm Kraftfahrzeuge als Zug- und Transportmittel eingeführt wurden[82].

Die Entwicklung der Heeresmotorisierung wurde beschleunigt durch den seit 1916 immer bedrohlicher werdenden Mangel an Pferden und Futtermitteln.

Die Entwicklung von Panzerautomobilen

Es lag nahe, daß die verantwortlichen Stellen versuchen würden, die Möglichkeiten auszuloten, die das Motorfahrzeug auch als Kampffahrzeug bot. Bei Aufklärungsübungen vor dem Ersten Weltkrieg eingesetzte ungepanzerte Automobile zeigten erstaunliche Leistungen. Sie legten teilweise 200–300 Kilometer in fünf Stunden zurück, Durchschnittsgeschwindigkeiten von über 40 km/h wurden erreicht. Wegen häufig auftretender technischer Defekte (Achsenbruch, Federbruch, Reifenschäden usw.) wurden sie jedoch als zu unzuverlässig für den Fronteinsatz beurteilt[83].

Versuche mit gepanzerten und bewaffneten Automobilen – in Deutschland offiziell Straßenpanzerkraftwagen genannt – wurden vor dem Ersten Weltkrieg von allen führenden Militärnationen unternommen[84]. Auch in Deutschland fanden solche Versuche statt[85]. Sie gipfelten in der Teilnahme einer Straßenpanzerkraftwagen-Abteilung an einer Übung der 5. Garde-Infanterie-Brigade in der Neumark im Rahmen des Kaisermanövers im Jahre 1909. Die Abteilung bestand aus zwei französischen Charron-Panzerautomobilen, die das Kriegsministerium angekauft hatte, einem Mercedes-Panzer-Maschinengewehr-Wagen, einem ungepanzerten Büssing-Maschinengewehr-Träger und einem Führungs-PKW.

Der gemeinsame Abschlußbericht der Brigade, der Versuchsabteilung der Verkehrstruppen und der Gewehr-Prüfungskommission stellte als besonderen Vorteil der Panzerautomobile deren Fähigkeit heraus, schnell große Entfernungen zu überwinden. Dem stehe der Nachteil der beschränkten Geländegängigkeit gegenüber. Weitere Versuche und Zuteilung zur Kavallerie wurden empfohlen. Die Versuchsabteilung der Verkehrstruppen beantragte danach, ihr den Auftrag zu geben, zusammen mit der

Gewehr-Prüfungskommission einen Straßenpanzerkraftwagen zu entwickeln, dessen Konstruktion die gemachten Erfahrungen berücksichtigen sollte[86]. Am 12. März 1910 entschied das Kriegsministerium jedoch ohne Berücksichtigung dieser Vorschläge, daß von weiteren Versuchen Abstand zu nehmen sei. Das Ministerium folgte dabei einem Antrag der Generalinspektion des Militärverkehrswesens, der Nachfolgerin der Inspektion des Verkehrswesens, die Anfang 1910 abschließend entschieden hatte, daß der Straßenpanzerkraftwagen auf die feste Straße gehöre, im Gelände und auf festen Wegen Zug- und Fortbewegungsmittel jedoch das

Ehrhardt Straßenpanzerwagen mit 5 cm-Kanone L/30 der Firma Rheinmetall von 1906

Bundesarchiv Koblenz

32

Pferd bleibe. Die Verwendungsmöglichkeit des Straßenpanzerkraftwagens könne überhaupt nur eine »sehr beschränkte« sein[87].

Ende 1911 gelangte die Generalinspektion des Militär-Verkehrswesens abschließend zu dem Urteil, der Straßenpanzerkraftwagen sei technisch zu anfällig, der Motor unzuverlässig, eine ausreichende Panzerung raube die Beweglichkeit im feindlichen Feuer und mache den Wagen auf dem Gefechtsfeld zu unbeweglich, so daß er ein leichtes Opfer der feindlichen Artillerie werde, während ein leicht gepanzerter Wagen zu verletzlich sei[88]. Die v. Löbellschen Jahresberichte für 1911 faßten den offiziellen Standpunkt in dem Urteil zusammen: »Das Zeitalter der Panzerung ist vorüber, da das Gewicht die Schnelligkeit beeinträchtigt, ohne wirklichen Schutz gegen Feuer zu bieten[89].« Die vorhandenen Fahrzeuge wurden daraufhin verkauft.

Die Ergebnisse der Erprobung einzelner Panzerautomobile in Manövern im Ausland, so in Österreich und Frankreich, entsprachen denjenigen in Deutschland. Mit derselben Begründung wie in Deutschland wurde auch hier vom Versuch der Einführung von Panzerautomobilen abgesehen[90]. Es gab allerdings in Frankreich, Belgien und Großbritannien einige Panzerautomobile, die den Heeresverwaltungen von der Industrie zu Versuchszwecken zur Verfügung gestellt worden waren.

Ein Kampfwagenentwurf vor dem Ersten Weltkrieg
Das LANDTORPEDOBOOT Gunther Burstyns

Im Jahre 1911 entwarf der k. u. k. Oberleutnant Gunther Burstyn ein Motorgeschütz, das zum ersten Mal die beiden klassischen Konstruktionsmerkmale des Kampfpanzers – motorgetriebenes Panzerfahrzeug und Gleiskettenantrieb – in sich vereinigte[91]. Das Fahrzeug, von dem allerdings nie mehr als ein Modell existierte, war ein Räder-Raupen Fahrzeug. Beim Kettenbetrieb erfolgte die Lenkung wie bei modernen Panzern durch das Abbremsen bzw. Beschleunigen der rechten oder linken Kette, die einzeln angetrieben waren. Das Laufwerk war beweglich und paßte sich Geländeunebenheiten gut an. Um die Grabenüberschreitfähigkeit zu erhöhen, besaß das LANDTORPEDOBOOT, wie Burstyn selbst seinen Kampfwagen bezeichnete, vier als Greifarme konstruierte Ausleger an Bug und Heck, die vom Wageninnern mechanisch bedient wurden. Der Kampfwagen besaß einen Drehturm und war mit einem Schnellfeuergeschütz bestückt. Die Besatzung bestand aus zwei Mann. Der Panzer war 3,5 m lang, 1,90 m hoch und breit und verfügte als Antriebsquelle über einen 60-PS starken Lastwagenmotor. Auf der Straße sollte er auf Rädern laufend eine Höchstgeschwindigkeit von 20–30 km/h, im Gelände auf Raupen 3–8 km/h erreichen. Die Panzerung war infanteriegeschoßsicher ausgelegt. Burstyn bot seinen Entwurf 1911 dem k. u. k. Kriegsministerium und nach dessen Ablehnung 1912 auch dem preußischen Kriegsministerium an, wo er ebenfalls einen ablehnenden Bescheid erhielt. Die Ablehnung erfolgte in beiden Fällen mit derselben Begründung: Nach dem Urteil der Gutachter der Technischen Militär-Kommission des österreichischen Kriegsministeriums bzw. der Artillerie-Prüfungskommission und der Versuchsabteilung des Militär-Verkehrswesen in Deutschland war der Entwurf technisch so kompliziert, daß es nach dem damaligen Stand der Technik unmöglich war, ein entsprechendes funktionstüchtiges Fahrzeug zu bauen[92].

k. u. k. Oberleutnant Gunther Burstyn   Panzer-Museum Munster

Die Verwendung von Motorfahrzeugen als
Kampffahrzeuge bis 1916

Das deutsche Heer zog bei Kriegsausbruch ohne Panzerautomobile ins Feld. Die Truppe ging schnell dazu über, die vorhandenen Personenkraftwagen für Gefechtseinsätze zu nutzen. Man panzerte die Fahrzeuge behelfsmäßig mit Eisenplatten an Front und Heck. So – oft sogar völlig ungeschützt – wurden Kraftwagen zur Gefechtsaufklärung eingesetzt, sie brachten Maschinengewehre zu den vorderen Linien oder griffen direkt ins Gefecht ein[93].

Das Erscheinen vereinzelter feindlicher Panzerautomobile im Westen und deren Erfolge bei der Aufklärung veranlaßte die OHL am 22. Oktober 1914, vom Kriegsministerium den Bau eigener Straßenpanzerkraftwagen zu verlangen[94]. Der Übergang zum Stellungskrieg im Westen, der Panzerautomobilen kaum Einsatzmöglichkeiten bot, die Auslastung der für den Bau dieser Fahrzeuge in Frage kommenden Automobilfirmen durch die Fertigung von Heeres-LKW, Artillerie-Zuggerät, aber auch von Waffen und Munition, führten dazu, daß während des Ersten Weltkrieges in Deutschland nur 15 Panzerautomobile gebaut wurden. Zusammen mit Beutefahrzeugen wurden auf deutscher Seite insgesamt 32 Straßenpanzerkraftwagen eingesetzt, und zwar ausschließlich an der Ostfront[95].

EHRHARDT-STRASSENPANZERKRAFTWAGEN, Modell 1916, Hauptdaten: Vollgummi-bereifung, Vierradantrieb, Gewicht 10 to, Höchstgeschwindigkeit 33 km/h, Panzerung 3,5–7,5 mm, 2 MG, 2 Mann Besatzung   Bundesarchiv Koblenz

Der deutsche Panzerbau 1916–1918
Ein Überblick[96]

Die Geschichte des Schweren Kampfwagens (A7V) ist ohne einen Blick auf die Gesamtentwicklung des deutschen Panzerbaus im Ersten Weltkrieg nicht zu verstehen. Alle Entscheidungen im A7V-Projekt erfolgten in Abhängigkeit von der Behandlung der Panzerfrage insgesamt und von der Einschätzung konkurrierender Panzerprojekte.

Nach dem ersten Auftreten der englischen Panzer an der Westfront war die deutsche militärische Führung zunächst von der Bedeutung des neuen Kampfmittels überzeugt. Von allen Seiten wurde der Bau eigener Kampfwagen gefordert[97].

Die Hoffnungen auf einen in großen Stückzahlen zu produzierenden Kampfwagen konzentrierten sich zunächst auf den BREMER-WAGEN, eine Gleiskettenkonstruktion, die sich unter der Aufsicht der Inspektion der Kraftfahrtruppen seit Mitte 1915 im Versuch befand mit dem Ziel, einen voll geländegängigen Lastkraftwagen, einen sogenannten »Überlandwagen« zu schaffen[98]. Nachdem eine Vorführung dieses Wagens vor Vertretern des Kriegsministeriums dessen Untauglichkeit als Kampfwagen erbracht hatte, wandten sich die in der Abteilung I der Operationsabteilung der Obersten Heeresleitung (OI) für die Panzerfrage zuständige Dienststelle – Sektion OIc der Abteilung OI, Sektionschef Major v. Vollard-Bokelberg –, der Chef des Feldkraftfahrwesens in der Obersten Heeresleitung, in geringerem Umfang auch die Abteilung A7V des Kriegsministeriums anderen Entwürfen zu.

BREMER-WAGEN   BA-MA N 610-4 Nachlaß Petter

Der schwere Kampfwagen (A7V) war dabei nur eines von mehreren Panzerprojekten. Außerdem wurde an der Entwicklung des MARIEN-WAGENS – eine Weiterentwicklung des BREMER-WAGENS, des DÜR-WAGENS[99], sowie des TREFF-ASS-WAGENS[100] und des ORION-WAGENS[101] gearbeitet. Von diesen Fahrzeugen, die sich um die Jahreswende 1916/17 im Versuch befanden, schieden nach Vorführungen am 12. März 1917 der TREFF-ASS-WAGEN, der DÜR-WAGEN und der MARIEN-WAGEN wegen technischer Mängel als Kampfwagen aus, während am ORION-WAGEN erfolglos weitergearbeitet wurde.

Im unmittelbaren Anschluß an diese Vorführungen forderte die Sektion OIc der Abteilung OI der Obersten Heeresleitung Mitte März 1917 den Bau einer Version des A7V, die nach dem Vorbild der englischen MARK-Typen mit einer umlaufenden Kette ausgerüstet sein sollte, des sogenannten A7V-U (U-Umlaufende Kette), während der Chef des Feldkraftfahrwesens in der Obersten Heeresleitung, ohne die erste offizielle Vorführung des Schweren Kampfwagens (A7V) abzuwarten, am 31. März 1917 den Entwurf eines Großkampfwagens, des K-WAGENS[102], vorlegte, von dem in der Folgezeit zwei Prototypen entwickelt und gebaut wurden. An all diesen Entwürfen wurde ebenso wie am A7V während des Jahres 1917 gearbeitet, aber ohne großen Erfolg.

Modell des ORION-WAGENS vom April 1917   Sammlung Kaufhold-Roll

Bei allen Projekten handelte es sich nicht um Entwicklungs- und Bauprogramme größeren Stils, sondern lediglich um den Bau von einzelnen Versuchsfahrzeugen bzw. Kleinstserien von 10 bis 20 Fahrzeugen. Der Grund für diese Entwicklung lag darin, daß die deutsche Oberste Heeresleitung ihre Haltung zur gesamten Panzerfrage grundlegend geändert hatte. Seit Anfang Januar 1917 war die Oberste Heeresleitung an einem groß angelegten Panzerbauprogramm nicht mehr interessiert. An Stelle von Kampfwagen sollten Gleiskettenfahrzeuge als Schlepper für die Artillerie und geländegängige Transportfahrzeuge gebaut werden. Der Panzerbau kam damit zwar nicht völlig zum Erliegen, die OHL sah den Panzerbau jedoch lediglich als Versuch an, aus dem man bis zur Schlacht von Cambrai im November 1917 keine Pläne für die eigene Kriegführung in der Zukunft ableitete[103].

Diesem Gesinnungswandel der Obersten Heeresleitung lag der Entschluß zugrunde, im Jahre 1917 durch die Aufnahme des unbeschränkten U-Boot-Krieges den Schwerpunkt der strategischen Kriegführung auf den Seekrieg zu legen[104], wovon man sich

innerhalb von fünf Monaten den endgültigen Sieg versprach[105], sowie der dieser Planung entsprechende Entschluß zur Defensive auf dem Lande an der Westfront[106] und – dies war der eigentliche Grund für die Ablehnung des Panzerbaus im Jahre 1917 – der geringe tatsächliche Erfolg der englischen Panzer an der Somme im Herbst und Winter 1916. Die Abwehrerfolge an der Somme führten bei der OHL ähnlich wie bei der Mehrheit der englischen Truppenführung zu der Überzeugung, daß die Panzer ein verfehltes und im Grunde schon überholtes Kampfmittel seien. Die im Winter 1916/Frühjahr 1917 sich dramatisch verschlechternde Rohstofflage und daraus entstehende Einbrüche in der Rüstungsproduktion zwangen die Oberste Heeresleitung, im April und Mai 1917 nochmals die Aufnahme des Panzerbaus in die Dringlichkeitsklasse I der Materiallieferung abzulehnen. Die Panzer blieben ebenso wie die Kraftfahrzeuge in Liste II. Begründet wurde die Ablehnung damit, daß in die Liste I nur die allerdringlichsten Rüstungsgüter aufgenommen werden könnten, z. B. U-Boote. Im Mai 1917 bestätigte der Oberstleutnant und spätere Oberst Bauer als der für die Materialfreigabe für den Panzerbau zuständige Offizier (vgl. zur Person Bauers unten, Die Abteilung OI und OII der Obersten Heeresleitung) den Ausschluß des Panzerbaus aus der Dringlichkeitsklasse I der Dringlichkeitsliste für Rüstungsgüter[107]. Unter diesen Bedingungen war eine planmäßige Durchführung der Panzerprogramme unmöglich.

Die Schlacht von Cambrai brachte die Oberste Heeresleitung im Gegensatz zum Oberkommando des britischen Expeditionskorps zur Erkenntnis der kriegsentscheidenden Bedeutung des Kampfwagens. Schon am 23. November 1917 verlangte die Abteilung OI der Obersten Heeresleitung unter bezug auf die Erfolge der englischen Panzer bei Cambrai die beschleunigte Durchführung

BA-MA N 610-4 Nachlaß Petter

Modell des „Treffas"-Wagens (HANSA-LLOYD)
——— RÜCKANSICHT ———

des eigenen Kampfwagenprogramms und den schnellstmöglichsten Einsatz eigener Panzer in größtmöglicher Zahl. Um jede Verzögerung durch Materialengpässe auszuschalten, verfügte die Oberste Heeresleitung am 7. Dezember 1917 die Aufnahme des A7V-Projekts in die Dringlichkeitsklasse Ia der Dringlichkeitsliste der Materiallieferungen. Es wäre jetzt nötig gewesen, die Serienfertigung des Schweren Kampfwagens (A7V) als des einzigen bis dahin zur Fertigungsreife entwickelten Panzers in möglichst großen Stückzahlen aufzunehmen. Dies war kurz vor Beginn der deutschen Offensive im Westen 1918, die die militärische Entscheidung des Krieges zugunsten der Mittelmächte herbeiführen sollte, die letzte Möglichkeit, die eigenen Truppen durch eine gewisse Anzahl eigener Kampfwagen zu unterstützen. Diese Gelegenheit blieb ungenutzt. Statt an den laufenden Projekten weiterzuarbeiten, wurde die Entwicklung neuer Panzer in Angriff genommen, von denen bis Kriegsende keiner bis zur Fertigungsreife entwickelt werden konnte. Eine Entwicklung bis zu einer tatsächlichen Frontreife gelang damals bei keinem deutschen Kampfwagenprojekt.

Der Chef des Feldkraftfahrwesens im Großen Hauptquartier war im Winter 1917/1918 am A7V-Projekt nicht mehr interessiert. Neben dem Bau des K-Wagens betrieb er die Entwicklung eines leichten

Kampfwagens, des LK-WAGENS[108] und als Ersatz für den A7V sollte eine weitere Neukonstruktion, der OBERSCHLESIEN-WAGEN[109], eingeführt werden, für dessen Bau die Fertigungskapazität des A7V genutzt werden sollte.

Inzwischen hatte auch Oberst Bauer die Bedeutung der neuen Waffen erkannt und versuchte, in seiner Eigenschaft als Artillerie-Referent der OHL, den Panzerbau unter seine Kontrolle und gleichzeitig die Firma Krupp, zu der er enge Beziehungen pflegte, ins Geschäft zu bringen. Er erzwang gegenüber der Sektion OIc der Abteilung OI der Operationsabteilung und dem Chef des Feldkraftfahrwesens im Großen Hauptquartier die Aufnahme eines von Krupp entwickelten leichtgepanzerten Artillerieschleppers, der sogenannten KRUPP-PROTZE, in das laufende Panzerprogramm[110]. Auch Major Vollard-Bokelberg hatte im Frühjahr 1918 den Schweren Kampfwagen (A7V) bereits abgeschrieben. Er betrieb neben der Unterstützung des Baus leichter Kampfwagen nach wie vor das Projekt des A7V-U, dessen schnellstmögliche Entwicklung bis zur Frontreife an Stelle der A7V-Normalausführung er am 27. Februar 1918 forderte[111].

Im August 1918 übernahm Oberst Bauer selbst die Verantwortung für alle Panzerfragen in der Obersten Heeresleitung[112]. Gleichzeitig erhielt die Panzerfertigung Priorität vor der gesamten übrigen Rüstungsproduktion. Ein großzügiges Panzerprogramm wurde aufgestellt und mit aller Energie durchzuführen versucht[113]. Das Programm sah drei Schwerpunkte vor: Fertigung von Artilleriezugmaschinen, motorisierten Panzerabwehrgeschützen (5,7 und 7,7-cm-Geschütze auf LKW sowie auf MARIEN-WAGEN und LANZ-RAUPENWAGEN) und von Kampfwagen[114]. Gleichzeitig wurde das Bauprogramm gestrafft. Neben den leichten Panzern sollte als schwerer Kampfwagen der OBERSCHLESIEN-WAGEN gebaut werden. Der A7V-U und der K-WAGEN wurden endgültig aufgegeben[115]. Trotzdem wurde die Entwicklung der Prototypen weiter fortgesetzt. Bis Ende 1919 sollten insgesamt 4000 leichte Panzer der Typen LK und KRUPP-PROTZE gefertigt werden, dazu 400 schwere Panzer[116]. Bestellt wurden zunächst 85 KRUPP-PROTZEN, zwei Versuchsfahrzeuge des OBERSCHLESIEN-WAGENS, dessen Serienfertigung nach Begutachtung der Versuchswagen möglichst schnell eingeleitet werden sollte – sowie 1000 LK-II-Panzer, deren Lieferung unbedingt bis zum 1. April 1919 abgeschlossen sein sollte[117]. Zum Bau all dieser Konstruktionen kam es nicht mehr; fehlende Fertigungskapazität und der Mangel an Rohstoffen und Treibstoff hätten eine Durchführung dieser Bauprogramme auch nicht erlaubt.

Bis zum Kriegsende wurden einige Versuchsfahrzeuge der Typen LK-I und II und der KRUPP-PROTZEN I und II fertiggestellt. Die LK-WAGEN wurden nach dem Krieg an die schwedische Armee verkauft. Ein K-WAGEN stand kurz vor der Fertigstellung. Er mußte auf Anordnung der alliierten Militäradministration zerstört werden. Der OBERSCHLESIEN-WAGEN blieb ein Entwurf. Der § 171 des Versailler Vertrages, der dem Deutschen Reich die Herstellung und den Besitz von Panzern und gepanzerten Fahrzeugen verbot, brach den Panzerbau in Deutschland ab.

BA-MA N 610-4 Nachlaß Petter

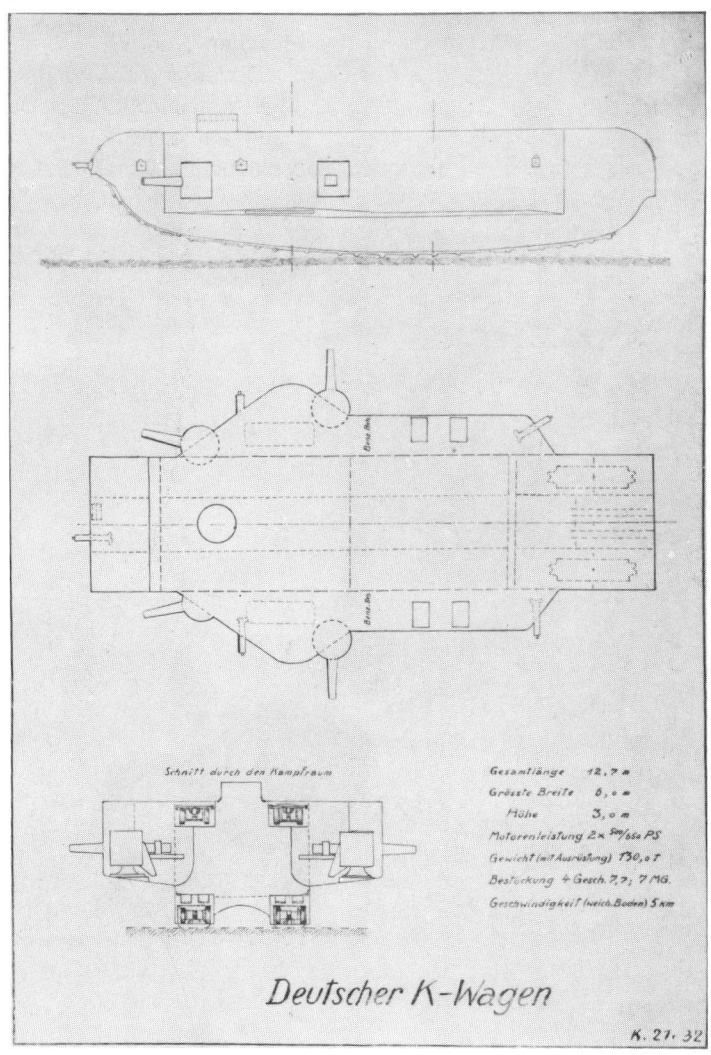

Deutscher K-Wagen

Bild K. 3

hinten

vor

Photo vom Modell
von der Seite

Deutscher K-Wagen

BA-MA N 610-6 Nachlaß Petter

Bild K. 4

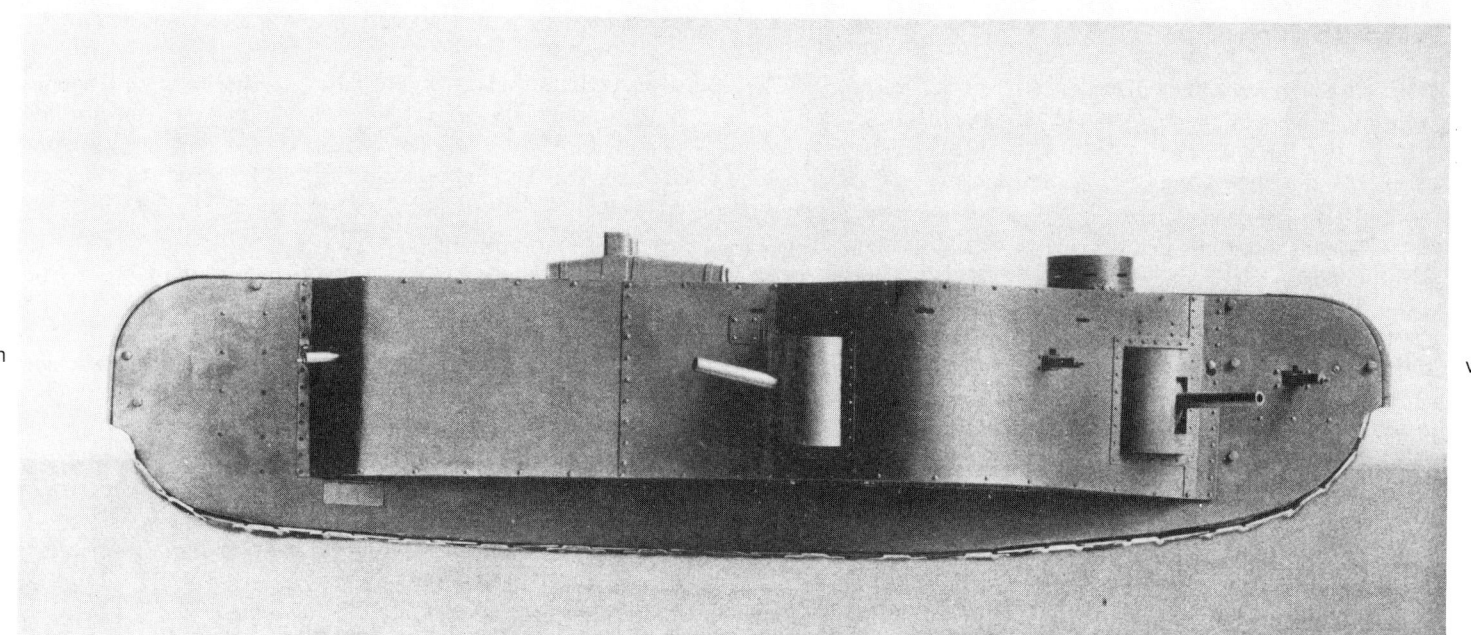

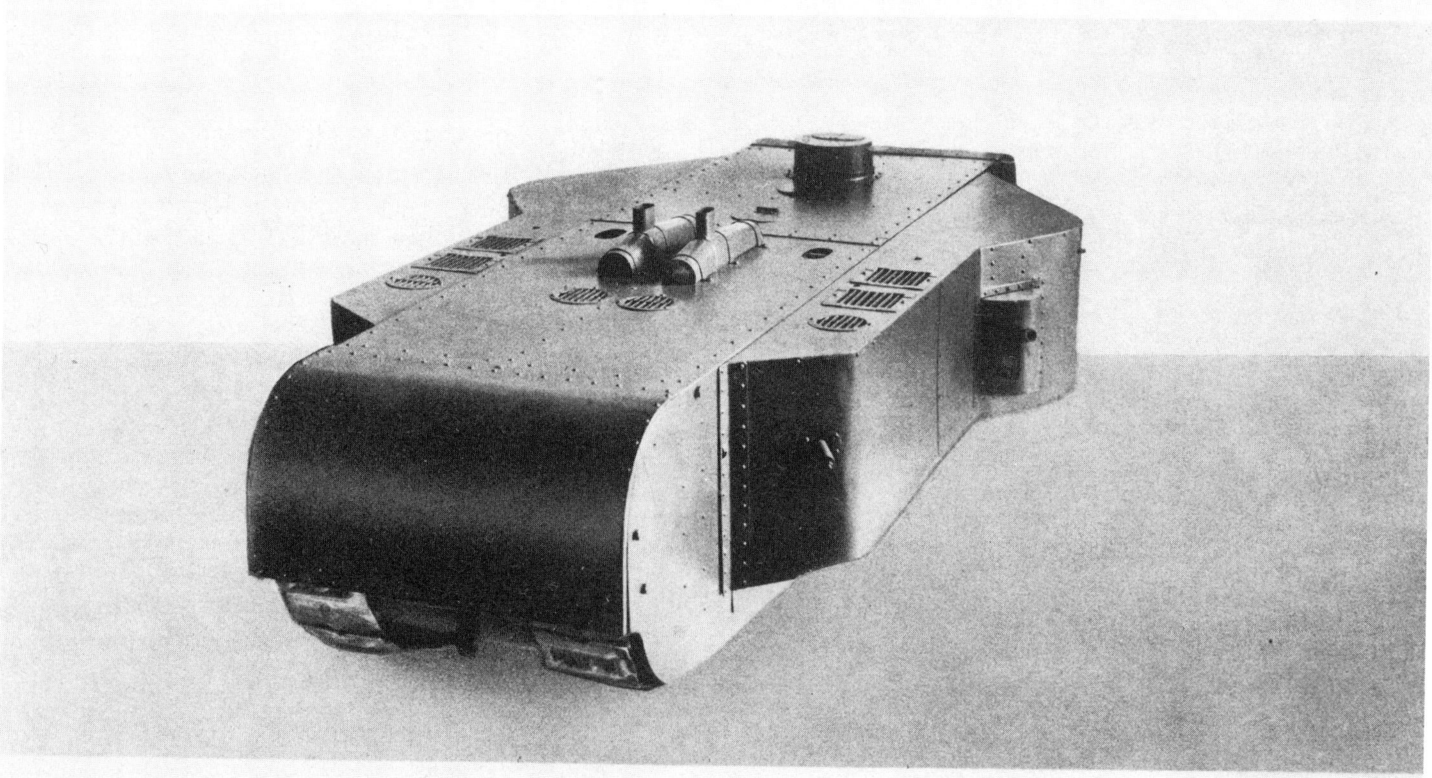

Photo vom Modell
von rechts hinten und von oben

Wirtschaftliche und rüstungstechnische Voraussetzungen für den Panzerbau in Deutschland

Das Hindenburg-Programm

Die rüstungswirtschaftlichen Rahmenbedingungen für den seit Herbst 1916 anlaufenden Panzerbau in Deutschland wurden durch das gleichzeitig einsetzende Hindenburg-Programm gesetzt. Die Materialschlachten des Jahres 1916, besonders die Somme-Schlacht, aber auch der durch den Kriegseintritt Rumäniens auf seiten der Entente-Mächte auch an der Ostfront erheblich gestiegene Materialverbrauch, hatten zu Engpässen an Waffen, Munition und Gerät aller Art geführt.

In dieser Situation traten die Generale Hindenburg und Ludendorff am 29. August 1916 an die Spitze der Obersten Heeresleitung. Sie waren der Auffassung, daß zur erfolgreichen Fortführung des Krieges bis zum Sieg unter äußerster Anspannung aller Kräfte der Industrie und der Bevölkerung eine Materialüberlegenheit geschaffen werden müsse. Am 31. August 1916 gab Hindenburg in dem nach ihm benannten sogenannten Hindenburg-Programm die Bedingungen bekannt, unter denen nach seiner Meinung die Voraussetzungen für eine erfolgreiche Fortführung des Krieges gegeben seien.

Hindenburg verlangte gegenüber der Augustfertigung 1916 eine Verdoppelung der Fertigung von Munition [in Abhängigkeit von der Sprengstoffproduktion] und Minenwerfern und eine Verdreifachung der Geschütz- und Maschinengewehrproduktion[118]. In Zahlen bedeutete dies die Steigerung der Monatsproduktion von Sprengstoffen von 6000 auf 12 000 Tonnen, der Feldgeschütze von 1000 und 3000 Stück und der Maschinengewehre von 2300 auf 7000 Stück[119].

Die Forderung nach einer ungewöhnlich großen Zahl von Geschützen machte die Eigenart des Hindenburg-Programms aus. Weitere Schwerpunkte des Programms waren die gesteigerte Herstellung von Kraftfahrzeugen für den Transport von Nachschubgütern und Munition, besonders jedoch die Motorisierung der Artillerie sowie der Lokomotivbau und die Fertigung von Material für den Stellungsbau.

Eine für die Durchführung eines Rüstungsprogrammes dieses Umfangs völlig überforderte Organisation der Kriegswirtschaft, besonders der Heeresverwaltung, führte zusammen mit einem empfindlichen Mangel an Arbeitskräften, Transportraum und an Kohle dazu, daß das Hindenburg-Programm weder vom Zeitplan noch in allen Punkten vom Inhalt her aufrecht erhalten werden konnte. Anlaufschwierigkeiten führten sogar dazu, daß im Winter 1916/17 eine erhebliche Verminderung der gesamten Rüstungsproduktion eintrat. Zweifel an der Durchführbarkeit des Programms wurden schon im Oktober bzw. im Dezember 1916 laut. Im Februar 1917 schränkte die Oberste Heeresleitung die erhobenen Produktionsforderungen ein. Bis zum Mai 1917 wurden weitere Abstriche nötig. Die Einhaltung des Hindenburg-Programms blieb jedoch bis zum Kriegsende Richtschnur und höchstes Ziel der deutschen Kriegsrüstung[120].

Auf den Panzerbau hatte das Hindenburg-Programm insofern einen großen Einfluß, als das Programm die Inhalte und die Kapazitäten der deutschen Rüstungsindustrie bis zum Sommer 1918, teilweise auch bis zum Kriegsende, festlegte. Neue große Rüstungsprojekte konnten nicht durchgeführt werden. Dies traf

besonders für den Panzerbau zu. Die Eckdaten für das Hindenburg-Programm waren Ende August 1916 festgelegt worden. Die Planungen für den Bau des Schweren Kampfwagens (A7V) und für weitere Panzerprojekte begannen aber erst Mitte Oktober 1916. Bis 1918 fehlte es dem Panzerbau an Rohstoffen und Fertigungskapazität. Erst die Kürzung des Hindenburg-Programms im Jahre 1918 machte in beschränktem Umfang industrielle Fertigungskapazitäten für den Panzerbau frei.

Das Hindenburg-Programm bedeutete nicht nur eine qualitative und quantitative Festlegung der Waffen- und Geräteproduktion, es griff auch tief in die Struktur der deutschen Rüstung ein. Das Ringen um das Hindenburg-Programm war zugleich eine Auseinandersetzung zwischen den Machtansprüchen der Obersten Heeresleitung und dem Kriegsministerium[121] und stellte, was noch wichtiger war, die Zusammenarbeit von Militär und Industrie auf eine völlig neue Grundlage. Um die angestrebten Produktionssteigerungen zu erreichen, beteiligte die Oberste Heeresleitung die Industrie in einem bis dahin unbekannten Maß an der Organisation der Rüstung[122]. Die Mitarbeit von Industrievertretern an der Organisation der Kriegswirtschaft war eine seit Kriegsbeginn geübte Praxis. Im Laufe des Krieges weitete sich die Verwaltung der Kriegswirtschaft ständig aus und gleichzeitig nahm die Mitwirkung der Privatwirtschaft an den getroffenen Bewirtschaftungsmaßnahmen immer mehr zu. Es entstand ein sehr komplexes System der Zwangswirtschaft[123]. Kennzeichnend für die Kriegs-

Leichter Kampfwagen LK-I   BA-MA N 610-5 Nachlaß Petter

Leichter Kampfwagen LK-I   Bundesarchiv Koblenz

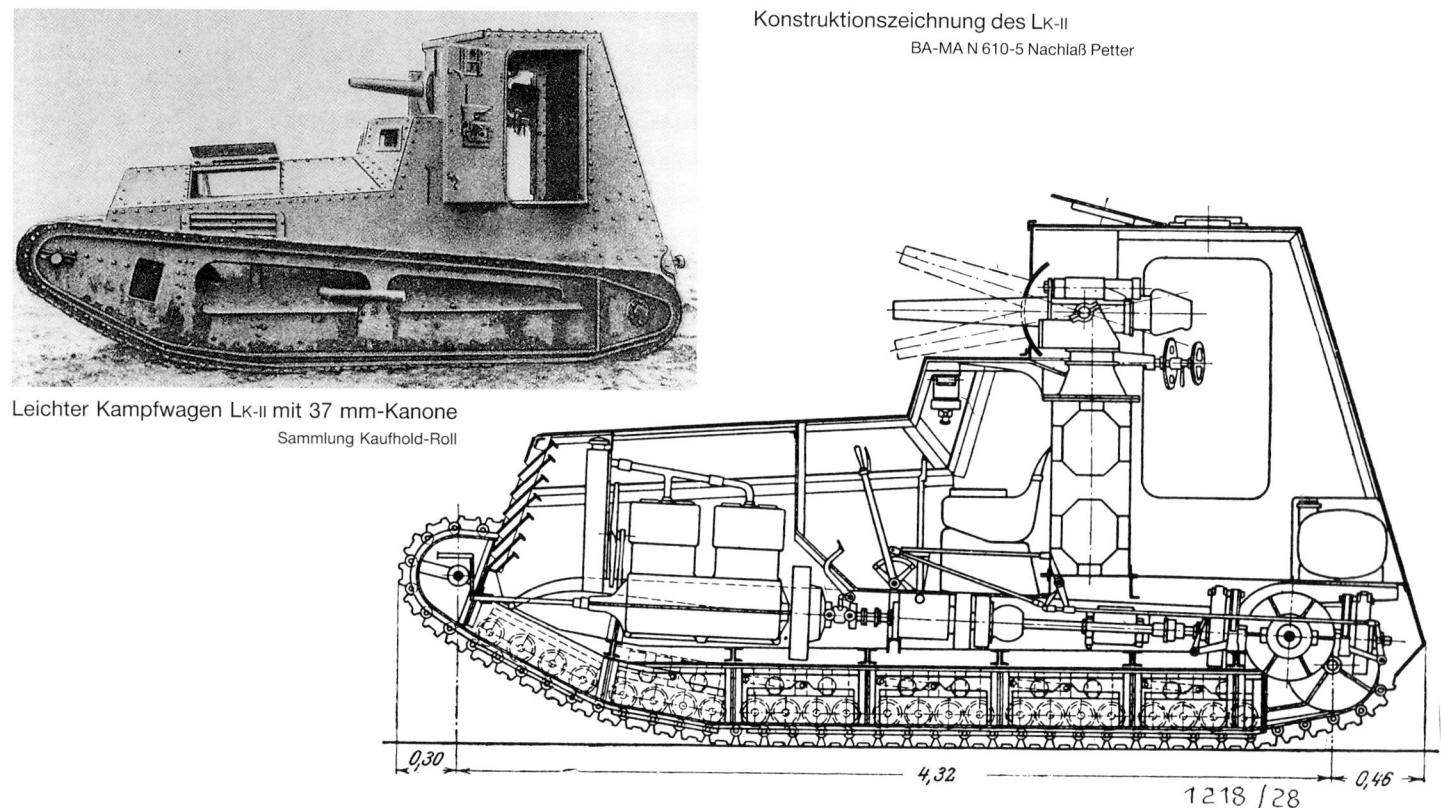

Leichter Kampfwagen LK-II mit 37 mm-Kanone
Sammlung Kaufhold-Roll

wirtschaft wurde der Kampf um die Macht, die die Verfügungsge-walt über Material, Menschen und Produktionsanlagen bedeutete, zwischen den Vertretern des öffentlichen Interesses – dem Kriegs-ministerium und der OHL – auf der einen und der Wirtschaft auf der anderen Seite. Mit der Durchführung des Hindenburg-Programms wurde der Industrie eine de-facto-Kontrolle über die Rüstungspro-duktion und in starkem Maße auch über die Kalkulation übergeben. Die Vertreter der Industrie waren vornehmlich am Gewinn interes-siert. Für sie war das Hindenburg-Programm ein Programm zur Erreichung möglichst hoher Gewinne. Es war allerdings leicht, das Gewinnstreben hinter dem Hinweis auf die Hilfe zu verstecken, die sie mit ihren Produkten der Front brachten. Die Fabrikation von Sprengstoffen, Munition und Waffen war »ebenso patriotisch wie gewinnbringend«[124].

Im Rahmen des Hindenburg-Programms wurde auch das Beschaffungswesen neu organisiert, das bis zum Jahre 1916 stark zersplittert war. Mehr als 40 Beschaffungsstellen machten sich gegenseitig Konkurrenz. Das führte zu Preistreiberei und Korrup-tion. Am 1. Oktober 1916 erfolgte deshalb die Einrichtung des Waffen- und Munitions-Beschaffungsamtes (Wumba), das kurz darauf dem ebenfalls neugebildeten Kriegsamt eingegliedert wurde. Ziel der Gründung des Kriegsamtes und des Wumba war es, die Friktionen innerhalb des Beschaffungswesens zu beseiti-gen und alle Beschaffungsangelegenheiten in einer zentralen Stelle zusammenzufassen. Dieses Ziel wurde nicht erreicht. Einige zivile Beschaffungsstellen, die militärische Bedeutung besaßen (u. a. Post und Eisenbahn), aber auch die Truppengattungen, deren Spitzen sich im Großen Hauptquartier befanden (u. a. die Luftstreit-kräfte, die Nachrichtentruppe und die Kraftfahrtruppe) setzten bei der Obersten Heeresleitung durch, daß die Beschaffung für ihren

Bereich nicht in das Wumba gelegt wurde. Sie behielten eigene Beschaffungsstellen.

Für den Panzerbau brachten die Verhältnisse in der Rüstungsorga-nisation und im Beschaffungswesen, wie sie vorstehend darge-stellt wurden, erhebliche Beeinträchtigungen. Am Panzerbau nicht interessierte einflußreiche Rüstungsfirmen verstanden es, zusammen mit Panzergegnern innerhalb der militärischen Füh-rung Materialfreigaben für den Panzerbau mit der Begründung zu verhindern, daß dann die Produktion anderer wichtiger Rüstungs-güter (Geschütze, Munition) in dem notwendigen Umfang nicht mehr gesichert sei. Auf der anderen Seite gelang es vielen am Panzerbau interessierten Unternehmern, ja sogar einzelnen Kon-strukteuren und Erfindern, unter Umgehung aller Instanzen direkt mit den Sachbearbeitern in der Obersten Heeresleitung zu verhan-deln, um die Aufnahme ihrer Konstruktionen in den Panzerbau zu erwirken. Dies führte zu einer unheilvollen Aufsplitterung der geringen verfügbaren Kräfte in etliche Bauvorhaben. Nachteilig wirkte sich auch aus, daß die Beschaffung für alle Panzerprojekte beim Chef des Feldkraftfahrwesens lag. Dieser verfügte zwar über eine eigene Beschaffungsstelle für die Kraftfahrtruppe, da jedoch für ihn der Schwerpunkt des Feldkraftfahrwesens im Bereich der Bereitstellung von Kraftfahrzeugen für Nachschubzwecke lag, wurden die geringen Mittel für den Panzerbau zugunsten des Kraftfahrzeugbaus weiter begrenzt.

Rüstungs- und fertigungstechnische Voraussetzungen für den Panzerbau

Der Panzerbau wird von vielen technischen Voraussetzungen beeinflußt. Sein Entwicklungsniveau ist vom Stand des Motoren-baus ebenso abhängig wie von der allgemeinen Kraftfahrzeug-technik, von der Waffentechnik, von der Panzerplattenherstellung, von Niet- und Schweißverfahren sowie von optischen und elektronischen Lösungen und Geräten. Eine entwickelte Schwer-, Fahrzeug- und Werkzeugmaschinenindustrie bildet die Grundlage für einen leistungsfähigen Panzerbau.

Im Ersten Weltkrieg kamen ausschließlich Ottomotoren als Panzermotoren zum Einsatz. Schnellaufende Dieselmotoren mit ausreichender Leistung standen als Antriebsquelle für Panzer noch nicht zur Verfügung. Verwendet wurden LKW- und Flugzeugmotoren, die für den speziellen Verwendungszweck in Panzern modifiziert wurden. Die Motorkühlung und -schmierung mußte den Einsatzbedingungen im Panzer angepaßt werden. Die Standfestigkeit der Motoren erfüllte grundsätzlich die Anforderungen, die man in der damaligen Zeit an ein Motorfahrzeug als Kampffahrzeug stellen konnte. Für die Entwicklung der verbesserten Kühl- und Schmiersysteme bis zur völligen Betriebssicherheit stand jedoch in der Kriegssituation zu wenig Zeit zur Verfügung. Motorüberhitzung und mangelnde Motorschmierung, die zu einem Großteil auch auf der schlechten Qualität der damaligen Schmierstoffe beruhten, waren deshalb die häufigsten Gründe für Motorschäden.

Die Kraftübertragungssysteme – Hauptkupplung, Wechselgetriebe, Seitenvorgelege – konnten ohne größere Schwierigkeiten aus dem Kraftfahrzeug- und Schlepperbau übernommen werden. Probleme bereiteten in diesem Bereich die mangelnde Qualität der Werkstoffe, deren Ursache der Mangel an Rohstoffen, vor allem an hochwertigen Legierungsmetallen war, weshalb Ersatzmetalle minderer Qualität verwendet werden mußten.

Technisches Neuland betraten die Ingenieure bei der Entwicklung der Laufwerke, der Gleisketten und der Lenksysteme. Hier bestanden die größten konstruktiven Schwierigkeiten. Die Konstrukteure orientierten sich bei der Entwicklung dieser Bauteile an dem Vorbild von Gleiskettenschleppern aus der Landwirtschaft, besonders an dem damals fortschrittlichsten Raupenschlepper, dem BABY-CATERPILLAR der Firma Holt Manufacturing Company.

Die Panzerplatten der deutschen Panzer bestanden aus Stahlplatten unterschiedlicher Güte. Der Mangel an Legierungsmetallen führte dazu, daß versucht wurde, neben Chrom-Nickel-Stählen nickelarme Stähle für die Panzerplattenfertigung zu verwenden[125]. Diese Panzerplatten waren schwer zu bearbeiten und verzogen sich beim Härten.

Der damalige Stand der Schweißtechnik ließ es nicht zu, daß die Panzerplatten verschweißt wurden. Sie wurden miteinander vernietet und durch Niete oder Schrauben auf einem Rahmen befestigt, im speziellen Fall des A7V-Panzers zu einem Panzergehäuse zusammengefügt und auf ein Fahrgestell gesetzt.

Ein großer Nachteil der Niete und Bolzen bei den Kampfwagen des Ersten Weltkrieges war, daß die Nietköpfe beim Aufschlag einer Granate abgesprengt werden konnten, selbst wenn diese die Panzerung nicht durchdrang. Abgesprengte Nietköpfe verursachten wiederholt Verluste unter den Tankbesatzungen. Außerdem war die Arbeit des Bohrens und Nietens sehr arbeitsintensiv und verlangte Facharbeiter, die in dem benötigten Umfang nicht zur Verfügung standen.

Um die Verständigung der Besatzung untereinander, um die Beobachtungsmöglichkeiten nach außen und um die Nachrichtenübermittlung war es in den Panzern des Ersten Weltkrieges sehr schlecht bestellt. Die Sehschlitze in den Bordwänden erwiesen sich als die empfindlichsten Stellen des Panzers. Bordsprechverbindungen gab es noch nicht. Funkgeräte waren technisch noch nicht ausgereift genug, um in Kampfwagen mit Erfolg eingesetzt zu werden. Die Versuche, eine ausreichende Kommunikation innerhalb der Panzer und mit der Außenwelt sicherzustellen, konnten bis zum Ende des Ersten Weltkrieges zu keinem befriedigenden Ergebnis gebracht werden.

Die Feuerkraft der Panzer wurde durch Bordkanonen und Maschinengewehre, teilweise auch durch zusätzliche Kampfmittel wie Flammenwerfer, gesichert. Eingeschränkt wurde der Wirkungsbereich der Bordwaffen durch das Fehlen von Drehtürmen – eine Ausnahme stellte der französische leichte Panzer RENAULT M 17/18 dar –, deren Konstruktion sich in der kurzen zur Verfügung stehenden Zeit als zu aufwendig erwies, und durch teilweise ungenügende Zieleinrichtungen.

Die Panzer des Ersten Weltkrieges litten im Einsatz unter vielen technischen Mängeln. Trotz aller Unzulänglichkeiten kündigte sich hier in der Verbindung von Beweglichkeit, Feuerkraft und Schutz jedoch unzweifelhaft bei ihren Einsätzen auf den Schlachtfeldern der Somme, der Champagne und Flanderns eine spätere Revolution auf dem Schlachtfeld an. Die Kampfkraft eines Panzers konnte der eines Infanteriebataillons entsprechen. Wo die Kampfwagen für sie günstige Einsatzbedingungen vorfanden, beherrschten sie das Gefechtsfeld.

Sehr schwer wog die fehlende Fertigungskapazität. Die Durchführung des Panzerbaus war vornehmlich eine Aufgabe der deutschen Fahrzeugindustrie[126]. Sie verfügte prinzipell über die notwendigen Produktionsanlagen, Werkzeuge und Facharbeiter, allerdings nur in sehr begrenztem Umfang. Deutschland war zwar das Ursprungsland des Automobils, aber die Motorisierung steckte in Deutschland bei Kriegsausbruch 1914 noch in den Anfängen. Sogar nach den damaligen Begriffen größere Hersteller produzierten nicht mehr als zehn Fahrzeuge pro Tag. Die Möglichkeiten der arbeitsteiligen Fertigung wurden nur unzureichend genutzt. Während des Krieges lag der Schwerpunkt des Kraftfahrzeugbaus bei der Produktion von Lastkraftwagen und Artillerieschleppern. Insgesamt wurden zwischen 1914 und 1918 für das Heer etwa 75 000 Kraftfahrzeuge gefertigt, davon ungefähr 20 000 Personenkraftwagen[127]. Damit war die Fertigungskapazität der Automobilindustrie, die außerdem noch in erheblichen Umfang Waffen und Munition herstellte und sich darüber hinaus in großem Umfang an der seit Mitte 1916 auf Hochtouren laufenden Flugmotorenproduktion beteiligte, völlig ausgelastet. Jede Produktionserweiterung zugunsten des Panzerbaus stieß auf enorme Schwierigkeiten, wobei das Hauptproblem der Mangel an Facharbeitern war[128]. Zwar wurde versucht, neben der Automobilindustrie die Maschinenindustrie und artverwandte Industriezweige am Panzerbau zu beteiligen, aber gerade das Facharbeiterproblem war hier ebenso gravierend.

Die Rohstoffversorgung[129]

Der Panzerbau bedeutete im wesentlichen eine Inanspruchnahme des Hauptrohstoffes Stahl sowie entsprechender Legierungsmetalle. Im Eisenbereich bestand anfangs keine Not. Durch den alle Erwartungen übersteigenden Verbrauch an Artilleriemunition vom Herbst 1914 bis zum Sommer 1916 zeichnete sich jedoch eine Verknappung des Roheisens immer stärker ab. Die seit der Somme-Schlacht 1916 und mit dem Hindenburg-Programm eingeleiteten Rüstungsprogramme führten zu Engpässen bei der Roheisen-Versorgung, dem Grundstoff für die Stahlherstellung.

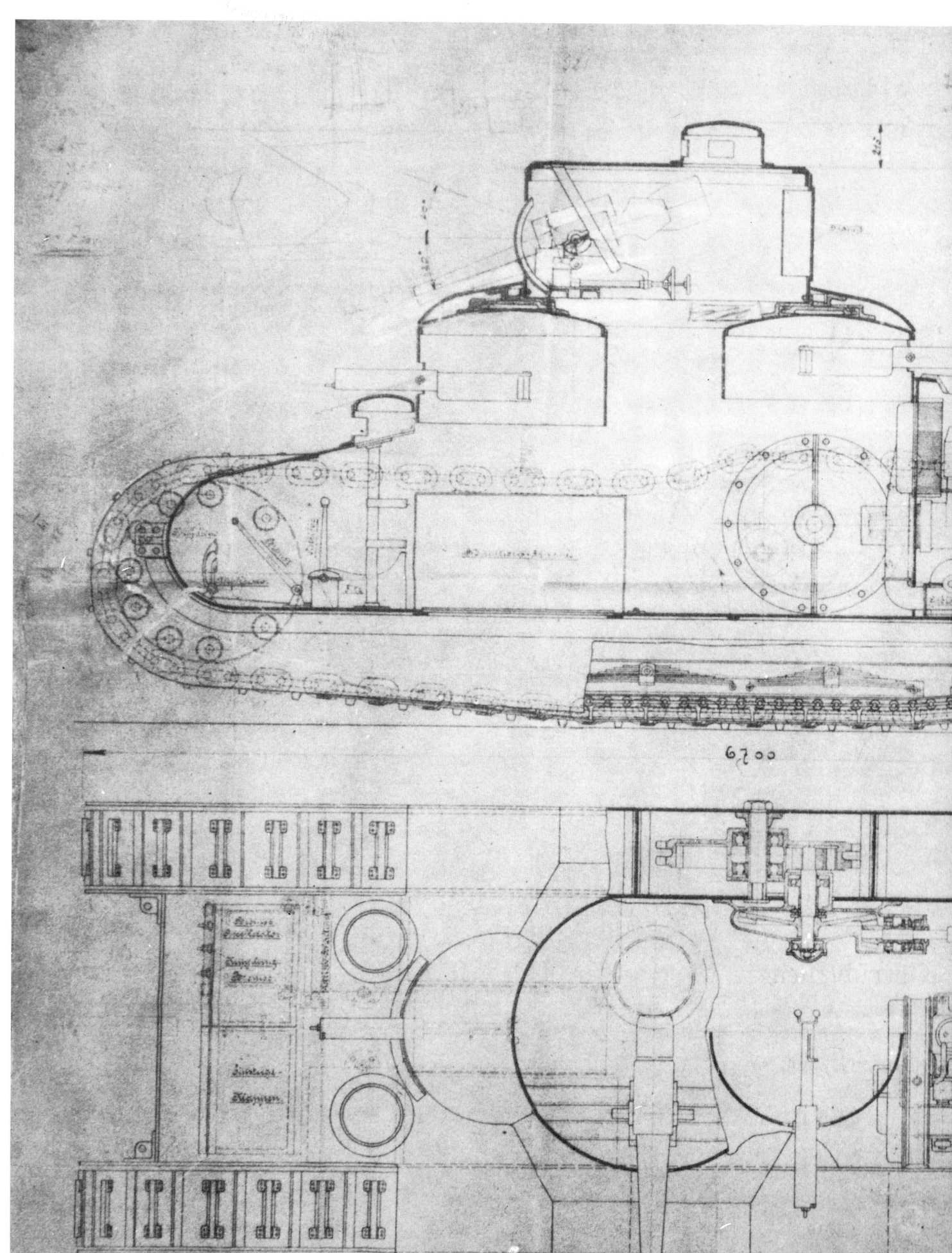

6700

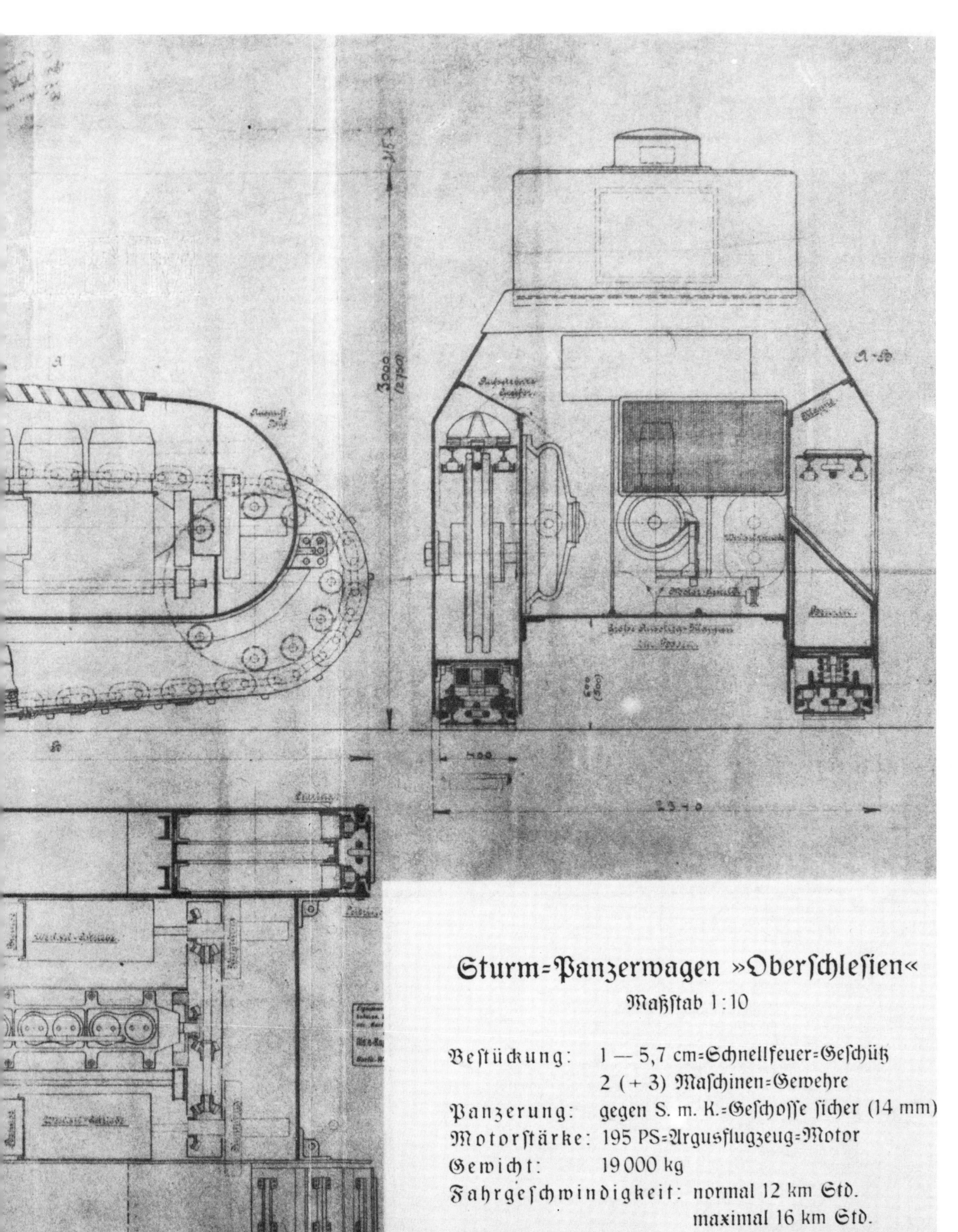

Sturm=Panzerwagen »Oberſchleſien«

Maßſtab 1:10

Beſtückung: 1 — 5,7 cm=Schnellfeuer=Geſchütz
                  2 (+ 3) Maſchinen=Gewehre

Panzerung: gegen S. m. K.=Geſchoſſe ſicher (14 mm)

Motorſtärke: 195 PS=Argusflugzeug=Motor

Gewicht: 19 000 kg

Fahrgeſchwindigkeit: normal 12 km Std.
                              maximal 16 km Std.

Der Roheisenbedarf überstieg seit Herbst 1916 die Erzeugung. Seitdem konnte nur noch der dringendste Bedarf gedeckt werden, wobei die Erfüllung der Forderungen eines Rüstungssektors immer auf Kosten anderer erfolgte. Der Einschätzung der Bedeutung des einzelnen Rüstungsbereichs für die Kriegführung und den daraus abgeleiteten Prioritäten bei der Zuweisung der Rohstoffe kam also die allergrößte Bedeutung zu.

Die Lage auf dem Stahlsektor war von Anfang an ungünstiger als bei der Versorgung mit Roheisen, hervorgerufen vor allem durch den Mangel an Legierungsmetallen. Abgesehen davon gilt für den Stahl das für den Bereich des Roheisens Gesagte. Die Fertigung an Rohstahl lag zwar in den Jahren 1917 und 1918 bei ca. 1,3 Millionen Tonnen monatlich, dem stand jedoch ein erheblicher Mehrbedarf gegenüber, der nicht gedeckt werden konnte. Besonders knapp waren hochlegierte Stähle, bzw. die für deren Herstellung notwendigen Vergütungs- und Veredelungsmetalle. Knappe Metalle, sogenannte Sparmetalle, waren im Bereich des Panzerbaus legierte Stähle, Aluminium- und Kupferlegierungen sowie Weißmetallegierungen. Als Legierungselemente kamen vornehmlich Mangan, Silizium, Nickel, Chrom, Kupfer, Zink und Zinn zur Anwendung[130].

Eine nennenswerte Vorratshaltung für Legierungsmetalle gab es in Deutschland nicht. Darüber hinaus besaß das Deutsche Reich, abgesehen von Eisenerz, Zinkerz und Blei, keine entsprechenden Rohstoffvorkommen von nennenswertem Umfang. Das Verhältnis von Monatserzeugung zu Monatsverbrauch lag bei Kupfer etwa bei 2000:15 000 t, bei Nickel 0:500 t, bei Aluminium 100:1000 t, bei Zinn 10:400 t, bei Chrom 0:500 t. Durch eine strenge Bewirtschaftung der Sparmetalle und durch die sogenannte Metallmobilisierung, d. h. Sammlung und Rückgewinnung der in der Heimat vorhandenen Gebrauchsgegenstände aus Sparmetallen, sowie durch den Ersatz von Sparmetallen durch Ersatzmetalle gelang es, den dringendsten Bedarf zu decken[131].

Einen starken Einfluß auf den Panzerbau hatte das System der Rohstoffverteilung. Die im Zuge der Durchführung des Hindenburg-Programms zunehmende Rohstoffknappheit führte zur Einführung von Dringlichkeitslisten für Rüstungsgüter, in denen seit dem 21. Februar 1917 nach Klassen gestaffelt alle Rüstungsgüter aufgeführt waren. Die Liste, die den wechselnden Rüstungsschwerpunkten Rechnung trug und die während des Krieges entsprechend mehrfach geändert wurde, enthielt drei Dringlichkeitsklassen, von denen die erste vor der zweiten und diese vor der dritten Berücksichtigung finden mußte[132]. Man konnte in aller Regel davon ausgehen, daß die Beschaffung und Bereitstellung von Rohstoffen, Transport- und Produktionskapazität und Arbeitskräften für die zweite und dritte Dringlichkeitsklasse nur unter größten Schwierigkeiten und zeitlichen Verzögerungen, in den winterlichen Krisenzeiten auch überhaupt nicht, erreicht werden konnte. Die Dringlichkeitsklassen selbst waren noch einmal in Dringlichkeitsgruppen unterteilt. Da in Zeiten von Produktionskrisen nach Erfüllung der Forderungen der Dringlichkeitsklasse I unter Umständen für die übrigen Klassen überhaupt keine Rohstoffe mehr zur Verfügung standen, wurden zusätzlich Dringlichkeitsscheine für unmittelbaren Kriegsbedarf eingeführt. Die mit Dringlichkeitsscheinen belegten Kriegsaufträge rangierten dann vor den übrigen Bestellungen der Dringlichkeitsliste[133].

Bei Einführung der Dringlichkeitslisten im Frühjahr 1917 waren in der Dringlichkeitsklasse I u. a. Lokomotiven, Geschoßhüllen, U-Boote und Geschütze aufgeführt. In der Klasse II, in der wegen Rohstoffmangels bereits erhebliche Einschränkungen notwendig waren, befanden sich u. a. alle Kraftwagen und Kampfwagen. In der Klasse III, die zeitweise wegen Rohstoffmangels ganz ausgesetzt werden mußte, rangierte u. a. der Handelsschiffbau[134]. Die Einordnung des Kampfwagenbaus in die Dringlichkeitsklasse II der Materialzuteilung machte im Jahre 1917 eine geregelte Durchführung der einzelnen Panzerprojekte unmöglich. Unter dem Eindruck der Schlacht von Cambrai wurden am 7. Dezember 1917 das A7V- und das K-Wagen-Projekt zwar in die Klasse Ia der Dringlichkeitsliste aufgenommen[135], Fertigungsrückstände auf allen Gebieten der Rüstung im Rahmen der Vorbereitungen für die deutsche Offensive im Westen im Frühjahr 1918 führten jedoch dazu, daß im Februar 1918 eine Gruppe von Rüstungsgütern festgelegt werden mußte, die in der Dringlichkeit der Beschaffung vor allem übrigen rangierte. Dies waren U-Boote, Flugzeuge, Lastkraftwagen, Lokomotiven, Eisenbahnschienen und Geschoßhüllen[136]. Eine Erweiterung der Panzerfertigung über die genehmigten 20 Schweren Kampfwagen (A7V) und die im Bau befindlichen Prototypen der übrigen Kampfwagenmodelle war damit ausgeschlossen. Erst am 23. Oktober 1918 erhielt der Panzerbau unbedingten Vorrang vor der gesamten übrigen Rüstungsfertigung. Gleichzeitig wurde ein umfangreiches Kampfwagen-Beschaffungsprogramm eingeleitet[137].

Exkurs

Hätte das Deutsche Reich den Panzerbau in größerem Umfang leisten können? Diese Frage wird im Zusammenhang mit der Entwicklung und den Einsätzen der deutschen Kampfwagen regelmäßig gestellt. Sie wurde jedoch bisher noch nicht systematisch untersucht. Im folgenden unternimmt der Verfasser den Versuch einer Antwort auf der Grundlage des noch vorhandenen Aktenmaterials der mit dem Kampfwagenbau befaßten Dienststellen und Firmen.

Die Frage, ob die rechtzeitige und ausreichende Beschaffung von Kampfwagen auf deutscher Seite im Ersten Weltkrieg möglich gewesen wäre und ob irgend jemand, sei es die Oberste Heeresleitung, die Industrie oder die Konstrukteure, ein Verschulden treffe, wurde bereits während des Krieges im Herbst 1918 im Reichstag gestellt[138] und nach dem Weltkrieg im Rahmen einer offiziellen Untersuchung durch den Reichstag über die Ursachen des Zusammenbruchs des Deutschen Reichs im Jahre 1918 geprüft[139]. Die Oberste Heeresleitung und das Kriegsministerium führten Anfang Oktober 1918 in einer Stellungnahme dazu aus, daß man die Bedeutung der Kampfwagen rechtzeitig erkannt habe, daß jedoch die Industrie nicht in der Lage gewesen sei, bei gleichzeitiger Durchführung des Hindenburg-Programms den Bau von Kampfwagen zu leisten. Vor allem sei es unmöglich gewesen, neben dem Bau von Lastkraftwagen und Flugzeugmotoren den Kampfwagenbau in größerem Umfang aufzunehmen. Erst nach dem Auslaufen des Hindenburg-Programms im Sommer 1918 habe hierzu die Möglichkeit bestanden, wobei Rohstoff- und Facharbeitermangel der Fertigung weiterhin enge Grenzen gesetzt hätten[140]. Dem standen Aussagen der Industrie gegenüber, die nach dem Krieg behauptete, sie hätte Panzer in ausreichender Stückzahl fertigen können, wenn man ihr die Aufgabe gestellt hätte[141]. Dieser Auffassung schloß sich der vom Untersuchungsausschuß des Reichstags als Gutachter für Kampfwagen und

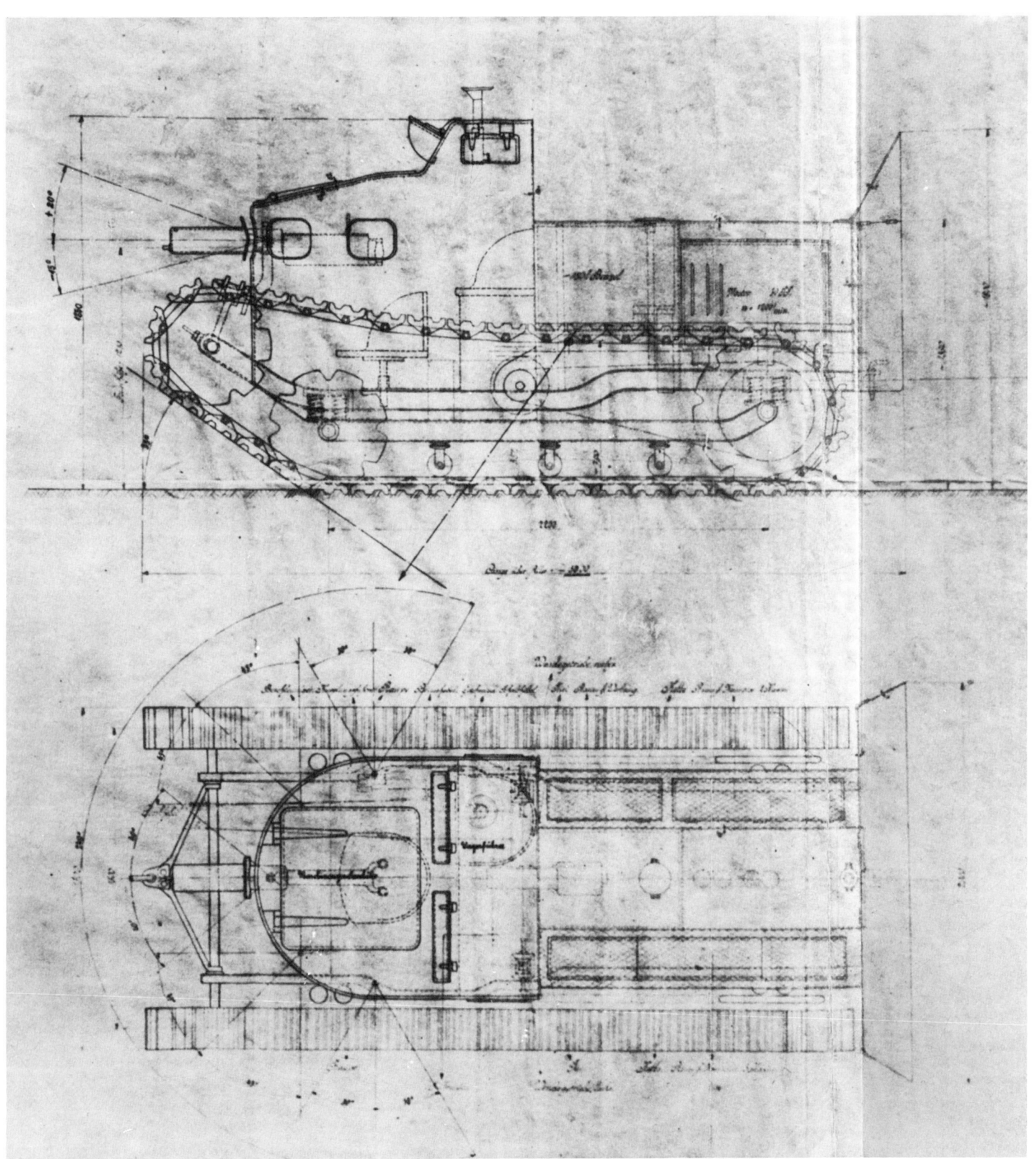

Kampfwagenabwehr eingesetzte General der Infanterie a. D. Hermann v. Kuhl ebenso an[142] wie spätere Autoren, so General Walther K. Nehring[143].

Alle Stellungnahmen kranken daran, daß sie sich ohne ausreichende eigene Prüfung die Darstellungen der offiziellen Stellen oder der Industrie zu eigen machen, die sämtlich einen stark rechtfertigenden Charakter tragen, weshalb sie als Grundlage für ein Urteil über die Möglichkeiten des Panzerbaus in Deutschland im Ersten Weltkrieg wenig tragfähig sind und einer sorgfältigen Überprüfung bedürfen.

Ähnlich wie dies Fuller in Großbritannien und Estienne in Frankreich taten, läßt sich die Panzerfrage unter dem Gesichtspunkt der Substitution betrachten. Hier ergibt sich zunächst ein scheinbar positives Bild. Ab dem 15. April 1918 wurden für die Geschoßfertigung monatlich u. a. 193 000 Tonnen Rohstahl, 75 000 Tonnen Stahlguß, 2800 Tonnen Kupfer, 5080 Tonnen Messing, 2240 Tonnen Feinzink und 2940 Tonnen Stahlblech, für die Zünderfertigung 1400 Tonnen Aluminium benötigt[144]. Die entsprechende Geschoßproduktion für Geschütze aller Kaliber betrug 9 712 200 Schuß[145]. Berücksichtigt man, daß für 1 Tonne Fertigerzeugnisse ungefähr die zweieinhalbfache Menge an Rohstahl benötigt wird[146], so hätte, den Bedarf von 30 t Stahl und Stahlerzeugnissen für den Bau eines Panzers der Größe des Schweren Kampfwagens (A7V) vorausgesetzt, die Reduktion der Geschoßfertigung um 1 Prozent das Material für den Bau von etwa 35 Panzern monatlich gesichert[147]. Außerdem wären durch diese Maßnahmen etwa 6,1 Millionen Arbeitsstunden freigesetzt worden[148]. Auch kam es in Teilbereichen des Hindenburg-Programms zu erheblichen Überschreitungen der geforderten Produktionsziffern. Die geforderte Ziffer der Maschinengewehrfertigung wurde schon im Frühjahr 1917 erreicht und im Herbst desselben Jahres mit einer Monatsfertigung von 14 400 Stück um das Doppelte überschritten. Diese Leistung wurde bis zum Kriegsende beibehalten[149]. Die Forderung nach 3000 Feldgeschützen erwies sich ebenfalls als unnötig hoch gegriffen. Es kam deshalb zu einer erheblichen Überproduktion, was dazu führte, daß bei Kriegsende allein im Artilleriedepot Köln eine Reserve von 3500 Feldkanonen und 2500 Feldhaubitzen lagerte, für die man keine Verwendung hatte[150].

Aus diesen Fakten wurde nach dem Krieg gefolgert, es sei ein Leichtes gewesen, durch eine relativ bescheidene Verringerung der Munitionsfertigung Material und Arbeitskräfte für den Panzerbau bereitzustellen bzw. die durch das Hindenburg-Programm gebundenen Kapazitäten im Bereich der Geschützfertigung für diesen Zweck freizumachen[151].

Betrachtet man jedoch die gesamte Lage der deutschen Rüstung vom Herbst 1916 bis Kriegsende, so ergibt sich ein anderes Bild. Im Winter 1916/17 wäre die Aufnahme der Fertigung von Panzern in nennenswertem Umfang infolge der Produktionseinbrüche in der Kohle- und damit Stahlproduktion, verbunden mit einer Transportkrise aufgrund des überaus strengen Winters und den erheblichen Anlaufschwierigkeiten des Hindenburg-Programms nicht möglich gewesen. Im Jahre 1917 waren neben der Fertigung von Waffen und Munition die dringendsten Probleme der militärischen Führung die Lösung des Transportproblems in der Heimat[152], die Motorisierung des Heeres[153], der U-Boot-Bau[154] sowie die Fertigung von Flugzeugen[155]. Keine dieser Aufgaben konnte zufriedenstellend gelöst werden. Die Lieferung von Lokomotiven und Güterwagen blieb hinter den Forderungen zurück[156]. Beim Flug-

zeugbau vermochte der Flugmotorenbau den Bedarf nicht zu decken[157]. Der wiederholt ausgesprochenen Forderung nach Motorisierung des Heeres konnte nicht in dem notwendigen Umfang entsprochen werden[158]. Die Gesamtfertigung an Lastkraftwagen betrug 1917 15 000 Einheiten[159], was in keiner Weise genügte. Zu Beginn der deutschen Offensive im Westen im März 1918 war das deutsche Heer technisch nicht mehr auf der Höhe der Zeit[160]. Die Angriffsdivisionen waren für einen Bewegungskrieg nicht mehr beweglich genug, obwohl die Stellungsdivisionen ihre Zugtiere an jene abgegeben hatten und damit teilweise völlig immobil geworden waren[161]. Auch die Luftstreitkräfte waren dem Gegner zahlenmäßig hoffnungslos unterlegen[162]. Die Offensive selbst brachte nicht die erhoffte militärische Entscheidung für die Mittelmächte, zehrte aber alle Reserven auf. Die Entscheidung brachten die USA, deren Zufuhr an Rüstungsgütern und Truppen auf den europäischen Kriegsschauplatz im Frühjahr 1918 voll angelaufen war. Als Anfang Juli 1918 die Gegenoffensiven der Entente-Mächte einsetzten, war das deutsche Heer personell und materiell am Ende, die Situation hoffnungslos[163]. Das Auslaufen des Hindenburg-Programms im Sommer 1918 setzte zwar Kapazitäten frei, aber diese hätten keinesfalls allein für den Bau von Panzern genutzt werden können, der Bau von Lastwagen und Flugzeugen war noch dringender. Die Munitionsfertigung blieb 1918 ebenfalls weit hinter dem Bedarf zurück[164].

Die Behauptung der Industrie, sie hätte die Aufgabe des Panzerbaus während des Krieges leisten können, geht auf die Firma Krupp zurück[165], der es nach dem Krieg darum ging, die Verantwortung für Versäumnisse im Bereich der Rüstung auf die militärische Führung abzuwälzen. Es war gerade die Firma Krupp, die sich entgegen den Forderungen der OHL nicht dazu bereitfand, die erhebliche Überproduktion von Geschützen abzubauen. Die Oberste Heeresleitung hatte schnell erkannt, daß die ursprüngliche Forderung von 3000 Feldkanonen zu hoch war. Sie begrenzte deshalb entsprechend dem Bedarf der Front ihre Forderung im Mai 1917 auf 1500, im September 1917 auf 1100 und im März auf 725 Geschütze monatlich[166]. Die Fertigung blieb jedoch eigentümlicherweise von dieser Entscheidung längere Zeit unberührt und lag zwischen März und Juni 1918 immer noch bei 2500 Stück im Monat. Erst im Juli 1918 trat eine merkliche Verringerung der Produktion ein, nachdem die Bestellungen des Hindenburg-Programms ausgelaufen waren. Bei großen Rüstungsfirmen, wie der Firma Krupp, gab es bis Kriegsende überhaupt keine Produktionsminderung[167]. Die Verträge über die Rüstungslieferungen aus dem Hindenburg-Programm waren zu sehr günstigen Bedingungen für die Industrie abgeschlossen worden, d. h. die Gewinne waren außergewöhnlich hoch, und die Industrie zwang die Militäradministration offensichtlich zur Erfüllung dieser Verträge.

Die für den Bau des Schweren Kampfwagens (A7V) zuständige Dienststelle forderte im Dezember 1916 den Bau von 100 A7V-Fahrzeugen – nicht Kampfwagen (!) – und am 31. März 1917 eine Verdoppelung dieses Programms. Dabei ging man von einer Monatsfertigung von 10 bzw. 20 Kampfwagen aus. Im April 1918 schlug der Chef des Feldkraftfahrwesens ein Bauprogramm von 240 A7V-U innerhalb eines Jahres vor. Bei Kriegsende war für das Jahr 1919 der Bau von 4000 leichten und 400 schweren Panzern vorgesehen. Eine in der Planungsphase für dieses Programm vom Kriegsministerium besonders sorgfältig durchgeführte Berechnung ergab, daß trotz Auslauf des Hindenburg-Programms und höchster Dringlichkeitsstufe für den Panzerbau innerhalb von fünf Monaten – von Oktober 1918 bis April 1919 – nur mit äußerster Anstrengung die Fertigung von 1000 leichten Panzern möglich gewesen wäre, obwohl dafür 700 Motoren aus stillgelegten Kraftfahrzeugen zur Verfügung standen[168]. Die Motorenindustrie konnte in diesem Zeitraum wegen des Mangels an Werkzeugmaschinen und Präzisionsteilen, vor allem aber wegen des Mangels an Facharbeitern, nur 290 Motoren liefern, d. h. 58 Motoren monatlich[169]. Anders als bei der Granatfertigung, wo angelernte Kräfte immer wiederkehrende Handgriffe ebenso gut ausführen konnten wie vollausgebildete, verlangte der Motoren- und Fahrzeugbau Facharbeiter, die es in dem benötigten Umfang nicht gab und die in kurzer Zeit auch nicht ausgebildet werden konnten. Der Facharbeitermangel war das entscheidende und nicht lösbare Problem im Panzerbau[170].

Dabei ist mehr als zweifelhaft, ob eine größere Anzahl von Kampfwagen, wenn sie hätten gebaut werden können, angesichts der Treibstofflage überhaupt hätte zum Einsatz gebracht werden können[171]. Die Treibstoffversorgung der Mittelmächte war während des gesamten Krieges unzureichend. Das Deutsche Reich verfügte kaum über eigene Ölvorkommen. Im Kriegsjahr 1915 stand einem Gesamtverbrauch von 700 000 Tonnen eine Eigenförderung von 99 000 Tonnen gegenüber. Der Rest mußte eingeführt werden, vornehmlich aus Österreich-Ungarn (Galizien) und Rumänien. Während des Krieges stieg der Bedarf an Mineralöl infolge der stetig steigenden Anforderungen durch Heer, Marine und Luftwaffe schnell an. Der Kriegseintritt Rumäniens an der Seite der Alliierten und die Besetzung der zu Österreich-Ungarn gehörenden Erdölfelder Galiziens durch Rußland brachte die Mineralölversorgung der Mittelmächte kurzfristig fast zum Erliegen und hätte vielleicht zu einem früheren Ende des Krieges geführt, wenn nicht die Rückeroberung der Erdölfelder gelungen wäre. Dadurch konnte der dringendste Bedarf an Treibstoffen bis zum Kriegsende gedeckt werden. In den Jahren 1917 und 1918 stagnierte der Mineralölverbrauch des Deutschen Reiches mit 1 410 000 bzw. 1 470 000 Millionen t. Die kriegsentscheidende Bedeutung des Erdöls wurde bei Kriegsende deutlich. Der Zusammenbruch Bulgariens Ende September 1918 und der dadurch drohende Verlust der rumänischen Erdölfelder war ein unmittelbarer Grund für Ludendorff, im Oktober 1918 die Aufnahme von Waffenstillstandsverhandlungen zu verlangen[172]. Der Benzinverbrauch der Panzerwaffe der Alliierten betrug im Jahre 1918 42 000 Tonnen monatlich, bei einem Gesamtverbrauch von 161 000 Tonnen Benzin im Monat[173]. Dem stand ein Gesamtverbrauch des deutschen Heeres von 13 000 Tonnen im Monat gegenüber[174]. Dies stellte gleichzeitig die verfügbare Menge dar, während der tatsächliche Bedarf erheblich höher lag. Bereits der Betrieb der vorhandenen Kraftfahrzeuge zu Nachschubzwecken während der deutschen Frühjahrsoffensive im Jahre 1918 überschritt die zur Verfügung stehenden Treibstoffkontingente bei weitem und zehrte die geringen Vorräte nahezu auf[175]. Ähnliches galt für die Luftwaffe, deren Brennstoffkontingent im August 1918 für die kommenden Monate endgültig auf 7000 Monatstonnen gekürzt wurde, etwas mehr als die Hälfte des tatsächlichen Verbrauchs in diesem Monat[176].

Bei Kriegsende waren die Treibstoffvorräte erschöpft. Bei der Zurücknahme der Front im Westen im Oktober und November 1918 mußten viele Kraftfahrzeuge wegen Benzinmangels zurückgelassen werden. Der voraussichtliche Brennstoffbedarf für das Jahr 1919 hätte – ohne Panzer (!) – mit den bestehenden Mitteln nicht mehr gedeckt werden können[177]. Diese Faktoren lassen den Schluß zu, daß allein wegen des Mangels an Treib- und Schmierstoffen weder im Jahre 1918 noch im Jahre 1919 auf deutscher Seite der Einsatz einer größeren Anzahl von Kampfwagen möglich gewesen wäre.

1 Zur Entwicklung der Feuerleistung von Handfeuerwaffen und Geschützen von 1870 bis 1914: Das Königlich/Preußische Kriegsministerium 1809–1909. Mit allerhöchster Genehmigung Sr. Majestät des Kaisers und Königs zum nichtamtlichen Gebrauch herausgegeben und bearbeitet vom Kriegsministerium. Berlin 1909; Schieß- und Wirkungsdaten sämtlicher Handfeuerwaffen. Wien 1912, S. 1–7 und 39. Zur Entwicklung der Rohrrücklaufbremse siehe Paul Hüneberg (Hrsg.): Die Kultur der Gegenwart. Ihre Entwicklung und ihre Ziele. Vierter Teil (= die Technischen Wissenschaften). 12. Bd: Technik des Kriegswesens. Leipzig, Berlin 1913, S. 357–366.

2 Schätzung des Verf. nach den in Anm. 1 angeführten Titeln enthaltenen Leistungsdaten der Handfeuerwaffen und Geschütze.

3 Zur Entwicklung der Telegraphentruppe [sic!], des Flug- und Kraftfahrwesens vor 1914 umfassend: [Hugo] Schmiedecke: Die Verkehrsmittel im Kriege. Zweite, vollständig, umgearb. Aufl. Berlin 1911.

4 Heinrich Viktorin: Das Maschinengewehr im russisch-japanischen Krieg und persönliche Erfahrungen über Kavallerie-MG-Abteilungen. Wien 1911; »Taktik der Maschinengewehre«. In: Militär-Wochen-Blatt (MWB), 1912, Nr. 28, Sp. 610–618.

5 H. Schnitter: Militärwesen und Militärpublizistik. Die militärische Zeitschriftenpublizistik in der Geschichte des bürgerlichen Militärwesens in Deutschland. Berlin [Ost] 1967, S. 104 f.

6 Johann v. Bloch: Der Krieg der Zukunft. Berlin 1899.

7 Generalfeldmarschall Alfred Graf v. Schlieffen: Der Krieg der Gegenwart. In: Ders.: Gesammelte Schriften. 2 Bde. Berlin 1913, Bd 1, S. 11–22, S. 15. (Zuerst veröffentlicht in »Deutsche Revue«, Stuttgart. Leipzig [1909]).

8 Ebd., S. 12 ff.

9 Exerzierreglement für die Infanterie (Ex. f. d. I.) vom 29. Mai 1906. Neuabdruck mit Einfügung der bis April 1913 ergangenen Änderungen (Deckblatt 1–99). Berlin (1913), bes. Ziff. 305–309, 324, 326, 332–337, 338a (Deckblatt 86); Exerzierreglement für die Feldartillerie (Ex. f. d. Art.). Berlin 1907, bes. Ziff. 369 und 471; Exerzierreglement für die Kavallerie (Ex. f. d. Kav.). Berlin 1909, bes. Ziff. 393; Löbell's Jahresberichte, 1911, S. 261, 286, 287–300; 1913, S. 253, 256, 279 und 280 f.

10 Das wurde bereits vor Ausbruch des Ersten Weltkrieges festgestellt. Vgl. Die Infanterie im Kampf der verbundenen Waffen. In: MWB, 1912, Nr. 89, Sp. 2019–2022 und Nr. 90, Sp. 2049–2054; »Taktik der Maschinengewehre«, Sp. 615.

11 In Deutschland die Kampfwagen der Typen IB, II, III, und IV; entwickelt und im Heer eingeführt zwischen 1934 und 1939. Vgl. [Fridolin] M. v. Senger und Etterlin: Die Kampfpanzer von 1916–1966. 2. verbesserte Auflage. München [1971], S. 55–73.

12 Auf ein Kraftfahrzeug entfielen im Deutschen Reich 1910 1290 Einwohner; 1914 720 Einwohner. Vgl. Wolfgang Weger: Die Auto-Biografie. Eine Momentaufnahme. Frankfurt/Main 1976, S. 76. Zum Vergleich: Im Jahre 1989 betrug dieses Verhältnis ca. 1:1,8.

13 D. V. E. Nr. 53. Grundzüge der höheren Truppenführung, vom 1. Januar 1910. Berlin 1910, S. 9 f.

14 Vgl. Fritz Bolle: Darwinismus und Zeitgeist. In: Hans-Joachim Schoeps (Hrsg.): Zeitgeist im Wandel. Bd 1: Das Wilhelminische Zeitalter. Stuttgart (1967), S. 235–287.

15 So wurde die Kavallerie in Deutschland, Frankreich und Großbritannien kurz vor dem Ersten Weltkrieg nicht erheblich reduziert. Vgl. v. Löbell's Jahresberichte, 1911, S. 261 und 286–300; 1912, S. 253, 256, 279 ff., 1913, S. 279.

16 Der nach Alfred Graf Schlieffen (1833–1913) benannte Feldzugplan sah für den gleichzeitigen Kriegsfall mit Frankreich und Rußland vor, im Osten nur schwache Sicherungskräfte zu belassen, die Einscheidung jedoch im Westen zu suchen. Dazu sollte das deutsche Feldheer im Westen in einem schnellen Vorstoß am rechten Flügel bis westlich Paris Raum gewinnen, dann nach Osten eindrehen und in einer gewaltigen Entscheidungsschlacht die Franzosen schlagen. Zum Schlieffenplan Georg Ritter: Der Schlieffenplan. Kritik eines Mythos. Texte und

Darstellung. München 1956. Auch: Helmut Otto: Schlieffen und der Generalstab. Der preußisch-deutsche Generalstab unter der Leitung des Generals von Schlieffen. Berlin [Ost] 1966.

17 Vgl. Karl Dietrich Erdmann: Der Erste Weltkrieg. Gebhardt. Handbuch der deutschen Geschichte. Neunte, neu. bearb. Auflage, hrsg. von Herbert Grundmann. 18. 3. Aufl. München 1982 (= dtv. wissenschaft. Bd 18), S. 118; Walther Hubatsch: Deutschland im Weltkrieg 1914–1918. Deutsche Geschichte. Ereignisse und Probleme, hrsg. von Walther Hubatsch. Bd 5. 2. durchg. Aufl. Frankfurt/M. Berlin, Wien 1973, S. 48 f.

18 Vgl. »Das Überschießen eigener Truppen durch Maschinengewehre.« In: MWB, 1912, Nr 82, Sp. 1877–1884, bes. Sp. 1878 und Sp. 1883.

19 Vgl. exemplarisch die Gefechtsdarstellungen bei Kurt Heydemann: Die Schlacht bei St. Quentin 1914. 2 Tle. Schlachten des Weltkrieges. In Einzeldarstellungen bearb. und hrsg. im Auftrage des Reichsarchivs. Bd 7a und 7b. Berlin ²1925, bes. Tl. 1, S. 73 f, 149–152, Tl. 2, S. 103–111, 203 ff. und S. 190. Die Verluste des deutschen Feldheeres betrugen bis Ende 1914 etwa 840 000 Mann, darunter 150 000 Gefallene. Die Verluste der Alliierten waren noch höher. Allein die Franzosen verloren in den ersten beiden Kriegswochen 210 000 Mann.

20 Werner Beumelburg: Ypern 1914. Schlachten des Weltkrieges. In Einzeldarstellungen berarb. und hrsg. im Auftrag des Reichsarchivs. Bd 10. Berlin 1925, bes. S. 53 ff., 61–64, 105 und 121 (engl. Angriff) und S. 135.

21 Der Weltkrieg 1914–1918. 14 Bde. Berlin 1925–1944. Bd 5. Der Herbstfeldzug 1914. Bearbeitet im Reichsarchiv. Berlin 1929, S. 73.

22 Ebd., S. 75

23 Zum Stellungsbau und Stellungskrieg ausführlich W[illiam] Balck: Die Entwickelung [!] der Taktik im Weltkriege. Berlin 1920, Abschnitt I,6 (= Erfahrungen über den Verteidigungskampf im Westen) und II,1 (= Der Stellungskampf im Westen).

24 Zur Entwicklung aller Bereiche der Kriegstechnik im Weltkrieg 1914–1918 umfassend: M[ax] Schwarte (Hrsg.): Die Technik im Weltkrieg. Berlin 1920.

25 So auch Les Armees françaises dans la Grande Guerre. Paris 1921 ff. Bd II, S. 481 ff.

26 General Haig, Oberbefehlshaber des britischen Expeditionskorps, zitiert bei Balck, Die Entwickelung der Taktik im Weltkriege, S. 77.

27 Vgl. Hubatsch, Deutschland im Weltkrieg 1914–1918, S. 95 f.

28 Zum Wirken Swintons vgl. E[rnest] D. Swinton: Augenzeuge (»Eyewitness«). Berlin o. J. [1940].

29 Ebd., S. 96.

30 Vgl. zur Arbeit der Versuchsabteilung und den verschiedenen Konstruktionen Stern: Tanks 1914–1918. The Log-Book of a Pioneer. London, New York, Toronto 1919; B[asil] H[enry] Liddell Hart: The Tanks. The History of the Royal Tank Regiment and its predecessors Heavy Branch Machine-Gun Corps and Royal Tank Corps 1914–1945. 2 Vols. London (1959), Vol. 1. 1914–1939.

31 Stern, Tanks 1914–1918, S. 40.

32 Swinton, Augenzeuge, S. 183.

33 Liddell Hart, The Tanks, Vol. 1, S. 49 f.

34 Die vollständigen Daten aller englischen und französischen Panzer bei Senger und Etterlin, Die Kampfpanzer von 1916–1966. Technische Angaben der Panzer der MK-Reihe S. 159–170. Vgl. auch Vergleichstabelle in diesem Kapitel.

35 Der Panzer wurde 1918 erstmals eingesetzt. Technische Daten bei Senger und Etterlin, Die Kampfpanzer 1916–1966, S. 156 ff.

36 Heigl's Taschenbuch der Tanks. Teil III [= Bd 3] Der Panzerkampf. Von G. P. von Zezschwitz. München 1938. [Unveränd.] Neuauflage 1971, S. 224. (Im folgenden zitiert als Heigl III).

37 Zum Umfang und zur Bedeutung der amerikanischen Militär- und Wirtschaftshilfe für die Alliierten umfassend Heinz Henning: Die Situation der deutschen Kriegswirtschaft im Sommer 1918 und ihre Beurteilung durch die Heeresleitung, Reichsführung und Bevölkerung. Phil. Diss. Hamburg 1957.

38 Fertigungsziffern nach Heigl III, S. 223 f., und Senger und Etterlin, Die Kampfpanzer von 1916–1966, S. 153.

39 Die Angaben zum Panzerbau und zum Aufbau der Panzertruppe in Frankreich folgen, wenn nicht anders angegeben P. G. L. Dutil: Les chars d'assaut. Leur création et leur rôle pendant la guerre 1915–1918. Nancy, Paris, Straßbourg (1919).

40 Gerhard Förster/Nikolaus Paulus: Abriß der Geschichte der Panzerwaffe. Schriften des Militärgeschichtlichen Instituts der DDR. Kleine Militärgeschichte Streitkräfte. Berlin [Ost], S. 14.

41 Folgende Daten zeichneten den Entwurf aus: Länge 4 m, Breite 2,60 m, Höhe 1,60 m; Gewicht ungefähr 12 t, Panzerung 12–15 mm, Motorleistung 80 PS, Höchstgeschwindigkeit 9 km/h, Grabenüberschreitfähigkeit 2 m, Bewaffnung 2 MG und eine 37-mm-Kanone. Dutil, Les chars d'assaut, S. 5 f.

42 Heigl III, S. 235.

43 Ebd.

44 Technische Daten des Char Schneider und des Char St. Chamond bei Senger und Etterlin, Die Kampfpanzer von 1916–1966, S. 99 ff. (Char Schneider) und 102 ff. (Char St. Chamond). Vgl. auch oben, Tabelle in diesem Kapitel.

45 Heigl III, S. 236 f.

46 Technische Daten des Renault M 17/18 bei Senger und Etterlin, Die Kampfpanzer von 1916–1966, S. 105–109. Vgl. auch Tabelle Abschnitt I.

47 Heigl III, S. 236 und 243.

48 Fertigungsziffern nach Senger und Etterlin, Die Kampfpanzer 1916–1966, S. 99, 102 und 105.

49 Angaben nach Förster/Paulus, Abriß der Geschichte der Panzerwaffe, S. 25, 28 und 53, mit Ausnahme der Stärke der Besatzung des Schweren Kampfwagens (A7V), die bei Förster/Paulus mit 18 Mann angegeben wird. Nach Ernst Volckheim, Die deutschen Kampfwagen im Weltkriege. Zweite völlig neu bearb. Aufl. Berlin 1937, betrug die Geschwindigkeit des A7V 12 km/h als theoretischer Wert, in der Praxis wurden jedoch 16 km/h erreicht.

50 D. E. Hickey: Rolling into action. Memoirs of a Tank Corps Section Commander. London o. J. [1936], S. 28 ff.

51 Heigl III, S. 226 ff., hier das Kapitel: Die Idee des Panzers setzt sich durch.

52 Ebd., S. 238 f.

53 Ebd.

54 Ebd., S. 239 f.

55 Liddell Hart, The Tanks, Vol. 1, S. 69 und 81.

56 So standen bei Beginn der britischen Offensive an der Somme am 9. April 1917 statt 240 Mark-IV wegen Fertigungsrückständen nur 60 instandgesetzte Mark-I und II zur Verfügung. Zum Einsatz des Panzerkorps Liddell Hart, The Tanks, Vol. 1, S. 71–79 und S. 95–104.

57 So beim ersten Einsatz an der Somme am 15. 9. 1916. Vgl. Clough Williams-Ellis and A. Williams-Ellis: The Tank-Corps. London 1919, S. 29.

58 Vgl. die Einsatzberichte bei Liddell Hart, The Tanks, Vol. 1, S. 71–79 und 95–104 und Aiguilette: »First Tank Attack! An eye witness report.« In: Marine-Corps-Gazette. Vol. 47. No. 5. Quanrico, Virginia 1963, S. 32–36.

59 Dies gilt besonders für den ersten Einsatz der französischen Panzertruppe am 16. 4. 1917, wo die Hälfte der eingesetzten Panzer ein Opfer der deutschen Artillerie wurde. Vgl. dazu Jean Paul Perré: Batailles et combats des chars français. L'année d'apprentissage (1917). Paris 1937, S. 15–78, bes. S. 74 f. Die OHL maß dem Gefecht eine derartige grundsätzliche Bedeutung bei, daß sie den Gefechtbericht des Abwehrkampfes als Teil der Vorschriften zur Panzerbekämpfung in die Dienstvorschrift zur Abwehr im Stellungskrieg übernahm. (Ziff. 55 der Dienstvorschrift zur Abwehr im Stellungskrieg. Abgedruckt bei Erich Ludendorff (Hrsg.): Urkunden der Obersten Heeresleitung über ihre Tätigkeit 1916/18. Dritte, durchgesehene Auflage. Berlin 1922, S. 625 f.).

60 Hubert Gough: The Fifth Army. London 1931, S. 206.

61 Liddell Hart, The Tanks, Vol. 1, S.

62 Die Ausführungen zur Schlacht von Cambrai beruhen auf: Brian Cooper: The Ironclads of Cambrai. London 1967, passim.; Ludwig Ritter v. Eimannsberger: Der Kampfwagenkrieg, München 1934, S. 7–24; J[ohn] F[rederick] C[harles] Fuller: Erinnerungen eines freimütigen Soldaten. Berlin o. J. [1937], S. 151–169; Liddell Hart, The Tanks, Vol. 1, S. 128–153; Hickley, Rolling into action, passim; [1936]; Williams-Ellis, The Tank Corps, S. 100–120; Georg Strutz, Die Tankschlacht bei Cambrai 20.–29. November 1917. Schlachten des Weltkrieges. In Einzeldarstellungen bearbeitet und herausgegeben im Auftrage des Reichsarchivs. Bd 31. Berlin 1929, passim.

63 Für den Angriff standen insgesamt 478 Panzer zur Verfügung, davon 378 Kampf-, 10 Funk- und Fernsprech-, 2 Pionier-, 54 Nachschub-, und 32 Ersatzpanzer.

64 Tabelle nach Förster/Paulus, Abriß der Geschichte der Panzerwaffe, S. 31.

65 Fuller, Erinnerungen eines freimütigen Soldaten, S. 169 und 197 f.

66 Liddell Hart, The Tanks, Vol. 1, S. 168.

67 Ebd., S. 173.

68 Vgl. zur Schlacht Alfred Stenger: Schicksalswende. Von der Marne bis zur Vesle 1918. Schlachten des Weltkrieges. In Einzeldarstellungen bearbeitet und herausgegeben im Auftrag und unter Mitwirkung des Reichsarchives, Bd 35. Oldenburg, Berlin 1930.

69 Zum Panzerangriff bei Amiens vgl. Liddell Hart, Tanks, Vol. 1, S. 177–186; Thilo v. Bose: Die Katastrophe des 8. August 1918. Schlachten des Weltkrieges. In Einzeldarstellungen bearbeitet und herausgegeben im Auftrag des Reichsarchivs. Bd 36. Oldenburg, Berlin 1930; Ernst Kabisch: Der schwarze Tag. Die Nebelschlacht von Amiens (8./9. August). 28. Auflage. Berlin [1930].

70 Bernhard Schwertfeger, Das Weltkriegsende. Potsdam ⁴1937, S. 128.

71 Ebd., S. 134.

72 Die Angaben zur Heeresmotorisierung vor dem Ersten Weltkrieg folgen, wenn nicht anders angegeben: Festschrift zur Denkmalsweihe der deutschen Kraftfahrtruppen am 7. Juni 1931. Bearb. von Gen. m. a. D. [Erich] Petter. Berlin-

Charlottenburg 1931, S. [8]–17; Das Königl. Preuß. Kriegsministerium, S. 179–207; Schmiedecke, Die Verkehrsmittel im Kriege, S. 303–330. Zur Heeresmotorisierung im Ersten Weltkrieg Walter Sußdorf: Das Feldkraftfahrwesen. In: Schwarte, Der Weltkampf um Ehre und Recht. Bd 6. Die Organisation der Kriegsführung. Erster Teil. Die für den Kampf unmittelbar arbeitenden Organisationen. Leipzig 1921, S. 342–349; Festschrift zur Denkmalsweihe der deutschen Kraftfahrtruppen, S. 17–20 und 23 f.

73 Das Königl. Preuß. Kriegsministerium, S. 181 f.

74 Ebd., S. 183. Aus Kostengründen verbot sich die Beschaffung einer größeren Zahl von Militärlastwagen bei der Truppe selbst. Um im Krieg über LKW's in ausreichender Zahl zu verfügen, wurde deren Ankauf durch Privatfirmen vom Staat subventioniert. Die förderungswürdigen Lastwagen sollten bei einer Nutzlast von 6000 kg (4–Tonner Motorwagen mit 2–Tonner-Hänger) ein Gesamtgewicht von 7500 kg nicht überschreiten. Später wurde das Verhältnis Nutzlast/Gesamtgewicht auf 5000 kg Nutzlast bei 4000 kg Eigengewicht erweitert, und auch ein 3–Tonner Lastwagen ohne Hänger in die Subvention aufgenommen. Ebd., S. 202 ff.; Schmiedecke, Die Verkehrsmittel im Kriege, S. 324 f. Das Lastenheft für den Subventions-LKW abgedruckt in Das Königl. Preußische Kriegsministerium, S. 204 ff.

75 Vgl. zum Versuchsbetrieb: 25 Jahre Bayerische Kraftfahr-Truppe (1. IV. 1908– 1. IV. 1933). Bearbeitet von F[riedrich] Bornschlegel unter Mitwirkung der VII. (Bayer.) Kraftfahr-Abteilung und von Mitgliedern der Vereinigung ehemaliger Angehöriger der bayer. Kraftfahr-Truppe. München o. J. [1933], S. 5–11; Festschrift zur Denkmalsweihe der deutschen Kraftfahrtruppen, S. 10–14.

76 Das Königl. Preußische Kriegsministerium, S. 199.

77 [Erich] Petter: Kampfwagen-Abwehr im Weltkrieg 1914–1918. Bearbeitet im Auftrage der Inspektion der Kraftfahrtruppen von September 1931 bis April 1932 durch Generalmajor a. D. Petter. o. O., o. J. [Berlin 1932] (im folgenden zitiert als Petter, Abwehr), S. 18; Walter J. Spielberger: »Rad-Selbstfahrlafetten des deutschen Heeres 1908–1935«. In: Feldgrau. Mitteilungsblätter einer Arbeitsgemeinschaft, 1 (1966), S. 7–12, S. 7 f.

78 S. Daule: Der Kriegswagen der Zukunft. Leipzig 1906, S. 8; Karl A. Kuhn: Das Automobil und die moderne Taktik. Leipzig 1906, S. 5 ff.

79 Petter, Abwehr, S. 26 f.

80 Sußdorf, Das Feldkraftfahrwesen, S. 349–365; Festschrift zur Denkmalsweihe der deutschen Kraftfahrtruppen, S. 20 und 24 f.

81 Sußdorf, Das Feldkraftfahrwesen, S. 352 f.; Festschrift zur Denkmalsweihe der deutschen Kraftfahrtruppen, S. 20 f. und S. 32–37; Hauptmann Wegner Verkehrsmittel. In: Schwarte, Die Technik im Weltkrieg, S. 239 f. Fußartillerie = Schwere Artillerie, deren Soldaten im Gegensatz zur bespannten Feldartillerie zu Fuß marschieren mußten.

82 Festschrift zur Denkmalweihe der deutschen Kraftfahrtruppen, S. 34 ff.

83 »Die erste kriegsmäßige Automobilaufklärungsübung«. In: Kriegstechnische Zeitschrift. Jg. 1911, S. 352–354.

84 Heinz Radtke: Zur Geschichte unserer Panzerwaffe (III): Vom Straßenpanzer zum Panzerspähwagen. In: panzer. Zeitschrift der Kampftruppen. Nr 2/3. 1960, S. 52–55; ders.: Zur Geschichte unserer Panzerwaffe (IV): Die ersten Panzerkonstruktionen — Pioniere als Erfinder von Raupenfahrzeugen. In: Ebd., Nr. 5. 1960, S. 24 f.; [Erich] Petter: (Studie über die deutschen Straßenpanzer Kraftwagen [!] vor und im Ersten Weltkrieg), ohne Titel, Ort und Jahr [ca. 1930], (nachfolgend zit. als Petter, Straßenpanzerkraftwagen), S. 1–10.

85 Das Königl. Preußische Kriegsministerium, S. 197.

86 Petter, Straßenpanzerkraftwagen, S. 5 ff.

87 Generalinspektion des Militär-Verkehrswesens (GIdMV) und Inspektion des Militär-Verkehrswesens (IdMV) an das Kriegsministerium, zitiert bei Petter, Abwehr, S. 18.

88 »Panzerung und Panzerkraftwagen.« In: MWB Nr. 143, 1917, Sp. 3471–3475. Der Artikel referiert Stellungnahmen der Inspektion des Militär-Verkehrswesens zur Panzerautomobilfrage vor dem Ersten Weltkrieg.

89 V. Löbell's Jahresberichte, Jg. 1911, S. 358; Jg. 1913, S. 355; auch Schmiedecke, Die Verkehrsmittel im Kriege, S. 319.

90 Petter, Straßenpanzerkraftwagen, S. 19 f.

91 Die Angaben zum Burstynschen Motorgeschütz folgen Walther Albrecht: Gunther Burstyn (1879–1945) und die Entwicklung der Panzerwaffe. Osnabrück 1973. Studien zur Militärgeschichte, Militärwissenschaft und Konfliktforschung, Bd 2, bes. S. 69–88. Ein Originalmodell befindet sich im Besitz des Bayerischen Armeemuseums zu Ingolstadt.

92 Ebd., S. 83–86.

93 Petter, Straßenpanzerkraftwagen, S. 11; Radtke, Zur Geschichte unserer Panzerwaffe (III). Vom Straßenpanzer zum Panzerspähwagen, S. 52.

94 Petter, Straßenpanzerkraftwagen, S. 11 f.

95 Ebd., passim.

96 Für den mit der Struktur der deutschen militärischen Führungsspitze und der Organisation des Panzerbaus weniger Vertrauten sei zum besseren Verständnis des folgenden Abschnitts das vorherige Studium meines Beitrages: Die Entstehung des Schweren Kampfwagens (A7V) in diesem Band empfohlen. Die Ausführungen zum Panzerbau folgen, wenn nicht anders angegeben Petter, Abwehr, sowie ders.: Die technische Entwicklung der deutschen Kampfwagen im Weltkrieg 1914–1918. Bearbeitet im Auftrage der Inspektion der Kraftfahrtruppen des Reichswehrministeriums von Generalmajor a. D. Petter. Berlin 1932 (im folgenden zitiert als Petter, Technik).

97 Vgl. dazu unten: Die Entstehung des Schweren Kampfwagens (A7V) in diesem Band.

98 Bremer hatte unter das normale Fahrgestell eines Viertonner-LKW zwei Paar Raupenketten gesetzt, von denen das hintere Paar über die Hinterachse angetrieben wurde, während das vordere Paar ohne Antrieb sein und über ein Lenkrad die Lenkung des Fahrzeuges übernehmen sollte. Die Lenkung versagte in schwierigem Gelände. Die Inspektion des Kraftfahrwesens (Ikraft) war als Verhandlungspartner Bremers herangezogen worden, weil sich der Konstrukteur weigerte (!), mit der Verkehrs-Prüfungskommission (VPK) zu verhandeln. Zum Bremer-Wagen Petter, Abwehr, passim. Auf der Studie Petters beruhend Walter J. Spielberger: »Die Entwicklung des Bremer/Marienwagens 1915–1918 durch die Daimler-Motoren-Gesellschaft.« In: Feldgrau 4 (1961), S. 117–119; K. G. Klietmann: »Der Bremer- und Marienwagen 1914–1918. Aus der Vorgeschichte der deutschen Kampfwagen-Waffe im 1. Weltkrieg«. In: Zeitschrift für Heeres- und Uniformkunde, Jg. 1954, S. 102–106.

99 Die Konstruktion des von der Firma Dürkopp – daher der Name – entworfenen Fahrzeugs lehnte sich stark an den des A7V-Wagens an. Der Wagen verfügte ebenfalls über eine Doppelmotorenanlage, besaß dasselbe Lenksystem und erhielt auch die Kette des A7V. Von dem Wagen wurden 10 Exemplare als »Überlandwagen« gefertigt und ausgeliefert. Zum Dür-Wagen K. G. Klietmann: »Beiträge zur Geschichte des deutschen Kampfwagen-Bau's 1914–1918. Der Dür-Wagen 1916–1918«. In: Feldgrau 2 (1967), S. 26–28.

100 Der Treff-Aß-Wagen der Bremer Firma Hans-Lloyd bestand aus einer großen Trommel, die über eine schwanzähnliche Stützkonstruktion mit einer lenkbaren Stützrolle verbunden war. Technische Daten: Höhe ca. 3,50 m, Länge 4 m, Gesamtgewicht 15 t, Panzerblechstärke der Räder 20 mm. Zum Treff-Aß-Wagen K. G. Klietmann: »Der Treffass [!] — Kampfwagen der Firma Hansa-Lloyd von 1916/17«. In: Feldgrau 2 (1958), S. 52 und 55.

101 Der Orion-Wagen verfügte über ein Laufwerk mit einer Kette, deren Kettenglieder nicht miteinander verbunden waren, sondern bei der nur fußartig erhöhte Laufplatten zur Auflage auf den Boden gelangten. Die Konstruktion war technisch untauglich. Zum Orion-Wagen Petter, Technik, passim.

102 Technische Daten des K-Wagens: Gewicht 150 t, Länge 12,7 m, Breite 6,0m, Höhe 3,0 m, Motoren 2 x 650 PS, Besatzung 22 Mann, Bewaffnung 4 KwK 77 mm, 7 MG 7,92 mm. Zum K-Wagen W[alter] J. Spielberger: »Der Bau des Großkampfwagens (K-Wagens) 1917–1918. Entwicklung und Produktion«. In: Feldgrau 3 (1961), S. 65–72.

103 Petter, Abwehr, S. 37.

104 Der Weltkrieg 1914 bis 1918. 11. Bd. Die Kriegführung im Herbst 1916 und im Winter 1916/17. Die militärischen Operationen zu Lande. Im Auftrage des Oberkommandos des Heeres bearbeitet und herausgegeben von der Kriegsgeschichtlichen Forschungsanstalt des Heeres. Berlin 1938, S. 443 ff. und 467–471. bes. S. 470.

105 Ebd., S. 470 und Ernst v. Wrisberg: Wehr und Waffen 1914–1918. Erinnerungen an die Kriegsjahre im Königl. Preuß. Kriegsministerium. Bd 3. Leipzig 1922, S. 96. Wrisberg war während des Krieges Direktor des Allgemeinen Kriegsdepartements des Kriegsministeriums. dem alle Waffenabteilungen unterstanden.

106 Der Weltkrieg 1914–1918, Bd 11, S. 499–511.

107 Petter, Abwehr, S. 97.

108 Entworfen wurden zwei Typen: LK I und LK II. Technische Daten: Gewicht ca. 8,5 t, Länge 5,08 m, Breite 1,95 m, Höhe 2,5 m, Frontpanzer 8–14 mm, 1 Motor 40–60 PS, Höchstgeschwindigkeit ca. 14 km/h, Bewaffnung 1 37-mm-KwK oder 2 MG 7,92 mm, Besatzung 3 Mann. Zum LK-I und II Petter, Technik, passim.

109 Technische Daten: Gewicht 19 t, Länge 6,7 m, Breite 2,34 m, Höhe 2,96 m, Frontpanzerung 14 mm, 1 Motor 180 PS, Höchstgeschwindigkeit 16 km/h, Bewaffnung 1 KwK 57 mm, 2 MG 7,92 mm, Besatzung 5 Mann. Zum Oberschlesien-Wagen Petter, Technik, passim. Der Panzer stand technisch auf dem Niveau des Panzerbaus der 30er Jahre. Bis auf die Stärke der Panzerung war er praktisch identisch mit dem 1935 in Frankreich entwickelten »Char-Somua S 35«. Zu diesem Panzer Senger und Etterlin, Die Kampfpanzer 1916–1966, S. 137 ff.

110 Die offizielle Bezeichnung lautete Infanterie-Schlepper (»I-Schlepper«). Technische Daten: Gewicht ca. 7,5 t, Länge 4,2 m, 1 Motor 60 PS, Frontpanzerung 13 mm, Bewaffnung 1 MG 7,92 mm, Besatzung 3 Mann. Konstrukteur des Wagens war Professor Rausenberger, der Chefkonstrukteur der Firma Krupp.

Das Fahrzeug sollte auch bei Krupp gefertigt werden. Zur Krupp-Protze Petter, Technik, passim.

111 Petter, Abwehr, S. 198.

112 Vgl. meinen Beitrag: Die Entstehung des Schweren Kampfwagens in diesem Band, dort das Kapitel: Die Dienststelle des Chefs des Feldkraftfahrwesens.

113 Petter, Abwehr, S. 198 f.

114 Ebd., S. 250 f.

115 Ebd., S. 198 f.

116 Ebd., S. 249.

117 Ebd., S. 252 ff.

118 Ludendorff, Urkunden der Obersten Heeresleitung, S. 63 ff.

119 Die Fertigungsdaten folgen Ludwig Wurtzbacher: Die Versorgung des Heeres mit Waffen und Munition. In: Max Schwarte (Hrsg.): Der Weltkampf um Ehre und Recht [Bd 6]. Die Organisation der Kriegsführung. Erster Teil. Die für den Kampf unmittelbar arbeitenden Organisationen. Leipzig (1921) S. 69–146, S. 131 ff.

120 Hermann Cron, Die Kriegseisenwirtschaft. Inventar des Reichsarchivs. Serie II. H. 3. Als Manuskript gedruckt. Potsdam 1929, passim.

121 Vgl. dazu Gerald D. Feldman: Armee, Industrie und Arbeiterschaft in Deutschland 1914–1918. [Titel des engl. Originals: Army, Industry and Labor in Germany 1914–1918]. Berlin, Bonn 1985.

122 Ebd., S. 148–168; Cron, Kriegseisenwirtschaft, passim. bes. S. 15–26.

123 Zur Organisation der Rohstoffwirtschaft Wilhelm Dieckmann: Die Behördenorganisation in der deutschen Kriegswirtschaft 1914–1918. Schriften zur kriegswirtschaftlichen Forschung und Schulung [3]. Hamburg (1937), S. 35–49; Otto Goebel: Deutsche Rohstoffwirtschaft im Weltkrieg. Einschließlich des Hindenburg-Programms. Stuttgart 1930 (Veröffentlichung der Carnegie-Stiftung für internationalen Frieden. Abteilung Volkswirtschaft und Geschichte. Wirtschafts- und Sozialgeschichte des Weltkrieges. Deutsche Serie), S. 19–25; Feldman, Armee, Industrie und Arbeiterschaft in Deutschland 1914–1918, S. 52–58.

124 Cron, Kriegseisenwirtschaft, S. 7.

125 Walter Rau: Panzerungen. Mit besonderer Berücksichtigung gepanzerter Fahrzeuge zu Lande. [maschr.] Düsseldorf o. J.

126 Zur deutschen Automobilindustrie H[ans] C[hristian] Graf v. Seherr-Thoss: Die deutsche Automobilindustrie. Eine Dokumentation von 1866 bis heute. (Stuttgart) (1974). Sußdorf, Das Feldkraftfahrwesen, S. 337–396; Wegner, Verkehrsmittel, S. 219–244;

127 Fries, Kraftfahrwesen, S. 121.

128 Vgl. unten S. 68 ff.

129 Die Angaben zur Rohstoffversorgung beruhen, wenn nicht anders angegeben, auf Cron, Kriegseisenwirtschaft; Goebel, Rohstoffwirtschaft; Ferdinand Friedensburg: Kohle und Eisen im Weltkriege und in den Friedensschlüssen. München. Berlin 1934; Richard Tröger: »Technik in der Metallwirtschaft«. In: Schwarte, Die Technik im Weltkriege, S. 514–524.

130 Vgl. »Der Ersatz der Sparmetalle im Automobilbau«. Von N. Stern. In: Der Motorwagen. H. 1 (1916), S. 1–4, S. 1 f.

131 Ebd.; Tröger, Technik in der Metallwirtschaft, S. 514–524; Goebel, Rohstoffwirtschaft S. 34–51; Cron, Kriegseisenwirtschaft, passim.

132 Cron, Kriegseisenwirtschaft, S. 37.

133 Ebd., S. 37 ff.

134 Ludendorff, Urkunden der Obersten Heeresleitung über ihre Tätigkeit 1916/18, S. 159 ff. (Dok. 2).

135 Petter, Technik, S. 58.

136 Ludendorff, Urkunden der Obersten Heeresleitung über ihre Tätigkeit 1916/18, S. 167 f. (Dok. 8).

137 Petter, Abwehr, S. 255.

138 Ebd., S. 199 f.

139 Die Ursache des Deutschen Zusammenbruchs im Jahre 1918. Vierte Reihe im Werk des Untersuchungsausschusses. Hrsg. von Albrecht Philipp. MdR. 3. Bd. Gutachten v. Kuhl/H. Delbrück. Berlin 1925, S. 78–86.

140 Petter, Abwehr, S. 245 f.

141 Die Ursachen des Deutschen Zusammenbruchs im Jahre 1918, S. 82 f.

142 Ebd., S. 84 und 86.

143 General [Walther K.] Nehring: Die Geschichte der deutschen Panzerwaffe 1916–1945. Stuttgart (1974), S. 36.

144 Cron, Kriegseisenwirtschaft, S. 79 f.

145 Ebd., S. 79, Vgl. auch Ludendorff, Urkunden der Obersten Heeresleitung, S. 170–172.

146 Vgl. die entsprechenden Angaben zum Panzerbau in England bei Heigl III, S. 229.

147 Unter der Voraussetzung, daß 1 Prozent des für Geschoßfertigung zur Verfügung stehenden Rohstahls Stahlguß, Stahlblech verwendet werden und für den Bau eines 30 Tonnen schweren Panzers 85 Tonnen dieser Grundstoffe benötigt werden.

148 Für die Fertigung von 1 Schuß Artilleriemunition wurden 63 Arbeitsstunden benötigt. Vgl. Wrisberg, Wehr und Waffen 1914–1918, S. 189.

149 Wurtzbacher, Die Versorgung des Heeres mit Waffen und Munition, S. 131.

150 Ebd., S. 133.

151 So Petter, Abwehr, S. 245.

152 Cron, Kriegseisenwirtschaft, S. 28 f.

153 Sußdorf, Feldkraftfahrwesen, S. 365–373.

154 Schwarte, Die Technik im Weltkriege, S. 421–424.

155 J. A. Gilles: Flugmotoren von 1910 bis 1918. Bearbeitet von Karl Köhler †. Technisch überprüft und mit einem Nachwort versehen von Gustav Ewald VDJ. Hrsg. vom MGFA. Frankfurt/Main 1971, S. 91–106.

156 Cron, Kriegseisenwirtschaft, S. 29.

157 Gilles, Flugmotoren 1910 bis 1918, S. 116–122.

158 Sußdorf, Feldkraftfahrwesen, S. 365–373.

159 Weger, Die Auto-Biographie, S. 20. Insgesamt wurden während des Ersten Weltkrieges in Deutschland 75 000 Kraftfahrzeuge gefertigt, davon 20 000 PKW. Vgl. Schwarte, Die Technik im Weltkrieg, S. 235 und 237.

160 Vgl. Hubatsch, Deutschland im Weltkrieg 1914–1918, S. 152.

161 Der Weltkrieg 1914 bis 1918. 14. Bd. Die Kriegführung an der Westfront im Jahre 1918. Im Auftrage des Oberkommandos des Heeres bearb. und hrsg. von der Kriegsgeschichtlichen Forschungsanstalt des Heeres. Berlin 1944, S. 31 ff. und 41 f.

162 Gilles, Flugmotoren von 1910 bis 1918, S. 116 f.

163 Vgl. dazu Henning, Die Situation der deutschen Kriegswirtschaft, passim.

164 Vgl. Ludendorff, Urkunden der Obersten Heeresleitung über ihre Tätigkeit 1916 bis 1918, S. 174 ff.

165 Vgl. Werksarchiv Krupp, Bestand FAH IV E 10. [Denkschrift]: Die Firma Krupp im Weltkrieg und in der Nachkriegszeit. Von Wilhelm Berdrow. Bd I. 1914–1919, S. 257

166 Wurtzbacher, Die Versorgung des Heeres mit Waffen und Munition, S. 102.

167 Werksarchiv Krupp, Bestand WA IV 1342. Die Entwicklung der Artillerie-Werkstätten während des Krieges, S. 49.

168 Bayerisches Hauptstaatsarchiv, München (BHStA), Abt. IV, Bestand Insp. mil. Luft- und Kraftfahr Korps, Nr. 87. Bericht über die Reise nach Berlin gemäß Ikraft 6 0820 vom 28. 10. 18 zwecks Teilnahme an den Beratungen über L. K.-Wagen, 5. 11. 18.

169 Ebd.,

170 Vgl. zum Facharbeitermangel Cron, Kriegseisenwirtschaft, passim., bes. S. 3, 11, 28, 81 und 88; Gilles, Flugmotoren 1910 bis 1918, passim., bes. S. 90, 100 und 117 f. und Anlage 14, S. 180.

171 Die Angaben zur Treibstoffversorgung stützen sich auf Ferdinand Friedensburg: Das Erdöl im Weltkrieg. Stuttgart 1939.

172 Ludendorff, Urkunden der Obersten Heeresleitung über ihre Tätigkeit 1916/18, S. 525.

173 Friedensburg, Das Erdöl im Weltkrieg, S. 15.

174 Der Weltkrieg 1914 bis 1918, Bd 14, S. 12 f.

175 Sußdorf, Feldkraftfahrwesen, S. 384 f.

176 Gilles, Flugmotoren 1910 bis 1918, S. 120.

177 Friedensburg, Das Erdöl im Weltkrieg, S. 75. Auch Ludendorff, Urkunden der Obersten Heeresleitung über ihre Tätigkeit 1916/18, S. 551.

Heinz Kaufhold-Roll

Die Entstehung
des Schweren Kampfwagens (A7V)

Von der Idee bis zur taktischen Forderung

Die militärische Spitzengliederung des deutschen Heeres[1]

Die führungsmäßige Spitzengliederung im deutschen Heer war ganz auf die Person des Kaisers, der die oberste Kommandogewalt innehatte, ausgerichtet. Er stand im Mittelpunkt des politischen und militärischen Geschehens. Seine Aufgabe als Oberster Kriegsherr war die Koordinierung aller militärischen, politischen und wirtschaftlichen Kräfte auf das jeweilige Kriegsziel. Kaiser Wilhelm II. wurde dieser Aufgabe im Ersten Weltkrieg nicht gerecht.

Charakteristisch für die Struktur der militärischen Führungsspitze war weiterhin das Nebeneinanderbestehen vieler Führungsstellen, die dem Kaiser direkt unterstellt waren – der sogenannten Immediatstellen[2] – und deren getrennte Verantwortlichkeit gegenüber dem Monarchen. Diese dezentrale Struktur der militärischen Spitzengliederung führte zu Ressortstreitigkeiten und hemmte die Lösung militärischer Aufgaben vor dem Krieg erheblich. Der Panzerbau fiel in den Zuständigkeitsbereich der beiden im Ersten Weltkrieg wichtigsten Immediatstellen: des Kriegsministeriums und der Obersten Heeresleitung.

Das Kriegsministerium, die vor dem Krieg dem Umfang des Aufgabenbereichs nach wichtigste Militärbehörde, war verantwortlich für Organisation, Ausrüstung, Bewaffnung und allen damit verknüpften Angelegenheiten des Heeres. Die Durchführung der Aufgaben erfolgte in Abstimmung mit dem Generalstab, den Waffeninspektionen und Prüfungskommissionen.

Die Hauptaufgabe des Generalstabs der preußischen Armee, im Krieg Generalstab des Feldheeres bei der Obersten Heeresleitung, kurz »Oberste Heeresleitung« (OHL) genannt, bestand im Frieden in der operativen Planung des Einsatzes der Landstreitkräfte. Er besaß keine Befehlsgewalt über Truppenverbände, kein Inspektionsrecht und keine Weisungsbefugnis[3]. Der Krieg veränderte diese Verhältnisse völlig. Dem Chef des preußischen Generalstabes war für den Kriegsfall die Leitung der Landkriegsoperationen übertragen worden mit der Befugnis, im Namen des Kaisers operative Befehle zu erteilen[4]. Damit erhielt die OHL den entscheidenden Vorrang gegenüber dem Kriegsministerium und allen übrigen Immediatstellen mit Ausnahme der Marine und trat an die Spitze der militärischen Hierarchie der Armee; sie wurde zum eigentlichen Träger der kaiserlichen Kommandogewalt[5].

Die infolge einer unklaren Abgrenzung der Kompetenzen unzureichende Führungsorganisation und die Verantwortungsscheu der politischen Stellen und des Kaisers führten dazu, daß die operative militärische Führung einen bestimmenden Einfluß auf Politik, Wirtschaft und Industrie gewann[6]. In der OHL wurden nicht nur die militärischen, sondern auch alle politischen und wirtschaftlichen Entscheidungen von Bedeutung getroffen. Dies galt vor allem seit der Ernennung Generalfeldmarschalls von Hindenburg zum Generalstabschef des Feldheeres und seines bisherigen Stabschefs, des Generals Ludendorff, zum Ersten Generalquartiermeister am 29. August 1916. Man kann von diesem Zeitpunkt an von Hindenburg als eigentlichem Oberbefehlshaber und von Ludendorff als Generalstabschef sprechen, wobei Ludendorff für alle Entschlüsse und Maßnahmen mitverantwortlich war[7]. Ihre Amtsübernahme war der dritte Wechsel der Führung des Generalstabs des Feldheeres bei der Obersten Heeresleitung seit Kriegsbeginn, weshalb von der Amtszeit der beiden Generale als von der III. OHL gesprochen wird.

Die III. OHL versuchte, durch organisatorische Maßnahmen die Friktionen innerhalb der dezentralisierten militärischen Führungsspitze zu beseitigen und der Kriegswirtschaft eine ihrer Bedeutung angemessene Organisation zu geben. Die militärische Führung wurde gestrafft und auf die OHL hin ausgerichtet. Viele bisherige Immediatstellen wurden der OHL direkt unterstellt. Die Kontrolle der Kriegswirtschaft wurde erheblich ausgebaut[8]. Ziel aller Maßnahmen der III. OHL war es, sämtliche militärischen, wirtschaftlichen und politischen Maßnahmen zentral zu führen. Die Neuorganisation der militärischen Führungsspitze blieb jedoch unvollkommen. Die überkommenen Strukturen des Immdediatstellensystems ließen sich auch unter dem Zwang der Kriegsnotwendigkeiten nicht ohne weiteres auflösen. Die Immediatstellen, die von den Maßnahmen der OHL einen Machtverlust zu befürchten hatten, widersetzten sich allen Neuerungen nach Kräften. Vor allem entwickelte sich eine scharfe Konkurrenz zwischen der OHL und dem Kriegsministerium[9].

Verstärkt wurden die so entstandenen Probleme dadurch, daß es charakteristisch für die Arbeitsweise Hindenburgs und Ludendorffs war, vornehmlich mit Männern ihres Vertrauens zu arbeiten. Bei Übernahme der Obersten Heeresleitung im Sommer 1916 erfolgte deshalb in fast allen führenden Stellen der OHL ein Personalwechsel. Es bildete sich so ein relativ kleiner Mitarbeiterstab, der nicht nur alle operativen, sondern auch die politischen und wirtschaftlichen Entscheidungen in der Heimat traf, ohne dieser Arbeit personell gewachsen zu sein und ohne über die wirklichen Verhältnisse ausreichend informiert zu sein und der nicht bereit war, Verantwortung zu delegieren, weil man einen Verlust an Macht und Einfluß befürchtete. Dies gilt besonders für Ludendorff, auf dessen Person hin im Jahre 1918 die OHL organisiert war, und der im Herbst 1918 von der Last der Arbeit und Verantwortung zermürbt war[10].

Der Panzerbau wurde von einer Vielzahl von Dienststellen bearbeitet, die nicht nur weit davon entfernt waren zusammenzuarbeiten, sondern die in Konkurrenz zueinander verschiedene Panzerprojekte verfolgten. Dahinter stand die Rivalität zwischen Generalstab und Kriegsministerium, die Sonderinteressen der Truppengattungen und das Geltungsbedürfnis der Sachbearbeiter und Konstrukteure, die jeweils »ihrem« Panzerprojekt zum Durchbruch verhelfen wollten. Die gesamte Behandlung der Panzerfrage wurde durch die Strukturschwächen der Führungsspitze und durch die aus den Bemühungen um deren Beseitigung sich neu ergebenden Friktionen entscheidend bestimmt.

Die Abteilung A7V des Kriegsministeriums
Die Verkehrstechnische Prüfungskommission

Im Kriegsministerium wurde der Panzerbau durch die Verkehrsabteilung – Abteilung A7V[11] – bearbeitet. Die Abteilung A7V erteilte in Absprache mit der OHL die Weisungen für den Panzerbau und die Aufstellung der Panzertruppe. Sie arbeitete eng mit der Verkehrstechnischen Prüfungskommission (VPK) zusammen, die keine Dienststelle des Kriegsministeriums war, jedoch dem Ministerium unterstand[12]. Der VPK oblag die Bearbeitung der Kraftfahrtechnik sowie die praktische Erprobung und Beurteilung aller Kraftfahrzeuge und Kampfwagen. Aufgabe der Abteilung A7V war die Organisation des gesamten Kraftfahrwesens. Die Abteilung A7V hatte gegenüber der VPK keine Weisungsbefugnis. Die Zusammenarbeit der beiden Dienststellen erfolgte in Abstimmung miteinander.

Die VPK zeichnete verantwortlich für die Konstruktion des ersten deutschen Kampfwagens, des Schweren Kampfwagens (A7V). Bis zur Einrichtung der Dienststelle des Chefs des Feldkraftfahrwesens im Großen Hauptquartier am 15. Dezember 1916 lag hier auch die Beschaffung für den Panzerbau. Bis zum 15. Mai 1917 verfügte die VPK über eine eigene Versuchsabteilung[13].

Es gab innerhalb der Abteilung A7V kein selbständiges Referat für die Panzerwaffe. Dies hatte zur Folge, daß in Fragen des Panzerbaus (technische und taktische Forderungen an die Panzerkonstruktionen) und des Einsatzes der Panzertruppe neben der Verkehrsabteilung noch die Abteilungen A2 (Infanterie), ANch (Abteilung für Nachrichtenmittel), A4 (Feldartillerieabteilung), A5 (Fußartillerieabteilung) und A6 (Ingenieur- und Pionierabteilung) des Kriegsministeriums herangezogen wurden. Besonders die Feldartillerieabteilung übte auf den Panzerbau einen erheblichen Einfluß aus[14].

Die Abteilung OI und OII der Obersten Heeresleitung

In der Obersten Heeresleitung wurden die den Panzerbau und den Einsatz der Panzertruppe betreffenden Fragen durch die Abteilungen I und II der Operationsabteilung, die dem Chef des Generalstabes des Feldheeres direkt unterstand und durch die dem Ersten Generalquartiermeister unterstehende Dienststelle des »Chef(s)

des Feldkraftfahrwesens« und die diesem unterstellten Dienststellen bearbeitet.

In der Abteilung OI der Operationsabteilung wurden alle mit den Operationen des deutschen Heeres zusammenhängenden Angelegenheiten bearbeitet. Alle mit dem Einsatz von Kampfwagen zusammenhängenden Fragen fielen in den Aufgabenbereich der Sektion OIc der Abteilung. Der Sektionschef der Sektion OIc, Major, später Oberstleutnant v. Vollard-Bokelberg, war Referent für Kampfwagen in der OHL. Die Sektion OIc bearbeitete die Luftstreitkräfte, das Kraftfahrwesen und die Kampfwagen[15]. Die Bedeutung der Luftstreitkräfte und des Kraftfahrwesens für die Kriegführung standen außer Frage und innerhalb der Sektion weit im Vordergrund, während die erst im Entstehen begriffene Panzertruppe, über deren Wert man sich noch im unklaren war, in der Sektion OIc eine untergeordnete Rolle spielte. Für die Entwicklung der Panzertruppe war diese Ressortzuteilung nicht von Vorteil.

Die Sektion OIc urteilte und entschied nicht nur über den Wert des Kampfwagens als Kampfmittel und über Art und Umfang des Einsatzes der Panzertruppe, bei ihr entstanden auch Entwürfe von Panzern, deren Bau die Abteilung gegenüber konkurrierenden Entwürfen anderer Dienststellen in der OHL und der Abteilung A7V im Kriegsministerium durchzusetzen versuchte.

Der Abteilung OII der Operationsabteilung oblagen die Bearbeitung von Wirtschaftsfragen, die mit operativen Entscheidungen in direktem Zusammenhang standen, die grundsätzlichen Entscheidungen bezüglich der Beschaffung von Kriegsgerät und seit dem 23. September 1916 auch der Munitionsersatz[16]. Die kriegsentscheidende Bedeutung der Munitions- und Kriegsgerätebeschaffung für die Kriegführung ließ die Abteilung OII zur wichtigsten und einflußreichsten Abteilung innerhalb der OHL werden. Die Befugnisse der Abteilung überschnitten sich teilweise mit den Aufgaben des am 1. November 1916 neugegründeten Kriegsamtes, das zwar aus dem Kriegsministerium hervorgegangen war und diesem auch nominell unterstand, in Wirklichkeit aber von der OHL abhing[17].

Die Abteilung OII wies durch die Sektion OIIb (Beschaffung von Kriegsgerät und Beurteilung von Erfindungen) den Rüstungsgütern die Dringlichkeitsstufe der Beschaffung zu. Damit entschied die Abteilung OII indirekt über die Materialfreigabe und damit über die Durchführbarkeit von Rüstungsprojekten. Darüber hinaus verhandelte die Abteilung – ebenso wie die Abteilung OI – unter Umgehung des Kriegsministeriums direkt mit der Rüstungsindustrie über die Konstruktion und Herstellung von Waffen und Gerät[18].

Die Abteilung beeinflußte über den Weg der Materialfreigabe den Panzerbau und damit den Aufbau der Panzerwaffe entscheidend[19]. Dabei kam dem Chef der Operationsabteilung II, Oberstleutnant i. G., später Oberst I. G. Max Bauer, eine besondere Bedeutung zu[20]. Bauer war Fußartillerist. In den Jahren 1905 bis 1918 war er – mit kurzen Unterbrechungen – als Generalstabsoffizier zum Großen Generalstab bzw. zur Obersten Heeresleitung kommandiert, vor dem Krieg in der Aufmarsch- und Operationsabteilung (2. [deutsche] Abteilung) unter Ludendorff, ab 1915 als Abteilungschef der Abteilung II der Operationsabteilung (Schwere Artillerie, Minenwerfer, Munition, Festungen). Er vertrat den Kriegsgerätebedarf des Heeres gegenüber dem Kriegsministerium und den diesem nachgeordneten Dienststellen und verhandelte im Namen der OHL mit den Spitzen der Rüstungsindustrie. Bauer war der vielleicht einflußreichste Mann innerhalb der OHL, dies nicht nur in wirtschaftlicher, sondern auch in politischer Hinsicht. Er verfügte über das volle Vertrauen Ludendorffs, in dessen Namen er zeichnete. Dem Panzerbau stand er ablehnend gegenüber[21]. Als Referent für schwere Artillerie zog er Rohstoff- und Fertigungskapazitäten vom Panzerbau ab, um statt dessen mit allen Kräften die Fertigung von Geschützen und die Motorisierung der Artillerie zu betreiben. Als dem Panzerbau im August 1918 die Priorität vor allen anderen Rüstungsgütern zuerkannt wurde, übernahm Bauer den Panzerbau selbst[22].

Die Dienststelle des »Chef(s) des Feldkraftfahrwesens im Großen Hauptquartier« (Chefkraft)

Bis zum Jahre 1916 hatte der Schwerpunkt des Militär-Kraftfahrwesens in der Etappe gelegen. Hier faßten die Inspektion der Kraftfahrtruppen in Berlin und die Bayerische Inspektion des Militär-Kraftfahrwesens in München die im Reichsgebiet verteilten Kraftfahr-Ersatz-Abteilungen, Immobilen Kraftwagen-Depots, Material- und Wagen-Depots und sonstige Ersatz- und Nachschubstellen zusammen[23].

Die Reorganisation des Feldkraftfahrwesens durch die III. OHL führte am 15. Dezember 1916 zur Einrichtung der Dienststelle des »Chef(s) des Feldkraftfahrwesens im Großen Hauptquartier«[24]. Der Chef des Feldkraftfahrwesens war mit der obersten Leitung des Kraftfahrwesens im Felde und in der Heimat beauftragt. Ihm oblag die Erprobung, Beschaffung, Heranziehung und Bereitstellung des Kraftfahrgeräts einschließlich der Betriebsstoffe und Bereifung für das gesamte Feldheer. Außerdem leitete er den personellen Ersatz für die Kraftfahrtruppen. Er unterstand dem Ersten Generalquartiermeister und verfügte nach dessen Weisungen oder nach eingeholter Zustimmung desselben. Der Stab des Chefs des Feldkraftfahrwesens bestand anfänglich nur aus Kraftfahroffizieren, erhielt im späteren Verlauf des Krieges, seiner Bedeutung entsprechend, drei Generalstabsoffiziere und einen Fußartillerie-Offizier[25].

Der Chef des Feldkraftfahrwesens übernahm gleichzeitig mit der Einrichtung seiner Dienststelle die gesamte Erprobung und Beschaffung im Panzerbau. Die Heimatdienststellen, die bis zum 15. Dezember 1916 mit diesen Aufgaben betraut waren, wurden entweder dem Chef des Feldkraftfahrwesens unterstellt – so die Inspektion der Kraftfahrtruppen und die Kraftfahrabteilung der Verkehrs-Prüfungskommission – oder es wurde ihnen jedes Mitspracherecht im Bereich des Panzerbaus genommen. Dies geschah mit der Abteilung A7V des Kriegsministeriums. Der Chef der Abteilung A7V des Kriegsministeriums erhielt nach wiederholter Intervention bei der OHL lediglich einen Anspruch auf Information über den Panzerbau, jedoch kein Mitspracherecht[26].

Seit dem 17. Mai 1918 leitete ein beim Stab des Chefs des Feldkraftfahrwesens befindlicher Kommandeur der Sturm-Panzerkraftwagen-Abteilungen die waffentechnischen Angelegenheiten und die Ausbildung der Kampfwagen-Abteilungen[27].

Die Zusammenarbeit zwischen der Sektion O Ic der Abteilung O I der Operationsabteilung und der Dienststelle des Chefs des Feldkraftfahrwesens, deren Aufgabenbereiche sich überschnitten, war schlecht. In Fragen des Panzerbaus vertraten die beiden Dienststellen unterschiedliche Auffassungen und traten – wie oben beschrieben – mit unterschiedlichen Panzerprojekten miteinander in Konkurrenz. Die getrennte Unterstellung unter den Chef des Generalstabes bzw. unter den Ersten Generalquartiermeister ermöglichte und förderte diese Eigenbrötelei.

Die Einrichtung der Dienststelle des Chefs des Feldkraftfahrwesens war auch ein Schlag sowohl gegen das Kriegsministerium als auch gegen das A7V-Projekt. Der Einfluß des Kriegsministers auf den Panzerbau wurde auf ein Minimum reduziert. Der Verkehrs-Prüfungskommission wurde jede Möglichkeit genommen, das A7V-Projekt aktiv voranzutreiben.

Die Inspektion des Kraftfahrwesens (Ikraft)

Die Inspektion des Kraftfahrwesens (seit dem 31. Juli 1917 Inspektion der Kraftfahrtruppen) unterstand dem Chef des Feldkraftfahrwesens in allen Angelegenheiten, die den einheitlichen Ausbau, die Bereitstellung und den Ersatz der Kraftfahrtruppe und des sonstigen Kraftfahrgerätes betrafen[28].

Dem Inspekteur des Kraftfahrwesens und damit dem Chef des Feldkraftfahrwesens waren unterstellt: die Versuchsabteilung der Inspektion der Kraftfahrtruppen (Vakraft), eingerichtet am 2. Mai 1917, zu der am 15. Mai die Kraftfahrsektion der VPK zusammen mit der Kraftfahr-Versuchs-Kompanie (KVK) der VPK in Berlin-Lankwitz trat, die Kampfwagen-Ersatz-Abteilung, etatisiert am 21. Oktober 1918, die Versuchs- und Beschaffungsstellen, Kommando der Kraftfahr-Ersatz-Abteilungen (Kodea) mit der Kraftfahr-Ersatz-Abteilung (Krea), eingerichtet am 5. Juli 1917, die Technische Abteilung des Kraftfahrwesens (Takraft), die Beschaffungsstelle für das gesamte Kraftfahrwesen war, und die Betriebsstoff-Abteilung des Kraftfahrwesens (Bekraft).

Die Versuchsabteilung war mit der Organisation des Panzerbaus und der Erprobung der deutschen Panzerkonstruktionen beauftragt[29]. Dies war aber nur ein kleiner Teil ihres Aufgabengebietes. Der Schwerpunkt der Arbeit der Vakraft lag bei der Erprobung von Ersatzstoffen für knappe Rohstoffe und Ersatzkonstruktionen für aus diesen Materialien gefertigtem Gerät sowie im Bereich der Erprobung von Lastkraftwagen und Artillerie-Zugmaschinen.

Am 4. November 1918 veranlaßte die OHL die Unterstellung der Versuchsabteilung der Inspektion des Kraftfahrwesens einschließlich der Kraftfahr-Versuchs-Kompanie unter die Artillerie-Prüfungskommission[30]. Hinter dieser organisatorischen Maßnahme stand die Absicht, anstelle eines Kampfwagens einen fahrbaren Geschützstand zu schaffen, d. h. die Artillerie beweglich zu machen[31]. Da die Kampfwagen sich bis dahin als technisch anfällig erwiesen hatten, gleichzeitig beweglich gemachte Geschütze – z. B. auf Lastkraftwagen gesetzte Flugabwehrgeschütze – oft gegenüber den schwerfälligen und halbblinden Panzern im Vorteil waren – schien dies sinnvoll.

Die Generalinspektion des Militär-Verkehrswesens (GIdMV)

Die GIdMV war vor dem Krieg eine sehr umfangreiche Behörde, der die Eisenbahnbrigade, die Inspektion der Feldtelegraphie, die Inspektion des Militär-, Luft- und Kraftfahrwesens mit der Kraftfahr-Versuchsabteilung und die Inspektion des Festungs-Verkehrswesens unterstanden. Nach der Neuorganisation des Feldkraftfahrwesens im Dezember 1916 unterstand der Generalinspektion nur noch die Intendantur des Militärverkehrswesens, die bei der personellen und materiellen Ersatzversorgung der Flieger-, Luftschiffer-, Nachrichten-, Eisenbahn- und Kraftfahrtruppe und damit auch der Panzertruppe mitwirkte.

Die Industrie

Die deutsche Automobilindustrie war in dem 1901 ins Leben gerufenen »Verein Deutscher Motorfahrzeugindustrieller« (VDMI) organisiert, dessen Vorläufer der 1897 gegründete »Mitteleuropäische Motorwagen-Verein« (MMV) gewesen war. Der VDMI führte während des Krieges sämtliche Verhandlungen mit der Militärverwaltung. Der Verein steuerte die von der Heeresverwaltung vergebenen Aufträge an die Automobilindustrie. Er teilte die verfügbaren Rohstoffe unter den Unternehmen auf, wies den einzelnen Herstellern die Aufträge zu und regelte in Zusammenarbeit mit den militärischen Dienststellen die Preisfragen.

Infolge der Überlastung der Automobilindustrie beteiligten sich im Verlauf des Krieges auch Maschinenbauunternehmen, Lokomotiv- und Waggonfabriken und große Rüstungsfirmen wie die Firma Krupp am Panzerbau. Diese Firmen verhandelten selbständig mit der Heeresverwaltung.

Die Organisation des Panzerbaus

Einen geregelten Dienstweg für Verhandlungen zwischen einzelnen Firmen oder Konstrukteuren und der Heeresverwaltung gab es nicht. Grundsätzlich war das Kriegsministerium für Verhandlungen mit der Industrie zuständig. Die Industrievertreter konnten jedoch auch direkt mit der OHL verhandeln. Umgekehrt setzten sich Konstrukteure aus Dienststellen in der OHL unter Umgehung des Kriegsministeriums zur Durchführung der von ihnen betriebenen Panzerprojekte direkt mit der Industrie ins Benehmen[32].

An der Organisation und der Durchführung der einzelnen Panzerprojekte waren die verschiedenen militärischen Dienststellen – Sektion O Ic der Abteilung O I, Abteilung O II der Operationsabteilung, Chef des Feldkraftfahrwesens, VPK, Abteilung A7V des Kriegsministeriums – in unterschiedlicher Weise beteiligt. Auf die jeder Konstruktions- und Entwicklungsarbeit an einem Kampfwagen zugrunde liegende »Militärische« und »Technische Forderung« nahmen die Dienststellen O Ic und teilweise auch O II der OHL, der Chef des Feldkraftfahrwesens, die Waffenabteilungen des Kriegsministeriums, allen voran die Verkehrsabteilung, sowie die Verkehrs-Prüfungskommission und die Inspektion des Militär-Verkehrswesens Einfluß. Der Umfang der Mitarbeit schwankte erheblich. Er war abhängig vom Interesse der einzelnen Dienststellen an der Konstruktion und davon, welche Dienststelle bei dem jeweiligen Bauvorhaben federführend war. Entsprechend diesen Voraussetzungen bot die Gesamtorganisation der verschiedenen Panzerprojekte ein sehr unterschiedliches Bild. Der Entwurf konnte aus einer militärischen Dienststelle kommen wie bei dem LK-WAGEN, in Zusammenarbeit mit der Industrie entstehen wie beim SCHWEREN KAMPFWAGEN (A7V) oder aber völlig der Initiative einer interessierten Firma entspringen wie beim TREFF-ASS-WAGEN. In Einzelfällen traten große Unternehmen – z. B. Krupp bei der KRUPP-PROTZE – als Generalunternehmer auf, die nicht nur die konstruktive Serienreifmachung von Teilen und Baugruppen, sondern auch die Organisation der Serienfabrikation übernahmen. Teilweise wurde zur technischen Lösung der gestellten Aufgaben ein Wettbewerb ausgeschrieben, oft wurde darauf verzichtet, entweder, weil die militärische Dienststelle einen eigenen Entwurf vorlegte, der nur noch verwirklicht werden sollte, oder aus Zeitmangel.

Das Projekt »Schwerer Kampfwagen (A7V)« wurde von der Verkehrs-Prüfungskommission durchgeführt. Nach Einrichtung der Versuchsabteilung der Inspektion der Kraftfahrtruppen am 2. Mai 1917 ging die Verantwortung auf diese über. Im Entwurf des Schweren Kampfwagens (A7V) flossen die Militärisch-Technischen Forderungen der Waffenabteilungen der beteiligten Dienststellen im Kriegsministerium und in der OHL zusammen. Die Konstruktion wurde von der Versuchsabteilung der Verkehrstechnischen Prüfungskommission durchgeführt. Die Bauaufsicht und die Koordination aller zur Fertigung und Lieferung des Panzers erforderlichen Maßnahmen lag bei der verantwortlichen militärischen Dienststelle, der Verkehrstechnischen Prüfungskommission. Da diese Aufgabe die Kapazität der VPK weit überschritt, teilte man sich diese Arbeit mit einer »Technischen Kommission«, der Vertreter der am A7V-Projekt beteiligten Firmen sowie der Verkehrstechnischen Prüfungskommission angehörten. Konstruktion und Entwicklung wurden von den beteiligten militärischen Dienststellen und der Industrie gemeinsam durchgeführt. Die Fertigung wurde von der Industrie geleitet. Lediglich im Bereich der Waffenausrüstung lagen die Entwicklung und Fertigung bei den militärischen Dienststellen bzw. bei den staatlichen Waffenfabriken.

Entwicklung und Fertigung des Schweren Kampfwagens (A7V)

Das überraschende Auftreten der ersten englischen Panzer an der Somme führte bei der OHL zu einer schnellen und entschlossenen Reaktion. Nach Auswertung der von der Front kommenden Meldungen forderte die OHL das Kriegsministerium Mitte Oktober 1916 auf, unverzüglich die Konstruktion eines Kampfpanzers zu beginnen und, sobald ein brauchbares Modell entwickelt sei, dessen Massenfertigung aufzunehmen[33].

Der Kriegsminister Hermann v. Stein, ebenfalls von der Bedeutung der neuen Waffe überzeugt, unterstützte die OHL und erklärte gegenüber der Abteilung A7V des Kriegsministeriums den Bau eines deutschen Kampfwagens als höchst dringlich[34]. Nachdem sich die Untauglichkeit des BREMER-WAGENS als Kampfwagen gezeigt hatte[35] – eine entsprechende Meldung an die OHL erging am 8. November 1916 – nahm das Kriegsministerium sofort das Projekt eines neuen Kampfwagens in Angriff. Durch Besprechungen zwischen den Fachabteilungen des Kriegsministeriums und der OHL wurden die militärische und technische Forderungen für den Kampfwagen erarbeitet. Es wurden verlangt:

1. Feuerkraft: Je ein Schnellfeuergeschütz in Bug und Heck; Munitionsausstattung für die Bordkanonen 500 Schuß (Bugkanone) bzw. 300 Schuß (Heckkanone); Ergänzung der Bordkanonen durch zwei flankierende Maschinengewehre; gleichzeitiges Feuern aller Waffen.

2. Beweglichkeit: Volle Geländegängigkeit; Grabenüberschreitfähigkeit 1,5 Meter; Steigfähigkeit im Gelände 1:10 (10%), auf der Straße 1:4 (25%); Fähigkeit zum Vorwärts- und Rückwärtsfahren; Motorleistung 80 bis 100 PS; Höchstgeschwindigkeit im Gelände 6 km/h, auf der Straße 12 km/h; Nutzlast mindestens 4 Tonnen.

3. Schutz: Mindestforderung auf ausreichenden Panzerschutz gegen alle Infanteriegeschosse und gegen Granatsplitter mittlerer Kaliber. Gesamtumfang der Panzerung entsprechend der Nutzlast[36].

Als Decknamen für das Projekt wählte man die Abteilungsbezeichnung der Verkehrsabteilung im Kriegsministerium, A7V.

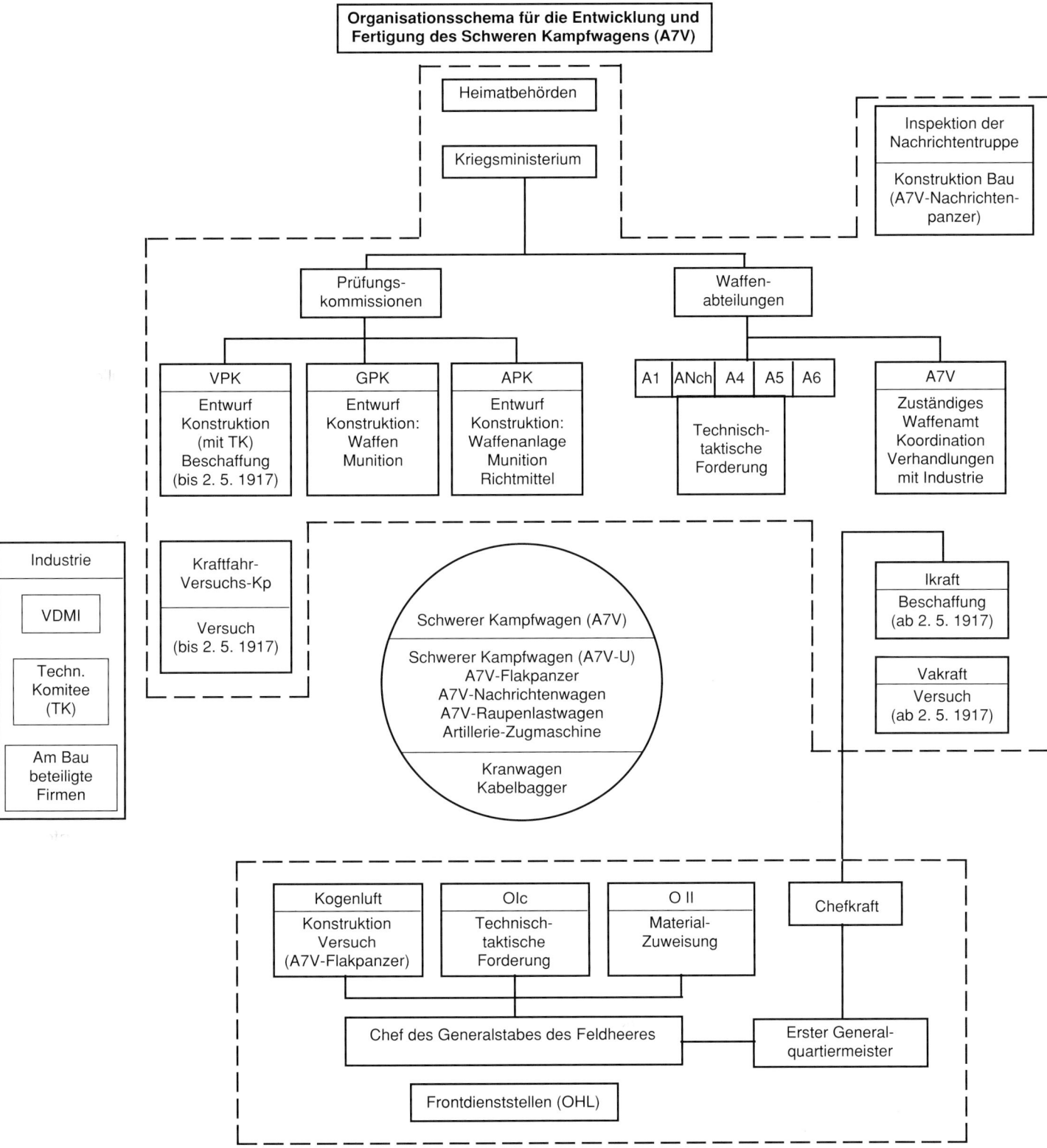

**Organisationsschema für die Entwicklung und
Fertigung des Schweren Kampfwagens (A7V)**

Heimatbehörden

Kriegsministerium

Inspektion der
Nachrichtentruppe

Konstruktion Bau
(A7V-Nachrichten-
panzer)

Prüfungs-
kommissionen

Waffen-
abteilungen

VPK

Entwurf
Konstruktion
(mit TK)
Beschaffung
(bis 2. 5. 1917)

GPK

Entwurf
Konstruktion:
Waffen
Munition

APK

Entwurf
Konstruktion:
Waffenanlage
Munition
Richtmittel

A1 ANch A4 A5 A6

Technisch-
taktische
Forderung

A7V

Zuständiges
Waffenamt
Koordination
Verhandlungen
mit Industrie

Industrie

VDMI

Techn.
Komitee
(TK)

Am Bau
beteiligte
Firmen

Kraftfahr-
Versuchs-Kp

Versuch
(bis 2. 5. 1917)

Schwerer Kampfwagen (A7V)

Schwerer Kampfwagen (A7V-U)
A7V-Flakpanzer
A7V-Nachrichtenwagen
A7V-Raupenlastwagen
Artillerie-Zugmaschine

Kranwagen
Kabelbagger

Ikraft

Beschaffung
(ab 2. 5. 1917)

Vakraft

Versuch
(ab 2. 5. 1917)

Kogenluft

Konstruktion
Versuch
(A7V-Flakpanzer)

OIc

Technisch-
taktische
Forderung

O II

Material-
Zuweisung

Chefkraft

Chef des Generalstabes des Feldheeres

Erster General-
quartiermeister

Frontdienststellen (OHL)

Organisation des A7V-Projekts

Am 30. Oktober 1916 fand im Kriegsministerium eine Planungs-
konferenz unter der Leitung der Abteilung A7V statt, an der neben
Mitarbeitern der Verkehrstechnischen Prüfungskommission, der
Artillerie-Prüfungskommission (APK) und der Gewehr-Prüfungskommission (GPK) auf Einladung des Kriegsministeriums auch
Vertreter der Automobilindustrie teilnahmen. Die Konferenz hatte
das Ziel, die Industrie für den Bau eines Kampfpanzers zu
interessieren und die organisatorischen Rahmenbedingungen für
das Projekt zu schaffen[37].

Es wurde beschlossen, auf die Ausschreibung eines Wettbewerbs
zur technischen Lösung der gestellten Aufgaben zu verzichten;
zum einen aus Zeitgründen und zum anderen, weil die Anforderungen, die das Projekt stellte, von vornherein die Bildung einer

Generaloberst Hermann von Stein, von Oktober 1916 bis Oktober 1918 preußischer Kriegsminister. Das Bild vom 17. Dezember 1916 zeigt ihn noch als General der Artillerie   Bundesarchiv Koblenz

unter Mitwirkung des von der Technischen Kommission gestellten Ingenieurstabes übertragen. An der Entwicklung und der Fertigung des Schweren Kampfwagens (A7V) waren folgende Firmen beteiligt:

Firma	Anteil
1. Entwicklung 1916/17	
Audi-Automobilwerke GmbH, Zwickau	Techn. Kommission
Benz & Cie, Rheinische Automobil- und Motorenfabrik AG, Mannheim	Techn. Kommission
Heinrich Lanz AG, Mannheim	Techn. Kommission
Horchwerke AG, Zwickau	Techn. Kommission
Automobilwerke H. Büssing GmbH, Braunschweig	Techn. Kommission
Dürkopp-Werke, Bielefeld	Techn. Kommission
Hansa-Lloyd-Werke AG, Bremen	Techn. Kommission
Nationale-Automobil-Gesellschaft AG (NAG), Berlin-Oberschöneweide	Techn. Kommission
Adam Opel AG, Rüsselsheim	Techn. Kommission
Daimler-Motoren-Gesellschaft, Zweigwerk Berlin-Marienfelde	Techn. Kommission Bau Prototyp
Adlerwerke, vorm. H. Kleyer AG, Frankfurt	Getriebe, Differential
Robert Bosch AG, Stuttgart	Vergaserteile, Elektrische Anlage
Holt Manufacturing Company, Stockton, Cal. und Peoria, III. USA, Niederlassung Budapest	Kette, Laufwerk des Prototyps.
2. Fertigung 1917/18	
Daimler-Motoren-Gesellschaft, Zweigwerk Berlin-Marienfelde	Hauptauftragnehmer Motoren, Montage
Apollo-Werke AG, Apolda/Thüringen	Zulieferteile
Dürkopp-Werke AG, Bielefeld	Zulieferteile
Hansa-Lloyd-Werke, Bremen	Zulieferteile
Friedrich Krupp AG, Essen	Panzerbleche
Stahlwerke Röchling, Dillingen	Panzerbleche
Steffens & Nölle, Berlin-Tempelhof	Montage Panzergehäuse
Automobilwerke H. Büssing GmbH, Braunschweig	Teilmontage
Heinrich Lanz AG, Mannheim	Teilmontage
Kraftfahrzeug-Aktiengesellschaft LUC (Loeb & Companie), Berlin-Charlottenburg	Teilmontage
Brass & Herstett, Berlin-Marienfelde	Fahrgestell
Holt-Manufacturing Company, Stockton, Cal. und Peoria, III., USA, Niederlassung Budapest	Vorlage für Kette, Laufrollensystem
Berlin-Anhaltische Werke, Berlin	Werkzeugmaschinen
Adlerwerke, vorm. H. Kleyer AG, Frankfurt	Getriebe, Differential
Motorenwerke Oberursel, Oberursel	Kühler
Robert Bosch AG, Stuttgart	Vergaserteile, elektrische Anlage
Pallas-Apparate-Gesellschaft Berlin-Charlottenburg	Vergaser
[Staatlich-Preußische] Artillerie-werkstätten [Berlin-] Spandau	Waffenanlage
Optische Werke C. P. Goerz	Zieloptik
Carl Zeiss, Jena	Signalgerät

Firmengruppe zur Durchführung der Arbeiten notwendig machten. Die VPK übernahm die Konstruktion des Panzers sowie die Projektleitung selbst, weil die Automobilindustrie im Winter 1916/17 durch die Erfüllung der ihr übertragenen Teile des Hindenburg-Programms – Fertigung von Lastkraftwagen, Artillerieschleppern und Flugmotoren – völlig überlastet war, weshalb sich kein Unternehmen bereit fand, das Gesamtprojekt als Generalunternehmer zu übernehmen. Die Industrie unterstützte jedoch das Bauvorhaben durch die Einrichtung einer »Technischen Kommission« (TK), die eine beratende Funktion ausübte und einen Ingenieurstab von 40 Ingenieuren für die Konstruktion des Kampfwagens stellte[38].

Konstruktion, Entwicklung und Versuch bis zur Vorführung des ersten Fahrgestells am 30. April 1917

Am 13. November 1916 erteilte der Kriegsminister der VPK den Auftrag, in Verbindung mit der APK und der GPK sowie mit der einschlägigen Industrie alles Erforderliche für den Bau eines Kampfwagens entsprechend den genannten Forderungen zu veranlassen. Die Konstruktion des A7V wurde Hauptmann d. R. Oberingenieur Joseph Vollmer, der bereits als Konstrukteur bei der Versuchsabteilung der Inspektion der Kraftfahrtruppen tätig war,

Diese Firmen hatten teilweise noch Unterlieferanten. Beschaffungsprobleme führten dazu, daß die VPK Aufträge für die Fertigung einzelner Bauteile und Ersatzteile sogar ins besetzte Belgien vergab. Die Werke für die Endmontage wurden später bestimmt, und zwar Daimler-Marienfelde, Büssing, Lanz und Loeb.

Am 15. November 1916 ergänzte das Kriegsministerium nach einer Forderung der OHL seine Verfügung vom 13. November durch den Auftrag, daß zwei A7V-Versionen zu entwickeln seien: ein »Überland-Panzerwagen« – womit die Ausführung als Kampfwagen gemeint war – und ein »Überlandwagen zur Güterbeförderung«, ein geländegängiges Transportfahrzeug[39]. Verantwortlich für diese Forderung waren einflußreiche Stellen in der OHL und im Kriegsministerium – hier besonders die Feldartillerieabteilung –, nach deren Absicht der A7V ursprünglich nur (!) als geländegängiges Transportfahrzeug und als Artilleriezugmaschine gebaut und verwendet werden sollte[40]. Als Kampfwagen sollten andere Panzermodelle Verwendung finden, deren Entwürfe von seiten interessierter Konstrukteure und Unternehmen der OHL und dem Kriegsministerium im Spätherbst 1916 vorgelegt wurden. Es gelang der VPK nur mit Mühe, den A7V als Kampfpanzer zu erhalten.

Die Konstrukteure nahmen die Arbeit am 28. November 1916 auf, am 22. Dezember 1916 lagen die vollständigen Konstruktionspläne des Panzers vor, und am 16. Januar 1917 war ein Holzmodell des Panzeraufbaus fertiggestellt.

Am 4. Februar 1917 stellte die VPK auf einer Fachbesprechung mit Vertretern des k. u. k. Kriegsministeriums ein Modell des A7V vor. Die von der VPK genannten technischen Daten des Panzers entsprachen bereits denen der späteren Serienausführung.

Das größte technische Problem, das sich den Konstrukteuren stellte, war die konstruktive Ausführung des Laufwerks und der Lenkung. Bei Erteilung des Entwicklungsauftrages für den A7V am 13. November 1916 war man auf deutscher Seite über die technischen Einzelheiten der englischen Panzer noch nicht informiert – der erste Feindpanzer fiel erst am 12. April 1917 bei Bullecourt in deutsche Hände. Aus Zeichnungen, die von Augenzeugen auf dem Schlachtfeld angefertigt und von den Nachrichtenoffizieren der Frontstäbe den Heimatdienststellen übermittelt worden waren, war aber zu ersehen, daß sich die Panzer auf Gleisketten fortbewegten und daß die Steuerung nicht durch eine Lenkachse, sondern durch Beschleunigen bzw. Verzögern der Gleisketten selbst erfolgte. Damit war der entscheidende Hinweis auf das für den A7V zu wählende Antriebs- und Lenksystem gegeben.

Die Konstrukteure verfügten über keinerlei eigene Erfahrung im Bau von Gleiskettenfahrzeugen. Der A7V war das erste in Deutschland gebaute Kettenfahrzeug. Die Ingenieure der VPK folgten bei der Konstruktion des gesamten Antriebssystems dem Vorbild des damals technisch fortschrittlichsten Gleiskettenfahrzeugs, des amerikanischen HOLT-CATERPILLAR-Schleppers. Ein solches Fahrzeug mit Lenkachse aus österreichischen Heeresbeständen – im Deutschen Reich gab es bei Kriegsausbruch 1914 keinen HOLT-CATERPILLAR-Schlepper – wurde Anfang November 1916 in Berlin-Tempelhof Vertretern des Kriegsministeriums vorgeführt. Die Demonstration verlief so überzeugend – der Wagen bewältigte ohne Probleme Gräben und Granattrichter von 2 Metern Breite, erst bei größeren Breiten fuhren sich die Vorderräder fest –, daß im Anschluß an die Vorführung der Schlepper von der Heeresverwaltung angekauft und der Entschluß gefaßt wurde, das Laufwerk des

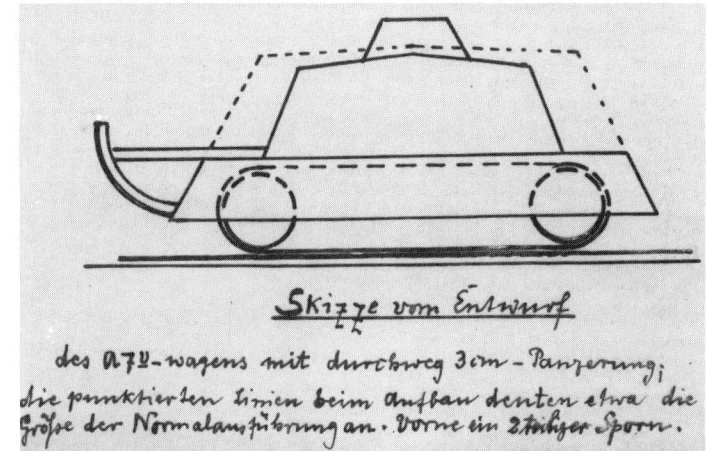

BA-MA N 610-6 Nachlaß Petter.

HOLT-CATERPILLAR-Schleppers ohne Änderungen für den A7V zu übernehmen und lediglich die Lenkachse durch eine Steuerung der Gleisketten zu ersetzen.

Dies geschah dann doch nicht, weil sich wegen der zu geringen Kettenauflagefläche der schmalen Kette des HOLT-Schleppers der geforderte Bodendruck des A7V von $0,5$-N/mm^2 nicht erreichen ließ. Deshalb wurde unter Beibehaltung des Laufwerksystems dasselbe verlängert und eine neue Kette entwickelt. Diese Arbeiten gestalteten sich so schwierig, daß die Niederlassung der Holt-Manufacturing Company in Budapest zur Hilfe herangezogen werden mußte. Für den Nachbau des Laufwerks wurden an die Holt-Manufacturing-Company Lizenzgebühren entrichtet.

Die Zweigleisigkeit des Kriegsministeriums bezüglich der Verwendung der A7V-Fahrzeuge zwang den Konstrukteur zu Kompromissen bei der Konstruktion des Laufwerks, die für wesentliche konstruktive Mängel des späteren Kampfwagens verantwortlich waren. Um eine möglichst große Ladefläche für die Ausführung des A7V als Transportfahrzeug zu erhalten, wurde das Leitrad vorn nicht hochgezogen, sondern die Gleiskette horizontal zum Rahmenuntergestell geführt, wodurch die Geländegängigkeit des Panzers in schwierigem, zerschossenem Gelände stark eingeschränkt wurde. Auf diesen konstruktiven Fehler, die sogenannte »tiefe Nase« des A7V, wurde bereits in einer Eingabe eines Kraftfahrkommandeurs an den Chefkraft vom 17. Februar 1917 aufmerksam gemacht, in der auf die Kettenführung bei den englischen Panzern hingewiesen und ausgeführt wurde, daß ein Hochziehen der Kette notwendig für eine ausreichende Geländegängigkeit sei. Die Konstruktion des Laufwerks blieb jedoch aus den genannten Gründen unverändert. In der Praxis erwies sich die »tiefe Nase« als geringerer Fehler als vermutet und später von Gegnern des A7V-Panzers behauptet wurde. Das Laufwerksystem verfügte über gefederte Laufrollen und war damit dem ungefederten Laufwerk vor allem der englischen MARK-IV-Panzer überlegen. Die Lenkung war wesentlich präziser und einfacher zu bedienen als bei den englischen und französischen Kampfwagen. Zur Verbesserung der Grabenüberschreitfähigkeit war zeitweise geplant, am Bug des Panzers eine feste, schrägstehende Kufe anzubringen. Später ersetzte man die Kufe durch einen gefederten und mit einer Laufrolle versehener Ausleger, wie dies schon Burstyn bei seinem Landpanzerkreuzer geplant hatte. In der

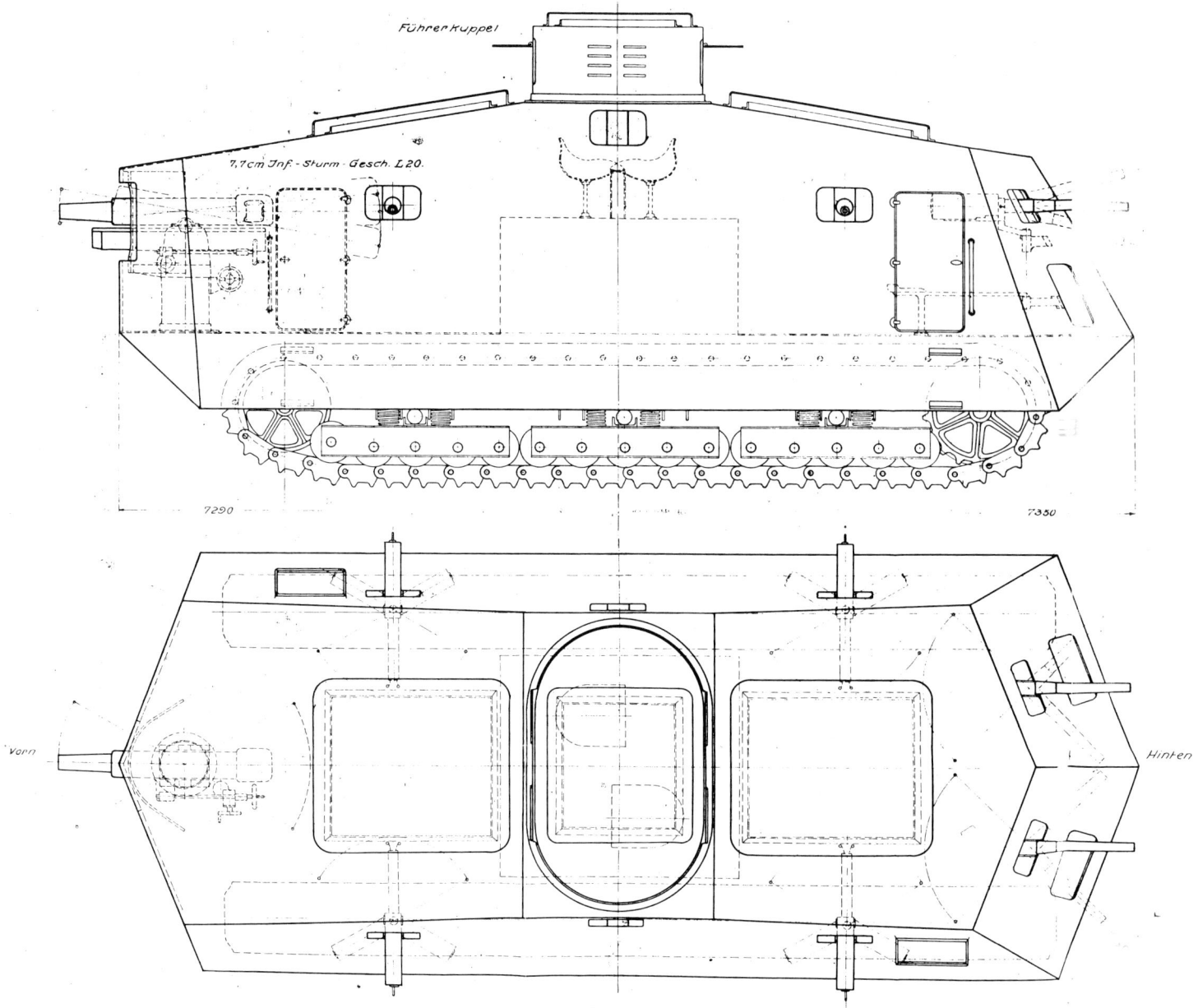

Führer kuppel

7,7cm Inf. - Sturm - Gesch. L 20.

7290   7350

Vorn   Hinten

endgültigen Ausführung wurde auf jegliche Kletterhilfen verzichtet. Um die Geländegängigkeit zu verbessern, wurde die Panzerung vorn und hinten hochgezogen.

Die Anordnung der Motorenanlage in der geometrischen Mitte des Fahrzeugs diente der guten Schwerpunktlage, die durch den Einbau der Bordkanone im Bug allerdings schlechter ausfiel als bei den englischen MARK-Typen. Durch diese Anordnung wurde eine gute Zugänglichkeit der Motorenanlage für Wartung und Reparaturen erreicht. Der Fahrer- und der Kommandantensitz befanden sich über den Motoren. Dadurch wurden die Wege zwischen den Bedienungselementen und den Antriebsaggregaten sehr kurz gehalten, was die Bedienungssicherheit erhöhte. Außerdem wurde so eine gute Rundumsicht für Fahrer und Kommandant erreicht. Um die angestrebte Höchstgeschwindigkeit, die gegenüber der ursprünglichen Forderung von 12 auf 10 km/h auf der Straße verringert worden war, bei einem Fahrzeuggewicht 30 Tonnen zu erreichen, waren mindestens 200 PS Antriebslei-

stung notwendig. Die Beschaffung solch starker Motoren und entsprechend ausgelegter Kupplungen erwies sich als schwierig. Deshalb entschloß man sich für eine Doppelmotorenanlage. Die erforderlichen Einheiten von 100 PS waren aus der laufenden Fertigung bei Daimler sofort lieferbar. Die zwei 100-PS-Motoren verliehen dem A7V eine gegenüber den vergleichbaren englischen und französischen Panzern überlegene Beschleunigung und Höchstgeschwindigkeit. Außerdem war die Betriebssicherheit größer als bei diesen Modellen, weil der Panzer auch nach dem Ausfall eines Motors noch fahrfähig blieb. Angesichts der beschränkten Kapazität der Motorenindustrie war die Doppelmotorenanlage im Hinblick auf eine mögliche Massenfertigung des Panzers jedoch nicht vertretbar. Die Verbindung von gefedertem Laufwerk, Kupplungslenkung und hoher Motorenleistung mit einem Dreiganggetriebe, das zur Vorwärts- und Rückwärtsfahrt genutzt werden konnte und die Möglichkeit, den Panzer auf der Stelle zu drehen, verlieh dem A7V eine im Vergleich zu den Panzern der Alliierten überlegene Beweglichkeit auf dem Gefechtsfeld.

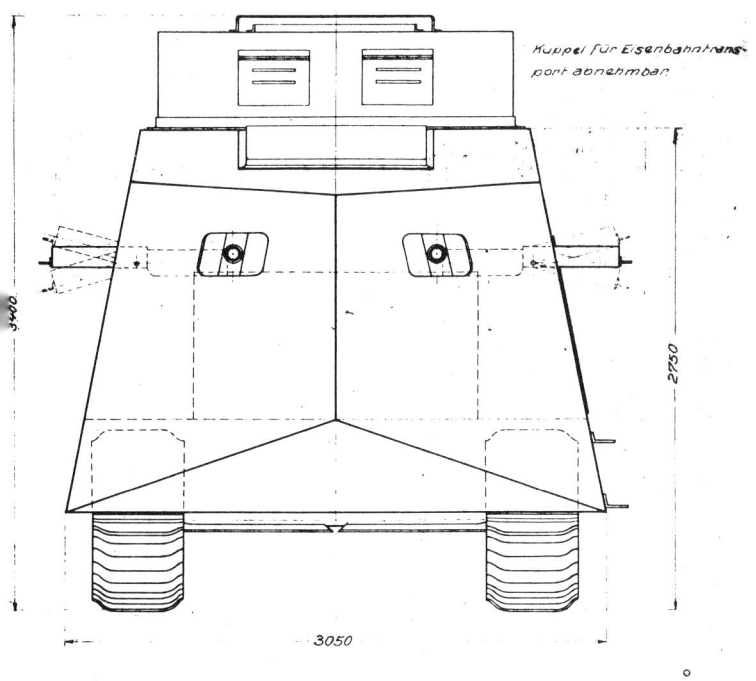

Kuppel für Eisenbahntransport abnehmbar

A 7 V. Panzerkampfwagen

Bauart Vollmer

Leistung : 2 × 100 = 200 PS (Zweimotorenbauart).

Geschwindigkeiten : 3 – 5 und 9 Km /Std. für Vor-und Rückwärtsfahrten.

Steigungen: Querfeldein 1 : 4

Überfahren von Schützengraben und Granatenlöchern.

Lenkungsmöglichkeit : Auf der Stelle drehbar.

Nutzlast : 3 tons, ausschließlich Panzerung.

Panzerung : 10mm = 4 tons (Möglichkeit bis 30 mm vorhanden).

Feuerwirkung : 4 Schnellfeuergeschütze (2 vor - 2 rückwärts) oder 2 7,7cm Inf.StG.

4 Maschinengewehre flankierend, 2 Reserve.

Besatzung : 8 Mann.

Konstruktionszeichnung des Schweren Kampfwagens A7V vom 22. Dezember 1917. Es war je ein Fahrer für Vorwärts- und Rückwärtsfahrt vorgesehen
BA-MA N 610-6 Nachlaß Petter

Dem Panzerschutz des A7V wurde besondere Beachtung geschenkt. Die Dicke der Panzerung sollte ursprünglich rundum 10 mm betragen und damit ausreichenden Schutz gegen sämtliche Infanteriegeschosse und gegen Splitterwirkung leichter Artillerie bieten. Die Dicke der Panzerung wurde von Planungsphase zu Planungsphase erhöht. Die Serienfahrzeuge verfügten über eine Frontpanzerung von 30 mm und eine Seitenpanzerung von 15 mm und übertrafen damit die Panzerung der gegnerischen Panzer zum Teil erheblich. Die Seitenpanzerung war durchschlagssicher gegen Infanteriegeschosse mit Stahlkern, einer Munitionsart, die auf deutscher wie alliierter Seite speziell zur Panzerbekämpfung entwickelt worden war, während die Frontpanzerung Panzerschutz gegen Feldartilleriegeschosse mittleren Kalibers und Granatsplitter schwerer Kaliber bot.

Auch die Formgebung des A7V erfolgte unter dem Gesichtspunkt des ballistischen Schutzes. Die stumpfwinklige Zuspitzung der Panzerung an Bug und Heck und die Abschrägung der Seitenwände von 80° dienten der Erhöhung der Durchschlagssicherheit. Der A7V wies damit ein Konstruktionsmerkmal moderner Panzer auf, das einen erheblichen Fortschritt gegenüber den englischen MARK-Typen und deren nicht abgeschrägten Panzerblechen darstellte. Der obere Teil des Kettenstrangs wurde zum Schutz gegen Geschoßwirkung ebenfalls überpanzert. Die Treibstofftanks wurden durch zusätzliche Panzerplatten besonders sorgfältig geschützt. Die Formgebung des Panzeraufbaus wurde auch von der Forderung der Infanterie beeinflußt, den A7V als gepanzerten Mannschaftstransportwagen und die Besatzung in einer entsprechenden Gefechtssituation abgesessen als Stoßtrupp einzusetzen. Um möglichst viele Soldaten in dem Panzer unterbringen zu können, wurde das Volumen des umpanzerten Raumes möglichst groß bemessen. Um die Panzerung rationell fertigen und liefern zu können, wurden nur gerade Panzerbleche für das Panzergehäuse verwendet.

Die äußeren Abmessungen des A7V wurden von vornherein dadurch begrenzt, daß die Profilfreiheit, d. h. das Tunnelmaß aller deutschen, belgischen und französischen Eisenbahnlinien berücksichtigt werden mußte. Deshalb wurde der Kommandantenturm so konstruiert, daß er beim Transport niedergeklappt werden konnte. Ein Drehturm war zu keiner Zeit geplant. Es fand sich zu dieser Zeit dafür auch kein Vorbild bei den Kampfwagen der Alliierten.

HOLT-CATERPILLAR-Schlepper des k. u. k. Heeres von 1913: ein solches Fahrzeug mit 70-PS-Motor aus österreichischen Heeresbeständen wurde im November 1916 von der deutschen Heeresverwaltung angekauft. Sein Laufwerk diente als Vorbild für den A7V. Die Lenkachse wurde durch eine Steuerung der Ketten ersetzt   Sammlung Kaufhold-Roll

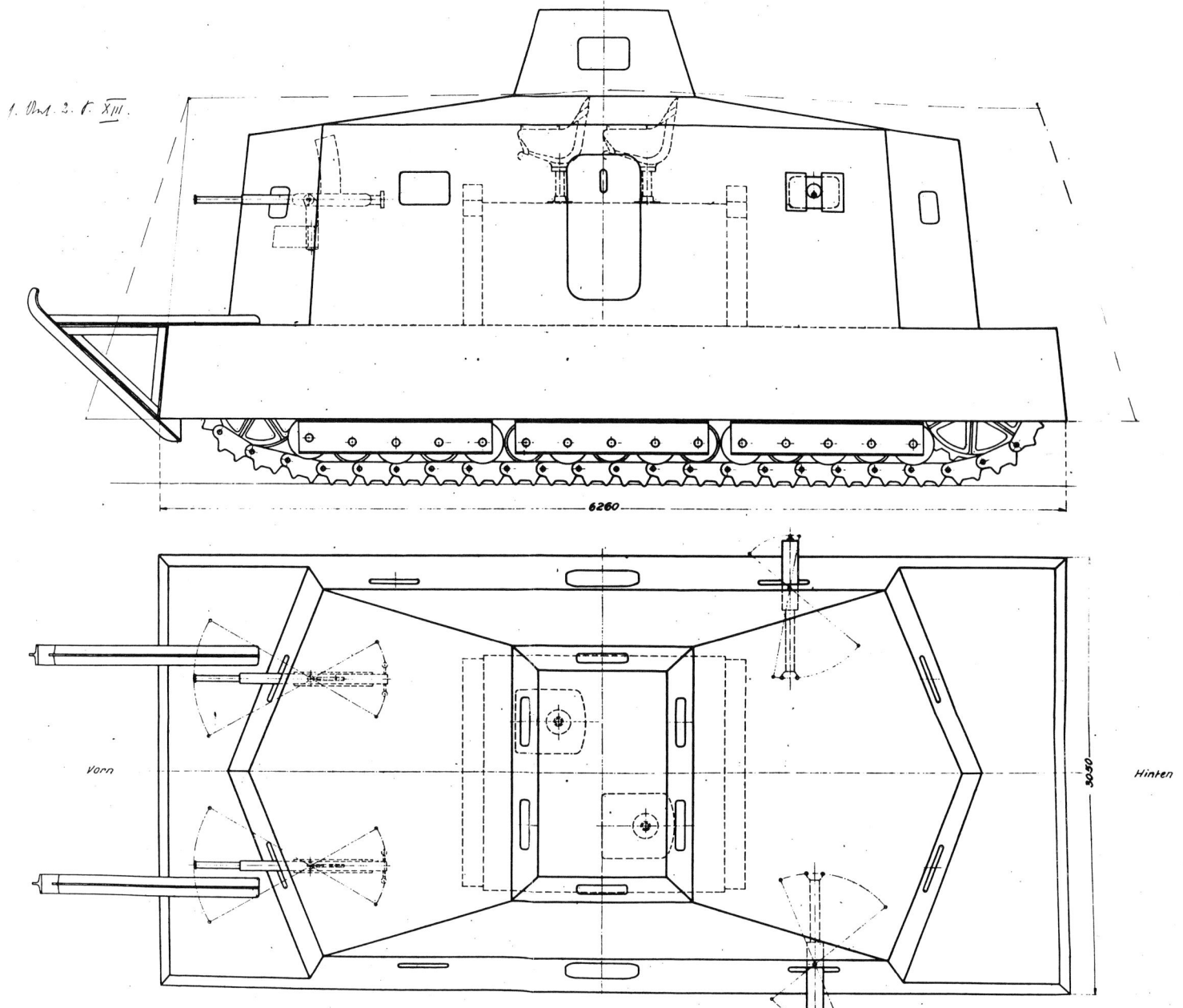

1. Om. 2. R. XIII.

6260

3030

Vorn

Hinten

Entwurf des A7V mit durchweg 30-mm-Panzerung. Am Bug ein zweiteiliger Sporn als Kletterhilfe. Eine zentrale Einstiegstür auf jeder Seite. Nur noch ein
Führersitz. Bewaffnung: 2 20-mm-Schnellfeuergeschütze und zwei MG 08/15; alternativ dazu 4 Maschinengewehre und 2 Flammenwerfer

BA-MA N 610-6 Nachlaß Petter

Über die Bewaffnung des A7V herrschte anfangs große Unsicher-
heit. Es dauerte über ein Jahr bis zur Jahreswende 1917/18, bevor
hier eine endgültige Entscheidung gefallen war. (Näheres zur
technischen Ausführung und zur Bewaffnung vgl. weiter unten in
diesem Kapitel und in meinem Beitrag »Die Entwicklung von
Technik und Taktik« in diesem Band.)
Anfang Februar 1917 waren zwei A7V im Bau. Die VPK sagte die
Auslieferung der ersten Panzer für Anfang Mai 1917 zu, wenn die
notwendige Unterstützung in der Materialfrage gewährt würde.
Diese schien gesichert, denn am 19. Dezember 1916 bat die OHL
das Kriegsamt darum, den Panzerbau in die Dringlichkeitsklasse I
der Materialzuweisung aufzunehmen[41]. Am 29. Dezember 1916
beantragte die VPK weiter, keine einzelnen Panzer einer Fronterprobung zu unterziehen und so den Vorteil der Überraschung
preiszugeben, sondern die Panzer in der Heimat einer gründlichen

Erprobung zu unterziehen und dann mindestens 100 Kampfwagen
zu bauen und einzusetzen[42]. Der Chef des Feldkraftfahrwesens
meldete der OHL am 5. Januar 1917, der Bau von zehn großen
Kampfpanzern monatlich bedinge den Ausfall von dreißig Lastwagen ab dem 1. Mai 1917, was für die Deckung des Gesamtbedarfes
unwesentlich sei. Die Fertigungsquote von zehn Panzern monatlich war mit der Firma Daimler abgestimmt, die im November 1916
für das A7V-Programm die Lieferung von 10–20 Motoren
wöchentlich zugesagt hatte. Der Gesinnungswandel der OHL in
der Panzerfrage und die Ablehnung des Panzerbaus in den ersten
Januartagen 1917 führten dazu, daß das Kriegsministerium auf
Verlangen der OHL am 20. Januar 1917 anordnete, daß zunächst
nur zehn A7V-Wagen in der Version als Kampfwagen zu bauen
seien – dies waren zehn Panzer des 1. Bauloses –, die restlichen 90
dagegen als Geländetransportwagen.

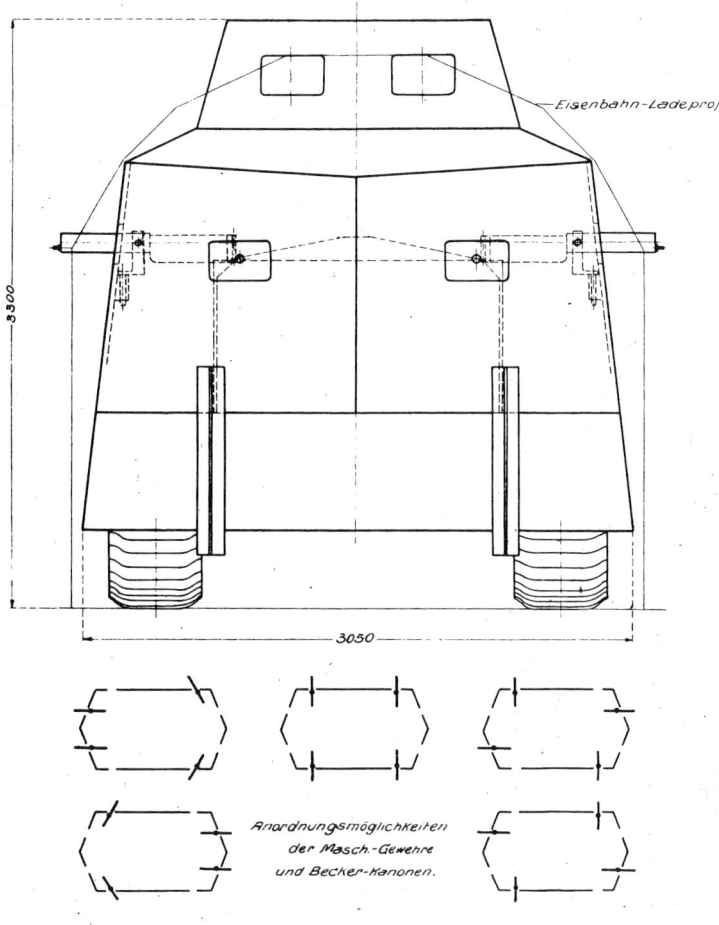

A 7 V. Panzerkampfwagen

Bauart Vollmer

Gewicht obigen Panzers bei 30mm Gürtel- und 10mm Deckenpanzerstärke etwa   9 t.

Gewicht des größeren Panzers nach dem 1. Projekt:

a) bei 30 und 15mm Gürtel- und 6mm Deckenpanzerstärke annähernd   7,7 t.

b) bei 30 mm Gürtel- und 10mm Deckenpanzerstärke annähernd   12,9 t.

Bewaffnung: a) 2 2cm Becker-Kanonen, 2 Masch.-Gewehre, 2 Reserve.

      b) 4 Masch.-Gewehre, 2 Reserve, 2 Flammenwerfer.

Besatzung: 10 Mann.

Das Laufwerk des A7V. Die Laufrollenwagen haben noch keine Führungs-bleche. Der mittlere Laufrollenwagen weist noch zwei Federn statt vier beim Produktionsmodell auf   Bundesarchiv Koblenz

Der Fortgang der Arbeiten verzögerte sich weiter durch neu auftretende Schwierigkeiten. Noch im Februar 1917 erhob die OHL die Forderung, daß der A7V rundum gegen Volltreffer der Feldartillerie durchschlagssicher gepanzert sein müsse. Nur dann ergehe die Erlaubnis zur Überpanzerung von mehr als den bisher genehmigten zehn A7V-Fahrgestellen[43]. Die Erfüllung dieser Forderung, die einen schweren Verstoß gegen den taktischen Grundsatz »Wirkung geht vor Deckung« darstellte, hätte eine durchgängige Panzerung von 30 mm nötig gemacht. Das Fahrzeuggewicht wäre – ohne Waffenanlage und Munition – von 18–20 auf ca. 25 t angewachsen. Um dem Panzer die gewünschte taktische Beweglichkeit zu erhalten, hätte die Mitführung von Waffen und Munition erheblich eingeschränkt werden müssen[44]. Die VPK sträubte sich vergeblich gegen den Entwurf eines solchen Wagens. Befehlsgemäß fertigte sie den Entwurf eines A7V mit 30-mm-Vollpanzerung an und legte ihn am 28. Februar 1917 der VPK vor. Das Fahrzeug wies folgende Daten auf: Länge 6260 mm, Breite 3050 mm, Höhe 3300 mm. Obwohl zur Gewichtsersparnis der umpanzerte Raum erheblich verringert worden war, betrug das Mehrgewicht der Panzerung gegenüber dem ursprünglichen Entwurf der VPK ca. 2,5 t[45]. Schließlich sah die OHL ein, daß diese Forderung überzogen war, und es blieb bei der ursprünglichen, der sogenannten Normalkonstruktion des A7V.

Nachdem sich immer stärker abzeichnete, daß der BREMER-WAGEN als Kampfpanzer ungeeignet war, genehmigte die OHL am 16. Februar 1917 die Bereitstellung von Material für den Bau – noch nicht den Bau selbst – von 25 A7V-Panzern. Für die VPK hatte zu dieser Zeit trotz der Eingriffe der OHL die Entwicklung der A7V-Normalausführung unbedingten Vorrang. Sie schlug am 31. März 1917 sogar die Verdopplung des A7V-Programm von 100 auf 200 Wagen vor, wenn die Aufnahme in die Dringlichkeitsklasse I der Materiallieferungen genehmigt würde[46]. Diese Forderung wurde vom Kriegsministerium unterstützt, von der OHL jedoch am 5. April 1917 abgelehnt[47].

Entwicklung, Versuch und Fertigung bis zur Abnahme des ersten Serienfahrzeugs am 5. November 1917

Ende April 1917 war das Fahrgestell des Prototyps fertiggestellt. Da noch keine Panzerung zur Verfügung stand, wurde der Wagen mit der Holzattrappe des Panzergehäuses als Aufbau am 30. April 1917 durch die VPK – die noch zuständige Versuchsbehörde war – vor dem Kriegsminister und Vertretern aller am Panzerbau beteiligten Dienststellen in Berlin-Marienfelde, wo ein Versuchsgelände hergerichtet worden war, zum erstenmal vorgeführt. Das Fahrzeug überwand alle Hindernisse – darunter Gräben von 2 Meter Breite – ohne Probleme. Auch die Höchstgeschwindigkeit von 10–12 km/h und die Lenkeigenschaften überzeugten. Bedenken wurden nur hinsichtlich der Haltbarkeit der Ketten beim Befahren harten Steinpflasters laut. Während der Kriegsminister v. Stein den Panzer für sehr brauchbar hielt, blieb die Mehrzahl der Beobachter skeptisch. Die Einführung einer größeren Anzahl von Panzern wurde mit dem Argument abgelehnt, daß die aufgewendeten Mittel in keinem Verhältnis zu den Erfolgen stünden. Gleichzeitig mit dem A7V-Panzer wurde die Geländetransportwagen-Ausführung des A7V (offizielle Bezeichnung: Raupenlastwagen) vorgeführt[48].

Am 5. Mai 1917 meldete die Verkehrstechnische Prüfungskommission:

1. Die ersten 5 A7V-Panzer sind feldmarschfertig am 15. Juli 1917. Die zweiten 5 A7V-Panzer sind feldmarschfertig am 1. August 1917.
2. 40 ungepanzerte A7V-Wagen sind feldmarschfertig am 1. August 1917.
   49 ungepanzerte A7V-Wagen sind feldmarschfertig am 1. September 1917[49].

Diese Fristen wurden nicht eingehalten. Die genannten Ziffern machen deutlich, worauf auf Drängen von Oberstleutnant i. G. Bauer und des Chefs des Feldkraftfahrwesens der Schwerpunkt des A7V-Programms gelegt wurde: auf die Produktion von Raupenlastwagen auf der Basis des A7V-Fahrgestells.
Von entscheidender Bedeutung für den Panzerbau im Jahre 1917 wurden die Vorführungen vom 7. bis 14. Mai 1917 in Mainz-Erbenheim auf dem Übungsgelände Mainzer Sand bei Fort »Bieler« vor der OHL. Hier wurde über das Schicksal aller in Planung oder Konstruktion befindlichen Kampfwagen entschieden: Schwerer Kampfwagen (A7V), K-WAGEN, MARIEN-WAGEN II, ORION-WAGEN und TREFF-ASS-WAGEN. Der MARIEN-WAGEN II und der TREFF-ASS-WAGEN schieden endgültig als Kampfwagen aus, der ORION-WAGEN und der K-WAGEN blieben im Programm.
Für den A7V standen in Mainz noch immer keine Panzerung und keine Waffenanlage zur Verfügung. Das Fahrzeug trug wieder eine Holzattrappe des Panzeraufbaus und trug entsprechend dem späteren Gewicht 10 t Ballast. Der Panzer mußte in Mainz wie bei der Erstvorführung eine Hindernisbahn überwinden, die den Stellungen an der Westfront entsprach. Er erfüllte alle an ihn gestellten Anforderungen: er überschritt Gräben und Granatlöcher bis zu einer Breite von 1,50 m, überwand alle üblichen Feldbefestigungen und Drahthindernisse und erreichte eine höhere Geschwindigkeit als die bekannten gegnerischen Panzer.

Der Prototyp des Schweren Kampfwagens A7V mit Holzaufbau am 30.4.1917. Das Fahrzeug trägt am Bug einen Gitterschnabel als Kletterhilfe. Die Anordnung der Türen, Klappen und Luken entspricht bereits der des Serienfahrzeugs   Sammlung Spielberger

Der Prototyp des A7V bei der Vorführung am 30. 4. 1917 im Gelände
Sammlung Spielberger

Allein in seiner Grabenüberschreitfähigkeit blieb er hinter den englischen MARK-Typen zurück. Die Sektion O Ic der Abteilung O I der OHL schätzte nach der Vorführung die Erfolgsaussichten des A7V im Felde gut ein. Trotzdem wurde nur der Bau der zehn A7V-Panzer des 1. Bauloses, mit deren Fertigstellung man Ende Juli 1917 rechnete, endgültig bewilligt.

Mit diesen zehn Panzern sollten zunächst zwei Kampfwagen-Abteilungen aufgestellt werden. Die Materialreserve für die Panzereinheiten wurde mit 100 Prozent veranschlagt. Deshalb wurden zehn Panzerungen als Ersatz genehmigt. Weitere Entscheidungen behielt sich die OHL vor, bis Fronterfahrungen mit dem A7V vorlägen. Bei erfolgreichem Einsatz wurde eine Ausweitung der Produktion der A7V-Panzer fest ins Auge gefaßt. Dazu sollten die im Bau befindlichen A7V-Fahrgestelle dienen.

Diese positive Einschätzung der Zukunft des A7V kam von der Sektion O Ic der Abteilung O I der OHL, wo man nach den entmutigenden Ergebnissen mit den konkurrierenden Panzermodellen stärker als bisher den Bau des A7V unterstützte. Diese Entwicklung wurde von Oberstleutnant i. G. Bauer unterlaufen. Er verweigerte noch während der Vorführung in Mainz dem A7V-Projekt die Aufnahme in die Dringlichkeitsklasse I der Materialliefe-

rungen für Rüstungsgüter, obwohl festgestellt wurde, daß nur dann die zehn genehmigten A7V-Panzer in der vorgesehenen Zeit fertiggestellt sein konnten.

Auch der bisherige Präsident der VPK, General Friedrich, sprach sich für den Verzicht auf den Bau des A7V-Panzers in größeren Stückzahlen aus: er argumentierte, daß von den Panzern nur eine vorübergehende, moralische Wirkung zu erwarten sei – hier gab er die vorherrschende Meinung der OHL wieder – und daß der Nutzen in keinem Verhältnis zu den sehr hohen Anschaffungskosten stehe. Dagegen hielt Friedrich viel vom Einsatz des A7V-Raupenlastwagens als Artilleriezugmaschine. Als Kampfwagen sollte anstelle des A7V der K-WAGEN gebaut werden. Was hier geschah, war unlogisch. Man verwarf den A7V wegen angeblich zu hoher Kosten – der Stückpreis eines A7V betrug 250 000 Mark – und befürwortete gleichzeitig den Bau eines noch kostenintensiveren, komplizierteren Geräts, des K-WAGENS, dessen Stückpreis mit 500 000 Mark veranschlagt wurde.

Am 11. Juni 1917 beantragte der Chef des Feldkraftfahrwesens beim Kriegsministerium trotz allem den Bau weiterer 100 A7V-Fahrzeuge, was die VPK bereits am 31. März 1917 vorgeschlagen hatte. Auf Weisung der OHL zog er diese Bestellung am 8. Juli 1917

Mitglieder der Technischen Kommission vor dem Prototyp des Schweren Kampfwagens A7V mit Holzaufbau am 30. 4. 1917 mit Chefkonstrukteur Vollmer (7. v. l.) und General Friedrich (Mitte)

Sammlung Spielberger

Der am 30. 4. 1917 vorgeführte Raupenlastwagen. Es wurde nur das Fahrgestell vorgeführt, das mit dem des Kampfwagens identisch war. Chefkonstrukteur Hauptmann Vollmer (X), links neben ihm mit Schutzbrille General Friedrich

Sammlung Zincke

Konstruktionszeichnung, die den Entwicklungsstand nach der Vorfüh-
rung vom 14. 5. 1917 in Mainz wiedergibt. Sie diente als Vorlage für die
Fertigung der Produktionsfahrzeuge. Die Kletterhilfe am Bug kam beim
Serienfahrzeug in Wegfall   BA-MA N 610-6 Nachlaß Petter

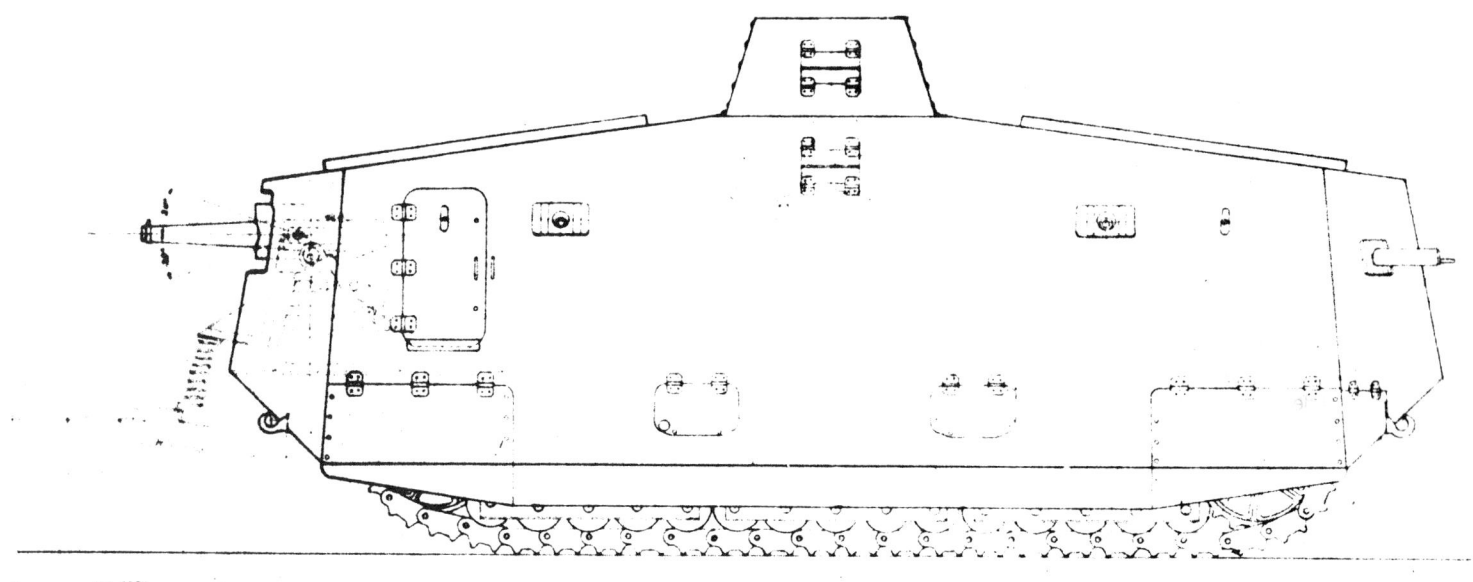

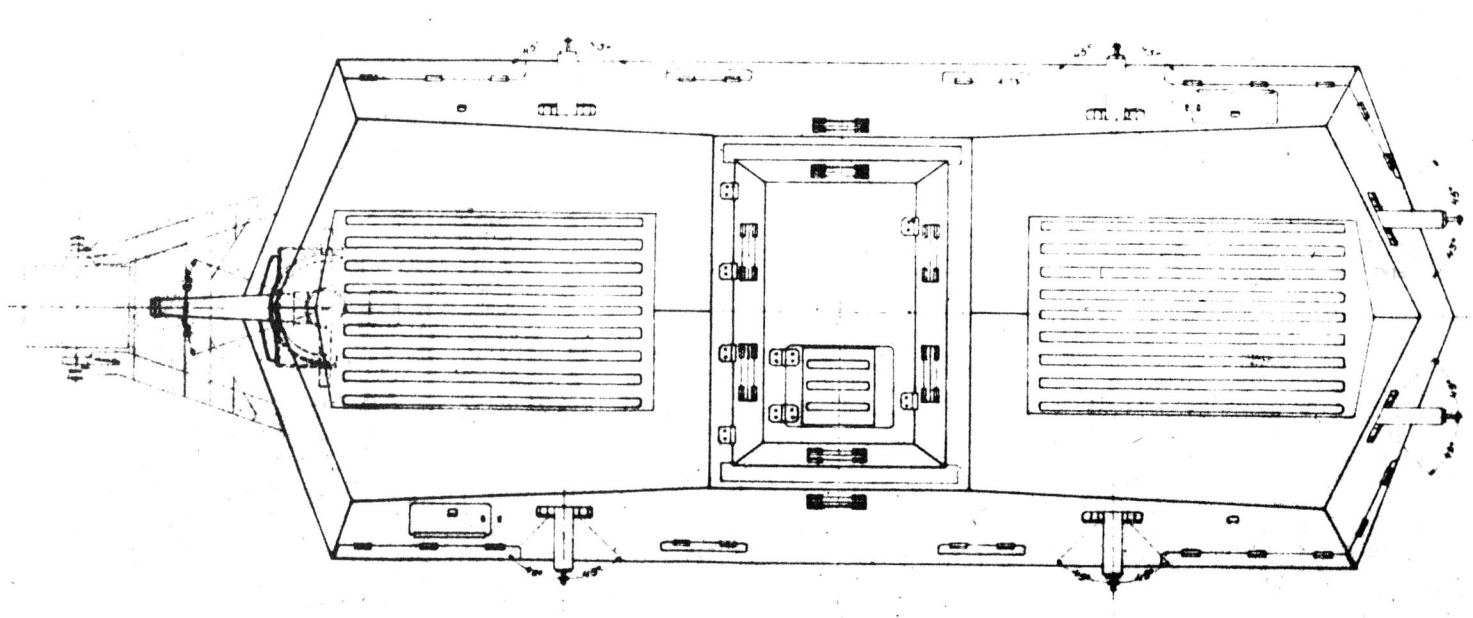

wieder zurück. Das Kriegsministerium sträubte sich anfangs gegen die Entscheidung der OHL, gab dann nach, ohne allerdings den von der OHL für den Auftragsstop angegebenen Grund, nämlich Mangel an Zinn und Aluminium, sowie Herabsetzung des Zinnkontingentes, anzuerkennen[50], was jedoch unberechtigt war. Die Versorgung der Rüstungsindustrie mit Zinn und Aluminium war im Frühjahr und Sommer 1917 völlig unzureichend. Selbst Rüstungsprogramme, die höchste Priorität hatten, wie der Flug-motorenbau, mußten deshalb gekürzt werden[51].

Der Rohstoffmangel behinderte den Fertigungsanlauf der A7V-Panzer erheblich. Es fehlte an Aluminium, Zinn und Nickel. Kohlenmangel führte zu Engpässen bei der Fertigung der Panzer-bleche. Für viele Bauteile kamen Materialien minderer Qualität zum Einsatz. So stand für die Fertigung des Fahrgestellrahmens nur Eisenblech anstelle von Stahl und für Zahnräder, Wellen usw. nur

nickelarmer Stahl zur Verfügung. Sparmetalle wurden durch Ersatzmetalle ersetzt, die nicht immer von schlechterer Qualität waren, deren Entwicklung zur Serienreife aber Zeit kostete. Dazu kam ein spürbarer Mangel an Facharbeitern. Auf Anforderung der am Bau des A7V beteiligten Firmen wurden mit erheblichem bürokratischem Aufwand Facharbeiter aus dem Heeresdienst frei- oder zurückgestellt[52]. Der Facharbeitermangel führte dazu, daß Soldaten der in Aufstellung begriffenen Sturm-Panzerkraftwagen-Abteilung 1 bei der Montage der Panzergehäuse bei Berliner Firmen eingesetzt wurden.

Die Werkserprobungen und die technische Erprobung durch die Daimler-Motoren-Gesellschaft und die Kraftfahr-Versuchs-Kom-panie der VPK auf dem Versuchsgelände bei Daimler-Marienfelde offenbarten erhebliche technische Mängel an den Panzern. Bei der allmählich anlaufenden Montage mußten Fertigungsprobleme

Besichtigung des Prototyps mit Holz-aufbau durch Kaiser Wilhelm II., am 19. 6. 1917 bei Daimler in Berlin-Marien-felde. Der Kampfwagen (Heckansicht) beim Überwinden eines Stacheldraht-hindernisses   Patton Museum Fort Knox

Während der Besichtigung am 19. 6. 1917. Im Vordergrund von rechts: Kriegsminister v. Stein, ihm gegenüber Kaiser Wilhelm II., dahinter General Friedrich. Links außen der Konstrukteur des A7V, Joseph Vollmer

Patton Museum Fort Knox

Blick auf das Übungsgelände der Daimler-Motoren-Gesellschaft in Berlin-Marienfelde. Im Mittelgrund ein A7V auf der Hindernisbahn   Sammlung Spielberger

Der erste fertiggestellte A7V, Wagen 501, bei der Fahrerprobung bei Daimler-Marienfelde, Ansicht von seitlich vorn. Der Kampfwagen trug keine Bordkanone, sondern war als MG-Wagen vorgesehen   Sammlung Spielberger

überwunden werden. Die Versuchsabteilung der Kraftfahrtruppen nannte am 28. Juli 1917 als schwerste Mängel:

1. Anlaßprobleme der Motoren.
2. Überhitzung der Motoren.
3. Brüche der Getriebegehäuse infolge Verwindung der Fahrzeugrahmen.
4. Entgleisen der Laufrollenwagen im Gelände.
5. Extrem hohe Temperaturen im Kampfraum.
6. Nicht paßgenaue Panzerungen[53].

Alle als notwendig erkannten Änderungen wurden im September und Oktober 1917 durchgeführt. Ende September 1917 wurde der Fahrschule beim 1. Garde-Kraftfahr-Bataillon in Berlin-Marienfelde, der die Ausbildung der Panzerfahrer in der Heimat oblag, ein A7V ohne Panzerung zu Fahrschul- und Versuchszwecken überwiesen. Die mit diesem Fahrzeug durchgeführten Fahrversuche verliefen erfolgreich. Die Versuchsfahrten zeigten vor allem, daß die Gefahr des Entgleisens der Gleisketten durch den nachträglichen Einbau von Führungsblechen behoben worden war. Im späteren Fronteinsatz zeigte sich, daß die Leitrolle und das Triebrad verstärkt und aus besserem Material (bestem Stahlguß) gefertigt werden mußten[54].

Bei der Waffenausrüstung des A7V ergaben sich ebenfalls viele Schwierigkeiten, die vor allem darauf zurückzuführen waren, daß in der Frage über Art und Umfang der Bewaffnung nicht konsequent vorgegangen wurde. Entsprechend der ursprünglichen militärischen Forderung, den A7V mit zwei Bordkanonen auszurüsten, war zunächst geplant, in Bug und Heck des Panzers je ein umgebautes Infanteriegeschütz vom Kaliber 7,7 cm oder 4 Schnellfeuergeschütze vom Kaliber 2 cm, dazu flankierend 4 Maschinengewehre einzubauen. Aus Gründen der Platz- und Gewichtsersparnis wurde von einer Bewaffnung in diesem Umfang bald abgegangen. Der Panzer sollte nur noch mit einem Geschütz mittleren oder zwei Geschützen kleineren Kalibers bestückt werden. Im Herbst 1916 hielt man auf deutscher Seite Kanonen vom Kaliber 2 cm oder 3,7 cm als Bordkanonen für eigene Panzer für ausreichend.

Deshalb sollte der A7V zunächst zwei 2-cm-Tankabwehrkanonen Becker M II und zwei Maschinengewehre erhalten, wobei Kanonen und Maschinengewehre untereinander austauschbar sein sollten. Alternativ war die Ausstattung mit zwei Flammenwerfern und zwei Maschinengewehren vorgesehen. Da aber die Waffenwirkung des Einzelschusses des 2-cm-Geschosses gegen die zu erwartenden Ziele (lebende Ziele, MG-Nester und gepanzerte Ziele) als zu gering angesehen wurde und das Geschütz von seiner Formgebung her zum Einbau in den A7V schlecht geeignet war, wurde die Kanone wieder zurückgezogen. Die Versuchsabteilung der Kraftfahrtruppen schlug nun vor, den Panzer mit der 7,7-cm-Feldkanone FK 96 n/A. zu bestücken, deren Rohr zu diesem Zweck verkürzt werden sollte. Dies wurde von der APK mit der Begründung abgelehnt, daß die Kanone, vor allem aber die mitzuführende

Munition für das durch das Gewicht der Panzerung schon stark beanspruchte Fahrgestell des Panzers zu schwer sei. Zudem hätten die Baumaße der 7,7-cm-Kanone die Neukonstruktion von Rohrwiege und Rohrrücklaufbremsen notwendig gemacht, bevor sie für den Einbau in den A7V geeignet war, was erhebliche zeitliche Verzögerungen bedeutet hätte. Es folgten Überlegungen, die 5-cm-Kanone der Fußartillerie, dann die 5-cm-Kanone der Marine zu verwenden. Sie scheiterten daran, daß die Kanone der Fußartillerie nur Gußgranaten verschoß, während die Marine-Kanone eine zu geringe Mündungsgeschwindigkeit (v_0) aufwies. Schließlich beantragte die APK, den A7V mit der belgischen 5,7-cm-Maxim-Nordenfeldt-Kasemattkanone auszurüsten. Bei dieser Kanone, von der die Deutschen bei der Niederwerfung der belgischen Armee eine große Zahl erbeutet hatten und die in Depots lagerten, handelte es sich um ein Schnellfeuergeschütz mit hoher Feuergeschwindigkeit. Nach dem Erscheinen der englischen Tanks an der Front war ursprünglich geplant, die Kanone als Panzerabwehrgeschütz (Infanteriegeschütz) für die Infanterie einzusetzen. Sie war dann jedoch nicht eingeführt worden. Die Ausrüstung der A7V-Panzer mit dieser Kanone wurde während der Mainzer Vorführung beschlossen. Da der Rohrrücklauf nur 150 mm betrug (FK 96 n/A. 750 mm), waren Rohrrücklaufbremse und Rohrwiege kurz und konnten problemlos im Panzer untergebracht werden. Die OHL blieb jedoch nicht bei dieser Entscheidung. Unter dem Druck der Artillerie, die die Kanone zur beweglichen Panzerabwehr auf 4-t-Lastkraftwagen montieren wollte und deshalb für sich beanspruchte, bestimmte die OHL, daß der A7V-Panzer nur mit Maschinengewehren auszurüsten sei[55], was völlig unzureichend war. Dann erwog man, vermutlich in Anlehnung an die von den Engländern geübte Praxis, einen Teil, nämlich jeden fünften A7V, mit einer Kanone zu bestücken. Noch am 18. November 1917 behielt sich die OHL die endgültige Entscheidung darüber vor, ob die 5,7-cm-Kanone zur Panzerabwehr auf Lastkraftwagen montiert werden sollte oder als Panzerkanone im A7V verwendet werden könne. Die Auswertung der Kampfergebnisse von Cambrai führte bei der OHL endgültig zu der Entscheidung, daß alle A7V-Panzer mit einer Bordkanone und vier Maschinengewehren bestückt werden sollten. Eine entsprechende Forderung der OHL an das Kriegsministerium erging am 23. November 1917. Für den Fall, daß die Ausrüstung der A7V mit Kanonen Verzögerungen bei der Fertigstellung mit sich bringen würden, sollten die Panzer zunächst nur mit Maschinengewehren ausgerüstet werden. Die Bordkanonen sollten im Felde nachgerüstet werden, was bei einigen A7V auch geschah. Diese Entscheidung wurde am 25. Dezember 1917 endgültig bestätigt. Noch im Januar 1918 wurde die Zahl der neben der Bordkanone mitzuführenden MGs auf sechs erhöht. Damit war der endgültige Umfang der Bewaffnung festgelegt. Die aus dieser Bewaffnung sich ergebende Feuerkraft machte den Schweren Kampfwagen A7V allen gegnerischen Kampfwagen überlegen. (Näheres zur Bewaffnung weiter unten.)

Bei der Entwicklung des Signalgeräts wurde teilweise völliges Neuland beschritten. Bordsprechverbindungen der Besatzungsmitglieder untereinander gab es noch nicht. Eine mündliche Verständigung war aufgrund des infernalischen Lärms im Panzer nahezu unmöglich. Der Befehlsübermittlung in Innern der Kampfwagen dienten Leuchtsignaltafeln, die über den Gefechtsständen angebracht waren und mittels derer der Kommandant von seinem

Sitz aus die Feuerkommandos gab. Der Geschützbedienung konnte der Kommandant mittels eines mechanischen Richtungsanzeigers zusätzlich die Grobrichtung zum Ziel angeben.

Als Nachrichtenmittel gelangten bei guten Sichtverhältnissen anfangs Signaltafeln zur Verwendung. Sie wurden später durch leichter handhabbare Signalflaggen ersetzt. Bei schlechten Sichtverhältnissen wurden ein von der Firma Goerz speziell für den Einsatz in Kampfwagen entwickeltes Blinkgerät sowie ein Periskop-Blinkgerät von Zeiss verwendet, die sich im Einsatz jedoch nicht bewährten. Weitere Nachrichtenmittel waren Leuchtpistolen und Brieftauben. Am zuverlässigsten erwies sich der Einsatz von Meldeläufern.

Versuche der Nachrichtenübermittlung mit Funkgeräten verliefen bis Kriegsende bei den im Einsatz stehenden Kampfwagen negativ. Funkgeräte gab es damals erst wenige bei den höheren Stäben. Die Reichweite der in Kampfwagen verwendbaren Geräte war anfangs zu gering, ein Signalempfang im Kampfwagen wegen der Motor- und Waffengeräusche zunächst nicht und die Signalabgabe nur vom stehenden Panzer aus möglich. Unmittelbar vor Kriegsende war der Prototyp eines Funkpanzers auf A7V-Basis mit feldtauglicher Funkeinrichtung fertiggestellt. Dieses Fahrzeug gelangte nicht mehr zum Einsatz.

Um die Beobachtungsmöglichkeiten war es beim A7V wie bei allen Panzern des Ersten Weltkrieges schlecht bestellt. Die Sicht durch die Seh- und Visierschlitze in den Bordwänden war unzureichend. Außerdem waren die Sehschlitze die beschußempfindlichsten Stellen des A7V. Spritzer geschmolzenen Bleis von in unmittelbarer Nähe der Sehschlitze auf die Panzerung aufschlagenden

Das im A7V eingesetzte Blinkgerät 16 der Firma Goerz (hier die Ausführung für die Infanterie). Durchmesser des Parabolspiegels 250 mm. Die zum Betrieb notwendige Energie wird durch einen Tretdynamo erzeugt oder auch durch eine mitgeführte Akkumulatorenbatterie, die sich in dem Kasten rechts befindet
Sammlung WGM

Geschossen führten zu Augenverletzungen der Besatzung, der am weitesten verbreiteten Art von Verwundungen der Panzersoldaten jener Zeit. Zur Verbesserung der Beobachtungsmöglichkeiten und des Schutzes für die Besatzung wurden die Sehschlitze und Schießscharten ständig verbessert und sogenannte Minimalschießscharten mit besonders schmalen verstellbaren Öffnungen entwickelt. Behelfsmäßigen Schutz boten Spezialbrillen – stählerne Plastinen mit einer Vielzahl kleiner Löcher – und stählerne Gesichtsmasken. Versuche mit schußfesten Panzerglasblöcken vor den Sehschlitzen wurden vorgenommen, führten bis Kriegsende aber zu keinem brauchbaren Ergebnis.

Zur Orientierung des Kommandanten wurde im Turm ein Magnetkompaß angebracht. Da die Magnetkompasse im Panzer aufgrund des Eigenmagnetismus der vielen Stahlteile oft unbrauchbar waren, sollten sie durch Kreiselkompasse ersetzt werden. Diese gelangten bis Kriegsende nicht mehr zur Einführung.

Nachdem der Umfang der Bewaffnung und Ausrüstung bestimmt worden war, wurde die Stärke der Besatzung festgelegt. Laut Stärkenachweis betrug sie bei den Geschütz-Kampfwagen 16 Mann: Kommandant, Fahrer, zwei Mechaniker, davon ein Ersatzfahrer, drei Mann Geschützbedienung, acht MG-Schützen und ein Mann für die Nachrichtenübermittlung[56]. In der Praxis schwankte die Stärke der Besatzungen. Standen aus der Personalreserve der Kampfwagenabteilungen genug Soldaten zur Verfügung, besetzte man jedes der sechs Maschinengewehre mit zwei Mann und teilte zusätzliche Melder und Ersatzleute ein. Im Einsatz betrug die Stärke der Besatzung deshalb bis zu 26 Mann[57].

Kleine tragbare Funkenstation Type G-FUK 16 (Graben-Funkenstation 16) von Telefunken, bestehend aus Antenne, Batterie, Sender, Empfänger, Verstärker. Dieses Gerät wurde im A7V erprobt   Sammlung Kaufhold-Roll

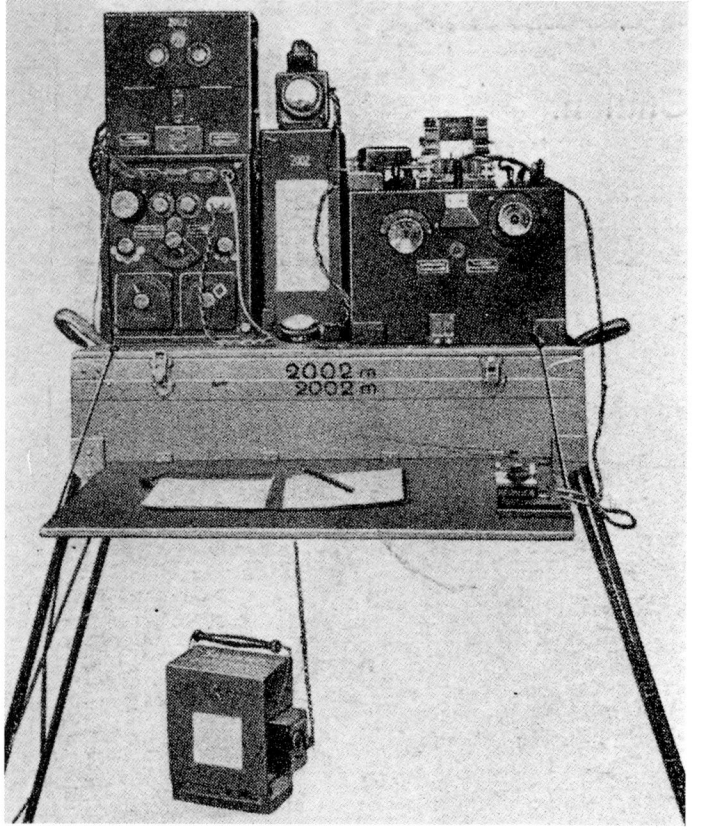

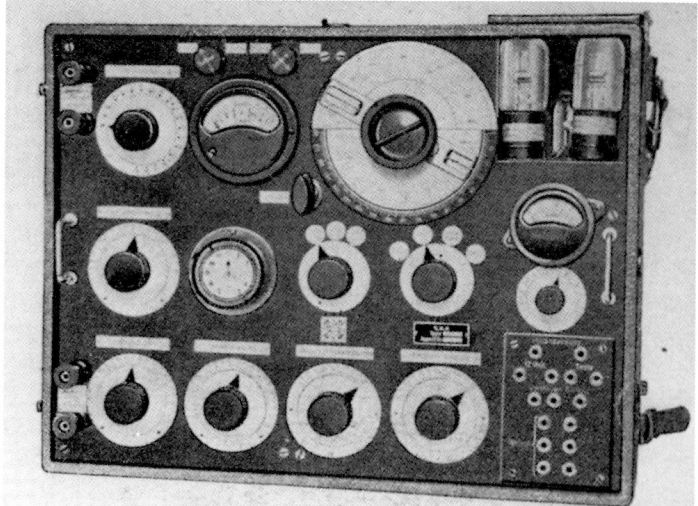

Röhrensender-Empfänger der Funkenkleinstation G-FUK 16
Sammlung Kaufhold-Roll

Der erste mit einer Panzerung versehene A7V-Panzer der Serienfertigung war Ende Oktober 1917 fertiggestellt und wurde am 5. November 1917 vom Chef des Feldkraftfahrwesens abgenommen. Der Bau der übrigen Panzer und die Ausstattung aller A7V-Kampfwagen mit Waffen und Munition, Werkzeug, Signalgerät und sonstigen Ausrüstungsgegenständen kostete weitere Zeit. Alle diese Gegenstände mußten ja nicht nur hergestellt und eingebaut, sondern auch erprobt werden. Die Arbeiten zogen sich über die Jahreswende 1917/18 hin.

Truppenversuch und Serienfertigung 1918
Ende des A7V-Projekts

Die Schlacht von Cambrai überzeugte die OHL von der Bedeutung des Panzers als Waffe. Die Serienreifmachung aller in Entwicklung befindlichen Panzer wurde nun mit Nachdruck vorangetrieben. Am 31. Dezember 1917 bewilligte die OHL den Bau weiterer zehn A7V, des zweiten Bauloses, und verfügte am 7. Januar 1918 die Aufnahme des A7V-Programms in die Dringlichkeitsklasse Ia der Dringlichkeitsliste für Materiallieferungen. Gleichzeitig wurde der Einsatz aller verfügbaren A7V-Panzer bei Beginn der deutschen Frühjahrsoffensive Anfang März befohlen. Alle Kampfwagen sollten gleichzeitig eingesetzt werden. Deshalb wurde auf die geplante Materialreserve von 100 Prozent verzichtet. Ebenfalls am 7. Januar 1918 rollte die erste mit den A7V-Panzern ausgerüstete Panzereinheit (Sturm-Panzerkraftwagen-Abteilung 1) zur Ausbildung beim Sturmbataillon Rohr nach Sedan ab (vgl. zur Ausbildung und zum Einsatz der Panzereinheiten die entsprechende Teile dieses Buches).

Aber schon vor dem ersten Einsatz der deutschen Panzerabteilungen wurde die Verwendung der A7V-Fahrzeuge als Kampfwagen erneut in Frage gestellt. Am 17. Januar 1918 stellte die OHL zwar weitere 30 Panzerungen für die A7V-Panzer zur Verfügung, behielt sich jedoch bereits einen Tag später die endgültige Entscheidung über das Schicksal des A7V-Kampfwagens vor. Jetzt sollten wieder nur die Panzerungen für zwanzig Wagen montiert werden, die Panzerungen der als Materialreserve vorgesehenen A7V-Panzer sollten bereitgehalten werden, bis über die Verwendung der A7V als Kampfwagen oder Raupenlastwagen endgültig ent-

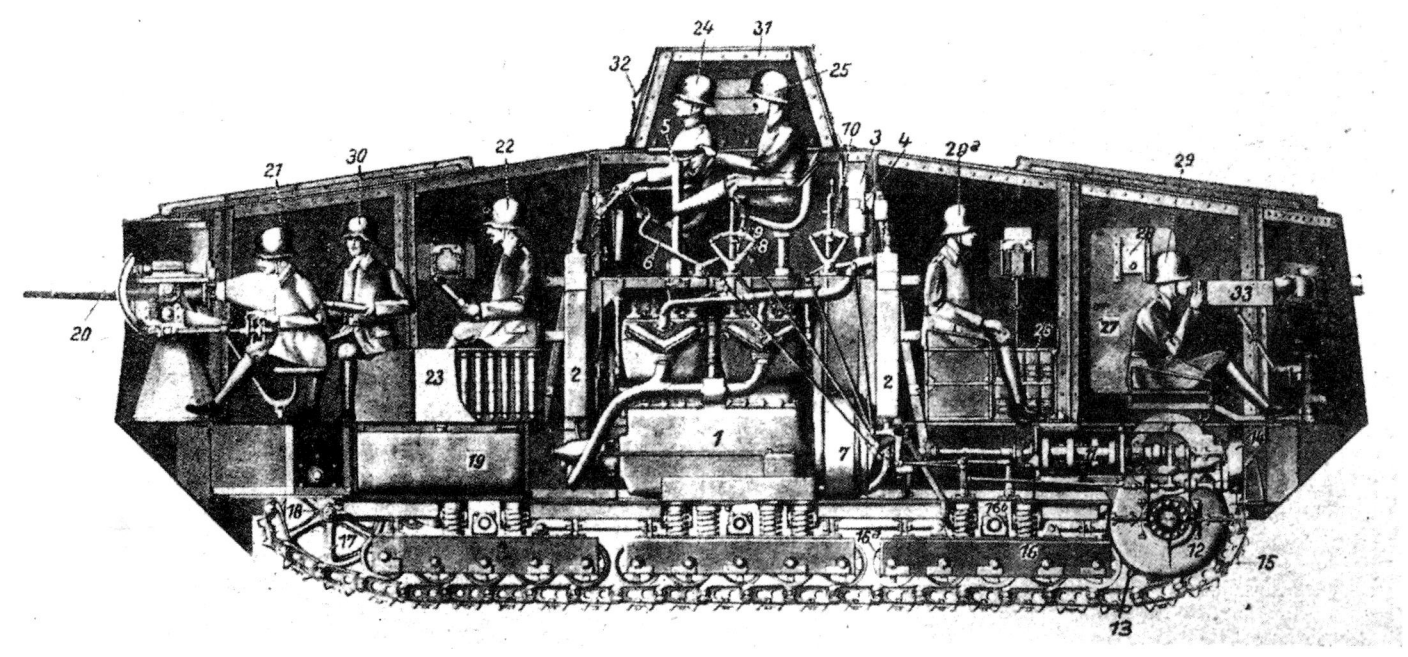

Bild 2: Deutscher Kampfwagen (A 7 V)

1	Einer der beiden 100 PS Daimler-Motoren	13	Antriebsrad	23	Geschoßkasten
2	Kühler	14	Lenkbremse	24	Kommandant
3	Gemischpumpe	15	Kette	25	Fahrzeugführer
4	Handanlasser	16	Rollenwagen	26	Maschinengewehr-Munition
5	Steuersäule	16a	Kettenrolle	27	Tür
6	Kupplungspedal	16b	Rollenwagenabfederung	28	Karabinerschießscharte
7	Kupplung	17	Vorderes Laufrad	29	Maschinengewehrschütze
8	Schaltung	18	Kettenspanner	29a	Maschinengewehrschütze
9	Handbremse	19	Benzintank	30	Kanonier
10	Hebel für Reversiergetriebe	20	Belgisch. 5,7 Geschütz	31	Kommandoturm
11	Wechselgetriebe	21	Richtkanonier	32	Sehklappen
12	Differential	22	Geschützführer	33	Maschinengewehr

schieden war. Gleichzeitig erging an den Chef des Feldkraftfahrwesens die Frage, ob sich die A7V-Panzer für eine Fertigung in größerer Stückzahl eigneten.

Der Grund für die nunmehr wieder zögernde Haltung der OHL lag in einer fernmündlich aus Sedan bei der OHL eingegangenen ungünstig lautenden Berichterstattung des Hauptmanns Müller von der Versuchsabteilung der Verkehrstruppen über die Fronttauglichkeit des A7V. Müller – der Konstrukteur der mit dem A7V konkurrierenden Entwürfe des K-WAGENS und des OBERSCHLESIEN-WAGENS und erklärter Gegner des A7V – hatte am 16. Januar 1918 in Vertretung des Chefs des Feldkraftfahrwesens bei der Sturm-Panzerkraftwagen-Abteilung 1 in Sedan die A7V inspiziert und von Lauf- und Fahrwerkmängeln bei den Panzern erfahren[58] und darauf dem Chef des Feldkraftfahrwesens den A7V als nicht fronttauglich gemeldet.

Es fanden zahlreiche weitere Versuchsfahrten statt, denen u. a. der Chef des Feldkraftfahrwesens, der deutsche Kronprinz und am 25. Februar 1918 auch General Ludendorff beiwohnten. Bei all diesen Fahrten zeigte sich, daß die Fahreigenschaften des Panzers auch unter schwierigen Bedingungen gut waren. Nur bei außergewöhnlich schlechten Bodenverhältnissen, die an den bodenlosen Morast Flanderns erinnerten, stieß der Panzer an seine Grenzen und blieb dann mit dem Bug im Morast stecken[59].

Das Sturmbataillon Rohr schrieb in einem Bericht an die OHL am 24. Februar 1918 zutreffend: »Nach Abstellung der noch auftretenden technischen Mängel wird die Abteilung mit Erfolg in nicht allzusehr zerschossenem Gelände zu verwenden sein[60].«

Dieses Urteil entsprach den Erfahrungen, die mit dem A7V bei Fahrversuchen in der Heimat gesammelt worden waren und fand sich wörtlich in der Anleitung für die Verwendung der deutschen Panzereinheiten vom 18. Januar 1918.

Mit dieser Einschätzung hätte es die OHL bewenden lassen und die A7V-Abteilungen entsprechend einsetzen sollen. Das geschah jedoch nicht, sondern die OHL richtete, vermutlich durch die Nachrichten über die »tiefe Nase« aus Sedan aufgeschreckt, am 27. Januar 1918 eine Anfrage über die Eignung des A7V als Kampfwagen an den Chef des Feldkraftfahrwesens, der am 14. Februar 1918 antwortete, der Panzer eigne sich nur bedingt zum Einsatz als Kampffahrzeug, er versage im Trichtergelände und im aufgeweichten Boden aufgrund konstruktiver Mängel. Der Panzer sei besser als die französischen, aber schlechter als die englischen Panzer. Im übrigen sei der Wagen nicht genügend betriebssicher, verspreche jedoch, ein brauchbarer Raupenlastwagen zu werden. Abschließend wurde vorgeschlagen, nur 20 A7V-Fahrgestelle zu panzern, die übrigen A7V-Wagen für den Aufbau von Raupen-Kolonnen zu verwenden. Die Argumentation des Chefs des Feldkraftfahrwesens zielte nur darauf ab, den A7V als Kampfwagen zu beseitigen. Der Bericht führte zusammen mit dem ungünstigen Eindruck, den General Ludendorff am 25. Februar 1918 bei einer Inspektion von der Leistungsfähigkeit

des A7V gewinnen mußte, weil ihm bei einer Vorführung von den Gegnern des A7V bewußt ein schlechtes Bild des Panzers vermittelt worden war – zwei A7V mußten solange durch grundlosen Morast und über teilweise 3 Meter breite Gräben fahren, bis sie schließlich steckenblieben[61] –, am 27. Februar 1918 zu dem Entschluß der OHL, nur drei Panzerabteilungen aus A7V-Panzern zu bilden. Mit der Zustimmung der OHL vom 6. März 1918 zu der Meldung des Chefs des Feldkraftfahrwesens, daß von den 100 A7V-Fahrgestellen verwendet werden sollten

1. Für 3 Panzerabteilungen je 5 =   15
2. Ersatz zu 1   5
3. Als Versuchswagen für A7V-U   1
4. Rest für Raupen-Kolonnen[62]

wurde der Schlußstrich unter den Bau der A7V-Panzer gezogen, noch bevor der erste Einsatz erfolgt war.

Die Frage der OHL, ob der A7V als Kampfwagen tauge, war so falsch gestellt. Sie hätte lauten müssen: Unter welchen Bedingungen ist der A7V voll geeignet? Die Antwort darauf hatte das Sturmbataillon Rohr gegeben. Die Einschätzung des Chefs des Feldkraftfahrwesens wurde dem Leistungsvermögen des A7V nicht gerecht. Die starke Frontpanzerung, die hohe Motorleistung und damit gute Beschleunigung und hohe Endgeschwindigkeit, die guten Lenk- und Fahreigenschaften und die starke Bewaffnung mit guter Feuerwirkung nach allen Seiten machten den A7V zu einem für die damalige Zeit und unter den gegebenen Bedingungen guten Entwurf. In all diesen Punkten war der deutsche Panzer seinen englischen und französischen Konkurrenten überlegen. Einzig die Grabenüberschreitfähigkeit des A7V entsprach nicht derjenigen der englischen MK-Typen – aber bei entsprechender Geländeerkundung vor den Einsätzen waren die daraus entstehenden Nachteile überschaubar; schließlich blieben auch die englischen Panzer oft genug an für sie unpassierbaren Hindernissen stecken.

Nicht der tiefe Bug des Schweren Kampfwagens (A7V) oder seine vorgeblich mangelnde Geländegängigkeit waren die eigentlichen Gründe für die Ablehnung des Panzers. Der A7V wurde abgelehnt, weil im Frühjahr 1918 alle mit der Panzerfrage befaßten Dienststellen den Panzer zugunsten anderer Entwürfe beseitigt sehen wollten.

Die Erfolge der A7V-Panzer haben deren Leistungsfähigkeit bewiesen. 1918 waren die Panzer bei den Sturm-Panzerkraftwagen-Abteilungen 1–3 wiederholt im Einsatz, und zum Erstaunen aller bewährten sie sich und straften ihre Kritiker Lügen.

Der Schwere Kampfwagen (A7V) hatte im Einsatz noch mit vielen technischen Schwierigkeiten zu kämpfen, deren man durch Nachbesserungen an den im Felde stehenden Panzern bzw. an den Ersatzwagen und Ersatzteilen in der Heimat Herr zu werden versuchte. Der Fahrzeugrahmen verzog sich infolge zu geringer Verwindungssteifigkeit immer noch, was zu Kupplungsschäden und Getriebebrüchen führte. Die Metallegierung der zu spröden Bodenplatten, die zu Brüchen neigten, wurde verbessert. An den Motoren traten Zylinderbrüche infolge von Wärmestauungen auf. Um diese zu vermeiden, wurden an den Enden der Zylinderblöcke Abdampfrohre zum oberen Wasserrohr angebracht. Minderwertiges Motoröl führte zu häufigem Auslaufen der Motorlager, dem man durch bessere Schmiermittel begegnete. Derselbe Schaden entstand durch mangelhafte Ölversorgung der jeweils oben liegenden Motorlager bei großer Schräglage des Panzers. Durch eine besonders leistungsfähige Druckumlaufschmierung mit zwei Ölpumpen schuf die Firma Daimler Abhilfe. Beim Laufwerk stellte sich heraus, daß die Speichenlaufrollen zu schwach dimensioniert waren. Sie wurden gegen verstärkte ausgetauscht. Häufig fraßen die Laufrollen fest, eine Folge mangelhafter Schmierung und zu geringen Spiels der Rollen auf den Rollenachsen. Das Rollenspiel wurde vergrößert. Um das Laufgeräusch der Laufketten zu verringern, wurden die Leiträder mit Flanschen versehen. Die Spurkränze an den Tragrollen der Rollenkästen nutzten sich im Fahrbetrieb an den Seiten stark ab. Dagegen zeigte die Laufkette nach 750 Kilometer Laufleistung noch keine nennenswerte Abnutzung. Die Panzerbleche wurden über den Rollenwagen entfernt, um das Laufwerk leichter warten zu können.

Insgesamt wurden von der Normalversion des Schweren Kampfwagens (A7V) gefertigt: Zwei Prototypen, davon einer mit Panzerung, 20 Kampfwagen in zwei Baulosen à zehn Panzer sowie ein Funkpanzer. Von den zehn Panzern des 1. Bauloses waren fünf mit

Panzerblechen von Krupp ausgerüstet, die nachgebessert werden mußten und zu den A7V mit fünfteiliger Seiten- und zweiteiliger Frontpanzerung führten. Zum ersten Baulos gehörten die Panzer mit den Chassisnummern 501, 502, 505, 506 und 507 (Röchling-Panzerung) und die Panzer Nr. 540, 541, 542, 543 und 544 (Krupp-Panzerung). Zum zweiten Baulos gehörten die Panzer mit den Chassisnummern 525, 526, 527, 528, 529, 560, 561, 562, 563 und 564. Das Chassis von Panzer 502 wurde im Felde unbrauchbar, die Panzerung auf einen Raupenlastwagen, Chassisnummer 503, gesetzt. Dasselbe geschah mit der Panzerung des Wagens 544, die auf den Raupenlastwagen Chassisnummer 504 gesetzt wurde. Die Montage der A7V-Panzer erfolgte im Marienfelder Werk der Daimler-Motoren-Gesellschaft, eine Teilmontage bei Büssing in Braunschweig[63].

Der erste Panzer der Serienfertigung wurde am 5. November 1917 abgenommen. Bis zum 24. April 1918 waren die letzten A7V-Panzer, mit allen Änderungen und Verbesserungen versehen, ins Feld abgerückt, am 26. Juli 1918 wurde der Neubau von A7V-Panzern endgültig aufgegeben. Am 28. September 1918 belief sich der Bestand an im Felde stehenden A7V-Panzern noch auf dreizehn Wagen.

Die Panzer verbrauchten sich im Einsatz schnell. Es zeigte sich, daß die ursprünglich veranschlagte Fahrzeugreserve von 100 Prozent richtig geschätzt war. Der Verschleiß an den Wagen führte zu der Bestimmung, daß die Panzer nach dreimaligem Einsatz zurückzuziehen seien[64].

Angesichts des Erfolgs der A7V-Panzer spielte man gegen Kriegsende mit dem Gedanken, die Produktion wieder aufzunehmen. Der Chef des Feldkraftfahrwesens ließ am 2. September 1918 feststellen, in welcher Zeit die Panzerung von fünfzig A7V-Fahrgestellen der in den Raupenwagen-Kolonnen befindlichen A7V-Raupenlastwagen möglich sei. Bis Kriegsende kam es jedoch zu keinem Umbau mehr.

Logistik

Die Logistik für den A7V und die Panzereinheiten stellte Anforderungen, die bis dahin beim Heer, bei dem es ein derart komplexes Waffensystem, wie es ein Kampfwagen darstellt, nicht gab, unbekannt waren. Die verantwortlichen Stellen lösten die neue Aufgabe sehr geschickt. Zur Instandhaltung der Panzer und zur Sicherung der Ersatzteilversorgung wurden eine zentrale Reparaturwerkstatt und ein Ersatzteillager an der Front in Charleroi, wo auch die Panzereinheiten ihr Stammquartier hatten, und in Berlin-Marienfelde, wo der Schwerpunkt der Panzerfertigung und die Ersatztruppenteile und Ausbildungsstätten für die Truppe lagen, eingerichtet. Durch diese Organisationsstruktur wurde erreicht, daß die Geräte- und Teilefertigung, die Werkstätten und die Panzertruppe in der Heimat und an der Front räumlich zusammen-

Blick in die Montagehalle der Daimler-Motoren-Gesellschaft in Berlin-Marienfelde. Der Bau der Raupenlastwagen und der Kampfwagen erfolgte gemeinsam. Im Vordergrund ein MG-Wagen, dahinter ein Geschützkampfwagen   Sammlung Spielberger

lagen. Damit waren die Versorgung der Truppe und die Instandhaltung des Geräts auf dem kürzesten und schnellsten Wege gesichert. Die Ersatzteilversorgung selbst wurde durch genaue Bestimmungen geregelt. Dazu wurden drei Listen aufgestellt. Die Liste A bestimmte, was jeder A7V-Panzer, die Liste B, was jeder A7V-Raupenlastwagen und Panzereinheit, und die Liste C, was die Materialdepots in Charleroi und in Berlin-Marienfelde an Werkzeug, Ersatzteilen und Ausrüstungsgegenständen vorrätig halten mußten. Diese Organisationsform bewährte sich und sollte auch für zukünftig aufzustellende gepanzerte Einheiten übernommen werden.

Fahrzeuge der A7V-Familie

Gründe der Ausbildung, Versorgung und Wirtschaftlichkeit bei der Produktion sprechen gegen eine Vielzahl von Einzweck-Waffensystemen. Es liegt deshalb nahe, innerhalb bestimmter Gewichtsklassen Panzerfahrgestelle zu einer einheitlichen Familie zusammenzuschließen und durch unterschiedliche Aufbauten verschiedene Verwendungsmöglichkeiten vorzusehen. Dieses Prinzip wurde von der deutschen Heeresverwaltung bezüglich der Verwendung des A7V erkannt und konsequent verfolgt. Auf der Basis des A7V-Fahrgestelles entstanden mehrere Kampf- und Versorgungsfahrzeuge.

A7V-U-Kampfwagen

Die gute Grabenüberschreitfähigkeit der englischen Panzer der MARK-Reihe und das schlechte Ergebnis der Vorführung des BREMER-WAGENS am 12. März 1917 führten Mitte März 1917 von seiten der Sektion O Ic der Abteilung OI der OHL zur Forderung eines A7V, bei dem die Gleiskette nach dem Vorbild der MARK-Panzer um das Panzergehäuse geführt werden sollte. Mit der Konstruktion wurde Oberingenieur Vollmer beauftragt. Der Panzer erhielt die Bezeichnung A7V-U (U für »Umlaufende Ketten«). Um eine schnelle und rationale Fertigung und möglichst rationale Ersatzteilversorgung des Panzers zu sichern, wurde bei der Konstruktion besonders auf die Austauschbarkeit der Bauteile des A7V-U mit denen der A7V-Normalversion geachtet. So entsprachen die Maschinenlage, die technischen Einrichtungen und die tragenden Teile der Laufwerkkonstruktion denen der A7V-Normalausführung. Die Unterschiede erstreckten sich vornehmlich auf die feste Verbindung der Panzerung mit dem Fahrgestell und auf die Führung der Gleiskette. Das Längsprofil des Fahrzeugs hatte, ebenfalls in Anlehnung an die englischen MARK-Panzer, die Form eines Rhombus. Die Positionen von Kommandant und Fahrer befanden sich nicht über dem Motor, sondern an der vorderen Stirnwand des Panzers. Die Stärke der Besatzung betrug wie bei der Normalausführung 16 Mann.

Als Bewaffnung waren zwei 5,7-cm-Maxim-Nordenfeldt-Kanonen und vier Maschinengewehre 08/15 vorgesehen. Die Kanonen waren in zwei seitlichen Geschützerkern untergebracht. Dadurch betrug der Seitenschwenkbereich der Bordkanonen nur 110°. Die Konstruktion des Panzers und der Bau eines Prototyps erfolgten parallel zur Entwicklung der A7V-Normalausführung. Der Entwurf fand von Anfang an keine ungeteilte Zustimmung. Oberingenieur Vollmer lehnte den Panzer wegen des mangelnden Schutzes der Kette gegen Beschuß ab. Auch die Abteilung A7V des Kriegsministeriums befürwortete den Bau des A7V-U nicht. Hinter dem Panzer stand die Sektion O Ic der Abteilung O I der OHL, bis Mitte März 1918 auch der Chef des Feldkraftfahrwesens.

Am 5. Mai 1917 meldete die VPK den ersten A7V-U feldmarschfertig für den 1. September 1917. Schwierigkeiten mit der Materialbeschaffung und technische Probleme verzögerten jedoch die Fertigstellung des Prototyps. Erst am 25. Juni 1918 fanden die ersten Fahrversuche statt.

Der Panzer fiel zu groß und zu schwer aus[65] und hatte eine schlechte Schwerpunktlage, weshalb das Fahrzeug anfangs dazu neigte, im Gelände nach vorn umzukippen. Für die Besatzung stand erheblich weniger Raum zur Verfügung als bei der A7V-Normalausführung. Die Schützen mußten kniend oder tief sitzend feuern. Trotz dieser Nachteile drängte der O Ic unter dem Eindruck der Vorführung eines erbeuteten MK-IV-Panzers am 19. Dezember

Schwerer Kampfwagen A7V-U. Der Seitenschwenkbereich der Bordkanonen ist größer als bei den britischen MARK-Panzern. Durch eine Vielzahl von Schießscharten für Maschinengewehre und Handfeuerwaffen wurde versucht, die toten Winkel auf ein Mindestmaß zu beschränken
Sammlung Larsen

1917 vor der OHL in Kreuznach und nach einer Vergleichsfahrt zwischen einem MK-IV und einem A7V in Sedan am 13. Februar 1918, bei der der englische Panzer seine bessere Grabenüberschreitfähigkeit demonstriert hatte, am 27. Februar 1918 darauf, an Stelle der A7V-Normalausführung den A7V-U schnellstmöglich zur Frontreife zu entwickeln und die Serienfertigung aufzunehmen. Geplant war die Lieferung von zunächst 60 A7V-U bis Februar 1919, insgesamt sollten bis Juni 1919 240 Panzer gebaut werden.

Im Vorfeld der Entscheidung für den Bau leichter Kampfwagen wurde das Projekt im Juni 1918 zugunsten des Baus der Krupp-Protze wieder aufgegeben. Mitentscheidend für diesen Entschluß war, daß bei vergleichenden Zugversuchen zwischen einem A7V und einem A7V-U letzterer eine um 40 Prozent größere Reibung im Kettenumlauf aufwies als die Normalversion. Auch versandete die Kettenführung in ihrem oberen Teil schnell, ein Fehler, der auch bei den britischen Panzern zu beobachten war. Am 12. September 1918 wurden die Arbeiten am A7V-U endgültig eingestellt. Der Prototyp wurde der Panzerfahrschule des Garde-Kraftfahr-Bataillons in Berlin als Fahrschulwagen überwiesen.

A7V-Raupenlastwagen

Von den 100 zur Verfügung stehenden A7V-Fahrgestellen dienten 22 zum Bau der beiden Prototypen und der 20 Serienfahrzeuge. Weitere Fahrgestelle wurden für die Prototypen des A7V-U (1), des A7V-Flakpanzers (3), des Funkpanzers (2) und der Artillerie-Zugmaschine (1) abgegeben. Die übrigen wurden größtenteils als A7V-Raupenlastwagen gebaut, und als besondere Art der Armee-

Kraftwagen-Kolonnen, den Armee-Kraftwagen-Kolonnen-»R« (Raupen-Kolonnen; A. K. K. R.) eingesetzt. Es erging die Aufstellungsverfügung für zwölf Raupen-Kolonnen (Nr. 1111 bis 1122). Tatsächlich aufgestellt wurden nur sieben Kolonnen, von denen sechs (Nr. 1111 bis 1115 und Nr. 1117) mit A7V-Raupenlastwagen ausgerüstet waren, von denen jede über acht Wagen verfügte. Der Rest der Fahrgestelle verblieb als Ersatzgerät. Die erste Raupen-Kolonne wurde am 23. Dezember 1917 mobil[66]. Im September 1918 waren alle bis auf vier Wagen ausgeliefert.

In seinem technischen Aufbau entsprach der A7V-Raupenlastwagen im wesentlichen dem Kampfwagen. Das Fahr- und Laufwerk und der gesamte Antriebsstrang waren identisch. Die Ladepritsche reichte überall über die Raupen hinaus. Um dem Fahrzeug das Unterqueren von Feldtelegrafenleitungen zu ermöglichen, wurde ein Bügel über das gesamte Fahrzeug gespannt[67].

Schwerer Kampfwagen A7V-U, Ansicht von hinten. Schießscharten in den Einstiegsluken der Geschützerker und im Turm sicherten die Wirkung der Bordwaffen nach hinten. Die Nr. 524 bezeichnet die Fahrgestellnummer des Fahrzeugs
Daimler Benz AG

Schwerer Kampfwagen A7V-U, Ansicht von vorn. Die Bugpartie weist eine günstigere Formgebung auf als die britischen MARK-Panzer
Daimler Benz AG

Zur Sicherung gegen Zerreißen von Telegrafendrähten!

3000

1680
Dach abnehmbar, zwecks Eisenbahntransport

545

705

1250

350

800

560

1100

Scheinwerfer vor dieser Kante nicht hervorspringend!

Fussbügel zum einsteigen nicht vorspringend!

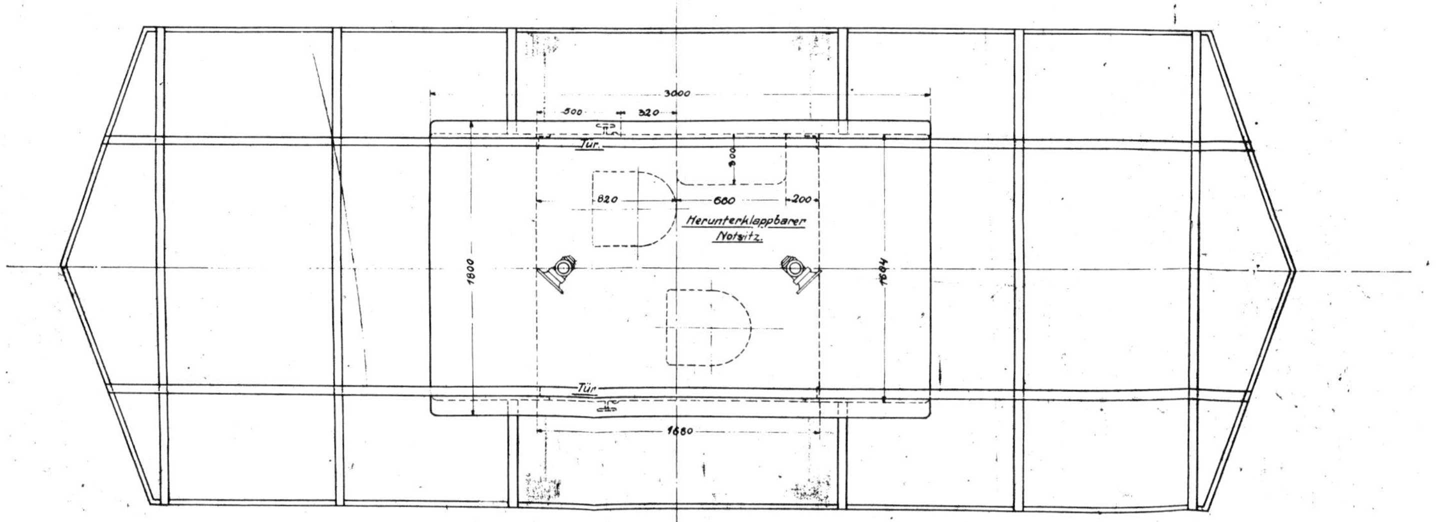

3000

500

320

Tür

600

820

680

200

Herunterklappbarer Notsitz.

1800

1644

Tür

1680

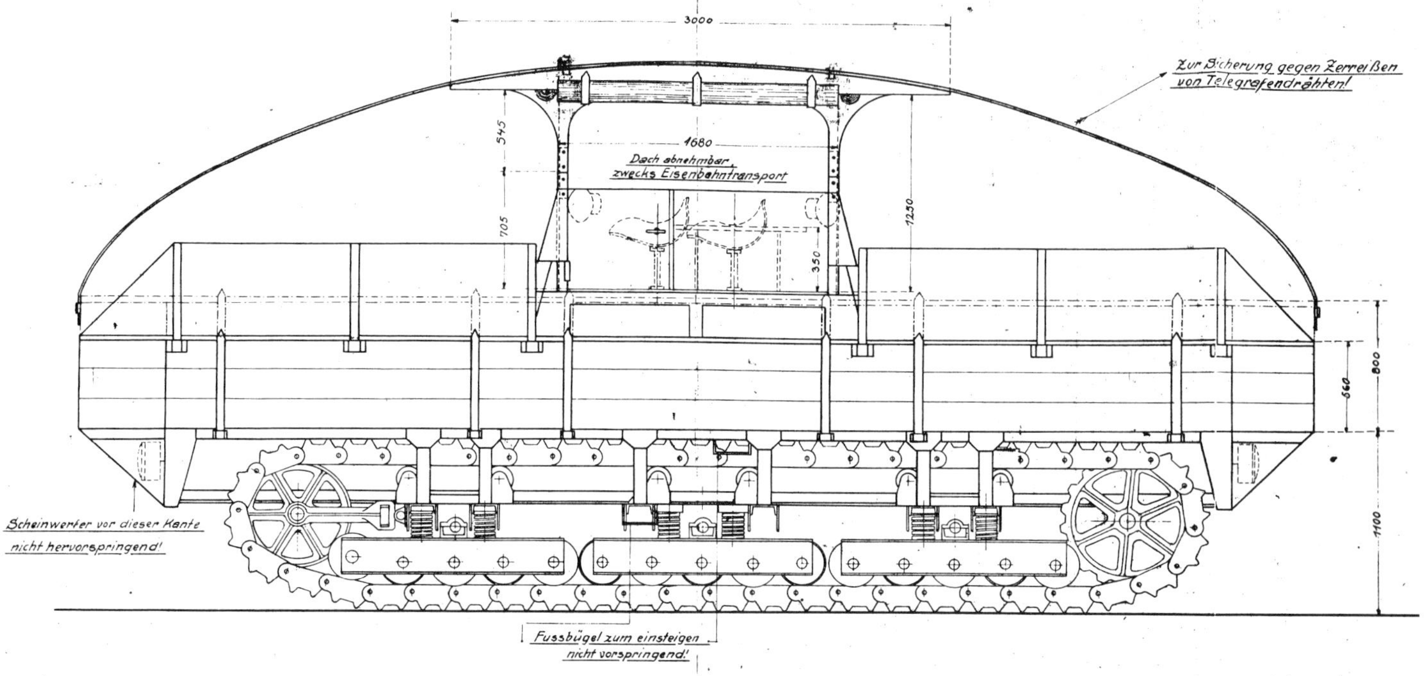

A7V-Raupenlastwagen. Die Leitbleche gegen das Entgleisen der Laufrollenwagen sind gut zu erkennen

Daimler Benz AG

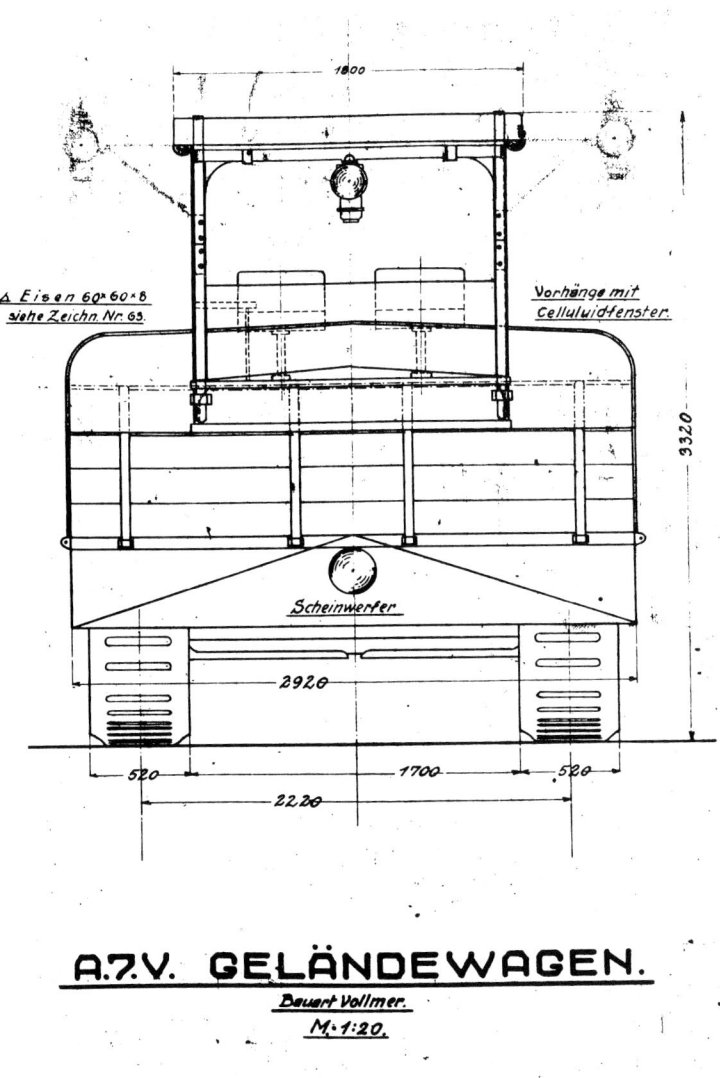

A.7.V. GELÄNDEWAGEN.
Bauart Vollmer.
M. 1:20.

Bild A 7 18

A 7 = Geländewagen
Bauart Vollmer
Maßstab 1: 20

Die Fahrzeuge hatten mit denselben technischen Schwierigkeiten zu kämpfen wie die Kampfwagen (Motorschäden durch Überhitzung und mangelnde Ölversorgung, Fahrwerksschäden, Getriebebrüche). Alle technischen Verbesserungen der A7V-Panzer flossen auch in die Serienfertigung der Raupenlastwagen ein.

Die A7V-Panzerlastwagen dienten dem Munitionsnachschub im Gelände, wozu sie sich aber aufgrund der Zweiteilung der Ladefläche – und weil die Ladung in schwierigem Gelände oft verrutschte – weniger gut eigneten. Dagegen leisteten die Wagen aufgrund ihrer überlegenen Zugleistung und ihrer guten Geländegängigkeit als Zugmaschinen und als Bergungsfahrzeuge sehr gute Dienste. Dem Vorteil der hohen Motorleistung stand ein sehr hoher Benzinverbrauch gegenüber, der zehnmal höher lag als bei einem 4-Tonner-Lkw, während die Nutzlast mit 8 t nur doppelt so groß war wie die der normalen Armeelastwagen, die 3–4 t transportieren konnten. Auch das Verhältnis von Gesamtgewicht zu Nutzlast

von 3:1 war sehr schlecht. Insgesamt war der Einsatz eines derartig aufwendig gebauten Spezialfahrzeugs für bloße Nachschubzwecke weder ökonomisch noch zweckmäßig.

A7V-Nachrichtenübermittlungswagen

Am 23. Mai 1918 wurde von der Inspektion der Nachrichtentruppen die Konstruktion eines Nachrichtenübermittlungswagens auf der Basis des A7V verlangt. Der Wagen sollte nicht der Panzertruppe als Funkwagen, sondern der Infanterie als Meldekopf von den vorderen Linien zu den Divisionsstäben dienen. Zu diesem Zweck wurden von der Versuchsabteilung der Kraftfahrtruppen zwei A7V-Fahrgestelle an die Inspektion der Nachrichtentruppe überwiesen.

Im September 1918 war die Panzerung für die beiden Nachrichten-Panzer fertiggestellt. Die Entwicklung drahtloser Funkeinrichtungen und Kabelfunkanlagen war im Oktober 1918 abgeschlossen, der Funkbetrieb vom stehenden Fahrzeug aus möglich. Um Fernsprechkabel schnell und sicher verlegen zu können, wurde ein Kabelverlegungsgerät (Kabelpflug) in Form einer Pflugschar entwickelt, das an den Nachrichtenpanzer angeschraubt wurde und mit dem sich Kabelgräben von 40–50 cm Tiefe ziehen ließen. Bei Kriegsende befanden sich die Wagen kurz vor ihrer Indienststellung. Ein Fronteinsatz fand nicht mehr statt.

Sonstige Entwicklungen (A7V-Panzerflak, A7V-Artillerie-Zugmaschine, A7V-Schützengrabenbagger)

Auf der Basis des A7V-Fahrgestells wurden weitere gepanzerte Fahrzeuge und Sonderfahrzeuge entwickelt. Auf Anforderung OHL wurden drei A7V-Fahrgestelle dem Kommandierenden General der Luftstreitkräfte zur Entwicklung einer beweglichen Panzerflak überstellt. Weitere Einzelheiten über diese Fahrzeuge sind nicht überliefert.

Die Artillerie-Prüfungskommission erhielt ein Fahrgestell zur Erprobung als Artillerie-Zugmaschine. Nach Abschluß der Versuche wurde die Zugmaschine dem Zugmaschinenpark der Fußartillerie in Opladen überwiesen. Ein Auftrag über den Bau weiterer Fahrzeuge erfolgte nicht.

Unabhängig vom A7V-Programm erhielt das Ingenieur-Komitee den Auftrag, einen Bagger zu entwickeln, mit dem auf maschinellem Wege Schützengräben gezogen werden konnten. Mit der Entwicklung eines entsprechenden Geräts wurde Oberingenieur Vollmer beauftragt. Er entwickelte einen Bagger auf der Basis eines modifizierten A7V-Fahrgestells. Von diesem Gerät wurden von den Firmen Orenstein & Koppel, Berlin und Weserhütte, Bad Oeynhausen etwa 60 bis 80 Fahrzeuge gebaut. Für den zivilen Gebrauch entstand nach dem Ersten Weltkrieg ein Kranwagen, der ebenfalls auf das A7V-Fahrgestell gesetzt wurde.

Bild A 7ᵛ 19

Maßstab 1:10

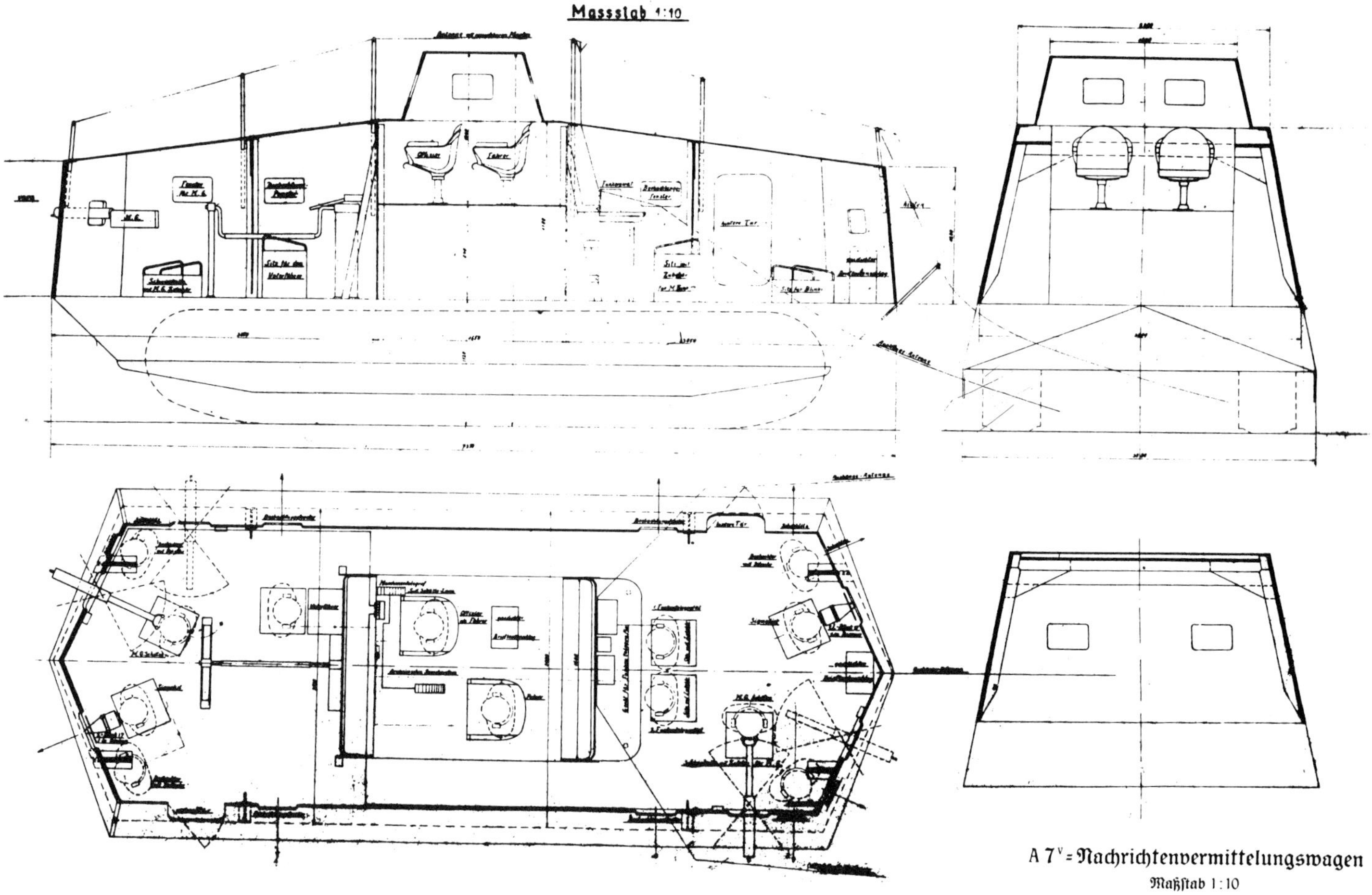

A 7ᵛ = Nachrichtenvermittelungswagen

Maßstab 1:10

BA-MA N 610-6 Nachlaß Petter

Schützengrabenbagger auf A7V-Fahr-gestell
BA-MA 610-6 Nachlaß Petter

Datenblatt der A7V-Fahrzeugfamilie
Schwerer Kampfwagen (A7V)

1. **Besatzung**   16 Mann

2. **Technische Daten:**

Motor:	Doppelmotorenanlage, wassergekühlter Reihenvierzylinder (Daimler-Benz 165 204) mit paarweise zusammengegossenen Zylindern, hängende Ventile, untengesteuert, zwei Ventile pro Zylinder, Doppelzentrifugal-Kühlwasserpumpe.
Bohrung/Hub:	165/200 mm.
Hubraum:	17 000 cm³.
Leistung:	100 PS bei 800-900 U/min.
Vergaser:	Pallas-Vergaser, Drehzahlbegrenzer.
Zündung:	Magnet-Hochspannungszündung (Lichtbogen).
Schmierung:	Druckumlaufschmierung.
Kühler:	Röhrenkühler.
Betriebsstoff:	Benzin-Benzol-Gemisch.
Verbrauch:	ca. 7,5 l/km (Straße) bis 16 l/km (Gelände) für beide Motoren.
Anlasser:	Elektrischer Anlasser. Handanlasser für drei Mann.
Fahrgestell:	Hauptrahmen aus Stahlblech und Blechschienen.
Laufwerk:	Vollketten-Laufwerk nach dem System CATERPILLAR-HOLT. Drei Laufrollenwagen mit je 5 Laufrollen und 2 Stützrollen, Verbindung der Laufrollenwagen untereinander durch bewegliche Verbindungsstangen in Längs- und Querrichtung. Federung durch 2 Federeinheiten mit je 2 Spiralfedern und 1 Federeinheit mit 4 Spiralfedern. Kettenlänge 12 000 mm. Auflagelänge 4 500 mm. Kettenbreite 520 mm. Gleiskettenteilung 254 mm.
Lenkung:	Lenkung durch Änderung der Motordrehzahl. Zusätzliches Auskuppeln und Abbremsen der einzelnen Gleiskette möglich. Kleinster Lenkradius 2,2 Meter. Schwenk um die vertikale Schwerpunktachse von 360° möglich. Lenkverhältnis L/S: 2,12.
Bremsen:	Je eine Bremse pro Gleiskette, auf die Motorgetriebewellen wirkend.
Kraftübertragung:	
Kupplung:	Entlastete Doppelkonuskupplung, lederbelegt.
Getriebe:	Mechanisches Dreiganggetriebe. Gleiche Übersetzung für Vor- und Rückwärtsfahrt.
Antrieb:	Über Vorgelege auf Triebräder.
Maße und Gewichte:	
Länge:	7350 mm.
Breite:	3060 mm.
Höhe:	3350 mm.
Spurweite:	2115 mm.
Bodenfreiheit:	200 mm.
Gesamtgewicht:	30 t.
Fahrzeuggewicht inkl. Brennstoff:	16 t.
Gewicht der Panzerung:	8,5 t.
Waffenanlage mit Munition:	3,5 t
Besatzung und Ausrüstung:	2,0 t.
Bodendruck:	ca. 0,5 N/mm².
Füllmengen: Tank:	2 x 250 l.

Leistungen: Geschwindigkeit in den Gängen (theoretisch):	1. Gang: 3 km/h. 2. Gang: 6 km/h. 3. Gang: 10 km/h. (In der Fahrpraxis wurden 16 km/h Höchstgeschwindigkeit erreicht.)	
Leistungsgewicht:	6,6 PS/t.	
überschreitet:	2 m.	
watet:	0,80 m.	
klettert:	0,40 m.	
steigt:	25°.	
Fahrbereich:	Gelände 30-35 km, Straße 60-70 km.	

3. **Panzerung:**

Front:	30 mm.
Seite:	15 mm.
Decke:	6 mm.
Boden:	vorne 10 mm, sonst ungepanzert.

4. **Bewaffnung:** 1 Bordkanone 57 mm (Maxim-Nordenfeldt) 6 Maschinengewehre 08; 1 MG 08/15.

5. **Munition:** 180 (später 300) Granaten 5,7 cm, 18 000 Schuß MG-Munition.

Herstellungskosten:	250 000 Mark (nach den Preissätzen des Jahres 1917/18).

Schwerer Kampfwagen (A7V-U)

Die Daten des A7V-U entsprechen denen der Normalversion mit folgenden Abweichungen:

1. **Maße und Gewichte:**

Länge:	8380 mm.
Breite:	4690 mm.
Höhe:	3140 mm.
Gesamtgewicht:	40 t.

2. **Bewaffnung:** 2 Bordkanonen 57 mm. 4 Maschinengewehre 08/15.

3. **Leistungen:**

überschreitet:	3-4 m.

A7V-Raupenlastwagen

Die kraftfahrzeugtechnischen Daten des A7V-Raupenlastwagens entsprechen denen der Normalversion mit folgenden Abweichungen:

Maße und Gewichte:

Gewicht des Fahrgestells:	16 t.
Gewicht des Pritschenaufbaus:	1 t.
Nutzlast:	9 t.
Gesamtgewicht:	26 t.

Herstellungskosten:	160 000 Mark (nach den Preissätzen des Jahres 1917/18).

Eine Übersicht über Fertigung, Einsatz und Verbleib der A7V-Panzer gibt die folgene Tabelle:

Chassisnummer	Name	Abteilungszugehörigkeit	Baulos	Verbleib
–	Prototyp 1	–	überpanzert	Fahrschule
–	Prototyp 2	–	nur Fahrgestell	GKrftBtl. 1 Fahrschule
–	Funkpanzer	–	–	GKrftBtl. 1 s. u.
501	GRETCHEN	Abt. 1, dann Abt. 2, dann Abt. 3	1. Röchling	Kriegsende bei Truppe
502/503	ohne Namen	Abt. 1, dann Abt. 3	1. Röchling	?
504/544	SCHNUCK	Abt. 2	1. Krupp	engl. Beute
505	BADEN I	Abt. 1, dann Abt. 3	1. Röchling	Kriegsende bei Truppe
506	MEPHISTO	Abt. 1, dann Abt. 3	1. Röchling	austr. Beute
507	CYKLOP	Abt. 1, dann Abt. 3	1. Röchling	Kriegsende bei Truppe
525	SIEGFRIED	Abt. 2	2.	Kriegsende bei Truppe
526	ohne Namen	Abt. 1	2.	?
527	LOTTI	Abt. 1	2.	Verlust (b. Reims)
528	HAGEN	Abt. 2	2.	engl. Beute
529	NIXE II	Abt. 2	2.	amer. Beute
540	HEILAND	Abt. 3, dann Abt. 1	1. Krupp	Kriegsende bei Truppe
541	ohne Namen	Abt. 1	1. Krupp	Kriegsende bei Truppe
542	ELFRIEDE	Abt. 2	1. Krupp	franz. Beute
543	HAGEN ADALBERT, KÖNIG WILHELM	Abt. 2, dann Abt. 3	1. Krupp	Kriegsende bei Truppe
560	ALTER FRITZ	Abt. 1	2.	11. 10. 1918 aufgegeben
561	NIXE	Abt. 2	2.	?
562	HERKULES	Abt. 1, dann Abt. 2	2.	engl. Beute
563	WOTAN	Abt. 2	2.	Kriegsende bei Truppe
564	ohne Namen	Abt. 3	2.	Kriegsende bei Truppe

1 Die Ausführungen zur militärischen Spitzengliederung stützen sich auf: Hermann Cron: Die Organisation des deutschen Heeres im Weltkriege. Forschungen und Darstellungen aus dem Reichsarchiv 5. Berlin 1923; Ders.: Geschichte des deutschen Heeres im Weltkrieg 1914–1918. Berlin 1937 (= Band V der Geschichte der Kgl. Preußischen Armee und des Deutschen Reichsheeres von Curt Jany.) Eckart Busch: Der Oberbefehl. Seine rechtliche Struktur in Preußen und Deutschland seit 1848. Boppard am Rhein 1967 (= Militärgeschichte Studien, Bd 5); Wiegand Schmidt-Richberg: Die Generalstäbe in Deutschland 1871–1945. Aufgaben in der Armee und im Staate. In: Beiträge zur Militär- und Kriegsgeschichte, hrsg. vom Militärgeschichtlichen Forschungsamt, Bd 3. Stuttgart 1962, S. 11–120, und Walther Hubatsch: Großes Hauptquartier 1914–1918. Zur Geschichte einer deutschen Führungseinrichtung. In: Ostdeutsche Wissenschaft. Jahrbuch des ostdeutschen Kulturrates, Bd V. 1958, München 1959, S. 422–461.

2 Das Immediatrecht bedeutete das Recht zum unmittelbaren Vortrag beim König. Die wichtigsten Immediatstellen der militärischen Führungsspitze waren der Chef des Militärkabinetts, der Kriegsminister, der Chef des Generalstabes, die kommandierenden Generale der Armeekorps (1912: 25), dazu eine Vielzahl von Führungsstellen der Marine.

3 Schmidt-Richberg, Die Generalstäbe in Deutschland 1871–1945, S. 18.

4 Erich v. Falkenhayn: Die Oberste Heeresleitung 1914–1916 in ihren wichtigsten Entschließungen. Berlin 1920, S. 3.

5 Hubatsch, Großes Hauptquartier 1914–1918, S. 441 f.

6 Ebd., S. 442; Walther Hubatsch: Hindenburg und der Staat. Aus den Papieren des Generalfeldmarschalls und Reichspräsidenten von 1878–1934. Göttingen, Berlin, Frankfurt 1966, S. 22 f.

7 Erich Ludendorff: Meine Kriegserinnerungen 1914–1918. Berlin [3]1919. S. 187.

8 Siehe dazu Cron. Die Organisation des deutschen Heeres, S. 12–24; Wilhelm Dieckmann: Die Behördenorganisation in der deutschen Kriegswirtschaft 1914–1918. Schriften zur kriegswirtschaftlichen Forschung und Schulung [3]. Hamburg (1937), passim.

9 Siehe dazu Stig Förster: Der doppelte Militarismus. Die deutsche Heeresrüstung zwischen Status-quo-Sicherung und Aggression 1890–1913. Stuttgart 1985 (= Veröffentlichungen des Instituts für deutsche Geschichte Mainz 118).

10 Hubatsch, Großes Hauptquartier 1914–1918, S. 432, 452 f., und S. 441, Anm. 11 (dort Literatur zu Ludendorff).

11 A7V = Abteilung 7 (Verkehr) des Allgemeinen- bzw. Truppen-Departements des Kriegsministeriums.

12 Dieckmann, Die Behördenorganisation in der deutschen Kriegswirtschaft 1914–1918, S. 18. Diese direkte Unterstellung galt ebenso für die anderen Prüfungskommissionen, so für die mit dem Panzerbau ebenfalls befaßte Gewehr-Prüfungskommission und Artillerie-Prüfungskommission. Die Aufgabe dieser Kommissionen bestand darin, alle Fragen der Konstruktion und Behandlung von Waffen und Ausrüstung zu prüfen und zu begutachten, selbständige Versuche vorzunehmen, erprobte Konstruktionen vorzulegen, die nötigen technischen Vorschriften auszuarbeiten und für die Ausbildung von Lehrpersonal zu sorgen.

13 Cron, Geschichte des deutschen Heeres im Weltkrieg 1914–1918, S. 322.

14 Vgl. Petter, Technik, passim.

15 Cron, Die Organisation des deutschen Heeres im Weltkriege, S. 13.

16 Ebd., S. 13 f.

17 Hubatsch, Großes Hauptquartier 1914–1918, S. 432 und 448.

18 M[ax] Schwarte (Hrsg.): Die militärischen Lehren des Großen Krieges. Zweite, völlig neu bearbeitete und vermehrte Auflage Berlin 1923, S. 97.

19 Siehe dazu unten, Entwicklung und Fertigung des Schweren Kampfwagens (A7V).

20 Die Angaben zu Oberst Bauer beruhen auf dem Nachlaß Bauers im Bundesarchiv Koblenz (BA, NL Bauer). Vgl. auch Max Bauer: Der Große Krieg in Feld und Heimat. Erinnerungen und Betrachtungen. Tübingen 1921, S. vi–vii und Rüdt v. Collenberg: Oberst Bauer. In: Deutsches Biographisches Jahrbuch, XI, 1929, S. 16–32.

21 Siehe dazu unten Entwicklung und Fertigung des Schweren Kampfwagens (A7V).

22 Petter, Abwehr, S. 246.

23 Cron, Geschichte des deutschen Heeres im Weltkriege 1914–1918, S. 243 ff.

24 Allerhöchste Kabinettsordre vom 8. 12. 1916; Verfügung des Kriegsministeriums vom 15. 12. 1916, Nr. 16.12.16 A7V, Hermann Cron, Geschichte des deutschen Heeres im Weltkriege 1914–1918, S. 246, Anm. 432; Festschrift zur Denkmalsweihe der deutschen Kraftfahrtruppen am 7. Juni 1931, S. 20 f. Chef des Feldkraftfahrwesens war während der gesamten Dauer des Krieges Oberst, später Generalmajor, Meyer. General Meyer war vor dem Krieg Kommandeur des preußischen Kraftfahr-Bataillons in Berlin, im Krieg bis zur Übernahme der Dienststelle des Chefs des Feldkraftfahrwesens Chef der Abteilung A7V im Kriegsministerium.

25 Cron, Geschichte des deutschen Heeres im Weltkriege 1914–1918, S. 13.

26 Petter, Abwehr, S. 249 f.

27 Vgl. unten, Kapitel Organisationsschema der Entwicklung des schweren Kampfwagens.

28 Die Inspektion des Kraftfahrwesens war vorher der General-Inspektion des
Militär-Verkehrswesens in der Heimat unterstellt. Vgl. Cron, Geschichte des
deutschen Feldheeres im Weltkriege 1914–1918, S. 321 f. und 323. Zur
Gliederung und zum Aufgabenbereich des deutschen Heeres im Weltkriege, S. 202–204. Seit Juni 1917 trug der
Inspekteur des Kraftfahrwesens die Bezeichnung Inspekteur der Kraftfahrtrup-
pen, während gleichzeitig zu seiner Entlastung ein Kommandeur der Kraftfahr-
Ersatz-Abteilungen bestellt wurde. Vgl. Cron, Geschichte des deutschen Feld-
heeres im Weltkriege 1914–1918, S. 322.

29 Cron, Geschichte des deutschen Heeres im Weltkriege 1914–1918,
S. 322.

30 Cron, Die Organisation des deutschen Heeres im Weltkriege, S. 204.

31 Alfred Muther: Das Gerät der leichten Artillerie vor, in und nach dem Weltkrieg. II.
Teil Infanteriegeschütze, Tankabwehr und Tankbestückung. Berlin 1932, S. 94
und 349 f. (= Anlage 7).

32 So z. B. beim Projekt des Orion-Wagens. Vgl. Petter, Abwehr, S. 96. Die
Darstellung dieses Abschnittes folgt, wenn nicht anders angegeben: Petter,
Technik, und Petter, Abwehr.

33 Petter, Abwehr, S. 3 f.

34 Ebd., S. 4 und 6 f.

35 Vgl. meinen Beitrag »Die Entwicklung von Technik und Taktik im Ersten Weltkrieg«
in diesem Band, s. dort auch Anm. 98.

36 Petter, Technik, S. 9 f.

37 Von Vertretern der Industrie waren anwesend die Herren Gossi, Junck, Knoop
(NAG); Schippert (Daimler); Hoffmann (Büssing); Hartmann, Wulfert (Dürkopp);
Nallinger, Lohrmann (Benz) und Allmers (Hansa-Lloyd). Sie waren vom Mittel-
europäischen Motorwagen-Verein ausgewählt worden. Petter, Technik, S. 20 f.
(Schreibweise der Namen berichtigt).

38 Der Technischen Kommission gehörten neben den genannten Herren Hoffmann,
Junck und Knoop u. a. Carl Opel (Opel); August Horch (Audi); Oberingenieur Linck
(Daimler); Oberingenieur Vollmer (VPK) und General Friedrich (VPK) an. Ebd., S. 21
(Schreibweise der Namen berichtigt).

39 Petter, Abwehr, S. 31.

40 Muther, Das Gerät der leichten Artillerie vor, in und nach dem Weltkrieg. II. Teil
Infanteriegeschütze, Tankabwehr und Tankbestückung, S. 284.

41 Petter, Abwehr, S. 37.

42 Ebd., S. 36 ff.

43 Petter, Abwehr, S. 37 f.

44 Petter, Technik, S. 17 f.

45 Ebd.

46 Petter, Technik, S. 30.

47 Petter, Abwehr, S. 36 f.

48 Zum Raupenlastwagen unten, Abschnitt II. 3. 2. A7V-Raupenlastwagen.

49 Petter, Abwehr, S. 95.

50 Petter, Abwehr, S. 97 f.

51 Vgl. Gilles, Flugmotoren 1910–1918, S. 99–102.

52 Petter, Abwehr, S. 57.

53 Petter, Technik, S. 25.

54 Siehe auch den Beitrag Funk in diesem Band.

55 Ebd., S. 43.

56 Bundesarchiv-Militärarchiv, Freiburg (BA-MA) N 89/5, (NL Greiff), [KTB Sturmpanzerwagenabteilung 1], S. 35.

57 Major Ernst Volckheim: Die deutschen Kampfwagen im Weltkriege. Zweite, völlig
neu bearbeitete Auflage. Berlin 1937, S. 2–5.

58 BA-MA N 89/5 (NL Greiff), [KTB Sturmpanzerwagenabteilung 1],
S. 3–6.

59 Ebd., S. 35. Der Panzer überwand trotz außerordentlich schlechter Bodenverhältnisse Gräben bis 2,50 m Breite.

60 Petter, Technik, S. 46.

61 BA-MA N 89/5 (NL Greiff), S. 35 f.

62 Petter, Technik, S. 47 f.

63 Die dem Verfasser vorliegenden Angaben zu den Fertigungsstätten differieren
voneinander. Der Verfasser folgt der einzigen ihm vorliegenden Primärquelle,
Archiv Daimler-Benz, Bestand Daimler-Motoren-Gesellschaft (DMG), 18–28, S.
156 [269]. Anders Komitee Nachbau Sturmpanzerwagen A7V: Sturmpanzer A7V.
Festschrift herausgegeben anläßlich der Vorstellung des Bauabschnitts I des
Nachbaus des Sturmpanzerwagens A7V am 31. Januar 1989 in Kassel. Köln 1989,
S. 45, Anhang 5, wo als Fertigungsstätten und -ziffern genannt werden: Daimler-
Marienfelde (Montage 11 A7V); Büssing (Montage 5 A7V) und Loeb & Cie (Montage
4 A7V).

64 Petter, Abwehr, S. 242.

65 Technische Daten vgl. Datenblatt der A7V-Familie am Ende dieses Beitrages.

66 Die erste mit A7V-Schleppern ausgerüstete Raupenkolonne A. K. K. R. 1111 nahm
im Herbst 1917 den Versuchsbetrieb auf. Die A.K.K.R. 1112 rückte am 21. 1. 1918
ins Feld; A.K.K.R. 1113 am 21. 2. 1918; A.K.K.R. 1114 im April 1918; A.K.K.R. 1115
im Mai, die A.K.K.R. 1117 nach Juni 1918. Im September 1918 waren bis auf 4 alle
Wagen ausgeliefert.

67 Technische Daten vgl. Datenblatt der A7V-Familie am Ende dieses Beitrages.

Heft XXXIV

XXIII. Jahrgang.

10. Dezember 1920.

Verlag u. Expedition
Berlin W 10,
Genthiner Str. 39.
M. KRAYN,
Verlagsbuchhandlung.

Telephon: Lützow,
6204

Postscheckkonto
Berlin 326 47.

Automobil- und Flugtechnische Zeitschrift

Der Motorwagen

Zeitschrift für Automobil - Industrie und Motorenbau.
Organ der Automobil- und Flugtechnischen Gesellschaft, E. V.

Redaktion:
Berlin-Wilmersdorf,
Hohenzollerndamm 205.
Zivilingenieur
ROBERT CONRAD.

Telephon: Pfalzburg,
2608

INHALT: Deutsche Kampfwagen. Von Direktor Chefingenieur Joseph Vollmer, Charlottenburg. — Der Tylor - Ricardo - Motor für Last-wagen und schwere Fahrzeuge. Von Ober-Ing. R. Bussien, Berlin-Weissensee. — Konstruktive Neuerungen im Bau leichter Motorwagen. Von Dipl.-Ing. J. Spiesbach, Berlin-Friedenau. — Stand der schweizerischen Ausfuhrverbote. — Winke für den Export nach den Niederlanden. — Steuerreform in Niederländisch - Ostindien. — Absatzmöglichkeiten in Indien. Aus dem Englischen von J. Storch. — Der Kongress für gewerblichen Rechtsschutz 1920. Von Dipl.-Ing. Dr Alexander Lang, Patentanwalt, Berlin. — Bericht des Vereins Deutscher Motor-fahrzeug-Industrieller. — Verschiedenes. — Bücherschau. — Automobil- und Flugtechnische Gesellschaft. — Handelsnachrichten. Mitteilungen aus der Industrie. — Neu eingegangene Bücher, Zeitschriften usw. — Anfragen aus dem Leserkreise.

Zuschriften an die Redaktion sind ausschliesslich zu richten an Ingenieur Robert Conrad,
Berlin-Wilmersdorf, Hohenzollerndamm 205.
Nachdruck verboten.

Deutsche Kampfwagen.

Von Direktor Chefingenieur **Joseph Vollmer,** Charlottenburg.

Der Verfasser war während des Krieges in seiner Eigenschaft als Chefingenieur bei der Verkehrstechnischen Prüfungskommission, später Versuchsabteilung der Inspektion der Kraftfahrtruppen, mit der Lösung der Konstruktion der deutschen Kampfwagen beauftragt. In Verbindung mit einem ihm unterstellten Konstruktionsbüro hat er die Bau-pläne für diese neuartigen Fahrzeuge herausgegeben, nach welchen von einer Anzahl Großfirmen die Fahrzeuge zur Ausführung gebracht wurden. Im nachfolgenden gibt der Verfasser und Konstrukteur nur einen kleinen Auszug mit Abbildungen derjenigen Einzelheiten, die für den Fach-mann von Interesse sein dürften.

Schwere Kampf- und Ueberlandwagen.

(A 7 V -Wagen) Bauart Vollmer.

Als sich das K. M. im November 1916 zur versuchs-weisen Herstellung von Kampfwagen, sogenannten Tanks, entschlossen hatte, war man in Deutschland über die tech-nischen Einzelheiten der auf dem Kriegsschauplatze auf-getauchten englischen Tanks nicht informiert. Abgesehen von phantastischen Abbildungen in illustrierten Zeitungen standen Unterlagen nicht zur Verfügung. Die Schwierigkeiten, welche der Lösung der Aufgabe entgegenstanden, lagen hauptsäch-lich in den in weitesten Grenzen veränderlichen Gelände-widerständen. Die Größe der Adhäsion und die Trag-fähigkeit des Bodens war abhängig von der Art und von der Beschaffenheit der Bodenoberfläche, und es war Vor-aussetzung, daß Witterungsverhältnisse den Fahrbetrieb nicht beeinflussen dürften. Der mit der Herstellung von Bauplänen beauftragte Konstrukteur mußte deshalb zunächst über die Frage der zu wählenden Mittel für die Fort-bewegung Beschluß fassen. Mit der bisher üblichen Bau-art mit Laufrädern, auch wenn die letzteren mit Greifern versehen wurden, konnten die schweren Bedingungen nicht erfüllt werden. Der Konstrukteur entschloß sich deshalb zur Verwendung des in Amerika heimischen Antriebes durch Gleisketten. Die Praxis hat die Richtigkeit dieser Wahl bestätigt.

Infolge der anfänglichen Unschlüssigkeit des K.M. in bezug auf den Verwendungszweck dieser Fahrzeuge, wurde zu einer universellen Ausgestaltung der **Bauform des Fahrgestells**

a) als Kampfwagen mit einem Panzergehäuse-Aufbau (Abb. 1 und 2),

b) als Ueberlandwagen und Zugmaschine mit einem Plateau-Aufsatz, zum Transport von Kriegsmaterial usw. (Abb. 3)

Abb. 1.

Abb. 2.

Abb. 3.

geschritten. Bei den Fahrzeugen zu a wurde durch das Panzergehäuse eine Ueberdachung der oberen Gleiskette zum Schutz gegen Geschoßwirkung und zur Vergrößerung des Mannschaftsraumes; bei den Fahrzeugen zu b eine größtmöglichste Bemessung der Ladefläche der Plattform erstrebt. Die Gleiskette wurde deshalb unter dem Fußboden des Laderaumes horizontal zum Rahmenuntergestell über Ketten und Leitrad gezogen.

Zur Erzielung einer vorteilhafteren Steuerung des Fahrzeuges wurde der Fahrer- und Kommandantensitz über der in der geometrischen Mitte des Fahrgestells befindlichen Motorenanlage angeordnet. (Abb. 4 und 5.) Der Ueberblick über das Gelände war so für Fahrer und Kommandant nach allen Seiten ermöglicht, ferner wurde eine gute Zugänglichkeit der Motorenanlage erreicht. In der Möglichkeit der Verwendung gerader Panzerbleche für das Panzergehäuse wurde eine wesentliche Vereinfachung in der beschleunigten Herstellung erblickt. Die Sicherung der Maschinenanlage gegen Geschoßwirkung wurde besonders sorgfältig durchgeführt.

Der Gesamtaufbau des nach den vorstehenden Gesichtspunkten konstruierten Fahrgestells, des sogenannten A 7 V-Wagens (Allgem. Kriegsdepartement 7. Abt. Verkehrswesen), ist in der Zusammenstellungszeichnung, Abb. 6, 7 und 8, veranschaulicht. Mit Bezug hierauf seien im folgenden die technischen Einzelheiten besprochen.

1. Fahrgestellrahmen und Laufrollenwagen.

Die Laufrollenwagen sind paarweise durch eine Querwelle verbunden und unabhängig zum Fahrgestellrahmen angeordnet. Der letztere stützt sich vermittels Schraubenfedern auf die Laufrollenwagen. In der Quer- und Längsrichtung werden die Laufrollenwagen durch Lenker mit dem Fahrgestellrahmen verbunden. Die Kettenrad- und Leitradachse sind in fester Verbindung mit dem Fahrgestell, die Durchfederung der Laufrollenwagen wird durch die

Abb. 4.

Gelenkigkeit der Gleiskette ermöglicht. (Abb. 4 und 5.) Zur Ueberwindung von zirka 2 m breiten Schützengräben ist die aktive Auflagelänge der Gleiskette zirka 5 m. Rechts und links sind je drei Rollenwagenpaare zu 5 Rollen mit in der Mitte und außen angeordneten Spurkränzen angeordnet. Der Längsabstand der Laufrollenwagen zueinander ist gegen Lageveränderungen durch Lenker gesichert. Der obere Kettenlauf wird durch Stützrollen getragen. Wegen ungleicher Abnutzung ist jede Kette mit einem für sich nachstellbaren Kettenspanner ausgerüstet. Gegen die Entgleisung bei größerer seitlicher Schräglage des Fahrzeuges sind Führungsschienen angebracht, die die Kettenglieder seitlich stützen, wenn ein Glied der Kette über die Spurkränze der Laufrollen heraustreten will.

2. Gleiskette.

Je eine Gleiskette besitzt ein einreihiges Schienengleis, auf welchem die Laufrollen, geführt durch äußere und innere Spurkränze, abrollen. Die Kettenlaschen sind gekröpft, so daß jedes vollständige Kettenglied austauschbar ist. An den Gelenkaugen der Glieder greifen die Bodenplatten übereinander, wodurch beim Ueberlaufen des Ketten- oder Leitrades eine Spaltbildung vermieden wird, durch welche Sand, Lehm und dergl. hindurchdringen könnte.

Abb. 5.

Die Anzahl der Kettenglieder pro Fahrzeug beträgt $2 \times 48 = 96$; die Gleiskettenteilung 254 mm; die lichte Weite des Gleises 65 mm; die äußere Breite des Gleises 180 mm; die Breite der Bodenplatte 500 mm; Stärke derselben 8 mm; Länge des auf horizontaler Fahrbahn tragenden Kettenstranges zirka 5 m pro Kette; Tragfläche pro Kettenseite zirka 2,5 qm; spezifische Bodenbelastung bei 25 bis 30 Tonnen Betriebsgewicht 0,5 bis 0,6 kg pro qcm; Gewicht pro Kettenglied zirka 28 kg; Material der Kettenlaschen Preßstahl; Material der Bodenplatten Siemens-Martin-Stahl; Material der Bolzen und Büchsen Chronos-Stahl.

3. Lenkung.

Die Lenkung erfolgt ausschließlich durch die beiden Gleisketten, Lenkräder werden nicht benutzt. Beim Nehmen einer Kurve wird der Antrieb der auf der Innenseite liegenden Gleiskette gelöst und deren freier Lauf entsprechend der Größe der gewünschten Kurve abgebremst, so daß nur die auf der Außenseite der Kurve liegende Kette Antrieb erhält. Der kleinste Lenkradius beträgt hierbei zirka 2,2 m, derselbe entspricht ungefähr der Gleiskettenspur. Um auf der Stelle das Fahrzeug um die vertikale Schwerpunktsachse schwenken zu können, kann eine der Gleisketten rückwärts,

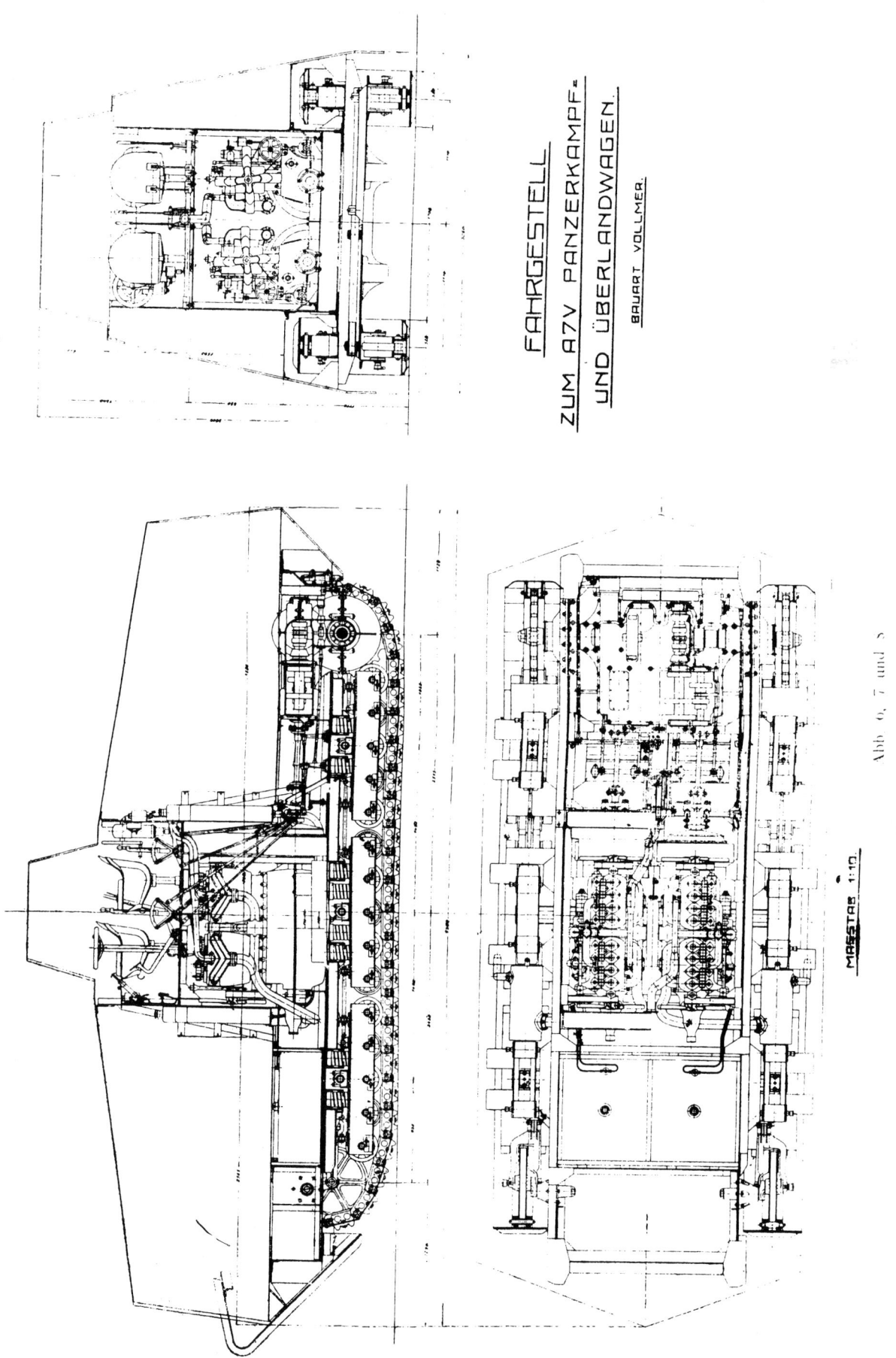

FAHRGESTELL
ZUM A7V PANZERKAMPF=
UND ÜBERLANDWAGEN.
BAUART VOLLMER.

Abb. 6, 7 und 8.

MASSTAB 1:10.

Abb. 9.

Abb. 11.

die andere vorwärts angetrieben werden. Es sind hierbei Schwenkungen um die vertikale Schwerpunktsachse von 360⁰ möglich. Beim Befahren kleiner Kurven auf Verkehrsstraßen usw. wird die Lenkung durch Drehzahlveränderung der beiden Antriebsmotoren, von denen jeder eine Gleiskette antreibt, herbeigeführt. Durch leichtes Bewegen eines Handrades nach rechts oder links werden die beiden Antriebsmotoren in bezug auf ihre Drehzahl dem Lenkungsvorgang angepaßt.

4. Das Fahr- und Lenktriebwerk.

Infolge der Anwendung eines Zweimotorenantriebes ist ein gesondertes Lenkgetriebe mit zwei Kupplungen wie bei dem Einmotorenantrieb überflüssig. Die Lenkkupplungen sind gleichzeitig die Motorkupplungen. Das Fahr- und Lenktriebwerk ist für jede Gleiskette ein für sich geschlossenes Aggregat. (Abb. 9, 10, 11.) Beide Aggregate sind in einem gemeinschaftlichen Gehäuse untergebracht. Jedes Fahrwerk besitzt drei Uebersetzungsstufen, für 3, 6 und für 10 km Stundengeschwindigkeit. Mit einem Handhebel können alle Geschwindigkeitsstufen geschaltet werden. Der rechte und der linke Gleiskettenantrieb sind mit je einer Kegelradübersetzung ausgerüstet. Hierbei sind die Kegelantriebsritzel mit ein- und ausrückbaren Zahnkupplungen für Vor- und Rückwärtsfahrt versehen. Mit dieser Einrichtung kann vom Führersitz aus der Antrieb einer Gleiskette vorwärts und der Antrieb der anderen rückwärts geschaltet und so ein Schwenken des Fahrzeuges auf der Stelle ermöglicht werden. Durch das gleichzeitige Einkuppeln beider Mo-

torenkupplungen wird die Geradeausfahrt, durch das Entkuppeln jeweils einer, die Kurvenfahrt und durch das Entkuppeln beider, der Stillstand des Fahrzeuges erreicht. Jede Motorkupplung ist als sogenannte entlastete Doppelkonuskupplung ausgebildet, welche Bauart ohne große Kraftanstrengung das Ein- und Auskuppeln zuläßt. Auf den beiden nach hinten verlängerten Motorgetriebewellen sind die beiden Bremsscheiben angeordnet, mit welchen jeweils eine Gleiskette abgebremst oder das Fahrzeug auf abschüssigem Gelände zum Stillstand gebracht werden kann. Sämtliche Schalthebel für alle Manipulationen sind am Führersitz so angeordnet, daß der Führer den Betrieb des Fahrzeuges ohne weitere Hilfe beherrschen kann. (Abb. 12.)

5. Der Kraftantrieb.

Zur Erreichung einer Fahrgeschwindigkeit von 10 km/Std. waren mindestens 200 P.S. Motorleistung erforderlich. Die Beschaffung solch starker Motoren war aber zu der damaligen Zeit schwierig. Auch war es schwer, für die Uebertragung von 200 P.S. eine betriebssichere, leicht ein- und ausschaltbare Kupplung zu finden. Aus diesen Gründen entschloß sich der Konstrukteur für die Anwendung eines Zweimotorensystems. Die hierzu erforderlichen Einheiten von 100 P.S. waren in kurzer Zeit lieferbar.

Wie aus der Zusammenstellungszeichnung (Abb. 6, 7 und 8) ersichtlich, sind die Rohrleitungen an den nebeneinander stehenden Motoren so angeordnet, daß die Vergaser mit ihren Saugleitungen an den Außenseiten, die Auspuffleitungen hingegen an den Innenseiten liegen. Es wird hierdurch die nachteilige Erhitzung der Saugleitung des einen Motors durch die ausstrahlende Auspuffwärme vom anderen Motor vermieden.

Die Motoren sind vierzylindrig, haben 165 mm Zylinderbohrung und 200 mm Kolbenhub, bei einer Drehzahl von

Abb. 10.

Abb. 12.

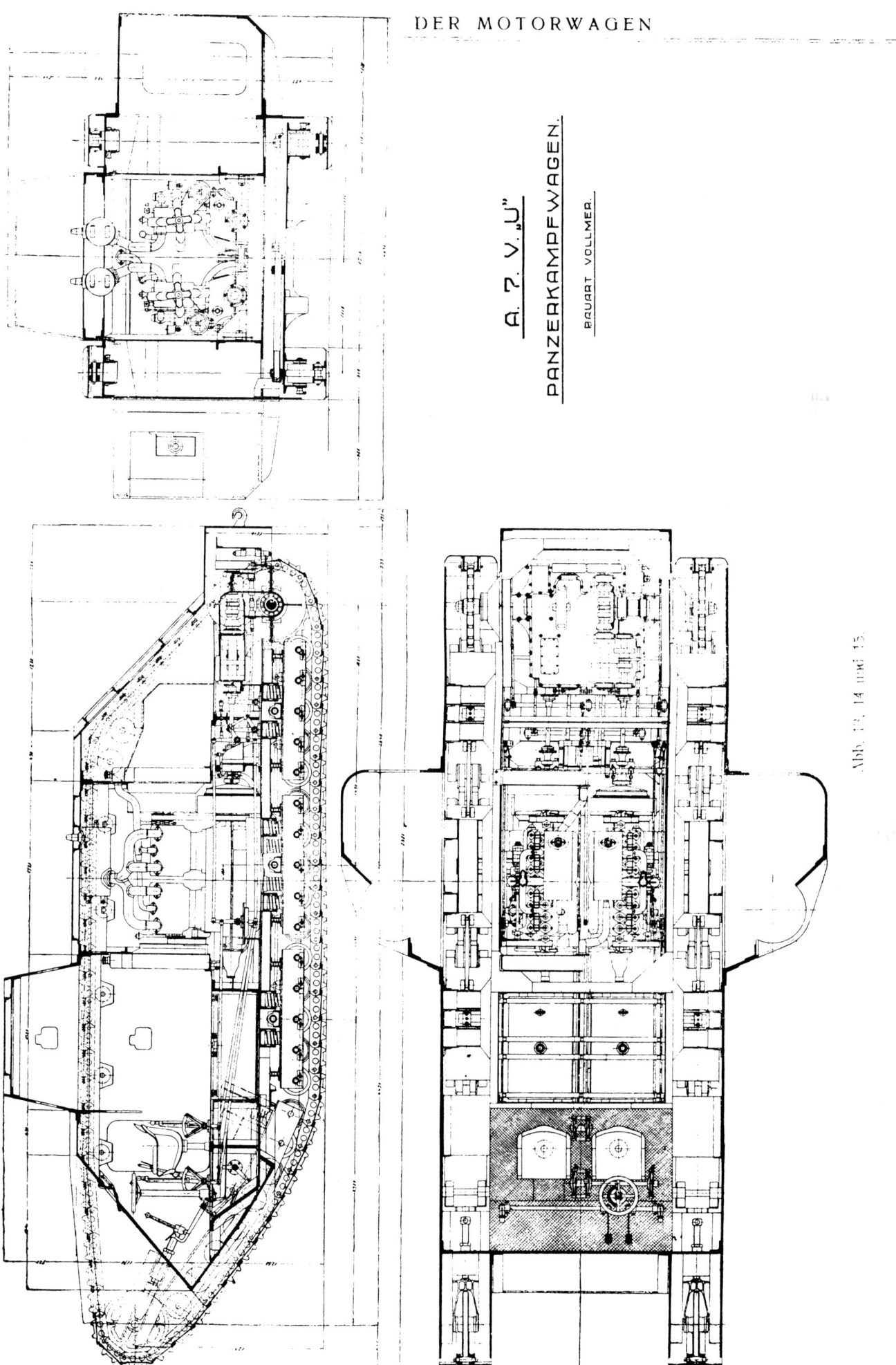

A. 7. V. "U"

PANZERKAMPFWAGEN.

BAUART VOLLMER.

Abb. 13, 14 und 15

Abb. 16.

800 bis 900 pro Minute. Jeder Motor ist korrigiert dreipunktig im Untergestellrahmen aufgehängt

Für die Zündung kommt ein Magnetlichtbogen-Apparat mit Anlaßmagnet zur Anwendung.

Bei den einzelnen Vergaser-Systemen war zu berücksichtigen, daß bei großer Schräglage des Motors der richtige Benzinstand im Vergasergehäuse aufrecht erhalten bleibt.

Bei der Schmieranlage war zu beachten, daß bei einer 45 prozentigen Schräglage des Motors kein Ueberfluten der hinteren Zylinder mit Schmieröl eintrat. Dies wurde durch die Anordnung eines gesonderten Schmierölbehälters erreicht, in welchen das im Kurbelgehäuse angesammelte Oel zurückgepumpt wurde, um von hier aus wieder durch eine zweite Pumpe gereinigt den einzelnen Schmierstellen zugeführt zu werden. Durch diese Maßnahme ist die Rauchbildung der Motoren und die Verschmutzung der Zündkerzen infolge zu reichlicher Schmierung vermieden.

Die Motorregulierung erfolgt durch Begrenzungsregler bis zur vorgeschriebenen Höchstdrehzahl. Die Verminderung der vom Regler eingestellten Drehzahl bis zur niedersten des Leerlaufes wird durch Handdrossel vom Führersitz aus bewirkt.

Die Ingangsetzung dieser verhältnismäßig starken Motoren bereitete wegen des minderwertigen Brennstoffes besonders im Winter große Schwierigkeiten. Es wurden deshalb die verschiedenartigsten Andrehvorrichtungen zur Anwendung gebracht.

a) durch Gemischpumpe;
b) durch Anlaßdynamo;
c) durch Boschzerstäuber;
d) durch Handandrehkurbel für drei Mann;
e) durch Acetylen.

War ein Motor angedreht, so konnte der andere bei Inbetriebsetzung des Fahrzeuges durch Einkuppeln in Gang gesetzt werden.

Abb. 17.

Für die Beleuchtung des Innenraumes der Panzerfahrzeuge und für den Betrieb der Ueberlandwagen bei Nacht, wurde jedes Fahrzeug mit einem Beleuchtungsdynamo ausgerüstet. Desgleichen wurde jeder Motor zwecks Kontrolle der richtigen Drehzahl mit einem Drehzahlmesser versehen.

Der Brennstoff wurde in zwei Behältern von einem Fassungsvermögen von je 250 Liter, welche im vorderen Teil des Fahrgestells eingebaut waren, untergebracht. (Abb. 7.) Der Boden der Brennstoffbehälter wurde durch eine 10 mm dicke Panzerplatte, die Umfassungswände durch den Rahmenbau des Fahrgestells und durch die Umfassungswände des Panzers gegen Geschoßwirkung gesichert. Jeder Behälter ist einzeln für die Speisung beider Motoren anschließbar eingerichtet, die Förderung des Brennstoffes wird durch Druck der Auspuffgase bewirkt. Zur Verminderung der Feuersgefahr sind die Behälter auch oben durch Eisenblechplatten abgedeckt, damit bei Inbrandgeraten des Behälterinhalts eine Gefahr für die Fahrzeuginsassen vermieden wird.

Zwei Hilfsbehälter am Führersitz (Abb. 12) ermöglichen ein leichteres Anlassen mit besserem Brennstoff oder eine kürzere Weiterfahrt, falls beide Hauptbrennstoffbehälter aus irgend einem Grunde außer Betrieb gesetzt werden müssen.

Für die Kühlung der Motoren sind an den Stirnseiten des Motorschutzkastens zwei große Röhrenkühler angeordnet, die lose in zwei Taschen mit Filzeinlagen eingestellt und oben durch elastische Bügel gehalten werden. Die vertikale Lage der Kühler wird durch den Motorschutzkasten gesichert.

Abb. 18.

Für die Ventilation der Kühler sind vier Ventilatoren angeordnet, von denen je zwei durch einen Motor von der Schwungradseite aus vermittels breiter nachstellbarer Riemen angetrieben werden. Die vermittels der Ventilatoren durch die Kühlerelemente hindurchgesaugte Luft wird dem Innern des Panzergehäuses entnommen und unterhalb der Motoren nach außen gedrückt.

6. Zahlenangaben.

Betriebsgewicht des Fahrgestells inkl. Brennstoff, Kühlwasser und Werkzeug	16 000 kg
Panzergehäuse zirka	8 500 „
Mannschaften 18 Mann	1 350 „
1 5,7 cm Schnellfeuergeschütz 5 M. G.s mit Munition usw.	3 500 „
Schanzzeug u. dergl.	650 „
Betriebsgewicht eines Panzerkampfwagens:	30 000 kg
Betriebsgewicht des Fahrgestells inkl. Brennstoff, Kühlwasser und Werkzeug	16 000 kg
Ueberlandwagen Plateauaufbau	1 000 „
Nutzlast	9 000 „
	26 000 kg

A 7 V-Fahrgestell beim Ueberfahren eines Grabens.

Erster A 7 V beim Durchfahren eines Stacheldrahtverhaues.

Betriebsgewicht eines Ueberlandwagens:
Motorleistung 200 P.S., Drehzahl 800.
Zugkraft bei der ersten 8 km/Std.-Uebersetzung . . . 15 000 kg
(Bei entsprechender Wahl der Uebersetzung kann die Zugkraft infolge der langen Auflage der Kette auf der Fahrbahn bis gleich dem Eigengewicht gesteigert werden.)
Laufwiderstand auf Sandboden bei 6 km/Std. 55 kg pro Tonne
„ 10 „ 110 „ „ „
Steigungsfähigkeit querfeldein 1:3,5 (abhängig von der Wahl der ersten Uebersetzungsstufe);
Fähigkeit zur Ueberwindung von 2 m breiten Gräben und Trichtern;
Adhäsionsdruck 0,5—0,6 kg pro qcm;
Hauptabmessungen siehe Abb. 6, 7, und 8;
Profilfreiheit auf allen deutschen, belgischen und französischen Bahnen bei aufgeklapptem Führerturm;
Herstellungskosten eines Panzerkampfwagens . ca. M. 250 000,—
Herstellungskosten eines Ueberlandwagens . . ca. M. 160 000,—
(nach den Preissätzen des Jahres 1917/18).

Der A 7 V-U-Panzerkampfwagen (Bauart Vollmer).

Bei Durchbildung der Konstruktion des A 7 V-Wagens wurde auch die Möglichkeit in den Bereich gezogen, die maschinelle Einrichtung für den versuchsweisen Bau solcher Panzerkampfwagen zu verwenden, bei denen die Gleiskette um den äußeren Panzeraufbau geführt wird. Ein solches Fahrzeug nach Art der englischen Tanks wurde unter der Bezeichnung A 7 V-U-Wagen, wie die Zusammenstellungszeichnung (Abb. 13, 14 und 15) veranschaulicht, hergestellt.
Die Unterschiede gegenüber dem A 7 V-Wagen erstrecken sich vornehmlich auf die Verschmelzung des Panzer-

gehäuses mit dem Fahrgestell, auf die vordere Hochführung der Gleiskette. Das Längsprofil des Fahrzeuges ist von rhombusartiger Gestaltung. Der Führer- und Kommandantensitz befinden sich nicht über dem Motorschutzgehäuse, sondern an der vorderen Stirnwand des Fahrzeuges. (Abb 16, 17 und 18.)
Mit zwei 5,7 cm-Schnellfeuergeschützen und drei Maschinengewehren bestückt und bei 20 mm starkem Panzergehäuse, besitzt dieser Panzerkampfwagen ein Betriebsgewicht von 40 000 kg. Er überquert Gräben von 3 bis 4 m Breite. Die sonstigen Eigenschaften dieses Fahrzeuges decken sich im allgemeinen mit denjenigen des A 7 V-Wagens.

Chefing. Vollmer × mit Mitarbeitern nach Vorführung des ersten A 7 V-Panzerkampfwagens.

(Fortsetzung folgt.)

Deutsche Kampfwagen.

Von Direktor Chefingenieur **Joseph Vollmer**, Charlottenburg.   (Schluss.)

Leichter Kampfwagen L. K. II.

(Bauart Vollmer.)

Nach Vorführung des ersten A 7 V-Wagens im Gr. H. Q. in Mainz (Mai 1917) faßte die O. H. L. den Entschluß, noch größere Einheiten, sogenannte „Großkampfwagen" zu bauen. Der Konstrukteur des A 7 V-Wagens war sich dagegen darüber klar, daß mit den A 7 V-Wagen in bezug auf Größe, Gewicht und Leistung die Grenze der Zweckmäßigkeit schon erreicht, und daß ein Erfolg nur mit einer großen Zahl kleiner Panzerwagen zu erzielen war.

Unabhängig von der Einwirkung militärischer Kommandostellen wurden daher die konstruktiven Grundzüge eines leichten Kampfwagens (L. K.-Wagen) für einen Fahrer und ein bis zwei Schützen ausgearbeitet und das Projekt im September 1917 zur Genehmigung vorgelegt. Die Genehmigung zur Herstellung zweier Versuchswagen wurde daraufhin erteilt:

Zwecks Beschleunigung der Fabrikation wurde beschlossen, die vorhandenen Personenkraftwagen-Bestände für die maschinelle Einrichtung zu verwenden. Die in den K. D.'s zurückgestellten sogenannten „Benzin- und Pneumatik-Fresser" von 18/40—25/60 P.S. standen in einer Stückzahl von über 1000 zur Verfügung. Nach Bauart und Leistungsfähigkeit geordnet, konnten Serien von 50 Stück und mehr zusammengestellt und das vorhandene Reserve- und Reparaturmaterial nutzbringend mitverwendet werden. Die Hauptschwierigkeit der Konstruktion bestand in der Begrenzung des Betriebsgewichtes infolge der notgedrungenen Absicht, für die vorhandenen Personenkraftwagen Motoren von einer Durchschnittsleistung von zirka 45 bis 60 P.S. und einer Drehzahl von zirka 1400 zu verwenden. Folgende Konstruktionsbedingungen waren zu berücksichtigen:

1. Das Fahrzeug muß als Ganzes auf allen normalen offenen Eisenbahnwagen verladen werden können und profilfrei sein (Lademaß II).

Nach dem Ausladen sofortige Betriebsbereitschaft. Gewicht so niedrig als möglich, nicht über 8 Tonnen.

2. Geschwindigkeit auf ebenem Gelände bei mittelhartem Boden 12 bis 15 km/Std., Steigungen bis zu 1:1,5 auf kurzen Strecken (z. B. Böschungen von Bahndämmen).

3. Einfacher betriebssicherer Motor, der geräuschlos und vor allem auch in Schräglagen bis zu 45° einwandfrei arbeitet (Schmierung und Vergaser).

4. Laufkettenantrieb, gefedert und ungefedert. Breite der ohne Lageveränderung des Fahrzeuges zu überwindenden Gräben 2 m. Die Laufketten sind vorn und hinten so zu führen, daß das Fahrzeug beim Ueberkippen nach vorn oder hinten stets mit den Laufketten zur Auflage kommt. Feste Teile, mit denen sich das Fahrzeug einbohren kann, dürfen nicht über die Laufketten hinausragen.

5. Günstige Gewichtsverteilung. Der Panzer, der Besatzung, Waffen, Motor und Triebwerk schützen soll, muß schußsicher gegen S. M. K.-Munition auf nächste Entfernung sein (zirka 14 mm Panzerblechstärke).

6. Bestückung: ein 5,7 cm-Schnellfeuergeschütz. Mitzuführende Munition 120 Schuß. Zur Verteidigung ist Mitführung eines leichten M. G.'s erwünscht, aber nicht Bedingung. An allen Seiten verschließbare Oeffnungen zum Herausschießen mit Selbstladepistolen.

7. Bemannung: 1 Kraftfahrer, 2 Mann zur Bedienung des Geschützes.

8. Die hintere Panzerwand soll so geformt sein, daß sie hinter dem Wagen gehenden Bedienungsmannschaften vor Infanteriegeschützen und Minenwerfern Schutz bietet. Hinten ein kräftiger Zughaken zum Anhängen von leichten Geschützen und Minenwerfern.

9. Weitere militärische Anforderungen sind:

a) Fahrzeug soll ein möglichst kleines niedriges Ziel bieten.

b) Möglichst große Bodenfreiheit, Unterseite glatt abgeschlossen.

c) Möglichkeit des Ueberwalzens zerschossener Drahthindernisse, ohne daß das Fahrzeug sich mit irgendwelchen Teilen daran verfangen kann. Laufketten vorn hoch gezogen.

d) Gute Abführung des Schmutzes aus den Raupenkettenbahnen.

e) Bodendruck nicht über 0,5 kg pro qcm.

f) Ausgezeichnete Wendigkeit, um durch Zickzackfahren das Einschießen der Artillerie zu erschweren.

g) Leichte Zugänglichkeit aller Teile, insbesondere leichtes und schnelles Auswechseln des Motors im ganzen.

h) Sechsstündige Betriebsdauer bei ununterbrochener Vollbelastung des Motors ohne Nachfüllen mitgeführter Betriebsstoffreserven.

i) Möglichst große Feuersicherheit. Betriebsstoffbehälter getrennt, nicht im Mannschaftsraum.

k) Geräuschlosigkeit (Motor, Triebwerk und Raupenketten).

l) Kräftige Zugvorrichtung vorn und hinten zum Abschleppen.

m) Kampfraum nicht zu eng und möglichst gut ventiliert. Möglichkeit, daß Mannschaften in Gefechtspausen leicht und schnell große Luken zum Heraussehen öffnen können, vor allem auch Möglichkeit, schnellen Ein- und Aussteigens der Bedienungsmannschaften.

n) Sorgfältige Ausbildung der Sehschlitze und Schießscharten, Schutz gegen Splitterwirkung. Möglichkeit völliger Abdichtung aller Oeffnungen bei Flammenwerfer-Angriffen.

Abb. 25.

Abb. 26.

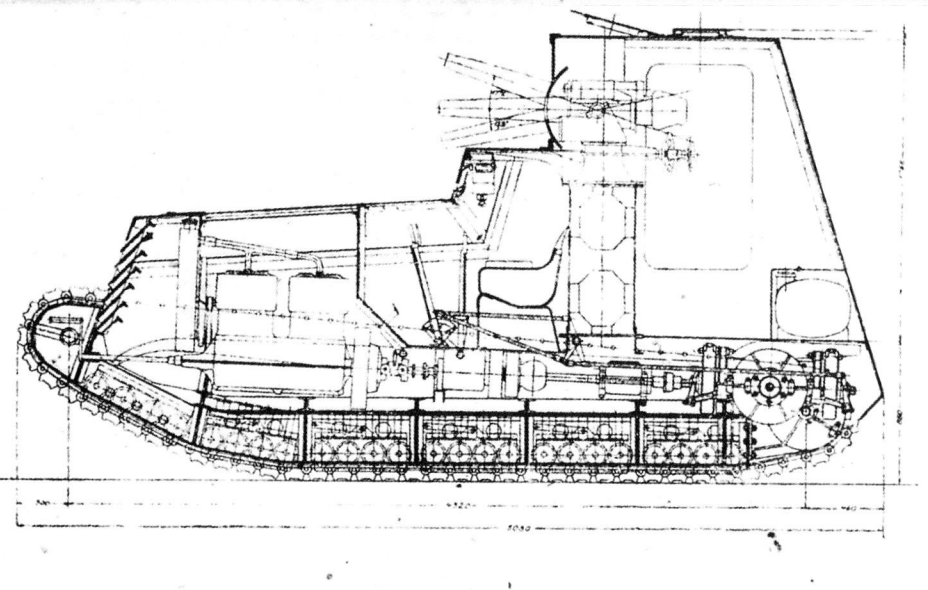
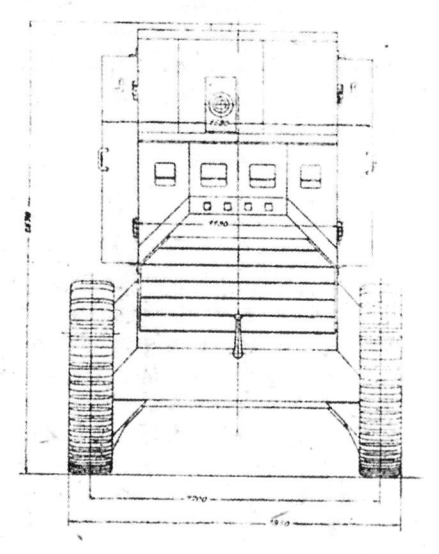
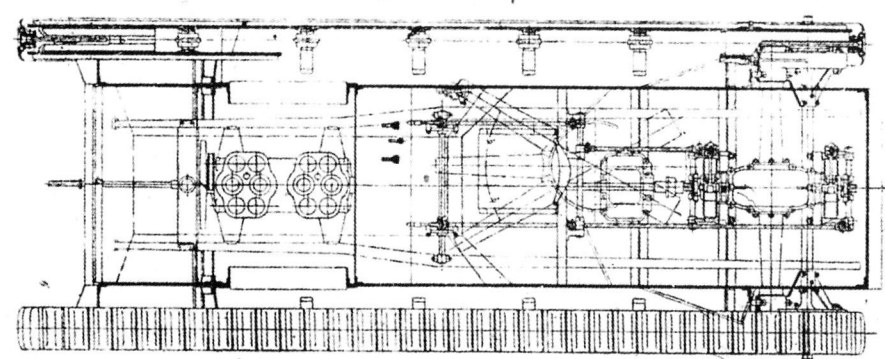

L.K.II.

LEICHTER PANZERKAMPFWAGEN.

Bauart Vollmer

M. = 1:10.

Abb. 19, 20, 21.

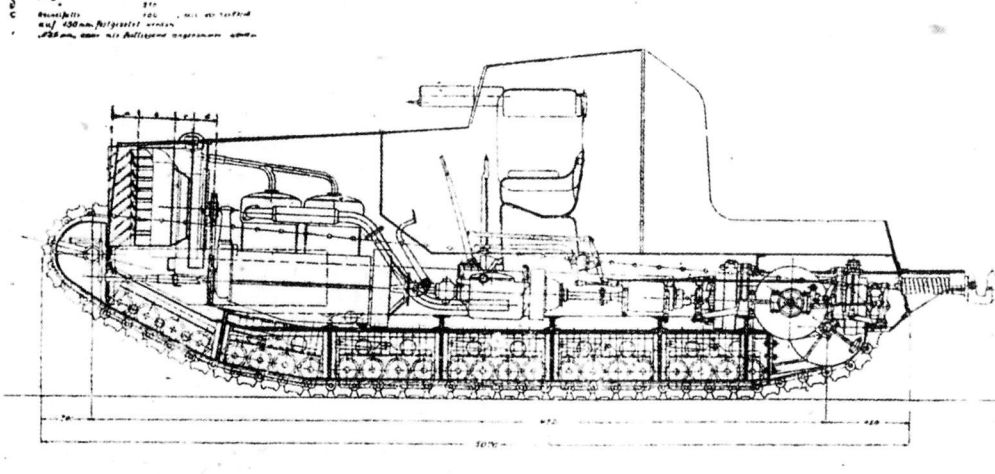
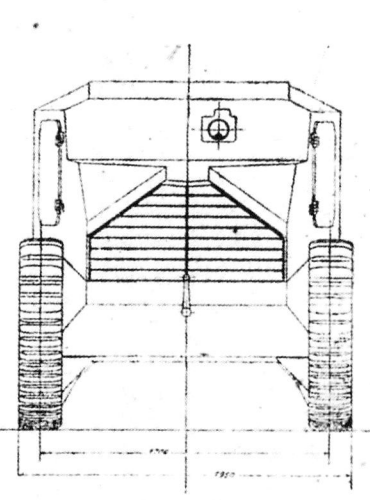
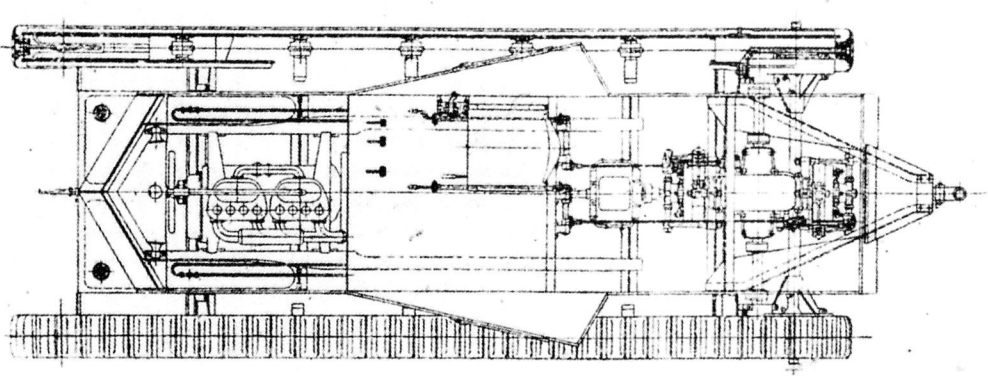

LEICHTER
PANZERKAMPFWAGEN

LK II

Bauart Vollmer

MASSTAB 1:10.

Abb. 22, 23, 24.

Die nach den mit den A 7 V-Wagen gesammelten Erfahrungen ausgebildeten Konstruktionselemente des leichten Panzerkampfwagens sind aus den Zusammenstellungszeichnungen Abb. 22, 23 und 24 ersichtlich. Das erste Versuchsfahrzeug nach Zeichnung Abb. 19, 20 und 21 und Abb. 25 und 26, bei welchem ein komplettes P. K. W.-Fahrgestell zum Einbau in ein Gleisketten-Untergestell zur Verwendung kam, bildete die Grundlage zur Festlegung der für die Massenherstellung in Aussicht genommenen Konstruktion des L. K. II-Wagens. An Hand der Zusammenstellungszeichnung, Abb. 22, 23 und 24, und Abb. 29 und 30 seien im folgenden die technischen Einzelheiten besprochen:

1. Fahrgestell und Laufrollenwagen.

Es handelt sich hier um eine neue Klasse der Gleiskettenfahrzeuge mit vom Fahrgestell geführten Laufrollenwagen nach Patent Nr. 311 169/63c. Jeder Laufrollenwagen ist für sich unabhängig von dem anderen zwischen den zwei senkrechten Parallellängswänden des Fahrgestells geführt und gehalten. In der Längsrichtung kann sich jeder Laufrollenwagen den Unebenheiten des Bodens entsprechend beliebig einstellen. In der Quer- resp. Spurlage werden die Wagen durch die Parallelwände des Fahrgestells, im Abstand zueinander durch die Querwände oder durch Lenker des Fahrgestells geführt. Hierdurch wird ermöglicht, das Untergestell mit den Laufrollenwagenführungen zusammen zu einem starren System zu vereinen. Ferner wird eine genügende Bodenfreiheit erzielt. Die Gleiskettenrad- und Leitradachse sind in fester Verbindung mit den durchlaufenden Parallelwänden des Fahrgestells, das Leitrad ist zwecks Kettenspannung durch Gewindespindeln verschiebbar eingerichtet. Zwecks Abfederung der einzelnen Rollenwagen sind zwischen Fahrgestell und Laufrollenwagen Schraubenfedern geschaltet. Zur Ueberwindung von Baumstämmen, Böschungen und dergl. ist die Gleiskette vorn hochgezogen. Bei Ueberqueren von Schützengräben und dergl. beträgt die wirksame Länge der Kette zirka 5 m, dagegen ist die Auflagefläche auf ebenem Boden zwecks leichterer Lenkbarkeit auf zirka 2,8 m herabgesetzt. Das Längsprofil der Kettenführung entspricht etwa einem stumpfwinkligen Dreieck, dessen Hypotenuse der Kettenrücklauf bildet. Das Fahrgestell ist auf jeder Seite mit fünf gefederten und einem festen Rollenwagen ausgerüstet. Jeder gefederte Rollenwagen besitzt vier Rollen. Der feste Rollenwagen ist vorn angeordnet, er trägt nur bei Ueberquerung von Schützengräben und dergl. Gegen Entgleisung sind die Laufrollen mit in der Mitte angeordneten Spurkränzen versehen und die Seitenbleche der Laufrollenwagen greifen mit Spielraum seitlich über die Kettenglieder, um selbst bei größter Schräglage des Fahrzeuges, wenn die Gleisketten über die Spurkränze der Laufrollen heraustreten, die Entgleisung zu verhindern.

2. Gleiskette.

Die Verwendung einer Gleiskette nach Art des A 7 V-Wagens, jedoch in verkleinerter Ausführung, wurde auch hier bevorzugt. Dies ermöglicht im wesentlichen die Herabsetzung des Eigengewichtes und der Gliedteilung und beeinflußt dadurch in günstiger Weise den Lauf der Kette bei größerer Fahrzeuggeschwindigkeit.

Die Anzahl der Kettenglieder pro Fahrzeug beträgt 2·74=148; die Gleiskettenteilung 140 mm; die lichte Weite des Gleises 27 mm; die äußere Breite des Gleises 80 mm; die Breite der Bodenplatte 250 mm; Blechstärke derselben 6 mm; die Länge des auf horizontaler Fahrbahn tragenden Kettenstranges zirka 2,8 m; die Tragfläche beider Gleisketten auf weichem Boden zirka 1,4 qm; die spezifische Bodenbelastung bei 8,5 Tonnen Betriebsgewicht 0,6 kg pro qcm; das Gewicht pro Kettenglied zirka 2,85 kg. Material der Kettenlaschen Preßstahl; Material der Bodenplatten Siemens-Martin-Stahl; Material der Bolzen und Büchsen Chronos-Stahl. Bruchbelastung der Gleiskette zirka 30 000 kg.

3. Lenkung.

Auch hier erfolgt die Lenkung ausschließlich durch die beiden Gleisketten. Beim Nehmen einer Rechtskurve wird durch die Betätigung des rechten Lenkhebels der Antrieb der auf der Innenseite der Kurve liegenden Gleiskette gelöst und deren freier Lauf dem gewünschten Kurvenradius entsprechend abgebremst, so daß nur die auf der Innenseite der Kurve liegende Kette Antrieb erhält. Beim Nehmen einer Linkskurve wird der linke Lenkhebel betätigt. Der kleinste Lenkradius beträgt zirka 1,7 m, was ungefähr der Größe der Gleiskettenspur entspricht.

4. Fahr- und Lenkwerk.

Um die Manipulationen der Bedienung des Fahrzeuges, auf welche die Fahrer normaler Kraftwagen eingeübt sind, beizubehalten, wurde das Untergestell der P. K. W.-Wagen, bestehend aus Motor, Kupplung mit Fußpedalbrücke, Fahrwerk mit Seitenschaltung und Getriebebremse unverändert beibehalten und das Lenktriebwerk mit Kettenradantrieb als gesonderte Einheit zur Ausführung gebracht. Zwecks Erhöhung der Zugkraft bzw. zur Ueberwindung von 40 prozentigen Steigungen ist zwischen Fahr- und Lenktriebwerk ein Zusatzgetriebe eingeschaltet, wodurch die Gesamtübersetzung um das Verhältnis 1:2 gesteigert wird. Für normale Fahrt wird das Zusatzgetriebe kurz geschlossen, beim Nehmen großer Fahrwiderstände durch Handhebel eingeschaltet (Anordnung siehe Zusammenstellungszeichnung Abb. 27 und 28.) Die Geschwindigkeitszugkraft- und Uebersetzungsverhältnisse sind in der nachfolgenden Tabelle zusammengestellt.

Das eigentliche Lenktriebwerk ist in den Abbildungen veranschaulicht. Auf der angetriebenen durchgehenden Längswelle sind zwei lose laufende Kegelritzel angeordnet, welche durch Lamellenkupplungen mit der gemeinschaftlichen Längswelle gekuppelt oder freilaufend einzeln abgebremst werden können, was durch die beiden am Führersitz angeordneten Handhebel bewirkt werden kann. Das vordere Kegelritzel steht mit dem rechten, das hintere mit dem linken Kegelrad der Stirnradantriebswellen des Gleiskettentriebes in Eingriff, wodurch nach Belieben die Antriebskraft auf beide Gleisketten gemeinschaftlich (Vorwärtsfahrt) oder auf die rechte oder linke (Kurvenfahrt) übertragen werden kann. (D. R. P. 314 326/63.)

Die Stirnradvorgelege für den beiderseitigen Gleiskettenantrieb sind in Gehäusen untergebracht, welche je an einer hinteren abschließenden Wand des Fahrgestells befestigt sind und sich seitlich gegeneinander durch die in denselben festgelegte mit Zapfen für Zahn- und Kettenradlagerung versehene Achse abstützen. Außen wird der Achszapfen von der Längswand gehalten, so daß die Gleiskettenzugkräfte unmittelbar auf die durchlaufenden Längswände des Fahrgestells übertragen werden. (Patent 311 409.)

5. Der Kraftantrieb.

Da der Laufwiderstand des Gleiskettenantriebes je nach der Beschaffenheit der Fahrbahn und dem Zustande der Ketten zwischen 55 und 110 kg pro Tonne schwankt, ist, wie aus der Tabelle über die Kraftverhältnisse hervorgeht, ein größerer P. K. W.-Motor imstande, einem Panzerkampfwagen von 8,5 Tonnen Gewicht eine Geschwindigkeit von ungefähr 14 km Std. in der Ebene zu erteilen. Mit Zusatzgetriebe ist er ausreichend zur Ueberwindung von 41 prozentigen Steigungen mit einer Geschwindigkeit von zirka 1,6 km Std. Voraussetzung für eine solche Steigefähigkeit war die Berichtigung der Schwimmeranordnung zur Einhaltung des normalen Benzinstandes im Vergasergehäuse bei großer Schräglage und das Vorhandensein einer Umlaufschmierung mit abgeschlossenem Oelbottich gegen Ueberfluten der hinteren Zylinder mit Schmieröl.

Diese Vorkehrungen ließen sich an den meisten Motoren zusätzlich treffen, alle sonstigen Einrichtungen konnten unverändert beibehalten werden. Die Ingangsetzung des Motors erfolgte durch die übliche Handkurbel am

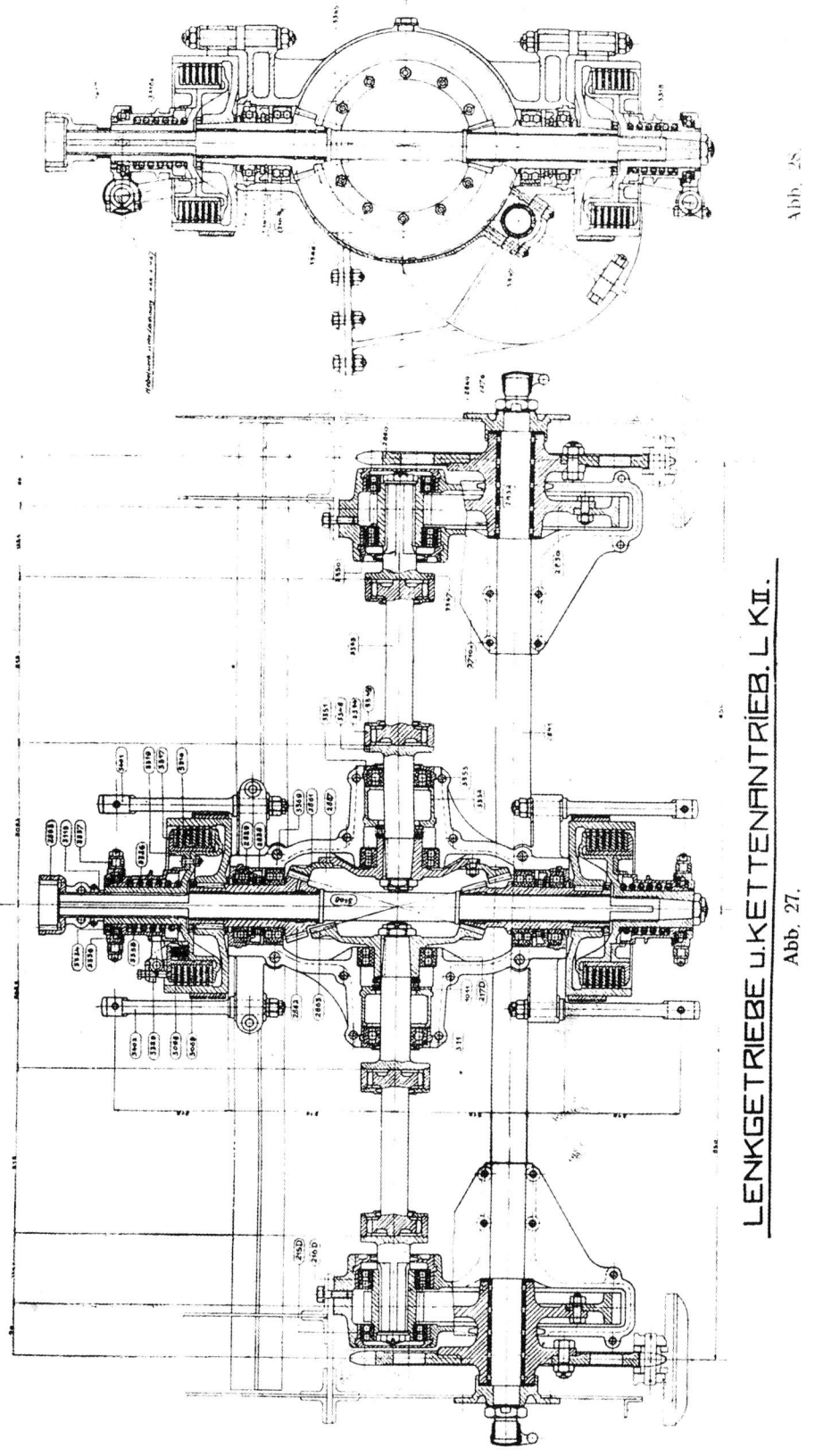

LENKGETRIEBE u. KETTENANTRIEB. L Kl.
Abb. 27.

Abb. 28.

Vorderteil des Fahrzeuges oder vom Fahrzeuginnern, von einem besonderen Andrehbock aus, endlich durch elektrischen Anlasser.

Der Brennstoff wurde in zwei Behältern von einem Fassungsvermögen von zusammen 140 Litern zur Verminderung der Feuersgefahr im vorderen Teil rechts und links zwischen Panzergehäuse und Motor untergebracht. Zur Sicherung gegen Geschoßwirkung wurde der Boden der Behälter durch einen Panzer von 8 mm Stärke gesichert. Die Förderung des Brennstoffes erfolgte mit vorhandenen Mitteln, durch Druck der Auspuffgase.

Die Kühlanlage der Motoren mußte einer wesentlichen

Abb. 29.

Abb. 30.

Kraft- und Geschwindigkeitsverhältnisse L K II.

Motor	Benennung		25/55 P.S. über 22 St.-P.S.				18/45 P.S. unter 22 St.-P.S.				
	Normalleistung		50 P.S. bei $n = 1400$				40 P.S. bei $n = 1500$				
	Drehzahl		1400—1800				1500—2000				
Geschwindigkeitsstufen			I.	II.	III.	IV.	I.	II.	III.	IV.	
Fahrgeschwindigkeit	ohne Zusatz-getriebe	norm.	3,5	4,7	7	14	2,9	3,85	5,8	11,6	km
		max.	4,5	6	9	18	3,85	5,1	7,75	15,5	Std.
	mit Zusatz-getriebe	norm.	1,62	2,17	3,25	6,5	1,35	1,8	2,7	5,4	km
		max.	2,1	2,8	4,2	8,4	1,8	2,4	3,6	7,2	Std.
Gesamtzugkraft	ohne Zusatzgetriebe $\eta = 0,8$		3000	2250	1500	750	2950	2200	1450	725	kg
	mit Zusatzgetriebe $\eta = 0,72$		5900	4400	2950	1450	5700	4300	2850	1400	kg
Norm. Zahndruck i. Vgl.	ohne Zusatzgetriebe		2100	1575	1050	525	1950	1475	975	490	kg
	mit Zusatzgetriebe		4150	3100	2100	1050	3800	2800	1900	950	kg
Steigefähigkeit*)	ohne Zusatz-getriebe	In Prozent	30	21,5	12	3	40	28,5	16,5	6	
		In Graden	17,5	12,5	7	2	24	16,5	9,5	3,5	
		St. Wgl.	1:3,3	1:4,65	1:8,35	1:33,3	1:2,5	1:3,5	1:6	1:16,7	
	mit Zusatz-getriebe	In Prozent	65,5	45,5	29	11	85	61	39	15,5	
		In Graden	41	27	17	6,5	58	38	23	9	
		St. Wgl.	1:1,53	1:2,2	1:3,45	1:9,1	1:1,2	1:1,64	1:2,55	1:6,45	
Zahnradübersetzung im:	Schaltgetriebe		1:4	1:3	1:2	1:1	1:4	1:3	1:2	1:1	—
	Zusatzgetriebe		$\frac{16}{26} \cdot \frac{18}{24} = 1:2,17$.								
	Lenkgetriebe		$\frac{18}{60}$ bzw. $\frac{21}{70} = 1:3,333\ldots$								
	Vorgelege		$\frac{16}{48} = 1:3$				$\frac{13}{51} = 1:3,92$.				
Gesamtübersetzung	ohne Zusatzgetriebe		1:40	1:30	1:20	1:10	1:52	1:39	1:26	1:13	—
	mit Zusatzgetriebe		1:87	1:65	1:43	1:22	1:113	1:85	1:56	1:28	—
Kettenrad			Radius = 271 mm. Tlg. = 140 mm. Z. = 12.								

Note: Für die Spalten 25/55 P.S. gilt Fahrzeuggew. 8,5 t, für 18/45 P.S. Fahrzeuggew. 6,5 t; $u = 55$ kg pro t.

*) Luftwiderstands- und Stoßverluste sind nicht berücksichtigt.

Aenderung unterzogen werden. Durch Anordnung eines Exhaustors (an Stelle des üblichen Ventilators) konnte der Forderung Rechnung getragen werden, die Kühlluft aus dem Innern des Panzergehäuses abzusaugen und die erhitzte Luft auf dem kürzesten Wege durch eine Oeffnung im Deckenpanzer auszustoßen. Die Temperatur im Panzergehäuse bleibt hierbei selbst bei forciertem Betriebe gegenüber der Außentemperatur fast unverändert.

Gewichtsangaben.

Fahrgestell ohne maschinelle Einrichtung	1700 kg	
Panzerbleche 14 mm Umfassungswände, 8 mm Decken und Baubleche · · · ·	2100	„
Eisenkonstruktion des Panzergehäuses ·	500	„
Masch. Einrichtung und Lenkgetriebe ·	1800	„
Gleisketten · · · · · · · · · · ·	900	„
Rollenwagen · · · · · · · · · ·	650	„
Kettenspanner · · · · · · · · · ·	50	„

Fahrzeug-Gesamtgewicht	7700 kg	7700 kg
Brennstoff und Kühlwasser · · · ·	150 kg	
Besatzung 3 Mann · · · · · · · ·	225	„
2 M. G.'s · · · · · · · · · · · · ·	100	„
Munition · · · · · · · · · · · · ·	250	„ 725 kg

Betriebsgewicht des feldmarschmäßigen Fahrzeugs 8425 kg

Mit 5,7 cm-Geschütz, Gewicht 500 kg, und Munition 100 Schuß 450 kg, würde sich das Betriebsgewicht um die Differenz gegenüber 2 M. G.'s mit Munition erhöhen.

Die Herstellungskosten nach den Preissätzen des Jahres 1918 schwanken pro Fahrzeug zwischen 65 000 bis 70 000 Mark.

Leichter Kampfwagen L. K. III.
(Bauart Vollmer.)

Die erschwerte Materialbeschaffung und die kurze Lieferfrist der L. K. II-Wagen, insbesondere aber die Verwendung der vorhandenen Fahrgestelle nötigten den Konstrukteur zu Kompromissen. Parallel hierzu wurde deshalb eine zweckmäßigere Durchbildung sowohl des Gesamtaufbaues als auch der Einzelorgane erstrebt und ein neues Projekt zur Ausführung gebracht. Grundsätzlich wurde das Gleisketten fahrgestell mit Lenkgetriebe unverändert beibehalten und nur der maschinelle Teil, soweit er beim L. K. II-Wagen aus P. K. W.-Fahrgestellen entnommen worden ist, einer zweckentsprechenden Neukonstruktion unterzogen.

Der Motor ist hier im Hinterteil des Fahrzeuges, über dem Fahr- und Lenkwerk angeordnet und vorteilhaft mit Kupplung, Andrehblock, Kraftantrieb zum Fahrwerk, Kühler mit Exhaustorantrieb zu einem geschlossenen Aggregat vereinigt. Den Verschränkungen des Fahrgestells wird durch angenäherte Dreipunktsaufhängung aller Einzelorgane Rechnung getragen. Der Führersitz befindet sich nunmehr im Vorderteil des Panzergehäuses, das Fahr- und Lenkhebelwerk und das Kupplungs- und Bremspedal in handlichem Bereich. Zwischen Führersitz und Motoranlage befindet sich jetzt der Geschütz- und Munitionsraum. Ein M. G. oder ein 5,7 cm-Schnellfeuergeschütz sind in einem um 360 Grad schwenkbaren Drehturm einmontiert.

Ein Vergleich dieser deutschen Kampfwagen-Konstruktionen mit den englischen und französischen Ausführungen zeigt in vielen Einzelheiten eine merkwürdige Uebereinstimmung der leitenden Gesichtspunkte und die richtige Erkenntnis der Grundsätze zu einer Zeit, zu welcher uns die baulichen Gestaltungen der Gegner insbesondere ihrer kleinen Kampfwagen noch vollständig unbekannt waren. Die Geschwindigkeit und die Leistung der deutschen Kampfwagen ist den gegnerischen wesentlich überlegen. Wenn trotzdem die deutschen Kampfwagen nicht in wünschenswerter Weise zur Anwendung kamen, lag dies an dem Umstande, daß die maßgebenden Stellen die Bedeutung dieser Waffe erst dann erkannten, als es zu spät war und die eingeleitete Massenerzeugung durch die Revolution gänzlich in Stockung gebracht wurde.

Gisela Zincke

Oberingenieur Joseph Vollmer Chefkonstrukteur des deutschen Urpanzers und Pionier des Automobilbaus

Lebensbild eines deutschen Ingenieurs aus der Feder seiner Enkeltochter

Als Joseph Vollmer die vorstehende Abhandlung 1920 schrieb, die in den folgenden Jahrzehnten noch mehrfach veröffentlicht wurde, war das Thema A7V längst für ihn abgeschlossen. Er hatte noch während des Krieges Folgekonstruktionen entwickelt, deren technische und militärische Qualitäten ihm weitaus mehr zusagten als der erste deutsche Panzer, obwohl er auf dessen schnelle Erstellung nicht wenig stolz war. Doch hatte gerade der Zeitdruck, unter dem der Panzer konstruiert werden mußte, zu Improvisationen gezwungen, die so gar nicht Vollmers Arbeitsweise entsprachen. Dazu kamen Mangel an geeignetem Material, fehlende Erprobungszeiten, Kompetenzschwierigkeiten und generelle Widerstände konservativer Militärs, die die Möglichkeiten und Tragweite dieser neuen Entwicklung verkannten. Es bedurfte Vollmers ganzer Kraft, seines technischen Ideenreichtums, seines Organisationstalentes und nicht zuletzt seines Durchsetzungsvermögens, um die Fertigstellung des A7V zu leiten. So hat Vollmer bei der Konstruktion und Fabrikation des Sturmpanzerwagens A7V sicherlich einige seiner Fähigkeiten unter Beweis stellen müssen, für seine technische Meisterleistung hat er ihn jedoch nie gehalten. Daß er dennoch den »Urvater« des Panzers konzipiert und konstruiert sowie dessen Fertigung geleitet hat, spricht für sein technisches Gespür ebenso wie für die jahrzehntelange Erfahrung eines außergewöhnlichen Ingenieurs.

»Phantasie, Wissen und Tatkraft müssen stets mit Kapital, Risikobereitschaft und Organisationsgabe kombiniert werden, ehe praktische Ergebnisse zu erzielen sind.« Dieses Wort ist treffend für den Lebensweg des Ingenieurs Joseph Vollmer, der für Fachleute zu den ersten Zehn des europäischen Automobilbaus zählt und als Mitschöpfer des Kraftwagens überhaupt gilt.

Jugend, Lehrzeit und Studium (1871–1894)

Joseph Vollmer wurde am 13. Februar 1871 in Baden-Baden geboren. Sein Vater galt dort als ausgezeichneter Handwerksmeister. Er betrieb eine Schlosserei mit mehreren Gesellen und Lehrlingen und war weithin für seine besonders guten Türschloßkonstruktionen bekannt. Mutter Margarete, geborene Bernhard,

hatte nun drei Söhne, ein vierter sollte folgen. Die Vorfahren und Verwandten waren Weinbauern und Küfer.

Es entsprach der Zeit, daß es partriarchalisch im Hause Vollmer zuging. Das Wort des Vaters, als Meister in der Werkstatt und als Oberhaupt der Familie, war entscheidend. Am Fuße des Merkur, der höchsten Erhebung Baden-Badens, befanden sich Werkstatt und Wohnung unter einem Dach. Familie und Angestellte saßen gemeinsam bei Tisch, wenn auch in gehöriger Rangordnung.

Schon als Junge hielt sich Joseph besonders gerne in der Werkstatt auf. Er sah den Gesellen zu, die ihm bereitwillig ihre Arbeit erklärten und ihm bei eigenen handwerklichen Versuchen zu Hilfe kamen. Dem Vater fiel die Geschicklichkeit des Sohnes bald auf; er äußerte sich hie und da sogar lobend. In der Schule galt Joseph nicht unbedingt als Musterschüler. Später allerdings, beim Abschluß auf der Städtischen Gewerbeschule, erhielt er einen ersten Preis, ein Buch von Dr. Th. Koller: »Neueste Erfindungen und Erfahrungen«. Rückblickend sah Joseph Vollmer diesen Titel als Omen an.

Inzwischen hatte Joseph an Amboß, Drehbank und Presse zu arbeiten gelernt. Er interessierte sich für Dampfmaschinen, die zunehmend installiert wurden, experimentierte mit elektrischen Apparaten – kurzum, er bewies handwerkliche Veranlagung und technisches Interesse. 1886 wurden in Baden-Baden von Siemens die ersten elektrischen Bogenlampen installiert. Joseph Vollmer war begeistert und beschloß umgehend, Elektrotechniker zu werden.

Vater Vollmer sah vorausschauend, daß die technische Zukunft nicht in der Werkstatt des Handwerkers, sondern in der ständig wachsenden Industrie lag. Für eine gründliche praktische Ausbildung besorgte er seinem Sohn einen zweijährigen Volontärsvertrag bei der Schwerdtschen (elektrotechnischen) Fabrik in Cannstatt. Eine solche Ausbildung war damals nicht billig, denn der gesamte Lebensunterhalt des Volontärs mußte aus eigenen Mitteln bestritten werden; ein Entgelt für die geleistete Arbeit gab es nicht, im Gegenteil, analog zum Lehrgeld, welches die Lehrlinge dem Meister zu zahlen hatten, mußte der Volontär damals an die Firma eine Gebühr für die Zulassung zum Volontariat entrichten. Im Herbst 1886 reisten Vater und Sohn nach Canstatt; Joseph trat seine Lehrstelle an. Doch schon nach kurzer Zeit brannte die Fabrik vollständig ab und er kehrte erst einmal nach Baden-Baden zurück. Nun bedrängte er seinen Vater, ihm ein Studium der Elektrotechnik an einer Fachhochschule zu gestatten, konnte

ORIENT-EXPRESS, zweisitziges Phaeton, 5 PS, 30 km/h, Bergmanns Industriewerke, Gaggenau, 1895   Sammlung Zincke

ORIENT-EXPRESS, viersitziges Phaeton, 8 PS, 30 km/h, Bergmanns Industriewerke, Gaggenau, 1895   Sammlung Zincke

Englisches Cab mit Avant-train, 2 Zylinder, liegender Motor, 8 PS, 25 km/h, Kühlstein-Vollmer, Berlin 1889 (Joseph Vollmer im Wagen)
Sammlung Zincke

war der dortigen Hochschule angeschlossen und bot die Studiengänge zum Elektro-, Maschinenbau- und Bauingenieur an. Voraussetzung zum Studienbeginn war ein mindestens einjähriges Volontariat in der Werkstatt, möglichst einer Fabrik. Die Kenntnisse der verschiedenen Arbeitsprozesse, die Handhabung der einzelnen Werkzeuge und auch die Montage wurden als absolut notwendige Voraussetzung für die wissenschaftliche und technische Ausbildung angesehen. Joseph Vollmer hatte diese Voraussetzungen. Er absolvierte die vorgeschriebenen sechs Semester für Maschinenbau zwischen 1891 und 1894 in Mittweida.

Automobil-Vorspann (Avant-train), 1898   Sammlung Zincke

jedoch dessen Einverständnis vorläufig nicht erlangen. Dafür trat er nun eine Lehre als Feinmechaniker und Monteur für elektrische Beleuchtungsanlagen in Cannstatt in der Maschinenfabrik Esslingen, Abteilung Elektrotechnik, an. Unter Anleitung seiner Werkmeister arbeitete er speziell an der Vorkontrolle von Apparaten für die Eisenbahn sowie von Bogenlampen, deren Herstellung in der Maschinenfabrik Esslingen in Siemens-Lizenz betrieben wurde.
Mit 17 Jahren hatte Joseph die Lehrzeit beendet und begann bei der gleichen Firma seine erste bezahlte Tätigkeit als Monteur. Schon ein halbes Jahr später beaufsichtigte er zwei Hilfsarbeiter und stattete viele Firmen in der näheren und weiteren Umgebung von Cannstatt mit elektrischen Beleuchtungsanlagen aus, u. a. die Deutsche Verlagsanstalt in Stuttgart, die Messingwerke in Ulm und den Stuttgarter Güterbahnhof. Er übte seine Tätigkeit mit Interesse aus, war für die Genauigkeit und Geduld bei der Suche nach Fehlerquellen bekannt und erhielt sehr gute Zeugnisse, als er 1890 nach Hause zurückkehrte. Jahrzehnte später trat er, wenn auch auf ganz anderer Ebene, erneut mit der Maschinenfabrik Esslingen in Geschäftsverbindung.
Nun war der Vater mit dem Studienwunsch des Sohnes, der sich in der praktischen Ausbildung so gut bewährt hatte, einverstanden. Das Technikum Mittweida in Sachsen hatte einen guten Ruf. Es

Zu der Zeit, als Vollmer noch Volontär in Cannstatt war, befand sich auf dem der Maschinenfabrik Esslingen gegenüberliegenden Gelände eine Werkstatt, in der zwei ehemalige leitende Angestellte der Gasmotorenfabrik Deutz in jahrelanger Arbeit einen Fahrzeugmotor entwickelt hatten. Er basierte auf dem Prinzip des Ottomotors und wurde von Gottlieb Daimler und Wilhelm Maybach zunächst 1885 in ein Zweirad, 1886 dann in einen Kutschwagen eingebaut. Die Versuchsfahrten mit dieser Motorkutsche, mit anderen Motor- und Schienenfahrzeugen sowie einem Motor-Ballon hatte der Volontär mit begeistertem Interesse verfolgt. Dieser Eindruck blieb auch während seines Studiums wach. Er versuchte, sich soviel als möglich über Konstruktionen ortsveränderlicher Maschinen zu informieren. So war sein Interessengebiet bereits abgesteckt, als Vollmer 1894 mit ausgezeichnet bestandenen Examina als frischgebackener Ingenieur in die Heimat zurückkehrte.

Bergmanns Industriewerk: Der »Orient-Express« (1894–1897)

Der junge Ingenieur Vollmer nutzte die folgenden Monate im Elternhaus, um seine eigenen Ideen auf dem Gebiet der Motorfahrzeuge zu entwickeln. Er konstruierte ein Motordreirad und arbeitete intensiv an den Konstruktionszeichnungen und -beschreibungen. Eine in der Kindheit erlittene Mittelohrentzündung, die nicht ausgeheilt werden konnte, hatte zur Taubheit auf einem Ohr geführt. Dieses Handicap beeinflußte Vollmers Kontakt zur Außenwelt vor allem in psychologischer Hinsicht. Trotz seiner humorvollen Art neigte er lebenslang zum Mißtrauen. Doch verschaffte ihm die Minderung seines Hörvermögens auch den Vorteil absoluter Konzentration: er konnte sich völlig abschotten. So arbeitete er im Elternhaus in Ruhe an seiner Konstruktion. Doch dann drängte der Vater, daß Joseph die in jahrelanger Ausbildung erworbenen Kenntnisse nunmehr in produktive Tätigkeit umsetzen solle.

Im Jahre 1873 hatte Michael Flürscheim die Eisengießerei in Gaggenau mit großem Gelände gekauft. Das Werk ging auf einen sogenannten Eisenhammer zurück, ein mit Wasserkraft betriebenes Hammerwerk, das bereits 1680 gegründet worden war, da es im Murgtal eine Reihe von Erzgruben gab. Bis dahin waren Nägel und Schmiedeeisen hergestellt worden. Nun wurden neue Betriebszweige eingeführt, u. a. die Fabrikation von landwirtschaftlichen Geräten. 1879 wurde Theodor Bergmann, technisch und kaufmännisch sehr talentiert, Teilhaber in Gaggenau. Man begann mit der Fabrikation von Gasregulatoren und einer Kleindampfmaschine, die gerne von Handwerkern gekauft wurde. Für die Schokoladenfabrik Stollwerck wurden in Gaggenau bunte Verkaufsautomaten für Schokolade und Süßigkeiten produziert, die bald überall in Deutschland zu finden waren. Emaillierte Reklameschilder kamen aus Gaggenau; aus den Abfallblechen entstanden Gartenzäune. Die Waffenproduktion wurde entwickelt und aufgebaut: die weltberühmte Bergmann-Pistole, die Bergmann-Maschinenpistole und ein Maschinengewehr. Auch die damals sehr bekannten »Badenia«-Fahrräder wurden dort hergestellt. – Die Umwandlung des Werkes in eine Aktiengesellschaft führte zum Ausscheiden Flürscheims. Bergmann gab nach einiger Zeit den Vorsitz in der AG auf und ließ ab 1890 in Ottenau eine neue Fabrik bauen. So entstanden Bergmanns Industriewerke in Ottenau, Sitz Gaggenau.

Im August 1894 machte sich Joseph Vollmer zu Fuß auf den Weg von über zwei Stunden nach Gaggenau auf, um beim Fabrikanten Bergmann persönlich vorzusprechen. Er wollte ihm seine Konstruktionspläne erklären und ihn zum Bau des Motor-Dreirades überreden. Theodor Bergmann war voller Interesse; die beiden vertieften sich sofort in technische Diskussionen. Vollmer hatte für seinen Motor eine flammenlose Glührohrzündung erfunden, eine Neuerung, die auf der katalytischen Wirkung des Platins beruhte, feuersicher war und nur für eigenbewegliche Fahrzeuge gedacht war. Der Motor schien Bergmann jedoch von vornherein für ein Dreirad zu schwer, er schlug Vollmer deshalb vor, gleich ein Automobil zu bauen. Bereits am nächsten Tage begann Vollmer mit der Herstellung der Werkszeichnungen für ein Automobil, die nacheinander in Bergmanns Industriewerken zur Ausführung gelangten. Im Alter von 23 Jahren schloß Joseph Vollmer seinen ersten Lizenzvertrag ab und wurde von Theodor Bergmann mit der Konstruktion und der Produktionsüberwachung des Automobils betraut.

Vollmer entwickelte ein 2–3sitziges Phaeton mit horizontalem Einzylindermotor von 6 PS, mit Hochspannungszündung und Zentralschmierung, 3 Riemenantrieben und einer Spannrolle, später mit Zahnradvorgelege. Die Konstruktion enthielt vier wesentliche Neuerungen, die als Patente auf die Namen Bergmann-Vollmer erteilt wurden:

Nr. 88151 «Gesteuertes Mischdoppelventil«
Nr. 86486 »Steuerung für mehrzylindrige Explosionsmaschinen zum Betrieb von Fahrzeugen«
Nr. 91531 »Vorrichtung zur Erzeugung eines Gases aus Luft und Petroleumdämpfen«
Nr. 98367 »Vorrichtung zur Änderung der Geschwindigkeit von Motorfahrzeugen«.

Die Fahrzeugachsen des Wagens waren, erstmalig im Automobilbau, mit Kugellagern versehen. Die Gußwarenfabrik Nagel in Karlsruhe lieferte die Fahrgestelle. Die Modelle für die maschinellen Aggregate fertigte ein Karlsruher Modelltischler, das Eisenwerk Gaggenau stellte die Abgüsse aus Grauguß und Bronze her. Die Räder waren vollgummibereift und stammten aus England. Das Fahrzeug wurde »Orient-Express« getauft, nach dem legendären Eisenbahnzug gleichen Namens, der im Jahre 1894 erstmals bis nach Konstantinopel fuhr.

In ständiger enger Zusammenarbeit mit den Handwerkern und Arbeitern der Industriewerke und der Zulieferfirmen wurden die Konstruktionen verwirklicht und verbessert. Häufig stand Vollmer selbst an der Werkbank. Die Schwierigkeiten aller notwendigen Neukonstruktionen kann man sich heute kaum noch vorstellen. Alles war Neuland: Es gab keine Vorbilder, keine Fachzeitschriften, kaum Gespräche mit Fachkundigen. Die Probefahrten waren zugleich abenteuerlich und gefährlich. Es erregte ungemeines Aufsehen, wenn so ein krachender und fauchender Wagen angesaust kam, vom Lenker mit Mühe und Not mit dem primitiven Direktsteuer auf der Straße gehalten, in gehörigem Abstand von den gefürchteten Straßengräben und Bäumen. Die Polizei stand der unglaublichen Schnelligkeitsentwicklung der Fahrzeuge auf den sonst so ruhigen Landstraßen, dem Krach und Gestank, die sie verursachten, völlig verständnislos gegenüber und verhängte Strafmandate. Gänse und Hühner flatterten erschreckt von der Straße, Pferde gingen durch. Die Dorfbevölkerung war den Automobilpionieren gewiß nicht freundlich gesinnt.

Allen Widerständen zum Trotz wurde in den kommenden vier Jahren der »Orient-Express« konstruktionsmäßig verbessert. Karosseriefabrikation, Lackiererei und Polsterwerkstatt wurden dem Werk in Gaggenau angegliedert. Allein 200 Automobile dieses Typs exportierte man nach England und richtete in London einen ersten ausländischen Kundendienst ein.

In einem 1902 erschienenen Buch beschrieb eine junge Amerikanerin, wie sie mit einem in England erworbenen »Orient-Express«-Automobil den europäischen Kontinent bereiste. Sie erzählte, der Verkäufer habe ihr den Wagen »besser als jede Marke der Welt« beschrieben. Er habe den Riemenantrieb als großen Vorteil herausgestellt, da der Wagen hierdurch viel sanfter als die zahnradgetriebenen Typen laufe, die sich eher ruckartig bewegten. Der Wagen sei eine Schönheit. Man könne hinten einen großen Koffer aufschnallen. Unter den Sitzkissen und den Bodenbrettern sei Platz zum Verstauen von Werkzeug, Büchern und Reiseproviant. So beschrieb Molly Randolph ihrem Vater in Amerika die Zweckmäßigkeit des Fahrzeugs und schilderte den Fahrunterricht folgendermaßen:

»Es war schwerer als ich dachte. Mit der linken Hand muß man den Wagen steuern. Am Steuerhebel ist eine Hupe befestigt, mit der entgegenkommende Kreaturen zu warnen sind. Ich betätigte die Hupe mit der rechten Hand, aber das war falsch, denn für die rechte Hand gab es eine Menge anderer Dinge zu tun. Da gab es einen kleinen Hebel für den Geschwindigkeitswechsel, einen anderen, mit dem die richtige Spannung der Riemen eingestellt wurde, einen Hebel zur Geschwindigkeitsregulierung und schließlich noch die Bremse. Das Schlimme ist, daß häufig etliche dieser Dinge gleichzeitig zu tun sind. Man müßte drei oder vier Hände haben. Es kann also nicht verwundern, daß ich etwas verwirrt war und für einen Augenblick mit den Händen etwas durcheinander kam. Und gerade jetzt mußte ein anderer Wagen um die Ecke kommen. Ich versuchte nach rechts zu steuern, fuhr aber nach links – man glaubt nicht, was man in einer einzigen Sekunde mit einem Auto alles anstellen kann.«

Vom 23. bis zu seinem 26. Lebensjahr war Joseph Vollmer mit der Konstruktion, dem Bau und der Verbesserung des »Orient-Express« beschäftigt, doch arbeitete er auch an Neukonstruktionen. Der Automobilbau stellte damals und auch noch für lange Zeit keine Serienproduktion im heutigen Sinne dar. Die Herstellung erfolgte noch hauptsächlich auf handwerklicher Basis, lediglich einige größere Unternehmen begannen mit der Serienproduktion. Die Käufer von Automobilen waren durchweg reiche Leute, die auf Maßarbeit Wert legten und Sonderwünsche hatten. Jeder Wagen war im Grunde genommen ein Einzelstück. Dadurch war auch der Konstrukteur immer von neuem gefordert. Insgesamt entstanden ca. 350 »Orient-Express«-Automobile, auch in Form eines Lastwagens; etwa 200 Arbeiter beschäftigten sich mit ihrer Herstellung.

Aus Bermanns Industriewerken in Gaggenau entstand 1905, als Georg Wiß die Automobilproduktion übernahm, die Süddeutsche Automobilfabrik Gaggenau. Aus einer Interessengemeinschaft mit den Benz-Werken ab 1907 und der endgültigen Übernahme der SAF durch Benz erwuchs, nach der Fusion mit Daimler 1926, das Werk Gaggenau der Daimler-Benz AG.

Teilhaber und Konstrukteur bei Ed. Kühlstein, Berlin (1897–1902)

Der Wagenbauer Eduard Kühlstein hatte sich 1833 in Berlin selbständig gemacht und die Firma Ed. Kühlstein Wagenbauanstalt, Berlin, gegründet. Das Unternehmen florierte und expandierte in den 60er Jahren des 19. Jahrhunderts derart, daß ein großes Gelände am Salzufer in Berlin-Charlottenburg als Fabrikationsstätte erworben wurde. 1870 übernahm der 27jährige Sohn Ernst die Leitung der Firma. Er schloß 1895 ein Abkommen mit der Reichspost über die Lieferung und Wartung der Postwagen. Außer Kutschwagen zur Personenbeförderung stellte die Firma Kühlstein auch pferdegezogene Lastwagen her. Sie zählte nicht nur die Feuerwehr und die Berliner Polizei, sondern auch die großen Kaufhäuser und Brauereien zu ihren Kunden.

Ernst Kühlstein hielt sich im Sommer 1897 als Kurgast in Baden-Baden auf. Joseph Vollmer wiederum benutzte inzwischen nicht nur für die Strecke zwischen Gaggenau und Baden-Baden einen »Orient-Express«, sondern er fuhr auch in der Stadt damit herum. So konnte es nicht ausbleiben, daß der Kurgast Kühlstein auf den Automobilisten aufmerksam wurde. Er erkundigte sich über Vollmer und suchte seine Bekanntschaft. Kühlstein machte Vollmer schnell klar, was er suchte und benötigte: Einen Motor, der, an bestehenden Kutschwagen unter dem Kutschbock eingebaut, die Zugkraft der Pferde ersetzen konnte. Vollmer hatte entsprechende Ideen zu bieten, war jedoch daran interessiert, auch eigentliche Motorfahrzeuge zu bauen.

Am 1. November 1897 wurde in Baden-Baden der Gesellschaftsvertrag zwischen der Firma Ed. Kühlstein und dem Ingenieur Vollmer geschlossen. Gegenstand der Gesellschaft war der Bau und Vertrieb von Motorwagen nach dem System Vollmer. Zukünftige Patentierungen sollten unter den Namen Vollmer-Kühlstein erfolgen und deren gewerbliche Rechte Miteigentum beider Gesellschafter werden. Vollmer hatte die gesamte Fabrikation technisch zu leiten und die Konstruktionszeichnungen herzustellen. Je nach vorliegenden Bestellungen wurde eine jährliche Produktion von 50 Motorwagen in Aussicht genommen, die mit der

Elektromobil VIKTORIA, 25 km/h, Kühlstein-Vollmer, Berlin 1899, (Joseph Vollmer am Steuer)
Sammlung Zincke

Neue Automobil-Gesellschaft m. b. H., Berlin NW.

Grosser Tourenwagen „N. A. G." Type B.

mit 20 PS. Viercylinder-Motor.   Carosserie: Tonneau mit Sommerverdeck.

Viersitziges Automobil mit stehendem Vierzylindermotor, Magnetzündung, Zahnrad-Wechselgetriebe, Konuskupplung, Röhrenkühler mit Ventilator der AEG/NAG, Berlin 1902   Sammlung Zincke

deutlich sichtbaren Aufschrift »Kühlstein-Vollmer« zu versehen waren. Ausdehnung oder Übergang der Fabrikation auf Elektrowagen fanden ebenfalls ausdrücklich Erwähnung.

Daß Ernst Kühlstein besonderen Wert auf ein Vorspann-Vordergestell mit Benzinmotor legte, geht aus der Tatsache hervor, daß diesem sogenannten Avant-train eine gesonderte Anlage zum Vertrag gewidmet wurde. Im Jahre 1897 bestand der Plan, eine große Anzahl von Pariser Droschken, alle von gleicher Bauart, mit Avant-trains auszustatten. Kühlstein und Vollmer fuhren also von Baden-Baden aus nach Paris, um sich über den Stand der dortigen Kraftfahrzeugentwicklung zu informieren. Kühlstein war Hoflieferant in Berlin, Reserveoffizier und Kassierer des Deutschen Sportvereins, dem auch der Kaiser angehörte. Auch hatte er seine

Jugend in Paris verbracht. So erhielt er problemlos für sich und Vollmer die notwendigen Empfehlungsschreiben vom Präsidenten des Automobilclubs von Frankreich, Marquis Albert de Dion, die französischen Kraftfahrzeugfabriken zu besichtigen. Sie unternahmen mit dem Marquis und seinem Ingenieur George Bouton eine Fahrt mit einem Dampfwagen der Firma de Dion-Bouton auf den Mont Valérien. Sie besichtigten einige Elektromobile und hatten die Möglichkeit, ein viersitziges Tonneau mit Benzinmotor von Panhard & Levassor für einige Zeit auszuprobieren. Trotz ausgiebiger Suche gelang es ihnen jedoch nicht, einen funktionstüchtigen Vorspannmotor mit Benzinantrieb in Frankreich ausfindig zu machen. Dort existierten 1897 lediglich zwei funktionsfähige Avant-trains, nämlich der dampfgetriebene Vorspann von de Dion-Bouton sowie ein elektrischer Prototyp von Kriéger.

Zur Abwicklung seiner Verpflichtungen kehrte Vollmer zunächst nach Baden-Baden zurück. Die durch ihn entstandene Verbindung zwischen Bergmanns Industriewerken und der Wagenfabrik Ed. Kühlstein führte dazu, daß Vollmer von Berlin aus Einzelaggregate konstruieren und nach Gaggenau liefern sollte. Zahnradgetriebe aus Berlin ersetzten in der Folge den Riemenantrieb des »Orient-Express«. So schied Vollmer von Bergmann in bestem Einvernehmen.

Unter völlig neuen Lebensumständen begann Vollmer seine Arbeit in Berlin. Seine erste Konstruktion war der Vorspann-Motor System Kühlstein-Vollmer, ein Motorvordergestell mit zwei Rädern, das an bestehenden Kutschwagen durch eine Drehkranzplatte befestigt wurde. Der liegende Zweizylinder-Benzinmotor hatte 4 PS, erreichte eine Höchstgeschwindigkeit von 25 km/h und konnte Steigungen bis zu 10 Prozent bewältigen. Mit diesem Avant-train wurden u. a. die »Carriol« der Deutschen Reichspost ausgerüstet. Diese Konstruktion begründete Vollmers Ruf als Pionier des Vorderradantriebs. In der Folge entwickelte er noch einen stärkeren Avant-train von 8 PS, der 35 km/h fahren konnte und in ein englisches »Cab« eingebaut wurde.

Fünftonner Lkw als Flüssigkeitstransporter, stehender Zweizylindermotor, 12 PS, 20 km/h, Magnetzündung, Pendelscheibenkupplung, Zahnrad-Wechselgetriebe, Kühlstein-Vollmer, Berlin 1901   Sammlung Zincke

Der Vorspannmotor erregte weltweites Aufsehen und wurde in vielen Fachzeitschriften beschrieben. Patente wurden sowohl in Frankreich als auch in den USA erteilt. Ab 1900 produzierte die von dem schwedischen Ingenieur Herman Bergholtz gegründete Automobile Forecarriage Company den Avant-train in den USA. Die englische Fachzeitschrift »The Automobile Magazine« von 1899 widmete dem Vollmer-Vorspann einen begeisterten Artikel. Darin wurde u. a. festgestellt, daß es für die Deutsche Reichspost eine große Geldersparnis bedeute, für ihre Lieferwagen den Vorspann statt der Postpferde zu verwenden. Daß Vollmer einen Benzinmotor statt eines elektrischen konstruiert hatte, wurde allerdings nicht als besonders fortschrittlich angesehen, sondern mit dem Mangel an elektrischen Ladestationen in Deutschland begründet.

Obwohl ihn die technischen Möglichkeiten und die relativen Vorteile des elektrischen Antriebs, wie leise Gangart und preisgünstiger Betrieb, keineswegs mehr überzeugten, konstruierte Vollmer aus kaufmännischen Erfordernissen und Gründen der Nachfrage im Jahr 1899 in Folge mehrere Elektromobile. Unter ihnen befand sich ein Omnibus, »Mail Coach«, der 14 Personen befördern konnte. Dieser Wagen wurde von Geheimrat Fritz Friedländer-Fould, dem Berliner »Kohlenkönig« erworben, der damit die

Motor des NAG-Wagens. AEG/NAG, Berlin 1902   Sammlung Zincke

Neue Automobil-Gesellschaft m. b. H., Berlin NW.

„N. A. G." 20 PS. Viercylinder-Motor.

Erster Lastzug DURCH, stehender Vierzylindermotor, 100 PS, Magnetzündung, Spiritus- und Benzinvergaser, Vierganggetriebe, Vorgelege-Antrieb der Hinterräder, Drahtseilwinde, 20 km/h, AEG/NAG, Berlin 1902

Sammlung Zincke

Fünftonner-Lastkraftwagen, stehender Zweizylindermotor, 12 PS, 20 km/h, Vierganggetriebe, Magnetzündung, Schaltung unterhalb des Lenkrades, Röhrenkühler. AEG/NAG Berlin 1903   Sammlung Zincke

Verbindung zwischen seinem Schloß in Bernau und der nächsten Bahnstation verbesserte. Alle Elektromobile erhielten den Grand Prix auf der Pariser Weltausstellung 1900.

Vollmer arbeitete intensiv und vielseitig. Sämtliche Konstruktionszeichnungen fertigte er mit eigener Hand an. Ständig überprüfte er die Umsetzung seiner Ideen in die Praxis. Seine handwerklichen Fähigkeiten verschafften ihm Vertrauen bei den Arbeitern, für deren Verbesserungsvorschläge er stets ein offenes Ohr hatte. Aber er war auch ein strenger Arbeitgeber, denn er haßte Verschwendung von Material, und er kannte keine Zeitgrenzen, wenn es darum ging, etwas fertigzustellen. Vollmer absolvierte Probe- und Vorführungsfahrten häufig persönlich und nahm mit seinen Wagen an Schnelligkeits- und Schönheitswettbewerben teil.

Die schweren Wagen waren damals alle noch mit Eisenreifen versehen. So kamen sie, besonders auf Asphalt, häufig ins Rutschen. Im Sommer wurden die Berliner Straßen mit Wasser besprengt, für gewöhnlich in Abständen von 100 bis 200 m. Auf den feuchten Teilen der Straßen war der Rutscheffekt besonders stark. Eines Tages unternahm Vollmer eine Vorführfahrt mit dem »Mail Coach«. Seine Mitfahrer waren die Präsidenten der Berliner Polizei und Feuerwehr sowie Vorstandsmitglieder aller Verkehrsinstitutionen. Vollmer fuhr vom firmeneigenen Gelände am Salzufer in die Charlottenburger Chaussee, an der Technischen Hochschule vorbei. Als er in die Berliner Straße einbog, geriet der Bus auf dem frischgesprengten Asphalt derart ins Schleudern, daß er sich um 180 Grad drehte. Fahrgäste und Fahrer kamen mit dem Schrecken davon. Geistesgegenwärtig erklärte Vollmer, er habe mit dieser Transaktion die Leichtigkeit der Lenkung und die Stabilität des Fahrzeuges demonstrieren wollen.

Die Herstellung von Nutzfahrzeugen war in der Firma Kühlstein Wagenbau stets ein wichtiger Faktor. So wurde nach Vollmers Konstruktion 1901 der erste Fünftonner Lkw als erster deutscher Schwerlastkraftwagen hergestellt. Er hatte einen stehenden Zweizylindermotor von 12 PS mit Magnetzündung, Pendelscheibenkupplung und Zahnradwechselgetriebe. Der Wagen wurde u. a. an die Chemischen Fabriken vorm. Weiler ter Meer, einer späteren IG-Farben-Tochter, in Köln als Flüssigkeitstransporter verkauft.

Bald hatte Joseph Vollmer sich in Berlin einen Namen gemacht. Ab 1900 war er Mitglied der Technischen Kommission des Mitteleuro-

päischen Motorenwagen-Vereins, die sich mit der Begutachtung neuer motorischer Konstruktionen zu befassen hatte und häufig bei Ausstellungen und Konkurrenzen die Jury stellte. 1901 trat die Polizeiverordnung über den Verkehr mit Kraftfahrzeugen in Berlin in Kraft. Vollmer wurde von den Königlichen Polizeipräsidien Berlin, Potsdam und Frankfurt/Oder als polizeilicher Sachverständiger für Kraftfahrzeuge und als Prüfer von Chauffeuren berufen. Später fungierte er außerdem im Bezirk des Königlichen Kammergerichts als gerichtlich vereidigter Sachverständiger für Kraftfahrzeuge, Motorboote und Motoren.

Der vielseitigen Palette von Entwicklungen, zu denen auch Bootsmotoren gehörten, fügte Vollmer 1901 die komplette Neukonstruktion eines Pkw hinzu. Ein Besuch von Wilhelm Maybach, dem Konstrukteur des ersten Mercedes, bei Vollmer in Berlin führte zu einem intensiven Erfahrungsaustausch. Maybach erkundigte sich bei Vollmer über den Vorspannmotor, während Vollmer sich besonders für den Mercedes interessierte. Diese Gespräche beeinflußten Vollmer, sich ebenfalls von der bisher üblichen Kutschenform abzuwenden und ein Automobil mit gleichgroßen Rädern zu konstruieren. Der neue Wagen war ein Viersitzer mit stehendem Zweizylinder-Frontmotor von 12 PS, Magnetzündung von Bosch, Zahnradwechselgetriebe und Konuskupplung. Der Röhrenkühler mit austauschbarem Kühlkörper und Ventilator wurde Vollmer patentiert. In diesem Fahrzeug machte Vollmer 1902 im Berliner Tiergarten die Bekanntschaft Carl Gossis, der in der kaufmännischen Leitung der AEG tätig war. Die Begeisterung Gossis für dieses Auto legte den Grundstein für Vollmers zukünftige Tätigkeit bei der AEG.

Allgemeine Elektricitäts-Gesellschaft – Neue Automobil-Gesellschaft (AEG-NAG), 1902–1906

Nach dem Ableben Ernst Kühlsteins im Jahre 1901 wollten Frau Kühlstein und ihre Berater die Herstellung von Kraftfahrzeugen nicht aufgeben. Sie boten Vollmer an, das Grundkapital gemeinsam zu erhöhen und ihm die Majorität in der Automobilabteilung zu überlassen. Doch das Kraftfahrzeug befand sich noch immer in der Phase handwerklicher Herstellung und war entsprechend teuer. Neuentwicklungen verschlangen große Summen. Vollmer hatte festgestellt, daß auch konkurrierende Werke ständig unter Kapitalmangel litten. Er kam zu der Überzeugung, daß nur Großunternehmen mit entsprechender Kapitaldecke die Automobilherstellung auch zum kaufmännischen Erfolg führen konnten.

Schon im Jahre 1900 hatte Vollmer, durch den Verkauf eines Gebrauchsmusters über elektrische Fahrschalter, mit der AEG geschäftliche Verbindungen aufgenommen. Emil Rathenau, der Generaldirektor der AEG, hatte der Elektrizitätsgesellschaft 1901 eine Automobilabteilung angegliedert. Er kaufte die Allgemeine Automobil-Gesellschaft auf, die den Klingenberg-Wagen herstellte, und verwandelte sie in die Vertriebsorganisation Neue Automobil-Gesellschaft. Mit der Produktion des Klingenberg-Wagens, dessen Einzylindermotor am hinteren Teil des Wagens zusammen mit Achsantrieb, Differential, Getriebe und Kupplung gekapselt war, erlitt die Gesellschaft Schiffbruch, da er nicht betriebssicher war. Rathenaus Sohn Erich leitete die Kabelwerke Oberspree zusammen mit der Automobilabteilung der AEG, deren Produktion er nun zu verändern und zu vergrößern gedachte.

Nach monatelangen Verhandlungen zwischen den Rathenaus einerseits, den Kühlstein-Erben und Vollmer andererseits, kaufte die AEG die Automobilabteilung von Kühlstein und verpflichtete Joseph Vollmer mit einem Fünfjahresvertrag als Leiter des Automobilwerkes der AEG/NAG mit festem Gehalt, Umsatzbeteiligung und Tantiemen. Patentanmeldungen hatten zukünftig auf den Namen der AEG stattzufinden.

Für die Aufnahme der erweiterten Kraftfahrzeugproduktion wurde Vollmer eine Maschinenhalle von ca. 10 000 m² in Oberschöneweide bei Berlin zur Verfügung gestellt. Bald kam noch eine weitere Halle dazu. Modernste Arbeitsmaschinen wurden mit den von Kühlstein erworbenen Spezialeinrichtungen koordiniert. Die AEG finanzierte großzügig, so daß die maschinelle Ausstattung kaum zu übertreffen war. Das Konstruktionsbüro wurde auf 20 Ingenieure erweitert, eine Tatsache, die Vollmer erst einmal in Personalprobleme stürzte. Die Gehälter für Ingenieure und Techniker waren verhältnismäßig gering. Vollmer, der selbst angestrengt und verantwortlich zu arbeiten verstand, verlangte das gleiche von seinen Mitarbeitern. Da er der Ansicht war, daß finanzielle Sorgen der Konzentration auf schöpferische Arbeit nicht gerade förderlich seien, kämpfte er um gute Gehälter für seine Mitarbeiter. Er mußte diesbezüglich manchen Strauß mit Emil Rathenau ausfechten, dessen Sparsamkeit sprichwörtlich war. Die spürbaren finanziellen Aufbesserungen, die Vollmer durch seine Hartnäckigkeit für seine Untergebenen erzielte, förderten natürlich eine gedeihliche Zusammenarbeit.

In kontinuierlicher Reihenfolge wurden nun Konstruktionspläne verwirklicht. Es begann der Aufstieg der NAG-Fahrzeuge, die bald zu den führenden deutschen Automobilen zählten und ihrer Qualität und Zuverlässigkeit wegen geschätzt wurden. Der vergoldete, runde NAG-Kühler galt bald als Markenzeichen. Alle Kraft-

fahrzeuge, die die AEG-NAG bis 1906 herstellte, entstanden unter Vollmers Federführung und waren sein Ideengut.

Die vier Pkw-Typen verschiedener Größe und Stärke basierten auf der letzten Automobilkonstruktion Vollmers bei Kühlstein. Sie wurden durch einen sogenannten Spritzdüsenvergaser ergänzt und teilweise mit Vierzylindermotoren im Blocksystem versehen. Die Karosserien baute die Firma Kühlstein-Wagenbau. Die Automobile erfreuten sich großer Beliebtheit. Der kaiserliche Marstall hatte mehrere NAG-Wagen, einer wurde auf die Insel Korfu, die kaiserliche Sommerresidenz, verschifft. Der Hochadel und ausländische Königshäuser gaben Bestellungen auf. NAG-Wagen wurden bei militärischen Manövern verwendet. Die Familie Diesel erwarb 1905 einen ersten Personenkraftwagen, und zwar einen siebensitzigen roten NAG-Wagen mit Kettenantrieb von 24 PS, der einen Reisedurchschnitt von 30 bis 35 km/h erreichte. Eugen Diesel berichtet, daß die Anschaffung eines Automobils damals ein entscheidender Vorgang gewesen sei und in der Familie fast ein Jahr darüber gesprochen worden sei. Schließlich habe sein Vater Rudolf den Autokauf damit begründet, er müsse das Automobil gründlich kennenlernen, um den Diesel-Automotor konstruieren zu können – was ihm bekanntlich nicht gelungen ist.

Ein weiterer, sehr wesentlicher Teil der NAG-Produktion bestand in der Herstellung von Lastwagen. Schon 1902 wurde der von Vollmer konstruierte erste Automobil-Lastwagen der Welt, »Durch« genannt, in Oberschöneweide hergestellt. Der Zugwagen hatte einen Vierzylindermotor von 40–50 PS, Magnetzündung und einen Doppelvergaser für Benzin und Spiritus; die Förderlast betrug rund 20 t. Die Grundidee Vollmers für die Konstruktion eines Lastzuges bestand in einer rationellen Arbeitsweise bei der Lastenbeförderung. Während der Zugwagen mit Anhängern unterwegs war, konnten andere Hänger schon beladen werden. Eine Drahtseilwinde zum Verladen besonders schwerer Lasten war im Zugwagen integriert. Der »Durch«-Lastzug fand große Beachtung in der Öffentlichkeit. Im März 1903 veranstaltete der

Erster Verdeckomnibus, stehender Vierzylindermotor, 40 PS, 30 km/h, Vierganggetriebe, Kettenantrieb der Hinterachse, Röhrenkühler, AEG/NAG, Berlin 1905   Sammlung Zincke

Deutsche Automobil-Club die III. Deutsche Automobilausstellung in Berlin, die im Palmengarten der Flora in Charlottenburg stattfand. Vollmers Lastzug stand im Hof der Flora, wurde viel bewundert und auch vom Kaiser besichtigt. – Die Fachpresse brach geradezu in Lobeshymnen aus. So schrieb Ingenieur Robert Conrad in der Zeitschrift »Der Motorwagen« im März 1903:

»Nur ein Konstrukteur selbst kann ermessen, wieviel Kunst, wieviel Energie und wieviel Kühnheit in diese riesige und doch so elegante Lastzugmaschine hineingebaut ist. Bei einem so überaus kräftigen Wagen selbst die geringste Spur von Plumpheit zu vermeiden – das ist ein Kunststück, zu dem man Herrn Oberingenieur Vollmer aufrichtig Glück wünschen kann. Erst wenn man bedenkt, daß der Wagen 1 1/2 m hohe Hinterräder besitzt, daß sein Motor beinahe Mannshöhe erreicht und daß der tiefste Punkt über dreimal so weit vom Boden entfernt ist, als bei einem gewöhnlichen Personenwagen, lernt man die Schwierigkeiten ermessen, welche hier überwunden worden sind.«

Der Lastzug war vor allem für militärische Zwecke bestimmt. Oberleutnant Troost von der deutschen Schutztruppe in Südwestafrika hatte den Bau solcher Fahrzeuge für die Kolonien angeregt. Im Mai 1903 wurde das Fahrzeug mit 15 000 kg beladen auf dem aufgewühlten, lockeren Boden des Tempelhofer Feldes vorgeführt. Etwa hundert geladene Zuschauer verfolgten die Vorführung, u. a. Dr. Stübel, Leiter der Kolonialabteilung des Auswärtigen Amtes, Major v. Werner von den Verkehrstruppen, Geheimrat Wachholtz vom Kriegsministerium und Graf Talleyrand als Vertreter des Kaiserlichen Automobilclubs. Drei dieser Lastzüge wurden für die deutschen Kolonien bestellt und ausgeliefert. 1905 veröffentlichte die Zeitschrift des Mitteleuropäischen Motorwagen-Vereins einen positiven, bebilderten Erfahrungsbericht aus Südwest. – Am Rande sei bemerkt: Die heute als Denkmal bei Svakopmund in Namibia aufgestellte Lastzugmaschine »Martin Luther« ist nicht die Zugmaschine des NAG-Lastzuges, sondern ein dampfgetriebener Vorgänger. – Vollmer, der sich später fast völlig der Entwicklung von Nutzfahrzeugen widmete, paßte seine Lastzug-Konstruktion den landwirtschaftlichen Notwendigkeiten an und erzielte mit dem fortentwickelten Fahrzeug bei einer Prüfung der Deutschen Landwirtschaftlichen Gesellschaft im September 1905 in Quedlinburg im Harz den ersten Preis. Der damit verbundene Kaiserpreis, eine Bodenvase der Königlich Preußischen Porzellanmanufaktur von Berlin, wurde in der Empfangshalle der AEG aufgestellt und verschwand eines Tages, zu Vollmers großem Ärger, von dort spurlos.

Ab 1903 wurden auch Lastkraftwagen in Oberschöneweide hergestellt, so ein Fünftonner mit stehendem Zweizylindermotor von 12 PS, Magnetzündung und Vierganggetriebe. Die Schaltung befand sich unterhalb des Lenkrades. Das Fahrzeug entwickelte eine Höchstgeschwindigkeit von 20 km/h. Nach wie vor war Gummibereifung wegen der Weichheit der damaligen Gummisorten für hohe Gewichte noch nicht brauchbar, so daß auch dieser Wagen noch eisenbereift war.

Das dritte solide Bein der NAG bestand in der Omnibusherstellung. 1905 wurde in Berlin der erste Verdeck-Omnibus der NAG in Dienst gestellt. Vollmer hatte einen Bus von 40 PS mit stehendem Vierzylindermotor, Röhrenkühler, Viergang – Wechselgetriebe und Kettenantrieb der Hinterachse entwickelt, der eine Geschwindigkeit von 30 km/h erreichte. Aufgrund einer Anfrage aus London nach derartigen Bussen für den City-Verkehr reisten Vollmer und der kaufmännische Direktor Carl Gossi nach England, um die technischen Voraussetzungen und kaufmännischen Möglichkeiten zu prüfen. Sie kehrten mit einem Auftrag der Londoner Omnibusgesellschaft über 50 Fahrzeuge zurück. Dieser Auftrag konnte jedoch nicht ausgeführt werden, da die Kapazität der Automobilabteilung der AEG kaum ausreichte, den permanent steigenden Inlandbedarf zu decken.

Im Zuge der ständig wachsenden Belastungen, die nicht nur aus der Vergrößerung der AEG/NAG-Produktion, sondern auch aus seinen Tätigkeiten als Prüfer, Sachverständiger und Gutachter resultierten, kam Vollmers Privatleben ständig zu kurz. Häufig hatte er Vorträge zu halten, schrieb für Fachzeitschriften und nahm regelmäßig an den Sitzungen der Automobilclubs und Fachvereinigungen teil. Doch nun, in seinem 35. Lebensjahr, gründete Joseph Vollmer eine Familie. Am 29. April 1905 heiratete er Hedwig Stöhr, die Tochter eines wohlhabenden Berliner Holzgroßhändlers. Die Hochzeit wurde im Hotel Savoy an der Weidendammer Brücke im großen Freundeskreis gefeiert, die Hochzeitsreise ging nach Italien. Über 50 Jahre dauerte der gemeinsame Lebensweg des Paares; zwei Töchter wurden 1906 und 1910 geboren.

Vollmer hätte inzwischen gerne ein Konstruktionsbüro in der Stadt gehabt, da die ständigen Eisenbahn- bzw. Autofahrten zwischen Berlin, seinem Wohnsitz, und Oberschöneweide viel Zeit kosteten. Mit diesem Wunsch konnte er sich jedoch beim Vorstand der AEG nicht durchsetzen. Der Auftragsboom im Frühjahr 1906 erforderte erneut Betriebserweiterungen und Belegschaftsvergrößerungen. Vollmers Umsatzbeteiligung war entsprechend gewachsen und erreichte Summen, die Emil Rathenau zu der Äußerung veranlaßten, Vollmer verdiene bald mehr als der Generaldirektor der AEG. Zwischen 1902 und 1906 hatte Vollmer die technischen Grundlagen für einen deutschen Automobilkonzern gelegt, doch er sah seine Zukunft nicht hier. Schon längere Zeit machte er Pläne für eine eigene Unternehmung. Er löste den Vertrag mit der AEG vorzeitig. Die Gesellschaft behielt die Nutzung der bisher erteilten Patente, Vollmer erhielt eine hohe Abfindungssumme.

Deutsche Automobil-Construktionsgesellschaft (1906–1914)

Die Lösung des Vertrages mit der AEG kam nicht von ungefähr. Die wirtschaftliche Unabhängigkeit war gewünscht und geplant. Entsprechende Pläne reiften in gemeinsamen Gesprächen mit Vollmers Freund, Zivilingenieur Ernst Neuberg. Neuberg war nicht nur Herausgeber und Chefredakteur verschiedener Fachzeitschriften, sondern auch Fachmann auf dem Gebiet des Patentrechtes. Das schwierige und langwierige Verfahren von der Erfindung bis zur endgültigen Erteilung eines Patentes, die Lizenzvergabe mit den dazugehörenden Verhandlungen und Verträgen, die Überwachung der Patente – diese Aufgaben gehörten in die Hand eines Spezialisten.

Im November 1906 gründeten die Partner, die bis an Vollmers Lebensende Freunde blieben, die Deutsche Automobil-Construktionsgesellschaft mit beschränkter Haftung, mit einem Anfangskapital von 150 000 Mark, von denen Vollmer zwei Drittel und Neuberg ein Drittel übernahmen. Gegenstand des Unternehmens war die Konstruktion, Fabrikation und der Vertrieb von Selbstfahrern aller Art sowie sonstiger technischer Bedarfsartikel. Die Büro-

und Zeichenräume richteten die Gesellschafter in der Prinz-Louis-Ferdinand-Straße, in den ehemaligen Räumen einer studentischen Verbindung, ein. Eine moderne Ausstattung, u .a. mit einer technischen Neuheit, verstellbaren Konstruktionsbrettern mit Beleuchtung, schuf günstige Arbeitsvoraussetzungen. Mit mehreren Ingenieuren, die schon an anderer Stelle mit Vollmer zusammengearbeitet hatten, und mit zwei Spezialisten auf dem Gebiet des Dieselmotors wurde das Unternehmen begonnen. Das Arbeitsprogramm der Gesellschaft war präzise und methodisch vorbereitet: Die DAC lieferte an Maschinen-, Motoren- und Kraftfahrzeugfabriken Konstruktionen mit kompletter Werkszeichnung gegen Lizenzzahlung.

Das Unternehmen florierte von Anfang an in einem Maße, wie die Gesellschafter es kaum erhofft hatten. Zu Beginn wurden vor allem Personenkraftwagen, Lastkraftwagen bis fünf Tonnen Tragfähigkeit und stationäre Schwerölmotoren konstruiert. Später kamen Bootsmotoren und reversierbare, d. h. in der Laufrichtung umsteuerbare Schiffsmaschinen hinzu. Ein großer Verkaufserfolg waren Transmissions- und Dampfpumpen, verschiedene Arten von Kompressoren und Gebläsen sowie Dampfmaschinen für industrielle Zwecke.

Der erste große Abnehmer für Pkw- und Lkw-Konstruktionen sowie Bootsmotoren wurde die Norddeutsche Automobil- und Motoren AG in Bremen, kurz Namag, einer Gründung von Dr. Heinrich Wiegand, des Generaldirektors des Norddeutschen Lloyd. Die Namag baute seit 1906 Elektromobile in Lizenz der französischen Compagnie Electrique Kriéger. Nach Fertigstellung einer neuen Industrieanlage in Bremen-Hastedt sollte nun auch die Produktion von Personen- und Lastkraftwagen mit Benzinmotoren aufgenommen werden. Bei den Vorverhandlungen zu den Lizenzverträgen mit der DAC zeigte sich die Vorsicht der hanseatischen Kaufleute. Zwar genossen die Namen Vollmer und Neuberg in Fachkreisen einen guten Ruf, aber die DAC war eine Neugründung. So erbat man von Vollmer vor Abschluß des Vertrages eine erhebliche Summe als Sicherheit für ein Jahr. Doch bald arbeitete die Namag erfolgreich nach den Plänen der DAC. Ein knappes Jahr später waren die ersten Fahrzeuge auf dem Markt; die DAC kassierte die Hinterlegungssumme plus Zinsen und die ersten Lizenzgebühren.

Umsteuerbarer Zweitakt-Glühkopf-Schiffsmotor, Ischora-Werke, Petersburg/Rußland 1909–14   Sammlung Zincke

Bootsmotor, 100 PS, Wendegetriebe, Lenz- und Kühlwasserpumpe. Hanomag, Hannover 1912   Sammlung Zincke

Zweieinhalbtonner-Lkw mit Gelenkwellenantrieb der Hinterachse. Norddeutsche Automobil- und Motoren-AG, Bremen 1911, Grand Prix und Goldene Medaille Brüsseler Weltausstellung 1910   Sammlung Zincke

Dieser schnelle Erfolg war nicht zuletzt einem Mann zu verdanken, mit dem Vollmer sehr freundschaftlich zusammenarbeitete. Friedrich Kübler war technischer Direktor bei der Namag und hatte einen schwäbischen Facharbeiterstamm mit nach Bremen gebracht. Kübler, einer der ältesten Automobilkonstrukteure Deutschlands, war ab 1885 Mitarbeiter von Daimler und Maybach. Von William Steinway, dem Klavierfabrikanten, wurde Kübler zum General-Manager der in New York gegründeten Daimler Motor Company bestellt. Später ging Kübler zur Namag. Unter seiner Werkstattleitung ging die Realisierung der DAC-Pläne gut voran. Kübler machte sich von Zulieferfirmen weitgehend unabhängig. Nur die Karosserien der Fahrzeuge wurden anderweitig hergestellt, vor allem bei der Firma Louis Gärtner, die 1912 von der Namag übernommen wurde.

In Bremen-Hastedt wurden nach Vollmers Konstruktionen, nach Motorgröße unterschieden, vier Typen von Lloydwagen hergestellt: Ein 18 PS Motor, dessen Verwendungszweck in leichten Stadtwagen, Droschken und leichten Lieferwagen bis 750 kg Nutzlast bestand. Ein 30 PS Motor für leichte Luxuswagen, Lieferwagen bis 1250 kg und Lastwagen bis 2500 kg Ladung.

Außerdem wurde dieser Motor für Krankenwagen, Droschken und Omnibusse für 16 bis 20 Personen verwendet. Der 44 PS Motor war für Tourenwagen, Lastwagen bis 2,5 t und Omnibusse für 20 Personen bestimmt. Ein langsam laufender 35 PS Motor schließlich wurde in Fünftonner Lkw, subventionierte Lastzüge bis 10 t und große Omnibusse eingebaut. – Der Vierzylinder Lloyd war ein Blockmotor. Alle untereinander auswechselbaren Ventile lagen auf der linken Seite und wurden durch nachstellbare Stößel von einer gemeinsamen Nockenwelle aus betätigt, die gehärtet und geschliffen in drei Lagern aus Spezialbronze ruhten und deren Antrieb durch öl- und staubdicht gekapselte Zahnräder an der Stirnseite des Motors erfolgte. Die Kurbelwelle des Motors war aus Chromnickelstahl, durch drei Lager am Oberteil des Kurbelgehäuses befestigt; die Lagerschalen bestanden aus Weißmetall, das Kurbelgehäuse selbst aus Nickelaluminium. Ungewöhnlich war die Befestigung des Motors im Rahmen durch vier am Gehäuse angegossene Tragfüße auf zwei gepreßten Stahltraversen, die im Rahmen fest eingenietet wurden. Die Zündung erfolgte durch Hochspannungskerzen- und Batteriezündung. Der patentierte Vergaser auf der rechten Seite des Motors arbeitete automatisch ohne Ventile und Schieber. Automatisch erfolgte auch die Schmierung des Motors. Der Lloydmotor hatte einen Lamellenkühler mit Zentrifugalpumpe und eine Lederkonuskupplung.

Die Lloydmotoren zeichneten sich durch Qualität, Dauerhaftigkeit und Leistungsfähigkeit aus. Lloydwagen nahmen in relativ großer Zahl an den Tourenveranstaltungen jener Jahre teil. Sie erwiesen sich als ausgesprochene »Steher«, wenn sie auch nicht besonders schnell waren. Vollmer blieb auch hier, wie schon bei NAG, seiner Grundkonzeption treu, qualitativ hochwertige und ausdauernde Fahrzeuge zu bauen.

Am Steuer eines Lloyd von 35 PS, dessen Motor den Bestimmungen der Konkurrenz angepaßt wurde, nahm Vollmer 1908 an der Prinz-Heinrich-Fahrt teil. Diese internationale Zuverlässigkeitsprüfung für Tourenwagen führte über eine Strecke von 2200 km in Deutschland und dauerte neun Tage. Die Prinz-Heinrich-Fahrten waren Werbeveranstaltungen für das Automobil, belebten die Automobiltouristik, nicht zuletzt wurden die Fahrzeuge während der Konkurrenzen einer technischen Dauerprüfung unterzogen. Eine solche Tourenfahrt war jedoch nicht nur ein sportliches, sondern auch gesellschaftliches Ereignis. Jede angefahrene Stadt bot abends abwechslungsreiche Veranstaltungen. Die Firma Ludwig Ravenstein zeichnete für die detaillierte Streckenbeschreibung verantwortlich, die Ortsdurchfahrten, Straßenzustand und Entfernungsangaben enthielt. Ärzte und Krankenhäuser waren angegeben, ebenso wie besondere Gefahrenpunkte und häufig schlechte Wegstrecken. Brückenzölle waren vorher vom Veranstalter bezahlt worden, so daß die Teilnehmer ungehindert passieren konnten.

Zwar gehörte Vollmer nicht zu den Siegern der Konkurrenz, jedoch überstand der Wagen die schwierige Prüfung ohne Defekt und gehörte zu den 68 von 130 Fahrzeugen, die strafpunktfrei blieben und die Strecke überhaupt durchstanden.

Ab 1908 stellte auch die Maschinenfabrik Heinrich Podeus in Wismar in Mecklenburg Personen- und Lastkraftwagen nach Konstruktionen Vollmers in Lizenz her. Eine besonders robuste Bauweise war hier notwendig, da Podeus nach Rußland und Übersee exportierte. Die dortigen schlechten Straßenverhältnisse mußten bei der Entwicklung der Automobile berücksichtigt werden. Unter den von Podeus hergestellten Fahrzeugen befand sich auch ein Lkw mit Anhänger, der staatlich subventioniert wurde und für die Armee bestimmt war. Diese »Subventions-Lkw« erfüllten bestimmte, von der Armee aufgestellte Bedingungen. Sie waren reine Zivilfahrzeuge, die erst im Kriegsfall im Heer Verwendung finden sollten.

Das Heer hatte 1907 eine große Transportübung mit allen militärischen Kraftfahrzeugen durchgeführt. Das waren damals 23 Lkw, davon fünf mit Dampfmaschinenantrieb. Bei diesem Großversuch ermittelte man die Eignung eines bestimmten Lkw-Typs mit Anhänger, der als Armeelastzug subventioniert wurde. Zivilpersonen, die einen solchen Lastwagen erwarben, erhielten von der Heeresverwaltung einen Zuschuß zum Kaufpreis in Höhe von 4000 Mark sowie jährlich 1000 Mark Betriebskostenzuschuß. Bedingung war, daß der Wagen in kriegstauglichem Zustand gehalten, einmal im Jahr zur Überprüfung vorgeführt wurde und im Kriegsfall eingezogen werden konnte. Die Subventions-Lastwagen mußten mit Hänger eine Nutzlast von 6000 kg befördern können, bei 30 PS eine Geschwindigkeit von 16 km/h erreichen, mit einer Tankfüllung 250 km weit fahren und vollgummibereift sein. Teilweise hatten diese auch noch Eisenreifen, konnten dann aber nur 12 km/h Höchstgeschwindigkeit fahren. Ab 1909 stellten 14 Fabriken in

Subventionierter Lkw mit Anhänger Namag, Bremen 1907/08   Sammlung Zincke

Deutschland diese Fahrzeuge her, von denen drei Vollmer-Konstruktionen waren: Lloyd, Podeus und Hille. Nach Beginn des Ersten Weltkrieges verkaufte die DAC diese Konstruktion noch an eine Reihe von anderen Firmen.

Zahlreiche Lizenzverträge schloß die DAC mit ausländischen Firmen. Für die osteuropäischen Staaten wurden vor allem stationäre Glühkopfmotoren und Dieselmaschinen konstruiert sowie Boots- und Schiffsmaschinen entwickelt. Aber auch Pkw und Lkw-Hersteller gehörten dort zu den DAC-Kunden. Gemeinsam und getrennt unternahmen Neuberg und Vollmer ausgedehnte Reisen, um Kunden zu werben und später die Produktionen zu überwachen. Besonders gut entwickelte sich das Geschäft mit russischen Firmen. Ebenso exportierte die Gesellschaft in fast alle westeuropäischen Länder und nach USA. Überall wurden die Patentrechte gesichert, in Europa wie in Amerika. Bis 1914 gehörten mehr als 50 ausländische Hersteller zu den Kunden der DAC.

Im Frühjahr 1912 hatte das Geschäftsvolumen der Deutschen Automobil-Constructionsgesellschaft einen derartigen Umfang erreicht, daß eine räumliche Erweiterung notwendig wurde. Die DAC zog nach Berlin-Charlottenburg in die Schlüterstr. 52 und belegte gleichzeitig noch ein Stockwerk des Nebenhauses in der Mommsenstraße. Vollmer bezog eine private Stadtwohnung Schlüterstr. 45.

Der kontinuierliche Erfolg der DAC in den ersten acht Jahren ihres Bestehens brachte für ihre Besitzer den finanziellen Erfolg. Neben der Stadtwohnung hatte die Familie Vollmer eine Villa als Sommersitz in Schlachtensee. Freunde waren stets gerne gesehen. Joseph Vollmer, Freund guter Küche und Badischen Weins, konnte ein angenehmer und humorvoller Gesellschafter sein. Die schwierigen Seiten seines Charakters glich seine Frau mit Charme und Berliner Witz aus. Vollmers nahmen am gesellschaftlichen Leben Berlins regen Anteil. Im Sommer fuhren sie regelmäßig nach Marienbad, Kissingen oder in die Heimatstadt Baden-Baden, wo die Berliner Gesellschaft sich wiedertraf, kurte und kulturelle Abwechslungen hatte.

Im Ersten Weltkrieg (1914–1918)

Zu Beginn des Ersten Weltkrieges waren in der Deutschen Automobil-Constructionsgesellschaft etwa 50 Ingenieure, Techniker und Zeichner beschäftigt. Doch bald wurden die jüngeren Mitarbeiter einberufen, so daß die Belegschaft Anfang 1915 auf zwölf Angestellte geschrumpft war. Dabei gab es viel Arbeit. Der Verkauf von Plänen für subventionierte Lastkraftwagen wuchs naturgemäß schlagartig. Stationäre Motoren und Großpflüge waren gefragt.

Im April 1915 bat die Verkehrstechnische Prüfungskommission des Heeres Vollmer zu einer Besprechung. Oberst Friedrich, der Leiter der Kommission, und Regierungsbaumeister Friedrich Pflug informierten ihn über die Absicht, sämtliche wichtigen Bestandteile der im Kriege verwendeten Last- und Personenkraftwagen zu vereinheitlichen. Um die ausreichende militärische Einsatzfähigkeit der Fahrzeuge zu gewährleisten, habe man sich mit dem Verein Deutscher Motorfahrzeug-Industrieller entsprechend geeinigt und Vollmer zur Ausführung dieser Aufgabe vorgeschlagen.

Vollmer war schon lange der Ansicht, daß eine Vereinheitlichung der Maße von Einzel- und Ersatzteilen im Kraftfahrzeugwesen notwendig sei. Das metrische System, in Frankreich während der französischen Revolution 1799 als Gesetz eingeführt, war erst 75 Jahre später durch die Internationale Meterkonvention zu übernationaler Bedeutung gewachsen. Der zunehmende Welthandel erforderte eine internationale Maß- und Gewichtsnorm. Doch bei weitem nicht alle Länder schlossen sich ihr an. Für die rapide anwachsende Kraftfahrzeug- und Motorenindustrie wäre nun die Normung, als Grundlage rationeller Fertigung und wirtschaftlicher Lieferung von Ersatzteilen, dringend notwendig gewesen. Doch in Friedenszeiten stand und steht bis heute der Konkurrenzkampf der Vereinheitlichung auf vielen Gebieten im Wege.

Da Vollmer seine Ideen schon in die Öffentlichkeit getragen hatte, lag es nahe, ihm nun auch die Realisierung der Vorschläge zu übertragen. Als Oberingenieur des Kriegsministeriums im Range eines Hauptmanns bezog Vollmer Büroräume in der Siegfriedstraße in Berlin-Schöneberg. Er erarbeitete gemeinsam mit eigenen Mitarbeitern und Ingenieuren der Kraftfahrzeugfabriken die Grundeinheiten. Die Einführung des metrischen Systems im Kraftfahrzeugbau wurde mit einer Kommission des VDMI, Oberst

Dreitonner-Lkw mit Vollmer-Bodenplattenbereifung im Ersten Weltkrieg

Sammlung Zincke

Friedrich und Friedrich Pflug jeweils abgesprochen und 1916 abgeschlossen. Mit dieser Arbeit gehört Joseph Vollmer zu den Vätern der späteren FAKRA (Normenausschuß der deutschen Automobilindustrie) und der Deutschen Industrie-Norm (DIN).

In dürren Worten geschildert hört sich die Sache so einfach an, als sei sie eine reine Schreibtischarbeit gewesen. Doch man muß sich vergegenwärtigen, daß es zu dieser Zeit eine große Zahl von Automobilherstellern in Deutschland gab, zum Teil Kleinbetriebe, die völlig verschiedene Gewinde, Dichtungen usw. verwendeten. Die Fahrzeuge waren damals alle noch sehr reparaturanfällig. Man stelle sich nun die Typenvielfalt der Kraftfahrzeuge an der Front vor, die beim kleinsten Defekt ausfielen, da die einfachsten Ersatzteile nicht austauschbar waren. So mußte Vollmer schon unter Zeitdruck arbeiten, damit das neue System auch schnell in der Produktion realisiert werden konnte. Außerdem kann man sich unschwer vorstellen, welche Diskussion es mit der Kommission der Industriellen gegeben haben muß, die schließlich ihre eigenen Produkte zu verteidigen hatten, wieviele Ausnahmen gemacht werden mußten, weil dieses oder jenes Maß nicht in die Produktion paßte, wie oft umkonstruiert werden mußte. Dem Druck solcher Forderungen hat Vollmer sich ständig widersetzen müssen.

Gleichzeitig mit der Normung der Kraftfahrzeugteile, die in der Armee verwendet wurden, stellte Vollmer mit seinen Mitarbeitern die »Bauvorschriften für Einheits-Dreitonner 1916« auf, nach denen dieser Armeelastwagen ab 1916 gebaut wurde.

Viele dringende Probleme mußten so schnell wie möglich gelöst werden. Die Lastkraftwagen des Heeres blieben in unwegsamem Gelände häufig stecken. Behinderungen der militärischen Operationen und des Nachschubes waren die Folge. In kurzer Zeit schuf Vollmer eine Art Zusatzbereifung, die aus plattenförmigen, durch Scharniere miteinander verbundenen Stahlgliedern bestand. Wie später die Schneeketten wurden diese Plattenketten auf die Hinterreifen der Fahrzeuge aufgezogen. Die Konstruktion war eine Fortentwicklung der Bereifung des für die Kolonien bestimmten »Durch«-Lastzuges. Die Heeresfahrzeuge konnten nun nicht nur unbefestigte, verschlammte Straßen, sondern auch aufgeweichten Ackerboden befahren – sie wurden dadurch bedingt gelände-

Bodenplattenbereifung zum Auflegen auf das Rad im Ersten Weltkrieg
Sammlung Zincke

gängig. Rund 20 000 dieser Platten wurden in Serie hergestellt und die Dreitonner Zug und Zug damit bestückt, soweit ihr Einsatzgebiet es notwendig machte. Auch die Räder der Lafetten schwerer Geschütze wurden damit versehen. Damit wurden diese in aufgeweichtem Boden beweglicher und erhielten eine bessere Standfestigkeit.

Ausrüstung der Heereslastkraftwagen mit Vollmer-T-Felgen zur Fortbewegung auf Schienen im Ersten Weltkrieg
Sammlung Zincke

Um bei schlechten Straßenverhältnissen die Eisenbahnschienen auch für Lkw nutzen zu können, konstruierte Vollmer die T-Felge. Durch Auswechseln der normalen Felgen in T-Felgen konnten die Lastwagen in Schienenfahrzeuge umgewandelt werden. Auf dem Versuchsgelände der Opelwerke in Rüsselsheim wurde diese Erfindung der Heeresverwaltung vorgeführt. General Ludendorff machte bei dieser Gelegenheit die Bemerkung, das sei »das Ei des Columbus«. Während des Vormarsches auf dem Balkan rüstete man die deutschen Einheiten mit dieser Spezialfelge aus.

Vollmer wurde während des Krieges auch zu Maybach nach Friedrichshafen beordert. Beim Betrieb der dort produzierten Luftschiffmotoren kam es häufig zu Pannen. Die Lager liefen aus, so daß die Luftschiffe in Schwierigkeiten gerieten und oft nach kurzer Zeit wieder landen mußten. Vollmer sollte Verbesserungsvorschläge machen. Er hielt es für erforderlich, der Luftkühlung der Kurbelgehäuse besondere Aufmerksamkeit zu widmen und die Luft durch den Fahrtstrom des Luftschiffes von vorne hineinzuleiten und hinten wieder abströmen zu lassen. Doch nun machte die Schmierung Probleme: Die hineingeleitete Luft saugte das Schmieröl aus dem Kurbelgehäuse ab. Der Sohn von Wilhelm Maybach und Vollmer fanden die Lösung gemeinsam. Ein Ölsammler wurde angebracht, der das Schmiermittel im Kurbelgehäuse hielt. Nach Beendigung der Arbeiten wurde Vollmer zu einem Flug mit dem Luftschiff von Friedrichshafen nach Köln eingeladen. Er lehnte dankend ab. Auch später benutzte er niemals ein Flugzeug für seine vielen Reisen.

In einem Buch über den Sturmpanzerwagen A7V Joseph Vollmers Tätigkeit und Engagement für dieses Fahrzeug und seine Abkömmlinge, den A7V-Transportwagen und den A7V-Grabenbagger, zu schildern, ist überflüssig. Seine Aktivitäten in diesem Zusammenhang werden hinreichend von allen Seiten beleuchtet. Die Grundlage für diese Fahrzeuge jedoch, der CATERPILLAR, und die gute Zusammenarbeit Vollmers mit dem Ungarn Dr. Leo Steiner sollten hier nicht unerwähnt bleiben.

Der HOLT CATERPILLAR-Traktor war die letzte einer Serie von sinnreichen Entwicklungen beweglicher Endlos-Gleisketten, die bis in die ersten Jahre des 19. Jahrhunderts und früher zurückgehen. So erhielt beispielsweise der Deutsche Thomas German 1801 ein Patent für seine Konstruktion einer endlosen Kette. Als Holt sich anschickte, seinen Gleisketten-Traktor zu entwickeln, hatte er schon eine Reihe von gigantischen Radschleppern produziert, zur Benutzung in den feuchten, besonders fruchtbaren Landstrichen im amerikanischen Sacramento-Tal. Sehr überlegt erforschte er Kettenfahrzeuge, die während des 19. Jahrhunderts patentiert und mit denen experimentiert worden war. Offenbar war der Schlüssel zu Holts Erfolg, der auf ein Jahrhundert interessanter Fehlschläge folgte, die Verwendung von um 1900 eingeführtem hochfestem Stahl in der Fabrikation der Gleis-Verbindungsstücke. So war es erstmals möglich, die Kette zu bewegen, ohne daß sie sich selbst ständig in Stücke riß.

Um die Jahrhundertwende suchte der ungarische Ingenieur und Gutsbesitzer Dr. Leo Steiner nach einer Maschine, die die verschiedenartigen Böden seines Besitztums schnell und wirkungsvoll bearbeiten konnte. Nach einer Reihe von Mißerfolgen mit dampfbetriebenen Radtraktoren fiel Steiner Ende 1910 eine amerikanische Farmerzeitschrift in die Hände, die den in USA hergestellten HOLT CATERPILLAR-Traktor beschrieb. Steiner bestellte einen HOLT 60. Der Gleisketten-Zugschlepper, eigentlich ein Halbketten-

Fahrzeug, da dieses Fahrzeug noch über Räder zur Steuerung verfügte, arbeitete so erfolgreich auf seinem Gut, daß sich sein guter Ruf bald in gesamt Österreich-Ungarn verbreitete. Daraufhin übernahm Steiner 1912 die Holt-Generalvertretung für sein Heimatland und Deutschland. Er zeigte den Traktor bei landwirtschaftlichen Ausstellungen und Konkurrenzen. Das österreichisch-ungarische Kriegsministerium wurde auf den CATERPILLAR aufmerksam und erprobte ihn mehrfach.

Daraufhin wurde Steiner im Winter 1913 von militärischer Seite aufgefordert, die Fabrikation des Traktors in Österreich zu arrangieren. – Anläßlich der Straßburger Messe wurde der HOLT-CATERPILLAR auch dem deutschen Militär vorgeführt. Dann ließ Steiner den Traktor anläßlich einer militärischen Konkurrenz in Kleinwanzleben bei Magdeburg demonstrieren. Er war höchst erstaunt, daß das preußische Kriegsministerium die Begeisterung der österreichischen Kameraden nicht teilte und die Maschine für militärische Zwecke nicht geeignet hielt. Steiner erwähnte später in seinen Memoiren: »Ich habe den Eindruck, daß die bittere Rivalität zwischen den beiden Departements, und der hartnäckige Haß auf alles Nicht-Deutsche, die Deutschen zu diesem Urteil verleiteten, das sich später als einer der fatalsten Irrtümer in ihrer Geschichte herausstellen sollte.«

Dazu ist festzuhalten, daß zwar einzelne Vertreter der jeweiligen Behörden sich bei solchen Vorführungen durchaus für diese

Joseph Vollmer mit seiner Tochter Lilli, Mutter der Verfasserin, 1915

Projekte begeistert haben, dennoch waren die im Anschluß daran getroffenen Auswertungen sehr kritisch. Die technische Unausgereiftheit und hohe Anfälligkeit war offenkundig. So erfolgte auch in Österreich eine Ablehnung des HOLT-CATERPILLAR-Traktors allein aufgrund seiner hohen technischen Unzuverlässig-keiten, z. B. durch häufige Kettenbrüche.

Der weitere Verlauf der Sache ist bekannt. Auf dringende Anforderung kam Dr. Leo Steiner im November 1916 mit einem CATERPILLAR nach Berlin. Vollmer und Steiner verstanden sich sehr gut und kooperierten für einige Zeit erfolgreich, um baureife Konstruktions-zeichnungen für den Unterbau des A7V nach dem Prinzip des HOLT-CATERPILLAR herzustellen.

Über Konstruktion und Bau der LK-Wagen soll Joseph Vollmer mit seinem Artikel: Deutsche Kampfwagen im 23. Jahrgang der Automobil- und Flugtechnischen Zeitschrift »Der Motorwagen« vom 20. Dezember 1920 selbst zu Worte kommen.

Die DAC zwischen den Weltkriegen (1919–1936)

Als sich die Deutsche Automobil-Constructionsgesellschaft nach dem Ersten Weltkrieg wieder an die Arbeit machte, sahen Neuberg und Vollmer die Aussichten für den privaten Kraftfahrzeugverkehr in dem durch Kriegsfolgen verarmten Deutschland sehr negativ. So begaben sie sich auf ein zwar unspektakuläres, jedoch erfolgversprechendes Gebiet: Die Konstruktion von Nutzfahrzeugen für die Landwirtschaft. Vollmers Erfahrungen mit den Kettenfahrzeugen aus der Kriegszeit waren hier von Nutzen. Er entwickelte große und kleine Raupenschlepper, die bei der Hanomag in Hannover, bei Paul Heinrich Podeus in Wismar und später noch in anderen in- und ausländischen Fabriken produziert wurden.

Bevor Hanomag Vollmers Schlepper-Konstruktionen in Lizenz erwarb, hatte das Werk einen Kraftpflug nach Plänen seiner Ingenieure Wendler und Dorn mit dem Markenzeichen »WD« hergestellt. Da sich die Marke gut eingeführt hatte, behielt Hanomag das Zeichen mit Vollmers Einverständnis auch für die von ihm konstruierten Fahrzeuge bei.

1922 baute die Hanomag zwei Größen des von Vollmer entwickelten WD-Schleppers, einen von 25 und einen von 50 PS. Jeder der Traktorentypen hatte einen Vierzylindermotor und lief auf Schienenketten, deren Verschleißteile aus Spezialstahl hergestellt waren. Die Zugleistung der Traktoren beruhte auf der Verteilung des Bodendrucks auf eine breite Auflagefläche. Der kleine Schlepper konnte auf ebener Strecke eine Bruttolast von 240 t ziehen, bei 20 Prozent Steigung noch 7 t abschleppen. Der WD-Schlepper konnte auf der Stelle drehen, sobald man eine Gleiskette zum Stillstand brachte und die andere voll laufen ließ. Durch ein dazwischenliegendes Differential waren die Ketten in ihrer Bewegung unabhängig voneinander. Das Schleppergestell wurde von federnd gelagerten Rollen getragen, die innen auf der Schienenbahn der Raupenketten abrollten. Die Fahrzeuge hatten eine

In der Praxis angestellte Berechnungen haben die **absolute**
Überlegenheit und Betriebsverbilligung des WD-Schleppers
gegenüber dem Pferdebetriebe ergeben.

Konuskupplung. Das Getriebe des kleinen Schleppers hatte drei, der große Traktor vier Vorwärtsgänge und jeweils einen Rückwärtsgang. Die Antriebs- und Federmechanismen waren gegen Staub geschützt und hatten eine Ausfallöffnung für den mitgeführten Schmutz der Kette. – Die Vielseitigkeit der Einsatzmöglichkeit der Schlepper war für damalige Begriffe revolutionierend. Die Einsatzbereiche in der Landwirtschaft waren umfassend: Zum Pflügen, zum Ziehen von Bindern, als Drill- und Düngestreumaschine, zum Eggen, Kartoffelmieten, bei vielen Erntevorgängen, für Arbeiten in Moorgebieten und bei allen Transporten. Ein integrierter Antrieb für ortsfeste Maschinen sorgte für weitere Verwendungsmöglichkeiten. Auch in der Forstwirtschaft wurden die Traktoren gebraucht, z. B. beim Abtransport von Bäumen und beim Wurzelroden. Auf industriellem Gebiet dienten die Schlepper vor allem bei Schwertransporten. – In großer Zahl gebaut, auch für kleinere Landwirtschaftsbetriebe erschwinglich, wurden Vollmers Hanomagschlepper weltbekannt.

Es bedurfte großen kaufmännischen Geschicks, ein Unternehmen wie die DAC durch die krisengeschüttelten zwanziger Jahre zu steuern. Für Vollmer galt es nicht nur, technische Probleme zu lösen, sondern vor allem in einem wirtschaftlichen Chaos finanztechnisch richtig zu taktieren. Er mußte sich vor Spekulationsfirmen hüten, die wie Pilze aus der Erde schossen und bald wieder zu Bruch gingen. Gute Kunden mußten Konkurs anmelden, andere wurden aufgekauft. Neue Produktionsstätten entstanden innerhalb von Konzernen, so u. a. die Dinos-Werke, ein Tochterunternehmen des Stinneskonzerns. Hugo Stinnes erwarb 1920 die bekannte Automobilfabrik Loeb & Co. AG in Berlin, die in wirtschaftlichen Schwierigkeiten war. Seit 1915 gehörte Loeb & Co. zu den Kunden der DAC. Stinnes erwarb noch eine benachbarte Fabrik und baute unter dem Namen Dinos-Werke eine beachtliche Fahrzeugproduktion auf. Auch das neue Unternehmen erwarb Vollmer-Konstruktionen, wie Raupenschlepper, Vergasermotoren, Getriebe und einen Personenkraftwagen. Der Dinos-Wagen erhielt eine Rennkarosserie und errang 1923 zwei Siege beim Berliner Avus-Rennen.

Trotz der schlechten Wirtschaftslage verkaufte die DAC gut. Sie gewann neue, bedeutende Kunden. So kaufte Krupp in Essen Lkw-Konstruktionen und Patentlizenzen für Gleichdruckmotoren. Die Danziger Werft erwarb Boots- und Schiffsmotoren, Lastwagen und Traktoren. Auch die Krupp-Germania-Werft in Kiel baute nach Vollmer-Plänen Schiffsmotoren. Die bekannte Automobilfabrik Franz Komnick in Elbing/Ostpreußen produzierte zwischen 1921 und 1930 Blockmotoren der DAC für Personen- und Lastwagen. Bei dieser Konstruktion, die auch von den Dinos-Werken verwendet wurde, handelte es sich um den ersten Blockmotor aus einer Aluminiumlegierung mit eingesetzten Stahlzylindern, Zylinderkopf mit hängenden Ventilen, obenliegender Nockenwelle und Zentralumlaufschmierung, die in der Fachwelt Aufsehen erregte.

Die hektischen und unsicheren Inflationsjahre mit ihrer ständigen Unruhe, fraglichen Zukunftsaussichten, traurigen Schicksalen im Freundes- und Bekanntenkreis gingen auch an Joseph Vollmer nicht spurlos vorüber. Der über Fünfzigjährige bekam plötzlich gesundheitliche Schwierigkeiten. Doch auch hier bewies er eiserne Energie. Der Kettenraucher gewöhnte sich von heute auf morgen das Rauchen ab, aktivierte statt dessen seine reitsportlichen Fähigkeiten und reduzierte die Gaumenfreuden, denen er besonders zugetan war. Regelmäßige Kuraufenthalte taten ein übriges, um die Gesundheit wiederherzustellen.

Mitte der zwanziger Jahre stellte sich heraus, daß mittlere und Kleinbetriebe in der Landwirtschaft zwar finanziell in der Lage waren, Raupenschlepper zu erwerben, jedoch den Verschleiß der Ketten nicht herauswirtschaften konnten. Nur größere Güter waren hierzu finanzstark genug. Aus Gründen der Rentabilität entwickelte Vollmer also 1924 den Radschlepper, der von der Hanomag im gleichen Jahr auf der landwirtschaftlichen Ausstellung in Hannover gezeigt wurde. Er war ohne Konkurrenz und schon während der Ausstellung ein durchschlagender Erfolg. Bald war es nicht mehr möglich, die eingehenden Aufträge fristgerecht auszuliefern. Erst die nach und nach bei Hanomag eingeführte Fließbandarbeit ermöglichte es, 30 Schlepper pro Tag herzustellen. Bis zum Ablauf der DAC-Patente wurden allein rund 30000 Radschlepper bei Hanomag produziert, sowohl zur landwirtschaftlichen als auch zur industriellen Verwendung.

Nach Beendigung der Inflation war auch das Auslandsgeschäft der DAC langsam wieder in Gang gekommen. Die Raupen- und Radschlepper Vollmers erregten auch in der ausländischen Fachpresse Aufsehen; sie wurden sogar in der Militärliteratur im

Pkw mit Rennkarosserie, Dinos-Werke, Berlin 1920–23, nach einem Rennen auf der AVUS, Vollmer im Hintergrund
Sammlung Zincke

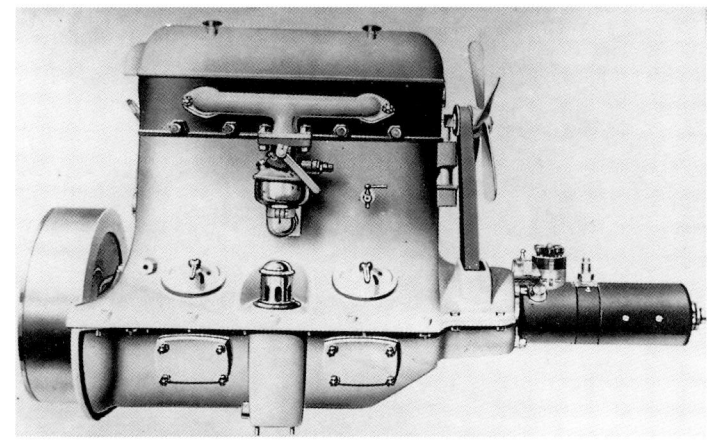

Blockmotor aus Aluminium, Längsschnitt Dinos-Werke, Berlin um 1920
Sammlung Zincke

Ausland erwähnt. Vor allem in Frankreich befürchtete man, Deutschland wolle wieder Panzer bauen, was bekanntlich der Versailler Vertrag verbot. Entwicklungen des A7V-Konstrukteurs erweckten da besondere Wachsamkeit. Die DAC verkaufte Schlepper-Lizenzen u. a. an die Skoda-Werke in Pilsen, Lkw-Konstruktionen, Traktoren mit Vierradantrieb sowie Zugmaschinen und Sattelschlepper an die Maschinenbau-AG Breitfeld in Prag. Vollmer entwickelte den sogenannten »Colo«-Trecker mit Dreizylinder-Dieselmotor, den er an die Süddeutsche Bremse AG in München verkaufte. Das Hauptgeschäft erzielte die »Südbremse« mit dem Colo-Trecker in der Sowjetunion.

Schon vor dem Kriege, zur Zarenzeit, hatte Vollmer gute Geschäfte mit russischen Firmen gemacht. Er hatte mehrere Reisen nach Rußland unternommen, um Verträge abzuschließen oder technische Hilfe beim Bau seiner Konstruktionen zu gewähren. Auch die Sowjetunion hatte sich schon für seine Entwicklungen interessiert und 1921 eine Reihe von Schleppern bei Hanomag bestellt. Mitte der zwanziger Jahre nun setzten sich die offiziellen sowjetischen Stellen direkt mit Vollmer in Verbindung. Der Vorsitzende des Verwaltungsrates des Oradur-Trustes, der Dachorganisation sämtlicher sowjetischer Maschinenfabriken, Beresin, erschien in Begleitung eines Dolmetschers in Vollmers Büro in Berlin. Vollmer wurde gebeten, eine Besichtigung der Schlepperproduktion bei der Hanomag zu vermitteln. Joseph Vollmer erhielt von Beresin eine Einladung nach Moskau mit der Bitte, im Rahmen einiger Vorträge vor Professoren, Ingenieurstudenten und Staatsfunktionären die neue Technik des Colo-Traktors zu erläutern. In Begleitung seines Geschäftsführers, Ingenieur Alberti, reiste Vollmer einige Monate später nach Moskau. Sie wurden am Bahnhof von einer Delegation der Oradur in Empfang genommen und ins Hotel »Monopol« geleitet, dem besten Hotel Moskaus, das nur ausländischen Gästen vorbehalten war. Vollmer hielt mehrere Vorträge und wurde natürlich auch zu Beresin gebeten. Der Verwaltungsrat der Oradur residierte in einem imponierenden, achtstöckigen Neubau. In jeder Etage saß ein Aufseher, der genaue Kontrollfunktionen ausübte und die Besucher nicht gerade freundlich behandelte. Die Begrüßung in Beresins Büro indes war von großer Herzlichkeit. — Zum Abschluß ihres Aufenthaltes gab es Alberti und Vollmer zu Ehren ein großes Abendessen im ehemaligen Palais des Großfürsten Paul, das der sprichwörtlichen russischen Gastfreundschaft entsprach. Das Essen, von langen Reden unterbrochen, währte bis

in die frühen Morgenstunden und stellte die Trinkfestigkeit der Teilnehmer auf eine harte Probe.

Im Zuge der Kollektivierung der sowjetischen Landwirtschaft erhielten sowohl die Süddeutschen Bremsen AG als auch Hanomag große Aufträge aus der Sowjetunion. Gleichzeitig bauten die Russen jedoch ab 1927 eigene große Traktorenwerke auf. Aber es fehlten ihnen die technischen Fachkräfte, das »know how«, um in eigener Regie zu produzieren. 1928 begannen direkte Lizenzverhandlungen zwischen Vollmer und den Bevollmächtigten der Oradur. Gegenstand der Gespräche war ein Fahrzeug mit kombiniertem Räder-Raupenantrieb, für das Vollmer seit 1925 mehrere Patente innehatte. Die Verhandlungen verliefen erfolgreich, Einzelheiten blieben geheim. Ohne Zweifel lief nun in der Sowjetunion die Produktion militärischer Fahrzeuge nach Vollmers Plänen an, die nicht nur der russischen Rüstung dienten, sondern an denen auch das deutsche Hunderttausend-Mann-Heer ein wesentliches Interesse hatte. Ein umfangreicher Lizenzabschluß über Dieselmotoren von Vollmers Zeichenbrett folgte. Auch sie waren offiziell für Traktoren bestimmt. Daß die Dieselmotoren der DAC auch in Panzerfahrzeuge eingebaut wurden, sollte entscheidende Folgen haben. Hier begann eine Entwicklung, die mit dem legendären sowjetischen Panzer T 34 endete.

Radschlepper mit Greifrädern, Hanomag, Hannover, ab 1924
Sammlung Zincke

Radschlepper Hanomag, Hannover, ab 1924   Sammlung Zincke

Die Dieselmotoren für Panzer in der Sowjetunion wurden vor allem im Charkower Lokomotivenwerk entwickelt, einem Werk, das schon 1911 zu Vollmers Kunden zählte und das er zur technischen Unterstützung häufig aufsuchte. Während die westlichen Konstrukteure Ottomotoren in ihre Panzer einbauten, orientierten sich die Russen an Dieselmotoren, deren Verwendung im Panzerbau die Vorteile größerer Reichweite, einfacherer Bedienung und geringerer Brandgefahr brachten. Während des Zweiten Weltkrieges wurde dann die Überlegenheit dieser Bauweise endgültig offensichtlich. Die Sowjets hatten beim Ankauf der Dieselmotor-Lizenzen von Vollmer größten Wert auf Kraftfahrzeugnormen gelegt. Die sowjetischen Panzertruppen hatten bei der Instandsetzung ihrer Fahrzeuge im Zweiten Weltkrieg den großen Vorteil, daß ihre Motoren standardisiert waren.

Vollmer reiste nun sehr häufig in die Sowjetunion, um die Fertigung seiner Fahrzeuge und Motoren mit technischen Ratschlägen zu unterstützen. Oft stieß er auf Schlamperei und technisches Unwissen, doch bald war er erstaunt, wie schnell der technische und industrielle Rückstand aufgeholt wurde. Bei seinen Besuchen in den Werken, die über das große Land verstreut lagen, wurde er stets sehr zuvorkommend behandelt, da seine Tätigkeit für die Sowjets von hohem wirtschaftlichem Interesse war. Dieses Interesse allerdings beruhte auf Gegenseitigkeit, denn Vollmer hatte günstige Verträge abgeschlossen und wurde in harten Dollar bezahlt.

Aus heutiger Sicht scheint es nun unvermeidlich, hier eine politische Anmerkung einzufügen. In den zwanziger und dreißiger Jahren bestand für einen deutschen Geschäftsmann und Konstrukteur kein Grund, auf wirtschaftliche Zusammenarbeit mit den Sowjets zu verzichten. Mit dem Friedensvertrag von 1918, in dem Rußland weitgehend auf finanzielle Forderungen an die Kriegsgegner verzichtete, und dem Vertrag von Rapallo, der 1922 die Aufnahme der diplomatischen Beziehungen zwischen der Sowjetunion und Deutschland festlegte, waren gute Voraussetzungen für wirtschaftliche Beziehungen gegeben, wobei man damals vor allem aus Gründen der politischen und wirtschaftlichen Isolation durch die ehemaligen Kriegsgegner im Westen sogar bereit war, die kommunistische Ideologie in der Sowjetunion in Kauf zu nehmen. Sogar auf militärischem Gebiet gab es Kooperationen mit den Russen – die Reichswehr erprobte ihre Panzer in Kasan. Für Joseph Vollmer, den Politik sowieso nur in Grenzen interessierte, gab es keinen Grund, auf Geschäfte mit den Sowjets zu verzichten. Erst nach dem Zweiten Weltkrieg gab es einige Leute, die es ihm verübelten, daß eine Reihe von seinen Konstruktionsmerkmalen in russischen Panzern Verwendung fand.

Zu Joseph Vollmers Fähigkeiten zählte ein ausgeprägtes kaufmännisches Talent, das unter Erfindern nicht weit verbreitet ist. Sein Bekanntheitsgrad in Berliner Wirtschaftskreisen brachte ihm so manche Aufgabe ein, die sowohl sein technisches als auch sein kaufmännisches Wissen forderte. So spielte er im Auftrage eines Berliner Bankenkonsortiums eine entscheidende Vermittlerrolle in der wirtschaftlichen Verwertung des Vorkammerpatentes von Prosper L'Orange. Dessen Erfindung, durch die der schwer entzündliche, aber billigere Dieselkraftstoff besser verbrennen kann, ermöglichte erst die wirtschaftliche Verwendung des Diesels als Fahrzeugmotor. Prosper L'Orange leitete ein Werk für stationären Motorenbau von Benz & Cie. in Mannheim, das verkauft werden sollte. Nach langwierigen Verhandlungen, kombiniert mit

Panzerkampfwagen mit Räder-Raupenantrieb, 200 PS, Maybach-Motor, 10 t, Geschwindigkeit auf Rädern 80 km/h, auf Raupen 40 km/h, Schnellfeuergeschütz und MG. Landsverk, Landskrona/Schweden 1931

Sammlung Zincke

komplizierten Patentdiskussionen, gelang es Vollmer, einen Kompromiß zwischen Käufer und Verkäufer zu finden. Beide Werke, sowohl die von den Banken erworbenen Motoren-Werke Mannheim (MWM) als auch Benz & Cie. profitierten danach von der Einspritzpumpe Prosper L'Oranges. Benz & Cie. behielt sich lediglich das Nutzungsrecht dieser Erfindung für Motoren unter 20 kg/PS vor. Damit war ein Markstein in der deutschen Automobilindustrie gesetzt, denn erst nach der Verfügbarkeit über eine leistungsfähige Einspritzpumpe, die den Dieselkraftstoff mechanisch für die Verbrennung aufbereitet, konnte sich der Dieselmotor als Kraftfahrzeugantrieb und als Kleindiesel in vielfältiger Nutzung durchsetzen. Die Firma Benz entwickelte in kurzer Zeit Fahrzeug-Dieselmotoren mit Einspritzpumpe. Von nun an gewann der Dieselmotor absoluten Vorrang im Lastwagenbau. Vollmer wurde sowohl Aktionär als auch Aufsichtsratsmitglied der Motoren-Werke Mannheim. Von 1929 bis 1936 bauten die MWM auch Dieselschlepper in Vollmer-Lizenz.

Die deutsche Automobilindustrie hatte zwar Anfang der zwanziger Jahre einen Aufschwung genommen, doch gab es, gemessen an

Panzerkampfwagen mit Räder- und Hilfskettenantrieb, NAG-Motor, 80–100 PS, 3,5 t, Geschwindigkeit auf Rädern 80 km/h, auf Kette mit Rädern 40 km/h. Landsverk, Landskrona/Schweden 1933

Sammlung Zincke

Panzerkampfwagen mit Raupenantrieb, 200 PS, Maybach-Motor, 12 t, 45 km/h, Schnellfeuergeschütz und MG. Landsverk, Landskrona/Schweden 1931

Sammlung Zincke

den Absatzmöglichkeiten, viel zu viele Hersteller mit einer zu großen Anzahl von Modellen, die noch dazu in technischem Rückstand im Vergleich zu ausländischen Produkten waren. Hohe Besteuerung und niedrige Importzölle brachten die deutschen Automobilhersteller in zusätzliche Schwierigkeiten. Unter diesen Umständen lag es auf der Hand, den Absatz von Automobilen auf dem Kreditwege zu fördern. Die Hersteller selbst waren durch chronische Kapitalknappheit nicht dazu in der Lage. 1920 war unter Vollmers Mitwirkung die Deutsche Automobilbank AG mit Sitz in Berlin-Charlottenburg gegründet worden. Das Geschäftsvolumen erstreckte sich auf die Kreditvergabe an die Automobilindustrie und verwandte Branchen. Das Grundkapital betrug 3 000 000 Mark und wurde als Inhaberaktien ausgegeben. Die acht Gründer der Bank, unter denen sich der Niederländische Generalkonsul Jean George, Vollmers Schwager Dr. Anton Stöhr und Vollmer selbst befanden, übernahmen sämtliche Aktien. George und Dr. Stöhr wurden Aufsichtsratsvorsitzende, Vollmer Aufsichtsratmitglied. Mitte der zwanziger Jahre erwies sich das Bankhaus als zu kapitalschwach. Man wollte nicht nur wie bisher fabrikneue Kraftfahrzeuge beleihen, sondern ganz allgemein den Kauf von Industrieerzeugnissen fördern. Zur Rückversicherung der geplanten Geschäfte reisten Stöhr und Vollmer in die Schweiz, um Verträge mit zwei Schweizer Versicherungsgesellschaften abzuschließen. Das Aufgabengebiet der Bank konnte nun erweitert werden. Als dann jedoch der Vorstand eine Kapitalerhöhung mit Wechseln finanzieren wollte und Vollmer sich mit seiner gegensätzlichen Meinung nicht durchsetzen konnte, legte er seinen Posten nieder und zog seine erheblichen Einlagen aus der Bank zurück. In Folge des Schwarzen Freitags brach die Deutsche Automobilbank dann 1930 zusammen.

Obwohl die Weltwirtschaftskrise natürlich auch an der Deutschen Automobil-Constructionsgesellschaft nicht spurlos vorüberging, gelang es Vollmer zum rechten Zeitpunkt, bedarfs- und marktgerechte Konstruktionen zu entwickeln und seine Erfindungen richtig zu plazieren. Nach der Fusion zwischen Daimler und Benz 1926 wurde der Lastwagenbau aus dem Werk Berlin-Marienfelde nach Gaggenau, Vollmers ehemaliger Wirkungsstätte, verlegt. Die Dieselmotoren für Lastwagen und Omnibusse waren, in Zusammenarbeit mit der Firma Bosch, bis 1930 so weit ausgereift, daß Daimler-Benz praktisch eine Monopolstellung auf diesem Gebiet

hatte. So brachten die beiden Patente, die Vollmer im Zusammenhang mit dem Vorkammerverfahren 1930 an Daimler-Benz in Lizenz verkaufte, ihm bis 1942 bzw. 1951 laufend Einkünfte.

Ab 1926 wurden in Deutschland wieder Panzer gebaut, wegen der Vorschriften des Versailler Vertrages allerdings im Geheimen. Das Heereswaffenamt erteilte die Aufträge zum Bau verschiedener Prototypen unter den Pseudonymen »Leichter Traktor« und »Groß-Traktor«, die dann in Kasan, in der UdSSR erprobt wurden. Zu den beauftragten Firmen gehörte auch Vollmers ehemaliger Lehrbetrieb, die Maschinenfabrik Esslingen. Hier wurde nun ab 1927 eine Vollmer-Konstruktion mit kombiniertem Räder-Raupenantrieb unter der offiziellen Bezeichnung Leicht-Traktor hergestellt. – Die Gutehoffnungshütte Sterkrade, Tochterunternehmen der MAN, beauftragte die DAC 1930 mit der Konstruktion von Panzerkampfwagen. Vollmer entwickelte ein Fahrzeug mit kombiniertem Räder-Raupenantrieb, 200 PS Maybach-Motor für 5 Mann Besatzung mit Schnellfeuerkanone und einem Aktionsradius von 220 km. Der Panzerwagen erreichte auf Rädern eine Geschwindigkeit von 80 km/h, auf Raupen 40km/h. Er wurde in verschiedenen Ausführungen bei der Firma Landsverk, Landskrona in Schweden produziert. Landsverk stellte auch Panzerfahrzeuge mit reinem Raupenantrieb nach Vollmers Plänen her und baute ab 1933 seinen Panzerkampfwagen mit Rädern und Hilfskettenantrieb, ausgerüstet mit NAG-Motoren von 80 bis 100 PS. Für diese Fahrzeuge besaß Joseph Vollmer allein elf Patente. – Ende der dreißiger Jahre allerdings bestand für kombinierte Räder-Raupenfahrzeuge auf militärischem Gebiet kein Bedarf mehr. Die Vollkettenfahrzeuge hatten inzwischen ausreichende Geschwindigkeiten erreicht, und die Raupenketten waren widerstandsfähiger konstruiert.

Im Zusammenhang mit den militärischen Konstruktionen sei abschließend bemerkt: für Vollmer, der 1916 den Einheits-Dreitonner geschaffen hatte und die Typenvielfalt der im Ersten Weltkrieg verwendeten Kraftfahrzeuge zu vereinheitlichen suchte, war es unfaßbar, daß man 23 Jahre später nicht klüger geworden war. Zwar war der Einheits-Diesel geschaffen worden, doch dessen Produktion wurde 1940 ersatzlos gestrichen. Das sogenannte Schell-Programm, eine Typenvereinheitlichung des Generalbevollmächtigten für das Kraftfahrwesen, Adolf v. Schell, kam nicht zum Zuge. Statt diesbezüglich auf den Erfahrungen aus dem

Kriege 1914–1918 aufzubauen, verliefen solche Programme im Sande. Der Mangel an Vereinheitlichung im militärischen Kraftfahrzeugwesen sollte sich im Zweiten Weltkrieg für Deutschland wiederum zur Katastrophe auswachsen.

30 Jahre lang hatten Ernst Neuberg und Joseph Vollmer ein Unternehmen von internationalem Niveau durch oft widrige Zeiten geführt. Die Marktlücke, in die sie 1906 gestoßen waren, bestand nicht mehr. Die großen Kraftfahrzeug- und Motorenhersteller hatten inzwischen eigene Konstruktionsbüros, kleinere Unternehmen existierten kaum noch. So schloß die Deutsche Automobil-Constructionsgesellschaft Ende 1936 ihre Pforten für immer.

Der Zweite Weltkrieg und die Nachkriegsjahre (1937–1955)

In seinem 66. Lebensjahr zog sich Joseph Vollmer nur teilweise ins Privatleben zurück. In seiner ehemaligen Wohnung, Schlüterstr. 45, installierte er unter der Firmenbezeichnung »Ingenieurarbeit GmbH« Büro- und Zeichenräume, die er bis 1949 beibehielt. Die Familie lebte schon längere Zeit ständig in Berlin-Schlachtensee, Kinder und Enkel in enger Nachbarschaft.

In den folgenden Jahren beschäftigte sich Vollmer vor allem mit der Konstruktion von neuartigen Kupplungen und Schalterleichterungen, die noch bis weit über seinen Tod hinaus Abnehmer fanden. In Zusammenarbeit mit Professor Rudolf Wille vom Hermann-Föttinger-Institut für Strömungstechnik der Technischen Universität Berlin entwickelte er neue Kühlsysteme. Noch 1940 und 1941 wurden ihm in den USA ein Selbstdruck-Einblasventil für Dieselmotoren und eine Getriebekonstruktion patentiert. Während des Krieges lebte Vollmer in Berlin, von gelegentlichen Reisen in die Heimatstadt Baden-Baden abgesehen. Obwohl er sich für den NS-Staat in keiner Weise engagierte, fand er anläßlich seines 70. Geburtstages 1941 große Beachtung in der Fachpresse und in Militärzeitschriften. – Als die Fahrten zum Büro in der Stadt wegen der zunehmenden Bombardierung Berlins zu gefährlich wurden, wandelte Vollmer das Eßzimmer seines Privathauses in ein Konstruktionsbüro um. Mit seinem getreuen Zeichner Eichler arbeitete er dort weiter. Die kriegsbedingte Rohstoffverknappung ließ auch Vollmers Erfindergeist nicht ruhen. Er entwickelte u. a. eine Reihe von Gasgeneratoren, die wegen des Kraftstoffmangels Treibgas aus Holz zum Antrieb von Personen- und Lastkraftwagen erzeugen sollten.

Sobald es in den Wirren der Nachkriegszeit möglich war, machte sich Joseph Vollmer in seinem alten Büro wieder an die Arbeit. Gemeinsam mit seinem Freund Ernst Neuberg fertigte er eine lange Liste seiner Konstruktionen der vergangenen Jahre, die nach Wiedereröffnung des Patentamtes angemeldet wurden. Im Laufe des Jahres 1947 meldete sich in Vollmers Büro ein Besucher, dem der Konstrukteur zunächst sehr skeptisch gegenüber stand. Es handelte sich um einen deutschen Beauftragten der westalliierten Sicherheitsdienste, der eine ernste Warnung aussprach. Vollmer gehöre zu einem fachlich hochqualifizierten Personenkreis, der in Gefahr sei, in die Sowjetunion verschleppt zu werden, um dort zwangsweise an wissenschaftlichen und technischen Projekten zu arbeiten. Vollmer bekam genaue Verhaltensmaßnahmen und trennte sich von seinem Besucher in gutem Einvernehmen. Dennoch gelang Vollmer kurz darauf ein kaufmännisches

Kabinettstück. Seine Frau besaß ein Miethaus im sowjetisch besetzten Teil von Berlin. Die Besatzungsmacht interessierte sich für dieses Haus. Aus unerfindlichen Gründen wurde das Gebäude nicht einfach beschlagnahmt, sondern ordnungsgemäß von der Familie Vollmer gekauft. Der Kaufpreis bestand – im wahrsten Sinne des Wortes – aus einem Koffer praktisch wertloser Reichsmarkscheine. Vollmer verwendete das Geld zum Kauf deutscher Aktien, die zu diesem Zeitpunkt ebenso wertlos waren, später aber wieder ihren alten Wert zurückhielten. Sein kaufmännischer »sechster Sinn« schuf erneut die Grundlage für ein Vermögen.

JEDERMANN-AUTO, in der Planung, 1949   Sammlung Zincke

Als am 20. Juni 1948 in den Besatzungsgebieten der Westalliierten die Währungsreform durchgeführt wurde, stand dem später »Wirtschaftswunder« genannten Wiederaufbau im Westen und Süden Deutschlands nichts mehr im Wege. Anders in Berlin. In unmittelbarer Folge auf die Währungsreform, die auch die Westsektoren der Stadt einschloß, blockierte die Sowjetunion Westberlin. Ein Ende der Blockade war vorerst nicht abzusehen. Die Berliner Industrie, ursprünglich schon aus geografischen Gründen mit den Ostgebieten Deutschlands stärker verbunden als mit dem Westen des Landes, lag also weiterhin am Boden. In dieser Situation entwickelte der 77jährige den »Vollmer-Plan«. Durch Verlegung oder völlige Stillegung von Berliner Betrieben herrschte hohe Arbeitslosigkeit. Westberlin besaß keine Automobilfabrik für Personenwagen mehr. Vollmer hatte einen Kleinwagen konstruiert, der »Jedermann-Auto« getauft wurde. Der Wagen sollte für die Berliner erschwinglich sein und geringe Unterhaltskosten erfordern. Der »Vollmer-Plan« empfahl zunächst die Herstellung einiger Probewagen. Die Kosten hierfür wurden mit ca. 150 000 DM veranschlagt. Der Magistrat der Stadt Berlin hatte einen Kredit in Höhe von 125 000 DM zugesagt. Die weitere Finanzierung wurde nach einem 100 DM-Anteilsystem geplant. Daimler-Benz in Marienfelde sollte die Zentralstelle für die technische und kaufmännische Geschäftsführung und Koordinator der Zulieferindustrie werden. In der zweiten Etappe, d. h. bei Beginn der Serienfabrikation, sollte eine Aktiengesellschaft gegründet werden, deren Majorität die Stadt Berlin übernommen hätte. Für das »Jedermann-Auto für 1000 DM« sollte BMW in Berlin-Spandau die Motoren liefern, A. Teves die Bremsen und Continental die Reifen. Alle Vorgespräche waren geführt. Doch mit der Beendigung der Blockade im Mai 1949 und der schnellen wirtschaftlichen Entwicklung in Westdeutschland war die Idee eines »Spar-Autos« überholt. Westberlin wurde auf der Basis von Subventionen von der Bundesrepublik im wirtschaftlichen Aufwind mitgezogen. Dennoch ist es bemerkenswert, daß es Vollmer in hohem Alter

Joseph Vollmers 80. Geburtstag, von links: Prof. Udo Augustin, Technische Universität Berlin; Joseph Vollmer, Lothar Hennies, Daimler Benz Niederlassung Berlin; Paul Köppen, Targa Florio-Sieger   Sammlung Zincke

gelungen war, nicht nur einen modernen Kleinwagen zu konstruieren, sondern auch die kaufmännischen Voraussetzungen zu schaffen und ein solches Projekt produktionsmäßig zu koordinieren.

Anläßlich seines 80. Geburtstages kam eine Welle von Ehrungen auf Vollmer zu. Der Dieselring wurde ihm verliehen; er wurde Ehrenmitglied des Verbandes der Motorjournalisten. Der Berliner Verkehrssenator überreichte ihm im Auftrage des Bundespräsidenten Theodor Heuss das Bundesverdienstkreuz am Bande. Er erhielt die Ehrenmitgliedschaft des Automobilclubs von Deutschland und des Allgemeinen Schnauferl-Clubs, denen er seit über 50 Jahren angehörte. 1954 erhielt Joseph Vollmer im Rahmen einer Sonderfeier in Berlin die Goldene Dieselmedaille. Der Deutsche Erfinderverband hatte diese Medaille gestiftet, um die Arbeit der Pioniere, Fortschrittförderer, Erfinder und Entdecker zu würdigen sowie derer, die zu einer gesunden Rechtsentwicklung zum Schutz der schöpferischen Leistung und damit zur Sicherung einer dauernden deutschen Wettbewerbsfähigkeit beitragen. Vollmer war der zehnte Empfänger dieser Ehrung; zu seinen Vorgängern gehörten u. a. der Turbinenerfinder Viktor Kaplan, der Flugzeug-

Das Ehepaar Vollmer bei der Goldenen Hochzeit, 29. 4. 1955. Verkehrssenator Dr. Hausmann überbringt die Glückwünsche des Senats von Berlin   Sammlung Zincke

konstrukteur Ernst Heinkel und Paul Nipkow, der Erfinder der sogenannten Nipkow-Scheibe, einer Vorrichtung der Zerlegung von Bildern in Punkte und Zeilen, wodurch die Fernsehtechnik wesentlich gefördert wurde.

Im April 1955 konnte das Ehepaar Vollmer noch bei guter Gesundheit im großen Familien- und Freundeskreis die Goldene Hochzeit feiern. Im Herbst desselben Jahres, nach einer Veranstaltung des Volkswagenwerkes, starb Joseph Vollmer am Morgen des 9. Oktober 1955 in einem Hotel in Braunschweig.

Das Deutsche Museum in München erhielt Joseph Vollmers Nachlaß, soweit er die Kriege überstanden hatte. Über 450 in- und ausländische Patente und Gebrauchsmuster wurden Vollmer im Laufe seines Lebens erteilt. Unter der Voraussetzung, daß zwischen 1877 und 1951 nur ein Prozent der gesamten Patentanmeldungen in Deutschland praktisch verwertet worden ist, stellte Vollmers Lebenswerk eine technische und kaufmännische Glanzleistung dar.

Doch gilt es an dieser Stelle auch all jener Mitarbeiter zu gedenken, die seine ungeduldige Schaffenskraft ertrugen, seine Begeisterung für die Technik teilten und ihren eigenen Erfindergeist in seine Konstruktionen einbrachten.

Literatur

Braunbecks Sportlexikon 1910, Braunbeck
Eugen Diesel, Diesel, der Mensch, das Werk, das Schicksal, Hamburg o. J.
Willi Echle, Theodor Bergmann 1850–1931, Leben und Wirken eines Gaggenauer Industriepioniers, Gaggenau 1956
Automobil-Kalender und Handbuch der Automobilen-Industrie 1901/02, Berlin 1902
Erik Eckermann, Vom Dampfwagen zum Auto, Deutsches Museum, München 1981
Schöpferische Leistung, Festschrift zur 6. Dieselmedaillen-Verleihungsfeier, Nürnberg 7. 5. 1961
Das Schnauferl, Offizielles Organ des Allgemeinen Schnauferl-Club (ASC), Jahrgänge 1966/67
Der Motorjournalist, Offizielles Informationsorgan des Verbandes der Motorjournalisten e. V., Jahrgang 1966
Goldenes Jubiläum, 50 Jahre Schnauferl-Club 1900–1950, Allgemeiner Schnauferl-Club
ATZ, Automobiltechnische Zeitschrift, 1941
Der Motorwagen, Jahrgänge 1898–1920
Zeitschrift des Mitteleuropäischen Motorwagenvereins, sämtliche Jahrgänge
Scientific American, 1900
The Horseless Age, 1900/01
American Legion Magazine, März 1953
Gazette des Armes, November 1983
B. T. White, German Tanks and Armoured Vehicles 1914–1945, o.O., 1966
F. M. von Senger u. Etterlin, Der sowjetische mittlere Kampfpanzer der Baureihe T–34 bis T–62, München 1970
Jahrbuch des Deutschen Kraftfahr- und Motorwesens, 9.–11. Jahrgang, Berlin 1912–1914
Molly Randolph: »The Lightening Conductor«, London 1902

Laufrollenwagen des A7V (von links: mittlerer, vorderer und hinterer Laufrollenwagen). Man erkennt hier deutlich die nachträglich entwickelten Führungsbleche für die Ketten

Sammlung Spielberger

Wolfram Funk

Zur Technik des Sturmpanzerwagens A7V

Bedingt durch das in neuerer Zeit ständig wachsende Interesse an technikgeschichtlichen Fakten und Quellen wurde Mitte der achtziger Jahre auch die Frage nach dem Verbleib des deutschen Ur-Panzers gestellt, der noch gegen Ende des Ersten Weltkriegs zum Einsatz kam. Schnell stellte sich heraus, daß nur noch ein einziges Exemplar des A7V in Brisbane/Queensland (Australien) existierte, das, zwar beschädigt, doch gute und sichere Hinweise zur Technik der damaligen Zeit geben konnte. Nachdem die Bemühungen der Bundesrepublik Deutschland scheiterten, das Originalfahrzeug von Australien zu erwerben, ergriff der Verfasser die Gelegenheit, sich in Australien mit der Technik des A7V vertraut zu machen und alle Vorbereitungen für einen originalgetreuen Nachbau zu treffen. Ein begleitendes Literaturstudium zeigte schnell, daß nahezu alle existierenden Quellen, die Aussagen zur Technik des A7V machten[1], aus der Zeit kurz nach dem Ersten Weltkrieg datierten und sich hinsichtlich ihrer Ausführungen wörtlich an die ersten Beschreibungen von Vollmer[2] hielten. Technische Einzelheiten, die von Vollmer nicht beschrieben wurden, fanden sich daher auch an keiner anderen Stelle in der Literatur[3].

Deshalb soll der folgende Beitrag die Technik des A7V aus heutiger Sicht darstellen und so kenntlich machen, inwieweit gerade dieses Fahrzeug, das unter extremen zeitlichen Vorgaben entwickelt und gebaut wurde und sich auch im praktischen Einsatz nur bedingt bewähren konnte, die weltweite Entwicklung der Panzerwaffe bis in die heutige Zeit maßgeblich beeinflußt hat. Während die bereits früher erfolgten und in großer Zahl zum Einsatz gelangten englischen Entwicklungen heute als technikgeschichtliches Relikt ohne weitergehende Bedeutung zu betrachten sind, ist der A7V in jeder Beziehung als der »Urvater« der heutigen Panzer anzusehen.

Leider ergaben erste ausführliche Recherchen meines Schülers Sven Tinnemeier, die er 1987 in einer Studienarbeit an der Universität der Bundeswehr in Hamburg vorlegte[4], daß nur in sehr geringem Umfang Originalzeichnungen oder -aufzeichnungen vorlagen, die als Grundlage für einen Nachbau verwendet werden konnten. Allerdings fand sich jedoch eine umfangreiche Dokumentation durch Fotoaufnahmen unterschiedlichster Ansichten und Details, so daß diese mit zur Erarbeitung der technischen Einzelheiten herangezogen werden konnten.

Beurteilung der Technik aus heutiger Sicht

Feuerkraft, Beweglichkeit und Schutz kennzeichnen den Kampfwert moderner Panzerfahrzeuge. Zusätzlich tragen noch zahlreiche Detailbewertungen, wie z. B. Gesichtspunkte der Ergonomie, der Normung und Standardisierung sowie das Vorhandensein wesentlicher Zusatzkomponenten (Sensoren, Fernmeldegeräte,

Elemente zur Schockdämpfung usw.) zur technischen Bewertung von modernen Konzepten bei.

Legt man diese Beurteilungskriterien auch für den historischen A7V zugrunde, so ergibt sich nicht nur eine zwanglose Gliederung zur Darstellung der technischen Merkmale, sondern auch für jedes Element eine Vergleichbarkeit mit nachfolgenden Entwicklungen bis in die neueste Zeit. Auf diese Weise läßt sich auch die Entwicklungsgeschichte von Komponenten und Systemen erkennen.

Das Konzept des Sturmpanzerwagens A7V

Auf der Grundlage eines vom Kriegsministerium am 13. November 1916 vorgegebenen Lastenheftes, Tabelle 1, wurde von einer ca. 40 Mitarbeiter zählenden Konstruktionsgruppe unter Leitung des

Tabelle 1

1.	Leistungen
1.1	Querfeldeinfahren über jeden Boden;
1.2	Überfahren von Gräben bis zu 1,5 m Breite und
1.3	Hindernissen, z.b. Drahthindernissen, Erdmulden;
1.4	Nehmen von Steigungen querfeldein 1: 10, auf Straßen 1 : 4;
1.5	Vor- und Rückwärtsfahren erwünscht;
1.6	Geschwindigkeit querfeldein 6, auf Straßen 12 km/h;
1.7	Nutzlast mindestens 4 t;
1.8	Panzerung entsprechend der Nutzlast (wurde später 8,5 t bei einem Gesamtgewicht des Fahrzeugs von 30 t).
2	**Feuerwirkung**
	Schnellfeuergeschütz vorwärts und rückwärts (man beschränkte sich später auf eine 5,7 cm K. vorwärts), einige MG flankierend. Feuerart: gleichzeitiges Schießen aller Waffen.
3	**Ausstattung**
	80/100 PS Maschine (angewendet wurden tatsächlich zwei Motoren zu je 100 PS); 2 Schnellfeuergeschütze je 500 bzw. 300 Schuß mit Bedienungspersonal (1 Res.); 2 MG je 6000 Schuß mit Bedienungspersonal (1 Res) (zum Schluß wurden 6 MG eingebaut).
4	**Angaben über Gewicht und Raumbedarf**
	der Bewaffnung, die Einzelberechnungen betrafen und nicht eingehalten werden konnten; sie sind daher hier im einzelnen nicht wiedergegeben. Wie diese Anforderungen zustande gekommen sind, war nach den Akten nicht festzustellen, es ist aber anzunehmen, daß ihnen Besprechungen mit der OHL und den Fachabteilungen des KM zu Grunde lagen.

Hauptrahmen des Sturmpanzers A7V in der Werkhalle. Man erkennt (von links nach rechts) Getriebe, Motor und Kraftstofftanks   Sammlung Spielberger

als Hauptmann d. R. eingezogenen Oberingenieurs Joseph Vollmer ein Konzept entwickelt, das über die folgenden wesentlichen Konstruktionsmerkmale verfügte:

Während die britischen Mark-Tanks selbsttragende Konstruktionen darstellten, basierte die Ausführung des A7V in Anlehnung an die Lkw-Bauweise auf einem Hauptrahmen, der alle Komponenten des Antriebs einschließlich der Kraftstofftanks aufnahm. Panzergehäuse (oder Ladefläche), Kommandostand, Motoren und Kanone waren auf diesen Rahmen aufgesetzt. Der Hauptrahmen

Tabelle 2

Erstes Baujahr		1917
Besatzung	Mann	18
Gefechtsgewicht	t	30
Produktion	Stück	20
Länge	m m	7350
Breite	m m	3060
Höhe	m m	3350
Bodenfreiheit	m m	200
Kettenbreite	m m	520
spez. Bodendruck	N/cm^2	6,3
Grabenüberschreitfähigkeit	m m	2200
Kletterfähigkeit	m m	450
Motor, Art, Anzahl		4-Zyl.-Reihe; 2
Hubvolumen	l	17
Motorleistung	PS	2 x 100
Höchstgeschwindigkeit	km/h	16
Fahrbereich		
Gelände	k m	35
Straße	k m	70
Kraftstoffvorrat	l	2 x 250
spez. Antriebsleistung	PS/t	6,7
Hauptwaffe		57 mm-Kanone
Munitionsvorrat HW	Schuß	180 (später: 300)
Sekundärwaffen		6 MG08, cal.
		7,92 mm
Munitionsvorrat SW	Schuß	15.000
Panzerung		
Front	m m	30
Seite	m m	15
Heck	m m	15
Dach	m m	6
Herstellungskosten	Mark	250.000
(Preissätze des Jahres 1917)		

stützte sich über Schraubenfedern auf die Laufrollenwagen des Fahrwerks ab, die sowohl mit dem Rahmen als auch untereinander durch Lenker verbunden waren[5].

Das Gleiskettenfahrwerk basierte auf dem System der amerikanischen Firma Holt-Caterpillar, das erfolgreich für Traktoren in der Landwirtschaft eingesetzt wurde. Der Vorteil dieses Systems lag in der Möglichkeit, den Kettenrücklauf durch eine Panzerung zu schützen, während bei der britischen Version die umlaufende Kette ungeschützt blieb. Der Antrieb war für jede Gleiskette unabhängig ausgeführt, was zwei Motoren und zwei Getriebe bedingte, aber auch das Problem der Lenkung löste. Der A7V konnte um die Hochachse drehen. Die tragenden Baugruppen und die Panzerung des A7V bestanden aus durch Niete und Schrauben verbundene Halbzeuge. Die Herstellung wurde durch eine Brückenbaufirma in Berlin vorgenommen.

Der Innenraum des Fahrzeugs war in drei Bereiche aufgeteilt: den vorderen Kampfraum mit Kanone und zwei Maschinengewehren, die Kommandanten-Plattform oberhalb der Motoren in Fahrzeugmitte und den hinteren Kampfraum mit vier Maschinengewehren. Hierdurch wurde vom Grundsatz her eine ausgezeichnete Gewichtsverteilung (»Mittelmotor«) bewirkt, die noch dadurch verbessert wurde, daß unter den Bodenblechen im vorderen Kampfraum die Kraftstofftanks angeordnet waren als Gewichtsausgleich zu dem im hinteren Kampfraum gelagerten Getriebe. Lediglich die Bugwand, die um 500 kg schwerer ist als die Heckwand, sowie die im Bugbereich gelagerte Kanone bewirkten eine, später auch kritisierte, »Kopflastigkeit« des Fahrzeugs.

Durch die (ideale) Anordnung der Motoren unterhalb der Kommandanten-Plattform und der »Unterflur«-Anordnung der Kraftstoffbehälter und der Getriebe verfügte der A7V über ein optimales Innenraumangebot. Aufgrund dieser Anordnung ergibt sich eine nutzbare Fläche für Mannschaft und Innenausbauten von 2,8 m Breite und 6,6 m Länge. Diese Nutzfläche von 18,5 m² entspricht

Längsschnitt durch den A7V
Bundesarchiv Koblenz

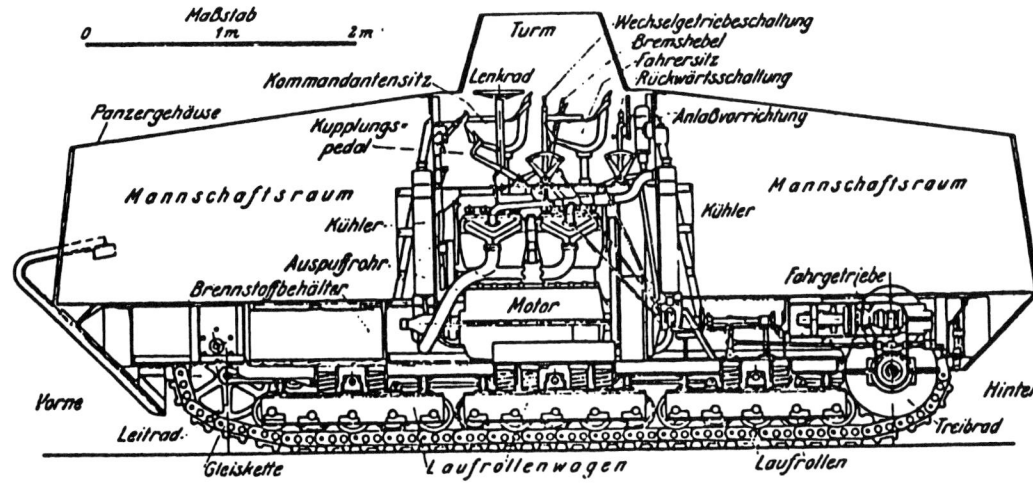

Grundriß des A7V
Bundesarchiv Koblenz

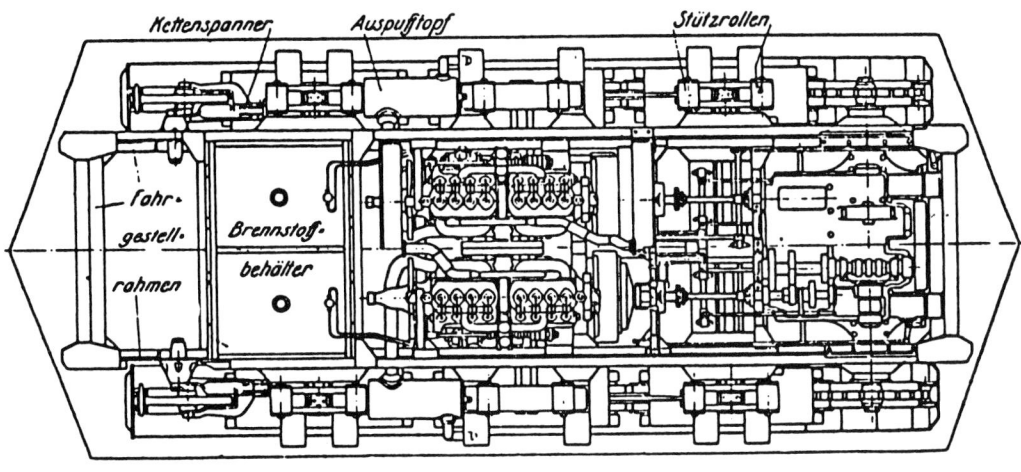

somit auch der Grundfläche der Gehäuse-Glocke. (Zum Vergleich: Bei den heutigen Kampfpanzerwagen nehmen die Antriebsaggregate bis zu 50 Prozent des Fahrzeugvolumens in Anspruch!)

Der A7V hatte eine Länge von 7350 mm, war 3100 mm breit und 3350 mm hoch (Maße über alles; vgl. Tab. 2). Der im Bild oben noch sichtbare Frontbügel wurde in der Praxis nicht realisiert. Das Betriebsgewicht betrug 16 500 kg und das der Panzerung 8500 kg. Daraus folgte bei ca. 4850 kg Besatzungs- und Bewaffungsgewicht ein Gesamtgewicht von ca. 30 000 kg[6]. Der A7V war für 18 Mann Besatzung ausgelegt und mit einem belgischen 57 mm-Kasemattgeschütz (Maxim-Nordenfeldt) und sechs Maschinengewehren 08 ausgestattet[7]. Dieses Geschütz wurde im wesentlichen deshalb gewählt, weil der Rohrrücklauf nur 150 mm betrug und dadurch Bremszylinder und Wiege kürzer waren und innerhalb des Panzerschutzes gelagert werden konnten. Seine Eignung zur Bekämpfung gegnerischer Panzer hatte dieses in großer Stückzahl erbeutete Geschütz bereits – auf einen 4-t-Lastkraftwagen montiert – bewiesen. Eine detaillierte Beschreibung der technischen Komponenten des A7V wird in den folgenden Abschnitten »Feuerkraft«, »Beweglichkeit« und »Schutz« gegeben.

Bei der Beurteilung des hier dargestellten Konzepts des A7V muß man berücksichtigen, daß den deutschen Ingenieuren praktisch keine Informationen über die gegnerischen »Tanks« zur Verfügung standen und daß die Entwicklungsarbeiten auch dadurch stark

57-mm-Kasemattkanone (Bauart Maxim-Nordenfeldt) auf einem 4-t-Lastkraftwagen zur beweglichen Panzerabwehr
Sammlung WGM

beeinflußt wurden, daß das Grundkonzept des zu entwickelnden Kettenfahrzeugs sowohl als Geländetransportfahrzeug als auch als Kampfwagen Verwendung finden sollte. Vollmer löste das Problem dadurch, daß er ein einheitliches Grundkonzept für Rahmen und Fahrwerk einschließlich Antrieb und Lenkung entwickelte und lediglich den Aufbau den unterschiedlichen Einsatzbedingungen anpaßte.

Feuerkraft

Die Feuerkraft als Kampfwertkomponente wird durch die Bewaffnung und Munitionierung des Fahrzeugs sowie Einrichtungen der Feuerleittechnik bestimmt. Neben der bereits erwähnten 57 mm-Kasematt-Kanone war der A7V noch mit 6 lafettierten Maschinengewehren 08 ausgerüstet. Zusätzlich führte er ein leichtes MG (08/15) für Stroßtruppaufgaben und mehrere Gewehre und Handgranaten mit. Flammenwerfer, die in der Ausstattung ursprünglich auch vorgesehen waren, wurden nicht eingesetzt.

57 mm-Sockel-Panzerwagengeschütz

Die technischen Daten des Geschützes finden sich in Tabelle 3. Bei der Waffe[8] handelte es sich um eine belgische 57 m-Kasematt-Kanone mit halbautomatischem Fallblockverschluß. Der Sockel besteht aus Stahlblech in Form einer achtseitigen Pyramide. Die Oberlafette mit dem Richtmaschinengehäuse, an dem die Seiten- und die Höhenrichtmaschine befestigt sind, ruht mit ihrem Drehzapfen im Sockelkopf. An der Wiege, die mit ihren Schildzapfen in der Oberlafette gelagert ist, ist der Rohrpanzer befestigt. Auf die Gleitbahn der Wiege ist die Rohrjacke geschoben. Mit dieser sind die beiden Bremszylinder der Rohrbremse fest verbunden.

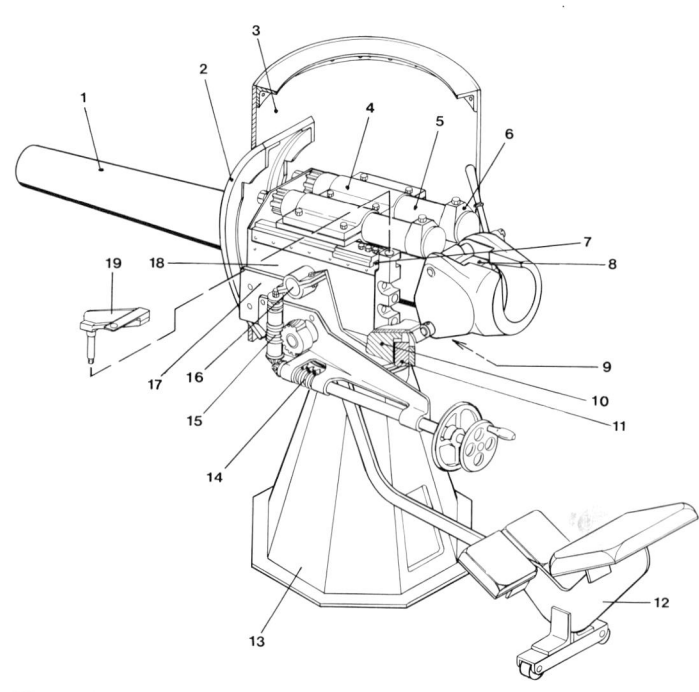

57 mm-Sockelpanzerwagengeschütz

1 Kanone	10 Drehzapfen
2 Rohrpanzer	11 Sockelkopf
3 Zylinderpanzer	12 Richtschützensitz
4 Rohrjacke	13 Sockel
5 Bremszylinder	14 Seitenrichtmaschine
6 Rohrbremse, vollst.	15 Höhenrichtmaschine
7 Gleitbahn	16 Schildzapfen
8 Fallblockverschluß	17 Oberlafette
9 Zahnbogen/	18 Wiege
Höhenrichtmaschine	19 Aufsatzträger

Zeichnung Rheinmetall

Tabelle 3

Länge des Rohres	m m	L/26,3 = 1504
Anzahl der Züge		24
Gewicht des Rohres mit Verschluß ohne Sockel	kg	193
Gewicht des Verschlusses	kg	22
Geschoßgewicht	kg	2,7
Kleine Ladung v_0	m/s	395
Große Ladung v_0	m/s	487
Größte Schußweite		
Kleine Ladung	m	4000
Große Ladung	m	6400
Feuergeschwindigkeit in der Minute	Schuß	20 bis 25
Höhenrichtfeld		+ 20°
Seitenrichtfeld		40° nach rechts und links

Schließlich steht als Richtmittel ein Aufsatzträger an der hinteren Seite der Wiege mit Fernsehhülse und Fernrohraufsatz zur Verfügung.

Das Rohr des Geschützes ist ein Vollrohr und aus einem Stück gefertigt. Das Innere der Seele besteht aus dem Ladungsraum zur Aufnahme der Munition, einem Übergangskegel und dem gezogenen Geschoßführungsteil mit 24 Zügen und zunehmendem Rechtsdrall.

Die Tiefe der Züge beträgt 0,4 mm und der Drall nimmt von einem Anfangsdrall von 45 Rohrweiten auf einen Enddrall von 30 Rohrweiten (Rohrweite: 57 mm) zu. Die Gesamtlänge des Rohres beträgt 1504 mm, die Länge des gezogenen Teils 1069 mm.

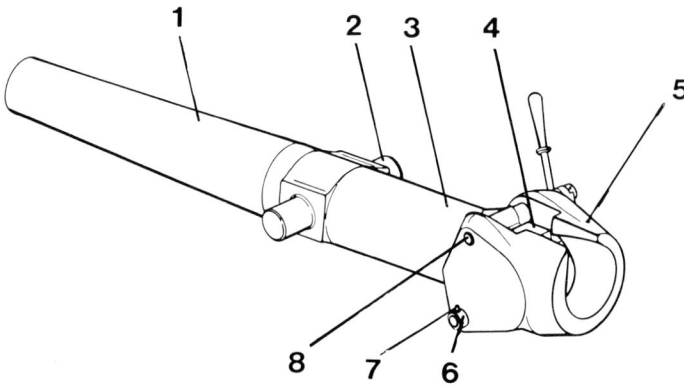

Rohr, vollständig

1 langer kegelförmiger Teil	5 Bodenstück
2 Schildzapfen	6 Handhebelwelle
3 mittlerer zylindrischer Teil	7 Anschlagstift
4 Aufnahme für Verschluß	8 Auswerferwelle

Zeichnung Rheinmetall

Die Lafette bildet zusammen mit der eigentlichen Waffe das Geschütz. Sie besteht aus einer Kombination von Baugruppen zur Unterstützung der Waffe beim Schuß. Die Hauptbestandteile der Lafette des 57 mm-Sockel-Panzerwagengeschützes sind: der Sockel mit Sockelkopf, die Oberlafette mit Richteinrichtung, die Wiege mit Gleitbahn und die Rohrjacke mit Rohrbremse.

Die Richtmittel bestehen aus dem Aufsatzträger, der an der hinteren Seite der Wiege in einem Halter befestigt ist. Er trägt auf seinem oberen Querarm die Fernrohrhülse. Der Fernrohraufsatz ist in der Fernrohrhülse mit einer Neigung von 3° zur Waagerechten gelagert, um die durch den Rechtsdrall entstehenden Abweichungen der Geschosse auszuschalten. Die Entfernungsteilung reichte zunächst von 0 bis 2700 m, später bis 4300 m, die Seitenrichtung von 0 bis 45° nach rechts und links.

Die Richteinrichtung stellte eine Behelfsmaßnahme dar, da geeignete optische Richtmittel nicht zur Verfügung standen und Zeit für Neuentwicklungen fehlte. Der Fernrohraufsatz war ein eingeführtes Rundblickfernrohr, das — im Gegensatz zu Feldgeschützen — nicht senkrecht, sondern waagerecht gelegt worden war. Die bei Feldgeschützen gebräuchliche Seitenverschiebung diente nunmehr zum Einstellen der Erhöhung, die Kopfteilung zum Einstellen

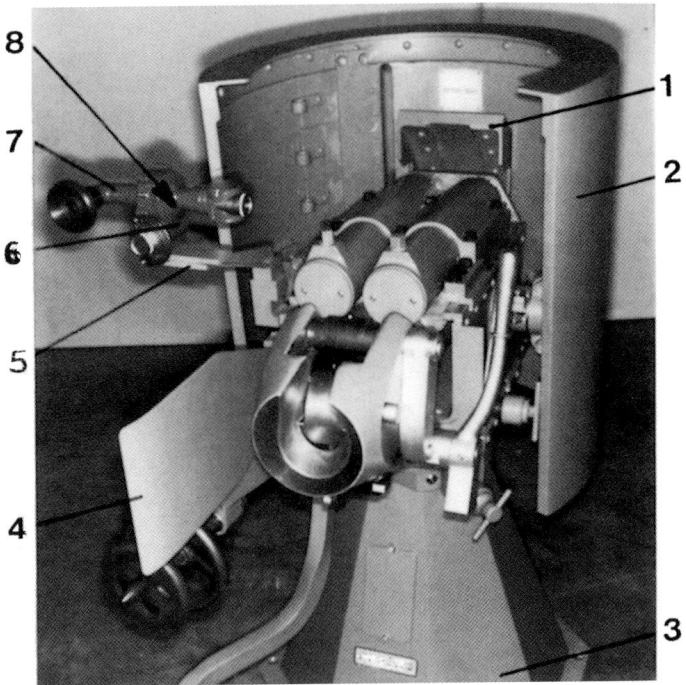

57 mm-Sockel-Panzerwagengeschütz (Ansicht von hinten)

1 Sockel mit Sockelkopf	4 Wiege mit Gleitbahn
2 Oberlafette mit Richteinrichtung	5 Zurrung für Höhenrichtmaschine
3 Rohrjacke mit Rohrbremse	6 Zurrung für Seitenrichtmaschine

Photo: Rheinmetall

57 mm-Sockel-Panzerwagengeschütz (schräg von hinten)

1 Rohrpanzer	5 Aufsatzträger
2 Zylinderpanzer	6 Fernrohraufsatz
3 Sockellafette	7 Querarm
4 Abweiser	8 Zielfernrohr

Photo: Rheinmetall

Fernrohraufsatz für das 57 mm-Sockel-Panzerwagengeschütz

1 Seitenteilung	3 Einblick
2 Entfernungsteilung	

Photo: Rheinmetall

Richtschützensitz für das 57 mm-Sockel-Panzerwagengeschütz

1 Sitz- und Knieschutzträger	4 Sockelkopf
2 Richtschützensitz	5 Rollen
3 Gestänge	

Photo: Rheinmetall

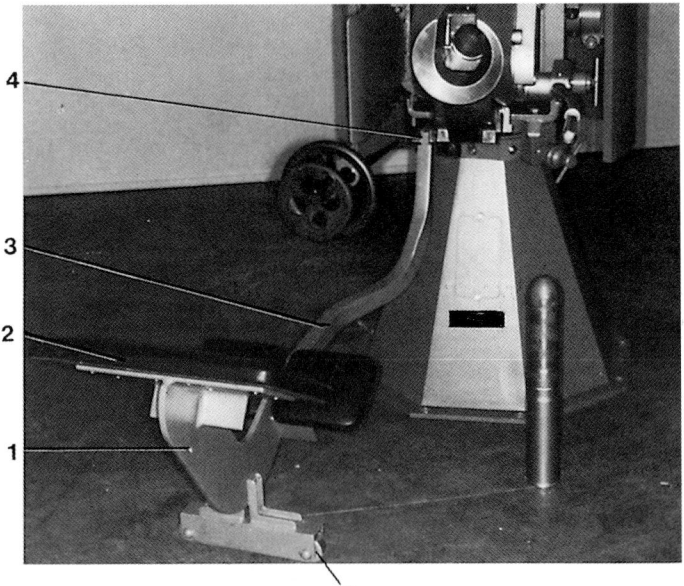

der Seitenverschiebung. Ein Teilstrich verlegte den Treffpunkt um 1/1000 der Entfernung nach der Seite. Das Richtmittel hatte den Vorteil, einfach und handlich zu sein, indem es Aufsatz und Fernrohr in sich vereinigte. Es hatte aber zweifellos den Nachteil, daß durch die Form des Panzers das Objektiv vom Visierschlitz zu weit entfernt war, wodurch das Gesichtsfeld des Rundblickfernrohrs sehr klein wurde.

Der Richtschützensitz war über ein Gestänge auf der linken Seite des Geschützes am Sockelkopf angebracht. Zwei Rollen unterhalb des Sitz- und Knieschutzträgers gestatteten es dem Richtschützen, alle seitlichen Schwenkbewegungen der Kanone mitzumachen.

Maschinengewehr 08

Das Maschinengewehr (MG) 08 (System »Maxim«) gehört zur Gruppe der Rückstoßlader mit beweglichem Lauf[9]: durch die Ausnutzung des Rückstoßes unter gleichzeitiger Spannung einer Schließfeder wird das Zuführen, Laden und Zünden der Patronen sowie das Ausziehen und Auswerfen der abgefeuerten Patronenhülsen selbsttätig bewirkt.

Die Hauptteile der Waffe sind (feststehend) Mantel, Kasten, Handhabe mit Abzugsvorrichtung und Sicherung, Zuführer, Visiereinrichtungen und Federeinrichtung. Beweglich (vor- und zurücklaufend) sind Lauf, Gleitvorrichtung und Schloß. Das MG 08 hatte zur Kühlung des Laufs eine Laufummantelung, die drei Liter

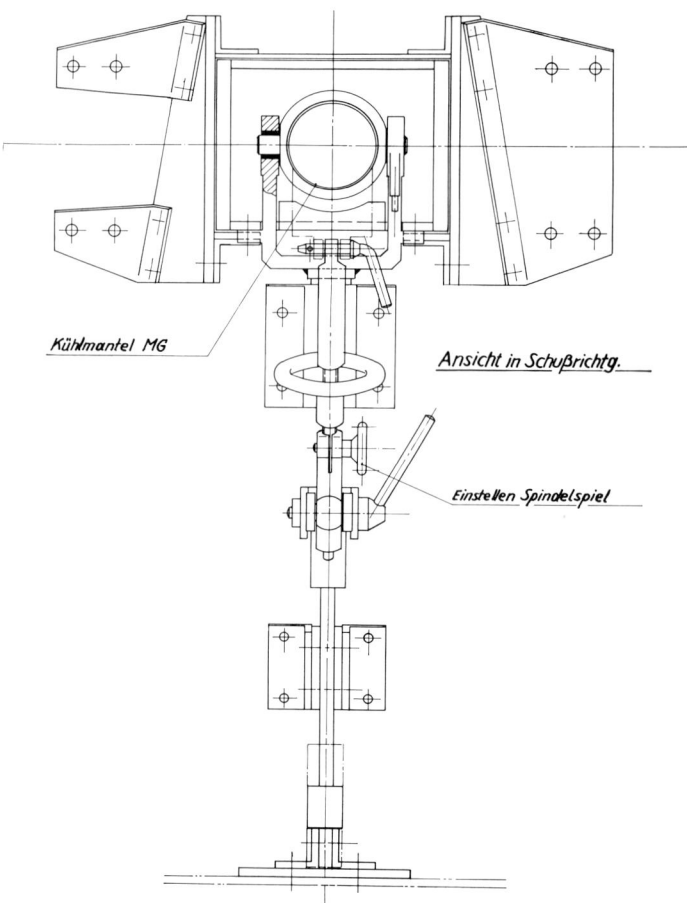

Kühlmantel MG

Ansicht in Schußrichtg.

Einstellen Spindelspiel

Lafettierung des MG 08, Ansicht in Schußrichtung   Zeichnung KUKA

Lafettierung des MG 08 im Sturmpanzerwagen A7V   Zeichnung KUKA

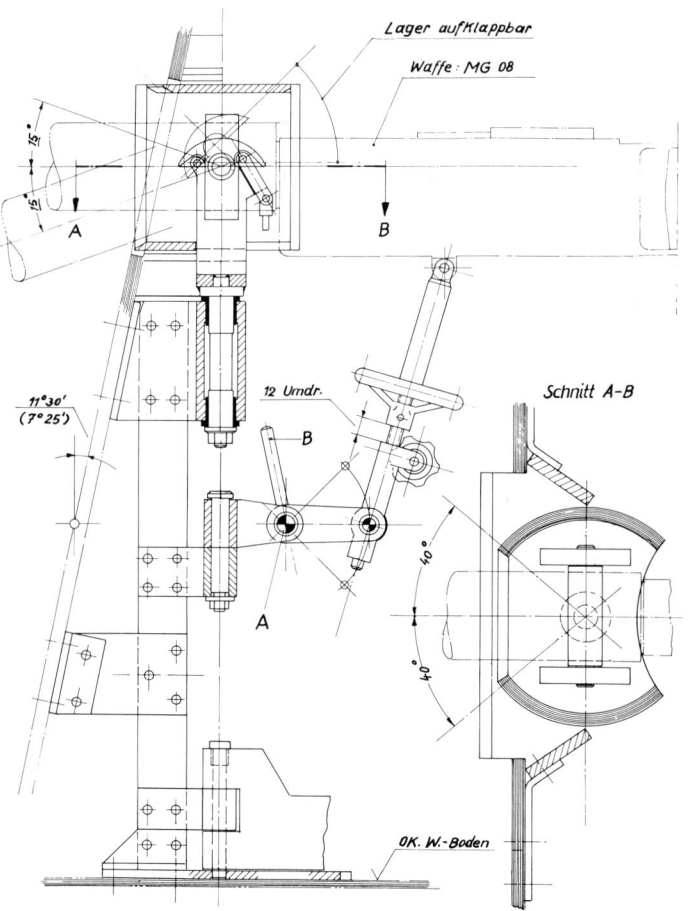

Lager aufklappbar

Waffe: MG 08

A

B

11°30'
(7°25')

12 Umdr.

B

Schnitt A-B

A

40°

40°

OK. W.-Boden

Kühlwasser faßte. Diese Laufummantelung des MG 08 zusammen mit einer Lafette ergab das Aussehen eines kleinen Geschützes. In der Literatur wurde deshalb oft die Bezeichnung »Maschinengeschütz« verwendet.

Die Lafettierung des MG 08 im Sturmpanzerwagen A7V entsprach den Pivotlafetten, wie sie bei der Marine an Bord benutzt wurden. Die bei Pivotlafetten charakteristische Schwenkzapfenkonstruktion für die Waffenseitenbewegungen nahm nicht nur die Waffe auf, sondern bewegte gleichzeitig auch eine gepanzerte Walzenblende, die, bis auf einen schmalen senkrechten Spalt, den Panzerschutz für den Innenraum sicherstellte. An den an der Laufummantelung vorhandenen Schildzapfen wurde eine geteilte Lagerschelle mit zwei Lagerschellenhülsen befestigt und verstift. Die Lagerschellenhülsen sind seitlich an der Lagerschelle angeordnet und dienen zur Aufnahme der Waffen in der Lafette. Die Waffe selbst wird mit Klemmschnellverschlüssen aufgenommen.

Für einen zweiten Festpunkt der Waffe in der Lafette sorgte eine Höhenrichtmaschine. Mit diesen Festpunkten in der Lafette ruhte das Maschinengewehr beim Schießen wie ein Geschütz in einem Gestell. Die Höhenrichtmaschine bestand im wesentlichen aus einem Spannschloß, das über ein Handrad betätigt wurde und entsprechend der Verlängerung oder Verkürzung des Gewindebolzens die Höhe einstellte. Auf diese Weise war mit der sehr einfachen Höhenrichtmaschine eine genaue Einstellung der Waf-

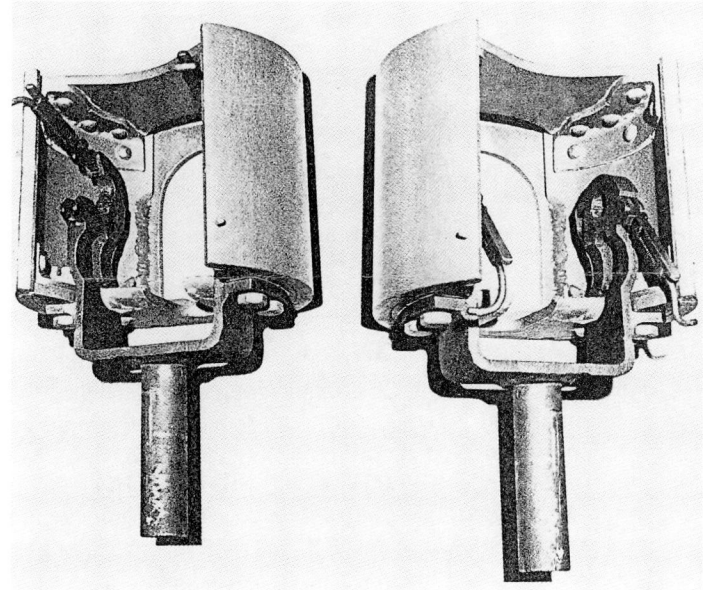

Lafettierung des MG 08, Ansicht von hinten   Sammlung WGM

des MG 08 (fast 600 Schuß in der Minute) spricht noch die große Beweglichkeit der Waffe für die Konstruktion der MG-Lafette im Sturmpanzerwagen A7V.

Munition

Für die 57 mm-Kanone sah das Ausstattungssoll 180 Patronen vor. Davon waren etwa 50% Kartätschen, 30% Panzergranaten und 20% Sprenggranaten mit Aufschlagzünder. Im Einsatz wurden jedoch, entgegen der ursprünglichen Planung, bis zu 400 Granaten mitgeführt. Die Munition im Kampfwagen war in Munitionskisten verstaut. Für den Ladekanonier waren zwölf Schuß griffbereit in je sechs Haltetaschen links und rechts vom Geschütz an der Wand des Kampfwagens als Bereitschaftsmunition angebracht.

Die Granate mit Panzerkopf (Gr. m. P.) wurde gegen feindliche Tanks, die Kartätsche zur Nahverteidigung eingesetzt. Die Granate mit Aufschlagzünder mit Verzögerung (Az. m. V.) wurde zur Bekämpfung von offenen Zielen oder Zielen hinter senkrechten Deckungen verwendet. Gegen Ende des Krieges fanden noch Versuche statt, um die Durchschlagswirkung der 57 mm-Granate mit Panzerkopf zu erhöhen. Eine Zündverzögerung von 0,5 gegenüber 0,25 Sekunden brachte eine erhebliche Vergrößerung der Durchschlagswirkung. Somit konnten nun 15 mm dicke Panzerplatten noch auf 1000 m Entfernung wirkungsvoll bekämpft werden.

Für die Maschinengewehre waren pro Panzer 40 bis 60 Gurtkästen mit je einem Gurt zu 250 Patronen – insgesamt also 10000 bis 15000 Schuß – vorgesehen. Die Munition hatte jeder MG-Schütze griffbereit in seinem Lafettensitz. Zusätzlich gab es im Fahrzeug weitere Reserve-Munitionskästen. Nach einer anderen Quelle waren pro Kampfwagen 60 »Patronenkästen 15« zu je 250 Patronen und 6 »Patronenkästen 16« zu je 100 Patronen, mithin 15600 Schuß MG-Munition vorgesehen[10]. Im wesentlichen wurde das Infanteriegeschoß Kal. 7,9 mm als s.S.-Geschoß (schweres Spitzgeschoß) verwendet, das gegen Kriegsende durch das SmK-Geschoß (Spitzgeschoß mit Stahlkern) ergänzt wurde. Hiermit konnten die gegnerischen Tanks auf kurze Entfernung wirkungsvoll bekämpft werden (Durchschlagen von Panzerstahlplatten von 14 mm Dicke auf Entfernungen unter 100 Meter).

fenhöhe möglich. Auch eine Tiefenstreuung konnte durch geringfügiges Drehen am Handrad bewirkt werden.

War es erforderlich, die Höhe der Waffe schnell und extrem hoch oder tief einzustellen, konnte der MG-Schütze durch Lösen eines Klemmhebels den unteren Festpunkt der Höhenrichtmaschine freigeben. Nach dem Lösen des Klemmhebels konnte der Richtschütze, der beide Hände an der »Handhabe mit Abzugsvorrichtung und Sicherung« hatte, die Waffe in alle Richtbereiche schnell und sicher schwenken. Bei extremen seitlichen Schwenkbewegungen konnte der Richtschütze mit einem Fuß (links oder rechts) eine Sitzsperre ausklinken und den Sitz mit dem Körper in die gewünschte Schwenkstellung bringen, wo sich dieser wieder selbsttätig arretierte. Mußte der MG-Schütze sowohl zur Seite als auch in der Tiefe mit der Waffe streuen, so mußte die linke Hand die Waffe zur Seite führen und die rechte Hand das Handrad der Höhenrichtmaschine betätigen. Neben der guten Schußleistung

Daimler Motorenbau Prüfanstalt für Lastwagen- und Tankmotoren in Berlin-Marienfelde 1917–18

Sammlung Spielberger

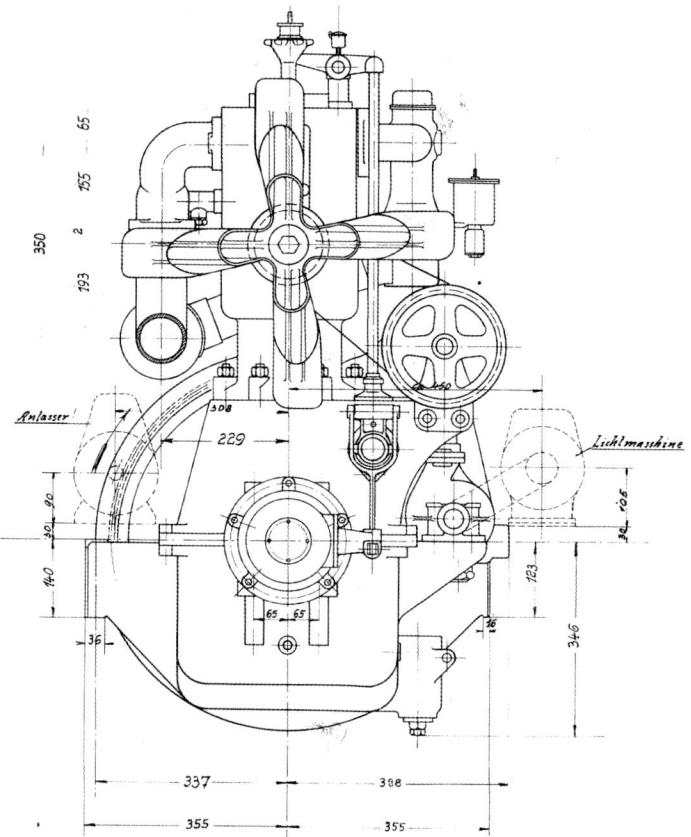

Frontansicht (in Fahrtrichtung gesehen) des linken Motors. Zeichnung nach Originalunterlagen
Zeichnung Daimler Benz

Praktische Ausführung dieses Motors
Sammlung Funk

Beweglichkeit

Die Beweglichkeit als Komponente des Kampfwerts wird durch die Elemente des Antriebsstrangs und das Laufwerk bestimmt. Neben charakteristischen Kenngrößen wie Leistungsgewicht, Höchstgeschwindigkeit, Steigfähigkeit, Lenkradien und Bodendruck geben jedoch insbesondere die technischen Einzelheiten der Antriebselemente Aufschluß über den Stand der Technik und die Leistungsfähigkeit des Systems.

Motor

In Abweichung vom Lastenheft gelangte Vollmer zu der Erkenntnis, daß für das konzipierte Geländefahrzeug eine Motorleistung von mindestens 200 PS (147,2 kW) erforderlich sei. Da Motoren entsprechender Leistung nicht verfügbar waren, wurden zwei Motoren, Typ »Daimler 165 204« je 100 PS (73,6 kW) Leistung eingebaut. Es handelte sich um 4-Zylinder-Reihenmotoren mit hängenden Ventilen, wassergekühlt, mit 17 000 cm³ Hubraum (Bohrung 165 mm, Hub 200 mm), die ihre volle Leistung bei einer Betriebsdrehzahl von 800—900 min⁻¹ entwickelten. Die Motoren wurden in Fahrtrichtung spiegelbildlich parallel eingebaut und mit einer Dreipunktlagerung im Rahmen befestigt. Diese Dreipunktlagerung verfügte über ein besonderes konstruktives Merkmal: die jeweils hintere, äußere dritte Lagerstelle war mit einem Stützbügel verbunden, der von seiner Funktion her ein federndes Verbindungselement zwischen Motor und Rahmen war und durch die Verwindung des Rahmens evtl. entstehende Spannungen sowie Fertigungstoleranzen ausgleichen sollte.

Um den an ein geländegängiges Fahrzeug zu stellenden Anforderungen gerecht zu werden, waren die Vergaser (Steigstromvergaser, Fabrikat »Pallas«) so zu konstruieren, daß auch bei großen Schräglagen des Fahrzeugs der entsprechende Kraftstoffstand im Vergaser sichergestellt und eine einwandfreie Versorgung der Motoren gewährleistet wurde. Dies erfolgte durch einen sog. »Pendel-Regulator«. Eine auftretende Schräglage mußte auch bei der Konzeption der Schmierung der Motoren berücksichtigt werden. Bei etwaiger Überflutung der hinteren Zylinder mit Schmieröl war mit extremer Rauchentwicklung bei den Abgasen sowie mit einer Verschmutzung der Zündkerzen zu rechnen, was zu frühzeitigem Erkennen im Gelände und zu mangelnder Betriebssicherheit führen konnte. Aus diesem Grunde wurde für die Motoren eine Zentralschmierung entwickelt, mit deren Hilfe das Öl aus dem Kurbelgehäuse in einen zentral am Fahrstand angebrachten Schmierölsammelbehälter zurückgepumpt wurde. Eine weitere Pumpe führte das über Filter gereinigte Öl den einzelnen Schmierstellen wieder zu (Trockensumpfschmierung).

Besonderes Augenmerk wurde auch der Versorgung der Motoren mit Kühl- und Ansaugluft gewidmet. So waren die Vergaser mit den Ansaugleitungen jeweils an den Außenseiten der Motoren angeordnet, die Auspuffleitungen dagegen an den Innenseiten zwischen den beiden Motoren. Dadurch sollte vermieden werden, daß die Ansaugluft bereits durch die Abwärme der Auspuffrohre vorgewärmt wurde. Die Kühlung der Motoren war vom Grundsatz her sehr effektiv gestaltet und wurde auch von der Fachwelt als gelungene Konstruktion anerkannt, wenngleich sie sich bei den zum Einsatz gekommenen Sturmpanzerwagen A7V nicht sonder-

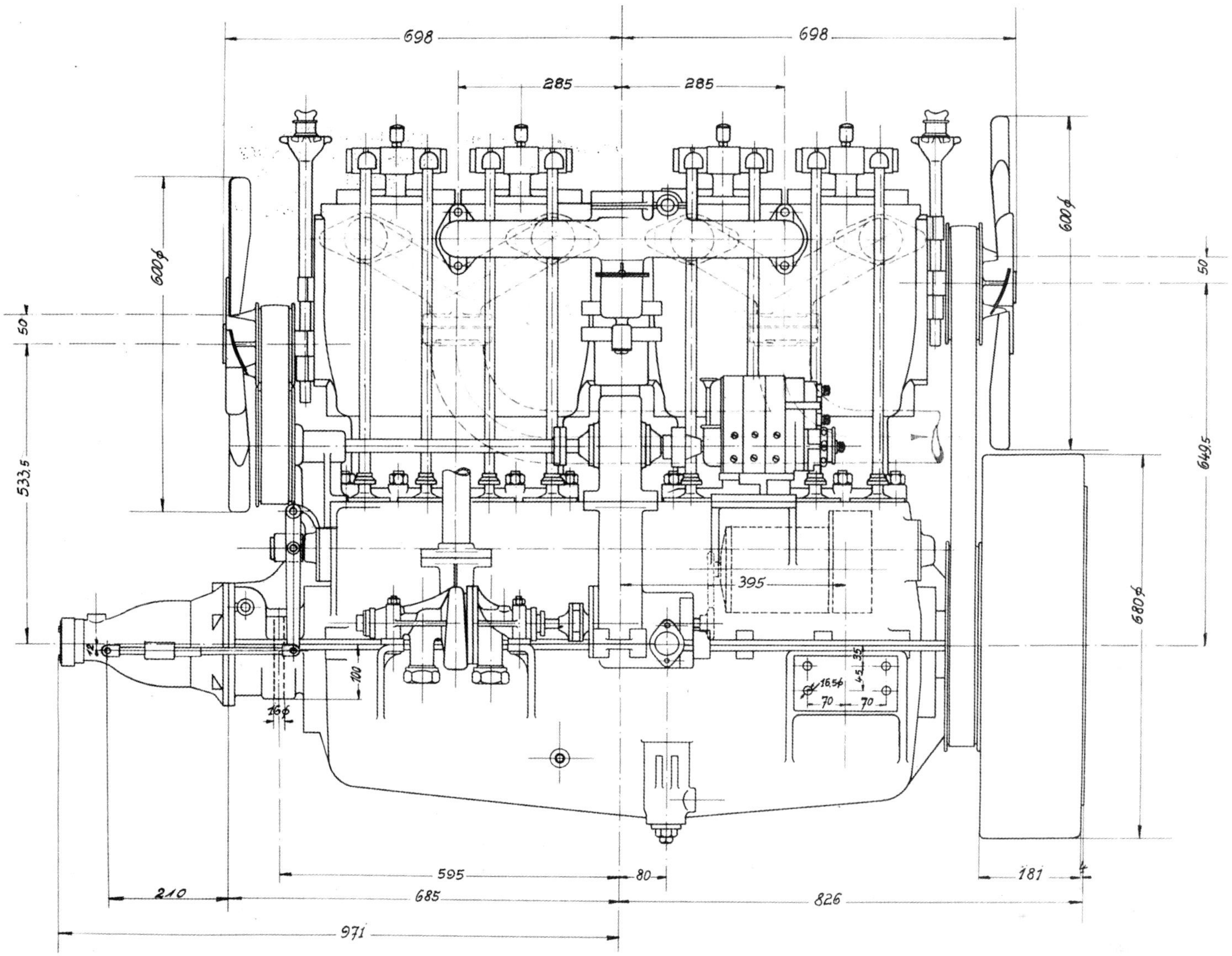

Linke Seite (in Fahrtrichtung gesehen) des linken Motors. Zeichnung nach Originalunterlagen

Zeichnung Daimler Benz

lich bewährt hat. Der Einsatz von Röhrenkühlern mit Ventilatoren galt als neuartige Konstruktion und sozusagen als Markenzeichen für spätere »Vollmer-Konstruktionen«. Im A7V befanden sich zwei große Röhrenkühler jeweils an den Stirnseiten des die Motoren umschließenden Kommandostandes. Sie waren lose in zwei Taschen mit Filzeinlagen eingestellt und wurden an der Oberseite durch elastische Bügel gehalten. Die Kühlluft wurde durch vier Ventilatoren, jeweils zwei pro Kühler, aus dem Fahrzeuginneren

Praktische Ausführung dieses Motors Sammlung Funk

Rechte Seite (in Fahrtrichtung gesehen) des linken Motors Sammlung Funk

125

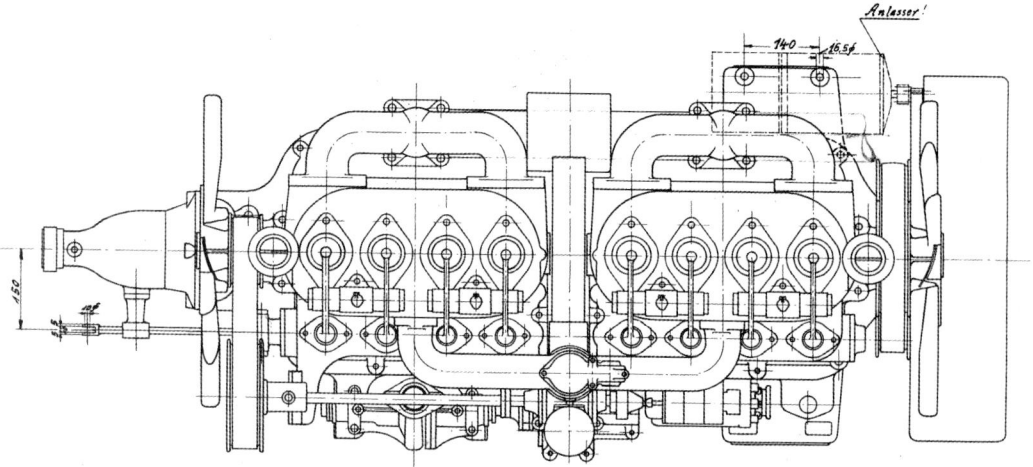

durch die Kühlelemente der Kühler angesaugt. Der Antrieb der Ventilatoren erfolgte jeweils durch beide Motoren von der Stirn- bzw. Schwungradseite aus über nachstellbare Flachriemenantriebe.

Heckansicht (in Fahrtrichtung gesehen) des linken Motors

Sammlung Funk

Blick aus dem hinteren Kampfraum auf den hinteren Kühler (MEPHISTO)

Sammlung Funk

Die Führung der Kühlluft wurde besonders sorgfältig gestaltet. Dabei wurde größter Wert darauf gelegt, daß keine »Umluft« von den Ventilatoren angesaugt wurde. Um dies sicherzustellen, rotierten die Flügel der Ventilatoren in einem Gehäuse, das an der Rückseite der Röhrenkühler zunächst rechteckig gebaut war, um dann trichterförmig in die runde, durch Blechrohrabschnitte gebildete und die Ventilatoren umschließende Form überzugehen. Durch den von den Ventilatoren erzeugten Unterdruck in dem Gehäuse wurde sichergestellt, daß nur Luft einströmen konnte, die vorher den Röhrenkühler passiert hatte. Diese Kühlluft wurde dann in den Motorraum geblasen und von dort durch die einzige offene Spalte zwischen den Motoren und dem Fahrgestellrahmen nach unten (außen) gedrückt. Dieses Entlüftungssystem konnte jedoch nur dann funktionieren, wenn die zu den seitlichen Gängen hin offenen Flächen des Motorraumes, wie in der ursprünglichen Konstruktion vorgesehen, abgedeckt wurden. Aus dem Verfasser unbekannten Gründen (vielleicht bessere Zugänglichkeit der Vergaser, Reparaturerwägungen usw.) wurden diese Abdeckplatten entfernt. Deshalb gelangte die Kühlluft seitlich durch die nicht abgedeckten Öffnungen am Kommandantenstand in die Gänge zwischen diesem und der Gehäusewand und von dort in die Kampfräume, was hier zu Temperaturen zwischen 60° und 86°C führte. Die wenigen am Gehäuse vorhandenen Lüftungsklappen konnten keine Verminderung der Temperatur bewirken.

Der Anlaßvorgang der Motoren gestaltete sich ausgesprochen schwierig, nicht zuletzt auch deshalb, weil die zur Verfügung stehenden Treibstoffe (Benzin-Benzol-Gemisch) von minderwertiger Qualität waren. Aus diesem Grund war neben dem elektrischen Anlasser auch noch eine Andrehkurbel vorgesehen, die drei Mann zur Bedienung erforderte. Weitere Hilfseinrichtungen dienten der Unterstützung des Anlaßvorgangs. War ein Motor in Gang gesetzt, so konnte der zweite Motor durch Einkuppeln bei fahrendem Fahrzeug angeschleppt werden.

Der elektrische Anlasser (Bauart: Bosch) besteht aus einem Hauptstrom-Elektromotor, dessen Anker in seinen Lagern in Längsrichtung der Achse verschiebbar ist. Er wird durch eine Feder in seine Ruhestellung (Anlaßritzel nicht im Eingriff) gedrückt. Bei Betätigung des Anlaßschalters wird der Anker in Achsrichtung gegen den Federdruck angezogen, das Ritzel kuppelt in die in das Schwungrad außen eingefräste Verzahnung ein und treibt das Schwungrad so lange an, bis der Motor startet. Da keine Batterien im Fahrzeug vorgesehen waren, war im Fahrstand ein durch eine Handkurbel betätigter Anlaßdynamo vorhanden, um den benötigten Anlaßstrom zu erzeugen.

Um den Anlaßvorgang (elektrisch oder von Hand) zu erleichtern, waren im Kommandostand zwei Hilfsbehälter angebracht, die qualitativ hochwertigen Treibstoff enthielten. Dieser wurde zum Anlassen des Motors mit einer von Hand betriebenen Gemischpumpe in den Vergaser befördert. Diese Vorgehensweise war deswegen notwendig, weil im Fahrbetrieb die Kraftstoff-Förderung durch den Überdruck der Auspuffgase erfolgte, beim stillstehenden Motor jedoch kein entsprechender Überdruck vorhanden war. Für den Fall, daß die Haupt-Kraftstoffbehälter ausfielen, konnten die Motoren für beschränkte Zeit noch mit Hilfe dieser Zusatzbehälter betrieben werden.

Ein weiteres Aggregat zur Unterstützung des Anlaßvorgangs war eine von Bosch entwickelte Zerstäuberpumpe, die zerstäubten Kraftstoff direkt in die Ansaugkanäle einspritzte. Da die Verdampfung des Benzin-Benzol-Gemisches bei niedrigen Temperaturen sehr unzureichend war, konnte bei Bedarf ein Azetylenerzeuger an die Ansaugkanäle angeschlossen werden, um die Motoren mit diesem leicht entzündbaren Gas zu starten. Der Kraftstoffversorgung dienten zwei Behälter, die in einer im Rahmen im Bereich des vorderen Kampfraumes eingebauten Bodenwanne gelagert wurden. Jeder dieser Kraftstoffbehälter mit einem Fassungsvermögen von 250 l konnte an jeden der beiden Motoren angeschlossen werden. Die Kraftstoff-Förderung erfolgte durch den Druck der Auspuffgase.

Der ballistische Schutz der Kraftstoffbehälter wurde zum Fahrwerk hin durch eine 10 mm dicke Panzerplatte, rundum durch das gepanzerte Gehäuse sichergestellt. Für den Fahrbetrieb wurde die Drehzahl der Motoren vom Fahrer durch eine von Hand bedienbare Drossel eingestellt, während ein Drehzahl-Begrenzungsregler dafür sorgte, daß die vorgeschriebene Höchstdrehzahl nicht überschritten werden konnte.

Rückseite des Kühlers mit Ventilatorengehäuse (MEPHISTO)

Sammlung Funk

Blick in den Fahrstand des A7V. Links
im Bild ist der Anlaßdynamo zu sehen.
(Der Kommandantensitz ist demontiert)
Patton Museum Fort Knox

Getriebe

Da der Antrieb des Sturmpanzerwagens A7V durch zwei spiegelbildlich angeordnete Motoren erfolgte, findet sich diese Konfiguration auch bei dem Getriebe wieder: das Fahr- und Lenkgetriebe ist
für jede Gleiskette ein völlig unabhängiges Aggregat, das über
jeweils eine entlastete Doppelkonuskupplung mit den Kurbelwel-
len der Motoren verbunden ist. Diese Kupplungen dienen nicht nur
dem Aus- bzw. Einkuppeln beim Schalten, sondern auch in
entsprechender Anwendung der Durchführung des Lenkvor-
gangs. Beide Getriebe sind in einem gemeinsamen Gehäuse
untergebracht. Jedes Getriebe besitzt drei Gänge, deren Überset-
zungsverhältnisse so ausgelegt sind, daß Fahrgeschwindigkeiten
von 3, 6 und 12 km/h erreicht werden können, und zwar sowohl
vorwärts als auch rückwärts. Die Schaltung erfolgt durch ein
mechanisches Hebelsystem, das über eine Schaltmuffe die Schie-
beräder E, F und G jeweils mit den auf der Vorgelegewelle W
sitzenden Rädern E_1, F_1 und G_1 zum Eingriff bringt. Die Vorgelegewelle trägt weiterhin zwei Kegelritzel H, die über eine schaltbare
Zahnkupplung Z wechselweise mit der Welle gekoppelt werden

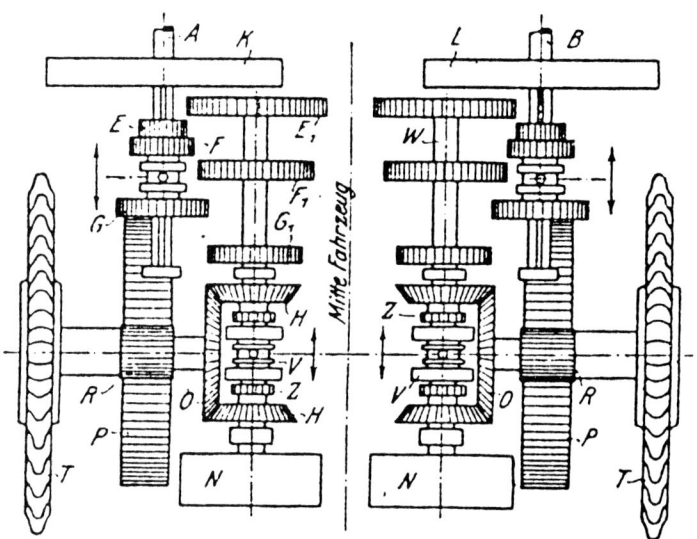

Schematische Darstellung des Getriebes des A7V   Sammlung Funk

Getriebe des Sturmpanzers A7V. Der
innere Aufbau ist gut zu erkennen
Sammlung Funk

Gehäuseunterseite des Getriebes des A7V. Deutlich sind die Ausbuchtungen für die Großräder der Vorgelege zu erkennen   Sammlung Funk

können und so den Antrieb für Vorwärts- oder Rückwärtsfahrt einschalten, sowie am hinteren Ende eine Bremsscheibe N, die sowohl zum Lenken als auch zum Bremsen des Fahrzeugs verwendet werden kann.

Über das Kegelrad O werden über eine weitere Zahnradstufe RP die Kettenräder T angetrieben. Durch diese Getriebeanordnung ist es möglich, beide Gleisketten unabhängig voneinander anzutreiben und so beispielsweise das Wenden um die Hochachse zu realisieren, indem man die eine Kette vorwärts und die andere rückwärts laufen läßt. Durch das gleichzeitige Einkuppeln beider

Motoren wird bei gleicher Drehzahl Geradeausfahrt erreicht, während durch das Auskuppeln jeweils eines Motors und entsprechendes Abbremsen der ausgekuppelten Gleiskette Kurvenfahrt ermöglicht wird. Stillstand des Fahrzeugs wird durch das Auskuppeln beider Motoren und gleichzeitiges Abbremsen beider Gleisketten herbeigeführt. Der kleinste Lenkradius betrug 2,2 m. Bei nur geringen Abweichungen von der Geradeausfahrt blieben beide Motoren eingekuppelt, und die unterschiedliche Geschwindigkeit der Gleisketten wurde durch Verändern der Motordrehzahlen erreicht, was durch Drehen des »Lenkrads« bewirkt wurde.

Das Getriebegehäuse (Hersteller des Getriebes: Adlerwerke, Frankfurt/Main) war aus Aluminium hergestellt, was Gewichtsvorteile brachte, aber bedingt durch die starke Verwindung des Rahmens auch zu Schäden am Gehäuse führte. Außerdem wurde durch das Getriebegehäuse die Bodenfreiheit des Fahrzeugs, die mit 45 cm festgelegt war, stark beeinträchtigt. Die Großräder am Antrieb der Kettenräder ragten so weit nach unten, daß sich eine entsprechend ungünstige Gehäuseform ergab. Man nahm diesen Mangel in Kauf, da er in ähnlicher Weise auch bei dem HOLT-CATERPILLAR-TRAKTOR gegeben war.

Fahrwerk

Der Rahmen als zentrales tragendes Bauelement nahm auch das Fahrwerk auf. An ihm waren sowohl das Kettenantriebsrad und das Leitrad als auch die Stützrollen befestigt. Der Rahmen stützte sich über Schraubenfedern auf jeweils drei paarweise angeordnete Laufrollenwagen ab. Diese sind wiederum paarweise durch eine Querwelle verbunden und in Quer- und Längsrichtung durch Lenker an dem Rahmen befestigt. Die Spurweite betrug 2220 mm. Auf diese Weise war eine gute Durchfederung der Gleiskette und eine optimale Anpassung an das Gelände gegeben. Die Auflagelänge der Gleiskette betrug ca. 5 m, um sicherzustellen, daß 2 m

Doppelter Hinterachsenantrieb für Raupenschlepper, Fahrgestell der Daimler Werke Berlin-Marienfelde. Die im Bilde erkennbare Chassis Nr. gehörte zu einem Geländewagen A7V   Sammlung Spielberger

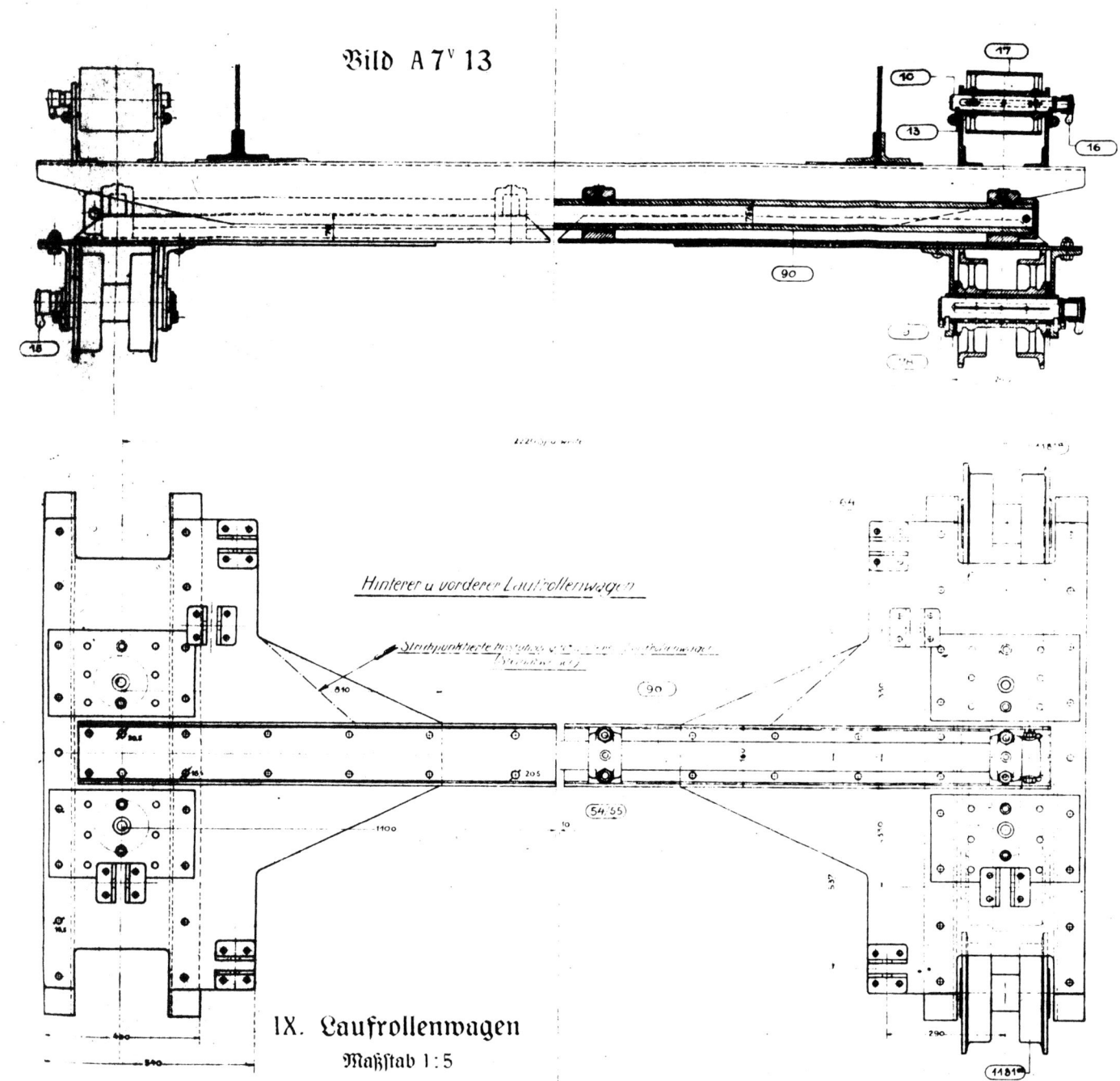

Bild A 7ᵛ 13

IX. Laufrollenwagen
Maßstab 1:5

Originalzeichnung des Laufrollenwagens

BA-MA N 610-6 Nachlaß Petter

breite Schützengräben überwunden werden konnten. Bei einer Breite der Gleiskette von 500 mm ergab sich eine Auflagefläche pro Kette von 2,5 m², was zu einem (sehr niedrigen) Bodendruck von ca. 6 N/cm² führte. Diese spezifische Bodenbelastung war beim A7V nahezu ideal und wurde späterhin von keiner anderen Konstruktion je wieder erreicht! Dazu hatte beigetragen, daß man sich vor Konstruktionsbeginn grundlegende Gedanken über Bodenbeschaffenheit und Tragfähigkeit des Bodens auch unter verschiedenen Witterungseinflüssen gemacht hatte. Jede Kette war mit einem für sich einstellbaren Kettenspanner versehen, der sich in der Leitradaufhängung befand.

Jeder Laufrollenwagen besaß 5 Rollen mit wechselseitig in der Mitte oder außen angeordneten Spurkränzen. Die Ketten neigten

jedoch zum Entgleisen, weil das am Boden liegende Kettentrum bei Schräglage des Fahrzeugs starken Seitendruck erhielt oder beim Überwinden eines Grabens oder Trichters nach unten durchhängen konnte (vergl. unteres Bild S. 61). Beim Wiederaufsetzen auf den Boden und bei gleichzeitigem Wenden des Fahrzeugs konnte die Führung durch die Laufrollen verlorengehen, da deren Spurkränze nicht immer ausreichten, um das Einspuren der Kette wieder herbeizuführen. Aus diesem Grund wurden an den Laufrollenwagen nachträglich Führungsbleche angebracht, die seitlich über die Kettenlaschen griffen und 3 cm über der Bodenplatte der Kette endeten. Hierdurch wurde die Kette immer in den Bereich der Spurkränze der Laufrollen zurückgeführt. Nach Anbringen dieser Führungsbleche war ein Entgleisen der Kette

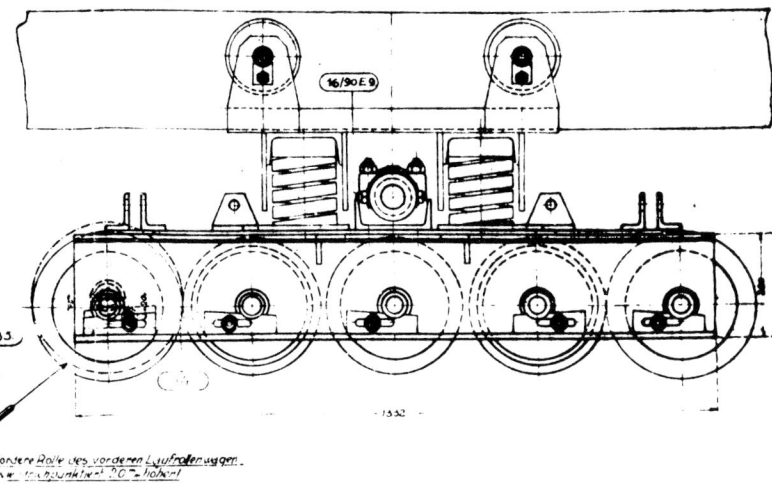

Hinterer u. vorderer Laufrollenwagen.

untere Rolle des vorderen Laufrollenwagen
in Tiefpunkt = 20 = hoher!

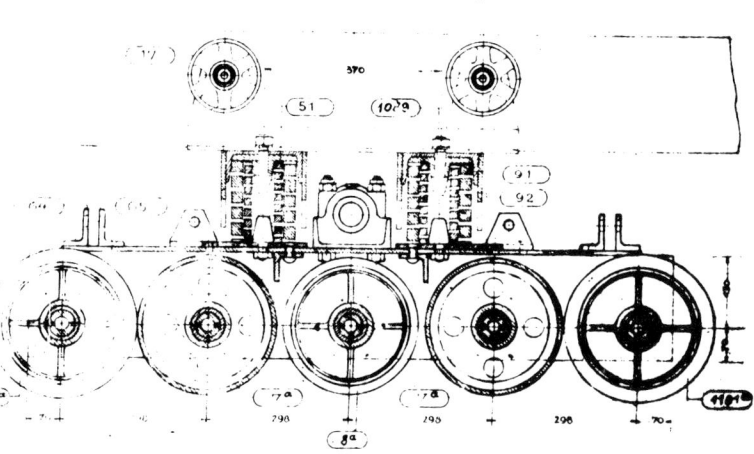

Mittlerer Laufrollenwagen

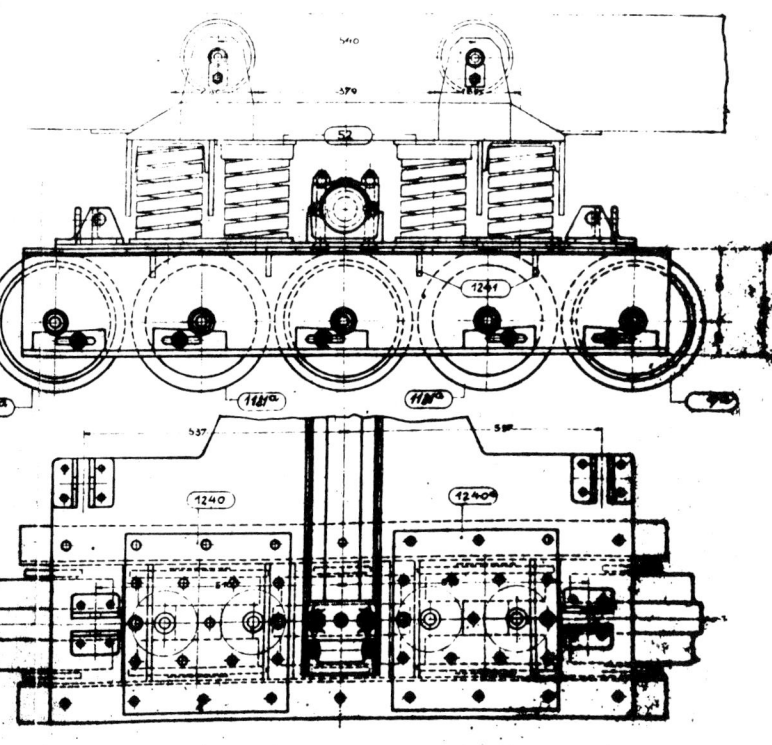

nicht mehr möglich, wie auch durch gezielte Versuche nachgewiesen werden konnte[11].

Jede Gleiskette besitzt ein einreihiges Schienengleis, auf dem die durch die inneren und äußeren Spurkränze geführten Laufrollen abrollen. Die Kettenglieder sind so konstruiert, daß eine vollständige Austauschbarkeit gegeben ist. An den Gelenkaugen der Glieder greifen die Bodenplatten übereinander, wodurch beim Überlaufen des Ketten- oder Leitrades keine Spaltbildung auftritt, durch welche Sand, Lehm, Schnee oder dergl. eindringen kann. Die Anzahl der Kettenglieder pro Fahrzeug betrug 96 (2 × 48). An weiteren geometrischen Daten der Gleiskette sind bekannt: Gleiskettenteilung 254 mm, lichte Weite des Gleises 65 mm, äußere Breite des Gleises 180 mm, Breite der Bodenplatten 500 mm, Länge der Bodenplatten 340 mm, Dicke der Bodenplatten 8 mm, Gewicht pro Kettenglied ca. 28 kg.

Für die Konstruktion des Fahrwerks war maßgebend, daß zur damaligen Zeit die Funktion des englischen Tanks noch unbekannt war und man sich ausschließlich auf die Technik des amerikanischen Caterpillar-Systems abstützte, was auch Lizenzansprüche zur Folge hatte. Dabei legte man besonderen Wert auf die Möglichkeit des Schutzes der Kette gegen Geschoßeinwirkung. Das horizontale Kettenlaufwerk war auch Grundlage für die Entwicklung des Einheitsfahrgestells, das für verschiedene Verwendungszwecke eingesetzt werden konnte. Damit war der Sturmpanzerwagen A7V das erste in Deutschland gebaute Kettenfahrzeug überhaupt. Als man später (durch Beutefahrzeuge) Kenntnis vom Konstruktionsprinzip der englischen Tanks erhielt, wurde übereilt der A7V-U entwickelt, der sich jedoch nicht bewährte. Die beim Vergleich der beiden Fahrzeuge gewonnenen Erkenntnisse bestätigen eindeutig die Überlegenheit der ursprünglichen Konstruktion des A7V.

Kettenspanner für Gleiskette (MEPHISTO)   Sammlung Funk

Gleisketten des Sturmpanzerwagens
A7V

Seitliche Führungsbleche an den Laufrollenwagen

A7V-U als Variante des Sturmpanzerwagens A7V (Seitenansicht ohne
angesetzte Erker)

Laufrollen mit wechselseitig in der Mitte
oder außen angeordneten Spurkränzen

Blick auf den Gleiskettenantrieb mit Kettengliedern und Bodenplatten. (Eine Bodenplatte ist demontiert)
Sammlung Funk

Schutz

Die Kampfwertkomponente Schutz ist das bestimmende Merkmal für Panzerfahrzeuge jeglicher Art. Sie wird durch Maßnahmen des Konstrukteurs festgelegt und kann im wesentlichen durch Plattendicke, Werkstoff und Aufbau der Panzerungen (Winkel, Schott) beeinflußt werden[12]. Dabei hat die einfachste Maßnahme, die Erhöhung der Plattendicke, im allgemeinen die nachteiligen Folgen der Gewichtserhöhung. Auf dem Gebiet des Werkstoffs kann nur in begrenztem Rahmen und für Sonderfälle etwas anderes als konventioneller Panzerstahl Verwendung finden. Somit bleibt als dritter Bereich die konstruktive Gestaltung des Aufbaus der Panzerung.

Gehäuse

Verantwortlich für den ballistischen Schutz ist in erster Linie das Gehäuse mit seinen Komponenten. Für den A7V stellt das Gehäuse eine in Skelettbauweise ausgeführte Haube aus Panzerstahl dar, die über das Fahrwerk gestülpt wurde und mit dem Rahmen an 16 Verbindungsflächen verschraubt wurde. Dieses Konzept stellte nicht nur einen umfassenden Schutz für die Besatzung und die im Fahrzeuginneren enthaltenen Komponenten einschließlich Motor und Antriebsstrang sicher, sondern gewährleistete darüber hinaus einen weitgehenden Schutz des Fahrwerks und der Gleiskette. Bei der Skelettbauweise wurden die Panzerstahlbleche des Gehäuses auf Winkelprofile und Formteile aus Baustahl aufgenietet oder aufgeschraubt. Diese Bauweise war deshalb erforderlich, weil man den Panzerstahl zur damaligen Zeit nicht schweißen konnte. Erst nach 1930 wurde in Deutschland das Elektro-Schmelzschweißverfahren für Panzerstahlkonstruktionen eingeführt. Auch heute wird die Skelettbauweise bei zahlreichen neuzeitlichen Panzerfahrzeug-Entwicklungen angewendet, wenn Panzerungsmaterialien oder andere Schutzwandungen eingesetzt werden, die man nicht direkt miteinander verbinden kann (»adaptierte Panzerungen«). Durch die geometrische Formgebung

Seitliche Verbindung zwischen Rahmen und Gehäuse, links im Bild (MEPHISTO)
Sammlung Funk

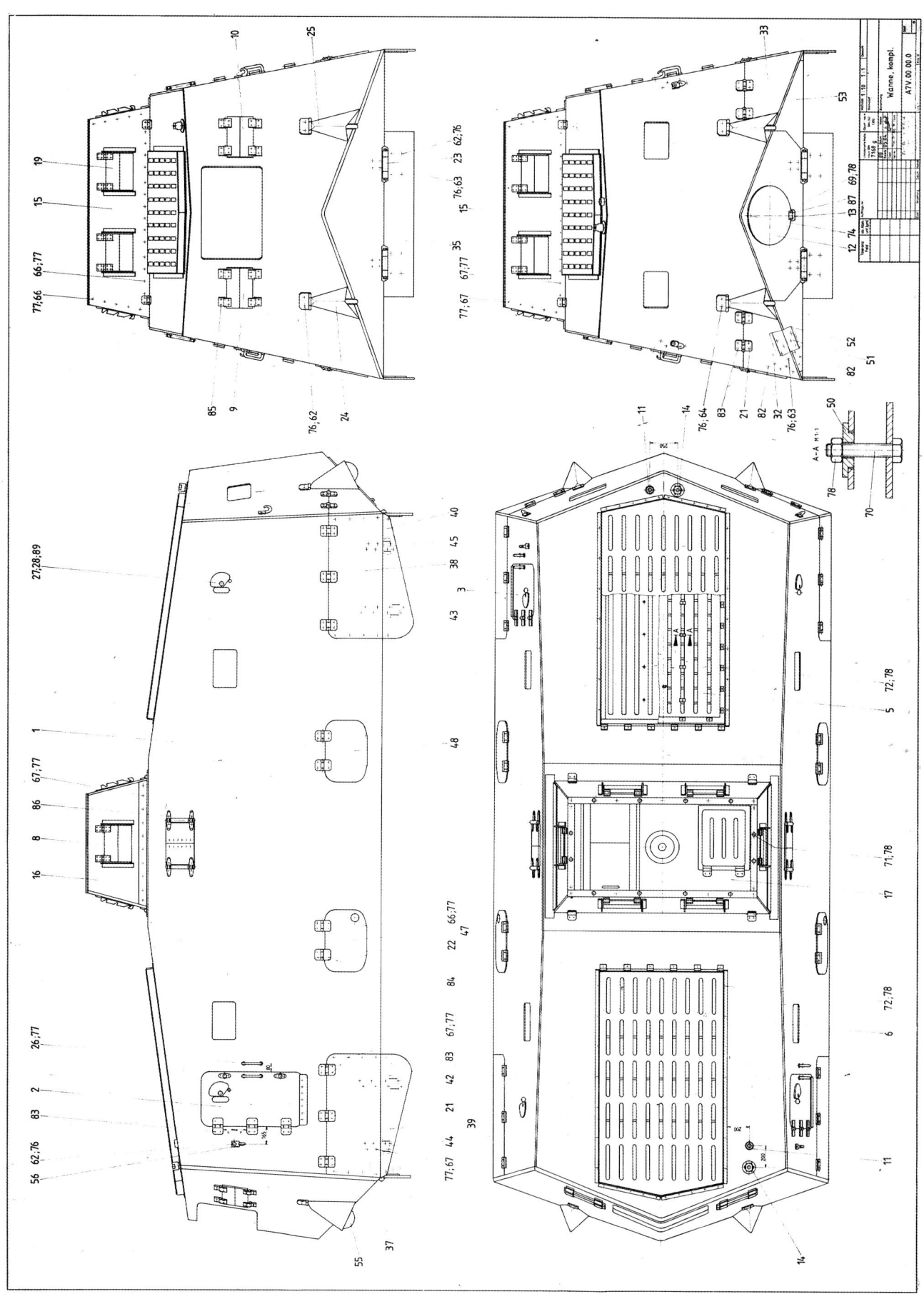

sowie die zahlreichen Längs- und Querverstrebungen war das Panzergehäuse des A7V eine sehr steife Konstruktion.

Die Plattendicken gehen aus einer der wenigen noch vorhandenen Originalunterlagen hervor: Im Frontalbereich betrug die Plattendicke 30 mm, im Heckbereich und an den Seitenwänden 15 mm. Die Dicke der Dachbleche, die unter einem sehr flachen Winkel geneigt waren, betrug 6 mm. Im Turmbereich (Beobachtungskuppel für Kommandant und Fahrer) setzte man die folgenden Plattendicken ein: Frontseite 20 mm, Heck- und Seitenteile 15 mm, Dachblech 5 mm.

Da man bei der Konstruktion des A7V bereits Kenntnis darüber besaß, daß durch schräge (winklige) Anordnung der Panzerbleche die Beschußsicherheit verbessert wurde, setzte man dieses Wissen bei der Konstruktion auch konsequent ein: die Seitenwände waren in einem Winkel von 80° zur Horizontalen geneigt, die Dachbleche besaßen einen sehr flachen Auftreffwinkel von 8° und Front- und Heckplatte liefen nach vorn bzw. hinten spitz zu (Winkel von 135°) und waren nach oben um ebenfalls 8° geneigt. Die untere Bugplatte der Front- bzw. Hecksektion war so geschnitten, daß sich ein Böschungswinkel von 45° ergab. Trotzdem war die Gehäusekonstruktion aus heutiger Sicht recht einfach, da nur ebene Panzerplatten verwendet wurden.

Hinsichtlich der zugrundeliegenden Schutzphilosophie war das Gehäuse logisch gestaltet: frontal war die größte Beschußsicherheit vorhanden. Der Frontalbereich war sicher gegen Volltreffer französischer und russischer Feldgeschütze. Im Seitenwand- und Heckbereich wurde die Beschußsicherheit verringert. Trotzdem war auch hier Schutz gegen Splittereinwirkung und Smk-Munition gegeben. Aus Gründen der Gewichtsbilanz wurden die Dachble-

che mit ihren sehr flachen Auftreffwinkeln aus dünnen Panzerblechen gefertigt. Vergleicht man diese Auslegungsdaten und die dadurch bedingten Blechdicken des A7V mit Konstruktionen aus neuerer Zeit (z.B. Jgd.-Pz Kanone, Spz MARDER), so stellt man fest, daß alle drei Fahrzeuge vorne und seitlich die gleichen Blechdicken haben; lediglich die Blechneigungswinkel (Nato-Auftreffwinkel) sind bei den modernen Kettenfahrzeugen größer geworden. Auch die Wanne des LEOPARD I wurde noch nach den gleichen Prinzipien konstruiert: dickes Bugblech, geringere Wanddicken seitlich und am Heck, dünnes Dachblech.

Ein anderes Konstruktionsprinzip moderner Panzertechnik findet sich ebenfalls schon beim A7V. Die Blechkonstruktionen werden so ausgeführt, daß sich die Panzerplatten, insbesondere der Bugsektion, aufeinander abstützen, so daß bei Frontalbeschuß fast keine Belastung der Nietkonstruktion (heute der Schweißnähte) auftritt. Der Kraftfluß verläuft aus der Frontplatte direkt in die Seitenwände, ohne das Traggerüst weiter zu belasten.

Als Werkstoffe für die Panzerung wurden Bleche aus gehärtetem Panzerstahl mit einer Zugfestigkeit von 1800 N/mm² verwendet, die aber zur Erzielung einer ausreichenden Sprungsicherheit auf eine Zugfestigkeit von 1500 N/mm² angelassen wurden. Die Herstellung und Verarbeitung von Panzerstahl ist selbst in der heutigen Zeit nicht immer ohne Schwierigkeiten möglich. Daher nimmt es nicht Wunder, daß die Firma Krupp erhebliche Schwierigkeiten mit der Herstellung ihrer Panzerplatten hatte, was dazu führte, daß diese nachgearbeitet und erneut gerichtet werden mußten. Dadurch kam es zu Gehäusen, deren Seitenwände und Bugsektionen aus mehreren kleineren Einzelplatten zusammengenietet werden mußten. Als Beispiel hierfür kann ELFRIEDE dienen, wohingegen HAGEN, WOTAN und MEPHISTO in der vom Verfasser beschriebenen konstruktiven Ausführung gefertigt wurden. Für diese Fahrzeuge wurden die Panzerstahlplatten von der Dillinger Hütte geliefert, die die Fertigung offensichtlich besser beherrschte.

Sturmpanzerwagen A7V, ELFRIEDE
Imperial War Museum

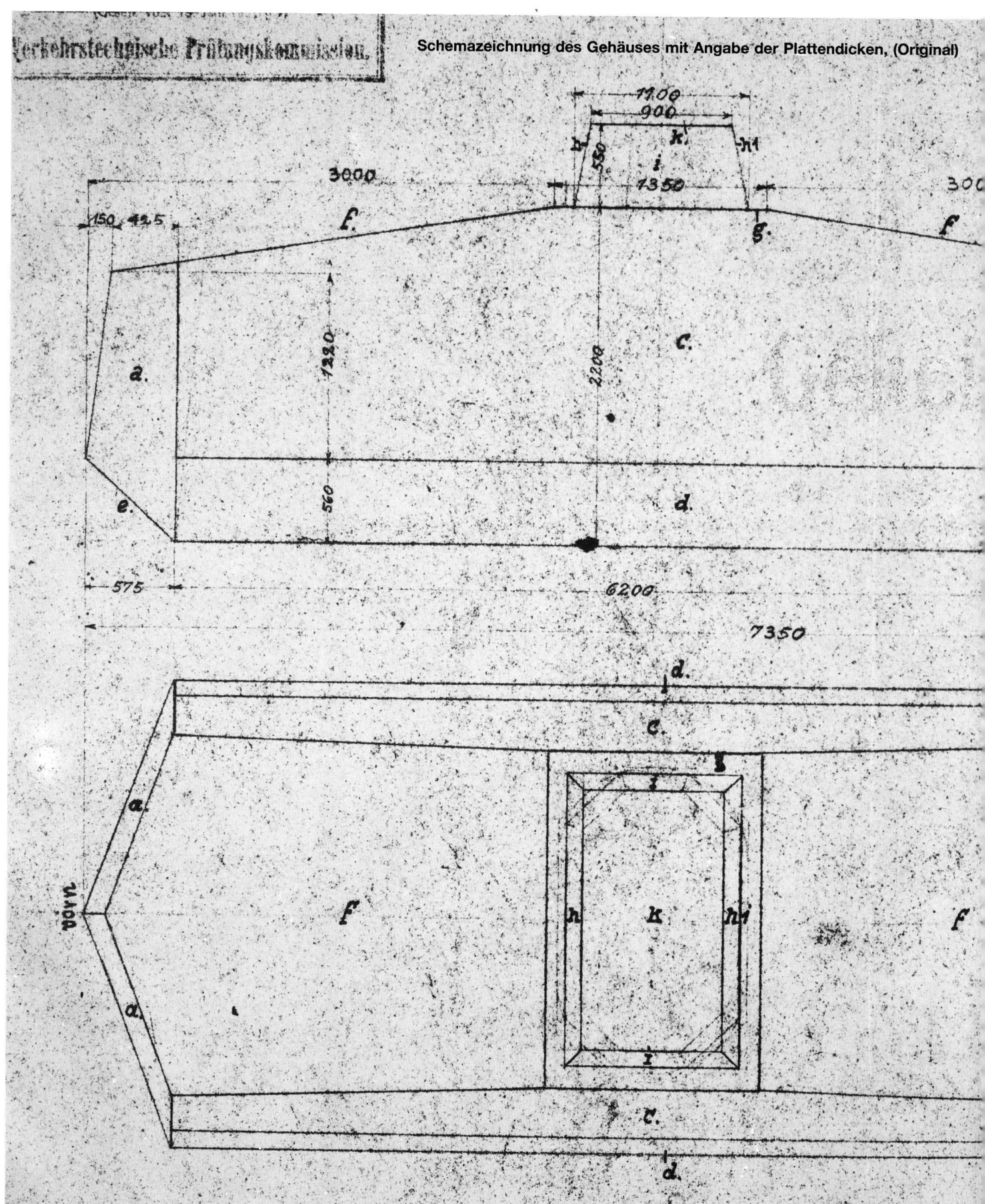

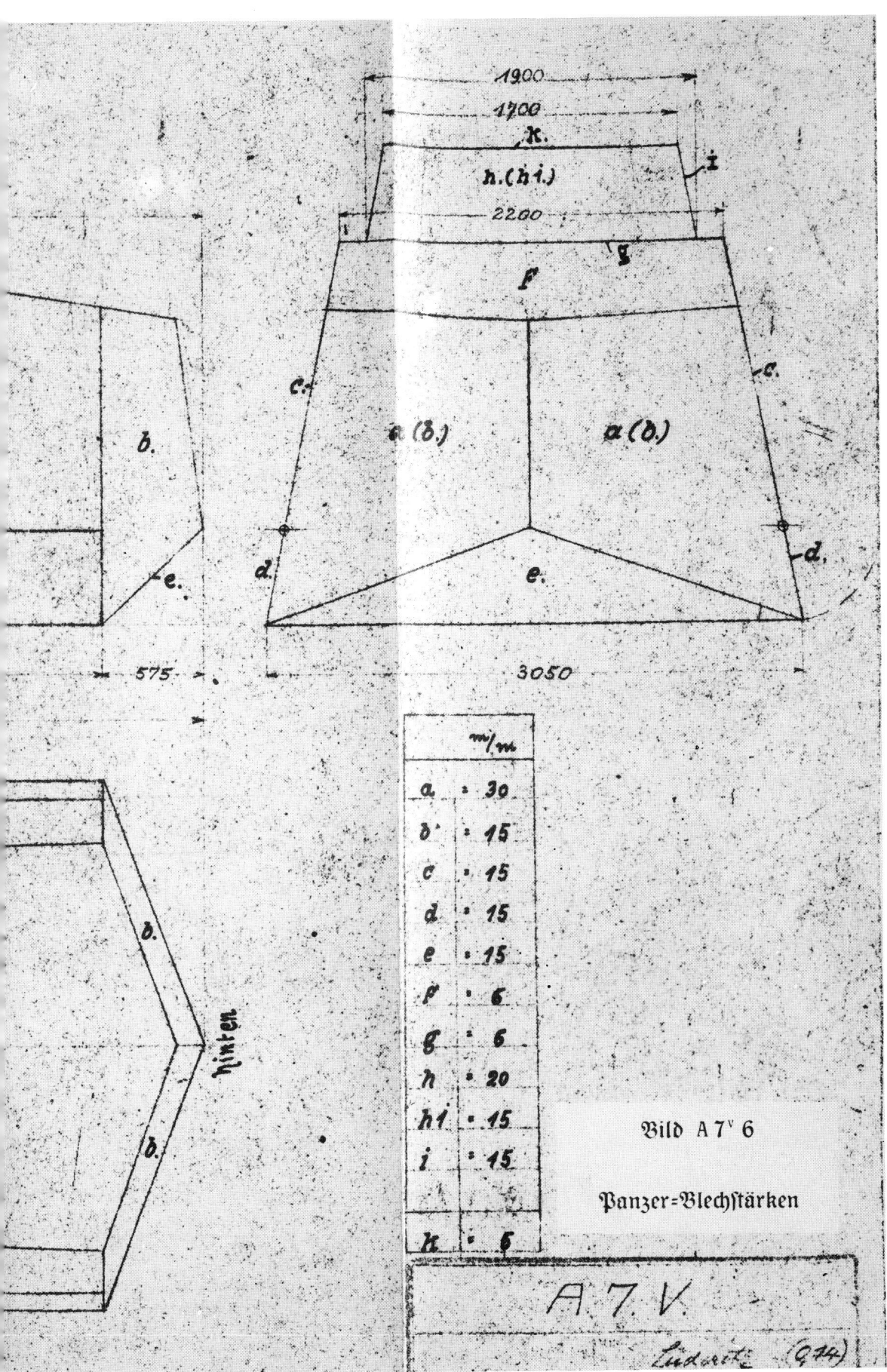

Bild A 7^v 6

Panzer=Blechstärken

	m/m
a	30
b'	15
c'	15
d	15
e	15
f	6
g	6
h	20
h1	15
i	15
k	6

A 7 V

Lüderitz (G14)

Luken, Klappen und andere Schutzelemente

Aus den verschiedensten Gründen war das Gehäuse mit zahlreichen Öffnungen versehen, die alle geschützt werden mußten. Hierbei kam man zu konstruktiven Lösungen, die technisch interessant waren und als Vorlagen für spätere Konstruktionen dienen konnten. Türen und Beobachtungsklappen waren durchweg in ihren Außenabmessungen größer als die abzudeckenden Luken, so daß hier bei Beschuß eine zusätzliche Abstützung gegeben war. Bei den Wartungsklappen über den Leit- und Antriebsrädern war dies nicht der Fall, dagegen waren die beiden mittig auf jeder Seitenwand angeordneten Wartungsklappen (durch die jeweils vordere dieser Klappen wurde das Auspuffrohr herausgeführt) entsprechend konstruiert. (Vgl. Bild S. 70)

Der »Turm« (Beobachtungskuppel für Kommandant und Fahrer) konnte für den Eisenbahntransport leicht demontiert werden, indem die Front-, Heck- und Dachplatten mit Scharnieren abgeklappt werden konnten. Das Dachblech war beweglich mit dem Heckteil verbunden. Die Seitenwände blieben stehen, konnten jedoch für den Eisenbahntransport abgeschraubt werden. Um eine gute Rundumsicht zu gewährleisten, verfügte der Turm über je zwei Front- bzw. Hecklucken, je eine Luke in den Seitenwänden sowie zwei aufklappbare Luken im Dachblech.

In der ursprünglichen Ausführung des A7V waren zum weiteren Schutz der Gleisketten seitliche Kettenblenden vorgesehen, die sich jedoch nicht bewährt haben und daher beim praktischen Einsatz weggelassen wurden. Zum einen beeinträchtigten sie die Bodenfreiheit, zum anderen verklemmten sich Steine und Erdreich zwischen ihnen und dem Laufwerk. (Um so etwas zu vermeiden, sind die Kettenschürzen bei modernen Fahrzeugen über Scharniere pendelnd aufgehängt.)

Die Unterseite des Fahrzeugs ist ballistisch ungeschützt. Lediglich unterhalb der Treibstofftanks ist eine 10 mm dicke Platte aus Panzerstahl als Splitterschutz angebracht. Gefährdet ist insbesondere der Bereich unterhalb der Motoren, da dieser völlig offen

Lüftungsbereich in den Dachplatten (MEPHISTO)   Sammlung Funk

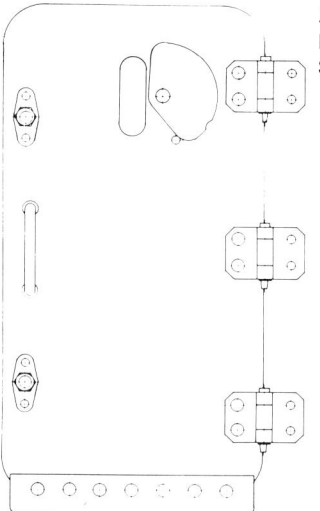

Zeichnung der rechten Tür des A7V. Man erkennt deutlich den geöffneten Sehschlitz mit Schwenkklappe
Zeichnung Funk

Blick in den Fahr-/Kommandantenstand des Sturmpanzerwagens WOTAN
Sammlung WGM

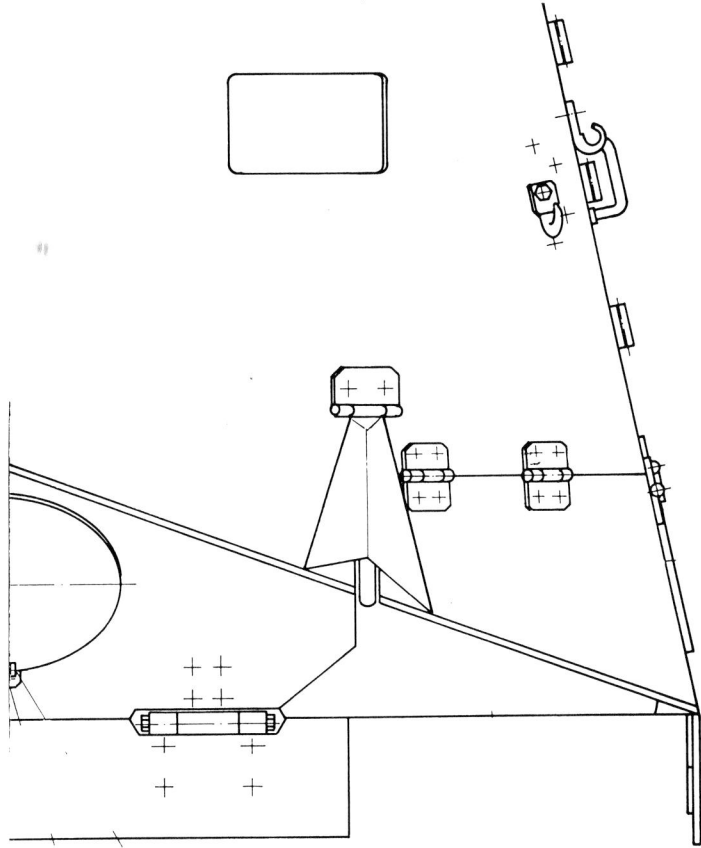

Schutzabdeckung der Abschlepphaken im Heckbereich   Zeichnung Funk

folgende: Die Dachplatten sind im Lüftungsbereich mit Längsschlitzen versehen, die durch ein zweites Blech mit Längsschlitzen gleicher Abmessungen, die jedoch versetzt angeordnet sind, abgedeckt werden. Die Befestigung der Abdeckplatte erfolgte in einem Abstand von 60 mm durch Winkelprofile. Auf diese Weise war gewährleistet, daß die Luft nahezu ungehindert ein- und ausströmen konnte, Geschosse und Splitter jedoch abgewiesen wurden. Eine Versteifung der Konstruktion erfolgte durch Querverstrebungen, ebenfalls mit Winkelprofilen. Die Ausführung der Belüftungsgrätings war richtungweisend für zahlreiche Folgekonstruktionen.

Obwohl die Konstruktion des Sturmpanzerwagens A7V in extrem kurzer Zeit erfolgte, hatte man bei der Auslegung des ballistischen Schutzes größte Sorgfalt walten lassen. Dies ist z. B. auch daran erkennbar, daß im Türbereich Sehschlitze angebracht waren, die durch Schwenkklappen verschließbar waren. Auch diese Konstruktion findet sich bei neuzeitlichen Panzerfahrzeugen in modifizierter Form immer wieder.

Schließlich ist noch zu erwähnen, daß sogar die Abschlepphaken aus Baustahl im Front- und Heckbereich durch schwenkbare Schutzabdeckungen gegen Beschuß geschützt waren. Eine Notausstiegsluke im Heckbereich gestattete es den Schützen, unter weitgehendem Schutz das Fahrzeug unerkannt vom Gegner zu verlassen.

Der ballistische Schutz der Hauptwaffe wurde dadurch sichergestellt, daß sich mit dem Rohr in der Wiege ein mit dieser verbundener Rohrpanzer, der als rundes Panzerschutzsegment mit konstanter Breite ausgeführt war, bewegte. Mit der seitlichen Bewegung der Oberlafette mit Wiege, Waffe und Rohrpanzer im Sockelkopf bewegte sich auch der mit der Oberlafette verbundene Zylinderpanzer, der als Panzerschutzsegment die Form eines senkrecht stehenden Halbrohres hatte. Im Zylinderpanzer war eine Aussparung in der Breite des Rohrpanzers vorgesehen, in der sich die Waffe mit dem Rohrpanzer um je 20° nach oben und unten bewegen konnte. Der in der Bugwand vorhandene Ausschnitt gestattete der Hauptwaffenanlage einen seitlichen Schwenkbereich unter Panzerschutz von ca. 45° nach rechts und links. Die Bewegungsvorgänge des Rohrpanzers in der Bugwand vollzogen

ist, um einen Abzug der Kühlluft zu gewährleisten. Da die Fahrzeugunterseite seitlich durch die Fahrwerkskomponenten geschützt ist, wurden nachträglich als zusätzlicher Schutz im Front- und im Heckbereich pendelnd aufgehängte Schutzbleche (Schürzen) angebracht (Blechdicke 20 mm).

Eine interessante und wirkungsvolle Schutzkonstruktion stellen die Einlaßgrätings im Dachbereich dar, die der Be- und Entlüftung des Fahrzeuginnenraums dienen. Das Konstruktionsprinzip ist das

Sturmpanzerwagen SCHNUCK, WOTAN und SIEGFRIED. Man erkennt deutlich die Notausstiegsluken im Heckbereich
Sammlung WGM

sich nahezu spaltfrei, so daß frontal bei allen Schießstellungen voller Panzerschutz gewährleistet war. Ein vertikaler Längsschlitz links im Zylinderpanzer sollte dem den vertikalen Schwenkbewegungen des Rohrpanzers folgenden Zielfernrohr freie Sicht auf das Zielobjekt gewährleisten.

Die MG-Luken schließlich waren durch Walzenblenden gesichert, die den ballistischen Schutz auch bei Schwenkbewegungen der Waffe sicherstellten. Konstruktionsbedingt entstanden hier jedoch Fangecken für Splitter und Geschosse, die bei neuzeitlichen Konstruktionen durch den Einsatz wesentlich komplizierter gestalteter Kugelblenden vermieden werden konnten.

Walzenblende zum Schutz des MG-Bereichs   Sammlung Funk

Ergonomie

Gestaltung des Innenraums

Trotz der beachtlichen Außenabmessungen des Fahrzeugs verfügt der Innenraum des A7V mit einer Höhe von 1,6 m im seitlichen Durchgang neben den Motoren nicht über ausreichende Stehhöhe, so daß sich die Besatzung im Fahrzeuginneren nur gebückt bewegen konnte. Um bei notwendigen Bewegungen im Fahrzeug trotzdem einigermaßen Halt zu finden, insbesondere auch bei Geländefahrten, waren in jedem Kampfraum an der Decke sechs Halteseile (siehe Längsschnitt des A7V auf dem vorderen Vorsatz) angebracht. Der Bewegungssicherheit dienten auch die Bodenbleche, mit denen das Fahrzeug ausgelegt war. Die Bodenblechkonstruktion war in einzelne Sektionen aufgeteilt. Die einzelnen Bleche, die aus Gründen der Rutschfestigkeit aus Riffelblech gefertigt wurden, waren an den Fahrgestellrahmen und an den Aufbaurandzonen mit Senkschrauben befestigt. Nicht mit Bodenplatten abgedeckt waren lediglich die Flächen über den Motoren und über dem Notausstieg.

Während Kommandant und Fahrer auf ihrer erhöhten Plattform hinreichend Platz hatten, waren die Verhältnisse für die restlichen 16 Mann Besatzung ausgesprochen beengt. Für den Kanonier war an der Hauptwaffenanlage ein mitschwenkbarer Sitz angebracht, während die MG-Schützen und das weitere Personal auf den zahlreich im Fahrzeug verstauten Munitionskisten Platz nehmen mußten. Im hinteren Kampfraum, der geräumiger war als der vordere, befanden sich auch noch das Nachrichtenpersonal und die Meldeläufer[13]. In den schmalen Gängen seitlich von der Kommandantenplattform standen Monteure, die neben ihren

technischen Aufgaben auch die Verbindung zwischen dem Kommandanten und den beiden Kampfräumen wahrnehmen mußten. Manchmal stand neben dem Kommandanten auch noch ein besonders eingeteilter Melder. Einer der Monteure besaß übrigens auch noch eine Zusatzausbildung als Reservefahrer.

Alle Sitzgelegenheiten waren wenig komfortabel. Die Sitze für Kommandant und Fahrer hingegen waren gepolstert und boten von der Formgebung her ausreichend Halt bei Geländefahrten, so daß beide Hände für die Bedienung von Hebeln und Instrumenten frei waren. Auch Armlehnen mit Holzauflage waren vorhanden. Fahrer und Kommandant hatten in der Sitzstellung genügend Kopffreiheit. Das lichte Maß zwischen Sitzoberfläche und Dachblech betrug im Turm ca. 950 mm.

Nach Einschätzung des Verfassers müssen Kommandant und Fahrer zum Besteigen des Kommandantenstandes eine Aufstiegshilfe gehabt haben, die in den zur Verfügung stehenden Unterlagen über den A7V nirgendwo aufgezeichnet ist. Die Aufstiegshilfe war vermutlich links und rechts neben dem Kommandantenstand angebracht und mußte dort eine Höhe von Oberkante Fahrzeugboden bis Oberkante Boden des Kommandantenstandes von ca. 850 mm überbrücken.

Auch das Besteigen des Fahrzeugs von außen dürfte nicht einfach gewesen sein. So sind z. B. auf einigen Fotos des A7V im Bereich der Seitentüren schmale Trittbretter erkennbar, die zum bequemen Ein- und Aussteigen dienten. Mit großer Wahrscheinlichkeit

Munitionskiste des Sturmpanzerwagens A7V   Sammlung Funk

Blick von rechts auf einen intakten Fahr-/Kommandantenstand. Rechts sind die Armaturen und der Kommandantensitz, links der Anlaßdynamo und der Fahrersitz   Bundesarchiv Koblenz

kann angenommen werden, daß diese Trittbretter für den Fronteinsatz wieder abgebaut wurden, um ein Besteigen des Kampfwagens durch den Gegner unmöglich zu machen, da kein Halt an den glatten, steilen Wänden der Panzerung zu finden war.

Unterbringung von Geräten und Munition
Bedingt durch die außerordentlich hohe Kampfkraft des Fahrzeugs wurde reichlich Munition mitgeführt, die in Kisten im Fahrzeuginneren gelagert wurde. Die Angaben in der Literatur hierüber sind unterschiedlich, doch kann davon ausgegangen werden[14], daß für das Geschütz allein bis zu 400 Schuß Munition mitgeführt wurden. Hinzu kamen 3000 Schuß Munition für jedes MG. Diese Munition hatte jeder Richtschütze griffbereit unter seinem Lafettensitz. Bei den Seiten-MGs hatte jeder Richtschütze 10 Munitionskästen mit je 250 Schuß, bei den Hecklafetten waren 5 Kästen mit je 250 Schuß untergebracht. Der Rest der Munition war in zusätzlich im Fahrzeug verteilten Reserve-Munitionskästen verstaut.

Vor der Bodenwanne für die Kraftstoffbehälter befand sich eine weitere Bodenwanne, die als Stauraum für die Unterbringung von Bordwerkzeug, Bordersatzteilen und Rohrwischerstangen diente. Dieser Stauraum wurde mit einem durch Scharniere angelenkten Deckel abgedeckt, der in einer Ebene mit den Bodenblechen lag. Die Nachrichtenübermittlung zum Hauptgefechtsstand fand größtenteils mit Brieftauben statt, die in einem Käfig im hinteren Gefechtsraum mitgeführt wurden.

Umwelteinflüsse
Für den Komfort der Besatzung wurde seinerzeit nur sehr wenig getan. Sieht man einmal vom Kommandanten und vom Fahrer ab, die über ausreichend Platz, gute und gepolsterte Sitze, eine bedingt gute Rundumsicht und eine Entlüftung im Turmdach verfügten, herrschte in dem Fahrzeug eine drangvolle Enge in weitgehender Dunkelheit, die durch die vorhandene schwache Innenbeleuchtung nur unzulänglich aufgehellt wurde. Tageslicht konnte durch die spärlich geöffneten Luken und Sehschlitze kaum eindringen.

Die Temperatur im Fahrzeuginneren stellte sich infolge der Mängel bei der Motorkühlung auf ca. 60–86° C ein, wodurch die Leistungsfähigkeit der Mannschaft äußerst nachteilig beeinflußt wurde. Hinzu kam eine unerträgliche Lärmentwicklung von 120 dB(A). (Nach heutigen Gesetzen beträgt die maximal zulässige Lärmentwicklung am Arbeitsplatz 85 dB(A). Jeweils 3 dB(A) bedeuten subjektiv eine Verdopplung des Lärmpegels!) Die Kühlluft für die Motoren wurde aus dem Fahrzeuginneren angesaugt. Die Frischluft strömte von außen durch die Lüftungsgrätings im Dachbereich nach, so daß hier auch ungehindert Gase und Fremdstoffe einströmen konnten. Es wird berichtet[15], daß es beim Einsatz von künstlichem Nebel für die Besatzung im Fahrzeug zu unerträglichen Verhältnissen kam.

Heute wird bei der Konstruktion von Panzerfahrzeugen ganz besonderer Wert auf den Schutz der Besatzung gegen Umwelteinflüsse gelegt. Die Atemluft wird gefiltert und klimatisiert, auf Geräusch- und Schwingungsdämpfung wird größter Wert gelegt. Diese Erkenntnisse waren damals noch nicht vorhanden, so daß auch keine Maßnahmen gegen Schock- und Stoßeinwirkungen unternommen wurden. Die Gefahr des Umkippens des Fahrzeugs war wegen der hohen Schwerpunktlage groß. Kurz gesagt, so gut und technisch richtungweisend der A7V auch sonst war, hinsichtlich der Umweltbelastung für die Besatzung war bei diesem Fahrzeug keinerlei Vorsorge getroffen worden.

Bedienbarkeit
Unter diesem Aspekt ist insbesondere der Fahrstand, der Arbeitsplatz des Fahrers, zu betrachten. Bedingt durch den separaten Antrieb jeder Gleiskette waren zahlreiche Bedienungselemente im Fahrstand in doppelter Ausführung vorhanden. Vor dem Fahrersitz befand sich das »Lenkrad«, mit dessen Hilfe bei leichter Kurvenfahrt die Drehzahlregulierung der Motoren vorgenommen wurde. Der innerhalb des »Lenkrads« erkennbare Hebel diente der Drehzahleinstellung der Motoren (»Handgas«). Zu beiden Seiten der Lenksäule befanden sich die Kupplungspedale (je eines pro Motor). Sie dienten dem Ein- und Auskuppeln beim Starten und bei den Lenkvorgängen mit kleineren Radien. Ebenfalls auf jeder Seite

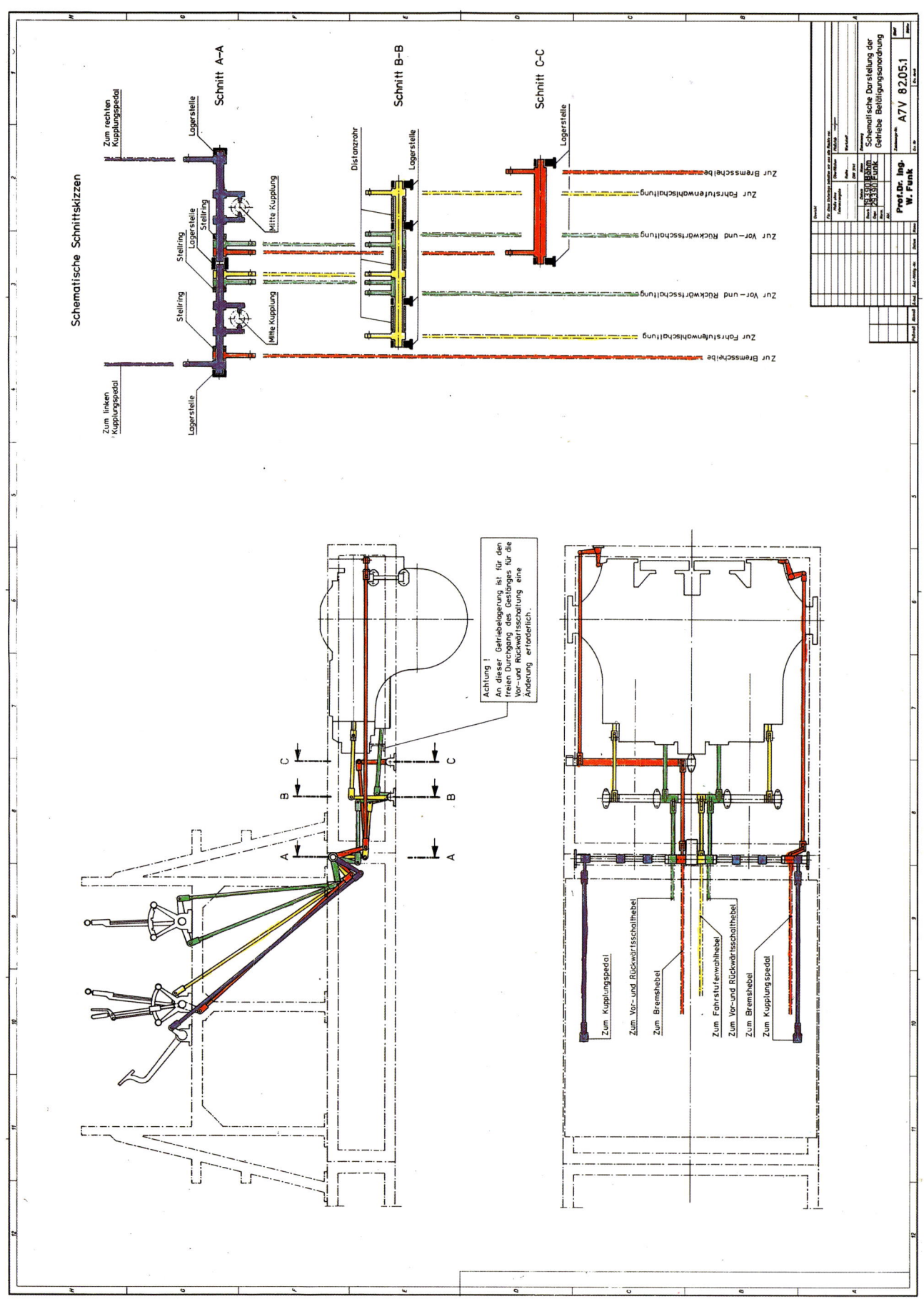

Schematische Schnittskizzen

Schnitt A–A

Zum rechten Kupplungspedal

Lagerstelle

Stellring

Lagerstelle
Stellring

Mitte Kupplung

Stellring

Stellring

Mitte Kupplung

Zum linken Kupplungspedal

Lagerstelle

Schnitt B–B

Distanzrohr

Lagerstelle

Lagerstelle

Zur Bremsscheibe

Zur Fahrstufenwahlschaltung

Zur Vor- und Rückwärtsschaltung

Zur Vor- und Rückwärtsschaltung

Zur Fahrstufenwahlschaltung

Zur Bremsscheibe

Schnitt C–C

Lagerstelle

Zur Bremsscheibe

Zur Fahrstufenwahlschaltung

Zur Vor- und Rückwärtsschaltung

Achtung!
An dieser Getriebebelagerung ist für den freien Durchgang des Gestänges für die Vor- und Rückwärtsschaltung eine Änderung erforderlich.

Zum Kupplungspedal
Zum Vor- und Rückwärtsschalthebel
Zum Bremshebel
Zum Fahrstufenwahlhebel
Zum Vor- und Rückwärtsschalthebel
Zum Bremshebel
Zum Kupplungspedal

Schematische Darstellung der Getriebe Betätigungsanordnung

A7V 82.05.1

Prof.Dr. Ing. W. Funk

142

der Lenksäule befand sich je ein Bedienungshebel für die Bremsen, der ebenfalls beim Kurvenfahren oder Anhalten des Fahrzeugs benötigt wurde.

Schließlich ist noch, in Fahrtrichtung rechts vom »Lenkrad«, der Schalthebel für die beiden Wechselgetriebe erkennbar. Hier ist für beide Antriebsstränge nur ein einziger Hebel vorhanden, da sichergestellt werden mußte, daß beide Getriebe absolut gleichzeitig geschaltet wurden. Rechts hinter dem Fahrersitz erkennt man die beiden Schalthebel für die Rückwärtsfahrt. Hier müssen wieder separate Schaltelemente vorhanden sein, um das Wenden um die Hochachse (eine Kette läuft vorwärts, die andere rückwärts) zu ermöglichen. Während die Bremshebel durch in eine Verzahnung eingreifende Sperrklinken arretiert wurden, erkennt man bei den Schalthebeln durch Nuten festgelegte Raststellungen für die verschiedenen Gänge. Neben diesen Bedieneinrichtungen enthielt der Fahrstand die Einrichtungen zum Anlassen der Motoren und Überwachungsinstrumente, wie Drehzahlmesser und Öldruckmanometer.

Die sehr robust ausgeführten Bedienhebel, die kräftig bewegt werden mußten, hatten alle eine Hebellänge von ca. 600 mm. Die Verbindung zu den Schaltelementen von Kupplung oder Getriebe erfolgte mechanisch. Über Winkelhebel, die z.T. an Querwellen (z.B. Kupplungspedal) angebracht waren, wurden lange Zugstangen bewegt, von denen die meisten wiederum Winkelhebel betätigen mußten, die an einer zentralen Querwelle unter dem hinteren Röhrenkühler angebracht waren. Diese Querwelle war zwischen den Fahrgestell-Längsträgern gelagert. Von diesen Winkelhebeln wurden weitere Zugstangen betätigt, die dann im hinteren Getrieberaum die Schalt- oder Bremsvorgänge bewirkten. Es ist leicht einsehbar, daß dem Fahrer viel Kraft für seine Arm- und Fußbewegungen abverlangt wurde. Auch sonst erforderte das Fahren und Lenken des A7V vom Fahrer eine beachtliche Geschicklichkeit, um die Vielfalt von Bedienelementen und Armaturen ständig ohne fremde Hilfe betätigen und überwachen zu können. Der gute Halt, den der Fahrer in seinem ergonomisch gut gestalteten Sitz fand, war eine absolut notwendige Voraussetzung hierfür.

Zusätzliche Einrichtungen

Infolge der im Fahrzeug herrschenden extremen Bedingungen war die Befehlsübermittlung zwischen Kommandant und Mannschaft auf direktem Wege kaum möglich. Schon die Verständigung zwischen den nebeneinander sitzenden Kommandanten und Fahrern war nur durch laute Zurufe möglich. Aus diesem Grunde besaß der A7V bereits »Feuerleit«-Geräte. Danach hatte der Kommandant die folgenden beiden Geräte für die Einsatzführung der Bordwaffen zur Verfügung:

Lichtsignalapparat

Mit diesem Gerät konnten das Gefechtsklarmachen der einzelnen Waffen sowie die Feuerbefehle einschließlich »Stopfen« über Leuchtanzeigen vom Kommandanten befohlen werden. Die vermutliche Ausführung dieses Anlagenteils ist auf dem Bild unten dargestellt. Zur Herstellung der Gefechtsbereitschaft betätigte der Kommandant an seinem Lichtsignalapparat den für alle Waffenstände gemeinsam wirkenden »Achtung«-Schalter. Dieser bewirkte ein gleichzeitiges Aufleuchten der weißen »Achtung«-Leuchten an sämtlichen Waffenständen. Eine elektrische Rückmeldung über das Klarsein der einzelnen Waffen an den Kommandanten erfolgte nicht.

Für die Durchgabe des »Feuer«-Befehls war auf dem Lichtsignalapparat des Kommandanten ein für jeden Waffenstand separat zugeordneter elektrischer Drucktaster vorgesehen. Wenn dieser gedrückt wurde, leuchtete die rote »Feuer«-Leuchte am entsprechenden Waffenstand auf. In diesem Zustand leuchteten an den Waffenständen sowohl die weiße »Achtung«- als auch die rote »Feuer«-Leuchte. Zum Feuereinstellen (Stopfen) schaltete der Kommandant den zentralen »Achtung«-Schalter aus, womit gleichzeitig an allen Waffenständen die Anzeigeleuchten erloschen. Er konnte aber auch durch Herausziehen der betreffenden Drucktaste das Feuer nur für bestimmte Waffen stopfen lassen.

Vermutliche Ausführung des Lichtsignalapparats   Telefunken

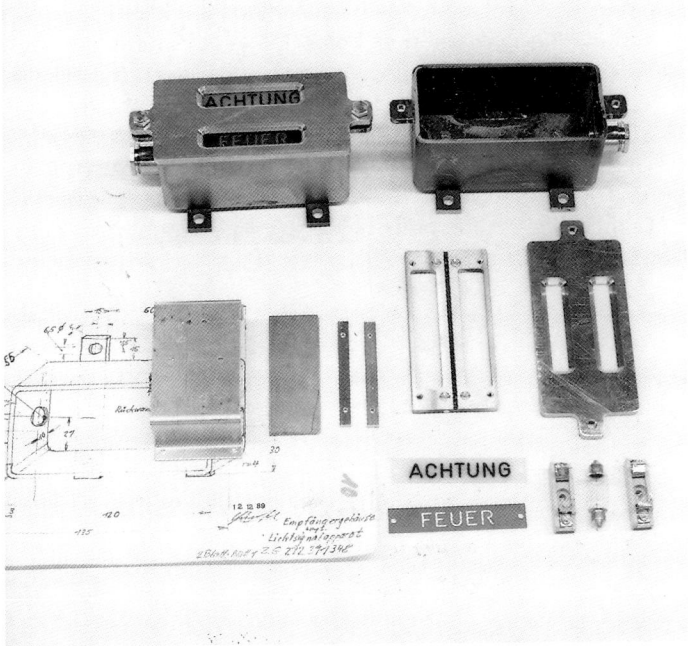

Mögliche Ausführung der Zielweiseranlage   Telefunken

Zielweisergerät

Diese Einrichtung hatte die Aufgabe, die *Seiten*richtbefehle für die 57 mm-Kanone an den Kanonen-Richtschützen zu übermitteln. Hierzu mußte der Kommandant einen über eine Rundskala gleitenden Griffzeiger zur Verfügung gehabt haben. Mit diesem konnte die vom Kommandanten befohlene Seitenrichtung (gegen die Fahrzeug-Mittellinie) an den Richtschützen über eine mechanische Leitung weitergegeben werden, indem dort ein gleichartiges Zeigerinstrument eingestellt wurde. Dieses Instrument ist zentral über den Rohrrücklaufbremsen am Dachblech erkennbar (s. Bild S. 153, oben). Als mechanisches Übertragungselement diente offensichtlich ein flexibler Bowdenzug (Draht in einem Hüllmatel, heute oft auch als »Teleflex«- oder »Telekin«-Leitung bekannt). Auffällig ist auf dem Foto, daß es zwei derartige Leitungen gab. Das läßt vermuten, daß es sogar eine automatische Winkelübertragung (Istwert der jeweiligen Seitenrichtstellung) vom Waffenstand an den Kommandanten gab, was sehr sinnvoll ist, da der Kommandant die jeweilige horizontale Waffenrichtung auf andere Weise wahrscheinlich nicht ermitteln konnte. Die mögliche Ausführung dieser Zielweiseranlage ist auf dem Bild oben dargestellt.

Kritik und Bewertung

Bevor man sich zu einem Urteil über den Sturmpanzerwagen A7V aus heutiger Sicht bereit findet, sollte man sich vor Augen halten, daß hier eine vollkommene technische Neuentwicklung, ohne Vorbilder, in einer Zeit von nur insgesamt elf Monaten vollzogen wurde (Tabelle 4). Der A7V war nicht nur der erste Panzerwagen, der in Deutschland gebaut wurde (sieht man von den bei Strasheim dargestellten Prototypen als Vorläufer[16] einmal ab!), sondern auch das erste Vollkettenfahrzeug überhaupt. Zu Beginn der Entwicklungsarbeiten lagen weder Kenntnisse über noch Erfahrungen mit ähnlichen gegnerischen Fahrzeugen vor.

Kritik am A7V wurde bevorzugt kurz nach den erfolgten Einsätzen und nach Kriegsende durch deutsche und gegnerische Militärs erhoben, wobei diese oft nicht den technischen Durchblick hatten, um sich sachlich fundiert äußern zu können. Hierüber geben vorhandene Aufzeichnungen[17] des Headquarters Tank Corps hinreichend Auskunft. Hinzu kommt, daß eine insgesamt gefertigte Stückzahl von 20 Fahrzeugen, die untereinander nicht einmal baugleich waren, lediglich als Nullserie anzusehen ist. Erst nach ausführlicher Erprobung der Nullserie und anschließender technischer Überarbeitung und Umkonstruktion kann die eigentliche Serienfertigung beginnen. Insofern war es angesichts fehlender technischer Reife ein großes Risiko, die A7V-Fahrzeuge auf dem Gefechtsfeld zum Einsatz zu bringen.

Die Fertigungsbedingungen gegen Kriegsende waren auch nicht die besten. Auf die Schwierigkeiten bei der Panzerstahlherstellung wurde an anderer Stelle bereits hingewiesen. Es wird aber auch erwähnt[18], daß sich Rohstoff- und Kohlemangel auf die Fertigung anderer Komponenten nachteilig auswirkten (Mangel an Zinn, Aluminium). Bei der Fertigung entstanden oft unvorhergesehene Schwierigkeiten, auch wegen Konstruktionsmängeln und fehlerhaftem Material. Die Zahnräder für die Getriebe haben sich beim Härten verzogen, und es zeigte sich, daß der Rahmen nicht steif genug war und sich verwand. Daher mußten bereits fertiggestellte Fahrzeuge wieder demontiert und im Rahmen zusätzliche Versteifungen angebracht werden.

Berücksichtigt man diese Randbedingungen, so kann man den Sturmpanzerwagen A7V aus heutiger Sicht als technisch fortschrittliche, gelungene Konstruktion bezeichnen, deren Prinzip sich zu Recht bei allen Folgekonstruktionen gepanzerter Kampffahrzeuge weltweit durchgesetzt hat. Vergleicht man den Kampfwert des A7V mit dem seiner gegnerischen Konkurrenten (Tabelle 5), so kann man feststellen, daß der A7V den gegnerischen Fahrzeugen in allen Komponenten (Feuerkraft, Beweglichkeit und Schutz) überlegen war. Abschließend sollen noch einzelne Kritikpunkte erörtert werden, gegliedert nach den einzelnen Kampfwertkomponenten.

Tabelle 4: Entwicklungsablauf des Sturmpanzerwagens A7V (Konstruktion-Prototyp-Erprobung-Fertigung-Fronteinsatzreife)

Entwicklungsschritt	1916 (Sept. Okt. Nov. Dez.)	1917 (Jan. Febr. März Apr. Mai Juni Juli Aug. Sept. Okt. Nov. Dez.)	1918 (Jan. Febr. März Apr.)
OHL fordert dringende Maßnahmen zur Entwicklung eines Kampfwagens durch das KM	11. 10. ⬇		
Auftrag des KM an Abt. A7V für Konstruktion und Bau von Panzer-Kampfwagen; „Baubedingungen" werden formuliert	13. 11. ⬇		
Erstellung der Konstruktionszeichnungen des A7V-Panzerkampfwagens „Bauart Vollmer"; VPK legt KM diese Unterlagen am 22. 12. vor.	▨		
Das KM ordnet den Bau von 10 A7V gepanzert und 90 als Überlandwagen an.		20. 1. ⬇	
Bau des Fahrgestells A7V mit Holzmodell des Panzeraufbaus bis zur ersten Vorstellung am 30. 4. 1917		▨▨▨▨▨▨	
Zweite Vorstellung des A7V mit Holzmodell des Panzeraufbaus am 7. /14. 5. 1917		▨	
Beschluß der OHL nach der zweiten Vorstellung des A7V am 14. 5. 1917 zehn weitere Panzeraufbauten bauen zu lassen		14. 5. ⬇	
Fertigstellung des ersten A7V-Wagens Ende Okt. 1917 und Besichtigung des Wagens durch Chefkraft am 5. 11. 1917		5. 11. ⬇	
VaKraft gibt die Beschreibung und Betriebsanweisung für den A7V heraus			5. 1. ⬇
Die 5 ersten A7V-StPzW der Abt. 1 werden einem „Führerkurs" unterzogen u. 6 Wochen im Zusammenwirken mit der Inf. ausgebildet			▨▨
Erster Fronteinsatz der 5 ersten A7V-StPzW der Abt. 1			21. 3. ⬇
Marschbereit sind weitere 5 A7V-StPzW der Abt. 2			22. 3. ⬇
Marschbereit sind weitere 5 A7V-StPzW der Abt. 3; die Fahrzeuge 16-20 sind Ersatzfahrzeuge			28. 3. ⬇
Fronteinsatz der 15 A7V-StPzW der Abt. 1, 2 und 3			24. 4. ⬇

Tabelle 5: Vergleich des Kampfwerts des Sturmpanzerwagens A7V mit dem der gegnerischen Konkurrenten

Land	Feuerkraft	Beweglichkeit		Schutz
	Bewaffnung	Motorleistung	Geschwindigkeit	Dicke der Panzerung
Frankreich	1 Geschütz 4 MG	90 PS	8,5 km/h	11,4 mm
England	2 Geschütze 4 MG	150 PS	11 km/h	18 mm
Deutschland	1 Geschütz 6 MG	200 PS	12 – 16 km/h	30 mm

Feuerkraft

Der A7V verfügte über die größte Feuerkraft aller im ersten Weltkrieg eingesetzten Kampffahrzeuge. Hierzu trug bei, daß das Fahrzeug einen überdurchschnittlich großen und reichhaltigen Munitionsvorrat mitführte.

Die 57 mm-Kanone sowie deren Munition hat sich sowohl beim Niederkämpfen gegnerischer Stützpunkte als auch im Kampf gegen feindliche Tanks gut bewährt[19]. Probleme bereitete die optische Zieleinrichtung: bei jeder Bewegung des eigenen Fahrzeugs verlor der Richtkanonier aufgrund des kleinen Sehfeldes das Ziel aus der Optik; durch die schwerfällige Richtanlage erforderte ein Wiederauffinden des Zieles einen hohen Zeitbedarf. Bis das in der Entwicklung befindliche Schartenfernrohr eingeführt werden sollte, forderte die Truppe eine einfache Zieleinrichtung mit Kimme und Korn.

Die vernichtende Wirkung und Feuerüberlegenheit des in insgesamt sechs Exemplaren eingebauten MG 08 verglich man gerne mit einem Schützen, der ein modernes Gewehr führte. In einer Minute konnte der Gewehrschütze etwa zehn Schuß abgeben, während der MG-Schütze in derselben Zeit etwa 600 Schuß abfeuern konnte. Demnach hatte ein MG-Schütze den »Kampfwert« von 60 Gewehrschützen. Die 60 Schützen beanspruchten eine Frontbreite von ca. 60 Metern, wohingegen das MG mit einer Frontbreite von nur 1,5 Metern auskam.

»Tote Streifen« bei Rundumbewaffnung des A7V   Zeichnung Böhm/Funk

Die großen Richtbereiche der Seiten- und Heckwandlafetten beim A7V ergeben je ein Schußfeld in Rechteckform, wobei diese Schußfelder ein lückenloses Rundumschußfeld ergeben. Zum Vergleich: neuzeitliche Seiten- und Heckwandlafetten sind als Kugellafetten ausgebildet, die bei kleinen Höhen- und Seitenrichtbereichen ein Schußfeld in Kreis- oder Ellipsenform haben, wodurch sich für den Rundumschutz große tote Schießbereiche ergeben.

Unter Berücksichtigung der Kanone verfügte der A7V über eine Rundumbewaffnung ohne toten Winkel. Die in der Literatur[20] angegebenen toten Winkel sind keine Winkel, sondern parallele Streifen von ca. 1,9 m Breite. Diese toten Bereiche befanden sich im Bugteil des Fahrzeugs jeweils zwischen Hauptwaffe und den beiden rechts und links benachbarten MGs. Sie wirkten sich jedoch nicht nachteilig aus, da es möglich war, auch in diesem Bereich gegnerische Fahrzeuge zu treffen, sofern diese breiter als 1,9 m waren, oder indem die Fahrtrichtung geringfügig geändert wurde.

Letztendlich trug zu der großen Feuerkraft auch bei, daß zum Ende des Ersten Weltkriegs das Infanteriegeschoß Kal. 7,9 mm als s.S.-Geschoß (schweres Spitzgeschoß) durch das SmK-Geschoß (Spitzgeschoß mit Stahlkern) ergänzt wurde. Die Durchschlagsleistung ist derjenigen der heute verwendeten SmK-Geschosse vergleichbar: Durchschlagen von Panzerstahlplatten von etwa 14 mm Dicke auf eine Entfernung von unter 100 Metern.

Beweglichkeit

Die Beweglichkeit des A7V wurde stark kritisiert, doch nicht wegen der niedrigen spezifischen Leistung von 6,67 PS/t, sondern im wesentlichen wegen des Laufwerks, das oft versagte, und wegen der im Vergleich zu den gegnerischen Fahrzeugen geringen Grabenüberschreitfähigkeit. Hinzu kamen Betriebsstörungen bei den Antriebsmotoren (sprangen häufig nicht an, wurden zu leicht heiß) und Brüche der Getriebegehäuse. Auch brannten die Konuskupplungen häufig durch.

Grundsätzlich traute man der deutschen Konstruktion nicht und hielt sie für schlechter als die ausländischen Konkurrenten, weil sie anders aussah und anders funktionierte. Vor allen Dingen dem Fahrwerk stand man kritisch gegenüber, was man auch an der Fehlentwicklung des A7V-U sehen konnte. Messungen ergaben, daß die Reibungsverluste bei der außen liegenden umlaufenden Kette erheblich höher waren als bei dem Caterpillar-System.

Das häufige Durchbrennen der Kupplungen beruhte evtl. auf einer falschen Auslegung und wäre bei einer folgenden Serie problemlos zu vermeiden gewesen. Es muß berücksichtigt werden, daß als Belag Leder verwendet wurde, weil andere Werkstoffe mit hohen Reibwerten damals noch nicht zur Verfügung standen.

Die Beweglichkeit des A7V war auf befestigten Pisten und Straßen ausreichend, wegen der im Unterschied zu den gegnerischen Fahrzeugen vorhandenen Federung des Fahrwerks sogar besser als bei diesen. Obgleich der spezifische Bodendruck mit ca. 6 N/cm² sehr niedrig war, war die Beweglichkeit des A7V im Gelände stark eingeschränkt. Gründe hierfür waren die unzureichende Fähigkeit, Hindernisse zu überwinden, die hohe Schwerpunktlage des Fahrzeugs, das schlechte Selbstreinigungsverhalten des Fahrwerks und die Neigung der Gleisketten, sich beim Durchfahren von Drahthindernissen mit dem Stacheldraht zu verwickeln. Ein Verklemmen des Stacheldrahtes in dem feingliedrig aufgebauten Fahrwerk führte häufig zu Schäden an der Kraftübertragung[21] (Überlastung der Kupplungen, s.o.).

Die zentrale Steuerung des A7V von einem Fahrerplatz aus hat sich bewährt. Allerdings verfügte der Fahrer über eine sehr schlechte Bodensicht im Nahbereich (erst ab 9 m vor dem Fahrzeug). Aus diesem Grunde mußte er beim Passieren von Engstellen und bei der Eisenbahnverladung durch Mitglieder der Panzerbesatzung eingewiesen werden. Für die beiden Mechaniker waren für diesen Zweck zusätzliche Luken direkt unter dem Turmaufsatz vorhanden.

Schutz

Das gepanzerte Gehäuse des A7V war eine gute und moderne Konstruktion, die für zahlreiche Folgekonstruktionen richtungweisend war. Der ballistische Schutz war, bedingt durch die gewählten Blechdicken, gut und demjenigen der gegnerischen Fahrzeuge weit überlegen (s. Tabelle 5). Bezogen auf das Gesamtgewicht des Fahrzeugs betrug der Gewichtsanteil der Panzerung beim A7V ca. 30 Prozent. Dies ist ein sehr guter Wert.

Bei neueren Entwicklungen betrug bis etwa 1945 der Gewichtsanteil der Panzerung bei Kampffahrzeugen im Mittel ca. 50 Prozent des Gefechtsgewichts. Dieses hing mit der dem ballistischen Schutz eingeräumten Priorität zusammen. Nach 1955 änderte sich die Philosophie dahingehend, daß der Schutz zugunsten der Feuerkraft und der Beweglichkeit reduziert wurde. Das führte zu einem verringerten Gewichtsanteil für die Panzerung, der dann nur noch 25–30 Prozent betrug.

Mit einer Gesamthöhe von 3,35 m wies der A7V eine zu große Silhouette auf. Er bot damit nicht nur eine große Angriffsfläche, sondern neigte auch aufgrund seiner hohen Schwerpunktlage beim Befahren schweren Geländes leicht zum Umkippen. Von Nachteil war es auch, daß die Unterseite des Fahrzeugs, mit Ausnahme des Bereichs unter den Kraftstofftanks, nicht gepanzert war. Da sich das Fahrzeug beim Überklettern von Hindernissen aufrichtete, war die Fahrzeugunterseite leicht verwundbar. Die später angebrachten schwenkbaren Schürzen an der unteren Bug- und Heckkante sollten eine Verbesserung des Schutzes der Fahrzeugunterseite bewirken.

Während die Lukenkonstruktionen weitgehend Schutz gegen Treffer boten, wiesen die Blenden an den Schießscharten Fangstellen für Splitter auf. Alles in allem wurde der ballistische Schutz des A7V allen an ihn gestellten Anforderungen gerecht. Bei einer Beurteilung des Kampfwerts aus heutiger Sicht würde er bei einer Feuerkraft von 45 Prozent und einer Beweglichkeit von 20 Prozent mit 35 Prozent an zweiter Stelle liegen.

1 Krüger, R., Tanks, Entstehung, Bauart und Verwendung im Kriege, Berlin 1921; Fries, Kampffahrzeuge, in: M. Schwarte: Die Technik im Weltkriege, Berlin 1920.
2 Vollmer, J., Deutsche Kampfwagen. Schreibmaschinen-Manuskript, Berlin o. J.; Vollmer, J., Deutsche Kampfwagen, in: Der Motorwagen, H. 34, 23. Jg., Berlin 1920, S. 645–651, S. 676–681.
3 Dörffer, W., Technische Mitteilungen über Kampfwagen und Straßenpanzerwagen, Berlin 1922; Strasheim, R., Zur Technik des A7V-Kampfwagens (Bauart Vollmer), in: Sturmpanzerwagen A7V, Komitee Nachbau Sturmpanzerwagen, Köln 1987; Hilmes, R., A7V — der erste deutsche Kampfwagen, in: Soldat und Technik 10 (1987), S. 606–611.
4 Tinnemeier, S., A7V — Der erste deutsche Kampfpanzer (1917) Studienarbeit; Universität der Bundeswehr Hamburg, 1987.
5 Ebd., S. 2.
6 Spielberger, W. J., Der Deutsche Panzerkampfwagen A7V, in: Feldgrau 9 (1961), H. 1, S. 1–5 und S. 7f.
7 Lander, U., Rollende Festung, in: Deutsches Waffenjournal 9 (1987), S. 1044–1047.
8 Anonym, Kurze Beschreibung und Gebrauchsanweisung für das 5,7-cm-Sockel-Panzerwagengeschütz. Reichsdruckerei 1918.
9 Anonym, Das Maschinengewehr 08. Waffengeschichte, Folge W. 78, Publizistisches Archiv für Waffen- und Militärgeschichte, Nürnberg.
10 Bayerisches Hauptstaatsarchiv, Abt. IV, Kriegsarchiv, München (BayHStA), Akte Nr. 1549: Preuß. Kriegsministerium Nr. 2575/17 geh., Abt. A7V vom 8. 5. 1918.
11 Vollmer, J., Technische Entwicklung des Kampfwagen-Baues im Weltkriege, Schreibmaschinen-Manuskript, Berlin 1932.
12 Funk, W. und J. Knoop, Ein Beitrag zur Anwendung eines stochastischen Optimierungsverfahrens bei der Konstruktion leichter Panzerwannen. Forschungsbericht aus der Wehrtechnik, BMV-g-FBWT 85-5 (1984).
13 Volkheim, E., Die deutschen Kampfwagen im Weltkriege, Berlin 1923.
14 Ebd.
15 Ebd.
16 Strasheim, Zur Technik des A7V-Kampfwagens.
17 Headquarters Tank Corps, Sketch of Hostile Tank, used at Villers Bretonneux 24th April 1918 (Notiz), 3. Mai 1918; General Staff, General Headquarters, The German Tank, »Elfriede« (Bericht), 1. Juni 1918.
18 Petter, E., Die technische Entwicklung der deutschen Kampfwagen im Weltkriege 1918/1918, Berlin 1932.
19 Hilmes, A7V — der erste deutsche Kampfwagen.
20 Strasheim, Zur Technik des A7V-Kampfwagens.
21 Hilmes, A7V — der erste deutsche Kampfwagen.

A7V 505, BADEN I kurz vor seiner Fertigstellung in der Werkhalle bei den Daimler-
werken in Berlin-Marienfelde im Frühjahr
1918. Dieser Kampfwagen ist mit der
Bocklafette ausgerüstet. Auf dem Rohr
seiner 5,7 cm-Kanone ist das Korn mit
einer Schelle befestigt. Die Visiereinrichtung der ersten A7V bestand nur aus einer Schiebevisierung am Bodenstück des
Rohres und dem Korn   Sammlung Spielberger

Im Sommer 1918 erhielten die A7V-Kampfwagen eine neukonstruierte
Sockellafette. Sie war kompakter als die behelfsmäßige Bocklafette. Die
Visiereinrichtung bestand jetzt aus einem Rundblickfernrohr, das mit der
Lafette fest verbunden war   Sammlung WGM

Auf dieser einfachen Schnittzeichnung ist
ersichtlich, wie die Sitze für die MG-
Schützen gleichzeitig als Munitionsbehälter dienten. Die Darstellung der Ge-
schützlafette entspricht nicht den Tatsachen   Bundesarchiv Koblenz

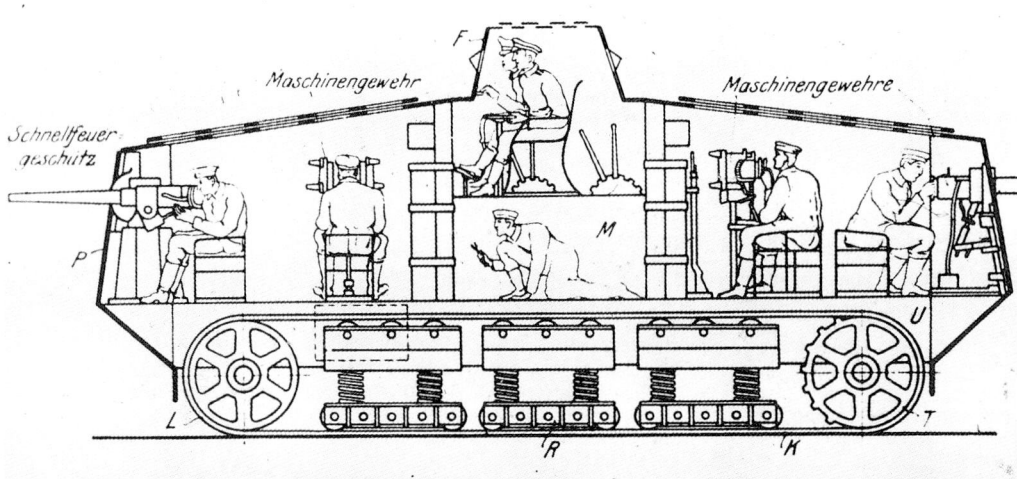

Fig. 6. Deutscher schwerer Kampfwagen A. 7. V. (schematisch).

Udo Lander

Die Bewaffnung
der Sturmpanzerkraftwagen A7V

Die Suche nach einer geeigneten Waffenbestückung für den A7V

Nachdem die Oberste Heeresleitung (OHL) im Frühjahr 1917 den Auftrag zur Fertigung von vorerst zwanzig Sturmpanzerkraftwagen A7V erteilt hatte, stellte sich zwangsläufig auch die Frage nach der Waffenausstattung, die in die Kampffahrzeuge eingebaut werden sollte. Da die neuen Tanks am Anfang der Planung lediglich als Mittel angesehen wurden, den infanteristischen Kampf gegen feindliche Stellungen und M. G.-Nester endlich wieder beweglich führen zu können, war man bei der Konzeption der A7V-Wagen ursprünglich bestrebt, sie sozusagen als »rollende M. G.-Nester« einzusetzen. Dementsprechend bereits im September 1917 aufgestellte »Ausrüstungsnachweisungen für die Waffenaustattung einer Sturm-Panzerkraftwagen-Abteilung« belegen dies sehr deutlich[1]. Danach sollte eine Sturm-Panzerkraftwagen-Abteilung aus vier M. G.-Panzerkraftwagen und nur einem Geschütz-Panzerkraftwagen bestehen, wobei für jeden M. G.-Wagen sechs Maschinengewehre und zwei Flammenwerfer vorgesehen waren, während der Geschützwagen nur vier Maschinengewehre, keine Flammenwerfer, dafür aber eine Kanone erhalten sollte. Zur Durchführung dieser Konzeption, speziell was den Einbau von Flammenwerfern betraf, kam es jedoch nie, auch ließ man die vorgesehene Zweiteilung in M. G.-Wagen und Geschützwagen fallen und entschied sich zum Einbau von Geschützen in jedes Fahrzeug der Abteilung.

Zunächst war beabsichtigt, die A7V-Wagen mit 2-cm-Tankabwehrkanonen auszurüsten. Bei diesen Waffen handelte es sich um für die Tankabwehr weiterentwickelte 2-cm-Kanonen des Systems Becker M II und Erhardt, mit denen sowohl Einzel- als auch Dauerfeuer geschossen werden konnte, und die ursprünglich zur Fliegerabwehr und zur Bewaffnung von Flugzeugen bestimmt waren. Da aber deren Wirkung beim Einzelschuß gegen die in Frage kommenden Ziele, insbesondere gegen gegnerische Tanks, als zu gering bewertet wurde, und die Waffen auch noch nicht völlig ausgereift waren, schlug die Versuchsabteilung der Inspektion der Kraftfahrtruppen (VaKraft) vor, die Fahrzeuge mit 7,7-cm-Feldkanonen 96 n/A zu bestücken. Dagegen allerdings meldete die Artillerie-Prüfungskommission begründete Bedenken an: Im Verhältnis zur Tragfähigkeit der Fahrzeuge, welche durch die starke Panzerung so schon sehr beansprucht wurde, war die 7,7-cm-Feldkanone 96 n/A, vor allem die mitzuführende Munition dieser Rohrweite, zu schwer. Ferner standen für dieses Geschütz nur Rohrbremsen mit langem Rücklauf (750 mm) zur Verfügung, für

den im Wageninnern kein Raum vorhanden war. Dazu kam, daß die Rohrwiege aus dem Panzeraufbau des Kampfwagens hinausgeragt hätte, somit leicht verwundbar gewesen wäre und durch einen Infanterietreffer sofort unbrauchbar gemacht worden wäre. Man hätte, um diese Nachteile zu vermeiden, vollständig neue Rohrbremsen und Rohrwiegen konstruieren müssen, was aber bei der von der VaKraft beabsichtigten schnellstmöglichen Fertigstellung der A7V-Wagen völlig ausgeschlossen war[2].

Die Artillerie-Prüfungskommission regte daher ihrerseits an, die Kampfwagen mit einer belgischen 5,7-cm-Schnellfeuerkanone auszurüsten, die den deutschen Truppen bereits im Jahre 1914 bei der Einnahme der belgischen Festungen Lüttich und Naumur in größerer Anzahl unbeschädigt in die Hände gefallen war[3]. Deren Rohrrücklauf betrug lediglich 135 mm, was kurze Bremszylinder und eine entsprechende Rohrwiege bedingte und somit einen Einbau innerhalb des Panzerschutzes ermöglichte.

Diesen Vorschlag griff der Chef des Generalstabes des Feldheeres auf und beantragte am 24. November 1917 beim Kriegsministerium den Einbau dieser Beutegeschütze in die Sturm-Panzerkraftwagen A7V[4]. Das Kriegsministerium entsprach diesem Antrag und ordnete am 8. Januar 1918 an, jedes Fahrzeug mit einer belgischen 5,7-cm-Beutekanone und 4 Maschinengewehren auszurüsten[5]. Gleichzeitig erließ das Kriegsministerium die Anordnung, daß die Fertigstellung der Panzerkraftfahrzeuge durch die Anlieferung der Geschütze nebst zugehöriger Lafetten keinesfalls verzögert werden dürfe; soweit umgerüstete Geschütze nicht schnell genug beschafft werden könnten, sollten die Kampfwagen nur mit Maschinengewehren bestückt werden. Ein noch ausstehender Einbau des Geschützes sollte nach Auffassung des Kriegsministeriums dann im Felde erfolgen. Weiter ordnete das Kriegsministerium an, die Panzerkraftwagen schon beim Bau so zu konzipieren, daß später die frontseitigen Schießscharten für die Maschinengewehre geschlossen und ein Geschütz im Vorderteil des Wagens eingesetzt werden konnte[6]. Die Gründe für diese Vorgehensweise sind offensichtlich unter anderem darin zu suchen, daß mit den in die A7V-Wagen eingebauten Geschützen eigene deutsche Munitionssorten verschossen werden sollten. Deren im Gegensatz zu den belgischen, ursprünglich für dieses Geschütz entwickelten Ladungsstärken waren deutlich höher (v_0 9 belg. 401 m/s — v_0 A7V bis 487 m/s), so daß der konstruktiv vorgegebene Rohrrücklauf von 135 mm und die vorhandenen Dämpfer nicht ausreichend waren. Nun konnte man in dieser Hinsicht auf Erfahrungen zurückgreifen, die man beim Einsatz dieses Geschütztyps unter Verwendung eigener Munition bereits gemacht hatte: Schon 1917 hatte man einige belgische 5,7-cm-Geschütze zur Tankbekämpfung auf

LKWs montiert, nachdem die vorhandenen Dämpfer durch neue und stärker dimensionierte ersetzt worden waren. So konnte die Umrüstung der für den Einbau in die A7V-Wagen vorgesehenen Geschütze nur eine Frage der vermehrten Bereitstellung neuen Dämpfermaterials sein, da die konstruktiven Probleme bereits gelöst waren. Allerdings mußte dabei in Kauf genommen werden, daß sich durch diese Maßnahmen der Gesamtrücklauf der Geschütze um 15mm auf insgesamt 150 mm verlängerte.

Gleichzeitig mit den die Ausrüstung der A7V-Wagen betreffenden Anordnungen beauftragte das Kriegsministerium die Artillerie-Prüfungskommission, eine Beschreibung und Bedienungsanleitung für das 5,7-cm-Panzerwagengeschütz zu entwerfen, die später den Panzerwagenbesatzungen an der Front an die Hand gegeben werden sollten. Schon am 11. Mai 1918 legte die Vorschriftenstelle den entsprechenden Entwurf vor, der in gedruckter Form interessanterweise nicht nur auf das belgische 5,7-cm-Geschütz, sondern explizit auch auf eine gleichartige Kanone aus russischer Beute eingeht[7]. Da sich laut dieser Vorschrift die belgischen und russischen Rohre in nur sehr unwesentlichen Details unterschieden[8], die Herkunft der russischen Geschütze aber nirgendwo belegt ist, kann angenommen werden, daß die russischen Geschütze möglicherweise vom selben Hersteller stammen wie die belgischen 5,7-cm-Kanonen. Ob diese Geschütze den deutschen Truppen während des Ostfeldzuges im Sommer 1915 bei der Eroberung der Festungen Kowno und/oder Brest-Litowsk als Beute in die Hände gefallen sind, ist jedoch nicht nachgewiesen und bleibt eine Hypothese.

Die belgische 5,7-cm-Kasematt-Schnellfeuerkanone Nordenfeldt von 1888

Im Jahre 1887 erteilte der belgische Kriegsminister einer Kommission den Auftrag, Vorschläge zur Beschaffung von Schnellfeuerkanonen zu machen, deren Kaliber unterhalb dem der gebräuchlichen Feldkanonen liegen sollte, und die in den Maas-Festungen zum Flankenschutz und zum Einbau in versenkbaren Panzerkuppeln vorgesehen werden konnten. An den dazu durchgeführten Vorführungen und Vergleichsschießen nahmen unter anderem auch drei ausländische Firmen mit ihren Entwicklungen teil. Dies waren die Firma Hotchkiss aus Frankreich, die Grusonwerke aus Deutschland und die Nordenfeldtwerke aus Großbritannien. Die letztgenannte Firma mit Sitz in Erith bei London fusionierte im Jahre 1888 mit der Maxim Gun Company des in England ansässigen Amerikaners Hiram St. Maxim und firmierte seit dieser Zeit bis zu ihrer Teilauflösung im Jahre 1897 unter der Bezeichnung Maxim-Nordenfeldt Guns and Ammunitions Company Limited of London. 1897 wurde die Maxim-Nordenfeldt-Company von dem britischen Konzern Vickers übernommen.

Nach den Vergleichsschießen, die im Dezember 1887 in Brasschaet und Beverloo/Belgien stattgefunden hatten, entschied man sich zur Übernahme und Einführung der 5,7-cm-Schnellfeuerkanone System Maxim-Nordenfeldt. Insbesondere deren einfache Mechanik, Funktionssicherheit, hohe Feuergeschwindigkeit und Treffgenauigkeit hatten hierzu den Ausschlag gegeben[9]. Die Londoner Firma erhielt somit von der belgischen Regierung den

Auftrag zur Fertigung von insgesamt 185 Schnellfeuergeschützen, wobei die dazu erforderlichen Sockellafetten von der Lütticher Lokomotiven- und Gasmotorenfabrik Saint-Léonard auf Rechnung der Firma Maxim-Nordenfeldt hergestellt wurden[10].

Technische Daten des belgischen Geschützes

Länge des Rohres	L 26,3 = 1504 mm
Anzahl der Züge	24, Progressivdrall
Gewicht des Rohres mit Verschluß	193 kg
Gewicht des Verschlusses	22 kg
Anzahl der Rücklaufdämpfer	2
Mittlerer Rücklauf beim Schuß	95 mm
Maximaler Rücklauf	135 mm
Größtes Geschoßgewicht	2,73 kg
v_0 (Landungsgew. 510 g, Geschoßgew. 2,73 kg)	401 m/s
Maximale Schußzahl/Minute	36 Schuß
Munitionsart:	Patronenmunition
Halbautomatischer Fallblockverschluß	

Als Einsatzmunition erhielt das Schnellfeuergeschütz Patronen mit gußeisernen Granaten mit Aufschlagzünder, die konstruktionsbedingt bei der Explosion in eine vorgesehene Mindestanzahl von Splittern zerlegten, sowie Patronen mit Stahl- oder Panzergranaten, die ebenfalls mit Aufschlagzündern versehen waren und hauptsächlich gegen feste Ziele eingesetzt werden sollten. Darüber hinaus verfeuerte das Geschütz Kartätschpatronen, welche

5,7-cm-Nordenfeldt-Schnellfeuergeschütz mit seiner ursprünglichen Kasematt-Sockellafette   Wehrtechnische Studiensammlung

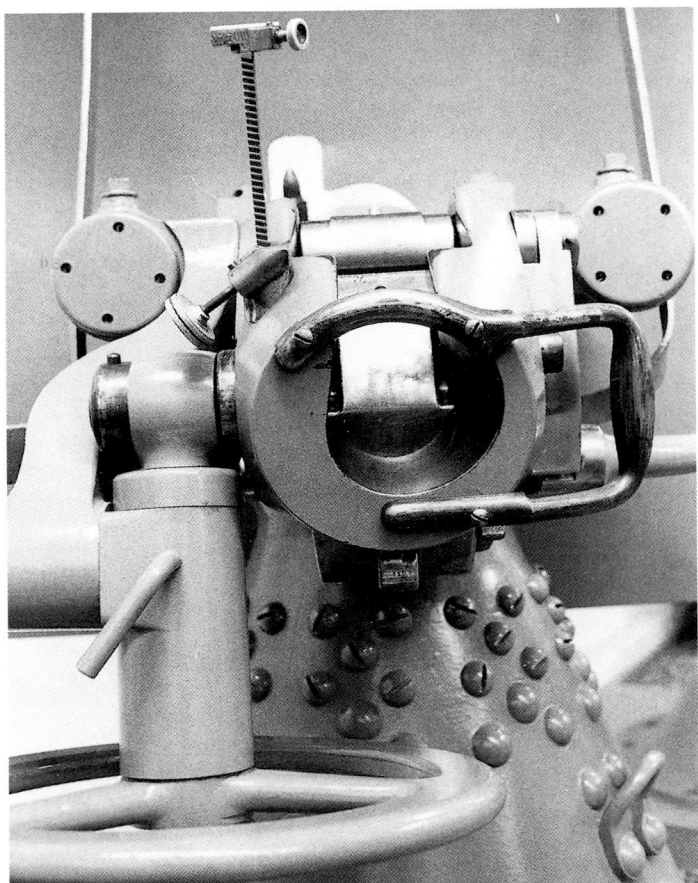

Blick auf Verschluß und Richtmittel des 5,7-cm-Nordenfeldt-Schnellfeuergeschützes
Wehrtechnische Studiensammlung

Munitionsausrüstung für das 5,7-cm-Geschütz im A7V

Bereits am 8. Januar hatte das Kriegsministerium befohlen, für die erste Munitionsausrüstung eines Geschützes 100 Patronen mit 5,7-cm-Granaten mit Panzerkopf und 400 Patronen mit 5,7-cm-Granaten mit Aufschlagzünder – jeweils mit erhöhter Ladung – bereitzustellen[11]. Kartätschpatronen waren zu diesem Zeitpunkt noch nicht vorgesehen. Diese erste Munitionsausrüstung sollte dem Artillerie-Depot Köln überwiesen und von Fall zu Fall den einzelnen Sturm-Panzerkraftwagen-Abteilungen 1–7 gesondert zur Verfügung gestellt werden[12].

Die Verfügbarkeit des im Frühjahr 1918 eingerichteten Bayerischen Kraftwagenparks 20 in Charleroi/Belgien, vermutlich aber auch die Erfahrungen aus dem ersten Einsatz deutscher A7V-Wagen am 21. März 1918 bei St. Quentin veranlaßten das Kriegsministerium, den Befehl vom 8. Januar 1918 zu präzisieren. Es bestimmte am 7. Juli 1918, daß die Ausrüstung der Geschützpanzerwagen nach Bedarf erfolgen sollte, wobei Granaten mit Aufschlagzünder, Granaten mit Aufschlagzünder mit Verzögerung, Granaten mit Panzerkopf und Kartätschen bereitzustellen seien (in der Regel waren vorzusehen 55% Granaten m. Az., 25% Granaten m. Az. m. V., 10% Granaten m. P. und 10% Kartätschen). Bezüglich des Munitionsnachschubs – so führte der Befehl weiter aus sollte der Kommandeur der Panzerwagen-Abteilungen die Munitionsforderungen rechtzeitig dem Kriegsministerium/Abteilung Feldartillerie drahten, damit die Bereitstellung und Versendung der Munition an den Bayerischen Kraftwagenpark 20 in Charleroi bedarfsgerecht in Auftrag gegeben werden könne[13].

Bevor es allerdings zu diesem Befehl kam, galt es, Unstimmigkeiten zwischen dem Kriegsministerium und der Obersten Heeresleitung bezüglich der Verwendung von Granaten mit Aufschlagzündern mit Verzögerung auszuräumen. Das Kriegsministerium bevorzugte den Aufschlagzünder mit Verzögerung zur Bekämpfung offener Ziele oder von Zielen hinter senkrechten Deckungen deshalb, weil diese, wenn sie auf kurze Distanz verschossen wurden, in der Regel abprallten und damit tiefe Sprengpunkte ergaben. Damit schienen sie gegen lebende Ziele besonders geeignet zu sein.

Die Oberste Heeresleitung hatte gegen die Verwendung eines Aufschlagzünders mit Verzögerung jedoch Bedenken, da man der Ansicht war, daß mit einem Abpraller des Geschosses nur unter günstigen Umständen und in entsprechendem Auftreffgelände gerechnet werden durfte. Sie forderte deshalb anstelle des Aufschlagzünders mit Verzögerung die Einführung von Granaten mit gewöhnlichem Aufschlagzünder.

Die von der Artillerie-Prüfungskommission sofort angestellten Versuche ergaben zwar die Eignung des Aufschlagzünders mit Verzögerung speziell auf kurze Schußentfernungen, dennoch konnte sich die Oberste Heeresleitung, wie aus der prozentualen Aufteilung der Geschoßarten im Befehl des Kriegsministeriums vom 7. Juli 1918 (55% Granaten mit gewöhnlichem Aufschlagzünder, aber nur 25% Granaten mit Verzögerungszündern) eindeutig hervorgeht, durchsetzen. Dies erscheint insbesondere deswegen bemerkenswert, weil Granaten mit gewöhnlichem Aufschlagzünder für das 5,7-cm-Geschütz überhaupt nicht zur Verfügung standen. Diese mußten erst durch Umwandlung vorhandener Granaten mit Verzögerungszündern gefertigt werden[14].

mit insgesamt 196 Kugeln gefüllt waren, deren Material aus 90% Blei und 10% Antimon bestand und die für eine Schußentfernung bis 400 m ausgelegt waren. Diese Geschoße wurden durch einen regulierbaren Brennzünder in kurzer Enfernung von der Rohrmündung zerlegt und waren daher besonders gut zur Bekämpfung lebender Ziele geeignet. Die vom belgischen Kriegsministerium für die Maxim-Nordenfeldt-Geschütze bestimmten Munitionsarten wurden schließlich, wenn auch in modifizierter Form, für das in die A7V-Wagen eingebaute Schnellfeuergeschütz übernommen.

Technische Daten des von deutscher Seite veränderten Geschützes

Länge des Rohres	L/26,3 = 1504 mm
Anzahl der Züge	24, Progressivdrall
Gewicht des Rohres mit Verschluß	193 kg
Gewicht des Verschlusses	22 kg
Geschoßgewicht	2,7 kg
v_o Kleine Ladung	395 m/s
v_o Große Ladung	487 m/s
Größte Schußweite Kleine Ladung	4000 m
Größte Schußweite Große Ladung	6400 m
Munitionsart	Patronenmunition
Schußzahl/Minute	20–25 Schuß
Halbautomatischer Fallblockverschluß	

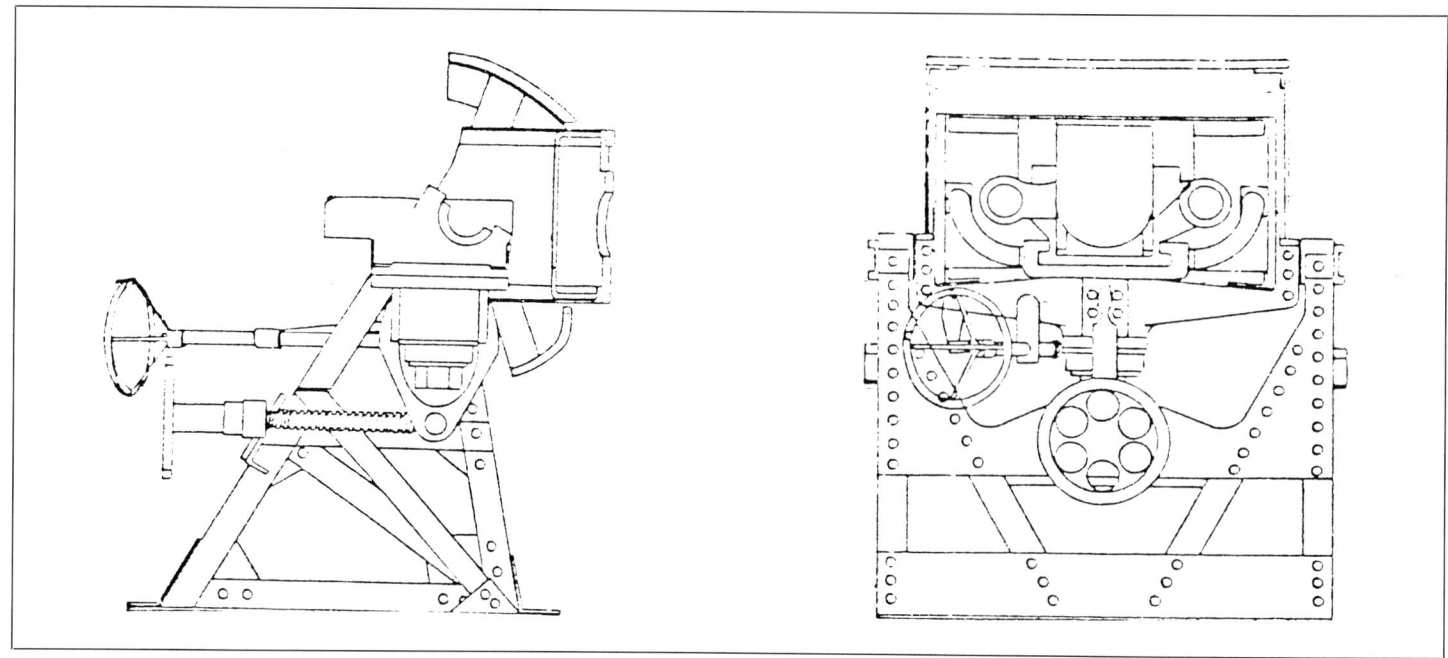

Seiten- und Rückansicht der Bocklafette für das 5,7-cm-Geschütz

Tank Museum News 1989

Laffettierung der 5,7-cm-Kanone im A7V

Mit der Entscheidung zum Einsatz der 5,7-cm-Schnellfeuerka-
none in den A7V-Wagen stellte sich zwangsläufig auch die Frage
nach der entsprechenden Lafettierung, die so eingerichtet sein
mußte, daß das Geschütz auch bei Schräglage des Fahrzeugs
noch zielgenau feuern konnte. Zwar hatte man bereits vor der
Entscheidung zum Einbau dieser Geschütze in die A7V-Wagen die
5,7-cm-Schnellfeuerkanonen als Tankabwehrwaffen auf 4-t-Last-
kraftwagen eingesetzt und dazu eine entsprechende Sockellafette
konstruiert, doch war diese auf Grund ihrer Schwenkbarkeit um
360 Grad und eines zu kleinen Höhenrichtwinkels für die A7V-
Wagen nicht brauchbar. Deshalb entwickelte das Artillerie-Kon-
struktionsbüro in Berlin-Spandau, um Einhaltung der kurzgesetz-
ten Fertigstellungsfristen der Fahrzeuge bemüht, eine behelfsmäßige, schnell herzustellende Bocklafette mit Richtmöglichkeit in
der Vertikalen von je 20 Grad und in der Horizontalen von maximal
90 Grad. Mit diesen Bocklafetten wurden die A7V-Wagen 502, 505
BADEN I, 506 MEPHISTO und 507 CYKLOP provisiorisch ausgerüstet.
Entsprechend einfach sah die Visiereinrichtung aus, welche lediglich aus einem klappbaren Schiebevisier und einem Korn bestand,
welches außerhalb der Panzerung angebracht war. Ab Sommer
des Jahres 1918 erhielten diese Fahrzeuge dann ebenso wie alle
nachfolgend gefertigten A7V-Wagen eine Sockellafette, die über
eine wesentlich verbesserte Visiereinrichtung verfügte[15].
Diese Sockellafette war ursprünglich für den ebenfalls im Laufe des
Jahres 1918 in der Entwicklung befindlichen und lediglich in einem
Versuchsexemplar gefertigten Kampfwagen A7V-U konstruiert
und im übrigen nicht nur für die A7V-Wagen verwendet worden,
sondern auch für die auf das belgische 5,7-cm-Schnellfeuerge-
schütz umgerüsteten englischen Beutetanks.
Die Lafette gestattete eine Erhöhung und Senkung des Rohres um
jeweils 20 Grad und eine Schwenkung nach links und rechts um je
45 Grad. Dabei war das Problem der Beweglichkeit des Rohres in

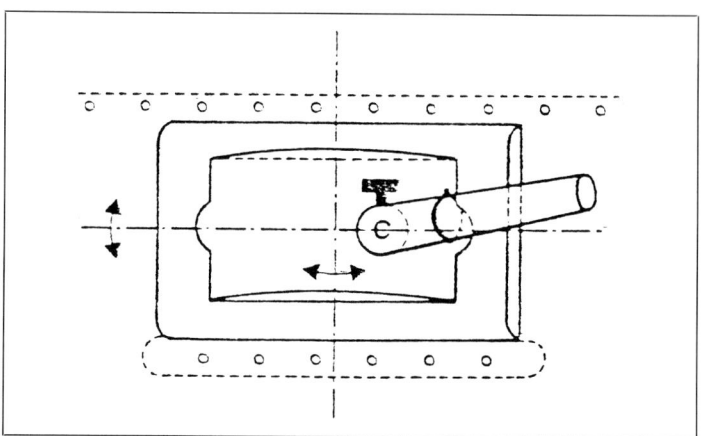

Zur Bocklafette gehörende Geschützblende Tank Museum News 1989

der Waagrechten und Senkrechten einerseits und effektiver Panzerung nach außen andererseits konstruktiv dadurch gelöst, daß
ein um das Rohr gelegter Rohrpanzer, welcher über die Rohrwiege
mit der Oberlafette verbunden war, in der senkrechten Ausfräsung

Zur Sockellafette gehörende Geschützblende Tank Museum News 1989

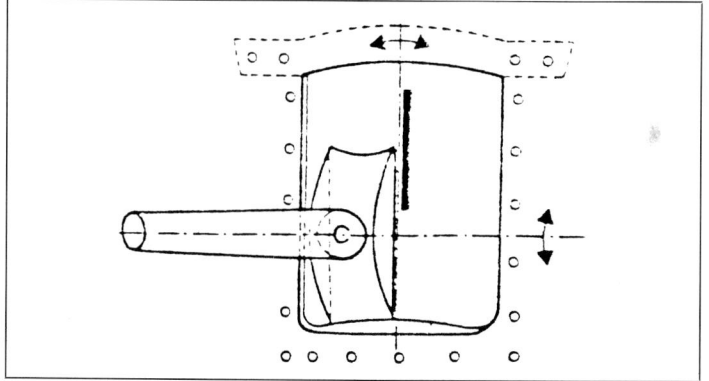

Innenraum eines A7V, mit Blick auf das 5,7-cm-Geschütz auf Sockellafette. Links am Geschütz das Rundblickfernrohr, darunter das Doppel-
handrad zur Einstellung der Seiten- und Höhenrichtung. Über dem
Geschütz an der Decke der Richtungsanzeiger (scheibenförmiger
Gegenstand) für den Richtkanonier, rechts an der Bugwand die Licht-
anzeige des Signalapparates   Sammlung WGM

eines zylinderförmigen Panzers lag. Dieser Panzer konnte seinerseits mit dem Geschütz seitlich um je 45 Grad geschwenkt
werden.

Im Gegensatz zu der Kimme-Korn-Visierung, die bei den A7V-
Wagen mit Bocklafette verwendet wurde, war an der Sockellafette
eine Richtoptik angebracht, welche über einen Aufsatzträger mit
der Rohrwiege fest verbunden war. Kernstück dieser Optik war ein
Rundblickfernrohr, dessen Entfernungseinteilung bis 4300 m
reichte. Zum Ausgleich der durch den Rechtsdrall der Geschosse
entstehenden Abweichung aus der Ziellinie, der sogenannten
Derivation des Geschosses, war das Zielfernrohr mit einer Neigung
von 3 Grad zur Waagrechten installiert. Allerdings handelte es sich
auch hierbei um eine Behelfsmaßnahme, da die Zeit zur Neukonstruktion einer für den A7V geeigneteren Richteinrichtung nicht
vorhanden war[16]. Wie wenig geeignet das Rundblickfernrohr
tatsächlich war, geht aus einer Beurteilung des FeldKraftfahrChefs
vom 5. Mai 1918 hervor: »Da das Rundblickfernrohr nur ein kleines,
mit jeder Bewegung des Tanks sich verschiebendes Gesichtsfeld

gewährt, setzen sich dem Auffinden des Ziels, das rasch erfaßt
werden muß, häufig große Schwierigkeiten entgegen. Bei trüber
Sicht wird das Einrichten mittels Rundblickfernrohr sogar zur
Unmöglichkeit. Von sämtlichen Abteilungen wurde die Vereinfa-
chung der Richteinrichtung, nur Kimme und Korn, beantragt[17].«
Man hat dann versucht, auf der Basis dieser Erfahrungen für
Verbesserung zu sorgen, indem man ein von der Firma Goerz
konstruiertes Schartenfernrohr zum Einbau vorsah. Dessen Optik
war so angeordnet, daß das Gesichtsfeld durch den schmalen
Sehschlitz völlig uneingeschränkt blieb. Zum Einsatz dieses
Geräts kam es jedoch nicht mehr, da entsprechende Stückzahlen
nicht mehr geliefert werden konnten[18].

Maschinengewehr-Bestückung und Ausstattung mit Handfeuerwaffen

Neben dem 5,7 cm-Schnellfeuergeschütz waren alle A7V-Wagen
mit sechs Maschinengewehren bestückt. Einzig Wagen 501, der,
als erster fertiggestellt, zum Einbau von vier Maschinengewehren
und zwei Flammenwerfern vorgesehen war, wurde erst im September 1918 auf den üblichen Standard umgerüstet.

Bei den Maschinengewehren handelte es sich um das bei den
Maschinengewehr-Kompanien des Deutschen Reichsheeres seit
Jahren eingeführte wassergekühlte MG 08, welches in die A7V-
Wagen allerdings ohne den sonst üblichen Transportschlitten
eingebaut war[19]. Die in den Panzern eingebauten Maschinengewehre 08 verfügten über eine spezielle Lafettenkonstruktion, die
zusammen mit dem Sitz des MG-Schützen eine feste Einheit
bildete. Der Sitz seinerseits war so konstruiert, daß er mit der
Lafette bzw. mit der Waffe schwenken konnte. Der 90-Grad-
Schwenkbereich der sechs Maschinengewehre – je zwei wirkten
nach links und rechts, zwei nach hinten – und deren Einbauorte im
Fahrzeug waren so gewählt, daß ab einer Distanz von ca. 4,5 m vor
dem Fahrzeug das gesamte Umfeld wirksam bestrichen werden
konnte. Lediglich im vorderen Bereich ergaben sich zwischen
Kanone und den beiden seitlich vorne links und rechts angeordneten Maschinengewehren tote Winkel, welche in der Praxis aber
durch entsprechendes Zick-Zack-Fahren kompensiert werden
konnten.

Frontpartie A7V ADALBERT, mit Sockellafette, Fahrzeug zum Bahntransport
verladen, Kanone mit Mündungsschoner, oben links im Bild der übermalte
Name »Bulle«   Sammlung WGM

Heckpartie A7V ADALBERT, mit eingesetzten MGs; durch Eisenbänder, die in
die Abschlepphaken eingelegt sind, ist der Kampfwagen auf der Transport-
lore gesichert. Diesem Zweck dient auch der schwere Holzbalken vor der
Kette   Sammlung WGM

Darüber hinaus ist in jedem A7V-Wagen ein MG 08/15 mit sechs Gurttrommeln zu je 50 Schuß für den abgesessenen Einsatz mitgeführt worden. Hintergrund dafür war eine Weisung des Chefs des Generalstabes des Feldheeres vom 19. Mai 1918, wonach Teile der Besatzung bei eventueller Betriebsunfähigkeit des Fahrzeugs als Stoßtrupp am Infanterieangriff teilzunehmen hatten.

Zusätzlich zur Maschinengewehr-Ausstattung waren in jedem Fahrzeug sechs Karabiner 98 vorhanden, und jeder Besatzungsangehörige – im Normalfall 15 Mann je Fahrzeug – trug eine Pistole 08. Für die Maschinengewehre und Handfeuerwaffen wurden durch das Waffen- und Munitionsbeschaffungsamt (WuMBA) pro A7V-Kampfwagen insgesamt 16 000 S-Patronen, 12 000 SmK-Patronen[20] und 780 9mm-Parabellum-Patronen sowie 20 Handgranaten bereitgestellt[21]. Im Fahrzeug selbst befanden sich als Kampfbeladung für die Maschinengewehre bis zu 60 unter den Sitzen der MG-Schützen verstaute Gurtkästen, die je einen Stoffgurt mit 250 Schuß enthielten, was einer Munitionsausstattung von 10 000 bis 15 000 Schuß entsprach.

Anschließend bleibt festzustellen, daß nach einer auf Grund des ersten wirklich erfolgreichen Einsatzes deutscher A7V-Sturm-Panzerkraftwagen bei Villers-Bretonneux vom FeldKraftfahrChef erfolgten Beurteilung die Austattung mit Geschützen sich bei der Niederwerfung von Stützpunkten und der Abwehr feindlicher Tankangriffe als außerordentlich zweckmäßig erwiesen hat, daß die erreichte Feuergeschwindigkeit auch bei starker feindlicher Gegenwirkung ausreichend und die mitgeführte Munition genügend und von guter Wirkung war[22].

1 Hauptstaatsarchiv (HStA) Stuttgart, M 1/4, Bd 1303, Bl. 3.
2 Alfred Muther, Das Gerät der leichten Artillerie, II. Teil: Infanteriegeschütze, Tankabwehr und Tankbestückung, Berlin 1932, S. 285.
3 Marcel Dion, Tankbestückung, in Tankmuseum News, Jg. 6/89, Nr. 24, S. 6 ff.
4 Wie Anm. 1, Blatt 12
5 Ebd.
6 Ebd.
7 Kurze Beschreibung und Gebrauchsanweisung für das 5,7 cm-Sockel-Panzerwagengeschütz (russisches oder belgisches Beuterohr), Reichsdruckerei, Berlin 1918.
8 Ebd., S. 2, Anm. 1: die russischen und belgischen Rohre unterschieden sich im wesentlichen nur durch die Anordnung der Schutzvorrichtung gegen Nachbrenner.
9 Wie Anm. 3, S. 5.
10 Ebd.
11 Wie Anm. 1, Bl. 13.
12 Ebd.
13 Wie Anm. 1, Bl. 30.
14 Wie Anm. 2, S. 287.
15 Da Wagen 506 MEPHISTO bereits am 14. 7. 1918 von australischen Truppen erbeutet wurde, konnte er nicht mehr umgerüstet werden und behielt als einziger die ursprüngliche Bocklafette!
16 Wie Anm. 2, S. 286.
17 Ebd., S. 288.
18 Ebd., S. 289.
19 Wie Anm. 1, Bl. 4.
20 Die SmK-Munition diente zum Beschießen von Zielen hinter Schutzschilden und zum Durchschlagen von Metallteilen. Die SmK-Geschosse (Spitzgeschoß mit Kern) durchschlugen 4,5 mm starke Schutzschilde aus bestem Chrom-Nickelstahl bei senkrechter Stellung bis 1400 m, bei 70-Grad-Schrägstellung bis 900 m Entfernung.
21 Wie Anm. 1, Bl. 6
22 Wie Anm. 17.

Uwe Böhm

Der Aufbau
der deutschen Kampfwagentruppe
im Ersten Weltkrieg

Die Organisation der Kampfwagentruppe

Organisationsstrukturen in ihrer Entwicklung bis zur Aufstellung der Kampfwagentruppe

Die Entwicklung von Organisationsstrukturen in der Kampfwagentruppe geht auf Untersuchungen zurück, die im Rahmen der Überlegungen zum personellen Bedarf des Bereiches Kraftfahrwesen in der Armee ihren Ursprung hatten[1].

Bereits 1898 begann die Heeresverwaltung mit der Erprobung von Fahrzeugen mit Benzinmotor, nachdem die Firmen Daimler und Benz Modelle anboten, die in der »Praktischen Verwendung im Dienst der Armee Erfolg versprachen«[2].

Mit dieser Erprobung mußte zwangsläufig die Frage gelöst werden, wie diese neue Aufgabe im Heer personell abgesichert werden sollte. So wurde im November 1898 eine Kommission in der Versuchsabteilung der Eisenbahn-Brigade[3] beauftragt zu prüfen, inwieweit die Entwicklung der Selbstfahrer (Kfz) und die Durchführung der Versuche bei der Konstruktion von Selbstfahrern für Armeezwecke gefördert werden könne.

Diese Kommission erstellte eine Denkschrift über die eventuelle Verwendung von Automobilen im Heer und legte sie dem Kriegsminister vor. Dabei wurden auch Bedingungen – heute würden wir Leistungsverzeichnisse sagen – für den Bau militärischer Kraftwagen aufgestellt, die Ausbildung der Offiziere in der Motorenkunde vorgesehen und die Beteiligung an den Versuchen des Mitteleuropäischen Motorwagenvereins zwischen Potsdam und Leipzig angeordnet. Es kam darauf an, Offizieren die nötigen Fachkenntnisse zu vermitteln, um sie in den Stand zu setzen, Abteilungen mit »Selbstfahrern« führen zu können.

Die Versuchsabteilung der Eisenbahn-Brigade wurde der Inspektion der Verkehrstruppen unterstellt und ein sogenanntes »Selbstfahrerkommando« eingerichtet. Diese Versuche kosteten Geld, um sie haushaltsmäßig abzusichern wurden dafür 100 000 DM genehmigt[4].

Die zweckmäßige Nutzung dieser neuen Technik durch den Menschen konnte sich zunächst nur auf empirischer Grundlage entwickeln. Doch die Faszination der neuen Fortbewegungstechnik fiel auch in Deutschland auf fruchtbaren Boden. Eine sich rasant entwickelnde Industrie benötigte ein verbessertes Verkehrswesen, aber es benötigte auch Menschen, die es verstanden,

mit der Technik umzugehen. Pionierarbeit wurde in Motorwagenvereinen und Clubs geleistet.

1899 wurden zwölf deutsche Automobil-Clubs gegründet und am 31. Juli 1899 im »Deutschen Automobil-Club« zusammengefaßt. Zwischen diesen Organisationen, der sich entwickelnden Kraftwagenindustrie und dem Heer gab es mehr und mehr Zusammenarbeit mit gegenseitiger Unterstützung. Wenn man sich zunächst beim Kaisermanöver 1899, an dem versuchsweise vier Kraftwagen und zwei Krafträder teilnahmen, im wesentlichen noch auf Monteure der Herstellerfirmen abstützte (nur die beiden Krafträder wurden von Offizieren gefahren), mußte man sich zunehmend auch im Heer über Bedienungspersonal Gedanken machen.

Das sportmäßige Fahren mit dem Kraftrad hatte Enthusiasten zur Sammlung in der deutschen Motorradvereinigung veranlaßt. Diese Sportfahrer hatten sich sehr früh zur freiwilligen Dienstleistung beim Heer unter der Bezeichnung »S. F.« (Schnellfahrer) zur Verfügung gestellt.

Über Dreiradwagen- und Depeschenwagenfahrer bis hin zum PKW-Fahrer standen dem Heer immer mehr Personen für die Anwendung und den Betrieb einer neuen Technik zur Verfügung. So konnte auch später der Personalbedarf für eine Anzahl von schweren LKW mit Anhängern und dem sogenannten 3-Tonner oder »Kavallerielastwagen« gefunden werden. Austellungen und Rennen, ab 27. Mai 1905 vornehmlich vom Kaiserlichen Automobil-Club (Nachfolger Deutscher Automobil-Club) in Zusammenarbeit mit der Industrie veranstaltet, sorgten eben nicht nur für die Verbreitung des »Automobilismus«, sondern auch für einen Anstieg von ausgebildeten und durch Überlandfahrten und Rennen erfahrenen Kraftfahrern. 1903 wurde mit dem Bau von Motorlastwagen in Kleinserien begonnen und ein Prototyp des Nutzwagenbaus (NAG) wurde im gleichen Jahr auch vor hohen Offizieren auf dem Tempelhofer Feld in Berlin vorgestellt.

Das Interesse und das Vertrauen zum Kraftwagen war allerdings zunächst in Deutschland sehr gering. Büssing mußte z. B. 1904 schon nach England verkaufen, um seine produzierten Modelle abzusetzen.

Am 1. April 1901 wurde eine neue Versuchsabteilung aus Abkommandierten der Eisenbahn-Regimenter aufgestellt. Diese Abteilung wurde um die mit A.K.O. vom 1. April 1905 aufgestellte Versuchskompanie erweitert. Sie hatte mit ihrem Personal alle technischen Neuerungen und die Konsequenzen für die Organisationsstrukturen auf dem Gebiet des Verkehrswesens zu prüfen.

Sicherlich aufbauend auf den Erkenntnissen der Versuchsabteilung wurde mit A.K.O. vom 17. Mai 1907 eine besondere Abteilung für Kraftfuhrwerke errichtet und in den größeren Städten wie Metz, Straßburg, Köln und Mainz die Einrichtung des sogenannten »Verkehrsoffizier vom Platz« im Range eines Majors mit jeweils zwei Feldwebeln als Schirrmeister angeordnet[5].

Im Manöver 1908 waren bereits 45 Wagen und 110 Krafträder im Einsatz. Mit der Ernennung des Inspekteurs der Verkehrstruppen zum Vorsitzenden der Selbstfahrerkommission im April 1900 wurden auch gewisse Vorentscheidungen hinsichtlich der noch folgenden Entwicklung der Organisationsstrukturen vornehmlich aus den Verkehrstruppen getroffen.

Darüber hinaus ist besonders erwähnenswert, daß man bei den ersten personellen Überlegungen auf einen Gedanken aus England zurückgriff – nämlich aus der Gruppe der bereits erfahrenen »Herrenfahrer« mit leistungsstarken privateigenen Fahrzeugen ein Freiwilligenkorps zu bilden.

Das »Deutsche Freiwilligen-Automobilcorps« (gegründet am 6. Januar 1905) hat danach bei jedem Kaisermanöver gegen eine geringe Vergütung, nur aufgrund von in der Satzung des »Deutschen Freiwilligen-Automobilkorps« vereinbarten Leistungen, teilgenommen. Sie bekamen eine eigene Uniform und Chef des DFAC wurde Prinz Heinrich von Preußen.

Das ausgebildete militärische Personal stand noch nicht zur Verfügung, so daß sich die Heeresverwaltung zunächst auf diese Zivilfahrer abstützen mußte.

Die entscheidende Veränderung zum militärischen Personal erfolgte 1907 mit der Schaffung der Kraftfahrabteilung mit einem Etat von 5 Offizieren, 20 Unteroffizieren und 150 Mann. Bei letzteren sprach man zunächst nur von »Kommandierten«[6], doch ist hier der Beginn der »Kraftfahrtruppen« festzuhalten. Über den sogenannten Beurlaubtenstand[7] wurden am 27. Januar 1908 50 Offiziere des Beurlaubtenstandes anderer Waffengattungen in den der »Kraftfahrtruppen« versetzt.

Die Abteilung erhielt zunächst keine Rekruten, sondern Berufsfahrer und andere geeignete Fachleute, die ihr erstes Dienstjahr bei einer anderen Waffengattung abgeleistet hatten. Diese wurden zu Wagenführern und Begleitmannschaften für militärische Kraftfahrzeuge aller Art ausgebildet. Dazu gehörte auch der Instandsetzungsdienst in sogenannten »mechanischen Kolonnen«. Der aktive Personalstand und der langsam, aber ständig anwachsende Beurlaubtenstand sollten im Kriegsfall den Kader für aufzustellende mobile Formationen darstellen.

Am 1. Oktober 1911 wurde der Etat bei den Kraftfahrtruppen wiederum erhöht und in Berlin ein Kraftfahrbataillon (Stärke: 16 Offiziere, 368 Unteroffiziere und Mannschaften), in drei Kompanien gegliedert, errichtet. Diesem Kraftfahrbataillon waren ein Sächsisches und ein Württembergisches Détachement zugeordnet.

Bayern trug dieser Entwicklung durch die gleichzeitige Aufstellung einer Luftschiffer- und Kraftfahrabteilung Rechnung[8].

Im Jahre 1914 gab es in Deutschland 109 Automobilfabriken. Insgesamt waren kurz vor Kriegsausbruch 93 000 Kraftfahrzeuge und Krafträder in Betrieb.

Davon 61 000 PKW, 10 000 LKW, 22 000 Motorräder. Das bedeutete 1914, daß auf 10 000 Einwohner 1,5 LKW, 9,2 PKW und 3,4 Krafträder entfielen[9].

Alle verfügbaren Kfz wurden bei Kriegsausbruch von der Heeresverwaltung beansprucht (der private Lastwagenkauf wurde bereits in den Jahren zuvor im Hinblick auf eine Nutzung im Heer stark subventioniert), und da man auch das Personal aus Fabriken und dem Autohandel wegen seiner Qualifikation zum Betrieb von Kraftfahrzeugen abzog, kam die gesamte Automobilindustrie zunächst einmal zum Stillstand.

In den ersten Kriegsjahren erforderte die Versorgung der Truppen an der Front neben der Eisenbahn auch ein immer besser und schneller funktionierendes Transportwesen. Die Kraftfahrtruppe wuchs materiell und personell. Der Schock, den die Engländer 1917 mit dem ersten Einsatz ihrer »Tanks« ausgelöst hatten und die immer mehr wachsende Erkenntnis, daß die Truppe nur durch den Einsatz gepanzerter Fahrzeuge wieder beweglich gemacht werden konnte, um damit die Freiheit der operativen Bewegung zurückzugewinnen, führten, wenn auch erst relativ spät, zu der Entwicklung von Kampfwagen. Bis zur Aufstellung der ersten Kampfwagenabteilungen hatte man bereits erste Erfahrungen

Deutscher Panzerkraftwagen-MG-Zug von 1917. In der Mitte zwei EHRHARDT STRASSENPANZERKRAFTWAGEN

Sammlung WGM

hinsichtlich der Operation und Personalstruktur mit den Panzer-kraftwagen-MG-Zügen gemacht.

Bei der personellen Bedarfsdeckung für die Sturm-Panzer-Abteilungen war man deshalb in der Lage, sich zunächst auf die bereits existierende Kraftfahrtruppenorganisation und auf deren Erfahrungen abzustützen.

Nachdem der erste A7V-Kampfwagen Ende Oktober 1917 fertiggestellt wurde, konnte er am 5. November 1917 vom Chef des Feldkraftfahrwesens besichtigt werden. Noch bei der Besichtigung durch Kaiser Wilhelm II. und Feldmarschall Hindenburg am 27. Februar 1918 schien man von der Leistungsfähigkeit der A7V nicht überzeugt zu sein. Feldmarschall Hindenburg soll bei dieser Gelegenheit geäußert haben, daß Kampfwagen kaum von Nutzen seien, da sie nun aber gebaut würden, solle man sie eben einsetzen. Die Aufstellung von drei Sturmpanzerkraftwagenabteilungen war auch bereits durch das Kriegsministerium verfügt[10].

Die ersten zehn deutschen Kampfwagen wurden gemäß der Verfügung des Kriegsministeriums vom 29. September 1917[11] in zwei Abteilungen gegliedert und als Sturm-Panzer-Kraftwagen-Abteilung Nr. 1 im November 1917 unter Hauptmann Greiff und Sturm-Panzer-Kraftwagen-Abteilung Nr. 2 unter Hauptmann Steinhardt aufgestellt. Die Abteilungen meldeten am 8. Januar 1918 ihre Verlegungsbereitschaft.

Die 3. Sturm-Panzer-Kraftwagen-Abteilung unter Hauptmann Uihlein folgte mit der Aufstellung im Dezember 1917[12] und war ab dem 26. Februar 1918 mobil. Es folgten die Aufstellung der Beutekampfwagenabteilungen 11 unter Hauptmann Koch und 12 unter Hauptmann v. Frankenberg und der bayerischen Abteilung 13 unter Oberleutnant Wilhelm, die am 8. März, 18. März und 16. April 1918 mobil waren[13].

Die Sturm-Panzerkraftwagen-Abteilungen 11 und 12 wurden im Felde aufgestellt, wobei das Personal aus der Kraftfahr-Ersatz-Abteilung Nr. 1 kam. Die bayerische Abteilung Nr. 13 wurde durch die bayerische Kraftfahr-Ersatz-Abteilung 2 aufgestellt. Im Felde folgte am 7. Mai 1918 die Aufstellung der Sturm-Panzer-Kraftwagen-Abteilung 14[14] unter Hauptmann Negenborn, und die Schwere Kraftwagen-Abteilung Nr. 15 wurde am 26. August 1918 im bayerischen Armee-Kraftfahr-Park 20 aufgestellt und mit Aufstellungsdatum als mobil gemeldet[15]. Ihm folgte die Schwere Kraftwagen-Abteilung Nr. 16 als letzte aufgestellte Schwere Kampfwagen-Abteilung.

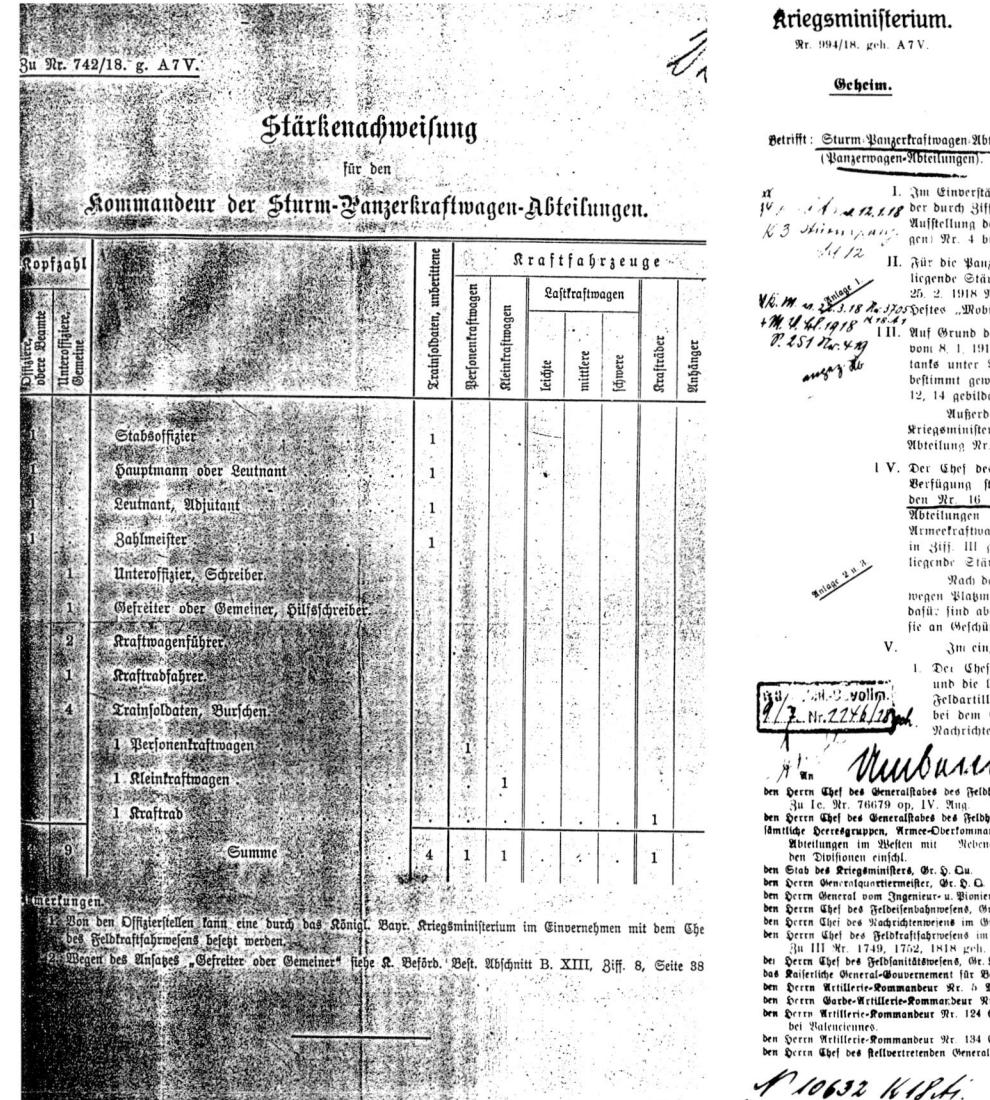

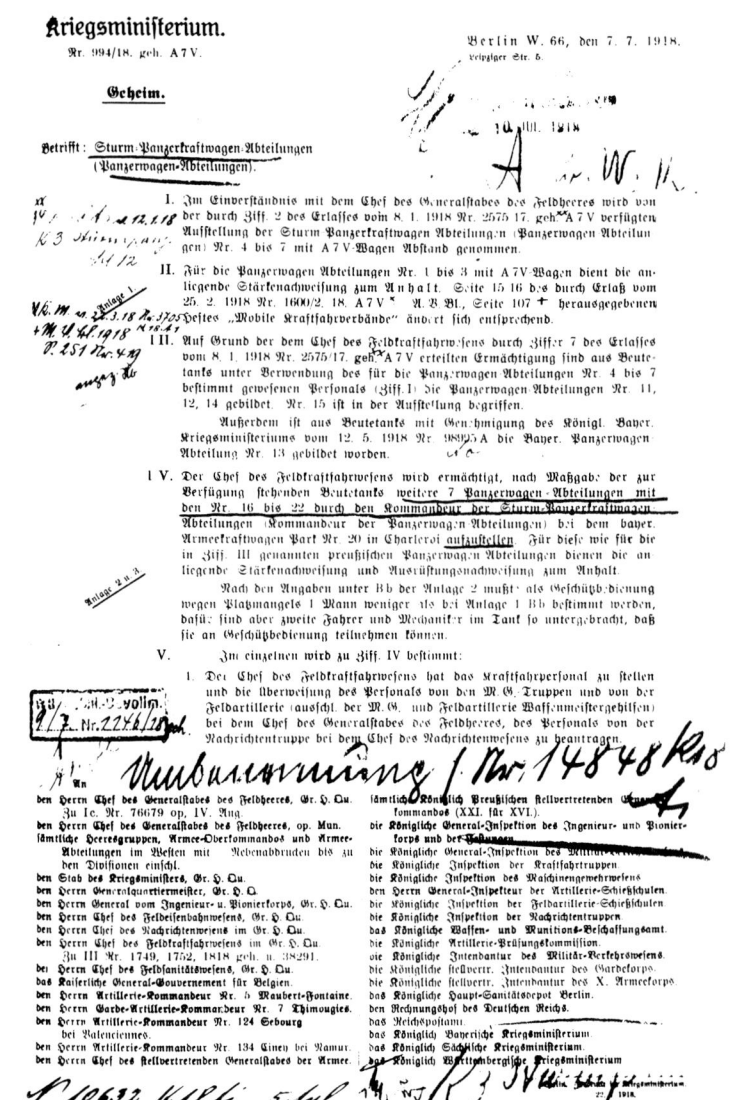

Hauptstaatsarchiv Stuttgart M¼ Bd 1303

Bayerisches Hauptstaatsarchiv, Abt. IV, Kriegsarchiv, München, MKr 1549

Der Chef des Generalstabes des Feldheeres erließ in seiner Anleitung im Januar 1918 für die Verwendung von Sturm-Panzerkraftwagen-Abteilungen auch allgemeine Hinweise der Unterstellung: »Die Sturmpanzerkraftwagen-Abteilungen sind der Obersten Heeresleitung unmittelbar unterstellt und werden den Armeen für Kampfhandlungen zugeteilt.

Die Abteilungen sind ›Kraftfahrverbände‹ und unterstehen während ihrer Zuteilung zu einer Armee in disziplinarer und technischer Hinsicht den zuständigen Kommandeuren der Kraftfahrtruppen[16].«

Der Chef des Feldkraftfahrwesens war Anfang 1918 ermächtigt worden, mit den zur Verfügung stehenden Beutepanzern weitere 7 Panzerwagen-Abteilungen – mit den Nummern 16–22 aufzustellen. Die Aufstellung sollte bei dem bayerischen Armeekraftwagen-Park Nr. 20 in Charleroi erfolgen. Offensichtlich ist es wohl nur noch zur Aufstellung der Panzerwagen-Abteilung 16 gekommen. Im Mai 1918 wurde die Aufstellung des Stabes mit dem Kommandeur der Sturm-Panzerkraftwagen-Abteilung verfügt, welcher hinsichtlich des taktischen Einsatzes und in technischen Fragen dem Chef des Feldkraftfahrwesens unterstellt war[17].

Anfang November 1918 verlegten die Kampfwagen-Formationen nach Deutschland (Wiesbaden) und wurden nach dem 9. November 1918 aufgelöst, teilweise allerdings als Freiwilligen-Formationen neu zusammengestellt. Unter dem Kommandeur der Kampfwagenabteilungen im Reichswehrgruppenkommando 1 in Berlin-Lankwitz wurden die noch übriggebliebenen gepanzerten Fahrzeuge aller Art zusammengefaßt. Die endgültige Abgabe der Kampfwagen erfolgte gemäß dem Versailler Vertrag im Juli 1920 innerhalb von drei Tagen.

Bei der Rekrutierung 1917/18 ging man von freiwilligen Meldungen aus. Der Ersatz an Personal wurde zunächst mit den sich zahlreich meldenden Freiwilligen gedeckt. Infolgedessen war das Personal nicht nur für die Aufgabe motiviert, sondern auch besonders geeignet, neue Aufgaben zu übernehmen. Dies wird einerseits durch Volckheim bestätigt, der schreibt: »Der Nach-Ersatz konnte im allgemeinen durch Meldung zahlreicher Freiwilliger gedeckt werden. In der Neuartigkeit der Waffe, den längeren Ruhepausen zwischen den einzelnen Einsätzen, der Aussicht auf Beförderung und Auszeichnung, zuletzt in der guten Verpflegung mag der Grund dieses Zustroms zu suchen gewesen sein. Die Ersatz-

Nähere Bestimmung über Auswahl des Personals entsprechend der zur Verwendung beabsichtigten Nachrichtenmittel trifft der Chef des Nachrichtenwesens im Benehmen mit dem Chef des Feldkraftfahrwesens. Entsprechende Ergänzung der Stärkenachweisung ist dem Kriegsministerium nach Abschluß der Versuche (vgl. auch Ziffer VI) vorzuschlagen.

2. Das stellvertretende Generalkommando des Gardekorps (bzw. das stellv. Generalkommando des X. A. K., siehe Ziff. V 3) stellt auf Antrag der Inspektion der Kraftfahrtruppen (Jkraft) die Unterzahlmeister, Waffenmeistergehilfen, Sanitätsunteroffiziere und unberittenen Trainsoldaten.

3. Das nach V, 1 und 2 zur Überweisung gelangende Personal ist durch Jkraft bei der Kraftfahr-Erfatz-Abteilung Nr. 1, bezw. sobald die Geländefahrschule in Braunschweig in Betrieb genommen ist, bei der Kraftfahr-Erfatz-Abteilung Nr. 10 zusammenzustellen und zur Ausbildung als Sturmtruppe zu einem von dem Chef des Generalstabes des Feldheeres zu bestimmenden Sturm-Bataillon (vgl. Erlaß vom 27. 1. 1918 Nr. 121/18. geh. A 7 V) in Marsch zu setzen.

Den Zeitpunkt für den Zusammentritt des Personals der einzelnen Panzerwagen-Abteilungen bestimmt der Chef des Feldkraftfahrwesens.

4. Die einzelnen Panzerwagen-Abteilungen sind vom Tage ihres Abmarsches ab ins Feld mobil. Zu den Abteilungen übertretendes mobiles Personal bleibt mobil.

5. Die Führer der Panzerwagen-Abteilungen haben die Disziplinarstrafgewalt eines detachierten Offiziers (§ 12 D. St. O.).

6. Zu überweisen sind durch:
a) Jkraft: Dienstsiegel und Dienststempel;
b) die beteiligten Intendanturen: Bekleidung und Ausrüstung;
c) den bayer. Armee-Kraftwagen-Park Nr. 20: die Beutetanks;
d) den Chef des Feldkraftfahrwesens: die übrigen Kraftfahrzeuge, fahrbaren Werkstätten und Feldküchenanhänger;
e) die 2. Abteilung des stellvertretenden Generalstabes der Armee: Kriegskarten;
f) die in der Anlage 3 bezeichneten Dienststellen: die Waffen- usw. Ausstattung.
g) Chef des Nachrichtenwesens: die Nachrichtenmittel im Benehmen mit dem Feldkraftfahrchef. Entsprechende Ergänzung der Ausrüstungsnachweisung ist dem Kriegsministerium nach Abschluß der Versuche (vergl. auch Ziffer VI) vorzulegen.

7. Die Ausstattung mit Druckvorschriften richtet sich nach der Verfügung vom 9. 3. 1918 Nr. 1825/2. 18. A 7 V. Die Überweisung ist durch den Kommandeur der Panzerwagen-Abteilungen, soweit in der Verfügung nichts anderes bestimmt ist, bei dem stellv. Generalkommando des Gardekorps (bezw. X. Armeekorps, vergl. V, 3) zu beantragen.

8. Die Ausrüstung der Geschützpanzerwagen mit Geschützmunition erfolgt nach Bedarf und zwar mit Gr. Az., Gr. Az. m. V., Gr. m. P. oder Kartätschen (in der Regel sind vorzusehen 55% Gr. Az., 25% Gr. Az. m. V., 10% Gr. m. P. und 10% Kartätschen).

Absatz 1 des Erlasses vom 22. 1. 1918 Nr. 5989/1. 18. A 4 tritt hiermit außer Kraft.

Der Kommandeur der Panzerwagen-Abteilungen hat die Anforderungen über Verabfolgung und Versendung der ersten Munitionsausrüstung an den bayer. Armee-Kraftwagen-Park Nr. 20 in Charleroi rechtzeitig beim Kriegsministerium, Feldartillerie-Abteilung, zu drahten.

Den weiteren Munitionsnachschub regelt der Chef des Generalstabes des Feldheeres, op. Mun.

Etwa für Übungsschießen erforderliche Geschützmunition hat der Kommandeur der Panzerwagen-Abteilungen besonders bei der Obersten Heeresleitung anzufordern.

VI. Der Chef des Feldkraftfahrwesens wird ersucht, dem Allgemeinen Kriegs-Departement den Tag der beendeten Aufstellung jeder Panzerwagen-Abteilung mitzuteilen und, sobald möglich, Vorschläge für die endgültige Festsetzung der Stärkenachweisungen und Ausrüstungsnachweisungen (für A 7 V und Beutetanks) zu machen.

VII. Die Bestimmungen des Erlasses vom 10. 4. 1918 Nr. 888/18. geh. A 4 werden durch folgende ersetzt:

Ersatztruppenteil für den Kommandeur der Panzerwagen-Abteilungen und für die preußischen Panzerwagen-Abteilungen ist bis zur Inbetriebnahme der Geländefahrschule in Braunschweig die Kraftfahr-Erfatzabteilung Nr. 1. Dieser Truppenteil muß also auch in den Soldbüchern des Maschinengewehr-, Feldartillerie- und Nachrichten-Personals als Ersatztruppenteil angegeben werden.

Nach Inbetriebnahme der Geländefahrschule in Braunschweig wird die Kraftfahr-Erfatzabteilung Nr. 10 Ersatztruppenteil.

Den Zeitpunkt des Wechsels des Ersatztruppenteils hat der Feldkraftfahrchef den in Frage kommenden Dienststellen bekannt zu geben.

2. Die aus dem Felde zurückkehrenden verwundeten und kranken Mannschaften der Feldartillerie, der Maschinengewehr- und Nachrichten-Truppen sind von den Lazaretten aus der Kraftfahr-Erfatzabteilung Nr. 1 (bezw. Nr. 10, vergl. VII, 1) zu überweisen, die sie — soweit sie für eine Wiederverwendung bei den Panzerwagen-Abteilungen nicht in Frage kommen — durch die Inspektion der Kraftfahrtruppen dem stellv. Generalkommando des Gardekorps (bezw. X. Armeekorps) vergl. VII, 1) zur Verfügung stellt. Das stellv. Generalkommando trägt dafür Sorge, daß dieses Personal seiner alten Waffe wieder zugeführt wird.

3. Der Mannschaftsersatz für Panzerwagen-Abteilungen ist durch den Kommandeur der Panzerwagen-Abteilungen anzufordern und zwar: Personal der Feldartillerie, der Kraftfahr-, Maschinengewehr- und Nachrichten-Truppen bei dem Chef des Feldkraftfahrwesens, der die Gestellung des Kraftfahrpersonals selbst, des Feldartillerie- und Maschinengewehrpersonals bei dem Chef des Generalstabes des Feldheeres, des Nachrichtenpersonals bei dem Chef des Nachrichtenwesens veranlaßt.

3 Anlagen.

Im Auftrage.
v. Wrisberg.

Stärkenachweisung

für

eine Sturm-Panzerkraftwagen-Abteilung zu 5 Geschütz-Panzerkraftwagen (A 7 V-Wagen).

Kopfzahl					Kraftfahrzeuge					
Offiziere, Sanitätsoffiziere, obere Beamte	Unteroffiziere, Gemeine, Unterbeamte			Trainsoldaten, unberittene	Panzerwagen (A 7 V)	Personenkraftwagen	Kleinkraftwagen	Lastkraftwagen	Anhänger	Anhänger-Feldküche
		A. Kraftfahrpersonal.								
1	.	Hauptmann oder Leutnant, Führer gleichzeitig Kommandant eines Panzerkraftwagens			1					
4	.	Leutnants, Kommandanten der Panzerwagen				4				
.	1	Unterzahlmeister								
.	1	Feldwebel								
.	1	Vizefeldwebel für die Werkstatt								
.	5	Unteroffiziere, erste Fahrer	Besatzung der Panzerkraftwagen Mechaniker							
.	10	Gefreite, zweite Fahrer und Mechaniker								
.	5	Unteroffiziere, Gefreite oder Gemeine, Reservefahrer								
.	4	Unteroffiziere								
.	12	Gefreite	darunter: 19 Kraftwagenführer und Begleiter, 1 Kraftradfahrer, 11 Fachhandwerker, 1 Schneider, 1 Schuhmacher, 1 Hilfsschreiber, 20 Mann verschiedener Berufe als Arbeitstrupp							
.	42	Gemeine								
5	81	Summe A.								
		B. Waffenpersonal.								
		a) von den M. G.-Truppen.								
1	.	Leutnant der M. G.-Truppen*)				1				
.	10	Unteroffiziere (Gewehr-führer)	Besatzung der Panzerkraftwagen							
.	10	Gefreite (führer)								
.	20	Gemeine, M. G.-Schützen								
.	5	Gefreite oder Gemeine zur Reserve								
.	3	Waffenmeistergehilfen (Unteroffiziere, Gefreite oder Gemeine)								
1	48	Summe B a.								
		b) von der Feldartillerie.								
1	.	Leutnant der Feldartillerie*)				1				
.	5	Unteroffiziere, Geschützführer	Besatzung der Panzerkraftwagen							
.	10	Gefreite, Richtkanoniere								
.	5	Gefreite oder Gemeine, zur Reserve								
.	2	Waffenmeistergehilfen (Unteroffiziere, Gefreite oder Gemeine)								
1	22	Summe B b.								
7	151	Übertrag			7					

*) Bei den Abteilungen mit ungrader Nummer kommt der Leutnant der Feldartillerie mit 1 Trainsoldat, bei den Abteilungen mit grader Nummer der Leutnant der M. G.-Truppen mit 1 Trainsoldat in Fortfall.

Kopfzahl				Trainsoldaten, unberittene	Kraftfahrzeuge					
Offiziere, Sanitätsoffiziere, obere Beamte	Unteroffiziere, Gemeine, Unterbeamte				Panzerwagen (A 7 V)	Personenkraftwagen	Kleinkraftwagen	Lastkraftwagen	Anhänger	Anhänger-Feldküche
7	151	Übertrag		7						
		C. Personal von der Nachrichtentruppe.								
.	5	Vizewachtmeister	davon 5 Vizewachtmeister als Besatzung der Panzerkraftwagen							
.	4	Unteroffiziere								
.	3	Gefreite oder Gemeine								
.	12	Summe C.								
		D. Sonstiges Personal.								
.	1	Sanitäts-Unteroffizier								
.	7	Trainsoldaten, Burschen								
.	8	Summe D.								
		E. Kraftfahrzeuge.								
		5 Panzerkraftwagen (A 7 V)			5					
		2 Personenkraftwagen				2				
		1 Kleinkraftwagen					1			
		1 Lastkraftwagen, Werkstattwagen	fahrbare Werkstatt					1		
		1 Lastkraftwagen, Gerätewagen						1		
		1 Lastkraftwagen mit Anhänger für Betriebsstoff						1	1	
		5 Lastkraftwagen, je 1 für jeden Panzerwagen, für Munition, Ersatz- und Zubehörteile						5		
		1 Kraftrad					1			
		1 Anhänger für Feldküche								1
7	171	Gesamtsumme:		7	5	2	1	8	1	1

Anmerkungen:

1) Werden anstelle von Geschütz-Panzerkraftwagen einzelne M. G.-Panzerkraftwagen verwendet, so kommen in vorstehender Stärkenachweisung für jeden M. G.-Panzerkraftwagen
1 Unteroffizier, ... der Feldartillerie in Fortfall, und
. . . 3 . . . . Gefreite oder Gemeine . . . . . M. G.-Truppen in Zugang.

2) Wegen der Anlage „Unteroffiziere, Gefreite oder Gemeine" vergl. K. Beförd. Best. Abschnitt B XIII, Ziff. 8, Seite 38

3) Wegen der Anlage „Waffenmeistergehilfen (Unteroffiziere, Gefreite oder Gemeine)" vergl. K. Beförd. Best. Abschnitt B III. Ziff. 9 b, Seite 18. Nur je einer der drei bezw. zwei Waffenmeistergehilfen darf zum Unteroffizier befördert werden.

Geheim.

Stärkenachweisung
für eine
Sturm-Panzerkraftwagen-Abteilung zu 2 Geschütz- und 3 M.G.-Panzerkraftwagen (Beutetanks).

Offiziere, Sanitäts-... oder sonst. Beamte	Unteroffiziere	Gemeine, Unterbeamte		Trainfahrbahn, unberitten	Panzerwagen (Beutetanks)	Personenkraftwagen	Kleinkraftwagen	Lastkraftwagen	Anhänger	Anhänger-Feldküche
			A. Kraftfahrpersonal.							
1			Hauptmann oder Leutnant, Führer, gleichzeitig Kommandant eines Panzerkraftwagens		1					
	4		Leutnants, Kommandanten der Panzerkraftwagen		4					
	1		Unterzahlmeister							
	1		Feldwebel							
	1		Vizefeldwebel für die Werkstatt							
	5		Unteroffiziere, erste Fahrer } Besatzung der Panzerkraftwagen							
	10		Gefreite, zweite Fahrer und Mechaniker							
	5		Unteroffiziere, Gefreite oder Gemeine, Reservefahrer							
	4		Unteroffiziere } darunter: 19 Kraftwagenführer und Begleiter, 1 Kraftradfahrer, 11 Fachhandwerker, 1 Schneider, 1 Schuhmacher, 1 Hilfsschreiber, 20 Mann verschiedener Berufe als Arbeitstrupp							
	12		Gefreite							
		42	Gemeine							
5	81		**Summe A.**							
			B. Waffenpersonal.							
			a) von den M.G.-Truppen.							
1			Leutnant der M.G.-Truppen*)		1					
	3		Unteroffiziere (Gewehr-)führer } Besatzung der Panzerkraftwagen							
	9		Gefreite							
		6	Gemeine als M.G.-Schützen und zur Reserve							
	2		Waffenmeistergehilfen (Unteroffiziere, Gefreite oder Gemeine)							
1	20		**Summe B a.**							
			b) von der Feldartillerie.							
1			Leutnant der Feldartillerie*)		1					
	4		Unteroffiziere, Geschützführer } Besatzung der Panzerkraftwagen							
	4		Gefreite, Richtkanoniere							
	4		Gefreite oder Gemeine, zur Reserve							
	2		Waffenmeistergehilfen (Unteroffiziere, Gefreite oder Gemeine)							
1	14		**Summe B b.**							
7	115		**Übertrag**		7					

*) Bei den Abteilungen mit ungerader Nummer kommt der Leutnant der Feldartillerie mit 1 Trainfahrbahn, bei den Abteilungen mit gerader Nummer der Leutnant der M.G.-Truppen mit 1 Trainfahrbahn in Fortfall.

Offiziere, Sanitäts-... oder sonst. Beamte	Unteroffiziere	Gemeine, Unterbeamte		Trainfahrbahn, unberitten	Panzerwagen (Beutetanks)	Personenkraftwagen	Kleinkraftwagen	Lastkraftwagen	Anhänger	Anhänger-Feldküche
7	115		**Übertrag**		7					
			C. Personal von der Nachrichtentruppe.							
	5		Vizewachtmeister							
	4		Unteroffiziere } davon 5 Vizewachtmeister als Besatzung der Panzerkraftwagen (Ausrüstung mit 7 L.-Blink 17)							
		3	Gefreite oder Gemeine							
	12		**Summe C.**							
			D. Sonstiges Personal.							
1			Sanitäts-Unteroffizier							
		7	Trainfahrbahn, Burschen							
	8		**Summe D.**							
			E. Kraftfahrzeuge.							
			5 Panzerwagen (Beutetanks)		5					
			2 Personenkraftwagen			2				
			1 Kleinkraftwagen				1			
			1 Lastkraftwagen, Werkstattwagen } fahrbare Werkstatt					1		
			1 Lastkraftwagen, Gerätewagen					1		
			1 Lastkraftwagen mit Anhänger für Betriebsstoff					1	1	
			5 Lastkraftwagen, je 1 für jeden Tank, für Munition, Ersatz- und Zubehörteile					5		
			1 Kraftrad				1			
			1 Anhänger für Feldküche							1
7	135		**Gesamtsumme.**		7	5	2	1	8	1	1	1

Anmerkungen:

1) Ändert die Ausstattung der Abteilungen mit Geschütz- und M.G.-Tanks, so kommen in vorstehender Stärke-Nachweisung für jeden
   a) M.G.-Tank 1 Unteroffizier, 3 Gefreite, 2 Gemeine M.G.-Personal in Zugang bezw. Fortfall
   b) Geschütz-Tank 1 Unteroffizier, ... Artillerie-Personal
2) Wegen der Anlage „Unteroffiziere, Gefreite oder Gemeine" vergl. K. Beford. Best. Abschnitt B XIII, Ziff. 8, Seite 38.
3) Wegen der Anlage „Waffenmeistergehilfen (Unteroffiziere, Gefreite oder Gemeine)" vergl. K. Beford. Best. Abschnitt B III, Ziff. 9b, Seite 18. In einer der zwei Waffenmeistergehilfen darf zum Unteroffizier befördert werden.

Ausrüstungs-Nachweisung
für die Waffen- usw. Ausstattung einer Sturm-Panzerkraftwagen-Abteilung.
(Englische Beutetanks.)

Gegenstand	Für 1 M.G.-Panzerkraftwagen	Für 1 Geschütz-Panzerkraftwagen	Außerdem für jede Sturm-Panzerkraftwagen-Abteilung	Überweisung erfolgt durch	Auf Anfordern des Kommandeurs der Sturm-Panzerkraftwagen-Abteilungen sind zu überweisen durch	Bemerkungen
A. M.G.-Gerät.						Hinsichtlich des Nachrichtengeräts folgt Ergänzung nach Abschluß der Versuche.
eigentliche Lewis M.G.	5	3				
Reserve-M.G.	1	1				
a) Ersatzteile.						
Lagerkammern mit Ausziehern	6	4				
Lagerläufe	6	4				
Auszieher	24	16				
Auswerfer	6	4				
Deckknöpfe	6	4				
Zugfedern	6	4				
Patronenführungsfedern	12	8				
Kolben m. Zahnstange u. Schlagbolzen	4	2				
Gaszylinder	1	1				
b) Werkzeuge.						
Schlüssel zum Laufrichter und Gaszylinder	6	4				
Zweiteilige Wischstöcke mit	6	4		Beute-M.G. Instandsetzungswerkstätte West Brüssel		
Roßhaarbürsten und	6	4				
Stahldrahtbürsten	6	4				
Winkelwischstöcke mit Roßhaarbürsten	6	4				
Wischstricke	6	4				
Auszieher für Hülsenreste	2	2				
Ladehandhaben	12	8				
Holzhämmer	2	2				
Schraubenzieher Nr. 2	3					
Waffenmeisterkasten			1			
c) Zubehör.						
R.G.-Stützen	2	1				
Trommelkästen mit je 6 Trommeln zu 47 Patronen	46	20				
Hülsenfänger	6	4				
Laufkasten	1	1				
d) Für Übungszwecke.						
Trageriemen	6	4				
Gefechtshüllen	6	4				
Gefechtsvorratstaschen	6	4				

Mannschaften waren gut und haben sich fast immer brauchbar für diese Waffe gezeigt[18].«

Dies wird auch bestätigt in einem Aufsatz des »Militärwochenblattes« vom 25. Februar 1928, in dem es heißt: »Beim zehnjährigen Gedenken sei den Besatzungen und ihren Führern noch ein Wort gewidmet. Als z. Zt. der Ruf an alle Fronttruppen erging, sich freiwillig zur deutschen Kampfwagentruppe zu melden, war der Andrang so groß, daß für lange Zeit der Personalbedarf der neu aufzustellenden Abteilungen durch diese ersten Freiwilligen gedeckt werden konnte.

Hervorragend waren diese Freiwilligen, die im Kampfe unersetzlich schienen. Keiner wollte zurückbleiben, sondern alle wollten als Kampfwagenbesatzung mitkämpfen. Da der Etat der Abteilungen eine größere Zahl von Reserveleuten vorsehen mußte, konnten diese Wünsche nicht immer erfüllt werden. Bisweilen kam es deshalb sogar zu Reibereien unter den Leuten, wenn dieser oder jener nicht als Besatzung mitgenommen werden konnte. Oft mußten die Führer die Gemüter beruhigen. Unter den Leuten herrschte ein vortrefflicher Geist, der die Kampfwagentruppe auch nach den Ereignissen des 9. November zu einem vollwertigen und zuverlässigen Kampfinstrument stempelte[19].«

An anderer Stelle heißt es:

»In personeller Beziehung ist dem Prinzip der Qualität voll Rech-

Gegenstand	Für 1 M.G.-Panzerkraftwagen	Für 1 Geschütz-Panzerkraftwagen	Außerdem für jede Sturm-Panzerkraftwagen-Abteilung	Überweisung erfolgt durch	Auf Anfordern des Kommandeurs der Sturm-Panzerkraftwagen-Abteilungen sind zu überweisen durch	Bemerkungen
B. Geschütze.						Zu B. Eine Ausrüstungsnachweisung der Geschütze wird je dem Beutetand, eine Ausrüstungsnachweisung der Werkzeuge jeder Sturm-Panzerkraftwagen-Abteilung vom Bayerischen Armee-Kraftwagen-Park Nr. 20 übergeben.
5,7 cm Sockel-Panzerkraftwagengeschütze	—	2		Waffen- und Munitions-Beschaffungsamt		
Werkzeuge für den Waffenmeistergehilfen der Feldartillerie	—	—	1			
C. Tragbares Schanzzeug.				Leitung des Kraftfahrwesens bei dem General-Gouvernement für Belgien in Brüssel		
Spaten mit Futteral	5	5				
Beilpicken mit Futteral	2	2				
Drahtscheren mit Futteral: Große	3	3				
" " " Kleine	1	1				
D. Handwaffen und Munition.						
Karabiner 98	4	4	53	Waffen- und Munitions-Beschaffungsamt		
Pistolen 08			81			
Scharfe S.-Munition	13 000	5 700				
" S.M.K.-Patronen	13 000	5 700				
Scharfe Patronen für Pistolen	—	—	4 050			
Platzpatronen			12 000			
Handgranaten	20	20				
Armeedolche			140		Waffen- und Munitions-Beschaffungsamt	
5,7 cm Patronen	Gr. mit K.Z. m.V. / Gr. mit K. m.V. / Gr. mit P. Rauchsätzen	*)		Kriegsministerium (Feldart.-Abt.) Artl. Dep. Cöln		*) Wird entsprechend der Kampflage besonders festgelegt.
E. Sanitätsausrüstung.**)						
Selbstretterausrüstungen	3	3		Hauptsanitäts-Depot Berlin		
Verbandkasten	1	1				
Verbandpäckchen, für jeden Mann der Gesamtstärke			280 Stück			
1 Sanitätsverbandzeug / 1 Sanitätstasche (Paar) für unberittene Sanitätsmannschaften / 1 Labeflasche mit Trinkbecher {für jeden Sanitäts-Unteroffizier — von diesem zu tragen}						
Wollene Leibbinden			8	Stellv. Gen.Kdo. Gardekorps		
Krankendecken			5	desgl.		
Heereskrankentragen mit 2 Tragegurten			1			
F. Außerdem:						
Stahlhelme	—	—	140	Waffen- u. Mun.-Beschaffungsamt		
Kochkessel (Kochkiste) für ca. 30 l Inhalt	—	—	3			
Leuchtpistolen	2	2		General vom Ing.- und Pionierkorps i. Gr. H.Qu.		
Leuchtpatronen	300	300				
Schreibkiste	—	—	1	Inspektion der Kraftfahrtruppen		
Perfeo-Feuerlösch-Apparate	2	2				

**) Vgl. Verfügung vom 10. 11. 1917 Nr. 1425/17. g. S 2.

Bayerisches Hauptstaatsarchiv, Abt. IV, Kriegsarchiv, München, MKr 1549

nung getragen worden. Der Geist der Kampfwagen-Truppe war ein ausgezeichneter. Wenn es zum Angriff ging, wollte kein Mann zurückbleiben.«

Andererseits muß sich der Drang zu den Kampfwagen-Abteilungen verringert haben, wie dies aus einer Schilderung des Geschützführers Fritz Bayerer hervorgeht[20]:

»Die Frage wegen der Rekrutierung der damaligen Panzermänner. Bescheidenerweise fange ich bei mir an. Ich war nach dem Abitur als 18-jähriger im Frühjahr 1918 beim 3. Garde-Feld-Regiment in Berlin eingetreten. Nach kurzer Ausbildung kamen wir in ein Rekrutendepot nach Frankreich, unter dem ersten Appell wurde verlesen, es würden Gefreite als Richtkanoniere für Sturmpanzerkraftwagen gesucht. Zwar war ich noch Rekrut, aber ich hatte schon das Richtzeichen erworben, das sicheres Können und vor allem schnellstes Richten verlangte. Als alter und fixer Jäger schoß ich die Bedingung. So wurde der Rekrut gleich Geschützführer. Ich war als erster vorgetreten, nur noch sechs (von einigen hundert) traten mit mir vor. Dann fragte mich mein Unteroffizier nach meinem Beweggrund, als ich sagte, aus purer Abenteuerlust, schloß er sich an. Um in die gleiche Abteilung 15 zu mir zu kommen, gab er sich als mein Schwager aus, nachdem er verstohlen gefragt hatte, ob ich eine Schwester habe.

Die Abteilung 15 wurde als eine der letzten aufgestellt. Es mag sein, daß im vorhergehenden Zeitraum die Anzahl der Freiwilligen besser gewesen ist. Inzwischen waren aber die Verluste genügend bekannt geworden und dämpften die Begeisterung. Ein Grund war auf jeden Fall die mögliche, schnelle Beförderung. Ich weiß mit Sicherheit, daß bei uns einige waren, die alles andere als Freiwillige waren. Beim Bier hörte ich da manches. Ein Fall: Ein zum Gefreiten deklassierter Mann wurde wieder Unteroffizier, und ging am nächsten Tag zum Chef und verlangte Sergeant zu werden, weil er ja bereits 5 1/2 Jahre voll hätte und nun zur Kampfwagenabteilung gehöre.«

Der darüber hinaus erforderliche Mannschafts-Ersatz wurde bei den zuständigen Abteilungen der O.H.L. angefordert. In einer Weisung des Kriegsministeriums – Allgemeines Kriegs-Departe-

Tankkapelle 505 »Heute erstklassiges Künstler-Konzert – Eintritt frei.« Die Besatzung des A7V 505 BADEN (im Hintergrund) hat mit teilweise improvisierten Instrumenten die »Tankkapelle 505« gebildet   Australien War Memorial

ment – wurde deshalb am 10. April 1918 festgelegt, daß der Mannschaftsersatz für die Sturm-Panzer-Kraftwagen-Abteilung, soweit es sich um Kraftfahr- und Maschinengewehr-Personal handele, beim Chef des Feldkraftfahrwesens anzufordern sei. Der Chef des Feldkraftfahrwesens regelte die Zuführung des Kraftfahrpersonals in eigener Zuständigkeit und veranlaßte die Zuführung von Maschinengewehrpersonal beim Chef des Generalstabes des Feldheeres. Das Feldartilleriepersonal wurde beim zuständigen Armee-Oberkommando angefordert und neu der Ersatz-Abteilung des 1. Garde Feldartillerie Regiments über die Feldartillerie-Rekrutendepots an der Westfront zugeführt.

Als Ersatztruppenteil für die Sturm-Panzer-Kraftwagen-Abteilungen galt generell schon seit dem Erlaß vom 29. September 1917 die Kraftfahr-Ersatz-Abteilung Nr. 1[21].

Die Kampfwagenbesatzung

Die Personalstärke der Besatzung schwankte zwischen 16 und 26 Mann (Beispiel A7V mit Geschütz).

Verschiedene Quellen geben zu unterschiedlichen Zeiten stark abweichende tatsächliche Stärken an. Als Anhalt gilt:

1 Kommandant
1 Gefechtsordonnanz
1 Fahrer
1 Monteur als Reservefahrer ausgebildet
1 Monteur/Mechaniker
1 Geschützführer
1 Richtkanonier
1 Ladeschütze
12 MG-Schützen
1–2 Melder im Meldegängertrupp
1 Blinker
1 Brieftaubenwart.

Das bedeutet, daß bereits im Kampfwagen mindestens ein Drittel der Besatzung mit Aufgaben der Sicherstellung der Verbindung

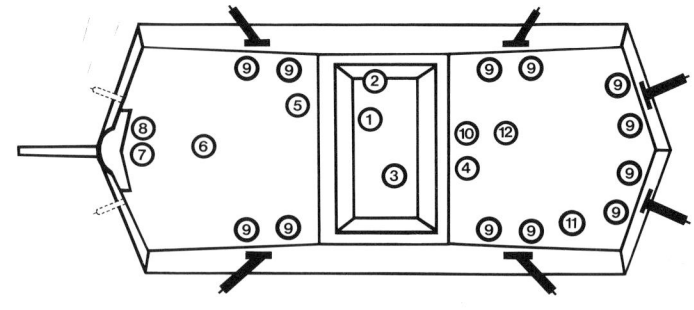

Kampfwagenbesatzung (maximaler Personalstand)

1 Kommandant		7 Richtkanonier
2 Gefechtsordonanz		8 Ladeschütze
3 Fahrer		9 MG-Schützen
4 Monteur als Reservefahrer ausgebildet		10 Melder
5 Monteur-Mechaniker		11 Blinker
6 Geschützführer		12 Brieftaubenwart

Zeichnung Wilf Habich, WGM

und der Materialerhaltung beschäftigt waren. Besonders die Verbindungsaufnahme mit den anderen Kampfwagen, aber auch mit der zu unterstützenden Infanterie sowie vorgesetzten Stäben war von außerordentlicher Wichtigkeit. Versuche mit »drahtloser Telegraphie«, indem man Antennen schleppte, scheiterten an den ersten Drahtverhauen, in dem sich die Antennen verwickelten. So bekam der Meldegängertrupp eine besondere Bedeutung. Im Falle der Verwundung oder Krankheit von Angehörigen der Sturm-Panzer-Kraftwagen-Abteilung sollte dieses Personal nach der Genesung von den Lazaretten der Kraft-Ersatz-Abteilung Nr. 1 wieder zugeführt werden. Das stellvertretende Generalkommando des Gardekorps trug dann dafür Sorge, daß diese Soldaten wieder zu ihren Abteilungen versetzt wurden[22]. Die Gliederung der Kampfwagen-Abteilungen war zunächst von einer Reihe von Rahmenbedingungen bestimmt.

Die Besatzung des A7V 540 HEILAND posiert vor ihrem Kampfwagen   Sammlung Schneider

Die Kampfwagen selbst befanden sich zwar bei den drei aufgestellten Sturmpanzer-Kampfwagen-Abteilungen (A7V) einschließlich einer Reserve von fünf Panzern.

Sie waren jedoch, wie dies auch Volckheim ausdrückt, in einer Phase *praktischer Fronterprobung* mit Konsequenzen hinsichtlich ständiger Änderung, Umbauten und Neueinbauten auf der waffen- und kraftfahrtechnischen Seite besonders personalintensiv und als ein erstes Kampffahrzeug mit komplexer Technik im hohen Maße von einer entsprechend funktionierenden Logistik abhängig. Dies wird bereits in der Kampfwagenbesatzung eines einzelnen Kampfwagens deutlich.

Etat (Gesamtstärke) der Sturmpanzer-Kraftwagen-Abteilung

Die Personalgesamtstärke einer Sturm-Panzer-Kraftwagen-Abteilung betrug:
7 Offiziere
171 Unteroffiziere und Mannschaften.
Die folgende Stärkenachweisung führt Personal und das Hauptgerät auf[23]:

Gliederung der deutschen Panzerwagenabteilungen im Juli 1918

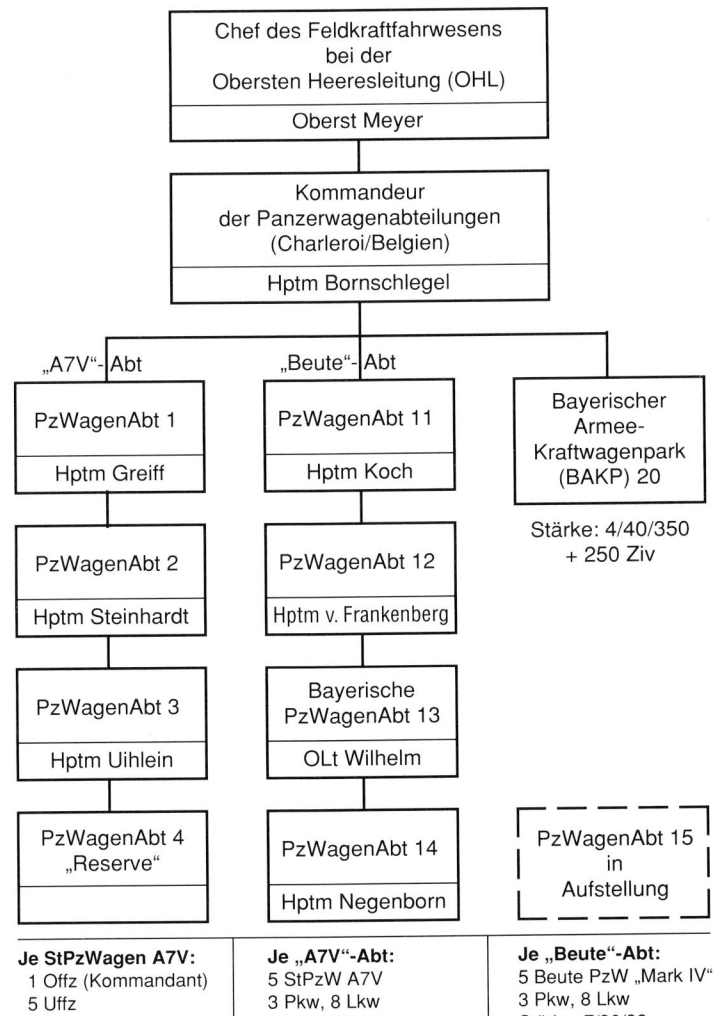

Je StPzWagen A7V:	Je „A7V"-Abt:	Je „Beute"-Abt:
1 Offz (Kommandant)	5 StPzW A7V	5 Beute PzW „Mark IV"
5 Uffz	3 Pkw, 8 Lkw	3 Pkw, 8 Lkw
10 Mannschaften	Stärke: 7/42/129	Stärke: 7/36/99

In dieser Stärke waren enthalten: Der mobile Kampfwagen-Meldekopf der Abteilung, besetzt mit einem Offizier, welcher mitunter der Abteilungsführer selbst war. Dieser Meldekopf stellte die Verbindung zwischen Kampfwagen und den rückwärtigen Gefechtsständen sicher.

Dem Offizier waren Unteroffiziere, Mannschaften für die Befehlsübermittlung und Lagemeldung mit Motorrad, Brieftauben, Fernsprechverbindung und PKW beigegeben.

Die Stärkenachweisung galt für die Panzerwagen-Abteilungen 1 bis 3 (A7V-Wagen) (Abb. s. nächste Seite) als Anhalt. Das stellvertretende Generalkommando des Gardekorps stellte auf Antrag der Inspektion der Kraftfahrtruppen (I Kraft) einen Unterzahlmeister, Waffenmeistergehilfen, Sanitätsunteroffiziere und unberittene Trainsoldaten. Das Personal von der Nachrichtentruppe wurde beim Chef des Nachrichtenwesens beantragt und ebenfalls über die Kraftfahr-Ersatz-Abteilung Berlin-Schöneberg zugeführt.

Ursprünglich war für jede Abteilung noch ein Raupenschlepper in einem Bergetrupp vorgesehen. Da aber nicht ausreichend Raupenschlepper vorhanden waren, wurde als Alternative aus den Restmannschaften der Abteilung ein Bergetrupp mit Lastkraftwagen gebildet, welcher in der Nähe des Meldekopfes in Verfügung gehalten wurde. Die Mannschaften des Bergetrupps bildeten auch den Ersatz für verwundete Besatzungsmitglieder.

Mit dieser Gliederung konnte die Abteilung fast ohne Ausnahme eine nach damaligen Maßstäben zuverlässige Nachrichtenübermittlung und den Rahmenbedingungen entsprechende Materialerhaltung, einschließlich Bergung und Notinstandsetzung, gewährleisten. Die tatsächlichen Stärken und Anzahl der Großgeräte waren jedoch ständigen Schwankungen unterworfen, weil das Versuchsstadium im wesentlichen durch Improvisation und Reagieren auf ständig neue Lagen und Problembereiche bestimmt war. Die Durchführung der Nachschubaufgabe Geschützmunition wurde ebenfalls auf den Erlaßwegen geregelt.

Danach erfolgte die Erstausstattung mit Munition nach Anforderung bei der Feldartillerie-Abteilung des Kriegsministeriums im bayerischen Armee-Kraftwagen-Park Nr. 20 (Abb. s. nächste Seite) in Charleroi. Der Folgebedarf war über den Chef des Generalstabes des Feldheeres anzufordern.

Die Grundausstattung Artilleriemunition betrug für jedes Geschütz:
– 100 — 5,7 am Gr Patr. m P.
– 400 — 5,7 am Gr Patr. A Z

Kampfwagenabteilung 3, ohne den A7V Mephisto und einen weiteren Kampfwagen hier mit den Besatzungen A7V 505 Baden I, A7V 507 Cyclop und A7V 501 Gretchen

Australian War Memorial

Instandsetzung erbeuteter englischer Tanks beim Bayerischen Armee-Kraftwagen-Park (BAKP) 20 in Charleroi 1917/18

Bundesarchiv Koblenz

Ausbildung

Die Ausbildung bzw. technische Einweisung an einem Großgerät wie dem Sturmpanzerwagen A7V konnte ebenfalls zunächst nur improvisiert werden. Bei der Kraftfahr-Ersatz-Abteilung 1 des Gardekorps in Berlin-Schöneberg war eine Geländefahrschule für Truppenfahrzeuge angegliedert. Die Fahrausbildung konnte sich mangels zusätzlicher »Fahrschul«- und Sturm-Panzer-Wagen nur auf eine Einweisung der Soldaten an Zugmaschinen abstützen. Die eigentliche Einweisung auf dem A7V-Wagen erfolgte dann erst in Charleroi bzw. die fahrtechnische Ausbildung wurde erst kurz vor dem Einsatz im rückwärtigen Gebiet abgeschlossen. Diesem Mangel wurde auch nicht mit der Einrichtung von Ersatzformationen in Hannover und München abgeholfen. Ob die Mitte 1918 eingerichtete Geländefahrschule Braunschweig jemals, wie vorgesehen, Fahrer auf A7V-Wagen ausgebildet hat, ist nicht bekannt; muß jedoch vor dem Hintergrund des zur Verfügung stehenden Großgerätes bezweifelt werden.

Über diese fahrtechnische Ausbildung hinaus wurde das Personal, welches nicht nur aus Soldaten der Kraftfahrtruppe, sondern auch aus Infanteristen, MG-Mannschaften, Artilleristen und Angehörigen der Nachrichtentruppe bestand, im wesentlichen in seiner Truppengattung ausgebildet.

Zusätzlich wurde bereits von der Anlage her nach heutigen Maßstäben ein modernes »Cross-Training« angeboten, d. h. um sich gegenseitig in der Kraftwagenbesatzung aushelfen zu können, wurden Lehrgänge für die Ausbildung am MG und an Fernmelde- und Nachrichtenmitteln durchgeführt.

Fritz Bayerer, ehemaliger Geschützführer im Panzer 2 der Schweren-Beute-Kampfwagen-Abteilungen 15, beschreibt einen Einsatz auf Einweisung vom 8. Oktober 1918 in der Nähe von Rieur/Awoingt, nachdem Besatzungsmitglieder durch Großeinsatz ausgefallen waren: »im linken Turm Unteroffizier Arndt und im rechten ich, bedienten wir sowohl allein die Geschütze, als auch hin und wieder die Maschinengewehre. Ein Mann des Fahrerpersonals schoß dann schließlich sehr gerne mit letzterem (MG).«

Die Kraftwagenkommandanten bekamen in zusammengefaßten Lehrgängen nicht nur Kenntnisse der Einsatzverfahren, sondern auch Waffen- und Kraftfahrtechnik in Theorie und Praxis vermittelt. Allerdings wurde die Ausbildung ständig durch den Einsatz unterbrochen, so daß eine Verbesserung des Ausbildungsstandes in der Regel nur empirisch auf dem Gefechtsfeld erreicht wurde. Das Kriegsministerium hatte in einem Erlaß vom 7. Juni 1918 die Sturm-Panzer-Kraftwagen-Abteilung noch einmal darauf hingewiesen, auch eine Ausbildung als Sturmtruppe vorzusehen und diese Ausbildung in Zusammenarbeit mit den vom Chef des Generalstabes des Feldheeres ausgebildeten Sturmbataillon durchzuführen. Dies ist teilweise auch so geschehen[24], wie das Beispiel mit dem »Sturm-Bataillon-Rohr« zeigte. In dem Merkblatt für den Einsatz von Panzerwagen-Abteilungen heißt es auch unter anderem:

»Verbindung der Sturmwellen der Infanterie mit den Panzerwagen ist von besonderer Wichtigkeit. Persönliche Rücksprache zwischen den Kommandanten der einzelnen Panzerwagen und den Infanterie-Führern ist zweckmäßig. Wünsche zur Erledigung besonderer Aufgaben können von der Infanterie unmittelbar an den Kommandanten des nächsten Panzerwagens gestellt werden.

Die Mannschaft der Panzerwagen ist als Sturmtrupp ausgebildet und steht bei Stockungen oder Betriebsunfähigkeit des Wagens mit MG, Handgranaten und Karabiner als Stoßtrupp zur Verfügung[25].«

Nicht ausreichende Zeit bzw. zu kurze Ruhepausen zwischen den Einsätzen führten dazu, daß diese in ihrer Zeitvorstellung sehr zweckmäßig angelegte Ausbildung von nur wenigen Abteilungen genutzt werden konnte.

Daß dies nicht nur Ausbildungsforderung war, wird durch die Berichterstattung über den Einsatz der A7V belegt. Da heißt es beispielsweise in dem Gefechtsbericht von Villers-Brettonneux von dem mit Maschinenschaden liegengebliebenen Wagen des Lt. Theunissen: »hierbei gelang es ihm, noch starken Widerstand südlich des Bahnhofs Villers-Brettonneux zu brechen und noch 1 Offizier und 174 Mann gefangenzunehmen. Leutnant Theunissen entschloß sich sofort und kämpfte als Stoßtrupp weiter[26].«

Mag die Zusammensetzung dieser Truppe auch so »bunt« wie ihre Uniform gewesen sein – dem Einsatzwillen und dem Verhalten im Gefecht tat dies keinen Abbruch.

Die Kampfwagenbesatzungen überzeugten immer wieder durch besonders umsichtiges und tapferes Gruppenverhalten. In diesen Kampfwagenbesatzungen entstand etwas, was wir heute als »Teamgeist« umschreiben. Jeder einzelne im Kampfwagen war auf den Mitkämpfer im Wagen angewiesen. So urteilt und bewertet dies auch der Abteilungsführer, der kurz danach zum Hauptmann beförderte Oberleutnant Uihlein, nach dem Gefecht von Brettonneux:

»Sämtliche Kommandanten; Besatzungen für 6 Panzer haben sich heldenhaft geschlagen, Ordonnanz-Offizier Leutnant Fritsch bei meinem Stabe und Melder ihr Bestes gegeben und war nur dadurch die Führung meiner 6 Wagen und die dauernde Verbindung nach rückwärts zur Division besonders gut möglich[27].«

Und der Kommandeur der Sturm-Panzerkraftwagen-Abteilungen stellt die allgemeine Anerkennung der Leistungen der Besatzungen fest, indem er auf das Lob des 1. Generalstabs-Offiziers der Armee sowie auf die Anerkennung durch den Chef des Stabes des XIV. A. K. hinweist.

Er schreibt: »An Auszeichnungen sind bereits verliehen: 8 eiserne Kreuze 1. Klasse, 20 eiserne Kreuze 2. Klasse; eingegeben sind noch: 14 eiserne Kreuze 1. Klasse, 61 eiserne Kreuze 2. Klasse. Oberleutnant Skopnik ist zum Hohenzollernschen Hausorden vorgeschlagen[28].«

Ausblick auf die spätere Entwicklung

Nach dem Krieg wurde sehr bald die Frage diskutiert, ob die Kampfwagentruppe selbständig bleiben oder ob sie anderen Truppengattungen, z. B. der Infanterie zugeteilt werden sollte. Erfahrene Offiziere wie Volckheim vertraten dabei die Auffassung, daß die »schweren Kampfwagen« zu Divisionen zusammengefaßt und selbständig bleiben sollten. Darüber hinaus sollten »leichte Kampfwagen« den Kavallerie-Divisionen und Infanterie-Regimentern unterstellt werden.

Seine Vorstellungen zielten auf eine Kampfwagen-Divisionen mit 3 Regimentern.

Vorschlag Volckheim[29]:
Eine Kampfwagen-Division (450 Kampfwagen) bestehend aus:
3 Regimentern mit:
– 2 Bataillonen »Einbruchs-Kampfwagen«
– 3 Bataillonen »Schutz-Kampfwagen«
– 5 Bataillonen »andere Kampfwagen«.
Je Bataillon 3 Geschwader.
Jedes Geschwader bestehend aus 3 Gruppen mit je 5 Kampfwagen. Jede Gruppe sollte als kleinste taktische Einheit von einem Offizier in einem »Führerkampfwagen« geführt werden. Bei den leichten Kampfwagen lautete sein Vorschlag:
Einer Kavallerie-Division sollten unterstellt werden: 3 Kompanien mit je 3 Gruppen (insgesamt 9 leichte Kampfwagen) in einem Infanterieregiment je eine Kompanie leichte Kampfwagen. Diesem Vorschlag entsprach auch sein Merkblatt über die Anforderungen, die an den Zukunftskampfwagen hinsichtlich seines Einsatzprofils gestellt werden müßten, und zwar mit folgenden Aufgaben[30]:
I. Aufgaben
1. Verwendung schwerer Kampfwagen beim Angriff auf Gegner in fester Stellung.
   a) Einbruchs-Kampfwagen in erster Welle zur Bekämpfung und Zerstörung fester Stützpunkte.
   b) Schutz-Kampfwagen zur Bekämpfung der zur Abwehr der Einbruchs-Kampfwagen eingesetzten Artillerie und Minenwerfer in zweiter Linie.
   c) Kampfwagen zum Zusammenarbeiten mit der Infanterie in dritter Linie.
2. Verwendung leichter Kampfwagen.
   a) zur gewaltsamen Aufklärung mit Kavallerie-Divisionen,
   b) zur gewaltsamen Erkundung bei Infanterie-Patrouillen-Unternehmen.

3. Kampfwagen als Hilfsangriffswaffe der Infanterie müßten auch selbständig wirken können.
4. Bereitstellung ausreichender Reserven
   a) als Ersatz für Ausfälle,
   b) zu Sonderaufträgen,
   c) zum Einsatz bei Rückschlägen.

In diesen Vorschlag Volckheims gingen auch die Erkenntnisse ein, die England bei der Entwicklung der Organisation der englischen Kampfwagentruppe gemacht hatte. England hatte bereits sehr früh im Krieg eine besondere Abteilung (Department) für »mechanische Kampfweise« geschaffen. Deshalb hielt man zunächst auch in England eine Unterstellung der Kampfwagen beim neu geschaffenen MG-Korps für richtig. Aber noch im Krieg entschied man sich für ein selbständiges Kampfwagen-Korps, welches im Oktober 1918 aus sechs Brigaden mit insgesamt 18 Bataillonen bestand. Wenn bis zu den letzten Tagen des Einsatzes immer wieder von den hervorragenden Leistungen der Kampfwagentruppe berichtet wurde und insbesondere auf die besonderen Fähigkeiten in der »offensiven Abwehr« hingewiesen wurde, so war dies nicht nur auf den besonderen Zusammenhalt dieser Truppe zurückzuführen. Der Reiz des technisch neuen Kampfmittels und die Herausforderung an jedes einzelne Mitglied der Kampfwagenbesatzung, im Team den Anforderungen auf dem Gefechtsfeld gerecht zu werden, haben dazu beigetragen, eine eigene Waffengattung zu etablieren. Die Erkenntnis von der besonderen Bedeutung dieser Truppe fand in weitreichenden Aufstellungsplänen und Aufbauprogrammen, vorgesehen für das Jahr 1919, ihren Ausdruck. Das Ende des Krieges beendete zunächst die Verwirklichung der weiteren Entwicklung, und die Siegermächte haben ganz bewußt aus der gleichen Erkenntnis die Weiterentwicklung der Panzerwaffe untersagt.

1 Das Königlich Preußische Kriegsministerium 1809, 1. März – 1909, Berlin 1909, Aufsatz: Die Entwicklung des Kraftfahrwesens für die Armee, S. 179–207.
2 Ebd., S. 182.
3 Bis 1885 war als Untersuchungs- und Erprobungstechnik nur die schwere Dampfmaschine in Richtung einer nicht schienengehenden »Straßenlokomotive« untersucht worden.
4 Frankenberg, Richard v. und Matteucci, Marco, Geschichte des Automobils, Turin 1970, S. 148.
5 Paul Pietsch, Formation- und Uniformgeschichte des preußischen Heeres, 1808–1910, Berlin, S. 148.
6 Ebd., S. 200.
7 Beurlaubtenstand. Ersatzreserve.
8 V. Löbells, Jahresberichte, Ausgabe 1911, Berlin 1911, S. 10.
9 Festschrift zum 25jährigen Bestehen des Reichsverbandes der Automobilindustrie e. V. 1901–1926, Berlin 1926, S. 32.
10 Übersicht der Behörden und Truppen in der Kriegsformation, Berlin 1919, Teil 14, S. 527: Sturmpanzerkraftwagen-Abteilungen, Anmerkung zu: Gem. KM v. 22. 9. 1918, Nr. 1587; 18 g. A. 70 umbenannt in »Schwere Kampfwagen-Abteilungen« (A7V und Beute).
11 Ebd., S. 525. Siehe auch: Hauptstaatsarchiv Stuttgart, Bestand M 1/4, Band 1303: KM vom 29. 9. 1917, Nr. 815, 9, 17 A7V.
12 Übersicht der Behörden, S. 525, siehe auch: Hauptstaatsarchiv Stuttgart Bestand M 1/4 Band 1303: K. M. vom 6. 11. 1917, Nr. 2115, 17. A7V.
13 Ebd., Übersicht der Behörden, S. 525, Anmerkung zu: K. M. vom 8. 1. 1918, Nr. 2575, 17 A7V sowie Bayr. KM vom 2. 10. 1918, Nr. 246956. Im letzten bayr. Fall genügte zunächst die Verfügung des KM in Berlin.
14 Ebd., K. M. vom 8. 1. 1911, Nr. 2575. 17 A7V.
15 Ebd., Übersicht der Behörden, S. 525: K. M. vom 22. 9. 1918, IB Nr. 1587. 18. g. A7V.

16 Bundesarchiv-Militärarchiv, Freiburg (BA-MA) PH 20/19; Bericht über Erfahrungen beim Einsatz der deutschen Panzerkraftwagen im Jahre 1918, erstellt durch Major a. D. von Viebahn im Reichsarchiv Potsdam im Auftrage der US-Streitkräfte am 23. 3. 1932, Bl. 16, Anlage 3; Chef des Generalstabes des Feldheeres Gr. H. Qu., 18. 1. 1918. Zu Io Nr. 74648 geh. op. Nicht in die vorderste Linie mitnehmen!
17 Hauptstaatsarchiv Stuttgart: M 1/4 Bd 1303: K. M. vom 17. 5. 1918, Nr. 742–18 g. A7V.
18 Volckheim, Die deutschen Kampfwagen im Weltkriege, Berlin 1923, S. 12.
19 Militär-Wochenblatt, Nr. 32, Berlin, 25. 2. 1928; 112. Jahrgang »Die deutsche Kampfwagentruppe vor zehn Jahren«.
20 Fritz Bayerer war Geschützführer vom Pz II der Beute-Kampfwagen-Abteilung 15, s. auch Gefechtsbericht vom 8. 10. 1918, abgedruckt in: Die Kraftfahrkampftruppe, H. 7, S. 221. Brief vom 1. 7. 1987; Fritz Bayerer verstarb im Januar 1988 in Erlangen als vermutlich letzter Angehöriger der Kraftfahrkampftruppe.
21 Volckheim, S. 17.
22 Hauptstaatsarchiv Stuttgart M 1/4, Bd 1303: Erlaß Kriegsministerium, Allgemeines Kriegs-Departement Nr. 888/18. g. A4, Berlin, 10. 4. 1918, geheim.
23 Ebd., Erlaß Nr. 994/18, geheim A7V.
24 Die Kraftfahrkampftruppe, H. 7, Juli 1937, S. 221.
25 BA-MA, PH 20/19, Bericht, Bl. 28, Anlage 9: Generalkommando XI. A. K., 19. 4. 1918; zu 1a 3420 op. geh. Merkblatt für den Einsatz von deutschen Panzerwagen-Abteilungen.
26 Ebd., Bericht, Bl. 140, Anlage 53: Kriegstagebuch der Sturmpanzerkraftwagenabteilung Nr. 3 vom 12. 3. – 24. 10. 1918.
27 Ebd., Bl. 141.
28 Ebd., Bericht, Bl. 138: Anlage 52: Kdv. Panzerwagen-Abteilung an Feldkraftchef: Bericht über Einsatz der Panzerwagen-Abteilungen Nr. 1, 2 und 3 bei der 2. Armee vom 28. 4. 1918, Geheim, Nr. 751 I mob.
29 Volckheim, S. 120.
30 Ebd., S. 122 f.

Klaus Paprotka

Uniformierung und Ausrüstung der deutschen Kampfwagentruppe im Ersten Weltkrieg und ihre Führungsmittel

Es gibt verschiedene Möglichkeiten, um sich einen Begriff, eine Vorstellung über historische Uniformierung, Bewaffnung und Ausrüstung zu bilden bzw. Kenntnisse darüber zu erwerben. Die gebräuchlichsten Quellen sind zunächst erhaltene zeitgenössische Originalstücke, sogenannte Realien, dann amtliche Druckschriften sowie Archivalien und Beschreibungen der Literatur; Darstellungen der bildenden Kunst, soweit sie den Ansprüchen an die heereskundliche Zuverlässigkeit und Genauigkeit genügen können und schließlich, seit der zweiten Hälfte des 19. Jahrhunderts beginnend, in immer stärkerem Umfang die Fotografie. Es gibt zwar Historiker, die sich die Auffassung zu eigen gemacht haben, daß Uniformierung und Ausrüstung im kriegs- oder militärgeschichtlichen Zusammenhang – wenn überhaupt – nur eine untergeordnete Rolle spielen; und dann allenfalls für das Nachschubwesen und die Bewaffnung oder deren Einfluß auf den Gefechtsverlauf.

Doch das ist eine einseitige Auffassung. Der hier vorgelegte Beitrag über Ausrüstung und Uniformierung der Besatzungen des deutschen Ur-Panzers will aufzeigen, daß Uniformkunde auch ein Teilgebiet militärgeschichtlichen Forschens ist. Machen nicht Militärhistoriker, wenn sie Fragen der Uniformierung für nicht wesentlich, für historisch nicht relevant halten, aus der Not eine Tugend, nur weil sie nicht in einem Bereich arbeiten wollen, mit dem sie sich sachlich nicht völlig vertraut gemacht haben?

In seinem Buch »Werkzeug des Historikers«[1] befaßt sich A. von Brandt mit dem Begriff der historischen Hilfswissenschaften. Er will dort aufzeigen, welche Hilfswissenschaften dem Historiker oder dem historisch Interessierten zur Verfügung stehen, ohne zu dieser Frage eine endgültige Lösung anzubieten – wenn es diese überhaupt gibt. U. a. nimmt er in seinem Gedankengang folgende Größen auf: Historische und allgemeine Geographie, allgemeine Quellenkunde, die Lehre von der schriftgeschichtlichen Entwicklung (Paläographie), Urkunden- und Aktenlehre, Wappenkunde (Heraldik), Siegelkunde (Sphragistik) und die Münzkunde (Numismatik), die Lehre von Münze und Geld als Geschichtsquelle. Diese Aufzählung ist unvollständig, wie Brandt ausführt, und nicht von ausschließlicher Gültigkeit im wissenschaftlichen Sinne. Die Uniformkunde gehört in diesen Zusammenhang mit hinein, sind doch historische Uniformen und Ausrüstungsstücke für den Historiker leicht erfaßbar und erforschbar; in Museen und privaten Sammlungen sind sie wissenschaftlich unmittelbar zugänglich, was für zahlreiche andere Gruppen innerhalb der ungeheuren und disparaten Menge nicht zutrifft, so Brandt. Uniformkunde ist ein Spezialgebiet der Kostümkunde und ist damit u. a. auch eine wichtige Hilfswissenschaft für sozialgeschichtliche Aussagen. So

dienten militärische Uniformen dem Verhaltensforscher Otto Koenig als Leitfossil für Untersuchungen über menschliche Verhaltensweisen[2].

In der Geschichte der Uniformierung gibt es viele Phänomene. Es gilt beispielsweise, das starre, langfristige Festhalten am traditionellen Schnitt einer Uniform zu interpretieren. Es gibt andererseits Wechselwirkungen zwischen dem Aufkommen des rauchlosen Pulvers und der daraus sich ergebenden Notwendigkeit, dem Soldaten eine Uniform zu geben, mit der er sich dem Gelände anpassen kann.

Das Ablegen eines bisher gültigen Uniformleitbildes und die Annahme eines anderen kann Rückschlüsse auf eine wechselnde politische Abhängigkeit zulassen. Uniformstücke von minderer Qualität und vereinfachter, sparsamer Ausstattung können als Sachzeugen einer wirtschaftlichen und materiellen Notlage im Kriege gelten.

Die rasche Zunahme von rein funktionalen Merkmalen bei der Fertigung von militärischer Bekleidung unter starker Vernachlässigung traditionell überlieferter und liebgewonnener Muster ist in Beziehung zu schnell sich entwickelnder Mechanisierung und Technisierung zu setzen; die Uniform wird nun Arbeits- oder Schutzanzug.

Das Beanspruchen und Sanktionieren von Sonderrechten in der Uniformierung bei bestimmen Ranggruppen fordert zu Rückschlüssen in bezug auf die innere Haltung, das soziale und hierarchische Gefüge von militärischen Verbänden heraus. Der Fortfall einer Vielzahl von Abzeichen aus Friedenszeiten sowie das Verschwinden von nutzlosen Schmuckelementen an der Uniform läßt die Bereitschaft erkennen, sich der harten Korrektur durch den Krieg zu stellen und dem Soldaten rasch zu geben, was er für das Leben im Felde braucht.

Das äußere streng einheitliche Bild eines Kontingentheeres macht den bestimmenden Einfluß der politisch dominierenden Macht deutlich; das Festhalten an kontingentsherrlichen Helmzieren, Kokarden, Wappen, Knöpfen und Feldzeichen kennzeichnet indes das Beharren auf überkommenen Strukturen und Vorrechten. Das deutsche Reichsheer bis 1918 ist ein lehrreiches Beispiel dafür[3].

Im vorliegenden Fall kann jedoch nur der unbedeutende Teilbereich der Bekleidung der Besatzungen des A7V-Tanks Gegenstand der Betrachtung sein. Was nun zeitgenössische Realien betrifft, wurde fast ausschließlich auf den Fundus des Wehrgeschichtlichen Museums/Rastatt (WGM) zurückgegriffen. Die Uniformstücke, vor allem die Waffenröcke, sollen den Entwicklungsgang von der traditionell geprägten Montur im Frieden zum

Arbeits- oder Kampfanzug im Felde aufzeigen. Im Fundus des WGM sind als Realien keine Uniformen oder Ausrüstungsteile, die nun tatsächlich und nachweisbar einer A7V-Besatzung zugeordnet werden können. Deswegen wurden vergleichbare Stücke aus Gründen der Anschaulichkeit so zusammengestellt, daß bei dem Betrachter der Eindruck entsteht, es seien Teile, wie sie ein A7V-Tankmann bereitgelegt hat oder wie sie für den Gebrauch im Tank zusammengestellt worden sind, d. h. diese Material- und Ausrüstungs-Gruppierungen sind Zusammenstellungen von Realien, wie sie 1917/18 tatsächlich in Gebrauch gewesen sein könnten.

Darstellungen der bildenden Kunst liegen nur in zwei Fällen vor, beide Bilder stammen von Kriegsmaler M. Frost (1875–1928). Auch die Fotografien sind bis auf wenige Ausnahmen aus dem Fundus »Bild- und Schriftgut« des Wehrgeschichtlichen Museums. Der Beschriftung der Fotografien wurde möglichst große Beachtung geschenkt. Manche Einzelheit, die im fortlaufenden Text untergeht, gewinnt Bedeutung im Zusammenhang mit der Betrachtung eines Fotos und macht dieses plastischer und anschaulicher. Eine bloße Beschreibung von Uniform und Ausrüstung im Text wurde vermieden.

Stammrollen der preußischen Sturmpanzerkraftwagenabteilungen 1 bis 3 sind bis heute nicht ausfindig zu machen gewesen. So bleibt vorerst im Unklaren, welchen Truppenteilen die Angehörigen dieser Abteilungen entstammen. Es lassen sich somit nur allgemeine Aussagen über die Uniformierung der Besatzungen machen.

Über die Ehrenrangliste des deutschen Heeres konnten lediglich sieben Offiziere identifiziert werden. Manche Namen von Offizieren sind in den Ranglisten nicht enthalten. Andere Namen sind nicht eindeutig zu bestimmen oder erscheinen mehrfach. Die uniformkundlichen Angaben zu den sieben Offizieren, deren Stammtruppenteil gemäß Rangliste feststeht, wurden in knapper tabellarischer Form zusammengefaßt. In welcher Stückzahl der deutsche Panzerkraftwagen-Schutzanzug des Ersten Weltkrieges gefertigt worden ist, ist gegenwärtig unbekannt. Aus der Auswertung von Fotografien ergeben sich Anhaltspunkte dafür, daß er nicht einheitlich geschnitten und aus unterschiedlichem Material gewesen ist. Es muß sich also bei den auf den Fotos wiedergegebenen Anzügen um Einzelstücke, d. h. Unikate gehandelt haben. Mit Unterstützung von einem deutschen, sechs europäischen und einem überseeischen anerkannten Militärmuseum wurde versucht, einen deutschen Schutzanzug für A7V-Tanksoldaten ausfindig zu machen. Dieses Bemühen brachte keinen Erfolg.

Das zeigt einmal mehr, daß Textilien nach Papier das vergänglichste Museumsgut sind. Daraus ergibt sich für Konservatoren in Museen aber auch für ernstzunehmende private Sammler von Militaria die Verpflichtung, beizeiten textile Sachzeugen zur Erhaltung für die Nachwelt zu bewahren als künftiges »Werkzeug des Historikers«.

Allgemeine Bemerkungen zur Uniformierung deutscher Soldaten des Ersten Weltkrieges

1843 wurde in Preußen der Waffenrock eingeführt, ein militärisches Bekleidungsstück, das im Ersten Weltkrieg seine überlieferte Farbe — das »Preußisch Blau« — einbüßte und einen feldgrauen Farbton annahm. Dieser Waffenrock wird, abgesehen von einigen Änderungen in Form und Farbe, heute noch getragen, wenn auch seine ursprüngliche Bezeichnung aus dem gegenwärtigen Sprachgebrauch verschwunden ist.

Mit der Allerhöchsten Kabinettorder (A.K.O.) vom 23. Februar 1910 fanden vorhergehende Erprobungen einer unauffälligen Felduni-

Waffenrock M 1910. Leutnant. Grenadier-Regiment-Kronprinz (1. Ostpreußisches) Nr. 1, Königsberg i. Preußen. Kein Kammerstempel

Zu beachten sind: Schulterstücke aus silberglänzendem Metallgespinst mit aufgelegtem vergoldetem Namenszug und Krone. Helle Patten am Kragen mit Kapellenlitze. Metallknöpfe und Orden. Kapellenlitzen auf den Patten der Brandenburgischen Aufschläge. Vorne beiderseits je eine angeschrägte Schoßtasche. Das Friedensmodell des Waffenrockes wies diese Taschen noch nicht auf. Sammlung WGM

form eine erste endgültige Fassung. Seit diesem Zeitpunkt wurde auf den Bekleidungsämtern und auf den Kammern der Truppenteile eine feldgraue bzw. graugrüne Uniform als »erste Garnitur« für den Mobilmachungsfall und besondere Übungen bereitgehalten. Der komplizierte Schnitt des traditionellen Waffenrockes, vorzugsweise für Fußtruppen, mit knopfgeschmückten Rockschößen, Ärmelpatten und verschiedenen Aufschlägen war beibehalten worden. Diese Uniform wurde vom deutschen Reichsheer mit Kriegsausbruch im August 1914 getragen.

Bereits sehr kurze Zeit nach Kriegsbeginn erwies sich die Uniform M 1910 unter den harten Bedingungen, insbesondere des Stellungs- und Grabenkrieges, des Kampfes in Stollen und Minentrichtern, seit dem Jahresende 1914 als unpraktisch und nicht besonders feldzugtauglich.

Überlegungen und Maßnahmen zu dem Zweck, den deutschen Soldaten eine geeignete Uniform oder auch schon »Kampfbekleidung« zu verschaffen, führten zu der Allerhöchsten Kabinettorder vom 21. September 1915 (Nr. 735). Diese verfügte die Ausstattung des Heeres mit zwei für das äußere Bild besonders charakteristischen Bekleidungsstücken — dem feldgrauen Mantel von einheitlichem Schnitt und einer feldgrauen/graugrünen Bluse von gleichem Schnitt für alle Waffengattungen. Die Bluse M 1915 und der ein Jahr später eingeführte Stahlhelm M 1916 ergaben zusammen das heute noch vertraute Bild des »Weltkriegkämpfers«.

Zugleich mit der A.K.O. vom 21. September 1915 erlassene Ausführungsbestimmungen für das Auftragen älterer Uniformstücke hatten zur Folge, daß das äußere Bild des deutschen Reichsheeres zwischen 1915 und 1918 uneinheitlich war. Neben der Bluse M 1915 wurden Waffenröcke M 1910 getragen. Stoffknappheit, besonders in den letzten Kriegsjahren, auch Eigenmächtigkeit führten zu Abweichungen und Mischformen.

Die A7V-Besatzungen erhielten zudem für den Dienst im Sturmpanzerwagen einen Schutzanzug und einen abgepolsterten Lederhelm. Diese Bekleidungsstücke waren rein funktioneller Natur und hatten mit einer Uniform im herkömmlichen Sinne nichts mehr zu tun. Es gab im Ersten Weltkriege keine besondere Uniform für Angehörige der Sturmpanzerwagen-Abteilungen. Jedes Besatzungsmitglied trug die Uniform des Truppenteiles, von dem her es sich freiwillig gemeldet hatte.

Erste kriegsbedingte Modifikationen der deutschen Uniformierung

Die mit A.K.O. vom 23. Februar 1910 eingeführte feldgraue/graugrüne Uniform wurde in Befolgung der dazu am 18. März 1910 ergangenen Ausführungsbestimmungen mit beginnender Mobilmachung ab 2. August 1914 als Felduniform an die Truppenteile ausgegeben. Die feldgraue/graugrüne Uniform der Kavallerie war derjenigen der Fußtruppen ähnlich, jedoch waren die in der Kavallerie als Attila, Koller und Ulanka gebräuchlichen Röcke nicht wie der Waffenrock geschnitten. Letztere drei Uniformstücke entsprachen Mustern, die etwa Mitte des 19. Jahrhunderts eingeführt worden waren; sie werden bei der weiteren Darstellung unberücksichtigt bleiben, da sich zur Zeit Kavalleristen in den A7V-Besatzungen nicht nachweisen lassen.

Seit dem 19. April 1907 waren auf Veranlassung des Kriegsministeriums erste Proben der Uniform M 1910 ausgegeben worden,

Waffenrock M 1910. Verkehrstruppen, Unteroffizier, Telegrafen – Bataillon 1, Berlin, Königswusterhausen, Trageweise 1915–1918. Band EK 2, Kammerstempel K. B. A. C. 1915 TV 1 6 Kp.

Der Waffenrock gleicht dem Stück auf S. 168. Jedoch ist das Preußischblau dem Feldgrau gewichen, die schwarze Abzeichenfarbe von Kragen und Aufschlägen ist nur noch in Vorstößen angedeutet. Dem Telegraphen-Bataillon 1 war erlaubt, bei dem Gardekorps stehend, den Vorstoß in Abzeichenfarbe auch an den unteren Kanten der Ärmelaufschläge zu tragen. Das war ein Gardemerkmal. Die Schulterklappen sind feldgrau; aus Gründen der Sparsamkeit wurden sie während des Kriegs einmal ohne den ordonnanzmäßigen hellgrauen Vorstoß ersetzt. Die Unteroffizierstresse ist einer matten Borte gewichen. Die Gardelitzen am Kragen sind in der kleineren, 1915 für die Bluse eingeführten Form gehalten. Im Gegensatz zu dem friedensmäßigen Waffenrock hat das Stück keinen Stehkragen mehr, sondern einen bequemeren Umlegekragen, der hochgestellt und verschlossen werden kann. Zu beachten sind auch die beiden Seitentaschen, die das Friedensmodell noch nicht aufwies. Innen sind ebenfalls Schoßtaschen angebracht, die u. a. der Aufnahme von Verbandszeug dienten. Abgesehen von dem roten T auf der Schulterklappe entspricht der Rock im Prinzip einem Waffenrock eines Unteroffiziers im Kraftfahr-Bataillon.

Sammlung WGM

diese hatte unter anderem das Lehrbataillon in Potsdam bei Friedensmanövern auf Zweckmäßigkeit erprobt.

Doch gelten im Kriege andere Gesetze als bei Truppenversuchen. Der Vorteil der neuen Uniform war, daß die Soldaten im Gelände auf eine Entfernung von wenigen hundert Metern sich nicht mehr deutlich vom Hintergrund abhoben und damit schwer zu erkennen waren, so daß versuchsweise bei dem I. und XX. Armeekorps in

Ostpreußen weiße Leinenstücke auf den Tornistern der Mannschaften angebracht wurden, um die vordere eigene Linie für die unterstützenden Batterien der Feldartillerie sichtbar zu machen. Schnell wurden allerdings im Kampf auch die Nachteile der neuen Uniform deutlich. Kurz nach Kriegsausbruch wurden die roten Regimentsnummern von der Stirnseite der Helmüberzüge entfernt. Die Schulterklappen, zum Abknöpfen eingerichtet, wurden gewendet; sie ließen durch Nummer oder Namenszug ein Regiment eindeutig erkennen. Beide Maßnahmen sollten der Einschränkung der Spionagegefahr dienen.

Wie in alter Zeit hatten Offiziere und Mannschaften der Garde, der Grenadierregimenter und anderer ausgezeichneter Truppenteile helle Litzen am Kragen und auf den Patten des Ärmelaufschlages. Diese Abzeichen hoben sich von der feldgrauen/graugrünen Uniform deutlich ab, ebenso die Tressen aller Unteroffiziere um Kragen und Aufschläge des Waffenrockes. Die Spielleute – im Einsatz meist in der Nähe eines Offiziers – trugen weithin erkennbare Schwalbennester an der Schulternaht. Die Feldbinde der Offiziere und die über die Schulter getragene Schärpe der Adjutanten, aus Silbergespinst gewirkt, waren auf große Entfernung auszumachen. Alsbald wurden sie mit grüner Farbe übermalt oder mit grau-grünem Stoff umwickelt. Der lange Infanterie-Offizierdegen M 1889 war hinderlich und verschwand sehr rasch aus dem Erscheinungsbild der Portepéeträger. Das kurze Seitengewehr der MG-Schützen war sehr begehrt. Die Offiziere legten ihre Orden ab und verbargen ihr Fernglas M 1903. Schon vor dem 17. August 1914 ist es für den ostpreußischen Kriegsschauplatz belegt, daß Offiziere das Gewehr in die Hand nahmen. Das helle, naturfarben belassene Leder der Stiefel und übrigen Ausrüstung mußte bald geschwärzt werden. Die farbige Seitengewehrtroddel war bunt und empfindlich, sie verlor bald ihre Bedeutung. Darüber hinaus verriet sie jedem Kundigen exakt Bataillon- oder Kompanienummer. Als die Fronten erstarrten und der Stellungskrieg sich herausbildete, war die Spitze des Helmes in engen Deckungs-, Annäherungs- und Schützengräben sowie in Unterständen und Sappen lästig; sie wurde abgeschraubt. Die grüne Regimentsnummer am Helmüberzug, die kurz nach Kriegsbeginn die viel auffälligere rote Nummer ersetzt hatte, fiel bald fort: ihre Herstellung war aufwendig, einen Nutzen hatte sie nicht mehr. Kurzum – alles Auffallende an Uniformierung und Ausrüstung mußte vermieden werden.

Uniformierung der deutschen Kraftfahrertruppe

Als im deutschen Reichsheer noch vor Ausbruch des ersten Weltkrieges die Frage erörtert wurde, wie die aufkommende Motorisierung für das Heereswesen zu nutzen sei, erhob sich auch die Forderung nach einer zweckmäßigen Bekleidung für Kraftfahrer. An eine Besatzung in gepanzerten Fahrzeugen für den Kampfeinsatz dachte dabei noch niemand; bestenfalls konnte man sich die Nutzung von Automobilen für den Transport von Nachschubgut in Trainkolonnen vorstellen.

Im Zusammenhang mit der Einführung der Uniform M 1910 entstand auch ein feldgrauer Lederrock mit Kragen für Kraftfahrer. Auf dem Kragen trugen sie eine rot eingefaßte Patte aus feldgrauem Tuch. Die Patte wies oben und unten je eine schmale Litze

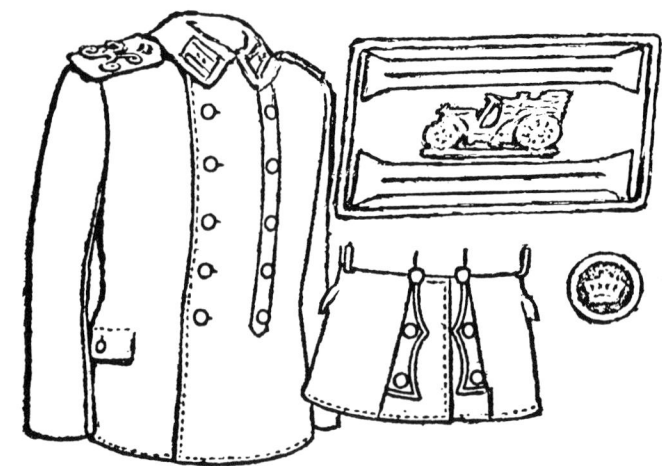

Feldgrauer Lederrock für Kraftfahrer. Fahranzug für Mannschaften
Einzelheiten – Kragenpatte, Rockschoß, Knopf. Wie Pietsch mitteilt, wurde dieses Stück nur zur Probe getragen und nie eingeführt.   Nach einem Original von Paul Pietsch

Waffenrock eines Vicefeldwebels bzw. eines Sergeanten im Kraftfahr-Bataillon, Berlin, Eigentumsstück. Trageweise 1911 bis 1914
Zu beachten sind: Schwarze Abzeichen der Pioniere und hellgraue Schulterklappen der Verkehrstruppen, auf letzteren das rote K. Kapellenlitzen am Kragen und Aufschlägen wie bei den Gardepionieren. Die Tresse (Rangabzeichen für Offiziere) um den Kragen und die Aufschläge ist in Gardemanier gewebt, also aufwendiger als bei Linienformationen; sie ist jetzt nachgedunkelt, sie war vorher silberfarbig. Am Kragen der Auszeichnungsknopf für Sergeanten und Feldwebel. Durchmesser 3 cm. Der Knopf zeigt den heraldischen preußischen Adler. Angehörige des sächsischen Detachements im Kraftfahrbataillon (2. Kompanie) trugen den Auszeichnungsknopf mit sächsischem Wappen. Angehörige des württembergischen Detachements (3. Kompanie) hatten das württembergische Wappen auf ihrem Auszeichnungsknopf. Der Rang des Gefreiten war ebenfalls mit einem Auszeichnungsknopf kenntlich gemacht. Der Gefreitenknopf maß nur 2,5 cm im Durchmesser und wies im oben beschriebenen Sinne ebenfalls unterschiedliche Merkmale auf.
                                                                 Sammlung WGM

»Die letzte Panne. . .« Aufnahme vom 27. September 1912, Reservisten des Kraftfahr-Bataillons Berlin

Vermutlich in der Friedensunterkunft des Kraftfahr-Bataillons. Anzug: Fahranzug Sommer aus schwarzem Drell. Die beiden Leute unter dem mittleren Automobil tragen den schwarzen, die beiden vor dem rechten Automobil knienden den blauen Arbeitskittel. Beachte: Hellgraue Schulterklappen, Kragenpatten, Auszeichnungsknöpfe für Gefreite am Kragen in Höhe der Schulterklappe – auch das alte Kfz-Kennzeichen für Berlin-IA! Bei dem Unteroffizier (Einjährig-Freiwilliger) ist auf die Neusilberschiene am Mützenschirm, Tresse um den Kragen und die weiß-schwarze Einfassung der Schulterklappe hinzuweisen. Merkwürdigerweise haben nicht alle Mützen die Metallschiene am Schirm. Sammlung WGM

auf; dazwischen ein offenes Automobil im Stil der Zeit. Bis auf die fehlenden Ärmelaufschläge und eine zweite Reihe von sechs Knöpfen entsprach der Lederrock für Kraftfahrer dem Waffenrock M 1910. Er hatte sogar wie dieser knopfbesetzte Rockschöße mit rotem Vorstoß. Der Lederrock konnte beidseitig geknöpft werden. Die Lederleiste, senkrecht unter den Knöpfen verlaufend, diente deren besserem Halt. Beleg und Übertritt waren beide so reichhaltig bemessen, daß das gefütterte Leder über der Brust doppelt auflag, so schützte der Rock gut gegen den Fahrwind im offenen Automobil. Hose, Mütze und Mantel – ebenfalls aus hellem, feldgrauem Leder – wurden dazu getragen.

Das Chauffieren von Automobilen war vor 1914 eine nicht sonderlich reinliche Angelegenheit; Verschmutzung durch Öl, Staub und Pannen waren an der Tagesordnung. Vielleicht hat sich der feldgraue, helle und empfindliche Lederanzug deswegen nicht durchgesetzt. Überhaupt schien es fraglich, ob dieser Rock

wirklich eingeführt wurde und nicht nur Erprobungen vorbehalten war, »da niemand von ihm hörte, ihn im Kriege gesehen zu haben«[4]. Das Kraftfahrbataillon – 1911 etatisiert – gehörte neben Eisenbahn-, Telegrafen-, Fliegertruppen und Luftschiffern zu den Verkehrstruppen, deren gemeinsames Kennzeichen ab 30. Juni 1911 die hellgrauen Schulterklappen waren; auf diesen trugen die Mannschaften der Kraftfahrtruppen ein rotes »K«. Im übrigen entsprach die Uniform der Verkehrstruppen und damit auch die des Kraftfahrbataillons derjenigen der Pioniere – preußisch blauer Rock mit schwarzen Abzeichen, Aufschlägen in Art der Pioniere, Feldartillerie und Jäger. Soweit Verkehrstruppen beim Gardekorps standen, trugen sie ebenso wie die Garden Kapellenlitzen am Kragen und an den Aufschlägen; bei dem Kraftfahrbataillon war das der Fall.

Festzuhalten bleibt mit Stand 1914 für die Kraftfahrer: Mannschaften trugen den blauen, traditionsreichen Waffenrock, der demjeni-

Angehörige des Kraftfahr-Bataillons, Berlin, Aufnahme aus dem September 1912

Anzug: Fahranzug. Die Leute tragen teilweise die Sommerausfertigung aus schwarzem Drell; teilweise aber auch den Lederanzug. Die beiden außenstehenden Kraftfahrer tragen den Mantel. Beachte bei letzterem: Blauer Tuchklappkragen, Patten ohne Automobil und Vorstoß. Die hellgrauen Schulterklappen sind auffallend groß. In der Mitte ein einjährig-freiwilliger Unteroffizier. Die Seitengewehrtroddeln sind die eines ersten Bataillons, vermutlich 2. Kp. (Schieber und Kranz sind wohl rot); bei dieser Kompanie befand sich ein sächsisches Detachement. Seitengewehr 84/98 mit Lederscheide und Messingbeschlag. Sammlung WGM

gen der Gardepioniere entsprach, jedoch mit grauen Schulterklappen und darauf einem roten »K«. Die Mütze war ebenfalls blau mit rotem Vorstoß und schwarzem, rot eingefaßten Stirnband, die Hose schwarz-blau meliert mit roter Biese. Der Mantel war hellgrau; auf dem Kragen befanden sich schwarze Patten mit je zwei weißen Kapellenlitzen, oben und unten waagerecht verlaufend; die Schulterklappen des Mantels entsprachen denen des Waffenrockes. Auf weitere Einzelheiten kann hier nicht eingegangen werden.

Die Fahrbekleidung der Mannschaften sah wie folgt aus: Schwarze, rot vorgestoßene Riemen-Mütze aus Leder mit Schirm, an dessen Kante war eine Neusilberschiene angebracht, dazu gehörten Rock, Hose und Mantel aus schwarzem Leder. Zum Lederrock sei noch folgendes ergänzt: der Rock hatte vorne zwei Knopfreihen von je sechs Nickel-Knöpfen. Das »K« auf den hellgrauen Schulterklappen war aus Messing; der Kragen aus dunkelblauem Tuch, darauf rot vorgestoßene schwarze Patten mit geprägtem neusilbernem Automobil im Stil der Zeit. Den Kragenpatten auf dem Mantel fehlte der rote Vorstoß und das Automobilabzeichen. Für den Sommer wurden auch Röcke und Hosen gleichen Schnittes, aber aus Drell gefertigt, ausgegeben. Darüber hinaus verfügten die Fahrer über einen Arbeitskittel von schwarzer oder blauer Farbe.

Teile der hier beschriebenen Uniform der Mannschaften des preußischen Kraftfahrbataillons sind bis 1918 bei Fahrern der A7V-Besatzungen, der Automobile und der Krafträder der Sturmpanzerwagenabteilungen immer wieder zu sehen. Die schwarze Lederbekleidung für Mannschaften des preußischen Kraftfahrbataillons ist für das Jahr 1912 mit einem Foto belegt.

Uniformveränderungen auf Grund erster Kriegserfahrungen

Auf die Nachteile der feldgrauen/graugrünen Uniform M 1910 im Felde ist schon hingewiesen worden. Nur so viel sei hier noch ergänzt: Die farbigen Besatzstreifen der Feldmützen – ponceaurot bei der Infanterie, schwarz mit rotem Vorstoß bei Artillerie, Pionieren und Verkehrstruppen sowie grün bei den Jägern – mußten bald aus Gründen besserer Tarnung mit einem grauen Tuchstreifen überdeckt werden. Zeltbahnen und Brotbeutel, bis 1914 aus kräftig braunem Stoff, waren zu auffällig und wurden nun auch feldgrau gefertigt. Die aufwendige und zeitraubende Machart des feldgrauen Waffenrockes der Fußtruppen wurde vereinfacht. An den Ärmelenden fielen die brandenburgischen und andere Aufschläge mit Patten, Vorstoß und Knöpfen fort. Der Ärmel erhielt einen einfachen Rollumschlag. Es wurde auch üblich, Schulterstücke der Offiziere mit feldgrauem Stoff zu überziehen.

Vor dem Hintergrund der im ersten Kriegsjahr gesammelten negativen Erfahrungen im Umgang mit der Felduniform M 1910 wird wohl deutlich, daß die Mängelberichte der kämpfenden Truppe, die entsprechenden Meldungen und Auswertungen der Kommandobehörden im Zusammenwirken mit improvisierten, sofort erfolgten Abhilfen in eine grundlegende und umfassende Verbesserung der Felduniform und Ausrüstung einmünden mußten; es war dies die Allerhöchste Kabinettorder vom 21. September 1915 des Kaisers und Königs Wilhelm II. Nr. 735, betreffend Änderungen an den Uniformen der Offiziere und Mannschaften. Die Order galt für den Bereich der preußischen Militär-Verwaltung, die übrigen Kontingente des Reichsheeres folgten; die Ausführungsbestimmungen dazu erließ das preußische Kriegsministerium mit dem Datum vom 27. September 1915.

Bei der Verbesserung der Uniform standen Mütze, Hose und Mantel nicht im Vordergrund. Besondere, grundverschiedene

Kraftfahrpersonal. Kraftfahr-Bataillon Berlin (1918)

Die Soldaten tragen teilweise den ledernen Fahranzug (beide Kraftradfahrer), teilweise die Bluse M 1915, aber auch den Waffenrock der Infanterie sogar noch mit Brandenburgischen Aufschlägen und Band EK 2 im Knopfloch (Fahrradfahrer). Bei dem vorderen Kraftfahrer ist die Patte auf dem blauen Tuchkragen schon fortgefallen. Die Schulterklappen des Lederrockes sind gegen Kriegsende schwarz, das metallin aufgelegte K ist von minderwertiger Kriegsqualität. Eine Sturmpanzerkraftwagen-Abteilung verfügte über zwei Personen-Kraftwagen und ein Kraftrad; wie auf dem Bild oben kann es ausgesehen haben, wenn sich diese Teile zusammen mit noch zwei Meldern anderer Einheiten zur Verfügung des Führers einer deutschen Tank-Abteilung hielten.

Sammlung WGM

Anforderungen wurden an den Uniformrock gestellt. Im Frieden sollte er gut und kleidsam aussehen, er sollte stramm sitzen, die Haltung fördern, die Manneszucht betonen, auf die Bevölkerung anziehend und werbend wirken. Im Kriege sollte er dagegen vorwiegend praktisch sein, volle Bewegungsfreiheit gewähren. Der Mann sollte in ihm kriechen, laufen, klettern, arbeiten und sich hinwerfen können. Im Winter sollte man unter dem Rock wärmende, wollene Unterkleidung tragen können. Allen diesen Anforderungen konnte ein einziges Uniformstück nicht gerecht werden. Demzufolge wurden 1915 zwei ganz verschiedene Uniformröcke eingeführt. Der Waffenrock für den Frieden und die Bluse für den Felddienst. Ersterer kann am Rande abgehandelt werden. Seine Einführung war der Friedenszeit nach Beendigung des Ersten Weltkrieges vorbehalten. Sein Schnitt entsprach dem preußischen Waffenrock vor 1914. Das Preußisch Blau war allerdings endgültig dem Feldgrau bzw. Graugrün gewichen. Dazu erhielt der Waffenrock M 1915 wieder die alten, vollfarbigen Abzeichen.

Feldgraue Bluse M 1915. Offizierstück, kein Kammerstempel
Die Schulterstücke fehlen. Der Klappkragen ist mit resedagrünem Tuch abgesetzt. Besonders im Vergleich mit dem Bild auf S. 168 werden die Verbesserungen an diesem »Feld«- oder »Arbeitsrock« deutlich. An der Bluse waren Brusttaschen nur für Generale vorgesehen. Für Mannschaften fiel der Schnitt derber und weiter aus, er war nicht so sehr tailliert.   Sammlung WGM

Die Bluse M 1915 erhielten die Fußtruppen in feldgrau, Jäger und Schützen in graugrün. Ihr Äußeres wich vollkommen von dem überlieferten Waffenrock ab. Neben dem hier nicht näher behandelten Waffen-(»Ausgeh-«)rock stand den Soldaten des deutschen Reichsheeres nun zum ersten Mal ein praktischer »Arbeitsrock« zur Verfügung. Die Bluse war einfach und weit geschnitten. Sie erhielt eine verdeckte Knopfleiste, Ärmelaufschläge und Rockschöße fielen ganz fort. Die Ärmelenden waren als Rollumschlag – sogenannte Ärmeltaschen – ausgebildet. Die Ärmellöcher waren weit. Die Bluse erhielt einen bequemen Klappkragen, der jedoch für einige Truppenteile noch immer verschiedenfarbige Litzen aufwies. Die Tressen der Unteroffiziere waren durch matte Borten ersetzt worden. Alle anderen auffälligen Abzeichen, wie sie in Friedenszeiten gern vielfältig und farbenfroh entstehen, waren fortgefallen, das galt auch für die traditionsreichen Schwalbennester der Spielleute. Die Unterscheidung der Fußtruppen wurde durch verschiedenfarbige Schulterklappen getroffen. Zur feldgrauen/graugrünen Bluse wurde eine für die gesamte Armee einheitliche Hose getragen. Sie war steingrau und wies eine rote Biese in der Seitennaht auf. Auch der Mantel war jetzt für die gesamte Armee einheitlich gestaltet. Im Gegensatz zur Bluse gab es ihn nur in feldgrauer Ausführung, aber ebenso wie diese hatte er einen vom Grundtuch abweichenden Kragen in resedagrünem Farbton. Patten am Mantelkragen waren fortgefallen. Der Mantel war jetzt weit geschnitten, gefüttert und an jeder Seite in Hüfthöhe mit einer Tasche versehen. Die Schulterklappen des Mantels entsprachen denen der Bluse.
Die Feldmütze war feldgrau/graugrün geblieben; der farbige Besatzstreifen wurde jetzt mit einem grauen Band bedeckt. Die Mütze der Offiziere hatte einen biegsamen, grauen Lederschirm und ebensolchen Stirnriemen. Mannschaften war auch ein Schirm an einer selbstbeschafften Eigentumsmütze erlaubt.

Alles Leder- und Schuhzeug war jetzt von schwarzer Farbe, auch der Leibriemen oder das Koppel für die Fußtruppen war jetzt schwarz und wurde durch ein feldgrau gespritztes Kastenschloß gehalten. Eine Ausnahme bildete das neue Feldkoppel für Offiziere, es war braun und mit einem runden Schloß versehen, geschmückt war es in Preußen mit der preußischen Königskrone und dem Namenszug des preußischen Königs Wilhelm II.
Wenn auch die braune Färbung des Koppels nur dem Offizier vorbehalten war, so glich er in seinem äußeren Bild noch mehr als bisher den Mannschaften. Das wurde bewirkt durch Seitengewehr, Brotbeutel und Feldflasche mit Trinkbecher, die zu tragen dem Offizier zur Pflicht gemacht worden war. Die alten Helme hatten mit der A.K.O. vom 21. September 1915 eine abnehmbare Spitze erhalten. Wenn auch im August 1916 die Einführungsorder für den Stahlhelm M 1916 noch nicht vorlag, so hatte doch seine Ausgabe an die kämpfende Truppe schon längst begonnen. Der Stahlhelm hielt zwar kein Infanteriegeschoß ab, bot aber einen guten Schutz gegen Schrappnellkugeln und kleinere Sprengstücke. Letzterer Umstand war von immenser Bedeutung für den Feldgebrauch, weil während des Ersten Weltkrieges die Gefährdung der kämpfenden Truppe durch eine in das Unermeßliche gesteigerte Verwendung von Artilleriesprengmunition zu einem bei Kriegsausbruch nicht vorstellbarem Ausmaß angestiegen war. Wurde der Stahlhelm durchschlagen, dann splitterte sein Metall nicht, sondern riß nur.

Feldgrauer Mantel M 1915 ohne Kammerstempel
Schulterklappen fehlen. Dieser Schnitt war für das gesamte Reichsheer einheitlich. Der
Kragen ist resedagrün; Kronenknöpfe.   Sammlung WGM

gungen erfolgten[5], letztere unter besonderem Hinweis darauf, daß folgende Stücke unvorschriftsmäßig waren:

○ Wickelgamaschen für Offiziere und Mannschaften, so weit das nicht für einzelne Formationen vorgeschrieben war.

○ Für Unteroffiziere und Mannschaften die Feldmützen der Offiziere, Schnürschuhe mit Gamaschen, braune Leder-Handschuhe, Unteroffizierrangabzeichen am Kragen in Form von Winkeln. (Diese ungenehmigte Abart hatte sich im Felde herausgebildet, um die Verwendung von glitzernder Tresse aus Metallgespinst um den ganzen Kragen herum einzuschränken.) Die Winkel sollten solange aufgetragen werden dürfen, bis die neue, unauffälligere Borte verfügbar war.

Die Bekleidung der A7V-Besatzungen

Es ist davon auszugehen, daß mit Zusammentreten der ersten Besatzungen des A7V die Uniformierung M 1915 an alle Mannschaften im Felde ausgegeben worden war. Eine eigene Uniform für die Panzertruppe gab es 1918 nicht. Die Besatzungen meldeten sich in der Regel freiwillig und trugen die Uniform ihres Stammtruppenteiles weiter.

Die Kavallerie war im Grunde schon mit Beginn des Stellungskrieges Ende 1914 zur Bedeutungslosigkeit herabgesunken. 1918 gab es praktisch keine Kavallerie mehr, das muß hier festgehalten werden, ohne auf besondere, einzelne Regelungen eingehen zu können. Die Kavallerie-Uniform wird deshalb im Erscheinungsbild der A7V-Besatzung bewußt vernachlässigt. In den weiten Ebenen der Ostfront galten allerdings andere Bedingungen.

Ausrüstungsstücke eines Tankkommandanten

Ab 1915 trugen Offiziere wie die Mannschaften auch Brotbeutel und Feldflasche. Von links: Kochgeschirr, Fernglas, Offiziermütze M 1915. Der pouceaurote Besatzstreifen (Infanterie) ist mit einem grauen Mützenverdeckband getarnt. Mattgrauer Lederschirm und Kinnriemen sind gut zu erkennen; darunter das braune Offizierkoppel mit einfacher Dornschnalle, das gegen Ende des Krieges aufkam. Feldflasche mit Trinkbecher für Offiziere, Kartenmeldetasche mit originalem Angriffsbefehl Nr. 16/I. der Bayer. Panzerwagen Abteilung 13 vom 14. Juli 1918: **Geheim!** Beutekarten, Brotbeutel M 1915 und dessen braune Ausführung, die 1914 noch getragen wurde, Grabendolch, Handgranaten und eine weitere mögliche Form einer Taschenleuchte (»Magnetlampe«, d. h. der Strom für die Glühbirne wurde durch einen Dynamo erzeugt. Die Lampe brannte stets so lange, wie dieser betätigt wurde. Diese aufwendige Konstruktion erfolgte aus Gründen der Materialknappheit, um das für Batterien benötigte Blei zu sparen).   Sammlung WGM

An der Gesamtheit der Änderungen vom 21. September 1915, die hier nur in ganz groben Zügen wiedergegeben worden sind, fallen folgende Punkte besonders auf: Die gesamte deutsche Armee trug jetzt eine Art von Blusen als »Arbeits- oder Feldanzug«. Es gibt darüber hinaus nur eine Art von Mänteln und weitestgehende Vereinheitlichung sowie dem Leben im Felde angepaßte Farbgebung der Ausrüstung. Der Offizier sollte sich von der Mannschaft so gut wie gar nicht mehr unterscheiden. Überflüssige und auffällige Abzeichen fallen fort bzw. sind dem Waffenrock in Friedenszeiten vorbehalten.

Die Feldachselstücke der Offiziere und die Tressen der Rangabzeichen der Unteroffiziere sind nicht mehr aus verräterisch glitzerndem Metallgespinst, sondern matt gehalten. Es braucht nicht weiter ausgeführt zu werden, daß mit Erlassen der neuen Regelung umfangreiche Übergangsbestimmungen und Auftragsgenehmi-

	1. Verkehrstruppen (Kraftfahrer, Telegraphen, Luftschiffer)	2. Feld-Artillerie	3. Infanterie	4. Jäger	5. Pioniere
Stahlhelm M 1916	Grundanstrich bzw. Tarnanstrich	wie 1	wie 1	wie 1	wie 1
Mütze a. ab 1917 b. M 1915	a. Einheitsfeldmütze b. roter Vorstoß; schwarzer Besatzstreifen, rot vorgestoßen	wie 1 wie 1	wie 1 roter Vorstoß, ponceauroter Besatzstreifen	wie 1 grüner Vorstoß; grüner Besatzstreifen	wie 1 wie 1
Schulterklappen an der Bluse M 1915	hellgrau mit rotem K, T oder L und ggf. roter Ziffer	rot mit gelber Granate bzw. Namenszug und Nummer	feldgrau mit weißem Vorstoß und rotem Namenszug bzw. Nummer	graugrün mit grünem Vorstoß und roter Nummer	schwarz mit rotem Vorstoß und roter Nummer
Schulterklappen an dem Mantel M 1915	wie Bluse M 1915	wie Bluse M 1915	wie Bluse M 1915	feldgrau mit grünem Vorstoß und roter Nummer	wie Bluse M 1915
Hose a. ab 1917 b. M 1915	a. feldgrau b. grau mit roter Biese	a. wie 1 b. grau mit roter Biese	a. wie 1 b. grau mit roter Biese	a. graugrün b. grau mit grüner Biese	a. wie 1 b. grau mit roter Biese
Schuhwerk	schwarze Halbstiefel	wie 1	wie 1	wie 1	wie 1

Die Stärkenachweisung (Personal) für eine Sturmpanzerkraftwagenabteilung weist auch in eine andere Richtung. Da ist die Rede von Kraftfahrpersonal, Waffenpersonal und Personal der Nachrichtentruppe. Es kann davon ausgegangen werden, daß die Masse der Besatzungen sich aus folgenden Truppengattungen rekrutiert haben wird: Verkehrstruppen, Feldartillerie, Infanterie und Jäger, Pioniere.

Als Kopfbedeckung dienten der Stahlhelm M 1916 und die Feldmütze. Im Wesentlichen wurde die Bluse M 1915 getragen, abgesehen von Offizieren und älteren Portepéeunteroffizieren, die noch den Waffenrock M 1910 aufgetragen haben; dazu Hose und Stiefel. Schnürschuhe und Gamaschen waren Angehörigen von Sturmbataillonen und Gebirgstruppen vorbehalten. Koppel und Seitengewehr sowie weitere persönliche Ausrüstung waren bei Bewegungen im engen Tank hinderlich und wurden gerne fortgelassen. Die Gasmaske M 1915 in ihrer Bereitschaftskapsel wurde – zumal im Frontbereich – wegen der gestiegenen Gasbedrohung oft getragen.

Die obige Tabelle stellt einen Versuch dar, das Aussehen der Besatzungen vereinfacht zusammenzufassen, ohne einen Anspruch auf Vollständigkeit oder endgültige Richtigkeit erheben zu wollen; die Begründung für eben diese Auswahl ist oben auch dargestellt worden. Pioniere mögen allerdings eher mit den Tanks eng zusammengewirkt haben. In den Besatzungen selbst waren sie wohl nicht oft anzutreffen.

Im Reichsheer von 1918 waren landsmannschaftliche – oder im zeitgenössischen Amtsdeutsch kontingentsherrliche – Unterschiede immer noch äußerlich sichtbar. Grundsätzlich wurden daher über den unterschiedlichen Landeskokarden an den Mützen die Reichsfarben schwarz-weiß-rot getragen. Die wesentlichen Landeskokarden für Mannschaften waren für Bayern: weiß-blau-weiß; Preußen: schwarz-weiß-schwarz; Sachsen: weiß-grün-weiß und für Württemberg: schwarz-rot-schwarz.

Weitere 15 Kokarden der deutschen Staaten vor 1918 müssen hier fortfallen. Darüber hinaus gab es für Bayern noch eine Besonderheit. Die Bluse M 1915 für das bayerische Heer war um den ganzen Kragen unten herum verlaufend mit einer Hoheitsborte geschmückt. Die Borte für die Bluse war matt ausgeführt und zeigte in einem längs gemusterten Doppelstreifen das bayerische weiß-blaue Weckenmuster. Die gilt in diesem Zusammenhang insbesondere für die bayerische Sturmpanzerkraftwagenabteilung 13 (Beute). Auf weitere Einzelheiten, wie die Unterschiede der Auszeichnungsknöpfe an der Bluse oder die Beschaffenheit verschiedener Portepées, kann hier nicht eingegangen werden.

Ausrüstungsstücke eines Tankkommandanten
Fernglas Modell 1903 auf dazugehöriger Ledertasche. Kartenmeldetasche, Koppel für Offiziere M 1915 mit Seitengewehrtrageschuh. Offiziermütze M 1915 mit grauem Schirm und Kinnriemen aus Leder und grauem Stoffband (Mützenverdeckband) über dem ponceauroten Besatzstreifen. Stahlhelm M 1916 mit Tarnanstrich. Trinkbecher auf Taschenkocher für den Morgenkaffee in Bereitstellungs- oder Warteräumen. Einige Privatsachen, Druckvorschriften und Karten. Besonders kennzeichnend für die Ausbildungs-Situation im Jahre 1918 ist der Abschnitt F auf Seite 59 der aufgeschlagenen Vorschrift: Panzerkraftwagen. Siehe Chef Genst. Feldh. I c Nr 86 701 vom 29. Mai 1918. Divisionen, die mit Panzerkraftwagen zusammenwirken sollen, werden rechtzeitig über Einzelheiten unterrichtet werden.
Sammlung WGM

Kopfbedeckungen und Ausrüstungsteile einer A7V-Besatzung

Oben von links nach rechts: Feldmütze M 1917, die Kokarde auf dem Besatzstreifen fehlt. Stahlhelm M 1916 mit Stoffüberzug. Fliegerhelm-Herstellerstempel unleserlich, Größe »58«, Kammerstempel: Fliegerbekleidungsamt Döberitz 1918. Schirmmütze für Offiziere, Modell 1910, farbiger Besatzstreifen unter grauem Mützenverdeckband. Unten von links nach rechts: Stahlhelm M 1916 mit Tarnanstrich. Schirmmütze für Infanterieoffiziere, Modell 1910. Gasmaske Modell 1915. Im aufgeklappten Deckel der Büchse Gebrauchsanweisung in Kurzform. Schirmmütze für Offiziere, Modell 1915, für Artillerie, Pioniere und Verkehrstruppen; die untere Kokarde zeigt an, daß die Mütze einem württembergischen Reserveoffizier gehörte. Ganz unten von links nach rechts: Stahlschutzmaske britischer Herkunft für Tankbesatzungen. Sonnen- und Staubschutzbrille für Kraftfahrer, Schulterklappen für Mannschaften des Kraftfahrbataillons; EK 2 auf Band dekoriert, Verwundetenabzeichen und Mützenverdeckband mit preußischer Kokarde. *Sammlung WGH*

Drei deutsche Tanksoldaten einer A7V-Besatzung (1918), Rekonstruktionen

Von links: Tanksoldat. Gemeiner nach einem Bergemanöver, Stahlhelm M 1916, Bluse M 1915, Gasmaske M 1915, lange Hose aus feldgrauem Tuch, wie sie seit November 1917 zu tragen erlaubt war. Schnürschuhe. Offizier (Tankkommandant). Schirmmütze M 1915 mit Mützenverdeckband und heruntergelassenem Kinnriemen. Waffenrock M 1910. Gamaschen zu tragen war nur Gebirgstruppen und Sturmbataillonen erlaubt. Gemeiner: Die Anzugsordnung entspricht einer Tätigkeit als Meldegänger vom eigenen Tank oder dem Abteilungsführer zum Verbindungsoffizier im vorgeschobenen Meldekopf. Anzug und Ausrüstung können so auch getragen worden sein, wenn Teile einer A7V-Besatzung abgesessen waren, um bei Nebel und schlechter Sicht dem Tank voraus anzugreifen, um den Fahrweg zu erkunden, Hindernisse und Grabenüberschreitungsmöglichkeiten aufzuspüren; dabei wurde allerdings der Stahlhelm getragen. Das Tragen einer Seitengewehrtroddel ist 1918 selten geworden, in Ausnahmefällen aber durch zeitgenössische Fotos belegt. Einheitsfeldmütze M 1917. *Sammlung WGM*

Die Rangabzeichen bis zum Hauptmann aufwärts, den Dienstgraden der Sturmpanzerkraftwagenabteilungen entsprechend, sollen hier in vereinfachter Form erwähnt werden. Gemeiner: keine Abzeichen; Gefreiter: kleiner Auszeichnungsknopf am Kragen in Höhe des Schulterklappenknopfes. Motiv: Landeswappen; Unteroffizier: Matte Borte um den unteren Rand des Kragens der Bluse (unvorschriftmäßige Winkel, lediglich an den Kragenecken vorne, kommen häufig vor); Sergeant Vicefeldwebel, Feldwebel: wie beim Unteroffizier, dazu großer Auszeichnungsknopf am Kragen in Höhe des Schulterklappenknopfes. Am Mantelkragen rechts vorne trugen Unteroffiziere eine oder zwei senkrechte kleine Litzen.

Leutnant: Schulterstück ohne Stern; Oberleutnant: Schulterstück mit einem Stern; Hauptmann: Schulterstück mit zwei Sternen. Die

Drei Tanksoldaten einer Sturmpanzerkraftwagenabteilung (1918). Rekonstruktionen

Von links: Sergeant eines Feldartillerie-Regiments. Er kann in der Besatzung eines A7V im Rahmen des Waffenpersonals als Geschützführer Dienst getan haben. Stahlhelm M 1916, Waffenrock M 1910 mit schwedischen Aufschlägen; er trägt noch Reithose und Kavalleriestiefel wie sie einer früheren Verwendung als reitender Feldartillerist entsprechen, sogenannte Einheitskavalleriestiefel M 1915. Kraftfahrpersonal, Mannschaft, möglicherweise ein Mechaniker eines A7V oder Kraftfahrer für Lkw, Pkw oder Krad der Abteilung. Am Lederrock des Fahrzeuges sind die Schulterklappen jetzt schwarz, das aufgelegte K nicht mehr Messing. Seitengewehrtroddel einer 2. Kompanie. Die Gamaschen sind unvorschriftsmäßig. Tankoffizier mit Schutzanzug in einer von den zeitgenössischen Fotos abweichenden Form und Fliegerkappe mit heruntergelassenem Ohrenschutz. Die Schutzanzüge wurden ohne Dienstgradabzeichen getragen, lediglich am Koppel mit Dornschnalle ist zu erkennen, daß der Soldat ein Offizier ist. Diese Gruppierung soll verdeutlichen, wie im Ersten Weltkrieg die aufkommende Technisierung des Heeres das Entstehen einer besonderen, auf eine Funktion hin zugeschnittene, Bekleidung fördert. Der Soldat links im Bild trägt eine traditionelle Uniform. Der Kraftfahrer in der Mitte ist schon eher mit einer Art von Chauffeuranzug bekleidet. Auch 1918 galten Stand und Rang des Offiziers noch viel. Im äußeren Eindruck des Tankoffiziers rechts kommt das – wie 1914 noch – nicht mehr zur Geltung. Der Mann trägt einen zweckgebundenen Schutzanzug und eine abgepolsterte Lederkappe. Beides dient nur dazu, die Einsatzbedingungen in dem heißen, schmierigen, dröhnenden und stampfenden Stahlkasten – Tank genannt – besser zu überstehen. *Sammlung WGM*

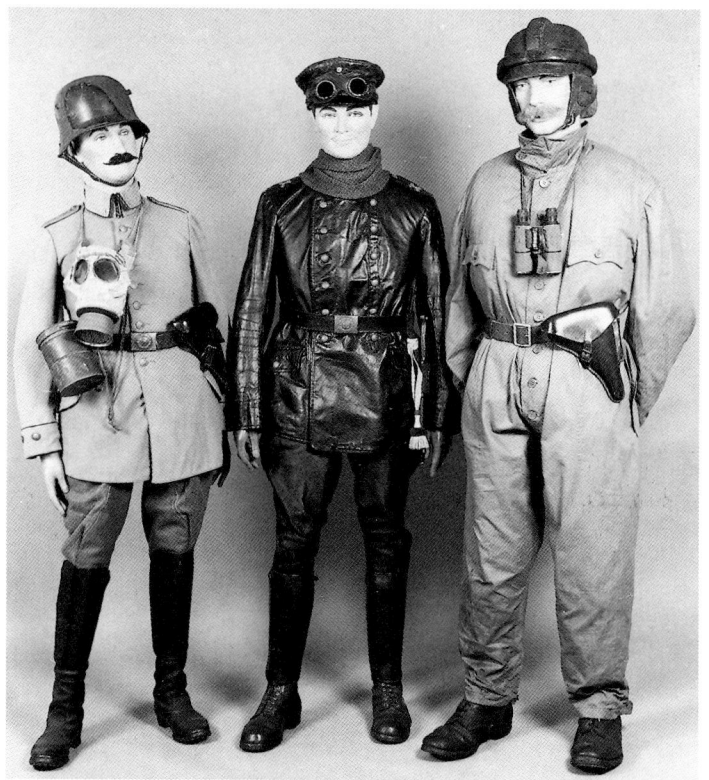

Sterne waren aus Gelbmetall. Die Schulterstücke der Offiziere bildeten vierfach nebeneinandergelegte mattgraue Plattschnüre auf einer Unterlage. Die Plattschnüre verliefen oben um das Knopfloch herum und bildeten dessen Öse. Die einzelnen Plattschnüre waren in regelmäßigen Abständen durchzogen. In Bayern: weiß-blau; in Preußen: weiß-schwarz; in Sachsen: weiß-grün; in Württemberg: rot-schwarz. Die Unterlage des Offizierschulterstückes war je nach Truppengattung unterschiedlich: Verkehrstruppen: hellgrau; Feldartillerie: rot; Infanterie: weiß; Jäger: grün; Pioniere: rot-schwarz (von innen nach außen).

Durch Auswertung der Ehrenrangliste des deutschen Heeres 1914–1918 ließ sich die Truppenzugehörigkeit von sieben Tankoffizieren festlegen. Die entsprechenden Angaben zur Uniformierung werden in tabellarischer Form wiedergegeben. Oberleutnant Skopnik ist der einzige Tankoffizier, bei dem die Zugehörigkeit zu einer Panzerwagenabteilung in der Ehrenrangliste vermerkt worden ist. Die Tabelle ist mit Stand Ende April 1918 festgesetzt. In der Spalte »Waffenrock M 1910« sind gemeint mit Vorstoß: die Einfassung von Kragen und Ärmelaufschlag; mit Paspeln: die farbigen Besätze der Vorderkanten des Rockes, sowie der Rockschöße; mit Unterlage: die Tuchunterlage des Schulterstückes. In

der Spalte »Kokarde« ist mit 1 immer gemeint die Reichskokarde schwarz-weiß-rot über der Landeskokarde auf dem Besatzstreifen der Mütze. In der Spalte »Bluse M 1915« ist mit Unterlage die Tuchunterlage des Schulterstückes gemeint.

Der Panzerschutzanzug wird von Volckheim als Asbest-Kombi-Anzug, von Korb als nicht leicht verbrennbarer kombinierter Anzug beschrieben. Die genaue Farbgebung des Anzuges ist unbekannt. Es ist auch unklar, ob der Anzug an alle Besatzungsmitglieder ausgegeben wurde oder mehr an das Kraftfahr- und technische Personal und den Kommandanten. Leutnant Korb nennt in der Beschreibung zu seiner Federzeichnung die Kombination »Kampfanzug des Kommandanten«. Auf dem Bild S. 178 sind elf Tanksoldaten vor ihrem MARK IV (Beute) angetreten; nur sechs oder

Deutscher Tankoffizier vor seinem Totenkopf-Tank

Dieses seinerzeit durch den Scherl-Bilderdienst verbreitete Foto ist sehr bekannt. Es zeigt vermutlich einen Offizier des Kraftfahr-Bataillons, erkennbar an der aufwendigen Litze am Kragen der Bluse M 1915, vor seinem Tank. Zu diesem Bild gehört noch ein zweites (Ullstein Bilderdienst), ebenso bekannt gewordenes, auf dem zwei Tanksoldaten posieren, von denen der rechte die (britische?) Maske trägt. Beide Fotos sind vor demselben Tank aufgenommen. Bei beiden Bildern ist links oben auf der Stirnseite des Tanks mit Kreide geschrieben » . . . der Erste« zu lesen. Das Totenkopf-Emblem ist auf ein helleres Rechteck aufgemalt, das sich vom Grundton des Tankes abhebt, der Totenkopf weist auf die Abteilung 1 hin. Am Asbest-Kombinationsanzug ist zu erkennen, daß die vorn überklappende Brustpartie nicht rechts oben angeknöpft ist. Der Gürtel ist kein Koppel nach vorschriftsmäßiger Probe, sondern ist wohl aus dem gleichen Stoff wie die Kombination gefertigt. Diese wirkt schwer, blank, beinahe gummiartig und wenig luftdurchlässig. Die flache, am Rande gepolsterte Schutzkappe ist kein Helm; sie dient lediglich dem Kopfschutz im scharfkantigen Inneren des Tanks. Eine solche Kappe ist vermutlich nicht erhalten, sie ist auch nur auf den beiden genannten Bildern zu sehen.

Sammlung WGM

Kampfanzug des Kommandanten. Handzeichnung des Leutnants Korb. Bayer. Panzerwagenabteilung 13 von 1919

Beschriftung oben: Stahlmaske mit Kettengehänge zum Schutz gegen kleine Splitter von aufschlagenden M.G.-Geschossen. Beschriftung Mitte: nicht leicht verbrennbarer kombinierter Anzug.

Sammlung WGM

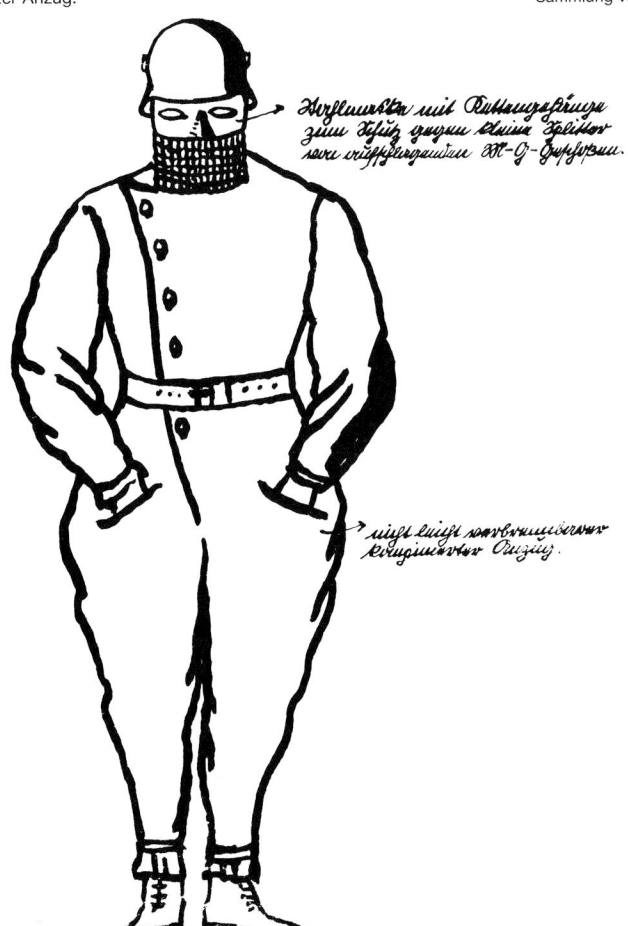

Elf deutsche Tanksoldaten vor einem MARK IV Beutetank HEINZ

Die Anzugsordnung ist unterschiedlich. Zu erkennen sind der Waffenrock M 1910 (4. von links), die Bluse M 1915 (2., 9., 10. und 11. von links) und wohl zwei verschiedene Typen von Kombinationsanzügen. Bei dem 1. und 3. Mann von links, sowie bei dem Offizier in der Mitte, mit Fliegersturzkappe, ist deutlich zu erkennen, daß die Kombination nach rechts oben, überlappend geknöpft werden kann. Der 5., 7. und 8. Mann von links tragen vermutlich einen abweichend geschnittenen Anzug mit verdeckter Knopfleiste oder Reißverschluß (?) in der Mitte. Zu beachten ist ferner: Einige Männer (links im Bild) tragen das 1918 bereits unvorschriftsmäßige blanke, gelb-weiß-metallene Koppelschloß für Fußtruppen. Die Männer rechts im Bild haben das ab 1915 vorschriftsmäßige graue Kastenschloß. Der Offizier hat seine Fliegersturzkappe mit einer Kokarde geschmückt. Weiter sind bei ihm eine etwas 1917/1918 aufgekommene Dornschnalle an seinem Koppel sowie das Offizier-Portepée für das Seitengewehr zu erkennen. Das Aufkommen der Dornschnalle für Offizierkoppel ist vermutlich auf Materialknappheit zurückzuführen. Die Borte am Kragen der Bluse M 1915 des Unteroffiziers (2. von rechts) ist nicht vorschriftsmäßig. Einige Männer beiderseits des Offiziers tragen die Klappkragen ihrer Bluse über der Kombination. Lt Korb (ehem. bayer. Panzerwagenabt. 13) hat im März 1919 eine kleine Schrift verfaßt, in der er Erinnerungen und Eindrücke von seiner Tätigkeit als Führer eines Tanks wiedergibt. Dieser Schrift hat er eine Skizze beigegeben: »Grundriß des ›weiblichen‹ (Masch-Gew) Beutetanks«, dort sind die Plätze der Besatzung wie folgt verteilt:

1 Kommandant	1 Maschinengewehr-Unteroffizier
2 Fahrer	4 Maschinengewehr-Schützen
2 Getriebeschalter	1 Blinker

Das sind zusammen 11 Soldaten, wie auf der Fotografie festgehalten.

Sammlung WGM

sieben von ihnen tragen einen Schutzanzug; allerdings hatten die MARK IV (Beute)-Tanks weniger Besatzungsmitglieder als ein A7V. Auf den beiden bekanntesten Bildern von Tankfahrern (Ullstein und Scherl) sind auch nur ein oder zwei Mann in der Kombination zu sehen. Aufnahmen mit Tankfahrern im Schutzanzug wirken oft gestellt, posenhaft; so als seien sie bevorzugt für besondere Anlässe wie Vorführungen und Erinnerungsfotos getragen worden. Ein in letzter Zeit verbreitetes Foto zeigt fünf Tankmänner in einer Kombination, die auch eine Kapuze aufweist. Die Kapuze ist über einen Fliegerschutzhelm deutscher Fertigung als Nackenschutz hochgezogen. Auf diesem Foto sind fünf Mann wohl auf der Bühne eines Gasthaussaales für ein Erinnerungsbild versammelt; auch hier wieder Pose. Auf zeitgenössischen Fotografien, die in Gefechtszusammenhänge eingeordnet werden können, sind die Kombinationen kaum zu sehen. Das wird in Erinnerungen von Mitkämpfern bestätigt. So äußert sich zum Beispiel Volckheim: »Deutscherseits wurden Asbest-Kombi-Anzüge verwendet, mußten aber meistenteils über der Uniform getragen werden, auch wurde von der Besatzung die Schutzbekleidung nur ungern getragen, weil man bei einer möglichen Gefangennahme nicht ohne richtige Bekleidung sein wollte[6].«

Ein Soldat der Bayerischen Sturmpanzerkraftwagenabteilung 13 berichtet von einer Ausbildung am 10. Mai 1918: »Nachmittags ging das Fahren im Tank los. Zu diesem Zweck mußten wir uns einen sogenannten Combinationsanzug aus Leinen anziehen, um die Uniformen durch das im Tank befindliche viele Oel usw. zu schonen. Ich kam mir in diesem Kleidungsstück recht sonderbar und nicht gerade sehr standesgemäß vor. Wenn die Kameraden doch etwas frischer gewesen wären! Ich versuchte immer und immer wieder etwas mehr Luft hinein zu bringen, aber nichts nützte[7].« Die Bedenken, nicht mehr dem gewohnten, äußeren

Deutscher Tankmann blickt aus der Kommandantenluke eines MARK IV Beutetanks

Deutlich ist die Abart eines deutschen Fliegersturzhelmes zu erkennen. Der Helm ist – in Abänderung – ohne Ohrenschutz gefertigt bzw. ist dieser entfernt worden.

Sammlung WGM

Eindruck eines Offiziers zu entsprechen, teilt auch Leutnant Larsen. 1918 als stellvertretender Abteilungsführer, Artillerieoffizier und Führer eines Tanks bei der Bayer. Panzerwagenabteilung 13 eingesetzt, hat er 1940 seine Erinnerungen an die Zeit bei der Tankwaffe niedergelegt – 22 Jahre später. Er schreibt: ». . . zogen wir über unsere Uniformen Kombinationsanzüge, in denen wir uns aber nicht gerade sehr standesgemäß vorkamen«[8].

Interessant sind hier die beiden Hinweise, die beide Äußerungen von Offizieren waren, daß sich der Träger des »Combinationsanzugs« in diesem nicht standesgemäß dünkte, ohne diesen Umstand hier näher untersuchen zu können. Als Mann von »Stand und Rang« trug man bevorzugt Waffenrock, Feldbinde, Degen mit Portepée, dazu friedensmäßige Schulterstücke; das galt allemal mehr in der Öffentlichkeit. Vgl. hierzu das Foto mit den Offizieren in der A7V-Montagehalle in der Heimat.

Im Kriegstagebuch der Abteilung 1 ist unter dem 25. Mai 1918 verzeichnet: »Am Vormittag Ausprobieren der neuen Tankstahlhelme im Panzerwagen 541[9].«

Schulterstücke

	Rang	Name	Regiment	am Waffenrock M 1910	an der Bluse M 1915	Kokarden*	Bemerkungen
1	Hauptmann	Bornschlegel	Kgl. Bay. Luft- und Kraftfahr Btl., München	hellgraue Unterlage 2 goldgelbe Sterne und goldgelbes K Vorstöße schwarz Gardelitzen an Kragen und Aufschlägen Paspeln rot	hellgraue Unterlage 2 mattgelbe Sterne und mattgelbes K — verkleinerte Gardelitze am Kragen	1) blau – silber	schmale blaue (bay.) Durchzüge auf Schulterstück M 1910 Bay. Portepée
2	Leutnant	Burmann	9. Westpreußisches Infanterieregiment Nr. 176 Kulm, Thorn	gelbe Unterlage goldgelbe 176 Vorstöße rot Paspeln rot	weiße Unterlage mattgelbe 176 —	1) schwarz – silber – schwarz	
3	Hauptmann	Greiff	Infanterieregiment Vogel v. Falkenstein (7. Westfälisches) Nr. 56 Wesel – Kleve ab 1915 Luftschifferabteilung (Kriegsaufstellung)	blaue Unterlage goldgelbe 56 Vorstöße rot Paspeln rot 2 goldgelbe Sterne	weiße Unterlage mattgelbe 56 — — hellgraue Unterlage 2 mattgelbe Sterne mattgelbes L	1) schwarz – silber – schwarz	
4	Oberleutnant	Skopnik	3. Schlesisches I.R. Nr. 156 Beuthen, Tarnowitz	gelbe Unterlage 1 goldgelber Stern goldgelbe 156 Vorstöße rot Paspeln rot	weiße Unterlage 1 mattgelber Stern mattgelbe 156 — —	1) schwarz – silber – schwarz	in Ehrenrangliste: (Panzerwagen Abt. 1) verw. 9. 6. 1918 bei Rollot, in Folge feindl. Einwirkung gest. 14. 7. 1918 in Charleroi
5	Hauptmann	Uihlein	Badische Trainabteilung 14 Durlach	blaue Unterlage 2 goldgelbe Sterne goldgelbe 14 Vorstöße blau Paspeln rot	kaliblaue Unterlage 2 mattgelbe Sterne mattgelbe 14 — —	1) rot – gold	Bad. Portepée
6	Leutnant	Vietze	3. Rheinisches Pionier Btl. 30 Ehrenbreitstein	rote Unterlage goldgelbe 30 Vorstöße schwarz Paspeln rot	rot-schwarze Unterlage mattgelbe 30 — —	1) schwarz – silber – schwarz	
7	Leutnant	Volckheim	I.R von Alvensleben (6. Brandenburgisches) Nr. 52 Cottbus, Crossen	rote Unterlage goldgelbe 52 Vorstöße rot Paspeln rot	weiße Unterlage mattgelbe 52 — —	1) schwarz – silber – schwarz	Angaben nach Volckheim, E.: Deutsche Kampfwagen greifen an. Hier ist Lt. Volckheim mit dem Abzeichen der MG-Truppen am linken Oberarm abgebildet. (MG SSchtzAbt 66)

* Die Anzahl der vom Reichsheer benötigten Kokarden erreichte Millionenhöhe. Das bedeutete Unterschiede in der Machart, die hier nicht auseinandergesetzt werden können.

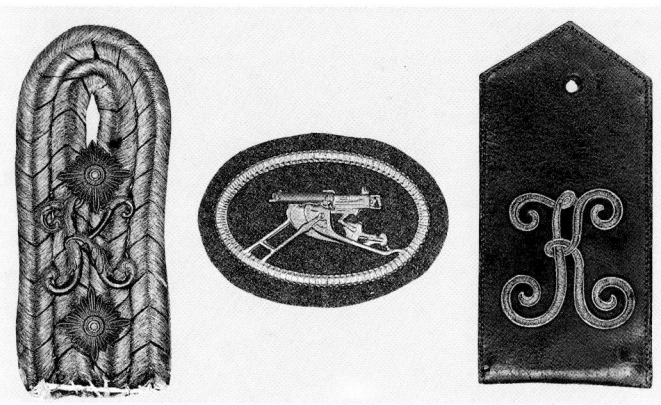

Links: Feldachselstück eines Hauptmanns im Kraftfahr-Bataillon, Berlin

Trageweise bis 1914. Abgeschafft mit AKO vom 21. September 1915 für feldmäßige Bekleidungsstücke. Ein sehr ähnliches Schulterstück trug Hauptmann Bornschlegel, Kommandeur der Sturmpanzerwagenabteilungen, dessen Stammtruppenteil das Luft- und Kraftfahr-Bataillon in München war. Die Schulterstücke der bayerischen Offiziere waren jedoch an Stelle der schwarzen in Preußen vorschriftmäßige Durchzüge im Silbergespinst mit blauen geschmückt. Offiziere im Stabe des bayerischen Luft- und Kraftfahr-Bataillons trugen ein L auf dem Schulterstück; Luftschiffer ein L, Kraftfahrer ein K.

Sammlung WGM

Schulterklappen. 3. Badisches Feldartillerie-Regiment Nr. 50, Karlsruhe, Mannschaften. Trageweise 1913/14–1918

Von links: Einjährig Freiwilliger vor dem Ersten Weltkrieg; Mannschaft für Waffenrock M 1910; Mannschaft für Waffenrock M 1910, der rote Vorstoß ist fortgefallen, so getragen ab etwa 1915; Schulterklappe für die Bluse M 1915.

Sammlung WGM

Mitte: Abzeichen für MG-Truppen

Weißes Kriegsmetall, geprägt, goldfarben lackiert, mit Abzeichentuch hinterlegt und mit sechs Splinten auf Blech oval befestigt. Originalgröße 4,5 × 7,2 cm (Metallprägung ohne Tuchunterlage). Auf der Rückseite Herstellerstempel: C. E. JUNCKER, BERLIN, ALTE JACOBSTR. 13. Das Abzeichen wurde am linken Oberarm der Bluse getragen. Lt. Volckheim gehörte vor seiner Verwendung als Tankführer der Maschinengewehr-Scharfschützen-Abteilung 66 an. Er und andere Tanksoldaten, die sich von MG-Truppenteilen freiwillig für den Dienst im A7V gemeldet hatten, trugen dieses Abzeichen. Im Sommer 1916 wurde die MG-Waffe grundlegend neu organisiert. Jedes Bataillon erhielt eine MG-Kompanie (M.G.K.), in der die bisherigen einzelnen Züge zusammengefaßt wurden. Scharfschützentrupps wurden zu MG-Scharfschützen-Abteilungen (M.G.SS.-Abt.) zusammengefaßt, das war eine Art MG-Bataillon zu drei Kompanien. Insgesamt gab es 83 M.G.SS.-Abt.

Sammlung WGM

Rechts: Schulterklappe Mannschaft (Unteroffiziere und Gemeine) im Kraftfahr-Bataillon, Berlin

Fahrbekleidung. Spätere Kriegsfertigung. Schwarzes Leder mit aufgelegtem K aus weißgrauem Kriegsmetall.

Sammlung Stephan

Schulterklappen/-stücke Infanterie und Jäger. Trageweise 1910–1918

Alle Mannschaftsstücke sind aus feldgrauem Grundtuch, die Regimentsnummern aus roter Wollstickerei gefertigt. Von links: Schulterklappe Mannschaft Infanterie-Regiment Nr. 172, M 1910. Das Infanterie-Regiment Nr. 172 gehörte 1910 zum XV. AK, das ponceaurote Schulterklappen am preußisch-blauen Waffenrock hatte. Aus diesem Grunde ist die Schulterklappe rot vorgestoßen. Bei AK mit andersfarbigen Schulterklappen war die Farbe des Vorstoßes analog festgesetzt. Schulterklappe Mannschaft Infanterie-Regiment Nr. 169, M 1915. Ab 1915 galt Weiß als Waffenfarbe für die gesamte deutsche Infanterie, deswegen trugen grundsätzlich alle Infanterie-Regimenter des Reichsheeres Schulterklappen mit weißem Vorstoß. Die Waffenfarbe Weiß für die Infanterie hielt sich nur bis 1945 – also 30 Jahre lang! Schulterstück Leutnant, Infanterie-Regiment Nr. 18, M 1915. Die Regiments-Nummer ist aus mattiertem Gelbmetall (Kriegsqualität). Die vier nebeneinandergelegten Plattschnüre sind aus grauem Wollstoff. Die Durchzüge sind weiß-schwarz in preußischen Landesfarben. Schulterstücke für einen Leutnant der Jäger, M 1915, Preußen.

Sammlung WGM

Schulterklappen/-stücke Verkehrstruppen. Trageweise 1915–1918

Bei allen Mannschaftsstücken ist aus Gründen der Ersparnis und Vereinfachung der hellgraue Vorstoß fortgefallen. Alle Kennzeichnungen der Mannschaften sind in roter Stickerei ausgeführt; Schulterklappen aus feldgrauem Grundtuch. Von links: Kraftfahr-Bataillon; Telegraphen-Bataillon 4; Leutnant Telegraphen-Bataillon 4; Luftschiffertruppen ohne nähere Bezeichnung; Hauptmann Luftschiffertruppen – Schulterstücke dieser Art kann Hauptmann Greiff, Führer Sturm-Panzer-Kraftwagen-Abteilung 1, getragen haben.

Sammlung WGM

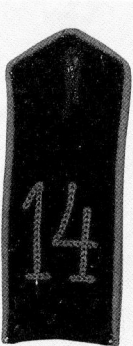

Schulterklappen/-stücke Pioniere. Trageweise 1914–1918

Von links: Pionier-Bataillon Nr. 22, Riesa/Sachsen. Mannschaft; über der Bataillonsnummer gekreuzt gestickt Hacke und Spaten, das war eine sächsische Besonderheit. Pionier-Bataillon 14, Kehl, Leutnant, der blendende Glanz der Friedensausführung M 1910 kommt auf diesem Foto gut zum Ausdruck. Pionier-Bataillon 14, Mannschaft, Schulterklappe M 1915, ab 1915 trugen Pioniere schwarze, rot vorgestoßene Schulterklappen. Pionier-Bataillon 14, Leutnant, M 1915 in mattgrauer Wolle, Bataillonsnummer mattiert.

Sammlung WGM

Casque des équipages de char d'assaut 1917–18

An der Stirnseite das Emblem der französischen Tanktruppe. Die Vereinigung von Schutz- und Trutzwaffen-Rittelhelm mit Halsberge und gekreuzte Kanonenrohre symbolisieren Panzerschutz und Feuerkraft. Der umlaufende Schutzschirm des Casque Adrian ist entfernt, nur im Nacken belassen worden. Am vorderen Rand ist er mit Leder abgepolstert. Der Kinnriemen ist hochgelegt.   Musée de l'Armée, Paris

Weitere Einzelheiten sind leider nicht erwähnt. Möglicherweise ist die verbreitete Aufnahme des Scherl-Bilderdienstes an diesem Tage entstanden. Die Ausdrucksweise »neue Tankstahlhelme« läßt darauf schließen, daß durch dieses flache, halbkugelartige Modell die bisher verwendeten deutschen Fliegerschutzkappen abgelöst werden sollten.

Besonders gefährdet waren die Augen der aus den Tanköffnungen im Gefecht hinaus spähenden Tankmänner. Auf die Stahlwand des Tanks auftreffende Geschosse und Splitter lösten von dieser sogenannte »Spritzer« ab, die bei den beobachtenden Besat-

Handzeichnung des Leutnants Korb, Bayer. Panzerwagen Abteilung 13 aus dem Jahre 1919

Diese Zeichnung läßt auf Überlegungen schließen, die Leutnant Korb anstelle, um seine Ausrüstung zu verbessern; oben ein Stahlhelm M 16. Die (linke) Vorderseite ist hochgezogen, um zu verhindern, daß der Helm vorne auf der Stahlmaske aufsitzt; auch konnte der Helmträger dann wohl besser in eine Zieleinrichtung Einblick nehmen. Die (rechte) hintere Seite ist verlängert worden und heruntergezogen. Vielleicht um einen besseren Nacken-schutz zu gewährleisten; war der franzö. Casque des équipages de char d'assaut das Vorbild? Das untere, ovale Gitterwerk kann auf Überlegungen hinweisen, wie der Durchblick im Augenfenster zu verbessern wäre (vgl. Originalfoto der brit. Stahlmaske).
                Sammlung WGM

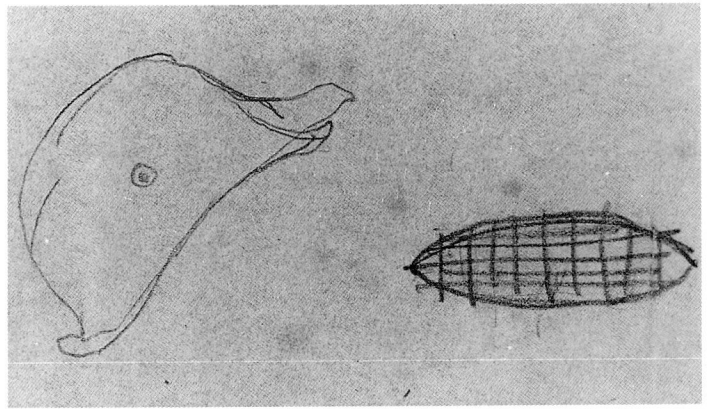

Stahlschutzmaske für Tankbesatzungen
Großbritannien, Erster Weltkrieg

Das Bild zeigt eine als britisch identifizierte Stahlschutzmaske für britische Tankbesatzungen. Auf der Rückseite weist die Maske die Einprägung auf: »aury sheffield«. Die Lederabpolsterung ist gut zu erkennen. Die starke Einschränkung des freien Durchblickes wird sehr deutlich; es läßt sich leicht nachvollziehen, weshalb Lt. Korb Überlegungen angestellt haben mag, die Augenfenster zu verbessern. Der praktische Versuch indes, einmal durch eine solche Maske hindurch zu blicken, endet überraschend – man kann erstaunlich gut sehen! Die Lamellen liegen dicht vor dem Auge, sie werden durch die auf Fernsicht akkomodierte Linse des normalsichtigen Auges nicht scharf abgebildet. Ein ähnlicher Effekt kann mit einem Teleobjektiv simuliert werden. Ein Objektiv mit langer Brennweite auf größere Entfernung eingestellt, zeigt Gegenständliches im Bereich der gewählten Entfernung scharf, bildet jedoch Objekte im Strahlengang in näherer und nächster Distanz unscharf ab, kann sie bei minimalem Abstand von der Linse nahezu auflösen. Das aber soll die Leutnant Korb unterstellten Bemühungen nicht abwerten. Es wird immer wieder behauptet, auf deutscher Seite sei die Stahlmaske nach britischem Muster nachgebildet worden; nach einer Formulierung von Petter ist das vielleicht sogar wahrscheinlich. Er schreibt: »Zum Schutze der Besatzung waren noch entwickelt [. . .] Panzergesichtsmasken.« Bis zum Auftauchen eines Stückes mit deutschem Herstellerstempel muß das bezweifelt werden.   Sammlung WGM

zungsangehörigen furchtbare Augenverletzungen hervorrufen konnten. Die Briten hatten dieses Problem früh erkannt. In seiner Schrift »Im Kielwasser des Tanks« schreibt Major Martel[10]: »Die Frage der ›Spritzer‹ (gegen die Luken und Sehschlitze) machte uns Engländern viel Kopfzerbrechen und Versuchsarbeit.« Ein Ergebnis dieser Bemühungen war die leder-gepolsterte britische Panzergesichtsmaske mit Kettengeflecht und Stahllamellen vor den Ausblicköffnungen. Diese Maske ist als Beutestück auf den Posierfotos deutscher Tanksoldaten gelegentlich zu sehen. Im Gefecht war sie wohl eher unpraktisch. Volckheim sagt dazu: »Ihre Verwendung war jedoch durch die geringe Beobachtungsmöglichkeit und die Unbequemlichkeit des Tragens besonders bei den im Innenraum (Tank) herrschenden Temperaturen beschränkt[11].« Petter gibt folgende Kurzbeschreibung[12]: »Zum Schutze der Besatzung waren noch entwickelt:

1. Schutzbrille aus dickem, splittersicherem Glas
2. Panzergesichtsmasken.

   Waren die ersteren nur ein Schutz gegen Staub und Pulverdampf von vorn (nicht von der Seite), so schützten letztere zwar besser, hatten aber zu geringes Gesichtsfeld und wurden – weil zu schwer – vom Träger als lästig empfunden; auch ließen sie das Anlegen der Gasmasken nicht zu.«

Eine Nachweisung der Kriegsbekleidung für Mannschaften der Tanktruppe mit genauer Bezeichnung der Stücke und deren Anzahl, wie sie zum Beispiel für Flugzeugunteroffiziere im Korps-Verordnungs-Blatt des XIV. Armeekorps 1914, Nr. 1082 festgelegt worden ist, ist zur Zeit unbekannt.

Weitere kriegsbedingte Modifikationen in der Uniformierung

Mit zunehmender Dauer des Krieges trat für die Mittelmächte eine Rohstoffknappheit aller Materialien ein, die in diesem Ausmaß bis dahin kaum vorstellbar gewesen war.

Es war bereits ein ganzes Jahrhundert her, daß Preußen sich zur Zeit der Befreiungskriege von 1813–1815 in vergleichbarer materieller Not befunden hatte. Auch damals mußte an allen Enden gespart und improvisiert werden. Waffen und Ausrüstung wurden von freiwilligen Jägern mit zur Truppe gebracht. Aus noch verwendbaren Teilen beschädigter Waffen wurden neue Gewehre zusammengesetzt, Behelfswaffen wurden ausgeteilt[13]. Uniformen wurden von überallher, auch aus dem Ausland beschafft. Ähnlich war es im Ersten Weltkrieg. Schon bald nach Beginn der Feindseligkeiten war man gezwungen, auf dem Schlachtfeld oder andernorts herumliegende Waffen, Munition und Ausrüstungsgegenstände systematisch zu sammeln und zu bergende Objekte auf Listen zu erfassen. Schon ab Oktober 1914 leitete bei jedem Armeeoberkommando ein Waffensammeloffizier diese Tätigkeiten[14].

Bereits am 15. Dezember 1916 verfügte das Kriegsministerium, daß eine Kompanie o. a., durch deren Tätigkeit ein feindlicher Kampfwagen außer Gefecht gesetzt wurde, einen Geldpreis von RM 500,– erhalten solle. Geldpreise waren, seit sich der Rohstoffmangel fühlbar machte, für Beute an Waffen, Gerät und Materialien in steigendem Maße ausgesetzt worden; sie sollten vornehmlich dazu anregen, wertvolles Gut zu bergen und abzuliefern. Auswüchse sind wiederholt bekanntgeworden[15]. Mit einer Verfügung des General-Quartiermeisters vom 31. Mai 1917 wurden in die Sammeltätigkeit einbezogen: alle auf dem Schlachtfeld und in den Unterkünften herumliegenden Waffen und Waffenteile, Munition und Munitionsteile, militärische Bekleidungs- und Ausrüstungsgegenstände sowie deren Teile, bis zum kleinsten Tuch- und Lederflicken[16].

Besonders die Armee-Verordnungsblätter (AVBl) aus den Jahren 1917 und 1918 sind angefüllt mit Sammel-, Verwaltungs-, Rationierungs- und Sparvorschriften jeder Art. Einige, soweit sie Fragen der Bekleidung und Ausrüstung der A7V-Besatzungen betreffen, sollen hier vorgestellt werden.

Am 1. Mai 1917 erließ das Kriegsministerium eine Verfügung über die Sonderbekleidung für Kraftfahrer. Der unangebrachten Verwendung von Sonderbekleidung und -ausrüstung, vor allem aus Gründen einer gewissen Eitelkeit, vornehmlich durch Offiziere, Beamte und Stabspersonal mußte Einhalt geboten werden. Darüber hinaus wurde festgesetzt, daß vom Kraftwagen-Bedienungspersonal künftig nur noch die *ständig als Kraftwagenführer* eingeteilten Soldaten (Unteroffiziere und Mannschaften) mit Ledersonderbekleidung auszustatten seien (Mantel, Litewka, Hose, Gamaschen und Mütze). Alles übrige Personal hatte den Tuchanzug zu tragen. Es gibt Fotografien von A7V-Besatzungen, in denen nur ein einziger Mann mit Lederbekleidung zu sehen ist; das ist der Wagenführer.

In der Heimat durfte Lederbekleidung überhaupt nicht mehr ausgegeben werden. Entbehrlich werdende Lederbekleidung wurde als Reserve zurückgehalten. Kraftradfahrer behielten auch ihre Leder-Sonderbekleidung einschließlich der jetzt dazugehörenden schwarzen Strickweste und Pelzhandschuhe (Armeeverordnungsblatt 1917, S. 263, Nr. 418). Im Sommer 1917 fiel die immer noch zu aufwendige Feldmütze M 1915 fort; da sie immer noch mit farbigen Besatzstreifen und Vorstößen hergestellt wurde. Der Anschaulichkeit halber wird hier der Originalwortlaut einer solchen Verfügung wiedergegeben[17]:

»Kriegsministerium
Nr. 1191/6. 17. B 3   Berlin, den 20. Juli 1917
Nr. 699. Einheits-Feldmütze und Wegfall der Mützenverdeckbänder. Seine Majestät der Kaiser und König haben zu bestimmen geruht, daß die Feldmütze für Offiziere (Bekleidungsvorschrift für Offiziere usw. Ziffer 176), Unteroffiziere und Mannschaften (Bekleidungsordnung II. Teil § 4) aller Waffengattungen künftig einen Besatz – ohne Vorstöße – von feldgrauem (graugrünem) Abzeichentuch und einen Vorstoß um den Deckel von gleichem Tuch erhält. Auf die Feldmützen der Sanitätsoffiziere, Veterinäroffiziere und der Beamten der Heeresverwaltung finden diese Bestimmungen gleichfalls Anwendung. Die Mützenverdeckbänder fallen weg; sie sind zu den Feldmützen bisheriger Probe aufzutragen; Neubeschaffungen finden nicht mehr statt.
An den Schirmmützen (Bekleidungsvorschriften für Offiziere usw. Ziffer 66, Bekleidungsordnung II. Teil § 5) tritt keine Änderung ein.

v. Stein«

Auch die Anfertigung eines besonderen grauen Tuches zur Herstellung von Hosen, die zudem nach der »Probe 1915« mit roter Biese herzustellen waren, wurde unwirtschaftlich. Am 14. November 1917 verfügte das Kriegsministerium: »Für die weitere Dauer des Krieges werden die Hosen aus feldgrauem/graugrünem Tuch gefertigt, da graues Hosentuch während des Krieges nicht mehr hergestellt wird. Die Uniformschneider dürfen das graue Hosentuch aufarbeiten[18].« Doch damit noch nicht genug. Bis an die Grenzen des unabweisbaren Bedürfnisses sollte gespart werden. Rohstofflage und Rohstoffvergeudung zwangen zu einer immer noch strafferen Steuerung des Verbrauchs. Unter dem Datum 11. Februar 1918 erließen die Kriegsministerien Preußens, Bayerns, Sachsens und Württembergs das Merkblatt Nr. 210/2 19, B. 3, mit dem Titel: Merkblatt über die Versorgung der Offiziere mit Bekleidungs- und Ausrüstungsstücken[19].

Damit wurde die Anschaffung von Friedenswaffenrock und des sogenannten Kleinen Rockes verboten. Zu allen Gelegenheiten sollte nur noch die Bluse getragen werden. Im einzelnen wurde weiter gefordert, daß die sogenannte »steife Mütze« (Mütze aus Seidenstoff) fortgelassen werden sollte, sie galt als unzeitgemäß und luxuriös; dagegen sollte nur noch die Einheitsfeldmütze aus feldgrauem Grundstoff mit grauem Schirm getragen werden. Endgültig und nachdrücklich sollten die schwarzen Schirme an den Mützen abgeschafft werden. Die Stoffvergeudung durch Aufsetzen von Brusttaschen auf Blusen oder umgeänderte Waffenröcke von Offizieren, die nicht im Generalsrang waren, wurde angeprangert. Die Stiefelhose war künftig unauffälliger zu schneiden. Zweireihige Mäntel waren unvorschriftsmäßig und trugen zudem zur Stoffvergeudung bei, deshalb sollten die Offiziere einreihige Mäntel tragen; Gummimäntel waren Offizieren nur an der Front gestattet, sonst galten sie als unvorschriftsmäßig. Wickelgamaschen und Windjacken waren nur Offizieren erlaubt, die bei Fliegerformationen, Gebirgsformationen oder Sturmbataillonen standen. Zum Zwecke sparsamster Einteilung war im

Abschnitt B des Merkblattes eine Kleiderkarte enthalten, die ab 1. Januar 1918 Gültigkeit haben solllte. Alle weiteren, umfangreichen Maßnahmen, die zu schildern hier zu weit führen würde, strebten drei Ziele an: Sparen, Kontrollieren, Vorbeugen gegen Mißbrauch!

Fotografien als Quellen zur Uniformkunde

Unbestreitbar gehören Fotografien zu den wichtigen Quellengattungen der Geschichtswissenschaften. In letzter Zeit sind Bildbände erschienen, die eine Reihe historischer fotografischer Aufnahmen enthalten. In den zugeordneten Texten wird versucht, die Aufnahmen zu interpretieren, in historische Zusammenhänge zu stellen, dem historisch Interessierten oder auch den Studenten der Geschichtswissenschaft die darin enthaltenen Erkenntnisse zu erschließen. Bei gewissenhafter und sorgfältiger Aufbereitung gilt es dreierlei sicherzustellen:
1. Die Auswertung hat mit wissenschaftlicher Sorgfalt zu geschehen. Alte, dem Bild beigegebene Texte, Deutungen und Kommentare dürfen nicht ungeprüft übernommen werden.
2. Der Anlaß, der zu dem Zustandekommen der Aufnahme führte, muß kritisch ergründet werden. Hier gilt die Frage – ist es eine authentische Fotografie der dargestellten Szenerie oder ein gestelltes Bild? Liegt eine propagandistische Absicht zu Grunde? Ist das Foto möglicherweise montiert oder anderweitig gefälscht?
3. Ist das historische Foto erhaltenswert, so ist es angezeigt, seine wertvolle Bildaussage beizeiten durch Reproduktion für die Nachwelt zu sichern.

Bildausstellungen, die historische Fotos zu einem bestimmten Thema zusammenfassen, sind eine weitere Möglichkeit, der Öffentlichkeit geschichtliches Bildmaterial zugänglich zu machen. Vor nicht allzu langer Zeit haben das Heeresgeschichtliche Museum in Wien und das Bayerische Armeemuseum in Ingolstadt Versuche in diese Richtung unternommen. Ebenso sind hier die Bilddokumentationen der Wanderausstellungen des Militärgeschichtlichen Forschungsamtes zu erwähnen.

Auch zum Gegenstand A7V gibt es eine Fülle zeitgenössischen Fotomaterials. Diesem Beitrag zur Militär, Kriegs- und Technikgeschichte kann aber nur eine Auswahl von Bildern beigegeben werden, nicht zuletzt auch, um die erneute Veröffentlichung bereits erschienener Aufnahmen zu vermeiden. Dennoch soll an dieser Stelle ein Überblick über das weitere Bildmaterial gegeben werden.

Uniformierung

Abgesehen von Anlässen, zu denen ein appellfähiges Äußeres erforderlich war, ergibt sich ein bemerkenswert uneinheitliches Bild, um nicht zu sagen eine geradezu »räuberzivilähnliche« Vielfalt. Es wird gleichzeitig alles neben- und durcheinander getragen: Feldmütze mit und ohne Schirm, Einheitsfeldmütze für Mannschaften, Fliegerschutzkappen – meist mit abgetrennten oder hochgelegten Seitenklappen –, Stahlhelm M 1916; Offiziermützen aus dünnem, feinem Seidenstoff mit »schicken« Kniffen. Bei der Oberbekleidung sind die verschiedensten Mäntel zu beobachten, diese werden offen und geschlossen getragen, hell und dunkel, ein- oder zweireihig mit Kragen aus Grundtuch oder resedafarbenem Tuch, auch schwarze Mäntel mit Pelzkragen oder -futter sind zu sehen.

Nach einer Darstellung tragen nie alle Tankmänner Mäntel; allerdings gibt es noch Arbeitskittel, Kombinationsanzüge, Blusen, Waffenröcke, selten auch Windjacken oder auch einen unvorschriftsmäßigen Gummimantel. Auch die lederne Litewka des Fahranzuges der Kraftfahrer taucht auf. Hosen werden lang getragen, in Stiefeln, mit Wickelgamaschen der Sturmtruppen, mancher A7V-Panzermann mochte durchaus einem Sturmbataillon entstammen. Offiziere tragen auch die Ledergamasche M 1915. Hin und wieder sind sogar hochgezogene graue Wollsocken über den Hosen zu sehen.

Diese Feststellung eines sehr uneinheitlichen Bildes darf nicht ohne weiteres auf mangelhafte Disziplin zurückgeführt werden. Es mag sein, daß mancher Vorgesetzte in der letzten Phase des Krieges 1918 weniger Wert auf die Anzugordnung als auf die Erfüllung der Aufgabe in Abteilung oder Besatzung legte.

Mit Sicherheit war auch ein Elitebewußtsein der »Tanker« der Anlaß; sie erprobten ein neues, unkonventionelles Kampffahrzeug – einige Wenige nur! Oder wollte man sich den Nimbus »alter Frontsoldaten« verschaffen? Eine nicht zu unterschätzende Ursache war aber auch, daß die Versorgungslage bei der Bekleidung schwierig war, die Männer von den verschiedensten Truppenteilen oder Ersatztruppenteilen herkamen und noch viele Auftragebestimmungen galten.

Bewaffnung, Ausrüstung

Koppel werden nicht immer getragen, Seitengewehre und Patronentaschen sieht man so gut wie nie, gelegentlich für ein Erinnerungsbild Seitengewehr mit Troddel. Die Pistole wird links am Koppel getragen. Bedingt durch die Enge im Inneren des Tanks wurden gegenüber dem Seitengewehr kürzerer, praktische Grabendolche vorgezogen.

Auszeichnungen, Abzeichen

Auszeichnungen wurden nicht gerne zur Schau gestellt. In Gruppenaufnahmen sind gelegentlich Auszeichnungen zu sehen. Aufwendige Abzeichen wie Metallauto oder Krad auf den Patten am blauen Kragen der ledernen Fahranzuges werden 1918 nicht mehr immer getragen.

Bei Offizieren waren damals Stöckchen bzw. der auch als »Grabenstock« bekannte Spazierstock beliebt gewesen, gelegentlich ziert sich der eine oder andere Offizier mit einem Monokel, das nicht unbedingt nur aus Gründen einer bestimmten Attitude getragen wurde, sondern im Feldgebrauch praktischer als die teure Brille war.

A7V

Wenn es Lage und Wetter erlaubten, saßen in einem Fall bis zu zwölf Mann während der Fahrt oben auf dem Panzerkasten. An den Wagen sind oft eine schwere Kette zum Abschleppen, eine Plane und ein Tarnnetz zu erkennen. Britische Beutetarnnetze sollen grün gewesen sein. Diese Netze waren mit erdbraunen Stoffstreifen durchzogen. Hin und wieder sieht man auch auf Fotos unterschiedliche, aus verschiedenen Materialien gefertigte Einstiegleitern in den geöffneten Türen des Tanks hängen.

Auf vielen Fotos sind am Kragen der Bluse Litzen, sogenannte Kapellenlitzen, zu sehen, an diesen lassen sich folgende Waffengattungen erkennen: Gardeinfanterie, andere ausgezeichnete Grenadier- und Leibregimenter (wie IR 89, 100, 101, 109, 115, 119,

123), Gardejäger, Gardeschützen und Jäger-Bataillon 14, Garde-Pioniere, Pionier-Versuchskompanie, Eisenbahntruppen, Luftschiffer-Bataillon 1 und 2, Verkehrstechnische Prüfungskommission, Kraftfahr-Bataillon, Gardefeldartillerie, Artillerie-Lehrregimenter und Versuchsbatterie der Artillerie-Prüfungskommission, Hessisches Feldartillerie-Regiment 25.

Das galt in ähnlicher Weise auch für Truppenteile des Bayerischen Heeres, d. h. Inf.-Leib-Regiment, Eisenbahner, Luftschiffer, Kraftfahrer und 1. Telegraphen-Bataillon trugen die Litze. Weitere Truppenteile mit Litze am Kragen, die wohl kaum Personal in die A7V-Abteilungen entsandt haben werden, sind hier nicht aufgeführt.

Die Vielzahl der Dienststellen und Regimenter, die am Kragen der Bluse M 1915 Litzen trugen, ist in der Tat verwirrend; unter Umständen ist ihr auch Volckheim zum Opfer gefallen, wenn er schreibt: »Unsere Leute bekommen, soweit sie von der Infanterie oder von Maschinengewehrabteilungen stammen, die Uniform des 1. Garderegiments, die Artilleristen die Uniform des 1. Gardefeldartillerie-Regiments; die Fahrer die des Gardekraftfahr-Bataillons und so fort. – Damit sind unsere Männer rein äußerlich zur Garde, zur Elitetruppe gestempelt. – Uns dessen würdig zu zeigen, war immer unser ganzes Streben[20]!«

Es steht fest:
○ die Sturmpanzerkraftwagenabteilungen waren keine Gardetruppen.
○ Unterscheidungsabzeichen für Angehörige der Garde waren auch in der A.K.O. vom 21. September 1915 klar festgelegt; von ihnen konnte nicht abgewichen werden ohne »ausdrückliche Genehmigung«.
○ Die von Volckheim angeführten Bezeichnungen 1. Garderegiment und Gardekraftfahr-Bataillon sind falsch. Es muß heißen: 1. Garderegiment zu Fuß und Kraftfahr-Bataillon. Die Kraftfahrer trugen zwar Gardelitzen, standen auch bei dem Gardekorps (einem Armeekorps vergleichbar), gehörten aber nicht zur königlich preußischen Garde. Die Inspektionen des Militär-Verkehrswesens unterstanden nicht dem Gardekorps.
○ Ein zeitgenössisches authentisches Foto, welches alle Angehörigen einer Abteilung oder einer Besatzung im Schmuck der Gardelitzen zeigt, ist dem Verfasser unbekannt.
○ Die Offiziere der Tanktruppe trugen die Uniform ihrer angestammten Regimenter, bei denen sie bis zum Eintritt in die Tankwaffe gedient hatten; das bestätigt auch Volckheim.

Nach damaliger Auffassung ist es auch einfach undenkbar, daß die Offiziere einer Truppe sich mit einer einfachen Linienuniform begnügt hätten, wenn es der gesamten Mannschaft erlaubt gewesen wäre, Gardelitzen anzulegen. Man denke nur an die Sorge um das standesgemäße Äußere der Herren Offiziere allein beim Anlegen des Kombinations-Schutzanzuges!
Wie ist Volckheims Irrtum zu erklären? Da ist die schon aufgezählte verwirrende Vielfalt. Osten-Sacken hat seiner Darstellung[21] der deutschen Armee im Feldgrau 286 schematische Darstellungen von Uniformen deutscher Behörden und Regimenter beigegeben, 76 von ihnen weisen Litzenschmuck am Kragen der Bluse M 1915 auf. Nicht nur heute – in der Rückschau – hat der Heereskundler es schwer, sich in der Unzahl uniformkundlicher Fragen nicht zu verlieren; offensichtlich war das auch für den Zeitgenossen 1918

nicht immer einfach zu überschauen. Kurz gefaßt: nicht jeder, der Litzen trug, war bei der Garde!
Ein Zweites kommt hinzu: An dieser Stelle wird nicht auf das Personal-Ersatzwesen der Tanktruppe eingegangen. Hier soll nur zum besseren Verständnis darauf hingewiesen werden, daß in der kurzen Zeit des Bestehens der Tanktruppe sich hier Zuständigkeiten änderten, improvisiert werden mußte. Die Kraftfahrerersatzabteilung 1 in Berlin-Schöneberg war dafür zuständig. Von Ende Januar 1918 bis Anfang April 1918 war auch die Ersatz-Abteilung des 1. Garde-Feldartillerieregiments zuständig; noch fehlendes Personal sollte auf Veranlassung des Stellvertretenden Generalkommandos des Garde-Korps zugeführt werden. Mitte 1918 wurden zwei weitere Ersatzabteilungen eingerichtet, eine in Hannover, die andere in München. Am 2. Oktober 1918 wurde die Kraftfahrerersatzabteilung 1 in Gardekraftfahrerersatzabteilung 1 umbenannt. Erst etwa drei Wochen vor Kriegsende am 21. Oktober 1918 wurde eine Ersatzabteilung für die Kampfwagenabteilungen gebildet[22]. Etwa drei Wochen vorher, am 29. September 1918, hatte Ludendorff auf sofortige Einleitung eines Waffenstillstandes gedrängt.

Es gab keinen organisch gewachsenen, erprobten Personalersatz, es nimmt deswegen nicht wunder, daß Volckheim hier unpräzise Angaben macht. Der Band »Deutsche Kampfwagen greifen an!« kam 1937 heraus. Nach fast 20 Jahren Erinnerung – 1935 erfolgte die Wiedereinführung der allgemeinen Wehrpflicht, 1936 der Einmarsch in das entmilitarisierte Rheinland – schwingt bei Volckheim wohl etwas Verklärung mit.

In den meisten Fällen wird es sich also bei Soldaten, die auf Fotografien mit Litzen am Kragen abgebildet sind, handeln um Angehörige des Kraftfahrbataillons, der verkehrstechnischen Prüfungskommission, Ingenieuroffiziere, der Artillerie-Prüfungskommission, des Telegraphen-Bataillons 1, der Luftschiffer-Bataillone 1 und 2.
Natürlich können unter den Freiwilligen, die sich zum A7V-Dienst meldeten, auch Angehörige von Gardetruppenteilen gewesen sein.

Die Entwicklung der deutschen Heeresuniformen von 1907 bis 1918

Bereits Ende der achtziger Jahre des 19. Jahrhunderts erhielt die erste deutsche Kolonialtruppe, die Wissmann-Truppe[23], nach britischem Vorbild eine Feld-Uniform in Khakifarbe anstelle der blauen Uniform. Die Erfahrungen der Kolonialkriege – insbesondere der Burenkrieg 1899/1902, die Kämpfe des ostasiatischen Expeditionskorps in China 1900, der russisch-japanische Krieg 1902/1905 und die Erfahrungen aus den Kämpfen der kaiserlichen Schutztruppe in Deutsch-Südwest-Afrika 1904/1907 – riefen im deutschen Reichsheer Überlegungen und Versuche hervor, um bald zu einer unauffälligen Felduniform zu kommen. Diese Anstrengungen wurden intensiviert durch das Aufkommen des rauchlosen Pulvers sowie die erhöhte Waffenwirkung der Mehrladegewehre und der schnellfeuernden Maschinengewehre, die zu einer möglichst guten Tarnung zwangen. Als die A.K.O. vom 23. Februar 1910 erlassen wurde, sind Beschaffenheit und Art der Uniformierung der aktiven Truppe von dem Kriegsbild abhängig gewesen, das die obersten Kommandobehörden des deutschen Reichsheeres für einen künftigen Konflikt zugrunde gelegt hatten.

Der Erste Weltkrieg begann wie ein konventioneller Krieg der Nationalstaaten des 19. Jahrhunderts. Die Kriegsministerien und andere Stellen hielten es für zweckmäßig, lediglich die blanke Spitze des Helmes und dessen heraldische Zier aus blinkendem Blech unter einem schilfgrünen Überzug zu verbergen und der althergebrachten Uniform eine Tarnfarbe zu geben.

Erst mit dem Übergang zum lang andauernden Stellungskrieg und den verlustreichen Materialschlachten wurde die Notwendigkeit zur Umgestaltung von Uniformierung und Ausrüstung des Reichsheeres als zwingend notwendig erkannt. Der nachfolgende chronologische Abriß gibt eine zusammenfassende Übersicht über den Gang dieser Entwicklung bei den Landstreitkräften.

19. 4. 1907: Mit der Ausgabe erster Proben einer feldgrauen/graugrünen Uniform wird begonnen.

1907: Der Etat stellt für die Beschaffung eines Fahranzuges aus Leder für das Fahrpersonal der Kraftfahrabteilung Mittel zur Verfügung. (Seit 1899 bestand in Preußen eine Inspektion der Verkehrstruppen, innerhalb dieser seit 1901 eine Versuchsabteilung. Zum 1. Oktober 1907 wurde dieser Versuchsabteilung eine Kraftfahrabteilung in Kompaniestärke unterstellt; dort fanden ausgedehnte Versuche mit »Selbstfahrern« statt. Bis zur Errichtung des Kraftfahrbataillons im Jahre 1911 trugen die Kraftfahrer auf rotlederner Schulterklappe am Fahranzug als Abzeichen aus Messing ein Speichenrad mit je vier nach beiden Seiten ausstrahlenden zweimal gezackten Blitzen).

23. 2. 1910 Die feldgraue/graugrüne Uniform wird mit A.K.O. eingeführt. Sie gilt als erste Garnitur und mußte getragen werden
a) im Mobilmachungsfall im Felde,
b) bei allen Gefechts- und anderen Übungen, bei denen der Feind nicht »markiert« war, also bei Übungen mit zwei Parteien.

ab

2. 8. 1914 Ausgabe der feldgrauen/graugrünen Uniform an das deutsche Reichsheer.

15. 8. 1914 Einführung grüner Regimentsnummern auf den Helmbezügen, mit Ausnahme des Gardekorps. Verwendung eines dunkleren Feldgrau für die Waffenröcke; Hosen in grauer Farbe.

19. 8. 1914 Fortfall der Adjutanten-Schärpe; feldgrauer Überzug für Feldbinden der Offiziere; Entfernung der roten Nummern an den Helmbezügen; Abnahme von Orden und Ordensbändern.

29. 3. 1915 Einführung des Mützenverdeckbandes.

19. 7. 1915 Fortfall des hinderlichen Offizierdegens; Einführung des kurzen Seitengewehrs für Offiziere und Portepée-Unteroffiziere der fechtenden Truppe bis zum Regimentskommandeur aufwärts.

21. 9. 1915 Erlaß über die Einführung der neuen Bekleidung, Feldgrau für alle Waffen, auch für den künftigen Friedensrock, d. h. Bruch mit der jahrhundertealten Tradition des Preußisch Blau; Feldflasche und Brotbeutel auch für Offiziere; Fortfall einer besonderen Uniform für MG-Truppen.

26. 4. 1916 Ausdehnung der Maßnahme vom 19. Juli 1915 auf Berittene, Fahrer und Berittene höherer Stäbe.

27. 10. 1916 Entfernung der grünen Regimentsnummern von den Helmbezügen.

1. 5. 1917 Rationierung von Lederbekleidung für Kraftfahrer.

20. 7. 1917 Wegfall des Mützenverdeckbandes; Einführung der Einheitsfeldmütze. Offizielle Einführung des Stahlhelmes M 1916 liegt nach Datum nicht fest (kein Quellennachweis); der Helm war schon seit Mitte 1916 an Brennpunkten des Kampfes im Westen in Gebrauch.

28. 1. 1917 Offiziere konnten Stahlhelme von der Heeresverwaltung entleihen.

14. 11. 1917 Wegfall der grauen Hose. Die gesamte Felduniform ist jetzt in einem Farbton gehalten.

19. 11. 1917 Fortfall des Tschakos für Luftschiffer-Formationen.

Ende 1917/ Anfang 1918 Einführung eines Kombinations-Schutzanzuges für Tankbesatzungen in Verbindung mit einem improvisierten Lederschutzhelm nach Probe der Fliegerschutzhelme.

11. 2. 1918 Erlaß des Merkblattes über die Versorgung von Offizieren mit Bekleidungs- und Ausrüstungsstücken. Grund: mangelhafte Rohstofflage und Vergeudung von Rohstoffen.

25. 5. 1918 Erprobung eines neuen »Tankstahlhelmes«.

Sanitätsgefreiter eines Infanterietruppenteils. Nach einem Original von Kriegsmaler M. Frost (1875–1928)

Die Regimentsnummer ist mit grauem Band abgedeckt. Die Feldflasche (Labeflasche) mit Trinkbecher entspricht dem Offiziersmodell. Entsprechend der Stärkenachweisung Personal verfügte jede A7V-Abteilung über einen Sanitätsdienstgrad, der aber Unteroffizier sein sollte. An diesen Soldaten erinnert dieses Bild von Martin Frost. Der Sanitäter der Abteilung war der erste, der verwundete Tanksoldaten versorgte. Weitere sanitätsdienstliche Betreuung erfolgte durch den Verbandsplatz des Regiments oder Bataillons, mit dem die Abteilung zusammenwirkte.

Sammlung WGM

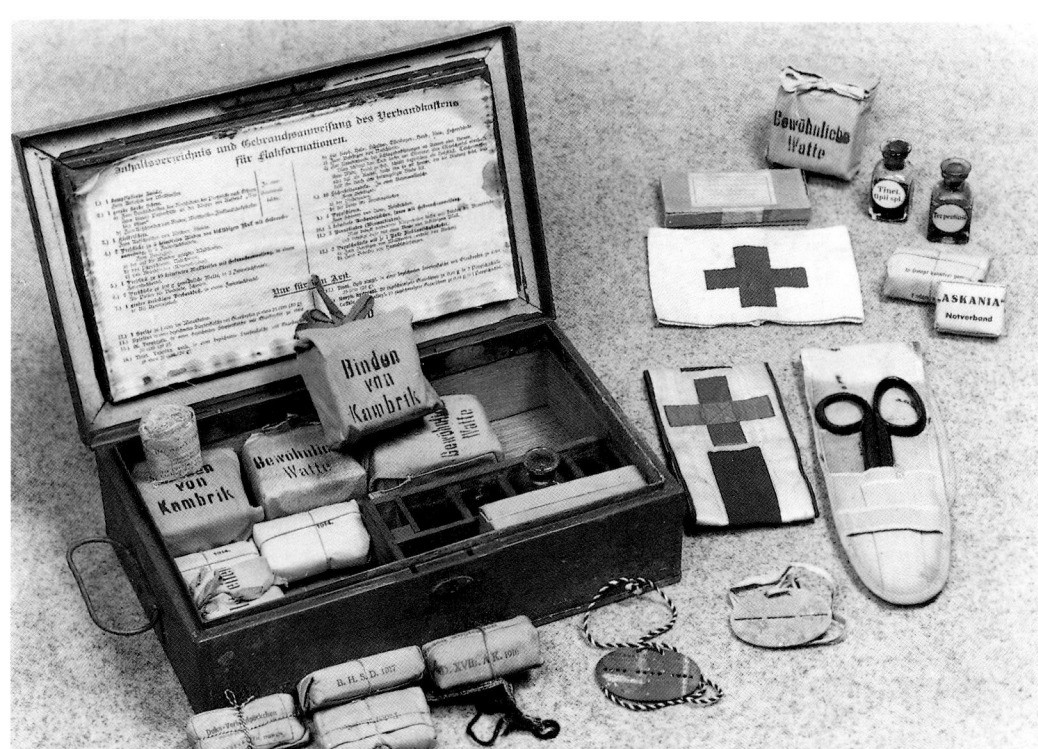

Zusammenfassend kann als Ergebnis festgehalten werden: Die Felduniform M 1910 war ein Kompromiß. Man hatte sich bei ihrer Einführung 1910 noch nicht von traditionellen Vorstellungen lösen können. Zwar hatte man sich unter dem Druck der Waffenentwicklung zu einer dem Gelände angepaßten Farbgebung durchgerungen; auch war der traditionelle Waffenrock für den Gebrauch im Felde etwas hergerichtet worden, in dem man ihn mit einem bequemeren Umlegekragen, verstellbarer unterer Ärmelöffnung und eingenähten Innentaschen zur Aufnahme von Verbandspäckchen versehen hatte; auch vorne wies er auf jeder Seite an der Hüfte eine äußere Tasche auf; das Leitbild war aber immer noch der in die Jahre gekommene Waffenrock von 1843! Zusammen mit dem hellgrauen, empfindlichen und ungefütterten Mantel aus der Friedenszeit vor 1914 verfügte der Soldat des deutschen Reichsheeres 1914/15 über keine sehr zweckmäßige Bekleidung für den harten und entbehrungsreichen Einsatz im Stellungskrieg. Erst die Ausstattung des Heeres mit Mantel und Bluse M 1915 stellt eine kriegsbrauchbare Bekleidung für den Frontkämpfer dar. Nun hatte man unter dem Zwang der Ereignisse mit den überkommenen Anschauungen radikal gebrochen.

Im Verlauf des Ersten Weltkrieges bahnte sich noch eine andere Entwicklung an. Mit der beginnenden Technisierung der Heere kam Spezialkleidung auf; sie wurde nötig bei technischem Personal der Marine, in der Luftfahrt, im Gas- und Unfallschutz, auch bei den ersten Tankbesatzungen und Kraftfahrern. Eine neue, rein funktionale Schutzbekleidung sollte vor Hitze, Kälte, chemischen Substanzen oder einfach vor Schmutz schützen. An dieser Bekleidung spielten nun Feldzeichen, Standeszeichen wie z. B. besondere Proben und Muster für Offiziere und Rangabzeichen keine Rolle mehr. Offizier und Mannschaft sahen gleich aus; hinzu kam, daß der Offizier nun selbst nicht mehr alles fachlich beherrschte, er mußte Techniker, Maschinisten, Spezialisten für Materialerhaltung und Versorgung sowie Fahrer fragen. Die Erfüllung eines Auftrages

der A7V-Abteilung hing nicht nur von der Persönlichkeit des Tankführers, seinen taktischen Fähigkeiten, seinem Blick für das Gelände ab, sondern auch davon, ob Fahrer, Mechaniker, Werkstattwagenbesatzung und Waffenmeistergehilfen in der Lage waren, den Panzerkraftwagen rechtzeitig zu bergen oder wieder

Weitere Ausrüstungsstücke A7V-Besatzung

Schwarze Lederpistolentasche für Pistole 08 mit Koppel M 1915, graues Kastenschloß für Unteroffiziere und Mannschaften. Braunes Offizierkoppel M 1915 mit Seitengewehrtrageschuh für Offizierseitengewehr und Portepée (hier eines württemb. Offiziers). Wie bei den vor dem Kriege geführten Infanterieoffizierdegen M 1889 war es auch bei den Seitengewehren der Offiziere üblich, aus Metall geprägte Namenszüge auf den Griffschalen aufzulegen. Kurzer Spaten. Schützengraben-Periskop in Textiltasche. Leuchtpistole Kal. 27. Schreibzeug für Meldungen. Kompaß mit Lederhülle – »Armeemodell 1910 – Patent Bézard«. Taschenlampe »Pertrix No. 677«. Pistole 08 mit Magazin Nr. »1199«. Auf dem Meldeblock Eiserne Kreuze erster und zweiter Klasse. Die erste Klasse ist an der hochgestellten Anstecknadel zu erkennen. Ein Taschen- oder Handkompaß mochte manchem Führer eines Tanks willkommen sein. Volckheim schreibt: »der vorhandene Kompaß zeigte in dem Eisenkasten nicht richtig an.« Mit dem Handkompaß dagegen konnte man abgesessen – im Freien – eindeutig die Himmelsrichtungen feststellen. Der Einbau eines Kompaß im A7V in der Mitte der Turmdecke wurde am 15. Februar 1918 bei Abt. 1 (KTB) als wünschenswert bezeichnet. Sein Mißfallen über den »vorhandenen Kompaß« drückte Volckheim nach negativen Erfahrungen bei Villers-Bretonneux aus (24. April 1918). Sammlung WGM

Teile der Bewaffnung und Ausrüstung einer A7V-Besatzung

Rechts: MG-Patronengurttasche aus Leder mit Gurt und Exerziermunition. Vorkriegsfertigung. Davor: Karabiner 98 a, Textilpatronengurt »15«, Ladestreifen mit 5 Schuß, einzeln liegende Exerzier- und Platzpatrone. Stiel-Handgranate, Beschriftung auf Granatkopf: »C. S. S. 2. 11. 16« – auf Stiel: »C. S. S. +« – »5 1/2 sek« – »S. D. 31. 10. 16«; davor Diskus- und Eierhandgranaten, auf einer der letzteren »I. H. B.« Das Seitengewehr 98/05 war das am meisten getragene des Ersten Weltkrieges, Stempel: »Alex Coppel Solingen« und bekrönt »W 16«. Grabendolch: »Demag Duisburg ges. gesch.« Die Grabendolche ließen sich auf dem K 98 aufpflanzen. Leuchtpistole Kal. 27. Stempel: »Kdtr Lille«. Pistole 08 Stempel: »Erfurt 1911« – »Waffen-Nr. 2436«. Davor zusammenlegbare Bandsäge, nicht etatmäßige Behelfslaterne, wohl französischen Ursprungs. Hindenburglicht und langer Spaten. Links: MG-Patronengurttrommel, Prägung: »Feuer! Kurbel hoch – PRC«. Daneben: Patronengurtfüller – Prägung: »W. Sedlbauer, München«. Der Infanteriespaten mit längerem Stiel weist folgende Prägungen auf – Lederteile: »T. D. XIV«. Metallteile: »E. B. 2. G: G. R. R. 1896 I. 45«. Spaten mit kurzem Stiel – Stempel: Lederteile – »Sieger«-»Hilt-und Elsässer Stuttgart 1917«. Metallteile: »T D III J B 9 I F«. Drahtschere: Prägung: – »Adolf Rottsieger u. Co. Remscheid«. Gasmaske Modell 1915. Im Deckel innen Gebrauchsanweisung. Sammlung WGM

einsatzbereit zu machen. Das alles war nicht ohne Einfluß auf das Selbstwertgefühl der mit diesen Aufgaben betrauten Soldaten; sie wußten, daß es auch auf sie ankam, diese Tatsache förderte ihr Selbstbewußtsein!

Das gleichzeitige Zusammenwirken verschiedener Spezialisten in einer A7V-Abteilung löste auch die bisher gekannte exerziermäßige äußere militärische Ordnung auf. Manneszucht allein genügte nun nicht mehr. Ein kooperatives, funktionales Miteinander entstand. Das Zurücktreten der exerziermäßigen, abgestuften Ordnung wird in der lockeren Haltung der Tankbesatzungen an ihren A7V auf allen zeitgenössischen Aufnahmen deutlich. Das äußere Bild, die Bekleidung der Soldaten ist keine Nebensache, die darzustellen sich nicht lohnt – mit dem sich verändernden äußeren Erscheinungsbild ging ein innerer Wandel einher.

Ausrüstung und Ausstattung von Besatzungen des A7V

Im Folgenden sollen Anmerkungen zur Bewaffnung der Besatzung, zur Ausstattung des Tanks mit Gerät verschiedenster Art und der allgemeinen Ausrüstung des A7V aufzeigen, was ein Tank alles mitzuführen hatte; ohnehin war die räumliche Enge in einem A7V groß, zählte doch die Besatzung im Gefecht 18–20 Mann.

Handwaffen

Die Handwaffen der Besatzung waren die Pistole 08 und der Karabiner 98. In der Ausrüstungsnachweisung einer Sturmpanzerkraftwagen-Abteilung[24] zu fünf Wagen werden insgesamt 78 Pistolen und 30 Karabiner aufgeführt, das ergibt sechs Karabiner pro Wagen. Das ist auch nicht eben viel in bezug gesetzt zum vollständigen Personal einer Abteilung von 7 Offizieren und 171 Mannschaften; es kann angenommen werden, daß im Gefecht zukommandierte Ordonnanzen, Melder, Brieftaubenwarte usw. ihre eigene Waffe mitgeführt haben.

Nach Erprobungen bei der Abteilung 1 wurde anläßlich einer Besprechung am 15. Februar 1918 künftig ein MG 08/15 als Stoßtruppausrüstung für abgesessene Teile der Besatzung gefordert. Um den weiteren Sachverhalt nicht zu kompliziert darzustellen, sollen bei der nun folgenden Ausstattung lediglich zwei Gruppen unterschieden werden.

1. sogenanntes Zubehör, Bordausstattung und Kampfmittel,
2. im Panzer mitgeführte oder festeingebaute Führungsmittel.

Bordausstattung und mitgeführte Kampfmittel

Die Bordwaffen des A7V sind an anderer Stelle besprochen worden, doch soviel sei noch ergänzt, daß für Bordkanone und Maschinenwaffen Zubehör in erheblichem Umfang mitgeführt und im Inneren des Tanks verstaut werden mußte, so zum Beispiel: Für vier bis sechs MG Werkzeugtaschen, Werkzeugkästen, Petroleum-, Öl-, Glycerin- und Wasserkannen, Trinkwasserkessel, Kisten für Reinigungsgerät, Wischerstöcke, vier bis sechs Ferngläser, Gurtfüller mit Kasten – hier allerdings nur einer pro Tank – Waffenmeisterkasten, Wassereimer. Hinzu kamen Ersatzteile für das Geschütz und eine Kanne mit Bremsflüssigkeit. Anfänglich sollten noch je MG-Panzerkraftwagen zwei Flammenwerfer mit Zubehör mitgeführt werden; später aber dann setzte sich der Geschützwagen als Grundtyp durch; von einem Einsatz des Kampfmittels Flammenwerfer vom Tank aus oder auch abgesessen ist nichts bekannt geworden.

Für Bergungsarbeiten oder zum Einebnen ungangbarer Stellen wurde tragbares Schanzzeug im Futteral mitgeführt – 2 Spaten, 2 Beilpicken und 2 Drahtscheren. Nach dem ersten Einsatz am 21. Mai 1918 bei St. Quentin wurden im KTB der Abteilung 1 Erfahrungen festgehalten; dort heißt es, daß in jedem Wagen möglichst sechs Spaten mitgeführt werden sollten, um damit breite Gräben abzustechen, denn auf Unterstützung durch Pioniere bzw. Infanterie war nicht immer zu rechnen. Auf die Anzahl der Munitionskisten für alle Waffen des Tanks wird hier nicht noch einmal eingegangen, aber auch diese mußten alle verstaut werden!

Auch zwei Leuchtpistolen mit etwa 300 Leucht- und Signalpatronen und ein Verbandskasten gehörten in jeden A7V; möglicherweise auch Sprengmunition und Sprenggerät, um im schlimmsten Falle verhindern zu können, daß der Tank dem Feind in die Hände fiel.

Da die Besatzung oft mehrere Tage lang mit ihrem Tank im Einsatz war, kam sie nicht ohne Kochkiste mit Kochkessel aus, dazu

Unteroffizier mit Selbstretter. Nach einem Original von Kriegsmaler M. Frost (1875–1928)

In der Bordausstattung eines jeden A7V-Tanks befanden sich drei Selbstretter. Der Unteroffizier ist an der matten Borte um den Kragen seiner Bluse M 1915 zu erkennen. Er trägt eine (Eigentums-)Mütze M 1910 mit Mützenverdeckband. Der Mann hat eine Rauchschutzbrille aufgesetzt, um auch in den Bereich ätzender Gase eindringen zu können. Folgende weitere Einzelheiten sind zu erkennen: Nasenklammer und Mundstück. Ein belasteter Nackenriemen, an dem das Gerät hängt und eine lockere Halsschlinge am Atmungsschlauch, der in einen großen Behälter, die Kalipatrone, mündet. Rechts neben der Kalipatrone ist der kleinere Sauerstoffzylinder zu erkennen. Patrone und Zylinder werden durch eine gut sichtbare, waagerecht verlaufende Halteschelle verbunden. Unter der Kalipatrone sind die Muttern der Anschlüsse für die Patrone zum Atmungssack (vor dem Unterleib des Mannes) angedeutet. Die linke Hand des Unteroffiziers faßt das Verschlußventil am unteren Ende des Sauerstoffzylinders. Bleibt noch die schürzenartige Schutzdecke zu erwähnen; sie ist an der Schnalle an der rechten Seite des Mannes und an ihrer dunkel abgesetzten oberen Kante zu erkennen.   Sammlung WGM

Brotbeutel, Feldflasche und Kochgeschirre! Eine Schreibkiste mußte her! An der Uniform ging schon mal im Einsatz etwas entzwei, folglich mußten Werkzeugkisten für Schneider und Schuhmacher mitgenommen werden. Das war wichtig, aber noch lange nicht alles. Da fehlen noch Taschenleuchten, Schutzbrillen, eventuell Stahlmasken, Gasmasken, weiteres Schanzzeug, Handgranaten, Kompaß, Karten, Schreibzeug und etwas persönliche Ausstattung sowie »organisierte« Behelfslampen, denn Leuchten waren knapp. Erst am 26. März 1918 hatte das Kriegsministerium verfügt, daß die Kraftwagenparks für jeden Wagen eine Lampe erhalten sollten. Mit Rücksicht auf die Rohstofflage war äußerste Sparsamkeit im Verbrauch der Taschenlampenbatterien geboten – nur eine Batterie war für den ganzen Monat im Sommer festgesetzt! Erst ab Oktober gab es monatlich wieder zwei Ersatzbatterien[25].

Nachdem das alles untergebracht war, mußten je Tank drei Selbstretterausrüstungen mit hinein. Zu guter Letzt bleibt festzustellen: es war »noch erheblich mehr, was die Mannschaft weiter mitnahm«[26].

Zum Verwendungszweck des Selbstretters soll noch eine Erläuterung gegeben werden[27]. Der Selbstretter spendete sauerstoffhaltige Atemluft und war in der Lage, ausgeatmete Kohlensäure chemisch zu binden. Damit war ein Gerät geschaffen worden, das seinen Träger von der ihn umgebenden Luft, war sie betäubend oder nicht betäubend, unabhängig machte.

Das Eindringen oder Verweilen in betäubenden Gasen nannte man im Ersten Weltkrieg auch »Gastauchen«. Der Selbstretter war auf Mundatmung abgestellt, deswegen konnte während seiner Benutzung nicht gesprochen werden. Geübte Leute waren in der Lage, mit dem mitgeführten Sauerstoffvorrat etwa 45 Minuten auszukommen, danach mußte der Sauerstoffzylinder ausgetauscht werden. Die ausgeatmete Kohlensäure wurde in einer Patrone gebunden, die mit Kali und Natron angereichert war. Mit dem Selbstretter konnten sich also im begasten Tank zurückgebliebene Männer aus diesem retten oder ihren in begasten Räumen, Unterständen usw. eingeschlossenen Kameraden zu Hilfe kommen. Die gesamte Abteilung verfügte immerhin über 15 Geräte. In der Sondervorschrift für den A7V-Panzerwagen ist eine Ausrüstungs-Nachweisung aufgeführt. Diese enthält unter der Ziffer F. »Außerdem. Keine Feuerlöscher«. Das muß in dem stark brandgefährdeten Panzerkraftwagen auffallen. Möglicherweise sind Handfeuerlöscher dort auch nur vergessen worden.

Die großen Fliegerzelte, aber auch Eggen und Harken zum Verwischen von Spuren können auch die fünf Lastkraftwagen der Abteilung mitgeführt haben, von denen je einer einem Tank für Munition, Ersatzteile und Zubehör beigegeben war.

Mitgeführte und festeingebaute Führungsmittel

Zusätzlich zu den im Tank fest eingebauten Führungsmitteln wie Transparent- oder Lichtsignalanlage und durch Bowdenzug betätigten Kommandotelegraphen (in Scheibenform mit Gradeinteilung von der Firma Zeiss) für MG-Kampfstände und den Geschützführer wurden im A7V mitgeführt: Transportkisten mit Lüftungsgittern für je drei bis vier Brieftauben; Flaggensignalsatz; Blinkgerät.

Auf Fernsprechgerät wird im Rahmen dieser Darstellung nicht eingegangen. Fernsprecher oder Telefontrupps wurden ja erst

Fahrbarer Brieftaubenschlag einer Division für 120–150 Brieftauben

Die fahrbaren Schläge hatten gegenüber den bodenständigen den Vorteil, bei Lageänderungen schneller beweglich zu sein. Rechts der Schlagleiter, ein Unteroffizier mit Eigentumsmütze und unvorschriftsmäßigen Offiziergamaschen, in der Mitte sein Gehilfe. Links ein Kraftfahrer mit Ledermütze und Fahrrock aus schwarzem Drell. Am Kragen die Patte mit dem metallenen Automobilabzeichen. Sammlung WGM

vom Kampfwagenmeldekopf nach weiter rückwärts zur Nachrichtenübermittlung eingesetzt. Ebensowenig können hier andere Nachrichtenmittel wie Telegraf, Funkentelegraf, Erdtelegraf, Nachrichtengeschosse, Meldehunde, Meldereiter, Winkerposten, Flieger und Ballone Berücksichtigung finden. Die A7V-Abteilungen waren der Obersten Heeresleitung unmittelbar unterstellt, wurden den Armeeoberkommandos für den Einsatz zugeteilt, dann einem Armeekorps unterstellt, das die Abteilung einer Division zugewiesen hat. In diesem Rahmen wirkte dann die jeweilige Abteilung letztlich mit Regiment und Bataillon zusammen. So heißt es auch im Merkblatt: Angriff im Stellungskrieg: »Divisionen, die mit Panzerkraftwagen zusammenwirken sollen, werden rechtzeitig über Einzelheiten unterrichtet werden[28].«

Aus diesem Grunde wird hier, was die Nachrichtenverbindungen des A7V betrifft, über den Rahmen der Division nicht hinausgegangen. In das Nachrichtenwesen der Truppe wurden Brieftauben im Herbst 1917 einbezogen[29].

Brieftauben

Das Brieftaubenwesen hatte bis dahin zum Dienst der Pioniere gehört. Natürlich waren Brieftaubenschläge auch während des Stellungskrieges im Westen eingerichtet worden. Seit dem 17. November 1917 übernahm der Chef des Nachrichtenwesens die gesamten Brieftaubeneinrichtungen in der Heimat und im Felde. Infolgedessen wurden die in den Divisionsabschnitten bodenständig eingesetzten Brieftaubenschläge dem Divisionsnachrichten-Kommandeur der jeweils dort eingesetzten Division unterstellt. An einer Kampffront waren einer Division in ihrem Abschnitt zwei Brieftaubenschläge zugeteilt. Ein fester Schlag nahm 200, ein fahrbarer Schlag 120 bis 150 Tauben auf. Somit verfügte eine Division im Einsatz über 240 bis zu 400 Brieftauben. Der Taubenschlag sollte mindestens 15 km hinter der vordersten Linie eingerichtet sein. Das Verlegen eines Schlages unterbrach die Verwendungsmöglichkeit von Brieftauben auf mindestens zwei Wochen. Vom Taubenschlag wurden die Meldungen durch Fernsprech- oder andere Meldeorgane weiter nach rückwärts übermittelt.

Die Taube war nur auf dem Flug zu ihrem angestammten Schlage für eine Nachrichtenübermittlung brauchbar. An ihrer Abflugstelle, also von einem A7V aus, mußte sie von einem ausgebildeten Soldaten, dem Brieftaubenwärter, aufgelassen werden. Dieser Mann fuhr den Tankeinsatz mit, er holte die Tauben vorher in kleinen, leichten Tragebehältern von ihrem Schlage ab. Die Meldung, Text oder Skizze, wurde in einer keinen Aluminiumhülse am Fuße der Taube befestigt. Es wurden mit gleicher Meldung mindestens zwei Tauben aufgelassen, um zuverlässige Übermittlung zum Schlag sicherstellen zu können. Da die Meldung in

Brieftaube mit Botschaft in Metallhülse in den Händen ihres Wärters
Sammlung WGM

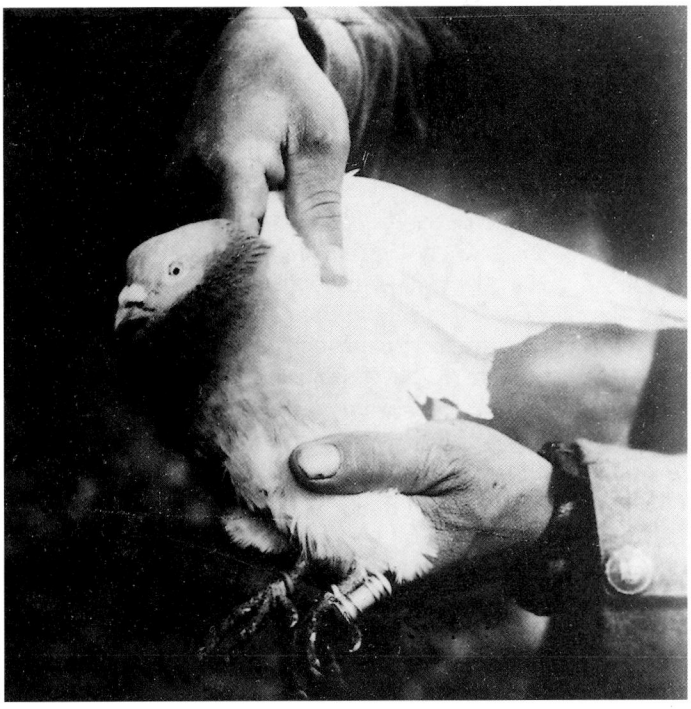

189

Feindeshand fallen konnte, sollte diese mit Gebrauch von Decknamen und Geheimzeichen abgefaßt werden.

Am Brieftaubenschlag standen als Personal zur Verfügung: ein im Brieftaubenwesen erfahrener Schirrmeister und Schlagleiter, ein Stellvertreter und ein Pfleger. Wenn in einer A7V-Abteilung jeder Tank in der Lage war, Brieftauben aufzulassen, so mußte in jedem Wagen mindestens ein Brieftaubenwärter verfügbar sein. Diese Wärter erhielten ihre Ausbildung durch den oder die Schlagleiter der Division.

Die Taube legte einen Kilometer in etwa einer Minute zurück, das entsprach einer Fluggeschwindigkeit von 50 bis 70 km/h. Die Mindestflugzeit zum Schlag, wenn dieser nicht weiter als 15 Kilometer entfernt lag, betrug demnach eine viertel Stunde. Die Flughöhe lag bei 250 bis 300 m. Das Zurückfinden zum Schlag war nicht gewährleistet, wenn die Tauben länger als 48 Stunden draußen bei einer A7V-Abteilung für einen Einsatz bereitgehalten wurden.

Die Vorteile des Nachrichtenmittels »Brieftaube« waren: Die Tauben galten als zuverlässige Boten, im schwersten feindlichen Feuer waren sie oft die einzigen, die durchkamen. Sie waren unabhängig vom Gelände und von der Nähe des Feindes. Sie waren leicht auszubilden, leicht zu ersetzen und billig. Gemessen an technischen Nachrichtenmitteln war der für ihren Einsatz erforderliche Personalaufwand gering. Ihr Einsatz konnte rasch und ohne besondere Vorbereitung erfolgen. Ihr Orientierungssinn war vorzüglich.

Dem standen folgende Nachteile gegenüber: Brieftauben versagten bei dichtem Nebel, Schneefall oder starkem Regen. In der Dämmerung und bei Dunkelheit waren sie nicht einzusetzen; sie waren auch durch Raubvögel gefährdet. Die Übermittlung der Nachrichten erfolgte stets nur in einer Richtung – vom Tank zum Brieftaubenschlag!

Die Sturmpanzerkraftwagen-Abteilung 1 hat am 13. Februar 1918 Versuche mit Brieftauben durchgeführt, dabei wurde festgestellt, daß der Aufenthalt der Tauben im heißen, fahrenden und lärmenden Tank deren Leistungsvermögen nicht beeinträchtigt hatte. Dennoch beurteilte man den Kampfwagen als zu beengt, um in ihm Tauben zu transportieren bzw. von ihm auflassen zu können. Später aber machten die A7V-Besatzungen während ihrer Einsätze dennoch von Brieftauben Gebrauch. Gegen Gas waren die Tauben relativ unempfindlich. Im Tank standen, wie am Taubenschlag, Gasschutzkäfige nicht zur Verfügung. Es reichte aus, die Taubentransportkörbe bei Gasangriffen mit feuchten Decken oder Zeltbahnen zu umhüllen. Der erfahrene Tankoffizier Volckheim urteilt: »Zur Nachrichtenübermittlung nach rückwärts standen dem Kampfwagen in erster Linie Brieftauben [. . .] zur Verfügung. Die Verwendung dieser Brieftauben hat sich außerordentlich bewährt und konnte als zuverlässigstes Nachrichtenmittel vom Kampfwagen aus gesehen werden. Es waren in vielen Fällen die Brieftauben der eingesetzten Kampfwagen, die die ersten Meldungen über den Verlauf des Angriffs an die höheren Befehlsstellen brachten[30].«

Blinkgeräte

Blinkgeräte waren Apparate, die mit lichtstarken Lampen unter Ausnutzung von Spiegelwirkung Morsezeichen nach einer bestimmten Richtung hin geben konnten. Ursprünglich sollten im Rahmen des Einsatzes von A7V-Abteilungen der einzelne Tank mit seinem Bordblinkgerät an Blinkstellen auf Bataillons- oder Regimentsebene, selten wohl zur Division, Morsezeichen senden oder von diesen durch Beobachtung empfangen.

Die ursprünglich beabsichtigte Reichweite läßt sich nicht belegen, es handelt sich hier um eine Annahme des Verfassers. Diese Überlegung ist auf der Tatsache begründet, daß zunächst das L. Blink 17 im A7V verwendet worden ist; dessen Reichweite kommt sogar an das Große Blinkgerät heran, das nur bei der Nachrichtentruppe Verwendung fand; Reichweite des G. Blink 16 etwa 6 km bei Tage.

Es verfügten über[31]:

Verband	Gerät	Reichweite	
		bei Tage	bei Nacht
Division	4 mittlere Blinkgeräte 16 (M. Blink 16)	5 km	8–10 km
Regiment	4 M. Blink 16	5 km	8–10 km
Bataillon (Inf. Jäger)	6 M. Blink 16	5 km	8–10 km
	2 kleine Blinkgeräte 16 (K. Blink 16)	0,8 km	2– 4 km
A7V bis 15. 2. 1918 bei Abt. 1	Luftschiffer Blinkgerät 17 (L. Blink 17) zur Erprobung	5 km	10 km

Das Blinken von Bord des A7V diente vorrangig dem Zwecke der Aufrechterhaltung der Verbindung nach rückwärts. Aus dem Kriegstagebuch der Abteilung 1 ergibt sich, daß experimentiert worden ist. Am 1. Februar 1918 waren der Abteilung für eine Übung Blinker zukommandiert worden, zwei Unteroffiziere und acht Mann, doch diese sind wohl am gleichen Tag ohne besondere Wirkung wieder abgerückt. Am 2. Februar wurde die Übung bei Nebel fortgesetzt, also kam ein Blinkereinsatz gar nicht erst in Frage.

Am 15. Februar wurde ein »kleines Blinkgerät« vorgeführt, mit dem durch Schießscharten und Sehschlitze geblinkt werden konnte; das konnte der Führer des Tanks aus dem Kommandoturm nicht immer besorgen, folglich mußte ein zusätzlicher Blinker an Bord genommen werden. Das Gerät wirkte bis zu 900 m und konnte innerhalb einer Grundrichtung bis zu 40° nach jeder Seite abstrahlen. Bei kürzerer Entfernung – ca. 200 m – konnte in einem Winkel von 90° abgestrahlt werden; letztere Entfernung entspricht etwa einer Distanz von Tank zu Tank. Bei günstigen Erprobungsergebnissen sollte dieses Gerät das L. Blink 17 ersetzen.

Ein Periskop-Blinkgerät von Zeiss mit dreietagigem Blinkkasten wurde wegen Sperrigkeit und Unhandlichkeit verworfen. Die Sondervorschrift für den A7V-Panzerwagen nennt ein Blinkgerät in der Turmecke rechts neben dem Tankführer. Es ist als »periskopartig gebaut« geschildert und möglicherweise das Gerät, das bei

Erprobungen der Abteilung 1 als zu sperrig beurteilt worden ist. Es war offensichtlich schwierig, von Gefechtshandlungen in Anspruch genommen, vom Tank aus Lichtmorsezeichen nach rückwärts abzustrahlen; letztlich begnügte man sich mit der Verbindung Tank-Nachrichtenkopf. Volckheim beurteilt den Einsatz des Blinkgerätes vom A7V aus: »Das Blinkgerät war zu sehr abhängig vom Wetter und seine sachgemäße Benutzung durch die Erschütterung im Kampfwagen zu sehr beinträchtigt, um als zuverlässig angesehen werden zu können[32].« Auf höherer Ebene wurden großzügige, nach einheitlichem Plan angelegte Blinkverbindungen günstiger bewertet.

Signalübermittlung

Eine weitere Möglichkeit der Signalübermittlung von Tank zu Tank oder vom Tank zum Kampfwagenmeldekopf bestand in der Verwendung von verschiedenartigen Signalen. Massive Scheiben setzten sich wegen Sperrigkeit im Innern des Tanks nicht durch. Sogenannte farbige Rahmenflaggen wurden bevorzugt; die Flaggen waren dreieckig und konnten zusammengeklappt werden. Sie wurden wie ein Stock aus dem Tank hinausgeschoben; ihre Größe und die verwendeten Farben sowie deren Bedeutung sind unbekannt[33].

Im Februar 1918, also noch vor dem ersten Einsatz der A7V-Panzerwagen am 21. März 1918, wurde die Nachrichtenausrüstung der Infanterie vervollkommnet. Für jedes Regiment und auch für jedes Bataillon wurde ein Nachrichtenzug bewilligt. Dieser Zug verwaltete nicht nur das Fernsprechmaterial der Truppe, sondern auch deren übrige Nachrichtenmittel. Aus diesen Beständen konnten auch die A7V-Abteilungen im Einsatz schöpfen. Von dort konnten empfangen werden: Zusätzliche Leuchtpistolen, Schallzeichen (wie Signalhorn, Sirenen, Glocken, Gongs) und Sichtzeichen (wie Flaggen und Tücher)[34].

1 Brandt, A. v.: Werkzeug des Historikers, Stuttgart [7]1973. Vgl. auch Kirn, O./Leuschner, J.: Einführung in die Geschichtswissenschaft (1972). Das Studium der Geschichte, S. 20ff.
2 Koenig, Otto: Kultur und Verhaltensforschung. Mit einem Vorwort von Konrad Lorenz, München 1970; ders.: Biologie der Uniform. In: Naturwissenschaft und Medizin, 5. Jg. (1968), Nr. 22, S. 3–19, Nr. 23, S. 40–50.
3 Vgl. hierzu: Hahlweg, Werner: Heereskunde als Wissenschaft. In: Zeitschrift für Heereskunde, Jg. 1937, S. 41. Schulz, H.-G.: Was heißt eigentlich »Uniformkunde«? In: Zeitschrift für Heereskunde, Jg. 1941, S. 22ff.
4 Pietsch, P., Die Formations- und Uniformierungsgeschichte des preußischen Heeres 1808–1914, Bd 1, Hamburg [2]1963, S. 284.
5 Angaben nach KM Nr. 1924/9, 15. B. 3. vom 27. 9. 1915; KM Nr. 2152/9, 15. B. 3. vom 27. 9. 1915; KM Nr. 2072/10, 15. B. 3 vom 1. 10. 1915; Angaben nach Osten-Sacken und v. Rhein, Frhr. v. d.: Deutschlands Armee in feldgrauer Kriegs- und Friedens-Uniform. Berlin 1916.
6 Zit. nach Volckheim, E.: Die deutschen Kampfwagen im Weltkriege, Berlin 1923, S. 39.
7 Maschinengeschriebene Aufzeichnungen des ehem. Lt. Larsen, im Privatbesitz seines Sohnes Oberst Uwe Larsen, S. 266.
8 Ebd.
9 Zit. nach BA-MA, N 89/5 (Nachlaß Greiff), Kriegstagebuch StPzKrWgAbt 1, 25. 5. 1918.
10 Zit. nach Petter: Verwendung von Straßenpanzerkraftwagen in den Heeren des Weltkrieges 1914/18, Berlin 1932, S. 126, Manuskript, BA-MA, Msg 2/691.
11 Volckheim, Die deutschen Kampfwagen, S. 39.
12 Petter: Die technische Entwicklung der deutschen Kampfwagen im Weltkriege 1914/18, Berlin 1932, S. 83, Manuskript, BA-MA, Msg 2/758.
13 Menges, v.: Die Bewaffnung der Preußischen Fußtruppen mit Gewehren (Büchsen) von 1809 bis zur Gegenwart (Nachdruck) Krefeld 1969, S. 27.
14 Cron, H.: Geschichte des deutschen Heeres im Weltkrieg 1914–1918, Berlin 1937, S. 261.
15 Vgl. Petter: Die technische Entwicklung des deutschen Kampfwagens, BA-MA, Msg 2/758, S. 17. Siehe dazu auch Cron: Geschichte des deutschen Heeres, S. 261 und BA-MA, PH 2/108 – PH 2/172 – PH 2/292.
16 Cron: Geschichte des deutschen Heeres.
17 Armee-Verordnungsblatt 1917, S. 378.
18 Ebd., S. 576.
19 BA-MA, PHD 6/121.
20 Zit. nach Volckheim, E.: Deutsche Kampfwagen greifen an, Berlin 1934, S. 64.
21 Vgl. Anm. 5.
22 Cron: Geschichte des deutschen Heeres, S. 231.
23 Hermann v. Wissmann (1853–1905), Offizier und Afrikaforscher, warf 1888 den Araberaufstand in Deutsch-Ostafrika nieder, war dort 1895/96 Gouverneur.
24 Vgl. hierzu: Geheim! Sondervorschrift für den A7V-Panzer-Wagen. (Ergänzung zur Anweisung für Bedienung und Betrieb des A7V-Wagens) (Msch.-schr.), BA-MA, PH 20/29.
25 Armee Verordnungsblatt 1918, S. 163: KM Allgemeines Kriegs-Departement Nr. 349/1. 18. ANch v. 26. März 1918.
26 BA-MA, N 89/5 (Nachlaß Greiff), Kriegstagebuch, StPzWgAbt 1; Auswertung des Einsatzes vom 21. 3. 1918; »gemachte Erfahrungen«, Ziffer 2 und 3.
27 Vgl. Feld-Anweisung R vom 25. 9. 1913, 4. Ausgabe, Selbstretter Dräger-Tübben, Heeres – B – Type Drägerwerk, Lübeck.
28 Oberkommando Heeresgruppe Herzog Albrecht Abt. I d., Nr. 8810 op. H. Qu. 10. 8. 1918 geheim! Merkblatt: Angriff im Stellungskrieg Neudruck August 1918, S. 59, Abschnitt F.
29 Zum Brieftaubenwesen vgl.: a) Cron: Geschichte des deutschen Heeres, S. 233; b) Oberkommando HGr Herzog Albrecht Nch./I. d Nr. 4714 November 1917, geheim! Merkblätter über Nachrichtenmittel S. 17–19; c) Vorschriften für den Stellungskrieg für alle Waffen. Teil 9, Nachrichtenmittel und deren Verwendung vom 15. 12. 1917 Berlin 1917, S. 21–23 und Anlage 11; d) Kriegstagebuch Abteilung 1, S. 12 und 16, BA-MA, N 89/5 (Nachlaß Greiff).
30 Volckheim, E.: Die deutschen Kampfwagen im Weltkriege, Berlin [2]1937, S. 16.
31 Zum Blinkgerät vgl.: Anmerkung 29 b), S. 14–16; Anmerkung 29 c), S. 15–19. Ziff. 22–32 und Anlage 10; Anmerkung 29 d), S. 15; Geheim! Sondervorschrift für den A7V Panzerwagen, BA-MA, PH 20/29, S. 7.
32 Volckheim: Die deutschen Kampfwagen, 2. Aufl., S. 16.
33 Kriegstagebuch Abt. 1, S. 15, BA-MA, N 89/5 (Nachlaß Greiff).
34 Cron: Geschichte des deutschen Heeres, S. 235.

Glossar (Verzeichnis verwendeter Begriffe)

Abzeichen
Dieser Begriff wurde im deutschen Reichsheer bis 1918 auch unter der noch heute gültigen Bedeutung gebraucht. Mit Abzeichen bezeichnete man aber auch bestimmte Farben, so z. B. des Kragens und der Aufschläge. Infanterie hatte »ponceaurote« Abzeichen, d. h. Kragen, Aufschläge und Besatzstreifen (s. dort); Pioniere und Verkehrstruppen schwarze Abzeichen und so fort. Man unterschied auch »Abzeichentuch« für Kragen, Aufschläge und dergl. vom »Grundtuch« des Rockes, Mantels usw.

Attila
Oberbekleidungsstück, d. h. Rock, für Husaren nach ungarischem Vorbild. In Gebrauch seit 1853/54.

Aufschläge
Es wurden u. a. am Ärmelaufschlag unterschieden – brandenburgische, deutsche, französische, polnische und schwedische Aufschläge.

Besatzstreifen
Der farbige, umlaufende Streifen unterhalb des Mützendeckels. Er wies auf Zugehörigkeit zu Truppengattungen aber auch zu einzelnen Regimentern hin. Bestand im Regelfall aus Abzeichentuch (s. dort).

Borten
hatten die gleiche Bedeutung wie Tressen (s. dort), waren aber aus mattem unauffälligem Gewebe hergestellt.

Drell
Drillich; schweres, dichtes Gewebe aus Leinen und Baumwolle oft in Köperbindung für Arbeitsanzüge.

Einjährig Freiwilliger
Nach Ablegen einer entsprechenden Prüfung konnte man sich für den einjährig-freiwilligen Dienst im Reichsheer bewerben. Für diese Vergünstigung (normale Dienstzeitdauer Fußtruppen 2 Jahre, Berittene 3 Jahre) mußte der Soldat aber für Bekleidung, Beköstigung, Ausrüstung selbst aufkommen. Man mußte also gut situiert sein, um als Einjähriger dienen zu können. Aus den Einjährigen rekrutierten sich Reserve-Unteroffiziere und Reserveoffiziere.

Feldgrau
Einheitsfarbe der Felduniform des deutschen Reichsheeres ab 1910.

Feldzeichen

Alte Bezeichnung für das Portepée der Offiziere, auch für die »Nationale« der Ulanen, Husaren und Jäger. Besonders aber für Fahnen und Standarten gebräuchlich. Diese Feldzeichen des Reichsheeres wurden seit 1915 nicht mehr im Felde geführt. Die junge Tanktruppe des Ersten Weltkrieges hatte keine Feldzeichen.

Fußtruppen

waren unter anderem Infanterie, Jäger, Schützen, Pioniere und Verkehrstruppen.

Graugrün

Von Feldgrau (s. dort) abweichender, hellerer, mehr grünlicher Farbton der Felduniform für Jäger, Schützen, MG-Abteilungen, Jäger z. Pf. und Stabsordonnanzen.

Helmzier

Kontingentherrliches Wappen bis 1914 aus geprägtem Blech am Stirnteil des Helmes sichtbar getragen. Im Kriege durch einen schilfgrünen Überzug bedeckt, später stumpf, grau metallen.

Interimsrock

interim (lat) = einstweilen. Uniform für »zwischendurch« oder auch für den sogen. kleinen Dienst.

Kaliblau:

Kräftiges, mittleres Blau. Ab 1915 Abzeichenfarbe (s. dort) für den Train.

Kapellenlitzen

Bei der preußischen Garde seit 1814 am Kragen in Gebrauch. Litzen, deren Enden in Form eines Doppelwinkels ausliefen. Die farbige Linie in der Litze hieß der Spiegel. Es gab abweichende Formen und andere Arten. Litzen konnten einfach und als Doppellitze getragen werden.
In der Bekleidungsordnung, Teil 2, von 1903 § 13, S. 52–57 sind alleine 5 Seiten dem Aussehen und der Art des Anbringens von Litzen eingeräumt. Die Litze am Kragen und an Aufschlägen war ein begehrtes Gardemerkmal, wurde aber nicht ausschließlich von der Garde getragen. Die Litze ist an der Uniform deutscher Heere der Gegenwart erhalten geblieben. Das Heer der deutschen Bundeswehr trägt sogenannnte »Spiegel« am Kragen des Rockes. Diese Spiegel kann man uniformkundlich ansprechen als: Ungespiegelte, doppelte Kapellenlitzen auf Patten aus Abzeichentuch. In Unkenntnis der Tradition der Uniformierung und Bedeutung dieser Abzeichen nennen Angehörige der Bundeswehr die Kapellenlitzen 'Balken'.

Kavallerie

Berittene Truppen wie Kürassiere, Dragoner, Husaren, Ulanen und Jäger zu Pferde. 1914 gab es nur noch eine gleichbewaffnete (Lanzen), gleichausgerüstete Einheitskavallerie. Die alten Namen verkörperten lediglich Traditionen.

Koller

Weißes Oberbekleidungsstück, d. h. Rock, für Kürassiere, getragen seit 1842.

Litewka

Eigentliche Bedeutung »die Litauerin«. Blusenartiger, bequemer Rock polnischen Ursprungs.

Paspeln

Schmaler farbiger Nahtbesatz an Uniformstücken, andersfarbig als Grundtuch; an Hosennähten Biese genannt.

Patten

Verschiedenfarbige, meist rechteckige Tuchstücke am Kragen oder Aufschlägen zur Kennzeichnung verschiedener Truppengattungen, Armeekorps (AK) oder Regimenter.

Ponceaurot

Ein helles, kräftiges und leuchtendes Rot, galt als Abzeichenfarbe (s. dort) der Infanterie.

Portepée

Ursprünglich Riemen oder Band am Gefäß (Griff einer Blankwaffe) zur Befestigung eines Säbels am Handgelenk des Reiters. Dieser Riemen schützte den Reiter vor Verlust seiner Blankwaffe im Gefecht wenn er z. B. im Getümmel seine Pistole ziehen wollte. Säbel oder Degen hingen dann sicher mit der Öse des Riemens am Handgelenk (portepée franz. soviel wie »Degenträger«). Später wurde dieser Riemen reine Zierde, nahm Landesfarben an und galt als erstes Feldzeichen (s. dort) eines Offiziers, als diese noch keine Rangzeichen trugen, im 18. Jahrhundert. In Preußen trugen Feldwebel das Portepée seit 1789, sie unterschieden sich damit von den übrigen Unteroffizieren.

Kleiner Rock

Entsprach im Grunde der Litewka (s. dort). Die Bezeichnung »Kleiner Rock« kam mit der neuen Bekleidung 1915 auf.

Schulterstück

Rangabzeichen für Offiziere, ältere Bezeichnung: Feldachselstück oder Achselstück. Bei Mannschaften Achselklappe, später Schulterklappe.

Schwalbennester

Jahrhundertealtes auffälliges Merkmal deutscher Militärmusiker. In der letzten Form halbkreisförmiger Einsatz am Oberarm in der Schulernaht meist in Abzeichentuch (s. dort). Bei Fußtruppen mit senkrechten weißen oder gelben Borten besetzt.

Spielleute

Militärmusiker als Hornisten und Tambours (Trommler), dienten 1914 noch der Signalübermittlung im Gefecht.

Stammrolle

Verzeichnis der Personalien von Angehörigen einer militärischen Einheit.

Trainkolonnen

Der Train bildete im Frieden eine Waffe für sich. Wurde bei der Mobilmachung zur Besetzung der zahlreichen planmäßigen Kolonnen aufgelöst. Es wurden z. B. folgende Kolonnen gebildet: Artillerie- und Infanterie-Munitionskolonnen, Proviant-, Feldlazarett- und Bäckereikolonnen u.a.m. Die Organisation des Trains wurde im Laufe des Ersten Weltkrieges den sich ändernden Verhältnissen und Anforderungen angepaßt.

Tressen

Schmales Band aus silber- oder goldfarbenem Gespinst. Diente u. a. an Kragen und Aufschlägen des Waffenrocks als Rangabzeichen der Unteroffiziere.

Troddel

Quastenartiger Behang am Seitengewehr von Fußtruppen (s. dort). An den verwendeten unterschiedlichen Farben konnte man genau Bataillons- oder Kompanienummern erkennen.

Tschako

(ungarisch), soviel wie »Kopfbedeckung«. War früher das militärische Gegenstück zum zivilen Zylinder; seit 1854 entwickelte sich der Tschako zum typischen Ausrüstungsstück der deutschen Jägertruppe. Wurde aber auch von Teilen der Verkehrstruppen und dem Seebataillon getragen und von anderen mehr.

Ulanka

Oberbekleidungsstück d. h. Rock der Ulanen, polnischer Schnitt, getragen seit 1842

Vorstoß siehe Paspel

Udo Lander

Anstrich und Kennzeichnung der Sturmpanzerkraftwagen A7V

Die genaue Farbbestimmung der verschiedenen Anstricharten, welche bei den A7V-Wagen zur Anwendung kamen, fällt heute aus mehreren Gründen schwer: Zum einen ist kein A7V-Wagen im Originalanstrich erhalten, zum andern sind alle zeitgenössischen Fotografien, die einen solchen Sturmpanzerkraftwagen zeigen, verständlicherweise Schwarz-Weiß-Abbildungen, deren Hell-Dunkel-Werte nicht ohne weiteres in entsprechende Farbtöne übertragen werden können. Somit bleibt als einzige Möglichkeit, noch heute im Originalanstrich erhaltene Geräte und Ausrüstungsstücke des Deutschen Reichsheeres der Zeit zwischen 1914 und 1918 auf ihre Farbgebung zu untersuchen, um so auf den Anstrich der A7V-Wagen schließen zu können. Um diese Untersuchung auf eine einheitliche und vor allem nachvollziehbare Basis zu stellen, bot sich das heute allgemein bekannte und gültige RAL-Farbensystem an. Dessen Register RAL 840 HR, welches in jeder gut sortierten Farbhandlung erhältlich ist, wurde zum Bestimmen der Farbtöne benutzt, die auf den zur Verfügung stehenden Realstükken aus der Zeit des Ersten Weltkrieges vorhanden waren. Folgende Gegenstände sind untersucht worden:

1.	Stahlhelm M 16, einfarbig	RAL 7013 Braungrau
2.	Stahlhelm M 16, zweifarbig mit schwarzem Trennstrich	RAL 7033 Zementgrau RAL 8011 Nußbraun
3.	Stahlhelm M 16, dreifarbig mit schwarzem Trennstrich	RAL 6003/05 Olivgrün/ Moosgrau RAL 8011 Nußbraun RAL 8025 Blaßbraun
4.	Stahlhelm M 16, vierfarbig ohne Trennstrich	RAL 8001 Ockerbraun RAL 8004 Kupferbraun RAL 6003 Olivgrün RAL 7022 Umbragrau
5.	MG 08 auf Lafette	RAL 7009 Grüngrau
6.	Gurtfüller MG 08	RAL 7022 Umbragrau
7.	Gurttrommel MG 08/15	RAL 7022 Umbragrau
8.	Mauser-Tankbüchse/Zweibein	RAL 7009 Grüngrau
9.	Granatwerfer 16	RAL 7009 Grüngrau
10.	Werksmodell 21 cm-Mörser dreifarbig ohne Trennstrich	RAL 8025 Blaßbraun RAL 7009 Grüngrau RAL 1002 Sandgelb
11.	Werksmodell FK 96/09 dreifarbig ohne Trennstrich	RAL 6007 Flaschengrün RAL 7013 Braungrau RAL 8008 Olivbraun
12.	Werksmodell 170 mm mittlerer Minenwerfer M 16	RAL 7009 Grüngrau
13.	Werksmodell Feldkanone 150 mm FK 16 L/43 Krupp, zweifarbig ohne Trennstrich	RAL 7009 Grüngrau RAL 8025 Blaßbraun
14.	15 cm-Festungs- und Belagerungs-Kanone L 30 C/88, dreifarbig mit Trennstrich	RAL 3009/8011 Oxidrot/ Nußbraun RAL 1034/8003 Oxidgelb/ Lehmbraun RAL 6011/6025 Resedagrün/Farngrün
15.	Grabenpanzer	RAL 7013 Braungrau bis RAL 6014 Gelboliv

Die Auswertung dieser Tabelle für den Bereich »Feldgrau« ergibt, daß es eine eindeutig zu definierende Farbe »Feldgrau« offensichtlich nicht gegeben hat. Vielmehr erstreckt sich das entsprechende Farbspektrum von Resedagrün (RAL 6011) über Farngrün (RAL 6025), Moosgrün (RAL 6005), Olivgrün (RAL 6003), Flaschengrün (RAL 6007), Grüngrau (RAL 7009), Zementgrau (RAL 7033), Braungrau (RAL 7013) zu Umbragrau (RAL 7022). Wichtig erscheint hierbei, daß die Farben Braungrau und Umbragrau jeweils dreimal, die Farbe Grüngrau jedoch sechsmal und damit

Der Kampfwagen WOTAN von der Rückseite gesehen, Frühjahr 1918

Bundesarchiv Koblenz

am häufigsten vorkommen. Diese weitgefächerten Farbabstufungen im Bereich »Feldgrau« mögen damit erklärt werden können, daß es zum Zeitpunkt ihrer Verwendung auf dem Gebiet der Farbchemie keine allgemein gültigen Normen gegeben hat, so daß jeder Hersteller den feldgrauen Farbton nach eigenem Gutdünken zusammengemischt hat. Daneben ist durchaus vorstellbar, daß durch die Mangelwirtschaft gegen Ende des Krieges längst nicht jeder Farbenhersteller die zum Mischen des Farbtones »Feldgrau« notwendigen gleichen Ingredienzien zur Verfügung hatte. Der dadurch hervorgerufene Zwang zum Improvisieren brachte somit natürlich unterschiedlichste Farbtöne hervor, die aber alle unter der Sammelbezeichnung »Feldgrau« liefen. Nur so ist zum Beispiel zu erklären, daß selbst ein Massenartikel wie der deutsche Stahlhelm M 16, welcher von verschiedenen Firmen gefertigt wurde und von dem noch heute viele Exemplare im originalen Zustand vorhanden sind, unterschiedlichste Farbtöne im Bereich »Feldgrau« aufweist.

Als die Sturmpanzerkraftwagen-Abteilungen I, II und III zwischen Januar und März 1918 ihre fabrikneuen A7V-Wagen zugeführt bekamen, trugen die Fahrzeuge einen vom Hersteller aufgebrach-

ten einheitlichen feldgrauen Anstrich und auf beiden Fahrzeugseiten sowie an Bug und Heck jeweils ein schwarzes Eisernes Kreuz mit weißem Rand. Lediglich die A7V-Wagen der Abteilung I, welche bereits am 21. März 1918 bei St. Quentin den ersten deutschen Tankangriff gefahren hatten, führten am Bug an Stelle des Eisernen Kreuzes ein auffälliges Totenkopfemblem in Weiß auf schwarzem, kreisrundem Grund[1].

Bereits bei diesem ersten Einsatz waren vereinzelt Fahrzeuge mit einem dreifarbigen, unregelmäßigen Fleck- und Streifenanstrich versehen, wobei auf die feldgraue Grundfarbe rostbraune und sandgelbe Flecken unterschiedlicher Form und Größe aufgemalt waren. Inwieweit dieser Flecktarnanstrich von höherer Stelle angeordnet worden war oder möglicherweise auf die Eigeninitiative der verschiedenen Besatzungen zurückgeführt werden muß, ist leider nicht feststellbar. Sicher ist jedoch und kann durch entsprechende Fotos nachgewiesen werden, daß zumindest ab Juni 1918 die Mehrzahl der eingesetzten A7V-Wagen aller drei Abteilungen diesen Tarnanstrich führten. Der RAL-Farben-Vergleich ergab für den Farbton »Rostbraun« ein Spektrum von RAL

Auf einem Übungsplatz in Frontnähe übt im Sommer 1918 Infanterie das Vorgehen mit A7V–Panzerunterstützung
Bundesarchiv Koblenz

8001 Ockerbraun über RAL 8004 Kupferbraun, RAL 8008 Olivbraun, RAL 8011 Nußbraun bis RAL 8025 Blaßbraun, wobei RAL 8011 Nußbraun und RAL 8025 Blaßbraun vorherrschend waren. Für die Farbe »Sandgelb« wurden die Farben RAL 1002 Sandgelb, RAL 8003 Lehmbraun und RAL 8008 Olivbraun ermittelt.

Ebenfalls im Juni 1918 kam es auch zu einer Änderung bezüglich der auf den Panzern angebrachten Eisernen Kreuze: Zu diesem Zeitpunkt erhielten die A7V-Wagen auf jeder Seite ihres Aufbaus im Gegensatz zu dem bisher üblichen einen Eisernen Kreuz zwei Eiserne Kreuze aufgemalt. Zwischen den beiden Kreuzen befanden sich auf beiden Seiten des Aufbaus je ein weißer Kreis, in dessen Mitte die Zahlen 1–5 gemalt waren – die Nummer des betreffenden Fahrzeugs innerhalb seiner Abteilung. Offensichtlich hat sich diese kreisförmige Kennzeichnung aber nicht bewährt, denn bereits ab Juli 1918 hat man diese wieder entfernt und durch Zahlen in lateinischer Schreibweise ersetzt. Diese römischen Zahlen waren rot und hatten einen weißen Rand.

Auch muß es, wie auf Fotos zu ersehen ist, üblich geworden sein, ein Eisernes Kreuz als Fliegersichtzeichen auf dem an der Oberseite der Panzerung angebrachten Triebwerklüftungsgitter zu führen. Darüber hinaus gab es A7V-Wagen der Abteilung 1 (Wagen Nr. 562, HERKULES am 9. Juni 1918), die nun am Bug zusätzlich zum Totenkopf links und rechts davon je ein Eisernes Kreuz zeigten. Die Totenköpfe waren ab dieser Zeit nicht mehr schwarz unterlegt, sondern hatten zusätzlich als besondere Verzierung zwei gekreuzte Knochen erhalten. In diesem Zusammenhang ist zu erwähnen, daß der Totenkopf, welcher bisher nur von den Fahrzeugen der Abteilung 1 geführt worden war, ab September 1918 bei allen Abteilungen vorkam. Ungefähr ab August 1918 ergab sich hinsichtlich der Tarnbemalung eine erneute Änderung, welche in direktem Zusammenhang mit dem Tarnfleckanstrich der deutschen Stahlhelme M 16 gesehen werden muß.

Am 7. Juli 1918 hatte der Chef des Generalstabes des Feldheeres eine Empfehlung bezüglich einer neuen Bemalung der Stahlhelme herausgegeben[2], die sich auch auf den Tarnanstrich von Geschützen und Minenwerfern bezog. Darin heißt es: »Die einzelnen Farbflecke (Grün, Ockergelb, Rostbraun) sind mit einem fingerbreiten schwarzen Farbanstrich zu umrändern. Hierdurch werden ein Ineinanderübergehen der Farben verhindert und die formauflösende Wirkung verstärkt[3].« Durch diese Verfügung fand der

charakteristische, von schwarzen Konturlinien getrennte Buntfarbenanstrich ab Juli 1918 im Deutschen Reichsheer weite Verbreitung – sowohl an Stahlhelmen als auch an Geschützen und Maschinengewehren. Auf sie dürfte auch der ab September 1918 bei nahezu allen A7V-Wagen nachweisbare neuartige Farbanstrich zurückzuführen sein.

Ebenfalls ab ca. September 1918 ist eine weitere Änderung bezüglich der nationalen Kennzeichnung der A7V-Wagen zu beobachten: Zu diesem Zeitpunkt verschwanden die bisher auf den Fahrzeugen aufgemalten geschwungenen Eisernen Kreuze und wurden durch geradlinige Balkenkreuze in Schwarz, entweder im weißen Quadrat oder mit weißer Umrandung ersetzt. Hintergrund dafür dürfte möglicherweise ein Befehl des Chefs des Generalstabes vom 4. Juni 1918 sein, der quellenmäßig allerdings nur in der Fassung für die Luftstreitkräfte vorliegt[4]. Darin wird die Änderung der geschwungenen Eisernen Kreuze in die Balkenkreuze auf den Tragflächen der deutschen Flugzeuge spätestens bis zum 26. Juni 1918 befohlen. Ob nun ein gleichlautender Befehl, möglicherweise auch zu einem etwas späteren Zeitpunkt an die Sturmpanzerkraftwagen-Abteilung erging, ist zwar nicht bekannt, aber durchaus denkbar. Denkbar ist aber auch, daß diese Änderungen von den Abteilungen selbst aus rein praktischen Erwägungen vollzogen worden sind. Durch das häufige Um-oder Neubemalen[5] der A7V-Wagen, welches durch die Besatzungen in eigener Regie mit dem Pinsel geschah, ist auch jedesmal wieder ein

Heckansicht des gleichen A7V. Der Wagen trägt die frühe Ausführung des Balkenkreuzes mit vollständiger weißer Umrandung
Bundesarchiv Koblenz

Wagen 501 GRETCHEN, auf einem Übungsplatz. Dieser Kampfwagen ist mit einer Sockellafette ausgerüstet. Er trägt die spätere Ausführung des Balkenkreuzes, das an den Stirnseiten keine weiße Umrandung mehr hat und einen Totenkopf, der ab September 1918 von allen A7V-Abteilungen geführt wurde
Sammlung WGM

Neuaufmalen der Eisernen Kreuze erforderlich geworden. Da sich aber gerade Linien mit Hilfe eines Lineals oder gegebenenfalls mit einer Zaunlatte einfacher aufbringen ließen als die von Hand zu ziehenden geschwungenen Linien der Eisernen Kreuze, kam man aus Vereinfachungsgründen auf die geradlinigen Balkenkreuze. Neben den römischen Zahlen, welche die Reihenfolge eines Panzers innerhalb seiner jeweiligen Abteilung angaben, hatten 16 der insgesamt 20 gefertigten Sturmpanzerkraftwagen A7V als äußeres Kennzeichen zur Identifizierung Namen erhalten. Diese Namen waren in weißer Druckschrift am Bug oben rechts und am Heck oben links, jeweils oberhalb der MG-Scharten aufgemalt. Darüber hinaus waren die dreistelligen Fahrgestellnummern in weißer Farbe an den Innenseiten der Einstiegstüren ca. 20 cm oberhalb des unteren Randes angebracht.

Den Fahrgestellnummern waren folgende Namen zugeordnet:

501	GRETCHEN
502/503	ohne Namen[6]
504/544	SCHNUCK
505	BADEN I
506	MEPHISTO
507	CYKLOP
525	SIEGFRIED
526	ohne Namen
527	LOTTI
528	HAGEN
529	NIXE II
540	HEILAND
541	ohne Namen
542	ELFRIEDE
543	HAGEN/ADALBERT/ KÖNIG WILHELM
560	ALTER FRITZ
561	NIXE
562	HERKULES
563	WOTAN
564	ohne Namen

1 Ob dieses Emblem schon vor diesem Einsatz oder erst danach angebracht wurde, kann nicht mit Bestimmtheit festgestellt werden. Durch Fotos nachweisbar ist jedoch, daß, als die Fahrzeuge nach dem Angriff zur Überholung in Charleroi beim Bayerischen Armee-Kraftwagenpark 20 standen, die Totenkopfembleme vorhanden waren.

2 Jürgen Kraus, Stahlhelme vom 1. Weltkrieg bis zur Gegenwart, Bayerisches Armeemuseum Ingolstadt 1984, zit. nach: Bayerisches Hauptstaatsarchiv, München, Abt. IV, Kriegsarchiv, 6. Bayer. Landwehr-Division; Int. Bd 21, Akt. 8, Nr. 91366 v. 7. 7. 1918.

3 Ebd.

4 Klietmann, aus der Geschichte der Hoheitsabzeichen der deutschen Flugzeuge, in: Feldgrau, 17. Jg., 1969, S. 20 ff.

5 Inwieweit wegen möglicherweise schlechter Qualität der Farben diese durch den Regen abgewaschen wurden, kann nicht nachgewiesen werden, ist jedoch nicht von der Hand zu weisen.

6 Chassis 502 ist im März 1918 – vermutlich nach Rahmenbruch – unbrauchbar geworden, so daß dessen Aufbau auf das Fahrgestell 503 gesetzt wurde. Gleiches gilt für Fahrgestell 544; seine Panzerung wurde auf Fahrgestell 504 gesetzt.

Edelfried Baginski

Einsatzgrundsätze deutscher Kampfwagen im Ersten Weltkrieg

Es ist einleuchtend, daß das neue und komplexe Waffensystem, geschaffen auf dem Höhepunkt des Ersten Weltkrieges, seinen Einsatzauftrag zunächst ohne eine erprobte Einsatzkonzeption erfüllen mußte. Es müssen daher zahlreiche Rahmenbedingungen, die seinen Einsatz bestimmten oder zumindest stark beeinflußten, betrachtet werden:

Das Offizierkorps des deutschen Heeres besaß eine gute taktische Ausbildung, die durch eine langjährige Kriegserfahrung ergänzt wurde. Beim technischen Wissen, vor allem aber dem Verständnis und dem Interesse an technischen Zusammenhängen, bestand teilweise ein erhebliches Defizit.

Die Infanterie war die Königin des Schlachtfeldes. Alle anderen Waffen hatten sich ihrem Einsatz unterzuordnen. Die geringe Zahl der deutschen Panzerwagen und Panzerwagenabteilungen schloß einen Masseneinsatz, wie er auf der Seite der Ententemächte mehrfach praktiziert wurde, grundsätzlich aus. Diese Zahl begründete auch die geschlossene Unterbringung aller Panzerwagenabteilungen bei Charleroi/Belgien und den damit verbundenen Hin- und Rücktransport zu und von den Einsatzorten. Die technische Unzuverlässigkeit und der hohe Verschleiß der Baugruppen der Kampfwagen begrenzten die Einsatzdauer und die Durchführung von Straßen-/Verlegungsmärschen erheblich. Hinzu kamen ein verhältnismäßig geringer Fahrbereich sowie eine vor allem im Trichtergelände eingeschränkte Beweglichkeit und Geschwindigkeit. Hitze bis über 60° C, infernalischer Lärm, Gase, Rauch usw. führten zu aus heutiger Sicht fast unerträglichen ergonomischen Bedingungen im Kampfwagen.

Die Führung war wegen fehlender Fernmeldeverbindungen sowohl zwischen den einzelnen Kampfwagen als auch zu übergeordneten Stellen und zu den anderen Waffen wie z. B. zur Infanterie und zur Artillerie äußerst schwierig. Daher war stets eine gründliche Vorbereitung eines jeden Einsatzes mit eingehender Erkundung und detaillierten Absprachen aller beteiligten Stellen erforderlich.

Das Kriegsbild erhielt durch den Masseneinsatz von Tanks auf Seite der Gegner ein neues Gesicht.

Umso höher sind angesichts dieser Rahmenbedingungen die Leistungen der Kampfwagenbesatzungen und die erzielten Erfolge zu bewerten. Es wird dabei aber auch verständlich, daß unter diesen Umständen die wenigen Kampfwagen nur eine Hilfswaffe/Unterstützungswaffe der Infanterie sein konnten und auch so eingesetzt wurden. Die Aufgaben und Einsatzgrundsätze der deutschen Kampfwagen wurden auf Grund der ausgewerteten

Feinderfahrungen und der auf die Fähigkeiten des neu gebauten Kampfwagens A7V gesetzten Erwartungen in einem Merkblatt der Obersten Heeresleitung (OHL) festgelegt, erfuhren aber auf Grund der in den Kampfeinsätzen gemachten Erfahrungen im Laufe des Jahres 1918 einige Veränderungen. Dieses Merkblatt vom 18. Januar 1918, das zunächst als Grundlage für den Einsatz der deutschen Kampfwagen diente, hatte folgenden Wortlaut:

```
G e h e i m !                        - 1
Nicht in die vorderste
Linie mitzunehmen.           A n l e i t u n g

    für die Verwendung von Sturm-Panzerkraftwagen-Abteilungen.

                I. Allgemeines.

1.)  Die Sturm-Panzerkraftwagen-Abteilungen sind der Obersten Heeres-
leitung unmittelbar unterstellt und werden den Armeen für Kampfhandlun-
gen zugeteilt.

     Die Abteilungen sind „Kraftfahrverbände" und unterstehen während
ihrer Zuteilung zu einer Armee in disziplinarer und technischer Hin-
sicht den zuständigen Kommandeuren der Kraftfahrtruppen.

                II. Aufgaben.

2.)  Hauptaufgabe der Tanks ist beim Angriff das Vorgehen der Infanterie
zu unterstützen durch

a)  Zerstören der feindlichen Hindernisse durch Überwalzen,

b)  Niederkämpfen der feindlichen Besatzung, insbesondere der Stützpunkte
    und M.G.-Nester,

c)  Abwehr feindlicher Gegenstöße.

     An schwach besetzter Front überraschend auftretend, sollen sie
durch rücksichtsloses Durchstoßen sowie seitliches Aufrollen der feind-
lichen Front der Infanterie den Weg zum Durchbruch bahnen.

     An Hauptkampffronten, wo mit starker Gegenwirkung der feindlichen
Artillerie gerechnet werden muß, wird der Einsatz von Tanks nur unter
besonders günstigen Umständen zum Erfolg führen.

3.)  In der Verteidigung dienen die Tanks als bewegliche Reserve in der
Hand der Führung

a)  zur Abwehr feindlicher Durchbrüche,

b)  zur Unterstützung der Infanterie bei Gegenangriffen,

c)  zur Bekämpfung feindlicher Tanks.

                III. Vorbereitende Maßnahmen.

4.)  Strengste Geheimhaltung ist erforderlich, um überraschendes Auftre-
ten der Tanks - die Vorbedingung für jeden Erfolg - zu gewährleisten.
Hierzu gehört:

a)  Völliges Verborgenhalten der Tanks bis zum Augenblick des Eintritts
                                                               ing
```

Bayerisches Hauptstaatsarchiv, Abt. IV, Kriegsarchiv, München, MKr 1549

ins Gefecht vor der in Stellung befindlichen **eigenen Truppe** (s. auch Ziff. 7) und

vor der feindlichen **Fliegeraufklärung**, daher:

Alle Bewegungen der Tanks nur bei Nacht,

verdeckte Aufstellung in dichten Waldstücken, Gehöften usw. oder unter Masken,

Verwischen der von den Raupenketten beim Anmarsch verursachten Wegespuren vor Tagesanbruch durch Harken und Eggen, Vermeidung unnötiger Geräusche beim Fahren (Auspuffklappen, Undichtheit von Packungen, Öffnen der Kompress.-Hähne beim Untersuchen der Motoren), Verschleiern des nicht vermeidbaren Geräusches durch Schießen von Artillerie, Minenwerfern oder Maschinengewehren.

5.) Genaue **Geländeerkundung** durch den Abteilungsführer und eingehend Unterweisung der Fahrzeug-Kommandanten im Gelände muß jedem Einsatz vorausgehen (unauffälliges Verhalten, um nicht Aufmerksamkeit zu erregen). Bedenken über Zweckmäßigkeit des Einsatzes (ungeeignetes Gelände) sind vom Abteilungsführer rechtzeitig bei der zuständigen Stelle zur Sprache zu bringen.

6.) **Anmarschwege** sind festzulegen und zu bezeichnen (feste Straßen vermeiden), alle Geländeschwierigkeiten auf ihnen zu beseitigen.

7.) **Vorübungen** der zum Angriff mit den Tanks bestimmten Infanterie müssen weit hinter der Front erfolgen, um die Geheimhaltung nicht zu gefährden.

IV. Einzelheiten für die Verwendung.
Angriff.

8.) Verhalten wird durch Angriffsbefehl geregelt. Dieser muß enthalten:

Gefechtsauftrag,

Ausgangsstellung, Aufbruchszeit, Weg (eingezeichnete Karte),

Marschordnung,

Entfaltung zur Gefechtsordnung, Zwischenräume.

Zusammenwirken und Verbindung mit der Infanterie.

Verhalten bei Gegenangriff und nach erreichtem Gefechtszweck,

technische Anordnungen

Platz des Führers,

Sammelplätze

3

Sammelplätze für die Bedienungsmannschaften außer Gefecht gesetzter Tanks (s. auch Ziff. 11 vorletzter und letzter Absatz).

9.) **Dauernde engste Fühlung mit der Infanterie ist von höchster Bedeutung.** Der Tank kann wohl einen Eindruck erzwingen, nicht aber den Geländegewinn festhalten. Dazu ist Infanterie erforderlich, die den Tanks dichtauf folgen muß.

Der **Platz der Panzerwagen** beim Vorgehen richtet sich nach dem Gefechtsauftrag. Meist werden sich die Tanks dicht vor der ersten Sturmwelle befinden. In schwierigem oder stark zerschossenem Gelände sind ihnen **Pioniertrupps** zur Beseitigung besonderer Geländeschwierigkeiten und Kenntlichmachen von Tankfallen usw. beizugeben.

Um die Fahrbahn nicht unnötig zu zerwühlen, kann es angezeigt sein, bei der Artillerievorbereitung Streifen für die Panzerwagen freizulassen.

Der **Zwischenraum** zwischen den Fahrzeugen richtet sich nach dem Gelände (Deckung gegen Artilleriefeuer).

Durch geschickte Verwendung von **Nebelbomben** und **Nebelgranaten** sind die Tanks auch beim Vorgehen möglichst lange der feindlichen Sicht zu entziehen.

10.) Besondere Maßnahmen sind für schnelles Erkennen und Niederkämpfen der feindlichen Tankabwehrgeschütze durch die Artillerie zu treffen.

11.) Nach erreichtem Gefechtszweck fahren die Panzerwagen in Deckung zurück, um sich nicht unnötig der Vernichtung durch Artillerie auszusetzen. Ist dies bei Tageslicht nicht möglich, so sind die Fahrzeuge in Geländefalten zu bergen und durch Bedecken mit Zweigen und Erdaufschüttungen zu maskieren

Heftigem feindlichen Artilleriefeuer suchen sich die Tanks unter dem Schutze von Nebelbomben zu entziehen. Auch zeitweises „ Totstellen " kann von Vorteil sein.

Bewegungsunfähig geworden Fahrzeuge sind, wenn ihr Zurückbringen ausgeschlossen ist, gründlich zu sprengen. Waffen und noch brauchbare Teile sind vorher zu entfernen.

Ihre

4

Ihre **Besatzungen** beteiligen sich am Infanteriegefecht. Je nach der Lage nehmen sie entweder als Stoßtrupps am weiteren Angriff der Infanterie teil oder sie nisten sich mit ihren M.G's als „ Stützpunktbesatzungen " zur Abwehr feindlicher Gegenstöße im Gelände ein.

Verbleiben in der Nähe der Tanks ist zu vermeiden, da diese Stellen das feindliche Feuer besonders anziehen.

Verteidigung.

12.) Die Aufgaben der Panzerfahrzeuge in der Verteidigung sind in Ziff. festgelegt. Auch hierbei ist völliges Verdeckthalten bis zum Eingreifen ins Gefecht besonders wichtig. Das Verhalten bei Gegenangriffen regelt sich sinngemäß nach Ziff. 9.

Platz des Abteilungsführers.

13.) Am **Angriff** nimmt der Abteilungsführer in einem der Tanks teil und leitet die Bewegungen seiner Abteilung durch Signale.

In der **Verteidigung** wählt er seinen Standort so, daß er den Gang des Gefechts übersehen und durch Zeichen mit seinen Fahrzeugen verkehre kann.

Selbständiges Handeln der Panzerwagen-Kommandanten wird jedoch bei der Schwierigkeit der Nachrichtenübermittlung in beiden Fällen häufig erforderlich sein.

Signalgebung.

14.) Die Zeichengebung zwischen Fahrzeugen und Abteilungsführer, zwischen Infanterie und Fahrzeugen sowie zwischen den Fahrzeugen untereinander erfolgt nach besonderer Signalordnung durch Lichtsignale, farbig Signalscheiben und Brieftauben sowie nötigenfalls durch besondere Verbindungsleute der Sturm-Infanterie.

J.A.

gez. Ludendorff.

Bayerisches Hauptstaatsarchiv, Abt. IV, Kriegsarchiv, München, MKr 1549

Nach den trotz aller Unzulänglichkeiten recht erfolgreichen ersten deutschen Kampfwageneinsätzen am 31. März 1918 und 24. April 1918 wurden die Einsatzgrundsätze durch das nachstehende Merkblatt der Obersten Heeresleitung ergänzt.

Chef des Generalstabes
des Feldheeres.
I c Nr. 86 701 op.

Gr. H. Qu., den 19. Mai 1918.

K.B.Kriegs-Ministerium
empf. 26. MAI 1918
№ 127630

Merkblatt
für das
Verhalten der Infanterie beim Zusammenwirken mit Panzerwagen.

1. Die **Aufgaben der Panzerwagen** ähneln denen der Infanterie-Begleitbatterien. Sie bestehen
  a) im Niederkämpfen feindlicher Stützpunkte, feindlicher M. G.- und sonstiger Widerstandsnester,
  b) in der Unterstützung der Infanterie bei Abwehr feindlicher Gegenstöße.

2. **Schnelle Ausnutzung der Wirkung der Panzerwagen durch die Infanterie ist entscheidend für den Erfolg.** Ob hierzu die Infanterie **vor, mit** oder **hinter** den Panzerwagen vorgeht, hängt von der Kampflage ab.
   Beim Angriff auf **kurze Strecken** werden Infanterie und Panzerwagen in engem Anschluß aneinander vorgehen.
   Auf längere Strecken reicht jedoch die Geschwindigkeit der Panzerwagen zum Schritthalten mit der Infanterie nicht aus. **Die Infanterie darf sich dann durch das vorübergehende Zurückbleiben der Panzerwagen nicht aufhalten lassen, sondern muß ihre Aufgaben unabhängig von dem Vorwärtskommen der Panzerwagen so schnell wie möglich durchführen.**

3. Wird die Infanterie durch feindliche Widerstandsnester zum Halten gezwungen, so stoßen die Panzerwagen zum Niederkämpfen derselben über die Infanterie-Linien hinaus vor.
   Anlagen, die von der Artillerie nicht gefaßt werden konnten (z. B. M. G.-Nester an rückwärtigen Hängen), und die bisher nicht erkannt waren (z. B. plötzlich auftretende Flankierungsanlagen), müssen durch schnelles Zufassen der Panzerwagen außer Gefecht gesetzt werden. Die Infanterie muß ihnen hierbei dichtauf folgen. Die Panzerwagen allein können das errungene Geländegewinn nicht behaupten.

4. Bei der **Abwehr von Gegenstößen** greifen die Panzerwagen sofort von der Stelle aus, wo sie sich gerade befinden, in den Kampf ein und wenden sich besonders gegen etwaige feindliche Einbrüche. Das Zusammenwirken mit den Gegenstößen der Infanterie wird hierdurch am besten gewährleistet.

5. Enge **Fühlung** zwischen Infanterie und Panzerwagen, sowie persönliche Besprechungen zwischen den beiderseitigen Führern während des Gefechts sind von großer Wichtigkeit.
6. Die **Mannschaft** der Panzerwagen nimmt bei Betriebsunfähigkeit der Fahrzeuge mit M. G., Handgranaten und Karabinern als Stoßtrupp am Angriff teil.

I. A.
Ludendorff.

Verteilungsplan :
1. An alle Heeresgruppen,
   A. O. K.'s. und Generalkommandos des Westens: je 2;
2. Ausgabe an die **Truppe,** und zwar
   Divisionen im **Kompagnien einschl.** erfolgt durch den Kommandeur der Panzerwagen-Abteilungen und nur an diejenigen Divisionen, bei denen die Panzerwagen eingesetzt werden.
3. Feldkraftfahrchef mit 2000 Nebenabdrucken zur Veranlassung gemäß Ziffer 2.
   Die Ausgabe an die Truppe hat so früh wie möglich zu erfolgen.
4. M. G. Ss. Kdo. Tongern mit 50 Nebenabdrucken,
   Generalstabskursus Sedan: 3,
   Ausbildungstruppe Beverloo: 10,
   Beauftragter General der O. H. L.: 2.
   Nachrichtlich :
An Kriegsministerium Berlin, München, Dresden und Stuttgart je 1,
   Generalgouvernement Belgien: 3.

Bayerisches Hauptstaatsarchiv, Abt. IV, Kriegsarchiv, München, MKr 1549

Wenn man diese beiden grundlegenden Weisungen mit heutigen Augen betrachtet, fällt folgendes auf: Anleitung und Merkblatt enthalten eine Mischung von taktischen Grundsätzen und Einzelanweisungen, für die man heute mehrere Dienstvorschriften benötigen würde. Sie sind zwar zwangsläufig lückenhaft, enthalten aber dennoch das für den Einsatz Wesentlichste.
Die heute noch geltende Auftragstaktik und taktische Grundsätze wie »Überraschung als Vorbedingung für jeden Erfolg«, »rücksichtsloses Durchstoßen«, »schnelles Zufassen«, »Einsatz als bewegliche Reserve«, »Bekämpfung feindlicher Tanks« als eine wesentliche Aufgabe, »Tarnen und Täuschen«, »Entfaltung«, »Verbindung«, »beweglicher Einsatz auch in der Verteidigung« usw. wurden damals bereits erkannt und angewendet.

Wenn dagegen andere in diesem Zusammenhang wichtige Begriffe wie z. B. »Feuer und Bewegung«, »Stoß in die Flanken«, »Kampf aus Stellungen«, »Schwerpunktbildung« usw. nirgendwo angesprochen sind, so können die Gründe dafür u. a. in der sehr eingeschränkten Führbarkeit infolge fehlender Fernmeldeverbindungen, in der geringen Geschwindigkeit und in dem unzureichenden Aktionsradius liegen. Bemerkenswert ist, daß manche Weisungen im Sinne noch heute üblicher Auftragstaktik formuliert sind, z. B. für das Vorgehen der Infanterie vor, mit oder hinter den Kampfwagen je nach Lage.
Unverständlich, auf jeden Fall aber unverantwortlich ist die Weisung zu bewerten, daß bei Ausfall eines Tanks die unter größten Schwierigkeiten und mit großem Aufwand ausgebildete Besatzung sich als Infanterie-Stoßtrupp am weiteren Gefecht beteiligen sollte. Denn schließlich gab es damals noch keine Ausbildungsorganisation für die Ausbildung der Kampfwagenbesatzungen und damit entsprechende Probleme beim Personalersatz. Das hatte zur Folge, daß es vor allem für die technischen Funktionen, wie Panzerkommandant, Fahrer und Mechaniker kaum Reserven gab. Immerhin können neben der Panzertruppe auch die heutigen Panzergrenadiere damit die Anfänge ihrer Tradition auf den Panzerwagen A7V zurückführen.

Führungs- und Einsatzgrundsätze auf dem Gefechtsfeld

Vorbereitung eines Einsatzes
Der Einsatz der Sturm-Panzerkraftwagenabteilungen erfolgte stets auf unmittelbare Weisung der Obersten Heeresleitung, wobei eine oder mehrere Abteilungen einer Armee für den jeweiligen Einsatz – in der Regel eine Angriffsoperation – zugeteilt wurden[1]. Dem endgültigen Einsatzbefehl ging jedoch grundsätzlich eine durch die OHL angeordnete Erkundung voraus, an der einige Offiziere, unter denen sich auch Kampfwagenkommandanten befanden, teilnahmen. Dabei wurden unter Wahrung strenger Geheimhaltung Verbindung mit den betroffenen Befehlsstellen wie Heeresgruppe, Armee, Korps und Division aufgenommen, deren Weisungen entgegengenommen und soweit wie möglich das Angriffsgelände erkundet. Das Ergebnis wurde telefonisch oder telegraphisch an die OHL gemeldet, wobei die Beurteilung der Erfolgsaussichten des geplanten Einsatzes eine große Rolle spielte.

Beispiel für die Gliederung einer Kampfwagen-Abteilung im Gefecht –
hier anläßlich des Angriffs am 24. 4. 1918

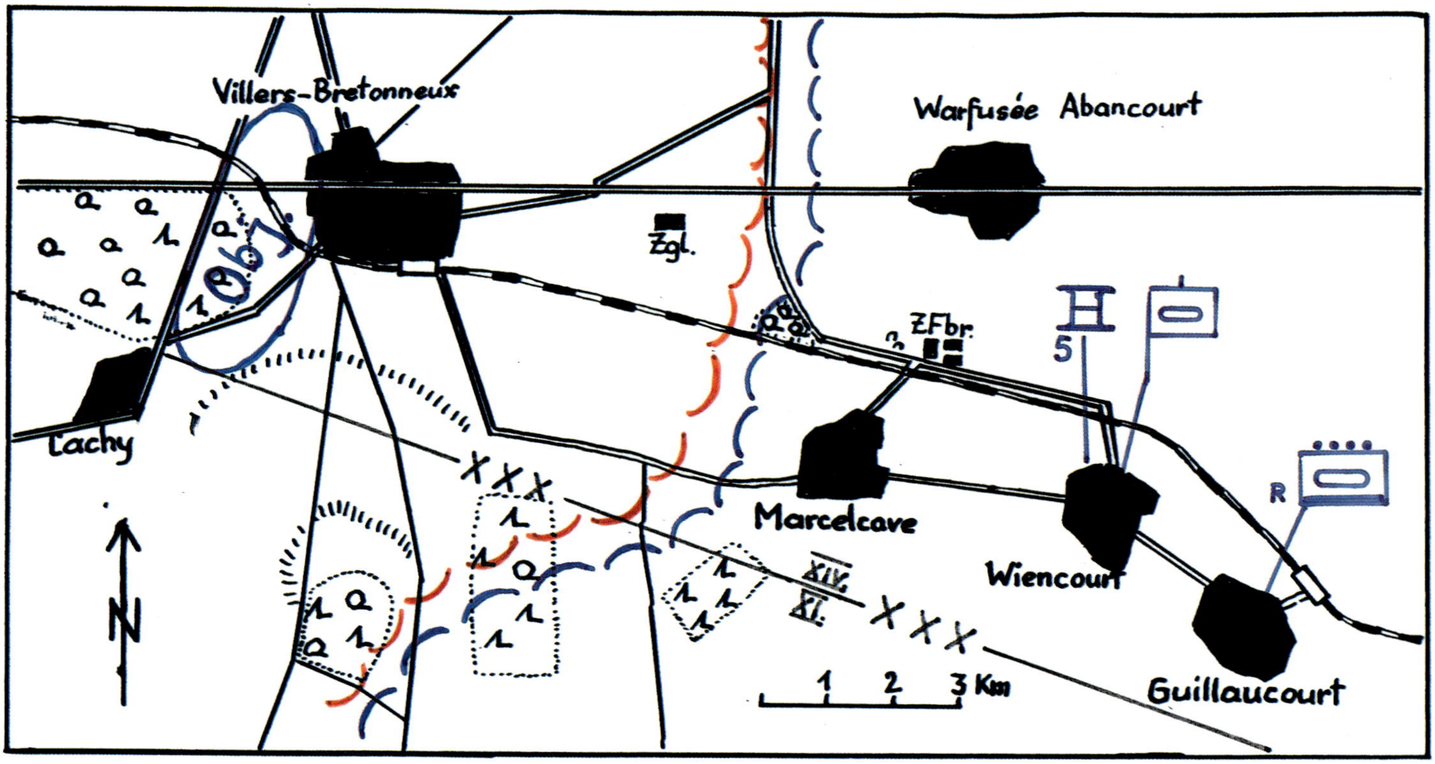

a) In der »Bereitschaftsstellung« am 23. 4. 1918

Zeichnung Baginski

Legende/Zeichenerklärungen: siehe Seite 475

b) Unmittelbar vor Angriffsbeginn am 24. 4. um 06.45 Uhr

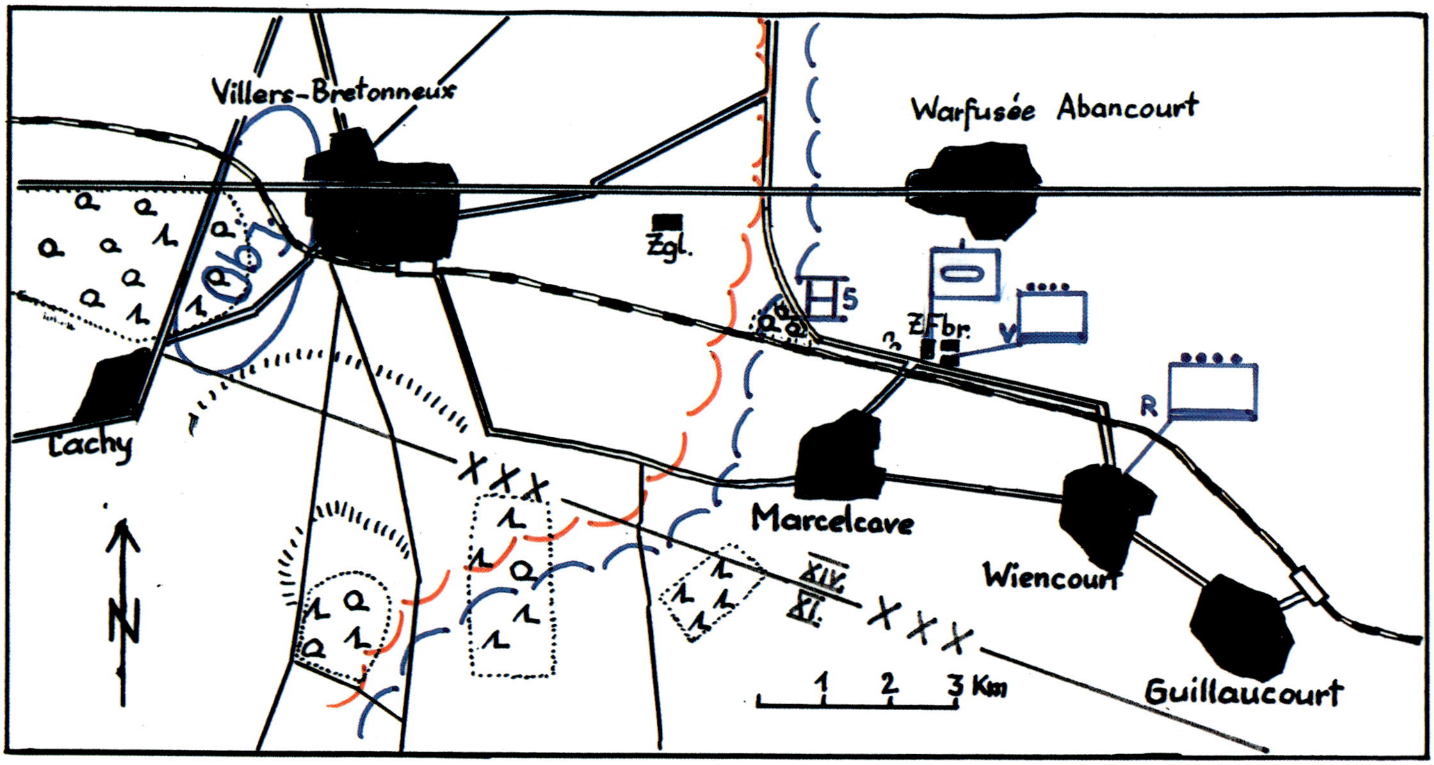

Zeichnung Baginski

Beispiel für die Gliederung einer Kampfwagen-Abteilung im Gefecht

c) während des Angriffs

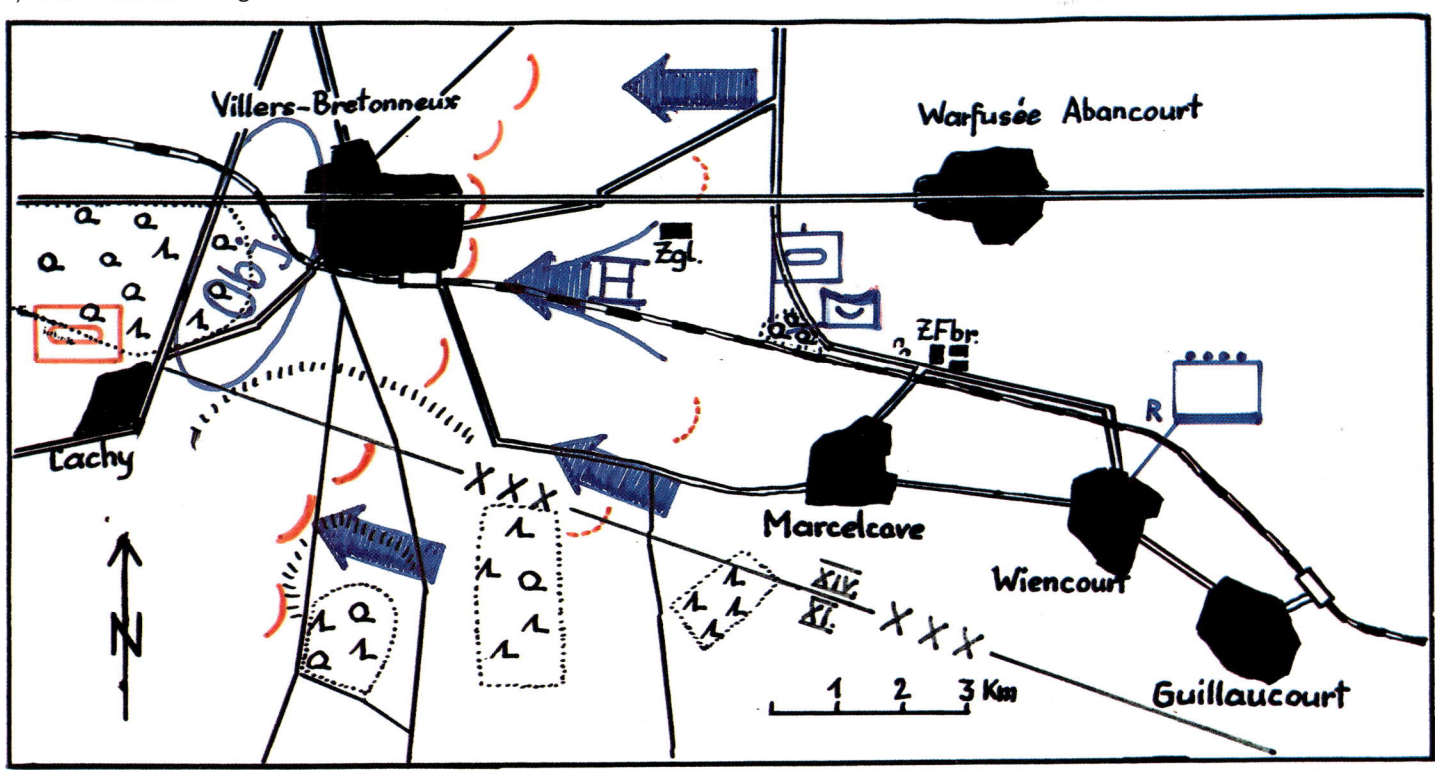

Zeichnung Baginski

Im jeweiligen Einzelfall wurden dann durch Befehl der Obersten Heeresleitung die benötigten bzw. verfügbaren Kampfwagenabteilungen an die in Betracht kommenden Frontabschnitte in Marsch gesetzt. Die Verlegung vom zentralen Unterbringungsraum Charleroi zur Front erfolgte grundsätzlich mit der Eisenbahn, da ein Verlegungsmarsch auf der Straße aus verschiedenen – vor allem technischen und logistischen – Gründen ausgeschlossen war. Aus dem gleichen Grunde wurde der Ausladebahnhof möglichst nahe an der Front liegend ausgewählt, um den Anmarschweg zwecks Schonung des Materials und aus Gründen der Geheimhaltung zu verkürzen.

Auf einen Transportzug wurde in der Regel eine komplette Kampfwagenabteilung mit ihren fünf Kampfwagen sowie Personen- und Lastkraftwagen mit Küche und Werkstatt verladen. Das Vorziehen der Transportzüge und das Abladen vollzogen sich meist bei Dunkelheit, sofern nicht regnerische oder dunstige Witterung eine Beobachtung und Störung durch den Gegner vor allem durch seine Luftaufklärung ausschlossen und somit ein Entladen auch bei Tage ermöglichten. Oft waren zerstörte oder zerschossene Bahnanlagen auszubessern oder der Bau von Notrampen erforderlich. Obwohl die benötigten Eisenbahnwagen (ssm-Loren) in Charleroi bereitstanden und das Be- und Entladen zügig ablief, dauerte ein solcher Transport meist 48 Stunden und länger. Die Zeit bis zum Eintreffen der Kampfwagen wurde genutzt für vorbereitende Maßnahmen für das Abladen und für die Bereitstellung. Die Anmarschwege, der Bereitstellungsraum, die Sturmausgangsstellung sowie das Angriffsgelände wurden nochmals eingehend erkundet und gegebenenfalls markiert. Mit der

Stellungstruppe in vorderster Linie wurde Verbindung aufgenommen. Um den Kampfwagen das Einbrechen in die ersten feindlichen Stellungen zu erleichtern, wurden erforderlichenfalls Infanterie und Pioniere mit dem Zuschütten von Gräben oder Beseitigen von Hindernissen beauftragt.

Die geringe Zahl und die technischen Eigenarten der deutschen Kampfwagen machten diese gründlichen Vorbereitungen nötig, um unnötige Ausfälle infolge mangelnder Vorbereitung zu vermeiden. Um die Überraschung des Einsatzes als eine wichtige Voraussetzung für den Erfolg zu wahren, wurden alle nur denkbaren Maßnahmen wie Geheimhaltung, Tarnung einschließlich Geräuschtarnung, Beseitigen von Spuren, Abriegeln in der Luft usw. mit mehr oder weniger Erfolg ergriffen[2].

Befehlsgebung

Wie bereits erwähnt, wurden bei der Bearbeitung der Operationspläne die Führer oder Offiziere der Kampfwagen-Abteilungen beteiligt. Unverzichtbar für das einheitliche Vorgehen von Kampfwagen und Infanterie war die vorherige Absprache zwischen den beiden Führern. Alle Einzelheiten für das gemeinschaftliche Zusammenwirken wie z.B. die Angriffs- und Zwischenziele, die Bereitstellungsräume und die Plätze, wo sich die Kampfwagen wieder sammeln und eventuell die Infanterie zu erwarten hatten, waren zu vereinbaren; desgleich Maßnahmen für das Herstellen und Halten der Verbindungen während der Gefechts usw. Die Angriffsziele sollten sich wenigstens bis zu den Stellungen der Feldartillerie des Feindes erstrecken. Abschnittsweises Vorgehen bildete die Regel. In den Befehlen für den Anmarsch und das

Erreichen der Sturmausgangsstellungen war die Zuteilung von Hilfskräften (Infanterie, Pioniere) für die Kampfwagen, das Tarnen, Vernebeln und Anfordern von Artilleriefeuer zum Übertönen der Geräusche der vorfahrenden Kampfwagen zu beachten sowie Maßnahmen zum Überwinden erkannter Hindernisse. Der *Gefechtsbefehl* (heute Operationsbefehl) regelte Unterstellung der Kampfwagen, Angriffszeiten und -ziele, Maßnahmen zum Kampfwagenschutz, Zusammenwirken mit Infanterie und Artillerie, Verhalten nach gelungenem Einbruch und nach Erreichen des Angriffszieles. Nachstehend ein Beispiel für die Gliederung eines Befehls für den Angriff einer Kampfwagenabteilung:

1. Feind
2. Eigene Absicht, Vormarsch- und Angriffszeiten, Feuerwalze
3. Einteilung der Abteilung; Zuteilung von Hilfswaffen
4. Lage der Bereitstellung (damals »Wartestellung«)
5. Lage der Ausgangsstellungen
6. Anmarschwege und -zeiten
7. Angriffsziele, Verhalten nach Erreichen der Angriffsziele
8. Platz des Führers
9. Verbindungen, Meldungen usw.
10. Staffel und Bergungstrupp

Die Ähnlichkeit mit heutigen Operationsbefehlen ist unverkennbar.

Gliederung der Abteilung im Gefecht

Die Einnahme der Gefechtsgliederung erfolgte nach der Entladung von der Eisenbahn. Dazu fuhren die Panzerwagen im Schutze der Dunkelheit oder bei Tage mit Tarnnetzen und Zweigen unkenntlich gemacht als *erste (Gefechts-) Staffel* zur erkundeten Bereitschaftsstellung – heute Verfügungsraum genannt – vor und bezogen dort eine gegen jede feindliche Sicht gedeckte Aufstellung. Die Kraftfahrzeuge, die dem Nachschub von Waffen und Munition, Geräten und Ersatzteilen dienten, blieben als *zweite Staffel* zurück. In Anlehnung an die erste Staffel wurde der *Kampfwagen-Meldekopf* eingerichtet (heute Gefechtsstand bzw. Operationszentrale). Unter Führung eines Offiziers – zuweilen des Abteilungsführers – stellte er die Verbindung zwischen den Kampfwagen und den Gefechtsständen der zu unterstützenden Regimenter, Divisionen und Armeen her und unterhielt sie. Der Meldekopf verfügte über Personenkraftwagen, Kradmelder, Brieftauben und hatte Fernsprechverbindung nach rückwärts. Auch die Brieftaubenschläge waren mit Kradmeldern der Kampfwagentruppe besetzt. Der Meldekopf war an keinen bestimmten Platz gebunden und konnte so den Bewegungen der Kampfwagen folgen. Küche und Werkstattwagen wurden im Bedarfsfalle und wenn die Lage es zuließ weiter vorgezogen, meist in die Nähe des Meldekopfes, wo sich auch ein Bergetrupp befand, der sich aus den Restmannschaften der Abteilung zusammensetzte (heute vorgeschobene Versorgungsstaffel). Ursprünglich war für jede Kampfwagenabteilung ein Raupenschlepper als Bergungsfahrzeug vorgesehen. Dieser stand jedoch nie zur Verfügung und mußte durch LKW ersetzt werden. Die Lastwagen waren naturgemäß in ihrer Bewegungsfreiheit im Gelände eingeschränkt, wodurch das Bergen festgefahrener Kampfwagen aus Gräben und Löchern äußerst erschwert wurde. Die Mannschaften des Bergungstrupps bildeten auch Ersatz für verwundete oder gefallene Mannschaften. Diese

damalige Gliederung einer Abteilung im Gefecht ist im Prinzip bis heute unverändert geblieben.

Führung im Gefecht

Dazu schreibt Leutnant Volckheim u. a.: »Eine Führung der Kampfwagen nach heutiger Vorstellung war damals nicht möglich, aber auf Grund der Rahmenbedingungen auch nicht unbedingt erforderlich. Zur Nachrichtenübermittlung standen den Kampfwagen in erster Linie Brieftauben der Divisions- und Gruppentaubenschläge zur Verfügung. Die Verwendung dieser Brieftauben hat sich außerordentlich bewährt und konnte als zuverlässigstes Nachrichtenmittel vom Kampfwagen aus angesehen werden. Das Blinkgerät war zu sehr abhängig vom Wetter und den Sichtverhältnissen und seine sachgemäße Benutzung durch die Erschütterungen im Kampfwagen zu sehr beeinträchtigt, um als zuverlässig angesehen werden zu können. Dieses Hilfsmittel hat praktisch nur in sehr beschränktem Umfang erfolgreiche Verwendung finden können. Versuche der Ausstattung des Kampfwagens mit drahtloser Telegraphie waren erfolglos, da die Antennen, die am hinteren Ende herausgehängt wurden, in den Drahtverhauen hängen blieben und abgerissen sind. Auch wurde hier die zuverlässige Benutzung durch Erschütterungen verhindert. Dagegen haben Meldeläufer, die ihre Meldungen zu den Führern der angreifenden Truppe und zu dem Kampfwagen-Meldekopf zu bringen hatten, gute und zuverlässige Dienste geleistet, obwohl ihnen ihre Aufgabe bei dem starken feindlichen Artillerie-Abwehrfeuer während des Angriffs sehr erschwert wurde. [. . .]
Die Verbindung der Panzerwagen untereinander mußte durch unmittelbare Beobachtung von Kampfwagen zu Kampfwagen und durch persönliche Rücksprache der Kommandanten aufrechterhalten werden, war aber oft sehr erschwert. Verlorengegangener Anschluß war jedoch in den seltensten Fällen von wesentlichem Einfluß auf die Erfüllung der Gefechtsaufgabe, da der Gefechtsraum bei der geringen Zahl der zum Angriff angesetzten Kampfwagen nur klein bemessen war und die Kampfwagen sich immer wieder zusammenfanden. Ferner war jedem Kampfwagen sein Angriffsabschnitt begrenzt und Ziel und Aufgabe genau gegeben, ohne daß dies in dringendem Bedarfsfalle dem Eingreifen der anderen Stelle hinderlich gewesen wäre. [. . .]
Ständige Verbindung wurde, soweit es der Gefechtslage entsprechend nötig und möglich war, zwischen Kampfwagen und Infanterie aufrechterhalten. Oftmals verließ der Kommandant seinen Kampfwagen, um mit den Infanterieführern persönlich Fühlung zu nehmen. Nur dieses Verfahren sicherte ein enges erfolgreiches Zusammenarbeiten mit der angreifenden Truppe. Durch vereinbarte Leuchtzeichen und besondere Bemalung der Panzerwagen wurde der Infanterie, insbesondere aber der Artillerie und den Fliegern die Kenntlichkeit der Wagen als deutsche Kampfwagen erleichtert[3].«
Obwohl gemäß der »Anleitung für die Verwendung von Sturm-Panzerkraftwagen-Abteilungen« vom 18. Januar 1918[4] der Abteilungsführer seine Abteilung im Angriff von einem Kampfwagen aus führen sollte, zeigten die Erfahrungen, daß es aus verschiedenen Gründen nicht zweckmäßig war, den Abteilungsführer an einen bestimmten Platz anzubinden.
Der Kommandeur der Panzerwagen-Abteilungen und der Chef des Feldkraftwesens stimmten daher überein, daß der Abteilungs-

führer seinen Platz jeweils nach Lage und Auftrag wählen solle[5].
Ebenfalls hatte man die Erfahrung gemacht, daß der Abteilungsführer in keinem Falle die Aufgaben eines Panzerkommandanten
wahrnehmen konnte, wenn er schon den Angriff mitfuhr. Damit
wurden schon von Anfang an die Aufgaben eines Panzerkommandanten von denen eines Abteilungsführers getrennt.
Führung und Verbindung während des Gefechts wurden wie folgt
unterhalten:

1. Befehlsgebung im Inneren des Panzerwagens
   ○ durch eine elektrische Signalanzeige an jedem Waffen-
     stand, die durch den Kommandanten an seinem Platz
     geschaltet wurde
     – weiß   = Achtung
     – rot   = Feuer frei
     – Licht aus = Stopfen
   Für die Zielzuweisung stand ein vom Kommandanten bedienter
   mechanischer Seitenrichtanzeiger zur groben Angabe der
   Seitenrichtung zum Ziel zur Verfügung
   ○ durch Zuruf (wegen Lärms nur an den Fahrer möglich)
   ○ durch Befehlsübermittler

2. Von Kampfwagen zu Kampfwagen
   a) Am Tage durch farbige Signaltafeln, später durch Flaggen,
      durch Blinkgerät und durch Melder
   b) Bei Dunkelheit oder eingeschänkter Sicht
   ○ durch Blinkgerät 17 und Periskop-Blinkgerät der Fa. Zeiss
     bzw. Panzer-Blinkgerät der Fa. Goertz
   ○ durch Melder

3. Vom Kampfwagen zum Meldekopf bzw. vorgesetzten Stelle
   ○ durch o.a. Blinkgeräte
   ○ durch Brieftauben, die im allgemeinen sehr zuverlässig
     waren, aber vor Sonnenuntergang abgeschickt werden
     mußten, da sie sonst u. U. ihren Flug unterbrachen, um zu
     übernachten
   ○ durch Melder
   Funk-Telegrafie wurde ohne Erfolg erprobt; dennoch wurde ein
   Nachrichten-Kampfwagen gefordert, der aber über einen
   Zeichnungsentwurf nicht hinausgekommen ist.

4. Vom Kampfwagen zur begleitenden/unterstützenden Truppe
   ○ Leuchtpistole mit Signalmunition
   ○ Signalflaggen
   ○ Melder

Als Orientierungshilfe diente dem Kommandanten ein Magnet-
kompaß, der wegen seiner Unzuverlässigkeit gegen Ende des
Krieges durch einen Kreiselkompaß ersetzt werden sollte. Diese
Maßnahme konnte aber nicht mehr realisiert werden.

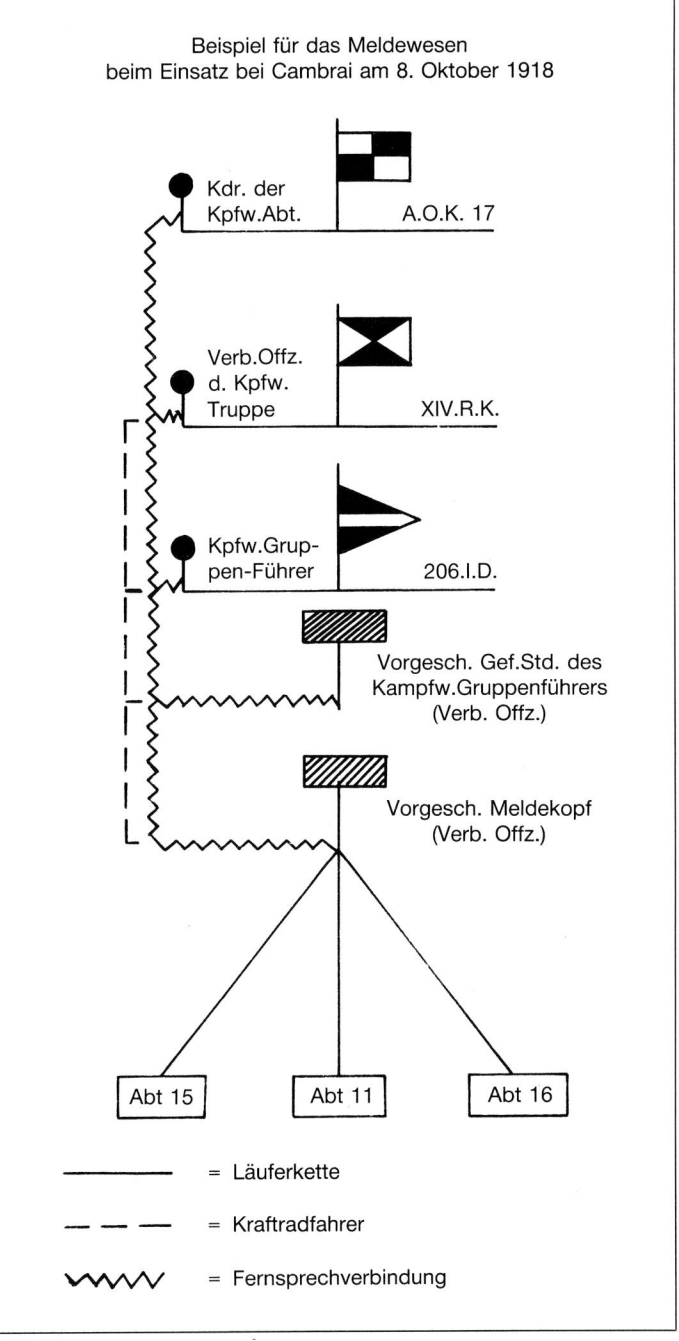

Beispiel für das Meldewesen
beim Einsatz bei Cambrai am 8. Oktober 1918

Kdr. der Kpfw.Abt. — A.O.K. 17

Verb.Offz. d. Kpfw. Truppe — XIV.R.K.

Kpfw.Gruppen-Führer — 206.I.D.

Vorgesch. Gef.Std. des Kampfw.Gruppenführers (Verb. Offz.)

Vorgesch. Meldekopf (Verb. Offz.)

Abt 15   Abt 11   Abt 16

――――――   = Läuferkette

― ― ―   = Kraftradfahrer

〰〰〰   = Fernsprechverbindung

Zeichnung Baginski

Angriff

Die Kampfwagen wurden grundsätzlich angriffsweise eingesetzt.
Unter Ausnutzung ihrer starken Feuerkraft, ihres wirksamen Panzerschutzes und ihrer begrenzten Beweglichkeit sollten sie
zusammen mit Infanterie-Stoßtrupps feindliche Stützpunkte, MG-
und sonstige Widerstandsnester niederkämpfen, um den Haupt-
wellen der Infanterie den Weg durch die feindlichen Linien zu
bahnen und im Gefecht die Vorwärtsbewegung der angreifenden
Truppe durch Zerstören von Hindernissen und Brechen des
Widerstandes auf dem Gefechtsfeld zu erleichtern. War die
Infanterie durch feindlichen Widerstand zum Halten gezwungen,
war es Aufgabe der Kampfwagen, alleine über die Infanterielinie
hinaus zum Niederkämpfen des Gegners vorzustoßen und somit
der Infanterie ein weiteres Vordringen bei möglichst geringen
Verlusten zu ermöglichen. Eine wesentliche Entlastung bedeutete
es für die angreifende Infanterie, wenn es den Panzerwagen
gelang, das feindliche Feuer zum Schweigen zu bringen oder es
wenigstens dadurch abzuschwächen, daß die Aufmerksamkeit
des Gegners allein auf die Kampfwagen gelenkt wurde. Bei
Auftreten feindlicher Tanks waren diese anzugreifen und zu
vernichten.

203

Gemälde des Kriegsmalers A. Reich, das in der Leipziger Illustrierten Zeitschrift im Frühjahr 1918 veröffentlicht wurde. Originalbildunterschrift: Unsere Tanks bahnen der vorgehenden Infanterie den Weg

Leipziger Illustrierte Zeitschrift

Zur Erfüllung dieser Aufgaben wurden die Abteilungen (fünf Kampfwagen) meist geschlossen, oft mehrere Abteilungen nebeneinander eingesetzt. Zuweilen wurden die Kampfwagen aber auch einzeln einer Division oder einem Regiment für einen Angriff zugeteilt. Die Einnahme einer tiefen Gliederung oder die Bildung von Reserven waren auf Grund der geringen Stärke und der eingeschränkten Führbarkeit naturgemäß nicht möglich. Angestrebt wurde ein paarweiser Einsatz der Kampfwagen mit bestimmten Gefechtsaufträgen. Die Kampfwagen fuhren nebeneinander – durch Engstellen auch hintereinander – in Richtung auf die ihnen zugeteilten Angriffsziele vor.

Diese lagen bis zu einer Entfernung von 10 km (Luftlinie) von der Sturmausgangsstellung entfernt. Die Zwischenräume zwischen den Kampfwagen betrugen bei geschlossenem Einsatz einer Abteilung ca. 50 m. Ein größerer Zwischenraum als 75 m wurde für unzweckmäßig angesehen, da die Kartätsch-Munition der Kanone nur bis 75 m wirkte. Der Feuerkampf wurde aus der Bewegung geführt, um der feindlichen Abwehr – vor allem der Artillerie – kein stehendes Ziel zu bieten. Infolge der Erschütterungen des Kampfwagens war selbst bei der geringen Geschwindigkeit ein genaues Richten und Zielen fast unmöglich. Die wirksamste Kampfentfernung betrug daher bis 200 m, die größte Schußweite etwa 600 m. Das Zusammenspiel von Feuer und Bewegung war damals aus technischen und taktischen Gründen noch unbekannt. Nach Erreichen des Angriffszieles oder spätestens nach etwa 10-stündigem Gefechtseinsatz kehrten die Kampfwagen zum befohlenen Sammelpunkt zurück. Ein erneuter sofortiger Einsatz war in den meisten Fällen nicht mehr möglich, da die Kampfwagen durch den Einsatz zu sehr gelitten hatten. Nach Entlassung der Kampfwagen durch die Division kehrten sie auf Befehl der OHL wieder nach Charleroi zurück, wo eine längere Zeit zur genauen Durchsicht der Wagen und zur Reparatur der entstandenen Schäden benötigt wurde.

Abwehr/Verteidigung

Die Kampfwagen wurden auch in der Verteidigung nicht statisch sondern grundsätzlich angriffsweise eingesetzt. Dabei zeigte sich der Wert der deutschen Kampfwagen gerade bei den Rückzugsgefechten. Hierbei waren die Vorbereitungen für den Einsatz weniger umfangreich, da der Angriff (Gegenangriff) in bekanntem von der eigenen Truppe besetztem Gelände erfolgen konnte. Schwieriger war die Bereitstellung der Kampfwagen am richtigen Ort, da größere Verlegungsmärsche hinter der Front wegen des starken Verschleißes nicht stattfinden konnten und wegen der geringen Geschwindigkeit außerdem mit einem rechtzeitigen Eintreffen am Krisenort kaum gerechnet werden konnte.

Dies erforderte das Heranziehen der Kampfwagen-Abteilungen bis an die Bereitstellungsplätze der für den Gegenstoß/Gegenangriff vorgesehenen Infanterie.

Gerade hier war das Überraschungsmoment von größter Wichtigkeit, wenn der Gegenstoß nicht mißlingen sollte. Die Aufstellungsplätze mußten so gewählt sein, daß ein frühzeitiges Erkennen der Kampfwagen ausgeschlossen war. Hauptforderungen hierzu waren gute Tarnung, keine massierte, sondern vereinzelte Aufstellung der Kampfwagen möglichst außerhalb von Ortschaften, da diese am meisten im feindlichen Feuer lagen; zuletzt gedeckter und möglichst geräuschloser Anmarsch. Schließlich mußte für den Gegenstoß/Gegenangriff alles bis ins kleinste mit der Infanterie festgelegt und besprochen und jeder Kampfwagen-Kommandant über seinen besonderen Gefechtsauftrag genauestens unterrichtet sein. Auch dies verlangte dauernde engste Fühlungnahme mit der Infanterie, die durch möglichst nahe Bereitstellung am ehesten gewährleistet wurde. Zuweilen wurden aber auch Gegenstöße ohne Infanterieunterstützung oder zur Deckung des Rückzuges der Infanterie geführt.

Zusammenwirken mit anderen Waffen

Mit der Infanterie

Das Zusammenwirken mit der Infanterie ist in diesem Kapitel bereits mehrfach angesprochen worden. Schließlich waren die Kampfwagen damals eine ausschließliche Unterstützungswaffe der Infanterie, wobei die Grundsätze für das Zusammenwirken nach Auswertung praktischer Erfahrungen ständig weiterentwickelt und vervollkommnet wurden. Begünstigt wurde die Zusammenarbeit durch die geringe Geschwindigkeit der Kampfwagen, die in dem Trichtergelände des Gefechtsfeldes höchstens 6–8 km/h, meist aber noch weniger betrug. Hier wurde der Mangel zu einem – wenn auch etwas zweifelhaften – Vorteil.

Bewährt hatte sich die Zuteilung von Infanteriegruppen/-stoßtrupps an die einzelnen Kampfwagen, damit beim Einbruch in die feindlichen Stellungen der Erfolg rascher ausgenutzt und gesichert werden konnte. Lag die Ausgangsstellung nahe am Feind oder war das Gelände unübersichtlich, so brachen die Kampfwagen gleichzeitig mit der Infanterie oder auch dicht hinter ihr vor. Im Verlaufe

des Gefechts waren sie oft vor der Infanterie, nicht zuletzt, um diese durch das eigene Feuer nicht zu gefährden[6]. Führte der Angriff auf weitere Entfernung über offeneres Gelände, fuhren die Kampfwagen als erste Welle der Infanterie voraus, zogen dadurch das Feuer der feindlichen Maschinengewehre und Schützennester auf sich und ermöglichten durch deren Bekämpfung der ihnen dicht nachfolgenden Infanterie das Vorgehen.

Die schweren Infanteriewaffen richteten ihr Feuer gegen neu auftretende Abwehrmittel und Stützpunkte seitlich des Angriffsstreifens der Kampfwagen. Die Infanterie hatte den Kampfwagen jede Hilfe zu leisten, um ihr Vorwärtskommen zu beschleunigen. Hierzu gehörten die Schaffung von Übergängen über breite Gräben, Feuerunterstützung gegen Widerstandsnester oder gegen Kampfwagen-Abwehrwaffen. Da die Besatzung der Kampfwagen trotz aufmerksamer Beobachtung infolge von Rauch, Qualm und Lärm feindliche Ziele oft nicht erkennen konnte, wurden besonders zuverlässige Leute der Begleit-Infanterie bestimmt, die durch verabredete Zeichen, z. B. Werfen von Handgranaten in Richtung des zu bekämpfenden Gegners oder durch

Wagen 525, Siegfried, in Bereitstellung in einer Scheune in Wiencourt am 23. April 1918. Der Kampfwagen ist mit einem Tarnnetz bedeckt, davor posiert der Gefreite Lehmann vom Feldartillerieregiment 26 vor der Kamera
Sammlung Schneider

Professor Dr. Gerken am 20. Juni 1990 vor dem Nachbau des A7V in Munster. Der damalige Leutnant der Reserve Gerken nahm als Angehöriger des Feldartillerieregiments 26 als Artilleriebeobachter an den Angriffsoperationen der A7V-Kampfwagen im Frühjahr 1918 teil. Er dürfte bei Drucklegung der 1. Auflage dieses Buches einer der letzten Zeitzeugen gewesen sein.
Kampftruppenschule 2

Zeichen mit ihrem Gewehr den Kampfwagen das Ziel zu ihrem Vorgehen kenntlich zu machen hatten. Unter diesen Umständen mußten diese Soldaten zum nächsten Kampfwagen laufen, um dem Führer mitzuteilen, wo sein Einsatz am nötigsten sei. Oft waren auch persönliche Rücksprachen zwischen den beiderseitigen Führern notwendig. Hatte die Infanterie das Angriffsziel erreicht, sicherten die Kampfwagen möglichst in gedeckter Aufstellung das Einrichten der Infanterie in den Stellungen, bevor sie nach Abmeldung zum befohlenen Sammelpunkt zurückfuhren. Beschädigte bzw. liegengebliebene Kampfwagen wurden auf dem Gefechtsfeld entweder geborgen oder notdürftig instandgesetzt. War dies nicht möglich oder bestand die Gefahr, daß sie in Feindeshand fielen, mußten sie gesprengt werden. Der heute noch in Australien befindliche MEPHISTO war damals in der gleichen Lage. Ob er gesprengt wurde, ist nach den verfügbaren Quellen ungewiß. Die Besatzung des Fahrzeuges hatte mit MG, Handgranaten, Pistolen und Karabinern als Stoßtrupp am Kampfe teilzunehmen. Der Kommandant hatte über die zweckmäßige Verwendung seines Stoßtrupps zu entscheiden. Gefangene, die beim Einsatz von Kampfwagen von den Besatzungen gemacht worden waren, wurden der eigenen Infanterie zur weiteren Übernahme zugetrieben.

Mit der Artillerie und Fliegern

Der gefährlichste Gegner der Kampfwagen war die Artillerie. Die feindliche Artillerie mußte daher schon vor Angriffsbeginn niedergekämpft sein und während des Angriffs dauernd bekämpft werden. Dies erforderte naturgemäß gründliche Vorbereitungen und engste Abstimmungen sowie gute Nachrichtenübermittlungen. Man versuchte durch Einnebeln der feindlichen Beobachtungsstellen, Vergasen und Niederkämpfen feindlicher Infanteriegeschütze und Kampfwagen-Abwehrbatterien sowie durch zweckmäßigen Einsatz der schweren Infanteriewaffen die feindliche Kampfwagen-Abwehr auszuschalten. Eigene Jagdflieger hatten feindliche Beobachtungsballone abzuschießen sowie die gegen die Kampfwagen gerichteten Abwehrgeschütze zu bekämpfen. Artillerieflieger wurden eingesetzt, um die feindliche noch feuernde Artillerie aufzuklären und an die eigene Artillerie zu melden.

Wichtig war das Abstimmen der eigenen Bewegungen mit der Feuerwalze der Artillerie. Trotz vereinbarter Leuchtzeichen und teilweise auffällige Kennzeichnung der Kampfwagen z.B. durch schwarze Balkenkreuze auf großem weißem Grund haben diese des öfteren unter eigenem Artilleriefeuer gelitten.

Gelegentlich wurden beim Vorbereitungsfeuer Geländeteile ausgespart, um den Kampfwagen das Überwinden des Geländes zu erleichtern. Der Einsatz der Artillerie zur Geräuschtarnung beim Vorfahren der Kampfwagen ist bereits erwähnt worden.

Mit den Pionieren

Diese wurden vor allem eingesetzt, um das Überschreiten von breiten Gräben oder besonders schwierigen Geländeabschnitten oder Hindernissen durch die Kampfwagen zu erleichtern bzw. überhaupt zu ermöglichen.

Zusammenfassung und Ausblick

Obwohl der Vorsprung, den die Alliierten durch die langjährigen Erfahrungen mit dem Masseneinsatz von Kampfwagen in taktischer und organisatorischer Hinsicht zweifellos besaßen, in der kurzen Zeit und auf Grund der gesamten Rahmenbedingungen nicht aufgeholt werden konnte, muß man auch heute nach 70 Jahren der deutschen Kampfwagentruppe und den für ihre Entwicklung Verantwortlichen für ihre Leistungen hohe Anerkennung und Bewunderung zollen. Dabei darf aber nicht übersehen werden, daß bei manchen einflußreichen Stellen die schlachtentscheidende Bedeutung des Einsatzes von gepanzerten Kampfwagen zur Wiederherstellung des Elements der Bewegung auf dem erstarrten Schlachtfeld zu spät oder auch überhaupt nicht erkannt wurde.

Die an Entwicklung und Einsatz unmittelbar Beteiligten haben jedoch nach besten Kräften versucht, aus der Not eine Tugend zu machen. Der Einsatz und die Einsatzgrundsätze mußten sich an den vorgegebenen Rahmenbedingungen orientieren wie z.B. der technischen Auslegung des Kampfwagens A7V und seiner geringen Stückzahl, der großen Übermacht von etwa 6000 Tanks auf Seite der Ententemächte, der überragenden Rolle der Artillerie im Stellungskrieg, den Verhältnissen auf dem Gefechtsfeld mit Rauch, Gas, unzähligen Granattrichtern, zahlreichen unterschiedlich breiten Gräben, tiefen Stacheldrahthindernissen usw. Dazu fehlte es zunächst an jeder eigenen praktischen Erfahrung. Trotz dieser Bedingungen wurde der Kampfwagen A7V im Stellungskrieg mit großem örtlichen Erfolg eingesetzt, wenn auch die Möglichkeiten und der Umfang seines Einsatzes begrenzt waren. Bemerkenswert sind in jedem Falle die in der kurzen Zeit entwickelten bzw. erkannten Einsatzgrundsätze, die sich erst nach der für das Jahr 1919 geplanten Neuorganisation der Kampfwagentruppe voll ausgewirkt hätten und die bei der Schaffung der deutschen Panzertruppe in den 30er Jahren Pate standen und zu den großen Erfolgen der deutschen Panzertruppe im Zweiten Weltkrieg beigetragen haben. Es handelt sich vor allem um folgende Grundsätze:

○ Je überraschender der Einsatz, desto wahrscheinlicher und größer ist der Erfolg.
○ Bestmögliche Ausnutzung der Beweglichkeit, um unter Ausnutzung des Raumes ein Höchstmaß an Feuer an den Feind zu bringen.
○ Engstes Zusammenwirken mit allen anderen Waffen auf dem Gefechtsfeld erspart Verluste und erleichtert den Erfolg.
○ Der Feuerkampf wird soweit möglich aus der Bewegung geführt.
○ Auch Kampfwagen nutzen das Gelände zum eigenen Schutz und zur Überraschung des Gegners.
○ An den entscheidenden Stellen sind Kampfwagen massiert einzusetzen. Grundsätzlich sind Reserven auszuscheiden.
○ Zuverlässige (Fernmelde-) Verbindungen sind für einen wirksamen Kampfwageneinsatz unabdingbar.
○ Auch in der Verteidigung werden Kampfwagen angriffsweise bzw. unter Ausnutzung ihrer Beweglichkeit eingesetzt.

Selbstverständlich entwickelten sich aus den Erfahrungen auch militärische Forderungen für die Verbesserung (heute Kampfwertsteigerung) der vorhandenen bzw. für die Entwicklung von neuen

Kampfwagen. Die Weiterentwicklung der Einsatzgrundsätze von Panzerwagen stagnierte nach dem Ersten Weltkrieg zunächst überall. Die auch aus heutiger Sicht sehr fortschrittlichen Planungen der Engländer für 1919, eine ganze Reihe von unterstützenden Waffen wie Artillerie, Brückenleger und Pioniere auf gepanzerte Kettenfahrgestelle zu setzen, gerieten nach dem Kriege in Vergessenheit bzw. wurden auf die lange Bank geschoben.

Grund dafür waren u. a. sicherheitspolitische Gesichtspunkte, weil mit der Niederringung und militärischen Ausschaltung des Deutschen Reiches das entsprechende Bedrohungspotential fehlte. Es war der Verdienst des späteren Generalobersten Guderian, die Ideen der fortschrittlichen militärischen Denker Europas auf diesem Gebiet richtig ausgewertet, den Panzerwagen gegen alle Widerstände aus seiner Rolle als bloße Hilfs- und Unterstützungs-waffe der Infanterie herausgehoben und als schlachtentscheidendes Hauptkampfmittel im Verbund gepanzerter und geländegängiger Unterstützungswaffen im Rahmen der modernen Panzerdivision nachgewiesen und durchgesetzt zu haben. Damit war selbstverständlich auch eine Weiterentwicklung der Einsatzgrundsätze verbunden.

Es wird auch für die Zukunft immer gültig bleiben, daß Einsatzgrundsätze untrennbar von Wehrtechnik (Technologien), Strukturen und dem damit verbundenen Kriegsbild abhängig sein werden. Es ist ein Glücksfall für eine Armee, wenn sie fortschrittliche Denker mit technisch-taktischem Gespür sowie Hartnäckigkeit und Durchsetzungsvermögen in entsprechenden Dienststellungen besitzt.

1 Chef des Generalstabes des Feldheeres – Großes Hauptquartier, 18. Januar 1918 – IC Nr. 74648 geheim op. »Anleitung für die Verwendung von Sturm-Panzerkraftwagen-Abteilungen«, Bayerisches Hauptstaatsarchiv München, Abt. IV, S. 2. Siehe auch: Bundesarchiv-Militärarchiv Freiburg (BA-MA), PH 20/19 »Bericht über Erfahrungen beim Einsatz der deutschen Panzerkraftwagen im Jahre 1918, Anlage 3, Bl. 16–19. Dazu auch Volckheim, Die Deutschen Kampfwagen im Weltkriege, Berlin 1923 (1937), S. 13.
2 Chef des Generalstabes des Feldheeres (wie Anm. 1), S. 2; Volckheim, Die deutschen Kampfwagen, S. 12 ff.
3 Ebd., S. 14 ff.
4 Chef des Generalstabes des Feldheeres (wie Anm. 1), S. 4.
5 Bericht über Erfahrungen beim Einsatz der deutschen Panzerkraftwagen im Jahre 1918 vom 23. März 1932, Reichsarchiv Potsdam; heute BA-MA, PH 20/19, S. 156, 159.
6 Volckheim: Deutsche Kampfwagen im Angriff 1918, Bd 1, Berlin 1925 (= H. 3 der Reihe Kriegslehren in Beispielen aus dem Weltkrieg. Hrsg. von Generalleutnant a. D. Schwarte), S. 155.

Weiterführende Quellen und Literatur

Chef des Generalstabes des Feldheeres – Gr. Hauptquartier, d. 19. Mai 1918 – IC Nr. 86701 op. »Merkblatt für das Verhalten der Infanterie beim Zusammenwirken mit Panzerwagen«, BA-MA, PH 20/19, Anlage 4, Bl. 20–21

Volckheim: »Der Kampfwagen in der heutigen Kriegführung, Berlin 1925

Heigl's Taschenbuch der Tanks, Teil III »Der Panzerkampf« von G. P. v. Zezschwitz, München-Berlin 1938

Heigl's Taschenbuch der Tanks, Ergänzungsband, München-Berlin 1927

Theodor Larsen: Deutsche Panzer 1918, masch. gesch., Privatbesitz Oberst Uwe Larsen

Theodor Larsen: 1«100/Die deutsche Tankwaffe des 1. Weltkrieges, masch. gesch., Privatbesitz Oberst Uwe Larsen

Theodor Larsen: Aus dem Tagebuch eines Tankkommandanten, in: Deutsche Soldatenzeitung, v. 19. 11. 1953

E. Petter: Die technische Entwicklung der deutschen Kamfwagen im Weltkriege 1914/18, Berlin 1932

J.F.C. Fuller: Tanks in the Great War 1914 — 1918, London 1920 (= Staatsbibliothek Berlin, Preußischer Kulturbesitz)

Zeitschrift »Die Kraftfahrkampftruppe«, 1. Jg., H. 7. Berlin 1937

Volckheim: Deutsche Kampfwagen im Angriff 1918, Berlin 1925

Zwei Sturmpanzerwagen A7V auf dem Gefechtsfeld, im Vordergrund ein Flammenwerfertrupp in Aktion.
Vermutlich handelt es sich hier um eine Aufnahme von einer Übung auf einem Truppenübungsplatz in erobertem Gelände unmittelbar hinter der Front
im Oktober 1918. Das Bild zeigt eine Übung, wie Infanterie zusammen mit Panzern feindliche Schützengräben aufrollt.

Klaus Paprotka

Taktische Einsätze der Sturmpanzerwagen A7V im Jahre 1918

Bei Untersuchungen zu militärhistorischen Fragen wird sich stets ein Teil der Recherchen auf das jeweilige nationale Militärarchiv erstrecken. Das war im Deutschen Reich bis 1945 das Heeresarchiv Potsdam[1], das die Archivalien des ehemals königlich preußischen Heeres verwahrt: Dort waren die umfassendsten Aktenbestände über die A7V-Abteilungen der preußischen Armee vorhanden, soweit sie die Wirren zum Ende des Ersten Weltkrieges überdauert hatten. Dieses Archiv besteht seit dem Ende des Zweiten Weltkrieges nicht mehr[2].

Bedingt durch die Besonderheit der deutschen Verhältnisse nach 1945 entwickelten sich Nachfolgeinstitute in der bisherigen DDR und der Bundesrepublik Deutschland; für letztere ist dies das Bundesarchiv–Militärarchiv in Freiburg i. Br., eine der Hauptabteilungen des Bundesarchivs in Koblenz. Für das Gebiet der ehemaligen Deutschen Demokratischen Republik war es das oder ist es noch das Militärarchiv der früheren DDR in Potsdam. Dieses letztere Archiv war bisher nicht uneingeschränkt zugänglich. Doch künftig, nach Neuordnung des Archivgutes in Deutschland, werden sich Recherchen auch auf diese Quellen abstützen können. Im Dezember 1989 erhielt das Militärarchiv der DDR 40 t Archivgut militärischen Ursprungs aus der UdSSR zurück. Darin sind 3441 Akteneinheiten preußischer Herkunft enthalten, von denen die Akten aus der Zeit des Ersten Weltkrieges hier besonders hervorgehoben werden sollen. Diese eben erwähnten Bestände gehörten bis 1945 ohne Zweifel zum Heeresarchiv Potsdam[3].

In der Bundesrepublik findet sich Archivgut zum Gegenstand A7V im Bundesarchiv–Militärarchiv (BA-MA) in Freiburg i. Br., im Hauptstaatsarchiv Stuttgart und im Bayerischen Hauptstaatsarchiv, Abt. IV: Kriegsarchiv in München.

Neben Merkblättern – Dienstvorschriften gab es für den A7V 1918 noch nicht –, Berichten, Befehlen, Auszügen aus Kriegstagebüchern (KTB), Bedienungsanleitungen sowie Unterlagen über technische Einzelheiten und Kraftfahrzeugwartung sind es im BA-MA vor allem zwei Bestände, die hier hervorgehoben werden sollen. Es sind die Nachlässe Petter und Greiff, die sich aufgrund ihrer Beschaffenheit glücklicherweise sinnvoll ergänzen. Der Nachlaß des Generalmajors a. D. Petter enthält zum einen Studien über die technische Entwicklung und den Werdegang des A7V, zum anderen recht ausführliche Unterlagen zum Einsatz der deutschen Sturmpanzerwagenabteilungen. Petter standen für seine Arbeiten anfangs der 30er Jahre die Bestände des ehemaligen Heeresarchivs Potsdam (damals noch Reichsarchiv) zur Verfügung, wenn er auch damals schon das Fehlen mancher Akte bedauern mußte[4]. Dessenungeachtet muß der Nachlaß Petter jetzt und künftig als eine Hauptquelle zum Thema A7V gelten.

Im Nachlaß Greiff[5] hat sich das Kriegstagebuch der St. P. W. A. 1 erhalten; Zeitraum: 6. Januar bis 17. Oktober 1918. Zu diesem Kriegstagebuch sind also alle Einsätze der Abteilung und das militärische Alltagsleben in den Zwischenzeiten in gestraffter Form wiedergegeben; eine wahrhaft ideale Ergänzung zu den grundlegenden Arbeiten Petters. Die KTB's der Abteilungen 2 und 3 liegen nicht vor, können aber im wesentlichen kaum anderes wiedergegeben haben als das KTB der Abteilung Greiff, die später Abteilung Thofehrn hieß.

Die Bestände in Stuttgart und München wecken Erinnerungen an die Haupt-Kontingente des deutschen Reichsheeres bis zu dessen Auflösung 1919. In Stuttgart befinden sich Aktenbestände des General-Kommandos des XIII. (Kgl. Württemb.) Armeekorps. Diese Bestände sind eher von allgemeinem Interesse – der A7V war ja im eigentlichen Sinne zunächst ein preußischer Panzer –, der kurzgefaßte Quellenhinweis KM in den den A7V betreffenden Akten bedeutet Königlich Preußisches Kriegsministerium!

Auch im Bayerischen Kriegsarchiv sind die Überlieferungen über den A7V recht bescheiden, denn die bayerische Sturmpanzerkraftwagen-Abteilung 13 war mit Beutetanks britischer Fertigung ausgerüstet. Interessant ist hier allerdings der Tätigkeitsbericht des Bayerischen Armee-Kraftwagen-Parks 20 (BAKP 20) für das erste Halbjahr 1918, der Haupteinrichtung für Instandsetzung, Wiederaufbereitung, Erprobung und Umrüstung der deutschen Tankwaffe im Ersten Weltkrieg.

Im Ausland stehen Archivalien nach Mitteilung des Service de Documentation du Musée des Blindés in Saumur und bei dem Service Historique (Armeé de Terre) in Vincennes zur Verfügung. Bisher wurde angenommen, daß die bei Kriegsende noch bei der Truppe verbliebenen neun A7V auf Anordnung der Entente an die neu gegründete Republik Polen ausgeliefert werden mußten[6]; so konnten auch von dort her Realstücke, gegebenenfalls auch Archivalien erwartet werden, falls diese nicht im Zweiten Weltkrieg verloren gegangen sind. Auf eine in diesem Zusammenhang nach Polen gerichtete Anfrage erfolgte jedoch die Antwort: »Die in westeuropäischen Arbeiten geäußerte Meinung, Polen habe nach Beendigung des Ersten Weltkrieges 5 Panzerfahrzeuge des Typs A7V erhalten, ist nicht richtig. Wie die von J. Magnuski in polnischen Militärarchiven durchgeführten Untersuchungen ergeben haben, sind Panzerfahrzeuge dieses Typs zu keinem Zeitpunkt verwendet worden[7].«

Eine wissenschaftlichen Ansprüchen gerecht werdende Darstellung zum Thema A7V gibt es bisher nicht; eine Geschichte der deutschen Sturmpanzerkraftwagenabteilungen im Ersten Weltkrieg liegt bisher ebenfalls nicht vor, sieht man einmal von Nehrings Geschichte der deutschen Panzerwaffe 1916–1945 ab, die von ihrem Anliegen her das Werden des A7V und seine Einsätze 1918 nicht erschöpfend behandeln kann; sie erschien 1969[8]. Aus der Fülle der Literatur der 20er und 30er Jahre zum Generalthema Panzerwagen ragen die Autoren Ernst Volckheim und Erich Petter heraus; Volckheim veröffentlichte die erste Auflage seiner Arbeit

»Die deutschen Kampfwagen im Weltkriege«[9] bereits 1923. Was die Arbeiten von Volckheim und Petter von der großen Anzahl der übrigen Veröffentlichungen weiter unterscheidet ist der Umstand, daß ihre Arbeiten in der Rückschau möglichst viele Tatsachen, Ereignisse, Dokumente – bei Volckheim auch persönliche Erlebnisse – festzuhalten suchten.

Viele andere Arbeiten dieser Zeit in Deutschland – führend damals Ludwig Ritter von Eimannsberger[10] und letzten Endes sich durchsetzend Heinz Guderian[11] – waren anders aufgebaut, ihre Perspektiven waren zukunftsorientiert. Die Ereignisse des Ersten Weltkrieges wurden darin nur kurz und gestreift festgehalten, sozusagen als eine Lagefeststellung, mit der dann die eigenen Vorstellungen für die zukünftige Entwicklung begründet werden sollten; diese umfaßten dann Grundlagen für die Entwicklung technischer, taktischer und operativer Möglichkeiten in der Zukunft. Eimannsberger entwickelte sogar den Plan zu einer neuzeitlichen als unmittelbar bevorstehend gedachten Tankschlacht vor Amiens am 8. August 1933[12]. Das soll aber nicht heißen, daß Petter und Volckheim aus ihren Arbeiten keine richtungweisenden Schlüsse für die Zukunft gezogen hätten; darauf wird an anderer Stelle zurückzukommen sein.

Im Zusammenhang mit dem Stichwort »Literatur« soll auf ein weiteres Erscheinungsbild hingewiesen werden: Bedingt durch Paragraph 171 des Versailler Vertrages, wonach Deutschland die Herstellung und Einfuhr von Panzerwagen oder Tanks verboten war, wurde in Deutschland das Bedürfnis geweckt, die Panzerwagenfrage wenigstens theoretisch zu erfassen, wenn schon das Sammeln und die Anwendung praktischer Erfahrung versagt blieben. Das wird deutlich in einer beispielhaften Formulierung. Der damalige Major und spätere General der Panzertruppen Nehring schrieb 1934, in einer für die damalige Zeit typischen Schrift: »Für uns Deutsche bleibt also nur übrig, die Entwicklung der Kampfwagen des Auslandes zu beobachten und daraus zu lernen. Eine Lehre darf verraten werden: nicht Technik *oder* Taktik *oder* Moral allein ist die Vorbedingung zum Siege, sondern der wohllautende Gleichklang dieser drei Faktoren, d.h. *bestes Kampfgerät*, wie es das Ausland in Tausenden von Kampfwagen besitzt, *gesunder Menschenverstand und ein stahlharter Kämpfer*[13].«

In einer vergleichenden Gesamtdarstellung über die in Deutschland zwischen den Weltkriegen zur Kampfwagenfrage erschienenen Literatur sollte einmal untersucht werden, inwieweit diese zwangsläufige theoretische Überfrachtung – als Ersatz für mangelnde Praxis – positive, konkurrierende und in die Praxis umsetzbare Ansätze, von Guderian einmal abgesehen, reine papierne Theorie oder bloße Ressentiments gegen die Feindmächte des Krieges von 1914–1918 hervorgebracht hat.

Bei der »Überlieferung« von Erlebnissen und persönlichen Eindrücken durch Teilnehmer an Kampfeinsätzen von A7V-Sturmpanzerwagen wird man mit Betrachtungen aus späterer Zeit vorsichtig sein müssen, diese nämlich tragen die Gefahr der positiven oder negativen Auswahl aus verschiedenen Gründen, seien es Verschiebungen oder Rechtfertigung u. a. m., in sich. Das muß in vollem Umfang gelten für Arbeiten von Schuchard[14], Volckheim und Larsen, deren Erlebnisniederschriften in den Jahren 1937 bis etwa 1940 entstanden, was jedoch keine Abwertung bedeutet. Was Larsen in seinem Tagebuch über seine Gedanken und Empfindungen am Abend vor dem großen Goerz-Angriff, 27. Mai 1918, berichtete, wird sicherlich der inneren Einstellung und Denkweise eines jungen deutschen Offiziers in einer besonderen Truppe, der Tanktruppe, entsprochen haben[15]. Insgesamt jedoch muß bei der Bewertung persönlicher Aufzeichnungen berücksich-

tigt werden, wann sie entstanden sind. Im Jahre 1937 erlebte ein alter Soldat, ein Frontkämpfer von 1914–1918, das Abschütteln der als demütigend empfundenen Diktatbestimmungen von Versailles als späte Rechtfertigung seines Kampfes für Deutschland. Am 15. September 1940 beendete Theodor Larsen sein Tagebuch.

Der Blitzsieg in Polen lag kaum ein Jahr zurück, und nicht einmal drei Monate vorher, am 25. Juni 1940, war der Waffenstillstand mit Frankreich in Kraft getreten. In beiden Feldzügen hatte die junge deutsche Panzertruppe im »Blitzkrieg« noch nie Dagewesenes geleistet. In seinem Geleitwort (15. Oktober 1940) schrieb Larsen in seinem Tagebuch nicht ohne innere Genugtuung: »Heute hat eine andere Tankgeneration das Wort. Unsere alte Kriegswaffe ist Elitetruppe geworden und voll Stolz und ohne jedweden Neid blicken wir Tanker des Weltkrieges auf sie. Möge auch sie ferner unter kluger Führung dem Sinnbild der Tapferkeit gerecht werden, dem Eisernem Kreuz und dem Totenkopf[16].«

Die Bücher von Volckheim »Deutsche Kampfwagen greifen an!« und »Die deutschen Kampfwagen im Weltkrieg« (2. Aufl.) erschienen 1937 ein Jahr nach dem Einmarsch in die entmilitarisierte Rheinlandzone, zwei Jahre nach Wiedereinführung der allgemeinen Wehrpflicht. Im Vorwort zum ersten schrieb Volckheim: »Die neue Panzertruppe soll und wird, wenn es der Führer fordern muß, mit gleichem Heldenmut kämpfen, wie es die Besatzungen deutscher Kriegskampfwagen taten. Möge dies daher den jungen Panzerkameraden Vorbild sein, ihnen zeigen, was Panzerbesatzungen auch unter schwierigsten Verhältnissen zu leisten im Stande sind. Drum: Im Panzerkampfwagen vorwärts! Zum Siege zusammem mit den anderen Waffen[17]!«

So finden wir nun in diesen Aufzeichnungen zweierlei vermischt, zum einen das, was wirklich war, zum anderen das, was ein erhebendes Gefühl oder das Bewußtsein, Vorbild zu sein oder »Zeichen setzen« zu müssen, der Feder diktiert hat. Hier gilt es sorgfältig das eine vom anderen zu trennen und behutsam den historischen Kern aus der Hülle einer möglicherweise zu Mißverständnissen führenden Betrachtung von später her herauszulösen, ohne Tatsachen zu verfälschen, ohne denjenigen, dem er diese Quelle verdankt, zu verletzen, zumal diese persönlichen Zeugnisse sehr wichtig sind, denn ein Buchtitel wie »Geschichte des Sturmpanzerwagens A7V, vom Urpanzer zum Leopard 2« täuscht nur vor, daß ein Panzerwagen Geschichte macht. Das wesentliche bleiben immer die Menschen, die ihn erfanden, anwendeten, mit ihm Erfolg hatten oder scheiterten[18].

Über die Besatzungen des A7V, die Soldaten, die in ihm kämpften, ist wenig bekannt. Es wurde schon im Vorangegangenen darauf hingewiesen, daß eine Stammrolle der drei A7V-Abteilungen nicht erhalten ist. Noch lebende alte Tanksoldaten könnten wohl heute kaum noch nach ihren Kampferlebnissen befragt werden; sie waren Jahrgang 1900 und älter. Einige schriftliche Zeugnisse sind erhalten geblieben: Sie sind im Anhang in Auswahl beigegeben. Bei aufmerksamem Studium dieser Texte wird der Leser selbst Unterschiede feststellen. Diese Verschiedenheiten rühren daher, daß es sich teilweise um nüchterne Berichte, um zeitgenössische Befehle, um Aufzeichnungen von Erlebnissen oder aber auch um Rechtfertigungen handelt; die Anlagen 12 bis 14 scheinen formuliert worden zu sein, weil es im dienstlichen Interesse erforderlich war festzustellen, aus welchen Gründen der Einsatz am 31. August 1918 bei Cambrai gescheitert ist. In allen diesen zeitgenössischen Aufzeichnungen sprechen vom Divisionskommandeur bis zum Tankfahrer Menschen zu uns: in dienstlichen Angelegenheiten, im Befehlston oder um anschaulich persönliche Erlebnisse zu schildern.

Zur moralischen Qualität des deutschen Tanksoldaten des Ersten Weltkrieges ist kurz festzustellen: Das innere Gefüge des deutschen Reichsheeres war zum Ende des Krieges nicht mehr intakt. Unvorstellbare Belastungen an der Front, schlechte Ernährung, Kampfmüdigkeit, knapper Sold[19], Schwinden der Hoffnung auf einen Sieg und beunruhigende Nachrichten aus der Heimat nagten am inneren Zusammenhalt der Truppe an der Westfront[20]. Personalergänzungen aus der Heimat, bisher für die Arbeit in kriegswichtiger Industrie zurückgestellte Männer, die nicht mehr an die Front wollten, oder von Soldaten aus der sehr viel ruhigeren Ostfront, die ein Ende des Krieges herbeisehnten, hoben die Kampfmoral der Truppe nicht. Maßnahmen der psychologischen Kriegführung der verbündeten Feindstaaten taten ein übriges[21]. Das Bekanntwerden des Waffenstillstandsangebotes wird keine uneingeschränkte Kampfbegeisterung hervorgebracht haben. Kronprinz Wilhelm sprach in seinen Erinnerungen von unleugbar zersetzendem Einfluß[22], so blieb auch der »vaterländische Unterricht« zur Festigung des inneren Haltes der Truppe ohne Wirkung, falls es überhaupt gelang, ihn regelmäßig zu erteilen[23]. Ein weiterer Gradmesser für nachlassende Disziplin und Kampfmoral im Westheer war die Zahl von Gefangenenkompanien. Seit dem 3. Oktober 1917 mußten allein im Bereich des Feldheeres 78 Militär-Gefangenen-Kompanien gebildet werden, ein sichtbares Zeichen für die sinkende Moral im Heere[24]. Auch die Zahl von Drückebergern, die sich in der Etappe aufhielten und »nicht zur Truppe zurückfanden«, ist für das Jahr 1918 zunehmend und erschreckend hoch gewesen, sie konnte auch nach amtlichen Unterlagen nur geschätzt werden. Das in den Soldbüchern für Verwundete und Kranke eingeheftete Merkblatt enthielt in Ziffer 8 den Hinweis, daß Mitnahme von Gewehr, Stahlhelm und Gasmaske »Vaterländische Pflicht« sei, wenn dieser Personenkreis zur sanitätsdienstlichen Versorgung zurückgebracht wurde.

Anfang November 1918 berichteten die Generalstabschefs der 2., 17. und 18 Armee über die steigende Zahl der Fälle von Zuchtlosigkeit, das waren Armeen im Brennpunkt der Westfront, nicht in der Etappe, sondern Verbände von Frontkämpfern[25]!

Erst vor diesem Hintergrund wird deutlich, was es heißt, wenn Volckheim schrieb: »Der Erfolg deutscher Kampfwagen ist zum großen Teil dem guten Geist der Truppe zu danken gewesen. Kein Mann wollte, wenn es zum Angriff ging zurückbleiben[26].« Oder an anderer Stelle: »Wir Kampfwagenfahrer wissen das, auf jeden Mann war Verlaß. Jeder tat fast mehr, als von ihm gefordert werden mußte. Unermüdlich waren sie alle dabei, und es gab auch bis zuletzt kein Nachlassen [. . .], als es dann aber später größere Verluste in den Kampfwagen gibt und wir merken, daß der Gegner stärkere Abwehrmaßnahmen gegen uns trifft, hier ein Wagen zerschossen wurde, ein anderer ausbrannte, dort ein Volltreffer in den Panzer fuhr, als es nicht mehr so schön war wie zu Anfang – da blieb das Drängen nach vorn genau so[27].« Es fällt heute schwer, weiteren Ausführungen Volckheims zu folgen, wenn er vom »eisernen Pflichtgefühl auch nach dem 9. November [. . .] zusammen mit den anderen Helden der Schwesterwaffen« spricht; es gibt eben nachweisbare Tatsachen, wie oben angedeutet, die ein anderes Bild vermittelten. Was jedoch die Einschätzung der hohen Kampfmoral der A7V-Besatzungen betrifft, wollen wir Volckheim folgen. Die »Tanker«, d. h. die Tanksoldaten, fühlten sich als Elite, als Angehörige einer ganz besonderen, einer bahnbrechenden Truppe. In einer Gemeinschaft wie einer A7V-Abteilung mit fünf Kampfwagen war wohl kaum Platz für Drückeberger.

Welche Beweggründe im einzelnen vorlagen, wenn sich Soldaten freiwillig zur Tanktruppe meldeten, ist nie erhoben worden. Auch Volckheim schrieb: »Was den einzelnen zur neuen Waffe getrieben

hat, das wissen wir nicht[28].« Eine halbwegs annähernde Sicherheit über diese Bewertungen und Fragen könnte nur die Auswertung von Disziplinar-, Straf- und weiterführendem Aktenmaterial ergeben sowie die Einsicht in Wehrpässe und Soldbücher, und das ist, wenn überhaupt, allenfalls nur in wenigen Einzelfällen möglich.

In den Grundlagen für die Schilderung der taktischen Einsätze des A7V soll auch etwas über das zeitgenössische Bildmaterial gesagt werden, soweit es Einsatz- oder Gefechtsmomente wiedergibt. Authentische Gefechtsaufnahmen wird es wohl kaum geben. Es standen jeweils etwa drei bis fünf A7V-Wagen gleichzeitig im Gefecht, sieht man von Villers-Bretonneux einmal ab. Sicher gab es dann zunächst andere Sorgen als zu »knipsen«. Ganz abgesehen davon, daß sich ein Photograph mit den damals üblicherweise voluminösen Kameras für eine Aufnahme allzusehr dem Feindfeuer ausgesetzt hätte. K. G. Klietmann hat in der Zeitschrift für Heereskunde[29] einen anschaulichen Artikel über die Abteilung 1 bei Urvillers am 21. März 1918 veröffentlicht. Dieser Artikel war mit drei Fotografien illustriert, von denen eine Tank 501, GRETCHEN, im »Gefecht« zeigt und durchaus gefechtsmäßig wirkt; sehr unscharf sind wohl ein Grabenstück, zwei bis drei gefallene Soldaten und vielleicht ein britischer Stahlhelm zu erkennen, sonst ist das Gefechtsfeld merkwürdig leer. Die anderen beiden Fotos lassen Zweifel aufkommen. Einmal gehen auf leerem gut »aufgeräumtem« und nebelfreiem Gelände zwei A7V vor, im Hintergrund rechts eine belaubte Waldkulisse; letzteren Umstand ist kaum mit dem Aussehen der verwüsteten Landstriche beiderseits der Somme, aber auch mit der Jahreszeit des angeblichen Aufnahmedatums vom 21. März nicht zu vereinbaren. Das dritte Bild zeigt einen A7V im Artilleriefeuer. Das Gelände ist hier offen, nebelfrei und ohne erkennbare Kampfspuren. Der A7V steht vor weißen »Watte-Wolken«, so entsteht eher der Eindruck, als werde hier bei einer Vorführung das Einnebeln demonstriert. Die Wirkung von Spreng- oder auch Vollgeschossen im Gelände sieht ganz anders aus. Leider fehlt im Text ein exakter Bildnachweis. Neben der einen oder anderen Regimentsgeschichte[30] hatte auch Volckheim Gefechts- und Einsatzfotos in seinem 1937 erschienenen Buch »Deutsche Kampfwagen greifen an!« veröffentlicht. Hier wurde ein Feldwebel Schiemann als Bildautor erwähnt, der die Fotos vielfach unter Lebensgefahr gemacht haben soll, das wird bei dem Betrachten der Bilder allerdings nicht recht deutlich.

Eine Reihe von Aufnahmen von Sturmpanzerwagen A7V sind im Sommer 1918 bei Vorführungen und den damit verbundenen Eisenbahntransporten entstanden. Zu dieser großen Serie gehören die meisten der hier wiedergegebenen Aufnahmen. Sie wurden von Filmtrupps des Bild- und Filmamtes Berlin gemacht: ein Versuch, unter Angabe der Nummer des jeweiligen Trupps über das Bundesarchiv Aufnahmeort und Datum herauszufinden, verlief ergebnislos. Die zugeordneten, offiziellen Bildtexte sind oft so belanglos, daß sie nur in zwei Fällen wiedergegeben wurden. Die Bildunterschriften dieses Beitrages insgesamt wurden sehr ausführlich gehalten, um den historischen Quellenwert dieser Spezies bestmöglich ausschöpfen zu können.

Das Uminterpretieren von Verfälschen von Bildinhalten durch Hinzufügen manipulierter Texte wird an einem Beispiel verdeutlicht. Zu den verwendeten Skizzen und Karten ist anzumerken: Soweit Skizzen von Gefechtshandlungen auf Petter oder Volckheim zurückzuführen sind, wurden sie beibehalten. Petter hatte für seine Arbeiten die Bestände des Reichsarchives zur Hand. Volckheim hat seinen Veröffentlichungen keine Quellenhinweise beigegeben, aber auch er war kriegsgedienter Offizier, also vom Fach, darüber hinaus bei Villers-Bretonneux, Reims und Iwuy Mitkämpfer; er hatte diese Schauplätze gesehen, hatte dort erkundet und gekämpft und ist damit als glaubwürdiger Zeitzeuge anzusehen. Welche Unterlagen für die Skizze des Gefechtes bei St. Etienne am 7. Oktober 1918 zur Verfügung gestanden hatten, ist unbekannt; Abweichungen vom zeitgenössischen Kartenmaterial wurden angeführt.

So wurden lediglich die Skizzen für die Gefechte am 9. Juni 1918, 15. Juli 1918 und 31. August 1918 neu angelegt und von Herrn Wilf Habich, Graphiker am Wehrgeschichtlichen Museum (WGM) in heutiger graphischer Manier gestaltet. Die dem Buch beigegebenen Ausschnitte von Original-Führungskarten des Ersten Weltkrieges wurden nach folgenden Gesichtspunkten ausgewählt: Dem Leser sollte ermöglicht werden, für seine gedankliche Rekonstruktion der Gefechtsabläufe Karten einsehen zu können, wie sie auch den Abteilungsführern und Führern der Panzerkampfwagen A7V 1918 zur Verfügung gestanden haben konnten. Um anschaulich zu bleiben, wurden für diesen Zweck verschiedene Kartenausschnitte verwendet.

1. Gefecht am 21. März 1918 bei St. Quentin. Diese Karte diente vornehmlich dazu, britische erdgebundene und in die Luft aufgelassene Beobachtungsstellen (Ballons) anzuzeigen; gleichzeitig waren die Geländeteile durch farbliche Kennzeichen hervorgehoben, die von feindlichen Beobachtern nicht einzusehen waren. Danach konnten eigene Bewegungen eingerichtet werden. Z. B. ist zu entnehmen, daß der Standplatz der A7V Abteilung 1 von feindlichen Erdbeobachtungsstellen nicht einzusehen war (gelb ausgelegte Geländepartien). Auf diesen Karten waren Mulden und Niederungen, die Deckung für Bewegungen gewährten, blaßgrün ausgelegt.

2. Gefecht am 31. Mai 1918 bei der Pierquin Ferme. Die Gruppenkarte Brimont war eine Stellungskarte. Gruppe Brimont war die Bezeichnung für einen Großverband. Die Gruppe Brimont lag im Frühjahr 1918 nördlich Reims, sie war der 1. Armee unterstellt und führte am 31. Mai fünf Divisionen, darunter die 242. I. D., die von Norden, vom Fort Brimont her, auf Reims angreifen sollte. Die Gruppe Brimont war das GenKdo des XV. AK und wurde am 29. Mai in Gruppe Ilse umbenannt (nach ihrem Führer)[31].

Eine Stellungskarte erläuterte dem taktischen Führer das verwirrende Netzwerk von Stellungen, mit dem das Kampfgelände überzogen war; sie enthielt auch wichtige Einzelheiten über den Feind.

3. Ausschnitt aus der Übersichtskarte der 7. Armee: Dies war eine Übersichtskarte zur allgemeinen Orientierung, die vom AOK 7 herausgegeben worden war.

Somit lassen sich die hier verwendeten Karten einteilen in eine Karte, die nicht einzusehende Geländeteile wiedergibt, in Stellungskarten und in eine Übersichtskarte. Die beiden ersten Kategorien sind typische Produkte des Stellungskrieges.

Wenn die taktischen Einsätze des A7V auch in eine Phase des Ersten Weltkrieges einzuordnen sind, die, wenn auch bedeutend und kriegsentscheidend, hier in einfacher Form darzustellen ist, um den Zusammenhang mit dem Kriegsverlauf in etwa zu wahren, so muß hier doch erwähnt werden, von welchen Aspekten im Sinne einer Straffung Abstand genommen werden mußte. Gesichtspunkte der Gesamtkriegführung wie strategische Zusammenhänge, Diplomatie, wirtschaftliche und politische Hintergründe der Westoffensive waren auszugrenzen[32].

Ebenso konnte hier nicht auf eine Kritik an der Operationsführung Ludendorffs[33], unterschiedliche Auffassungen in der OHL oder auf die Frage eingegangen werden, ob die getroffenen Entscheidungen der OHL und damit Ludendorffs, das Festhalten an dem Offensivgedanken nach dem Einstellen des »Michael«-Angriffes, der lediglich taktischen Geländegewinn gebracht hatte, vor dem Hintergrund des Gesamt-Kriegsbildes noch der Lage entsprachen.

Vor dem Schwerpunkt der Darstellung taktischer Einsätze des A7V im Jahre 1918 müßten noch weitere Aspekte in den Hintergrund treten. Es sind dies spekulative Erörterungen wie die Frage: Hätte Deutschland 1918 mehr Tanks gehabt, was dann? Deutschland hatte keine Tanks in Menge[34]. Der örtlich ganz eng begrenzte, relativ seltene Einsatz der wenigen A7V-Wagen und deren einmaliges zufälliges Zusammentreffen mit Feindtanks machte auch die Schilderung der Tanktruppe der Entente – deren Taktik, Technik, Entwicklung, Leistung und Bewertung der wenigen in ihre Hand gefallenen A7V – an dieser Stelle entbehrlich.

Die deutsche Tanktruppe verfügte 1918 über mehr englische MARK IV Beutetanks als A7V-Wagen; von der Zielsetzung dieses Beitrages her mußten die Sturmpanzerkraftwagen-Abteilungen (Beute) jedoch vernachlässigt werden. Der Abriß über die Einordnung der Gefechtshandlungen des A7V konnte ganz kurz gefaßt werden. Denn eine Auswirkung des Einsatzes von A7V-Wagen auf Gesamtoperationen wie »Michael« oder »Gneisenau« gab es nicht. Hier wurde bewußt eine Bewertung durch den Verfasser dieses Beitrages vorweggenommen: Die eigentliche Leistung des A7V lag auf der unteren taktischen Ebene, wie z. B. beim Kampf um MG-Nester oder Aufrollen von Grabenabschnitten. Ihre Eindringtiefe war gering. Die Dauer der Beteiligung am Kampf war kurz. Der errungene taktische örtliche Erfolg hielt oft nur Stunden an.

Um verstehen zu können, in welchem taktischen Rahmen der Führer einer A7V-Abteilung oder auch der einzelne Führer eines Tanks sich zurechtfinden mußte, wurde über die Einsatzgrundsätze hinausgehend auf die Kampfweise des deutschen Heeres 1918 eingegangen. Die Schilderung der taktischen Einsätze des A7V folgte im wesentlichen den Heften 3 und 4 »Einsatz von Kampfwagen durch Deutschland im Weltkriege 1914/18« von Petter sowie einer für die US-Army im April 1932 vom Reichsarchiv zusammengestellten Sammlung von Abschriften der Originalakten, die den Titel »Bericht über die Erfahrungen beim Einsatz der deutschen Panzerkraftwagen im Jahre 1918« trägt[35].

Außer diesen Archivalien wurden noch das Kriegstagebuch der Abteilung 1 aus dem Nachlaß Greiff[36] und die Bücher von Volckheim »Die deutschen Kampfwagen im Weltkrieg« und »Deutsche Kampfwagen greifen an!« ausgewertet.

Das Panzergefecht von Villers-Bretonneux im Rahmen der Schlacht von Amiens ist bisher auf besonderes Interesse gestoßen[37]. Das hatte zwei Gründe:

1. Nur ein einziges Mal kamen hier alle drei A7V-Abteilungen gemeinsam zum Einsatz. Das wurde intensiv ausgewertet und fand besondere Beachtung[38].

2. In diesem nicht vorhersehbaren Begegnungsgefecht stießen erstmalig deutsche A7V mit britischen Tanks zusammen.

Die Bewertung der nachfolgend wiedergegebenen taktischen Einsätze beruht vornehmlich auf zwei zeitgenössischen Quellen, die im vorangegangenen Beitrag als Faksimiles wiedergegeben sind. Die »Anleitung für die Verwendung von Sturmpanzerkraftwagen-Abteilungen«[39] und das »Merkblatt für das Verhalten der Infanterie beim Zusammenwirken mit Panzerwagen«[40], beide durch den Chef des Generalstabes des Feldheeres erstellt, enthalten eine genaue Definition dessen, was nach den damaligen Vorstellungen von Führer und Mannschaft der Sturm-Panzerkraftwagen zu leisten war. Allein die Art und Weise, wie die in den Anleitungen und dem Merkblatt enthaltenen Aufgaben im Rahmen der Verhältnisse von 1918 erfüllt wurden, soll hier zum Maßstab für die Bewertung der Leistungen der deutschen Kampfwagen-Abteilungen des Ersten Weltkrieges genommen werden.

Die Entwicklung der Lage im Westen vom Frühjahr 1918 bis zum 11. November 1918

Die Gliederung des Westheeres 1918

Nach Prüfung der Gesamtlage seit Winter 1917/18 und Beurteilung der Lage an der Westfront vor dem Hintergrund zweier wichtiger Ereignisse, dem Freiwerden des Rückens im Osten durch den Friedensschluß von Brest-Litowsk einerseits und dem Zwang zum Handeln, bevor die sich abzeichnende personelle und materielle Überlegenheit der USA jede operative Handlungsfreiheit des deutschen Westheeres erdrücken müßte andererseits, entschloß sich die dritte Oberste Heeresleitung (Hindenburg und Ludendorff) zu einem Entscheidungsschlag im Westen schon im Frühjahr 1918. Damit war alles auf eine Karte gesetzt. Mißlang diese große Offensive, dann war allerdings der Krieg auch endgültig verloren[41]. Für die im Jahre 1918 durch diesen letzten Großangriff angestrebte Entscheidung wurden drei neue Armeen gebildet und in die Westfront eingeschoben: die 18. Armee am 27. Dezember 1917[42], die 17. Armee am 1. Februar und die 19. Armee am 4. Februar 1918. So stand das Westheer seit dem 4. Februar 1918 in folgender Einteilung bereit:

Heeresgruppe Kronprinz von Bayern:	4., 6., 17., 2. Armee	
Heeresgruppe Deutscher Kronprinz:	18., 7., 1., 3. Armee	
Heeresgruppe Gallwitz (vor Verdun):	5. Armee, Armee-Abt. C[43]	
Heeresgruppe Herzog Albrecht (Lothringen u. Vogesen):	19. Armee, Armee-Abt. A und B	

Das aus Rumänien herangebrachte AOK 9 fand erst am 5. Juli 1918 seinen Platz in der Heeresgruppe Deutscher Kronprinz zwischen der 18. und 7. Armee, also erst zehn Tage vor Beginn des letzten deutschen Angriffs im Westen am 15. Juli 1918.

Eine fünfte Heeresgruppe v. Boehn formierte sich am 12. August 1918 zwischen der Heeresgruppe Kronprinz von Bayern und der Heeresgruppe Deutscher Kronprinz; vier Tage nach dem tiefen Panzereinbruch der Ententemächte ostwärts Amiens am 8. August 1918 bei der 2. deutschen Armee! Der gegnerische Panzerstoß hatte die Nahtstelle der Heeresgruppen beider Kronprinzen getroffen!

Bald aber wurden wieder Änderungen der Heereseinteilung West erforderlich. Die 9. Armee mußte am 9. September 1918 der Heeresgruppe Deutscher Kronprinz wieder unterstellt werden, nachdem sie vom 12. August an zur Heeresgruppe Boehn gehört hatte. Mit Beginn der feindlichen Offensiven seit dem 18. Juli 1918 und dem Verlust der deutschen Initiative, dem Ausweichen des deutschen Westheeres und den sich aus diesen rückwärtigen Bewegungen ergebenden Frontverkürzungen wurde auch die Heeresgruppe v. Boehn entbehrlich.

Seit dem 8. Oktober 1918 trat wieder die schon oben dargestellte Heereseinteilung West vom 4. Februar 1918 in Kraft; sie veränderte sich bis zum Tage des Waffenstillstandes nicht mehr.

In der Zeit vom 21. März 1918 bis zum 11. Oktober 1918 waren bei folgenden Armeen A7V-Panzerwagen eingesetzt:

21. 3. 1918	Abteilung 1	bei 18. Armee
24. 4. 1918	Abteilung 1, 2, 3	bei 2. Armee
31. 5. 1918	Abteilung 2	bei 1. Armee
1. 6. 1918	Abteilung 1	bei 1. Armee
9. 6. 1918	Abteilung 1, 3	bei 18. Armee
15. 7. 1918	Abteilung 1, 2	bei 7. Armee
31. 8. 1918	Abteilung 1, 2	bei 17. Armee
7. 10. 1918	Abteilung 3	bei 3. Armee
11. 10. 1918	Abteilung 1	bei 17. Armee

Der allgemeine Kriegsverlauf an der Westfront von März bis Oktober 1918

Am 21. März 1918 traten auf einer Frontbreite von 75 km zwischen Arras und La Fère 63 deutsche Divisionen und 1700 deutsche Batterien zu einem umfassend vorbereiteten Angriff, dem Unternehmen »Michael«, gegen die Briten in deren Stellungen zwischen Scarpe und Oise an. Im Raum St. Quentin verteidigte sich die britische 5. Armee. Ziel des Angriffs war, über das verwüstete Gelände der Sommeschlacht von 1916 vorstoßend in Richtung Peronne und Amiens so weit vorzudringen, daß in Folge des dadurch bewirkten Zerreißens der Ententefront aus dem Raum Doullens nach Norden umfassend die Briten vernichtet oder an die Küste gedrängt wurden, um sie von den Franzosen zu trennen. War erst einmal der Zusammenhang der Operationsführung der Entente im Westen nicht mehr gewährleistet, so bestand nach Beurteilung der OHL die Aussicht, den Krieg zugunsten der Mittelmächte im Westen entscheiden zu können. Vom Ausgang dieses Angriffs, so glaubte man damals, hing das Schicksal Deutschlands ab.

Der Schwerpunkt des deutschen Angriffes lag bei der 17. und 2. Armee. Die 18. Armee sollte ursprünglich nur die linke Flanke des Hauptstoßes schützen. Ihr später für eine weitergehende Operation ergänzter Auftrag ließ sie jedoch Raum gewinnen, sogar deutlich über den Geländegewinn bei der 17. und 2. Armee »im Schwerpunkt« hinaus. Nun ließ sich am 5. Tage nach Angriffsbeginn General Ludendorff, als die OHL erste Bilanz zog, dazu verleiten, den ursprünglichen Operationsplan aufzugeben. Er stellte ab 26. März Überlegungen an, wie die Offensive entgegen der ursprünglich geplanten Richtung nach Süden gegen die französische Front fortgeführt werden konnte – in Verlängerung des erfolgreichen Angriffs »Michael 3«. Damit fächerte die Offensive auseinander. Eine Vereinigung und Verdichtung des letzten deutschen Kraftaufwandes an einer Stelle, um hier den Durchbruch zu erzwingen, erfolgte nicht.

Nach einem Einbruch in die englische Front hatten die deutschen Angriffsdivisionen etwa 60 km tief das seit 1916 verwüstete Gelände beiderseits der Somme besetzt. Die deutsche Kraft nutzte sich bald ab. Die Front war nun ausgebuchtet und länger, die Nachschubwege waren beschwerlicher geworden. Die Offensive ebbte ab; verlief sich in örtlichen Einzelkämpfen um Geländevorteile für den neuen Stellungsverlauf. Amiens, der wichtige Eisenbahnknotenpunkt, war nicht erreicht worden und blieb etwa 15 km hinter der neuen Frontlinie. Der feindliche Widerstand war stärker als die deutsche Angriffskraft gewesen. Am 5. April 1918 wurde das Unternehmen »Michael« abgebrochen. Jeder deutsche Folgeangriff konnte nun nur noch mit schwächeren Kräften geführt werden. Die Angriffe »Mars« und »Walkürenritt« auf dem rechten Flügel von »Michael« – von der 17. und der 6. Armee auf die Höhen von Loretto und Vimy bei Arras angesetzt – mißlangen Ende März. Damit war die Entscheidung im Westen eigentlich gegen die Mittelmächte gefallen[44].

Deutsche Tanks spielten in diesem gewaltigen, unter Zusammenfassung aller Kräfte durchgestandenem Ringen, das insgesamt 16 Tage dauerte, nicht einmal am ersten Tag eine Rolle; lediglich neun deutsche Kampfwagen krochen zu Beginn des Angriffs »Michael 3« verloren über das verwüstete Gelände. Von den vier A7V beim XVII. Armee-Korps gelangten lediglich zwei zum Einsatz. Die fünf Beutetanks beim IX. Armee-Korps fielen durch Schäden aus oder wurden zerschossen. Ihr Angriffsziel erreichten sie nicht. Die beiden A7V konnten immerhin die schwerringende Infanterie wirksam unterstützen.

Ursprünglich sollte etwa acht Tage nach Beginn des Unternehmens »Michael« der »Georg«-Angriff der 6. Armee, eine Operation mit reduzierten Kräften – »Georgette« –, beginnen. Die acht Tage zeitlicher Verzug waren damit begründet, daß die OHL hoffte, diese Frist würde genügen, die britischen Reserven aus Flandern abzuziehen, um die Abwehrfront gegen den »Michael«-Angriff zu verstärken.

Je mehr indessen die 18. Armee nach Westen vorstieß, desto weniger hielt die OHL an »Georgette« fest; am 26. März 1918 erging Weisung von der OHL an die 6. Armee, »Georgette« weiter vorzubereiten, der Angriff selbst aber wurde verschoben.

Der Angriff »Erzengel« der 7. Armee, linker Nachbar der erfolgreichen 18. Armee (General v. Hutier), trat nun in den Vordergrund. »Erzengel« sollte ursprünglich den Feind vom Hauptstoß »Michael 3« der 18. Armee ablenken. Mit dem weiten Vordringen der 18. Armee in den Raum Montdidier – Noyon war dieser Auftrag hinfällig geworden. Letztlich hatte »Erzengel« nur noch den Sinn, die Front zu begradigen und des Feindes artilleristische Flankierung der eigenen rückwärtigen Verbindungen auszuschalten. Das Ziel von »Erzengel« waren nun die Höhen ostwärts des Aisne – Oise-Kanals, den das Flüßchen Ailette in seinem Unterlauf begleitet. Die A7V-Abteilung 1 hatte auftragsgemäß am 7. April 1918 ihre Tanks 526 und 527 bis St. Gobain – 10 km ostwärts des Angriffszieles – transportiert. Die Abteilung kam nicht zum Einsatz, der Feind war bereits in der Nacht vom 8./9. April 1918 hinter die Ailette ausgewichen. Damit hatte »Erzengel« sein Ziel erreicht und wurde eingestellt. Pünktlich mit dem Ende dieses Angriffes begann am 9. April 1918 nun »Georgette« bei der 6. Armee, ab 10. April auch bei der 4. Armee.

Dieser Angriff traf wie geplant auch auf eine von Reserven entblößte Stelle, brachte auch taktische Erfolge. Ein Durchbruch aber gelang nicht, weder St. Omer wurde erreicht noch konnte – auch nach dem beispielhaft erfolgreichen Sturm auf den Berg Kemmel – der Nordflügel der Briten umfaßt und diese zum Meer hin gedrängt werden. Vor allem wegen ungünstiger Geländeverhältnisse wurden A7V-Wagen nicht eingesetzt. Nach bereits erfolgter Erkundung durch den Führer der Sturmpanzerwagenabteilung 1 sagte das Armeeoberkommando 6 am 3. April 1918 den Einsatz ab. »Georgette« wurde am 29. April 1918 eingestellt.

Zurück an die »Michael«-Front vor Amiens. Dort sollte die 2. Armee, sozusagen im Nachhauen des dort liegengebliebenen Angriffs »Michael 2«, weiter auf Amiens angreifen mit dem Ziel, den Frontverlauf zu verbessern, feindliche Kräfte zu binden, um wirksames Fernfeuer der Artillerie auf den Eisenbahnknotenpunkt Amiens aus gesicherteren Stellungen zu ermöglichen.

Der Angriff mit schon nicht mehr vollwertigen Angriffstruppen begann am 24. April 1918 um 4 Uhr 45. Teilweise wurden die befohlenen Angriffsziele erreicht. Alle drei A7V Abteilungen wurden konzentriert und mit Erfolg im Raum Villers-Bretonneux eingesetzt; 13 Kampfwagen kamen in das Gefecht. Doch an der Abwehr der bereits am 25. April um 2 Uhr 30 einsetzenden heftigen britischen Gegenangriffen, die bei der 2. Armee ernste Rückschläge hervorriefen, waren die deutschen Tanks schon nicht mehr beteiligt. Trotz einiger Stellungsverbesserungen, 2400 britischer Gefangener und vier eroberter Geschütze war der Angriff im Ganzen mißlungen.

Nach einer Zwischenbilanz der OHL über die Angriffe gegen die Briten, die den erhofften Durchbruch nicht gebracht hatten, nach der Feststellung, daß ab Mitte April stärkere französische Kräfte nach Norden, nach Flandern verschoben wurden, und sich Ende April der »Georgette«-Angriff in Flandern festgelaufen hatte, trat der Gedanke in den Vordergrund, weitere Angriffsoperationen nun

im Süden und Südwesten der Front anzusetzen um einmal vom Hauptstoß gegen die Briten (Operation-»Hagen«) abzulenken und zum anderen die französischen Reserven vor der britischen Front wieder abzuziehen.

Diesem Gedankengang folgend hatte die Heeresgruppe Deutscher Kronprinz auf Weisung der OHL seit längerem den Angriff »Roland« an der Champagnefront der 3. Armee vorbereiten lassen. Günstiger beurteilte die OHL aber die Lage an der Front gegenüber den inneren Flügeln der 7. und 1. Armee. Dort standen am Chemin des Dames französische Verbände in allgemeiner Linie Frontvorsprung Reims–Soissons an Aisne und Vesle mit nur noch recht schwachen Kräften. Der Gedanke, hier anzugreifen, gewann immer mehr Bedeutung, als die Angriffe der 4. und 6. Armee in Flandern – im wesentlichen »Georgette« – sich dort ohne greifbares Ergebnis festgelaufen hatten (29. April 1918). Immer noch sollte etwa Mitte Juni durch die Operation »Hagen« als »Schlußoperation« die Entscheidung gegen die Briten erzwungen werden.

Zwischenzeitlich wurde auch bei der Heeresgruppe Kronprinz von Bayern geprüft, ob ein Angriff gegen die Briten – doppelt umfassend – von 17. und 2. Armee als Unternehmen »Neu Michael« und von 6. Armee als Operation »Hubertus« in Erwägung zu ziehen sei. Das Ziel war, das Stellungssystem Arras zu umfassen, ins Wanken zu bringen, die Briten so gegen das Meer zu drücken, daß ihre Stellung unhaltbar wurde. Arras mußte auf der Lagekarte ins Auge fallen, denn hinter dieser festen Bastion lag der weiteste Weg an die strategische Gegenküste. Was mit dem frontalen Anrennen durch die Operation »Mars« und »Walkürenritt« nicht geglückt war, sollte nun eine Umfassungsoperation leisten. Aber erst waren die Franzosen »durch Angriff bei Reims wegzuziehen«[45].

Im Raum Reims – Soissons schritt man nun zu einem ganzen »System von Ablenkungs- und Täuschungsangriffen«, um die Franzosen zu veranlassen, ihre Reserven diesem nun bedrohten Frontabschnitt zuzuführen.

Die 1. Armee sollte mit dem Unternehmen »Goerz« die 7. Armee mit der Operation »Blücher« im konzentrischen Angriff ein Höhengelände zwischen Aisne und Vesle gewinnen; von dort sollte je nach Feindlage und Geländegängigkeit nach Süden, Südwesten oder Westen weiter angegriffen werden; anschließend sollte der Westangriff auf Soissons das Unternehmen »York« mit der Operation »Hammerschlag« kombiniert oder durch diese ersetzt werden. Wie auch immer dann beide letztgenannten Angriffe abliefen, war weiterhin beabsichtigt, sie mit der Operation »Gneisenau« zu verbinden, d. h. beidseitig umfassend in den Raum Compiègne vorzustoßen und die Fronteinbuchtung vor Noyon zu begradigen. Dieses Netz von Operationen, dessen Beginn mit »Blücher« auf den 27. Mai festgesetzt war, sollte dem Feind nicht sofort erkennbar sein. Aus diesem Grunde waren bei der Heeresgruppe von Gallwitz, der 19. Armee in den Vogesen und Lothringen, bei der 2., 18. aber auch bei der 4. Armee Täuschungsmaßnahmen durchgeführt worden. Die Vortäuschung von Angriffen an anderen Frontabschnitten sollte ihren Höhepunkt am 27. Mai 1918 erreichen, also an dem Tage, an dem das »Angriffssystem« mit »Blücher« ausgelöst werden sollte; die Täuschungen und Ablenkungen sollten bis zum 2. Juni 1918 fortgesetzt werden.

Am 8. Mai 1918 erhielt die 7. Armee den Befehl »Blücher«, die 1. Armee den Befehl »Goerz«. Am 27. Mai 1918 sollte damit begonnen werden. Der Angriff bei der 7. Armee wurde durch die Sturmpanzerkraftwagen-Abteilungen 11, 12, 13 und 14 unterstützt. Der Angriff kam so schnell voran, daß die deutsche Sturminfanterie den langsamen Beutetanks mit dem Eisernen Kreuz buchstäblich davonlief. Technische Defekte der Beutetanks setzten deren ohnehin langsames Angriffstempo zusätzlich herab.

Nur wenigen Tanks gelang es, der Infanterie voraus anzugreifen. Die befohlenen Angriffsziele wurden von drei Beutetank-Abteilungen erreicht. Die 7. Armee kam gut voran, der Angriff hatte mit einer deutschen Überlegenheit von 3:1 begonnen; die Angriffsziele wurden erweitert, der Erfolg sollte ausgenutzt werden. Das »System« begann zu arbeiten, selbständig. Ein Teilangriff baute auf dem vorhergegangenen auf. Mit dem Vordringen der 7. Armee zum Marne-Fluß erforderte der noch von den Franzosen gehaltene Eckpfeiler Reims immer mehr Aufmerksamkeit, er unterbrach die Bahnlinie Reims – Soissons. Eine Bahn für die Versorgung der deutschen Kampftruppen in der starken, vom Feinde flankierten Ausstülpung zur Marne hin mußte aber gewonnen werden; das wurde besonders akut, als auch die von Soisson nach Norden führende Bahnlinie im Raum um Vauxaillon unterbrochen war. Zudem begann die Einnahme des Südostrandes des Reimser Bergwaldes zwischen Reims und Epernay für die deutsche Seite aus taktischen Gründen wichtig zu werden. Einmal im Besitz dieses bewaldeten Höhenrückens konnte die OHL dieses Gelände als Flankenschutz für »Goerz« und »Blücher«, aber auch als Basis für das Erreichen weitergesteckter Ziele nutzen. Die sich ergebenden weiträumigen Ziele sind nicht nur als taktische Euphorie und Berauschung am eigenen Erfolg zu denken. Bei den Franzosen war der Eindruck der Bedrohung von Paris hervorzurufen und nachhaltig aufrechtzuerhalten. Wie sonst denn konnten sie bewegt werden, ihre Reserve aus Flandern und von den Ufern der Somme in den Raum zwischen Oise und Marne abzuziehen? So wurde am 31. Mai 1918 die Abteilung 2 (A7V) nördlich Reims eingesetzt, um der eigenen Infanterie bei dem Angriff auf Reims feindliche Widerstandsnester aus dem Wege zu räumen. Der Angriff der A7V-Tanks scheiterte. Am 1. Juni sollte die Abteilung 1 (A7V) zusammen mit den Beuteabteilungen 13 und 14 einen Angriff unterstützen, der in erster Linie der Wegnahme des Forts de la Pompelle ostwärts Reims dienen sollte. Insgesamt scheiterte auch dieser Angriff. Die A7V-Wagen blieben im Vorfeld in breit angelegten, zerschossenen Stellungssystemen liegen. Die Beutetanks, Abteilung 13 (aus Teilen von 11, 12 und 13 zusammengesetzt) und 14, hatten Anfangserfolge, aber scheiterten dann am feindlichen Artilleriefeuer; mehrere Kampfwagen blieben auf dem Gefechtsfeld liegen. Zu einem Erfolg gegen Reims war man letztlich auch mit Kampfwagenunterstützung nicht gekommen.

Trotz anfänglich rascher Erfolge der an Zahl und Qualität zunächst überlegenen deutschen Truppen verstärkte sich beim AOK 7 der Eindruck, daß sich die feindliche Front nun festigte. Starke Feindkräfte wurden in den Wäldern von Villers-Cotterêts und Compiègne vermutet. Am 4. Juni 1918 kamen die »kombinierten« Angriffe, die man später zusammenfassend als die Schlacht von Reims–Soissons bezeichnete, zum Erliegen[46].

Ursprünglich sollten in dem kombinierten Angriffssystem mehrere Tage nach dem Beginn des »Blücher«-Angriffs die Sturmtruppen und Angriffsdivisionen der 18. Armee für die Operation »Gneisenau« ihre Ausgangsstellung verlassen; deren erstes noch weitgestecktes Ziel war, den Raum um Compiègne zu erreichen. Hier sollten die deutschen Angreifer mit den Kräften von »Hammerschlag« und »York« zusammentreffen. Sinn dieser Operation war, die Fronteinbuchtung bei Nayon nach Südwesten auszubeulen. So bedingte ein Angriff aus sich heraus die Notwendigkeit zu einem weiteren Angriff, denn jeder gelungene Einbruch hatte im Frontgesamtverlauf meist ungeschützte Flanken zur Folge. Ein Blick auf die Frontverlaufslinie 15. Juli 1918 verdeutlicht das.

Dieser Angriff kam jedoch, wie auch schon die wieder aufgegebene Überlegung der OHL, die Unternehmen »Neumichael« und »Hubertus« auf ein Angriffsziel zu lenken, nicht zustande. Es gelang

nicht, »York« und »Hammerschlag« miteinander und mit »Gneisenau« zu kombinieren. Nicht lösbare Aufgaben im Bereich des Nachschubs, der rechtzeitigen Verlegung von Verbänden und nicht erfüllbare Anforderungen an die überaus beanspruchte Truppe geboten hier den taktischen Erwägungen Einhalt. Am 16. Mai 1918 entschied die OHL, daß »Gneisenau« – eingeschränkt – nur noch durch die 18. Armee allein als kräftiger Schlag, nicht über die Linie Mery – Ressons s. M. – Matzbach hinaus durchzuführen sei.

Der Angriff, in der vorbereitenden Planung auf den 7. Juni 1918 anberaumt, mußte auf den 9. Juni 1918 verschoben werden, weil die artilleristische Vorbereitung zum ersten Termin noch nicht abgeschlossen werden konnte.

Die Operation »Gneisenau« wurde von der 18. Armee am Morgen des 9. Juni begonnen; die A7V Abteilungen 1 und 3 kamen zum Einsatz, beide hatten schon während des Aufmarsches durch sehr wirksames französisches Artilleriefeuer zu leiden.

Abteilung 1 brachte nur zwei A7V Tanks in das Gefecht, die beide ihr Angriffsziel nicht erreichten. Die Abteilung 3 hatte mehr Erfolg. Der deutsche Angriff insgesamt lief sich aber fest; als die französischen Truppen bereits am 11. Juni zum Gegenangriff übergingen – unterstützt durch den Masseneinsatz von Tanks, 63 feindliche Kampfwagen wurden abgeschossen –, war die Handvoll A7V Panzer gar nicht mehr auf dem Schlachtfeld, sondern bereits zum Rücktransport auf der Bahn verladen. Am 13. Juni 1918 fanden die Kämpfe an der »Gneisenau«-Front ihren Abschluß. Verwertbare Ergebnisse hatte auch dieser Angriff nicht gebracht[47].

Die OHL war enttäuscht, starke deutsche Kräfte waren verbraucht, ohne daß der Zweck der vielen Angriffe, die feindlichen Reserven aus Flandern abzuziehen, erreicht war. Das deutsche System des »kombinierten Ablenkungsangriffes« war in die Krise geraten; den eigentlichen Sinn, der Verbesserung der Aussichten für eine erfolgreiche »Schlußoperation-Hagen«, war die Heeresleitung nicht nähergekommen.

Nun war die Lage durch zwei Umstände gekennzeichnet:

1. Ursprünglich war »Hagen« mit Entschluß vom 1. Mai 1918 für Mitte Juni vorgesehen gewesen.
2. Am 2. Juni 1918, kurz vor dem Einstellen der Offensive Reims – Soissons, beurteilte die OHL die Flandernfront als noch nicht ausreichend geschwächt, die Bedingungen für ein Gelingen von »Hagen« waren noch nicht günstig genug.

Obwohl sich die OHL klar darüber war, daß Ablenkungsangriffe nur so lange eine Berechtigung hatten, wie sie die für »Hagen« bereitgestellten Kräfte nicht antasteten, wurde am 2. Juni 1918, zum ersten Mal eingeräumt, daß sich die Notwendigkeit eines künftigen Rückgriffes auf »Hagen«-Kräfte ergeben könne. Für einen weiteren Ablenkungs- oder Entlastungsangriff war man bereit, auf 13 von den 32 neuen »Mob«-Divisionen, die für »Hagen« bestimmt waren, zurückzugreifen[48]!

Auch zum Zeitpunkt der Einstellung des »Gneisenau«-Angriffs, mit dem auch ein Abziehen von Reserven aus Flandern bewirkt werden sollte, am 12. Juni 1918, wurden die Voraussetzungen für »Hagen« noch als zu ungünstig beurteilt[49].

So gewann die Vorstellung eines weiteren »großzügigen Angriffs« bei der Heeresgruppe Deutscher Kronprinz« immer mehr Gestalt. Die OHL befahl am 14. Juni 1918 einen Angriff, der der letzte Versuch sein sollte, die Franzosen nach der Südfront abzuziehen. Die 7. Armee sollte unter dem Decknamen »Marneschutz«, die 1. Armee unter dem Decknamen »Reims« Angriffe vorbereiten, die, konzentrisch auf den Raum nördlich Epernay angesetzt, das Schlüsselgelände Reimser Bergwald, südlich Reims, aus dem französischen Stellungssystem herausbrechen sollten.

Der Beginn von »Marneschutz/Reims« (auch »Marne/Prosnes« genannt) war etwa für den 10. Juli 1918 vorgesehen; am 20. Juli sollte dann die Heeresgruppe Kronprinz von Bayern endlich den erlösenden Schlag »Hagen« führen.

Die Nerven der Verantwortlichen in OHL und AOK müssen zum Zerreißen gespannt gewesen sein. Die große Schlacht in Frankreich, »Unternehmen Michael«, hatte keine Entscheidung ergeben; ein ganzes System von »kombinierten Angriffen« war im Grunde genommen verpufft; Kräfte der Menschen und Material nahmen ab, erschreckende eigene Verluste waren eingetreten. Bereits am 15. Mai 1918 hatte die OHL festgestellt: »Schwere Verluste können wir nicht mehr ertragen. Menschen sind knapp[50].«

Dennoch fühlte sich Ludendorff zum Angriff getrieben; mit letzter, übermenschlicher Anstrengung versuchte das deutsche Westheer, sich gegen das Schicksal der Niederlage aufzubäumen. Man wagte einfach nicht, diese schwerringende Truppe in die dumpfe Apathie des Stellungskrieges zurückfallen zu lassen; ließ man den französischen Streitkräften etwas Luft, konnten sie ihre britischen Verbündeten verstärken, ließ man den Briten zu lange Ruhepausen, konnten sie nach Auffrischung ihrer Kräfte nun ihrerseits eine Entlastungsoffensive für die Franzosen beginnen. Und dann die Frage: Kann »Hagen« noch verantwortet werden, wird er überhaupt noch die Entscheidung bringen? Der Zwang, »in der Vorhand zu bleiben«, drängte alle Bedenken in den Hintergrund.

Der Angriff »Marneschutz/Reims« begann am 15. Juli 1918. Deutsche Sturmpanzerwagen-Abteilungen hatte die OHL wie folgt zugewiesen:

Abteilungen 1 und 2 (A7V) zur 7. Armee.
Abteilungen 11, 12, 13 und 14 (Beute) zur 3. Armee.

Von einem Einsatz bei der 1. Armee war Abstand genommen worden. Bei der 7. Armee erzielten die A7V-Wagen örtliche Erfolge, die Beutetanks der 3. Armee verloren von ihren Besatzungen 7 Offiziere und 55 Mannschaften, von den 15 eingesetzten Beutetanks gingen 10 verloren; das entspricht dem Verlust von einem Drittel des Personals und zwei Dritteln der Panzerfahrzeuge. Die Verwendung des Begriffes Vernichtung ist hier kein Mißbrauch mehr. Petter faßt das ganz knapp so zusammen: »Ein erneuter Einsatz der K.-Abteilungen kam nicht mehr in Frage[51].«

Diese letzte große Anstrengung des Westheeres, unterstützt mit sechs von acht Panzerwagen-Abteilungen, also immerhin die »Masse« der deutschen Tanktruppe, hatte nichts bewirkt[52]. Der Feind hatte die sich immer wiederholende deutsche Angriffsmethode durchschaut und sich auf das deutsche Verfahren nun eingestellt. Um dem Vorbereitungsfeuer, das jeden deutschen Angriff ankündigte und einleitete, zu entgehen, hatte der Franzose die vorderen Stellungen geräumt und sich in der zweiten und dritten Stellung festgesetzt. So bewirkte die deutsche Artillerie wenig; insbesondere bei der 3. Armee stieß der Angriff ins Leere, dennoch gewann der Angriff kaum Raum, sondern stieß auf erbitterte Abwehr. Wieder hatte der deutsche Soldat Großartiges geleistet, angesichts des Feindes wurde die breite Marne überschritten. Dann aber war die Truppe erschöpft. Munition blieb aus. Am 17. Juli 1918 lief sich der Angriff fest. Es war ein Fehlschlag. Es war der letzte Angriff des deutschen Reichsheeres im Großen Kriege im Westen[53].

Schon am 12. Juli 1918 hatte die 9. Armee die Bereitstellung zahlreicher feindlicher Tanks im Walde von Villers-Cotterêts gemeldet. Am 18. Juli 1918 war General von Ludendorff in einer Besprechung in Tournai bei der Heeresgruppe Kronprinz von Bayern. Er war entschlossen, nun den »Hagen«-Angriff durchzuführen. Auf keinen Fall sollte dem Feind die Initiative überlassen werden; wie ein Getriebener, wie unter Zwang meinte Ludendorff,

in »der Vorhand« bleiben zu müssen. Am 11. Juli 1918 hatte die Heeresgruppe Kronprinz von Bayern den Befehl erhalten, sich nun auf den 1. August 1918 als Angriffsbeginn für »Hagen« einzustellen. Die für »Hagen« bestimmten Truppentransporte liefen schon.

Zu Beginn der Besprechung für die Vorbereitungen von »Hagen« versuchte General von Ludendorff »das Gerücht« auszuräumen, daß sich im Walde von Villers-Cotterêts starke französische Reserven versammelt hätten. Mitten in die weiteren Erörterungen hinein platzten die ersten Meldungen, daß zahlreiche französische Tanks in überraschendem Angriff südwestlich Soissons eingebrochen seien! Dieser ungestüme, tankunterstützte Gegenangriff der Ententemächte drückte die deutsche Front unaufhaltsam zurück – weg von Paris. Erst am 3. August 1918 kam die deutsche Front in der Linie Soissons–Reims an den Nordufern von Aisne und Vesle wieder zum Stehen.

General von Ludendorff gab die Hoffnung nicht auf und hielt an »Hagen« fest. Über einen beabsichtigten Einsatz deutscher A7V im Verlauf von »Hagen« ist nichts bekanntgeworden. Es konnten keine Zweifel mehr bestehen – trotz der durch die deutschen Offensiven erhaltenen Rückschläge waren die Entente und nun auch die Amerikaner in steigendem Maße in der Lage, aus dem Stand zur Offensive mit Tankmassen überzugehen.

Bei Soissons kamen allein bei der französischen 10. Armee 343 und bei der französichen 6. Armee 157 Tanks zum Einsatz[54]! Das war doch etwas anderes als der nahezu geschlossene Einsatz der deutschen Tanktruppe drei Tage zuvor mit 7 A7V und 15 Beutetanks!

Immer noch hielt die OHL an der Operation »Hagen« fest. Auch angesichts des Eingeständnisses des Mangels an eigenen Kräften entgegen der eigenen Lagebeurteilung und *auch damit* der eigenen Überzeugung, das Unternehmen »Hagen« habe nur einen Sinn, wenn es als entscheidende, erfolgversprechende Schlußoperation ausgeführt werden könne, versuchte Ludendorff »Hagen« auch in kleinerem Umfang, nun doch mit eingeschränkten Kräften zu retten; man rechnete sich Chancen aus, wenn deutsche Truppen an der strategischen Gegenküste der Briten stünden.

Dann kam der »schwarze Tag der Westfront«, der 8. August 1918. Ostwärts Amiens traf der zweite gewaltige Stoß der Gegner mit Tanks diesmal die 2. deutsche Armee. Auf der Gegenseite kamen 420 Gefechtstanks, 42 Gefechtstanks als Reserve – die Reserve allein entsprach etwa dem Gefechtsaufkommen der gesamten deutschen Tanktruppe –, 96 Nachschubtanks und 22 Geschütztransporttanks zum Einsatz[55].

Am Abend des 8. August 1918 hatte die 2. Armee 27 000 Mann und 400 Geschütze verloren. 11 km tief war der Feind eingebrochen.

Der 8. August hatte, wie schon der 18. Juli, operative Führung und Truppe vollkommen überrascht. Das lag an zwei Bedingungen:

1. Genügend für den Nachschub zur Verfügung stehende Eisenbahnlinien und mechanische Transportmittel des Gegners verkürzten die Vorbereitungszeit für einen Angriff.
2. Dadurch konnten langwierig abzustimmende und umständliche Vorbereitungsfeuer und die dem Angriff voranrollende Feuerwalze entfallen, wodurch für die deutsche Seite ein unmittelbar bevorstehender Angriff nicht mehr sofort erkennbar geworden war.

Die Alliierten waren nun in der Lage, auf den Gleisketten ihrer Kampfwagen nach Belieben – auf einen Frontabschnitt konzentriert – ihr Feuer in den Raum und das Stellungssystem des Feindes hineinzutragen. Auf deutscher Seite bestanden bei Angriffsoperationen andere Voraussetzungen. Zu Beginn ein mehrstündiges Vorbereitungsfeuer, um Feindartillerie und MG-Nester auszuschalten. Dann mußte eine Feuerwalze zusammengestückelt werden, für deren perfekte Anpassung an das Tempo der mehr oder weniger rasch vorankommenden Infanterie und deren Verdichtung oder Verharren auf Schwerpunkten nie eine befriedigende Lösung gefunden werden konnte. Dann stolperte die deutsche Infanterie ausgemergelt und schlecht ernährt, ihre Maschinengewehre mit sich schleppend, durch das unwegsame, kaum gangbare Trichtergelände hinterher. Elende Schindmähren, ein Abklatsch der Artillerie-Bespannungen von 1914, schleppten die Geschütze der Infanterie-Begleit- und Stoßbatterie durch die verwüstete Landschaft hinterher.

Den Batterien der Feldartillerie hatte man 1918 sechs Geschütze zugewiesen, aber nur vier konnten bespannt werden! Für die Heeresreserve hatte man ganze sechs Regimenter Feldartillerie, d. h. 36 von insgesamt 2800 Batterien, behelfsmäßig motorisieren können. Dazu wurden die Geschütze auf LKW verladen, die Protzen wurden abgehängt[56].

Nach dem Kriege stellte General von Ludendorff zum Unglückstag des Westheeres fest: »Der 8. August stelle den Niedergang unserer Kampfkraft fest[57].« Das deutsche Westheer war nach der Erfolglosigkeit im Angriff am 15. Juli nun auch in der Abwehr unterlegen. Die völlige Überraschung war ein Hauptgrund dafür, daß ein Einsatz deutscher A7V Tanks zur Abwehr am 18. Juli und am 8. August nicht einmal in Erwägung gezogen werden konnte.

Am 14. August 1918 erklärte die OHL die Fortführung des Krieges für aussichtslos. Ein furchtbares Eingeständnis. Es war gekommen, wie General von Kuhl, der Generalstabschef der Heeresgruppe Kronprinz von Bayern, es befürchtet hatte: Mißlang die große Offensive, dann war allerdings der Krieg verloren.

Alles war vergeblich gewesen, die Mühsale der großen Schlachten in Frankreich, die Opfer aller weiteren Ablenkungs- und Entlastungsoffensiven. Der nun einzuleitende Rückzug auf die Wotan–Siegfriedlinie (Lille – Peronne – Soissons – Reims) bedeutete die Aufgabe allen mit so vielen blutigen Verlusten erkauften Geländegewinns seit dem Beginn des »Michael«-Angriffs am 21. März 1918.

Vom 15. Juli bis zum 7. Oktober 1918 trat in der Verwendung deutscher Tanks im Westen eine Unterbrechung von fast einem Vierteljahr ein, sieht man einmal vom Einsatz der verstärkten Abteilung 1 (A7V) am 31. August 1918 bei Cambrai ab. Dieser Einsatz erfolgte überstürzt, war der erste überhaupt als Abwehroperation und scheiterte.

Seit dem 15. August 1918 griff der Gegner immer wieder mit unterschiedlicher Stärke und wechselndem Schwerpunkt an; nach Aufklärungsvorstößen am 30. August 1918 begann am 31. August 1918 vor der deutschen Front zwischen Arras und Cambrai der Großkampf. Auf dem Gelände der Tankschlacht von Cambrai von 1917 kamen hier im Schwerpunkt vor der 17. deutschen Armee südwestlich Cambrai die verfügbaren A7V zum Einsatz. Am 31. August 1918 waren Abteilung 1 und 2 für den Einsatz bereit. Die anderen deutschen Sturmpanzerkraftwagen-Abteilungen waren ab 23. August 1918 zu Ausbildungszwecken abkommandiert[58]. Die Abteilungen waren den aufnehmenden Heeresgruppen »für längere Zeit« überlassen.

Mit Erreichen der Siegfriedlinie stellte der Gegner seinen Angriff ein, schöpfte Atem, gliederte seine Verbände neu und füllte seine Materiallücken auf. Am 26. September 1918 begann mit der 4. französischen und Teilen der 5. französischen Armee der Angriff auf die Heeresgruppe Deutscher Kronprinz. Am 27. September griffen die Briten mit ihrer 1., 3. und 4 Armee, die Franzosen zusätzlich mit ihrer 1. Armee die deutsche Siegfriedstellung an (etwa Linie westlich Lille – ostwärts Arras – Peronne); im Raum

Arras – Cambrai lag der Schwerpunkt des gegnerischen Stoßes, der hier auf die deutsche 17. und 2. Armee traf. Im Bemühen, diese Angriffe abzuwehren, unter andauerndem Ausweichen auf die Hermann-Hunding-Brunhildstellung (etwa Verlängerung nördlich Valenciennes – Frontverlaufslinie 15. Oktober) kamen hier die schweren Kampfwagenabteilungen 3 (A7V) bei der 3. Armee vor St. Etienne am 7. Oktober 1918, 11, 15 und 16 (Beute) bei der 17. Armee vor Cambrai am 8. Oktober 1918 zum Einsatz[59].

Die Beutetankabteilungen verloren gut ein Viertel ihrer Gefechtsstärke, 62 Soldaten von etwa 200 Mann und 8 von 15 eingesetzten Tanks – gut 50 Prozent[60]! Im gleichen taktischen Zusammenhang waren Einsätze der Beuteabteilungen 12 und 14 geplant. Die Abteilungen waren auch schon in den Einsatzraum Rethel – Vouziers in den Bereich der 3. Armee verlegt worden. Beide Abteilungen kamen jedoch aus Erwägungen, die hier nicht erörtert zu werden brauchen, nicht zum Einsatz. Zusammenfassend betrachtet wurde hier das Bestreben erkennbar, in Zeiten der Not gleichzeitige, konzentrische und massierte Angriffe der Heeresgruppen Kronprinz von Bayern und Deutscher Kronprinz – die gesamte Tanktruppe, wenn auch nicht geschlossen, so doch zeitgleich zum Einsatz zu bringen.

Die verstärkte Abteilung 1 (A7V), 3 (A7V) und 11–16 standen im Einsatz. Die Abteilungen 3, 12 und 14 waren bei der Heeresgruppe Deutscher Kronprinz (durch 2. verstärkte) Abteilung 1, 11, 13, 15 und 16 im Brennpunkt Cambrai, wo englische Kräfte stärker drängten, eingesetzt.

So wurde um Cambrai ein deutscher Tankschwerpunkt in der Abwehr erkennbar. Das war damit begründet, daß der heftige Angriff der Briten bei Cambrai ein Lösen vom Feinde und ein im Zusammenhang geordnetes Zurückweichen der deutschen 4. bis 2. Armee gefährdete. Der Panzerfachmann von heute, der hier einen geschlossenen Einsatz bei *einer* Heeresgruppe vermißt, sollte die Entscheidung der OHL nicht als Zersplitterung der Kräfte verstehen. Die Gesamtzahl der jeweils einsatzbereiten deutschen Tanks war so gering, daß eine Schwerpunktbildung gegenüber dem Massen- und Tankansturm der Alliierten ohnehin nicht zu erreichen war. Diese Entscheidung der OHL ist leichter nachzuvollziehen, wenn man die psychologischen Rücksichten bedenkt, die der Entscheidung zugrunde lagen. Möglicherweise wollte die OHL keine der beiden schwerringenden Heeresgruppen in dem schon aussichtslosen Kampf gegen die Übermacht ohne die moralische Unterstützung von Tanks »alleine lassen«. Daß zwei Abteilungen nicht zum Einsatz gelangten, konnte die OHL wahrlich nicht voraussehen. Dies sei der Kritik entgegengehalten, die Volckheim im »Kampfwagen II« an der Entschlußfassung der OHL übt[61]. Volckheim bemängelte, daß nicht alle schweren Kampfwagen-Abteilungen bei der 17. Armee zum Einsatz kamen.

Der letzte Einsatz von deutschen Kampfwagen überhaupt erfolgte mit Abteilungen 12, 13 und 14 (Beute) am 1. November 1918, zehn Tage vor dem Waffenstillstand, bei Valenciennes. Von diesem Gefecht sind keine Einzelheiten bekannt.

Nach dem Einsatz gingen die Kampfwagen nicht mehr in den »Tankerhafen« Charleroi zum BAKP 20 zurück. In der Zwischenzeit, vom 3. bis 9. November, hatten der Stab des Kommandeurs der schweren Kampfwagenabteilungen die Abteilungen selbst und der BAKP 20 von Charleroi nach Wiesbaden verlegt. Damit war der Einsatz der deutschen A7V-Tanks im Ersten Weltkrieg beendet. A7V-Tanks standen 1918 an der Westfront an insgesamt neun Tagen im Frontabschnitt sechs verschiedener Armeeoberkommandos im Kampf.

Angriffsgrundsätze, Aufgaben und Gliederung im Gefecht

Im Bestreben, die große Schlacht in Frankreich zu einem Erfolg zu führen, war die OHL ab Herbst 1917 darangegangen, diese Offensive auch auf dem Gebiet der Ausbildung sorgfältig vorzubereiten. Da die Entscheidung des Krieges durch Angriff gesucht werden sollte, wurde eine grundlegende Vorschrift »Der Angriff im Stellungskriege« erlassen[62]. Diese Vorschrift berücksichtigt alle bisherigen Erfahrungen im Großkampf für den Angriff. Sie machte die mit dem leichten Maschinengewehr ausgerüstete Infanteriegruppe zum Träger des Angriffs. Die Rolle der Infanteriebegleitwaffen hatten schweres Maschinengewehr, leichte Minenwerfer, Flammenwerfer und einzelne Batterien mit dem leichten, geländegängigen Feldgeschütz C 96 n. A. zu übernehmen. Ein zeitlich kurz zu begrenzendes, überwältigendes Vorbereitungsfeuer der Artillerie und der Minenwerfer sollte den Angriff einleiten, den dann die Infanterie und deren Begleitwaffen unterstützt von besonderen Schlachtfliegerabteilungen und – *wenn verfügbar* – von Tanks (!) »vortragen« sollte. Die Feuerwalze hatte dem Angriff ständig vorauszuschreiten. Auch das Verhalten in einem möglicherweise entstehenden Bewegungskrieg und bei Gegenangriff des Feindes war in der Vorschrift bearbeitet worden. Wie schon im Winter 1916/17 wurden wieder Führerkurse eingerichtet[63]. Auch die Angriffsdivisionen wurden bis in den März hinein sorgfältig eingeübt.

Die Vorschrift »Angriff im Stellungskriege« erstreckte sich in erster Linie auf die »Durchbruchsschlacht«, die den »Übergang zum Bewegungskrieg zu erzwingen sucht«. Der Durchbruch wurde gekennzeichnet als ein »Durchfressen« durch die feindlichen Stellungssysteme, meist unter starker offensiver Gegenwirkung des Feindes. Der Durchbruch sollte schnell und tief vorgetragen werden; der erste Einbruch wurde als verhältnismäßig leicht beurteilt (das Fehlen von Tanks sollte dann später für den ersten Einbruch in die gegnerischen Stellungen schwer ins Gewicht fallen). Der überraschte Feind durfte nicht zur Besinnung kommen. Da Tanks im deutschen Angriff so gut wie nie auftreten konnten, mußte die Feuerwalze der Infanterie den Weg bahnen. Der mittlere Treffpunkt war dabei bis auf 200 m an die Infanterie heranzuziehen. Die Infanterie mußte »geringe Verluste« durch eigene Splitter in Kauf nehmen! Die Feuerwalze mußte bei Stockungen und Rückschlägen ggf. auch »zurückrollen« können! Sie konnte nicht weiter als drei bis vier Kilometer vor die eigene Front ausgedehnt werden. Rasches Vorziehen der beweglichen Artillerie und deren weitere Versorgung mit Munition stellten hier die Führung der Artillerie vor erhebliche Probleme.

Die Divisionen des ersten Treffens nahmen eine Angriffsbreite von 2 bis 3 km ein, auf diesem Geländestreifen bewegte sich dann die unterstellte A7V-Abteilung. Waren von der Infanterie-Brigade zwei Regimenter vorne eingesetzt und wirkten Tanks mit diesen zusammen, so standen den A7V 1000 bis 1500 m Angriffsbreite zur Verfügung. Die Gliederung einer Infanteriedivision 1918 unterschied sich grundsätzlich von derjenigen bei Kriegsausbruch 1914:

Kriegsgliederung der 123. Infanteriedivision vom 1. Januar 1918, die zusammen mit A7V am 15. Juli 1918 in der zweiten Schlacht an der Marne eingesetzt war:

Divisionskommandeur mit Divisionsstab
245. Infanteriebrigade
(der Brigadekommandeur war sozusagen der »Infanterieführer« der Division)
mit
Reserve-Infanterie-Regiment 106
Infanterie-Regiment 178
Infanterie-Regiment 351
(ggf. zusätzlich eine MG-Scharfschützenabteilung zu 27 Gewehren)
5. Schwadron des Husaren-Regiments 20
Artilleriekommandeur
mit

Feldartillerie-Regiment 245
(3 Abteilungen zu 3 Batterien)
36 Geschütze und
ggf. 18 unbespannte
Geschütze

Fußartillerie-Bataillon 137
2 Batterien schwere Feldhaubitzen
1 Batterie 10-cm-Kanonen

Stab Pionier-Bataillon 123
mit
Pionierkompanien 123 und 245
Minenwerfer-Kompanie 123
Divisionsnachrichtenkommandeur 123
mit Nachrichten-Abteilung

Die Division verfügte also über eine Infanterie-Brigade zu drei Regimentern, Feldartillerie, schwere Artillerie, Pioniere, Minenwerfer und Nachrichtenteile. Die eine Schwadron Kavallerie (ca. 80 Kavalleristen höchstens) wurde nur noch zu Melde-, Aufklärungs- und Verbindungszwecken eingesetzt. Der Führer einer A7V-Abteilung wirkte im Regelfall mit den Regimentern oder mit einem ihrer Bataillone zusammen.

Das Regiment war gegliedert in:
- Regimentsstab mit Nachrichtenzug,
- drei Bataillone mit je
  - einem Nachrichtenzug,
  - vier Schützenkompanien (jede mit etwa fünf leichten Maschinengewehren und zwei Granatwerfern),
  - einer Maschinengewehrkompanie (zu zwölf schweren Gewehren),
  - einem Minenwerferzug mit vier leichten Werfern (diese Züge meist im Regiment zusammengefaßt).

St. Quentin im Frühjahr 1918, kurz vor Beginn der »Großen Schlacht in Frankreich«.
Die Brücke im Vordergrund führt über die Somme und den Kanal von St. Quentin

Sammlung WGM

Die planmäßige »Feldstärke« eines Bataillons betrug 850 Mann und 130 Mann der MG-Kompanie. Die im Gefecht tatsächlich verfügbare Zahl blieb erheblich unter der Feldstärke zurück[64]. Ohne auf weitere Einzelheiten eingehen zu wollen, muß noch erwähnt werden, daß es damals in einem Bataillon an Fahrzeugen sehr mangelte. Mehr Fahrzeuge konnten aber nicht zugewiesen werden, es fehlte auch an leistungsfähigen Pferden.

Das Bataillon hatte damals generell den Auftrag, Kampfhandlungen durchzuführen, die bis zu einem gewissen Grade in sich abgeschlossen waren.

In der Phase der Angriffskämpfe vom 21. März bis 15./16. Juli 1918 setzte der Regimentskommandeur die Bataillone im Gefechtsstreifen seines Regiments so ein, daß den Bataillonen die Möglichkeit der Tiefengliederung gewahrt blieb. Im Regelfall wurde ein Bataillon in Reserve gehalten. Hielt sich der Führer einer A7V-Abteilung im Regimentsgefechtsstand auf, erhielt er dort:

- Informationen über den Zusammenhang der Gefechtshandlungen der Bataillone unter sich und mit den Nachbarverbänden,
- Kenntnis von den Aufträgen an die Bataillone,
- Übersicht über den Fortlauf des Gefechts im Sinne des Kampfzieles sowie
- Verbindung zur Brigade und nach unten zu den Bataillonen (ggf. auch über Läuferketten des Regiments).

Die Verbindung zu seinem eigenen Kampfwagen mußte er selbst organisieren. Mit einem Regiment wirkten je nach Lage und Auftrag auch Sturmbataillone zusammen. In diesem Fall waren jene dem Regimentskommandeur unterstellt. Ein Sturmbataillon bestand aus:

2–3 Sturmkompanien,
  1 Maschinengewehrkompanie,
  1 Minenwerferkompanie und
  1 Flammenwerfertrupp.

Wie oft bei Sonderfunktionen kamen hier Abweichungen vor. A7V-Abteilungen, auch einzelne Tanks, konnten mit Sturmtrupps eines solchen Bataillons eng zusammenarbeiten; dazu fanden vorbereitende Übungen statt. An der Westfront gab es 1918 bis zu 18 Sturmbataillone von wechselnder Stärke.

Ein Sturmbataillon diente als Ausbildungsverband oder auch Lehrtruppe für Offiziere und Unteroffiziere der Infanterie im Stellungs- und Nahkampf. Es sollte diese Kampfarten auch weiterentwickeln. Für schwierige Sturmaufgaben sollten die Sturmbataillone auch Kampftruppe sein. Ein Sturmbataillon wurde grundsätzlich nicht geschlossen eingesetzt; der auf ein Objekt angesetzten stürmenden Infanterie wurden Sturmtrupps beigegeben. Sturmtruppführer waren Unteroffiziere oder Gefreite. Im Angriff sollten die Sturmtrupps die Infanterie an schwierigen Stellen führen, Einbruchstellen öffnen, feindliche Gräben aufrollen, feindliche MG-Nester und Blockhäuser (meist Betonunterstände!) nehmen. Vom Soldaten der Sturmbataillone wurde eine »eiserne Mannszucht«, lebendige Dienstfreudigkeit, ein gewisses Selbstbewußtsein und ein gestählter Körper und Charakter verlangt[65].

Die Abteilung 1 (A7V) bei St. Quentin am 21. März 1918 (Unternehmen Michael)

Am 21. März 1918 war die Tankabteilung 1 bei der 36. Infanterie-Division des XVII A. K. eingesetzt. Am 18. März 1918 traf die Abteilung im Bahntransport von Longuyon kommend in Essigny le Petit ein. Die »Staffel« (d. h. die Versorgungsteile) blieben in Essigny le Petit. Die Tanks, vier an der Zahl, und die Raupenwagen (A7V-Gleiskettenschlepper als Transport- und Bergefahrzeug) fuhren weiter mit der Bahn zur Station St. Quentin. Die Erkundung

war durch Hauptmann Greiff und Leutnant Bartens ab dem 13. März durchgeführt worden.

Am 19. März 1.00 Uhr wurden die Tanks abgeladen und fuhren zu ihrem Standplatz, der Fabrik in der Inselvorstadt. Die Mannschaft bezog Quartiere in Kellern. St. Quentin war wegen des Aufmarsches für »Michael« mit Truppen überhäuft.

Um 11.00 Uhr vormittags erfolgte die Einweisung in die Lage und den Angriffsplan für die Offiziere durch Hauptmann Greiff. Hauptmann Greiff führte den Wagen 501, GRETCHEN. Leutnant Vietze wurde ihm zugeteilt. Wagen 505, BADEN I, führte Leutnant Voß, Wagen 506, MEPHISTO, Oberleutnant Skopnik und Wagen 507, CYCLOP, Leutnant Bartens. Leutnant Bornschein führte den A7V-Gleiskettenschlepper, damit oblag diesem Offizier auch die Verantwortung für den Nachschub an Munition und Betriebsstoff. Leutnant von Rembowski war als Verbindungsoffizier zum Führer der Flankenabteilung am linken Flügel der 36. Inf. Div. abkommandiert worden. Diese Flankenabteilung bestand aus folgenden Einheiten: I. Bataillon des IR 128; der 4. und 5. Kompanie vom Sturmbataillon 5 (Rohr); der 2. MG-Kompanie des Sturmbataillons 5; einem Zug der leichten Minenwerfer-Kompanie des IR 128; einer leichten Minenwerfer-Kompanie vom Sturm-Bataillon 5; der 2. Abteilung des Feldartillerie-Regiments 36; einem Flammenwerferzug der 9. Kompanie vom Gardereserve-Pionierregiment und der Sturmpanzerkraftwagen-Abteilung 1 unter Hauptmann Greiff[66].

Die Flankenabteilung hatte den Auftrag, das Gelände nordwestlich Urvillers zu nehmen. Der links eingesetzte Nachbar der 36. ID, die 1. bay. ID, hatte von Itancourt angreifend Urvillers selbst zu nehmen. Das Dorf lag auf einer beherrschenden Höhe und bildete den Eckpfeiler der feindlichen Stellungen, mithin ein Schlüsselgelände. Der Auftrag für die St. P. K. W. A. 1 lautete: Die Abteilung tritt mit 5 Patrouillen der 5. Kompanie/Sturmbataillon 5 × + 295 Minuten (d. h. 295 Minuten nach der tatsächlichen Angriffszeit) aus dem Bahneinschnitt durch die Vorpostenstellung unter Ausnutzung der Birkenkopfmulde in Richtung Pontchu Ferme an. Vom Wege Urvillers-Itancourt ab, etwa bei Cornet d'Or, war die Seitenabteilung – 2./128 – bei ihrem Angriff auf Urvillers zu unterstützen. Die Abteilung 1 (A7V) dringt in den Nordwestteil von Urvillers vor oder westlich am Dorf vorbei. Nach Erfüllung ihrer Aufgaben tritt die Abteilung im Rahmen der Flankenabteilung zur Divisionsreserve bei Urvillers.

Am 20. März nachmittags wurden die Tankmannschaften durch ihre Kommandanten unterwiesen. Um 12 Uhr nachts fuhren die vier Tanks und der Gleiskettenschlepper in die Sturmausgangsstellung. Nach Abmarsch vom Standplatz wurde der Lärm der Raupenketten durch Artillerie- und MG-Feuergeräusch getarnt. Am 21. März um 0 Uhr 45 nachts Eintreffen in der Ausgangsstellung und Tarnung der Tanks mit Gesträuch. Hauptmann Greiff erinnerte sich später: »um ein Uhr nachts die vorgesehene Sturmausgangsstellung, gedeckt in einer Mulde erreicht. Scheinwerfer und starke Laternen hatten nicht den unheimlichen Nebel zu durchdringen vermocht, durch eine Kette von Mannschaften geleitet, konnte endlich schrittweise das befohlene Ziel erreicht werden[67].«

21. März 1918. Der Nebel hielt an. Um 9 Uhr 30 setzten sich die Panzerwagen in Marsch. Jede Orientierung war jedoch wegen des ungewöhnlich dichten Nebels unmöglich. Auch mit Hilfe eines vorausgehenden Stoßtrupps unter Führung eines Offiziers war es nur sehr schwer möglich, eine einigermaßen fahrbare Strecke zu finden. Wie sollte da der Auftrag erfüllt werden, der Infanterie den Weg zu bahnen, Widerstands- und MG-Nester niederzukämpfen? Gleich nach Verlassen der Ausgangsstellung, bei dem Durchstoßen der ausgedehnten Drahthindernisse vor den Vorposten verlor

Tank 505 die Verbindung zu Wagen 501, der quer durch das Drahthindernis rumpelte und es niedergewalzt hatte. Panzer 505 fand die Lücke nicht, schwenkte ab, geriet längsseits in das Hindernis. Drahtknäuel blieben im Antrieb hängen und bremsten so stark, daß die Kupplungen ausbrannten. Bei Freifahrversuchen trat Getriebebruch ein. Tank 507 stieß weiter vor, bis in die Birkenkopfmulde. Dort blieb er auch liegen. Mitgeschleppter Stacheldraht hat die Gummiverbindungsmuffe zwischen Kühler und rechter Maschine zerrissen, unbemerkt lief das Kühlwasser aus. Die Kolben fraßen sich fest. Die Kupplungen brannten aus. Nach Absprache mit der Infanterie brach nun Hauptmann Greiff aus eigenem Entschluß den Angriff ab. Pulverqualm und Dreckfahnen der Detonationen der britischen Artillerie hatten den Nebel noch undurchdringlicher gemacht. Die Wagen wurden in die Ausgangsstellung zurückgezogen.

Gegen 11 Uhr 30 – zwei Stunden nach Angriffsbeginn – klarte das Wetter etwas auf. Mit Hilfe von Stoßtrupps, aus den Besatzungen der ausgefallenen Tanks zusammengestellt, gelang nun die Orientierung besser. In der Birkenkopfmulde gerieten die beiden Wagen 501 und 506 in starkes feindliches Artilleriefeuer. Der Gegner schoß mit Gasgranaten. Als sich die zwei Tanks vor der ersten britischen Stellung dröhnend und feuerspeiend aus den Nebelschwaden herauszulösen begannen, wurde die feindliche Grabenbesatzung von Panik erfaßt und sie ergriff die Flucht. Die vor dieser Stellung liegengebliebene deutsche Infanterie kam jetzt weiter voran.

Um 12 Uhr 30 hielten die beiden deutschen Tanks vor der Pontchu-Ferme: Dort lag die deutsche Infanterie wieder fest. Starkes Feuer aus der ausgebauten Ferme und einem schwer zugänglichen Steinbruch hielt sie nieder. Die beiden Tanks stießen zwischen Ferme und Steinbruch durch, kämpften dabei mehrere MG-Widerstandsnester nieder, es gelang, in den Rücken der Steinbruchstellung zu kommen. Auf 100–50 m Entfernung feuerte nun der einzige Geschützwagen 506 unter dem Kommando von Oberleutnant Skopnik in die Steinbruchstellung hinein. Das wirkte schlimmer als das MG-Feuer von Wagen 501! Mehrere hundert Mann der »London Rifles« wurden der deutschen Infanterie zugetrieben. Die Wagen stießen nun weiter vor auf die Höhe nordwestlich der Pontchu-Ferme, dort wurden jetzt feindliche MG-Nester angegriffen und niedergekämpft.

Um 14 Uhr 15 waren der Steinbruch und die Pontchu-Ferme genommen. Gas, Hitze, Lärm im Tank und Nervenanspannung im Gefecht hatten die Besatzung sehr erschöpft. Hauptmann Greiff gewährte den Soldaten 15 Minuten Pause.

Um 14 Uhr 30 stießen die Tanks, 501 nun von Leutnant Bartens geführt, durch die Grugiesmulde (nach der Ortschaft Grugies 3 km nordwestlich Urvillers) weiter in südwestlicher Richtung in allgemeiner Linie Grugies – Pontchu auf die Höhe nordwestlich von Urvillers vor. Der Nebel teilte sich und die Sonne drang durch. Das Gefechtsfeld war jetzt zu übersehen. Vor der englischen Stellung nordwestlich Urvillers lag die eigene Infanterie fest; es waren Westpreußen des I. und III. Bataillons vom Danziger IR 128. Das III./IR 128 war aus der Birkenkopfmulde heraufgestiegen. Für die Soldaten des Danziger Regiments stellte sich die Lage, wie sie Walter Richter später in der Regimentsgeschichte schilderte, so dar: »Wie in der ersten Stellung mußte jedes MG-Nest einzeln im Sturm genommen werden. Das Gelände war auch hier damit geradezu übersät [...] alles durcheinander; das wahnsinnige Geschieße der Engländer mit Minen und Gewehrgranaten hatte namentlich die Leute des Sturmbataillons fast ganz kopflos gemacht. Volltreffer auf Volltreffer saß in unseren Reihen [...] Lt. d. R. Schetelig griff tatkräftig durch. In richtiger Bewertung der

Lage nahm er zur Beruhigung der Leute die Verbände erst mal in die Grugiesmulde zurück, ordnete sie und führte sie dann erneut vor. Schwer getroffen stürzte der jugendliche Lt. Kopisch zu Boden und starb wenige Augenblicke später in einem Granattrichter. Ein tragisches Geschick wollte es, daß auch sein Bruder, Oberlt. Kopisch, kurz zuvor durch Kopfschuß tödlich verletzt wurde. Trotz aller anfeuernden Zurufe des Lts. Schetelig und des Vizefeldw. Steudel mußten die Tapferen noch einmal in die Grugiesmulde zurück und sich erneut ordnen. Das zweireihige Drahthindernis vor ihnen war nicht so leicht zu überwinden. Verstärkt durch einen Zug der 6. Komp. und zwei schwere M. G. versuchten sie noch einmal ihr Glück. Da nahte willkommene Verstärkung. Zwei deutsche Sturmwagen, fahrende Festungen, den englischen Tanks ähnlich, nur größer, fuhren aus der Grugiesmulde polternd heran, griffen die Ententestellung flankierend an und säuberten in kurzer Zeit das Land von allen Hindernissen. Wir bekamen Luft und drangen weiter vor. Einer der besten Unteroffiziere der 8. Komp., Vizefeldw. Kracht, mußte seine Tapferkeit mit dem Tode besiegeln. In Scharen kamen jetzt die Tommies gelaufen.

Die Ententestellung wurde völlig überwunden. Die unter einheitlicher Führung des Lts. Magnus das Gefechtsfeld absuchenden 9., 11. und 12. Komp. brachten aus den Gräben und Unterständen noch zahlreiche Gefangene und Beute ein.

Der Angriff gewann Boden. Die Grenadiere und 175er stürmten weiter. Die Divisionsreserve – IR 128 – hingegen sammelte sich. Ruhe kehrte ein. Hier und da knallte noch ein Infanterieschuß, barst noch eine Granate[68].«

Sehr viel nüchterner ist die Darstellung der gleichen Ereignisse im Kriegstagebuch der Abteilung 1: »Der sich noch in der Stellung haltende Gegner wurde unter vernichtendes Artl.- und M.G-Feuer genommen und Teile der Stellung flankierend aufgerollt. Die Wirkung der Panzerwagen war derartig, daß sich die noch dort verteidigende Besatzung, einige hundert Mann, ergaben. Sie wurden vor den Tankbesatzungen, die die Panzer als Stoßtrupp begleiteten, und der inzwischen nachgefolgten Infanterie zu Gefangenen gemacht. Außerdem wurden noch 3 M.G. erbeutet. Die Panzer hatten hiermit ihr Angriffsziel erreicht und verblieben bis 7 Uhr abends in der Stellung. Der Panzer Skopnik hatte beim Reinfahren in die englische Stellung Motordefekt und mußte repariert werden[69].«

Um 19 Uhr 30 wurde die Abteilung aus der Divisionsreserve entlassen und in die alte Unterkunft nach der Inselvorstadt St. Quentin zurückgezogen.

Die Tanks der Abteilung waren bis zum 25. März, 9 Uhr, wieder alle auf dem Standplatz eingetroffen. Am 27. März wurde mit dem Verladen zum Transport nach Charleroi begonnen. Bei diesem ersten Einsatz wurden von der Abteilung ein Offizier und sieben Mann verwundet.

Betrachtungen

Dieser Einsatz, der erste Kampfwageneinsatz auf deutscher Seite und somit die Feuertaufe für den A7V, ließ zwei Tendenzen erkennen, die sich später bei allen weiteren Einsätzen bestätigen sollten: Eine hohe technische Anfälligkeit einerseits, aber auch eine hervorragende Bewährung bei der Unterstützung der Infanterie im Kampf um Stellungen.

Die technische Anfälligkeit und die Häufung von Defekten konnten nach der Art des Werdeganges der Entwicklung des A7V noch nicht behoben sein. Dazu kamen aus Unerfahrenheit Fahrfehler wie der, der zum Festfahren des Gleiskettenschleppers führte, so daß dieser für Versorgung und Bergemanöver ausfiel. Die Panzerung des A7V hatte sich gut bewährt.

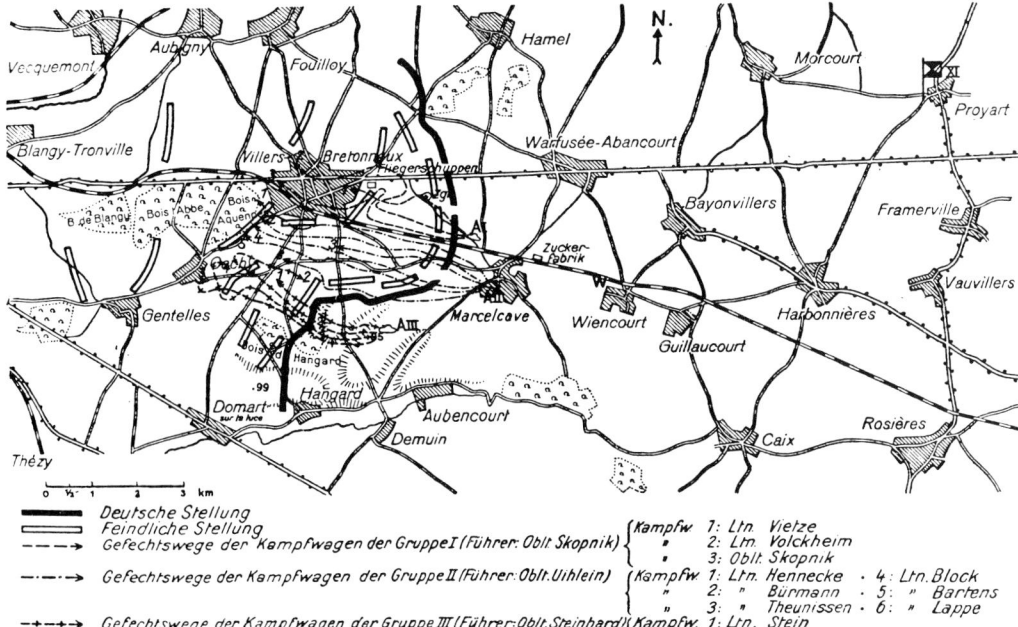

Zum Hergang des Panzergefechtes bei Villers-Bretonneux am 24. April 1918. Aus: Ernst Volckheim: Die deutschen Kampfwagen im Weltkriege, Berlin 1937. S. 45. Vergleiche Originalzeichnung von Petter auf S. 222

Deutsche Stellung
Feindliche Stellung
Gefechtswege der Kampfwagen der Gruppe I (Führer: Oblt. Skopnik) Kampfw. 1: Ltn. Vietze
                                   " 2: Ltn. Volckheim
                                   " 3: Oblt. Skopnik
Gefechtswege der Kampfwagen der Gruppe II (Führer: Oblt. Uihlein) Kampfw. 1: Ltn. Hennecke · 4: Ltn. Block
                                   " 2: " Bürmann · 5: " Bartens
                                   " 3: " Theunissen · 6: " Läppe
Gefechtswege der Kampfwagen der Gruppe III (Führer: Oblt. Steinhardt) Kampfw. 1: Ltn. Stein
                                   " 2: " Biltz
                                   " 3: " Müller-Albert
                                   " 4: " Bitter

Das Niederwalzen von Drahthindernissen – wichtig für das Gassenbahnen für die Infanterie – vermochte der A7V nicht so zu leisten, wie es im Gefechtseinsatz erforderlich gewesen wäre.

Der Einsatz an der Pontchu-Ferme und besonders das Zusammenwirken mit dem IR 128 zeigen deutlich, was der A7V für die Infanterie von Anbeginn war, eine »willkommene Verstärkung« und eine »fahrende Festung« mit enormer Feuerkraft, die der Infanterie voranhalf und ihr stundenlanges, verlustreiches und blutiges Ringen um MG-Nester und Stellungen ersparte. Selbst die für diese Art von Kampf besonders ausgebildeten Männer des Sturm-Bataillons kamen ohne Kampfwagenunterstützung nicht so gut voran.

Die Bordkanone hatte sich bewährt, ebenso die mitgeführte Kartätsch-Munition. Was er im Überschreiten von Gräben zu leisten vermochte, brauchte der A7V bei seinem Ersteinsatz am 21. März 1918 noch nicht unter Beweis zu stellen. Der Einsatz der Tankabteilung im taktischen Schlüsselgelände hatte sich als zweckmäßig und lagegerecht erwiesen. Der Angriff am 21. März 1918 konnte als Erfolg gewertet werden. Gemessen an den »Anleitungen für Sturm-Panzerkraftwagen-Abteilungen« läßt sich feststellen:

Das Element der Überraschung war durch Verborgenhalten, Nachtfahrt und Tarnung gewahrt geblieben. Der Nebel begünstigte das. Genaue Erkundung war durch sechs Tage Vorlauf gegeben. Der Angriffsbefehl enthielt alle notwendigen Angaben und Regelungen. Die Besatzungen nicht einsatzfähiger Fahrzeuge beteiligten sich am Infanteriegefecht. Die Hauptaufgabe, den Angriff der Infanterie zu unterstützen, die enge Zusammenarbeit mit ihr, wurde erfüllt.

Das Angriffsziel wurde von zwei Tanks und Teilen der infanteristischen Besatzung der beiden ausgefallenen Wagen erreicht. Wie dieser Ersteinsatz deutscher Panzer von der Truppe empfunden wurde, beschrieb später der Führer der ersten deutschen Tankabteilung, die jemals zum Einsatz kam, Hauptmann Greiff: »Mit Hurra werden die bisher ganz unbekannten deutschen Tanks begrüßt und angestaunt[70].«

Der erfolglose Einsatzversuch: Operation »Erzengel«

Am 2. April 1918 übernahm die Abteilung 1 (A7V) die Panzerwagen 526, 527, Lotti, 541, 560, Alter Fritz, und 562, Herkules. Ein neuer Einsatz wurde geplant, die bisher in der Abteilung verwendeten Wagen waren jedoch noch nicht gefechtsfähig. Am 3. April fuhr Hauptmann Greiff mit zwei Offizieren und einem Vorkommando auf dem 2-t-Dixi-Lastkraftwagen von Charleroi über Mons nach Tournai zum A.O.K. 6[71].

Am 3. April wurde ein Einsatz der Panzerwagen bei der 6. Armee befohlen. Der Angriff sollte im Raum La Bassee-Givenchy stattfinden.

Der Boden im Erkundungsraum war lehmig und aufgeweicht. Das Überbrücken der vordersten eigenen Gräben und das Überwinden des anschließenden Trichtergeländes feindwärts ließ große Schwierigkeiten voraussehen. Am Abend des 3. April wurde vom A.O.K. der Befehl für einen Einsatz widerrufen. Die A7V der Abteilung 1 brauchten sich noch nicht im schweren Gelände zu bewähren. Am 6. April 1918 erging erneut Befehl zum Abrücken, dieses Mal zum A.O.K. 7. Um 4 Uhr 30 rückten Erkundungsoffiziere und das Vorkommando unter Führung des Abteilungsführers ab. Die Tanks wurden von 5 Uhr 45 bis 13 Uhr verladen. Das waren gute sechs Stunden, dieser Zeitbedarf ließ auf noch fehlende Erfahrung im Vorbereiten eines Bahntransports schließen; am 28. März, bei dem Rücktransport, war Tank 507, Cyclop, sogar von seiner Lore gestürzt.

Letzten Endes gelangten dann nur die Wagen 526 und 527, Lotti, nach St. Gobain in den Warteraum für den bevorstehenden Einsatz, die anderen Wagen fielen aus. Da sich der Einsatz im Rahmen des Angriffes »Erzengel« erübrigte, wurden die Tanks mit der Bahn nach Charleroi zurücktransportiert. Am 9. April waren alle Wagen wieder zum Standort zurückgekehrt. Das Kriegstagebuch der Abteilung 1 enthält keinen Hinweis, aus welchen Gründen der Einsatz unterblieb.

Der Einsatz der Abteilungen 1, 2 und 3 bei Villers-Bretonneux am 24. April 1918: Schlacht vor Amiens

Der Hauptzweck der Schlacht vor Amiens war, Gelände zu gewinnen, um durch Fernfeuer der Artillerie den wichtigen Eisenbahnknotenpunkt Amiens beschießen zu können.

Solange der Bahnknotenpunkt Amiens ungehinderten Betriebsablauf sicherstellen konnte, war es den Ententemächten möglich, zu jedem Zeitpunkt ihrer Wahl im Eisenbahntransport Truppenver-

Gefechtskarte der 13. Komp. Grenadier am 24. 4.
aus Kriegstagebuch I, Band 2, S. 202.

Sturm-Ausgangsstellung um 7° vorm.
Befohlenes Angriffsziel des 24. Apr.
Divisions-, Korps-Abschnittsgrenze

1 : 25000.

Originalzeichnung von Generalmajor a. D. Erich Petter
BA-MA N. 610, Nachlaß Petter

Die handschriftlichen Eintragungen Petters lauten:
Gefechtsfahrten der 13 Kampfwagen am 24. April
Aus Panzerwagen II, Bd 2, S. 202.
1 : 25 000
Handschriftlich ist *unter* der Karte rechts notiert:
Eingesetzte Zahl von Kampfwagen am 24. 4. 1918:

Gruppe Skopnick:		= 3
Gruppe Uihlein:	4 + 2	= 6
Gruppe Steinhardt		= 4
	Sa:	= 13 Kampfwagen

Die handschriftlich eingesetzte Ortschaft unter dem Kartenrand heißt:
Demuin. Handschriftlich ist *neben* der Karte rechts notiert:
(von oben nach unten)
»*Abt. 1*
526
527 (im Original Bleistift)
560 Volckh
u. *2* zu Abt. 3
Abt. 3
501 GRETCHEN
(im Original mit Bleistift gestrichen)
505 BADEN I
506 MEPHISTO
507 CYCLOP
verstärkt
durch
541 und   von
562   Abt. 1.
letzterer mit
FT-Versuch
Abt. 2
542
561
504
525«

schiebungen zwischen dem britischen und französischen Frontbereich ungehindert vornehmen zu können.

Im Zuge des Angriffs um Raumgewinn und verbesserte Stellungen beabsichtigte die 2. Armee, die ihr von der OHL zur Verfügung gestellten A7V in drei Gruppen einzusetzen, die je einer Angriffsdivision der 228. ID, der 4. Garde ID und der 77. Reserve ID unterstellt wurden. Die 77. RID war noch bis zum 4. März 1918 im Osten bei Kämpfen in Livland und Estland eingesetzt gewesen und erst am 2. April 1918 im Westen eingetroffen; sie galt als mit den Verhältnissen im Westen noch nicht vertraut. Die hier wiedergegebenen Ereignisse beruhen in erster Linie auf dem Gefechtsbericht der Panzerwagen-Abteilung 2[72]. Bereits am 12. April 1918 waren Hauptmann Greiff und Leutnant Vietze zum AOK 18 zur Erkundung aufgebrochen, obwohl die Abteilungen beim AOK 2 eingesetzt werden sollten. Die Erkundung bei der 2. Armee ergab dann folgendes Ergebnis:

a) Ausladebahnhof Guillaucourt
b) Wartestellung für die Kampfstaffeln Wiencourt, die der zweiten Staffel (Kraftfahrzeuge) Guillaucourt
c) 228. ID wurde Gruppe I (3 Tanks), 4. GID Gruppe II (6 Tanks) und 77. RID Gruppe III (4 Tanks) zugeteilt.
d) Ausgangsstellung siehe Skizzen
e) Verbandplatz Kirche Guillaucourt.

Die Gefechtsaufträge für die Kampfwagen lauteten:

Gruppe I geht nördlich der Bahn auf den Ortsrand von Villers-Bretonneux vor und unterstützt den Angriff der Infanterie auf diesen Ort. Nach Eindringen der Infanterie in Villers-Bretonneux ist auch das Vorgehen der Infanterie nördlich dieses Ortes zu unterstützen. Die Rückkehr zu dem Sammelpunkt erfolgt, sobald die 228. ID nördlich Villers-Bretonneux ihr Tagesziel erreicht hat.

Gruppe II greift den Südrand von Villers-Bretonneux an. Nach Wegnahme von Villers-Bretonneux ist das Eindringen der Infanterie in den Aquenne-Wald (Bois d'Aquenne) zu unterstützen. Sie kehrt nach dem Sammelpunkt zurück, nachdem die Infanterie in den Aquenne-Wald eingedrungen ist.

Gruppe III greift, über Nordspitze des Waldes von Hangard vorgehend, Cachy an. Sie geht nicht über den Ost- bzw. Südrand von Cachy hinaus.

Außerdem war für sämtliche Gruppen noch angeordnet worden, daß sich die Kampfwagen in der Sturmausgangsstellung für selbständiges Eingreifen bei Abwehr feindlicher Gegenangriffe bereithalten sollten. Nach dem Einnehmen der Angriffsziele sollten die Kampfwagen zu dem Sammelpunkt nach Wiencourt zurückkehren.

Führer der Gruppen I (Skopnik), II (Uihlein) und III (Steinhardt) war Hauptmann Greiff; sein Platz war bis zum 22. April abends in Proyart beim Generalkommando (= Stab eines Armeekorps), am 24. April ab 6 Uhr vormittags auf dem Gefechtsstand der 4. Garde Inf. Div., bei der Kirche von Bayonvillers. Hauptmann Greiff gab schon am 20. April einen geheimen Einsatzbefehl, eine Art Vorbefehl mit den wesentlichen Daten der Erkundung heraus, den die Truppe am 21. April in Händen hatte. Sein eigentlicher Angriffsbefehl datierte vom 20. April 1918; auch dieser Befehl war geheim gehalten. Daraus sind hier einige aufschlußreiche Einzelheiten festzuhalten:

Ein Depot für Munition und Betriebsstoff war in Guillaucourt anzulegen. Bei fortschreitendem Angriff sollte je ein Lastkraftwagen einer Abteilung mit Betriebsstoff und je ein Lastkraftwagen mit Munition seiner Abteilung zunächst bis Wiencourt, später bis zur Zuckerfabrik Marcelcave am Bahnhof folgen. Vor dort sollte ein Gleiskettenschlepper, der Bergungstrupp der Abteilung, auf Ver-

anlassung des Gruppenführers bzw. der Kommandanten die einzelnen Tanks versorgen.

Alle drei Gruppen hatten, möglichst durch Offiziere, Verbindung zu Hauptmann Greiff zu halten. Diesen Offizieren war bekannt, was im einzelnen gemeldet werden sollte. Der Meldekopf befand sich in Marcelcave an der Zuckerfabrik. Von dort wurden die Meldungen mit Kraftradfahrern weiterbefördert.

13 Kampfwagen kämpften auf einer Fläche von ca. 15 km. Ihre Aufgaben waren alle ähnlich: der Infanterie den Einbruch zu ermöglichen, MG-Nester und hart verteidigte Stellungen in enger Zusammenarbeit mit der Infanterie niederzukämpfen, das Eindringen in die Ortschaft Villers-Bretonneux zu erleichtern.

Die Ereignisse bei der Gruppe III, die von Oberleutnant Steinhardt geführt wurde, sind durch seinen Einsatzbericht quellenmäßig am besten erfaßt. Ähnlich dürften sich jedoch angesichts der gleichen Aufgaben und gleichartigen Einsatzbedingungen die Dinge bei Gruppe I und II abgespielt haben.

Wie alle anderen A7V-Wagen auch, rollten um 4 Uhr früh die Tanks der Gruppe III in ihre Ausgangsstellung. Da die Ausgangsstellung, der Südteil des Ostwaldes dicht am Feind lag, wurde diese Bewegung mit dem Beginn des vorbereitenden Trommelfeuers zeitlich koordiniert.

Die Bodenverhältnisse konnten für den A7V besser nicht sein: trockener Acker- und Wiesenboden, kaum Hindernisse, nahezu keine Gräben, nur vereinzelt Granattrichter, Temperatur 9^0 C$^+$. Vormittags bis gegen 11 Uhr Nebel, am Nachmittag Hochnebeldecke, stark diesig, hin und wieder Nieselregen.

Gruppe III erreichte den Ostwald von Wiencourt aus um 6.40 Uhr. Ihre Tanks wurden geführt

Wagen I, Nr. 542, ELFRIEDE, Leutnant Stein (blauer Pfeil)
Wagen II, Nr. 561, NIXE, Leutnant Biltz (orange Pfeil)
Wagen III, Nr. 504, SCHNUCK, Leutnant Müller (grauer Pfeil)
Wagen IV, Nr. 525, SIEGFRIED, Leutnant Bitter (grüner Pfeil).

Die Panzerwagen waren paarweise angesetzt:
nördliche Staffel auf Cachy: die Wagen 561 und 525. Richtungspunkt: Kirchturm Cachy: südliche Staffel auf Gentelles, Wagen 542 und 504. Richtungspunkt: Kirchturm Gentelles.

Der Angriffsbeginn sollte um 7 Uhr sein. Der Nebel war so stark, daß es den Tanks nicht möglich war, die eigene Infanterie – RIR 257 und IR 419 – rechtzeitig zu erreichen. Die Division griff beiderseits angelehnt mit Schwerpunkt rechts mit dem IR 419 links mit dem IR 257 an. Das IR 332 folgte als Reserve. Um 8 Uhr, eine Stunde nach Angriffsbeginn, war dann der Anschluß an die Infanterie hergestellt.

Tank 542, ELFRIEDE, griff, teilweise vor der Infanterie herfahrend, in den Kampf ein. Er unterstützte die Infanterie durch sein Bord-Kanonen- und MG-Feuer, kämpfte mehrere MG-Nester und durch flankierenden Angriff feindliche Grabenbesatzungen nieder. Vermutlich durch den starken Nebel, 100–200 m Sicht, geriet er in Orientierungsschwierigkeiten und kam zu weit von seiner Angriffsrichtung Gentelles nach Norden ab. Um 9 Uhr 45 geriet der Wagen über ein unterminiertes Loch, brach ein und kippte auf die rechte Seite ab. Auf Befehl des Kommandanten verließ die Besatzung den Tank und nahm als Sturmtrupp mit drei MG am weiteren Kampf teil. Als der Tank ELFRIEDE einbrach, hatte er bereits den Angriffsstreifen der 77. RID verlassen. Nach Ausfall von zwei MG suchte die Besatzung Anschluß an die Infanterie. Dabei fielen Leutnant Stein, Kraftfahrer Gersunde; Unteroffizier Grostkopp wurde schwer verwundet. Gefreiter Anders galt seitdem als vermißt; Gefreiter Bönsch schlug sich zum Panzer 501, GRETCHEN, durch, den Rest der Besatzung führte Unteroffizier Loake und fand Anschluß an die 10. Kompanie des Garde-Grenadier-Regiments 5.

Tank 561, NIXE, griff, nachdem er Anschluß an die Infanterie gefunden hatte, dieser vorausgehend, MG-Nester an, die der Infanterie den Weg nach Cachy, das von der 77. RID zu nehmen war, verlegen wollten. Aber auch Leutnant Biltz hatte Schwierigkeiten, sich im Nebel zurechtzufinden. Er »verfranzte« sich und geriet in den rechten Nachbargefechtsstreifen der 4. Garde ID; er machte sich jedoch dort nützlich. Wagen 561, NIXE, kämpfte ein MG-Nest nieder, das das Füsilier-(III.)Bataillon des Garde-Grenadier-Regiments Nr. 5 nachhaltig am Vordringen hinderte. Dieses feindliche MG-Nest soll das Bataillon eine Stunde lang aufgehalten haben, so der Gefechtsbericht der Panzerwagenabteilung 2 von Oberleutnant Steinhardt[73]. Der Major der Truppe (Btl.-Kommandeur) habe diesen Erfolg sofort besonders anerkannt. Die Regimentsgeschichte bestätigte später diesen Vorgang in etwas abgeschwächter Form: »Als der Nebel fällt, werden deutsche Panzerwagen sichtbar. Mit hervorragendem Schneid greifen drei Panzerwagen in den Kampf ein. Sie sind beweglicher als die engl. Kolosse. Am Bug tragen sie den Totenkopf. Einer erledigt das MG-Nest vor der 6. [Kompanie, II. Btl., Verf.], so daß diese nun auch weiter kann[74].«

Leutnant Albert Müller (links vorne) mit seiner Besatzung und SCHNUCK, A7V 504, der Abteilung 2   BA-MA
Das Chassis von 504, dem ursprünglich zweiten Bergungswagen, trägt hier die Panzerung von 544 (Krupp) des ersten Bauloses (vgl. Bild G 26, 27, 28). Die Aufnahme entstammt einer größeren Serie von »Schönwetter-Bildern« anläßlich einer Übung im Sommer 1918 in der Nähe eines evakuierten Dorfes. Die Uniform ist einheitlich, die Männer wirken wie für eine Besichtigung angezogen. Der vorne stehende Soldat hat sogar seine Schützenschnur für Artilleristen 1. Klasse angelegt, das ist an der herabhängenden kleinen Metallgranate zu erkennen, dennoch hat das Bild einen ernsten Charakter; 14 Tanksoldaten blicken dem Betrachter entgegen. Nur auf zwei Gesichtern liegt etwas Gelöstheit. Die Mehrzahl schaut skeptisch, fragend zum Fotografen hin.
Die Besatzung war bei Villers-Bretonneux (24. April 1918) in der Gruppe Steinhardt als südlichste Gruppe mit dem Angriffsziel Raum Gentelles-Cachy eingesetzt. Am 15. Juli 1918 kämpfte sie zusammen mit dem IR 351 bei Chaumuzy. Steht einigen von ihnen noch das erste Gefecht und damit erste Bewährung oder Versagen bevor? Der Junge in der Tür auf dem Klappsitz muß erst noch in seinen Stahlhelm hineinwachsen – Kriegsfreiwilliger oder Gezogener des Jahrgangs 1899? Wenn auch der Führer des Tanks die Verantwortung trägt, an ihnen allen gemeinsam wird es liegen, ob »ihr« Wagen bei dem nächsten Einsatz bestehen wird oder nicht. Das ist der Faktor Mensch im System A7V – der entscheidende Faktor!

Um die Mittagszeit, als der Nebel sich hob, wurde die Orientierungsmöglichkeit im Gelände besser. Biltz dürfte nun wohl den Kirchturm von Cachy ausgemacht haben können. Dieser Kirchturm war Leutnant Bitter und ihm von seinem Gruppenführer, Oberleutnant Steinhardt, als allgemeiner Richtungspunkt befohlen worden. Oberleutnant Steinhardt hielt sich während des Gefechtes bei dem Kommandeur des IR 419 auf. NIXE fuhr nun bis auf 700 m an Cachy heran und unterstützte den Angriff gemischter Teile des IR 419, beschoß die britischen Stellungen am Dorfrande von Cachy. Außerdem bildete NIXE so etwas wie einen »Fels in der Brandung« für die Infanterie der 77. RID vor Cachy. Es war etwa 12 Uhr mittags, als Biltz, der sich in der Stellung 700–800 m nordostwärts Cachy im Gefecht mit der britischen Infanterie am Ortsrand befand, plötzlich erkannte, wie britische Tanks des »üblichen Typs«, um die Südspitze des Aquenne-Waldes kurvend, auf ihn zufuhren. Der erste Tank aus der an der Spitze fahrenden Dreiergruppe eröffnete mit seiner rechten Kanone das Feuer auf die rechte Breitseite von NIXE. Der Leutnant der Landwehr II, Biltz, ließ seinen Fahrer rechts anziehen, so daß NIXE dem gefährlichen Feind nun die Stirn bot. In seinem Bericht fuhr Leutnant Biltz fort: »ich [. . .] brachte durch Geschützfeuer die Tanks zum Schweigen, ein Tank blieb stehen, die übrigen zogen sich in der Richtung Cachy zurück. Als der erste die aus Cachy nach Norden herausführende Chaussee eben erreichte und bei Überwindung des Chausseegrabens kurze Zeit stockte, wurde er von meinem Art.-Verfolgsfeuer getroffen und außer Gefecht gesetzt. Unmittelbar darauf erhielt mein Kampfwagen rechts neben dem Geschütz einen Art.-Volltreffer (Kaliber etwa 6 cm), wodurch ein Mann getötet, zwei Leute tödlich und zwei leicht verwundet wurden. Der Rest der Besatzung beobachtete außerhalb des Kampfwagens etwaige weitere Folgen des Volltreffers, dabei erhielt mein Wagen noch zwei weitere Art.-Volltreffer seitlich[75].«
Mit Hilfe der in seiner Nähe liegenden Fahrer (d. h. Fahrer und Ersatzfahrer, Verf.) gelang es, den Wagen so weit flott zu machen, daß er noch etwa 2½ km zurückrollen konnte, dann aber blieb NIXE endgültig liegen; Kühler und Ölbehälter waren leck, so daß beide Maschinen versagten.
Beim Verlassen des Wagens mußten in ihm zwei tote Tanksoldaten zurückgelassen werden. Der Schwerverwundete wurde geborgen, er starb jedoch wenig später im Lazarett. Die Infanterie, der NIXE bisher Halt gegeben hatte, zog sich zurück. Etwa um 12 Uhr 30 beobachtete Leutnant der Reserve Bitter, Führer von 525, SIEGFRIED, das Zurückfluten der vor Cachy im Kampf gewesenen Infanterie, Bataillone der 77. Res. Division.
Bis zu diesem Zeitpunkt hatte Leutnant Bitter seit etwa 7 Uhr morgens, meistens vor den eigenen Infanteriewellen, britische Infanterie in ihren Stellungen vor und südlich Cachy niedergekämpft, MG-Nester vernichtet, Grabenstücke aufgerollt. SIEGFRIED stoppte um 12 Uhr 30 in der Nähe der Nord-Westecke des Hangard-Waldes. Bitter holte mit seinem Tank nach Nordosten aus, vermied so eine direkte Flankenfahrt vor Cachy, drehte nach Westen ein, überschritt den Weg Domart – Villers-Bretonneux und brachte die eigene im Rückzug befindliche Infanterie wieder zum Stehen, stieß dann weiter gegen Cachy vor, um den Angriff wieder in Schwung zu bringen, denn nach Angriffsbefehl der 77. Reserve Division war Cachy zu nehmen und eine Linie etwa 300 m westlich des Dorfes zu besetzen.
Als 525, SIEGFRIED, auf etwa 800 m an Cachy herangekommen war, griffen ihn sieben britische Tanks, aus Cachy hervorbrechend an. Leutnant Bitter berichtete selbst: »Ich fuhr mit Vollgas sofort nach Norden, bekam dort vom Bataillons-Kommandeur Befehl, unter allen Umständen westl. gegen Cachy zu fahren, um die Infanterie

Originalbildunterschrift: »Begrüßung der aus dem Gefecht zurückgekehrten Offiziere und Mannschaften der Abteilungen 1, 2, 3, 11 und 12 durch den Kommandeur der Panzerwagenabteilung.«

Der historisch exakte Bildinhalt wird jedoch wohl verborgen bleiben; in der Zusammenstellung wie oben angegeben, sind die Abteilungen nie zusammen zum Einsatz gekommen. Vermutlich sind dieses und das folgende Bild im frühen Frühjahr oder Spätherbst 1918 entstanden. An den überbelichteten hochstämmigen Bäumen ist kaum Laub zu sehen. Vielleicht zeigen die Aufnahmen die Besichtigung der Abteilungen 1, 2 und 3 am 30. April 1918, 19 Uhr, im Ruhequartier in Marchienne au Pont (Nähe Charleroi) nach dem Rücktransport von Villers-Bretonneux durch den Kommandeur St. P. K. W., Hptm. Bornschlegel. Das Bild zeigt zwölf Offiziere vor der Front unmittelbar nach der Meldung an den Besichtigenden, der die ersten Herren am rechten Flügel begrüßt. Hauptmann Greiff, Führer Abt. 1, war Luftschiffer und kann als solcher durchaus den Tschako getragen haben, wie er bei den zwei Offizieren ganz vorne links im Bild zu sehen ist.   archivarum militare Peter Wacker

zum Stehen zu bringen. Dann gelangte ich bis 1 km vor Cachy, Infanterie folgte bereits zögernd, als plötzlich ein Geschwader von 7 feindlichen Tanks aus Cachy hervorbrach. Die ersten Tanks fuhren nordöstlich in unsere rechte Flanke, die anderen entwickelten sich einige Minuten später frontal und s.o. mit großer Geschwindigkeit. Mein Wagen nahm Richtung halbrechts, eröffnete Feuer auf Tank am weitesten rechts, der sich in schneller Fahrt auf 200 m genähert hatte. 1. Schuß (mit Panzerkopf) traf rechte Raupenkette, feindl. Tank feuerte mit M. G. weiter, 2. Schuß Volltreffer, hohe Stichflamme aus dem Panzerkasten. Unruhiges Hin- und Herfahren der anderen Tanks. Inzwischen linke Umfassung durch den Gegner in weitem Bogen (gegnerische Front fast Halbkreis) Feuereröffnung auf den Tank am weitesten links,

Eine 2. Aufnahme von der gleichen Besichtigung zeigt den Besichtigenden im Gespräch mit einer vorgetretenen Tankbesatzung, er wendet dem Betrachter den Rücken zu, der aufwendige Schnitt des Waffenrockes M 1910 ist deutlich zu sehen; der Mann ihm vis-à-vis, in Hab-Acht-Stellung, trägt das MG-Abzeichen am linken Oberarm; die Haltung der anderen Mannschaften ist bemerkenswert locker. Die auffallend hellen Mäntel sind Stücke, wie sie von Offizieren vor 1914 getragen worden sind, man nannte sie damals »Paletot«. Gem. AKO vom 21. September 1915 durften sie weitergetragen werden, wenn sie mattierte Schulterstücke (M 1915) und den resedagrünen Kragen des Mantels M 1915 erhielten. Einige Herren tragen Sporen! Ab Januar 1918 galten »Extratouren« in der Bekleidung von Offizieren als verpönt.   archivarum militare Peter Wacker

Entfernung 700 m. 1. Schuß Volltreffer, breite hohe Flamme. Versagen des Geschützes infolge Bruchs der Ersatzschlagbolzenfeder. Heranarbeiten des deutschen Sturmwagens an den zweiten Tank in linker Flanke, Feuereröffnung aus MG links hinten nach entsprechender Frontveränderung [hieraus geht leider nicht ganz klar hervor, ob MG-Stand 4 Backbord oder Stand 2 im Heck gemeint ist, Verf.] (MGs. bis auf 2 bereits am Vormittag zerschossen). Die Besatzung verließ feindlichen Tank und fiel. Tank stand auf die Seite gekippt, ohne zu feuern. Die übrigen 4 Tanks ergriffen die Flucht in schnellster Fahrt Richtung Cachy, ich verfolgte unter fortgesetztem gutliegendem M.G.-Feuer bis etwa 150 m vor Cachy. Der deutsche Kampfwagen bestrich dann etwa 2 Std. lang die Stellungen am Ostrand Cachy mit M. G., bis unsere Infanterie sich auf 400 m vor Cachy herangearbeitet hatte[76].«

Feindliche Tanks sind vor Siegfried nicht wieder erschienen. Die Dauer des Tankgefechtes wurde von Leutnant Bitter mit 20 bis 25 Minuten angegeben.

Nach dem Erfolg von Siegfried arbeitete sich die Infanterie wieder gegen Cachy vor. Leutnant Bitter macht den Vorschlag, sich mit Siegfried an die Spitze der Infanterie zu setzen, sie gegen Cachy zu führen und den Ort im Sturm zu nehmen. Angesichts der Lage erschien es den Infanterie-Führern nicht ratsam, dem Vorschlag von Leutnant Bitter zu folgen. Die Infanterie begann sich einzugraben. Auftragsgemäß kehrte Leutnant Bitter um 15 Uhr 45 zum Sammelplatz zurück.

Tank 504, Schnuck, mit seinem Führer Leutnant Müller, führte zu Beginn seiner Gefechtstätigkeit die Infanterie-Massen gegen die Mulde ostwärts Gentelles. Dort kam der Kampf bald zum Stehen. Das RIR 257 blieb vor der Mulde liegen, die Wegnahme der dort in Stellung befindlichen britischen Batterien gelang nicht. So folgte Leutnant Müller der Aufforderung von Leutnant Bitter, sich am Sturm auf Cachy zu beteiligen. Da während des Gefechtes Tank gegen Tank bei 525, Siegfried, das Geschütz ausgefallen war, beteiligte sich Schnuck energisch mit seiner Bordkanone am Kampf gegen den Feind am Ostrand des Dorfes Cachy. Leutnant Müller führte seinen Schnuck auch zum Sammelplatz zurück, nachdem feststand, daß abweichend vom Angriffsbefehl der 77. RID die drei Infanterieregimenter dieser Division Cachy und Gentelles nicht mehr stürmen würden[77].

Die Gruppe I war bereits gegen 12 Uhr nach erfolgter Einnahme von Villers-Bretonneux zum Sammelplatz Wiencourt zurückgekehrt. Der Zeitpunkt der Rückkehr der Gruppe II zum Sammelplatz geht aus den Akten nicht hervor. Ihre Einsätze waren, abgesehen von den ersten Gefechten Tank gegen Tank in der Kriegsgeschichte, ähnlich verlaufen wie der der Gruppe III. Damit war der Einsatz der deutschen A7V Panzerwagen am 24. April 1918 in der Schlacht vor Amiens bei Villers-Bretonneux abgeschlossen. Die Abteilungen hatten ihre Aufträge erfüllt. Nach Rückkehr nach Charleroi wurden alle drei Abteilungen vom Kommandeur der Panzerwagen, Hauptmann Bornschlegel, besichtigt.

Betrachtungen
Ohne Zweifel war dieser Einsatz für die A7V ein Erfolg. Volckheim berichtete vom Rückmarsch am 25. April nach Rosières: »Die Fahrt [. . .] war eine Triumphfahrt. Überall wurden wir gefeiert von allen Truppen herzlich begrüßt [. . .] Die Truppe hatte Vertrauen zu uns[78].«
Die Abteilungen wurden von Stabsoffizieren der naheliegenden Divisionen, Generalkommandos, auch des AOK besichtigt; Divisionskommandeure ließen sich den A7V zeigen, Kriegsberichterstatter waren da. Keine Frage: Villers-Bretonneux wurde zum Begriff, begründete den Ruhm der jungen Tanktruppe. Man war des Lobes voll. Z. B. hieß es im Kriegstagebuch der 228. I. D. des XIV. AK: »Der Erfolg des Tages ist [. . .] den trefflichen Leistungen der Panzerwagen zu danken. Besonders hervorgetan zu werden verdienen: [. . .] Oberleutnant Skopnik als Führer der der Division zugeteilten Panzerwagen.« Wieder hatte sich der A7V im Niederkämpfen von Stützpunkten und MG-Nestern bewährt, hatte damit seine Hauptstärke demonstrativ vor Augen geführt! Um Geheimhaltung, Erhöhung des Überraschungseffektes war man bemüht gewesen: Bereitstellen der Tanks in Scheunen, Nutzen der Geräuschkulisse des Trommelfeuers für das Einrücken in die Ausgangsstellung. Ganz war die Geheimhaltung wohl nicht gelungen – Fliegerangriff während des Transportes auf Bahnhof Chaulnes am 21. April, Fliegerangriff auf Bahnhof Guillaucourt am 24. April.
Für eine sorgfältige Erkundung war genügend Zeit. Der Bericht des Hauptmanns Bornschlegel gab für die Erkundung den Zeitraum 18.–20. April an. Weshalb das KTB der Abteilung 1 den Abmarsch des Hauptmanns Greiff zur Erkundung für neuen Einsatz bei AOK 18 verzeichnet, ist unklar: Schreibfehler oder Falschinformation der Truppe, um Geheimhaltung des Einsatzes bei AOK 2 zu gewährleisten? Die Befehlgebung war mustergültig, von ausgezeichneter Sorgfalt und sehr ausführlich. Korpsbefehle, Divisionsbefehle, die Befehle des Führers der Tanks und letztlich auch die Befehle der Gruppenführer sind überliefert, einer den anderen nach unten gewissenhaft umsetzend.
Wieder hatte sich an technischen Mängeln gezeigt, daß der A7V keine ausgereifte Konstruktion war. Auch Kompaß und Blinker wurden als unzureichend beurteilt. Ebenso wie die Befehlsgebung war auch die Auswertung des Einsatzes durch den Kommandeur der Abteilungen mustergültig. Hauptmann Bornschlegel fertigte am 3. Mai 1918 einen fünfseitigen Bericht an Feldkraftfahrchef[79], den dieser am 6. Mai an den Chef des Generalstabes des Feldheeres weiterleitete. Hier kann nur kurz auf dessen Abschnitt A. *Taktische Erfahrungen* eingegangen werden. Bornschlegel schlug einen für eine gründliche Vorbereitung so wichtigen Zeitansatz vor; das war deshalb von entscheidender Bedeutung, weil bei der äußerst geringen Zahl an A7V ein Mißlingen des Einsatzes gar nicht riskiert werden durfte. Er empfahl folgende Einteilung:

Ein Tag: Vorsprechung bei AOK, Verbindungsaufnahme zu den Generalkommandos
Zwei Tage: Durchführung der Erkundungen
Zwei Tage: Zusammenfassen der Ergebnisse, Vortrag der Ergebnisse bei Korps und Armee, daraus sich ergebende Auftragsstellung. Erarbeiten des Einsatzbefehles, Eintreffen der Abteilungen in Bahntransport, Marsch in die Bereitschaftsstellung.
Zwei Tage: Marsch in die Ausgangsstellung, nochmalige Erkundung durch Abteilungsführer und Kommandanten, Einweisen der Fahrer etc.
Ein Tag: Einsatz.

Das waren insgesamt acht Tage. Eine zeitliche Reserve einrechnend schlug Bornschlegel vor, den Befehl zum Einsatz einer Abteilung wenigstens zehn Tage vor dem beabsichtigen Gefecht an den Kommandeur der Kampfwagen-Abteilungen zu geben. Künftig sollten Tanks für ganz bestimmte Gefechtsaufgaben paarweise eingesetzt werden. Die Verbindung zur Infanterie im Gefecht sollte noch verbessert werden. Das endgültige Angriffsziel der Tanks sollte einen Kilometer hinter dem der Infanterie zurückbleiben, damit bei Rückschlägen liegengebliebene Kampfwagen nicht sofort dem Feind in die Hände fielen. Die tägliche Angriffsleistung der Infanterie setzte Bornschlegel mit 6–8 km an.
Vermehrtes Vorüben der Zusammenarbeit Infanterie und Tanks wurde angeregt. Die Position für den Platz des Abteilungsführers wurde vernünftigerweise nicht starr festgelegt. Der Führer der Abteilung sollte dem Prinzip der Auftragstaktik entsprechend seinen Platz so wählen, wie es Lage, Auftrag und Aufrechterhaltung der Verbindung zur zu unterstützenden Einheit erforderten! Das Ausscheiden einer Reserve von Tanks bei Einsatz mehrerer Abteilungen wurde angeregt, die Notwendigkeit auch richtig erkannt. Nur wenn man üblicherweise verfuhr wie ein Regimentskommandeur, der ein Bataillon zurückhielt oder wie ein Divisionskommandeur, der ein ganzes Regiment nachführte (die Schmälerung der Kampfkraft um ein Drittel im Angriff mit ohnehin schwachen Kräften kann und soll hier nicht erörtert werden), hätte man bei Villers-Bretonneux von 13 einsatzfähigen A7V noch drei oder vier Wagen zurückhalten müssen. Wer wollte das verantworten? Außerdem sollte künftig eine Personalreserve in Gestalt einer doppelten Besatzung bereitgehalten werden.
Zur Leistung der Gruppe III: In seiner vorläufigen Meldung vom 25. April 1918[80] schrieb der stellvertretende Kommandeur der Panzerwagen-Abteilungen, Hauptmann Körting, daß die Abteilungen die Ihnen gestellten Aufgaben vollständig erfüllt hätten.
Die nördliche Gruppe, 561, NIXE, hatte sich verfahren. Die von Oberleutnant Steinhardt bestätigte Unterstützung bei dem Garde-Grenadier-Regiment Nr. 5 wurde im nicht zugewiesenen Gefechtsstreifen der 4. Garde-Division geleistet. Der befohlene Angriff auf Cachy wurde erst später ausgeführt. Auch Leutnant Bitter, 525, SIEGFRIED, traf erst gegen 12 Uhr 30 vor Cachy ein, um das von ihm erkannte Zurückfluten der Infanterie nach dem Abschuß von 561, NIXE, anzuhalten. Man muß wohl sagen, daß ein »gerader Anlauf« – »so schnell wie möglich geradeaus« – »ohne Warten auf vorgehende Nachbardivision« auf Cachy, das zu nehmen war (!), nicht zustande kam, und im rechten Teil der 77. RID lag der Schwerpunkt! Das IR 332 folgte dem auf Cachy angesetzten IR 419. Der angestrebte rasche Stoß auf Cachy mit den Wagen 501, GRETCHEN, und 525 SIEGFRIED, als Speerspitze erfolgte nicht! Ein Grund war sicher der dichte Nebel. Wie beschwerlich dichter Nebel sein kann, kann nur der ermessen, der einmal »mitten in der Milchsuppe« ohne jeden Orientierungspunkt mit wichtigen Aufträgen »im Turm« gestanden hat. Schließlich wurde auch das Angebort von Wagen 525, SIEGFRIED, sich an die Spitze des Sturmes der Infanterie auf Cachy zu setzen, ausgeschlagen! Im Kampf gegen die Feindpanzer dann hatten sich die Leutnante Bitter und Biltz kaltblütig und lagegerecht verhalten.

Die südliche Gruppe: Der unglückliche Leutnant Stein kam von der Angriffsrichtung Nordrand Hangard-Wald – Kirchturmspitze Gentelles vollkommen ab. Wie schon gesagt, bei 100–200 m Sicht im Nebel ist eine Kirchturmspitze als Richtungspunkt in etwa 5 km Entfernung wenig hilfreich; offensichtlich verlor Leutnant Stein die Verbindung zu 504, SCHNUCK, mit dem er paarweise vorgehen, wie auch zum RIR 257, das er unterstützen sollte. Er fuhr quer zur Angriffsrichtung aus seinem Gefechtsstreifen heraus, gut 3 km von seinem Angriffsziel enfernt! Das weitere Schicksal von 542, ELFRIEDE, wurde geschildert.

504, SCHNUCK, mit Leutnant Müller begleitete zunächst RIR 257 wohl bis zur Gentelles-Mulde, ließ sich dann aber von Leutnant Bitter nach Cachy hin »abziehen«. Nach dem Abschuß von 561, NIXE, dem Ausfall der Bordkanone von 525, SIEGFRIED, war er dort im Schwerpunkt vor Cachy der einzige Kampfwagen mit intakter Bordkanone! Ob das im Einverständnis mit dem Führer der Gruppe III, Oberleutnant Steinhardt geschah, ist unbekannt. Oberleutnant Steinhardt hielt sich im Gefechtsstand IR 419, also ebenfalls im Schwerpunkt auf. Das bei 77. RID links eingesetzte RIR 257 blieb nun ganz ohne Tankunterstützung liegen. Die Regimenter der 77. RID waren offensichtlich abhängig von der Unterstützung durch die Tanks, das wurde auch bei dem IR 419 vor Cachy deutlich. Inwieweit nun RIR 257 deswegen nicht mehr weiterkam, weil es letztlich ohne Tanks war, muß hier dahingestellt bleiben.

Ausschnitt aus der »Übersichtskarte der 7. Armee«. Maßstab 1:80 000

Bearbeitet und gedruckt von der Vermessungsabteilung 14 im März 1917. Die Seitenlänge eines jeden Quadrates des Gitternetzes beträgt 1 km. Die durchgezogene und die gestrichelte Linie zur Markierung des Verlaufs der eigenen und der feindlichen Stellungen weist auf unterschiedliche Herkunft der diesbezüglichen Angaben hin.

An diesem Ausschnitt kann die Einteilung der Kartenblätter in Planquadrate zum Zwecke schneller Auffindung von Örtlichkeiten für den Benutzer erklärt werden. Planquadrate wurden einem Punkt auf der Karte dargestellt zugeordnet, da man von dem betreffenden Punkt aus mit Hilfe der Gitternetzlinien senkrecht bzw. waagerecht an den nächstgelegenen Kartenrand ging. Alle vier Kartenränder waren von Zahlenangaben eingefaßt. Dort waren waagerecht Tausender- und Hunderterstellen, senkrecht Zehner- und Einerstellen zu entnehmen. So lag z. B. die Pierquin Ferme im Planquadrat 3082; in umgekehrter Weise war bei bekannter 4stelliger Planquadratziffer, z. B. der Nordostrand des Waldstückes im Planquadrat 2683, als Marschziel nicht zu verfehlen. Ortsangaben nach Planquadraten waren in der Befehlssprache 1918 übliche Praxis. Es waren allerdings Bezeichnungen der Karten und deren Maßstab anzugeben, denn die Einteilung in Planquadrate war je nach Kartenblatt und Maßstab unterschiedlich! Weiter verdeutlicht der Kartenausschnitt die Anmarschwege und Lage der Warte- und Ausgangsstellungen für den 1. Juni 1918 sowie die Unklarheiten des Angriffes am 31. Mai 1918 bei Abt. 2. Zu beachten ist der durchgehende Waldgürtel südlich der Roucission Ferme. Sammlung WGM

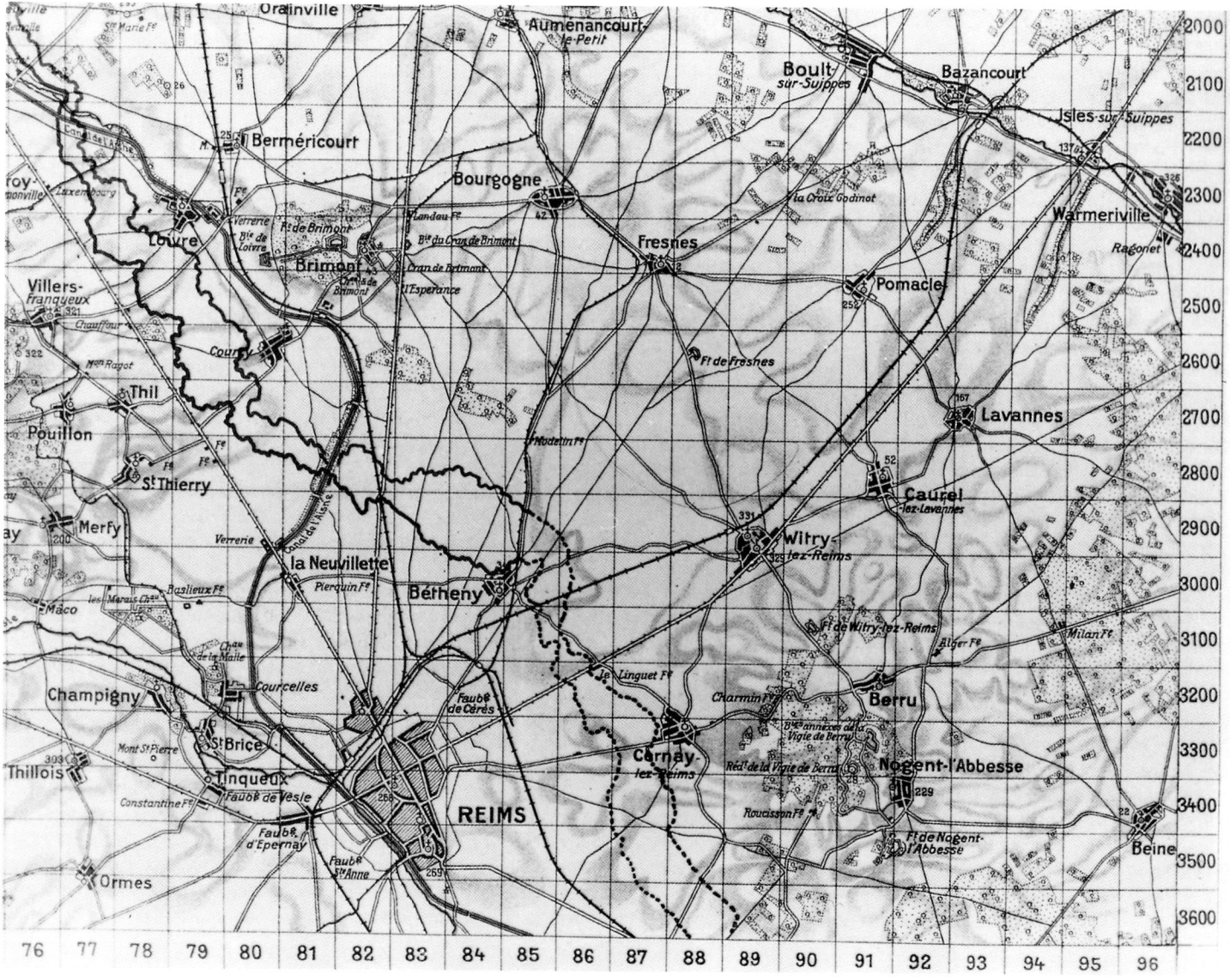

Im Bericht des Hauptmanns Körting, der allerdings ja ein vorläufiger war, fehlte in der Darstellung der Panzergefechte auch, daß Leutnant Biltz in seinem Kampf gegen die britischen Tanks von Typ Mark IV nicht alleine stand. Er kämpfte zunächst gegen drei, später wurden dann acht Tanks aufgeklärt.

»Als in der Mittagsstunde aus der Gegend nördlich Cachy [Südspitze Aquenne-Wald, Verf.] [. . .] acht Tanks [2 Sektionen einer britischen Tankkompanie, die in 4 Sektionen à 4 Wagen gegliedert war und damit über 16 Tanks verfügte. Die britische Vorschrift »Anweisungen über den Gebrauch der Tanks« schrieb vor, »nie weniger als eine Tanksektion für jedes einzelne Ziel zu bestimmen«[81] in Richtung Villers-Bretonneux vorgingen, setzte die Stoßbatterie Woehlke, die den Angriff des Regiments [Garde-Grenadier-Regiment Nr. 5, Verf.] auf dem linken Flügel begleitete und durch Bekämpfung feindlicher MG-Nester nachhaltig unterstützt hatte, drei Tanks außer Gefecht. Ein Tank wurde durch die 1. Minenwerferkompanie des Regiments vernichtet. Die übrigen wurden entweder durch einen deutschen Panzerwagen [561, Nixe, d. Verf.] niedergekämpft, oder sie zogen sich beschleunigt zurück[82].«

Auch das Tankgefecht von Leutnant Bitter soll von der 1. Minenwerferkompanie des IR 419 unterstützt worden sein, die zwei Tanks östlich Cachy vernichtet zu haben beanspruchte[83].

Bleibt als Ergebnis des Einsatzes bei Villers-Bretonneux: Der Angriff der 2. Armee war an sich mißlungen, der Einsatz der A7V dagegen hatte in diesem Ringen viel Erfolg; die günstigen Ergebnisse der Gruppen I und II überstrahlten den weniger glücklichen Verlauf bei Gruppe III, die allerdings durch das erste Tankgefecht der Kriegsgeschichte in den Mittelpunkt des Interesses trat.

Noch ein weiteres ist festzuhalten: Bei den A7V-Abteilungen waren nach dem Gefechtseinsatz Mann und Gerät erschöpft und verbraucht; sie mußten herausgelöst werden. Als die »Felsen in der Brandung« am 25. April nicht mehr standen, konnten sich die Truppe auf dem teuer erkauften Boden nicht länger halten.

Abteilung 2 (A7V) am 31. Mai 1918 an der Pierquin Ferme

Seit dem 27. Mai 1918 lief der »Blücher-Goerz«-Angriff. Am 28. Mai befahl die OHL um 14 Uhr der Heeresgruppe Deutscher Kronprinz in Ausweitung der günstig angelaufenen Operationen, die »ungefähre« Linie, Höhen südwestlich Soisson – Fère en Tardenois-Coulonges – Südfront Reims (Fortlinie Fort de Montbré – Fort de la Pompelle) zu nehmen. Somit mußte dem AOK 1 seit dem 28. Mai der beabsichtigte Angriff auf Reims bekannt sein.

Das GenKdo XI. AK = Gruppe Ilse (bis 29. Mai Gruppe Brimont) der 1. Armee sollte den Widerstand um Reims durch westliche Umgehung brechen[84]. Erst am 31. Mai 1918 mittags jedoch und nach falscher Lagebeurteilung forderte Gruppe Ilse Kampfwagen an. Noch am 30. Mai früh um 2 Uhr hatte die Gruppe Ilse die Feindlage so beurteilt, daß der Franzose »seinen Rückzug fortsetze«. Allen Ernstes war das AOK 1 bereits bemüht, in allen Einzelheiten die Übernahme der Ortskommandantur Reims zu regeln. Am 30. Mai nachmittags jedoch hatte die 242 I.D. der Gruppe Ilse den Versuch, in Reims einzudringen, aufgeben müssen.

Nun war Eile geboten. Tanks mußten her! Besonders seit dem 24. April 1918 hatte man Gutes über den A7V gehört, vielleicht konnten Tanks noch zum Erfolg verhelfen. Der Gruppe Ilse wurde die Abteilung 2 zugewiesen. Die Abteilung wurde durch die 242. I. D. am Nachmittag des 31. von Bazancourt vorgezogen und kam noch am Abend gegen 20 Uhr – und nicht wie vorgesehen – am 1. Juni 1918 ins Gefecht. Die Abteilungen 1, 2 und 3 (A7V) auch Abteilung 14 (Beute) trafen am 30. Mai 1918 in Neuflize ein und

wurden nach dem Bahnhof Block Forsthaus zur Entladung vorgezogen. Abteilung 13 (Beute) traf erst am 31. Mai ein. Block Forsthaus liegt bei Isles-sur-Suippes. Bis auf die Abteilung 2 marschierten die Abteilungen zunächst in ihre Bereitschaftsstellungen. Abteilung 2 wurde der 242. I.D. (IR 127, IR 476, IR 475) unterstellt, um im Rahmen der 242. Inf. Brigade bei III/IR 476 eingesetzt zu werden. Die 242. I.D. war beiderseits angelehnt eingesetzt und von Nord nach Süd angreifend in eine Linie südöstlich Kirchhof bei La Neuvillette – Westrand Reims – Tinqueux gekommen. Die Division hatte Patrouillen am Flüßchen Vesle stehen.

Die Abteilung 2 rückte am 31. Mai mittags befehlsgemäß zu ihrer Wartestellung bei Bazancourt ab und wurde anschließend gleich zur Ausgangsstellung Brimont vorgezogen. 18 km waren von der Wartestellung bis zur Ausgangsstellung zu fahren.

Der Auftrag für Abteilung 2 lautete: Abteilung 2 (A7V) kämpft im Verbande mit III./IR 476 in allgemeiner Richtung Zollhaus am Westausgang von Reims, Pl. Qu. 1611 (siehe Karte). Auf dem Hinweg ist im Vorbeifahren das 300 m ostwärts Pierquin Ferme gelegene M. G.-Nest zu erledigen, Pl. Qu. 1413 (siehe Karte). Die Kampfwagen unterstützen den Angriff des III. Bataillons gegen den Nordwestrand von Reims, vernichten die an den Straßenausgängen liegenden M. G.-Nester und Stützpunkte und brechen den feindlichen Widerstand im Vorfeld. Kampfwagen 2 und 5 fahren in der Richtung der Straße Brimont – Reims zur Erledigung des M. G.-Nestes 300 m ostwärts der Pierquin Ferme und folgen dem Vorgehen der Wagen 1, 3 und 4 in Richtung des Angriffes des III/476. Die Wagen 1, 3 und 4 nehmen nach Durchfahren der Eisenbahnunterführung südwestliche Richtung, Pl. Qu. 1213 (siehe Karte).

Die Abteilung verließ um 19 Uhr mit drei Kampfwagen die Ausgangsstellung. Kampfwagen 3 konnte wegen eines Defektes an der Druckrohrleitung erst mit einer Stunde Verspätung abrücken. Kampfwagen 1 war zunächst in Bourgogne wegen heißgelaufener Rollenkästen liegen geblieben. Nach Auffüllen der Abschmierbüchsen mit dem jedem Panzermann sattsam bekannten Staufferfett und Beheben eines kleinen Schadens an der Wasserpumpe rückt er um 21 Uhr 30 weiter vor.

Zwischen 20 Uhr und 21 Uhr durchfuhren die Tanks 2, 3, 4 und 5 die Bahnunterführung, Pl. Qu. 1213 (siehe Karte). Von den beiden vorderen Wagen mußten dazu Drahthindernisse und Spanische Reiter von der Straße entfernt werden. Die A7V fuhren in einer Reihe hintereinander auf der Staße neben dem Bahndamm in südliche Richtung auf die Pierquin Ferme zu, einem bis auf die Grundmauern verwüsteten Hof. Etwa 1200 m südlich der Unterführung, unmittelbar vor der Ferme, erhielt der Spitzentank in der linken Flanke überraschend Feuer aus nächster Entfernung. Der Tank erwiderte das Feuer mit seiner Bordkanone und MG. Der Feind verschoß außerdem Gasmunition. Der A7V erhielt dann an der linken hinteren Panzerwand einen Volltreffer. Vermutlich kämpfte er gegen zwei Batterien, eine mittleren Kalibers und eine Grabenbatterie. Der A7V an der Spitze stellte sofort das Feuer ein und die Besatzung verließ nach dem Volltreffer ihren Kampfwagen. Nun war eine Alptraumsituation entstanden. Der Spitzenpanzer 5 auf der Straße war außer Gefecht gesetzt, hinter ihm standen 3 Tanks in einer Reihe hintereinander. Beiderseits der Straße befanden sich Gräben von 2,50 m Breite mit erhöhter Auflage (?), in der linken Flanke der Kampfwagen waren auf kürzester Distanz zwei feindliche Batterien postiert. Solche Gräben vermochten die A7V Wagen nicht zu überwinden.

Wenn dort wirklich an Stelle eines M.G.-Nestes etwa 300 m seitlich der Straße zwei feindliche Batterien standen, wird es immer ein

230

Zur Karte auf der linken Seite: Plan für das Gefecht der St. P. R. W. A. 2 am 31. 5. 1918 nördlich Reims bei IR 476 der 241. ID. auf einem Ausschnitt der Gruppenkarte Brimont Süd

Maßstab 1 : 25 000

Seitenlänge eines Planquadrates = 1000 m
Stand: 2. März 1918
Bearbeitet und gedruckt: Kartenstelle Gruppe Brimont nach Fettabzügen der V. A. 19 gedruckt von V. A. 23.

Einige wichtige Erläuterungen:

(mit Buchstabenkennung) K_2 P_1 (in Blau)	=	Besetzte franz. Batteriestellungen
	=	Diese sogen. Blaupunkte konnten als Orientierungshilfe im französischen Stellungssystem bei der deutschen Befehlsgebung benutzt werden.
$K_1 - K_4$ (in Rot) (PlQu. 1414)	=	Deutsche Kampfgräben
	=	franz. BtlGefStd
(in Rot) (PlQu. 1413)	=	Artillerie Beobachtungsstand.

Rätsel bleiben, wie überhaupt nur ein A7V aus dieser »Tankklemme« heil herausgekommen ist. Die Kommandanten konnten ihren Entschluß, zunächst bis hinter die Bahnunterführung und den Bahndamm wieder zurück in Deckung zu fahren, ungestört verwirklichen. Der 31. Mai 1918 ist wettermäßig als schöner Tag überliefert. Abends um 21 Uhr ist es Ende Mai noch relativ hell, keinesfalls aber völlig dunkel. An der Unterführung trafen sie mit dem ihnen nachgefahrenen Wagen 1 zusammen. In der Zwischenzeit war dann auch noch die eigene Infanterie wieder zurückgewichen. Die Abteilung wurde, als es nun dunkel war, in die Ausgangsstellung zurückgezogen.
Die gegen 23 Uhr versuchte Bergung des abgeschossenen Wagen 5 war erfolglos. Der Wagen war inzwischen in Feindeshand geraten. Verluste: 3 Mann tot, 2 verwundet, 2 Offiziere und ein Mann gaskrank.

Betrachtungen
Dieser Einsatz der Abteilung ist ein Paradebeispiel dafür, wie es aussieht, wenn eine Truppe etwas auszubaden hat, was an höherer Stelle durch Fehlbeurteilung der Lage von vornherein falsch eingeplant worden ist.
Bei dem Einsatz am 31. Mai 1918 wurde nicht eine Bedingung erfüllt, wie sie die »Anleitung« vorschrieb. Die Abteilung kam gar nicht zur Besinnung. Am 31. Mai mittags angefordert, wurde sie gleich in die Ausgangsstellung vorgezogen, marschierte dazu 18 km und dann um 19 Uhr noch einmal 5 km, um in den Einsatzraum zu kommen. Für eine vorherige Erkundung gibt es in der Literatur keine Hinweise. Abstimmung mit dem III. Bataillon des IR 476, Absprachen mit GenKdo und Division oder Brigade können in dieser kurzen Zeit kaum stattgefunden haben. Befehle für den Angriff sind nicht überliefert, es ist nicht einmal klar, ob der Auftrag zweifelsfrei erteilt und verstanden worden ist. Die Abteilung kam überstürzt zum Einsatz. Volckheim berichtet, daß nur die Kampfwagen 2 und 5 von der Bahnunterführung aus nach Süden Richtung Pierquin Ferme fahren sollten, um das MG-Nest zu erledigen. Das klingt im Sinne des seit Villers-Bretonneux als zweckmäßig erkannten paarweisen Einsatzes auch logisch. Wagen 1, 3 und 4 sollten gleich nach Passieren der Unterführung in südwestlicher(!) Richtung in den Gefechtsstreifen des IR 476 fahren; nach Erledigung des Auftrages am MG-Nest sollten Wagen 2 und 5 dann den anderen folgen, um in Richtung Westrand Reims und Zollhaus anzugreifen.
Nach Petter war das Vorziehen der Abteilung auf der Straße Landau Ferme–Reims geplant. Erst südlich Pierquin Ferme sollte sich die Abteilung entwickeln. Mehr ist Darüber nicht bekannt. Die vier Wagen der Abteilung verhielten sich so, wie es der letzgenannten Möglichkeit entspricht[85].

Die Lage war nicht geklärt. Die gefährliche Flankenbatterie war der Division offensichtlich nicht bekannt. Dem Abteilungsführer war mitgeteilt worden, daß mit Feindartillerie kaum, keinesfalls aber mit direktem Beschuß zu rechnen sei. Das vor dem MG-Nest liegende IR 125 (Volckheim) wußte von der Grabenbatterie und der Batterie mit vier Geschützen im Abstand von 50 – 150 m. Nur: am 31. Mai 1918 war das IR 125 aus der Front herausgezogen worden und seine Soldaten hatten sich im Stadttheater in Denain versammelt (zwischen Valenciennes und Cambrai, Verf.) und erfreuten sich im Rahmen einer Betreuungsmaßnahme an einem »künstlerisch hervorragenden Konzert unter Leitung von Obermusikmeister Müller[86]«.
Bei sorgfältiger Vorbereitung des Angriffs der Tanks hätte aber ein Blick auf die hier im Ausschnitt wiedergegebene Gruppenkarte Brimont Süd (Stand: 2. März 1918) Aufschluß geben können. Aus dieser Karte ging der starke Ausbau des Geländes um die Pierquin Ferme (siehe Pl.Qu. 1412/1413.) deutlich hervor. Zusätzlich waren hart nördlich (siehe Pl.Qu. 1412) eine Batterie und ca. 400 m südostwärts der Ferme (siehe Pl.Qu. 1413) zwei weitere Batterien zu erkennen, die in direktem Schuß hervorragend auf die Höhe 98 links der Chaussee wirken konnten. Die Entfernung dorthin betrug noch keine 900 m. Dem Verfasser ist nicht bekannt, ob für den »Blücher-Goerz«-Angriff eine neue Stellungskarte mit Stand vom 27. Mai ausgegeben worden war. Das Infanterieregiment 476 lag seit dem 4. Mai, aus einer anderen Verwendung an der Somme kommend, wieder in der Champagne vor Reims. Die Stellungskarte mit dem Stand 2. März kann eigentlich nicht unbekannt gewesen sein! Weiter wurde in der Berichterstattung bemängelt (Petter), es sei unbekannt, wo sich der Abteilungsführer aufhielt und was er tat, vermutlich »war er beim Stabe der Division und die Kommandanten handelten selbständig«. Hierüber gab später die Regimentsgeschichte weiteren Aufschluß. Der Führer der Abteilung 2 (A7V) befand sich im Regimentsgefechtsstand des I.R. 476. »Um die Mittagsstunde [31. Mai 1918, Verf.] meldete sich bei dem Regimentskommandeur nördlich der Glasfabrik [siehe Pl.Qu. 1310 sowie auf der Übersichtskarte der 7. Armee« siehe Pl.Qu. 2980, »Verrerie«] der Führer eines Geschwaders von 5 Tanks. Sie sollten am Abend auf der großen Straße von Brimont her [Festung nördlich Reims, Verf.] durch den Abschnitt des Inf.Reg. 475 über die Pierquin Ferme vorgehen und dem III. Bataillon [IR 476, Verf.] den Weg nach Reims hinein ebnen […]
Als die Tanks etwa um 8 Uhr 30 abends über die Pierquin Ferme vorfuhren, setzte französisches Sperrfeuer gleich zwei von ihnen außer Gefecht, einer kam überhaupt nicht, die letzten zwei machten kehrt und verschwanden[87].«
Wer dieses Zitat aufmerksam liest, findet hier nicht nur eine exakte Angabe über den Aufenthalt des Abteilungsführers und die wohl auf einem Mißverständnis beruhende Angabe des Abschusses

Die Verladung der Sturmpanzerkraftwagen 14 (Beute) im Vordergrund zusammen mit einer A7V-Abteilung   Sammlung WGM
Diese Aufnahme erinnert an die Einsätze 31. Mai/1. Juni 1918 nördlich und nordostwärts Reims. Dort kamen an den genannten Tagen die Abteilungen 2, 1, 13 und 14 zum Einsatz. Im Vordergrund bei Abteilung 14 liegen vermutlich britische Fliegertarnnetze (grünes Netzwerk mit erdbraunen Stoffnetzen) auf den Tanks. Die A7V-Abteilung im Hintergrund hat wohl deutsche Netze, die dichter und dunkler ausfallen. Die Aufnahme zeigt den Halt auf einer unbekannten Vollbahnstation.
Auf dem Bild ist mit weißer Tinte »Abtlg. 14.« eingetragen. Die Eintragung unter dem Foto lautet: »Abtlg. 14 beim Bahntransport. Tarnung durch Fliegernetze.«

eines zweiten A7V, sondern auch einen Eindruck darüber, daß sich die Truppe von diesem Tankeinsatz kaum einen Nutzen versprach! Völlig unverständlich ist die Vorhaltung, die die 242. ID dem Führer der Abteilung 2 gemacht hat, er sei der Empfehlung nicht gefolgt, seinen Anmarsch nicht südlich des Kirchhofs südostwärts La Neuvillette zu wählen. Warum er diesem Rat nicht gefolgt ist, sei nicht bekannt (Petter)[88].
Bis in diesen Raum (etwa Planquadrat 1512) ist nie ein Tank der Abteilung 2 vorgestoßen! Schon bei der Pierquin Ferme kam man nicht mehr voran. Noch ein weiterer Punkt bleibt ungeklärt und unverständlich. Der Kommandeur der Kampfwagenabteilungen befand sich seit dem 29. Mai 1918 beim Stabe des AOK 1. Erst am 3. Mai 1918 hatte er in einem ausführlichen Bericht über den Einsatz bei Villers-Bretonneux unter anderem ausgeführt, daß es unbedingt notwendig war, daß ein Befehl über einen beabsichtigten Einsatz einer oder mehrerer Abteilungen spätestens zehn Tage vorher an den Kommandeur der Panzerwagenabteilungen ergangen sein müsse! Allein für die Erkundung hatte Hauptmann Bornschlegel aus guten Gründen im Idealfall drei Tage vorgeschlagen. Ob Bornschlegel gegen den Einsatz am 31. Mai 1918 Einwände erhoben hatte, oder ob und aus welchen Gründen er sich nicht durchzusetzen vermochte, läßt sich heute nicht mehr klären. Betrachtet man noch einmal den Zeitansatz für diese Operation, so wurde die Abteilung erst am Mittag des 31. Mai angefordert. Setzt man dies mit 12 Uhr gleich, waren noch bis zum Bahnübergang ca. 23 km zu marschieren. Bei einer Marschgeschwindigkeit von 6 km/h auf der Straße angenommen, ergab das eine Marschzeit von vier Stunden. Somit verblieb bis Angriffsbeginn in völlig unbekanntem Gelände noch ein Zeitraum von höchstens vier Stunden bis 20 Uhr am Abend, der für die Durchführung einer Erkundung in einem vom Gegner unter Beschuß gehaltenem Gelände völlig unzureichend war.
Gemessen an den Anschauungen und der Beurteilung des Leistungsvermögens der A7V Abteilungen von 1918 *und* an den guten Erfahrungen, die man am 21. März und 24. April mit sorgfältiger Vorbereitung gemacht hatte, muß man den Einsatz vom 31. Mai als in unverantwortlicher Weise überstürzt und unvorbereitet bezeichnen. Wenn wirklich vier A7V auf eine flankierende Sperre mit acht feindlichen Rohren auf wenige hundert Meter Entfernung aufge-

laufen sind, wird es immer unerklärlich bleiben, daß nicht die ganze Abteilung vor der Pierquin Ferme am 31. Mai 1918 vernichtet worden ist.

Die Abteilung 1 am Fort de La Pompelle am 1. Juni 1918

Im Zuge der Angriffe gegen Reims und wegen der noch nicht genommenen Teile des Fortgürtels um die Stadt hatte die Gruppe Wellmann, das VII. Res. Korps, den Auftrag, mit der ihr unterstellten 238. I. D. (aus den IR 463, IR 464 und IR 465 bestehend) und der Division A, beiderseits vom Fort de La Pompelle bis zur Vesle vorzustoßen und mit stärkeren Patrouillen das Südufer des Flusses zu gewinnen. Die Gruppe Wellmann verfügte zudem über wiederholt wechselnde Reserven. Die Division A war eigens für diesen Auftrag aufgestellt worden. Die Division A war aus dem Regiment C und dem Regiment B zusammengesetzt, diese Division A verfügte insgesamt nur über sechs Bataillone. Das Regiment C verfügte neben seinen beiden nicht näher benannten Bataillonen über das I. Bataillon des IR 465 und die Kampfwagenabteilung 1 (A7V). Die Divison A war ein Notbehelf; sie war erst Mitte Mai aus abgezogenen Truppenteilen verschiedener Divisionen als Stellungsbesatzung bei der Gruppe Wellmann gebildet worden.

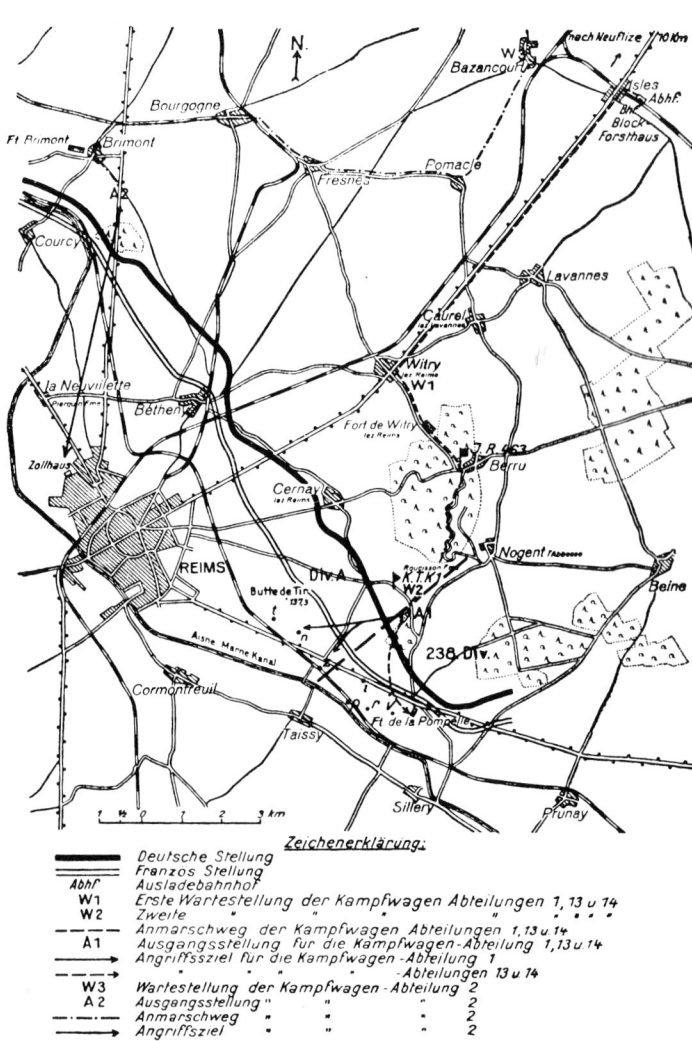

Angriffsziele der Panzerwagen-Abteilungen 2 und 1, sowie 13 und 14 (Beute) am 31. Mai und 1. Juni 1918
Aus Volckheim:
Die deutschen Kampfwagen im Weltkriege, Berlin 1937, S. 53

Am 29. Mai fuhr Oberleutnant Skopnik mit Leutnant Volckheim nach Rethel zur Vorerkundung[89]. Abends 8 Uhr rollte die Abteilung 1 per Bahntransport an die Front ab. Möglicherweise sind am 29. Mai auch Offiziere der Abteilung 2 und der Beuteabteilungen 13 und 14 nach Rethel zur Einweisung und Erkundung befohlen worden; Meldung erfolgte dort bei Hauptmann Körting, der »Hauptmann beim Stabe Stellvertreter des Kommandeurs der Panzerwagen-Abteilungen« war und jetzt als Leiter für diesen Einsatz fungierte.

Gefechtsverlauf für die Panzerwagen-Abteilung 2 am 31. Mai 1918 nördlich Reims und die Abteilungen 1, 13 (Beute) und 14 (Beute) am 1. Juni 1918 bei dem Fort de la Pompelle.
Aus Volckheim: Die deutschen Kampfwagen im Weltkriege, Berlin 1937, S. 57. An dieser Skizze des Gefechtsverlaufs sind zwei Korrekturen anzubringen.
1. Das Zollhaus Reims ist zu weit nördlich eingezeichnet. Es liegt in dem genau nach Westen zum Aisne-Marne-Kanal hin vorspringenden rechteckigen Stadtteil von Reims.
2. In der Skizze fehlt ein Waldstück, das sich bei A 1 beginnend in südliche Richtung zum Fort de la Pompelle hin, bis fast an die große Straße von West nach Ost durchgehend erstreckt. Volckheim selbst schreibt in seinen »Erlebnissen«: »Quer durch einen Tannenwald müssen wir fahren, die Bäume wie Streichhölzer um.«
In »Kampfwagen II« ist das Waldstück ebenfalls erwähnt. Volckheim schreibt: »Ihr [Kampfwagen Abt. 1, Verf.] Vorgehen wurde anfangs sehr erschwert, da die Wagen durch ein Waldstück fahren mußten, dessen Bäume durch die Wucht der Wagen jedoch umgerissen wurden.«

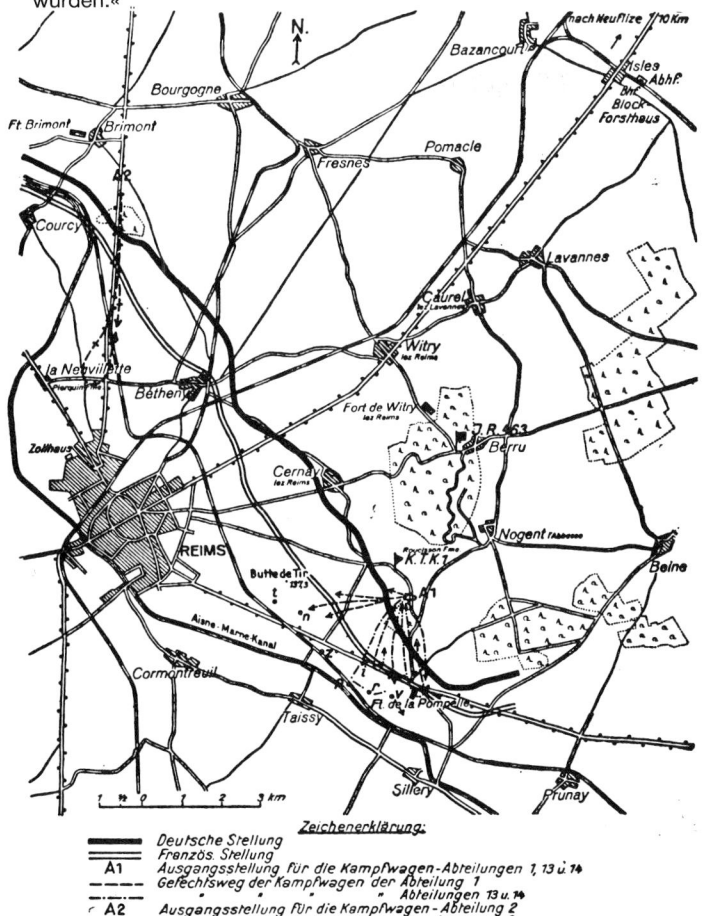

Zeichenerklärung:

▬▬▬	Deutsche Stellung
━━━	Französ. Stellung
A1	Ausgangsstellung für die Kampfwagen-Abteilungen 1, 13 u. 14
▬▬▬	Gefechtsweg der Kampfwagen der Abteilung 1
-----	" " " Abteilungen 13 u. 14
∟ A2	Ausgangsstellung für die Kampfwagen-Abteilung 2
━━━	Gefechtsweg für die Kampfwagen der Abteilung 2

Am 30. Mai setzte sich die Abteilung 1 nach dem Abladen im Block-Forsthaus um 15 Uhr 30 zur Bereitschaftsstellung in Marsch. Trotz des guten Weges wurde meist im ersten Gang gefahren, um die Rollen zu schonen. In Isles und Witry wurden dann die Rollenkä-

sten kontrolliert und geschmiert. Wagen 1 blieb wegen Motordefekt bereits bei Isles liegen, Wagen 5 vor Witry. Um 17 Uhr 30 trafen die übrigen Wagen bei Fort Witry ein. Eine halbe Stunde später traf ein Befehl ein, daß der Angriff nicht am 31. Mai gegen Reims, sondern erst am 1. Juni 1918 mit beschränktem Ziel durchzuführen ist. Die Besatzungen waren enttäuscht, sie hatten schon Stadtpläne erhalten, in denen Einzelheiten für das Eindringen in Reims eingetragen waren. Die Tanks wurden im Dorf Witry (an der Straße Witry-Berru) in einem Garten unter Bäumen untergezogen, nachdem sie die 2 km vom Waldstück Fort Witry dorthin zurückgefahren waren. Um 23 Uhr trafen auch die beiden Nachzügler bei der Abteilung ein.
Am 31. Mai wurde durch Abteilungsführer, Tankkommandanten und den Führer des Meldekopfes der Anmarschweg in die Ausgangsstellung und das Vorgelände erkundet mit dem Ergebnis: Anmarschweg bis zu den Gräben ist gut fahrbar; die vordersten eigenen Gräben aber mit drei bis vier Metern Breite und bis zu drei Metern Tiefe waren vom A7V nicht zu überschreiten, das galt auch für größere Trichter. Es mußten durch Einebnen der Grabenränder Übergänge geschaffen werden. Um 17 Uhr 45 trafen die Angriffsbefehle ein. Sie enthielten folgenden Auftrag: Regiment C greift beiderseits angelehnt (in der taktischen Sprache des Jahres 1918 hieß das:
Anschluß rechts an Regiment B, links an rechten Angriffsflügel der 238. I.D.) über Teile der 238. I.D. und der Division A hinweg (diese Teile lagen in Stellung, Verf.) an und nimmt die Linie Butte de Tir – (Blaupunkt) t – (Blaupunkt) n – Bahndamm 300 m nordwestlich (Blaupunkt) z; geht der Feind zurück, so stößt das Regiment nach. Den Panzerwagen waren besondere kleine Infanterie-Abteilungen zuzuteilen, welche die in Unterständen und Nestern niedergehaltene Infanterie des Feindes sofort bekämpfen oder gefangen nehmen sollten. Die Abteilung 1 war nach Anordnung ihres Führers in ihre Bereitschafts- und Ausgangsstellung vorzuziehen. Soweit der Befehl im Auszug.
Um 19 Uhr 55 setzten sich die Kampfwagen nach vorne in Marsch. Wie so oft hatte auch hier die Truppe ein untrügliches Gefühl dafür, ob die Dinge gut stehen oder nicht. Batterien wurden zugeteilt und waren aber erst im Anmarsch, Minenwerfer wurden zugesagt, trafen aber nicht ein. »Dafür werden der Division [. . .] Tanks zur Verfügung gestellt. Sie rollen erst am 31. Mai an, zu spät, um noch eingehend Erkundungen und Besprechungen mit der Infanterie durchführen zu können. Diese übereilten Vorbereitungen sind nicht dazu angetan, das Vertrauen der Truppe zu stärken[90].«
Da es noch hell war, wurden die Tanks in Höhe des Regimentsgefechtsstandes 463 in Berru mit Fliegernetzen und grünen Zweigen getarnt. Bei der Roucisson Ferme, von Gestrüpp überwucherten Mauerresten, wurde die Dunkelheit abgewartet. Um 23 Uhr hatte die Abteilung 1 den Gefechtsstand des Kampftruppen-Kommandeurs 1 erreicht[91]. Um 2 Uhr, in den frühen Morgenstunden des 1. Juni 1918, wurde noch einmal aufgetankt. Der vorausgesandte Bergungstrupp mußte feststellen, daß die zur Einebnung der Gräben an den Übergangsstellen bestimmten Pioniere nicht zur Stelle waren. Die Arbeiten mußten in aller Eile durch die Besatzungen selbst vorgenommen werden; die Abteilung 1 schaffte es, zur befohlenen Zeit, gegen 8 Uhr früh, bereitzustehen.
Bei Beginn des Angriffes herrschte leichter Bodennebel, das Wetter klarte jedoch bald auf. Um 2 Uhr 30 begann das Wirkungsschießen der Artillerie. Um 4 Uhr war die Ausgangsstellung erreicht worden. Kampfwagen 4 und 5 blieben hier mit Maschinenschaden liegen. In der Reihenfolge Tank 2, 1, 3 stießen die Panzer weiter auf das befohlene Ziel vor. Ein Tannenwäldchen mußte durchquert werden. Nach Ausfall der Tanks Leutnant Philipp und Leutnant

»Ein deutscher Tank bei Verdun. Seine tapfere Mannschaft fiel inmitten der Feinde.«
Sammlung WGM

So lautete die Unterschrift zu diesem Bild in einem Bericht des ehem. Tankfahrers Unteroffizier Schuchard in einer Zeitschrift, der in diesem Band in Anlage 2 wiedergegeben ist.
Die Wahrheit ist: Das Foto zeigt den A7V 527 der St.Pz.Kr.Wg.Abt 1 zerschossen im Vorfeld des Festungsgürtels von Reims zwischen der Stadt und dem Fort de la Pompelle am 1. Juni 1918.
Der Tank liegt mit dem Bug in allgemein südwestlicher Richtung. Links und rechts hinter dem Tank sind Waldstreifen und Gehölze zu erkennen. Da ist der zerlappte Waldgürtel, der sich in nordsüdlicher Richtung von der Roucisson Ferme bis zum Croix de la Pompelle hinzieht (Straßenkreuz nördlich des Forts). Hinter dem Waldgürtel verläuft der Weg von Berru (GefStd I.R. 463) über Nogent l'Abbesse zum Croix de la Pompelle. Hinter dem Waldstück links vom Heck des Tanks liegt die Ausgangsstellung für den Angriff der Abteilungen 1, 13 und 14 am 1. 6. 1918. Bis dahin sind es allenfalls 1,5 bis 1,8 km. Vor Verdun wurden deutsche Sturmpanzerkraftwagen nicht eingesetzt.

Bartens brachen nun die Tanks in der Reihenfolge Leutnant Bergemann, Oberleutnant Skopnik als Abteilungsführer und Leutnant Volckheim aus dem Wäldchen hervor; sie erhielten sofort Artilleriefeuer. Die französische Infanterie wich zurück und ergab sich teilweise der deutschen Begleitmannschaft für die Tanks. Schwer erschüttert waren die Franzosen jedoch nicht. Das deutsche Artillerie-Vorbereitungsfeuer war spärlich und die französischen Truppen hatten einen festen Rückhalt in Stellungen am Bahndamm. Der Tank Bergemann fuhr sich in einem Graben fest und versperrte nun damit eine halbwegs passierbare Stelle für die beiden anderen Tanks. Oberleutnant Skopnik fuhr sich ebenfalls an anderer Stelle fest, er konnte sich aber nach rückwärts wieder frei wühlen. Oberleutnant Skopnik und Leutnant Volckheim verließen ihre Kampfwagen, um Übergangsmöglichkeiten zu erkunden: Leutnant Bergemann ließ eine Brieftaube ab, vermutlich um seine Havarie zu melden.
Es wurde heller, das französische Artilleriefeuer nahm an Stärke zu; französisches MG-Feuer vom Bahndamm her lag deckend im Vorfeld, Skopnik und Volckheim konnten sich teilweise nur kriechend im Gelände bewegen, in unmittelbarer Nähe detonierte eine Granate, beide wurden leicht verwundet; eine weitere Übergangsstelle hatten sie nicht ausmachen können.
Tank Bergemann versuchte sich freizuwühlen, der Fahrer schaltete herauf, schaltete zurück in den niedrigeren Gang, fuhr vorwärts, ruckte rückwärts, dann war plötzlich Qualmentwicklung zu beobachten. Die beiden Kupplungsbeläge brannten aus. Im starken französischen Artilleriefeuer verließ nun die Besatzung Bergemann ihren Tank, barg ihre sechs M.G. und wertvolle Maschinenteile.
Um 12 Uhr erhielt Tank Nr. 2, 527, LOTTI, einen Artillerie-Volltreffer durch den Kommandoturm. Steuerung, Motor, Kühler wurden zerschlagen, die Bodenplatte aufgerissen.

Wie mag der hier geschilderte Gesamteindruck auf die deutsche Infanterie gewirkt haben? Von dem nur kurzfristig zusammengestellten Regiment C sind Aufzeichnungen nicht bekannt, aber unter ähnlichen Bedingungen griffen mit Unterstützung der Abteilungen 13 und 14 (Beute) auch die IR 463 und 465 auf das Fort de La Pompelle und den Raum ostwärts davon an; auch hier bewirkte die Tankunterstützung nicht viel.
IR 465, das sich von der Mitwirkung der fünf Beutetanks zunächst viel versprochen hatte: »Der Tankangriff hatte völlig versagt, nur zwei gelangten über die eigenen Kampfgräben hinaus [. . .] der feindlichen Artillerie [. . .] unterlagen sie alle, bis auf einen, der umzukehren vermochte. Ausgezeichnet verhielten sich die Besatzungen, die tapfer in den Reihen der Infanterie mitkämpften[92].
IR 463: »Die Tanks versagen bis auf zwei, die in die feindliche Linie einbrechen. Der dritte bleibt vor der Stellung liegen, der vierte hat eine Panne, der fünfte kippt um[93].«
Ein wirklicher Erfolg des Regiments C gegen Butte de Tire zeichnete sich nicht ab. Oberleutnant Skopnik entschloß sich, die beiden noch verbliebenen Tanks zurückzuführen. Das französische Artilleriefeuer wurde immer dichter und galt ganz offensichtlich den Tanks, die auf dem abfallenden Vorderhang von den Franzosen gut auszumachen waren. Auch die Mannschaft des Tanks Bergemann wich dem starken Feuer aus. 527, LOTTI, wurde jedoch nicht gesprengt, da man nicht erwartete, daß der Tank in Feindeshand falle.
Während des Ausweichens von Tank 1 und 3 versuchte die französische Artillerie, die Wagen durch Eingabeln und Seitenkorrektur ihrer Schüsse zu treffen. Durch kaltblütiges Beobachten der Längen- und Seitenablage der französischen Einschläge und einem darauf berechneten Zickzackkurs sowie fortwährendes Anhalten, Anfahren und Zurücksetzen versuchten Skopnik und Volckheim, ihre Wagen in Sicherheit zu bringen. Nach einer Höllenfahrt von 20 Minuten Dauer war das schützende Waldstück, das sich von der Roucisson Ferme nach Süden zieht, erreicht worden. Die Wagen waren in Sicherheit gebracht!
In der Ausgangsstellung hatten sich nun die Tanks 1, 3, 4 und 5 wieder gesammelt. Tank 4 und 5, deren Maschinen infolge des langen Anmarschweges von ca. 22 km Schäden erlitten hatten, waren am Abend in der Lage, wieder zu rollen.
Verluste: Zwei Offiziere und vier Mann leicht verwundet, Panzer Nr. 2 zerschossen.
Die Tanks fuhren zurück nach Isles. Die Wagen legten diese Strecke in zwei Stunden zurück, Wagen 3 blieb mit Benzinleitungsbruch liegen und wurde nachgeführt. Am 2. Juni wurden die Schäden festgestellt und mit der Reparatur begonnen.
Am 5. Juni wurden die Tanks 3, 4, 5 (Volckheim, Philipp, Bartens) verladen, diese Wagen wurden mit der Bahn nach Nesles in Marsch gesetzt. Tank 1 mußte mit gerissener Schwungscheibe und defekter Maschine nach Charleroi in den BAK P 20 zur Reparatur für den nächsten Einsatz fahren. Oberleutnant Skopnik und Leutnant Volckheim hatten sich zum AOK 18 und zum XVII AK zu begeben. Dort wurde entschieden, daß der nächste Einsatz in Vertretung des Kommandeurs der Kampfwagen-Abteilungen nunmehr von Hauptmann Greiff, dem Führer Abteilung 1, anstelle von Hauptmann Körting, als »Hauptmann beim Stabe« und eigentlicher Vertreter des Kommandeurs der Kampfwagenabteilungen, geleitet werden sollte.

Betrachtungen

Bei näherem Studium der Kämpfe am Fort de La Pompelle[94], bei dem Regiment C und Abteilung 1 den rechten Seitenstoß führten, kommt der Eindruck der Halbherzigkeit auf; keine ernsthafte

Vorbereitung durch schwere Waffen, der Angriff wurde durch ein eilig zusammengestelltes Regiment aus Stellungsbesatzungen geführt. Möglicherweise war es auch eine Prestigeangelegenheit. Das Fort war am 1. März 1918 vorübergehend in deutscher Hand gewesen, ging danach aber wieder verloren. »Exzellenz von Ludendorff war darüber ungehalten«, General von Below, Kommandeur der 238. ID, hatte sich gegen den Angriff ausgesprochen. Die OHL aber bestand darauf und legte großen Wert auf die Rückgewinnung von La Pompelle. Chefkraft faßte diese Bemühungen, die Angriffe am 31. Mai und am 1. Juni vor Reims so zusammen: »Ergebnis leider sehr gering im Verhältnis zum Aufwand. Es fehlte anscheinend an Zeit[95].« Auf den unzureichenden Zeitansatz wurde schon in den vorangegangenen Gefechtsberichten hingewiesen.

Erneut trat die technische Anfälligkeit des A7V zu Tage, wobei jedoch mangelhafte Schmierung damals wie heute ein Wartungsfehler des Personals ist!

Deutlich wurde nun bei diesem Einsatz das Unvermögen des A7V, in wirklich schwierigem, grabendurchfurchtem Gelände zurechtzukommen. Das Mißverhältnis zwischen Erkenntnissen aus dem Einsatz bei Villers-Bretonneux und dem praktischen Tun vor Reims wurde bereits oben erwähnt. Erschwerend kam hier noch hinzu, daß Bedenken der Kommandanten in den Wind geschlagen worden sind:»wurde der Einsatz trotz der pflichtgemäßen Einwendung der Erkundungsoffiziere, die sich auch aus kampferprobten Kommandanten zusammensetzten, vom Führer der deutschen Kampfwagenverbände vorgeschlagen«[96].

Am 12. Juni 1918, elf Tage nach dem Scheitern bei La Pompelle, forderte die OHL Auskunft von der Heeresgruppe Deutscher Kronprinz über die Einsätze der Kampfwagen am 31. Mai/1. Juni. Am 20. Juni 1918 meldete die Heeresgruppe auf Grund eines Vortrages, den Hauptmann Körting dem Chef des Stabes AOK 1 gehalten hatte, der Vorschlag für den Ablauf des Einsatzes stamme von Hauptmann Körting. Bedenken,daß der Einsatz der Wagen erhebliche Verluste herbeiführen könne, habe Hauptmann Körting dahingehend beantwortet, daß Verluste nicht gescheut zu werden brauchten, es seien genügend Reservewagen vorhanden[97].

Das AOK 1 sei dann letztlich dem Vorschlag des Hptm. Körting gefolgt. In diesem Zusammenhang taucht auch der schon erwähnte, absurd anmutende Vorwurf der 242. ID gegen den Führer der zweiten A7V-Abteilung nach dem Gefecht am 31. Mai auf, die Division habe dem Führer der Abteilung 2 »empfohlen«, seine Wagen nicht südlich des Kirchhofs südostwärts La Neuville vorbei zu führen. Petter stellte dazu fest: »Eine Klärung war auch dem Bearbeiter nicht möglich, da hierfür *keine* Unterlagen gefunden wurden«. Nach Ansicht des Verfassers bedarf es hier keiner Unterlagen, hier gibt der Blick auf die Stellungskarte die Lösung.

Bis hierher zusammenfassend kann folgendes Fazit festgehalten werden:

1. Die Führung der Kampfwagenabteilung hat versagt, ohne daß an dieser Stelle mit Überzeugung ein Name genannt werden kann; wider bessere eigene Erkenntnis wurden Abteilungen 2 und 1 (auch die Beutekampfwagen) überstürzt und ohne gründliche Vorbereitung buchstäblich in einen Einsatz gehetzt. Hier wäre das altpreußische »Ungnade wählen, wo Gehorsam nicht Ehre bringt!« am Platz gewesen. Der Einsatz dieser wenigen und äußerst aufwendigen Waffensysteme hätte auf so leichtfertige Weise nicht stattfinden dürfen.

2. Die Einwendungen der Führer der Tanks wurden außer acht gelassen.

Die Truppe, das gilt auch für Abteilung 2 am 31. Mai, hatte ihre Aufgabe so gut es eben ging, erfüllt. Sie hatte sich im Feuer vorbildlich verhalten. Sie war gut organisiert marschiert, bekam Ausfälle in den Griff, hatte getarnt, um sich feindlicher Sicht zu entziehen, war um Anschlußversorgung bemüht, hielt trotz Friktionen befohlene Zeiten ein und half sich selbst bei auftretenden Schwierigkeiten, wie dem Einebnen des Grabens am 1. Juni. Eine Zusammenarbeit mit der Infanterie kam an beiden Einsatztagen nicht zustande. Das zeigten am 31. Mai die haltlosen Vorwürfe der 242. ID gegen den Führer der Abteilung 2 und die fehlende Information an die Abteilung über die gefährlichen Batterien an der Pierquin Ferme. In hohem Maße erforderlich wäre die Abstimmung am 1. Juni zwischen Abteilung 1 und dem Regiment C gewesen, das aus im Angriff wenig erfahrenen Stellungsbataillonen für kurze Zeit zusammengetreten war. Hierzu war kaum Zeit; der Eindruck der Truppe, dem IR 463, über die Tankunterstützung ist angedeutet worden.

Der Hauptverstoß gegen die »Anleitungen« ging zu Lasten der Führung, nicht der Truppe. Unter ihrer Ziffer III. 5. hieß es in dieser »Anleitung«: Bedenken über [. . .] ungeeignetes Gelände sind [. . .] rechtzeitig der zuständigen Stelle zur Sprache zu bringen.« Das ist geschehen – zumindest für den Einsatz am 1. Juni –, wurde dann aber leichtfertig verworfen. Entgegen Ziffer IV. 11. wurden die Tanks heftigem feindlichen Artilleriefeuer ausgesetzt. Durch feindliche Artillerie gingen bei Abteilungen 2, 1, 13 und 14 fünf Kampfwagen verloren! Den Führern der Tanks der Abteilung 2 blieb am 31. Mai gar nichts anderes übrig, als ihre Wagen zurückzuziehen, wollten sie diese nicht gänzlicher Vernichtung preisgeben. Der Entschluß des Oberleutnants Skopnik, Führer der Abteilung 1 am 1. Juni, seine beiden noch intakten Wagen aus dem Artilleriefeuer herauszuführen, war unter den gegebenen Umständen die vernünftigste Alternative.

Eine letzte Feststellung leitet zu dem folgenden Einsatz über. Am 25. April 1918 schloß Hauptmann Körting seine vorläufige Meldung nach dem Einsatz bei Villers-Bretonneux mit dem Satz: *»Wiedereinsatz nach Auffüllen von Personal* und Wiederinstandsetzung voraussichtlich *in 14 Tagen – 3 Wochen möglich«*[98]. Nach dem Einsatz der Abteilung 1 am 1. Juni 1918 wird deren Wiederverwendung bereits am 9. Juni 1918 bei der 18. Armee zugestimmt. Der Angriff »Gneisenau« der 18. Armee war ursprünglich auf den 6. Juni 1918 angesetzt! Ob die Verlegung des Angrifftermins auf den 9. Juni zum Zeitpunkt der Entschlußfassung für den Wiedereinsatz der Abteilung 1 dem Kommandeur der Kampfwagenabteilungen schon bekannt war oder nicht, kann zur Zeit nicht belegt werden.

Die Frist von drei Wochen für den Wiedereinsatz einer Abteilung nach deren personeller und materieller Auffrischung, deren Notwendigkeit sich als durchaus realistische Einschätzung erwiesen hatte, wurde jetzt auf acht Tage, mithin um ein Drittel, gekürzt. Insgesamt gesehen war die OHL von den Angriffen gegen Reims am 31. Mai und 1. Juni 1918 schwer enttäuscht, man war dem Ziel, Reims »abschnüren« oder gar zu besetzen, keinen Schritt näher gekommen.

Die Abteilung 1 und 3 (A7V) in der Schlacht an der Matz am 9. Juni 1918

Die Heeresgruppe Deutscher Kronprinz hatte in der Nacht vom 1./2. Juni 1918 den Einsatz einer Kampfwagenabteilung bei der 18. Armee für deren Angriff »Gneisenau« befohlen.

Neben der ohnehin für den Einsatz vorgesehenen Abteilung 1 (A7V) befand sich seit 30. Mai 1918 auch die Abteilung 3 (A7V) bei der ersten Armee in Bereitschaft; sie wurde zum Einsatz bei der

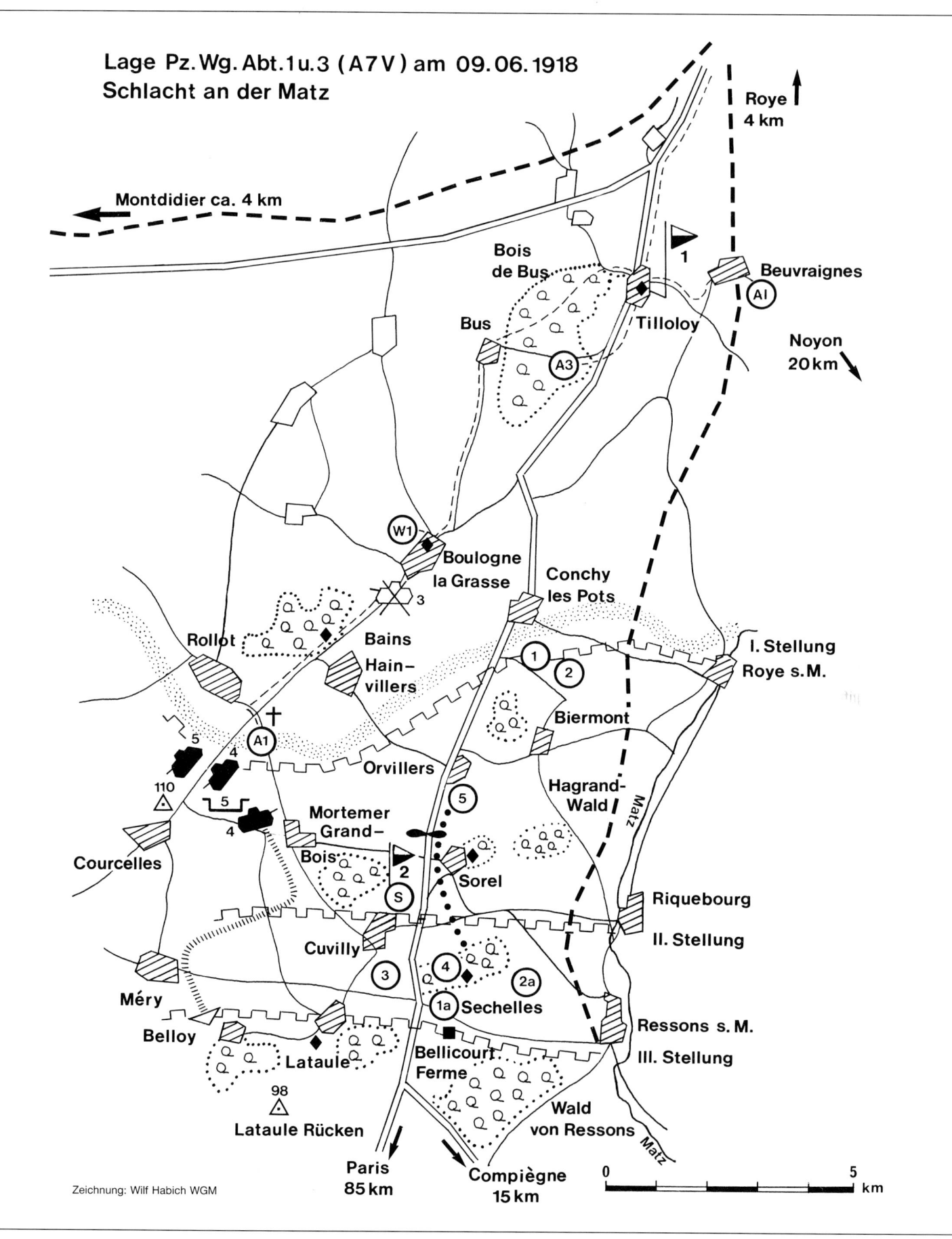

Lage Pz.Wg.Abt.1u.3 (A7V) am 09.06.1918
Schlacht an der Matz

Montdidier ca. 4 km

Roye
4 km

Bois
de Bus

Bus

Beuvraignes

Tilloloy

Noyon
20 km

Boulogne
la Grasse

Conchy
les Pots

Rollot

Bains
Hain–
villers

I. Stellung
Roye s.M.

Biermont

Orvillers

Hagrand–
Wald

Courcelles

Mortemer
Grand–
Bois

Sorel

Riquebourg

Cuvilly

II. Stellung

Méry

Sechelles

Ressons s. M.

Belloy

Lataule

Bellicourt
Ferme

III. Stellung

Lataule Rücken

Wald
von Ressons

Paris
85 km

Compiègne
15 km

0   5
                    km

Zeichnung: Wilf Habich WGM

236

18. Armee bestimmt. Am 31. Mai/1. Juni war sie noch nicht zum Einsatz gekommen[99].

Die Abteilungen trafen in den frühen Morgenstunden des 1. Juni, die Abteilung 1 selbst schon um 1 Uhr 30, im Bereich der 18. Armee ein. Da der Angriff verzögert erst am 9. Juni beginnen sollte, wurden die Abteilungen auf Bahnhöfen abgestellt; Abteilung 1 in Nesles, Abteilung 3 in Essigny le Petit. Am 7. Juni wurden sie zu den Ausladebahnhöfen, Abteilung 1 nach Beuvraignes, Abteilung 3 nach Roye, vorgezogen.

Im Kriegstagebuch des A O K 18 war für den 8. Juni 1918 vermerkt, daß der Feind nach Aussage von Gefangenen mit einem deutschen Angriff rechne. Wenn die 18. Armee am 9. Juni 1918 zum Angriff antreten werde, sollte das mit vier Generalkommandos nebeneinander geschehen. Es waren beteiligt: IX., XVII., VIII. A K und XXXVIII. Res. Korps. Die Ausgangsbasis für den Angriff sollte 33 km Luftlinie betragen. 18 Divisionen standen bereit, dazu 3 Divisionen als Reserve der OHL. 625 Batterien, 400 Minenwerfer, 2000 Gaswerfer waren für die Unterstützung verfügbar. 500 deutsche Flugzeuge, unterteilt in 21 Jagd-, 7 Schlacht- und 2 Bombengeschwader, sollten dem Angriff aus der Luft voranhelfen. Die acht einsatzbereiten A7V Tanks sollten nicht im Schwerpunkt bei dem VIII. AK eingesetzt werden, dort ist das Gelände bergig und bewaldet, sondern bei dem XVII. AK in besser gangbarem Gelände an der Matz.

Ein Tagesziel für die 18. Armee war nicht befohlen, »unaufhaltsam« sollte sie über die Linie Méry-Matzbach nach Süden hinaus vordringen.

Das XVII. AK bestand in erster Angriffslinie aus drei Divisionen: 3. Res.-Div., eine Division mit besonders stark herabgesetzter Angriffskraft, sowie zwei Angriffsdivisionen, der 19. und 227. ID. Die schwächere Abteilung 1 (3 Kampfwagen) wirkte bei 3. Res. Div. mit den RIR 2 und 49 zusammen. Die 227. ID, auf dem linken Flügel

des XVII. AK, griff westlich der Matz entlang nach Süden an. Die 227. ID hatte vorne rechts das IR 417, links das IR 477 eingesetzt, sie verfügte über zwei A7V. Ihr rechter Nachbar war die 19. ID mit drei A7V der Abteilung 3. Der rechte Nachbar der 19. ID war die 3. Res. Div., allgemein westlich der Straße Roye-Paris. Die tatkräftige und präzise schießende französische Artillerie hatte auf der Grundlage genauer Aufklärungsergebnisse das Aufmarschgebiet der 18. Armee unter Feuer genommen.

Da die Kampfwagen bei den drei Divisionen vereinzelt und nicht zusammenwirkend eingesetzt wurden, sollen hier die Abteilungen für sich angesprochen werden.

Abteilung 1:

Aus Gründen der Abwechslung und auch Anschaulichkeit wird zum Verlauf des Gefechtes bei Abteilung 1 dem Leser ein Auszug aus dem Kriegstagebuch der Abteilung 1 angeboten (siehe Anlage 7). Zur Ergänzung: Wagen 5 ging nicht verloren. Mit Verlassen des Gefechtsfeldes wurde die Bergung beim Kommandeur der Kraftfahrtruppen 51 beantragt. Der Wagen gelangte wieder nach Charleroi zurück.

Zum Gefecht selbst ist zu ergänzen, daß die Tanks 4 und 5 nach Ausfall von Tank 3 fast selbständig, auf sich gestellt, handeln mußten. Die Infanterie folgte zögernd und ohne Zusammenhalt mit den Wagen. An der Grube, in die Tank Volckheim stürzte, traf sie erst eine Stunde später ein. Es herrschte sehr dichter Nebel, so daß trotz starken Artilleriebeschusses die Wagen von ihren abgesessenen Führern geleitet werden mußten; allem Anschein nach hatte man keine Tankpatrouillen eingeteilt.

Der Auftrag der Tank-Abteilung 1 wurde bis auf das Niederkämpfen des Stützpunktes 110 nicht erfüllt. Nach Verladen der Tanks in Roye und der Staffel in Nesles rollte die Abteilung 1 in einem Transport zusammen mit Abteilung 3 am 12. Juni nach Charleroi ab, wo sie am 13. Juni 1918 eintraf.

Abteilung 3:

Bereits am 2. Juni 1918 früh wurde der Abteilungsführer der Abteilung 3 (A7V) mit einem Erkundungsoffizier zum AOK 18 in Marsch gesetzt. Das Erkundungsergebnis fiel zufriedenstellend aus.

Bei der eigenen Infanterie gab es keine Gräben, die feindlichen waren nur schwach ausgebaut, höchstens 1,50 breit und 1 Meter tief. Als Warte- und zugleich Ausgangsstellung wurde allerdings Bois de Bus festgelegt, 5 km hinter der eigenen Stellung gelegen, um dem schweren Artilleriefeuer auf Conchy-les-Pots zu entgehen. Der Original-Angriffsbefehl ist in Anlage 7 wiedergegeben[100]. Das Angriffsgelände war wellig, von Baumgruppen und Gestrüpp gut bedeckt, es war trocken, mit hohem Getreide und Gras bewachsen, zerwühlt durch Artillerietrichter. Im allgemeinen bot es Tanks gute Möglichkeiten. Es herrschte dichter Nebel, in dem sich Gasschwaden zäh hielten. Hinter der Feuerwalze traten die Kampfwagen zusammen mit der Infanterie zum Sturm an. Um 4 Uhr 30 war es noch fast dunkel, stellenweise betrug die Sicht nur fünf Meter.

227. Division:

Leutnant Lappe, A7V 507, Cyclop, Wagen 1, fuhr sich gleich zu Beginn südlich Conchy-les-Pots in einem breiten Graben fest und wurde später durch Wagen 2 herausgezogen.

Er rückte nun über Biermont – Hagrandwald – Wald von Sechelles vor, ohne zu besonderer Wirkung zu gelangen. Der Kommandeur Inf. Rgt. 417 forderte Wagen 1 auf, das Regiment, das bei der Bellicourt Ferme vor dem Wald von Resson festlag, zu unterstützen. Der Wagen fuhr bis vor die Ferme, konnte aber wegen direkter französischer Artillerieeinwirkung nicht weiterkommen. Der Führer einer Kompanie, die noch 20 Mann stark war, erklärte dem Kommandanten, nicht weiter vorgehen zu können, da er links und rechts keinen Anschluß mehr habe.

Die Regimentsgeschichte des IR 417 stellte das später etwas anders dar: »Teile aller Kompanien des I. Bataillons stürmten [. . .] weiter bis über die Straße Cuvilly – Ressons hinweg und nahmen die Ferme Bellicourt [. . .] Das II. Bataillon war inzwischen südlich der Straße Cuvilly – Ressons über das freie Gelände gegen den Ressons-Wald vorgerückt [. . .], so daß die Straße Cuvilly – Ressons von allen drei Bataillonen überschritten war[101].«

Hier, vor dem dunklen Wald von Ressons, der auf glacisartig ansteigendem Plateau zu einem starken Widerstandspunkt in der dritten französischen Stellung ausgebaut worden war, kam der Angriff des Regimentes 417 zunächst ins Stocken. Wie immer es auch war, der Kampfwagen 1 kehrte zum Sammelpunkt zurück. Leutnant Fritsch, A7V 543, Hagen, Wagen 2, hatte sich nach dem Bergen des Wagens 1 in ein starkes Drahthindernis verwickelt; es bedurfte längerer Zeit, den Wagen wieder bewegungsfähig zu machen. Erst am Südostzipfel des Waldes von Sechelles hatte Wagen 2 wieder Anschluß an die Infanterie, dort griff er dann in den Kampf mit ein. Das Schloß Sechelles wurde unter Führung des Vizefeldwebels Scheck von der 4. Kompanie IR 417 erstürmt, dabei wurden 200 Gefangene gemacht. Als bei Wagen 2 von einer Maschine das Wasserleitungsrohr brach, kehrte er nach Instandsetzungspause zum Sammelplatz zurück.

19. Division:

Wagen 3 und 5: Leutnant Heiland, A7V 503, Wagen 3, ging auf Orvillers vor, säuberte das Gelände südlich des Dorfes von MG-Nestern und beteiligte sich mit Erfolg am Sturm auf die zweite Stellung. Er fuhr dann auf Cuvilly zu, durchbrach eine starke Barriere, kämpfte feindlichen Widerstand nieder und drang um 9 Uhr 15 mit der herankommenden Infanterie vom IR 78 in das Dorf ein und säuberte es vom Feinde. Die Infanterie war mit Hilfe eines

Hornsignals vom Tank herbeigerufen worden. Der Wagen rückte dann noch weiter nach Süden vor. Als er in direktes Feuer der französischen Artillerie kam und die Infanterie nicht mehr folgte, wendete er und fuhr zum Sammelplatz zurück.

Wagen 5 A7V 564, Leutnant Theunissen, geriet bei seinem Vorrücken zweimal in Granattrichter, kam aber mit eigener Kraft wieder frei. Beim Angriff auf Orvillers wurde er seiner Bezeichnung »Sturmwagen« gerecht, wie auch schon 503, durchbrach eine Barrikade und stieß durch das Dorf durch. Dort verlor er wegen dichten Nebels und Vergasung des Geländes die Orientierung, die Besatzung mußte Masken tragen und konnte kaum etwas wahrnehmen. So geriet A7V 564 in einen kleinen Teich und fiel für das weitere Gefecht aus.

Leutnant Theunissen schloß sich mit der bei dem Kampfwagen entbehrlichen Mannschaft dem IR 78 beim Angriff auf Château de Sechelles an. Er erreichte in vorderster Linie den Nordrand des Parkes von Sechelles.

564 wurde gegen 16 Uhr mit Hilfe von zwei Zugmaschinen [Gleiskettenschlepper? Verf.] und französischen Gefangenen, von denen eine erhebliche Zahl anfiel, geborgen. Trotz einer beschädigten Maschine fuhr dieser Wagen mit eigener Kraft zurück [vernünftigerweise vermutlich in die Bereitschaft-/Ausgangsstellung, Verf.].

Wagen 4:

Leutnant Melching mit A7V 505, Baden I, drang zunächst in Richtung Biermont und zum Hagrand-Wald vor, dort kämpfte er gegen 8 Uhr noch besetzte feindliche MG-Nester nieder. In der Regimentsgeschichte des IR 417 hieß es dazu später: »Zu gleicher Zeit drang das II. Bataillon, hauptsächlich die 5. Kompanie unter Leutnant Betz, in den Hagrand-Wald [. . .] ein. Auch hier unterstützte ein deutscher Tank wesentlich die Infanterie[102].«

Auftragsgemäß griff Baden I nun Stellungen entlang der Straße Orvillers – Sorel in der linken Flanke an, stieß in Richtung Cuvilly durch und fuhr weiter nach Süden bis in Höhe Park von Sechelles, 2 km südöstlich Cuvilly. A7V 505, Baden I, hatte nun keinen Anschluß an die Infanterie mehr; er schwenkte deshalb nach Osten ein, auf den Kampflärm im Park von Sechelles zu. Seine Besatzung machte dort einen Offizier und 25 Mann zu Gefangenen. Damit hatte dieser Wagen nun seine technische Leistungsgrenze erreicht. Die Ketten waren heißgelaufen, der linke Motor klopfte und der Ventilatorriemen war gerissen. Die einfacheren Schäden wurden behoben, so gut es ging. Der Wagen fuhr dann zum Sammelplatz.

Damit war der Einsatz der Abteilung 3 an der Matz beendet. Der Auftrag kann als erfüllt gelten. Am Nachmittag rückte die Abteilung ab; zwischen Cuvilly und Orvillers wurde sie während des Marsches auf der Straße von feindlichen Fliegern angegriffen. Die Kampfwagen selbst blieben unbeschädigt, jedoch ein Pkw und ein Kraftrad wurden vollkommen zerstört. Durch den Einsatz hatten Maschinen und Raupenbänder sehr gelitten. Die Abteilung wurde zur Verladung bis zum Bahnhof Roye zurückgezogen. Zusammen mit Abteilung 1 und 2, letztere von Reims aus, trafen sie am 13. Juni 1918 in Charleroi zur Instandsetzung beim BAKP 20 ein.

Verluste: 1 Toter.

Betrachtungen

Am 10. Juni 1918 setzte der Kommandeur der Kampfwagen-Abteilungen einen Erfahrungsbericht an Chefkraft auf[103]. In diesem Bericht betonte er wieder – wohl noch unter dem Eindruck der Ereignisse am 31. Mai/1. Juni – die Notwendigkeit zeitraubender, aber genauer Erkundung und sorgfältiger Vorbereitung der Einsätze. Weiter nahm der Kommandeur in diesem Bericht Abstand vom Einsatz der Besatzungen liegengebliebener Tanks als Stoßtrupp. Für die Infanterie würde das »immer unwesentlich bleiben«, folgerte er. Er erschien ihm zweckmäßig, wenn die Stammbesatzung in der Nähe des Wagens bleibe, diesen sichere und nach Abschluß der Bergung oder Instandsetzung wieder zur Verfügung stehe. Möglicherweise ist die wohl stundenlange Abwesenheit von Leutnant Theunissen mit seiner Mannschaft bei der Bergung von 564 der Grund dafür gewesen.

Aus den verfügbaren Unterlagen ist nicht klar ersichtlich, von wem der Einsatz geleitet wurde, da Hauptmann Greiff sich krankheitshalber am 7. Juni nach Charleroi begeben mußte. Der Sammelplatz nach dem Gefecht bei Abteilung 3 lag auffallend weit vorne. Sollte das als demonstrative, moralische Unterstützung für die Infanterie zu werten sein? Auch die Aufteilung der wenigen Tanks auf drei Divisionen legt einen Schluß in diese Richtung nahe.

Auch bei diesem Einsatz traten wieder erhebliche technische Mängel auf. Dieser Umstand soll hier einmal unter anderem Blickwinkel betrachtet werden. Tankkommandant Volckheim gab nach seiner Erfahrung als Aktionsradius für einen A7V 25 bis 30 km an[104].

Die Wagen der Abteilung 3 legten an der Matz von ihrer Ausgangsstellung A3 bis zum Park von Sechelles *ohne* die notwendigen »Gefechtsschlenker« eine Strecke von 13 km zurück. Im Bericht des Kommandeurs der Abteilungen vom 3. Mai 1918 an Feldkraftchef wurden nur 6–8 km Eindringtiefe als »Höchstleistung« angenommen.

Den Marsch zur Ausgangsstellung zurück, durchaus Bestandteil einer Kampfhandlung, wie der Fliegerangriff auf Abteilung 3 während des Rückmarsches zeigte, hinzugerechnet, ergab eine Gesamtstrecke von 26 km Luftlinie (!), damit war der Aktionsradius des A7V ausgeschöpft gewesen! Bei Abteilung 1 lagen die Verhältnisse ähnlich, geht man davon aus, daß es ihr möglich gewesen wäre, in das Angriffsziel bis Belloy vorzustoßen.

Bei dem A7V hing der Aktionsradius von mehr als nur von der Tankfüllmenge ab, wie die immer wieder am 9. Juni 1918 bei 3 Wagen nach relativ kurzer Fahrstrecke aufgetretenen Mängel bewiesen. Zur technischen Anfälligkeit taten dann die Probleme auf dem Gefechtsfeld wie Drahthindernisse, Tümpel, Granattrichter, Gräben und die feindliche Artillerie noch ein übriges.

Bereits dieses Zwischenergebnis macht deutlich, daß man damals mit dieser neuartigen Waffe »Kampf in der Tiefe« oder »Durchbruch« bei »geschlossenem Einsatz« schon aus technischen Gründen gar nicht ins Auge fassen konnte. Die Abteilung 3 hätte dem IR 417, das am Abend des 9. Juni 1918 das Höhengelände südlich des Waldes von Ressons genommen hatte, nachdem dieser durch Umfassung des IR 441 gestürmt worden war, aus technischen Gründen gar nicht folgen können. Die Ziffer III. 4. b der »Anleitungen« forderte außerdem wegen der feindlichen »Fliegeraufklärung«, alle Bewegungen der Tanks nur bei Nacht« auszuführen. In Befolgung dieses Befehls wäre die Abteilung 3 auf dem Rückmarsch der Fliegerangriff am Nachmittag vermutlich erspart geblieben.

Der Aufschub des Angriffs »Gneisenau« wegen nicht abgeschlossener artilleristischer Vorbereitungen auf den 9. Juni machte außerdem deutlich, welche ungeheure Mühe es Stäbe und Truppe gekostet haben mußte, einen Entlastungs- oder Ablenkungsangriff nach dem anderen vorzubereiten und durchzuführen. Das Drängen der Heeresgruppe Kronprinz und des AOK 18 auf Einsatz zweier A7V-Abteilungen, auch der stark in Mitleidenschaft gezogenen Abteilung 1, wies darauf hin, daß man im Einsatz den A7V nicht missen mochte.

Die Abteilungen 1 und 2 in der zweiten Schlacht an der Marne am 15. Juli 1918

Der Kommandeur der Kampfwagenabteilungen legte der Heeresgruppe Deutscher Kronprinz und Chefkraft am 27. Juni und am 4. Juli 1918 einen gegenüber der ersten Fassung abgeänderten Erkundungsbericht vor[105]. Der Bericht vom 4. Juli enthielt unter anderem folgenden Passus: »a. Einsatz einer verstärkten A7V-K. Abtlg. im Bereich der 7. Armee (Abschnitte der 22. und 123 ID) ist möglich und verspricht Erfolg; AOK 7 ist einverstanden[106].« Aus unerfindlichen Gründen drahtete die OHL am 10. Juli 1918: »Nach Einsichtnahme in den Erkundungsbericht des Kommandeurs der K.-Abtlg. wird anheimgestellt, von einem Einsatz von K.-Wagen bei 7. Armee Abstand zu nehmen[107].«

Nun bat AOK 7, noch am 10. Juli, es bei dem beabsichtigten Einsatz zu belassen, da die K.-Wagen »noch heute in Courville eintreffen und Einzelerkundungen in den fraglichen beiden Div.-Abschnitten günstige Aufgaben für K.-Wagen ergeben hätten.« Am 29. Juni 1918 enthält das Kriegstagebuch der Abteilung 1 (A7V) den Eintrag »Vorbereitung auf den neuen Einsatz«[108].

Am 9. Juli 1918 wurden die Tanks, Abteilung 1 mit drei Kampfwagen der Abteilung 2, verladen. Am 10. Juli rollten sie über Fismes nach Courvilles hinter die Front der 7. Armee.

Seit dem 23. Juni wurde die Abteilung 1 durch Hauptmann Thofehrn geführt, der die Abteilung von dem erkrankten Hauptmann Greiff übernommen hatte. Für den Einsatz am 15. Juli ist nichts über die Erkundung bekannt geworden. Sie mußte aber wohl rechtzeitig und gründlich durchgeführt worden sein, denn am 4. Juli 1918, mithin elf Tage vor dem Einsatz, stand für den Kommandeur der Kampfwagen-Abteilungen das für den Bereich der 7. Armee günstige Ergebnis schon fest.

Hauptmann Körting, »Hauptmann beim Stabe des Kommandeurs der Kampfwagen-Abteilungen« [Stellvertretender Kommandeur, Verf.] befand sich schon seit dem 9. Juli 1918 beim AOK 7, er hatte die Leitung des Einsatzes.

Die Abteilungen wurden der Gruppe Schmettow, Generalkommando z. b. V. 65, zugeteilt. Der Angriff »Marneschutz« erhielt bei Gruppe Schmettow, auf jeden Fall aber bei der ihr unterstellten 123. Division, das Deckwort »Löwe«.

Die Gruppe Schmettow verfügte über die 123., die 22. und die 195. ID von Nord nach Süd eingesetzt; sie war beiderseits angelehnt. Der Gefechtsstreifen für die drei Divisionen nebeneinander hatte eine Breite von etwa 11 km.

Der Angriff der Gruppe Schmettow verlief in allgemeiner Richtung nach Südosten. Nach dem Angriff sollte die Gruppe etwa die Linie Bligny – Nanteuil genommen haben. Diese »Schräglage« der angestrebten Linie gegenüber dem allgemeinen Frontverlauf ist so zu erklären, daß die Gruppe links nur verhalten zum Flankenschutz vorgehen sollte, rechts dagegen bei 195. Division und dem rechten Nachbarn der Gruppe Schmettow, dem »Korps« [Gruppe, Verf.] Conta sollte mit vier Divisionen der Hauptstoß auf Epernay zu führen sein. Für die Gruppe Schmettow lag der Schwerpunkt demnach rechts.

So hoffte man, im Zusammenwirken mit dem Angriff »Reims«, den Reimser Bergwald »abschnüren« und die Verbindung Reims – Epernay (Versorgungsstraße) unterbrechen zu können. In Ausführung dieser Bewegung sollte bei der Gruppe Schmettow die 123. Division (IR 178, IR 351 und RIR 106) etwa die Linie Ardrebach – Marfaux – Pourcy, die 22. Division (IR 82, IR 83 und IR 167) nach Durchstoßen des Courton-Waldes Nanteuil und die Höhe westlich Belval nehmen; die Inbesitznahme letztgenannter Höhe in der linken Flanke der 195. Division sollte dieser das Vorgehen über

Bois de Rodemat und weiter nach Südosten hinaus erleichtern. Die 195. Division muß in der weiteren Darstellung vernachlässigt werden. Die Hauptstöße waren in waldfreiem Gelände zu führen. So bot sich für die Gruppe Schmettow der Einsatz von Tanks im Raum Chaumuzy bei der 123. ID und in der Bewegungsachse Champlat – La Neuville – Paradis bei der 22. ID an. Die Gruppe unterstellte die Abteilung 1 (Hptm. Thofehrn) der 22. ID, die Abteilung 2 (Oberleutnant Steinhardt) der 123. ID. Diese Aufteilung deckte sich auch mit dem Erkundungsergebnis vom 4. Juli 1918. Die 22. ID bestand aus hessischen, die 123. ID aus sächsischen Regimentern.

Das IR 167 war auf den Angriff »Löwe« gut vorbereitet. Am 8. Juli führte der Regimentskommandeur mit allen Offizieren des Regiments ein Kriegsspiel durch, worin den Bataillonen und Kompanien ihre Aufgaben verdeutlicht wurden; Übungen im Waldkampf und im Kampf um Schneisen schlossen sich an. Am 14. Juli nachmittags fanden die letzten Besprechungen statt, um sich mit den Führern der Unterstützungstanks abzustimmen. Das Wetter am 15. Juli 1918: Vormittags bedeckt, nachmittags heiter und sehr warm.

Der Gefechtsablauf bei Gruppe 2, Tank Nr. 5, Vietze, Tank Nr. 3, Lommen. Am 15. Juli gegen 1 Uhr 10 früh begann das Vorbereitungsfeuer. Gruppe 2 zog aus dem Wald Courmont heraus und fuhr auf kurze Distanz an Boujacourt heran. Etwa gegen 2 Uhr standen beide Tanks am Südausgang Boujacourt, vorne Tank Vietze, in 100 m Abstand dahinter Tank Lommen.

Gegen 4 Uhr 30 sammelten sich die Batterien zur Feuerwalze. A7V 540, HEILAND, Leutnant Vietze, schob sich dicht an die Feuerwalze heran[109].

Um 4 Uhr 50 rückte er, gefolgt von der Infanterie, zum Sturm vor. Vor Champlat wurden MG-Nester kurzerhand ausgeschaltet. Im Dorf Champlat wurde am Westausgang eine Barrikade durchstoßen, der geringe Widerstand gebrochen. Am Schloß an der Straße Champlat – La Neuville angelangt, fuhr Tank 540, HEILAND, in die Toreinfahrt und feuerte mehrere Kartätschen in den Hof. Flammenwerfer wurden herbeigewinkt (wahrscheinlich vom Sturmbataillon, Verf.) sie räucherten das Schloß aus. 200 Italiener wurden gefangengenommen.

6 Uhr 27 hielt A7V 540 vor dem Nordausgang von La Neuville, dieser war versperrt und durch Fahrzeuge unpassierbar gemacht worden. Der Tank umfuhr den Ort, durch die Gärten am Rande hindurch. Es gelang ihm vom Osteingang her, bis zur Kirche durchzustoßen. Der Ort war stark besetzt; der Feind wich hinter die Häuser und in die Keller aus. Die eigene Infanterie war noch nicht herangekommen; so blieb der Einsatz des Tanks Vietze im Ort relativ wirkungslos. Am Kirchplatz traf Leutnant Vietze auf den Tank Lommen, der von Süden her in das Dorf vorgestoßen war. Die Tanks fuhren nun gemeinsam zum Nordausgang und noch einmal zurück zum Ostausgang. Sie standen an dem Weg nach Paradis. Eineinhalb Stunden lang waren sie im Dorf und um das Dorf herumgefahren, ohne etwas entscheidendes bewirkt zu haben. Sie entschlossen sich gemeinsam, weiter auf Paradis vorzustoßen, nunmehr ohne Begleitinfanterie. Um 8 Uhr 30 kämpften die beiden Wagen auf und neben der Straße (541), wo diese in Richtung Paradis in den Wald führte, MG-Nester am Waldrand nieder. Der Gruppenführer, Leutnant Vietze, beurteilte die Lage richtig, ohne Infanterie war ein weiterer Vorstoß zwecklos. Die Gruppe wendete und fuhr nach La Neuville zurück. Am Ostausgang stießen sie auf Panzer 560, ALTER FRITZ, Leutnant Wagner, der Gruppe 1, die südlich der Straße Champlat – Paradis vorzugehen und, La Neuville südlich umfassend, auch den Ostausgang dieses Dorfes zu bekämpfen hatte (Tank 501, GRETCHEN, Leutnant Berge-

mann, der zweite Wagen der Gruppe 1, lag seit 7 Uhr 50 ca. 400 m westlich La Neuville mit Kettenschaden fest).

Die drei A7V stießen nach Entschlußfassung ihrer Kommandanten erneut Richtung Paradis vor, bis zum Waldeingang, dabei bekämpften sie »sich vereinzelt zeigenden Feind«. Dann fuhren die drei Kampfwagen 541, 540 und 560 zu einem Sammelplatz nordostwärts La Neuville zurück; auf dem Wege dorthin erhielten sie durch »schwere Geschütze starkes Feuer«.

Gegen 11 Uhr, gut sechs Stunden nach Angriffsbeginn, war nun auch die Infanterie aus La Neuville herangekommen. Auf Anforderung der Infanterie (IR 167) säuberten die drei Wagen von 11 Uhr bis 11 Uhr 45 den Ort, kämpften im Zusammenwirken mit der Infanterie die Besatzungen in den Gräben westlich und südwestlich der Ortschaften nieder. Leutnant Vietze umfuhr La Neuville westlich und trieb der Infanterie Gefangene zu. Die Regimentsgeschichte IR 167 dazu später: »vier Tanks [Irrtum, es waren drei, Verf.] durchfahren den Ort und halten die feindlichen MG-Nester zeitweise nieder. Erst 11 Uhr 30 vormittags gelingt es mit Hilfe von Tanks, Flammenwerfern und Teilen eines Sturmbataillons der 2. und 3. Kompanie die MG-Nester in und um La Neuville zu nehmen[110].«

»Infanterie-Regiment 167 hatte längere Zeit um das Dorf Champlat und den Nordausgang des hartnäckig verteidigten La Neuville zu kämpfen, so daß der Anschluß an die Feuerwalze verlorenging. In dem zähen Ringen um beide Orte brachten die Panzerwagen der Abteilung 1 die Entscheidung. Um 6 Uhr vormittags war Champlat genommen und um 6 Uhr 27 vormittags erreichte ein von Leutnant d. R. Vietze geschickt geführter Kampfwagen La Neuville, das eine Stunde später im Besitz der 167er war. Zahlreiche Italiener wurden hier zu Gefangenen gemacht[111].«

Im Zeitpunkt der Einnahme irrt das Reichsarchivswerk. Die endgültige Inbesitznahme von La Neuville gegen 11 Uhr 30, wie vom Infanterie-Regiment berichtet, wurde auch in einer Meldung mit Brieftaube, von Hauptmann Thofehrn abgelassen, ausdrücklich bestätigt.

Meldung No 5   15.7.18
A. O. K. v. Wedel   11,35 vorm.
Körting

Zwei Tanks haben mit einem Sturmblock von Sturm-Bataillon 7 ganz Neuville mit allen Gräben genommen. Etwa 80–100 Gefangene. Die Tanks begleiten den Vormarsch von 1./167 auf Paradis 11.5 vorm.

gez. Thofehrn, Hauptmann[112]

Somit benötigte das I. Bataillon des Infanterie-Regiments 167 etwa sechs Stunden, um eine Angriffsstrecke von ca. 2,5 km zurückzulegen!

Nach der Regimentsgeschichte folgte um etwa die gleiche Zeit das III./167 dem II. Bataillon des Regiments in den Courtonwald nördlich La Neuville. Das II. Bataillon sollte schon um 10 Uhr nordöstlich Paradis gekämpft haben.

Folgender Entschluß wurde nun gefaßt: Wenn das I./167 sich in La Neuville gesammelt und geordnet hatte, sollte es mit Unterstützung der Wagen 541, 540 und 560 weiter auf Paradis vorrücken, um die Ortschaft endgültig in Besitz zu nehmen.

Aber wieder verzögerte sich die Ankunft der Infanterie. Deshalb fuhren die drei Tanks um 13 Uhr 30 entlang der Straße allein nach Paradis vor. Tank 5, Vietze, an der Spitze. Es war nunmehr der dritte Vorstoß ohne Infanterie in Richtung Paradis; um 14 Uhr 30 wurde Paradis erreicht – der Ort war schon besetzt! Die 11. Kompanie III. Bataillon Infanterie-Regiment 167 war nördlich der Straße durch den Courton-Wald bis Paradis vorgestoßen. Gegen 16 Uhr traf nun auch Tank 2 (501), Leutnant Bergemann, zusammen mit dem I. Infanterie-Regiment 167 vor Paradis ein.

Bis hier, nach erfolgter Einnahme von Paradis durch Infanterie-Regiment 167 und Sammeln der Gruppen 1 und 2 vor und in Paradis um etwa 16 Uhr kann festgehalten werden:

1. Der Auftrag der Abteilung 1 (A7V) war erfüllt worden.
2. Die Gruppe 1 bestand nur bis etwa 7 Uhr 50, von diesem Zeitpunkt bis 14 Uhr 15 lag Tank 2400 m westlich La Neuville mit Kettenschaden fest.
3. Tank 4 wirkte seit 6 Uhr 50 mit der Gruppe 2 zusammen.

Ergänzung:

Tank 3, Gruppe 2: Nach Angriffsbeginn umfuhr der Wagen Champlat von Norden, kämpfte MG-Nester nieder, drang dann in das Dorf von Norden ein, durchkämmte es und verließ es wieder im Norden, da der Südausgang durch einen Verhack gesperrt war. Er fuhr nun auf die Ecke des Courton-Waldes nordostwärts gegenüber La Neuville zu, bekämpfte dort MG-Nester am Waldrand; die Infanterie folgte auf etwa 200 – 300 m. Der Wagen wendete, fuhr nach Süden am Waldrand entlang, bekämpfte MG-Nester am Waldrand; fuhr nun auf La Neuville zu, das er um 6 Uhr 15 vormittags erreichte; er stand dabei noch hart am eigenen Artilleriefeuer. Am Ostrand von La Neuville nahm er Verbindung mit Tank Vietze auf; nach kurzer Absprache drangen sie in den Ort ein.

Tank 2, Gruppe 1, Bergemann: Der Wagen fuhr mit Angriffsbeginn 100 m vor der Infanterie (I./167) auf den Cohette-Wald südwestlich Champlat zu. Vor dem Waldrand kämpfte er mit Geschütz und MG verschiedene MG-Nester nieder, zerstörte Drahtverhaue. Ab 6 Uhr 40 stieß er durch den Cohette-Wald hindurch; dabei brachen bei 3 MG die Rückstoßverstärker ab. Nach Passieren des Waldes legte er einen Halt ein, um den Schaden zu beseitigen. Bei dem weiteren Vorgehen Richtung La Neuville brach 400 m westlich des Ortes sein linkes Raupenband. Im feindlichen Feuer gelang es der Besatzung, im wesentlichen dem Fahrpersonal, den Schaden zu beheben, die übrigen Soldaten dieser Kampfwagenbesatzung konnten dabei nur Hilfestellung geben.

Während der Reparatur bekämpfte Tank 2 den Westrand von La Neuville mit 75 Schuß aus dem Geschütz. Zur Sicherung setzte er

ein MG aus und nahm damit zurückgehende feindliche Truppen wirksam unter Feuer.

Um 14 Uhr 30 war der Wagen wieder fahrbereit. Das Zusammentreffen mit den drei anderen Wagen vor Paradis wurde geschildert.

Tank 4, A7V 560, Alter Fritz, der Gruppe 1, Wagner: Der Tank rollte nach Angriffsbeginn zunächst auf den Cohette-Wald zu, in etwa südlicher Richtung von Boujacourt aus. Vor der Waldkulisse nahm er kurz Verbindung mit Tank 2 auf; während letzterer den Wald durchstieß, holte Tank Wagner nach Norden aus und umfuhr die Nordspitze des Cohette-Waldes. Dabei kämpfte er MG-Nester und Besatzungen in Schützengräben nieder. So gelangte er nach Champlat und nahm den Kampf gegen Stellungen am Dorf auf. Nahe dem Dorfrand stehend beobachtete er Feindfeuer vom Westrande des Courton-Waldes her. Der Tank überwand die Südgräben von Champlat und drang, die Straße Champlat – La Neuville überquerend, gegen den Waldrand vor; das heißt, er verließ seinen Gefechtsstreifen. Am Rande des Courton-Waldes kämpfte er zehn MG-Nester nieder. Er wandte sich nun – vom Osten kommend – La Neuville zu, wo er um 6 Uhr 50 mit Tank 5 und 3 zusammentraf. Noch einmal fuhr er dann im Nordosten von La Neuville über, besetzte Gräben und rollte fünf italienische MG-Nester in geringem Abstand vom Courton-Walde auf, kehrte dann zum Nordostausgang von La Neuville zurück, ersetzte einen durchgebrannten Ventilatorriemen und kämpfte ein MG-Nest am Dorfausgang nieder, das ihn bei der Reparatur belästigt hatte. Weiterer Gang der Ereignisse siehe Verlauf bei Gruppe 2.

Der Rückweg:

Im Einsatzbefehl der Abteilung 1 war als Sammelpunkt nach dem Gefecht die Ausgangsstellung am Nordwestrand des Courmont-Waldes befohlen worden.

Panzer 5 fuhr um 16 Uhr 30 zur Ausgangsstellung zurück, wurde aber nach 500 m Fahrt durch einen Melde-Läufer des Panzers 2 zurückgerufen. Panzer 2 lag einen halben Kilometer ostwärts von Paradis am Waldrand festgefahren. Panzer 5 wendete und fuhr 500 m nach Osten über Paradis hinaus. Dort lag Leutnant Bergemann mit seinem Wagen fest. Er war einer Anforderung des Sturm-Bataillons 7 nachgekommen, das Bataillon bei der Wegnahme feindlicher Gräben im Walde zu unterstützen – die Infanterie hatte jedoch ihr Angriffsziel immer noch nicht erreicht! Mit Leutnant Vietzes Unterstützung wurde Tank 2 in einer Stunde wieder fahrbereit. Während des Bergungsmanövers mußte man sich mit den MG's eines kleinen Grabengeschützes und verschiedener MG-Nester erwehren. Das Grabengeschütz wurde zum Schweigen gebracht. Panzer 2 hatte einen Getriebeschaden davongetragen und konnte sich am Angriff des Sturmbataillons 7 nicht weiter beteiligen. Er trat 18 Uhr 45 den Rückmarsch an und traf 21 Uhr 30 am Sammelpunkt ein. Tank Vietze erreichte den Sammelpunkt 15 Minuten später; vermutlich ist er seinem Kameraden Bergemann gefolgt, um im Bedarfsfalle zur Stelle zu sein.

Auch Panzer 4 fuhr zusammen mit Panzer 3 zurück. Sie benutzten den Weg Paradis – La Neuville – Cham-

plat. Halben Weges zwischen Cohette-Wald und Champlat blieb Tank Wagner in einem Granattrichter stecken. Vicefeldwebel Lommen bot seine Hilfe an: Abschleppen oder Bergen. Bei dem Havaristen waren Glieder der Raupenkette gerissen und die Rollenkästen aus der Raupenkette gesprungen. Der Bergungstrupp wurde herangeholt; dieser traf um 21 Uhr 15 ein; um 0 Uhr 15 am 16. Juli war die Reparatur beendet. Die Panzer 3 und 4 fuhren direkt nach Lhéry, wo sie am 16. Juli um 0 Uhr 30 bzw. um 4 Uhr 30 eintrafen.

Auf Anordnung des »Hauptmanns beim Stabe« Körting fuhren auch die Tanks 2 und 5 nach Lhéry. Der Einsatz der Abteilung 1 war damit abgeschlossen.

Während des Einsatzes mußten die Tanks ihre Motoren abkühlen lassen oder Kühlwasser ergänzen. Panzer 4 hatte während des Gefechts einen Defekt am Hülsenauswerfer des Geschützes. Panzer 2 hatte sich bei dem Durchstoßen des Cohette-Waldes an drei Maschinen-Gewehren die Rückstoßverstärker 08/15 S, wohl beim Anschlagen an Bäume, beschädigt. Die Waffen waren nicht mehr funktionsfähig, und der Austausch der beschädigten Teile dauerte 45 Minuten. Somit läßt sich abschließend festhalten, daß Abteilung 1 den ihr gestellten Auftrag erfüllt hatte.

Ein Angehöriger der Abteilung war verwundet, zwei Mann hatten Quetschungen durch die zuschlagende Panzerluke des A7V erlitten. 500 Gefangene waren eingebracht worden. IR 178 hatte abends gegen 8 Uhr mit drei Bataillonen den Ostrand des Courton-Waldes genommen, den Ardre-Bach überschritten, eine Anhöhe nördlich Nanteuil besetzt. Aus der Fülle der zahlreichen Einzelhei-

ten dieses 12stündigen Gefechtseinsatzes konnten hier nur die wichtigsten Grundlinien herausgearbeitet werden[113].

An Hand der Aufnahme auf S. 241 läßt sich der Gefechtsablauf noch einmal verdeutlichen. Das Bild zeigt den Angriffsstreifen der Sturmpanzerkraftwagenabteilung 1 am 15. Juli 1918. Es entstammt dem Band 33 der Reihe »Schlachten des Weltkrieges, wachsende Schwierigkeiten 1918«[114].

Ein Zufall hat eine Luftaufnahme aus nicht zu großer Höhe überliefert, die nahezu den gesamten Angriffsstreifen einer A7V Abteilung abbildet; vom Gelände werden etwa 4 km erfaßt. Das Foto ist es wert, besonders sorgfältig ausgewertet zu werden. Die eigene Linie wurde erst Anfang Juni 1918 in schweren Kämpfen von der 237. Inf. Div. und der sich dabei besonders auszeichnenden 12. Bay. Inf. Division genommen. Zum 15. Juli 1918:

Die Linie Boujacourt – La Neuville liegt in allgemein südostwärtiger Richtung. Der Blick fällt auf den linken Teil des Angriffsstreifens der 43. Inf. Brig. der 22. Inf. Div. Die Brigade hatte im linken, hier dargestellten Teil des Angriffsstreifens das Inf. Regt. 167, im rechten Teil das Inf. Regt. 83 eingesetzt. Die Grenze zwischen beiden Regimentern verläuft von der Buschreihe mit dem nach links vorspringenden Buschviereck ganz rechts zum Südrand La Neuville (rechts vom Schriftzug). III./IR 167 griff links (nördlich) an Boujacourt und Champlat vorbei an und sollte in dem Courton-Wald weiter vordringen. Richtungspunkt: unter dem d des Wortes Wald. Das II./IR 167 war in der Mitte direkt in der Linie Boujacourt – Champlat eingesetzt. Richtungspunkt für das weitere Vordringen: der nach Westen herausragende Zipfel des Courton-Waldes über

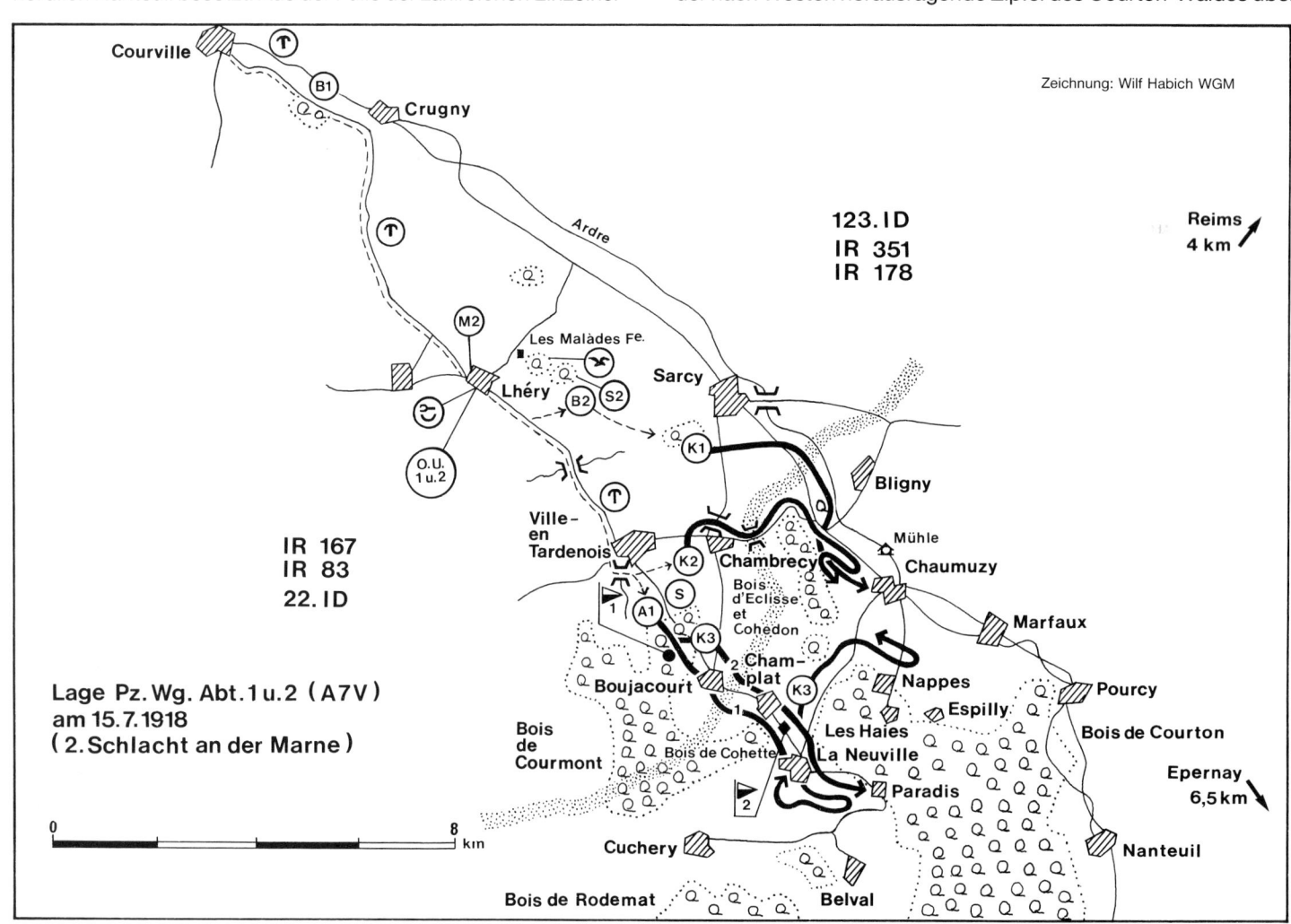

Legende

 = vermutliche Anmarschwege für beide Abteilungen. Der Weg von K.-Wagen 3 (Abt. 2) in seine Ausgangsstellung ist unbekannt.
Die Bahnlinie Courville – Crugny – Sarcy – Ville en Tardenois wurde aus Gründen der besseren Übersicht fortgelassen.

 = Die Gruppe Schmettow (Gen. Kdo z. b. V. 65) hatte – in Vorbereitung des A7V-Einsatzes am 15. 7. 1918 – Brücken für den Übergang von K.-Wagen, für den Feind unauffällig, verstärken lassen.

 = Mühle Chaumuzy

 = Champlat Schloß

 = Meldewege für Kraftradfahrer

 = Abholstelle für Brieftauben
Abholzeit: 14. 7. 1918, 22.00 Uhr

 = Meldekopf 2 für Abteilung 1 u. 2 Lhéry

 = Gef Stand I.R. 167 zugleich Meldekopf 1 und Platz des Führers Abt. 1, Hauptmann Thofehrn bei Gefechtsbeginn. Abt. 2 war Hptm Thofehrn unterstellt.

 = Ortsunterkunft Lhéry für Abt. 1 und 2

 = marschbereiter Bergungstrupp i. Lhéry
Führer: Sergeant Geppert zugleich verantwortlich für Nachführen von Betriebsstoff und Wasser

 = Bereitstellungsraum nach Beendigung des Bahntransports für Abt. 1 und 2

= Allgemeiner Frontverlauf am 15. 7. 1918

Die Grenzen/Trennungslinien der 22. und 123. ID und der betreffenden Regtr. sind aus Gründen der besseren Übersicht fortgefallen, vergleiche hierzu den Text.

Abteilung 1

 = Ausgangsstellung Abteilung 1

 = Sammelplatz Abteilung 1 nach dem Gefecht

 = Gefechtsstd I.R. 167 und Platz Führer Abt 1 bei fortschreitendem Gefecht.

 = Angriffsverlauf der Gruppe 1/Abt. 1 (K.-Wagen 2 u. 4)

 = Angriffsverlauf der Gruppe 2/Abt. 1 (K.-Wagen 5 u. 3)
Die Pfeile geben den allgemeinen Verlauf der Gefechtsfahrt in Erfüllung des Auftrages an.

Abteilung 2

 = Zweiter Bereitstellungsraum der Abt. 2

 = Sammelplatz der Abt. 2 nach dem Gefecht

 = Ausgangsstellung für K.-Wagen 3 der Abt. 2

 = Ausgangsstellung für K.-Wagen 2 der Abt. 2

 = Ausgangsstellung für K.-Wagen 1 der Abt. 2
Die Gefechtsfahrten für K.-Wagen 1 und 2 sind durch Pfeile, aus den Ausgangsstellungen herausführend, wiedergegeben.

= Gefechtsfahrt des K.-Wagen 3 der Abt. 2 von dem Zeitpunkt an, mit dem er die Angriffslinie der Gruppe 2/Abt 1 verließ und befehlsgemäß nach Norden einschwenkte.

---

dem Cohette-Wald. Das I./IR 167 trat rechts (südlich) vorbei Boujacourt und Champlat zum Angriff an, sollte den Cohette-Wald in Richtung auf La Neuville durchstoßen und letztgenannten Ort nehmen. I. und III. Bataillon des IR 167 traten in Rückverlegung ihrer Angriffsstreifen (unterer Bildrand) am 15. Juli 1918, 5 Uhr 50 aus dem Ostrande des Courmont-Waldes in den Angriff ein. Das II. Bataillon hatte seine Ausgangsstellung in Boujacourt; im schmalen Streifen des Regiments war im Courmont-Wald nicht ausreichend Raum für die Bereitstellung. Dort mußten neben dem Regiment noch der RegtStab, die Begleitbatterie, die 3./FeldArtRegt 11, und die Minenwerferkompanie 22 unterziehen; sie waren für den Angriff dem IR 167 unterstellt.

Die Ausgangsstellung für die beiden Gruppen der Abt. 1 war am Nordwestrand des Courmont-Waldes (nicht mehr im Foto) in Verlängerung des Weges nach Ville en Tardenois. Kampfwagen 3 der Abt. 2 stand nordwestlich Boujacourt am Ostrand des Courmont-Waldes, möglicherweise in dem gerade noch sichtbaren Knick über der Beschriftung. Die Gruppe 1 der Abteilung 1 setzte sich zusammen aus dem Kampfwagen 2 (Leutnant der Reserve Bergemann) und 4 (Leuntant Wagner). Die Gruppe 2 bildeten die Wagen 3 (Vizefeldwebel Lommen) und 5 (Leutnant d. R. Vietze). Gruppe 1 hatte den Auftrag in allgemeiner Linie Boujacourt – Champlat – La Neuville – Paradis vorzustoßen; die Gruppe sollte südlich des Weges fahren (d. h. auf dem Foto rechts); zwischen Boujacourt und Champlat ist der Weg sehr gut zu erkennen.

Gruppe 2 hatte den Angriff des IR 167 in gleicher Richtung zu unterstützen, sollte sich aber nördlich des Weges (auf dem Foto links) halten. Die Ortschaft Paradis ist nicht mehr einzusehen. Sie liegt über dem oberen Bildrand, hinter dem zweiten, oberen, gerade noch erkennbaren Zipfel des Courton-Waldes, der nach Süden vorspringt. Der linke Nachbar des IR 167 war das IR 178 der 123 I. D. Die Grenze zu ihm lief etwa über das helle schmale Feld (am Rande Buschreihe) links oberhalb Champlat bis zum nach Westen (vorne) vorspringenden Dreieck des Courton-Waldes (direkt unter der Beschriftung). In der Sprache der Taktik von 1918 hieß die Grenze zwischen zwei Truppenteilen Trennungslinie.

K.-Wagen 3 (Leutnant Melching) der Abt. 2 folgte der Gruppe 1 der Abteilung 1 etwa auf der Grenze zwischen IR 167 und IR 178, die auch Divisionsgrenze zwischen 22. ID rechts und 123. ID links war. Mit Erreichen des Courton-Waldes (etwa unter dem d des Wortes Wald) löste sich Kampfwagen 3 befehlsmäßig von Abt. 1 und schwenkte nach links in nördliche Richtung ab. Er fuhr nun zwischen dem dunklen Busch (unterhalb des C) und der hellen Straße vor der Kulisse des Courton-Waldes nach Norden weiter. Die helle Straße ist die Straße Chaumuzy – La Neuville. Der taktische Zweck dieser Fahrt war, den Gefechtsstreifen der beiden vorne eingesetzten Bataillone des IR 178 durchquerend, mit MG- und Kartätschfeuer den beiden Bataillonen den Einbruch in die massive Front des Courton-Waldes zu ermöglichen.

An Einzelheiten bleibt zur Bildauswertung noch zu ergänzen: Aus Boujacourt führt nach links – über dem Weg nach Ville en Tardenois – ein heller Streifen heraus, das ist der Weg nach Chambrecy, dort war die Ausgangsstellung für K.-Wagen 2 der Abt. 2

Das Chateau Champlat ist nicht einzusehen, es liegt verdeckt im linken, oberen (nordostwärtigen) Eck des Cohette-Waldes.

Es ist eben noch zu erkennen, daß aus La Neuville nach rechts (südlich) ein Weg herausführt. Das ist der Weg nach Belval und weiter nach Epernay. Epernay ist von dort noch ca. 13 km entfernt. Epernay an der Marne war das eigentliche Angriffsziel der beiden inneren Flügel der Gruppen Schmettow und Conta. Daraus wird deutlich, wie weit die A7V einem Angriff zu folgen vermochten, der

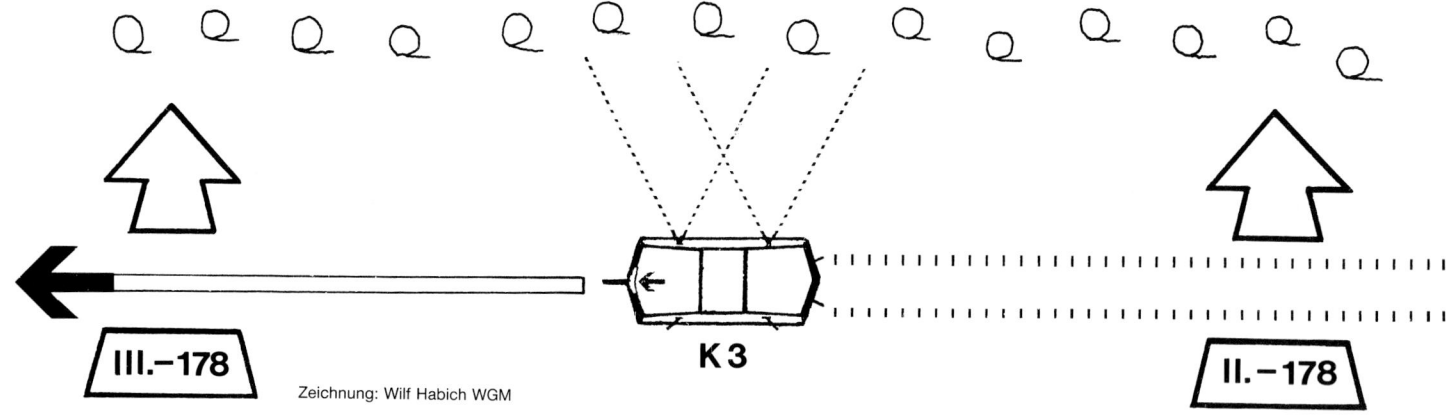

III.−178   Zeichnung: Wilf Habich WGM   K 3   II.−178

ca. 19 km weit vorgetragen werden sollte. Das Angriffsziel der Abteilung 1 lag für den 15. Juli 1918 bei Paradis. Diese Ortschaft war von der Ausgangsstellung der Abteilung gut 5 km (Luftlinie) entfernt. Das sind nur etwa 25 Prozent der Geländestrecke, die im Angriff insgesamt bezwungen werden mußte!

Ein abschließender Blick in das Gelände zeigt, daß die 22. Inf. Div. mit Bedacht die ihr unterstellten Panzerkampfwagen im linken Teil ihres Angriffsstreifens eingesetzt hatte. Dort bot sich ein Geländeabschnitt zwischen Courmont-Wald und Courton-Wald an, der für Sturmpanzerwagen gut zu nutzen war. Wenn 1918 das Element der Beweglichkeit bei Panzerwagen auch noch eine untergeordnete Rolle spielte in diesem leicht gangbaren Geländeabschnitt, so konnte es sich immerhin schon in Ansätzen auswirken.

Gefechtsverlauf bei Abteilung 2 am 15. Juli 1918: Nach Eintreffen mit der Bahn am 10. Juli 1918 in Courville bezog die Abteilung mit drei Tanks Biwak im Wäldchen an der Straße Courville – Crugny; sie hatte eine Stärke von 5 Offizieren, 86 Unteroffizieren und Mannschaften, drei Kampfwagen, 3 Lastkraftwagen und einem Panzerkraftwagen. Am 11. Juli wurde befohlen, daß die Abteilung unter den Befehl des Hauptmann Thofehrn treten solle und der 123. ID als selbständige Gruppe unterstellt sei. Die Abteilung verlegte in ein kleines Wäldchen südlich von Les Malàdes Ferme; sie hatte Ortsunterkunft in Lhéry. Für die Vorbereitung des Gefechts standen drei Tage, vom 12. bis 14. Juli zur Verfügung. Am 14. abends rückte die Abteilung in die Ausgangsstellungen: Wagen Nr. 3 Leutnant Melching, am Rand des Bois de Courmont, nordwestlich Boujacourt; Wagen Nr. 2, Leutnant Müller, A7V 504, SCHNUCK, westlich Chambrecy; Wagen Nr. 1, Leutnant Goldmann, in einem Gehölz südwestlich Sarcy.

Die 123. (sächs.) Infanterie-Division hatte auf dem linken Flügel der Gruppe Schmettow den Auftrag, die linke Flanke des Angriffes der 7. Armee zu schützen und die 22. (hess.) Infanterie-Division bei ihrem Kampf um den Courton-Wald zu unterstützen. Der Divisionskommandeur, Generalleutnant Lucius, setzte die Infanterie-Regimenter 178 rechts und 351 links in erster Linie ein; RIR 106 folgte als Reserve. Tank Melching war für den Einsatz bei IR 178 vorgesehen; Tank 2 und 1 sollten IR 351 unterstützen. Der Führer der Abteilung Olt Steinhardt und die Führung der drei Tanks hatten den Divisionsbefehl für Panzerwagen vom 12. Juli 1918 erhalten (Anlage 9).

Kampfwagen 3, Melching, überstand das schwere Artilleriefeuer in der Ausgangsstellung. Mit Angriffsbeginn folgte er der Gruppe 2 der Abteilung 1. An den Courton-Wald herangekommen, schwenkte er nach Norden ab und fuhr in einem Abstand, der so groß wie die wirksame Reichweite seiner Bordkanonen war, vor

dem Westsaum des Courton-Waldes quer durch den Gefechtsstreifen des IR 178 (siehe die Skizze oben). Kampfwagen 3 unterstützte das Eindringen der Infanteriegruppen in den Wald durch Niederkämpfen von MG-Nestern mit »wirkungsvollem Feuer«. Möglicherweise hatte er den Waldrand mehrere Male abgekämmt. Der Besatzung eines Widerstandsnestes schnitt Leutnant Melching den Rückzugsweg ab: ein Offizier und 100 Mann gaben sich gefangen, 10 MG wurden erbeutet; auch das Cohedon-Wäldchen, dem Courton-Wald vorgelagert, wurde gesäubert.

Diese erfolgreiche Gefechtsfahrt wurde von einem furchtbaren Unglück überschattet, das vermutlich gleich in dem Moment geschah, als – an den Courton-Wald heranfahrend – der Tank Anschluß an das rechts eingesetzte II./IR 178 bekam.

Im Kriegstagebuch des IR 178 hieß es dazu später: »Ein von Boujacourt kommender K.-Wagen, der die Infanterie beim Durchstoßen durch den Courton-Wald und bei der Einnahme von Nappes unterstützen sollte, eröffnete mit zwei MG auf etwa 30 m hinter unserer Bereitstellung das Feuer. Dadurch fielen der Btlns.-Kommandeur, der Adjutant, 1 Offz.-Stellvertreter und 16 Mann; verwundet wurden 2 Offiziere und 4 Mann. Nach Aussage des K.-Wagen-Führers hatte dieser die Orientierung verloren und unsere vorgehenden Leute für den weichenden Gegner gehalten[115].«

Später nahm Tank 3 Richtung auf Nappes, brach ostwärts davon feindlichen Widerstand und fuhr dann auf die Höhe und westlich Nappes zurück. Dort in Stellung überwachte er das Überschreiten des Höhenzuges durch RIR 106. Dieser Höhenzug lief etwa in der Linie Chaumuzy – Nappes und galt als Anhalt für die feindliche Artillerieschutzstellung.

Kampfwagen 2, Müller, unterstützte die vorgehende Infanterie und traf am Nordzipfel des Eclisse Waldes mit dem Kampfwagen Nr. 1 zusammen. Zunächst stießen sie befehlsmäßig mit zwei bis dreihundert Meter Zwischenraum in süd-ostwärtige Richtung vor. Die Tanks wirkten gegen Chaumuzy. Tank 2 ging dann weiter gegen diesen Ort vor, den Dorfrand ständig unter Feuer haltend; auf halbem Wege wurde er von der Infanterie zurückgehalten, um MG-Nester am Ostrande des Eclisse-Waldes zu bekämpfen. Mit dem Feuer seiner Bordkanone und MG rieb er zwei feindliche MG-Nester auf; 50 Gefangene wurden gemacht. Von der Höhe des Eclisse-Waldes konnte die Bordkanone wirksam gegen die Mulde ostwärts Chaumuzy eingesetzt werden.

Kampfwagen Nr. 1, Goldmann, erleichterte der Infanterie das Vorgehen zunächst durch Umfahren und Säubern des ausgedehnten Gehölzes 200 m nördlich des Wegeknickes Chaumuzy – Chambrecy. Anschließend kämpfte auch er auf der Höhe am

Ostrand des Eclisse-Waldes feindliche MG-Nester nieder und trieb der eigenen Infanterie Gefangene zu. Vom Bois d'Eclisse fuhr er den Hang Richtung Chaumuzy hinunter, schaltete MG-Nester am Hang und in der feindlichen Artillerie-Schutzstellung aus und wirkte gegen Unterstände in dieser Stellung. Der Tank fuhr dann nach Chaumuzy hinein, brach den Widerstand im Ort und kämpfte ein verbarrikadiertes MG-Nest auf dem Marktplatz nieder.

Die Brücken über den Ardrebach waren für A7V nicht tragfähig. Bei der Rückkehr von Chaumuzy konnte der Tank 1 durch das Feuer seiner Bordkanone das MG-Nest in der Chaumuzy Mühle vernichten. Das Gelände um die Mühle konnte daraufhin von der Infanterie besetzt werden.

Am Abend war der Feind über die Ardre zurückgegangen. Die 123. ID stand mit ihren Spritzen in der Linie Ardre – Marfaux – Pourcy. Somit hatte auch die Abteilung 2 ihren Auftrag erfüllt. Nach dem Gefecht sammelte die Abteilung im Waldstück südostwärts Les Malàdes. Bei Abteilung 2 (A7V) war ein Soldat verwundet worden, einer erkrankt. Kampfwagen waren nicht in Verlust geraten, aber das Großgerät beider Abteilungen, d. h. die Kampfwagen, waren zunächst nicht mehr gefechtsfähig.

Abteilung 2 wurde am 17. Juli in das Gehölz an der Straße Courville – Crugny zurückgeführt. Beide Abteilungen wurden für den Rücktransport nach Charleroi am 18. Juli 1918 in Courville auf die Bahn verladen.

Der Feindwiderstand vor 7. Armee südwestlich Reims war viel heftiger als vor 3. Armee in der Champagne. Auch die Feindseite hatte erkannt, daß die Straße Reims – Epernay so nachhaltig zu verteidigen war, damit sie dem deutschen Fernfeuer im wesentlichen entzogen blieb. Diese Straße war die Lebensader für den Nachschub an die Front im Reims-Vorsprung! In der Champagne hatten die Franzosen mehr Raum zur Verfügung, um die deutschen Angriffsspitzen ins Leere laufen zu lassen.

Betrachtungen

Petter ist in seiner Berichterstattung zu den Einsätzen immer um Ausführlichkeit und Genauigkeit bemüht gewesen; zum Einsatz der Abteilung 1 am 15. Juli 1918 wußte er nur Folgendes zu sagen: »Der Kommandeur der 22. Infanterie-Division sprach der Abteilung und dem Hauptmann Thofehrn durch Division-Tagesbefehl Dank und Anerkennung aus; die Abteilung hätte der Infanterie in herausragender Weise den Sturm erleichtert[116].«

In der Tat fällt es nicht schwer, den Eindruck zu gewinnen, daß dieser Einsatz ein Erfolg war. Der Ablauf dieses Gefechts entsprach sozusagen allen Forderungen, die in der Auswertung des Gefechtes von Villers-Bretonneux vom Kommandeur der Kampfwagen-Abteilungen erhoben worden waren: Die Infanterie bewältigte erfolgreich im Angriff eine Tagesleistung von 6 bis 8 Kilometer, das Ziel der Tanks lag hinter der Infanterie (Paradis), so daß ausgefallene Wagen (A7V 501 Bergemann) noch geborgen werden konnten. Dazu war der Erfolg groß: viele Gefangene; Tank Wagner registrierte allein 16 ausgeschaltete MG-Nester.

Bei aufmerksamem Studium des Gefechtsablaufes fällt aber auf, daß die in den »Anleitungen« Ziffer IV. 9. geforderte »engste Fühlung mit der Infanterie« nicht gewährleistet war.

Einmal war die Infanterie *vor* den Panzern in Paradis (III./Infanterie-Regiment 167 um 14 Uhr 30), zum anderen blieb sie *weit hinter* den Panzern bei La Neuville zurück (I./167).

Das »Fühlunghalten« mit den Tanks war nicht nur eine Sache der Infanterie, auch die Tanks hatten darauf zu achten. Im Vorwärtsdrang von La Neuville aus waren sie der Infanterie dreimal »ausgerissen«. Weder wurde eine Absprache mit dem II. und

III. Bataillon des Infanterie-Regiments 167 getroffen – hier wäre zweckmäßig gewesen, eine Gruppe Tanks auf dem Wege nach Paradis auf dem rechten Flügel eines der beiden Bataillone, die den Wald nach Osten zu durchstoßen hatten, vorgehen zu lassen –, noch wurde ein Bemühen der Tanks erkenntlich, sich auch einmal nach hinten zu orientieren, um dem so weit zurückhängenden I./Infanterie-Regiment 167 voran zu helfen.

Ein weiterer Mangel in der Gefechtsführung der Tanks: das I./167 hatte die schwere Aufgabe, gleich nach Angriffsbeginn den Cohette-Wald zu durchstoßen und La Neuville zu nehmen. Schon bei dem Eindringen in den Wald blieb das Bataillon zurück – »bei der Dichtheit des Waldes lockern sich die Verbände«[117].

Bereits hier schon ging der Anschluß an die Feuerwalze verloren! »Obwohl es nicht geregnet hatte, tropfte es von den Bäumen. In dem Waldstück hing niedergeschlagenes und flüssig gewordenes Kampfgas, das schwere Brandwunden verursachte. Alle Vertiefungen und Trichter waren voll Gas. Deshalb ließ sich der Wald von Cohette nur mühsam und gefahrvoll mit aufgesetzter Gasmaske passieren. »Wald von Cohette [. . .] schon nach 300 m haben wir infolge schweren Vorwärtskommens die Feuerwalze verloren und sind auseinandergerissen. In unserem Rücken sind noch feindliche MG-Nester[118].«

Was taten die Tanks, die hier unterstützen sollten? Die Tanks der Gruppe 1, Wagen 2 und 4? Tank 2, Bergemann, brach mit solchem Ungestüm durch den Wald, daß er bei drei seiner MG die Rückstoßverstärker abbrach. Nach Passieren des Waldes mußte er einen Halt von 45 Minuten (7 – 5 Uhr 45) einlegen, um den Schaden zu reparieren – so war er im wesentlichen mit sich selbst beschäftigt. Kurze Zeit später lag er mit gebrochenem Raupenband bis etwa 14 Uhr 30 fest. Viel aktive Unterstützung konnte dieser Tank dem I./167 nicht gewähren; und Tank 4, Wagner? Er umfuhr die Nordspitze des Cohette-Waldes und überquerte dann südlich Champlat die Straße, um gegen den Courton-Wald vorzustoßen, ab hier »graste er auf der Weide der Gruppe 2«, mit anderen Worten, er wirkte sich nicht mehr für den Sturm des I./Infanterie-Regiments 167 auf La Neuville aus. Dafür erleichterte er im Raum zwischen Nordostrand La Neuville und Bois de Courton dem II. und III. Bataillon des Infanterie-Regiments 167 das Weiterkommen erheblich; wenn er dort in der Tat allein 16 MG-Nester vernichtete! Das entsprach etwa der MG-Ausstattung dreier deutscher Schützenkompanien oder fast anderthalb Maschinengewehrkompanien mit schweren Maschinengewehren.

Was das Anschlußhalten des Infanterie-Regiments 167 zu den Tanks allgemein betraf: In den Tagen vor dem 15. Juli 1918 kam in der Truppe eine schwere Grippeepidemie auf, unter der die Soldaten sehr leiden mußten. Die Epidemie trat plötzlich und zahlreich auf und schwächte die Kampfkraft. Teilweise hatten Kompanien eine Stärke von nur noch 45 Mann, auch diese dann durch Grippe geschwächt. In einem Bataillon waren alle Kompanieoffiziere krank, in einer Kompanie fast alle Unteroffiziere; andere Soldaten hatten Schüttelfrost, Rückenschmerzen und Fieber. Am 16. Juli 1918 wurde die Stärke des 9./Infanterie-Regiments 83 mit 40 Mann angegeben. Am 17. Juli zählte das III./Infanterie-Regiment 83 kaum mehr als 80 bis 90 Mann[119].

Zusammenfassend soll festgehalten werden: Die enge Verbindung zwischen Tank und Infanterie konnte nicht allein Sache der Infanterie bleiben, sondern mußte von den Tanks in gleicher Weise gehalten werden.

Ein akademischer Streit über die Geschwindigkeit der Feuerwalze oder darüber, ob der Abstand 100 m oder 200 m zwischen Tank und Infanterie für den Fortgang des Gefechtes günstiger sei, ist müßig. Die Feuerwalze war ja mehr oder weniger ein Notbehelf, weil es keine Tanks gab. Waren sie aber da, so war das enge Zusammenwirken mit der Infanterie vorrangig. »Ob hierzu die Infanterie *vor, mit* oder *hinter* den Panzerwagen vorgeht, hängt von der Kampflage ab.« (Merkblatt für das Verhalten der Infanterie beim Zusammenwirken mit Panzerwagen. ChefGenSt FeldHeer Ic Nr. 86., 701 op v. 15. 5. 1918)[120].

Entkräftete und an Zahl geringe Truppen im Waldkampf (Cohette- und Courton-Wald) hatten es eben schwerer als Tanks auf einer übersichtlichen, gut gängigen Bewegungsachse. Wenn Infanterie und Tanks am 15. Juli zusammengefunden hatten, war die Zusammenarbeit auch erfolgreich: Gemeinsamer Kampf um das Schloß Champlat und La Neuville, Durchstoßen einer Barrikade in Champlat. Allerdings mußten die Tanks auch zur Verfügung stehen; bei dem I./Infanterie Regiment 167 war das für lange Zeit nicht der Fall, dieses Bataillon war benachteiligt.

Ein letztes, das sich auf Tanks allein bezieht: Die »Anleitung« forderte in Ziffer III 4.) a Verborgenhalten und überraschendes Auftreten im Angriff. Der wiederholte zwecklose Vorstoß von drei Tanks in Richtung auf Paradis kann als Verstoß gegen diese Forderung gewertet werden; die Tanks waren im Zuge dieser Unternehmungen schwerem Artilleriefeuer ausgesetzt. Es ist nicht von der Hand zu weisen, daß diese Tanks mit ihren zwecklosen Versuchen überhaupt erst auf sich aufmerksam gemacht haben. Im Sinne der »Anleitung« Ziffer III. 6) ist anerkennend hervorzuheben, daß Gruppe Schmettow die Geländeschwierigkeiten auf den Anmarschwegen beseitigte, indem Brücken unauffällig verstärkt wurden.

Das Kriegstagebuch der Abteilung 1 (A7V) enthält zum Kampf am 15. Juli 1918 eine Anerkennung Ludendorffs (Heeresbericht) und eine des Generals von Schmettow.

Zum Einsatz der drei Tanks der Abteilung 2 ist zu ergänzen, daß hier die Zusammenarbeit mit der Infanterie reibungsloser lief. Die Absprache der Kommandanten von Tank 1 und 2 sind nicht bekannt, aber das Überwachen des Vorstoßes von Tank 1 auf Chaumuzy durch den Kampfwagen 2 vom Ostrand des Eclisse-Waldes im paarweisen Einsatz kann als der erste Ansatz zum Prinzip von Feuer und Bewegung gesehen werden.

Noch ein Wort zum Unglück mit Kampfwagen 3. Im Abschnitt der Gruppe Schmettow waren auf der Feindseite italienische Truppen eingesetzt. Diese trugen eine grau-grüne Uniform, Feldrock und Hose, *ohne* den blauen Mantel, wie die Franzosen. Der italienische Helm sah dem der Franzosen allerdings sehr ähnlich. Im Morgendunst und in der Erregung des Gefechts konnten schon deutsche Soldaten mit den gewöhnlich an der Westfront nicht auftretenden Italienern verwechselt werden. Zum Unglück äußerte sich Petter: »Über dieses wurde ermittelt, daß ein kriegsgerichtliches Verfahren stattgefunden hat, dessen Ergebnis aber noch nicht festgestellt werden konnte. In dem aus Dresden herangezogenen Aktenstück der 163./Infanterie-Division »Löwe, Pioniere, Minenwerfer, Kampfwagen und Flieger« finden sich keine Angaben über das Unglück«[121]. Es muß fernerhin auch hier wieder betont werden, daß nach dem Gefecht aufgrund von Verschleißerscheinungen kein Wagen mehr gefechtsbereit war.

Der Fehlschlag bei Cambrai. Die Abteilungen 1 und 2 in der Abwehr am 31. August 1918

Als Folge der britischen Aufklärungsvorstöße vom 30. August 1918 hatte das AOK 17, das im Raum Bapaume zur Abwehr stand, Gelände preisgeben müssen. AOK 17 hatte die Absicht, in den frühen Morgenstunden des 31. August, d. h. noch vor Beginn des Abwehrgroßkampfes, die eigenen Stellungen so zu verbessern, daß für eine erfolgreiche Abwehr günstigere Voraussetzungen geschaffen wurden. Dabei handelte es sich nicht um Angriffe, wie sie bis zum 15. Juli 1918 (»Marneschutz/Reims«) dargestellt worden sind, sondern um »Vorstöße« von ein bis zwei Kilometern Eindringtiefe, um etwa beispielsweise eine der eigenen Stellung vorgelagerte Höhe zurückzugewinnen. Der allgemeine Frontverlauf ist auf der hier abgebildeten Karte der Gefechte vom 30./31. August 1918 als breite punktierte Linie wiedergegeben.

Das AOK 17 wollte diesen Vorstoß rechts auf der großen Chaussee Beugny – Bapaume und nördlich davon mit Teilen des XVIII. AK führen. Im Geländestreifen Chaussee Beugny – Bapaume, Weg Haplincourt – Bancourt – Bapaume wollte es diesen mit Teilen des XIV. RK führen.

Dem XVIII. AK waren vier deutsche Tanks, d. h. die Abteilung 1, dem XIV. RK ebenfalls vier Tanks, d. h. die Abteilung 2, zugeteilt worden. Im Gefecht sollten dann die Abteilung 1 bei der 23. ID und die Abteilung 2 bei der 16. bay. ID eingesetzt werden. Die 23. Division hatte ihren Abschnitt Fremicourt – Vaulx = Vraucourt erst am 26. August 1918 übernommen.

Beide A7V-Abteilungen standen unter dem Kommando des Oberleutnant Steinhardt, der sich während des Gefechts angeblich in Bourlon bei dem Stabe des XIV. RK aufhielt. Leutnant Bergemann war der stellvertretende Führer der Abteilung 1. Sein Platz war im Gefechsstand des XVIII. AK.

Über Zeitansatz, Ablauf und Ergebnis der Erkundung sowie den Anmarsch der Abteilungen konnte schon Petter nichts in den Akten feststellen. Lediglich Volckheim schilderte spannend und anschaulich aus eigenem Erleben seine Erkundung im Raum Beugny – Morchies Ende August 1918[122].

Zur Befehlslage: Die 23. Division erließ am 30. August 1918 einen Divisionsbefehl, der das taktische Vorhaben für den 31. August 1918 nicht als Angriff, sondern ausdrücklich als »Unternehmen« bezeichnete[123]. Grenadier-Regiment 101 und Schützenregiment 108 wurden von der Division je zwei Tanks zugewiesen. Der Führer der Tanks sollte sich noch in der Nacht bei den Gefechtsständen der beiden Regimenter melden; aus dem Bericht des Leutnant Bergemann ging eindeutig hervor, daß er das auch getan hatte (vgl. Anlage 12). Im Gefechtsstand sollte »alles weitere vereinbart« werden. Der Divisionsbefehl war allgemein gehalten und legte keine Einzelheit fest. Die Unterstellung der Tanks bedeutete nicht den Angriff der beiden Regimenter, sondern vielmehr sollten »einzelne Stoßtrupps mit den Tanks vorgehen und das Gelände säubern«, dann erst sollte die Masse der Infanterie in die neue Linie »folgen«. Dieses stoßtruppartige »Unternehmen« sollte bei der 23. Division bis in die Linie A–g geführt werden (siehe Karte).

Die 16. bay. Division hatte einen entsprechenden Befehl erteilt, der wegen der erforderlichen zeitlichen Abstimmung mit dem gleichzeitig geführten Stoß der 23. ID kaum abweichende Regelungen enthalten konnte.

Unter dem Kopf »Panzerwagenabteilung II TgbNr 15« hatte Oberleutnant Steinhardt einen Befehl für die Abteilung 1 erteilt und diesen mit »Oberleutnant und Führer der verstärkten Panzerwagenabteilung« unterschrieben[124].

Die Grenzen der AK und Div sind hier nicht angegeben. Sie verlaufen im allgemeinen von NO nach SW. Daher liegt GefStd XIV. RK nicht in exakt ostw.
Richtung hinter 16. bay. I D und 44 RID.

101 = Kgl. Sächs. 2.GrenRgt Kaiser Wilhelm, König v. Preußen Nr. 101

108 = Kgl. Sächs. Schützen (Füsilier-)Rgt. Prinz Georg Nr. 108

△ = Höhe 128

▷ = vermutliche Gefechtsstände im Hohlweg Beugny – Morchies der Rgtr 101 und 108 (s. o.)
S II = Schleuse II   S III = Schleuse III
Die Angaben in der Legende für Abt. I sind im wesentlichen mit römischen Ziffern wiedergegeben, diejenigen für Abt. 2 mit arabischen
Ziffern.

A – g = Angriffsziel 23. I.D. für 31. 8. 1918

◀ I = Tagesziel Kampfwagen-Abt. I (A7V)

◀ 2 = Tagesziel Kampfwagen-Abt. 2 (A7V)

(A1) Auslade-Bhf. für beide Abt.

(B1) Bereitschaft-Stellung für beide Abt.

Abteilung 2

(B2) = Ausgang-Stellung Abt. 2

▽ = Betriebsstoff – Lkw Abt. 2

🚜 2 = K.-Wagen 2 mit gebr. Getriebe

🚜 3 = K.-Wagen 3 defekt

(K3) = Rückführung K.-Wagen 3

(2) = Lt. Bergemann (stv Fhr Abt. I)
trifft 3 K.-Wagen Abt. 2, 31. 8. 1918, 03.30 Uhr

🚜 1,4 = Angriff K.-Wagen 1 und 4

Abteilung I

⬤━⬤ = Fliegerangriff auf Abt. I 30. 8. 1918, 20.00 Uhr

(BIII) = geplante Ausgang-Stellung Abt. I für Angriff am
31. 8. 1918

(I) = Spitze Abt. I am 31. 8. 1918
01.15 Uhr, Ausfall Tank Volckheim (IV)

(III) = Lt. Bergemann trifft auf K.-Wagen II und V am
31. 8. 1918 03.50 Uhr

(IV) = K.-Wagen III, 31. 8. 1918 03.50 Uhr

(◀) = weitestes Vordringen Abt. I

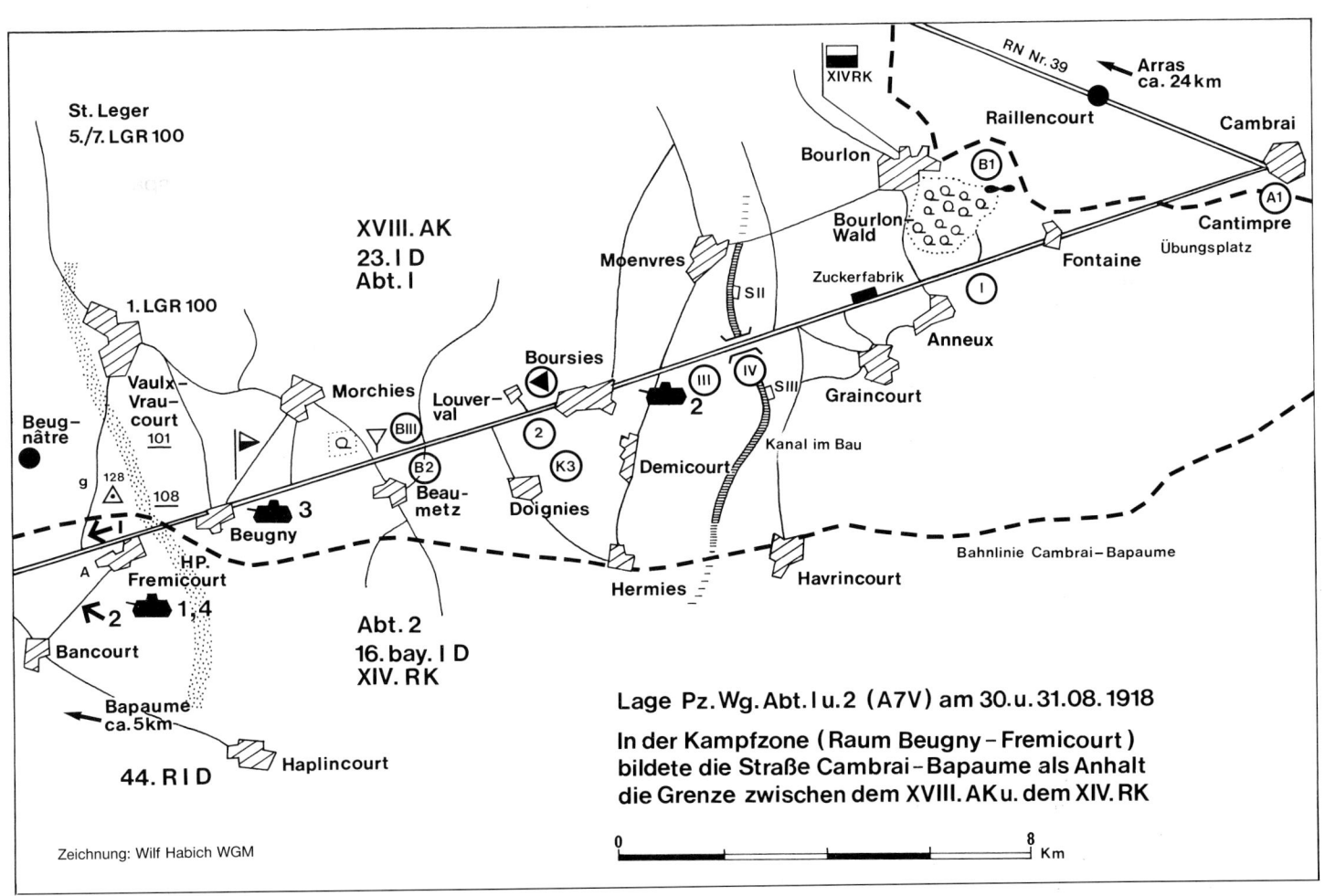

Lage Pz. Wg. Abt. I u. 2 (A7V) am 30. u. 31. 08. 1918

In der Kampfzone (Raum Beugny – Fremicourt)
bildete die Straße Cambrai – Bapaume als Anhalt
die Grenze zwischen dem XVIII. AK u. dem XIV. RK

Zeichnung: Wilf Habich WGM

Es ist zur Zeit nicht bekannt, ob für die Tanks der Abteilung 2 ein eigener schriftlicher Befehl herausgegeben wurde. Die Lage am 30./31. August 1918 ist im überlieferten Schrifttum ungeklärt und verwirrend.

1. Die Befehlsstelle für Oberleutnant Steinhardt wurde von ihm selbst (Anlage 10) mit Generalkommando XVIII. AK angegeben, dorthin waren alle Meldungen zu leiten[125]. Petter gab später die Befehlsstelle (wohl an Hand amtlicher Akten, Verf.) mit XIV. RK an[126].

2. Das KTB XIV. RK bestätigte den Angriff der Tanks 1 und 4 der Abteilung 2 nicht, obwohl er stattfand[127].

3. Oberleutnant Steinhardt gab als Gefechtsstreifen für die Tanks der Abteilung 2 bei XIV. RK den Raum nördlich der Chaussee Cambrai – Bapaume an (vgl. Anlage 11)[128]. XIV. RK dagegen ging davon aus, daß nördlich der Chaussee nach Bapaume das XVIII. AK vorstößt und die 16. bay. ID mit ihren vier unterstellten A7V südlich der Chaussee, wobei die Tanks durch den Südteil von Fremicourt auf Bancourt vorstoßen sollten[129].

4. Ursprünglich sollte die Abteilung 1 weiter nördlich auf Vaulx – Vraucourt zu angreifen. Leutnant Bergemann erfuhr erst gegen 21 Uhr 30 bis 22 Uhr von der Änderung des Auftrages. Nun sollte die Abteilung ihren Vorstoß gegen Fremicourt richten. Aber Fremicourt lag nicht im Abschnitt des Regiments 101, sondern im Abschnitt des Regiments 108. Zum Ausgleich sollten nun offensichtlich wohl die Tanks auf die Regimenter aufgeteilt werden. Wer weiß, was in dieser Nacht alles geplant und wieder verworfen wurde!

Leutnant Bergemann verhielt sich besonnen und nahm mit der Division und den Regimentern 101 und 108 Verbindung auf. Entsprechend einer lagegerechten Zeitberechnung erteilte er der Abteilung, bevor er sie verließ, den Befehl, schon bis zur Bereitschaftsstellung B III vorzurücken. Erst in sechs Stunden, um 3 Uhr 50, fand er seine Abteilung wieder.

Gliederung der Gefechtsstaffel der Abteilungen

Abteilung 1 [130] (nach KTB Abt. 1)	Abteilung 1 (nach Petter)	Abteilung 2 [131] (nach Petter)
Wagen 2: A7V 501, GRETCHEN (Bergemann)	Wagen 2: A7V 501, GRETCHEN (Bergemann, Ludwig)	Wagen 1: A7V 504, SCHNUCK (Kunze)
Wagen 3: A7V 540, HEILAND (Auffermann †, Wagner)	Wagen 3: A7V 541 (Lommen)	Wagen 2: A7V 525, SIEGFRIED (Schuck)
Wagen 4: A7V 560, ALTER FRITZ (Volckheim)	Wagen 4: A7V 560, ALTER FRITZ (Volckheim)	Wagen 3: A7V 563, WOTAN (Goldmann)
Wagen 5: A7V 541 (Lommen)	Wagen 5: A7V 540, HEILAND (Wagner)	Wagen 4: A7V 528, HAGEN (v. Jamrowski)
		Wagen 5 war durch Fliegerangriff beschädigt worden.

Die abweichenden Angaben der Zusammensetzung von Abteilung 1 lassen sich nicht mehr klären.

Die personelle Stärke von Abteilung 1 und 2 am 30./31. August 1918:
Abteilung 1:
3 Offiziere, 104 Unteroffiziere u. Mannschaften, 4 Kampfwagen.
Abteilung 2:
5 Offiziere, 120 Unteroffiziere u. Mannschaften, 4 Kampfwagen[132].
Die Angriffsziele der Abteilungen in der Übersicht:
Abteilung 1: Ziel ist erreicht, wenn Infanterie Westrand Fremicourt hält. Abteilung 1 dreht dann nach Norden (!) ab und kehrt zur Ausgangsstellung zurück.

Abteilung 2: Auftrag ist erfüllt, wenn die eigene Infanterie die Westränder der Orte Fremicourt und Bancourt hält. Anschließend Rückkehr in die Stellung B 2. Weg dorthin ist unbekannt.

Die Ereignisse bei Abteilung 1 sind aus dem zusammengefaßten Bericht des Leutnants Bergemann vom 9. September 1918 (Anlage 11) ersichtlich. Dieser Bericht schildert, aus welchen Gründen der Anmarsch der Abteilung 1 gescheitert ist. Die Tanks der Abteilung 1 blieben liegen bzw. gelangten nicht über Boursies, noch 8 Kilometer hinter der allgemeinen Frontlinie, hinaus. Dort bezogen sie Bereitschaftsstellung. Leutnant Bergemann hielt sie aus folgenden Erwägungen heraus an: Das »Stoßtruppunternehmen« sollte etwa 30 Minuten dauern und um 5 Uhr 30 beginnen. Es war jetzt bereits 4 Uhr. Ein Marsch von 10 bis 11 Kilometern stand noch bevor, die Geländeorientierung (die Kommandanten hatten ja an anderer Stelle – Raum Morchies – Vaulz-Vraucourt er-

kundet!) und ggf. kurze Absprache mit den Stoßtruppführern waren in der noch zur Verfügung stehenden Zeit nicht mehr durchführbar.
Diese Lagebeurteilung meldete Leutnant Bergemann um 4 Uhr 10 der 23. ID. Daraufhin wurde der »Angriff« bei dem Generalkommando XVIII angeblich abgesagt[133].
Bei der Abteilung 2, die am 30. August 1918 gegen 21 Uhr 30 aus dem Bourlon-Wald abgerückt war, verlief der Marsch auch nicht ohne Ausfälle. Oberleutnant Steinhardt fuhr angeblich zum Generalkommando XIV R. Leutnant von Jamrowski nahm Verbindung zur 16. bay. ID auf.
Während des Marsches fiel Kampfwagen 2 mit Getriebebruch aus. Die anderen Kampfwagen passierten den Punkt B 2, ergänzten dort Betriebsstoff ab 4 Uhr 30 und marschierten um 5 Uhr weiter. Auch diese Zeitspanne von 30 Minuten, bis zum Beginn des Unternehmens war recht knapp, um nach Durchführung eines Marsches von 4 Kilometern nach kurzer Einweisung oder Abstimmung einen geregelten Ablauf sicherzustellen. Bei Beugny fiel Kampfwagen 3 durch Bruch eines Ventilatorriemens, Leck im Kühler und durch Bruch mehrerer Gleitschienen aus. Der Kommandant führte den Wagen zurück nach Doignies.
So überschritten nur noch A7V 504, SCHNUCK, und A7V 528, HAGEN, die vordersten eigenen Stellungen und setzten sich an die Spitze der »einzelnen Stoßtrupps, die mit den Tanks vorgehen und das Gelände säubern sollten«. Es war ihre letzte Gefechtsfahrt. Fremicourt mußte umgangen werden, weil es unter starkem feindlichen

Artilleriefeuer lag. Zum letzten Mal wurden, der Infanterie vorausfahrend, »erkannte feindliche MG-Nester aus kurzer Entfernung mit MG- und Kartätschfeuer zum Schweigen gebracht«.
Nach Antreten des Rückmarsches in die B 2-Stellung wurden die Kampfwagen von *eigener* Artillerie und MG beschossen. Fünf Treffer der eigenen Feldartillerie setzten SCHNUCK außer Gefecht. HAGEN fuhr sich fest und wurde durch feindliches Artilleriefeuer zerstört[134].
Die Verluste der Abteilungen 1 und 2 betrugen insgesamt:

1 (1) Offizier tot	1 (1) Offizier verwundet
3 (5) Mann tot	25 (19) Mann verwundet.

Zwei vernichtete A7V Tanks wurden britische Kriegsbeute. Die Zahlen in den Klammern entsprechen den Angaben aus den Akten des Kommandeurs der Kampfwagen-Abteilungen[135].

Betrachtungen

Es wirkt zunächst befremdlich, daß der Abteilungsführer sich nicht selbst dieser Aufgabe stellte, bei einem Einsatz, der in seiner Art völlig neu war, der in einer noch nicht geübten Gefechtsart auszuführen war und die schwierige Aufgabe enthielt, den richtigen Zeitpunkt für einen überraschend zu führenden Gegenstoß abzupassen. Hauptmann Thofehrn befand sich zu diesem Zeitpunkt mit einem A7V und der dazu kommandierten Mannschaft bei einer Vorführung anläßlich eines Kolonialfestes in Hamburg. Möglicherweise war von verschiedenen Stellen die Schwierigkeit dieses Einsatzes unterschätzt worden.
Es fällt das krasse Mißverhältnis zwischen der Anmarschstrecke zum Einsatz, 18 km, und der für das »Unternehmen« beabsichtigten Eindringtiefe, 1–2 km, auf.
Es bleibt unverständlich, warum man den Bourlon-Wald, seit der Tankschlacht von Cambrai zerschossen, von britischen Tanks zerwühlt, mit feuchtem schlüpfrigem Untergrund, mit Hängen von Höhenunterschieden bis zu 40 m, an denen noch zerstörte britische Tanks lagen, als Wartestellung festlegte. Die Wege dort waren Hohlwege oder hatten starkes Gefälle und »luden zum Festfahren geradezu ein«. Offensichtlich war nicht einmal die Deckung gegen Fliegersicht gewährleistet.
Die Abteilungsführer, seit Villers-Bretonneux an keinen Platz mehr gebunden, hätten hier in die Regimentsgefechtsstände gehört, wie es von Leutnant Bergemann ja auch teilweise berichtet wird. Der Platz bei den Generalkommandos war in dieser schwierigen Lage nicht zweckmäßig. Der Marsch nach vorne in den Einsatzraum war ein Desaster, nach drei Ausfällen, drei Wagen schleppen sich mit Mühe bis Boursies, erreichten nur noch zwei Tanks die kämpfende Truppe gerade noch zur rechten Zeit. 75 Prozent waren auf der Strecke geblieben. Das mußte 1918 von den Verantwortlichen ähnlich empfunden worden sein. Die Anlagen 13–15 machen den Eindruck von Rechenschaftsberichten zur Erhellung der Umstände, die der Grund für das Versagen waren. Die Abteilungen hatten den technischen Zustand ihrer Wagen nicht im Griff. Die wirkliche Ursache wird im Dunkeln bleiben. Die Abteilungen hatten ja bereits früher viel erfolgreichere Marschleistungen vollbracht. Gemäß Kriegstagebuch der Abteilung 1 hatte diese vom 23. bis 27. August 1918 Zeit, sich auf den Einsatz technisch vorzubereiten. Als Leutnant Bergemann der 23. Division am Morgen des 31. August 1918 um 4 Uhr 10 meldete, daß die Abteilung 1 nicht eintreffen werde, wurde der Infanterie-Angriff bei Generalkommando XVIII auf Fremicourt abgesagt.
Vermutlich lagen hier folgende Mißverständnisse vor:
Der ursprünglich auf Vaulx angesetzte Angriff der Abteilung wurde abgesagt und in Richtung Fremicourt erneut angesetzt.

Von einem »Angriff der A K mit den Divisionen« war nie die Rede. Die 23. Division, wie auch die 16. bay. Division, sollte ein »Unternehmen« durchführen; bei Regt. 101 und 108 sollten je zwei Tanks mit »Stoßtrupps« vorgehen und auf eine Distanz von etwa 1000 m das Gelände säubern, dann erst wollte die Masse der Infanterie in die neue Linie »folgen« – das kann nicht als »Angriff« bezeichnet werden. Ein Artilleriefeuer von fünf Minuten Dauer kann auch nach damaligen Maßstäben keineswegs als Angriffsvorbereitung gewertet werden (vgl. Anlage 11).
Nach dem Regimentsbefehl Schützen-Regiment 108, der Befehl ging entsprechend dem »Stoßtrupp-Charakter« des Unternehmens nur an das III. Bataillon/108, hatten diese Unternehmen folgende Absichten zum Ziel, wie aus dem Auszug des Regimentsbefehls hervorging:

1. »Am 31. August soll die heute zu erreichende Linie Westrand Fremicourt – [. . .] genommen werden [. . .]
2. [. . .] Antreten der Infanterie 5 Uhr 35 vorm. mit zwei Tanks für jedes Regiment [. . .]
4. . . . mit der Durchführung des Angriffs wird das III. Batl. beauftragt. Truppen: III. Batl., II. Batl. formiert zu einer Kompanie als Reserve, zwei Tanks[136].«

Die Regimentsgeschichte fuhr dann fort: »Nachdem auf die Tanks vergeblich gewartet worden war – sie waren nur bis Beugny gekommen, hatten die von ihnen ausgehenden Erschütterungen Teile eines Hauses zum Einsturz gebracht und 30 Verluste bei der eigenen Truppe hervorgerufen –, traten am 31. August 5 Uhr 35 vorm. die vorderen Kompanien des III. Batl. [. . .] zum Angriff an[137].«
Die Formierung des II. Bataillons zu einer Kompanie, das erste Bataillon war am 29. August 1918 aufgerieben worden, warf bezeichnendes Licht auf die tatsächlichen Truppenstärken jener Tage.
Bei dem Grenadier-Regiment 101 wurde mit der Durchführung des Unternehmens Rittmeister Frhr. von Groote beauftragt; ihm wurden dazu 10. und 11. Kompanie und zwei Tanks unterstellt. Da die Tanks schließlich nicht eintrafen, mußte der Sturm ohne ihre Unterstützung erfolgen. Der Zeitpunkt zum Angriff war zu früh gewählt. Der Anschluß war in der Dunkelheit schwer zu halten. Auch bei 101 waren die Reste des II. Bataillons schon zu einer Kompanie formiert. Die Befehlsübermittlung an die Kompanien, die mündlich erfolgen mußte, war in der stockfinsteren Nacht äußerst schwierig[138].
Petter führte zu dieser Frage die widersprüchlichen Aussagen der Kriegstagebücher des XVIII. A K und des XIV. R K an[139]: Das XVIII. A K bestätigte den Angriff des III. Batl./108. Das KTB des XIV. R K hielt fest, daß der Angriff bei 16. bay. ID unterblieb, weil die Kampfwagen verspätet eintrafen. Gerade hier war aber nun bekannt, daß vor der 16. bay. ID Tank 1 und 4 der Abteilung 2 doch noch zum Einsatz gekommen waren. Hier sei noch einmal an den Widerspruch in der Befehlsgebung von Oberleutnant Steinhardt und der vom Generalkommando XIV R K erinnert.
Wenn Petter allerdings als Beleg für die Absage des Angriffes das KTB des I. Batl./101 anführte, in dem es hieß, der Regimentsadjutant habe den Befehl überbracht, daß ohne die Tanks nicht angegriffen werden solle, dann mag das für das I. Bataillon von 101 wohl zugetroffen sein. Dem Rittmeister Frhr. von Groote waren aber die 10. und 11. Kompanie unterstellt worden und diese gehörten zum III. Bataillon des Grenadier-Regiments 101!
Fazit: nach Aussage der Regimentsgeschichten der Regimenter 101 und 108 fanden die »Unternehmen« offensichtlich auch ohne Tanks statt.

Das Kriegstagebuch des I./Gren. Regt. 101 darf nicht zu falschen Schlüssen führen. Die Nacht vom 30. zum 31. August 1918 wird uns Heutigen manches für immer verborgen halten.

Ungeklärt bleibt vorerst auch, wie es zum Abschuß der beiden einzigen Tanks kam, die immerhin doch noch zum Einsatz gelangt waren!

Ein Befehl mit Angaben über den exakten Rückweg der Tanks nach dem Einsatz ist nicht überliefert worden. Haben die Kommandanten angenommen, auch sie sollten wie Abteilung 1 (vgl. Anl. 11) nach Norden abdrehen, um zur Ausgangsstellung zurückzufahren? Wollten die Kommandanten der Tanks 1 und 4 das unter starkem Feuer liegende Fremicourt wie schon bei ihrem Anmarsch wieder umgehen? Deckung hinter der Höhe 128 suchen? Keine dieser Möglichkeiten kann belegt werden, sollten die Wagen jedoch nach rechts – nördlich – in den Bereich der dort liegenden 23. Division abgekommen sein, wo man seit der Meldung des Leutnant Bergemann an die Division um 4 Uhr 10 wußte, daß deutsche Tanks nicht erscheinen würden, so mußte das Schicksal von Tank 1 und 4 nördlich der Chaussee nach Bapaume besiegelt sein.

Auffallend war aber, daß nunmehr nach dem 31. August 1918 Panzer-Erkennungszeichen in sehr viel auffälligerer Form verwendet wurden, wie etwa weiße Kreuze auf dem Tank oder große weiße Tücher am Bug der Kampfwagen.

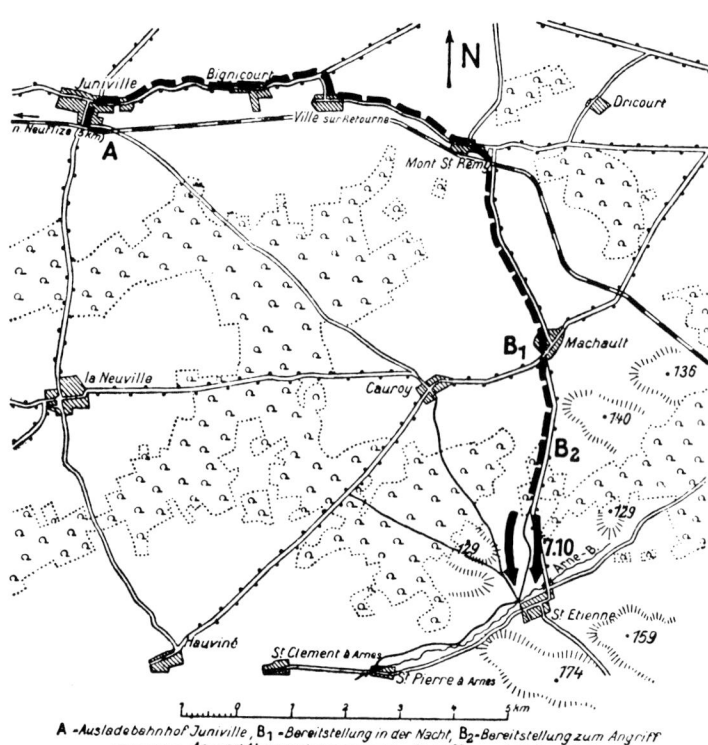

A -Ausladebahnhof Juniville, B₁ -Bereitstellung in der Nacht, B₂-Bereitstellung zum Angriff
An- und Abmarschweg ───► Angriffsweg d Kpfw Abt 3

Skizze zum Gefechtsverlauf am 7. Oktober 1918 Kampf in der Champagne vor St. Etienne
Nach Volckheim, Kampfwagen II, S. 77.
Die Skizze entspricht nicht ganz den geographischen Verhältnissen. In St. Pierre à Arnes führte keine Brücke über den Arnes-Bach, lediglich ein Steg für einen Fußweg. St. Clement à Arnes liegt am Südufer des Baches, von dort führte eine Brücke nach Norden für einen Verbindungsweg auf die Straße Cauroy-Hauviné. Der Arnesbach ist schwierig zu überschreiten. Seine Ufer sind sumpfig und bruchwaldartig bewachsen; Bachränder und Bruchwaldbegrenzungen sind teilweise steil abfallend.

Die schweren Kampfwagen-Abteilungen 3 (A7V) am 7. Oktober 1918 bei St. Etienne

Die Abteilung 3 war zu Vorführungen und Übungen im Bereich der Heeresgruppe Herzog Albrecht (Lothringen, Vogesen) kommandiert gewesen; am 04. Oktober 1918 wurde sie in Saarburg – Rieding verladen und rollte mit der Bahn zur 3. Armee; Endbahnhof Juniville[140]. Ihre Ausladung erfolgte am 6. Oktober 1918 zwischen 20 Uhr und 23 Uhr. Die Kraftfahrzeugstaffel zog in Juniville unter. Die Kampfstaffel der Abteilung wurde sofort zum Südausgang Machault in Marsch gesetzt. Am 7. Oktober um 3 Uhr hatte sie nach 15 km Marsch ihr Ziel erreicht. Die Abteilung verfügte über fünf Offiziere, 128 Mann und vier Kampfwagen, die nach sechs Wochen langen Übungen nicht mehr voll leistungsfähig waren. Raupenbänder und Rollen waren stark abgenutzt, die Motoren nicht mehr auf voller Leistung. Darüber war der Heeresgruppe (Herzog Albrecht, Verf.) und dem Kommandeur der schweren Kampfwagenabteilungen zehn Tage vor dem Abtransport Meldung gemacht worden. Kurz nach dem Eintreffen in Machault erhielt die Abteilung sofort ihren Einsatzbefehl. Der Abteilungsführer meldete sich bei der 37. Reserve-Infanterie-Brigade. Die schwere Kampfwagenabteilung 3 war der 213./Infanterie-Division unterstellt; diese Division führte mit dem Stab der 37. Reserve-Infanterie-Brigade das Reserve- Infanterie-Regiment 74, das Infanterie-Regiment 149 das Infanterie-Regiment 368. Um 6 Uhr 15 sollte die Abteilung mit dem Jäger-Regiment 8 auf St. Etienne angreifen. Die Abteilung kam aber nicht zur Erkundung, sie mußte sich in diesem wichtigen Punkt auf die Meldung des Jäger-Regiments 8 an die Brigade verlassen. Das Jäger-Regiment 8 gehörte nicht zum Brigadeverband, es wird vermutlich dort vorübergehend verstärkt haben.

Die Meldung besagte: Der Arnesbach nördlich St. Etienne sei kein Kampfwagenhindernis, er sei nur einen Meter breit und zur Zeit trocken. Die schwere Steinbrücke über die Arnes vor dem Nordeingang von St. Etienne sei in gutem Zustand.

Die vier Tanks der Abteilung sollten St. Etienne von Norden her angreifen; zwei Wagen sollten frontal, die beiden anderen flankierend gegen den Ort vorstoßen.

Der Angriff der 8. Jäger auf das Dorf sollte vom nördlichen Ufer aus unterstützt werden, falls der Arnesbach nicht zu überschreiten war.

Pünktlich traten die vier Kampfwagen zum Angriff an. Die Arnes war wasserreich und 2 m breit, von den A7V nicht zu überschreiten. Die große Steinbrücke an der Straße nach Machault war tags zuvor auf Veranlassung des Infanterie-Regiments 149 gesprengt worden. Das hätte der Abteilungsführer bei seiner Meldung bei der 37. Reserve-Brigade am späten Abend des 6. Oktober (20 bis 22 Uhr) erfahren müssen! Andere für schwere Kampfwagen tragfähige Brücken standen nicht zur Verfügung. So konnten die Tanks lediglich versuchen, den Feind in Stellungen in und vor St. Etienne mit MG- und Kartätschfeuer nieder zu halten.

Im Laufe des Vormittags wurde St. Etienne nach kräftigem Feuerschlag aller verfügbaren Batterien vom Jäger-Regiment 8 genommen. Der Feind leistete langen, zähen Widerstand, es kam zu heftigen Straßenkämpfen. Der Ort ging am Nachmittag wieder verloren.

Die Kampfwagen wurden im Einverständnis mit der Division und der Brigade nach Machault und später nach Juniville zurückgezogen. Da Juniville unter Feindfeuer lag, mußten die Panzerwagen bis

zum Bahnhof Neuflize zurückfahren. In Amagne, 4 km ostwärts Rethel, wartete die Abteilung auf ihre Entlassung durch AOK 3. Die schweren Kampfwagen der Abteilung 3 hatten am 7. Oktober 1918 bis 40 km zurückgelegt; kein Wagen war mehr einsatzbereit. Verluste:
1 Mann tot durch Artillerie-Volltreffer.

Die steinerne Brücke von St. Etienne à Arnes. Angriffsziel der schweren Kampfwagenabteilung 3 (A7V) am 7. Oktober 1918
Sammlung WGM

Die große Steinbrücke am Nordeingang von St. Etienne war jedoch auf Antrag des I.R. 149 einen Tag zuvor gesprengt worden. Der Betrachter blickt in Richtung Süden über den Arnes-Bach in die vom Bach abgesetzte Ortschaft hinein. Das Foto macht deutlich, weshalb die Tanks, die auf dem diesseitigen (nördlichen) Ufer zurückbleiben mußten, die Jäger des Jägerregiments 8 bei dem Eindringen in St. Etienne nicht unterstützen konnten. Bodenerhebungen südlich des Flusses und dichter Bewuchs haben das verhindert; sie schlossen die Waffenwirkung aus. Anfang Oktober tragen Bäume und Büsche noch Laub! Die Bedeutung des Balkenwerkes neben der Brücke ist unklar. Die Aufnahme entstand vermutlich im Winter 1915/16 oder 1917/18.

Betrachtungen

Einmal mehr wurde gegen den längst anerkannten Grundsatz der sorgfältigen Vorbereitungen und *genauen Geländeerkundung* verstoßen (»Anleitung« III. 5.).
Dieser Einsatz entspricht in kaum einem Punkt der »Anleitung«. Man ist an die Einsätze 31. Mai/1. Juni 1918 erinnert; »in fliegender Eile direkt von der Bahn ohne Erkundung unverzüglich in das Gefecht«!
Im Oktober 1918 dürfte es keinen Zweifel mehr darüber gegeben haben, daß ein A7V-Einsatz unbedingt dreier Maßnahmen bedurfte:
1. Sorgfältiger Vorbereitung und Zeit dazu
2. Genauer Erkundung
3. Enger Zusammenarbeit mit der zu unterstützenden Infanterie.

All dieses fand nicht statt! Dabei hätte Zeit gewonnen werden können bei besserer Organisation des Bahntransportes[141].
Wenn man diese grundlegenden Erfahrungen nicht nutzte, sogar die Meldung über den Zustand der Wagen zehn Tage vor Abtransport zum Gefecht nicht beachtete, so lag im Grunde nur eine

Erklärung nahe: Die Truppe sollte in der Abwehr gegen die Überzahl nicht ohne Unterstützung durch Tanks sein. Die im gleichen Frontabschnitt beabsichtigten, aber nicht zustande gekommenen Einsätze der Abteilung 12 und 14 (Beute) unterstützten diese Interpretation.
Im übrigen war die Fahrleistung der Abteilung, 40 km an einem Tag ohne Ausfall, beachtlich. Gute Wartung, strenges Regiment des Abteilungsführers Oberleutnant Uihlein, aber auch genaues Kennenlernen aller »Mucken« der Wagen im Verlauf sechswöchiger Übungen, ohne Personalwechsel, mögen die Besatzungen in Stand gesetzt haben, die Wagen tadellos zu warten und fehlerfrei zu bedienen.
Die Anwesenheit des Abteilungsführers, Oberleutnant Uihlein, während des Gefechts, um sich am Arnes-Bach und an der Brückenstelle selbst ein Bild zu machen, war positiv einzuschätzen.

Die letzten Erfolge bei Cambrai, Schwere Kampfwagenabteilung 1 (A7V) am 11. Oktober 1918

Die ersten Versuche, den A7V in der Abwehr einzusetzen, waren mißlungen. Hier sind verschiedene Blickwinkel möglich: Es können »operative« Gesichtspunkte geltend gemacht werden, wenn man die Verwendung der schweren Kampfwagen in den Brennpunkten der gesamten Westfront als Grundlage für die Entscheidung über ihren Einsatz annehmen will. Ein »offensiver« Einsatz konnte bei einer Verwendung zur örtlichen taktischen Verbesserung der Lage als sinnvoll angesehen und ein »psychologischer« Effekt konnte als Beweggrund gesehen werden, wenn es darauf ankam, der Truppe in schon aussichtslos gewordenem Kampf Halt zu geben, gleichviel, was die Kampfwagen bewirken konnten; sie sollten nur präsent sein.
Der Einsatz am 31. August 1918 war ein offensiver Versuch in der Abwehr, er war gescheitert. Der Einsatz am 7. Oktober 1918 war ebenfalls ein offensiver Versuch, aber er war auch mißglückt.
Es war für die OHL, die AOK's und die Generalkommandos eine schwer zu lösende Aufgabe, das Waffensystem A7V zur rechten Zeit, im geeigneten Gelände, bei einer Truppe mit Verständnis für die neue Waffe zur Wirkung zu bringen, so daß eine gegenseitige Ergänzung wirklich zustande kam. Die geringe Beweglichkeit des schweren Kampfwagens, seine hohe Abhängigkeit von einem intakten Eisenbahnnetz, das sich außerhalb direkter Feindeinwirkung befinden mußte, seine hohe technische Anfälligkeit, die den Einsatz kaum länger als an einem Gefechtstag erlaubte, sowie der nicht immer ausreichende Ausbildungsstand der Besatzungen kamen erschwerend hinzu.
In der nun folgenden Aufzählung von Ereignissen soll deutlich gemacht werden, wie das Ringen der OHL und des AOK 17 um einen wirkungsvollen Einsatz des A7V in der Abwehr bei der Schweren Kampfwagenabteilung 1 das tägliche Geschehen an der Front, im Einsatzgebiet mitbestimmte[142].
25. 9.   Abteilung 1 erhielt den Befehl zum Abtransport für den 26. September, 8 Uhr früh.
Der Abteilungsführer fuhr im Kraftwagen zur Heeresgruppe Deutscher Kronprinz nach Charleville und zum AOK 3 zur Besprechung. Ein Einsatz an dieser Front lag noch nicht fest. Rückfahrt am gleichen Tag nach Charleroi. Der Abmarschbefehl für den 26. September wurde aufgehoben.

28. 9. Die schwere Kampfwagenabteilung 1 (verstärkt durch Teile von Abteilung 2) erhielt den Verlade- und Abtransportbefehl, in den Bereich des AOK 17 zu verlegen. Der Abteilungsführer begab sich mit Erkundungsoffizieren zur Heeresgruppe Kronprinz von Bayern nach Mons und nach Denain zum AOK 17 sowie zum II. Bay. AK nach Wallers.

29. 9. Beginn der Einzelerkundung mit Karten und Fliegerbildern des vermutlichen Angriffsgeländes. Hierzu Fahrt über Somain, Aniche, Auberchicourt nach Lewarde. Der Führer der Abteilung 1 nahm Verbindung zur 220 ID (Eingreifdivision) in Auberchicourt auf und erkundete vorher den voraussichtlichen Ausladebahnhof Loffre. Zwei Erkundungsoffiziere erkundeten einmal den Raum Douai – Courchelettes–Ferin–Goeulzin–Cantin und zum anderen den Raum Erchin – Bugnicourt – Fechain – Fressies im Hinblick auf Anmarschwege, Bereitstellungsplätze und Gangbarkeit des Geländes. Die Erkundung erforderte viel Zeit, da Kraftfahrzeuge nicht zur Verfügung standen.

Ablauf der Erkundung des Leutnants Volckheim: gegen 9 Uhr Marsch zu Fuß über Roucourt nach Cantin, das unter schwerem feindlichem Artilleriefeuer lag, Verbindungsaufnahme zu RIR 55, zurück über Lewarde nach Guesnain, Meldung dort bei Stab der 58. ID. Zwischenzeitlich war eine Festnahme Volckheims durch einen Rittmeister der Kommandantur erfolgt, da Volckheim aus Tarnungsgründen keine Truppenabzeichen trug und auf Befragen nur »Sonderkommando« als Auftraggeber nennen durfte. Schließlich gelangte Volckheim zum Ia (1. Generalstabsoffizier, heute G3 d. Verf.) der Division, der unterrichtet

war[143]. Nach beendeter Besprechung Fahrt mit einer noch durch Verkehrstruppen (Eisenbahner) in Betrieb gehaltenen elektrischen Bahn nach Douai. Die Stadt lag unter schwerem Feuer. Von dort zu Fuß oder gelegenheitshalber mit Truppenfahrzeugen dicht am Senseé-Kanal entlang; auf dem jenseitigen, westlichen Ufer befand sich die vorderste deutsche Linie. Weiter über Courchelettes, Ferin, Goeulzin, Cantin und wieder zurück nach Lewarde. Teilweise mußten von MG-Feuer bestrichene Räume überwunden werden. Von Lewarde ging es im Kraftwagen weiter, um dem Generalkommando Meldung zu erstatten. Zu Fuß hatte Volckheim nunmehr 30 Kilometer zurückgelegt, dazu kam noch die Straßenbahnfahrt nach Douai. Das Ergebnis der Erkundung war günstig; das Gelände erschien für den Einsatz von A7V als gut geeignet. Die Rampe des Bahnhofs Loffre mußte durch Pioniere verstärkt werden.

20 Uhr 30. Ein Offizier der Abteilung wurde zum RIR 55 entsandt. Auftrag: Einweisung der Offiziere des Regiments in das Zusammenwirken mit den A7V. Der Weg dorthin wurde zum Teil unter schwerem Feuer zurückgelegt. Roucourt und Cantin standen in Flammen. Wenig später wurde das RIR 55 verlegt.

20 Uhr 15. Der Gefechtsbefehl vom II. Bay. AK traf ein, Auftrag: verstärkte Schwere Kampfwagenabteilung 1 hält sich zum Gegenstoß bereit: 1. Einsatz bei der 58. ID im Raum Cantin, 2. Einsatz bei der 220. ID im Raum Villers en Tertre. Am Abend dieses Tages traf die Abteilung 1 in Rieux (8 km nordostwärts Cambrai) ein und wurde entladen. Mißverständnis! Erneuter Auftrag nach telefonischer Verbindungsaufnahme: sofort verladen!

Entwicklung der Lage bei der schweren Kampfwagenabteilung 1 (A7V) vom 28. 9. 1918 bis zum Gefecht bei Cambrai (Iwuy-Avesnes-le-Sec) am 11. Oktober 1918. Nach Volckheim: Die deutschen Kampfwagen im Weltkriege, Berlin 1937, S. 81

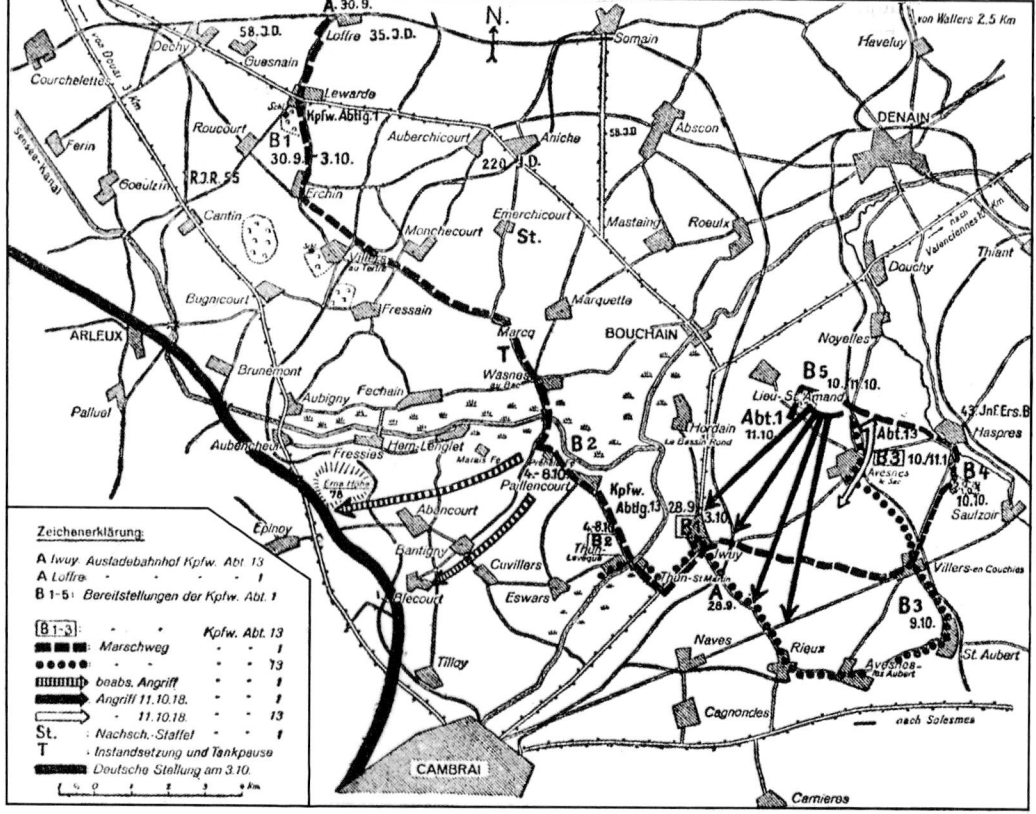

30. 9. Eintreffen der Abteilung auf dem Bahnhof Loffre. Bereitstellung und Unterkunft in Park und Schloß Lewarde. Entgegen der ursprünglichen Absicht, Abteilung 1 nördlich des Senseé-Kanals einzusetzen, mußten nun Brückenstellen am Kanal erkundet werden, die einen Uferwechsel ermöglichten. Das Ergebnis war ungünstig. Lediglich bei Fressies und Wasnes gab es scheinbar tragfähige Übergänge.

2. 10. Jetzt traf der Befehl vom AOK 17 ein:
1. Schwere Kampfwagenabteilung 1 ist nicht mehr dem II. Bay. AK unterstellt, sondern dem XVIII. AK.
2. neues Einsatzgebiet: Raum um Fechain
3. Verbindung mit dort eingesetzten Divisionen 12 und 22 aufnehmen!
Erkundungsergebnis für Einsatz im neuen Raum: Bereitstellung im Schloßpark von Villers-au-Tertre oder in der Mulde südlich Monchecourt. Ausgangsstellung: Dorf Fressain und Wäldchen 1200 m westlich davon. Das Gelände war allgemein günstig. Der Einsatz sollte nördlich des Kanals erfolgen.

3. 10. Der Korpsbefehl gleichen Datums ordnete an, daß die Schwere Kampfwagenabteilung 1 am 4. Oktober 1918 mit Hellwerden im Raum Hem – Lenglet bereitzustehen habe. Voraussichtlicher Gefechtsauftrag: Gegenstoß nördlich Straße Wasnes-au-Bac – Bantigny in Richtung Erna-Höhe und Abancourt – Bantigny. Der Führer Abteilung 1 sollte den zu unterstützenden Verband, die 35. ID, über Weisungen des Generalkommandos unterrichten.
19 Uhr 35 verließ die Abteilung 1 die Bereitstellung in Lewarde und zog über Erchin – quer feldein nördlich an Villers-au-Tretre vorbei nach Marcq ab. Am Nordausgang von Wasnes-au-Bac wartete der technische Offizier der Abteilung mit Werkstatt- und Betriebsstoffwagen, um aufzutanken. Der Weitermarsch über den Kanal war sehr beschwerlich; die Kolonne bewegte sich unter ständiger Feindeinwirkung fort. Feindflieger griffen unter Verwendung künstlicher Gefechtsfeldbeleuchtung an, sie setzten langbrennende Leuchtraketen, Bomben und Bord-MG ein. Es entstanden nur geringe Verluste. Nur die Ortschaften wurden schnell passiert – sonst wurden die Wagen durch Langsamfahrten geschont. Vier A7V mußten während eines weiteren Tankhaltes instandgesetzt werden.

4. 10. **5 Uhr 40.** Die Kampfwagen trafen an der Préhèle-Ferme ein und bezogen ihre Bereitstellung. Die Kolonne hatte jetzt 14 km zurückgelegt. In den Scheunen der Ferme fanden sie volle Deckung. Die zweite Staffel lag in Emerchicourt, die Feldküche in Wasnes. Die Ferme lag jedoch ständig unter Feuer. Die Abteilung erlitt Verluste an Verwundeten. Bis zu den vordersten Linien waren es höchstens noch fünf Kilometer, ständig waren Alarm- oder Beobachtungsposten besetzt zu halten, nachts wurden diese durch einen Offizier geführt.

5. 10. **0 Uhr 30.** Alarm! Feindangriff steht bevor! Er erfolgte dann doch nicht; es war nur ein Patrouillenvorstoß der anderen Seite, der von der eigenen Infanterie vorne abgewiesen worden war. Das sollte noch oft in den nächsten Tagen passieren. Die Besatzung des ausgefallenen Kampfwagen 6 war inzwischen als Personalreserve eingetroffen.

6. 10. Die Kanalbrücken waren durch Feindbeschuß zerstört. Pioniere schufen bzw. reparierten Übergänge bei Wasnes

und Le Bassin Rond. Es wurden Absprachen mit Fliegeroffizieren getroffen, die den bevorstehenden Tankangriff aus der Luft unterstützen sollten.

7. 10. Verbindungsaufnahme mit RIR 69, mit diesem Regiment zusammen sollte der Gegenstoß ausgeführt werden. Ab 20 Uhr starkes Feindfeuer. Die Préhèle Ferme lag unter Gasbeschuß. Man fragte sich, ob die Tanks vom Gegner erkannt worden waren.

8. 10. **1 Uhr 30.** Das Feindfeuer ebbte ab. Der erwartete Feindangriff blieb aus.
5 Uhr. Ein fünf Minuten dauerndes Trommelfeuer setzte ein, und man erwartete einen unmittelbar bevorstehenden feindlichen Angriff. Sofortige Gefechtsbereitschaft war unverzüglich hergestellt worden. Der Gegenstoß war in Richtung Abancourt – Bantigny – Cuvillers geplant. Die Verbindung zur Brigade und zum IR 69 war hergestellt worden, auch die Infanterie hatte einen Verbindungsoffizier zur schweren Kampfwagenabteilung 1 entsandt; enge Verbindung bestand auch zur Reserve, dem III./IR 69.
7 Uhr 55. Der Feindangriff war abgeschlagen! Die Tanks kamen jedoch nicht zu Einsatz. Das zerstörende deutsche Abwehrfeuer hatte den angreifenden Gegner vernichtet.
15 Uhr. Noch einmal fuhren die Kommandanten nach vorn zu den Kampftruppen-Kommandos, um sich für den zu erwartenden zweiten Angriff noch ein umfassendes und aktuelleres Lagebild zu machen. Als sie zur Ferme zurückkehrten, lag jedoch ein erneuter Verlegebefehl vor, der einen Unterstellungswechsel zum XIV. RK vorsah. In der Nacht vom 8. zum 9. Oktober sollte die Abteilung nach Carnières verlegen und sich dort zur Verfügung des XIV. RK halten.
19 Uhr 20. Die Abteilung rückte auf der Marschstrecke: Paillencourt – Thun = Lévêque (dort Kanalüberschreitung) ab[144]. Weiter ging es nach Iwuy bis Villers en Couchies. Noch vor Antritt des Marsches war dieses neue Ziel befohlen worden. Die Lage änderte sich so rasch, daß ein Marsch nach Carnières (ostwärts Cambrai) schon zu riskant geworden war. Die Ereignisse überstürzten sich; Cambrai konnte nicht länger gehalten werden. Um Mitternacht erreichte die Abteilung Villers en Couchies. Alle Straßen lagen bereits unter Feuer. Cambrai glich einem Flammenmeer. In Villers en Couchies gab es kein Quartier mehr; der Ort war überfüllt mit Truppen in geordnetem Rückzug. Die Besatzungen mußten bei ihren Tanks ruhen.

9. 10. Bevor der Morgen graute, konnten die Wagen in Scheunen gefahren werden, um sie gegen Fliegersicht zu decken. Es bestand Alarmbereitschaft.
11 Uhr. Die Nachschubstaffel traf ein, sie hatte sich ihren Weg über Bouchain gesucht. Die Abteilung wurde der 10. Ersatz-Division zugeteilt[145].
16 Uhr. Die Kommandanten erfuhren in einer Besprechung bei dem Abteilungsführer, daß der Feind am Vormittag bereits Iwuy und Rieux genommen hatte, am Vormittag schon. Er war nur noch drei Kilometer entfernt. Niemanden überraschte das, da doch die Abteilung die ganzen Tage vor ihm hergefahren war. Erste Weisungen für einen Gegenstoß wurden erteilt. Die Erkundung mit Kraftwagen und zu Fuß gegen Rieux und Iwuy ergab gute Ergebnisse. Das Gelände war leicht wellig und gut gangbar. Als Ausgangsstellung wurde die Mulde westlich

Villers-en Couchies befohlen. Der Feind war so dicht heran
gekommen, daß man seine feuernden Geschütze zu
erkennen vermochte. Die Nacht zum 10. Oktober verlief
ungestört.

10. 10. Das feindliche Artilleriefeuer auf Villers en Couchies wurde
stärker und hielt bis 14 Uhr an.

11 Uhr 30. Meldung: Der Feind hatte St. Aubert genommen! Es bestand die Gefahr der Umfassung der Abteilung
in Villers en Couchies! Er wurde sofortiger Abmarsch nach
Norden mit dem Ziel, das Wäldchen südostwärts Haspres
zu erreichen, befohlen.

11 Uhr 40. Die vollkommen gefechtsbereite Abteilung
rückte ab. Die Fahrt ging über freies Geld, da die Straßen
verstopft waren.

12 Uhr 15. Erreichen des Wäldchens. Technische Überprüfung der Kampfwagen. Alle Tanks waren noch fahrbereit. Die Zeit wurde zur Orientierung im Gelände und für
Erkundungen genutzt.

17 Uhr. Ein neuer Marschbefehl traf bei der Abteilung ein.
Neue Bereitstellung: Wäldchen 1300 m südostwärts Lieu
St. Amand.

18 Uhr 30. Abrücken.

21 Uhr. Die Schwere Kampfwagenabteilung 1 erreichte
das Wäldchen, zog dort unter und tarnte sich gegen
Fliegersicht. Der Führer nahm Verbindung zum Stabe der
43. Ersatzbrigade (IR 369, 370 und 371) in Haspres auf. Die
Nacht verging ruhig.

11. 10. Der Morgen des 11. Oktober war trüb und dunstig.

10 Uhr. Starkes feindliches Trommelfeuer setzte ein.
Feindflieger erschienen in Massen.

10 Uhr 20. Der Abteilungsführer, Hauptmann Thofehrn,
traf bei der Abteilung ein und informierte sich über die
Zuspitzung der Lage.

10 Uhr 40. Die Brigade erteilte den Angriffsbefehl.

Der Auftrag lautete: Die Schwere Kampfwagenabteilung 1 sollte
mit dem Infanterie-Regiment 371 zum Gegenstoß antreten und
den Feind angreifen, der in den Abschnitt der 18. Reserve-Division
eingebrochen war, ihn auf die Linie Iwuy – Rieux zurückwerfen.
Diese alte Linie sollte wieder erreicht werden. Nach erfülltem
Auftrag Rückkehr in die Ausgangsstellung, wenn diese unter
starkem Feuer liege, sollte sich die Abteilung am Ostrand von
Noyelles sammeln.

Der Angriff begann geschlossen. Alle fünf A7V traten gleichzeitig
an und fächerten erst an der Mühle, nordwestlich Avesnes le Sec
(hart südlich des Weges nach Lieu = St. Amand), auseinander. Die
Wagen griffen dem IR 371 voraus an. Die vor den stark nachdrängenden Briten ausweichenden Regimenter RIR 31, 84 und 86 von
der 18. Reserve-Division machten zunächst Halt, als die Tanks in
ihre Höhe gekommen waren, und nahmen dann, den Kampfwagen
folgend, das Gefecht wieder auf. Als Tanks erfolgreich vordrangen,
schlossen sie sich dem Vorgehen des IR 371 mit an.

Die Kampfwagen fuhren jetzt »Freie Jagd« auf die überraschten
und schon teilweise fliehenden Briten. Teilweise wehrten sich die
englischen Begleitbatterien und MG mit dem Mut der Verzweiflung. Die Briten durchquerten in Verfolgung der weichenden
Regimenter der 18. Reserve-Division offenes Gelände; sie hatten
keinen Schutz in Stellungen oder Gräben.

So schlugen in dem Dreieck Avesnes le Sec – Straßenkreuz 1000 m
nördlich von Rieux, wo eine Kapelle steht – Ostrand Iwuy die 30
Maschinengewehre der Abteilung und die fünf Bordgeschütze mit
Kartätschen viele blutige Lücken in die Ansammlung ungeschütz-
ter Menschen- und Pferdeleiber feindlicher Infanterie und Minen-
werfereinheiten, Begleitbatterien und Kavallerieverbänden. In der

Gefechtsverlauf für die Schwere Kampfwagenabteilung 1 (A7V) und die
bayerische schwere Beutekampfwagen-Abteilung 13 am 11. Oktober
1918.
Aus: Volckheim, Die deutschen Kampfwagen im Weltkriege, Berlin 1937,
S. 93

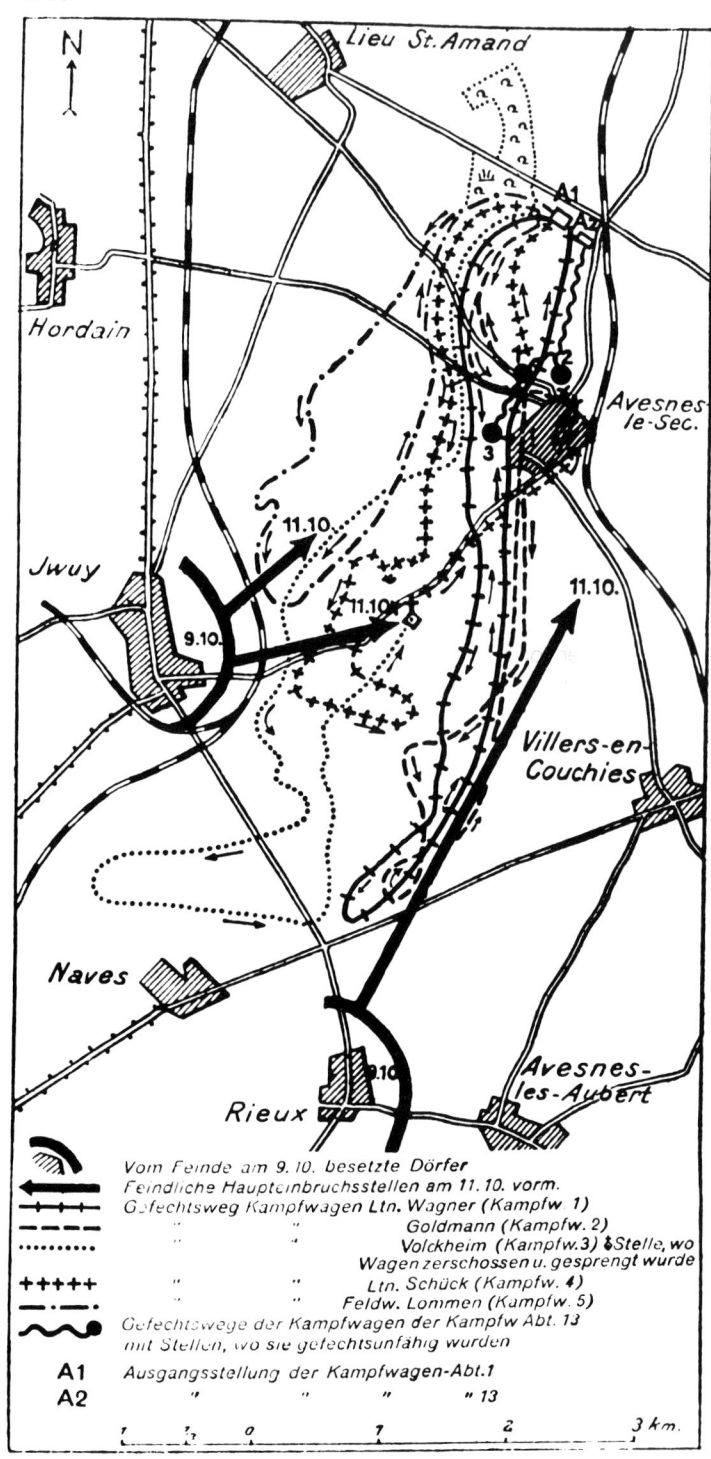

großen Mulde ostwärts Naves sollen Hunderte von Toten gelegen haben. Der Rest floh nach Rieux. Herrenlose Pferde jagten auf dem Gefechtsfeld herum.

Eigene Verluste: Vier Schwerverwundete, 20 Verwundete. Panzer Volckheim mußte, außer Gefecht gesetzt, gesprengt werden. Alle Kampfwagen hatten ihren Auftrag erfüllt; die deutsche Infanterie konnte sich in der alten Linie, wenn auch nur vorübergehend, wieder festsetzen.

Die technische Durchsicht der zurückgekehrten vier Kampfwagen ergab, daß sie nicht mehr zu einem zweiten Gegenstoß eingesetzt werden konnten – obwohl das angesichts der Lage, in der sich die eigene Infanterie befand, dringend erforderlich gewesen wäre.

Die Kampfwagen hatten seit ihrer Ausladung in Loffre bis zur Rückkehr aus dem Gefecht eine Strecke von 60 bis 65 Kilometern zurückgelegt. Schon in der Nacht zum 12. Oktober mußte die deutsche Front bis in die Linie Noyelles-Haspres geordnet zurückgenommen werden. Die schwere Kampfwagen-Abteilung 1 wich zunächst bis Noyelles, dann bis Thiant aus. Am 17. Oktober traf die Abteilung in Charleroi ein.

Die ebenfalls bei Avesnes le Sec am 11. Oktober eingesetzte bay. Abteilung 13 (Beute) kam nicht zur Wirkung. Zwei ihrer drei Beutetanks gerieten in Brand; der dritte blieb mit Kupplungs- und Getriebeschaden liegen; er wurde in Brand gesteckt, um ihn nicht gebrauchsfähig in Feindeshand fallen zu lassen.

Betrachtungen

Es wird bei den Betrachtungen zum 11. Oktober 1918 hilfreich sein, sich den Ablauf und die Eindrücke des 31. August 1918 vergleichend vor Augen zu halten, denn in beiden Gefechten handelte es sich darum, Tanks in offensiver Kampfweise zur Stabilisierung in eine Abwehroperation einzubinden.

Das Desaster vom 31. August hatte seine Ursache weniger in der Überstürzung des Einsatzes der A7V durch die Divisionen, sondern mehr in dem noch vorhandenen Unvermögen, mit den Tanks in der Abwehr etwas »Rechtes« anzufangen, denn zumindest hatte ja die Abteilung 1 bereits seit dem 29. August zur Verfügung gestanden.

So hatte man am 31. August sozusagen »probiert«, was zu tun sei; Erfahrungen gab es ja noch nicht! Erst wurde ein Angriff der Abteilung 1 auf Vraux befohlen, dann wurde der Angriff abgesagt (von wem ist nicht genau überliefert, die Abt. 1 wurde von Oberleutnant Steinhardt informiert, der diesen Entschluß sicher nicht gefaßt haben konnte!). Nun wurden die Tanks aufgeteilt, jedes Regiment erhielt zwei, aber – es wurde nur ein »Unternehmen« riskiert: Stoßtruppartiges Unternehmen, Vorfühlen und Säubern des Geländes, die Infanterie sollte dann folgen. Die Abteilungsführer wußten vielleicht auch nicht so recht, was zu tun war und »klebten« vermutlich aus diesem Grunde an den Generalkommandos. Und die Abteilungen selbst waren nicht in der Lage, ihre Kampfwagen geschlossen nach vorne zu bringen. Die Befehlsgebung war mißverständlich; das Festhalten der Ergebnisse unklar. Jetzt aber, am 11. Oktober, war die gleiche Abteilung 1, die am 31. August 1918 versagt hatte, nicht mehr wiederzuerkennen[146]. In der Zeit vom 28. September bis zum 11. Oktober 1918 zeigte die Abteilung, daß sie den Tankeinsatz in der Abwehr nun beherrschte. Sie meisterte erfolgreich folgende Anforderungen:

Unterstellung unter drei verschiedene Generalkommandos. Zusammenarbeit mit sieben verschiedenen Divisionen, wobei sie sich auf verschiedene Regimenter einzustellen hatte.

Dreimal werden bereits erteilte Befehle wieder aufgehoben. Die Abteilung wirkte mit Pionieren und Fliegern zusammen. Sie bewältigte drei Märsche von 8, 14 und 12 Kilometer Länge und entwickelte dabei eine ausgefeilte Marschtaktik: Technischer Halt, Einsatz des Technischen Offiziers und der Instandsetzungsteile während des Marsches. Sie ließ sich auch durch nächtliche Angriffe mit den damals modernsten Kampfmitteln auf ihre Marschkolonne nicht aus der Ruhe bringen. Sie marschierte aufgelockert, ihre Versorgungsteile suchten sich eine andere Marschstrecke aus und mieden gefährdete Punkte, wie die Brückenstelle Thun – Levèque dicht bei Cambrai, wo die Kampfstaffel in schweres Feuer geraten war.

Die Abteilung blieb ständig dicht am Feind, in einer Entfernung von drei bis fünf Kilometern, und entzog sich innerhalb von fünf Minuten einer drohenden Umfassung durch Ausweichbewegung nach Norden! Die Verbindungen zur Infanterie waren verbessert worden, ständig war die Abteilung auf der Hut.

Die Abteilung hatte zweckmäßig erkundet, sie blieb beweglich, ohne Ausfälle und immer in hoher Gefechtsbereitschaft, so daß sie am 11. Oktober 1918 innerhalb von wenigen Minuten zu einem äußerst erfolgreichen Gegenstoß antreten konnte. Auch die höheren Kommandobehörden hatten hinzugelernt, zum Gegenstoß wurde die Abteilung geschlossen eingesetzt und die Tanks nicht mehr paarweise auf verschiedene Regimenter oder sogar auf zwei Generalkommandos aufgeteilt, wie es noch am 31. August 1918 geschehen war.

Die jeweils zuständige Brigade oder Division setzte die Abteilung nur ein, wenn es erforderlich war und die Infanterie nicht alleine zurechtkommen konnte.

So zeigte der weiter oben geschilderte Ablauf von dem Gefecht vom 28. September bis 11. Oktober zweierlei: Einmal, wie sich die OHL und andere Kommandobehörden nunmehr darum bemühten, eine A7V-Abteilung in der Abwehr sinnvoll und erfolgversprechend einzusetzen. Zum anderen, wie unter dem unerbittlichen Zwang der Realitäten des Kriegsalltages ein und dieselbe Abteilung innerhalb von 40 Tagen, nicht mehr trennt die Einsätze vom 31. August und 11. Oktober 1918, so viel gelernt, ihren Mißerfolg so gründlich ausgewertet und ihren Ausbildungsstand so verbessert hatte, daß sie jetzt in der Lage war, sozusagen ein Musterbeispiel eines Einsatzes von »A7V Sturmpanzerwagen in der offensiven Abwehr« vorzuexerzieren. Der Erfolg des 11. Oktober ist auch darin zu sehen, daß AOK 17 nun Gelegenheit hatte, einen geordneten Rückzug in der Weise durchzuführen, daß der Zusammenhang des Generalkommandos gewahrt blieb.

Die Abteilung kam genau dort zum Einsatz, wo sie am 29. September schon entladen hatte – bei Rieux, und von eben diesem Ort war sie »kraft höheren Befehls« –, wieder abgezogen worden, um ihn nach schwierigen und gefahrvollen Märschen wieder zu erreichen!

Abschließende Bewertung

Das Vorwort seines Buches: »Deutsche Kampfwagen greifen an!« begann Ernst Volckheim 1937 mit den Worten: »Nicht überall bei uns ist es bekannt, daß Deutschland im Weltkriege auch eigene Kampfwagen besessen hat, daß diese – zu Abteilungen zusammengefaßt – bei allen Offensiven des Jahres 1918 eingesetzt wurden und mit Erfolg gekämpft haben, vor allem aber, daß der Angriff deutscher schwerer Kampfwagen in manchen Fällen von *entscheidender* Bedeutung war[147]!«

1. Immer, wenn es ein Urteil zu fällen gilt, wird es unterschiedliche Meinungen, ja widersprüchliche Ansichten geben. Während Hermann Cron im Kapitel »Die Kampfwagen« in seiner »Geschichte des Deutschen Heeres im Weltkriege 1914 – 1918« die Ansicht äußert, daß es gelungen sei, ein »kriegsbrauchbares deutsches Modell, den »A7V-Wagen«, herauszubringen[148], ist im Band 14 des Werkes »Der Weltkrieg 1914–1918« zu lesen: »Bei der Panzerwaffe hatte sich der Kampfwagen Modell A7V so wenig bewährt, daß man seine Fertigstellung einstellte[149].«

   Für beide Aussagen lassen sich viele Begründungen und Belegstellen aus Literatur und Akten anführen.

2. Der Tank stellte 1918 eine der kompliziertesten Kriegsmaschinen dar und war nur mit großem Arbeits- und Materialaufwand (Wrisberg) herzustellen. Der Sturmpanzerwagen A7V war ein schwierig zu steuerndes Waffensystem, das außerdem noch ohne Erprobung, sozusagen in der Nullserie, in den Feldgebrauch übernommen werden mußte. Charakteristisch für dieses völlig neuartige Waffensystem waren:

   Eine schwer zu wartende, anfällige Technik, lange Ausfall- und Reparaturzeiten, ein schwieriger und aufwendiger Antransport auf dem starren Eisenbahnnetz bis in unmittelbare Frontnähe, sowie seine Abhängigkeit von den 1918 gültigen Elementen und Grundsätzen der Gefechtsführung beim Einsatz. Auf der Führungsebene und bei der Truppe mußte zunächst das Verständnis für die neue Waffe und ihre Einsatzbedingungen gefördert werden. Es galt, die Schaffung einer komplizierten Ausbildungsorganisation (Vereinigung verschiedener Waffenzweige in einer Besatzung), die Regelung von Personalersatz und Beurlaubungen und durch Vorführungen und Übungen bei und mit der Truppe Ausbildungsgrundsätze sozusagen aus dem Nichts zu entwickeln und zu erproben. Alle sich daraus ergebenden Probleme waren von der OHL unverzüglich zu lösen und mußten unter Zeitdruck neben vielen anderen Aufgaben zu einem wirkungsvollen System zusammengefügt werden. Dabei kam es zwangsläufig zu Fehlleistungen.

3. Was sollte der Sturmpanzerwagen A7V leisten? Er sollte im Angriff das Vorgehen der Infanterie unterstützen, MG-Nester und Stützpunkte niederkämpfen. Der Sturmpanzerwagen A7V sollte ähnliche Aufgaben übernehmen wie die Begleit- oder Stoßbatterien, so hieß es im »Merkblatt für die Infanterie«. Auch in den OHL-Verfügungen wurden die Tanker, so der damalige Ausdruck für die Panzersoldaten, im Angriff in einem Zusammenhang mit Begleit-Minenwerfern und Begleitartillerie gesehen. Das wichtigste Ziel, das diese drei Waffen, um der eigenen Infanterie im Angriff voran zu helfen, bekämpfen sollten, war das feindliche Maschinengewehr-Nest! In der Verteidigung sollte der Sturmpanzer A7V in der Hand des Führers als bewegliche Reserve feindliche Durchbrüche abwehren und die Infanterie bei Gegenstößen unterstützen.

Lt. Goldmann (untere Reihe, 3. von rechts, mit Fernglas) mit der Besatzung seines A7V 563, WOTAN, im Sommer 1918. Der stark verstaubte Sturmpanzerwagen ist einheitlich feldgrau gestrichen. Die Sonne wirft starke Schlagschatten.   Sammlung WGM

4. Was hat der A7V geleistet? Die Gefechte vom 21. März, 24. April – vom 9. Juni nur teilweise –, vom 15. Juli und vom 11. Oktober 1918 hatten gezeigt, daß der Sturmpanzerwagen A7V dieser Aufgabe gewachsen war, wenn folgende Bedingungen eingehalten wurden:
   - Der Einsatz mußte gut vorbereitet sein (vergleiche hierzu die Forderungen der »Anleitung«).
   - Das Gelände mußte so beschaffen sein, daß Nachteile des A7V wie seine geringe Bodenfreiheit, ungünstige Schwerpunktlage und anfälliges Laufwerk und die nicht immer zufriedenstellende Grabenüberschreitfähigkeit »neutralisiert« wurden.
   - Eine enge Zusammenarbeit mit der Infanterie mußte gewährleistet sein.

Als »Sturmpanzer« konnte er auch mit Erfolg wiederholt Barrikaden durchbrechen.

Für den Zeitbedarf einer intensiven und erfolgversprechenden Vorbereitung hatte Hauptmann Bornschlegel in seiner Auswertung des Gefechtes vom 24. April mit acht Tagen einen realistischen Ansatz gefunden.

In der Festlegung der für die Infanterie 1918 möglichen Tagesangriffsleistung von acht Kilometern und dem Zurückbleiben des Sturmpanzerwagens A7V mindestens um einen Kilometer hinter der Infanterie – um die kostbaren unersetzlichen Tanks in jedem Fall bergen zu können – lag bereits das Eingeständnis: Der A7V war kein Durchbruchswagen. Das hatte aber vor allem auch technische Ursachen, denn nach jedem Einsatztage waren die verwendeten Wagen nicht mehr gefechts- oder fahrbereit.

Waren die Sturmpanzerwagen A7V einmal der Infanterie voraus, wie am 15. Juli 1918 bei Paradis, dann kehrten sie um, weil sie aus eigener Erkenntnis ohne Infanterie nichts bewirken konnten. Das kam auch in der »Anleitung« Ziff. IV. 9. zum Ausdruck.

Der A7V konnte der Infanterie durchaus durch sein Erscheinen moralischen Halt geben, wie beispielsweise beim IR 128 am 21. März 1918, oder bei Iwuy am 11. Oktober 1918. Fehlleistungen, wie Festfahren am 1. Juni 1918 oder Vernichtung und Ausweichen am 24. April, konnten nachhaltige Folgen für die Kampfmoral der Infanterie haben.

Es fällt auf, daß Erfüllung des Auftrages aber auch Versagen auf dem Gefechtsfeld mit der Befehlsgebung in ursächlichem Zusammenhang standen. Positives Beispiel: Der Divisionsbefehl des Generalleutnant Lucius vom 12. Juli 1919 (Anlage 9); hier konnte es kaum einen Zweifel darüber geben, welchen Auftrag die Tanks bei der 123. Division zu erfüllen hatten. Auch der Befehl des Abteilungsführers vom 13. Juli 1918 (Anlage 10) ließ kaum Fragen offen. Negatives Beispiel: Der Befehl des Oberleutnant Steinhardt für den Angriff am 31. August 1918 (Anlage 11). Dieser Befehl war aber wohl auch durch die kurz vorher geänderte Ansicht der 23. Division und den Zeitdruck beeinträchtigt. Auch der Befehl der Division war unpräzise. Auch ist unbekannt, was Leutnant Bergemann mit den Regimentern 101 und 108 für das »Unternehmen« vereinbart hatte. Die Forderung der »Anleitung« in Ziffer IV. 8. war hier nicht in jedem Punkt erfüllt.

Hier lag offensichtlich manchmal etwas im Argen, unterschiedlich von Einsatz zu Einsatz. Jedenfalls sah sich auch Volckheim veranlaßt, in seiner Arbeit »Deutsche Kampfwagen im Angriff 1918« ausdrücklich auf die Forderung »kleiner und bestimmter Gefechtsauftrag« hinzuweisen[150].

Der Sturmpanzerwagen A7V war stark bewaffnet, er hatte eine große Feuerkraft, die er im Angriff mit Erfolg gegen seine Hauptziele einsetzen konnte. Wie in der Schilderung des Einsatzes vom 11. Oktober 1918 gezeigt, konnte sich die Feuerkraft in der Verteidigung gegen überraschte, ungeschützte, lebende Ziele mörderisch steigern. Mit anderen Worten: Wurde der A7V in der Verteidigung bis zum Eingreifen in das Gefecht völlig verdeckt gehalten, wie am 11. Oktober im Wäldchen 1300 südostwärts Lieu – St. Amand und brach dann zur Abwehr feindlicher Durchbrüche oder in einem Gegenangriff plötzlich hervor, so konnte der A7V in der Verteidigung eine noch furchtbarere Waffe sein als im Angriff. In seinem kurzen Abriß »Die Schlacht bei Villers-Bretonneux an Luce und Avre am 24.–26. 4. 18«, vom 23. März 1932 stellt v. Viebahn[151] mit Recht die Frage, weshalb die Höhe 104 (siehe die Kartenskizze von Petter) (Pl. Qu. 5614) vor der 243. Division des XIV. AK nicht auch als Angriffsziel befohlen war, denn, so seine Kritik, von der Höhe 104 herab konnte der Angriff der 228. Division flankiert werden. Diesen Gedanken muß man weiterführen. Hinter der Höhe 104 fällt das Gelände nach Westen stark ab. Die Wegekreuzung im Planquadrat 5611 liegt auf der Höhenlinie 40 m. Dort dehnen sich große Mulden (Tommy-Mulde, Australier-Mulde), die v. Viebahn in seiner Skizze von Villers-Bretonneux nicht dargestellt hat. Die Mulden steckten vom 24. bis 26. April 1918 voller Reserven in Bereitstellungen, mit denen die britischen Gegenangriffe schon am 25. April genährt wurden.

Man stelle sich vor: Am 24. April wären nicht alle A7V wie Stoß- oder Begleitbatterien zum Niederkämpfen von MG-Nestern bei Cachy und Villers-Bretonneux am Kapellengut eingesetzt worden, sondern man hätte eine Gruppe von fünf oder sieben Kampfwagen abgeteilt, die nördlich an Villers-Bretonneux vorbei nur 2000 m weiter in die Mulde bei Planquadrat 5610–5611 herabgestoßen wäre und gegen die dort ungeschützt stehenden, überraschten Reserven ihrer mörderischen Feuerkraft wie am 11. Oktober 1918 entfaltet hätte. Eine Möglichkeit, die 1918 noch nicht gesehen werden konnte, weil die Einsatzmöglichkeiten des Sturmpanzerwagens A7V damals noch anders gedacht war: »Die Aufgaben der Kampfwagen ähneln denen der Infanterie-Begleitbatterien. Sie bestehen im Niederkämpfen feindlicher Stützpunkte, M.G.- und sonstige Widerstandsnester.« (Merkblatt für das Verhalten der Infanterie beim Zusammenwirken mit Panzerwagen vom 19. Mai 1918).

Chef Kraft: »Die Stärke der K.-Abt. liegt im Aufräumen der MG-Nester«[152]. Fehler, Mängel und Leistungsgrenzen des Sturmpanzerwagens A7V wurden von Tankoffizieren und ihren Vorgesetzten erkannt, sie dienten den theoretischen Überlegungen für Verbesserungen am Kampfwagen der Zukunft und für dessen Entwicklung überhaupt.

5. In seiner Schrift »Kampfwagen im Angriff 1918« trat Volckheim ausdrücklich dafür ein, daß der Abteilungsführer den Einsatz in einem Kampfwagen seiner Wahl mitfährt. Er gibt an, daß nur, wenn der Führer seine Abteilung begleitet, dieser Einfluß auf die Abteilung und sie fest in der Hand hat. Es war für Volckheim wohl auch eine Frage der Vorbildlichkeit, er konnte es sich nicht vorstellen, daß ein Abteilungsführer nie einen Einsatz mitfährt. Die »Anleitung« ging in Ziffer 13 davon aus, daß der Abteilungsführer am Angriff in einem Tank teilnimmt, in der Verteidigung dagegen versucht – im Einsatz abgesessen von einem Platz hinter dem Wagen –, diese mit Zeichen zu führen. Die Anleitung wurde am 18. Januar 1918 erlassen, als es noch keine Erfahrungen gab. Hauptmann Greiff hatte dann am 21. März seine beiden verbliebenen Wagen nur im ersten Teil des Gefechts vom Tank aus geführt.

Die Auffassung von Hauptmann Bornschlegel, den Führer an keinen Platz zu binden, sondern ihn das von Fall zu Fall entscheiden zu lassen, scheint wohl am zweckmäßigsten gewesen zu sein. Es ging bei dieser Frage nur um die Art und Weise, wie der Abteilungsführer seinen Wagen führen sollte.

Welchen Sinn hatte es zum Beispiel für den Führer der Abteilung 3 am 9. Juni 1918 an der Matz, den Einsatz in einem Tank mitzufahren, während seine beiden Wagen zwei Divisionen zugewiesen waren und dazu noch unterschiedliche Aufträge hatten und sich außerdem auf einem Gefechtsstreifen von fünf Kilometer Breite bewegten. Hierbei gilt es vor allem, an die damals noch sehr primitiven Kommunikationsmittel der damaligen Kampfwagen zu denken. Mit den heutigen Fernmeldemitteln wäre das alles keine Frage mehr.

Es wird gelegentlich der Vorwurf erhoben, es sei unverantwortlich gewesen, Panzerspezial-Personal während des Gefechts auch abgesessen zum Einsatz zu bringen. Spezialpersonal waren in erster Linie nur der 1. und 2. Fahrer sowie die Monteure, evtl. noch ein Kommandant, der aus der Kraftfahrtruppe hervorgegangen war; die anderen, ausgenommen die Geschützbedienung, waren MG-Schützen und Infanteristen.

So war es ziemlich unerheblich, ob ein MG-Schütze seine Waffe vom Gefechtsstand im Tank oder als 1. MG im Gelände bediente.

Die Forderung der »Anleitung«, daß Besatzungen sich am Infanteriegefecht beteiligten, galt ja auch nur für bewegungsunfähige Fahrzeuge, die »gründlich gesprengt« worden waren, und wie stand es mitunter mit den Spezialkenntnissen? Volckheim: »Ich kam von der Infanterie und verstand vom Kraftwagen nichts. Ich war lediglich im Frieden einmal in einer Taxe und bei der Panzertruppe wenige Male in einem Kraftwagen gefahren[153].«

Von Villers-Bretonneux berichtete Volckheim: »Da verlasse ich rasch mit einigen meiner Besatzung den Panzer. Mit Handgranaten gehen wir auf den Feind los. Diese wirken und von den wohl 30 Mann machen wir sechs Gefangene.

Foto nach Volckheim »Kampfwagen II« Bild 2. Originalunterschrift: »Deutsche Kampfwagen greifen bei Villers-Bretonneux am 24. April 1918 an«.

Sammlung WGM

Die Aufnahme ist auch in Volckheim »Erlebnisse« (Bild 3) abgebildet. Der Originaltext zu diesem Bild lautet dort: »Die deutschen schweren Kampfwagen im Angriff bei Villers-Bretonneux, beim Nehmen eines Hindernisses.« Beide Bücher erschienen 1937. In seinen »Erlebnissen« schreibt Volckheim über den Tag von Villers-Bretonneux: »Dichter Nebel ist um uns. Man kann knapp 30 m weit sehen.«
Wie ja überhaupt der Nebel am Morgen des 24. April 1918 das erste Gelingen ermöglichte, weil er der britischen Feld-Artillerie ihre Wirkungs- und Beobachtungsmöglichkeiten nahm. Das Foto zeigt keinen dichten Nebel im Gelände. Zudem ist der vordere Wagen auch nicht komplett mit allen MGs ausgerüstet. Das ist für einen scharfen Gefechtseinsatz nicht vorstellbar. Das vordere Fahrzeug führt seine Kanone auf einer Sockellafette, der mittlere Wagen auf einer Bocklafette.
Für ein Gefecht fahren die Wagen auch zu dicht nebeneinander. Das Kriegstagebuch der Abt. 1 gibt für Übungen 50–250 m Abstand und 250 m Zwischenraum an; die hier zu erkennenden Zwischenräume galten für eine Vorführung vor Generalquartiermeister Ludendorff am 25. Februar 1918.

Erstaunt wohl schaut unsere Infanterie diesem komischen Verhalten einer Panzerbesatzung zu: Daß wir mit Handgranaten auf den Feind losgingen und dorthin wirkten, wohin unsere Waffen vom Fahrzeug aus nicht reichten. – Doch uns ist dieser Kampf nichts Ungewohntes, denn wir waren ja vorher selbst Infanteristen[154]!«

Im Übrigen kann als Ergebnis gelten: Die Truppe hatte auch hier ihre Erfahrung gemacht und gelernt. Während der abgesessene Einsatz einer Besatzung an der Matz am 9. Juni (Kampfwagen 5) wenig zweckmäßig war, machte das Verhalten der Besatzung Bergemann am 15. Juli bei La Neuville einen ganz anderen Eindruck: Zur Sicherung der Reparatur des Raupenbandes wurden die MG lediglich zur Sicherung ausgesetzt.

6. Zum Schluß soll noch ein Wort den Soldaten gewidmet werden, die mit dem Sturmpanzerwagen A7V gekämpft haben. Es wurde schon darauf hingewiesen, daß aus den Akten und Erlebnisberichten der Eindruck entsteht: Die Panzersoldaten des A7V waren von einem guten Geist beseelt. Nirgendwo wurde über Ausschreitungen berichtet, wie sie in den Tagen der deutschen Erfolge an der Marne vom 27. Mai bis 13. Juni vorgefallen waren.

Im Vormarsch lösten sich Beitreibungskommandos auf, führten sich in ihrer Trunkenheit ungebührlich auf, zerstreuten sich in der Stadt, der Alkohol tat seine Wirkung, die Disziplin ließ zu wünschen übrig, am Wege lagen betrunkene deutsche Soldaten! Am 27. Mai 1918 erkannte ein Kommandeur, daß die Angriffslust und auch die Kraft der Infanterie nicht mehr die alte war. Regimenter stockten vor schwachem Widerstand, plünderten Proviantmagazine, es kam zu Ausschreitungen, die Führer hatten die Truppe nicht mehr bedingungslos in der Hand. Betrübende Bilder waren zu sehen, auch schwere Trunkenheit. Die Bearbeiter von Band 32 des Reichsarchivswerkes hatten sich 1930 geschämt, diese Truppenteile näher zu bezeichnen[155].

Die Offiziere der Tanktruppe stellten hingegen ihren Soldaten ein ganz anderes Zeugnis aus. Eine Truppe, die nach dem Desaster vom 31. August aus tiefer Niedergeschlagenheit in nur 40 Tagen zu einem Erfolg wie dem vom 11. Oktober und der Bewährung vor diesem Einsatz fand, mußte vor allem willig, leistungs- und einsatzbereit gewesen sein. Wenn Volckheim in seinem Bericht über Villers-Bretonneux von einem Tanksoldaten berichtete, der in Gefangenschaft geraten war und für die Kampfwagentruppe schädliche Aussagen gemacht hatte, dann schmälerte das nicht das positive Bild. Das ist ein ehrliches Eingeständnis des Versagens eines einzelnen und macht den guten Gesamteindruck nur überzeugender. Überhaupt darf der Soldat, der Mensch, in solchen Darstellungen nie vergessen werden. Wir müssen es zu deuten verstehen, wenn Infanteriekompanien nur noch über 40 Mann verfügten und sich dennoch trotz Grippe und Fieber im Angriff voranschleppten. Wir müssen herauslesen, was es heißt, wenn Tanksoldaten in ihren Berichten immer wieder erwähnten, wenn einmal etwas Gutes zum Essen erbeutet oder gefunden wurde. Sie, die 1918 infolge eines unvorstellbaren Mangels an allem ein elendes Leben führen mußten, die geschwächt waren, die Hunger litten, hatten trotzdem ihre Pflicht getan. Das ist es, was uns Nachgeborenen auch heute noch Achtung abverlangt.

Dennoch muß man Ernst Volckheim, der sich um die Geschichte der jungen deutschen Tanktruppe des Ersten Weltkrieges verdient gemacht hat, kritisch entgegen halten: Der Angriff schwerer deutscher Kampfwagen war nie von entscheidender Bedeutung, auch in »manchen Fällen« nicht.

Ein Kampfwagen, der nur eine geringe Eindringtiefe hatte, sich nur kurz, höchstens für einen Tag am Kampf beteiligen konnte, dessen örtlicher taktischer Erfolg manchmal nur wenige Stunden überdauerte, der aus technischen Gründen nicht zum Durchbruch geeignet war, konnte keine entscheidende Bedeutung für das Gesamtkriegsgeschehen erlangen. Der Sturmpanzerwagen A7V hatte im Angriff Erfolg, er konnte einen ganzen Sturmblock, eine ganze Kompanie, mit nach vorne reißen. Für den Kampf gegen seinen Hauptfeind, das MG-Nest, war er besser geeignet als jedes ungeschützte, bespannte oder im Mannschaftszug durch das Trichtergelände geschleppte Begleitgeschütz. In der Verteidigung konnte er sich zu fürchterlicher Waffenwirkung steigern. Richtig eingesetzt vermochte er ein wirklicher »Sturmwagen« – ein willkommener Helfer der Infanterie zu sein.

---

1 Hierzu folgende Erläuterung: Von 1919 bis 1936/37 bestand das Reichsarchiv Potsdam, es verwaltete Urkunden und Akten des alten Heeres seit 1867 (Gründung des Norddeutschen Bundes) und umfangreiche weitere Bestände. Zweigstellen waren in Dresden (XII. und XIX. kgl. sächs. AK) und Stuttgart (XIII. kgl. württemb. AK). Eine eigene Forschungsabteilung bearbeitete das amtliche Werk »Der Weltkrieg 1914–18«, 14 Bände und 3 Ergänzungsbände, die von 1925 bis 1944 erschienen. 1936/37 wurden die Heeresarchive ausgegliedert.
Das Heeresarchiv Potsdam verwahrte die bis dahin im Preuß. Geh. Staatsarchiv gelagerten brandenburg.-preuß. Heeresakten vom 17. Jahrhundert bis 1866 und die Akten und Urkunden des preuß. Heeres von 1867–1920 (s.o.). Das Heeresarchiv Potsdam nahm auch die Akten der Reichswehr und der deutschen Wehrmacht auf: Aus Reichsarchivzweigstellen (s.o.) und dem Bayerischen Kriegsarchiv in München bildeten sich die Heeresarchive Dresden, Stuttgart und München. Sie wurden unter einem Chef der Heeresarchive im Generalstab zusammengefaßt. 1938/39 wurde das österreichische Kriegsarchiv als Heeresarchiv Wien übernommen.
Nach dem Zweiten Weltkrieg befinden sich Reste des Heeresarchivs Potsdam im Bundesarchiv/Militärarchiv Freiburg i. Br. Das Heeresarchiv München ist seit 1947 die Abteilung IV des Bayerischen Hauptstaatsarchives. Das Heeresarchiv Stuttgart ist Teil der württembergischen staatlichen Archivverwaltung. Die der Vernichtung entgangenen Bestände des Heeresarchivs Dresden fielen 1945 in sowjetische Hand. Sie sind zum Teil zurückgegeben worden. Festzuhalten bleibt: Die Aufteilung der militärhistorischen Bestände des Reichsarchivs Potsdam im Jahre 1936/37 in die Heeresarchive Potsdam, Dresden, Stuttgart und München entsprach der historisch gewachsenen Aufteilung des deutschen Reichsheeres in seine vier Hauptkontingente: Königreich Preußen, Königreich Sachsen, Königreich Württemberg, Königreich Bayern bis 1918/19.

2 Anglo-amerikanischer Bombenangriff auf Potsdam am 14. April 1945 und Abtransport der Reste nach dem 8. Mai 1945 durch die Rote Armee in die UdSSR.

3 Archiv-Mitteilungen. Staatliche Archivverwaltung der Deutschen Demokratischen Republik (Hrsg.) Berlin 1989. Heft 5/89 (179–180).

4 Vgl. hierzu: Petter: Einsatz von Kampfwagen. Heft 4 (VI–VII) und Heft 3 (VII). BA-MA Msg 2/942 und Msg 2/943. Auch: Nachlaß Petter: N 610/7 bis 10.

5 BA-MA-Nachlaß Greiff N 89.

6 Vgl. Fritz Heigl: Taschenbuch der Tanks. München 1926 (207–211). Heigl spricht von fünf ehemals deutschen schweren Tanks, »die von Polen außer Dienst gestellt worden sein sollen. Als Quelle führt er allerdings lediglich an »Nachrichten besagen.« Leutnant Larsen, Führer der letzten sog. schweren Kampfwagenabteilung bei Kokampf, berichtet in seinem Tagebuch, daß bei Auflösung auf Anordnung der Entente im Januar 1919 eingerichteten Dienststelle »Kommandeur der Kampfwagenabteilungen« der A7V-Wagen an Polen ausgeliefert werden mußte. Theodor Larsen: Erinnerungen eines Tankkommandanten (Masch.-schr.) Bregenz 1940 (69–72). Privatbesitz. Generalstab des Heeres, Kriegswiss. Abteilung (Hrsg.): Der polnisch-sowjetische Krieg 1918–1920. Bd 1. Berlin 1940, S. 7; Fußnote 1 enthält sinngemäß folgende Aussage: Ende Juni 1919 waren 150 sog. Straßenpanzerwagen und 120 PzKampfwagen vorhanden. Angaben über deren Stärke um die Mitte des September 1919 fehlen. Also *kein Hinweis* auf A7V.

7 Brief (an WGM): Museum der polnischen Streitkräfte – Warschau vom 11. 10. 1989 gez. der stellvertretende Direktor – der Kurator der Abteilung für Neueste Geschichte.

8 Walther Nehring: Geschichte der deutschen Panzerwaffe 1916–1945. Berlin 1969.

9 Ernst Volckheim: Deutsche Kampfwagen greifen an! Berlin 1937.

10 Ludwig Ritter von Eimannsberger: Der Kampfwagenkrieg. München 1934.

11 Heinz Guderian: Achtung Panzer: Die Entwicklung der Panzerwaffe, ihre Kampftaktik und ihre operativen Möglichkeiten. Stuttgart 1938.

12 Vgl. Eimannsberger, Kampfwagenkrieg, S. 158–210.

13 Walther Nehring: Kampfwagen an die Front! Leipzig 1934, S. 31.

14 Bericht des Tankunteroffiziers Schuchard, BA-MA N 89/6 (Nachlaß Greiff).

15 Larsen, S. 32–33.

16 Larsen, Zum Geleit!

17 Volckheim: Deutsche Kampfwagen greifen an! (IX–X). Im folgenden – Volckheim: Erlebnisse

18 Vgl. hierzu: Paul Kirn – Joachim Leuschner: Einführung in die Geschichtswissenschaft. 6. Aufl. Berlin 1972: Aufgaben der historischen Darstellung. S. 103.

19 Die Löhnung für Unteroffiziere und Mannschaften wurde am 21. 12. 1917 erhöht. Einzelheiten siehe bei Hermann Cron: Geschichte des deutschen Heeres im Weltkriege 1914–1918. Berlin 1937, S. 39.

20 Streik von einer halben Million Arbeiter in Berlin im Januar 1918. Hermann v. Kuhl: Der Weltkrieg 1914–18. Berlin 1929. Bd II, S. 277.

21 Vgl. hierzu: Hans Thimme: Weltkrieg ohne Waffen. Die Propaganda der Westmächte gegen Deutschland, ihre Wirkung und ihre Abwehr. Stuttgart und Berlin 1932. In 40 Seiten Anhang sind Aktenbeispiele und Texte von Abwurfblättern aufgeführt. Albrecht Blau: Geistige Kriegführung. Potsdam 1937 (45–55); Paul Linebarger, M.A.: Schlachten ohne Tote. Psychological Warfare. Berlin. Frankfurt/M 1960 (79–94); Kurt Hesse: Der Feldherr Psychologos. Berlin 1922.

22 Kronprinz Wilhelm von Preußen: Meine Erinnerung aus Deutschlands Heldenkampf. Berlin 1923, S. 347–348 und: Bundesarchiv/Kriegsgeschichtliche Forschungsanstalt des Heeres (Hrsg.): Der Weltkrieg 1914/18. Die Kriegführung an der Westfront im Jahre 1918. Berlin/Koblenz 1944/1956. Bd 14, S. 516–525. Im folgenden Bundesarchiv, WK 14–18. Bd 14.

23 Vgl. hierzu: Reinhard Höhn: Die Armee als Erziehungsschule der Nation. Das Ende einer Idee. Bad Harzburg 1963 (503–569); Kriegspresseamt: Mitteilungen für den Vaterländischen Unterricht 1918. BA-MA, Bestand PHD 7/154; Der Vaterländische Unterricht der 6. Kavallerie-Schützen – Division in Frage und Antwort. Mai 1918. BA-MA PHD 7/101. XI. Armeekorps. Mitteilungen für den Vaterländischen Unterricht 1918. BA-MA Bestand PHD 9/69 DV (Pr.) 163. Grundlagen für den Vaterländischen Unterricht 1918. BA-MA Bestand PHD 7/124.

24 Cron: Geschichte des deutschen Heeres« S. 264.

25 WK 14–18. Bd 14, S. 696.

26 Ernst Volckheim: Die deutschen Kampfwagen im Weltkriege, Berlin 1923 (27). Im folgenden: Volckheim. Kampfwagen I.

27 Volckheim: Erlebnisse, S. 61 f.

28 Volckheim: Erlebnisse, S. 60.

29 K. G. Klietmann: Die Deutsche Sturmpanzerkraftwagen-Abteilung 1 und ihr erster Kampfeinsatz am 21. März 1918 bei Urvillers. In: Zeitschrift für Heereskunde Nr. 324/1986, S. 39–41. Der Aufsatz wurde auch schon 1938 veröffentlicht. Damals unter dem Titel »Sturmpanzer vor!« In: Deutsche Kriegsopferversorgung. 9. Jahrgang, 1938, S. 15–18.

30 Das Füsilier-Regiment Prinz Heinrich von Preußen (Brandenburgisches) Nr. 35 im Weltkriege. Berlin 1929 (Bildtafel 48 zeigt Tank Lotti in Villers-Bretonneux).

31 Bundesarchiv. WK 14–18. Bd 14, S. 347 f., und Cron, S. 86 f.

32 Vgl. hierzu folgende Gesamtdarstellungen, die erste Einblicke gewähren: Hermann v. Kuhl: Der Weltkrieg 1914–1918. Berlin 1929, Bd II, S. 275–480. Bundesarchiv. WK 14–18, Bd 14, mit Verzeichnis wesentlicher Schrifttums der deutschen und auf der Seite der ehemaligen Feindmächte. Hermann Stegemann: Geschichte des Krieges. Stuttgart und Berlin 1924, Bd 4, S. 521–654. Hans Herzfeld: Der erste Weltkrieg, Lausanne 1969, S. 343–353 mit reichhaltigem Literaturverzeichnis.
Walther Hubatsch: Deutschland im Weltkrieg 1914–1918. Mit umfangreichem Literaturnachweis. In: Schriftenreihe Innere Führung, Heft 7/1984, hrsg. vom Bundesministerium der Verteidigung. Bonn 1984. Peter Graf Kielmannsegg: Deutschland und der erste Weltkrieg. Frankfurt 1968. Amtliche Kriegsdepeschen, Bd 1–8 Berlin 1914–1918. Der große Krieg. Eine Chronik von Tag zu Tag. H. 1 ff. Frankfurt 1914–1919. Einzeldarstellungen zu militärischen Operationen im Westen 1918. Schlachten des Weltkrieges in Einzeldarstellungen bearbeitet und herausgegeben im Auftrage und unter Mitwirkung des Reichsarchivs. Bd 32: Deutsche Siege 1918 (27. 5. bis 13. 6.). Oldenburg/Berlin 1929. Bd 33: Wachsende Schwierigkeiten. Oldenburg/Berlin 1930. Bd 34: Der letzte Deutsche Angriff. Reims 1918. Oldenburg/Berlin 1930. Bd 35: Schicksalswende. Von der Marne bis zur Vesle 1918. Oldenburg/Berlin 1930. Bd 36: Die Katastrophe des 8. August 1918. Oldenburg/Berlin 1930.

33 Vgl. hierzu: Erwägungen in Bundesarchiv WK 14–18. Bd 14, S. 660–691.

34 Vgl. hierzu: Walther Albrecht: Gunther Burstyn (1879–1945) und die Entwicklung der Panzerwaffe. Osnabrück 1973, S. 105–118.

35 BA-MA PH 20/19. Bericht über Erfahrungen beim Einsatz der deutschen Panzerkraftwagen im Jahre 1918. 162 Blätter BA-MA PH 20/191.

36 Kriegstagebuch der Abteilung 1 (A7V): BA-MA N 89/5, Nachlaß Greiff.

37 Heinz Guderian: Die Panzerwaffe. Stuttgart 1943, S. 196–198. Volckheim: Kampfwagen (1937), S. 44–48. Ernst Volckheim: Das Gefecht Kampfwagen gegen Kampfwagen. In: »St. Christophorus« 10. Jg. 1935, Heft 2 und 3. Volckheim, Kampfwagen I, S. 34–50. Mark Whitmore: Mephisto. Queensland 1989. S. 28–38. Eric Micheletti: Les premiers Panzers. In: Gazette des Armes 11/ 1983. Ernst Volckheim: Deutsche Kampfwagen im Angriff 1918. In: Schwarte (Hrsg.): Kriegslehren in Beispielen aus dem Weltkrieg. 1. Bd, Heft 3. Berlin, S. 101–112.

38 Georg v. Viebahn: Die Schlacht bei Villers-Bretonneux. Potsdam o.J.

39 BA-MA PH 20/19: Blätter 16–19.

40 BA-MA PH 20/19: Blätter 20–21.

41 v. Kuhl: Weltkrieg, Bd II, S. 292.

42 Siehe als Beispiel für die Zusammensetzung einer deutschen Armee 1918: Cron: Die 18. Armee am 21. 3. 1918: Dort findet sich als Armeetruppe zugeteilt die Panzerkraftwagen-Abteilung in bei VXII. Armeekorps.

43 Armeeabteilungen entsprachen in ihrer Struktur einer Armee, nur waren sie schwächer und deswegen weniger kampfkräftig.

44 Zum Ausgang der großen Schlacht in Frankreich vgl. Bundesarchiv. WK 14–18. Bd 14, S. 254–259 und Kuhl: Bd 2, S. 337–343.

45 Bundesarchiv. WK 14–18. Bd 14, S. 317, Fußnote 1.

46 Betrachtungen zur Schlacht von Soissons-Reims, vgl. Bundesarchiv. WK 14–18. Bd 14, S. 390–393 und Kuhl, S. 360–365 und Eimannsberger, S. 81–87.

47 Betrachtungen zum Unternehmen Gneisenau: Vergleiche Bundesarchiv. WK 14–18. Bd 14, S. 408–411 und Kuhl, S. 361 f.

48 Bundesarchiv. WK 14–18. Bd 14, S. 413.

49 Ebd., S. 418.

50 Kuhl, S. 352.

51 Erich Petter: Einsatz von Kampfwagen durch Deutschland im Weltkriege 1914/ 18. Heft 4 (Masch.-schr.). Berlin. 1933, S. 44–60: BA-MA Bestand MSG 2/943 – Heft 3: Bestand MSG 2/942. Im folgenden: Petter Heft 4 bzw. Heft 3.

52 Hierbei ist zu beachten, daß die Abteilung 15 (Beute) erst am 26. 8. 1918 aufgestellt worden ist.

53 Betrachtungen zu den Operationen zu »Marneschutz/Reims«, siehe: Bundesarchiv. WK 14–18. Bd 14, S. 456–465 zum Verlauf, siehe auch Eimannsberger, S. 88–95.

54 Eimannsberger, S. 30–31. Bundesarchiv. WK 14–18. Bd 14, S. 477: Fußnote 1 gibt über 400 Tanks an.

55 Eimannsberger, S. 44.

56 Vergleiche Cron, S. 150, 153.

57 Bundesarchiv. WK 14–18. Bd 14, S. 505. Zum Verlauf des 8. 8. 1918 vergleiche Bundesarchiv Schlachten des Weltkrieges. Bd 36. Die Katastrophe des 8. August. Oldenburg/Berlin 1930.

58 Abt. 3 bei Armee-Abteilung A (Vogesen-Lothringen); Abt. 11 bei 18. Armee; Abt. 12 bei Heeresgruppe Gallwitz; Abt. 13 bei 17. Armee; Abt. 14 bei 1. Armee. Vergleiche hierzu: Petter, Heft 4, S. 7, 15.

59 Die umstrittene Bezeichnung Sturmpanzerkraftwagen-Abteilung wurde ab 22.9.1918 in »Schwere Kampfwagenabteilung« umgeändert. Cron, S. 223–224. Der Zusatz »schwere« weist auf die Planung hin, auch leichte und beweglichere Kampfwagen zu schaffen; sie gelangten jedoch nicht mehr zur Verwendung.

60 Petter, Heft 3, S. 28, 36.

61 Vergleiche hierzu: Volckheim: Kampfwagen II, S. 65–68.

62 Der Angriff im Stellungskriege. Herausgegeben vom Chef des Generalstabes des Feldheeres am 1. 1. 1918 Sammlung WMG.

63 Vergleiche z. B.: 5. Generalstabskurs Sedan Kriegslage 3. BA-MA PH 8 VI/43.
64 Reichsarchiv – Bayerisches Kriegsarchiv (Hrsg.): Ruhmeshalle unserer alten Armee. Berlin/Fürstenwalde o. J. 5. Auflage. Bd I. 4. Teil, S. 359.
65 Auf weitere Einzelheiten eines Angriffsverfahrens und zu den Sturmbataillonen kann hier nicht weiter eingegangen werden. Zum Angriffsverfahren und dessen Weiterentwicklung vergl.: Oberkommando HGr Herzog Albrecht Abt. I d Nr. 8810 op vom 10. 8. 1918, Merkblatt: Angriff im Stellungskrieg, Neudruck August 1918. Sammlung WGM. Kuhl, S. 315 f. Bundesarchiv. WK 14–18. Bd 14, S. 43 f., 102, 329, 445, 462. Mit dem Ende der Offensiven und dem Übergang zur Abwehr waren andere Verfahren zu erproben, siehe hierzu: Bundesarchiv. WK 14–18. Bd 14, S. 526f. Zum Sturmbataillon und Infanterieregiment vergleiche: Cron, S. 125f. Entwurf Ausbildungsvorschrift für die Fußtruppen im Kriege (A.V.F.) Januar 1917. Sammlung WGM.
66 Greiff: Durchbruchsschlacht. Der erste Einsatz deutscher Kampfwagen in der Märzschlacht 1918. In: Kreuzeitung Nr. 71, vom 24. 3. 1935: BA-MA N 89, Nachlaß Greiff.
67 Ebd.
68 Walter Richter: Das Danziger 2 Infanterie-Regiment Nr. 128. Zeulenroda. o.J. S. 356, 357.
69 KTB Abt. 1 ohne Seitenangabe (Datum 21. 3. 1918), BA-MA N 89/5.
70 Greiff, Kreuzeitung vom 24. 3. 1935: BA-MA N 89.
71 Ebd.
72 Gefechtsbericht der Panzerwagenabteilung 2 (im Gefecht Gruppe 3, Verf.) Anl. 57 in: BA-MA PH 20/19.
73 Ebd.
74 Albrecht v. Stosch: Das Garde Grenadierregiment Nr. 5, 1897–1918. Oldenburg/ Berlin 1925, S. 517. Den Totenkopf führte bis September 1918 nur die Abteilung 1!
75 Bericht des Leutnants d.L. Biltz vom 30. 4. 1918, Anlage 58 in: BA-MA PH 20/19.
76 Bericht des Leutnant d.R. Bitter, ohne Datum, wohl auch vom 30. 4. 1918. Anlage 58 in BA-MA PH 20/19.
77 Vergl. 77. RID I A 81 op. geheim Divisionsbefehl Nr. 1 für den Angriff vom 20. 4. 1918. Anlage 14 in: BA-MA PH 20/19.
78 Volckheim: Kampfwagen II, S. 16.
79 Kdr. der Panzerwagen-AbtGen Nr. III 902 vom 3. Mai 1918. Anlage 59, BA-MA PH 20/19.
80 Kdr. der Panzerwagenabteilung Hauptmann beim Stabe vom 25. 4. 1918 an AOK 2, Anlage 61, BA-MA PH 20/19.
81 Vgl. Anweisungen über den Gebrauch der Tanks und über die Grundgedanken bei ihrer Anwendung als Hilfsmittel beim Infanterieangriff. Herausgegeben vom Generalstab, S. 164. O.B./83 T. In Borchert: Der Kampf gegen Tanks. Dargestellt an den Ereignissen der Doppelschlacht bei Cambrai. Berlin 1931, S. 27–31.
82 Stosch, S. 520.
83 Entwurf zum Bericht der 77. RID über die Aufgabe des am 24. 4. 1918 gewonnenen Geländes. Die Darstellungen in den verschiedenen Quellen über unabhängig voneinander geführte Panzergefechte sind nicht immer klar voneinander zu unterscheiden. Was den letzten Endes günstigen Ausgang betrifft, gilt auch hier: Der Erfolg hat viele Väter.
84 Die Darstellung dieses Gefechtes beruht, wenn nicht anders angegeben, auf: Petter, Heft 4, S. 11–20 und auf Volckheim: Kampfwagen II, S. 61–63.
85 Vgl. Petter. Heft 4, S. 11–14, Volckheim: Kampfwagen II, S. 61–63 für den 31. 5. 1918
86 Stühnke: Das Infanterie-Regiment »Kaiser Friedrich, König v. Preußen« (7. Württ.) Nr. 125 im Weltkriege 1914-1918, S. 228.
87 Flaischlen, H. (Hrsg.): Die württembergischen Regimenter im Weltkrieg. Bd 10. Nick: Die Geschichte des Württembergischen Infanterieregiments Nr. 476 im Weltkrieg. Stuttgart 1921, S. 81.
88 Die Darstellung dieses Gefechtes beruht, wenn nicht anders angegeben, auf: Petter, Heft 4, S. 18–27 und auf Volckheim: Kampfwagen II.
89 Petter, Heft 4, S. 11–20 erwähnt lediglich Erkundungen am 29. 5. abends und am 30. 5. Die Abteilungen erreichten Bhf. Block-Forsthaus erst am 30. 5.
90 Rudolf Hoffmann: Infanterie-Regiment 463. 7000 Niedersachsen im Großkampfe der Westfront. Bremen 1930, S. 252.
91 KTK Kampftruppen Kommandeur, ist im Zusammenhang mit BTK Bereitschaftstruppen Kommandeur und RTK Reservetruppen Kommandeur zu sehen. Diese Dreiteilung gibt die Gliederung eines Infanterieverbandes im Stellungskriege wieder: Vorne waren Kampftruppen im Graben, dahinter lag die Eingreiftruppe, weiter hinten die Reserven in Ruhe.
92 Döring v. Gottberg: Das Infanterie-Regiment Nr. 465 im Weltkriege. Osnabrück 1930, S. 238–241.
93 Hoffmann, S. 253.
94 Das Fort ist in Teilen erhalten und kann besichtigt werden. Es enthält eine sehenswerte heereskundliche Sammlung, die Epoche Deutsches Reichsheer bis 1914 und Uniformen des Ersten Weltkrieges. Eine Stahlgefecht-Splittermaske für Tankbesatzungen ist dort auch im Original zu sehen. Vgl. zu la Pompelle auch Weimann, Bd I: La Pompelle et sa région. Paris 1925.
95 Petter, Heft 4, S. 18, 27.
96 Volckheim: Kampfwagen II, S. 51.
97 Petter, Heft 4, S. 19, 28.
98 Anlage 61, BA-MA PH 20/19 (vgl. Anm. 80).
99 Vgl. hierzu den ausführlichen Erlebnisbericht von Volckheim in: Erlebnisse, S. 22–34 und Anm. 100.
100 Volckheim: Deutsche Kampfwagen im Angriff 1918. In: Schwarte (Hrsg.): S. 124. Dieser Arbeit folgt auch die Darstellung als Einsatz der Abteilung 3 an der Matz.
101 Zoerner: Infanterie-Regiment Nr. 417. Zeulenroda, o. J., S. 37.
102 Ebd., S. 36.
103 Petter, Heft 4, S. 25, 34.
104 Volckheim: Kampfwagen II, S. 26: Fußnote.
105 Die Darstellung dieses Gefechtes beruht, wenn nicht anders angegeben auf Petter, Heft 9, S. 30–39 und dem KTB Abteilung 1: BA-MA N 89/5.
106 Petter, Heft 4, S. 30, 39.
107 Ebd.
108 BA-MA N 89/5.
109 Zum komplizierten Aufbau einer Feuerwalze vergleiche als Beispiel die Anlage: Auszug Heeresbefehl Heeresgruppe Deutscher Kronprinz vom 26. 6. 1918. In: Reichsarchiv Schlachten des Weltkrieges, Bd 34. Der letzte deutsche Angriff, Reims 1918, S. 204–208.
110 Seebohm (Hrsg.): Geschichte des 1. Oberelsässischen Infanterie-Regiments Nr. 167, Jena 1932. S. 130. Die 2. und 3. Kompanie gehören zum 1. Bataillon, das auf La Neuville angesetzt war.
111 Reichsarchiv, Bd 34, S. 95.
112 Kriegstagebuch St. P. 4. W.A. 1, BA-MA N 89/5 ohne Seitenangabe. Die Angabe »zwei Tanks« sind wohl ein Irrtum. Der Gefechtsbericht der Abteilung spricht ausdrücklich von drei Wagen. »1/167« soll wohl heißen — erstes Bataillon IR 167.
113 Vgl. hierzu: Sechsseitigen Gefechtsbericht im KTB der Abteilung 1 vom 15. 7. 1918: BA-MA N 89/5.
114 Reichsarchiv, Bd 33: Wachsende Schwierigkeiten 1918.
115 Petter, Heft 4, S. 34d, S. 40.
116 Ebd., S. 35, 51.
117 Seebohm, S. 130.
118 Bach, Ernst: Regiment 83 sturmerprobt. Kassel o.J., S. 218.
119 Ebd., S. 219.
120 BA-MA, PH 20/19, Anlage 4, Blatt 20–31, siehe auch S. 199 in diesem Band.
121 Petter, Heft 4, S. 34e, 50.
122 Volckheim: Erlebnisse, S. 55 bis 59. Die Darstellung dieser Ereignisse beruht, wenn nicht anders angegeben, auf dem KTB, Abt. 1: BA-MA N 89/5.
123 KTB Abt. 1, BA-MA N 89/5.
124 BA-MA N 89/5.
125 Ebd.
126 Petter, Heft 4, S. 48–64.
127 Ebd.
128 BA-MA N 89/5.
129 Petter, Heft 4, S. 48–64.
130 BA-MA N 89/5.
131 Petter, Heft 4, S. 48–64.
132 Ebd.
133 BA-MA N 89/5.
134 Petter, Heft 4, S. 48–64.
135 BA-MA N 89/5.
136 Erich Blohm – Ernst Vogel – Gottfried Saupe: Das kgl. sächsische Schützenregiment »Prinz Georg« Nr. 108. Dresden 1926, S. 251.
137 Ebd.
138 Alfred Meyer, Georg Reyher: Das königlich sächsische 2. Grenadier-Regiment Nr. 101. Dresden 1924, S. 168.
139 Petter, Heft 4, S. 52–68.
140 Petter, Heft 3, S. 15–23.
141 Ebd.
142 Volckheim: Erlebnisse, S. 67–78.
143 Ebd., S. 63–66.
144 Volckheim: Erlebnisse, S. 67–78.
145 Zu den verschiedenen Divisionstypen vgl. Cron, S. 95–105.
146 Von den Kommandanten am 11. 10. 1918 hatten am 31. 8. 1918 mitgekämpft: Lommen, Volckheim, Wagner, Goldmann, lediglich Lt. Schück war am 11. 10. 1918 neu hinzugekommen.
147 Volckheim: Deutsche Kampfwagen greifen an, S. 4.
148 Cron, S. 223.
149 Bundesarchiv. WK 14–18. Bd 14, S. 525.
150 Volckheim: Deutsche Kampfwagen im Angriff 1918, S. 139.
151 G. v. Viebahn, Die Schlacht bei Villers – Brettonneux. Potsdam o. J.
152 Petter, Heft 4, S. 18–27.
153 Volckheim: Kampfwagen II, S. 15.
154 Ebd., S. 12.
155 Schlachten des Weltkrieges, Bd 32, Deutsche Siege 1918. Berlin 1930.

Einige Literaturnachweise

Zum Gefechtseinsatz des A7V gibt es nicht viel Literatur. Die wesentlichen schriftlichen Zeugnisse verdanken wir Erich Petter und Ernst Volckheim.

Volckheim war Mitkämpfer und Tankkommandant. Er hat es in der Reichswehr bis zum Major gebracht, hatte nach dem Kriege in der Reichswehr als Leutnant in der 3. (Preuß.) Kraftfahrerabteilung begonnen. Von ihm stammen:

Volckheim: Die Deutschen Kampfwagen im Weltkriege. Berlin 1923. (Kampfwagen I)
Volckheim: Die Deutschen Kampfwagen im Weltkriege. Berlin 1937. (Kampfwagen II)
Volckheim: Deutsche Kampfwagen greifen an! Berlin 1937 (Erlebnisse)
Volckheim: Deutsche Kampfwagen im Angriff 1918. In: Kriegslehren in Beispielen aus dem Weltkrieg. Hrsg. GenLt a.D. Schwarte. Berlin o.J. 1. Bd, 3. Heft.

Für jede grundlegende Arbeit über die Geschichte der deutschen Tanktruppe im Ersten Weltkrieg ist der Nachlaß von Generalmajor (seit 31. 12. 1929) a.D. Erich Petter jetzt und wohl auch in Zukunft eine Hauptquelle.

Petter (1876-1957) wurde in Graudenz geboren. Vor dem Ersten Weltkrieg war er um 1907 Lehrer an der Militärtechnischen Akademie. 1914–1918 war er zunächst Kommandeur von Kraftfahrtruppen im Bereich der 1., 7. und 11. Armee. Ab 1917 wurde er im Kriegsministerium verwendet, nach dem Weltkriege im Reichswehrministerium. Seine Arbeiten über die deutsche Tanktruppe im Ersten Weltkriege entstanden in den Jahren 1929–1935 im Ruhestand. Petter hatte Verbindung und Gedankenaustausch mit Nehring und Volckheim. (Mitgeteilt von Dr. Wolfgang Petter WissOR im MGFA).

Zur Schilderung der Haupteinsätze des A7V wurden von Petter herangezogen:
Petter: Einsatz von Kampfwagen durch Deutschland im Weltkriege 1914/18, Heft 3 (31. 3. 1933), BA-MA Bestand MSG 2/942, Heft 4 (11. 6. 1933), BA-MA Bestand MSG 2/043 (Petter, Heft 3, Heft 4).

Weitere wichtige Quellen sind, wie bereits schon oben genannt, das Kriegstagebuch der Sturmpanzerkraftwagenabteilung 1 (6. 1. 1918–17. 10. 1918), BA-MA N 89/5 Nachlaß Greiff und das Aktenkonvolut BA-MA PH 20/19. Dieses enthält nur den Bericht des Gefechtes bei Villers-Bretonneux).

Für Fragen der Gliederung und Organisation des Reichsheeres sind heranzuziehen: Hermann Cron: Geschichte des Deutschen Heeres im Weltkriege 1914–1918. Berlin 1937.

Deutsche Militärgeschichte, 1648–1939, hrsg. vom Militärgeschichtlichen Forschungsamt, Band V und VI, S. 218–279.

Einen Aufschluß über Kriegsgliederung von Divisionen, Gefechtskalender, Gliederung von Armeetruppen gibt: Ruhmeshalle unserer alten Armee – hrsg. vom Reichsarchiv Potsdam und Bayerischen Kriegsarchiv München, 5. Aufl. Berlin/Fürstenwalde, o.J. Regimentsgeschichten werden hier nicht im einzelnen aufgeführt. Sie sind zu beschaffen über die Zentral-Bibliothek der Bundeswehr, Düsseldorf, Uerdingerstraße 40.

Eine gedrängte Zusammenfassung zur Tankfrage aus der Sicht des Jahres 1922 enthält:
Ernst v. Wrisberg: Wehr und Waffen 1914–1918. Leipzig 1922, S. 158–163.

Der Stichwortkatalog/Verzeichnis, herausgegeben von der Deutschen Heeresbücherei »Heer und Wehr im Buche der Gegenwart«. Berlin 1929, 1934, 1939, enthält eine Vielzahl von Titeln zum Stichwort Kampfwagen (auch international).

Ergänzende Angaben sind zu entnehmen – Bornschlegel: Die deutsche Kampfwagentruppe im Weltkriege. In: Kraftfahrtruppe 1. Jahrgang, Juli 1937, 7. Heft, S. 196 f. Verfasser kann sich den Beurteilungen der Kampfwageneinsätze von 1918 durch Bornschlegel nicht immer anschließen.

Auf weitere Einzelheiten stößt der Forschende bei der Auswertung des »Militärwochenblattes« der zwanziger und dreißiger Jahre, der Zeitschriften »Kriegskunst in Wort und Bild« und »Feldgrau«, beide Zeitschriften erscheinen schon lange nicht mehr, sind aber in einschlägigen Bibliotheken zu finden und der heute noch erscheinenden »Zeitschrift für Heereskunde«, sowie weiterer militärischer Fachzeitschriften. Auf das Fehlen einer internationalen Bibliographie, die auch Urkunden und Aktenbestände nachweist, wurde schon hingewiesen.

Sturmpanzerwagen A7V im Einsatz, Aufnahme des Kriegs-Bild- und Filmamtes

Bild rechts:

Kommandanten der Abteilung 1 vor ihrem Quartier in Wiencourt unmittelbar vor dem Einsatz bei Villers-Bretonneux am 24. April 1918. Lt. Block (rechts) wurde am 24. April 1918 verwundet, Lt. Bartens (Mitte) führte am 21. März 1918 bei St. Quentin den A7V 507, CYCLOP, bis zu dessen Ausfall und übernahm dann den A7V 501, GRETCHEN. Er wurde durch Granatsplitter am 9. Juni 1918 zusammen mit Olt. Skopnik tödlich verwundet. Im Fenster sitzend Lt. Volckheim.

Lt. Biltz (links) war Kommandant des A7V 561, NIXE. Lt. Bitter (rechts) führte den A7V 525, SIEGFRIED. Beide Offiziere waren die ersten Panzerkommandanten, die am 24. April 1918 bei Cachy ein Gefecht Panzer gegen Panzer führten. Lt. Biltz setzte zwei britische Tanks außer Gefecht, bevor sein Kampfwagen selbst außer Gefecht gesetzt wurde, Lt. Bitter unterstützte ihn bei der Abwehr eines Gegenangriffs von britischen WHIPPET-Tanks.

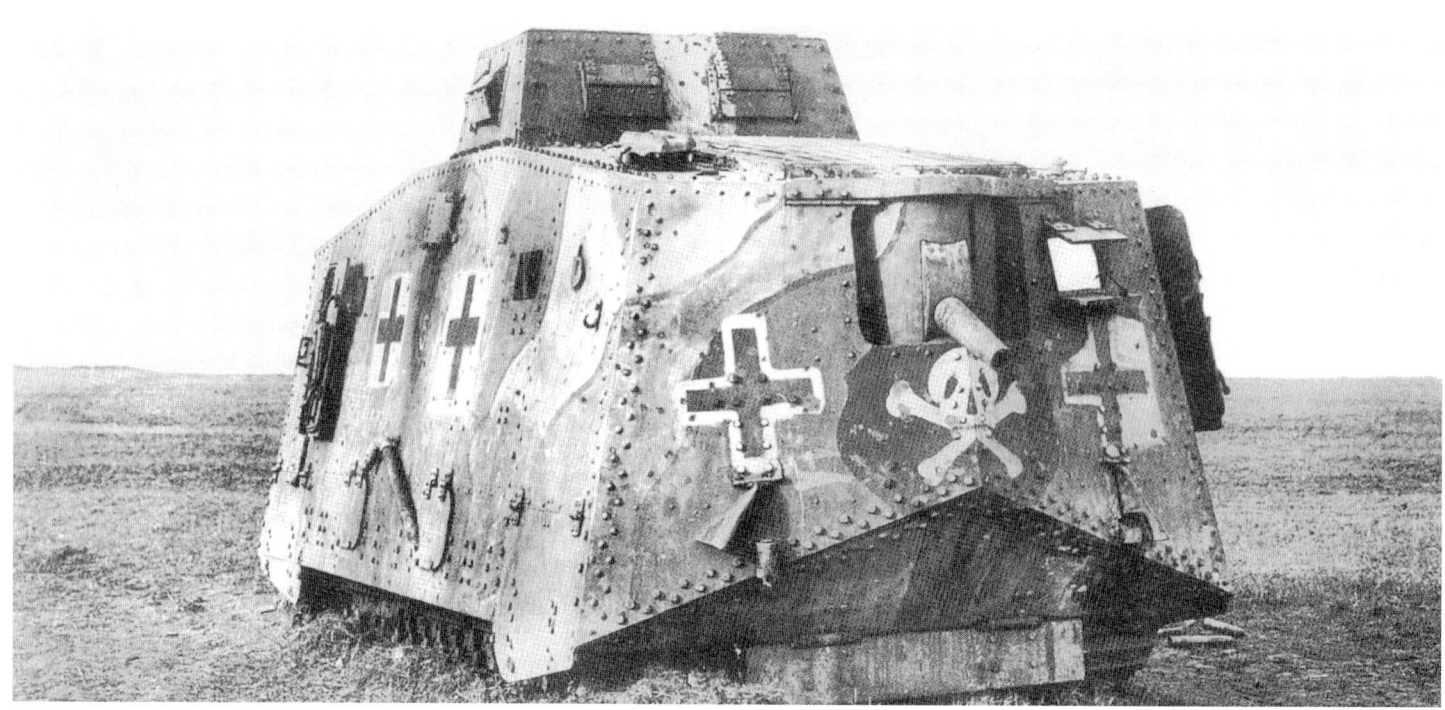

Ein aufgegebener A7V. Die Aufnahme vom Oktober 1918 zeigt einen Sturmpanzerwagen, der ursprünglich mit einer Bocklafette ausgerüstet, dann aber mit der Sockellafette versehen wurde. Man beachte den aus zwei Stücken zusammengesetzten Frontpanzer Queensland Museum Brisbane

Sturmpanzerwagen A7V 504/544, SCHNUCK, wird nach dem Kriege in London abgewrackt. Der Wagen ist bereits zerlegt worden, einer der beiden Motoren wird aus dem Fahrgestell gehoben Queensland Museum Brisbane

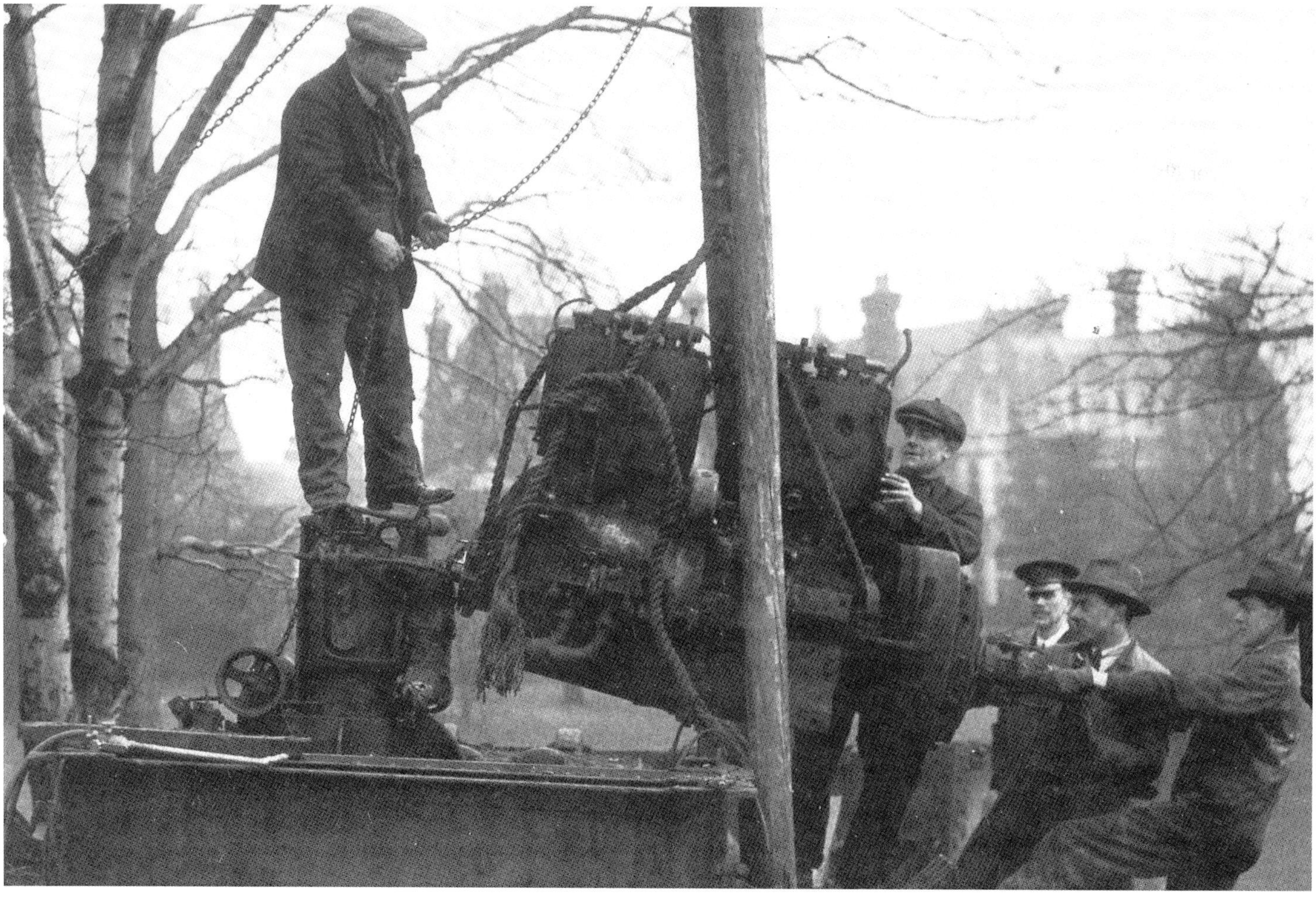

Uwe Larsen

Geschichte
der Sturmpanzerwagen A7V
von 1918 bis 1990

A7V in Frankreich (1918–1922)

A7V ELFRIEDE

ELFRIEDE ist der erste A7V, der den Entente-Mächten nach dem ersten Panzer-Panzer Gefecht bei Villers-Bretonneux nahezu unversehrt in die Hände fiel. ELFRIEDE war bei Büssing in Braunschweig gefertigt (Chassis Nr. 542) und im März 1918 an den Bayerischen Armee Kraftwagenpark 20 (BAKP 20) bei Charleroi ausgeliefert worden. Hier folgte zunächst die Anbringung des Tarnanstriches sowie der Eisernen Kreuze. Anschließend wurde ELFRIEDE an die Besatzung unter dem Kommandanten Leutnant Stein, Sturmpanzerkampfwagen – Abteilung 2, übergeben.

Beim Angriff auf Cachy im Rahmen des Gefechtes bei Villers-Bretonneux am 24. April 1918 wurde ELFRIEDE mit weiteren A7V (504, 525) der Abt. 2 (Gruppe Steinhardt) bei der 77. Res.Inf.Div. gemeinsam mit der ersten Welle Infanterie eingesetzt. 1 km vor Villers-Bretonneux, an der Straße nach Hangard-en-Santerre fuhr ELFRIEDE während des Angriffs über einen britischen Kampfstand, den der Fahrer offensichtlich nicht gesehen hatte und dessen Decke unter dem Gewicht einbrach. Der Panzerwagen kippte

dadurch um und blieb auf der rechten Seite liegen. Die Besatzung bootete daraufhin aus und setzte den Kampf mit drei Maschinengewehren als Sturmtrupp fort. Dabei fiel Leutnant Stein; der Kraftfahrer, Unteroffizier Grostkopp wurde schwer verwundet, der Gefreite Anders geriet in Gefangenschaft, der Rest der Besatzung konnte zur eigenen Truppe Anschluß finden[1]. Nach dem Gefecht blieb ELFRIEDE im Niemandsland zwischen den Fronten liegen. In der darauffolgenden Nacht sollte ELFRIEDE von einem deutschen Kommando gesprengt werden, was jedoch nicht gelang.

Eine französische Einheit der 37. Marokkanischen Division, die in den darauffolgenden Tagen in den Frontabschnitt um Cachy kam, führte in den Nächten Anfang Mai mehrere Spähtrupps zu ELFRIEDE durch. In der Nacht vom 4./5. Mai wurde erstmalig erfolglos versucht, ELFRIEDE zu bergen. Am 8. Mai 1918 wurde von der Geheimdienst-Abteilung des Grand Quartier General bereits eine Beschreibung des A7V sowie ein Bericht über dessen Verwundbarkeit in französischer Sprache, am 10. Mai 1918 in englischer Sprache an die alliierten Truppen verteilt[2].

Nach 12 Tagen gelang es der S. R. R. 101 (Section de Ravitaillement et de Reparation) endlich, mit zwei britischen MARK V Tanks der A Company 1. British Royal Tank BH. ELFRIEDE über ca. 1 km

A7V 542 ELFRIEDE in Saleux
Tank Museum Bovington Camp

265

hinter die alliierten Linien zu schleppen. Am 18. Mai traf ELFRIEDE in Saleux ein und wurde dort ohne größere Probleme fahrtüchtig gemacht.

ELFRIEDE wurde in den folgenden Monaten intensiven Untersuchungen und Tests durch die britische und französische Armee unterzogen. Hierüber gibt es einen detaillierten Bericht[3], der Technik, Bewaffnung und Einsatz des A7V beschreibt. Ein 16 mm-Film bemerkenswert guter Qualität, der im Archiv der französischen Armee in Fort d'Ivry verwahrt wird, zeigt neben anderen erbeuteten A7V (u. a. MEPHISTO) ELFRIEDE vor der Bergung und nach der Bergung bei Fahrvorführungen (Kopie des Films im Bundesfilmarchiv). Bei den Tests mit ELFRIEDE wurden auch Beschußversuche durchgeführt. Hierzu wurden Zielmarken auf dem Panzer angebracht und Teile der Panzerung ausgeschweißt. In diesem Zustand wurde ELFRIEDE nach dem Kriege von der französischen Armee auf dem Place de la Concorde in Paris neben anderem Kriegsmaterial ausgestellt. Es ist unklar, was mit ELFRIEDE anschließend geschah. Wahrscheinlich erfolgte bis 1920 die Verschrottung[4].

IV. Armee
Generalstab
    2. Büro.
_____

Beschreibung eines am 24. April 1918 erbeuteten Tanks.

(Nachrichtendienst einer anderen Armee.)

N. O. der O. H. L.
    beim A.O.K.1.
        Nr.10092.

A. H. Qu. den 11. 6. 18.
empf. 22. JUNI 18
№153595 1240

Uebersetzung aus dem Französischen.

4.Armee.
Generalstab.
2.Büro.

den 20.Mai 1918.

Deutsche Tanks.

Vor Beginn der deutschen Offensive wussten wir, dass die Jndienststellung von Tanks in der deutschen Armee sicher war. Zahlreiche Nachrichten über ihr Vorhandensein in Deutschland lagen vor, Gefangene und Ueberläufer haben bestätigt, sie hinter den Linien gesehen zu haben und selbst Beschreibungen gegeben.

Aus den zahlreichen Anweisungen der Heeresleitung über Verteidigung gegen feindliche Tanks geht deutlich hervor, dass der Feind dieser Kampfwaffe grosse Bedeutung beimisst.

Andrerseits war die von den Engländern im November 1917 unternommene Cambrai-Offensive, bei der die Tanks die Hauptrolle gespielt haben, sehr lehrreich und die Deutschen haben hierbei wertvolle Schlüsse gezogen, sowohl bezüglich Konstruktion der Tanks (Geschwindigkeit, Stärke und Panzerung) wie auch besonders über ihre taktische Verwendung.

I. Nachrichten über die deutschen Tanks vor der deutschen

Offensive vom März 1918.

Die Herstellung der Tanks scheint in Deutschland seit Herbst 1917 sehr lebhaft betrieben worden zu sein; die Fabriken von Krupp, Daimler und Benz sollen deren eine grosse Anzahl hergestellt haben.

3 Typen scheinen angenommen worden zu sein:

1. Der englische Tank, Wiederinstandsetzung oder Nachbau;

2. Der Tank, kleines Modell, weniger gross als der englische Tank, besser bewaffnet, besser gepanzert und schneller als dieser;

3. Der Tank, grosses Modell (Landkreuzer).

Der Tank, kleines Modell, ist jetzt bekannt. Ein solcher ist erbeutet worden, er wird weiter unten beschrieben.

Der Tank, grosses Modell, ist nur durch Nachrichten bekannt, seine Merkmale sollen folgende sein:

Länge 14 m, Breite 4 m, Höhe 4 m, Motor 500 HP, doppelte Panzerung. Diese Maschine soll hinter der Front abmontiert befördert werden.

Die Geschwindigkeit in schwierigem Gelände soll nicht sehr gross sein, aber auf der Strasse und in günstigem Gelände könne sie wesentlich erhöht werden durch eine Vorrichtung zum Hochheben des Vorderteiles des Tanks auf Antriebräder, während nur das Hinterteil dann auf der endlosen Kette ruht, welche zur Fortbewegung in wechselndem Gelände dient.

Bewaffnung

Bewaffnung.

Die Bewaffnung ist je nach dem Modell verschieden (siehe an anderer Stelle über die Bewaffnung eines erbeuteten deutschen Tanks).

Teilweise scheinen Flammenwerfer für den Nahkampf vorhanden zu sein.

Apparate für drahtlose Telegraphie werden mitgeführt.

Die verschiedenen Waffen sind mit Zielperiskopen versehen. Andrerseits sprach ein Gefangener von männlichen ausschliesslich mit Geschützen und M.W., und weiblichen ausschliesslich mit M.G. bewaffneten Tanks; wahrscheinlich handelt es sich um wiederhergestellte oder nachgebaute englische Tanks.

Organisation.

Die Tanks sind in "Geschwader" eingeteilt, deren jedes von einem Major geführt wird.

Im Innern sollen besondere Tankschulen z.B. in Münster, und besondere Uebungsgelände (Montmédy, Saarburg) bestehen.

Die Offiziere wurden zunächst durch freiwillige Meldungen gewonnen, bei Mangel an solchen aus den jüngsten hinter der Front befindlichen Offizieren.

Die Mannschaften wurden entsprechend der Waffengattung verschiedenen Truppenteilen entnommen: Pioniere, Kraftfahrer, Infanterie (mit Inaussichtstellung der Beförderung zum Unteroffizier), M.G.-Schulen usw.

Taktische Verwendung.

Die Deutschen haben den Lehren, die sich aus der Schlacht von Cambrai ergaben, in sehr grossem Masse Rechnung getragen. In Der Cambrai-Schlacht vom November 17 liessen die Engländer ihren Sturmwellen die Tanks unter dem Schutz von Rauchwolken vorangehen.

Nach den Aussagen von Gefangenen konnten die Deutschen die Angriffsbewegung aufhalten:

1. Durch anhaltendes M.G.- und Infanteriefeuer auf die Rauchwolken, um die Infanterie zu zwingen hinter den Tanks Schutz zu suchen.

2. Durch ein allerdings wenig genaues, aber auf die Rauchwolken gerichtetes Artilleriefeuer, das zur Folge hatte, die Sturmwellen anzuhalten, und die Infanterie, die hinter den Tanks Schutz gesucht hatte, zu zerstreuen.

Die auf diese Weise vereinzelten Tanks wurden dann mit Handgranaten mit verstärkter Ladung, mit S.M.K. Munition und endlich durch besondere Batterien angegriffen.

Vor der Offensive scheinen die Deutschen jedenfalls nicht beabsichtigt zu haben, ihre Tanks dazu zu verwenden, der Infanterie den Weg zu bahnen. Sie scheinen ihnen vielmehr die Aufgabe vorbehalten zu haben, Widerstandsinseln niederzukämpfen, über die die ersten Angriffswellen vorgestossen waren.

Die Tanks sollten also hinter der ersten oder zweiten Sturmwelle geordnet und auf den Flanken von den Stosstrupps auf 150 - 200 m gedeckt, vorgehen; die gewählte Formation sollte schachbrettförmig sein, und die Fortbewegung in zahlreichen Windungen, um der feindlichen Artillerie das Einschiessen zu erschweren.

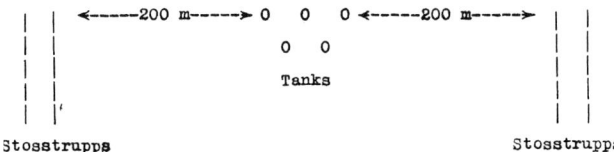

3

II. Im Laufe der deutschen Offensive vom März 1918

gesammelte Nachrichten.

Während ihres Angriffs vom 24.April von Villers-Bretonneux zum Senecat-Wald haben die Deutschen zum ersten Mal in Deutschland hergestellte Tanks verwendet. Sie haben sie ebenfalls am 26. an der französischen Front zur Unterstützung eines Gegenangriffs gebraucht.

Ein vom Feind beim Angriff vom 24.April verlassener Tank befindet sich in der Nähe unserer ersten Linie in der Gegend südlich von Villers-Bretonneux. Die Maschine, die in einen Steinbruch gestürzt ist, konnte besichtigt und untersucht werden.

1. Beschreibung (siehe anliegende Skizze).

Die anliegende Skizze zeigt das Aussehen und die Hauptmasse der Maschine, die in allgemeinen merklich an unseren Saint-Chamond-Wagen, altes Modell, erinnern.

Sie hat drei Teile:

1. Ein Vorderteil von etwa 3 m Länge mit 2 M.G. (1 rechts und 1 links) und vorn eine 57 mm Kanone, für die Granat- und Schrapnell-Munition (mindestens 100 Schuss) vorhanden ist; ein senkrechter Schlitz von 30 cm Höhe und 15 mm Breite ermöglicht das Richten des Geschützes.

2. Ein Hinterteil von 2,50 m Länge enthält 4 M.G.; 1 auf jeder Seite und 2 hinten.

3. Ein Mittelteil von etwa 1,20 m Länge enthält die Bewegungs- und Steuerungsorgane: 2 Daimler-Mercedes Motoren von 100 HP, 6 Zylinder; die erhöhten Sitze der beiden Fahrer, hinter denen sich 2 Benzinbehälter von je etwa 180-200 Liter befinden. Ein Turm im oberen Teil des Abteils ermöglicht dem Führer die Leitung.

Die Sehschlitze sind rechteckig, 30 cm breit und 20 cm hoch; diese Rechtecke sind verschliessbar durch 2 Läden von 10 cm Höhe, die sich nach aussen öffnen. Das mehr oder weniger starke Oeffnen der Läden erlaubt die Veränderung der Masse des Schiessschlitzes. Diese Schiessscharten sind in sehr grosser Anzahl vorhanden:

2 vorne,
2 auf jeder Seite,
2 hinten,
2 vorn am Turm,
2 hinten am Turm,
2 auf den Seiten des Turms,

im ganzen 14.

Das Gesamtgewicht kann auf 35 Tonnen geschätzt werden.

Panzerung

4

Panzerung:

Vorderteil	30 mm,
Hinterteil	20 ",
Seiten	16 ",
Turm	16 ",
Schießscharten	16 ",
Dach	6 ".

Das Vorderteil ist unten durch eine Platte von 3 mm geschützt.

Die unteren Organe der Motore ("Carters", Maschinengehäuse, Kuppelung, Bremsen) sind nicht geschützt.

Die seitliche Panzerung überdeckt die Raupen bis auf 20 cm vom Boden.

Unten am Vorderteil ist eine Panzerplatte von 16 mm mit Charnieren angebracht, die die Unterseite des Tanks schützt.

Schiessversuche auf die Panzerung wurde mit A.P.X.-Munition (Infanterie-Panzer-Munition) vorgenommen.

Die 30 mm Platten haben sich undurchdringlich erwiesen, dagegen wurden die Seiten, die Hinterseite, die Schießscharten glatt durchschlagen.

Die verletzlichsten Teile.

1. Die Beobachtungsscharten und der Zielschlitz des Geschützes.

2. Die Seitenwände (vorzugsweise den mittleren Teil des Tanks, wo sich Fahrer, Motore und Benzinbehälter befinden) zu treffen suchen.

3. Endlich und ganz besonders ist der untere Teil der Maschine sehr verwundbar, man kann denselben beim Ueberschreiten eines Hindernisses (Brustwehr, Granattrichter) beschiessen.

Folgerung: Der deutsche Tank ist mechanisch sehr sorgfältig konstruiert und ist sicher schnell und stark dank seiner 2 Motore, die mehr als 200 HP liefern.

Aber er scheint breite Hindernisse nicht überschreiten zu können; die Form seiner Raupe gestattet ihm wahrscheinlich nicht ein Hindernis von mehr als 2,50 m Breite zu überwinden.

Die bis nahe an den Boden reichende Panzerung hindert sicherlich die Bewegung in schwerem oder schlammigem Gelände.

Endlich ist seine Bewaffnung (1 einziges Geschütz kleinen Kalibers) weit entfernt mit seiner Masse und Kraft im Verhältnis zu stehen.

Da er von vorn wenig verwundbar ist, muss der Wagen bekämpft werden, indem man seine Seiten zu erreichen sucht (insbesondere den mittleren Teil und vorzugsweise denjenigen, wo sich die Benzinbehälter befinden), die Hinterseite, den Turm, die Schießscharten, und besonders den ganzen unteren Teil, wenn er sich beim Ueberschreiten eines Hindernisses darbietet.

2. Tankabteilungen.

Durch Aussage eines Gefangenen von der Besatzung eines am 28.April in Villers-Bretonneux erbeuteten Tanks wurde das Bestehen einer gewissen Anzahl von Sturmpanzerkraftwagen, abgekürzt "Stuka" bekannt.

Material.

Die Stuka-Abteilungen 1, 2 und 3 haben je 5 deutsche Tanks;

die

die Abteilungen 11 und 12 jede 6 englische Tanks.

Besatzung.

Die mittlere Stärke einer Besatzung ist 17 Mann und 1 Offizier.

Im vorliegenden Fall waren es 21 Mann und 1 Offizier, die Zusammensetzung war folgende:

Führer des Tanks	1 (Leutnant)
Vizefeldwebel	1
Fahrer	1 (Unteroffizier)
Hilfsfahrer	1
Mechaniker	2
Signalist	1
Kanoniere (darunter 1 Unteroffizier)	3
M.G.-Schützen	12
zusammen	22

Dem Signalisten sind die farbigen Leuchtraketen zugewiesen.

Die Abzeichen der Tankabteilungen sind ein rotes "K" auf der Schulterklappe wie bei Kraftfahrern mit den Gardelitzen.

Taktische Verwendung.

Es scheint, dass am 24.April die Tanks zu je 3 auf die Infanterie-Regimenter verteilt waren; wenigstens war dies der Fall bei den 5 Regimentern: 419 (77.Res.Div.), 207 (228.Div.), den 3 Regimentern der 4.Garde-Division.

Die Tanks sollen nur den Auftrag gehabt haben, die M.G.-Nester niederzukämpfen, aber es scheint, dass im Laufe des Kampfes einige die Infanterie überholt haben.

Ihre Tätigkeit war durch den Nebel erleichtert. Bei den stattgehabten Kämpfen Tank gegen Tank waren die nur mit M.G's. bewaffneten englischen Tanks ohnmächtig gegen ihre Gegner, während es den mit Geschützen bewaffneten gelang, die deutschen Tanks in die Flucht zu jagen.

Für die Richtigkeit der Uebersetzung:

Scramell

Hauptmann und N. O. 1.

Verteilung:
Abt.Fr.Heere
IIIb Front
Alle N.O's. Westen (je 3)
N.O.Berlin
Chef d.Feldkraftfahrwesens (10)
bis einschl.Div.
Chef-Ia-Ib
Stoart.1, Stoart.2
Gen.d.Pion.
Stomag.
Kofl.
Koluft.
Sturmbatl.1
V.O's.Gruppen
Verb.-Offz. d. Panzerwagen-Abt.2 (Lt.Bültz)
Umlauf.

Skizze eines deutschen Sturmwagens.

Echel Ungefährer Masstab $\frac{1}{50}$: $\frac{1}{50}$

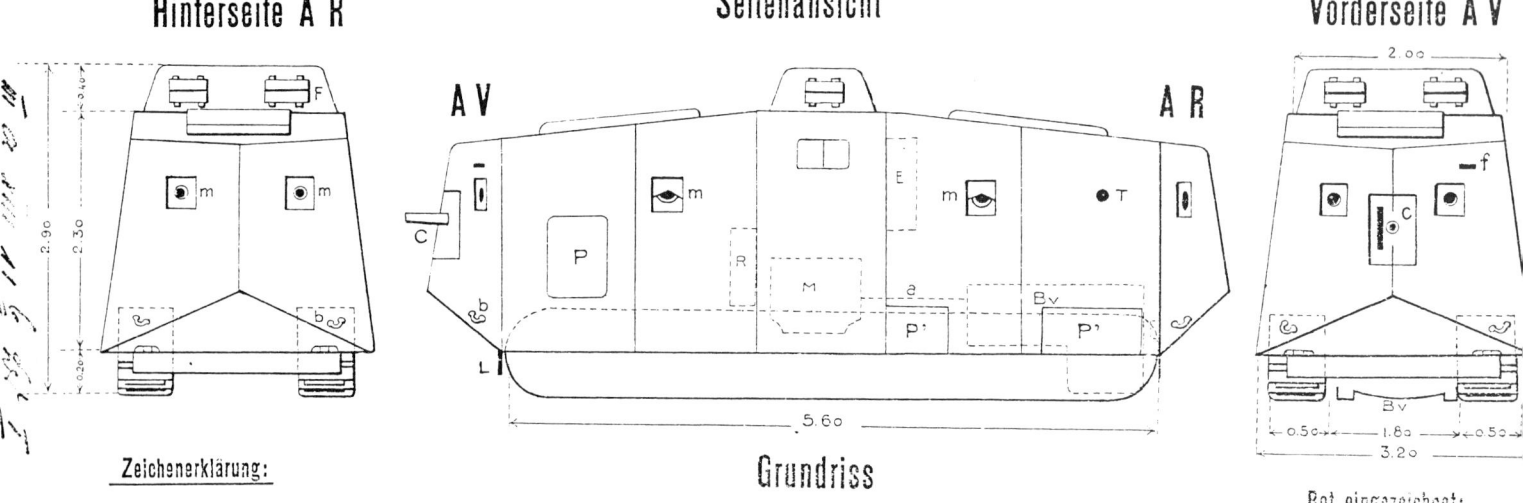

Hinterseite A R   **Seitenansicht**   **Vorderseite A V**

Zeichenerklärung:

b	Zughaken
c	Geschütz
F	Zielluke
f	Beobachtungsschlitz
m	Maschinengewehre
o	Luke über dem Führer
o'	Luke des Beobachters mit Periskoploch
P	Eingangstüre
P'	Zugang zum Nachsehen der Maschine
T	Loch für Revolver
L	Panzerplatte

Grundriss

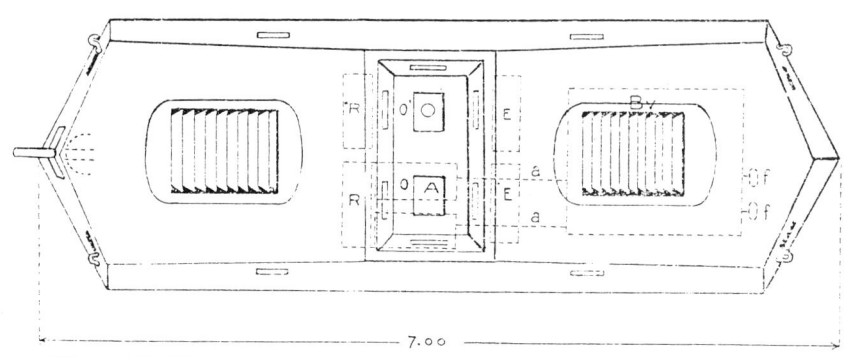

Rot eingezeichnet:

A	Platz des Führers
Bv	Maschinengehäuse
E	Benzinbehälter
f	Bremse
M	Motor
R	Radiator
a	Transmissionswelle
	M bis B V

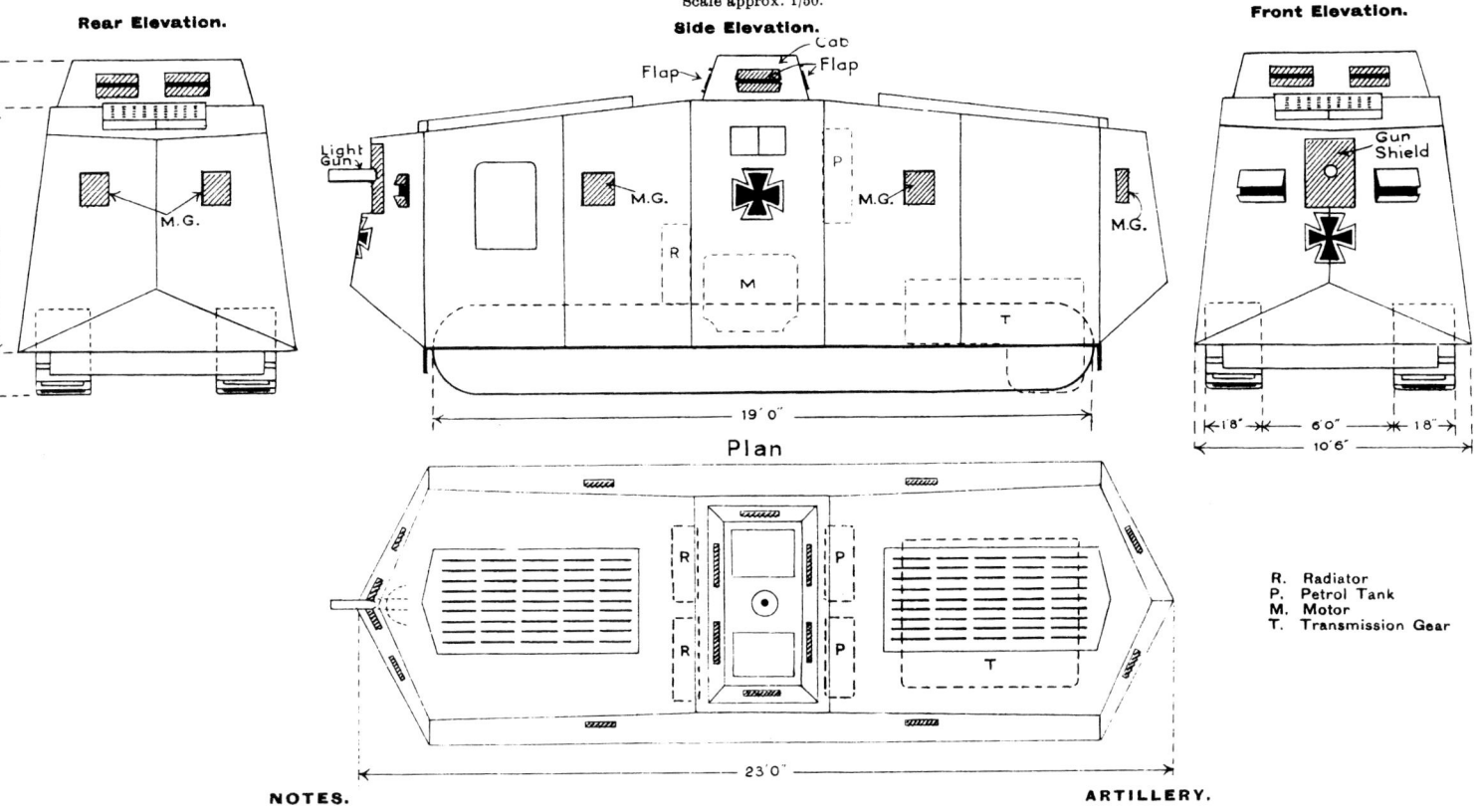

SKETCH OF A GERMAN TANK CAPTURED ON APRIL 24th,

SOUTH OF VILLERS-BRETTONNEUX.

Scale approx. 1/60.

Rear Elevation.

Side Elevation.

Front Elevation.

Cab

Flap

Light Gun

M.G.

M.G.

M.G.

M.G.

Gun Shield

M.G.

P

R

M

T

19' 0"

18"   6' 0"   18"

10' 6"

Plan

R

P

R

P

T

23' 0"

R. Radiator
P. Petrol Tank
M. Motor
T. Transmission Gear

NOTES.

Points most vulnerable to Rifle and Machine Gun bullets shown hatched in red.
French A.P. bullets have penetrated the cab. Ordinary bullets pass through apertures up is open, and through space between Gun Shield and front of Tank.
The "splash" of ordinary bullets is effective against cab, and against Machine Gun lacements. Armour Plate is of poor quality, and there is no protection against the lash" of an ordinary bullet.
This Tank cannot cross a large trench (8 feet or over) or large shell holes.

IELD SURVEY CO., R.E. (3582) 10·5·18

ARTILLERY.

A direct hit will put this Tank out of action. The most favourable moment for firing at the Tank is when in crossing an obstacle, it exposes its under-carriage. This is undoubtedly its most vulnerable part.

Above Drawings are made from direct measurements of an actual Tank and from Photographs of same.

Bayerisches Hauptstaatsarchiv, Abt. IV, Kriegsarchiv, München, MKr 1549

Weitere A7V in Frankreich

Neben ELFRIEDE blieben sechs weitere A7V in Frankreich. Alle wurden im Gefecht manövrierunfähig aufgegeben und dann entweder gesprengt oder zur Ersatzteilgewinnung vor Ort ausgeschlachtet. Nach Kriegsende wurden diese Panzer (Chassis Nr. 502, 503, 526, 527, 560, 561, 562) verschrottet. Der letzte davon war A7V LOTTI (Chassis Nr. 527), der am 1. Juni 1918 bei Font de la Pompelle/Reims unter Leutnant Bergemann ausgefallen war. LOTTI blieb bis 1922 dort liegen und wurde anschließend verschrottet[5].

A7V in Australien (1919 bis 1990)

A7V MEPHISTO

Der einzige bekannte noch existierende A7V ist MEPHISTO. Der A7V mit Chassis-Nr. 506 verließ das Daimler-Werk in Berlin-Marienfelde Ende 1917 als vierter fertiggestellter A7V. Um Weihnachten 1917 wurde dieser A7V an den BAKP 20 in Marchienne au Pont bei Charleroi ausgeliefert und der Abt. 3 zugewiesen.
Während des Angriffs der Gruppe Uihlein (Abt. 3 mit A7V 501, 505, 506, 507 und Rest der Abteilung 1 mit A7V 541, 562) im Zusammenwirken mit dem Res. Inf. Rgt. 93 am 24. April 1918 bei Villers-Bretonneux fiel MEPHISTO wegen Verstopfung der Vergaserdüsen und der Benzinleitung aus. Nach erfolgter Reparatur setzte der Panzer den Angriff fort, blieb kurz darauf jedoch in einem großen Granattrichter beim Ferme du Monument stecken. Die Besatzung unter Leutnant Theunissen bootete aus und kämpfte mit der begleitenden Infanterie weiter. Bei Einbruch der Dunkelheit wurden ergebnislose Versuche der deutschen Truppen unternommen, MEPHISTO zu bergen oder zu sprengen; da heftige Gegenangriffe einsetzten, blieb das Bemühen erfolglos[6].
MEPHISTO wurde auch später von den deutschen Truppen nicht geborgen, obwohl er noch bis Juni 1918 hinter den eigenen Linien

269

An enemy tank salved by British officers for the Australian War Museum.

A7V 506 MEPHISTO in Vaux-en-Amiens bei der 5. britischen Tank-Brigade
Quennsland Museum Brisbane

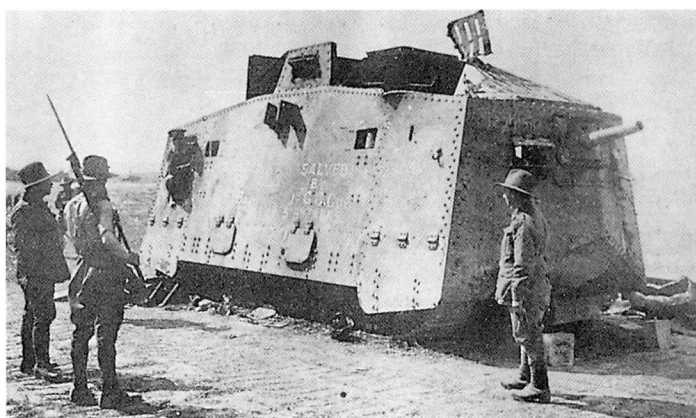

A7V 506 MEPHISTO nach der Bergung durch das 26. Btl. Australian Imperial Forces
Queensland Museum Brisbane

stand. Als MEPHISTO nach Verschiebung des Frontverlaufs im Juli zwischen den Fronten im Niemandsland stand, wurde er am 14. Juli 1918 von Soldaten des 26. Bataillon AIF (Australian Imperial Forces) erobert. Zu diesem Zeitpunkt war der vordere Kampfraum stark beschädigt, was vermutlich von einem Artillerie- oder Bombenangriff herrührte.

Der Kommandeur des 26. Bataillons, Major J. A. Robinson, entschied, MEPHISTO als Trophäe bergen zu lassen. Dies geschah im Schutze der Nacht nach umfangreichen Vorbereitungen und Artilleriefeuer am 22. Juli 1918 mit Unterstützung von drei Panzern der britischen 1st Gun Carrier Company der 5. Tank Brigade. Nach der Bergung wurde MEPHISTO zunächst zur britischen 5. Tank-Brigade bei Amiens geschleppt, um dort untersucht und vorge-

führt zu werden. Hier wurden auch verschiedene Beschriftungen und Bemalungen aufgebracht, darunter ein großer gekrönter Löwe, der einen A7V in seinen Pranken hält.

Von Oktober bis Dezember 1918 stand MEPHISTO in Merlimont südl. von Boulogne auf dem Gelände der Tank Corps Gunnery School zu Vorführzwecken. MEPHISTO wurde anschließend auf Betreiben Australiens nach Dünkirchen gebracht und am 25. Januar 1919 nach London verschifft. Von London startete MEPHISTO am 2. April 1919 mit dem Dampfer S. S. Armagh in Richtung Sidney. MEPHISTO sollte im Australian War Memorial Museum ausgestellt werden. Während der Überfahrt fiel auf Betreiben der Landesregierung von Queensland jedoch die Entscheidung, die Fracht nach Brisbane umzudirigieren, da MEPHISTO von »Queenslanders« des 26. AIF erobert worden sei. Im Juni 1919 traf MEPHISTO in Brisbane ein und wurde am 22. August 1919 im Landtransport auf einem Tieflader zum Queensland Museum gebracht[7].

MEPHISTO blieb bis Juni 1979 vor dem Queensland Museum im Freien, war dort der Witterung und Souvenirjägern ausgesetzt und wurde erst anschließend unter einem überdachten Platz aufge-

A7V 506 MEPHISTO bei der Ankunft am Queensland Museum Brisbane am 23. August 1919
Bundesarchiv Koblenz

stellt. Nach umfangreichen Renovierungsarbeiten wurde Mephisto sandgestrahlt und neu bemalt. Die Original-Kanone wurde vom Museum in Canberra als Leihgabe für das Museum übernommen. Nach Verlegen des Museums 1986 zum Queensland Cultural Centre erfolgte die Aufstellung des A7V Mephisto am derzeitigen Platz vor dem Museum. Die Besitzfragen der Kriegstrophäe ist zwischen dem State Governement Queensland und dem Australian Commonwealth Government noch strittig.

Das Australian War Memorial in Canberra ist bemüht, den A7V Mephisto für das Museum zu erhalten, um ihn dort neben einem englischen Mark IV-Tank und einem Renault Panzer des Ersten Weltkrieges auszustellen[8].

A7V in England (1918–1920)

A7V SCHNUCK, HAGEN, und HERKULES

Am 31. August 1918 erhielten Abteilung 1 und Abteilung 2 den Befehl, einen Gegenangriff östlich von Bapaume Richtung Fremicourt zu unterstützen. Die drei eingesetzten A7V der noch rechtzeitig eingetroffenen Abteilung 2 kamen dabei schneller als die begleitende Infanterie voran. Als der Kontakt verlorengegangen war, versuchten die A7V, darunter HAGEN und SCHNUCK, wieder Verbindung aufzunehmen. Etwa gleichzeitig setzte die britische Armee bei einem Gegenangriff Tanks in einem etwas nördlicher gelegenen Frontabschnitt ein. Als die deutsche Artillerie das Feuer gegen die britischen Tanks eröffnete, wurden dadurch auch zwei A7V, SCHNUCK und HAGEN, außer Gefecht gesetzt, irrtümlicherweise, da sie von vorgeschobenen Beobachtern vermutlich für angreifende britische Tanks gehalten wurden.

HAGEN (Chassis-Nr. 528) wurde dabei zwar kaum beschädigt, mußte aber von der Besatzung unter Leutnant v. Jamrowski aufgegeben werden, da sich der Panzer festgefahren hatte. SCHNUCK (Chassis-Nr. 504) unter Leutnant Kunze wurde durch Artillerietreffer erheblich beschädigt und mußte ebenfalls aufgegeben werden.

Einheiten der First New Zealand Expeditionary Force (I. NZEF) erbeuteten diese beiden A7V und übergaben sie der britischen Armee. Von der Front wurden HAGEN und SCHNUCK per Eisenbahn zum Depot des britischen Tank Corps nach Erin, Nordfrankreich, transportiert und dort untersucht. Nach Kriegsende erfolgte die Überführung nach London.

HAGEN wurde zunächst im Regents Park, beide Panzer dann 1919 in Horse Guards Parade ausgestellt. SCHNUCK wurde Ende 1919 zum Imperial War Museum in London gebracht, wo er am Crystal Palace neben englischen Tanks aufgestellt wurde.

Als das Imperial War Museum Anfang 1920 in ein anderes Gebäude verlegt wurde und dort nicht ausreichend Platz war, wurde SCHNUCK vor Ort – nicht ohne Mühe und Probleme – in Stücke zerlegt und verschrottet. Als einzige Relikte von SCHNUCK befindet sich die Kanone und ein Teil der Lafette neben einem Modell des A7V im Maßstab 1:12 noch im Besitz des Museums in Duxford.

Die Geschichte HAGENS endete ebenfalls in London. Die Regierung Neuseelands hatte zwar 1919 beabsichtigt, HAGEN nach Neuseeland zu verschiffen, gab diesen Plan jedoch wieder auf. Es stellte sich nämlich heraus, daß HAGEN – wahrscheinlich durch Tests der britischen Armee – im wesentlichen nur noch aus der Panzerhülle bestand und innen ausgeschlachtet war. Darüber hinaus war kein Schiff mit einem geeigneten Ladekran zum Transport nach Neuseeland aufzutreiben. Letztendlich wurde HAGEN daraufhin der Royal Artillery Institution angeboten. Vermutlich wurde der Panzer dort in Woodwich Arsenal 1920 verschrottet. Bei Kriegsende wurde von der britischen Armee auch der A7V HERKULES erbeutet, der manövrierunfähig von der Besatzung aufgegeben worden war. HERKULES soll ebenfalls nach England transportiert worden sein. Sein Verbleib ist ungeklärt. Wahrscheinlich wurde er verschrottet[9].

A7V in den USA (1919–1942)

A7V NIXE II

Am 31. Mai 1918 erhielt bei einem Angriff der Abteilung 2 in der Nähe von Reims der A7V NIXE II unter dem Kommandanten Leutnant Biltz Treffer von der französischen Artillerie und mußte manövrierunfähig aufgegeben werden. Nach Kriegsende wurde NIXE II vom französischen an das amerikanische Heer als Kriegsbeute übergeben. 1919 wurde durch eine Kommission unter Leitung des US Brigadegenerals Westervelt erbeutetes Kriegsmaterial, darunter NIXE II in Frankreich einer Bewertung aus taktischer und technischer Sicht unterzogen. Offensichtlich fand NIXE II das Interesse der US Army, denn es wurde entschieden, den A7V zu genaueren technischen Untersuchungen noch 1919 zur Testeinrichtung des Ordnance Corps nach Aberdeen/Md. zu verschiffen.

A7V 504/544 SCHNUCK auf dem Horse Guard Parade Ground in London 1919   Imperial War Museum

A7V 528 HAGEN in London 1919   Tank Museum Bovington Camp

A7V 529 Nixe II in Aberdeen, Maryland
USA   Patton Museum Fort Knox

A7V 529 Nixe II in Aberdeen, 1940/42
                                       Sammlung Stümke

A7V 529 Nixe II in Aberdeen, Maryland,
USA etwa 1940/42   Sammlung Stümke

Nach Abschluß der Untersuchungen wurde Nixe II dem U.S. Army Ordnance Museum in Aberdeen übergeben.

Um die Bergung und spätere teilweise Instandsetzung des A7V hatte sich besonders Colonel G. Burling Jarett, der spätere Kurator des Museums, bemüht. Da Nixe II wie viele andere Fahrzeuge, Panzer und Geschütze in Aberdeen im Freien aufgestellt wurde, ist es nicht verwunderlich, daß der A7V auf Fotos von Anfang der 40er Jahre in einem ziemlich verrosteten, verwahrlosten Zustand zu sehen ist.

Teile der Panzerung wurden in Aberdeen zu Beschußversuchen verwendet. 1942 wurde entschieden, Nixe II zum Ausschlachten und Verschrotten an einen örtlichen Schrotthändler zu veräußern. Damit verlieren sich 1942 die Spuren von Nixe II in den USA. Auch im Armor Museum in Ft. Knox/Ky., das u. a. einen englischen Mark I Tank besitzt, befinden sich keine Teile des A7V. Einer der Mitbegründer der amerikanischen Panzertruppe, Colonel Robert J. Icks, hinterließ dem Patton Museum jedoch sein umfangreiches Archiv, das u. a. Fotos und Dokumente über den A7V enthält[10].

A7 in Polen

Kurz nach dem Waffenstillstand wurden die durch die französische Armee in Erbenheim/Wiesbaden erbeuteten neun A7V möglicherweise an die polnische Armee übergeben. Polen war um die Aufstellung von Kampfwagenverbänden bemüht, um den bevorstehenden Grenzkonflikt mit Rußland austragen zu können. Es wurde dabei vor allem von Frankreich unterstützt. Hierzu wurde ein Panzerregiment aufgestell, das in Lodz stationiert wurde. Dieses Panzerregiment wurde nach Ausbruch des Krieges 1919 beim Angriff Polens in Richtung Kiew sowie insbesondere bei der Abwehr der sowjetischen Offensive auf Warschau eingesetzt. Beim Waffenstillstand am 18. Oktober 1920 soll das Panzerregiment noch über fünf einsatzbereite A7V verfügt haben. Es gibt Hinweise, daß die A7V noch bis 1926 im Dienst blieben, jedoch kurz danach verschrottet wurden. Damit war der Sturmpanzerwagen A7V möglicherweise am längsten bei der polnischen Armee in Gebrauch. Es gibt aus Polen jedoch bislang keine Dokumente oder Unterlagen über Einzelheiten zu Einsatz und Verbleib dieser Kampfwagen[11].

Ein A7V des Panzerzuges 54 beim Einsatz in Berlin, 1919
Sammlung WGM

A7V in Deutschland (1918–1919)

Von den insgesamt 20 an der Front eingesetzten A7V waren am Tage des Waffenstillstandes (11. November 1918) noch neun mehr oder weniger einsatzfähige Panzer bei der Truppe – darunter die A7V Siegfried, Wotan, Gretchen, Baden, und Cyklop.

OBERLEUTNANT U. PARKFÜHRER LARSEN. BERLIN-LANKWITZ KAMPFWAGENPARK. AUGUST 1919.
Sammlung Larsen

Ende Oktober 1918 waren die Panzerabteilungen sowie der BAKP 20 mit den restlichen 9 A7V sowie einigen Beutetanks von Charleroi nach Erbenheim bei Wiesbaden verlegt worden. Hier erfolgte unmittelbar nach dem Waffenstillstand die Auflösung der Abteilungen sowie des BAKP 20[12]. Die Soldaten waren sicherlich froh, dem

Sammlung Larsen

LT. SCHÖPPENTHAU, OBLT. KARTHAUS, LARSEN, LT. KLINGE, TEIGELER, WENGLER, HPTM. KÖRTING, LT. WILMS, OBLT. WOLFF, LT. SCHÄFER (†) IN MAGDEBURG.
ANFANG MÄRZ 1920

SCHWERER ZUG THEUNISSEN BEIM APPELL.

EINGANG UND STABSGEBÄUDE DER KRAFTFAHRERKASERNE. BERLIN-LANKWITZ.

LT. KLINGE, BORN OBLT. WOLFF, LT. WILMS, OBLT. KARTHAUS.

Grauen des Krieges lebend entkommen zu sein. In die Auflösung mischten sich auch schon aufständische Elemente und die Soldatenräte. Aus diesem Grunde sind sicherlich auch die meisten Dokumente bei der Demobilisierung vernichtet worden bzw. verlorengegangen. Die Panzer fielen der nachrückenden französischen Armee in die Hände, die sie kurze Zeit später möglicherweise an Polen übergab oder vor Ort verschrottete.

Die zunehmenden politischen Unruhen führten Anfang Dezember 1918 zu der Anregung durch die Oberste Heeresleitung, Verbände aus Freiwilligen zum Schutz der Ostgrenzen und zum Kampf gegen die Spartakisten als Freikorps zu bilden. Hierzu wurden u. a. auch Kampfwagenabteilungen aus ehemaligen Angehörigen der PzWagenAbteilungen sowie aller möglichen Truppengattungen, z. T. der Marine und Verbänden des Heeres, aufgestellt. Dies geschah auf Anregung des ehemaligen Hauptmanns beim Stabe des Kommandeurs der PzWagenAbteilungen im Krieg, Hauptmann Körting.

Die Freiwilligen sowie die noch verfügbaren gepanzerten Fahrzeuge und Panzer wurden unter dem Kommandeur der Kampfwagenabteilungen (»KoKampf«), Hauptmann Körting, ab 7. Januar 1919 in Berlin-Lankwitz in drei Abteilungen zusammengefaßt.

Von den schweren PzKampfwagen waren lediglich zwei Beutetanks MARK IV sowie ein A7V noch einsatzbereit.

Diese drei Panzer bildeten mit ihren Besatzungen die »Schwere Kampfwagen Abteilung« des Freikorps Maerker unter Führung von Oberleutnant der Reserve Theodor Larsen (bis 21. Juli 1918 als Kommandant eines Beutetanks MARK IV Angehöriger der Bayerischen PzWAbteilung 13).

Die Herkunft des A7V der Abteilung ist nicht eindeutig geklärt. Im Aussehen unterscheidet sich dieser A7V von den 20 Serien-A7V insbesondere durch zwei Türen an jeder Seite, einen veränderten Turm und die Anbringung von Maschinengewehren auf Lafette an den Ecken und an der Heckseite. Wegen der revolutionären Verhältnisse in den Industriebetrieben seit Kriegsende ist auszuschließen, daß dieser A7V Ende 1918 noch als Nachbau gefertigt wurde. Möglicherweise handelt es sich um den überpanzerten Prototypen oder Fahrschulpanzer, wahrscheinlich jedoch um einen im Sommer 1918 noch gebauten A7V-Nachrichtenwagen.

KAMPFWAGENZUG III IN FRANKFURT A/O. × LT. WENGLER , ×× VZFW. BYDZOWSKY. SOMMER 1920.

PANZERWAGENWÄSCHE IN LANKWITZ. × FELDW. MÜNNICHOW . SOMMER 1920.

„S. 9. PARKFÜHRER HERRN OBLT. LARSEN ZUM ANDENKEN
GEWIDMET. ALFRED PAETSCH. PARKFELDWEBEL
16.8.1920."

Durch Fotos ist belegt, daß dieser A7V des Panzerzuges 54 bei der Besetzung Berlins am 15. Januar 1919 und in den darauffolgenden Wochen zu Einsatz kam.

Weitere Einsätze erfolgten bei den Aufständen in Mitteldeutschland ab März 1919, u. a. in Schöningen, Wolfenbüttel, Braunschweig sowie ab 11. Mai 1919 in Leipzig und Eisenach. Der A7V war in der Zwischenzeit mit dem Namen HEDI versehen worden. Gemäß Artikel 171 des Vertrages von Versailles vom 28. Juni 1919 mußten von Deutschland u. a. alle Panzer an die Siegermächte ausgeliefert werden. Dies betraf auch den letzten A7V, der sich in deutschen Händen befand, HEDI. In der Kampfwagen-Kaserne Berlin-Lankwitz, unweit von Berlin-Marienfelde, wo der erste A7V im Oktober 1917 gebaut worden war, mußte der Abteilungsführer, Oberleutnant Larsen, den A7V HEDI an die Entente-Mächte ausliefern. Möglicherweise wurde HEDI an Polen übergeben oder verschrottet. Der Verbleib konnte bisher nicht eindeutig geklärt werden. Im Juni 1920 löste Oberleutnant Larsen als letzter Kommandeur der dem Reichswehrgruppenkommando 1 unterstellten 3 Kampfwagenabteilungen diese auf Weisung der Alliierten in Berlin-Lankwitz auf[13].

Verleihungsurkunde und Erinnerungsabzeichen für ehemalige Besatzungen deutscher Kampfwagen

Das am 13. Juli 1921 von Reichswehrminister Geßler gestiftete Kampfwagen-Erinnerungsabzeichen stellt den A7V dar. Es wurde an ehemalige Angehörige der Kampfwagenabteilungen verliehen, die an mindestens drei Fronteinsätzen beteiligt waren oder während eines Einsatzes verwundet wurden. Insgesamt wurde dieses Abzeichen 99 Mal verliehen.

Zur Erinnerung an den ersten deutschen Panzer wurde im Zeughaus-Museum in Berlin ein Modell des A7V in natürlicher Größe ausgestellt, das jedoch der Zerstörung im Zweiten Weltkrieg zum Opfer fiel. Wahrscheinlich handelte es sich dabei um ein Holzmodell. Mit dem Sturmpanzer A7V WOTAN für das Panzermuseum in Munster gibt es nunmehr einen originalgetreuen Nachbau, der die Geschichte des deutschen Urpanzers und die Entwicklung der Panzertruppe anschaulich machen kann.

1 Bundesarchiv-Militärarchiv Freiburg (BA-MA) PH 20/19. Reichsarchiv OHL Nr. 55000 und 105700; Reichsarchiv Nr. 86651 und 38476; Gefechtsbericht der PzWAbt 2; Kriegstagebuch der PzWAbt. 3.
2 Bayerisches Hauptstaatsarchiv, München (BayHStA), Abt. IV, Kriegsarchiv, MKr 1549.
3 Ebd.
4 R. Surlemont, Tank Museum News, No 24, März 1989, Brüssel, S. 18 ff.; und No 21, Juni 1988, Brüssel, S. 3 ff. Vgl. auch W. Schneider und R. Strasheim, Deutsche Kampfwagen im I. Weltkrieg, Friedberg 1988.
5 Schneider/Strasheim, Deutsche Kampfwagen.
6 BA-MA PH 20/19, Kriegstagebuch der Sturmpanzerkraftwagenabteilung 3, 12. 3. – 24. 10. 1918.
7 R. Surlemont, L'Odyssée de »Mephisto«, in: Tank Museum News, No 24, S. 12 ff.; M. Whitemore, Mephisto. A7V Sturmpanzerwagen 506, Queensland Museum, Brisbane 1989.
8 J. H. Fleming, Brief des Australian War Memorial Canberra vom 20. Juni 1986 an das Queensland Museum. U. G. W. Mackenzie, Solicitor General, Schreiben an die Regierung von Queensland vom 23. Juli 1986.
9 E. Bartholomew, First World War Tanks, Shire-Album 1972, S. 22 f.; Schneider/Strasheim, Deutsche Kampfwagen.
10 A. Whitehouse, Tank, Garden City, N. Y. 1960.
11 F. Heigl, Taschenbuch der Tanks, München 1926; G. P. v. Zezschwitz, Heigl's Taschenbuch der Tanks. Teil III, München 1938, S. 169 f.; J. Foley, A7V Sturmpanzerwagen-Armour in Profile 1967, No 7, Great Bookham 1967; Dr. Wojciechowski, Schreiben des stv. Direktors des Museums der Polnischen Streitkräfte an Ltr. des Wehrgeschichtlichen Museums Rastatt vom 11. 10. 1989.
12 E. Volckheim, Die deutschen Kampfwagen im Weltkriege, Berlin 1937, S. 21 ff.
13 W. Spielberger, Die Motorisierung der Deutschen Reichswehr 1920 – 1935, Stuttgart 1979; E. v. Salomon, Das Buch vom deutschen Freikorps-Kämpfer, Struckum 1938, S. 54 ff.

Karl-Theodor Schleicher

Übersicht über die Entwicklung der Konzeption gepanzerter Kampftruppen vom Ausgang des Ersten bis zum Ende des Zweiten Weltkrieges

Konzeptionen 1918 bis 1939

Allgemeines

Tanks sind auf beiden Seiten der kriegführenden Parteien auf dem europäischen Kriegsschauplatz in erster Linie als Infanterieunterstützungswaffe geplant und eingesetzt worden. Nur mit Tankunterstützung war die Infanterie in der Lage, wieder Bewegung in das durch die Wirkung von Artillerie und besonders des Maschinengewehrs erstarrte Gefechtsfeld zu bringen. Doch ist auch festzustellen, daß – wo immer möglich – gepanzerte Kampfwagen in größerer Stückzahl geschlossen eingesetzt wurden. Ihre Entwicklung war gekennzeichnet von einem Wechselprozeß technischer Realisierungsmöglichkeiten und wirtschaftlicher Ressourcen einerseits und taktischer Forderungen andererseits.

Unbestreitbar ist, daß mit dem Tank die Mobilität auf das Gefechtsfeld zurückkehrte und sich mit seinem Einsatz erst wieder operative Möglichkeiten erschlossen. Guderian beschreibt dies mit den Worten: »Erst das mit Motorkraft und Panzerschutz bewegte Feuer der Panzer brachte wieder Bewegung[1].« Aus dem Ersten Weltkrieg brachten viele Offiziere – so auch der spätere General der Panzertruppen Walther Nehring – die Erfahrung mit, »daß das alte und trotz aller Hilfen nicht wesentlich zu erhöhende Angriffstempo der Infanterie nicht mehr ausreichte, um operative Erfolge zu erreichen«[2].

Diese Erkenntnis bestimmte die Fachdiskussion. Von deutscher Seite wollte man einerseits den Fehler, die Bedeutung der Tanks für einen erfolgreichen Ausgang des Krieges nicht rechtzeitig erkannt zu haben, nicht noch einmal machen, zum anderen wurde die Auffassung vertreten, daß angesichts der bereits im Ersten Weltkriege sich als besonders wirksam erwiesenen Panzerabwehr die militärische Verwendbarkeit des Kampfwagens nicht mehr sinnvoll sei.

Hierbei stützte man sich besonders auf die deutschen Abwehrerfolge der letzten Kriegsjahre 1917/18, was General Nehring anschaulich durch Berichte unterschiedlicher Kommandoebenen – der Studie »Kampfwagenabwehr« von Generalmajor Erich Petter entnommen – belegt. Die Skepsis gegenüber einem Kampfwagen-Konzept wird verständlicher, wenn man sich die technischen Voraussetzungen der damaligen Zeit für den Bau von Kampfwagen, deren technische Unzulänglichkeit und die mangelnde Verkehrsinfrastruktur vor Augen hält.

Aus dem Verbot von Herstellung und Einfuhr von Panzerwagen für Deutschland nach Art. 171 des Versailler Vertrages ging unzweifelhaft die hohe Einschätzung des Tanks durch Deutschlands ehemalige Kriegsgegner hervor. Tanks/Panzer spielten erstmals eine Rolle auch im politischen Kalkül. Allein durch ihre Existenz waren sie ein politisches Faktum mit psychologischer Wirkung geworden.

Die beiden Kampfwagen A7V 504/544 SCHNUCK und A7V 528, HAGEN der Abteilung 2 halten in einem nordfranzösischen Dorf im Frühjahr 1918. Beide Kampfwagen sind von hinten aufgenommen   Sammlung WGM

Entwicklung in den 20er und 30er Jahren

Großbritannien

In Großbritannien waren es vor allem der damalige Colonel John F.C. Fuller und der ehemalige Captain und nunmehr als Militärschriftsteller wirkende Basil H. Liddell Hart, die sich mit dem Studium neuzeitlicher Verwendung der Tankwaffe beschäftigten.

In einer Studie – »Plan 1919« genannt und noch im Mai des letzten Kriegsjahres veröffentlicht – legte Fuller eine neue These vor, in der er die Angriffstaktik und ihre Beeinflussung durch Schnelligkeit und Beweglichkeit des Medium D-Tanks beschrieb[3]. Diese These sollte sich als Grundstein für die Planungen einer motorisierten Kriegsführung in den zwanziger und dreißiger Jahren – und schließlich auch für die sogenannten Blitzkriege von 1939, 1940

Captain Basil H. Liddell Hart — Panzermuseum Munster

Colonel J. F. C. Fuller — Tank Museum Bovington Camp

und 1941 – erweisen[4]. Die Kernaussagen von Fullers Thesen waren:
○ Durch Angriffe mittlerer Tanks und von Flugzeugen gegen das feindliche Hauptquartier Verwirrung bei den gegnerischen Kommandozentren herbeizuführen.
○ Danach »Aufbrechen der feindlichen Linien durch Durchbruchtruppen« mit schweren Tanks, Infanterie und Artillerie.
○ Schließlich Zurückwerfen des desorganisierten Gegners durch »Verfolgungstruppen« aus leichten Tanks, auf Lastwagen verladener Infanterie und Kavallerie.

Dieser Plan, den Fuller in den ersten Nachkriegsjahren nach 1918 fortschrieb, konnte dennoch die amtlichen Stellen der britischen Verteidigungspolitik hinsichtlich einer Weiterentwicklung der Tankwaffe nicht umstimmen. Die Verantwortlichen der britischen Verteidigungspolitik schlossen kriegerische Auseinandersetzungen auf dem Kontinent in naher Zukunft aus und richteten ihr Hauptaugenmerk auf die Erhaltung des Empire. Für mögliche Einsätze dort sah man für motorisierte Verbände keine Aufgaben. So sehr man sich darüber einig war, daß die neue Waffe, der Tank, hohen Anteil am erfolgreichen Ende des Krieges hatte, so wenig mochte man sich der Fortentwicklung dieser Waffe auf Dauer annehmen, da man den Tank noch immer in Verbindung mit dem Grabenkrieg auf dem Kontinent brachte. Da man nicht an dessen Wiederholung glaubte, gab es auch keinen Grund, am Tank festzuhalten.

Hemmend für eine technische Neuentwicklung erwies sich die Weiternutzung des vorhandenen, wenn auch unzulänglichen Materials. Konsequenterweise wurde im Zuge der allgemeinen Heeresverminderung das Tankkorps von 25 Bataillonen bei Kriegsende auf 4 Bataillone reduziert, während die Kavallerie 20 von 28 Bataillonen behielt.

Oberst Fuller, nunmehr im Kriegsministerium, unterließ es aber nicht, auf die Veränderung der Kriegskunst durch die Einführung des Benzinmotors hinzuweisen. Er glaubte, daß die durch den Verbrennungsmotor geschaffene Beweglichkeit das Kennzeichen der modernen Armee sein werde[5]. Mit Panzerschutz, Beweglichkeit und Feuerkraft der Tanks wollte er die Infanterie zu Fuß und die Kavallerie zu Pferd ersetzen. Fuller verursachte mit seinen fortschrittlichen Thesen eine erhebliche Unruhe[6].

Empörung löste in Fachkreisen seine Ansicht aus, die Mechanisierung der Armee erlaube eine Verringerung der Mannschaftsstärken. Trotzdem wurde Fullers Vorschlag von 1919 zur Aufstellung einer Versuchsbrigade wohlwollend aufgegriffen, allerdings blieb wegen halbherziger Versuche dann der Erfolg aus. In der Folgezeit, in der das Royal Tank Corps seinen Anteil an der Verteidigung des Empires leisten mußte, wurden selbständige Panzerkompanien gebildet. Die Idee einer eigenen Waffengattung wurde vornehmlich durch junge Offiziere, die in diesen Kompanien dienten, am Leben erhalten. Als militärischer Assistent des Generalstabschefs General Sir George Milne sah Fuller 1926 eine neue Chance, die Richtigkeit seiner Konzeption zu beweisen.

1927 wurden Versuche mit einer gepanzerten Brigade durchgeführt, die die Elemente Panzer, motorisierte Infanterie, motorisierte Artillerie und Pioniere in sich vereinigte[7]. Diese Versuche verliehen dem Motorisierungsgedanken der Armee neuen Auftrieb und entfachten eine lebhafte Diskussion über den Einsatz der motorisierten Kräfte. Infanterie- und Kavalleriedivisionen sollten auch in Zukunft erhalten bleiben, lediglich ihre Transportmittel sollten motorisiert werden. Daneben sollten jedoch auch Panzerdivisionen mit operativer Zielsetzung entstehen. Der Chef des Generalstabs, General Milne, befand sich mit dieser Beurteilung jedoch nicht auf der offiziellen Linie des britischen Kriegsministeriums. Die Aufgabe der Tanks wurde dort darin gesehen, die anderen Waffengattungen zu unterstützen und manchmal auch von ihnen unabhängig zu handeln. Ein strategischer Einsatz war nicht vorgesehen. Die Haupteinwände gegen einen selbständigen Tankeinsatz kamen weniger von der Kavallerie als von der Infanterie. Letztlich waren es aber auch finanzielle Erwägungen, die die Idee einer schnellen Realisierung moderner Panzerkräfte bzw. einer vollmotorisierten britischen Expeditionsstreitmacht – wie der Militärtheoretiker Liddell Hart sie forderte – scheitern ließen. Liddell Hart, nach Kriegsende Redakteur beim Daily Telegraph, hatte sich – durch Fuller angeregt – ebenfalls mit Theorien der Panzerkriegführung beschäftigt und war mit mehreren Werken hervorgetreten. Er hatte die Idee des »sich ausbreitenden Wildbaches« entwickelt. Seiner Meinung nach sollte der Truppenführer mit Reserven dort nachstoßen, wo sich der größte Erfolg abzeichnet, um so einen Einbruch zum Durchbruch auszuweiten.

In seiner »Strategie der indirekten Annäherung« rät er: Grundsätzlich müsse der Feind aus mehr als einer Richtung bedroht werden, um ihn so in Bedrängnis über die Aufstellung seiner Streitkräfte zu bringen. Obwohl Fuller und Liddell Hart in ihren Ansichten im

General Estienne
Etablissement de Conception et de Production Audiovisuelle des Armées, Paris

großen und ganzen übereinstimmten, gab es doch Unterschiede. Fuller war der Ansicht, der Panzer allein werde die Schlachtfelder der Zukunft beherrschen und Infanterie würde nur zur Besetzung des von Panzern eroberten Gebietes gebraucht. Liddell Hart dagegen vertrat den Standpunkt, daß beweglich gemachte Infanterie zum Zusammenwirken mit den Tanks in einer gepanzerten Einheit weiterhin nicht entbehrt werden könne. Er setzte sich für eine in allen Teilen motorisierte Armee ein, bei der es allen Unterstützungswaffen der Tanks durch Transport in gepanzerten Fahrzeugen ermöglicht werden sollte, jenen direkt aufgeschlossen zu folgen[8].

Frankreich

Die Erfahrungen aus den Stellungskriegen und die Erfolge in der Verteidigung – Verdun war hier Symbol und zugleich blutige Bestätigung – beeinflußten das Denken der französischen Militärs. Der Defensive wurden in weiten Teilen der Armee der Vorrang vor der Offensive eingeräumt.

General Estienne, der Schöpfer der französischen Panzerwaffe, sprach sich jedoch entschieden für eine Motorisierung aus. Wie Fuller sah auch er im Tank das Mittel, in Verbindung mit enger Luftunterstützung das Pendel wieder zugunsten der Offensive ausschlagen zu lassen. Aber seine Forderungen nach Aufstellung einer gepanzerten Streitmacht – Messenger setzte diese mit 100 000 Mann, 4000 Tanks und 8000 Lastautos an – blieben ungehört[9].

Bei der Festlegung der taktischen Konzeption für die 20er Jahre wurde kein Tank-Offizier beteiligt. Marschall Joffre – Oberkommandierender der französischen Armee 1915/16 – unterlag mit seiner Idee von der Errichtung getrennter befestigter Räume von der Nordsee bis zur Schweizer Grenze und des Einsatzes mobiler Angriffsarmeen in deren Lücken.

Marschall Pétain – der Verteidiger von Verdun – setzte sich mit der Festlegung auf Stärkung der Defensive und seinem Konzept einer einzigen ununterbrochenen Befestigungslinie durch, die dann als Maginot-Linie realisiert wurde. Die einseitige Abstützung der

Landesverteidigung auf diese Festungswerke wurde als »Maginot-Denken« bezeichnet.

Hier zeigt sich die unterschiedliche Auswirkung von Verdun als militärisches Schlüsselerlebnis für beide Seiten. In Frankreich führte es zur Schaffung der Maginot-Linie, sozusagen einem »Über-Verdun«, in Deutschland im Umkehrschluß zur Aufstellung einer modernen Panzerarmee mit extrem hoher Beweglichkeit. In ihr ist die Idee der sogenannten Blitzkriege mit punktueller Überlegenheit bei an sich unterlegener Gesamtstärke begründet.

Estienne setzte seine Bemühungen um die Unabhängigkeit der Tankwaffe, die auch in Frankreich der Infanterie unterstellt war, fort. Er entwarf schon 1921 ein Modell für einen Tank, von dem 1926 sogar ein Prototyp mit einer 75 mm-Kanone gebaut wurde. Auch in Frankreich verhinderten fehlende Haushaltsmittel – der Bau der Maginot-Linie hatte Vorrang – eine frühzeitige Serienfertigung. Erst um 1936 wurde dieser Panzer als Char B an die Truppe ausgeliefert.

Für die Motorisierung der Infanterie wurden ebenfalls Anstrengungen unternommen. So wurden mit einer »leichten Infanteriedivision« Versuche durchgeführt. Diese Division bestand aus neun Bataillonen motorisierter Infanterie, unterstützt durch von Traktoren gezogener Artillerie. Die Zahl der Panzer in den Kavallerie-Divisionen wurde erhöht, eine der drei berittenen Brigaden wurde motorisiert (Dragons portes). Dies war jedoch nicht das, was Estienne und seine Anhänger sich vorstellten.

Colonel Lindsay, Inspekteur des britischen Tankkorps sah in dieser Einheit »lediglich eine aufgesessene Infanterie, die mit modernen Mitteln schnell an einen Punkt befördert wird, wo sie nach altmodischer Art kämpfen muß«[10].

Vereinigte Staaten von Amerika

Nach Ende des Ersten Weltkrieges zogen sich die Vereinigten Staaten von Amerika aus Europa zurück. Der Isolationismus gewann wieder die Oberhand. Zwar hatte man durchaus die Bedeutung des Tanks erkannt, doch für die US-Army genügte es, daß das Tankkorps als selbständige Waffengattung in geringerem

Französischer Panzer vom Typ Char B 2.
Ecole d'application de l'Armée blindée cavalerie
Saumur

Umfang erhalten blieb. Im Kriege waren auch bei den US-Truppen vor allem englische MARK VIII und französische RENAULTS eingesetzt. Nun wurden Spezifizierungen für einen neuen eigenen Tank festgelegt.

Der später berühmt gewordene Panzergeneral George Patton trat als junger Offizier vor allem dafür ein, das Tankkorps als separate Waffengattung zu erhalten. Doch auch hier setzten sich die Befürworter der Idee des Tanks in der Rolle als Unterstützungswaffe für die Infanterie durch. 1920 wurde das Tankkorps aufgelöst und alle Tanks wurden der Infanterie unterstellt. Konsequenterweise bezeichnete man die Tanks daher auch als Infanterie-Tanks. Über die taktischen Aufgaben der Tanks herrschte die offizielle Meinung vor, es sei erste Aufgabe der Tanks, das ununterbrochene Vorrücken der Infanterie im Angriff zu erleichtern. Viele ehemalige Tank-Offiziere kehrten wieder zu ihren Stammtruppengattungen Kavallerie und Infanterie zurück, blieben aber, wie Eisenhower und Patton, der Idee des operativen Tankeinsatzes verbunden. Befürworter der Infanterie verhinderten auch hier das Erstarken einer modernen Panzerwaffe.

Die Kavallerie, die in Europa kaum an Kämpfen beteiligt war, kam zunächst zum gleichen Schluß, nur mit dem Unterschied, Tanks als Hilfswaffe der Kavallerie zu fordern. Die Aufgaben der Kavallerie umfaßten damals das Niederwerfen der gegnerischen Kavallerie, das Zerschlagen der feindlichen Verbindungen, die Flanken- und Nachhutsicherung, Verfolgung, Störung und Aufklärung. Die Renaissance der Kavallerie ist in England wie in den USA auch auf die erfolgreichen Kavallerieeinsätze des britischen Generals Allenby in seinem Feldzug gegen die Türken in Palästina zurückzuführen.

Die Geländeverhältnisse, das unerschlossene Verkehrsnetz, aber auch die Anfälligkeit und die technische Unausgereiftheit der Tanks ließen deren Einsatz damals dort auch nicht zu. Allenby selbst wies in einem offenen Brief an das Cavalry Journal 1922 darauf hin, daß er zwar hinsichtlich der Zukunft des Pferdes auf dem Schlachtfeld beruhigt sei, daß aber Kavallerieunternehmen auch durch mechanisierte Truppenmittel – Lastautos, Tanks, Panzerautos – unterstützt werden könnten[11].

Ein Artikel eines zur Infanterie gehörenden Panzeroffiziers, der die Idee vortrug, die Einsatzmöglichkeiten eines Kavallerietanks zu untersuchen, sowie die Forderung Pattons nach der Wiederaufstellung des Tankkorps als selbständige Waffengattung fanden in den Reihen der konservativen Kavallerie starke Widerstände. Nicht die sachlich nüchterne Analyse war Grundlage der Diskussion, sondern starke emotionale Züge bestimmten diese. Trotz dieser Opposition wurde 1927 die Entscheidung getroffen, jeder Kavalleriedivision neben einer Beobachtungsstaffel der Luftwaffe eine Tank- und eine Panzerwagen-Einheit beizustellen. Übungen mit Panzern, die im Ersten Weltkrieg eingesetzt waren, erbrachten wegen deren geringer Geschwindigkeit und technischer Anfälligkeit die Forderung nach einem Tank, der 29 km/h auf der Straße und eine Querfeldeingeschwindigkeit von 21 km/h erbringen sollte. Damit sei er ein wertvoller Gehilfe der Kavallerie[12].

1928 wurde nach Erfahrungen aus Tests einer britischen Versuchs-Tankbrigade eine ähnliche Truppe in Fort Leonard Wood in Maryland/USA aufgestellt. Der Tank sollte der Kern einer Truppe sein, die dessen Erfolg durch ihre Unterstützung zu sichern, schnell zu konsolidieren und auszuweiten hatte. Erstmals sah man im Tank eine zu unterstützende statt eine unterstützende Waffengattung. Nach 3 Monate dauernden Erprobungen wurde die Truppe zwar wieder aufgelöst, aber die Ideen setzten sich durch. Der spätere General Chaffee, damals Major der Kavallerie und Beobachter, war vom Konzept einer motorisierten Einheit begeistert und trat energisch dafür ein, sie zu einer Dauereinrichtung zu machen.

Lt. Col. George S. Patton Jr. als Kommandeur des 1. Tank-Center, US-Army in Langres, Frankreich im Juli 1918 vor einem RENAULT-Tank

Patton Museum Fort Knox

Der Stabschef, General Summerall, änderte seine Auffassungen und befahl im Oktober 1930, vor seinem Ausscheiden: »Die motorisierte Streitmacht jetzt aufstellen und in Fort Eustis, Virginia, stationieren. Nicht auf Zeit, sondern auf Dauer.«
Die Infanterie, die erkannte, daß sie auf dem Weg zur Motorisierung zurückfiel, führte 1929 mit der 34. Infanteriedivision ebenfalls Motorisierungstests durch. Sie war entschlossen, die Kontrolle über die Tanks nicht aus der Hand zu geben. Dies und die fehlenden Mittel zur Einführung moderner Panzer stellten der Ausführung von Summeralls letztem Befehl ein beträchtliches Hindernis in den Weg.

Sowjetunion

Den Ausschlag, sich in der Sowjetunion Gedanken über eine moderne Armee unter Nutzung der Motorisierung zu machen, gab letztlich wohl der Ausgang des Krieges gegen Polen 1920. Als die Generale Frunse und Tuchatschewski sich erstmals darüber Gedanken machten, bestand noch die politische Zielsetzung, mit Hilfe einer modernen Armee den Kommunismus nach Westeuropa zu tragen. Eine reguläre Armee paßte aber nicht zu dem marxistischen Anspruch, daß die Rote Armee aus dem Volk gespeist werden müsse und daher eine Miliz zu sein habe. Daher gab es mehrere Lager. Zum einen die ehemaligen zaristischen Generale, die sich im Bürgerkrieg der Roten Armee angeschlossen hatten,

zum anderen die jungen Aufsteiger, erfolgreiche Kommandeure im Bürgerkrieg; und dann gab es noch die Gruppe der Theoretiker mit Trotzki an der Spitze.
Schließlich wurde 1924 ein Kompromiß gefunden, der in einer regulären Armee von 29 und einer Territorialarmee von 42 Infanteriedivisionen bestand. Gleichzeitig wurde die Frage nach einer Defensiv- oder Offensivstrategie zugunsten der letzteren entschieden. Zunächst stützte man sich dabei auf die Beweglichkeit der im Bürgerkrieg in weiträumigen Operationen bewährten Kavallerie, ohne sich den Möglichkeiten motorisierter Streitkräfte zu verschließen, für die man aus wirtschaftlichen und technischen Gründen aber noch keine Realisierungsmöglichkeiten sah. Fullers Veröffentlichungen wurden auch in der Sowjetunion gelesen und gaben Anstöße, Tankmodelle zu untersuchen. So wurde bereits 1927 ein leichter Tank, der T 18, hergestellt.
General Woroschilow, der Nachfolger Frunses, erkannte, daß die Rote Armee ihre Beweglichkeit nicht verbessern konnte, wenn sie sich nicht auf die Motorisierung konzentrierte. Stalin entschied daher, den Ersten Fünfjahresplan, der 1928 begann, den Bedürfnissen der Armee anzupassen. Der spätere Marschall Tuchatschewski, seit 1926 Stabschef der Roten Armee, trieb die Bestrebungen zur schriftlichen Niederlegung eines taktischen Konzepts voran. Die Felddienstvorschriften von 1929 wiesen als durchschlagendste Form der Gefechtsführung die Offensive mit dem Ziel der Einschließung aus. Bei all diesen Überlegungen blieb aber der Panzer immer noch Hilfswaffe der Infanterie; lediglich höhere Stäbe sollten über unabhängige Panzergruppen verfügen. Die Sowjets hatten Ende der 20er Jahre bereits eine Versuchstruppe, welche derjenigen der Engländer und Amerikaner bemerkenswert ähnelte[13].
Auch die deutsch-russische Zusammenarbeit bei der Entwicklung technischer und taktischer Panzerkonzepte zeigte ihre Auswirkungen. 1929 konnte die Rote Armee im Mandschurei-Feldzug erste praktische Erfahrungen sammeln.

Deutschland

Für Deutschland legte der Versailler Vertrag enge Grenzen fest, in denen sich die neuen Streitkräfte, die Reichswehr, bewegen konnten. Dies hatte der damalige Generalleutnant v. Seeckt, ab Juni 1920 Chef der Heeresleitung, bei seinen Planungen vor Augen. Neben der Idee vom »Führerheer als Kaderarmee« sah er auch den Vorteil eines kleinen hochbeweglichen Heeres. Beweglichkeit war zudem der einzige Weg, den Mangel an Zahl auszugleichen. Aus dieser Einsicht heraus sind die frühen Übungen (1921 im Harz) der Reichswehr mit motorisierten Einheiten mit zum Teil requirierten Zivilfahrzeugen und das Interesse v. Seeckts an der Mechanisierung und an Panzern zu verstehen. In der neuen Vorschrift »Führung und Gefecht der verbundenen Waffen« vom 1. 9. 1921 wurden Anleitungen gegeben, wie eine moderne Armee ausgebildet werden kann, ohne im Besitz der ihr verwehrten Waffen – also auch der Kampfwagen – zu sein. Auf das notwendige Zusammenwirken aller Waffen wurde besonders hingewiesen[14]. Hier drängt sich der Gedanke von einer Ideologisierung der moralischen Überlegenheit gegenüber materieller Überlegenheit auf. Die Not wurde zur Tugend.
Im Jahre 1927 äußerte sich Generaloberst v. Seeckt, nun bereits außer Dienst, zu den zwei militärischen Hauptaufgaben für das Kraftfahrzeug:

Marschall Tuchatschewski   Panzermuseum Munster

Tank-Attrappen der Reichswehr auf dem Chassis des 3/15 Ps Dɪxɪ von BMW bei einer Geländeübung mit Einnebelungsversuchen im Februar 1932
Bundesarchiv Koblenz

1. eine neue eigene Waffe zu liefern,
2. als Transportmittel für Menschen, Geschütze und Heeresbedürfnisse zu dienen.

»Die Kampfwagen wachsen sich zu einer besonderen Truppe neben Infanterie, Kavallerie und Artillerie aus.«

Bis 1935 gab es in Deutschland keine Panzertruppe. Die Erinnerung an den Kampfwagen lebte damals lediglich in der Kraftfahrtruppe fort, die von der Inspektion der Verkehrstruppen/Abteilung für Kraftfahrtruppen (In 6) betreut wurde. 1922 wurde der damalige Hauptmann Guderian als Generalstabsoffizier in diese Inspektion versetzt. Dort war er u. a. mit einer Studie über Truppentransporte auf Kraftwagen beschäftigt. Dies veranlaßte ihn, sich mit den Verwendungsmöglichkeiten motorisierter Truppen auseinanderzusetzen. »Durch seine, obwohl rein theoretische, Beschäftigung mit diesen neuzeitlichen Problemen errang Guderian bald den Ruf eines ›Sachverständigen‹ auf dem Gebiet der Verwendung motorisierter Truppen[15].«

Im Winter 1923/1924 fanden unter Leitung des Oberstleutnants Walther v. Brauchitsch, des späteren Oberbefehlshabers des Heeres, Manöver statt, um die Möglichkeiten des Zusammenwirkens von motorisierten Truppen und Flugzeugen zu erproben. Bei diesen Manövern machte der junge Guderian – mit der Durchführung eines Kriegsspieles betraut – auch als Praktiker und Taktiker auf sich aufmerksam.

Ermutigt durch eine Reihe gelungener Planübungen und kleiner Gefechtsübungen mit der Kraftfahrtruppe äußerte er die Hoffnung, daß diese Übungen der Kraftfahrtruppe den Übergang von einer Nachschub- zu einer Kampftruppe ermöglichen sollten. Sein Inspekteur – damals Oberst v. Natzmer – war jedoch entgegengesetzter Meinung und warf ihn mit den Worten: »Zum Teufel mit der Kampftruppe! Mehl sollt ihr fahren!« in – wie Guderian selbst schreibt – sein Nichts zurück[16]. Nicht nur v. Natzmer, sondern auch viele Generale waren gegenüber dem Motorisierungsgedanken und besonders gegenüber der Panzerwaffe skeptisch eingestellt. Unter den Versailler Restriktionen und den Bedingungen eines knappen Etats sahen sie den Sprung in das Zeitalter motorisierter und gepanzerter Truppen daher als weniger realistisch an.

Gelände vor der Fabrik in KAMA
Sammlung Larsen

Eine Aufnahme von den Erprobungen in KAMA; ein Offizier versucht, einen Motor mit der Handkurbel anzuwerfen

Sammlung Larsen

Besonderer Erwähnung bedarf die unter dem Decknamen KAMA bekannt gewordene Zusammenarbeit zwischen der Reichswehr und der Roten Armee, die sowohl von taktischem als auch technischem Interesse geprägt war[17]. Der Tarnname KAMA entstand aus der Zusammenziehung der beiden ersten Buchstaben von Kasan, wo sich diese Versuchsstelle in Rußland befand, und vom Namen von Oberstleutnant Malbrandt, der auf einer Erkundungsreise 1926/27 dieses Erprobungsgelände ausgesucht hatte. An der Panzerschule der Roten Armee in der Nähe von Kasan bot man der Reichswehr nach Abschluß des Berliner Freundschaftsvertrages vom 24. April 1926 die Möglichkeit zur Ausbildung von Panzerspezialisten – die für die Zeit ihrer Tätigkeit in Rußland vorübergehend aus ihrem Dienstverhältnis entlassen waren – sowie zur Erprobung, Auswertung und Entwicklung von Waffen und Fahrzeugen. Diese Zusammenarbeit dauerte fort bis in das

Jahr 1933. Die Rote Armee stellte zur Ausbildung am Kampfwagen neben Übungsgelände und Truppen auch das erste Panzergerät, die Kampfwagen Ms I und Ms II mit einer 3,7 cm Kanone. Im Austausch erhielten sowjetische Offiziere die Berechtigung, an Lehrgängen im Reich teilzunehmen. Diese Möglichkeit wurde u. a. von Marschall Tuchatschewski und dem späteren Marschall Schukow genutzt.

Ab 1925 begann man in Deutschland mit der Entwicklung von Panzerfahrgestellen mit der Tarnbezeichnung GROSSTRAKTOR. Die von den Firmen Daimler, Krupp und Rheinmetall in geringer Stückzahl gebauten Modelle wurden in Rußland ab 1929 auf dem Prüfplatz in KAMA erprobt. Infolge der politischen Entwicklungen mußten diese Erprobungen am 15. September 1933 abgebrochen werden. Der Wert des »Unternehmens KAMA« bestand nach

Ein GROSSTRAKTOR aus KAMA. Nach seiner Rückführung nach Deutschland wurde dieser Panzer 1935 als Denkmal des Panzerregimentes 1 in Erfurt vor der Löberfeld-Kaserne aufgestellt

Sammlung Schäfer

Meinung Nehrings darin, daß es eine Vorbereitung für die spätere Reorganisation des Heeres sei.

Guderian, der trotz vieler Rückschläge sich auch in anderen militärischen Funktionen weiter dem Studium und der Entwicklung der Panzertaktik gewidmet hatte, kam 1929 zu der Überzeugung, »daß der Panzer allein und in der Bindung an die Infanterie niemals zu entscheidender Bedeutung gelangen könne. Das Studium der Kriegsgeschichte, die Übungen in England und die eigenen Erfahrungen mit unseren Attrappen, festigten mich in der Ansicht, daß die Panzer zur Höchstleistung nur dann befähigt würden, wenn die anderen Waffen, auf deren Hilfe sie immer angewiesen blieben, in Bezug auf Geschwindigkeit mit ihnen auf den gleichen Nenner gebracht würden. Die Panzer mußten in diesem Verband aller Waffen die erste Geige spielen, die anderen mußten sich nach den Panzern richten. Man durfte nicht Panzer in Infanterie-Divisionen stecken, sondern mußte Panzerdivisionen errichten, in denen alle Waffen enthalten waren, deren die Panzer zu wirkungsvollem Kampf bedurften[18].«

Diese Sätze – so folgert Nehring – enthalten Guderians Lehre über die Art des Einsatzes von Panzerkampfwagen in einem neuzeitlichen Heer. Diese Lehre, die sich gegen ungewöhnliche Widerstände hoher und unterer Dienststellen durchsetzte, habe im Zweiten Weltkrieg den erwarteten Erfolg gebracht.

Aufbau der deutschen Panzertruppe

Nach mehrjähriger Abwesenheit von der Inspektion der Kraftfahrtruppen kehrte Guderian 1931 mit reichen Erfahrungen u. a. aus der Truppe – Kraftfahrabteilung 3 – als Chef des Stabes und Oberstleutnant in diese zurück. Gemeinsam mit dem neuen Inspekteur der Kraftfahrtruppen, Generalmajor Lutz, prägte er die Gründerzeit der deutschen Panzertruppe. Beide waren sich einig, daß die zukünftige Organisation der Panzertruppe ihre Verwendung als operativ entscheidende Waffe ermöglichen müsse.

Die Form der Organisation konnte also nur die Panzer-Division und später das Panzerkorps sein. Ihre Gedanken galten aber ebenso dem Aufbau der motorisierten Aufklärung und der Aufstellung motorisierter Panzerabwehrabteilungen. Nehring bezeichnet Oswald Lutz als den Vater der Heeresmotorisierung und Heinz Guderian als den Schöpfer der Panzertruppe. Obwohl in vielen Übungen Anfang der 30er Jahre die Möglichkeiten des Operierens motorisierter und gepanzerter Einheiten mit Panzernachbildungen, Aufklärung und Panzerabwehr unter Beweis gestellt wurden und selbst Reichskanzler Hitler von der Schnelligkeit und Präzision der Bewegungen beeindruckt war – »Das kann ich gebrauchen! Das will ich haben[19]!« –, konnten dennoch zahlreiche führende Generale und maßgebliche Persönlichkeiten des Generalstabs des Heeres nicht überzeugt werden. Als ein Beispiel dafür wird immer wieder der Konflikt zwischen Guderian und Beck herangezogen.

Die Rolle General Becks, der am 1. Oktober 1933 zum Chef des Truppenamtes (später Chef des Generalstabs des Heeres) berufen worden war, beim Heeresaufbau und der Mechanisierung des Heeres wird u. a. von Guderian, Nehring, aber auch von Hubertus Senff (1969 Generalstabsoffizier, heute Generalmajor und Kommandeur der 11. Panzer-Grenadier-Division der Bundeswehr) und von Klaus-Jürgen Müller beschrieben[20].

Guderian und Nehring beklagen Becks mangelndes Verständnis für die moderne Technik, seine Absicht, Panzer in erster Linie als Hilfswaffe der Infanterie einzusetzen, und seine ablehnende Haltung gegenüber der Errichtung von Panzerdivisionen.

Laut Senff mochte sich General Beck als erster Berater des Chefs der Heeresleitung den Gedanken Guderians – zumindest soweit sie die operative Verwendung betrafen – nicht anschließen. Beck hatte in seinen Überlegungen nicht nur an die Panzerwaffe, sondern auch an den Aufbau des ganzen Heeres zu denken. Hierbei durften nach seiner Auffassung weder Experimente noch irgendwelche Risiken eingegangen werden.

Senff geht auch Behauptungen nach, Beck habe sich aus politisch-ethischen Gründen der Schaffung einer operativen Panzer-

Die Inspektion der Kraftfahrtruppen 1933. In der unteren Reihe v.l.n.r.: Nehring, Lutz, Guderian und Punt, in der oberen Reihe v.l.n.r.: Ritter v. Hauenschildt, Breith, Brensing, v. Fichte, Fichtner, Hünersdorff, Werner

Nachlaß Generaloberst Guderian

Generaloberst Ludwig Beck

Bundesarchiv Koblenz

waffe widersetzt, um der aggressiven Politik Hitlers keinen Vorschub zu leisten. Er kommt dabei zu dem Schluß, daß dafür kein Zeugnis vorliegt und daß es zweifelhaft sei, daß sich der Chef des Generalstabes schon vor 1937, also in den entscheidenden Aufbaujahren des Heeres zwischen 1933 und 1936 über die damit verbundenen politischen Ziele im klaren sein konnte. Becks Beweggründe für eine Ablehnung der Forderungen Guderians lägen daher unzweifelhaft in der unterschiedlichen Bewertung und der Suche nach dem besten Weg, nach dem »Wie« der Gefechtsführung und damit der Heeresorganisation.

Die Forschungen K.-J. Müllers zeigen auf, daß die Behauptung, Beck sei ein Gegner der operativ einsetzbaren Panzerwaffe gewesen, in dieser Form überhaupt nicht haltbar ist. Im Generalstab begann im November 1935 in einem Rüstungswettlauf mit Frankreich die Planung über den Um- und Ausbau des deutschen Heeres zu einem »Angriffsheer«. Vorausgegangen waren eine Auswertung einer Übung des britischen Tankkorps von 1934 und von nationalen Kriegsspielen im Jahr 1935. Becks »Angriffsheer« war der Idee nach eine weitgehend motorisierte Armee mit einem harten Kern von Panzerverbänden. Die Aufstellung von Panzerdivisionen zu operativem, weiträumigen Einsatz schloß er dabei nicht aus. Es ist belegt, daß er sogar für eine Verstärkung der Panzertruppe auf Kosten der Aufstellung von Panzerabwehrabteilungen eintrat und sogar mehr Panzer forderte, als Guderian damals selbst verlangt hatte.

Nach Müller reduzierte sich die ganze Kontroverse im Grunde auf zwei Momente: »Erstens scheint über ressortmäßige und sachliche Unstimmigkeiten in Detailfragen hinaus eine tiefe persönliche Dissonanz zwischen Beck und Guderian geherrscht zu haben [. . .] zweitens aber hat Beck eine größere Flexibilität bezüglich des Einsatzes von Panzern beim Aufbau dieser Waffe angestrebt, um einerseits den vielfältigen möglichen Einsatznotwendigkeiten

Kampfwagen vom Typ PANZER I des Pz. Rgt. 2 bei einer Marschübung des Kraftfahrlehrkommandos Ohrdruf im August 1935   Sammlung Schäfer

Kriegsgliederung einer Panzer-Division
nach dem Stande vom 15. 10. 1935:
1 Panzerbrigade mit 2 Panzerregimen-
  tern,
1 Schützenbrigade mit 1 Schützenregiment und 1 Krad-Schützenbataillon
1 Artillerieregiment zu 2 Bataillonen,
1 Panzerjäger-Abteilung,
1 Fernmeldebataillon,
1 Pionierkompanie

BA-MA

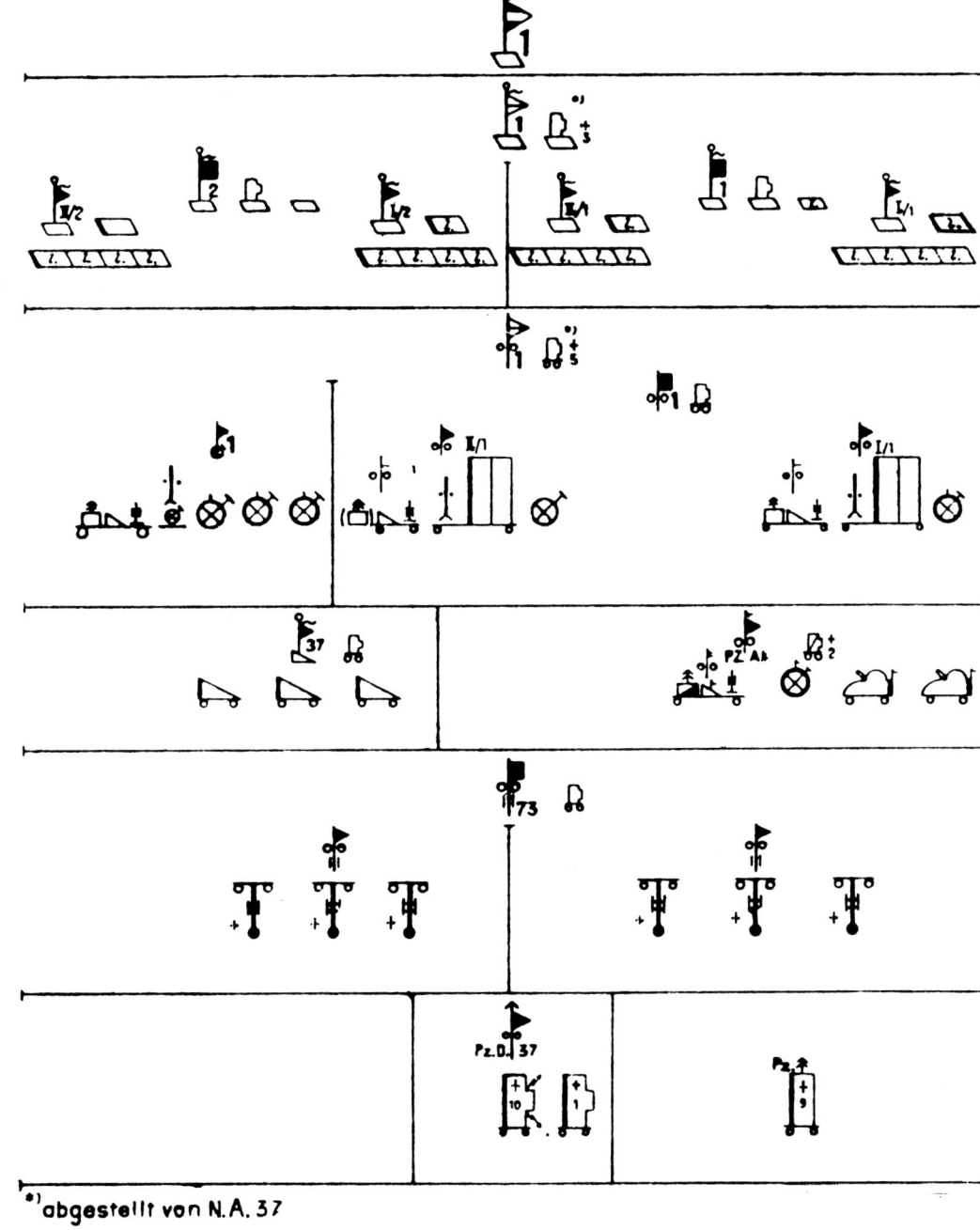

*) abgestellt von N.A. 37

gerecht zu werden und andererseits keine Variationsmöglichkei-
ten aufgrund neuer Erfahrungen beim Einsatz dieser noch weitgehend unerprobten Waffe zu verbauen, zumal bis Ende 1935 die in-
und ausländischen Experimente mit Panzerverbänden eindeutige
Ergebnisse noch nicht erbracht hatten. [. . .] Dabei zeigen die
Quellen auch, daß er [Beck], der sich spätestens seit 1934 intensiv
mit der Frage der Verwendung von Panzerverbänden befaßt hatte,
immer mehr der Guderianschen Lösung eines Ausbaus von
operativ einsetzbaren Panzerdivisionen zuneigte[21].«
Damit kann festgehalten werden, daß Beck die strukturellen
Weichen stellte und damit Guderian letztlich entgegenkam.
In den Jahren 1935–1939 nahm die Aufstellung von Panzergroß-
verbänden nach erfolgreichen Manövern – so 1935 auf dem
Truppenübungsplatz Munster-Lager und dem Wehrmachtsmanö-
ver 1937 – ihren Fortgang. Unter dem neu errichteten Kommando
der Panzertruppen wurden am 15. Oktober 1935 drei Panzerdivi-

sionen aufgestellt. Guderian selbst erhielt noch als Oberst das
Kommando über die 2. Panzerdivision in Würzburg. In der Folgezeit wurde mit der Schaffung von Panzerbrigaden, die nur zum
Zusammenwirken mit der Infanterie bestimmt waren, und der
Aufstellung von sogenannten leichten Divisionen ein Weg beschritten, der den Auffassungen Guderians nicht entsprach.
Auch die Entwicklung der gepanzerten Fahrzeuge für die Unterstützungswaffen der Panzer erfolgte später nicht im erforderlichen
Maße. In der Fachliteratur verbreiteten Guderian und Nehring ihre
taktischen Ansichten – so auch über die Themen »Die Panzertruppen und ihr Zusammenwirken mit den anderen Waffen« und
»Panzerabwehr« – , um das Offizierkorps des erheblich angewach-
senen Heeres mit diesen wichtigen Fragen vertraut zu machen[22].
Technisch gesehen war es der deutschen Panzertruppe gelungen,
durch das Überspringen mehrerer Entwicklungsstufen eine lei-
stungsfähigere Truppe aufzubauen.

Colonel Charles de Gaulle
(untere Reihe 3. v. l.) als Kommandeur
des 507. Panzerregimentes und seine
Offiziere 1939
Etablissement de Conception et de Production
Audiovisuelle des Armées Paris

Major General Daniel Van Voorhis,
»Grandfather U.S. Armoured Forces«
und rechts neben ihm Brigadier
General Adna R. Chaffee, »Father U.S.
Armoured Forces« in Fort Knox 1939
Patton Museum Fort Knox

Entwicklung im Ausland bis zum Kriegsausbruch 1939

Im Nachbarland Frankreich machte 1934 der damalige Colonel
Charles de Gaulle – der spätere französische Staatspräsident – in
seinem Buch »Vers l'armée de metier« (Frankreichs Stoßarmee)
von sich reden. In einem Streifzug durch die deutsch-französische
Geschichte, durch die kriegerischen Auseinandersetzungen über
die Jahrhunderte hinweg wies er auf die offenen Flanken und
Einfallpforten nach Frankreich hin. Seine Antwort darauf war die
Forderung nach einer gepanzerten Berufsarmee für Frankreich –
im Kern bestehend aus sechs aktiven Divisionen (Stoß-Divisio-
nen), unterstützt durch Luftaufklärung, um das Land durch Gegenangriffe beweglich verteidigen zu können. Schwärmerisch
schreibt er über den geschlossenen Panzereinsatz: »Während
früher der Verteidiger durch das Trommelfeuer auf den bevorstehenden Sturm aufmerksam wurde, merkt er künftig nichts mehr, er
tappt im Dunkeln bis zur Stunde, in der die Kampfwagen in seine
Stellung einbrechen. Die alte Königin der Kriegskunst, die Überraschung, die nur solange entthront war, wie die Schnelligkeit mit der
Feuerkraft nicht Schritt hielt, ergreift nun wieder das Zepter und
steigt auf den Thron[23].«

De Gaulle ist es im Gegensatz zu Guderian nicht gelungen, seine
klugen und kühnen Vorschläge durchzusetzen. Gleichwohl verfügte Frankreich über die stärkste Panzerflotte, ca. 4000 Panzer zu
Beginn des Zweiten Weltkrieges, allerdings in der Rolle der
»Hilfswaffe der Infanterie«.

In Großbritannien hatte lange die konservative Einstellung, die
Kampfwagen nur im Rahmen der Infanterie zu verwenden, die
Oberhand behalten. Erst 1934 wurde nach mehreren Versuchs-
übungen die I. Tankbrigade aufgestellt, die als größter Panzerver-
band im Schwerpunkt der Schlacht eingesetzt werden sollte. »Der
Gedanke operativ selbständiger Panzerverbände blieb jedoch in
England lebendig. Ab 1939 entstand dann endlich auch die erste
Panzerdivision (Armoured Division), nachdem man die Entwick-
lung in Deutschland sorgfältig beobachtet hatte[24].«

Nach der Beurteilung von Nehring war die Sowjetunion ursprünglich geneigt, sich aufgrund der deutsch-sowjetischen Zusammen-

Mittlere Kampfpanzer und CARDEN LOYD CARRIERS der Versuchs-Panzertruppe in der Ebene von Salisbury während der Übungsperiode 1929. Dies war eine der wichtigsten Panzerübungen vor dem Zweiten Weltkrieg, welche auch von Guderian ausgewertet wurde   Tank Museum Bovington Camp

arbeit bis 1933 in KAMA mehr der deutschen Konzeption anzunähern. Erfahrungen im Spanischen Bürgerkrieg nach 1936, die sich jedoch als unzweckmäßig erweisen sollten, bewogen die sowjetische Führung aber, sich wieder der französischen Auffassung über den Einsatz von Panzerkampfwagen anzuschließen[25]. Senff bewertete die Dreiteilung der Aufgaben der sowjetischen Panzertruppe:

○ schnelle Panzer für den Durchbruchsangriff,
○ schwere Panzer mit starker Bewaffnung für die Abwehr und
○ leichte Panzer zur Unterstützung der Infanterie

nicht nur als eine Überforderung, sondern auch als eine Zersplitterung ihrer Kampfkraft[26]. Was aber bedeutender für die späteren Erfolge der Sowjetarmee war, wurde von Deutschland zu spät erkannt, nämlich der Aufbau einer starken, den deutschen Panzern nach Panzerung und Bewaffnung überlegenen Panzerflotte. Stellvertretend sei der Kampfpanzer T 34 genannt.

In den USA war man mit der Weiterentwicklung der Panzertruppe Anfang der 30er Jahre nicht vorangekommen. Oberst van Voorhis und Major Chaffee erhielten dann aber von Generalstabschef Summerall den Auftrag, eine Truppe zu schaffen, die zu hoher taktischer und strategischer Beweglichkeit und zu von Kavallerie und Infanterie unabhängigen Operationen befähigt sein sollte.

Ende 1931 widerrief der Nachfolger Summeralls als Generalstabschef, General Douglas Mac Arthur, diesen Auftrag, einmal infolge des Bankkrachs von 1929 aus finanziellen Gründen und dann aber auch aus politischen Gründen, weil Präsident Hoover die Absicht hatte, alle Offensivwaffen – darunter zählten auch die Panzer – zu verbieten.

Mac Arthur war darüber hinaus auch nicht von der Wirksamkeit einer Panzerwaffe überzeugt. Die Panzer-Befürworter setzten sich jedoch insoweit durch, daß wenigstens Prototypen neuer Panzer gebaut wurden, deren beschleunigte Produktion im Notfall hätte erfolgen können. Diese vorsorgliche Maßnahme zahlte sich nach Kriegseintritt der USA im Dezember 1941 aus, denn in den USA stand ein gewaltiges Industriepotential bereit, das lediglich aktiviert zu werden brauchte. Diese Fähigkeit der USA zur Panzerproduktion in Großserie war in Deutschland unterschätzt worden.

Kampfwagen des 1. (US)-Kavallerieregiments in Fort Knox, Mitte der 30er Jahre   Patton Museum Fort Knox

Gepanzerte Kampftruppen im Zweiten Weltkrieg

Die Zeit der »Blitzkriege« 1939 bis 1941

Polenfeldzug

Bei Ausbruch des Zweiten Weltkrieges am 1. September 1939 war das deutsche Heer nach Auffassung der Heeresleitung sowohl nach Anzahl und Qualität der Panzer und anderem Großgerät als auch in seiner Struktur noch nicht kriegsbereit. Wenn dennoch in den ersten Kriegsjahren große Erfolge erzielt wurden, so war dies in der konsequenten Umsetzung von Guderians Grundprinzip vom konzentrierten Einsatz der Panzerwaffe sowie dem Zusammenwirken mit starken Luftwaffenkräften begründet[27]. Der Polenfeldzug im Spätsommer 1939 war die Bewährungsprobe für die junge deutsche Panzertruppe, bei der sie ihre Möglichkeiten in taktischer Hinsicht voll, in operativer Hinsicht nur zum Teil ausschöpfen konnte. Der Operationsplan – »Fall Weiß« genannt – war ohne wesentliche Einmischung seitens Hitlers vom Oberkommando der Wehrmacht entworfen worden. Den Deutschen standen für diesen Feldzug insgesamt 40 Infanterie-, 6 Panzer-, 4 leichte und 4 motorisierte Divisionen zur Verfügung; wobei ca. zwei Drittel der Panzer PzKW I waren. »Nur die Spitze des Schwertes war gepanzert und motorisiert[28].«

Dem standen auf polnischer Seite 30 Infanteriedivisionen, 11 Kavalleriebrigaden, aber nur 2 motorisierte und eine einzige Panzerbrigade gegenüber. »Charakteristisch für den deutschen Operationsplan war das Durchbrechen der feindlichen Mitte durch starke Panzerkräfte aus Schlesien in Richtung auf die mittlere Weichsel, denen Infanterieverbände naheauf folgten. Weitere schnelle Kräfte griffen die polnischen Flügel aus der Slowakei her und im ›Polnischen Korridor‹ an, durchbrachen sie ebenfalls und stießen dann in die Tiefe des polnischen Raumes vor, wobei sie sich von Süden und Norden her umfassend einander näherten[29].«

Richtungweisend für die Führung schneller Truppen war die erstmals von Guderian praktizierte Führung von vorn. Die moderne Funkgeräteausstattung gepanzerter Verbände war dazu eine wesentliche Voraussetzung. Erwähnenswert als kleine Episode und zugleich als anachronistische Tragödie ist wohl die Attacke der polnischen Kavallerie-Brigade Pomorska mit der blanken Waffe gegen deutsche Panzer in Unkenntnis von deren Bauart und Wirkung[30].

Nach drei Wochen war der Feldzug praktisch zu Ende. Die Zeit zwischen Polenfeldzug und Frankreichfeldzug wurde genutzt, um erste Erfahrungen in die Tat umzusetzen. Eine der wesentlichsten Änderungen war die Umwandlung der leichten Divisionen, die sich nicht bewährt hatten, in Panzerdivisionen. Diese waren allerdings nach Anzahl der Panzerabteilungen unterschiedlich strukturiert. Außerdem wurde die Ausstattung der Panzerverbände mit den weitaus leistungsfähigeren Panzern III und IV vorangetrieben.

Westfeldzug

Für den »Fall Gelb«, Angriff gegen Frankreich, war zunächst eine halbherzige Imitation des Schlieffenplanes vorgesehen. Dann jedoch setzte sich der Sichelschnittplan von Generalleutnant v. Manstein durch. Er verlangte den Durchbruch fast aller gepanzerten Kräfte an der Nordflanke der Maginot-Linie durch die unwegsamen Ardennen über den Maasabschnitt bei Sedan mit Angriffsziel Abbeville, um durch Erreichen der Kanalküste das

anglo-französische Heer in zwei Teile zu trennen und diese dann einzeln zu vernichten[31]. Der entscheidende Durchbruch durch die französischen Linien und der Übergang über die Maas – hier unter großem Einsatz der Infanterie und Pioniertruppe – gelang bereits nach vier Tagen.

Der französische Staatspräsident Lebrun inspiziert im November 1939 das 19. Bataillon de Chars de Combat im Niederelsaß. Das Bild zeigt Lebrun im Gespräch mit Colonel Charles de Gaulle

Ecole d'application de l'Armée blindée cavalerie Saumur

Gibt es ein besseres Zeugnis, als die deutschen Erfolge aus dem Munde eines Gegners – hier des Generals de Gaulle, dem französischen Panzerfachmann – bestätigt zu hören: »Am 10. Mai eröffnete der Gegner [. . .] seine große Offensive. Sie sollte von

Generaloberst Heinz Guderian, Generalinspekteur der Panzertruppen

Nachlaß Generaloberst Guderian

Anfang bis Ende durch die motorisierten Kräfte und die Luftwaffe durchgeführt werden, wobei die Infanteriemasse den Bewegungen folgte, ohne daß ihr ernsthafter Einsatz jemals erforderlich geworden wäre. Zehn Panzerdivisionen und sechs motorisierte Divisionen wälzten sich in zwei Gruppen, Hoth und Kleist, nach Westen. Sieben von diesen zehn Panzerdivisionen durchquerten die Ardennen und erreichten die Maas in drei Tagen. [. . .]

Am 18. Mai waren diese sieben Panzerdivisionen um Saint-Quentin versammelt, bereit zum Stoß auf Paris oder Dünkirchen, nachdem sie die Maginotlinie durchstoßen, unsere Strategie durchkreuzt und eine unserer Armeen vernichtet hatten. Dabei gab es dreitausend moderne französische Panzer. [. . .] Die Deutschen hatten auch nicht mehr. Aber die unsrigen waren planmäßig auf die einzelnen Frontabschnitte verteilt[32].«

Trotz der Gefährdung der linken offenen Flanke erfolgte der weitere Stoß der deutschen Panzerspitzen nach Westen in Richtung Kanal. Während Guderian von geringfügiger Bedrohung dieser Flanke durch die 4. französische Panzerdivision, einer Neuforma-

Kriegsgliederung der 1. Panzerdivision nach dem Stand vom
9. 5. 1940:

1 Panzerbrigade zu 2 Panzerregimen-
  tern,
1 Schützenbrigade zu 3 Schützen-
  bataillonen, 1 Kradschützenbataillon
  sowie 1 Sturmgeschützkompanie,
1 Artillerieregiment zu 3 Bataillonen
  weiterhin:
1 Panzeraufklärungs-Abteilung,
1 Panzerjäger-Abteilung,
1 Pionierabteilung,
1 Panzer-Flak-Bataillon,
1 Panzer-Fernmelde-Bataillon,
1 Heeres-Fliegerstaffel

BA-MA

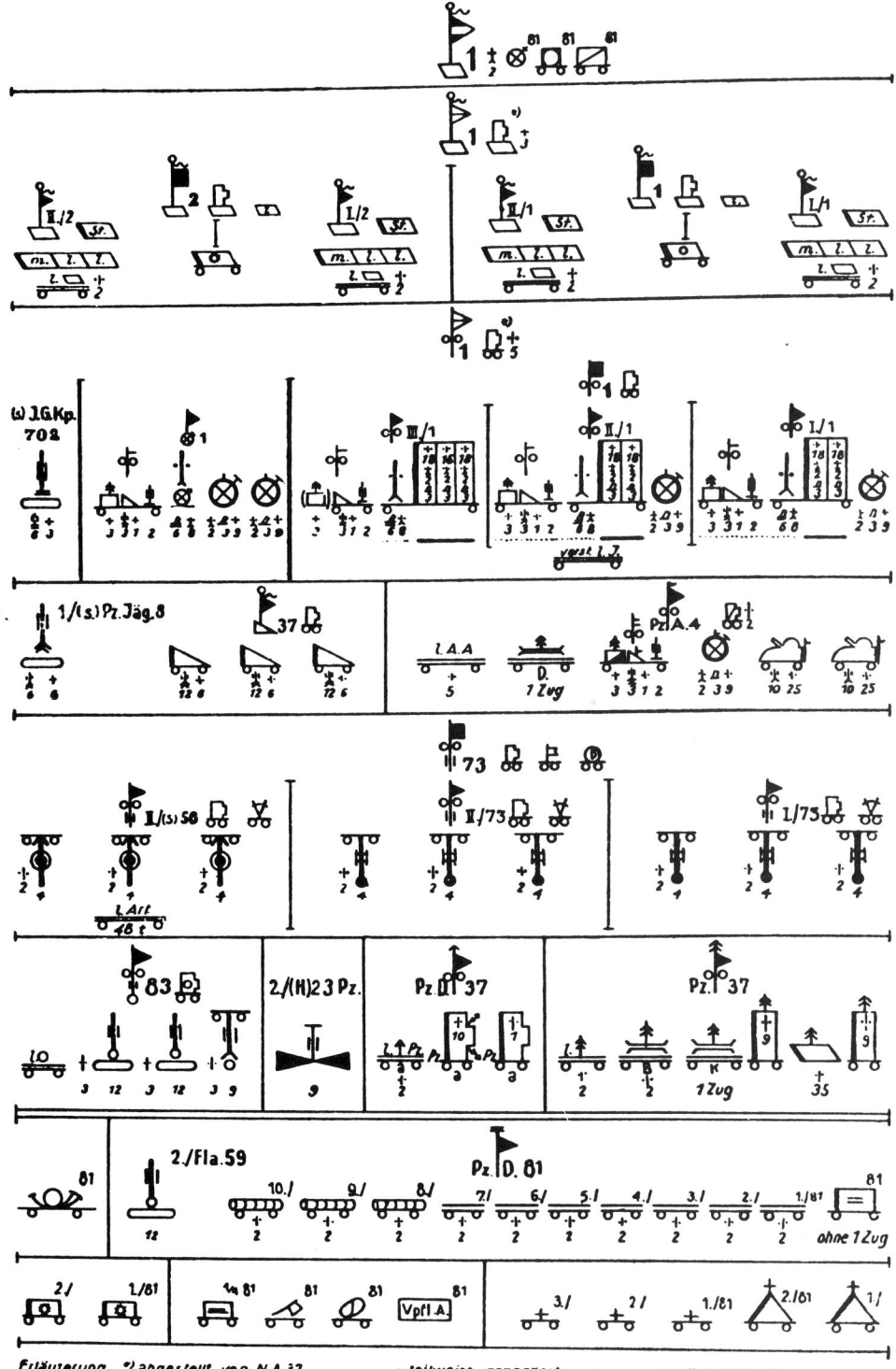

291

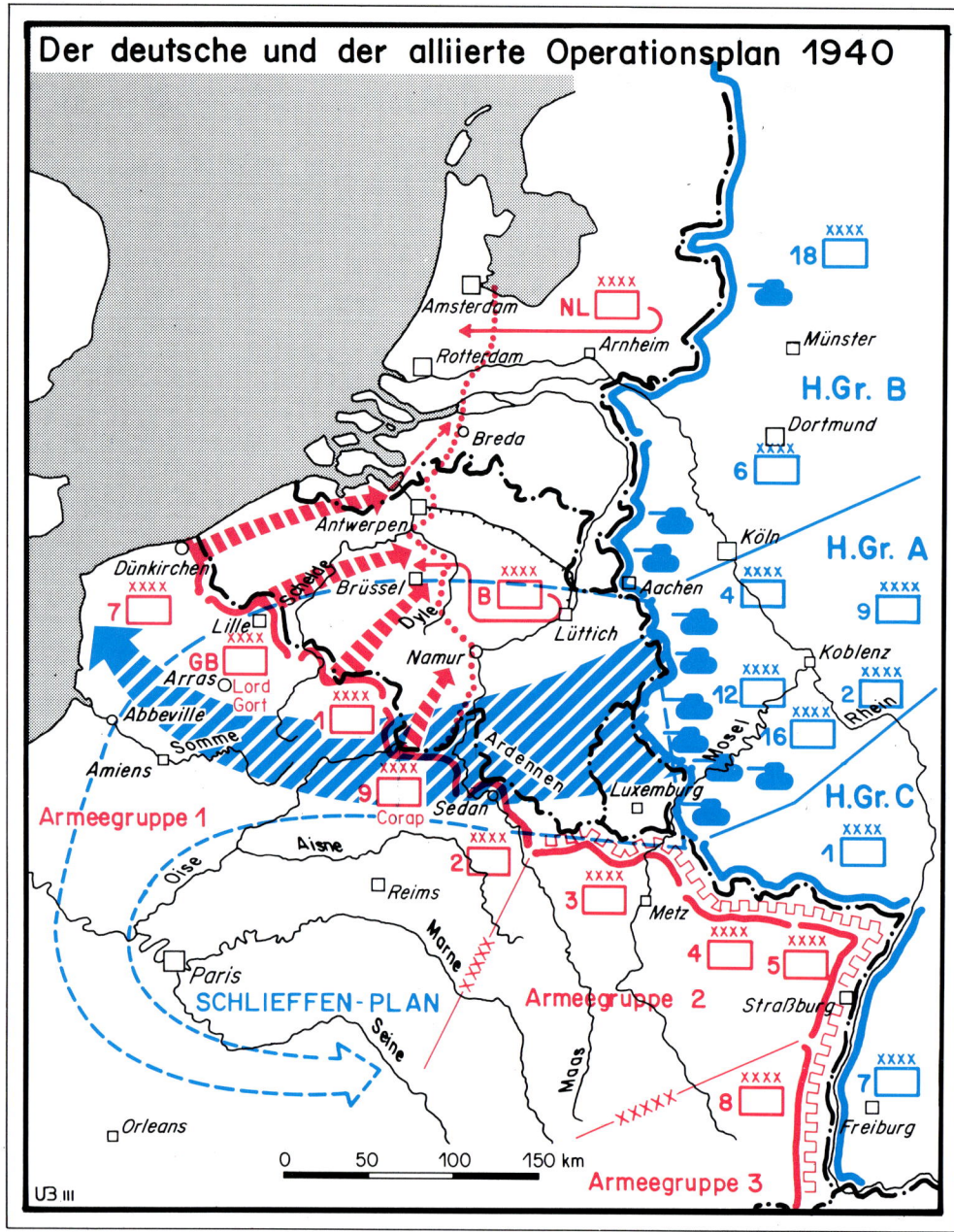

Der deutsche und der alliierte Operationsplan 1940

Günther Roth: Operatives Denken bei Schlieffen und Manstein; unter Mitarbeit von Karl Heinz Frieser: Entwicklung, Planung und Durchführung operativer Ideen im Ersten und Zweiten Weltkrieg. Operatives Denken und Handeln in deutschen Streitkräften, Band 2, Verlag Mittler & Sohn, Herford-Bonn 1989, S. 27. Zeichnung Ulf Balke

tion unter General de Gaulle, spricht, mißt dieser, der nun endlich in der Praxis seine Theorien belegen wollte, seinen Gegenangriffsaktionen wesentlich höhere Bedeutung bei[33].

Guderian — er hatte seinem Korps (3 Panzerdivisionen) »eine Fahrkarte bis zur Endstation« gegeben — schreibt in seinen Erinnerungen: »Auch in der Folge habe ich keinen Befehl erhalten, der über das Gewinnen eines Brückenkopfes über die Maas hinaus gegangen wäre. Ich habe alle Entschlüsse bis zum Erreichen des Atlantiks bei Abbeville selbständig gefaßt. Die obere Führung [hier spricht er wohl auf seinen Streit mit General v. Kleist an] hat vorwiegend einen hemmenden Einfluß auf meine Operationen ausgeübt[34].«

Nehring sagte daher treffend: »Die Erfolge vom Mai 1940 auf der Angriffsachse Koblenz — Sedan — Amiens — Kanalküste (bei der Operation »Sichelschnitt, wie Winston Churchill schreibt) haben wohl den »Fortschrittlern« recht gegeben[35].«

Trotzdem ist zu fragen, ob diese Operation aufgrund des Gesamtrisikos — u.a. wegen der Anfälligkeit der Panzerbereitstellung auf der Linie Koblenz — Sedan und des dadurch verursachten Verkehrsstaues und der Ungewißheit ihres Erfolgs — überhaupt zu verantworten gewesen war. Am 24. Mai kam es vor Dünkirchen zu dem folgenschweren Haltebefehl Hitlers, der der Masse des britischen Expeditionsheeres ein Entkommen über See ermöglichte.

Am 5. Juni begann dann die zweite Phase, »Fall Rot«, des Frankreichfeldzuges. Der endgültige Zusammenbruch des französischen Widerstandes wurde eingeleitet mit dem Durchbruch der deutschen Infanterie durch die Maginot-Linie im Saargebiet und am Oberrhein. Wieder waren es operative Panzerkeile, diesmal gegliedert in die Panzergruppen Kleist und Guderian, die die endgültige Entscheidung des insgesamt nur knapp sechs Wochen dauernden Krieges gegen Frankreich herbeiführten. Im Herbst des Jahres 1940 kam es zu einer Verdoppelung der Panzerdivisionen

292

General der Panzertruppen Walther Nehring   Bundesarchiv Koblenz

von 10 auf 20. Weil nicht genügend Panzer zur Verfügung standen, wurde jeder Panzerdivision unter Halbierung der bisherigen Panzer-Sollstärke nur noch ein Panzerregiment zu zwei oder drei Abteilungen zugeteilt.

Während General Nehring in dieser Verminderung keinen Nachteil sieht, da die Panzerdivision dadurch wendiger wurde, beurteilt Guderian dies anders: »Das deutsche Heer erhielt durch diese Maßnahme nominell zwar die doppelte Zahl an Divisionen, aber keineswegs die doppelte Durchschlagskraft an Panzern, auf die es in erster Linie angekommen wäre[36].« Die Stoßkraft der Panzerdivisionen zu Beginn des Rußlandfeldzuges 1941 war daher nur noch halb so groß wie beim Frankreichfeldzug 1940.

Die nicht eingeplanten Feldzüge auf dem Balkan 1941 und in Nordafrika im Februar 1941 bis Mai 1943 brachten zwar auch dort große Erfolge der gepanzerten Kampftruppen, wirkten sich aber insgesamt negativ auf die Vorbereitung auf den Rußlandfeldzug aus. Dessen Beginn mußte verschoben werden; eine rasche Beendigung des »Blitzfeldzugs« vor Einbruch des Winters war fraglich geworden. Das panzergünstige Gelände in Nordafrika erbrachte die weltweit beachteten Anfangserfolge des deutschen Afrikakorps. Rommel und seine überraschenden Panzeroperationen wurden zum Markenzeichen moderner Kriegführung. Die Tatsache, daß Nordafrika jedoch immer Nebenkriegsschauplatz blieb und England weiterhin das für den Nachschub wichtige Mittelmeer beherrschte, führte letztlich zur Niederlage von El

Alamein und – nach der Landung der Amerikaner in Nordwestafrika am 8. November 1942 – zur Vernichtung der Heeresgruppe Afrika.

Für die britischen Generale – z. B. für Montgomery – bot sich die Möglichkeit, sich in der Panzertaktik und -operation zu schulen, was nach der Invasion in Frankreich im Juni 1944 seine Früchte tragen sollte.

Der Rußlandfeldzug

Der Operationsplan »Fall Barbarossa« war Hitlers Idee. Er sah einen Durchbruch dreier starker Panzerkeile vor, die jedoch von vornherein zu weit voneinander getrennt waren. Im Gegensatz zu den Heeresgruppen Nord und Süd, denen je eine Panzergruppe als Speerspitze zugeteilt war, waren der Heeresgruppe Mitte insgesamt zwei Panzergruppen unterstellt.

Während die Panzergruppe 1 (v. Kleist) im Rahmen der Heeresgruppe Süd auf Kiew angesetzt wurde, sollten die beiden anderen Panzerkeile der Heeresgruppe Mitte (Panzergruppe 2 – Guderian und Panzergruppe 3 – Hoth) und Nord (Panzergruppe 4 – Hoepner) das Baltikum mit Leningrad nehmen, um erst dann von Norden her die Angriffsoperation auf Moskau fortzuführen. Dabei sollte die im westlichen Rußland stehende Masse des russischen Heeres durch Umfassungen vernichtet und der Abzug kampfkräftiger Teile in die Weite des russischen Raumes verhindert werden.

Die Hybris des Rußlandfeldzuges lag in der Gigantomanie des Unternehmens, das die Möglichkeiten des Deutschen Reiches überstieg und die Sinnlosigkeit dieses Feldzuges bereits von Anfang an erkennen ließ. Am 22. Juni 1941 begann der Angriff gegen Rußland auf breiter Front von der Ostsee bis zu den Karpaten.

Bereits am 27. Juni kam es zur ersten großen Kesselschlacht im Raum Białystok-Minsk, die der Roten Armee eine schwere Niederlage brachte. Für diesen ersten großen Erfolg des Feldzuges hatten die Panzergruppen Guderian und Hoth durch Panzerraids – auf den Flügeln der Heeresgruppe Mitte der Infanterie vorausei-

Rußland, Sommer 1941. Ein Schlachtflieger und Sturzkampfbomber vom Typ Ju 87 unterstützt die Operationen deutscher Panzer

Bundesarchiv Koblenz

lend –, unterstützt von der Luftwaffe, die wesentlichen Voraussetzungen geschaffen. Bereits an der Durchführung dieser ersten Kesseloperation entzündeten sich heftige Meinungsverschiedenheiten über die Frage der Verwendung der schnellen Truppen. Auf der einen Seite stand v. Kluge – von Hitler unterstützt –, der erst den Kessel ausräumen lassen und infanteristisch sicher gehen wollte, auf der anderen Seite stand Guderian, der weiter in die Tiefe Rußlands vorstoßen wollte, um die Pläne des Feindes für Gegenmaßnahmen zu durchkreuzen.

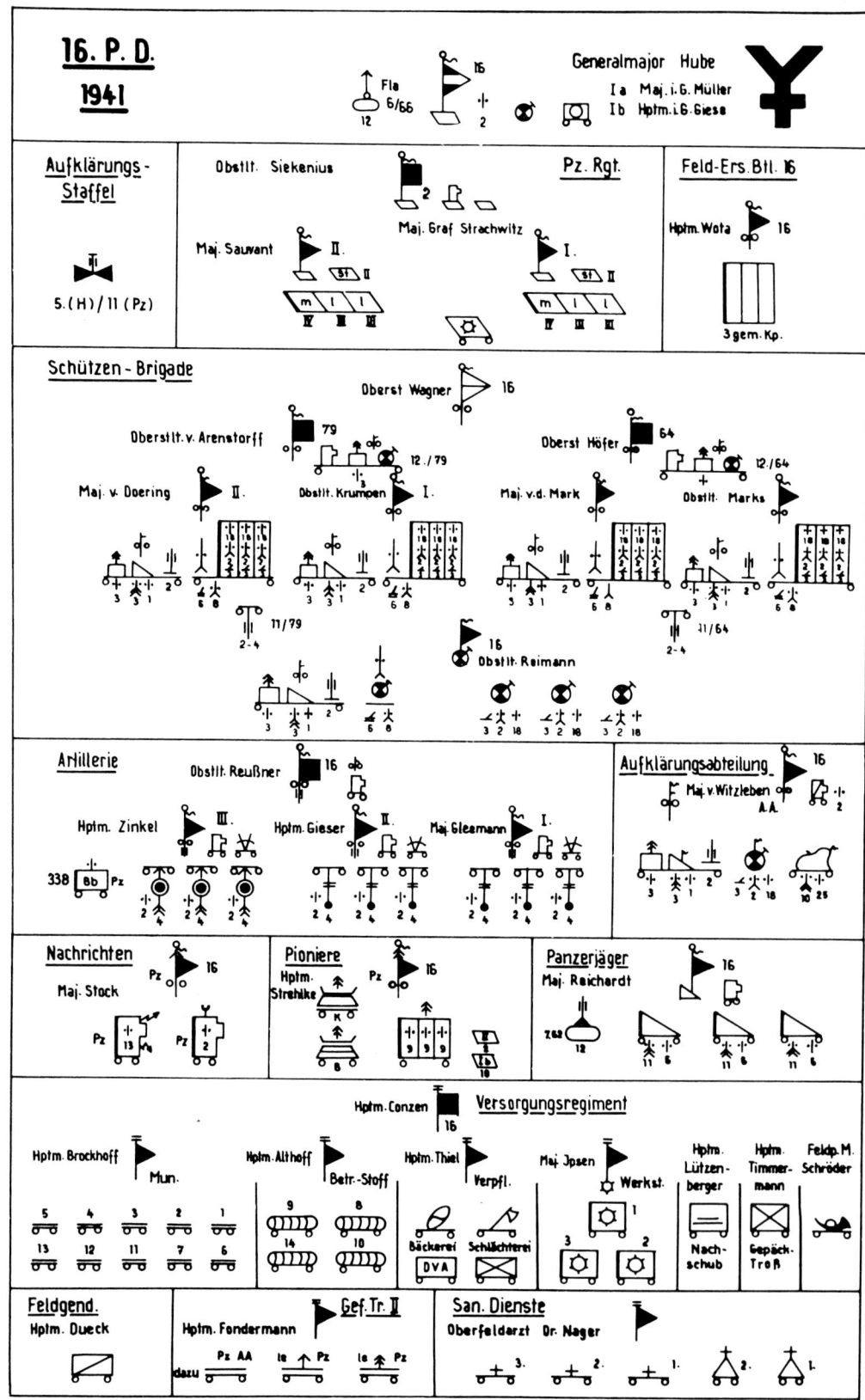

Kriegsgliederung der 16. Panzerdivision von 1941:
1 Panzerregiment zu 2 Bataillonen,
1 Schützenbrigade zu 2 Schützenregimentern und 1 Kradschützenbataillon,
1 Artillerieregiment zu 3 Bataillonen

BA-MA

294

Deutscher PANZER IV mit Kampfwagenkanone 7,5 cm L/43 von 1942
Bundesarchiv Koblenz

Derartige Meinungsverschiedenheiten über den Ansatz von Kräften und über die Zielsetzungen des Feldzuges zwischen den verschiedenen Befehlsebenen (Hitler/OKH/Heeresgruppe/Armee und Panzergruppe) und der mangelnde Wille zur Schwerpunktbildung – dazu zählt auch die »kleckerweise« Abstellung von Panzerkorps der Heeresgruppe Mitte zur Heeresgruppe Nord – wirkten sich für den gesamten Feldzug negativ aus. Doch zunächst war man noch auf der Siegesstraße. Die Heeresgruppe Mitte hatte am 16. Juli Smolensk genommen. Der Smolensker Kessel fiel am 5. August. Das erste operative Fernziel war somit erreicht.

Die Heeresgruppe Süd hatte am 2. August 1941 den Feind im Kessel von Uman zwischen Dnjepr und Bug eingeschlossen, setzte zur Verfolgung entlang des Bugs in Richtung Saporoschje und Dnjepropetrowsk an und gewann Ende August für die weiteren Operationen entscheidende Brückenköpfe am Dnjepr. Begünstigt vom Gelände ergänzten sich dort weitausholende Bewegungen schneller Verbände und frontal angreifende Infanterie besonders wirkungsvoll.

Lediglich bei der Heeresgruppe Nord war es nicht nach Plan gelaufen. Einmal, weil bei unterschiedlichen Auffassungen zwischen dem zögerlichen Oberbefehlshaber dieser Heeresgruppe, Generalfeldmarschall Ritter v. Leeb, und dem vorwärtsdrängenden Oberbefehlshaber der Panzergruppe 4., Generaloberst Hoepner, sich ersterer durchsetzte. Zum anderen, weil die gemäß »Plan Barbarossa« vorgesehene Verstärkung der Heeresgruppe Nord durch Panzerkräfte der Heeresgruppe Mitte durch das OKH nur halbherzig und dann auch noch zu spät erfolgte. So konnte der dort entscheidende Stoß mit starken Panzerkräften zur Einnahme Leningrads nicht erfolgen.

Im weiteren Verlauf waren dort die schnellen Divisionen auf weitem Raum mit mangelhaften Verkehrsverbindungen in einer statischen Aufgabe gebunden, die Einschließung von Leningrad nach Art und Weise von auf engem Raum operierenden Infanteriearmeen durchzuführen. Dem Feind waren durch kühne, schnelle, wuchtige und für ihn oft überraschende Schläge erhebliche Verluste zugefügt worden. Unter dem Namen Panzerraids gingen sie in die Geschichte ein. Aber der Gegner war nicht am Ende. Mit großer Zähigkeit leistete er, gestützt auf Reserven in der Tiefe des Raumes, Widerstand. Nehring kommt zu folgender Bewertung:

»Man hatte den Russen auf allen Gebieten unterschätzt, wie Halders (Chef des Generalstabs des Heeres) Tagebuch vom 23. Juli und 11. August bestätigt. Sein Widerstandswille war bewundernswert. Je weiter die deutsche Panzertruppe in die Weite des Landes vorstieß, umso mehr wuchsen ihre Schwierigkeiten, während die Kräfte des Verteidigers durch die Nähe der heimatlichen Kräftequellen und Versorgungsbasen zunahmen. Auch hatte sich die weite Trennung von den im Tempo der Infanterie folgenden Armeen nachteilig bemerkbar gemacht. Die Panzerspitzen verbrauchten sich übermäßig im Kampf gegen einen noch immer zahlenmäßig weit überlegenen Feind[37].«

So sah die Lage aus, als über die für die Fortführung des Feldzuges so wichtige Frage – Moskau oder Kiew – entschieden werden mußte. Entgegen des Vorschlags des OKH, mit der Heeresgruppe Mitte den entscheidenden Stoß auf Moskau zu führen, entschloß sich Hitler am 21. August für die Wegnahme Kiews.

Dies hatte ein Abdrehen der Panzergruppe 2 (Guderian) nach Süden, also weg von der Achse Smolensk—Moskau zur Folge. Die Panzergruppe 1 (v. Kleist) der Heeresgruppe Süd griff vom Süden her gegen Kiew an. Die Leitung der Operation lag in Händen der Heeresgruppe Süd. Wiederum wurde durch das Zusammenwirken zweier Panzergruppen – unterstützt von Infanteriearmeen – eine großartige Umfassungsoperation durchgeführt. Am 16. September schloß sich der Ring um vier russische Armeen im Raum Kiew — Tscherkassy — Lochwiza. Nehring bezeichnet diese Leistung »als ein Schulbeispiel für den Einsatz schneller Verbände im Zusammenwirken mit Infanteriearmeen«[38].

Für Guderian bedeutete die Schlacht um Kiew »unzweifelhaft einen großen taktischen Erfolg. Ob aber der taktische Erfolg auch große strategische Wirkungen auslösen würde, blieb zweifelhaft. Alles hing davon ab, ob es den Deutschen gelingen würde, noch vor Eintritt des Winters, ja vor Eintritt der herbstlichen Schlammperiode entscheidende Ergebnisse zu erzielen[39].« Der Kessel bei Kiew war geschlossen. Sein Ausräumen dauerte noch bis zum 26. September an. Der Zeitfaktor spielte eine immer größere Rolle. Großräumige schnelle Bewegungen von Panzerkräften waren nur noch solange möglich, wie das Wetter konstant blieb.

Der neue Entschluß Hitlers, nun doch noch Moskau vor Einbruch des Winters zu nehmen, wurde bereits am 6. September, also zu einem Zeitpunkt, als Kiew noch nicht gefallen war, gefaßt. Der Heeresgruppe Mitte, der die Führung dieser Operation übertragen wurde, wurden die Panzergruppen 2, 3 und 4 zugeteilt.

Äußerlich betrachtet sieht dies nach einer Schwerpunktbildung aus. Man muß jedoch wissen, daß die Panzerdivisionen zu diesem Zeitpunkt nur noch etwa 30 bis 40 Prozent ihrer Panzer besaßen und daß die Zuführung der Panzergruppe 2 von der Heeresgruppe Süd unter hohem Zeitdruck große Marschleistungen abverlangte, die zu weiteren Ausfällen an Großgerät führten. Trotzdem konnten die Panzergruppen mit ihrer Masse am 2. Oktober gegen Moskau antreten. Die Heeresgruppe Mitte führte den Angriff mit drei Panzergruppen nebeneinander

○ im Norden der Panzergruppe 3, nördlich der Autobahn Smolensk — Moskau,

○ in der Mitte die Panzergruppe 4 aus dem Raum Roslawl auf Wjasma,

○ im Süden die Panzergruppe 2, auf der Achse Gluchow — Orel — Tula im Rücken des Feindes.

Durch diese räumliche Trennung kam in der Folge ein operatives Zusammenwirken aller drei Panzergruppen und damit Bildung eines überlegenen Schwerpunktes nicht zustande. Guderians Wahlspruch »Klotzen, nicht Kleckern!« wurde nicht befolgt. Und dennoch kamen die gepanzerten Stoßkeile nochmals zu großen Erfolgen.

Der Durchbruch der Panzergruppe 2 – seit 6. Oktober 2. Panzerarmee – mit der Bildung des Kessels von Brjansk und der in gemeinsamer Leistung der Panzergruppen 3 und 4 gebildete Kessel von Wjasma — Cholen am 7. Oktober sind dafür der Beweis. Nochmals hatten die deutschen Panzerdivisionen die Operationsfreiheit gewonnen. Gleichzeitig kündigte der Wetterumschwung mit Schnee, Regen, Schlamm und Frost das Ende schneller, raumgreifender Bewegungen an. Mühsam, zäh und unter größten Opfern an Menschen und Material arbeiteten sich die deutschen Armeen bis Anfang Dezember bis zur Linie Klin—Tula vor; deutsche Spitzen kamen bis auf 34 km an Moskau heran. Die russische Gegenwehr vor Moskau unter Marschall Schukow verfestigte sich soweit, daß die Rote Armee sogar zur Gegenoffensive schreiten konnte. Am 8. Dezember ließ Hitler den Angriff auf Moskau einstellen und befahl den Übergang zur Verteidigung. Im Bereich der Heeresgruppe Süd hatte die Panzergruppe 1 – nunmehr ebenfalls 1. Panzerarmee – den Don erreicht und Rostow am 21. November nehmen können. Gegen starke feindliche Angriffe mußte Rostow jedoch am 30. November wieder geräumt werden und die Front auf den Mius zurückgenommen werden. Insgesamt mußten gegen den Willen Hitlers erhebliche Frontbegradigungen aus operativen Gründen durchgesetzt werden. Damit sollte angesichts der wachsenden Stärke der frischen aus Fernost herangeführten, wintergewohnten sibirischen Divisionen ein Zusammenbruch der deutschen Ostfront verhindert werden. Diese Vorgänge vollzogen sich unter unschönen Begleiterscheinungen, die durch die Ablösung bewährter Führer (v. Rundstedt, Guderian, Hoepner) gekennzeichnet waren.

»Der Nimbus der deutschen Unbesiegbarkeit und die Zeit der ›Blitzkriege‹ der Panzertruppe waren vorüber[40].« Der Feldzug wurde infolge zahlreicher Fehler verloren: wegen Fehlens einer einheitlichen Konzeption, uneinheitlicher Führung (u.a. durch Eingriffe Hitlers), Verzettelung der Kräfte, Überdehnung der Fronten, weiter Trennung der vorauseilenden Panzerverbände von der ihnen folgenden Infanterie, fehlender Verkehrsinfrastruktur und Unterschätzung des Gegners.

Eine Rolle spielte auch der neue sowjetische Panzer, der T 34. Ab wann er gefechtswirksam eingegriffen hat, darüber liegen unterschiedliche Aussagen vor. Hahn berichtet von dessen Auftreten bei Rowno an der Südfront am 24. Juni 1941[41]. Nehring schreibt, daß er jenseits der Beresina am 3. Juli 1941 – also bereits am 12. Gefechtstage – mit seiner 18. Panzerdivision auf die ersten T 34 unter General Jeremenko gestoßen sei, während Guderian über dessen zahlreicheres Auftreten erst am 6. und 11. Oktober berichtet. Einig ist man sich jedoch im Urteil, daß der T 34 den damals eingesetzten deutschen Panzern in Waffenwirkung, Panzerung und Geländegängigkeit überlegen war[42]. Um den T 34 auszuschalten, mußte man versuchen, ihn von hinten anzugreifen, um ihn durch die Grätings (d. h. Schutzgitter) durch Zerstörung des Motors zu erledigen.

Kriegsverlauf 1942/1943

Bevor 1942 noch einmal eine deutsche Sommeroffensive an der russischen Südfront zum Erfolg kam, mußte sich das deutsche Ostheer zunächst monatelang des Drucks der russischen Gegenoffensive vom Winter 1941/42 erwehren. Den Russen gelang es dabei, die Bedrohung Moskaus durch deutsche Truppen auszuschalten. Absicht Hitlers für 1942 war es, bei Verhalten in der Mitte, im Norden Leningrad zu Fall zu bringen und auf dem Südflügel der Ostfront den Durchbruch in den Kaukasus-Raum zu erzwingen. Die »Operation Blau« ließ mit ihren Anfangserfolgen die Welt noch einmal aufhorchen. Die Kampfkraft der deutschen Verbände schien wieder hergestellt zu sein. Kampfwert und Ausstattung aller schnellen Divisionen waren allerdings sehr unterschiedlich:

○ ca. 14 Panzerdivisionen verfügten lediglich über je eine Panzerabteilung von 3 bis 5 Kompanien,

Ein zerschossener russischer Panzer vom Typ T 34, Herbst 1941

Bundesarchiv Koblenz

Deutsche gepanzerte Kampftruppen im Winterkrieg
1942/43   Sammlung Böker

Deutsche PANZER IV in der Winterschlacht zwischen Dnjepr und Donez 1943   Sammlung Throm

○ ca. 11 Panzerdivisionen über je 2 Panzerabteilungen von 3 bis 5 Kompanien und nur

○ 7 Panzerdivisionen verfügten über 3 Panzerabteilungen, dafür zu nur je 3 Kompanien.

Daneben mangelte es an Schützenpanzerwagen (SPz) für die Panzergrenadierbataillone sowie an Panzerartillerie.

Zur Durchsetzung einer Konzeption bedarf es auch der notwendigen Mittel, und diese standen nicht bereit. Es ist daher Nehring zuzustimmen, wenn er schreibt: »Den verfügbaren beschränkten Panzerkräften wurden wieder zu große Aufgaben übertragen[43].« Die raumgewinnenden Anfangserfolge ab Ende Juni 1942 verleiteten Hitler zu falschen Schlußfolgerungen.

Zwar kam es zu mehreren kleinen Kesseln, aber aufgrund der neuen Taktik des wendigen Ausweichens – die Russen hatten seit der Vernichtungsschlacht beiderseits Charkow, dem letzten großen deutschen Erfolg Mai/Juni 1942, dazugelernt –, brachten diese wenig Gefangene und wenig erbeutetes Großgerät. Die

Schläge gingen ins Leere und Hitlers Idee der engen Kessel wurde ad absurdum geführt. Die Teilung der Kräfte – Heeresgruppe A Stoß zum Kaukasus und Heeresgruppe B gleichzeitig auf die Wolga bei Stalingrad – führte letztlich zur Tragödie von Stalingrad im Winter 1942/43.

Der Winter 1942/43 wurde vom Untergang der 6. Armee in Stalingrad und von russischen Gegenoffensiven in großen Ausmaßen bestimmt. Die Initiative auf dem Gefechtsfeld war von den Deutschen auf die Russen übergegangen. Diese neuen Umstände erzwangen eine neue Konzeption. Mehr der Not gehorchend als der eigenen taktischen Überzeugung war die deutsche Panzertruppe immer mehr gezwungen, die Rolle einer Korsettstange bei den Infanteriedivisionen zu übernehmen. Mit Aushilfen aller Art gelang es, die völlig aufgerissenen Fronten notdürftig zu flicken und wieder eine halbwegs geschlossene Hauptkampflinie herzustellen.

Rußland, Sommer 1942. Ein deutsches
Sturmgeschütz nähert sich einem in
Brand geschossenen russischen T 34
Bundesarchiv Koblenz

Eine deutsche Panzerkompanie mit Kampfwagen des Typs PANZER V, PANTHER auf einem Verlade-/Entladebahnhof 1944

Bundesarchiv Koblenz

Sowohl beim Rückzug aus dem Kaukasus im Januar 1943 als auch an anderen Abschnitten der Ostfront mußte sich die Panzertruppe stärker noch als im Winter 1941/42 in harten Rückzugskämpfen bewähren. Der Einsatz von Panzerdivisionen, die nach Art der »Feuerwehr« an den Brennpunkten eingesetzt wurden, und die Aufteilung zum Teil bis in die Infanteriedivisionen verfehlte zwar nicht die erhoffte stabilisierende Wirkung, doch wurde damit gegen den Grundsatz verstoßen, die Panzerkräfte zusammenzuhalten und geschlossen einzusetzen.

Ende Februar/Anfang März 1943 war es Feldmarschall v. Manstein, Oberbefehlshaber der Heeresgruppe Don/Süd, der mit einer Gegenoffensive von einigen schnell zusammengefaßten Panzerdivisionen und mit der 4. Panzerarmee die russische »Südwestfront« hinter den Donez zurückdrängte und so die Lage noch einmal stabilisieren konnte.

Besuch von Generaloberst Guderian als Generalinspekteur der Panzertruppen beim Pz. Gr. Lehr Rgt. 901 in Wünsdorf im Mai 1943

Nachlaß Generaloberst Guderian

Neuordnung der deutschen Panzertruppen

Infolge der zunehmenden quantitativen und qualitativen Überlegenheit der russischen Panzer war die deutsche Panzertruppe in eine so schwierige Lage geraten, daß die Notwendigkeit ihrer Erneuerung nicht mehr von der Hand zu weisen war. Der Ruf der Truppe nach gepanzerten Fahrzeugen aller Art, die notwendigen Maßnahmen dazu – z. B. Konstruktion und Einführung des Panzers V PANTHER und Panzers VI TIGER, die Kampfwertsteigerungen am Standardpanzer der deutschen Panzertruppe, dem Panzer IV – und die Bewertung von zahlreichen Forderungen unterschiedlicher Stellen (Ämter, Kdo-Behörden und Truppengattungen) verlangten nach einer ordnenden Hand.

Mit seiner Wiederindienststellung mit Wirkung von 28. Februar 1943 war Guderian mit der Ernennung zum Generalinspekteur der Panzertruppen – d. h. der Panzertruppen, Panzergrenadiere und mot. Infanterie, Panzeraufklärungstruppen und schweren Sturmgeschützeinheiten – u. a. verantwortlich für die Weiterentwicklung

der Panzertruppen, deren Organisation und Ausbildung sowie für Neuaufstellungen und Auffrischungen von Panzertruppen und schnellen Verbänden. Er entwarf neue Kriegsgliederungen für die Panzer- und Panzergrenadier-Divisionen mit dem Ziel, Einsparungen an Menschen und Material bei gleichzeitiger Steigerung der Kampfkraft durch neuzeitliche Bewaffnung und Fechtweise herbeizuführen.

Der Vortrag von Generaloberst Guderian am 9. März 1943 im Führerhauptquartier in Winniza[44] zeigt, daß er die Panzertruppe des Jahres 1943 nur für Angriffe mit begrenztem Ziel für fähig hielt. Erst nach dem Neuaufbau – frühestens ab 1944 – gestand er ihr wieder die Fähigkeit zu Angriffen des großen Stils zu. Vor allem trat er dafür ein, statt der vorhandenen vielen, aber mangelhaft ausgerüsteten Panzerdivisionen sich besser mit wenigen, dafür aber starken Divisionen zu begnügen. Diese Divisionen wollte er mit rund 400 Panzern in vier Panzerabteilungen ausgestattet

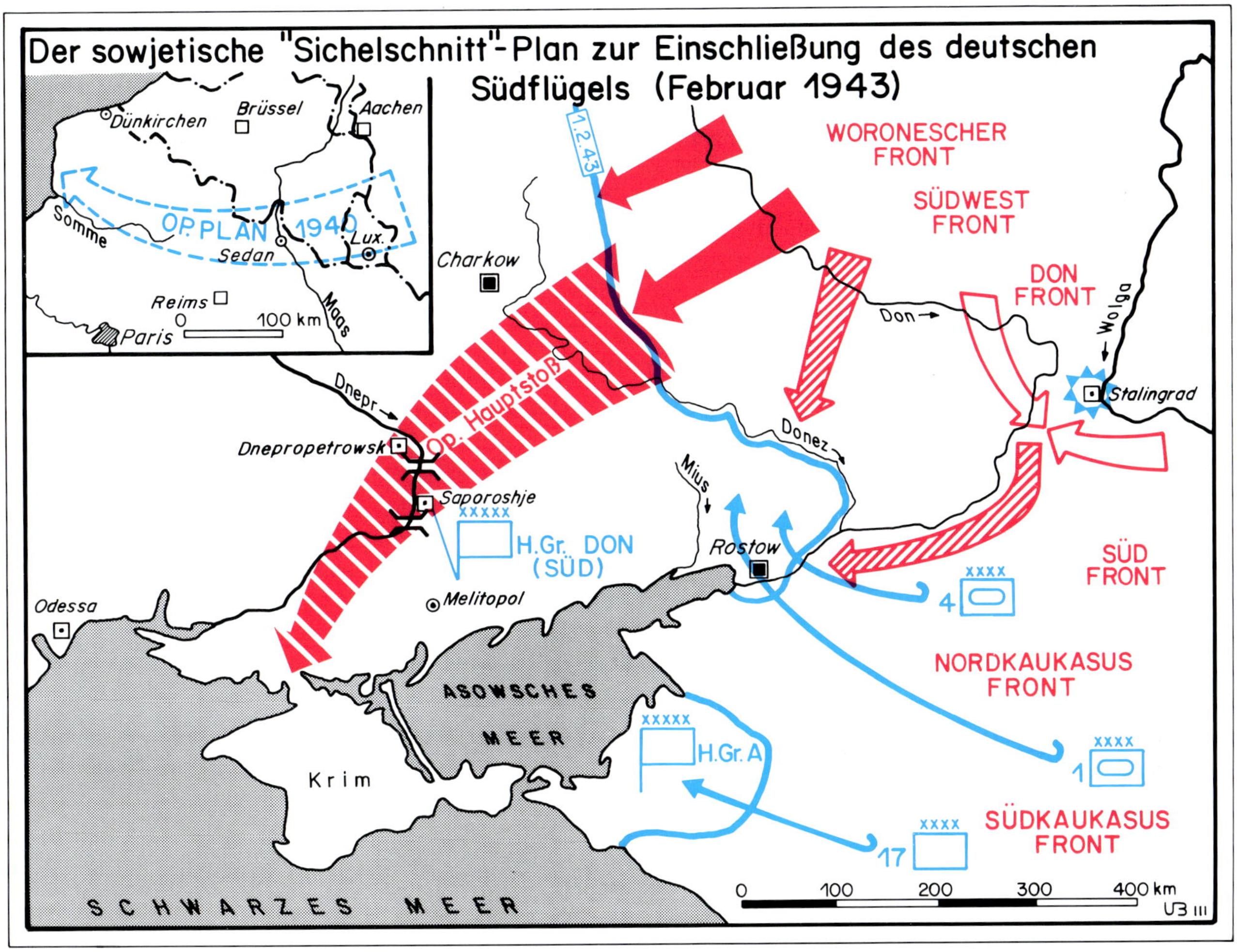

Der sowjetische "Sichelschnitt"-Plan zur Einschließung des deutschen Südflügels (Februar 1943)

Inset map (OP.PLAN 1940): Dünkirchen, Brüssel, Aachen, Somme, Sedan, Lux., Reims, Paris, Maas, 0 — 100 km

WORONESCHER FRONT
SÜDWEST FRONT
DON FRONT
Wolga
1.2.43
Charkow
Dnepr
Don →
Op. Hauptstoß
Donez →
Stalingrad
Dnepropetrowsk
Mius
Saporoshje
xxxxx
H.Gr. DON (SÜD)
Rostow
SÜD FRONT
4 xxxx
Odessa
Melitopol
NORDKAUKASUS FRONT
ASOWSCHES MEER
xxxxx
H.Gr. A
1 xxxx
Krim
SÜDKAUKASUS FRONT
17 xxxx
SCHWARZES MEER
0 100 200 300 400 km
U3 III

Günther Roth: Operatives Denken bei Schlieffen und Manstein, S. 31

Zeichnung Ulf Balke

wissen. Da die Zahl der Panzer IV nicht ausreichte und mit dem Zulauf einer begrenzten Zahl von PANTHERN und TIGERN nicht vor Juli/August zu rechnen war, forderte er den Rückgriff auf die in verhältnismäßig hoher Zahl vorhandenen leichten Sturmgeschütze. Außerdem verlangte er den Weiterbau des Panzers IV auch für das Jahr 1944/45.

Wesentlich schien ihm das Ausreifenlassen der Neukonstruktionen – vielleicht dachte er dabei an den mißglückten Einsatz der ersten TIGER in den Sümpfen bei Leningrad im September 1942 –

und die Konzentration aller Panzerkräfte auf den Hauptkriegsschauplätzen. Für die Sturmgeschütze sah er als Hauptaufgabe die Panzerabwehr, daher wollte er die neuen Sturmgeschütze bei den Divisionen an den Hauptkampffronten in erster Linie als Panzerjäger einsetzen. Seine Maßnahmen galten ebenso einem neuen Panzerspähwagen zur Erdaufklärung wie dem Weiterbau des Panzergrenadierwagens 3 t. Für die Artillerie der Panzer- und mot. Divisionen forderte er die Ausstattung mit Selbstfahrlafetten. Doch wurden Guderians Vorstellungen durch ständige Eingriffe

Deutsche Panzerartillerie in Stellung. Die hier abgebildete Batterie besteht aus vier Panzerhaubitzen vom Typ HUMMEL, Fahrgestellen des PANZER IV mit einer Schweren Feldhaubitze 18/1 vom Kaliber 15 cm   Sammlung Throm

Hitlers und anderer Stellen behindert. Die Absicht, mit der notwendigen Organisation den Unterbau für eine neue Konzeption zu schaffen, wurde daher nie verwirklicht.

Die nicht erfolgte Unterstellung der Sturmartillerie unter den Generalinspekteur der Panzertruppen wirkte sich äußerst nachteilig auf die Panzerabwehrfähigkeit der Infanteriedivisionen aus. Vergeblich warnte Guderian auch Hitler vor dem nach seiner Meinung unnötigen Waffengang »Zitadelle«. Er befürchtete – wie sich dann auch herausstellte – zu Recht, daß die eben vollzogene Auffrischung an der Ostfront wieder zunichte gemacht werde und dadurch auch die Vorbereitung der Abwehr im Westen – in Erwartung der alliierten Invasion – leiden müsse. Den Höhepunkt der Panzeroperationen des Jahres 1943 stellte zweifellos die Operation »Zitadelle« dar, der doppelt umfassende Panzerangriff von Norden und Süden her gegen den sich in die deutsche Linie hineinwölbenden Kursker Bogen.

Der positive Ausgang dieser Operation war nach Meinung des OKH die letzte Möglichkeit, das Gesetz des Handelns an der Ostfront noch einmal zurückzugewinnen. Absicht war es, in Anbetracht der zu erwartenden alliierten Invasionen im Westen durch diese überraschende Operation mit begrenztem Ziel den Gegner so nachhaltig zu schwächen, daß er im Jahre 1943 nicht zu eigenen Großoffensiven fähig sei. Gleichzeitig wollte man damit die eigene Front verkürzen und so Reserven für die beweglich zu führende strategische Verteidigung gewinnen. Entscheidend war es, nach Ende der Schlammperiode etwaigen Offensiven der Sowjetarmee zuvorzukommen.

Der Angriffsbeginn wurde jedoch aus unterschiedlichen Gründen – u. a. sollten der neu zulaufende Panzer v Panther und der Jagdpanzer Ferdinand zum Einsatz kommen – laufend verschoben, so daß es nicht ausblieb, daß die Operation dem Feind bekannt wurde, die Überraschung somit entfiel und der Gegner mit großen Anstren-

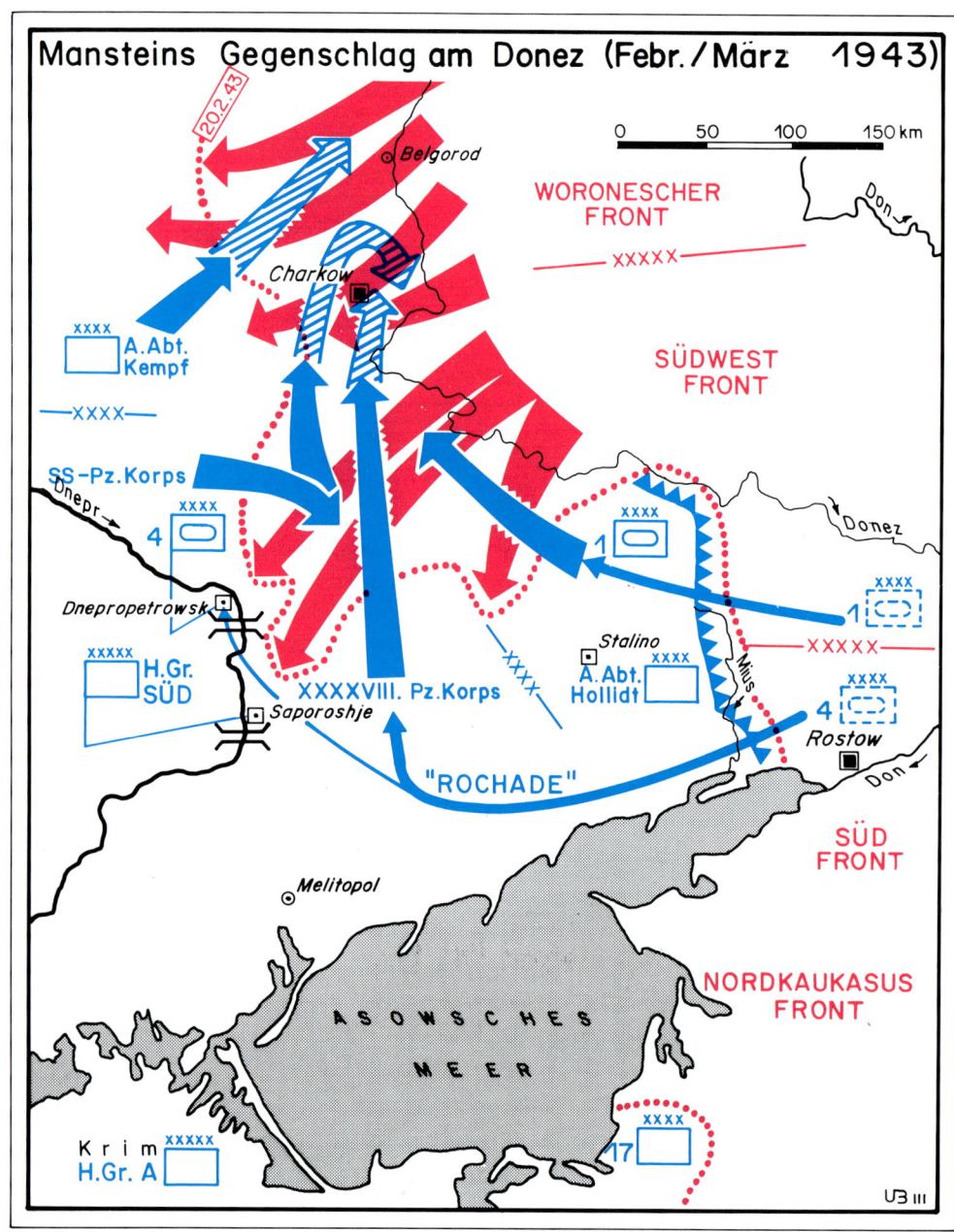

Mansteins Gegenschlag am Donez (Febr./März 1943)

Günther Roth: Operatives Denken bei Schlieffen und Manstein, S. 33

Zeichnung Ulf Balke

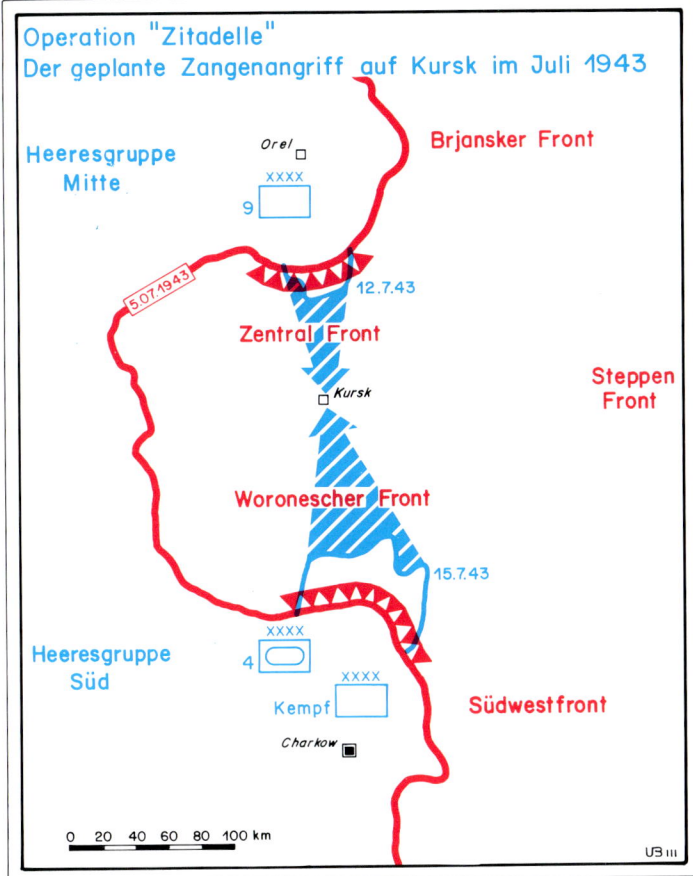

Operation "Zitadelle"
Der geplante Zangenangriff auf Kursk im Juli 1943

Heeresgruppe Mitte

Orel

XXXX
9

Brjansker Front

5.07.1943

12.7.43

Zentral Front

Kursk

Steppen Front

Woronescher Front

15.7.43

XXXX
4

XXXX
Kempf

Heeresgruppe Süd

Charkow

Südwestfront

0 20 40 60 80 100 km

UB III

Günther Roth: Operatives Denken bei Schlieffen und Manstein, S. 37
Zeichnung Ulf Balke

gungen tiefgestaffelte Verteidigungssysteme schuf und Panzer in Massen bereitstellte. Die eigene Panzerbereitstellung litt bereits unter der Abgabe von schnellen Truppen von der Ostfront an die Westfront und nach Italien, um dort für bevorstehende Invasionen gerüstet zu sein.

Am 5. Juli kam es dann zur größten Panzerkonzentration der Geschichte mit mehreren tausend Panzern auf beiden Seiten. Dabei gelang es den deutschen Angriffsdivisionen trotz mehrtägi-

gen Anrennens nicht, das 20 km tiefe, festungsartig ausgebaute Stellungssystem mit seiner starken Panzerabwehr und seinen weiträumigen Minenfeldern zu überwinden. Nach verlustreichen Anfangserfolgen mußte der Zangenangriff auf Kursk abgebrochen werden, da zum selben Zeitpunkt die Sowjets eine Offensive auf Orel eröffneten. Der Mißerfolg – so mußte die Pattsituation von deutscher Seite gewertet werden – lag deutscherseits auch an mangelnder Infanterie, die benötigt worden wäre, um den Panzerdivisionen den Einbruch zu ermöglichen, damit diese danach unverbraucht in die Tiefe der feindlichen Stellungen hätten vorstoßen können.

»So kam es, daß die operativen Panzerkräfte fast allein vor eine taktische Aufgabe gestellt wurden, für die sie nicht geschaffen waren[45].« Sie wurden beim Einbruch in ein engmaschiges Panzerabwehrsystem verbraucht, ehe sie den entscheidenden Kampf mit den inzwischen herangeführten gleichartigen feindlichen Heeresverbänden im freiem Durchbruchsgelände aufnehmen konnten. Um den drohenden Durchbruch der deutschen 4. Panzerarmee zu verhindern, hielten die Sowjets operative Panzerreserven bereit; daneben gruben sie bei der 1. Panzerarmee Panzer nach Art einer Panzerabwehrfront im Gelände ein und hatten damit Erfolg. Bereits am 13. Juli entschloß sich Hitler, aufgrund der bedrohlichen Lage im Bogen von Orel nördlich von Kursk und wegen der Landung der Alliierten am 10. Juli 1943 in Sizilien, zum Abbrechen der Schlacht. Guderian, der die beiden Angriffsfronten in der Zeit vom 10. bis 15. Juli 1943 aufgesucht hatte, kam aus der Sicht des außenstehenden, nicht an der Operation beteiligten Generalinspekteurs der Panzertruppen zu dem Schluß, daß Deutschland durch das Mißlingen der Operation »Zitadelle« eine entscheidende Niederlage erlitten habe: »Die mit großer Mühe aufgefrischten Panzerkräfte waren durch die schweren Verluste an Menschen und Gerät auf lange Zeit verwendungsunfähig[46].«

Nehring meint, neuzeitlich ausgerüstete Infanteriedivisionen mit Sturmgeschützen hätten den Einbruch erzwingen können, der dann durch Panzerdivisionen unterstützt und ausgenutzt in einen operativen Durchbruch hätte verwandelt werden können[47]. Er kommt aus der Sicht eines an der Kursker Schlacht beteiligten Kommandierenden Generals zu der Überzeugung, daß der Fehlschlag der Operation »Zitadelle« keine verlorene Schlacht war, die einen Wendepunkt des Krieges herbeigeführt hat, »sie war viel-

Ein deutscher Panzer vom Typ TIGER I unmittelbar nach Erzielung eines Treffers auf einen russischen Panzer während der Operation »Zitadelle« im Sommer 1943
Bundesarchiv Koblenz

Deutsche Panzer in der Schlacht am Mius im Sommer 1943

Sammlung Goschenhofer

mehr der markante Zeitpunkt, der den Ablauf einer wichtigen Entwicklung im strategischen Ablauf des Zweiten Weltkrieges festlegte«.

Nehring und Guderian sind sich jedoch darin einig, daß mit dem Ausgang der Schlacht von Kursk und den darauffolgenden sowjetischen Großoffensiven des Sommers 1943 die Initiative endgültig auf die Russen übergegangen war. Der Krieg trat jetzt in ein neues Stadium ein. Es zeigte sich nun, daß die Russen als gelehrige Schüler die erprobten Operations- und Führunggrundsätze der deutschen Panzertruppe nachahmen und in die Tat umsetzen konnten. Da sie außerdem über ausgezeichnetes Panzergerät verfügten, wirkte sich dies in den kommenden Jahren weiter zu ihrem Vorteil aus. Die deutsche Panzerproduktion konnte trotz Erhöhung der Kapazitäten von der Zahl her nicht mithalten. Die überstürzt an die Front geworfenen neuen deutschen Panzer TIGER und PANTHER hatten die »Kinderkrankheiten« noch nicht überwunden, die Frontreife war noch nicht hergestellt.

Sammlung Roggenbau

Sammlung Roggenbau

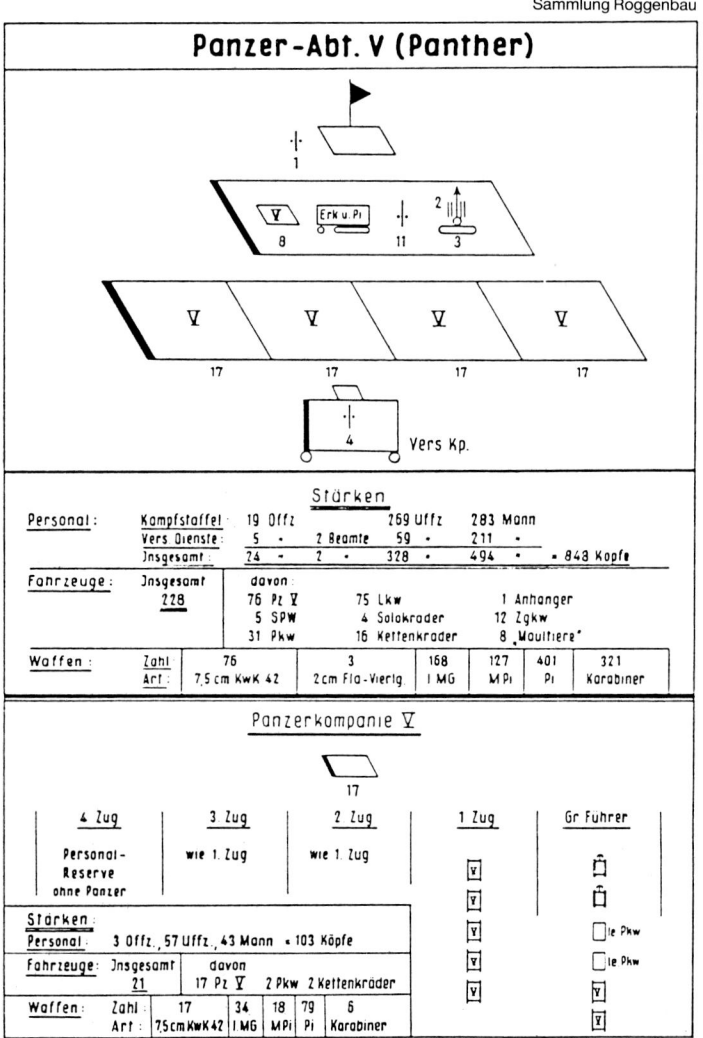

Russische Armeen auf dem Vormarsch

Panzeroperationen großer deutscher Verbände gehörten nun im Osten der Vergangenheit an. Den schnellen Truppen war die neue Aufgabe gestellt, als starke und schnelle Reserve meist im taktischen, selten im operativen Rahmen, Ein- und Durchbrüche des Gegners aufzufangen und zu zerschlagen. Die russischen Angriffsmethoden hatten sich vervollkommnet.

Der Angriff galt als die Hauptkampfart, durch die allein die Entscheidung herbeigeführt werden kann. Ziel war es, die Tiefe der feindlichen Stellungen zu durchstoßen und den Feind unter Ausnutzung von Überraschung sowie Schnelligkeit und Zügigkeit der Bewegungen zu vernichten.

»In allen Abwehrschlachten der Jahre 1943–1945 sahen sich die deutschen Truppen den folgenden, typischen Merkmalen der russischen Angriffsmethode gegenüber:

○ Masseneinsatz von Menschen und Verbänden auf engstem Raum,
○ außergewöhnlich hoher Munitionseinsatz der Artillerie und Granatwerfer,
○ Einbruch noch inmitten des unterstützenden Artilleriefeuers ohne Rücksicht auf eigene Verluste[48].«

Dabei griffen die Russen insgesamt auf breiter Front an, um der deutschen Seite den Schwerpunkt von Panzervorstößen zu verschleiern und damit den Einsatz der begrenzten Reserven zu erschweren. Schlug der erste Angriff fehl, wurde er solange wiederholt, bis er zum Erfolg kam. War ein Durchbruch gelungen,

so stießen die Panzer der zweiten Staffel mit aufgesessener Infanterie nach. Hauptsächlich mit der Masse, dem Übergewicht der Zahl, wurde letztlich der Erfolg erzwungen. Zunehmender und wirksamer Schlachtfliegereinsatz war eine weitere Komponente.

Wie Messenger schreibt, kam es dabei auch zu Einkesselungen deutscher Großverbände. Grund dafür waren vor allem die starren Haltebefehle Hitlers und das Festlegen starker Kräfte in den zu »festen Plätzen« erklärten Städten. »Die Kessel wurden durch die Deutschen selbst gebildet, die sich auf Igelstellungen verlegten, zwischen denen kleine mobile Kampftruppen aller Waffengattungen operierten[49].«

Im Gegensatz zu dem deutschen Verfahren – erzwungen durch die großen Unterschiede in der Beweglichkeit zwischen schnellen Truppen und Infanterie – konnten die Russen später aufgrund der mit Hilfe des amerikanischen Leih- und Pachtvertrages gewonnenen höheren motorisierten Beweglichkeit zwischen Panzerverbänden und motorisierter Infanterie besser Schritt halten. Trotzdem gelang es der deutschen Panzertruppe im Verbund mit den Panzergrenadieren und Panzerjägern, noch fast zwei Jahre an allen Fronten erfolgreich Widerstand zu leisten, waren sie doch noch immer Meister des Gegenangriffs. So gelang es z. B. der 1. Panzerarmee im Februar 1944 im Zusammenwirken mit der 8. Armee, den Kessel von Tscherkassy freizukämpfen.

Bei den schweren Rückzugsgefechten auf überbreiten Fronten waren die aus Panzern und Panzergrenadieren bestehenden

Russische Infanteristen bei einem Übungsangriff mit Panzer vom Typ T 34 beim Absitzen. Diese Aufnahme soll einen Eindruck von den Masseneinsätzen russischer Panzer mit aufgesessener Infanterie aus den Jahren 1942 bis 1945 vermitteln
Sammlung Schneider

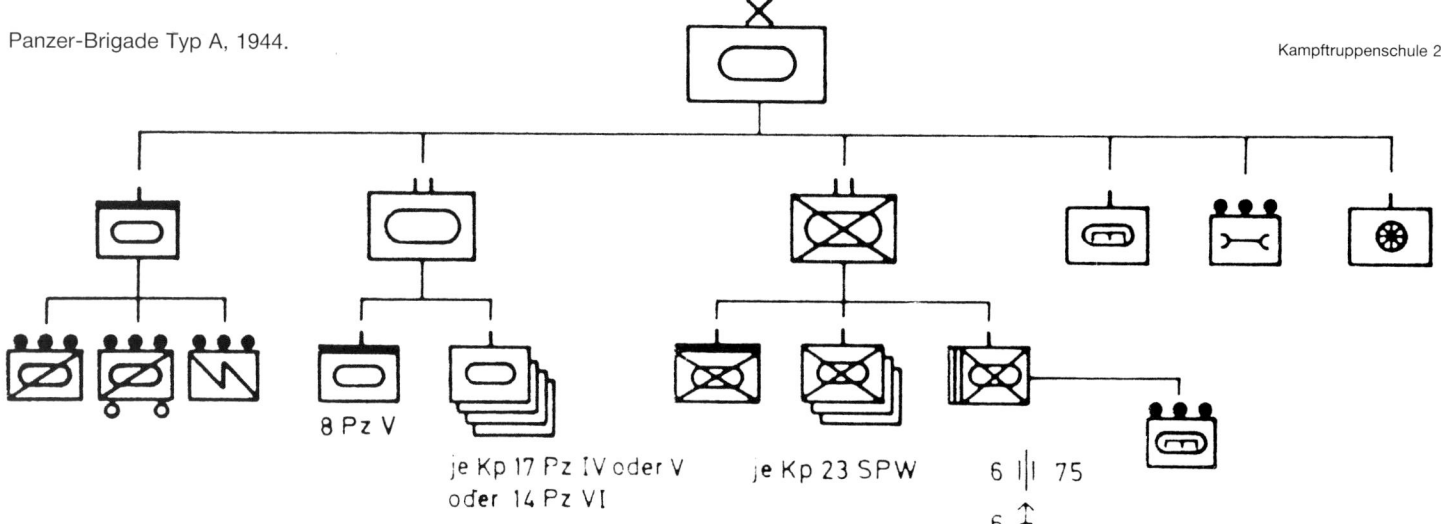

8 Pz V

je Kp 17 Pz IV oder V
oder 14 Pz VI

je Kp 23 SPW

6 |‖ 75

6 ↑

Kampfgruppen der entscheidende Rückhalt. »Aus der Bewährung der engen Kampfgemeinschaft zwischen Panzern und Grenadieren (gP) wurde bald an der Front die Lösung gefunden, beide in einem Verband zusammenzufassen, um den Nachteilen eines getrennten Einsatzes vorzubeugen. Sie brachte die Bildung von gepanzerten Kampfgruppen, die das Schwert der Panzerdivisionen darstellten[50].«

Unter Führung erfahrener Panzer- oder Panzergrenadierkommandeure konnten diese Kampfgruppen – oft unterstützt von eingegliederter Panzerartillerie, Panzerjägern und Panzerpionieren – wenigstens örtlich die zahlenmäßige und materielle Überlegenheit des Gegners ausgleichen. Das »Konzert der Waffen« kann somit als Vorläufer des Gefechts der verbundenen Waffen – heute in den NATO-Armeen praktiziert – bezeichnet werden[51]. In zunehmendem Maße konnte das deutsche Ostheer der zahlenmäßigen Überlegenheit an Menschen und Material nicht mehr Herr werden. Jede neue Offensive der Sowjets führte auf deutscher Seite zu hohen Verlusten und zum Abfall verbündeter Staaten (wie z.B. Rumänien, Finnland und Bulgarien). Diese Ereignisse sind in der Nachkriegsliteratur ausführlich beschrieben. Im Oktober 1944 hatten im Osten erstmals feindliche Truppen den Fuß auf deutschen Boden gesetzt. Am 8. Mai 1945 erfolgte die Kapitulation der Deutschen Wehrmacht.

Invasion im Westen und Ardennenoffensive

Die Westmächte waren während des Ringens an der Ostfront nicht untätig geblieben. Selbst fast zu Boden gezwungen, hatten die Briten es in Nordafrika geschafft – unterstützt von der Landung der Amerikaner in Nordafrika –, die deutsch-italienische Afrika-Armee niederzuringen. Der Invasion Italiens vom 10. Juli 1943 folgte am 6. Juni 1944 die lang erwartete Invasion in der Normandie, die dem deutschen Heer endgültig den Zweifrontenkrieg aufzwang. Auf der deutschen Seite hatte die Panzertruppe zwar 1550 Panzer aufgeboten, darunter 663 PANTHER und 102 TIGER[52], doch war man sich über den Ort der Bereitstellung der Panzer uneinig.

Schon bei der Planung zur Verteidigung der Westfront waren sich der OB West, Generalfeldmarschall v. Rundstedt, und Guderian darüber im klaren, daß die alliierte Luftüberlegenheit sich auf alle Bewegungen eigener Großverbände besonders nachteilig auswirken mußte. Sie würden voraussichtlich nur bei Nacht einigermaßen planmäßig stattfinden können. Nach Meinung Guderians und v. Rundstedts kam es für die Panzertruppen vor allem darauf an, ausreichende Reserven an Panzer- und Panzergrenadierdivisionen bereitzustellen, und zwar so weit vom Atlantikwall abgesetzt, daß ihre Bewegungen nach Erkennen der eigentlichen Invasionsfront noch durchführbar blieben. Beide konnten sich aber gegen Hitler und Rommel nicht durchsetzen. Die Panzerdivisionen wur-

Rußland im Dezember 1943, Panzer vom Typ TIGER I (rechts) und Schützenpanzer auf dem Marsch

Bundesarchiv Koblenz

Der Jagdpanzer JAGDTIGER von 1944, eine Variante des TIGER II, bewaffnet mit einer 12,8 cm-Pak (L/55), war mit einem Gewicht von 70 Tonnen der schwerste zum Einsatz gebrachte deutsche Kampfwagen des Zweiten Weltkrieges

Sammlung Schneider

den zum Teil sehr dicht an der Küste bereitgehalten. Diese Aufstellung ging auf Rommel zurück, der von der gewaltigen Luftüberlegenheit der Westmächte – u. a. aus trauriger Erfahrung der Niederlage seiner Panzerarmee in Afrika – so sehr überzeugt war, daß er Bewegungen größerer Verbände für ausgeschlossen hielt. Guderian glaubte nicht mehr an die Möglichkeit nächtlicher Verschiebungen der Panzer- und Panzergrenadierdivisionen[53].

Als es dann am 6. Juni 1944 zur Invasion kam, war man sich beim OKW, das die Operationen des Heeres mit Ausnahme der Ostfront führte, über die Frage nicht einig, ob dies bereits die Hauptlandung sei oder nur ein Täuschungsmanöver. Es wurde daher versäumt, die OKW-Reserven freizugeben. Auf Führungsfehler zurückzuführende Anmärsche bei Tage unter Einwirkung der feindlichen Luftwaffe und Einsätze zu frontalen Gegenstößen im Bereich der überlegenen feindlichen Schiffsartillerie zerrieben vorzeitig die im Westen stehenden gepanzerten Divisionen.

Guderian glaubte, daß die Abwehr der Invasion hätte erleichtert werden können, wenn man seinem Vorschlag und dem des Generals Frhr. Geyr v. Schweppenburg gefolgt wäre: Bereitstellung aller gepanzerten Divisionen des Westens in zwei Gruppen nördlich und südlich von Paris und sorgsam vorbereitete Nachtmärsche zur tatsächlichen Invasionsfront. Durch die massive Luftüberlegenheit der Alliierten waren Verschiebungen nur noch bei Nacht und ein geschlossener Einsatz gepanzerter Verbände nur dann noch möglich, wenn der Luftraum wenigstens zeitweise freigekämpft war[54].

Die Geländeverhältnisse in der Normandie ließen keine weiträumigen Panzeroperationen der Alliierten zu. Daher setzten diese ihre Panzer wie gewohnt hauptsächlich zur Infanterieunterstützung ein. Beim Panzerduell TIGER gegen SHERMAN zeigte sich, daß die leichteren amerikanischen Panzer dem TIGER in keiner Weise gewachsen waren. Desgleichen zeigte sich die Überlegenheit der

Ein Bataillon mit Panzern vom Typ PANZER VI, TIGER II (Ausf. B), KÖNIGSTIGER ist Ende 1944 zur Besichtigung aufgefahren

Bundesarchiv Koblenz

Generaloberst Guderian, Generalinspekteur der Panzertruppen 1944 in Frankreich im Gespräch mit General der Panzertruppen Freiherr Geyr von Schweppenburg. Man beachte den blutjungen Soldaten am Steuer des Wagens   Nachlaß Generaloberst Guderian

General George S. Patton Jr.   Patton Museum Fort Knox

Kampfweise der aufgesessenen Panzergrenadiere mit ihren Schützenpanzerwagen – ein bei anderen Armeen nicht praktiziertes Verfahren – gegenüber der feindlichen Infanterie. Doch auf Dauer konnte – selbst durch den deutschen Erfolg gegen die britische Aktion »Goodwood« von Caen nach Südosten, bei der die 11. brit. Panzerdivision 50 Prozent ihrer Panzer verlor – ein Ausbruch der Alliierten aus der Normandie in das panzergünstigere Gelände nicht verhindert werden. Die Alliierten konnten ihre Materialüberlegenheit ausspielen und waren darüber hinaus bestens mit Minenräummitteln ausgestattet.

Die 1. US-Armee unter Bradley kämpfte sich Ende Juli unter starker Luftwaffenunterstützung den Weg von St. Lô nach Avranches, dem Tor zur Bretagne, frei. Danach stieß die 3. US-Armee unter Patton zu Operationen in das panzergünstige Gelände. Patton war inzwischen ein bewährter Panzerführer, der in Nordafrika und Sizilien Erfahrungen gesammelt hatte. Auch für ihn und seine unterstellten Kommandeure galt das Prinzip des Führens von vorne. Nach der »Säuberung« der Bretagne bis zum 3. August, die

allerdings die Häfen ausschloß, traten die Amerikaner mit der 1. Armee im Norden und der 3. Armee im Süden in der allgemeinen Linie Rennes — Le Mans — Chartres zum Angriff an. Am Abend des 6. August drohte der deutschen Heeresgruppe B durch den gleichzeitigen Angriff der 1. kanadischen Armee bei Falaise die Einschließung. Kurz nach Mitternacht, vom 6. auf 7. August, versuchte v. Kluge, mit vier Panzerdivisionen durch einen Entla-

Amerikanische SHERMAN-Panzer durchfahren eine Ortschaft in der Po-Ebene im April 1945   Patton Museum Fort Knox

stungsangriff auf den »Flaschenhals von Falaise« die Einschließung zu verhindern.

Doch »dann hoben sich am Mittag des 7. die Nebel und die tiefhängenden Wolken, die das Schlachtfeld bisher verhüllt hatten. Die alliierten Luftstreitkräfte griffen ein und nagelten die deutschen Panzer an Ort und Stelle fest[55].« Diese alliierte Luftbedrohung war eine Tatsache, mit der die deutsche Panzertruppe fortan leben mußte. Mit Mühe gelang es den deutschen Armeen – 5. Panzer- und 7. Armee – sich unter Verlust einer hohen Zahl an Panzern und Geschützen aus der Schlinge zu ziehen.

Gleichzeitig gingen die Alliierten zu ihrem »Blitzkrieg« über. Am 15. August nahmen sie Chartres, am 16. August Orléans. Die Île de France und Paris waren zum Greifen nahe. Wie Messenger schreibt, kam es nun bei den Alliierten zu Meinungsverschiedenheiten über das weitere Vorgehen: breit oder in schmaler Front? Montgomery gab dem Fernziel Antwerpen den Vorrang, während Bradley den Hauptstoß nach Osten an den Rhein südlich von Frankfurt vorzog. Eisenhower mochte sich aus unterschiedlichen Gründen noch nicht festlegen. Doch zügig rückten sowohl die Armeegruppe Montgomery als auch Bradley vor.

Am 26. August marschierte Pattons Armee, angeführt von der 2. französischen Panzerdivision Le Clercs in das von den Deutschen fast kampflos geräumte Paris ein. Patton hatte eingedenk der deutschen Vorbilder eines der Grundprinzipien des Blitzkrieges, die Erhaltung des Angriffsschwunges, erfaßt und genutzt. Montgomery hatte inzwischen den deutschen Widerstand an der Somme gebrochen, am 2. September Brüssel und am 3. Antwerpen genommen; aber auch hier war es nicht gelungen, die Scheldemündung mit den Häfen einzunehmen, was sich als Nachteil für die Versorgung beim weiteren Vorgehen nach Osten noch herausstellte. Auch Patton, der am 31. August die Maas bei Sedan erreicht hatte, bekam die Auswirkungen überdehnter Nachschublinien zu spüren.

Die Pläne der Alliierten, mit der nördlichen Armeegruppe auf das Ruhrgebiet und danach auf Berlin vorzustoßen sowie mit der südlichen zum Rhein, erhielten einen Dämpfer. Den Deutschen war es nämlich gelungen, durch Heranführen zusammengeworfener Verbände und durch Umgruppierung der Kräfte den alliierten Vormarsch an der Reichsgrenze zunächst zum Stehen zu bringen. Der Versuch einer alliierten Luftlandung im Raum Arnheim scheiterte. Auch Guderian zollt den alliierten Panzervorstößen Anerkennung, wenn er schreibt: »Im August und September hatte die Westfront ihren Halt verloren [. . .] und sich auf den Westwall

Aus: Christian Greiner: Die Abwehr der deutschen Ardennen-Offensive. Ein Beispiel angolamerikanischer Operationsführung im Zweiten Weltkrieg. Entwicklung, Planung und Durchführung operativer Ideen im Ersten und Zweiten Weltkrieg. In: Operatives Denken und Handeln in deutschen Streitkräften, Band 2, Verlag Mittler & Sohn, Herford-Bonn 1989, S. 121   Zeichnung Ulf Balke

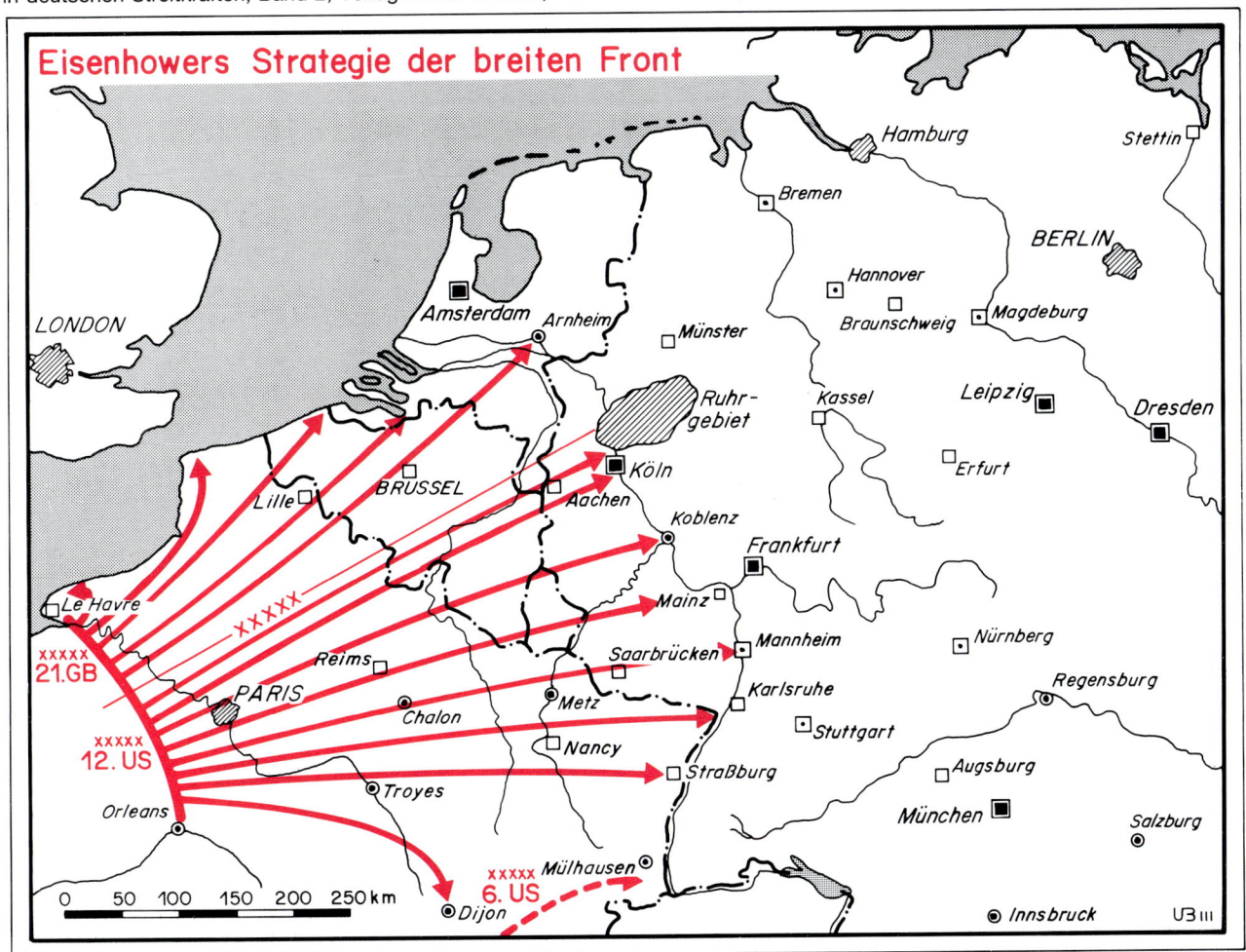

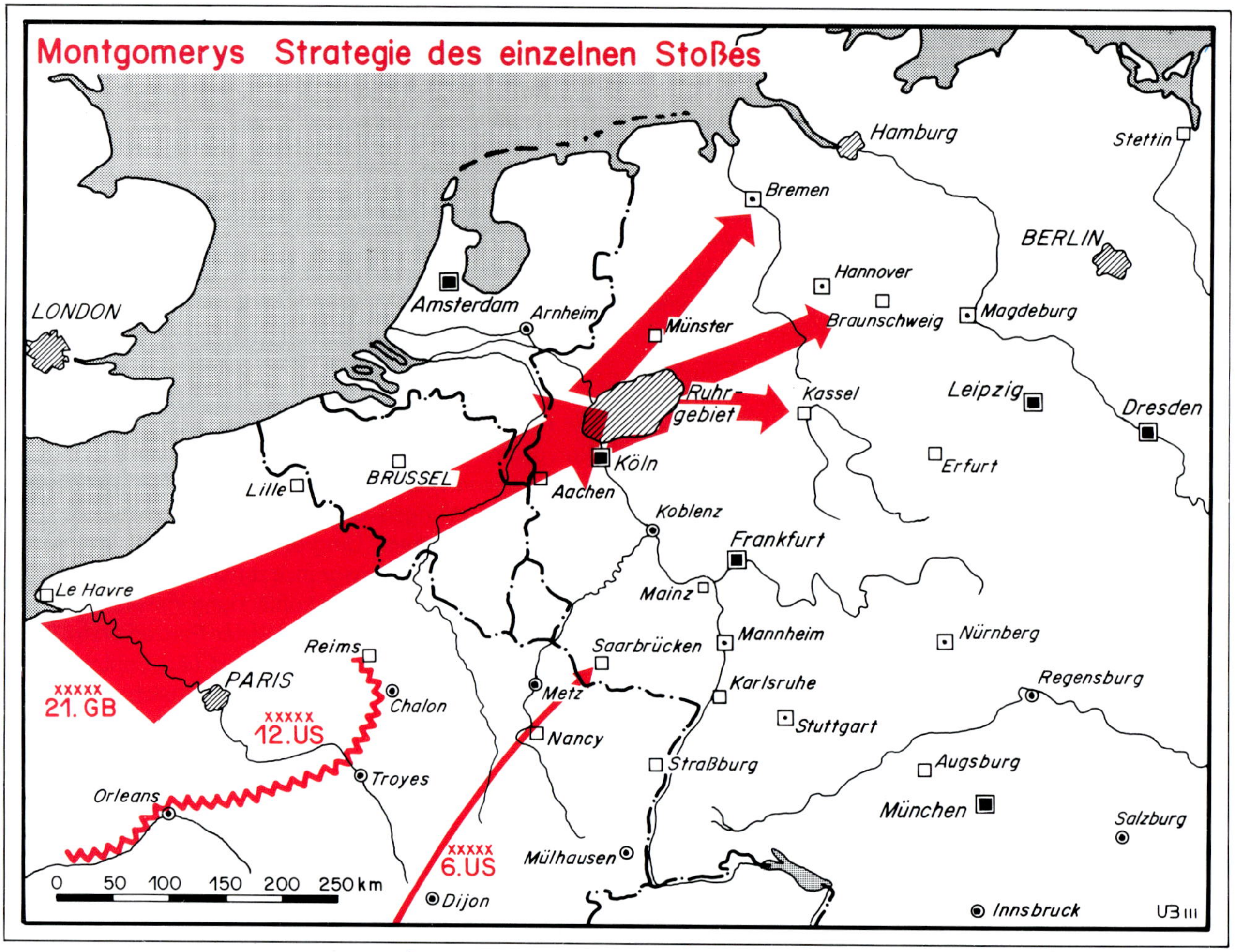

Montgomerys Strategie des einzelnen Stoßes

LONDON
Le Havre
Reims
Chalon
PARIS
Troyes
Orleans
Lille
BRUSSEL
Amsterdam
Arnheim
Münster
Ruhr-
gebiet
Köln
Aachen
Koblenz
Frankfurt
Mainz
Mannheim
Saarbrücken
Metz
Nancy
Karlsruhe
Straßburg
Mülhausen
Dijon
Hamburg
Stettin
Bremen
Hannover
BERLIN
Braunschweig
Magdeburg
Kassel
Leipzig
Dresden
Erfurt
Nürnberg
Regensburg
Stuttgart
Augsburg
München
Salzburg
Innsbruck

XXXXX
21. GB

XXXXX
12.US

XXXXX
6.US

0 50 100 150 200 250 km

Ü3 III

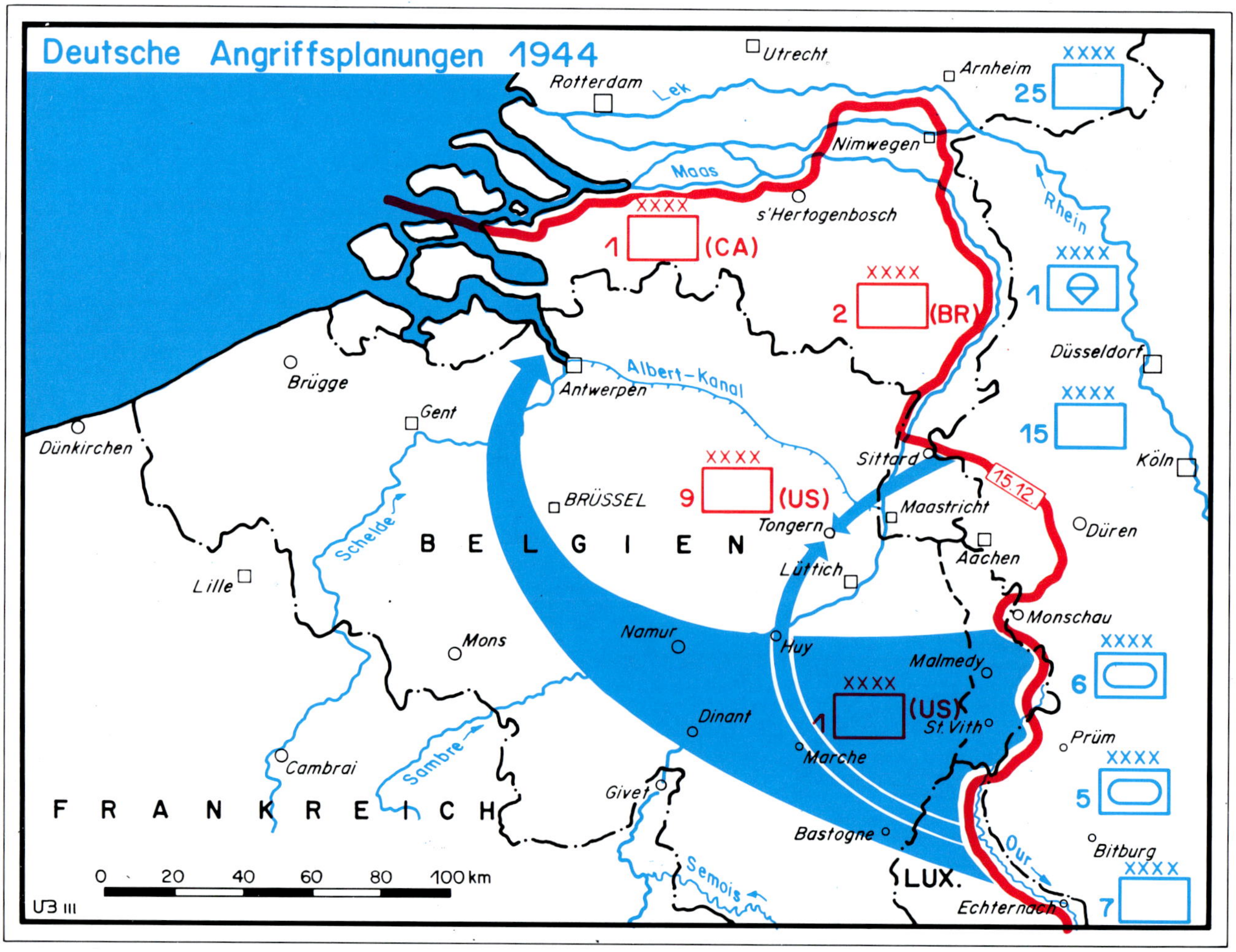

Deutsche Angriffsplanungen 1944

Utrecht
Rotterdam
Lek
Arnheim
Nimwegen
Maas
Rhein
s'Hertogenbosch
Düsseldorf
Brügge
Gent
Antwerpen
Albert-Kanal
Sittard
Köln
Maastricht
Düren
Dünkirchen
BRÜSSEL
Tongern
Aachen
Lille
BELGIEN
Lüttich
Monschau
Scheldt
Namur
Huy
Malmedy
Mons
Dinant
St. Vith
Prüm
Cambrai
Sambre
Marche
Givet
Bastogne
Our
Bitburg
Semois
LUX.
Echternach
FRANKREICH

XXXX
1   (CA)

XXXX
2   (BR)

XXXX
9   (US)

XXXX
1   (US)

XXXX
25

XXXX
1

XXXX
15

15.12

XXXX
6

XXXX
5

XXXX
7

0 20 40 60 80 100 km

Ü3 III

308

zurückgezogen [. . .]. Der Rückzug erfolgte so plötzlich und das Folgen der westlichen Alliierten so kühn[56].«

Im Laufe des Herbstes und frühen Winters rückten die Alliierten nur langsam an den Westwall, die Siegfriedlinie, heran. Wetter und Gelände stellte die alliierte Panzertruppe vor schier unlösbare Probleme. Die Schlacht im Hürtgenwald wurde auf beiden Seiten als das moderne Verdun empfunden. Die Ardennenoffensive am Ende des Jahres 1944 wurde als die letzte Chance angesehen, das Kriegsglück noch einmal zu wenden.

Absicht dieser Operation auf deutscher Seite war es, aus dem Raum der Eifel – unter Ausnutzung einer Schlechtwetterperiode als Schirm gegen die feindliche Luftüberlegenheit – nach schnellem Gewinnen von Brückenköpfen über die Maas, unter Umgehung Brüssels bis nach Antwerpen durchzustoßen, die Nachschublinien der amerikanischen Armeen zu zerschneiden und letztlich die Briten von den Amerikanern zu trennen. Dazu waren unbemerkt vom Feind Kräfte für zwei Panzerarmeen aufgefrischt und bereitgestellt worden. Die deutschen gepanzerten Kampftruppen an der Westfront wurden noch einmal zusammengezogen und – wenn auch mangelhaft versorgt – geschlossen eingesetzt. Die Masse der Neuproduktionen von Kampf- und Schützenpanzern wurden für diese Operation bereitgestellt.

Am Morgen des 16. Dezember begann der Angriff nach mehreren Terminverschiebungen. Vom schlechten Wetter begünstigt stießen die deutschen Panzerspitzen über Bastogne hinaus vor, wo sich dann die ersten entscheidenden Schwierigkeiten, diese Stadt zu nehmen, auftaten. Die Besserung der Wetterlage und damit das Eingreifen der feindlichen Luftwaffe, die knappen Treibstoff- und Munitionsvorräte, die anglo-amerikanischen Gegenangriffe und nicht zuletzt das vorzeitige Herausziehen der 6. Panzerarmee für eine neue Verwendung im Osten brachten die Wende und das Ende der Ardennenoffensive.

Nach sechs Wochen war man wieder in der Ausgangslinie der Schlacht. Ende Februar durchstießen die Alliierten den Westwall und kamen schnell zum Rhein vor. Die Brücke bei Remagen, die den Amerikanern unversehrt in die Hände fiel, ging in die Geschichte ein. Ende März war es Montgomery gelungen, südlich von Wesel den Rhein zu überschreiten. Deutschland, das die Masse seiner Kräfte gegen den Ansturm der Russen nach Osten geworfen hatte, hatte dem Stoßkeil der Briten im Norden und der Amerikaner im Süden nichts Gleichwertiges mehr entgegenzusetzen. Anfang Mai fanden die Kämpfe ein Ende.

Amerikanische SHERMAN-Panzer in einem Eifeldorf im Frühjahr 1945

Patton Museum Fort Knox

1 Heinz Guderian, Erinnerungen eines Soldaten, Neckargemünd ⁴1960.
2 Walther Nehring, Die Geschichte der deutschen Panzerwaffe 1916–1945, Berlin 1969, S. 12 und S. 30.
3 John F. C. Fuller, Erinnerungen eines freimütigen Soldaten, Berlin 1937, S. 282–295, und Jehuda Wallach, Kriegstheorien. Ihre Entwicklung im 19. und 20. Jahrhundert, Frankfurt/M. 1972, S. 207–214.
4 Charles Messenger, Blitzkrieg. Eine Strategie macht Geschichte, Bergisch-Gladbach 1978, S. 34.
5 Fuller, S. 118.
6 Basil Henry Liddell Hart, Lebenserinnerungen, Wien 1966, S. 56 f.
7 Messenger, S. 49 und 53.
8 Liddell Hart, S. 57 f., 109 f., Wallach, S. 225, 233–242, 244.
9 Messenger, S. 66.
10 Ebd., S. 68, für das Folgende S. 60.
11 Ebd., S. 62; Liddell Hart, S. 56.
12 Hier und im folgenden Messenger, S. 63 ff., 75, 77, Zitat S. 64.
13 Ebd., S. 75 und 77.
14 Deutsche Militärgeschichte 1648–1939. Hrsg. vom Militärgeschichtlichen Forschungsamt, Bd 6, Herrsching 1983, S. 531.
15 Nehring, S. 50, für das Folgende S. 41.
16 Guderian, S. 15.
17 Nehring, S. 42 ff.; Fritz Hahn, Waffen und Geheimwaffen des deutschen Heeres 1933–1945, Bd 2, Koblenz 1987, S. 21 ff.
18 Guderian, S. 18; Nehring, S. 58.
19 Guderian, S. 24 (Zitat), 20; Nehring, S. 60.
20 Guderian, S. 26; Nehring, S. 71; Hubertus Senff., Die Entwicklung der Panzerwaffe im deutschen Heer zwischen den beiden Weltkriegen, Frankfurt/M. 1969, S. 19 f., 27.
21 Klaus-Jürgen Müller, General Ludwig Beck. Studien und Dokumente zur politisch-militärischen Vorstellungswelt und Tätigkeit des Generalstabschefs des deutschen Heeres 1933–1938, Boppard a. Rh. 1980, S. 21, 207–212, 460–465, Zitat S. 210 f.
22 Nehring, S. 92.
23 Charles de Gaulle, Frankreichs Stoßarmee (vers l'armée de métier), Potsdam 1935, S. 63, siehe auch S. 28 und 51.
24 Nehring, S. 109.
25 Ebd.; Fuller, S. 382.
26 Senff, S. 22.
27 Nehring, S. 125.
28 Messenger, S. 170.
29 Nehring, S. 126.
30 Guderian, S. 64.
31 Nehring, S. 128.
32 Charles de Gaulle, Memoiren. Der Ruf 1940–1942, Berlin/Frankfurt a. M.1955, S. 35.
33 Guderian, S. 99; de Gaulle, Memoiren, S. 38–41.
34 Guderian, S. 82.
35 Nehring, S. 104.
36 Nehring, S. 130; Guderian, S. 125.
37 Nehring, S. 227.
38 Ebd., S. 231.
39 Guderian, S. 204.
40 Nehring, S. 241 (Zitat), s. auch S. 243.
41 Hahn, S. 46.
42 Guderian, S. 212, 215.
43 Nehring, S. 134.
44 Guderian, S. 268, für das Folgende S. 278, 280.
45 Nehring, S. 135.
46 Guderian, S. 283.
47 Nehring, S. 319, Zitat S. 317.
48 Eike Middeldorf, Taktik im Rußlandfeldzug – Erfahrungen und Folgerungen, Darmstadt 1956, S. 126.
49 Messenger, S. 277.
50 Oskar Munzel, Die deutschen gepanzerten Truppen bis 1945, Herford und Bonn 1965, S. 63 f.
51 Ebd., S. 225.
52 Hahn, S. 256.
53 Guderian, S. 299.
54 Munzel, S. 63.
55 Messenger, S. 286.
56 Guderian, S. 328 f.

Edelfried Baginski

Übersicht
der Entwicklung deutscher Panzer
vom A7V zum Leopard 2 bis 1989

Diese Übersicht soll alle wesentlichen und prägenden deutschen Kampfpanzerentwicklungen von 1919 bis 1989 – das sind genau 70 Jahre – darstellen, sie aus technischer und taktischer Sicht in ihrem historischen Umfeld bewerten und dabei auch die Entwicklung der kampfwertbestimmenden Faktoren im nationalen und internationalen Vergleich aufzeigen. Damit wird auch der Wandel der Panzerphilosophie im Verlaufe der Zeit deutlich. Unter Panzerphilosophie versteht man hierbei die militärisch-technisch-wissenschaftliche Auseinandersetzung mit der Rolle, den Einsatzgrundsätzen, der Organisation, den kampfwertbestimmenden Faktoren und den erkennbaren Entwicklungstendenzen des Kampfpanzers und der Panzertruppe insgesamt. Sie wird entscheidend beeinflußt durch die jeweiligen politischen, militärischen und technischen Rahmenbedingungen.

Es kann hier aus Platzgründen jedoch nicht auf die zahlreichen Abwandlungen wie Jagd-, Sturmpanzer, Selbstfahrlafetten, Sturmgeschütze und Waffenträger eingegangen werden. Auch der Richtungsstreit innerhalb der Reichswehr/Wehrmacht beim Aufbau der Panzertruppe und die Verdienste des späteren Generalobersten Guderian werden nur am Rande erwähnt.

Entwicklungen vor
und während des Ersten Weltkrieges

Es ist heute wenig bekannt, daß bereits am 12. Oktober 1905 im Hofe des Kriegsministeriums in Berlin ein Panzerautomobil der Daimler-Motoren-Gesellschaft vorgeführt wurde. Des weiteren wurde auf der Automobilausstellung 1906 in Berlin ein Panzerfahrzeug der Firma Ehrhardt aus Zella-Mehlis vorgestellt, das mit einer 5-cm-Flugabwehrkanone L/30 bewaffnet und einer Rundumpanzerung von 3 mm geschützt war. Weitere Panzerfahrzeuge auf Radfahrgestell nahmen im Jahre 1909 an den Herbstübungen teil. Ihr großer Nachteil – die Straßengebundenheit – führte durch einen Entscheid des Kriegsministeriums vom 12. März 1910 zu ihrer Abschaffung. Erst als die Kriegsereignisse dazu zwangen, wurden eine ganze Anzahl gepanzerter Rad-Kfz vor allem für Aufklärungszwecke im Osten in Dienst gestellt.

Traditionelle Vorurteile und falscher Waffenstolz hatten bis dahin alle Initiativen für die Entwicklung einer Kraftfahr-Kampftruppe gelähmt. Erst der Einsatz von geländegängigen Panzerwagen (Tanks) durch die Engländer ab 1916 löste auch in Deutschland eine lebhafte Resonanz aus. Sowohl vom Kriegsministerium, der Obersten Heeresleitung (OHL) und vom Chef des Feldkraftfahrwesens als auch von der deutschen Industrie sowie von Privatpersonen wurden Initiativen für die Entwicklung und Herstellung deutscher Panzerwagen ergriffen. Zahlreiche Vorschläge mußten

Der A7V-U-Wagen bewährte sich nicht
und wurde nicht weiterentwickelt
Daimler-Benz AG

eingehend geprüft und bewertet werden. Dies führte zu einem Nebeneinander, zu organisatorischen Problemen und zur Bindung wertvoller technischer Kapazitäten und damit zu einer Verzettelung der aufs äußerste angespannten Kräfte des für eine Panzerwagenentwicklung geeigneten deutschen Industriepotentials.

Der A7V-U-Wagen

Wegen der allgemein bewunderten guten Geländeeigenschaften des großen englischen Tanks forderte die OHL im März 1917 die Anfertigung von Konstruktionszeichnungen für einen A7V-Wagen mit umlaufender Kette – etwa wie beim englischen Modell. Damit wollte man die Vor- und Nachteile des englischen Systems näher kennenlernen. Die Konstruktionsarbeiten wurden parallel zum A7V-Wagen vom gleichen Ingenieur-Büro unter Leitung von Oberingenieur Vollmer durchgeführt.

Von diesem Fahrzeug wurde ein Prototyp gefertigt, der sich allerdings nicht bewährte. Der Wagen fiel mit Abmessungen 8,38 m Länge, 4,69 m Breite und einer Höhe von 3,14 m zu groß und bei einem Gewicht von 40 t zu schwer aus. Der Reibungswiderstand des Fahrwerks lag 40 Prozent über dem des A7V-Wagens, obwohl weitgehend auf gleiche Fahrwerksbaugruppen zurückgegriffen wurde. Mit einer schlechten Schwerpunktlage neigte er dazu, im Gelände nach vorne umzukippen[1]. Er wurde nicht weiterentwickelt.

Der Groß-Kampfwagen (K-Wagen)

Ohne die erste Vorführung des A7V-Wagens abzuwarten, hatte der Chef des Feldkraftfahrwesens (Chefkraft) am 31. März 1917 dem Kriegsministerium den Entwurf und die Bedingungen für den Bau eines Groß-Kampfwagens zur Genehmigung eingesandt und darauf hingewiesen, daß die OHL auf die Herstellung dieses Wagens besonderen Wert lege.

Der Gedanke zum K-Wagen, der alles Dagewesene hinsichtlich seiner Ausmaße, der Fahr- und Waffenleistungen in den Schatten stellen sollte, stammte ebenso wie der vorläufige Entwurf nebst Bau-Bedingungen von einem Referenten des Chefkraft. Bedenken, ob es zweckmäßig sei, den K-Wagen neben dem A7V-Wagen zu bauen, begegnete Chefkraft mit höheren militärischen Forderungen, worin u. a. eine Grabenüberschreitfähigkeit von 4 m, die Fähigkeit jedes Gelände zu überwinden, Bodenfreiheit von 35 cm, fünfstündiger ununterbrochener Betrieb, Panzerschutz vorn und an den Seiten von 30 mm, Bewaffnung mit 1–2 Kanonen und 4 MG, Bodendruck 0,5 kg/cm², Höchstgeschwindigkeit ca. 5 km/h sowie Zerlegung in Lasten von je 30 t verlangt wurden. Am 28. Juni 1917 wurde der Bau von zunächst zehn Fahrzeugen genehmigt und die Firmen Riebe Kugellagerwerke in Berlin-Weissensee sowie die Waggonfabrik Wegman & Co in Kassel mit der Herstellung von fünf Fahrzeugen beauftragt. Nach intensiven Arbeiten war die Konstruktion Ende 1917 so weit abgeschlossen, daß mit der Fertigung von zwei K-Wagen begonnen werden konnte. Die endgültigen technischen Daten lauteten wie folgt:

Länge:	12,7 m
Breite:	6,0 m (ohne Ausbauten 3 m)
Höhe:	3,0 m

Aufteilung des Fahrzeuges in 4 Teile: Führer-, Kampf-, Maschinen- und Getrieberaum

Antrieb:	2 6-Zylinder-Daimler-Schiffsmotoren mit je 650 PS = 1300 PS

Elektromagnetische Kupplung

Getriebe mit 3 Vorwärtsgängen und 1 Rückwärtsgang

Panzerschutz:	Frontal und Seite 30 mm, sonst 20 mm, unten 10 mm
Bewaffnung:	4 × 7,7 cm Schnellfeuerkanonen in 2 Erkern, 7 MG
Ausrüstung:	Elektrische Innenbeleuchtung, elektr. Kommandogerät für Maschinen und Waffen, Signalgerät
Fahrwerk:	4 Laufrollenwagen mit Spiralfedern und umlaufender Raupenkette

Grabenüberschreitfähigkeit: mind. 4 m

Höchstgeschwindigkeit: 7,5 km/h

Fahrbereich:	25 km mit einer Betriebsstofffüllung von 3000 l
Gefechtsgewicht:	ca. 150 t
Besatzung:	22 Mann

Je zwei K-Wagen sollten eine Abteilung bilden und in Lasten von ca. 30 t auf der Eisenbahn in den Einsatzraum transportiert, dann in Lasten von ca. 8 t auf Sattelschlepper-Lkw umgeladen und anschließend ca. 6 km hinter der Front zusammengebaut werden. Zusätzlich zu den dafür erforderlichen 30 Lkw waren entsprechende Kräne, Hebezeuge mit Elektromotoren usw. erforderlich und in der Beschaffung.

Das Bauprogramm sah den Beginn der Probefahrten für Ende 1917 und den Fronteinsatz spätestens Ende 1918 vor. Der Ur-Entwurf der Konstruktion erfuhr während des Baues viele Veränderungen – kein Wunder angesichts der gewaltigen zu lösenden technischen Probleme. Weitere Verzögerungen ergaben sich durch verspätete Materiallieferungen, so daß die Fahrversuche schließlich im November 1918 stattfinden sollten. Das Kriegsende und der von den Siegermächten aufgezwungenen Friedensvertrag verhinderten dies jedoch und zwangen zum Verschrotten des ersten fertigen und des zweiten fast fertigen Fahrzeuges.

Rückblickend ist festzustellen, daß eine für die damalige Zeit bewundernswerte technische Leistung vollbracht wurde, ohne daß sie der Front genutzt hat. Taktisch zeigt die Idee eines Schwerst-Kampfwagens eine bemerkenswerte Ähnlichkeit mit

Der K-WAGEN war eine technisch bewundernswerte, aber militärisch sinnlose Entwicklung

BA-MA N 610 Nachlaß Petter

Photo vom Modell
von rechts hinten und von oben

Vorhaben gegen Ende des Zweiten Weltkrieges. Der taktische Nutzen eines solchen Waffensystems kann nur aus der Sicht einer im Stellungskrieg in der Verteidigung schwer ringenden Front begriffen werden und hätte höchstens örtlichen Nutzen bringen können. Dafür waren aber der technische, materielle und personelle Aufwand zu groß, wenn man bedenkt, daß die Indienststellung der zehn K-Wagen etwa 3000 t hochwertige Maschinenerzeugnisse (Motoren, Getriebe, Fahrwerk usw.) erfordert hätte, was etwa dem Gewicht von 100 Kampfwagen A7V entspricht und womit man praktisch noch wesentlich mehr A7V-Kampfwagen fertigen und noch während des Krieges zum Einsatz hätte bringen können.

Leichter Kampfwagen (LK I, II)

Der Konstrukteur des A7V-Wagens, Oberingenieur Vollmer, hatte Mitte 1917 die Entwicklung des K-Wagens abgelehnt und begründet. Er vertrat die Ansicht, daß mit dem A7V-Wagen in bezug auf Größe, Gewicht und Leistung die Grenze der Zweckmäßigkeit schon erreicht und daß ein militärischer Erfolg nur mit einer großen Zahl kleiner Panzerwagen zu erzielen sei. Im September 1917 legte er die konstruktiven Grundzüge eines leichten Kampfwagens (LK I) vor. Zwecks Beschleunigung der Produktion schlug er vor, dafür die in den Depots vorhandenen ca. 1000 stillgelegten Pkw-Fahrgestelle und -Motoren zu verwenden. Ein befürwortender Antrag des Chefkraft wurde am 17. Januar 1918 durch die OHL zunächst abgelehnt, jedoch führte anscheinend das erfolgreiche Auftreten des französischen leichten Renault-Kampfwagens im Frühjahr 1918 zu einem Sinneswandel hinsichtlich des Einsatzes leichter Kampfwagen. Zudem hatte Chefkraft ein Kampfwagen-Modell leichter Art bauen lassen und führte damit in Berlin Versuche durch. Am 13. Juni 1918 wurde der leichte Kampfwagen zusammen mit dem kleinen Sturmwagen der Fa. Krupp (die OHL spricht von einer gepanzerten Kraftprotze) der OHL vorgestellt, die am 23. Juni 1918 die Massenherstellung der beiden Modelle beschloß. Vom leichten Kampfwagen (LK II) sollten zwei Typen gebaut werden und zwar einer als »LK-Protze« mit MG im Drehturm, und einer als LK-Wagen mit 5,7-cm-Kanone.

Weitere Forderungen an den LK-Wagen waren:
○ Einhalten des Eisenbahn-Lademaßes
○ Gewicht so niedrig wie möglich, jedoch nicht über 8 t
○ Geschwindigkeit 20 – 25 km/h
○ Laufkettenantrieb gefedert oder ungefedert mit guter Abführung des Schmutzes; Laufketten vorn hochgezogen
○ Grabenüberschreitfähigkeit mind. 2,30 m, möglichst 3 m
○ 120 Schuß Kampfbeladung für die Kanone
○ Besatzung 3 Mann
○ Bodendruck nicht über 0,5 kg/m²
○ 6stündige Betriebsdauer ohne Versorgung bei ununterbrochener Vollbelastung des Motors
○ Kampfraum nicht zu eng und mit guter Entlüftung
○ Verwendung der Motoren und Getriebe der in der Heimat abgestellten starken Personenkraftwagen.

Bei der weiteren Durcharbeitung des Projektes entwickelte man noch eine Reihe neuer Forderungen, die zu berücksichtigen waren (man beachte die Ähnlichkeit mit heutigen Verhältnissen) und die den schnellen Baubeginn und -fortgang hemmten. Bei den Schieß- und Fahrversuchen des LK II mit der 5,7-cm-Kanone stellte es sich

Der leichte Kampfwagen Lᴋ ɪɪ hätte bei früherer Indienststellung eine beachtliche taktische Bedeutung gehabt   Sammlung Zincke

heraus, daß Aufbau und Fahrwerk für dieses Kaliber zu schwach waren. Erst die bei Krupp in Entwicklung befindliche 3,7-cm-Kampfwagenkanone, die bei einer v_0 von 600 m/Sek Panzerplatten von 20 mm Stärke noch auf 200 m durchschlug, löste dieses Problem, das nur eines von vielen war. Ihr Einbau wurde von der OHL am 30. September 1918 in der Weise verfügt, daß zwei Drittel der 800 bestellten LK-Wagen mit dieser Kanone, der Rest mit MG auszustatten war. Diese Weisung entsprach der Erfahrung vom 24. April 1918, daß Kampfwagen ohne panzerbrechende Waffen gegen feindliche Kampfwagen wehrlos sind.

Die Lieferung der benötigten 480 Kanonen bis April 1919 war jedoch infolge der Kapazitätsprobleme in Frage gestellt. Die Umkonstruktion u. a. der Kühlung von Motor und Wageninnerem zog sich bis Oktober 1918 hin. Bei Kriegsende waren nur einige LK-II-Wagen fertig, die an Schweden verkauft wurden und dort gute Dienste leisteten. Hunderte befanden sich in der Montage und mußten später verschrottet werden.

Die endgültigen technischen Daten:
○ Motoren aus Pkw von 40 bis 60 PS
○ Zusatzgetriebe, das die Zugkraft etwa verdoppelte
○ Betriebsstoff in zwei Tanks mit einem Fassungsvermögen von insgesamt 150 l
○ Fahrbereich je nach Gelände 60 – 70 km
○ Gefechtsgewicht 8,5 t
○ Länge 5,5 bzw. 5,1 m
○ Breite 2,0 m
○ Höhe 2,50 m
○ Kettenauflagelänge 2,80 m, Kettenbreite 0,25 m
○ Bodendruck 0,6 kg/cm²
○ Höchstgeschwindigkeit 12 – 14 km/h
○ Grabenüberschreitfähigkeit 2,0 m
○ Bewaffnung: 1 3,7-cm-Kanone mit 100 Schuß Munition in einem turmartigen Aufbau in einer Blende oder 1 MG im Drehturm nebst 1 Reserve-MG und 5000 Schuß Munition
○ Panzerschutz: Frontal 12 – 14 mm, Seite ca. 8 mm, sonst schwächer
○ Besatzung: 1 Fahrer, 2 Kanoniere/MG-Schützen

Geplant war die Aufstellung von LK-II-Abteilungen zu je 100 Kampfwagen, unterteilt in 3 Kompanien zu je 3 Zügen mit je 10 Kampfwagen. Die ersten Abteilungen sollten in den Monaten Januar bis März 1919 frontbereit sein. Sie hätten infolge des erstmaligen Masseneinsatzes von Panzerwagen auf deutscher Seite eine beachtliche taktische Bedeutung gehabt. Operativ hätten sie sich allerdings gegenüber den dann ca. 7000–8000 Tanks auf der Gegnerseite wohl nicht durchsetzen können. Durch die ursprünglich negative Einschätzung des Kampfwertes leichter Kampfwagen durch die OHL hatte sich die Fertigstellung unnötigerweise um etwa ein halbes Jahr verzögert. Auch hat die Bevorzugung des K-Wagen-Projektes hierbei eine große Rolle gespielt, sonst hätte der LK-II-Wagen schon im Sommer 1918 in einer größeren Anzahl an der Westfront erscheinen können.

Kampfwagen Oberschlesien

Der Kampfwagen OBERSCHLESIEN soll wegen seiner modernen Konzeption an dieser Stelle etwas näher beschrieben werden. Die von der OHL gebilligte Auffassung des Chefkraft zur Kampfwagenfrage vom 7. Juni 1918 enthält u. a. die Zustimmung zum Bau eines schweren Sturm-Panzerwagens, der alle bisherigen Erfahrungen berücksichtigen sollte. Von der Versuchsabteilung des Feldkraftfahrwesens (Verskraft) war im Juni/Juli 1918 eine Zeichnung nebst Beschreibung mit der Zielsetzung gefertigt worden, die Aufgaben eines Panzerwagens mit einem Mindestmaß an Material und Herstellungsaufwand zu erfüllen. Während des Umsetzens der Konstruktionszeichnung für die Fertigung durch die Fa. Riebe – eine Tochtergesellschaft der Oberschlesischen Hüttenindustrie, Gleiwitz – kam es durch Einschaltung der militärischen Stellen naturgemäß zu verschiedenen Änderungen der ursprünglichen Konstruktion, die schließlich wie folgt aussah:

Bewaffnung

Eine Feldkanone 7,7 cm (Feldkanone 96 mit verkürztem Rohr) in einem Drehturm mit n × 360° Schwenkbereich, zwei MG in kardanisch aufgehängten teilschwenkbaren Türmen unterhalb und vor der Kanone mit einem Schwenkbereich von je 210°. Zwei weitere MG konnten noch mitgeführt werden. Eines davon war in die vordere Bugplatte eingesetzt, das andere konnte zum Fliegerbeschuß durch die obere Turmklappe gesteckt werden.

Der Kampfwagen OBERSCHLESIEN auf der Grundlage einer Konstruktionsskizze durch den Zeichner nachempfunden   Zeichnung Krauss-Maffei

Raumaufteilung

Die innere Raumaufteilung sah eine völlige Trennung des Motorraumes vom Mannschaftsraum vor, damit dieser vor Hitze und Öldünsten abgeschottet war. Der Fahrer saß ganz vorne, um ihm eine gute Übersicht über die Fahrbahn/das Gelände zu gewähren. Neben ihm war ein weiterer Platz, der vom Kommandanten oder einem Hilfsfahrer besetzt werden konnte. Der Motor und die zwei Getriebe befanden sich hinten, was sich auf die Schwerpunktlage und damit auf die Grabenüberschreitfähigkeit günstig auswirkte.

Antrieb/Laufwerk

Vorgesehen war ein Argus-Flugmotor Typ AS 3, der bei 1400 Umdrehungen 195 PS leistete, was bei einem Gefechtsgewicht von 20 t ein Leistungsgewicht von fast 10 PS/t ergab und eine Höchstgeschwindigkeit von 16 km/h ermöglichte. Der Antrieb der Kette erfolgte durch ein in der Mitte des Fahrzeuges liegendes Antriebsrad. Am vorderen und hinteren Ende des Laufkettengestells befanden sich Leiträder in Form von Ringen, die sich um feststehende Trommeln bewegten. Auf die Beschreibung der Rollenketten soll hier aus Platzgründen verzichtet werden.

Sonstige Daten

○ Der Bodendruck betrug 0,5 kg/cm^2
○ Länge 6,70 m
○ Breite ~ 2,80 m
○ Höhe 2,70 m
○ Bodenfreiheit 0,55 m
○ Grabenüberschreitfähigkeit 3,0 m
○ Panzerschutz 20 – 25 mm, Heck, Boden- und Dachflächen weniger
○ Besatzung 5 – 6 Mann

Die vier Kraftstofftanks mit einem Fassungsvermögen von je 250 l lagen außerhalb des Mannschaftsraumes im Laufkettengestell. Ein bemerkenswerter Vorteil dieser Anordnung war, daß bei Beschädigung eines Tanks der Inhalt sofort auf den Erdboden ausfloß. Mit 1000 l Kraftstoff ließ sich nach den Berechnungen ein 20stündiger Einsatz durchführen.

Der Vertrag mit der Fa. Riebe wurde am 30. Oktober 1918 abgeschlossen, und zwar für zwei Prototypen OBERSCHLESIEN I und zwei Prototypen OBERSCHLESIEN II. Bei letzterem sollten die bekannten Caterpillar-Ketten wie beim A7V-Wagen verwendet und der Antrieb nach hinten verlegt werden. Nach kurzer Erprobung der Prototypen war die Serienfertigung spätestens ab Mai 1919 geplant. Bei Kriegsende am 9. November 1918 waren die Arbeiten an den Konstruktionszeichnungen bei Riebe nahezu beendet; mit der Fertigung der Baugruppen – außer den Motoren, die bereits vorhanden waren – sollte gerade begonnen werden. Dieser Kampfwagen wäre im Jahre 1919 allen alliierten Tanks an Kampfkraft weit überlegen gewesen, wie ein Vergleich der kampfkraftbestimmenden Faktoren erkennen läßt. Vieles deutet darauf hin, daß diese fortschrittliche Konstruktion spätere Kampfwagenentwicklungen in Deutschland beeinflußt hat.

Sonstige deutsche Entwicklungen

Der Vollständigkeit halber werden nachstehende Entwürfe und Konstruktionen, die alle geprüft und bewertet werden mußten und z. T. auch in einzelnen Exemplaren gebaut wurden, aufgeführt, aber nicht näher beschrieben, da sie keine Bedeutung erlangten:

- Kampfwagen HANNOVER der Fa. Lois Eilers
- Infanterie-Kampfwagen Hessen-Cassel der Fa. Wegmann u. Cie.
- KRUPP-STURMWAGEN
- SCHWERER KAMPFWAGEN HORCH
- SCHWERER KAMPFWAGEN BENZ-BRÄUER
- ORION-WAGEN
- MARIENWAGEN der Fa. Daimler
- BREMER-WAGEN (benannt nach dem Konstrukteur)
- DÜRWAGEN
- LANZ-WAGEN
- TREFF-ASS-WAGEN von Hansa-Lloyd
- SCHREITKUFENWAGEN

Auf die gepanzerten Straßen-Panzerkraftwagen soll hier nicht eingegangen werden, da sie nicht als Vorgänger von Kampfpanzern zu betrachten sind.

Abschließend zu diesem Kapitel ein Überblick über den Stand des deutschen Kampfwagen-Baues bei Kriegsende am 9. November 1918[2]:

Typ	bestellt	fertig	Bemerkungen
1. Kampfwagen A7V	20	20	7 im Einsatz verloren
2. A7V-U	1	1	Prototyp
3. K-WAGEN	10	1	
4. KRUPP-STURMWAGEN	65	1	Prototyp
5. LK-II-WAGEN	1385	5–8	Größere Anzahl in der Fertigung
6. KW OBERSCHLESIEN	2+2	0	Prototypenbau begonnen
7. SCHW. KW. HORCH	3	0	
8. SCHW. KW. BENZ-BRÄUER	3	0	

Die deutsche Panzerentwicklung von 1919 bis 1934

Der dem Deutschen Reich aufgezwungene Friedensvertrag von Versailles verbot im Artikel 171 Deutschland die Herstellung und die Einfuhr von Panzerwagen, Tanks oder irgendeines anderen ähnlichen Materials, das Kriegszwecken dienen könnte.

Das bedeutete zunächst das Ende der deutschen Kampfwagentruppe. Im Jahre 1922 schlossen das Deutsche Reich und die international isolierte UdSSR den Vertrag von Rapallo und im Jahre 1926 in Berlin einen Freundschaftsvertrag, wodurch eine zunehmend enge, auch militärische Zusammenarbeit eingeleitet wurde. Diese führte 1926 zu einem Vertrag u. a. über die Bildung eines deutschen Kampfwagen-Ausbildungszentrums in der Nähe von Kasan, das die Tarnbezeichnung »Kama« erhielt[3]. (Das Wort Kama entstand aus den beiden ersten Buchstaben von **Ka**san und **Ma**lbrandt. Oberstleutnant Malbrandt hatte anläßlich einer Erkundungsreise 1926/27 den Standort für das Ausbildungszentrum ausgesucht.)

Der GROSSTRAKTOR – hier von der Fa. Rheinmetall – brachte als Versuchsträger wertvolle Erfahrungen für spätere Entwicklungen   Photo: Rheinmetall

Nach Fertigstellung der erforderlichen Baumaßnahmen wurde der Versuchs- und Lehrbetrieb im Sommer 1929 aufgenommen und im Herbst 1933 aus politischen Gründen beendet. Aufgabe dieser Kampfwagenschule war es u. a., in Deutschland entwickelte Prototypen und Versuchsfahrzeuge in der Praxis gründlich zu erproben. Im besonderen Blickpunkt standen hierbei Fahrwerk, Federung, Ketten, Lenk- und Schaltgetriebe, Motoren sowie Fernmelde- und Schießversuche. Bereits im Mai 1925 erhielten die Firmen Daimler-Benz, Krupp und Rheinmetall Aufträge zur Entwicklung und Fertigung von je zwei Panzerkampfwagen mit einem Gefechtsgewicht von etwa 16 t. Die dafür erforderlichen Kanonen wurden von den Firmen Krupp und Rheinmetall entwickelt. Diese Entwicklungen liefen wegen des Versailler Vertrages unter strenger Geheimhaltung und erhielten daher die Tarnbezeichnung »Traktor«, und zwar für Fahrzeuge von 16 bis 23 t die Bezeichnung »Großtraktor« und von 10 bis 12 t »Kleintraktor«. Diese Einschränkungen entfielen, nachdem das Deutsche Reich unter Hitler 1933 aus dem Völkerbund ausgetreten war und ab 1935 die überhastete Aufrüstung begann. Das Ergebnis der Entwicklungsanstrengungen in diesem Zeitabschnitt stellt sich wie folgt dar:

Großtraktor

a) *Feuerkraft*	Daimler	Krupp	Rheinmetall
1 Kanone 7,5 cm L/24 im Drehturm, schwenken n × 360° elektrisch und mechanisch, Höhenrichten −5 bis +60° von Hand; v_o in m/sek	428	400	428
3 MG 7,92 mm davon je 1 coax. im Drehturm, im Heckturm und in der Kugelblende im Bug			
Kampfbeladung Kanone	100	102	104
Kampfbeladung MG	6000	6000	6000

b) *Beweglichkeit*			
Motor: Otto Viertakt	DB M 182	BMW-VA	BMW-VA
6-Zyl., Vergaser	255 PS	250 PS	250 PS
Leistungsgewicht PS/t	16	15	14
Bodendruck kg/cm²	0,52	0,67	0,67
Höchstgeschwindigkeit km/h	40	37,5	40
Fahrbereich Straße km	250	220	270

315

Kraftstoffvorrat	l	400	360	480
Grabenüberschreit-fähigkeit		2 m	2 m	2 m
Antrieb		hinten	hinten	hinten

c) *Panzerschutz* (in mm)

Turm rundum		10	10	10
Wanne rundum		14	14	14
Dachflächen		10	10	10
Boden		6–8	6–8	6–8

d) *Sonstige Daten*

Gefechtsgewicht	t	16	16,4	17,6
Länge	m	6,65	6,42	6,50
Breite	m	2,78	2,76	2,60
Höhe	m	2,45	2,30	2,30
Bodenfreiheit	m	0,4	0,36	0,41

Der LEICHTTRAKTOR – hier Fa. Rheinmetall – entsprach bald nach seiner Erprobung nicht mehr den taktischen Anforderungen   Photo: Rheinmetall

Alle drei Fahrzeuge sollten schwimmfähig sein; der Antrieb sollte durch Schraube erfolgen. Nach einem tödlichen Unfall bei den Erprobungen wurde diese Leistung nicht weiter untersucht. Bemerkenswert ist die erstmalige Ausstattung von Panzerwagen mit Sprechfunkgeräten, bestehend aus einem 30-Watt-Sender und einem Empfänger sowie einer Bordsprechanlage. Aus hygienischen Gründen wurde ein Kehlkopfmikrophon gewählt, obwohl das Lippenmikrophon allgemein die bessere Verständigung erbrachte.

Die Steuerung des Lenkgetriebes erfolgte über ein Lenkrad. Die Besatzung von sechs Mann verteilte sich wie folgt:
Im Bugraum in einer Reihe Fahrer, Funker, Kommandant, im Hauptturm Richt- und Ladeschütze, im Heckturm ein MG-Schütze.

e) *Bewertung*

Vom Konzept her sind gewisse Ähnlichkeiten mit dem o. a. Kampfwagen OBERSCHLESIEN unverkennbar. Abgesehen von der unzweckmäßigen Unterbringung des Kommandanten im Bug des Fahrzeuges sind die technisch-taktischen Leistungen im internationalen Vergleich zu diesem Zeitpunkt als fortschrittlich anzusehen. Die sechs Fahrzeuge wurden nach 1933 als Ausbildungsgerät eingesetzt.

Leichttraktor

Im Sommer 1928 wurden durch die Heeresleitung die militärischen Forderungen für einen leichten Kampfwagen herausgeben. Innerhalb der Heeresmotorisierung sollte das Fahrgestell verschiedene Aufgaben erfüllen. Bereits im Mai/Juni 1930 trafen je zwei Prototypen der Firmen Krupp und Rheinmetall zur Erprobung in Kama ein. Die äußere Form hatte eine starke Ähnlichkeit mit dem LK II des Ersten Weltkrieges. Die militärischen Forderungen und die Baugruppen lassen jedoch wesentliche Unterschiede erkennen. Hier die Daten des Rheinmetall-Fahrzeuges, die mit denen des Krupp-Fahrzeuges mit Ausnahme bestimmter Fahrwerksbaugruppen weitgehend übereinstimmen.

a) *Feuerkraft*

1 Kanone 3,7 cm L/45 mit einer v_o von 760 m/s und 1 MG 13 in einem Drehturm n × 360° und einem Höhenrichtbereich von – 10 bis +30°; Richtantrieb mechanisch; Kampfbeladung Kanone 150 Schuß, MG 3000 Schuß.

b) *Beweglichkeit*

Motor: Daimler-Benz M 36, 4-Takt, 6-Zylinder, 100 PS

Leistungsgewicht	PS/t	10,1
Bodendruck	kg/cm²	0,7
Höchstgeschwindigkeit	km/h	35
Fahrbereich Straße	km	150
Kraftstoffvorrat	l	110
Grabenüberschreitfähigkeit	m	1,50 (gefordert)
Antrieb		hinten (Motor vorn)

c) *Panzerschutz* 13 mm rundum

d) *Sonstige Daten*

Gefechtsgewicht	t	8,96
Länge	m	4,32
Breite	m	2,26
Höhe	m	2,27
Bodenfreiheit	m	0,29

Ein Funkgerät für Sprech- und Tastfunk mit geforderten Reichweiten von 2 bzw. 7 km sowie Sammelschutz für Gassicherheit waren vorhanden. Die beiden Kraftstoffbehälter waren ähnlich wie beim LK II in den Gleiskettenkästen eingebaut. Die Besatzung bestand aus vier Mann. Kommandant und Richtschütze saßen nebeneinander im Turm; Fahrer und Funker saßen vorne im Bug beiderseits des Motors.

e) *Bewertung*

Trotz einiger technischer Mängel, die u. a. die Kühlung der Motoren und des Lenkgetriebes, die hohe Erwärmung der zu kleinen Laufrollen sowie den hohen Verschleiß der geschmierten Ketten betrafen, wurden mit diesen Fahrzeugen in Kama beträchtliche Fahrleistungen erreicht. Sie trugen so in besonderem Maße zur Ausbildung der Lehrgangsteilnehmer in Technik, Taktik und Schießen bei. Auf eine grundsätzliche Behebung der Mängel wurde verzichtet, weil die Weiterentwicklung eines Panzers mit vornliegendem Motor nicht mehr interessierte[4].

Generaloberst Guderian schreibt dazu[5]: »Wenn also die Konstruktionen der zwanziger Jahre technisch eine Reihe von Fortschritten gegenüber den Kriegsbauten aus dem Ersten Weltkrieg aufwiesen, so entsprachen sie doch taktisch nicht mehr den Forderungen, die sich aus der neuerdings geplanten Verwendung der Panzer ergaben. Es war nicht möglich, die Versuchsstücke einfach in die Serie zu geben. Neukonstruktionen wurden unerläßlich.«

Zum Wert der Kampfwagenschule Kama äußert sich General Nehring[6]: »Immerhin gab es neben der Ausbildung von taktischem und technischem Personal wertvolle Erkenntnisse: So zum Beispiel zur Gestaltung von Laufwerk und Ketten, Vorder- und Hinterradantrieb, Fragen der Lenkung, der Motorstärke je Tonne Gewicht, entscheidende Bedeutung einer hohen Anfangsgeschwindigkeit (v_o) der Panzerkanone, Fragen der Abfeuerung, Gestaltung der Optiken, Einflüsse des Fahrgestells auf die Schießleistung der verschiedenen Waffen, die Möglichkeit der Führung durch Funkverbindung und Unmöglichkeit der Schwimmfähigkeit von schweren Kampfwagen. Dadurch wurden vieljährige Vorarbeiten erspart, die in Deutschland vor 1933/34 nicht zu leisten waren.«

Neubaufahrzeug

Anläßlich eines Besuches durch den Inspekteur der Kraftfahrtruppen, General Lutz, in Kama waren in Gegenwart des damaligen Oberst Guderian Anregungen für eine Weiterentwicklung der Großtraktoren gegeben worden. Durch das Oberkommando des Heeres (OKH) wurde die Fa. Rheinmetall mit dieser Aufgabe betraut. Es wurden 1934/36 insgesamt fünf Fahrzeuge – davon

zwei in Flußeisen und drei in Panzerstahl – hergestellt. Sie waren die letzten mehrtürmigen Panzerwagen, die in Deutschland gebaut wurden. Den Hauptturm hatten die Firmen Krupp und Rheinmetall im Wettbewerb entwickelt. Sie unterschieden sich hauptsächlich durch die Art der Waffenlagerung. Bei Rheimetall lagen die beiden Kanonen übereinander, bei Krupp nebeneinander. Die wesentlichen Daten lauteten wie folgt:

a) *Feuerkraft*

1 Kanone 7,5 cm L/24 und 1 Kanone 3,7 cm L/45 in einer Schartenblende im Hauptturm mit einem Schwenkbereich n × 360° sowie Höhenrichtbereich −10 bis +20°; 1 MG 34 im Hauptturm in einer Kugelscharte rechts daneben wahlweise gekuppelt mit der Kanonenwiege oder mit unabhängigem Schwenkbereich (Seite links 14° rechts 20°, Höhe −10° bis +25°). Je 1 MG in einem Turm vorne rechts und hinten links. Kampfbeladung Kanone 7,5 cm 80 Schuß, 3,7 cm 50 Schuß, MG 6000 Schuß. Antrieb des Hauptturmes: Seite elektrisch und mechanisch, Höhe mechanisch.

b) *Beweglichkeit*

Motor BMW-VA-6-Zylinder-Flugmotor 250 PS bei 1400 U/min
Leistungsgewicht etwa 12,5 PS/t
Bodendruck 0,7 kg/cm^2
Höchstgeschwindigkeit 30 km/h
Fahrbereich ca. 120 km
Kraftstoffvorrat 500 l in 2 Kraftstofftanks
Grabenüberschreitfähigkeit 2,20 m
Antrieb hinten (Motor hinten)

c) *Panzerschutz*

Vorne und Seiten 13 – 20 mm
Heck 10 – 13 mm
Dach- und Bodenflächen 8 mm

Das NEUBAUFAHRZEUG entsprach dem Standard im internationalen Panzerbau; hier beim Einsatz in Norwegen 1940
Bundesarchiv Koblenz

d) *Sonstige Daten*

Gefechtsgewicht	:	23 t
Länge	:	6,65 m
Breite	:	2,90 m
Höhe	:	2,90 m (mit Kuppel)
Bodenfreiheit	:	0,45 m
Funkeinrichtung	:	20-Watt-Sender, UKW-Empfänger Reichweite 4–6 km, Bordsprechanlage

Die Besatzung bestand aus sechs Mann. Kommandant, Richtschütze und Ladeschütze im Hauptturm, Fahrer vorne links, je ein MG-Schütze in den beiden MG-Türmen.

e) *Bewertung*

Die mehrtürmige Konzeption entsprach dem Standard im internationalen Panzerbau. Den Heckantrieb hat es im deutschen Panzerbau bis 1945 nicht wieder gegeben. Die Führung des komplizierten Fahrzeuges mit seiner starken Besatzung war sehr schwierig. Bemerkenswert für die damalige Zeit war die Fernmeldeausrüstung. Der Panzerschutz war für dieses große Fahrzeug gering. Die Fahrzeuge wurden später als Ausbildungsgerät, drei von ihnen bei der Besetzung Norwegens eingesetzt. Weitere Fahrzeuge über die fünf hinaus wurden wegen Änderung der Konzeption nicht gebaut.

Die erste Generation deutscher Panzer von 1934 bis 1941

Panzerkampfwagen I (»P I«, Sd. Kfz 101)

Die Typenbezeichnung »P I« erfolgte erst, als er 1934 zur Truppe kam. Ebenso wurde erst etwa ab diesem Zeitpunkt der neue Name »Panzerkampfwagen« in Anlehnung an die ältere Bezeichnung »Panzerspähwagen« eingeführt. 1930 wurde durch den Amtschef

PANZERKAMPFWAGEN I, AUSF. »B« im Manöver 1937   Bundesarchiv Koblenz

des Heereswaffenamtes, General v. Vollard Bockelberg, die Entwicklung eines »Kleintraktors« als »Tankjäger« angeordnet und die Fa. Krupp damit beauftragt. Bei einer Besprechung im Heereswaffenamt am 18. September 1931 wurde Krupp aufgefordert, den Entwurf für einen leichten Kampfpanzer unter Berücksichtigung der Erfahrungen in Kama und des neuesten (englischen) Carden-Lloyd-Laufwerkes unter Abänderung der bisherigen Entwürfe einzureichen. Erstmals wurde nunmehr vom Heereswaffenamt WaPrüf 6 ein vornliegender Antrieb und ein hintenliegender Motor gefordert.

Die Literatur gibt für diese Forderung keine nähere Begründung. Für eine solche Lösung sprachen nach den damaligen Erfahrungen eine günstige Gewichtsverteilung und damit Schwerpunktlage, was vor allem der Grabenüberschreitfähigkeit zugute kommt, eine geringere Belästigung der Besatzung durch die Motorwärme sowie vor allem eine geringere Gefährdung durch die damals häufiger vorkommenden Motorbrände.

Bereits im August 1932 wurden mit einem Versuchsfahrzeug erste Fahrerprobungen in Meppen durchgeführt und mit ständig verbesserten Baugruppen fortgesetzt. Die ursprüngliche Forderung nach Einbau einer 2-cm-Kampfwagenkanone wurde aus Zeitgründen zunächst zurückgestellt und ein Turm mit einem Doppel-MG vorgeschlagen. 1933 taucht erstmalig die neue Tarnbezeichnung »Landwirtschaftlicher Schlepper« (LaS) für die Fahrzeuge der Serienbestellung auf. Während das Heereswaffenamt die ersten Serienfahrzeuge bereits für Ende 1933 forderte, hielt die Fa. Krupp eine Auslieferung nicht vor Februar 1934 für möglich. Um die geforderten hohen Stückzahlen fertigen zu können, wurden zur Produktion die Firmen Henschel & Sohn, Kassel, Daimler-Benz AG, Berlin, Krupp-Gruson AG, Magdeburg, ausgewählt, zu denen später noch MAN, Nürnberg, und Wegmann AG, Kassel, traten. Die ersten Vorserien-Fahrzeuge waren im Dezember 1933 fertiggestellt. Noch während der ab Januar 1934 laufenden Serienfertigung flossen zahlreiche Verbesserungen ein. Bis Kriegsausbruch wurden 1867 Fahrzeuge einschließlich der Abwandlungen wie Panzerbefehlswagen, Munitionsschlepper und Fahrschulpanzer gefertigt. Einige Umbauten und Kleinserien u. a. für eine Selbstfahrlafette mit dem schweren Infanteriegeschütz 33 und der 4,7-cm-Pak, für einen schnellen Aufklärungspanzer, einen Infanterieunterstützungspanzer (Gewicht 18 t !), Pionierpanzer, Brückenleger und einen Ladungsträger wurden noch während des Krieges bis 1942 hergestellt. Bei Kriegsbeginn waren bei der Fronttruppe 1445 Pz I im Bestand, bei Beginn des Rußland-Feldzuges im Jahre 1941 noch 74 Stück[7].

Die wesentlichen Daten des Panzerkampfwagen I:

a) *Feuerkraft*

	Ausfertigung A	Ausfertigung B

2 MG 13 (7,98 mm) später MG 34 mit Magazinzuführung im Drehturm n × 360°, Höhenrichtbereich –10 bis +20°; Antrieb mechanisch, zum Schnellschwenken auskuppelbar. Turmzurrung, Zielfernrohrvergrößerung 2,5fach; Kampfbeladung 1525 bzw. 2250 Schuß.

b) *Beweglichkeit*

Motor	Krupp M 305	Maybach NL
	4-Zyl.-Boxer	6-Zyl.-Reihe
	57 PS bei	100 PS bei
	2500 U/min	3000 U/min
Leistungsgewicht	11,1 PS/t	17,1 PS/t
Bodendruck	0,4 kg/cm²	0,43 kg/cm²

Höchstgeschwindigkeit	37 km/h	40 km/h
Fahrbereich Straße/Gelände	145/100 km	140/115 km
Kraftstoffvorrat	144 l	146 l
Grabenüberschreitfähigkeit	1,40 m	1,40 m
Antrieb	vorn (Motor hinten)	

c) *Panzerschutz* 13 mm rundum 13 mm rundum

c) *Sonstige Daten*

Gefechtsgewicht	5,4 t	6 t
Länge	4,02 m	4,42 m
Breite	2,06 m	2,06 m
Höhe	1,72 m	1,72 m
Bodenfreiheit	0,3 m	0,3 m
Funkeinrichtung	UKW-Sender und -Empfänger	
Besatzung	2 Mann, Kdt zugleich MG-Schütze	

e) *Bewertung*

Nach Abstellung der unvermeidbaren »Kinderkrankheiten« stellte dieses leichte Panzerfahrzeug eine für die damalige Zeit sehr fortschrittliche technische Lösung dar. Es war ein kostengünstiges, leicht herzustellendes Fahrzeug, mit dem die schnelle Aufstellung der ersten Panzerdivisionen überhaupt erst möglich wurde und wertvolle technische und taktische Erfahrungen gesammelt werden konnten. General Guderian schreibt dazu[8]: »Bei dieser vorausschauenden Planung waren wir uns klar, daß bis zum Frontreifwerden der Neukonstruktionen Jahre vergehen mußten. Inzwischen mußte ein Ausbildungsbehelf geschaffen werden. Unter der Bezeichnung »Panzer I« wurde also die Einführung dieses Geräts befohlen. Niemand dachte 1932 daran, daß wir eines Tages mit diesen kleinen Übungspanzern an den Feind gehen müßten.« Dies bewahrheitete sich bereits beim Einsatz der Legion Condor im Spanischen Bürgerkrieg von 1936 bis 1939, als die Panzer I den auf republikanischer Seite eingesetzten russischen T 26 mit ihren 4,5-cm-Kanonen hoffnungslos unterlegen waren. Sie wurden im Zweiten Weltkrieg – sobald es die Produktion der stärkeren Typen zuließ – aus dem Fronteinsatz herausgezogen.

Panzerkampfwagen II (Sd. Kfz 121)

Dazu schreibt Generaloberst Guderian[9]: »Da die Fertigung der geplanten Haupttypen (Pz III, IV) sich länger hinauszögerte, als ursprünglich erhofft wurde, entschloß sich General Lutz zu einer weiteren Zwischenlösung, dem mit einer 2-cm-Maschinenkanone und einem MG bestückten »Panzer II« der Firma MAN.« Das Heereswaffenamt vergab im Juli 1934 Entwicklungsaufträge für einen Panzerwagen der 10-t-Klasse an die Firmen Krupp, Essen, Henschel & Sohn, Kassel, und MAN, Nürnberg. Nach Erprobung der mit LaS 100 bezeichneten Prototypen wurden als endgültige Entwicklungsfirmen MAN für das Fahrgestell und Daimler Benz für den Aufbau ausgewählt. Mit Serienbeginn Ende 1935 wurden weiterhin die Firmen FAMO, Breslau, Wegmann, Kassel, und MIAG, Braunschweig, in die Produktion eingeschaltet. Dieses Fahrzeug wurde von Los zu Los, die mit Großbuchstaben bezeichnet wurden, ständig verbessert und erhielt viele Abwandlungen, deren Darstellung den Rahmen dieser Übersicht sprengen würde. Erwähnenswert sind u. a. die Selbstfahrlafette mit Pak MARDER, die Panzerhaubitze WESPE, die Selbstfahrlafette mit 15-cm-Infanteriegeschütz, der Flammenwerferpanzer und der leichte Aufklärungspanzer LUCHS.

Die Truppe besaß bei Kriegsbeginn von den bis dahin 1256 produzierten noch 1224 Fahrzeuge der verschiedenen Ausführungen des Panzer II, der noch bis 1942 mit weiteren 525 Stück gefertigt wurde[10]. Hier die Daten der ersten und einer späteren Ausführung:

a) *Feuerkraft*   Ausfertigung A1   Ausfertigung G

Eine 2-cm-Maschinenkanone, 1 MG 34 in einem Drehturm n × 360°, Höhenrichtbereich −10 bis +20°, Seite und Höhe mechanisch angetrieben.

Kampfbeladung Kanone	180 Schuß	180 Schuß
MG	1800 Schuß	2550 Schuß

b) *Beweglichkeit*

Motor	Maybach HL 57 TR 6-Zyl.-Reihe 130 PS bei 2600 U/m	Maybach HL 62 TRM 140 PS bei 2600 U/m

PANZERKAMPFWAGEN II, AUSF. »C« im Polen-Feldzug 1939   Bundesarchiv Koblenz

Leistungsgewicht PS/t	17	14,75
Bodendruck kg/cm^2	0,5	0,76
Höchstgeschwindigkeit km/h	40	40
Fahrbereich Straße/Gelände	210/160	190/125
Kraftstoffvorrat	170 l	170 l
Antrieb	vorn	vorn

c) *Panzerschutz*

	Ausfertigung A1	Ausfertigung G
Front	14,5 mm rundum	20–35 mm
Seite		14,5–20 mm
Heck		14,5 mm

d) *Sonstige Daten*

Gefechtsgewicht	t	7,6	9,5
Länge	m	4,38 m	4,81 m
Breite	m	2,14	2,28 m
Höhe	m	1,95	2,02
Bodenfreiheit	m	0,30	0,35
Fernmeldeeinrichtung		2 UKW-Empfänger, 1 Sender, Bordsprechanlage; bei Ausfertigung L 80-Watt-Sender, MW-Empfänger	

Besatzung 3 Mann; Kommandant zugl. Richtschütze im Turm, Fahrer und Funker vorne in der Wanne; bei Ausführung L = 4 Mann Besatzung

e) *Bewertung*

Dieser als Zwischenlösung gedachte Panzer war sowohl im Polen- als auch im Frankreichfeldzug der »Standardpanzer« der deutschen Panzerdivisionen. Den französischen und englischen Kampfpanzern war er in bezug auf Feuerkraft und Panzerschutz weit unterlegen. Dies wurde durch höhere Beweglichkeit, bessere Führbarkeit und vor allem durch das überlegene Konzept des Zusammenwirkens der verbundenen Waffen vor allem mit der Luftwaffe mehr als wettgemacht. Insofern hat auch dieser Panzer seinen Anteil an den Erfolgen der deutschen Panzertruppe. Im Rußlandfeldzug war er trotz Ausstattung mit einer leistungsstärkeren 2-cm-Kampfwagenkanone und Anbringung von Zusatzpanzerung den sowjetischen Kampfpanzern (T 40 – T 80, T 34, Kw usw.) hoffnungslos unterlegen. Er leistete jedoch später als Aufklärungsfahrzeug in den Panzerabteilungen gute Dienste. Im März 1945 waren noch 15 Panzer II im Feldheer und 130 im Ersatzheer vorhanden[11].

Panzerkampfwagen III (Sd. Kfz. 141)

Im Jahre 1934 wurden durch das Heereswaffenamt Entwicklungsaufträge für einen Geschützkampfwagen in der 15-t-Klasse und einen weiteren in der 18-t-Klasse vergeben. Ersterer erhielt die Tarnbezeichnung »Zugführerwagen« (ZW). Generaloberst Guderian schreibt dazu[12]: »Für die endgültige Ausstattung der Panzerdivisionen brauchte man nach unserer damaligen Ansicht zwei Typen, einen leichten Typ mit einer panzerbrechenden Kanone, einem Turm- und einem Bug-MG, und einen mittleren Typ mit einer Kanone schweren Kalibers, einem Turm- und einem Bug-MG. Der leichtere Typ sollte zur Bewaffnung der drei leichten Kompanien der Panzerabteilung dienen, der mittlere Typ war für die jeder Abteilung zuzuteilende mittlere Kompanie bestimmt, die den leichten Panzern Rückhalt im Kampf zu bieten und die Ziele zu

PANZERKAMPFWAGEN III, AUSF. »H« mit 5 cm KWK L/42   Bundesarchiv Koblenz

beschießen hätte, für die das kleine Kaliber der panzerbrechenden Kanone nicht ausreichte. Über die Kaliberfrage für den leichteren Typ entstanden Meinungsverschiedenheiten mit dem Amtschef des Waffenamtes und dem Artillerie-Inspektor. Diese beiden Fachleute erachteten das Kaliber 3,7 cm als ausreichend für den leichten Panzer, während ich gerne gleich auf 5 cm gegangen wäre, um einen Vorsprung vor der voraussichtlichen Verstärkung der Panzerungen im Ausland zu gewinnen. Da aber die Infanterie bereits in der Ausstattung mit der 3,7-cm-Panzerabwehrkanone begriffen war und man aus Gründen der Vereinfachung nur eine kleine panzerbrechende Kanone bauen und munitionieren wollte, mußten General Lutz und ich nachgeben. Wir konnten aber veranlassen, daß der Turmkranz der leichten Panzer einen Durchmesser erhielt, der den nachträglichen Einbau der 5-cm-Kanone gestattete.«

Dies ist ein gutes Beispiel für ein damals vorausschauend einkalkuliertes Wachstumspotential, das heute in fast allen taktisch-technischen Forderungen enthalten ist. Zu diesem Zeitpunkt wurden auch durch einen Arbeitskreis um den späteren Generaloberst Guderian die Prioritäten der Forderungen an einen modernen Kampfpanzer untersucht und formuliert sowie die kampfwertbestimmenden Faktoren in die richtungweisende Rangfolge Feuerkraft, Beweglichkeit und Panzerschutz eingestuft. Ebenso war die sinnvolle Verteilung aller im Kampfpanzer anfallenden Aufgaben auf den Kommandanten, den Richtschützen, Ladeschützen, Fahrer und Funker weitschauend festgelegt worden. Das hartnäckige Ringen Guderians um eine großzügige Ausstattung der deutschen Panzer mit Fernemeldeeinrichtungen hat sich später entscheidend positiv ausgewirkt[13].

Von den Firmen Daimler-Benz, MAN und Rheinmetall-Borsig, die Entwicklungsvorschläge eingereicht hatten, erhielt Daimler-Benz den Auftrag, zehn Fahrzeuge zu bauen, die dann 1936 als Panzerkampfwagen III A in den Truppenversuch gingen. 1939 wurde die erste größere Serie von 100 Stück durch die Firma Daimler-Benz ausgeliefert. An dem dann einsetzenden Groß-Serienbau waren daneben die Altmärkische Kettenfabrik GmbH, Fahrzeug- und Motorenbau GmbH Breslau, Henschel & Sohn AG, Kassel, Maschinenfabrik Augsburg-Nürnberg AG, Mühlenbau und Industrie AG Braunschweig, Waggonfabrik Wegmann Kassel, Maschinenfabrik Niedersachsen, Hannover, und die Böhmisch-Mährische Maschinenfabrik in Prag beteiligt. Dieses Fahrzeug, das in verschiedenen Versionen u. a. als Sturmgeschütz, Flammenwerfer-, Berge-, Beobachtungspanzer, Panzerbefehlswagen sowie als Panzerhaubitze HUMMEL und als schwerer Panzerjäger HORNISSE, später NASHORN bis 1945 gebaut wurde, hat durch die Anforderungen im Kriege viele Kampfwertsteigerungen erfahren, was sich auch an den mit Großbuchstaben bezeichneten Losen unterschiedlicher Stückzahlen erkennen läßt, die von A bis N reichten. Von besonderem Interesse ist hierbei das *Problem der Bewaffnung*.

Hitler hatte im August 1940 nach dem Westfeldzug die Bewaffnung des Panzer III mit der 5-cm-KWK L/60 befohlen. Das Waffenamt hatte aber eigenmächtig die 3,7-cm-Kanone L/45 durch die kurze 5-cm-KWK L/42 ersetzt. Dies hatte im Rußlandfeldzug 1941 böse Folgen. Wegen der zeitlosen Bedeutung des Bewaffnungsproblems von Kampfpanzern hier ein kurzer Auszug aus einem Bericht von Feldwebel Bix[14]: »Etwa 300 m vor uns machen sie (die russischen Panzer, der Verf.) linksum und fahren quer zu mir wie auf einem Scheibenstand über das freie Gelände. Das wird jetzt ein Schützenfest, denke ich. Aber wir können, wir wollen es einfach nicht glauben; auch die bestplazierten Treffer prallen an der Panzerung ab. Die Besatzung reagiert nicht einmal, wenn wir stockvoll auf den Turm schießen. Die russischen Panzer rollen unbeirrt von unserem zornigen Feuerwerk weiter, direkt vor unserer Nase, in idealer Schußentfernung, unseren armen Kameraden an der Rollbahn entgegen. Und dann sehen wir, was wir bisher nicht für möglich hielten, wir sehen unsere Panzer kompanieweise zurücksetzen, kehrtmachen und mit Caracho hinter der Höhe verschwinden.«

Diese Situation wird verständlich, wenn man die Durchschlagsleistungen der drei oben erwähnten Kanonen auf die damals geforderte Kampfentfernung von 500 m (sie wurde später auf 1000 m erhöht) mit den Geschoßdurchgangsstrecken, die sich aus Plattenstärke und Neigungswinkel der Platte ergeben, beim T 34 und beim KW I vergleicht.

Durchschlagsleistung KWK

	3,7 cm L/45	5 cm L/42	5 cm L/60
Panzergranate 39	29 mm	47 mm	59 mm
Panzergranate 40*	34 mm	57 mm	94 mm

Geschoßdurchgangsstrecken

	Wanne		Turm	
	Front	Seite	Front	Seite
T 34	90 mm	58 mm	60–70 mm	720 mm
KW I	ca. 160 mm	90 + 40 mm	105–120 mm	120 mm

Es kommt hinzu, daß die damals verwendeten Wuchtgeschosse bei Aufschlagwinkeln von unter 45° bis 35° meist an der Zieloberfläche abrutschten (Winkelempfindlichkeit) und keine Wirkung hatten. Auch beim Panzer III haben sich im Verlaufe seiner Dienstzeit der Panzerschutz (Höchststärken) von ursprünglich 15 mm auf 57 + 20 mm und das Gefechtsgewicht von 15,4 t auf 23 t erhöht. Bei Kriegsbeginn waren bei der Truppe 98 Stück im Einsatz. Bis Kriegsende wurden insgesamt 5500 Kampfpanzer III sowie weitere fast 10 000 Fahrgestelle für andere Versionen gefertigt. Er war übrigens das erste Fahrzeug, das 1943 mit der Zimmerit-Schutzschicht gegen magnetische Haftladungen sowie mit Kettenschür-

---

* aus Rohstoffgründen (Wolfram) selten eingesetzt; Produktion später eingestellt

zen ausgerüstet wurde. Die Daten der umseitig aufgeführten Lose[15] lassen deutlich die fortlaufenden Kampfwertsteigerungen erkennen.

e) *Bewertung*

Der Panzerkampfwagen III war eine einfache, gute und richtungweisende Grundkonstruktion, die den erhöhten Anforderungen im Kriege durch Kampfwertsteigerungen bei Feuerkraft und Panzerschutz zunächst angepaßt werden konnte. Die Drehstabfederung wurde später auch international von fast allen Panzerkonstrukteuren übernommen. Die bereits erwähnte zweckmäßige Aufgabenverteilung innerhalb der Besatzung, die gute Führungs- und Feuerleitmöglichkeit durch den Kommandanten in Verbindung mit einer guten Funkausstattung ermöglichten auch gegen besser bewaffnete und stärker gepanzerte Gegner große Erfolge und eine taktische Überlegenheit. Wenn man ihn von Anfang an mit der 5-cm-Kanone L/60 ausgestattet hätte, wäre er 1940/41 wohl der beste Kampfpanzer der Welt gewesen. Mit dem Erscheinen des russischen T 34 auf dem Gefechtsfeld im Jahre 1941 konnten jedoch auch die durchgeführten Kampfwertsteigerungen die technische Unterlegenheit nicht mehr wettmachen, so daß Ende 1942 die Produktion dieses Panzers praktisch eingestellt wurde, auch wenn Anfang 1943 noch 213 Fahrzeuge mit der 7,5-cm-KWK L/24 produziert wurden. Als Sturmgeschütz, von dem bis 1945 insgesamt 10 635 Stück hergestellt wurden, hat dieses Fahrzeug – ausgerüstet mit der 7,5-cm-KWK L/48 – bis Kriegsende mit Erfolg im Einsatz gestanden. Im März 1945 waren noch 534 Panzer III (ohne Beobachtungs-, Berge- und Befehlspanzer) vorhanden[16].

Panzerkampfwagen IV (Sd. Kfz. 161)

Entstehungsgang und Lebenslauf dieses Panzerkampfwagens haben zwangsläufig starke Gemeinsamkeiten mit denen des Panzer III. Der 1934 durch das Heereswaffenamt erteilte Entwicklungsauftrag mit entsprechenden militärischen Forderungen für einen Geschützkampfwagen in der 18-t-Klasse für die Rolle eines Unterstützungsfahrzeuges erhielt die Tarnbezeichnung »Bataillonsführerwagen« (BW). Die Firmen Rheinmetall und Krupp hatten sich bereits seit 1930 im Wettbewerb mit einer solchen Entwicklung beschäftigt. Das Waffenamt entschied sich für den Entwurf der Fa. Krupp, der bei teilweiser Anlehnung an die Rheinmetall-Borsig-Konstruktion zur Fertigung bestimmt wurde. Die ersten Prototypen gingen bereits 1935/36 in die Erprobung. Als Hauptwaffe war die 7,5-cm-KWK L/24 vorgegeben. Unverkennbar sind bei diesem Fahrzeug die Erfahrungen aus den Entwicklungen »Großtraktor« und »Neubaufahrzeug« berücksichtigt worden. So z. B. beim elektrischen Seitenschwenkwerk für den Turm, wofür eine zusätzliche Stromerzeugeranlage (Zweitaktmotor) vorgesehen wurde oder bei den Fernmeldeeinrichtungen.

Ähnlich wie beim Panzer III gab es bei den einzelnen Ausfertigungen (Losen), bezeichnet mit den Großbuchstaben A bis J, zahlreiche Änderungen/Verbesserungen, deren Aufzählung den Rahmen dieser Übersicht sprengen würde. Bei Kriegsbeginn am 1. September 1939 standen 211 Panzer IV zur Verfügung. Weil die Grundausstattung der Panzerregimenter zu diesem Zeitpunkt abgeschlossen war, hatte man die Produktion dieses Typs erheblich gedrosselt. Im Jahre 1939 waren nur 45 Stück gefertigt worden. Im Verlaufe des Krieges mußten in schneller Folge

PANZERKAMPFWAGEN IV, AUSF. »D« mit
KWK 7,5 cm L/24 in Rußland 1941
Bundesarchiv Koblenz

Daten des Panzer III

a) *Feuerkraft*		Ausfertigung A 1936	Ausfertigung G 1940	Ausführung L 1942
Kanone		3,7 cm L/45	5 cm L/42	5 cm L/60
MG		2 Turm-MG	1 Turm-MG	1 Turm-MG
		1 Bug-MG	1 Bug-MG	1 Bug-MG
Richtanlage		mechanische Richtantriebe von Hand		
Kampfbeladung Kanone		150 Schuß	99 Schuß	78 Schuß
Kampfbeladung MG		4400 Schuß	3750 Schuß	4950 Schuß
b) *Beweglichkeit*				
Motor		Maybach V 12 HL 108, 230 PS	Maybach V 12 HL 120 TRM, 300 PS	
Leistungsgewicht PS/t		17,3	14,8	14
Bodendruck Kp/cm^2		0,63	0,99	0,94
Höchstgeschwindigkeit km/h		32	40	40
Fahrbereich Straße/Gelände		165/95	165/95	155/95
Kraftstoffvorrat l		300	320	320
Grabenüberschreitfähigkeit		2,60 m	2,30 m	2,00 m
Antrieb		vorn	vorn	vorn
c) *Panzerschutz*				
Turm Front	mm	15 rundum	30 rundum	50 + 20
Turm Seite	mm			30
Wanne Front	mm	15 rundum	30 rundum	50 + 20
Wanne Seite	mm			30
Heck	mm			50
d) *Sonstige Daten*				
Gefechtsgewicht	t	15,4	19,5	21,3
Länge	m	5,69	5,38	5,56
Breite	m	2,81	2,91	2,95
Höhe	m	2,34	2,44	2,50
Bodenfreiheit	m	0,39	0,39	0,39
Besatzung		5 Mann; Kommandant, Richtschütze, Ladeschütze im Turm; Fahrer und Funker im Wannenbug		

Kampfwertsteigerungen vor allem bei der Bewaffnung (7,5-cm-KWK 40 L/43, L/48) und beim Panzerschutz vorgenommen werden, die die für damalige Verhältnisse hohe Beweglichkeit jedoch nur geringfügig beeinträchtigten. Der Spitzname, den die Truppe diesem Fahrzeug in Anlehnung an eine Rasierklingen-Reklame gegeben hatte: »Rotbart – der Hauchdünne«, hing ihm jedoch bis zuletzt an. Der Versuch, diesen Panzer im Jahre 1944 mit der Panther-Kanone KWK L/70 auszurüsten, scheiterte aus Gewichtsgründen, zumal das Gefechtsgewicht von 17,3 t bei der Ausführung A bereits auf 26 t bei der Ausführung H geklettert war. Für die beabsichtigte Landung in England waren 1940 42 Panzer IV und 168 Panzer III tauchfähig gemacht worden. Gefordert war eine Tauchtiefe von 15 m, erreicht waren 7 m (!).

1944 baute man einen Prototypen mit einem hydrostatischen Antrieb, dessen Erprobung mit dem Kriegsende 1945 eingestellt werden mußte. Hierbei wurde der Motor mit zwei Hochleistungsöl-pumpen verbunden, die zwei Ölmotoren versorgten. Ein Taumel-scheibenantrieb trieb über Übersetzungsgetriebe die hinten lie-genden Antriebsräder an. Gleichfalls kam der für dieses Fahrzeug entwickelte luftgekühlte 12-Zylinder-Tatra-Dieselmotor nicht mehr zum Einsatz. Ab Mitte 1944 entfiel aus Vereinfachungsgrün-den das elektrische Turmschwenkwerk. Im gleichen Jahre wollte man aus einleuchtenden Gründen ein Einheitsfahrgestell Panzer III/IV schaffen. Diese Absicht wurde jedoch Ende 1944 aufgege-ben. Zur Steigerung der Produktion waren ständig weitere Firmen und Fabriken mit der Fertigung beauftragt worden, u. a. die Firmen Krupp, Essen, Krupp-Gruson, Magdeburg, die Nibelungenwerke (Steyr-Daimler-Puch) in St. Valentin und VOMAG in Plauen. Der höchste Ausstoß an Panzern IV erfolgte im Jahre 1944 mit 3454 Stück einschließlich Befehls-, Berge- und Beobachtungspanzern. Selbst 1945 wurden noch 372 Stück hergestellt. »Am 9. März 1943 hielt Generaloberst Guderian im Führerhauptquartier einen Vor-trag über die Lage und Entwicklung der deutschen Panzerwaffe. Dabei stellte er fest, daß die Ausstattung der Panzerwaffe zu diesem Zeitpunkt ausschließlich auf dem Panzer IV beruhe, weshalb die Weiterbau dieser Fahrzeuge auch für die Jahre 1944/45 mit Hochdruck fortgesetzt werden müsse[17].« Er widersprach mit Erfolg dem Generalstab des Heeres, der die Einstellung des Baues aller Panzerkampfwagen mit Ausnahme der Panther und Tiger empfohlen hatte. Dies hätte zur Folge gehabt, daß über einige Monate in Deutschland monatlich nur 25 Tiger-Panzer hergestellt

worden wären – mit unübersehbaren Folgen für die schwer ringende Front. Von den insgesamt 8758 hergestellten Panzern IV[18] wurden 1943/44 nicht unbedeutende Stückzahlen an die Verbündeten Finnland, Rumänien, Ungarn, Bulgarien und Kroatien sowie an neutrale Staaten wie Spanien und die Türkei geliefert. Analog zum Panzer III wurden auch auf der Basis des Fahrgestells Panzer IV zahlreiche Abwandlungen wie Sturm- und Jagdpanzer Brummbär, Hornisse, Nashorn, Panzerhaubitze Hummel, Flakpanzer, Ostwind, Wirbelwind und Brückenleger entwickelt und gebaut.

Panzerkampfwagen 35 (t) und 38 (t) (tschechisch)

Auf diese beiden Panzer soll im Rahmen dieser Übersicht nicht näher eingegangen werden, weil sie keine deutschen Entwicklun-gen waren, sondern nach der Besetzung der Tschechoslowakei im Jahre 1939 mit 211 Stück vom Deutschen Reich übernommen wurden. Sie stellten für die damalige Zeit bemerkenswert gute Konstruktionen dar, die bei geringem Gewicht von 10,5 bzw. 9,6 t gut bewaffnet (3,7-cm-KWK L/48 Durchschlagsleistung auf 500 m = 35 mm), frontal mit 25 mm, später 50 mm, verhältnismäßig gut geschützt und mit einer Höchstgeschwindigkeit von 42 km/h sehr beweglich waren. Bei Beginn des Rußlandfeldzuges befanden sich 665 Stück im Bestand der Panzerdivisionen. Während dieser Panzerkampfwagen ab 1942 aus der Front herausgezogen und nur noch für Ausbildungszwecke eingesetzt wurde, diente das robuste Fahrgestell bis 1945 als Untersatz für den Panzerjäger 38 (t), später Marder III, für das 15-cm-Infanteriegeschütz Grille, für den Jagd-panzer 38 Hetzer und für den Bergepanzer 38. Allein vom Jagdpan-zer Hetzer wurden 1944/45 2849 Stück hergestellt.

Zusammenfassende Bewertung

Der Zweite Weltkrieg traf die deutsche Panzertruppe unvorbereitet und mitten im Aufbau. Zwecks Konsolidierung wurden 1939 keine neuen Verbände in der Panzertruppe aufgestellt. Zu diesem Zeitpunkt lag auch die Panzerindustrie erheblich hinter dem Auslieferungsplan zurück. Das große waffentechnische Interesse Hitlers führte zu seinen ständig zunehmenden Einmischungen in technische Details der Panzerentwicklung. Den positiven Auswir-kungen, die auf einer sehr lebendigen Vorstellungswelt des Soldaten Adolf Hitler, der den Ersten Weltkrieg als Gefreiter erlebt hatte und deshalb zu wissen glaubte, was der Soldat benötigte, standen subjektive, rechthaberische Eingriffe, die jede Ordnung

Panzerkampfwagen IV, Ausf. »H« konnte es trotz noch vorhandener Schwächen bis 1000 m Kampfentfernung mit jedem mittleren Feindpanzer aufnehmen; hier 1943 in Rußland   Bundesarchiv Koblenz

Daten des Panzer IV[19]:

a) *Feuerkraft*		Ausfertigung C 1938/39	Ausfertigung F 1 1941	Ausfertigung H 1943
Kanone		7,5 cm L/24	7,5 cm L/24	7,5 cm L/48
Durchschlagsleistung auf 1000 m (* PzGr. 40)		35 mm	35 mm	87 mm (97 mm)*
MG		1 Turm-MG	1 Turm-MG und	1 Bug-MG
Richtanlage		Seite elektrisch und mechanisch, Höhe −10 bis +20° mechanisch		
Kampfbeladung Kanone		80 Schuß	80 Schuß	87 Schuß
Kampfbeladung MG		2700 Schuß	3190 Schuß	3150 Schuß
b) *Beweglichkeit*				
Motor		Maybach HL 120 TRM, 12 Zyl., 265/300 PS		
Leistungsgewicht PS/t		16,2	13,4	11,5
Bodendruck Kp/cm^2		0,75	0,79	0,89
Höchstgeschwindigkeit km/h		35	42	38
Fahrbereich Straße/Gelände km		140/90	200/130	200/130
Kraftstoffvorrat l		470	470	470
Grabenüberschreitfähigkeit m		2,3	2,3	2,2
Antrieb		vorn	vorn	vorn
c) *Panzerschutz*				
Turm Front	mm	30	50	80
Turm Seite	mm	20	30	30
Wanne Front	mm	30	50	80
Wanne Seite	mm	14,5	20+20	30
Heck	mm	20	20	20
d) *Sonstige Daten*				
Gefechtsgewicht	t	18,5	22,3	26
Länge (Rohr 12 Uhr)	m	5,87	5,92	7,15
Breite (mit Schürzen)	m	2,83	2,88	(3,33)
Höhe	m	2,85	2,68	2,68
Bodenfreiheit	m	0,4	0,4	0,4
Besatzung		5 Mann, wie Panzer III		

e) *Bewertung*

Zuverlässig und robust, günstig in der Massenfertigung, übernahm der Panzerkampfwagen IV ab 1943 – nachdem er mit der KWK 40/L 48 ausgerüstet war – die Rolle des Standardpanzers in der deutschen Panzertruppe. Bis 1000 m konnte er es trotz seiner Schwächen in Formgebung und Panzerung mit jedem mittleren Feindpanzer aufnehmen. Mit ansteigendem Gewicht behielt er seine Beweglichkeit nur durch die breitere Ostkette. Weitere Kampfwertsteigerungen konnte das Fahrwerk nicht mehr verkraften, was sich beim Sturmpanzer IV, BRUMMBÄR, mit einem Gefechtsgewicht von 28,2 t sehr deutlich zeigte. Der Zwang, hohe Produktionszahlen aufrechtzuerhalten, ließ es nicht zu, die grundsätzlichen kraftfahrzeugtechnischen Fehler des Fahrgestells wie z. B. den hohen Verschleiß der zu kleinen Laufrollen oder die Blattfederung der Laufrollenwagen durch eine Neukonstruktion abzustellen. Die angestrebte Ablösung durch den wesentlich kampfkräftigeren PANTHER mußte aus produktionstechnischen Gründen im Kriege unterbleiben, um ein katastrophales Absinken der Panzerproduktion zu vermeiden. Im März 1945 waren noch 1571 Panzerkampfwagen IV vorhanden[20].

sprengten, gegenüber. Fritz Hahn schreibt darüber[21]: »Hinzu kam, daß – vorbei am OKW – Gauleiter und andere Parteiführer, Himmler für seine Waffen-SS, Göring für seine Luftwaffe und einzelne Hitler gut bekannte Industrielle ihm direkt Vorschläge oder auch Erfinder präsentierten, die dann von den Waffenämtern in fast allen Fällen durch langwierige, Zeit und Material kostende Versuche ad absurdum geführt werden mußten. Als ein Beispiel für das letztere kann hier die – für den Panzereinsatz – als Fehlentwicklung zu bewertende MAUS gelten.«

Unter diesen Umständen war auch der Generalinspekteur der Panzertruppen nicht immer in der Lage, Fehlentwicklungen und falsche Weichenstellungen abzustellen. Die ersten Feldzüge offenbarten sehr schnell die Stärken und Schwächen der deutschen Panzerentwicklungen. Der hohen Beweglichkeit und guten

PANZERKAMPFWAGEN 38 (t) war für seine
Zeit eine bemerkenswert gute
Konstruktion   Bundesarchiv Koblenz

Führbarkeit standen Schwächen in der Feuerkraft und im Panzerschutz gegenüber. Der Ruf der Fronttruppe nach Verstärkung der
beiden letzteren Faktoren wurde angesichts der gegnerischen
Panzertypen immer lauter und drängender. Damit wurde ein z. T.
hektischer Wettlauf zwischen »Waffenwirkung« und »Panzerschutz« eingeleitet, der weltweit mit unterschiedlicher Intensität
bis zum heutigen Tage anhält. Ein Ende ist nicht abzusehen.
In seiner Dissertation »Panzerfertigung im Zweiten Weltkrieg« hat
Harmut H. Knittel diese Problematik in Deutschland eingehend
untersucht und dargelegt, daß man damals aufgrund der begrenzten Ressourcen und der noch nicht voll entwickelten Möglichkeiten für eine Massenproduktion zunächst das Schwergewicht auf
die Ausprägung der Fertigungstechnik legte, um wenigstens bei
den Panzermodellen der ersten Generation einigermaßen hinrei-
chende Stückzahlen zu erreichen. Dies mußte dann zwangsläufig
die Neuentwicklung und den Anlauf der Fertigung der zweiten
Generation deutscher Panzertypen beeinträchtigen[22].

Panzerkampfwagen V, PANTHER mit geänderter (verstärkter) Walzenblende
war die ausgewogenste Panzerkonstruktion des Zweiten Weltkrieges
                                                Bundesarchiv Koblenz

Verskraft 1945 | Panther | D66 Pz

Die zweite Generation deutscher Panzer von 1942 bis 1945

Panzer V Panther (Sd. Kfz. 171)

Mit dem ersten Auftreten des russischen T 34 im Juli 1941 wurde die
Hauptbewaffnung der deutschen Kampfpanzer sowie die
gesamte Panzerabwehr vor eine neue Lage gestellt. Der hervorragende Schutz des T 34 ist bereits erwähnt worden. Die Russen
hatten sehr schnell aus den kriegerischen Konflikten der letzten
Jahre gelernt und zukunftsweisende taktische Forderungen mit
erfolgreichen technischen Forschungen verbunden. Erfolge bei
der Anwendung elektrischer Bogenschweißtechnik gestatteten ab
1939 deren Verwendung bei der Herstellung großer Schrägflächen
zum Schutze von Wanne und Turm. In dem geschweißten Turm
des T 34 wurden zum ersten Male in der Geschichte des Panzerbaus
ineinandergreifende Panzerplatten verwendet.
Auf dem Gebiet des Panzer-Dieselmotors erwiesen sich die
Russen als Pioniere, als sie 1932 die Entwicklung einer neuen
Hochleistungs-Dieselmaschine für Panzer begannen. Das Ergebnis war schließlich der flüssigkeitsgekühlte 60°-V-12-Panzer-
Leichtmetallmotor, der bei 38 l Hubraum im T 34 500 PS bei
1800 U/min leistete. Wenn man die Kraftstoffpumpe und die
Einspritzanlage vergrößerte, brachte es der gleiche Motor in dem
schwereren KW auf 600 PS bei 2000 U/min. Die Verwendung des
Dieselmotors führte zu einer bemerkenswerten Vergrößerung des
Fahrbereichs, vereinfachte die Wartung und verringerte die Brandgefahr. In Verbindung mit der 7,62-cm-Hochgeschwindigkeitska-
none mit halbautomatischem Verschlußblock und seinem robu-
sten Laufwerk stellte der T 34 zu dieser Zeit unzweifelhaft den
besten Kampfpanzer der Welt dar, der nachfolgende Panzerkonstruktionen stark beeinflußt hat[23].
Die bis dahin vom Oberkommando des Heeres abgelehnte Entwicklung schwerer Kampfpanzer wurde nun mit Nachdruck betrieben. Sämtliche Entwicklungsarbeiten an Fahrzeugen einer 30-t-
Klasse wurden angehalten.
Bereits am 18. Juli 1941 erhielt die Fa. Rheinmetall-Borsig einen
Auftrag zur Entwicklung einer Kampfwagenkanone mit einer

Durchschlagsleistung von 140 mm Panzerstahl auf 1000 m Entfernung. Gleichzeitig wurde Rheinmetall auch mit dem Entwurf für einen Panzerturm beauftragt. Der Auftrag für ein neues Fahrgestell ging am 25. November 1941 an die Firmen Daimler-Benz AG in Berlin-Marienfelde und MAN AG in Nürnberg. Er enthielt u. a. folgende Forderungen: Motor 650 bis 700 PS, Bodenfreiheit mindestens 500 mm, Stirnpanzerung 60 mm bei 35° Neigung, seitlich 40 mm bei 50°, Boden und Dach 16 mm. Bei 35 t Gefechtsgewicht war eine Höchstgeschwindigkeit von 55 km/h vorgeschrieben. Die bereits Ende Januar 1942 vorgestellten Entwürfe der beiden Firmen zeigten bemerkenswerte Unterschiede. Der Entwurf Daimler-Benz ließ äußerlich eine unverkennbare Ähnlichkeit mit dem T 34 erkennen. Weitere Merkmale: Dieselmotor (der allerdings noch zu entwickeln war), Heckantrieb, Blattfederlaufwerk, Überlagerungs-Lenkgetriebe mit hydraulischer Betätigung (was eine Fernbetätigung und damit den Versuch einer Verlegung des Fahrerplatzes in den Drehturm ähnlich wie bei dem späteren deutsch-amerikanischen Kampfpanzer 70 ermöglicht hätte), usw. Der Entwurf MAN entsprach bereits weitgehend dem späteren Serienfahrzeug. Nachdem die Konstruktionszeichnungen Anfang Mai 1942 vorlagen, wurden sie durch einen eingesetzten Panther-Ausschuß unter Leitung von Oberst Thomale und Prof. Dr. Ing. Eberan v. Eberhorst begutachtet. Hitler, der sich anfangs für den Entwurf Daimler entschieden hatte, ließ sich schließlich durch das Gutachten dieses Ausschusses zugunsten der MAN-Lösung überzeugen.

Dabei hatten u. a. das geringere Entwicklungsrisiko und der voraussehbar frühere Produktionsbeginn eine große Rolle gespielt. Weitere Vorteile des MAN-Entwurfs waren u.a. größerer Fahrbereich (750 l gegenüber 550 l), größere Beschußsicherheit der Optik und MG-Lagerung, um 100 mm breitere Wanne, dadurch auch 50 mm größerer Turmdurchmesser, Doppel-Drehstabfederung, dadurch große Federwege (510 mm), sofortige und zeitlich unbegrenzte Tauchfähigkeit, leichtere Bergung Verwundeter durch die unmittelbar über dem Fahrer- und Funkersitz liegenden Luken, gegen Wasser, Schmutz und Staub abgeschottete Kühleranordnung, Lüfterantrieb über Gelenkwellen statt Keilriemen, direkte Bedienung des Schalt- und des Lenkgetriebes, um 120 mm breitere Gleiskette bei gleicher Fahrzeugbreite, dadurch günstigerer Bodendruck, Kampfraumgröße 7,26 m^3 genüber 6,43 m^3 bei Daimler usw. Nachteilig war die um 52 mm größere Wannenhöhe und 195 mm größere Gesamthöhe, da die Kardanwelle vom Motor zum Getriebe unter die Turmdrehbühne und den hydraulischen Turmantrieb gelegt werden mußte.

Die Entwicklungsarbeiten am Daimler-Panther wurden sofort eingestellt, um alle Kräfte für den schnellstmöglichen Fertigungsanlauf des MAN-Panthers einzusetzen. Mit der Fertigung sollten MAN und Daimler-Benz noch 1942 beginnen. Ab Juli 1943 sollten die Firmen Maschinenfabrik Niedersachsen-Hannover (MNH) und Henschel, Kassel, hinzutreten. Trotz des von Hitler ausgehenden starken Druckes auf die Panzerindustrie verzögerte sich der Serienbeginn, da die Entwicklung und Produktion wichtiger Baugruppen nicht sofort begonnen werden konnten – so u. a. die Einradien-Lenkgetriebe, Schwingarme, Turmkomponenten usw. Teilweise wurde das Risiko des Einbaues nicht erprobter Baugruppen bewußt in Kauf genommen. Es kam hinzu, daß alle am Panther-Programm beteiligten Firmen zu diesem Zeitpunkt den Panzer III in Großserie und z. T. bereits den Tiger (Henschel) herstellten. Bei den

unter hohem Zeitdruck stehenden Erprobungen ergaben sich naturgemäß Schwierigkeiten, z. B. Dauerbrüche an den Zahnrädern der Seitenvorgelege und viele andere, die zu Verbesserungen und Umkonstruktionen zwangen und damit Zeitverzug bewirkten. MAN erhielt den ersten Turm zwecks Integration mit der Wanne erst am 15. Dezember 1942. Die ersten Fahrzeuge kamen Ende Januar 1943 auf Befehl von Reichsminister Speer ohne amtliche Abnahme zum Truppenversuch nach Grafenwöhr.

Da das OKW gefordert hatte, für die für den 15. Mai 1943 geplante Offensive »Zitadelle« bis zum 12. Mai 1943 250 Panther auszuliefern, war es nicht möglich, alle notwendigen Erprobungen durchzuführen und die Entwicklung abzuschließen. Dazu schreibt Spielberger[24]: »Um den Zeitdruck zu illustrieren, unter dem der Panther entwickelt wurde, muß festgehalten werden, daß fast gleichzeitig, d. h. mit ganz geringer Phasenverschiebung, die einzelnen Baugruppen konstruiert, und kaum im Entwurf fertig, begann die Konstruktion der Betriebsmittel wie Bearbeitungsvorrichtungen u. a. Alles dieses zu einer Zeit, als noch kein Erprobungsfahrzeug fertiggestellt oder gar in Erprobung genommen war. Etwa zwei Monate, nachdem die Erprobungsfahrzeuge fertiggestellt waren, begann in den Werken mit Hochdruck die Serienfertigung. Es mußten daher laufend in der Endmontage von außen angelieferte Baugruppen aller Art wieder ausgebaut, geändert und wieder neu eingebaut werden. Dies bei einer täglichen Arbeitszeit von 12 Stunden (in jeweils zwei Schichten [Verf.]).« Infolge dieser Schwierigkeiten bei der Serienfertigung konnte der Auslieferungsplan nicht eingehalten werden, so daß der Beginn der Offensive nach und nach bis zum 5. Juli 1943 verschoben wurde. »Von den dann bei den Kämpfen eingesetzten 196 ›Panther-Panzern‹ waren aber am Morgen des folgenden Tages nur noch 38 einsatzbereit. Motorstörungen und Fahrwerkschäden zwangen zur Aufgabe der Fahrzeuge, die, meist von der Truppe gesprengt, dem Gegner in die Hände fielen. Für die Monate Juli/August zeigt die Statistik einschließlich je drei Befehls- und Bergefahrzeuge 130 verlorene Panther[25].« Ein Teil der Mängel wurde im Verlauf der Serie abgestellt, andere blieben bis zuletzt bestehen. Gewaltige Fortschritte und technologische Spitzenleistungen wurden erzielt, u. a. bei der Panzerstahlbehandlung, -härtung und -schweißtechnik, bei Werkzeugmaschinen und Bearbeitungsvorrichtungen, bei optischen Baugruppen, Getrieben und Motoren (auch wenn die Entwicklung geeigneter Dieselmotoren nicht mehr fertig wurde), bei der Kanonen- und Munitionsentwicklung sowie beim Fahrwerksbau.

Nicht unerwähnt bleiben darf die Entwicklung von *Infrarot-Nachtsichtgeräten* für den Panther. Die sich ständig steigernde Luftüberlegenheit vor allem der Westalliierten machte ab 1944 die Bewegung von Panzereinheiten am Tage fast unmöglich. Das Ergebnis der Forderungen war eine bei Tage abnehmbare Bildwandleranlage für den Kommandanten nebst einem IR-Scheinwerfer.
Das Gerät sollte folgende Aufgaben erfüllen:

○ Rundumbeobachtung für den Kommandanten
○ Einweisung des Fahrers
○ Zielaufklärung, Anrichten und Schießen bei Nacht.

Die Anlage konnte mittels zweier Schwenkarme auf einer Ringschiene auf der Kdt-Kuppel um 360° geschwenkt werden. Die Vergrößerung war auf das 1,2fache begrenzt, um die Einweisung des Fahrers zu ermöglichen. Wegen der geringen Reichweite für das Schießen von ca. 200 m plante man den Einsatz des Beobachtungswagens »Uhu« auf der Basis des mittleren Schützenpanzerwagens mit einem 60-cm-Flak-Scheinwerfer mit IR-Filter. Im Einsatz sollte je ein Beobachtungswagen einer aus fünf PANTHERN bestehenden Feuereinheit zugeteilt werden, die damit ihre Nachtkampfreichweite auf ca. 700 m vergrößern konnten. Obwohl dieses Nachtsichtgerät in den letzten Kriegsmonaten noch mit hohen Stückzahlen produziert wurde, konnten damit infolge der Kriegslage nur noch örtliche Erfolge erzielt werden. Neben 6132 Kampf- und Befehlspanzern wurden von 1943 bis 1945 noch 347 Bergepanzer und 425 Jagdpanzer hergestellt. Die Planungen für Flakpanzer, Sturmpanzer, Minenräumpanzer, Panzerhaubitzen usw. wurden nicht mehr realisiert. Die wesentlichen technischen Daten des Panzer V PANTHER lauteten wie folgt[26]:

a) Feuerkraft

	Ausfertigung D 1943	Ausfertigung G 1944
Kanone	7,5-cm-KWK 42 L/70	
Durchschlagsleistung auf 900 m	PrGr 39/42 = 133 mm $\\}$ bei 90° PzGr 40/42 = 170 mm	
MG	1 Turm-, 1 Bug-MG (1 Fla-MG)	
Richtanlage	Seite hydraulisch und mechanisch Höhe mech. −8 bis +18°	
Zielfernrohr	TZF 12 binokular, Vergr. 2,5- und 5fach	
Kampfbeladung	79 Schuß 7,5 cm, 5100 Schuß MG	

b) Beweglichkeit

Motor	Maybach HL 230 P 30, 12-Zyl., 600/700 PS	
Leistungsgewicht	15,5 PS/t	
Bodendruck	0,88 Kp/cm^2	
Höchstgeschwindigkeit	55 km/h (Gelände 30)	
Fahrbereich Straße/Gelände	250/100 km	
Kraftstoffvorrat	720 l	
Grabenüberschreitfähigkeit	1,90 m (andere Quellen[27] geben 2,45 m an)	
Antrieb	vorn	

c) Panzerschutz

Turm Front	80–120 mm	100–120 mm
Turm Seite	45 mm	
Wanne Front	60–80 mm	
Wanne Seite	40 mm	50 mm
Heck	40 mm	
Boden/Dach	26–17/17 mm	

d) Sonstige Daten

Gefechtsgewicht	44,8 t	46,5 t
Länge (Rohr 12 Uhr)	8,66 m	
Breite	3,27 m (m. Schürzen 3,42)	
Höhe	2,99 m	
Besatzung	5 Mann	

Die Ausfertigung »F« ist nicht mehr in die Produktion gegangen. Sie sollte den neuen »Schmalturm« erhalten, der u. a. mit einem Entfernungsmeßgerät (Raumbild) mit 15facher Vergrößerung (Basis 1,32 m) der Fa. Carl Zeiss und einem stabilisierten Turmziel-fernrohr der Fa. Leitz ausgestattet war. Der Panzerschutz am Turm war weiter auf 120 mm frontal, 60 mm in der Seite und 45 mm im Dachbereich verstärkt worden. Die geänderte Kanone ohne Mündungsbremse (KWK 44/1) sollte mit ihrer neuartigen »Saukopfblende« mit 120-mm-Panzerung einen besseren Schutz bieten. Sie sollte außerdem eine mechanische Schnelladevorrichtung erhalten. Ein unvollendetes Projekt blieb auch die neue 7,5-cm-KWK L/100, mit der man eine v_o von 1250 m/s erreichen wollte gegenüber 925 m/s der PzGr 39/42 bei der KWK 42 L/70.

Im Februar 1943, noch bevor der KPz PANTHER voll in Serie gegangen war, forderte das Heereswaffenamt eine weitgehende technische Angleichung (Standardisierung) der Panzerkampfwagen PANTHER und TIGER. Für die verbesserten Kampfwagen wurden die Bezeichnungen PANTHER II und TIGER II bestimmt, von denen jedoch nur der TIGER II Ende 1943 tatsächlich in Produktion ging. Wesentliche Merkmale des PANTHER II sollten sein: 8,8-cm-KWK 43 L/71 im Schmalturm mit E-Meßgerät und stabilisiertem Zielfernrohr; Lenkgetriebe, Schaltgetriebe, Seitenvorgelege, Drehstäbe, Kette und Fahrwerk weitestgehend identisch mit TIGER; Panzerschutz frontal bis auf 125 mm, Seite 60 mm und Dach auf 40 mm verstärkt; Motorenauswahl zwischen drei verschiedenen Typen einschließlich einem luftgekühlten Dieselmotor usw. Das Gefechtsgewicht erhöhte sich auf fast 55 t. Es wurden bis Kriegsende jedoch nur zwei noch unfertige Prototypen hergestellt. Es ist kennzeichnend für die Hektik und Sprunghaftigkeit der Planung, aber auch für den Einsatz und die bewundernswerten Leistungen der deutschen technischen Intelligenz, daß man zusätzlich und trotz Bombenkrieg und bedrückender Kriegslage bereits am Nachfolger des PANTHER arbeitete, der unter der Bezeichnung E 50 bei der Firma Weserhütte in Bad Oeynhausen entwickelte wurde.

e) Bewertung

Die Entwicklung des Panzerkampfwagens PANTHER stellt eine einmalige Leistung der Amtsstellen und der Industrie im Entstehungsgang eines Waffensystems dar. Wenn auch aus Zeitnot und fertigungstechnischen Gründen nicht alle Schwachstellen beseitigt werden konnten, war es in unglaublich kurzer Zeit gelungen, der Truppe einen Kampfpanzer zu geben, der den damaligen Feindpanzern in fast allen wesentlichen Faktoren überlegen war. Auf Grund der Harmonie der kampfwertbestimmenden Faktoren bezeichnet man ihn mit Recht als den besten mittleren Kampfpanzer des Zweiten Weltkrieges. Hervorragend waren die durchschlagskräftige, genau schießende Kanone, die starke Frontpanzerung, die gute Beweglichkeit und Führbarkeit, das ausgezeichnete Laufwerk mit der beachtlichen Federung. Die US-Army rechnete damit, daß sie fünf Shermans brauchte, um einen PANTHER außer Gefecht zu setzen[28].

Bemerkenswert die Bedienungsvorschrift mit der Bezeichnung »Panther-Fibel«, die mit ihren meist humorvollen Bildern und Reimen ähnlich, wie die »Tiger-Fibel« ein für die Ausbildung pädagogisch-didaktisches Meisterstück war.

Nachteilig waren die hohe Frontsilhouette, die schwache Seitenpanzerung, ein nicht ausreichender Fahrbereich sowie die nicht ausreichende Standfestigkeit von Motor und Seitenvorgelege. Bei gleichem Aufwand an Arbeitsstunden konnten zwei PANTHER gegenüber einem TIGER gefertigt werden. Der Rohstoffbedarf stand in einem Verhältnis von 82 t zu 97 t[29].

Am 1. März 1945 standen noch 1763 Panzerkampfwagen Panther, 169 Befehlswagen und 256 Bergepanzer an der Front; am 10. April 1945 war diese Zahl auf 627 Stück, davon 321 einsatzfähig, zusammengeschrumpft[30].

Panzer VI Tiger I und II
(Sd. Kfz. 181 und 182)

Seit 1937 beschäftigten sich die Firmen Henschel & Sohn AG, Daimler-Benz und MAN im Auftrage des Waffenamtes mit Studien über schwerste Panzerfahrzeuge, sogenannte »Durchbruchswagen«. Ab 1939 trat die Firma Porsche KG hinzu. Dafür entwickelte Erprobungsträger in der 30-t-Klasse lieferten die Erfahrungen und Voraussetzungen für die späteren Panther und Tiger, vor allem hinsichtlich der Antriebsaggregate und Fahrwerke. Besonders interessant sind hierbei die Versuche von Porsche mit dem benzin-elektrischen Antrieb, mit dem Geschwindigkeiten von 60 km/h erzielt wurden. Nach einer Besprechung bei Hitler im Mai 1941 wurde ein Panzerkampfwagen gefordert, der als Spitze der. Panzerverbände mit etwa 20 Stück je Panzerdivision folgende Merkmale aufweisen sollte[31]:

O eine überlegene Durchschlagsleistung gegenüber Feindpanzern
O selbst stärker als bisher gepanzert zu sein
O eine Geschwindigkeit von 40 km/h nicht überschreiten brauchte.

Der Panzerkampfwagen VI, Tiger E besaß trotz der Schwächen in der Beweglichkeit einen legendären Ruf   Bundesarchiv Koblenz

Die Entwicklungen wurden in Konkurrenz bei Porsche und Henschel durchgeführt. Für die Hauptwaffe war eine Durchschlagsleistung von 100 mm Panzerstahl auf 1400 m Entfernung gefordert[32], Mitte Juli 1941 wurde diese Forderung auf 140 mm Panzerung auf 1000 m Entfernung ergänzt. Porsche beauftragte die Fa. Krupp mit der Entwicklung eines Turmes mit der von der 8,8-cm-Flak abgeleiteten KWK 36 L/56, da auf eine 7,5-cm-KWK mit konischem Rohr wegen der mangelnden Wolframversorgung für die Munition verzichtet werden mußte. Später entschied Hitler, daß konische Rohre aus Materialgründen nicht mehr verwendet werden dürften. Ebenfalls wurde der von Hitler gewünschte Einbau des L/74-Rohres der 8,8-cm-Flak 41 zurückgestellt. Obwohl sich Hitler bei der Vorstellung je eines Prototypen am 20. April 1942 für

den Porsche-Entwurf aussprach, setzte sich bei den folgenden Erprobungen und bei einer eingesetzten Bewertungskommission unter Leitung von Prof. Dr. Ing. v. Eberhorst und Oberst Thomale die Henschel-Ausführung eindeutig durch, wobei jedoch durch die Übernahme des Porsche-Turmes und die dadurch erforderlichen Konstruktionsänderungen an der Wanne ein unangenehmer Zeitverzug entstand.

Unter diesen Umständen waren die Hitler versprochenen Produktionszahlen von 60 Porsche- und 25 Henschel-Fahrzeugen bis Ende September 1942 und weiterer 135 Tiger bis Ende Februar 1943 reine Theorie, obwohl die Fahrzeuge ohne vorherige Erprobung in die Serienfertigung gegeben wurden. Bis Ende September 1942 waren lediglich insgesamt zwölf Henschel-Tiger gefertigt worden, von denen vier am 29. August 1942 am Nordabschnitt der Ostfront in der Nähe von Leningrad in ungünstigem Gelände ihren ersten (erfolglosen) Einsatz fuhren und damit dem Gegner diese neue Waffe frühzeitig verraten wurde. Infolge fehlender Serienreifmachung ergaben sich ständig Ausfälle wichtiger Baugruppen, was zu entsprechenden Beschwerden der Truppe und zu zahlreichen Konstruktionsänderungen und nachträglichem Austausch von Baugruppen führte – mit entsprechend negativen Auswirkungen auf die Ersatzteilversorgung. Die Turmfertigung hatte die Firma Wegmann in Kassel übernommen und lieferte sie fertig zum Einbau an die Fa. Henschel.

Im August 1944 lief die Fertigung des Panzerkampfwagen Tiger I Ausfertigung »E« aus, nachdem 1355 Kampfpanzer, 84 Befehlspanzer, 90 Sturmgeschütze Ferdinand und 18 Sturm-Mörser Tiger produziert worden waren. Dafür begann die Fertigung des Tiger II (offizielle Bezeichnung Panzerkampfwagen Tiger Ausfertigung B), der den Suggestivnamen Königstiger erhielt. Das Heereswaffenamt hatte im Herbst 1942 die Firmen Henschel und Porsche um Entwürfe für einen verbesserten schweren Panzer mit der 8,8-cm-KWK L/71 ersucht. Nach Ablehnung erster Entwürfe, wobei von Porsche eine 10,5-cm-L/70 oder 15-cm-L/37-Kanone vorgeschlagen wurde, ging der zweite Entwurf für den Turm gleich in die Produktion. Die Fahrgestelle und Wannen wurden später wegen der Schwächen des benzin-elektrischen Antriebs wieder gestrichen. Henschel hatte die geeigneten Baugruppen des Tiger I übernommen, die Formgebung dem Panther angeglichen und eine Vereinheitlichung mit dem geplanten Panther II begonnen, der bekanntlich nicht mehr in Produktion ging. Im Januar 1943 entschied Hitler, daß der in Planung befindliche neue Tiger mit der langen 8,8-cm-Kanone auszustatten und von vornherein vorne mit 150 mm und seitlich mit 80 mm zu panzern sei. Der von der Porsche-Konstruktion übernommene, arbeitsaufwendige Drehturm mit gewölbter Front wurde ab dem 51. Fahrzeug durch den wesentlich besser geschützten Krupp-Turm ersetzt. Auch bei diesem Fahrzeug konnten infolge mangelnder Erprobung wesentliche Schwachstellen erst nach und nach im Verlaufe der Serienfertigung z. B. am Motor, Seitenvorgelege sowie dem neuen »Staffel-Laufwerk« – soweit bei dem Mangel an Rohstoffen und aus produktionstechnischen Gründen überhaupt möglich – behoben werden. Ebenfalls wurde der Turm ab Fahrzeug 391 grundsätzlich geändert.

Nach Auslauf der Fertigung der Ausführung »E« im August 1944 war ein monatlicher Ausstoß von 100 Fahrzeugen der Ausführung B vorgesehen. Tatsächlich produziert wurden bis März 1945 bei Henschel in Kassel insgesamt 487 Kampfpanzer dieses Typs.

Der PANZERKAMPFWAGEN VI, TIGER B, besser bekannt unter dem Namen KÖNIGSTIGER, war der stärkste Kampfpanzer des Zweiten Weltkrieges; auch seine Beweglichkeit war zu gering   Bundesarchiv Koblenz

Noch während der Konstruktionsarbeiten mußte der Entwurf eines Jagdpanzers, der den Namen JAGDTIGER erhielt, in Angriff genommen werden. Dieses mit der 12,8-cm-Kanone 44 L/55 ausgestattete Fahrzeug wog mit einer Stirnpanzerung von 250 mm bei 75° Neigung und 80 mm Seitenpanzerung sowie 860 l Kraftstoff und einer Besatzung von 6 Mann = 75,2 t. Es war somit das schwerste im Truppengebrauch aller Nationen verwendete Panzerfahrzeug seiner Zeit.

Auch war die Kanone die stärkste Panzerjägerwaffe des Zweiten Weltkrieges. Ihre Panzergranate 43 durchschlug bei einer v_0 von 950 m/s auf 1000 m = 200 mm Panzerung und noch auf 3000 m = 155 mm bei einem Auftreffwinkel von 60°.

Vom JAGDTIGER wurden bis Kriegsende 79 Fahrzeuge sowie vom STURMTIGER mit dem 38-cm-Mörser 16 Fahrzeuge gefertigt. Weitere Abwandlungen wie Bergepanzer, Rammpanzer und Selbstfahrlafetten für schwere Artillerie kamen über einzelne Versuchsmuster nicht hinaus.

Technische Daten:	TIGER I	TIGER II
a) Feuerkraft		
Kanone	8,8-cm-KWK L/56	8,8-cm-KWK 43 L/71
Durchschlagsleistung	120 mm PzGr 39	198 mm PzGr 39/43
auf 1000 m bei 90 °	165 mm PrGr 40	230 mm PzGr 40/43
MG	1 Turm-, 1 Bug-MG	
Richtanlage	Seite hydraulisch und mechanisch	
	Höhe mechanisch −8° bis +15°	
Kampfbeladung Kanone	92 Schuß	84 Schuß
Kampfbeladung MG	3920 Schuß	5850 Schuß
b) Beweglichkeit		
Motor	Maybach HL 210	Maybach HL 230 P 45
	P 45 12-Zyl., 650 PS	12-Zyl., 700 PS
	ab 251. Fahrzeug	
	wie Tiger II	
Leistungsgewicht	12,2 PS/t	10 PS/t
Bodendruck mit Kampfkette	1,05 Kp/cm²	1,02 Kp/cm²
Bodendruck mit Verladekette	1,46 Kp/cm²	1,23 Kp/cm²
Höchstgeschwindigkeit	45 km/h Straße	41,5 km/h Straße
Höchstgeschwindigkeit Gelände	20–25 km/h	15–20 km/h
Fahrbereich Straße/Gelände	100/60 km	170/120 km
Kraftstoffvorrat	540 l	860 l
Grabenüberschreitfähigkeit	2,30 m	2,50 m
Antrieb	vorn	vorn
c) Panzerschutz		
Turm Front	100 mm	180 mm
Turm Seite	80 mm	80 mm
Wanne Front	100 mm	150 mm
Wanne Seite	60–80 mm	80 mm
Heck	80 mm	80 mm
Boden/Dach	25/25 mm	40/40 mm
d) Sonstige Daten		
Gefechtsgewicht	56,9 t	69,8 t
Länge (Rohr 12 Uhr)	8,45 m	10,286 m
Breite (mit Verladekette)	3,705 m (3,142)	3,755 m (3,27)
Höhe	3,0 m	3,09 m
Bodenfreiheit	0,47 m	0,495 m
Besatzung	5 Mann	5 Mann

Die beiden Bilder zeigen den TIGER mit Verladeketten

TIGER, Ausfertigung B

e) Bewertung

TIGER Ausfertigung E

Mit dem TIGER erhielt die Panzertruppe endlich einen Kampfpanzer, mit dem sie jedem damaligen Feindpanzer mit guten Erfolgsaussichten entgegentreten konnte. Er war zum Zeitpunkt seiner Einführung der stärkste Panzer der Welt. Die hervorragende KWK 8,8 cm sowie der gute Frontalschutz bewirkten eine deutliche Stärkung der Kampfmoral der Besatzungen. Die erfolgreichsten Panzerkommandanten im Zweiten Weltkrieg, Hauptsturmführer Wittmann und Leutnant Bölter, (mit je 144 Panzerabschüssen) führten einen TIGER I. Bei seinen Gegnern war er gefürchtet, obwohl er wegen seiner geringen Beweglichkeit ausmanövriert und aus der Flanke oder aus dem Rücken ausgeschaltet werden konnte. Sein geringer Aktionsradius machte ihn zu einem ausgesprochenen »Verteidigungspanzer« und zwang dazu, ihn auch für kürzere Verlegungen auf die Eisenbahn zu verladen. Hierzu mußten jedesmal die 200 mm schmalen Verladeketten aufgezogen und die äußeren Zusatzlaufräder entfernt und nach dem Entladen dann wieder der alte Zustand hergestellt werden. Auch bei diesem Fahrzeug führte die fehlende technische Reife wichtiger Baugruppen wie Motor, Getriebe, Seitenvorgelege usw. zu zahlreichen Ausfällen und Problemen bei der Bergung und Instandsetzung und damit zu einer nicht befriedigenden Verfügbarkeit für den Einsatz. Von Anfang 1944 bis Ende Januar 1945 waren 818 TIGER I verlorengegangen. Es ist aus heutiger Sicht nicht nachvollziehbar warum man bei der damaligen angespannten Produktions- und Rohstofflage diesen Panzertyp zusätzlich zum PANTHER gebaut hat, zumal die Leistungen der 8,8-cm-KWK L/56 mit denen der PANTHER-Kanone vergleichbar waren.

Er war der mächtigste und stärkste Kampfpanzer des Zweiten Weltkrieges und Ausdruck der nur noch auf Abwehr eingestellten Einsatzkonzeption, bei der die Kampfpanzer als bewegliche Pak und Korsettstangen für die ausgeblutete Infanterie verbraucht wurden. Richtig eingesetzt beherrschte er das Gefechtsfeld. Nachteilig waren seine große Silhouette, seine technische Empfindlichkeit, sein hohes Gewicht und Bodendruck, sein geringes Leistungsgewicht sowie sein hoher Kraftstoffverbrauch und damit seine geringe taktische und fehlende operative Beweglichkeit.

Auch bei ihm mußten zum Eisenbahntransport die Ketten gewechselt werden und waren Motor, Getriebe, Seitenvorgelege usw. überlastet. Er fiel daher mehr durch technische Ausfälle als durch Feindeinwirkung aus, obwohl auch er leicht ein Opfer der mit Raketen bewaffneten alliierten Jagdbomber wurde (die 9. Luftflotte der Amerikaner z. B. hatte im Zeitraum vom 25. bis 31. Juli 1944 9185 Jagdbomber eingesetzt, die 384 zerstörte deutsche Panzer meldeten). Am 1. März 1945 waren noch 368 TIGER I und II vorhanden und einen Monat später noch 247, von denen sich aber 134 in der Instandsetzung befanden[33].

Weitere Entwicklungen

Es ist hier aus Platzgründen nicht möglich, auf die zahlreichen Motoren- und Baugruppenentwicklungen und Versuche, die sich z. T. in damalige technische Grenzbereiche wagten, wie z. B. Wärmeortungsgeräte (»Wärmepeilgerät Donau 60«), Waffenstabilisierungsanlagen, Starkstromkabel gegen Nahbekämpfung, rücklauflose Hauptwaffenlagerung usw. einzugehen. Nicht unerwähnt bleiben sollten jedoch bei dieser Übersicht aus Gründen der Vollständigkeit einige Entwicklungen, die bis zum Prototyp gediehen; vielversprechend erscheinen aber auch andere, die so extrem und z. T. utopisch erscheinen, daß sie mit dem Kampfpanzer nur noch wenig Gemeinsamkeit hatten und für Panzeroperationen völlig ungeeignet waren. Sie sind jedoch Zeugnis des Ingenieurgeistes der damaligen Zeit.

a) Die bereits erwähnte Entwicklung E 50 sollte den PANTHER ersetzen. Ein neuer Drehturm mit einer 8,8-cm-KWK 42 befand sich bei der Fa. Krupp in der Entwicklung. Als Triebwerk wurde der 800-PS-Maybach-HL-234-Motor verwendet. Er sollte das 50,8 t schwere Fahrzeug bis auf 60 km/h beschleunigen. Die Herstellung der Wanne verzögerte sich jedoch immer wieder.

b) Der E 75 verwendete die gleiche Panzerwanne. Die Entwürfe stammten von den Firmen Weserhütte Bad Oeynhausen und Adler Frankfurt. Das 60 t schwere Fahrgestell (einschl. Wanne) hatte wegen des höheren Gewichts acht Laufrollen pro Seite gegenüber sechs beim E 50. Als Hauptbewaffnung war die 10,5-cm-KWK L/68 in dem für den E 50 entworfenen Drehturm geplant.

c) Der E 100, das schwerste Fahrzeug dieser Reihe, wurde seit Juni 1943 bei der Firma Adler entwickelt. Das 8,69 m lange und 4,48 m breite Muster-Fahrgestell war bei Kriegsende fast fertig. Mit den 1,0 m breiten Ketten lag der Bodendruck bei 1,43 kg/cm². Als Triebwerk war der Maybach-Motor HL 295 mit einem Hubraum von 29,6 l mit 1050 PS geplant, der den 140 t schweren E 100 bis auf 40 km/h bringen sollte. Die Frontpanzerung betrug 200 mm, seitlich waren es 120 mm. Der etwa 52 t schwere Drehturm mit einer Frontpanzerung von 240 mm sollte die 12,8-cm-KWK L/55 tragen. Als Besatzung waren sechs Mann vorgesehen. In die Ausführung als Jagdpanzer wollte man die 17-cm-StuK L/50 montieren; 71 kg schwere Panzergranaten gab es in diesem Kaliber bereits[34].

d) Der Panzer MAUS ist wohl die bekannteste Entwicklung in diesem Zusammenhang. Sie geht auf einen Wunsch Hitlers von November 1941 an die Fa. Porsche zurück, eine Studie für einen überschweren Panzer zu erstellen. Auch Krupp schlug in einer Studie Fahrzeuge von 110, 130, 150, und 170 t Gewicht vor, die alle unter der Bezeichnung KRUPP-MAUS liefen. Nachdem aber Porsche im Juni 1942 Hitler seine ersten Zeichnungen der MAUS vorgelegt hatte, wurden alle Krupp-Entwürfe im Januar 1943 gestrichen. Im Februar ließ sich Hitler ein Modell des K-Wagens von 1918 vorstellen und entschied sich für einen Turm mit der

12,8-cm L/78, deren Entwicklung bei der Fa. Rheinmetall gerade begonnen hatte. Koaxial sollte die 7,5-cm L/36 der Fa. Krupp montiert werden. Später ist jedoch in dem einzigen fertiggestellten Turm die 12,8-cm L/55 dieser Firma eingebaut worden. Die Kampfbeladung an Munition betrug 32 Schuß 12,8 cm und 200 Sprenggeschosse für die 7,5-cm-Waffe.

Die Innentanks hatten ein Fassungsvermögen von 3200 l; zusätzlich war am Heck ein außenliegender Tank mit 1000 l vorgesehen. Der Daimler 12-Zylinder-Motor mit 1200 PS trieb einen 3885 kg schweren Generator an, der den Strom für die beiden 6poligen Elektromotoren produzierte, die dem Fahrzeug eine Höchstgeschwindigkeit von 20 km/h verleihen sollten. Das Fahrgestell war 9,03 m lang und 3,67 breit. Die Gesamthöhe mit Turm betrug 3,66 m. Frontal war die Wanne mit 200 mm, der Turm mit 240 mm gepanzert, was auf Grund der Flächenneigung einer Durchgangsstrecke in der Horizontalen von 350 mm entspricht. Der Turm sollte später mit einem Entfernungsmeßgerät mit einer Basis von 1,90 m ausgerüstet werden. Die mitgeführte Munition wog fast 4,9 t. Mit den 1,10 m breiten Ketten, die alleine 16,4 t wogen, ergab sich ein Gefechtsgewicht von 188 t und ein Bodendruck von 1,53 Kp/cm². Für den Bahntransport waren extra 14achsige Tiefladewagen entwickelt worden. Da bei diesem Fahrzeuggewicht Brücken nicht benutzbar waren, besaß dieses Fahrzeug eine Unterwasserfahrfähigkeit bis zu einer Wassertiefe von 8 m, wobei dem getauchten Fahrzeug von einer zweiten MAUS per Kabel zusätzlich Strom zugeführt wurde. Der ursprünglich erteilte Auftrag über 150 Stück wurde im August 1942 auf 8 gekürzt. Davon sind lediglich zwei Prototypen geliefert worden, die kurz vor Kriegsende auf dem Versuchsplatz Kummersdorf gesprengt wurden. Dies ist ein Beispiel für eine beachtliche konstruktive Leistung, der – wenn überhaupt – eine verfehlte militärische Forderung zugrunde lag und die eine mangelnde Koordinierung bzw. die Ohnmacht des Generalstabes des Heeres gegenüber den Forderungen Hitlers erkennen läßt.

e) Abschließend zu diesem Kapitel die Entwicklung des Panzerfahrzeuges RATTE[35], als Beispiel für die technische Maßlosigkeit des »Führers und Obersten Befehlshabers der Wehrmacht«. Im Juni 1942 wurden Hitler von der Fa. Krupp Zeichnungen für ein 1000 t schweres Panzerfahrzeug vorgelegt, das nach dem am 3. Dezember 1942 erteilten Entwicklungsauftrag die Bezeichnung RATTE erhielt. Das 35 m lange Fahrgestell sollte einen Drehturm der Kriegsmarine mit zwei 28 cm Schnell-Ladekanonen C/28 als Hauptbewaffnung tragen. Damit ergab sich eine Gesamtlänge von 36 m. Verschossen werden sollten die 1,26 m lange Panzersprenggranate von 330 kg Gewicht sowie die 315 kg schwere Sprenggranate. Mit der maximalen Rohrerhöhung konnte eine Schußweite von 42,5 km erreicht werden. Zur Fliegerabwehr sollten später am Heck acht 2-cm-Flakwaffen montiert werden. Das 14 m breite und 11 m hohe Fahrzeug wurde von 3,60 m breiten, dreiteiligen Ketten getragen. Als Antrieb waren acht Daimler-Schnellbootmotoren vorgesehen, die zusammen 16 000 PS entwickelten. Das nicht weiter verfolgte Projekt führte später noch zu Zeichnungen einer 1500 t schweren Selbstfahrlafette, auf der das 80-cm-Geschütz DORA montiert war. Zwei Drehtürme mit 15-cm-Kanonen waren als Zusatzbewaffnung gedacht. Vier Dieselmotoren aus der U-Boot-Fertigung sollten dieses Ungetüm antreiben.

Die Entwicklung des überschweren Panzers MAUS ging auf einen Wunsch Hitlers zurück; ein Beispiel für militärisch sinnlose Maßlosigkeit

Archiv Porsche

Die Panzerwaffe der deutschen Bundeswehr von 1956 bis 1989

Mehr als zehn Jahre waren vergangen, als nach dem Zusammenbruch des Jahres 1945 wieder deutsche Streitkräfte aufgestellt wurden. Die deutsche Rüstungsindustrie war zerschlagen und hatte sich nach Wiederherstellung der zerstörten Produktionsanlagen der Herstellung von Erzeugnissen für den zivilen Markt zugewendet. Der weithin verbreitete »Ohne-mich-Standpunkt«, die erfolgreiche Umerziehung durch die Siegermächte und der materielle Nachholbedarf ziviler industrieller Güter reduzierten das Interesse der Industrie an der Wehrtechnik zunächst auf ein Minimum. Hinzu kam, daß die Erstausstattung der Bundeswehr – hier mit Kampfpanzern – durch die Vereinigten Staaten von Amerika gestellt wurde.

Die psychologische Barriere lockerte sich jedoch mit wachsender Integration der Bundeswehr in Staat und Gesellschaft sowie mit der Gewinnung politischer Unabhängigkeit. Damit wuchs auch das Interesse an der Entwicklung und Produktion von deutschem Wehrmaterial. Hinzu kamen wirtschaftspolitische Gesichtspunkte sowie die Erkenntnis, daß die Erstausstattung der Bundeswehr mit Waffen und Gerät nicht in jedem Falle deutschen Vorstellungen und Kriegserfahrungen entsprach.

Die US-Kampfpanzer M 47 und M 48 besaßen für ihre Zeit einen hohen Kampfwert und stehen nach Kampfwertsteigerungen bei manchen Ländern noch heute im Dienst. Diese Aufnahme entstand bei der Vereidigung von Rekruten des 1. Panzerbataillons 4 im Dezember 1957 in Amberg. Im Vordergrund ein Kampfpanzer M 47

Sammlung Schleicher

Kampfpanzer M 48   Sammlung Baginski

Kampfpanzer M 47 und M 48

Die US-Kampfpanzer sollen hier nur der Vollständigkeit halber erwähnt werden. Sie waren im Jahre 1956 hochentwickelte, z. T. komplizierte, verhältnismäßig schwere Kampfpanzer mit einem zu geringen Fahrbereich. Sie besaßen durch die genau schießende 90-mm-Bordkanone, die auf 1500 m noch 140 mm bzw. mit dem Hartkerngeschoß 222 mm Panzerstahl durchschlug, und durch hochentwickelte Richt- und Zieleinrichtungen eine hohe Feuerkraft. Mit einem Leistungsgewicht von 18,4 bzw. 18,2 PS/t und einem Bodendruck von 0,84 Kp/cm² waren sie bei einer Höchstgeschwindigkeit von ca. 50 km/h recht beweglich, zumal die kombinierten Lenk- und Schaltgetriebe dem Fahrer die Aufgabe sehr erleichterten. Der Panzerschutz mit frontal 100–178 mm und in der Seite von 51 bis 76 mm war beachtlich. Sehr ungünstig war beim M48 A 2 die Kommandantenkuppel mit dem MG Cal. .50 (entspricht 12,7 mm) und das dem Kommandanten zugeordnete Entfernungsmeßgerät. Die Bundeswehr hat ihre noch im Dienst stehenden M 48 A2GA2 durch eine Reihe von Maßnahmen, u. a. Umrohrung auf 105 mm, andere Kommandantenkuppel, usw., mit gutem Ergebnis kampfwertgesteigert. Ihre Ablösung als Kampfpanzer ist dennoch längst überfällig.

Kampfpanzer Leopard 1 A1 bis A5

Die erste deutsche Panzerentwicklung nach 1945 mußte unter Berücksichtigung der seitdem erreichten internationalen Standards, der ersten Erfahrungen mit den US-Kampfpanzern, der eigenen Kriegserfahrungen sowie des Leistungsstandes der deutschen Industrie einen neuen Ansatz finden. Bereits gegen Ende des Zweiten Weltkrieges verlangten fronterfahrene Panzeroffiziere einen 35-t-Panzer. Vermehrt tauchten Zweifel auf, ob die TIGER-Klasse nicht zu schwer und zu unbeweglich für den taktischen Einsatz sei. Solche Überlegungen fanden in der Militärischen Forderung vom 23. November 1956, in der u. a. folgende Merkmale/Leistungen gefordert wurden, weitgehend Berücksichtigung: Gefechtsgewicht 30 t, Leistungsgewicht 30 PS/t, Breite 3,15 m, Höhe 2,20 m, Höchstgeschwindigkeit 65 km/h, luftgekühlter Vielstoffmotor und 105-mm-Kanone; Einsatzfähigkeit im Temperaturbereich von −40° bis +43° C.

Im Rahmen des Rüstungsausschusses der Westeuropäischen Union wurde 1957 zwischen der Bundesrepublik Deutschland und Frankreich ein Militärabkommen abgeschlossen, in dem die gemeinsame Entwicklung und Fertigung eines »Europa-Panzers« vereinbart wurde. Italien trat ein Jahr später diesem Abkommen bei. Auf deutscher Seite bildeten sich drei Entwicklungsgruppen:
A) die Firmen Porsche, Jung, MAK, Luther & Jordan
B) Ing.-Büro Warnecke der Fa. Ruhrstahl, Henschel, Hanomag
C) Fa. Borgward.

Von französischer Seite das Atelier de Construction Moulineaux (AMx) in Satory.

Der Vorschlag der Gruppe C schied 1959 wegen des hohen Entwicklungsrisikos der vorgeschlagenen Lösung aus. Von den Lösungen A, B und der französischen wurden je 2 Prototypen gebaut und Vergleichserprobungen unterzogen. Im Jahre 1960/61 wurden die Versuche mit fortgeschrittenen Prototypen fortgesetzt, wobei ab 1960 die Entwicklungsarbeiten der Entwicklungsgruppe B eingestellt wurden. Als Ergebnis des Truppenversuchs an der Kampftruppenschule 2 wurde das eingebaute Einschieß-MG abgelehnt, da es nur bis ca. 1800 m brauchbar war. Dafür wurde ein optisches Entfernungsmeßgerät gefordert. Parallel dazu begann bereits im Juni 1961 die Entwicklung und ab Oktober 1961 die Fertigung von 50 Null-Serien-Panzern, deren Fahrgestelle von den Firmen Jung-Jungenthal, MAK und Luther-Werk Braunschweig und deren Türme von den Firmen Wegmann und Rheinmetall hergestellt wurden.

Im Juni 1963 wurde im Verteidigungsausschuß des Deutschen Bundestages die Entscheidung getroffen, den deutschen Kampfpanzer in Serie zu fertigen. Dennoch wurde die für Mitte September 1963 geplante trilaterale Vergleichserprobung mit dem französischen Standard-Panzer AMX 30 auf dem französischen Truppenübungsplatz Mailly LeCamp durchgeführt. (Die deutschen Panzer nahmen übrigens unter ihrem am 1. Oktober 1963 durch den Inspizienten der Panzertruppe verliehenen Namen LEOPARD teil.)

Die unter italienischer Leitung durchgeführte Erprobung ergab für den KPz LEOPARD eine deutlich höhere Beweglichkeit, während die Feuerkraft schwer vergleichbar war, da aus der französischen Kanone nur ein Hohlladungsgeschoß verschossen werden konnte, während für die britische Kanone im deutschen Panzer drei NATO-standardisierte Munitionssorten zur Verfügung standen. Die anschließende Weiterentwicklung und Serienreifmachung erfolgte rein national. Am 12. Juli 1964 durchquerten drei Kampf-

Der Kampfpanzer LEOPARD 1 A 5 repräsentiert die Panzerphilosophie Ende der fünfziger/Anfang der sechziger Jahre. Durch eine Reihe von Kampfwertsteigerungen ist er immer noch ein beachtlicher Gegner   Sammlung Baginski

panzer der 0-Serie den 320 m breiten und 4 m tiefen Rhein bei Köln in Unterwasserfahrt. Weitere wichtige Ergebnisse erbrachten 1964 die Hitze-Erprobung auf Sardinien sowie 1965/66 die Winter-Erprobung in Kanada. (Eine Beschreibung der Mängelbeseitigung und der zahlreichen Formänderungen würde den Rahmen dieser Übersicht sprengen.)

Nicht alle Schwachstellen waren beseitigt, als der erste Serien-Kampfpanzer LEOPARD am 9. September 1965 planmäßig die Taktstraße bei der als Generalunternehmer ausgewählten Firma Krauss-Maffei in München verließ. Sie wurden nach und nach abgestellt. Unter den 2700 beteiligten Firmen sind vor allem Blohm & Voss, Wegmann, Rheinmetall, Motoren und Turbinen-Union (MTU) und ZF Friedrichshafen zu erwähnen. Von 1965 bis 1978 wurden in sechs Losen mit den Bezeichnungen A1 bis A4, die ständige Verbesserungen aufwiesen, 2437 Kampfpanzer sowie 1165 auf dem Fahrgestell LEOPARD beruhende Abwandlungen wie Berge-, Pionier-, Brückenlege-, Flak- und Fahrschulpanzer an die

Bundeswehr ausgeliefert. An die sogenannten LEOPARD-Benutzer-staaten Belgien, Dänemark, Italien, Niederlande, Norwegen, Australien, Kanada, Griechenland und Türkei wurden 2691 Fahrzeuge verkauft (Italien baute davon 720 Fahrzeuge in Lizenz). Damit wurde diese Entwicklung auch ein großer internationaler Erfolg.

Von den zahlreichen Kampfwertsteigerungen sind besonders zu erwähnen: Waffenstabilisierungsanlage, Wärmeschutzhülle für die Kanone, seitliche Kettenblenden, Zusatzpanzerung bzw. Schweißturm, passive Nachtsichtgeräte für Fahrer und Kommandant, kompakte ABC-Schutzbelüftungsanlage, verbesserte Motorbrennluftfilter; beim Typ A4: Automatische Getriebeschaltung, integriertes Feuerleitsystem u. a. mit dem eigenstabilisierten Kdt-Rundblickperiskop R 12 und dem Feuerleitrechner FLER HG. Zur Zeit läuft die Nachrüstung mit einer dem LEOPARD 2 weitgehend baugleichen Feuerleitanlage.

Technische Daten

	Prototyp A II	Serie A1
a) *Feuerkraft*		
Kanone	105 mm L7A 3 L/51	
Durchschlagsleistung auf 1000 m	ca. 320 mm mit APDS DM 13[36]	
	(DM 13 nicht mehr im Gebrauch)	
MG	1 Turm-, 1 Fla-MG 7,62 mm	
	1 Einschieß-MG	Basis-E-Meßgerät
	12,7 mm	
Richtanlage	elektrohydraulisch und von Hand	
	ohne Wasta	mit Waffenstab.
	Höhe −8 bis +20°	−9 bis +20°
Kampfbeladung Kanone	63 Schuß	60 Schuß
Kampfbeladung Einschieß-MG	300 Schuß	
Kampfbeladung MG 7,62 mm	5000 Schuß	5500 Schuß
b) *Beweglichkeit*		
Motor	Daimler Benz	M 838 Ca M500
	MB 838 CA500	MTU 10-Zyl. Diesel
	10-Zyl. Diesel	Mehrstoff, 830 PS
	830 PS	
Zusatzstromerzeugeranlage	Daimler Benz	
	2-Zyl., 4-Takt-	
	Diesel, 20 PS	
Leistungsgewicht	21,2 PS/t	19,6 PS/t
Bodendruck	0,84 Kp/cm²	0,93 Kp/cm²
Höchstgeschwindigkeit	65 km/h	65 km/h
Fahrbereich Straße/Gelände	600/330 km	560/325 km
Kraftstoffvorrat	1000 l	985 l
Grabenüberschreitfähigkeit	2,90 m	3,0 m
Tiefwaten/Unterwasserfahren	2,20/4,0 m	2,25/4,0 m
Antrieb	hinten	hinten
c) *Panzerschutz*		
Bis 100 mm bei unterschiedlicher Neigung und ohne Zusatzpanzerung[37].		
d) *Sonstige Daten*		
Gefechtsgewicht	39,0 t	42,4 t
Länge Fahrgest. (Rohr 12 Uhr)	6,83 m (9,35 m)	6,94 m (9,54 m)
Breite mit/ohne Schürzen	--/3,25 m	3,41 m/3,25 m
Höhe Oberkante Turm	2,31 m	2,39 m
Bodenfreiheit	0,45 m	0,44 m

e) Bewertung

Als Panzer der zweiten Nachkriegsgeneration waren die kampfwertbestimmenden Faktoren in der vorgegebenen Reihenfolge Feuerkraft, Beweglichkeit und Panzerschutz charakteristisch ausgeprägt. Angesichts der Durchschlagsleistungen der Hohlladungsgefechtsköpfe und der in den 60er Jahren stark aufkommenden Treibspiegelgeschosse hatte man den Wettstreit zwischen der Munitionsleistung und dem Panzerschutz bis auf weiteres aufgegeben. Zudem wurde die Formgebung des Turmes durch das dem Richtschützen zugeordnete BasisEntfernungsmeßgerät (1,72 m) ungünstig beeinflußt. Dafür waren die beiden anderen Faktoren Feuerkraft einschließlich Nachtkampffähigkeit und Beweglichkeit zu dieser Zeit Weltspitze. Hinzu kam eine gute Führbarkeit durch die hervorragende optische Ausstattung und die gute Funkausrüstung. Seitdem wurden und werden ständig große Anstrengungen unternommen, die Feuerkraft durch modernste Feuerleitanlagen einschließlich Wärmebildgerät sowie Weiterentwicklung der APFSDS-T-Munition bedrohungsgerecht zu erhalten. Hinzu kommt die erreichte hohe Zuverlässigkeit und damit technische und taktische Verfügbarkeit. Dennoch kann der Kampfpanzer LEOPARD 1 nach 23 Dienstjahren angesichts des russischen T 80 und dessen sehr bald zu erwartenden Nachfolgers sowie der übrigen insgesamt stark angestiegenen Bedrohung auf dem Gefechtsfeld seine Rolle als Kampfpanzer nur noch stark eingeschränkt wahrnehmen. Bei Zuweisung anderer Aufgaben, z. B. in der Rolle eines »Panzerabwehrkampfwagens«, kann er sicherlich bis Ende dieses Jahrhunderts noch gute Dienste leisten.

Kampfpanzer 70

Nach dem Scheitern einer gemeinsamen Panzerentwicklung mit Frankreich schlossen im August 1963 die Regierungen der Bundesrepublik Deutschland und der Vereinigten Staaten von Amerika ein Regierungsabkommen zwecks Entwicklung eines gemeinsamen Kampfpanzers. Er erhielt nach dem erwünschten Zeitpunkt der Indienststellung den Gebrauchsnamen Kampfpanzer 70/MAIN BATTLE TANK 70. Man wollte mit ihm vor allem die in den beiderseitigen Streitkräften vorhandenen alten Kampfpanzer M 48 ablösen. Bereits im Dezember 1963 war die Formulierung der Gemeinsamen Militärischen Forderungen abgeschlossen, die von vorbildlicher Kürze waren und damit technischen Innovationen einen großen Spielraum ließen. Hauptauftragnehmer für Deutschland war die Deutsche Entwicklungsgesellschaft (DEG) mit Sitz in Augsburg, an der die Firmen Rheinische Stahlwerke, Rheinstahl-Henschel, Krauss-Maffei, Jung, Lutherwerke, MAK, Ing.-Büro Dr. Hopp und Keller & Knappich beteiligt waren. Der amerikanische Partner war die Firma General Motors. Als amtliches Kontroll- und Steuerinstrument wurde eine umfangreiche bilaterale Management-Organisation geschaffen. Der 1965 ausgewählte Konzeptentwurf unterschied sich in zahlreichen Merkmalen wesentlich von bisherigen Panzergenerationen.

Als Hauptbewaffnung war eine 152-mm-Kombinationswaffe vorgesehen, aus der sowohl Shillelagh-Lenkflugkörper als auch Hartkern- (KE), Hohlladungs- (HEAT) und Quetschkopfmunition (HEP) mit völlig verbrennbarer Treibladungshülse verschossen werden konnten. Seitlich am Turm war eine 20-mm-Maschinenkanone in einer ausfahrbaren, in Höhe und Seite unabhängig richtbaren Lafette angeordnet, die den stabilisierten Zieleinrichtungen nachgeführt wurde.

Die Kampfbeladung für die Hauptwaffe bestand aus 50 Schuß, von denen sich 26 Schuß in einer automatischen Ladevorrichtung in Form eines Bandladers befanden.

Die Zieleinrichtungen Tag/Nacht (Restlichtverstärkung) mit Laser-E-Messer und Atomblitz-Schutz waren primärstabilisiert. Zusätzlich war ein Weißlicht-/Rotlichtscheinwerfer vorhanden. Im elektronischen Feuerleitrechner wurden alle relevanten ballistischen Daten verarbeitet.

Die Mehrstoffmotoren von Daimler-Benz bzw. von Teledyne-Continental erbrachten mit ihren 1500 PS ein Leistungsgewicht von über 30 PS/t. In Verbindung mit einem in der Höhe verstellbaren hydropneumatischen Federungssystem wurde eine Höchstgeschwindigkeit von 72 km/h erzielt.

Die 3-Mann-Besatzung – auch der Fahrer – befanden sich im Turm. Dem Schutz diente die geschweißte Schottpanzerkonstruktion für

Die deutsch-amerikanische Entwicklung des Kampfpanzer 70 – hier mit ausgefahrener 20 mm Maschinenkanone und abgesenktem hydropneumatischem Laufwerk – war seiner Zeit zu weit voraus und dadurch zu komplex
Sammlung Baginski

Prototyp des Kampfpanzers LEOPARD 2 während des Truppenversuchs im Jahre 1975 in der Wüste von Arizona/ USA beim Aufmunitionieren mit 120 mm KE-Munition   Sammlung Baginski

Wanne und Turm, ergänzt durch den Nuklearschutz für den Kampfraum sowie einer Halon-Feuerlöschanlage.

Das Gefechtsgewicht betrug 50,4 t, die Länge (Rohr 12 Uhr) 9,26 m, die Breite 3,56 m. Schürzen, Höhe bis Oberkante Turm 2,29 m (Fahrwerk abgesenkt, 1,99 m, voll angehoben 2,53 m). Im Jahre 1968 erfolgten die Werkserprobungen mit den ersten Prototypen, denen 1969 weiter entwickelte Prototypen folgten. Insgesamt wurden in Deutschland im Rahmen der Entwicklung drei Erprobungsträger sowie vier Prototypen mit Continental-Motor und drei Prototypen mit Daimler-Benz (MTU)-Motor gebaut. Im Januar 1970 wurde die gemeinsame Entwicklung eingestellt, nachdem man bis dahin fast 840 Millionen DM (davon Deutschland 310 Millionen) ausgegeben hatte. Das Scheitern dieser technisch hochinteressanten Entwicklung hatte verschiedene Ursachen. Ein wesentlicher Grund waren die ständig steigenden Kosten, sowohl die der Entwicklung als auch der voraussichtliche Systempreis. Verschiedene Risikobaugruppen wie z. B. der automatische Lader, die Elektronik mit Prüfsystem und nuklearer Härtung, die Nachtsicht, die hydropneumatische Federung u. a. besaßen nicht den notwendigen Reifegrad. Die damit verbundenen Instandsetzungsprobleme hätte man auch mittelfristig nicht in den Griff bekommen. Die Lebenslaufkosten waren damit kaum abschätzbar. Schließlich gab es bis zuletzt bilaterale Differenzen, vor allem auf technischem Gebiet und bei der Aufteilung der Baugruppen.

Dieser Panzer war infolge der hohen Forderungen seiner Zeit zu weit voraus und dadurch in seiner Bedienbarkeit und Handhabarkeit zu komplex. Die ihm innewohnende hohe Kampfkraft, die eine Studie damals mit einem errechneten Abschußverhältnis zum russischen T 62 von 1:8 angab, hätte in der Truppenpraxis nie voll genutzt werden können. Dennoch hat dieses bilaterale Vorhaben der deutschen Panzerentwicklung wertvolle Impulse gegeben und die Entwicklung des Kampfpanzers LEOPARD 2 wesentlich erleichtert.

Kampfpanzer Leopard 2

Parallel zur Entwicklung des Kampfpanzer 70 erhielt die Firma Porsche den Auftrag, eine Studie für eine Kampfwertsteigerung des KPz LEOPARD zu erarbeiten (»vergoldeter LEOPARD«). Als sich die Schwierigkeiten bei der KPz-70-Entwicklung deutlicher abzeichneten, wurde diese Studie 1968 zu einer »Experimental-Entwicklung« erweitert, die vor allem die Verbesserung der Feuerkraft, aber auch der Beweglichkeit zum Ziele hatte. Konkurrierend dazu wurde der Versuch unternommen, bestimmte Baugruppen der Experimental-Entwicklung für eine nationale KPz-70-Entwicklung unter dem Namen EBER zu übernehmen. Gleichzeitig bemühten sich an der Experimental-Entwicklung beteiligte Kreise, diese unter dem Namen KEILER publik zu machen. Diese unklare Situation wurde nach Abbruch der bilateralen KPz-70-Entwicklung im Jahre 1970 durch eine Entscheidung des damaligen Verteidigungsministers Helmut Schmidt beendet, wonach unter Verwendung bestimmter Baugruppen aus dem KPz-70 sowie aufbauend auf der Experimentalentwicklung eine Panzerentwicklung unter der Bezeichnung LEOPARD 2 durchzuführen sei. Die Frage der Hauptbewaffnung blieb zunächst noch offen. Deshalb trugen die bei der Fa. Krauss-Maffei in Auftrag gegebenen 17 Prototypen die Bezeichnung LEOPARD 2 K, weil zehn mit der 105-mm-Glattrohrkanone und die sieben anderen mit der 120-mm-Glattrohrkanone – beide von der Firma Rheinmetall entwickelt – ausgerüstet wurden.

Die ab 1972/73 nach und nach angelieferten Prototypen waren mit sehr unterschiedlichen Baugruppen im Bereich Turm und Wanne ausgerüstet, was die unter großem Zeitdruck laufenden technischen Erprobungen und den von Oktober 1973 bis Ende 1975 an der Kampftruppenschule 2 unter Einschluß von Kälteerprobungen in Shilo/Kanada sowie Hitzeerprobungen in Yuma/USA laufenden Truppenversuch und vor allem die Auswertungen ungemein erschwerte. (Aus Platzgründen kann hier auf die sehr bewegte Entwicklungsgeschichte und die damit verbundenen technischen Probleme im einzelnen nicht weiter eingegangen werden[38].)

Der Kampfpanzer LEOPARD 2 vereinigt in sich die kampfwertbestimmenden Faktoren in außergewöhnlich harmonischer Weise mit höchster Qualität

Krauss-Maffei

Die Auswertung des israelisch-arabischen Yom-Kippur-Krieges 1973 hatte die Bedeutung eines wirksamen Panzerschutzes wieder einmal deutlich gemacht und damit zu einem Umdenken sowohl in Deutschland als auch in den USA hinsichtlich der Überlebensfähigkeit des Kampfpanzers geführt. Das wiedergeweckte Interesse der USA an einem gemeinsamen Kampfpanzer sowie Erkenntnisse aus dem mittlerweile begonnenen deutsch-britischen Panzer-3-Projekt (das später wieder eingestellt wurde) führten 1976 zu dem erheblich umgestalteten LEOPARD 2 AV (**A**bgemagerte **V**ersion), der gemäß Regierungsabkommen mit den USA von 1974 einer Vergleichserprobung mit dem amerikanischen XM 1 zwecks Auswahl eines gemeinsamen Panzers unterzogen wurde. Diese Vergleichserprobung – durchgeführt im Herbst 1976 – verlor an Wert, nachdem sich noch vor Versuchsbeginn deutsche und amerikanische Regierungsstellen darauf geeinigt hatten, nicht unbedingt eine gemeinsame Panzerentwicklung herbeizuführen, aber wenigstens wesentliche gemeinsame Baugruppen festzulegen. Obgleich die Ergebnisse der Vergleichserprobung eine objektive Überlegenheit und größere technische Reife des deutschen Prototypen offenbarten, verhinderten u. a. Prestigegründe eine vernünftige Lösung. Übriggeblieben sind nach zehnjährigen bilateralen Harmonisierungsbemühungen als gemeinsame Baugruppen die Laser-Baugruppe, das Wärmebildgerät und schließlich die deutsche 120-mm-Glattrohrkanone.

Dennoch hatte diese Vergleichserprobung durch den damit verbundenen verstärkten Einsatz von Finanzmitteln und Personal einen entscheidenden Einfluß auf die heutige Qualität des LEOPARD 2. Eine wichtige Entscheidung vor der Serienvorbereitung war Mitte 1977 die Auswahl der Feuerleitanlage. Für die Vergleichserprobung in den USA war in den deutschen Prototypen eine primärstabilisierte Hauptzieleinrichtung mit Laser-E-Meßgerät und Feuerleitrechner der amerikanischen Firma Hughes eingebaut worden. In Konkurrenz dazu stand die von den Firmen AEG/Leitz entwickelte deutsche Feuerleitanlage mit dem passiven Korrela-

tionsentfernungsmeßgerät. Obgleich der deutsche Bedarfsträger von diesem Gerät sehr angetan war, gab bei fast gleichen Bewertungsergebnissen der niedrigere Preis den Ausschlag für das Hughes-Gerät.

Unter höchstem Zeitdruck bei ständigen Nacherprobungen und den daraus folgenden Nachbesserungen in Detailbereichen erfolgte 1977 und 1978 die Serienreifmachung und die Serienvorbereitung. Die Übergabe des ersten Serienfahrzeuges am 25. Oktober 1979 bei der Generalunternehmerfirma Krauss-Maffei in München setzte noch keinen Schlußpunkt in der Entwicklung, da die Auswahl des Wärmebildgerätes und seine Nachrüstung in das erste Baulos sowie die Herstellung der Einsatzreife mit den Anteilen Personal, Ausbildung, Einsatz, Organisation, Logistik, Infrastruktur und Technik in den darauffolgenden Jahren noch zum Abschluß gebracht werden mußten. Bis 1988 wurden für die Bundeswehr 2050 KPz LEOPARD 2 gefertigt bzw. sind noch in der Fertigung. Weitere 445 KPz wurden für die Niederlande und 35 für die Schweiz gefertigt, die weitere 345 Fahrzeuge in Lizenz nachbaut. Neben dem Generalunternehmer sind folgende Firmen mit maßgeblichen Leistungen am LEOPARD 2 beteiligt: MAK Maschinenbau GmbH (Endfertigung von 45% der KPz), Rheinmetall, Wegmann, Motoren- und Turbinen-Union (MTU), Krupp Atlas Elektronik (KAE), Carl Zeiss, Diehl, SEL, Renk, ZF, Thyssen, Blohm & Voss, AEG und viele andere.

Technische Daten

	PT 1–17	Serienfahrzeug
a) *Feuerkraft*		
Kanone	105/120-mm-Glattrohr-Kanone	120-Kanone L/44
	L/51 / L/44	
Durchschlagsleistung	Je nach Entwicklungsstand der Munition und des Panzerschutzes; gegen Stahl ca. 4–4½ Kaliberstärken[39].	
MG	1 Turm-, 1 Fla-MG 7,62 mm	
Richtanlage	Elektrohydraulisch und von Hand	
	Waffenstab. und nachgef. Optik.	primärstab. Optik. mit Waffennachführanlage;
	−9 bis +20°	−9 bis +20°
Kampfbeladung Kanone	57 Schuß 105 mm	42 Schuß 120 mm
	42 Schuß 120 mm	m. verbrennbarer Hülse
Kampfbeladung MG	5000 Schuß	4750 Schuß
b) *Beweglichkeit*		
Motor	MB 873-Ka 500 von MTU 12 Zyl., 1100 KW/1500 PS Mehrstoff Diesel	MB 873-Ka 501 von MTU
Zusatzstromerzeuger	MWM bzw. Faryman Vielstoff-Diesel 2 Zyl., 20 PS mit 9-KW-Generator	
Leistungsgewicht	22,1 KW/t (30 PS/t)	20 KW/t (27 PS/t)
Bodendruck	0,84 Kp/cm²	0,88 Kp/cm²
Höchstgeschwindigkeit	72 km/h	72 km/h
Fahrbereich Straße/Gelände	525/210 km	550/240 km
Kraftstoffvorrat	1048 l	1200 l
Grabenüberschreitfähigkeit	3,0 m	3,0 m
Tiefwaten/Unterwasserfahren	2,35/5,50 m	2,25/4,0 m
Antrieb	hinten	hinten
c) *Panzerschutz*	Schottpanzerung im Bereich Turm und Wanne mit Zwischenmaterialien; weitere indirekte Schutzmaßnahmen	
d) *Sonstige Daten*		
Gefechtsgewicht	50,5 t	55,15 t
Länge Rohr 12 Uhr (Fahrgest.)	9,78 m (7,73 m)	9,66 m (7,88 m)
Breite mit/ohne Schürzen	3,54 m/3,42 m	3,70 m/3,42 m
Höhe bis Oberkante Turm	2,44/2,49 m	2,46 m
Bodenfreiheit	0,49–0,54 m	0,5 m

e) *Bewertung*

Nach einer außergewöhnlich bewegten Entwicklung ist mit dem LEOPARD 2 ein Kampfpanzer neuer Qualität entstanden, der die Faktoren Feuerkraft, Überlebensfähigkeit, Beweglichkeit und Führbarkeit in ausgewogener Weise in sich vereinigt. Darüber hinaus wird durch interne und externe rechnergesteuerte Prüfgeräte sowie gute Zugänglichkeit der Baugruppen eine schnelle Systemüberprüfung, Fehlerlokalisierung und Instandsetzung durch Baugruppentausch ermöglicht. Das bedeutet eine hohe operationelle Verfügbarkeit.

Die 120-mm-Glattrohrkanone mit ihrem Wachstumspotential, d. h. mit der Fähigkeit zur weiteren Leistungssteigerung in Verbindung mit der integrierten Feuerleitanlage, gewährleisten eine hohe Erstschußtreffwahrscheinlichkeit selbst bei eingeschränkter Sicht und aus der Fahrt. Die Ergebnisse beim NATO-Panzerschießwettbewerb um die »Canadian Army Trophy« sprechen für sich.

Neuartiger Panzerschutz, der zudem neuen Bedrohungen durch Auswechseln des zwischen den Schottwänden befindlichen Panzerungsmaterials angepaßt und somit auch späterhin in seiner Schutzwirkung verbessert werden kann, bietet in Verbindung mit weiteren Schutzmaßnahmen wie abgeschotteten Munitionsräumen, Explosionsunterdrückungsanlagen, Tarnanstrich, ABC-Schutzanlagen usw. eine hohe Überlebensfähigkeit. Sie wird ergänzt durch die eindrucksvolle Beweglichkeit, gute ergonomische Gestaltung der Besatzungsplätze und eine dem Gesamtleistungsvermögen angepaßte Führbarkeit. Diese Stärken bringt er vor allem dann wirkungsvoll zum Ausdruck, wenn er sowohl im Angriff, aber auch in der Verteidigung unter Ausnutzung seiner Beweglichkeit eingesetzt wird. Damit besitzt die deutsche Panzertruppe einen Kampfpanzer, der in seiner Qualität und Kampfkraft gegenwärtig die Spitzenstellung in der Welt einnimmt. Er kann sie jedoch nur behaupten, wenn rechtzeitig die notwendigen Maßnahmen zur Kampfwerterhaltung z. B. beim Panzerschutz, bei der Munitionsentwicklung und bei der Führbarkeit bei eingeschränkter Sicht geplant und durchgeführt werden.

Ausblick

Der Kampfpanzer wird auch auf weite Sicht seine zentrale Stellung im Gefecht der verbundenen Waffen behalten, da kein Mittel erkennbar ist, das seinen Platz als universell einsetzbares Waffensystem im Landkrieg einnehmen könnte.

Angesichts der gewaltig ansteigenden Bedrohung durch technische Weiterentwicklungen ist es jedoch erforderlich, vor allem seine Überlebensfähigkeit so zu verbessern, daß er auch auf dem Gefechtsfeld der Jahre nach 2000 bestehen kann. Dabei stehen die Forderungen nach immer größerer Leistung im Widerspruch zu dem angestrebten niedrigen Gewicht, geringen Volumen und niedrigen Kosten. Da ein leichter Panzer zudem nach allen historischen Erfahrungen nur »Kanonenfutter« ist, kann eine Lösung darin liegen, das Volumen durch Verringerung der Besatzung auf drei, vielleicht sogar auf zwei Mann zu reduzieren und Menschen durch Automaten zu ersetzen. Die dafür erforderliche robuste Technik ist machbar. Sie wird allerdings ihren Preis haben, zumal auch alle logistischen Aspekte in solch eine Konzeption mit einbezogen werden müssen.

Der Zukunftspanzer darf allerdings nicht nur unter dem Gesichtspunkt der Qualität, sondern muß auch unter dem der Quantität betrachtet werden. Es widerspricht dem Wesen und allen Erfahrungen und Grundsätzen, den Kampfpanzer auf dem Gefechtsfeld als »Einzelkämpfer« einzusetzen. Das erfordert seine Einbindung nicht nur in das System der gepanzerten Kampftruppen, sondern in das System des Heeres insgesamt, weil er auf dem Gefechtsfeld der Zukunft nur im Verbund mit allen anderen Waffen zur höchsten Wirkung gelangen kann. Auch das Heer muß daher der Einführung eines neuen Kampfpanzers, ggf. durch Veränderungen der Strukturen, Rechnung tragen.

Für den Panzerentwickler wird es aus allen diesen Gründen immer eine große Herausforderung darstellen, alle Elemente, insbesondere aber den Menschen und die Technik, so aufeinander abzustimmen, daß eine ausgeglichene, harmonische und kampfstarke Lösung erreicht wird. Mögen die an der Entwicklung des Panzerkampfwagen 2000 Beteiligten eine ebenso glückliche Hand wie ihre Vorgänger beim LEOPARD 2 besitzen.

1 E. Petter: Die technische Entwicklung der deutschen Kampfwagen im Weltkrieg 1914/18, Berlin 1932, S. 29.
2 Ebd.
3 W. Esser: Dokumentation über die Entwicklung und Erprobung des ersten Panzerkampfwagens der Reichswehr. Hrsg. von der Krauss-Maffei AG, München 1979.
4 Ebd., S. 45 f.
5 H. Guderian: Erinnerungen eines Soldaten, Neckargemünd ⁴1960, S. 21.
6 K. Nehring: Die Geschichte der deutschen Panzerwaffe 1916–1945, Berlin 1969, S. 115 f.
7 F. Hahn: Waffen und Geheimwaffen des deutschen Heeres 1933–1945, Bd 2, München 1987, S. 24.
8 Guderian: Erinnerungen, S. 22.
9 Ebd.
10 Hahn: Waffen und Geheimwaffen, S. 30.
11 Ebd., S. 31.
12 Guderian: Erinnerungen, S. 21 f.
13 Spielberger: Die Motorisierung der Deutschen Reichswehr 1920–1935, Stuttgart 1979.
14 Schäufler: Der Weg war weit. Panzer zwischen Weichsel und Wolga. Neckargemünd 1973.

A7V WOTAN und LEOPARD 2 im Panzermuseum Munster. Zwischen diesen beiden Kampfwagen liegen 70 Jahre erfolgreicher deutscher Panzerentwicklung   Panzermuseum Munster

15 Spielberger: Der Panzerkampfwagen III und seine Abarten, Stuttgart 1974, S. 140 ff.
16 Hahn: Waffen und Geheimwaffen, S. 36.
17 Spielberger: Der Panzerkampfwagen IV und seine Abarten, Stuttgart 1975, S. 63.
18 Hahn: Waffen und Geheimwaffen, S. 43.
19 Spielberger: Der Panzerkampfwagen IV, S. 154 ff.
20 Hahn: Waffen und Geheimwaffen, S. 43.
21 Ebd., S. 12.
22 H. Knittel: Panzerfertigung im Zweiten Weltkrieg. Industrieproduktion für die deutsche Wehrmacht, Bd 2: Wehrtechnik und wissenschaftliche Waffenkunde, Herford/Bonn 1988.
23 J. Milsom: Die russischen Panzer, Stuttgart 1974, S. 80 ff.
24 Spielberger: Der Panzerkampfwagen Panther und seine Abarten, Stuttgart 1978.
25 Hahn: Waffen und Geheimwaffen, S. 46 f.
26 Spielberger: Der Panzerkampfwagen Panther, S. 232 ff.
27 W. Haupt: Das Buch der Panzertruppe 1916–1945, Friedberg 1989.
28 Ch. F. Foss: Die Panzer des Zweiten Weltkrieges, Friedberg 1988, S. 55.
29 Spielberger: Der Panzerkampfwagen Panther, S. 49 u. 57.
30 Hahn: Waffen und Geheimwaffen, S. 53.
31 Spielberger: Der Panzerkampfwagen Tiger und seine Abarten, Stuttgart 1977, S. 27.
32 Ebd., S. 37.
33 Hahn: Waffen und Geheimwaffen, S. 50 und 64.
34 Ebd., S. 88 f.
35 Ebd., S. 91 f.
36 Hilmes: Kampfpanzer.
37 Hilmes: Kampfpanzer — Die Entwicklungen der Nachkriegszeit, Frankfurt 1989, S. 74.
38 Siehe dazu u.a.: Spielberger: Von der Zugmaschine zum Leopard 2, München 1979; Krapke: Leopard 2 — sein Werden und seine Leistung, Herford und Bonn 1986.
39 F. v. Senger u. Etterlin: Die Kampfpanzer von 1916–1966, München 1971.

Weiterführende Literatur

Panzer – Die deutsche Panzerwaffe im Zweiten Weltkrieg (= Sonderheft das Dritte Reich, Hamburg
Guderian/Munzel: Panzer-Marsch! München 1955
Die Tiger-Fibel D 656/27, hrsg. vom Generalinspekteur der Panzertruppen, 1943
Die Panther-Fibel D 655/27, hrsg. vom Generalinspekteur der Panzertruppen, 1943
Tanks & Weapons of World War II, New York 1973
Ellis/Chamberlain: German Tanks & Fighting Vehicles of World War II, New Jersey/London 1976
Spielberger: Spezial-Panzerfahrzeuge des Deutschen Heeres, Stuttgart 1987
Bonds: Panzer und andere Kampffahrzeuge von 1916 bis heute, Köln 1985;
Spielberger: Die Panzerkampfwagen I und II und ihre Abarten, Stuttgart 1974;
Schönefeld: Der Kampfpanzer 70, in: Jahrbuch der Wehrtechnik, Folge 3, Wehr und Wissen, Darmstadt 1968.

Legende zur Übersicht auf der gegenüberliegenden Seite:

Kampfkraftvergleich deutscher Panzer 1918 bis 1989
Kampfkraftvergleiche zwischen Waffensystemen bzw. zwischen Konzepten für neue Waffensysteme werden seit vielen Jahren vorgenommen und in jüngerer Zeit im Rahmen der »Operation Research« mit wissenschaftlichen Methoden immer weiter verfeinert. Im vorliegenden Fall wurden aus Vereinfachungsgründen die kampfwertbestimmenden Faktoren prozentual und relativ zueinander bewertet, wobei die Faktoren des Kampfpanzer LEOPARD 2 mit 100% angesetzt wurden. Bewertet wurde die jeweils stärkste Version eines Panzertyps. Soweit keine meßbaren Daten vorlagen, wurden Erfahrungs- und Schätzwerte herangezogen. Verglichen werden die Faktoren
– Feuerkraft
– Panzerschutz/Schutzmaßnahmen
– Beweglichkeit
Innerhalb der drei Faktoren wurden zur Bewertung herangezogen:
1. Feuerkraft
   – Durchschlagsleistung der Hauptwaffe auf 500 m Entfernung mit der eingeführten KE-Munition gegen Panzerstahl bei 60 ° Aufschlagwinkel
   – Reaktionsschnelligkeit (Zielaufklärung Tag/Nacht, Feuerleitung, Richtanlage)

   – Erstschußtreffwahrscheinlichkeit
   – Qualität der Feuerleitanlage (optische Einrichtungen, Waffenstabilisierung, Kampf bei eingeschränkter Sicht)

2. Panzerschutz/Schutzmaßnahmen
   Panzerschutz frontal und in der Flanke sowie andere aktive und passive Schutzmaßnahmen

3. Beweglichkeit
   – Beschleunigung
   – Höchstgeschwindigkeit
   – mittlere Geschwindigkeit im Gelände
   – Fahrbereich
   – Überwinden von Hindernissen einschließlich von Gewässern
Logistische Faktoren wie Verfügbarkeit usw. wurden nicht bewertet.

Kampfkraftvergleich deutscher Panzer 1916 - 1989

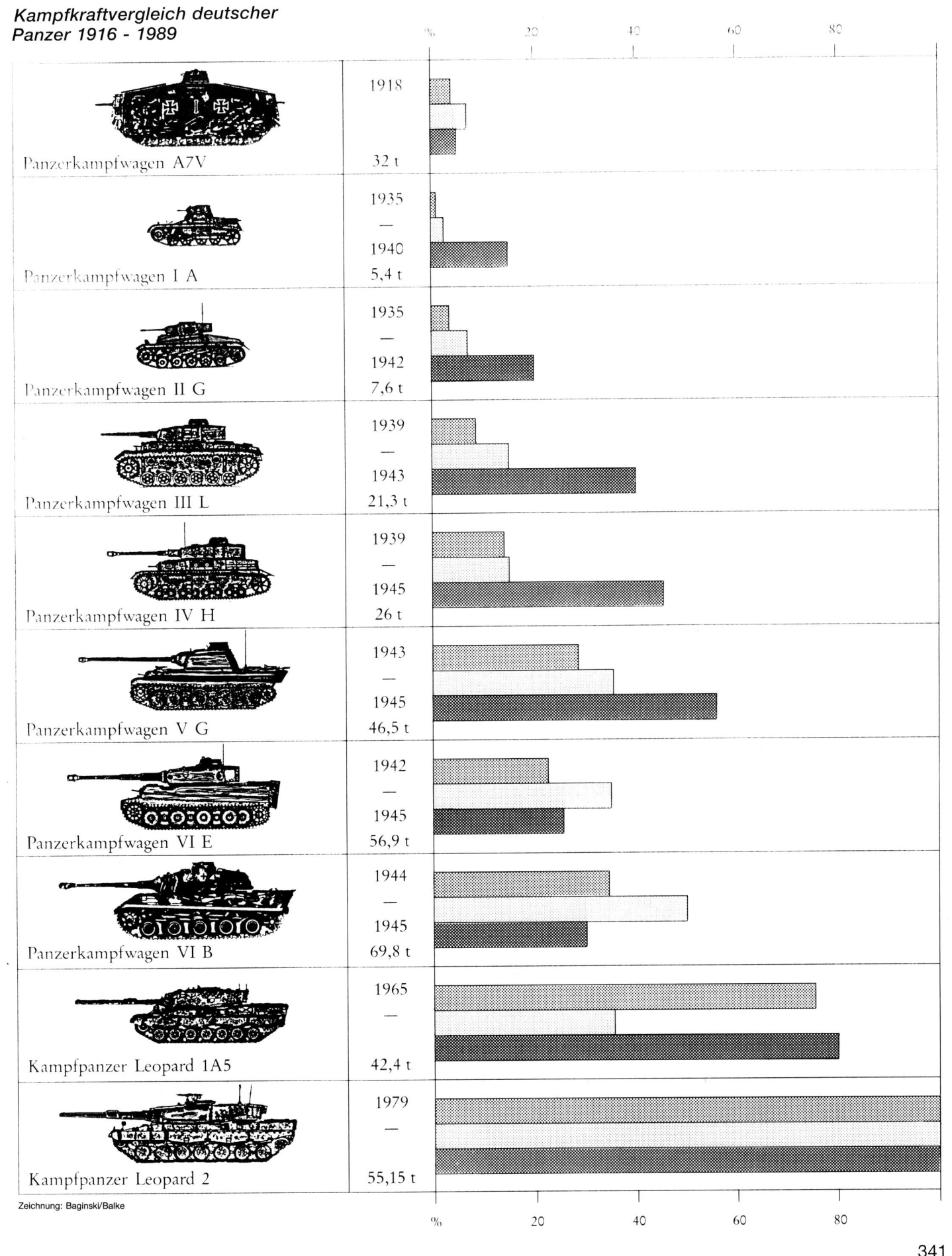

Panzer	Jahre	Gewicht
Panzerkampfwagen A7V	1918	32 t
Panzerkampfwagen I A	1935 — 1940	5,4 t
Panzerkampfwagen II G	1935 — 1942	7,6 t
Panzerkampfwagen III L	1939 — 1943	21,3 t
Panzerkampfwagen IV H	1939 — 1945	26 t
Panzerkampfwagen V G	1943 — 1945	46,5 t
Panzerkampfwagen VI E	1942 — 1945	56,9 t
Panzerkampfwagen VI B	1944 — 1945	69,8 t
Kampfpanzer Leopard 1A5	1965 —	42,4 t
Kampfpanzer Leopard 2	1979 —	55,15 t

Zeichnung: Baginski/Balke

341

Kampfkraftvergleich deutscher Kampfpanzer 1918–1988 international

Es werden die deutschen Kampfpanzer mit ihren jeweiligen Hauptgegnern verglichen. Dabei werden die gleichen Faktoren wie in der vorangegangenen Graphik herangezogen

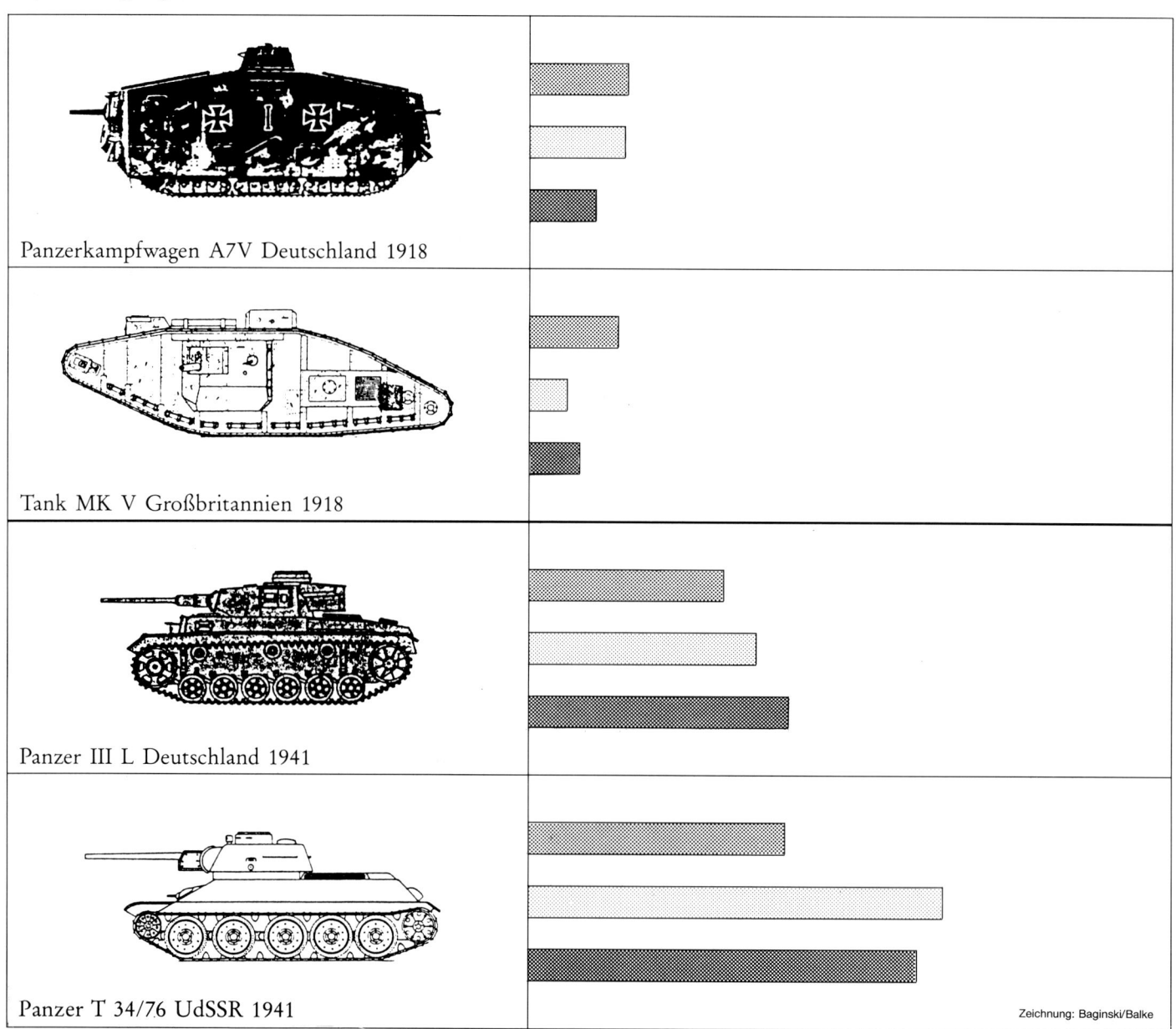

Panzerkampfwagen A7V Deutschland 1918

Tank MK V Großbritannien 1918

Panzer III L Deutschland 1941

Panzer T 34/76 UdSSR 1941

Zeichnung: Baginski/Balke

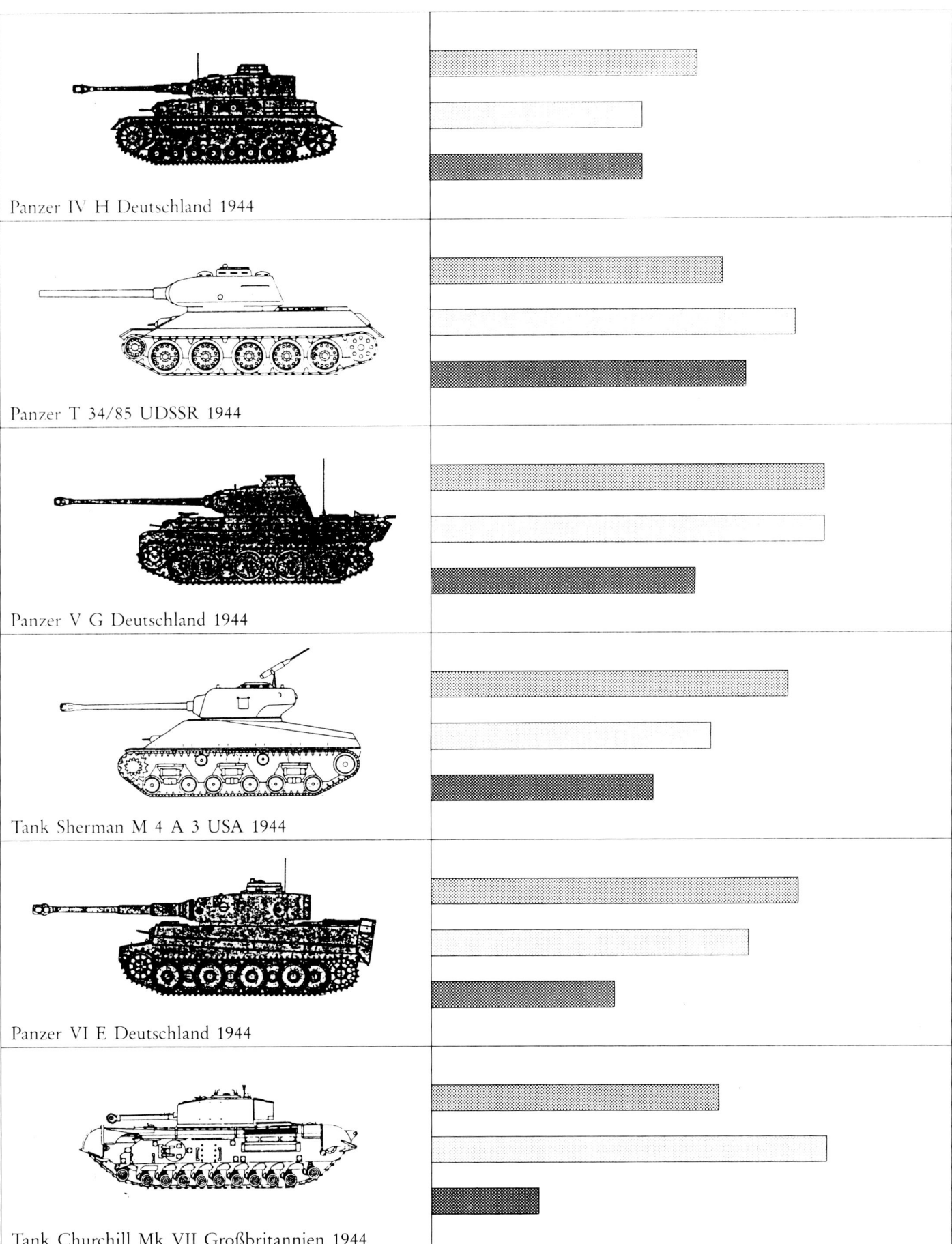

Panzer IV H Deutschland 1944

Panzer T 34/85 UDSSR 1944

Panzer V G Deutschland 1944

Tank Sherman M 4 A 3 USA 1944

Panzer VI E Deutschland 1944

Tank Churchill Mk VII Großbritannien 1944

Zeichnung: Baginski/Balke

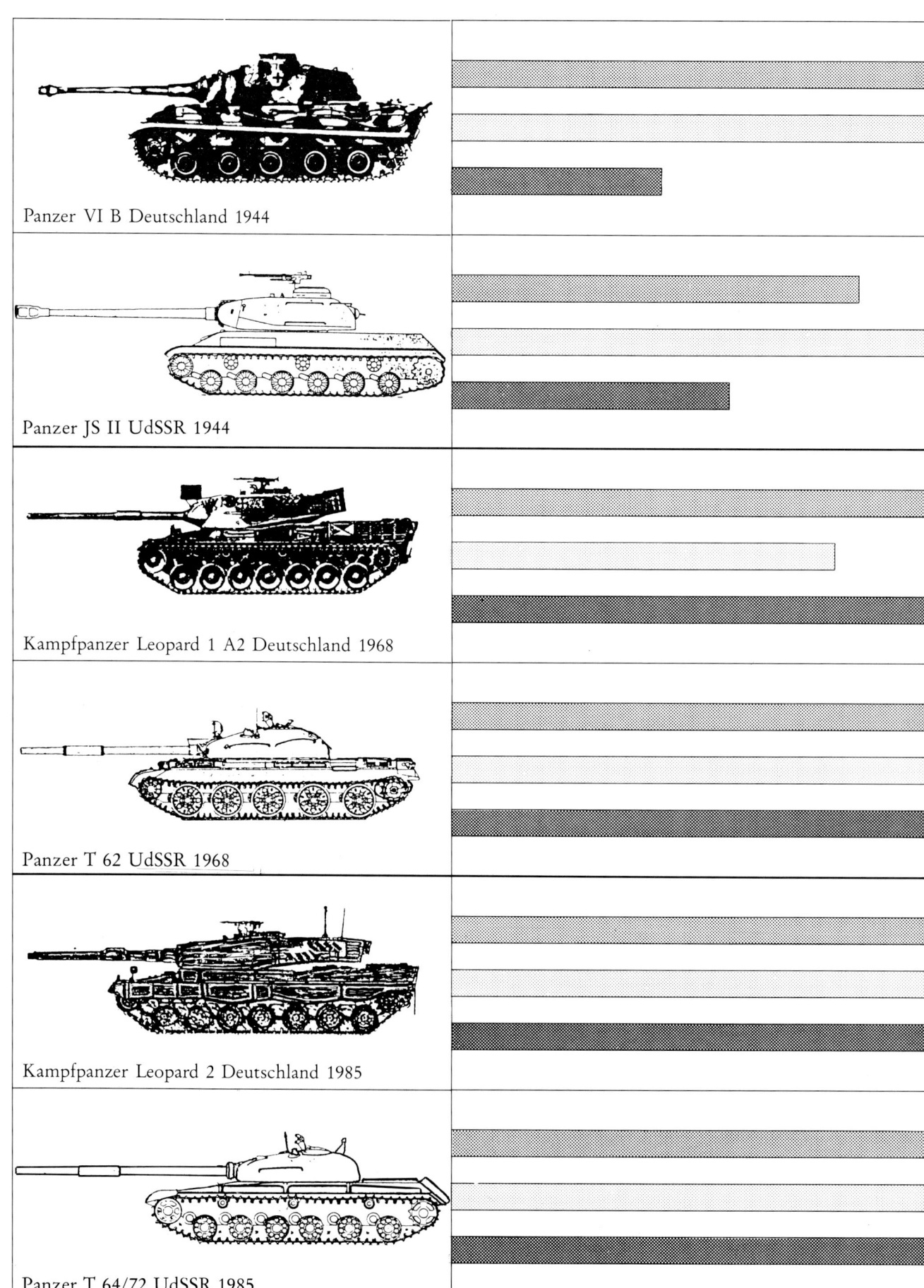

Panzer VI B Deutschland 1944

Panzer JS II UdSSR 1944

Kampfpanzer Leopard 1 A2 Deutschland 1968

Panzer T 62 UdSSR 1968

Kampfpanzer Leopard 2 Deutschland 1985

Panzer T 64/72 UdSSR 1985

Zeichnung: Baginski/Balke

345

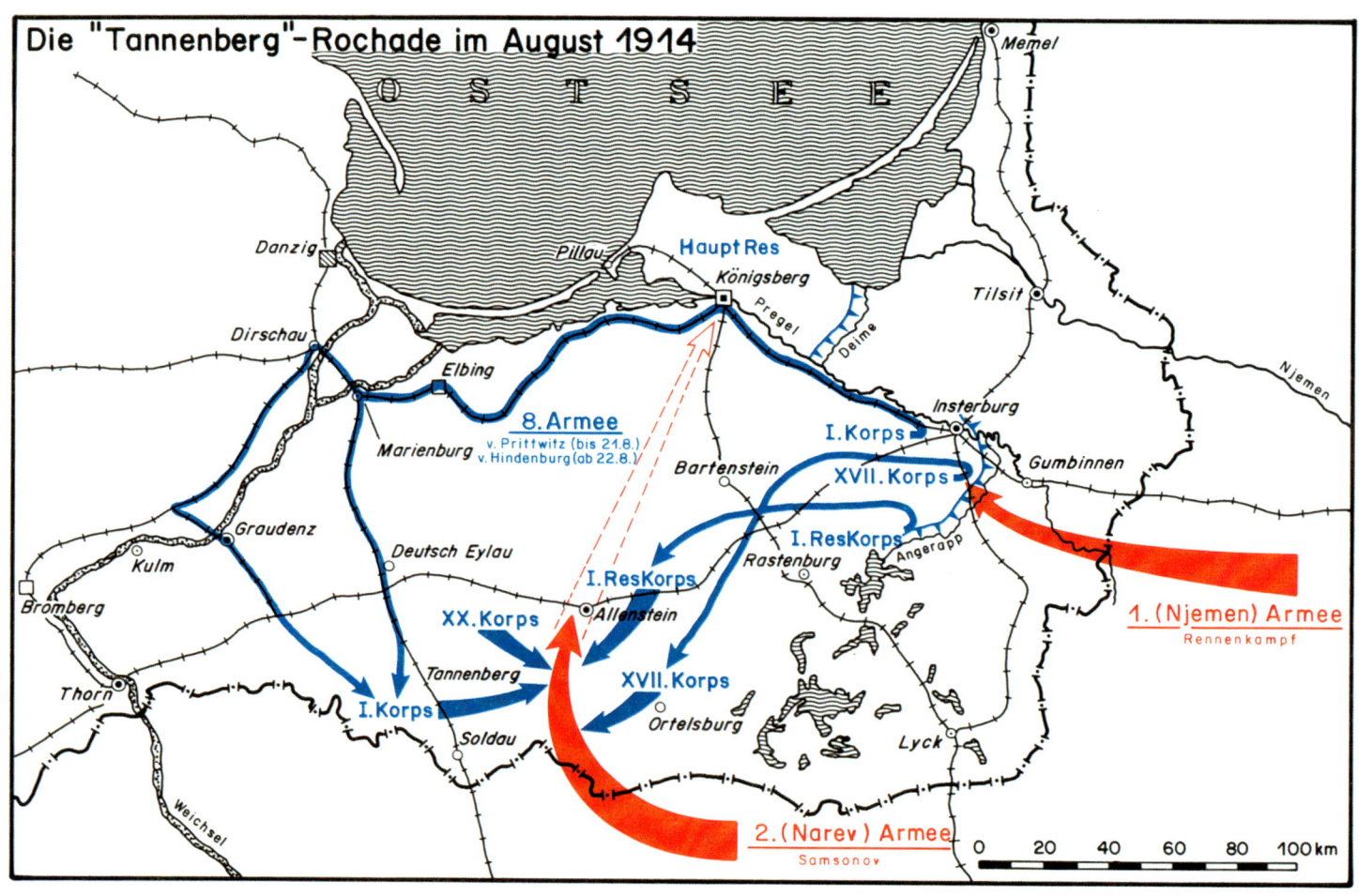

Der sowjetische "Sichelschnitt"-Plan zur Einschließung des deutschen Südflügels (Februar 1943)

Deutscher Operationsplan 1940

0   50   100 km

BRÜSSEL
Dünkirchen
Aachen
LUX
Sedan
Reims
PARIS

Voronež-Front
Südwest-Front
Don-Front
Char'kov
Don
Volga
Stalingrad
Donec
Dnepropetrovsk
Heeresgruppe Don (Süd)
Zaporož'e
Mius
Don
Süd-Front
Taganrog
Rostov
4. Pz Armee
Mariupol'
Odessa
Melitopol'
Manyč
AZOV'SCHES MEER
Deutscher Rückzug
1. Pz Armee
Krim
Kuban
Heeresgruppe A
Nordkaukasus-Front
17. Armee
SCHWARZES MEER
Transkaukasus-Front

Hauptstoß
Operativer

Anmerkung zum Thema auf S. 347

Bereits erschienen in: Gezeitenwechsel im Zweiten Weltkrieg? Die Schlachten von Char'kov und Kursk im Frühjahr und Sommer 1943 in operativer Anlage, Verlauf und politischer Bedeutung, Hamburg/Berlin/Bonn 1996, S. 101–135.
Zu beiden Schlachten hat der Autor inzwischen eine ausführlichere Darstellung verfaßt: Friedhelm Klein und Karl-Heinz Frieser, Mansteins Gegenschlag am Donec. Operative Analyse des Gegenangriffs der Heeresgruppe Süd im Februar/März 1943, in: Militärgeschichte, 1 (1999), S. 12–18. Das Kapitel »Die Schlacht um den Kursker Bogen« soll 2004 im Band 8 des Reihenwerks des Militärgeschichtlichen Forschungsamts »Das Deutsche Reich und der Zweite Weltkrieg« erscheinen.

Die "Tannenberg"-Rochade im August 1914

OSTSEE
Memel
Danzig
Pillau
Haupt Res
Königsberg
Pregel
Tilsit
Dirschau
Elbing
Deime
Marienburg
8. Armee
v. Prittwitz (bis 21.8.)
v. Hindenburg (ab 22.8.)
Bartenstein
Insterburg
I. Korps
Gumbinnen
XVII. Korps
Graudenz
Deutsch Eylau
I. Res Korps
Njemen
Kulm
Rastenburg
Angerapp
1. (Njemen) Armee
Rennenkampf
Bromberg
XX. Korps
I. Res Korps
Allenstein
Tannenberg
XVII. Korps
Thorn
I. Korps
Soldau
Ortelsburg
Lyck
Weichsel
2. (Narev) Armee
Samsonov

0   20   40   60   80   100 km

Karl-Heinz Frieser

Schlagen aus der Nachhand – Schlagen aus der Vorhand. Die Schlachten von Char'kov und Kursk 1943

I. Mansteins Gegenschlag bei Char'kov im Frühjahr 1943

Im Sommer 1940, unmittelbar nach dem triumphal verlaufenen Westfeldzug, soll Hitler gegenüber Generaloberst Wilhelm Keitel siegestrunken erklärt haben:
»Jetzt haben wir gezeigt, wozu wir fähig sind. Glauben Sie mir, Keitel, ein Feldzug gegen Rußland wäre dagegen nur ein Sandkastenspiel[1].« Wie dieses Sandkastenspiel verlief, ist bekannt. In der Winterschlacht vor Moskau scheiterte die deutsche »Blitzkrieg«-Konzeption.

Nun begann für die Wehrmacht ein langwieriges Ringen mit einem immer stärker werdenden Gegner. Im Winter 1942/43 ging die Rote Armee dazu über, ihre Panzerwaffe ebenfalls zu größeren Umfassungsoperationen einzusetzen. Stalingrad stellte hierzu den Auftakt. Gleich darauf richteten sich im Januar 1943 zwei weitere Vorstöße gegen Rostov, um alle südlich des Don stehenden deutschen Armeen vom Rückzug abzuschneiden. Es gelang gerade noch, die 1. und 4. Panzerarmee auf das Nordufer des Don zu retten. Dann zeichnete sich eine Katastrophe ab, die »ein Super-Stalingrad« zu werden drohte. Südlich von Voronež war die Front auf mehr als 300 Kilometer Breite zusammengebrochen. Nun strömten mehrere sowjetische Armeen wie eine Flutwelle schier unaufhaltsam nach Westen, auf den Unterlauf des Dnepr zu. Die Führung der Roten Armee plante, die beiden Heeresgruppen des deutschen Südflügels am Schwarzen Meer einzuschließen.

In gewisser Hinsicht ähnelte der sowjetische Operationsplan Mansteins »Sichelschnitt-Plan« für die Offensive gegen Frankreich im Jahre 1940. Damals waren deutsche Panzerverbände auf den Unterlauf der Somme vorgestoßen, um den Nordflügel der Alliierten an der Kanalküste einzuschließen. Nun aber lief Generalfeldmarschall Erich v. Manstein, der Oberbefehlshaber der Heerestruppen Süd, Gefahr, mit den eigenen Waffen geschlagen zu werden[2].

Schon einmal in der russisch-deutschen Militärgeschichte hatte ein deutsches Oberkommando einen Ausweg aus einer derart drohenden Umfassung finden müssen. Im August 1914 war die 8. Armee in Ostpreußen von der Einschließung durch zwei überlegene russische Armeen bedroht. Sie wurde frontal von Osten her durch die Njemen-Armee angegriffen. Gleichzeitig stieß ihr von Süden her die Narev-Armee in den Rücken, um ihr den Rückzug auf die Weichsel zu versperren und sie an der Ostsee einzuschließen. Daraufhin entschlossen sich Feldmarschall Paul v. Hindenburg und General der Infantrie Erich Ludendorff zu einer »Rochade« quer durch Ostpreußen. Sie ließen bei den Masurischen Seen nur ein schwaches Kontingent zurück und verlegten die Masse der 8. Armee per Eisenbahntransport nach Süden. Vier deutsche Armeekorps bewegten sich plötzlich aus verschiedenen Richtungen auf den Raum um Tannenberg zu. Hierbei bildeten sie einen Kessel, in den die russische Narev-Armee ahnungslos hineinmarschierte. Das »Cannae« des Ersten Weltkrieges war perfekt.

Generalfeldmarschall v. Manstein entstammte der gleichen operativen Denkschule wie die damaligen deutschen Generäle. Doch für ihn stellte sich im Februar 1943 die Situation erheblich komplizierter dar. Als sein gefährlichster Gegenspieler erwies sich ausgerechnet Hitler. Dieser war noch im linearen Denken des Stellungskampfes an der Westfront im Ersten Weltkrieg befangen. Er wollte den Zusammenbruch der Front durch sture Haltebefehle verhindern. So lehnte er es ab, zu einer beweglichen Operationsführung überzugehen und die Tiefe des Raumes zu nutzen. Da nahmen auf unbeabsichtigte Weise die Sowjets Einfluß auf diesen Konflikt. Hitler hielt sich vom 17. bis 19. Februar in Mansteins Hauptquartier bei Zaporože auf. Die kontroversen Diskussionen fanden ein abruptes Ende, als sich unerwartet durchgebrochene sowjetische Panzer dem Flugplatz näherten, von dem aus Hitler zurückfliegen wollte.

So ließ sich der Diktator zu einem ungewöhnlichen Zugeständnis hinreißen: Er gewährte dem Feldmarschall operative Handlungsfreiheit.

Im Gegensatz zu Hitler sah Manstein den heranrollenden Sowjetpanzern mit großer Ruhe entgegen. Er registrierte deren stürmischen Vorstoß sogar mit einer gewissen Befriedigung. Je weiter die feindlichen Panzermassen nach Westen vordrangen, desto tiefer würden sie in die von ihm geplante Falle hineinfahren und desto erfolgversprechender würde der Gegenangriff sein. Bei seinen Überlegungen hatte er das von Clausewitz beschriebene Prinzip des »Kulminationspunktes« vor Augen. Er wollte erst dann angreifen, wenn der sowjetische Angriff seinen Höhepunkt überschritten hatte. Denn dann würde der erschöpfte Gegner seine Versorgungslinien überdehnt haben und seine Flanken preisgeben.

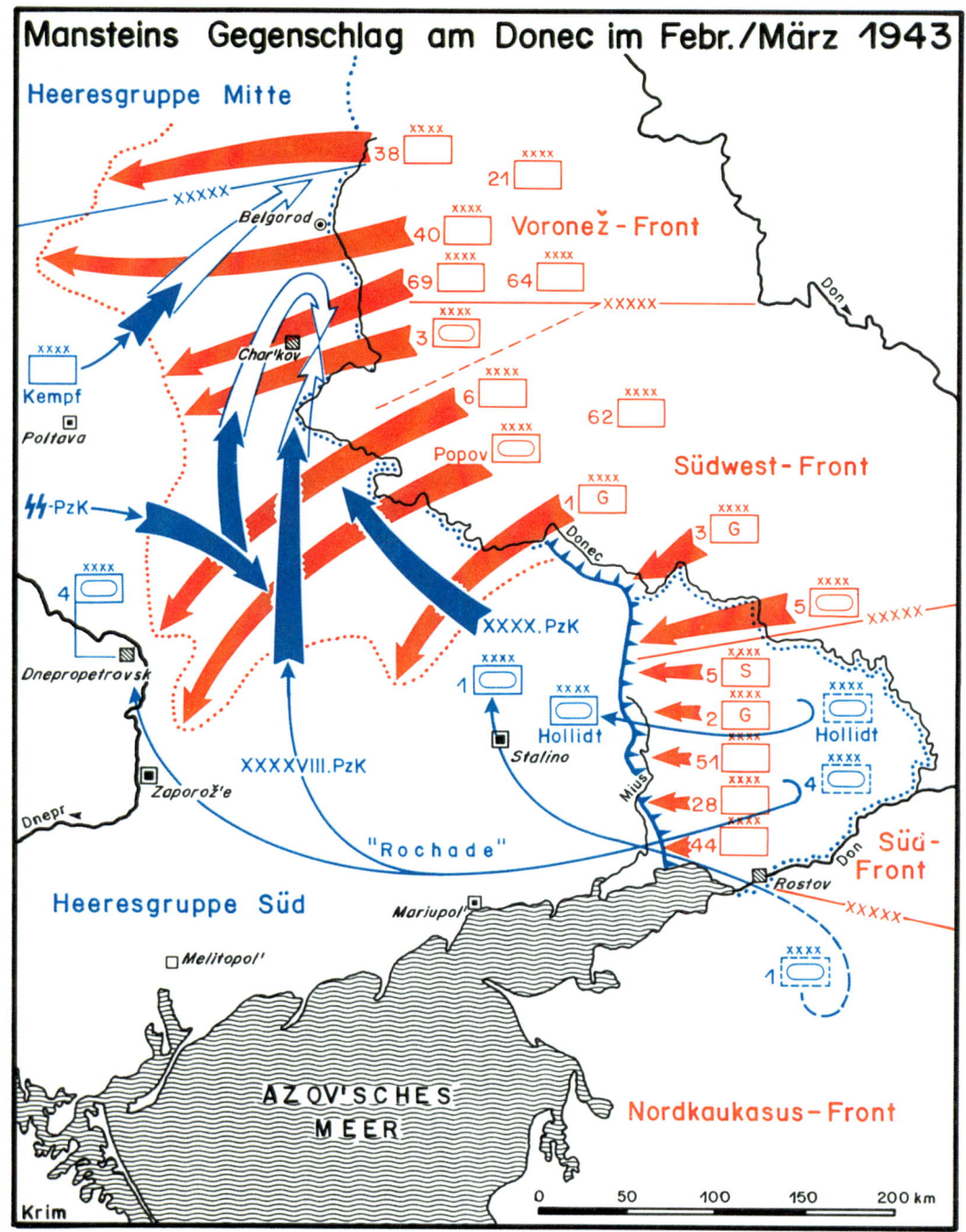

Mansteins Gegenschlag am Donec im Febr./März 1943

Heeresgruppe Mitte

38

21

Belgorod

Voronež - Front

40

69   64

Don

3

Kempf

Char'kov

Poltava

6

62

Popov

Südwest - Front

SS-PzK

1 G

3 G

4

5

Dnepropetrovsk

XXXX.PzK

5 S

1

2 G

Hollidt

Zaporož'e

Holl idt

Stalino

51

"Rochade"

4

Mius

28

Heeresgruppe Süd

44   Süd-
Front

Mariupol'

Rostov

Melitopol'

1

AZOV'SCHES
MEER

Nordkaukasus - Front

Krim

0   50   100   150   200 km

Manstein hatte inzwischen, entgegen der Auffassung Hitlers, den Donec-Bogen bei Rostov räumen lassen und seine Truppen hinter den Fluß Mius zurückgezogen. Dort sollte die Armeeabteilung Hollidt die frontal von Osten her angreifenden Armeen aufhalten. Durch diese Frontverkürzung wurden die 1. und die 4. Panzerarmee frei für eine bewegliche Operationsführung. Der Feldmarschall entschloß sich nun zu seiner berühmt gewordenen »Rochade«, indem er die 4. Panzerarmee vom rechten Flügel seiner Heeresgruppe auf den linken rochieren ließ. mit diesem operativen Schachzug konnte Manstein einen Kessel bilden, in den die sowjetischen Armeen hineinstießen. Nun ließ er drei Panzerkorps aus drei verschiedenen Richtungen konzentrisch zum Gegenangriff antreten[3].

Die Angriffsverbände der Roten Armee waren, beflügelt vom Erfolg bei Stalingrad, ungestüm nach Westen vorwärts gestürmt[4]. Sie glaubten, die deutschen Verbände seien längst geschlagen und befänden sich in wilder Flucht zum Dnepr. Um so größer war der Schock, als diese plötzlich kehrtmachten und ihnen zum Gegenangriff entgegentraten. Entscheidend war bei dieser Operation der Überraschungseffekt: Wie aus dem Nichts heraus, aus einem scheinbaren Chaos, formierte sich plötzlich eine perfekte Schlachtordnung. Als das Oberkommando der sowjetischen Südwest-Front die Gefahr erkannte, war es bereits zu spät. Zwei Armeen und eine Panzergruppe befanden sich in der Falle.
Nun entschloß sich Manstein, den Schwung des Angriffs auszunutzen und aus der laufenden Operation heraus eine weite-

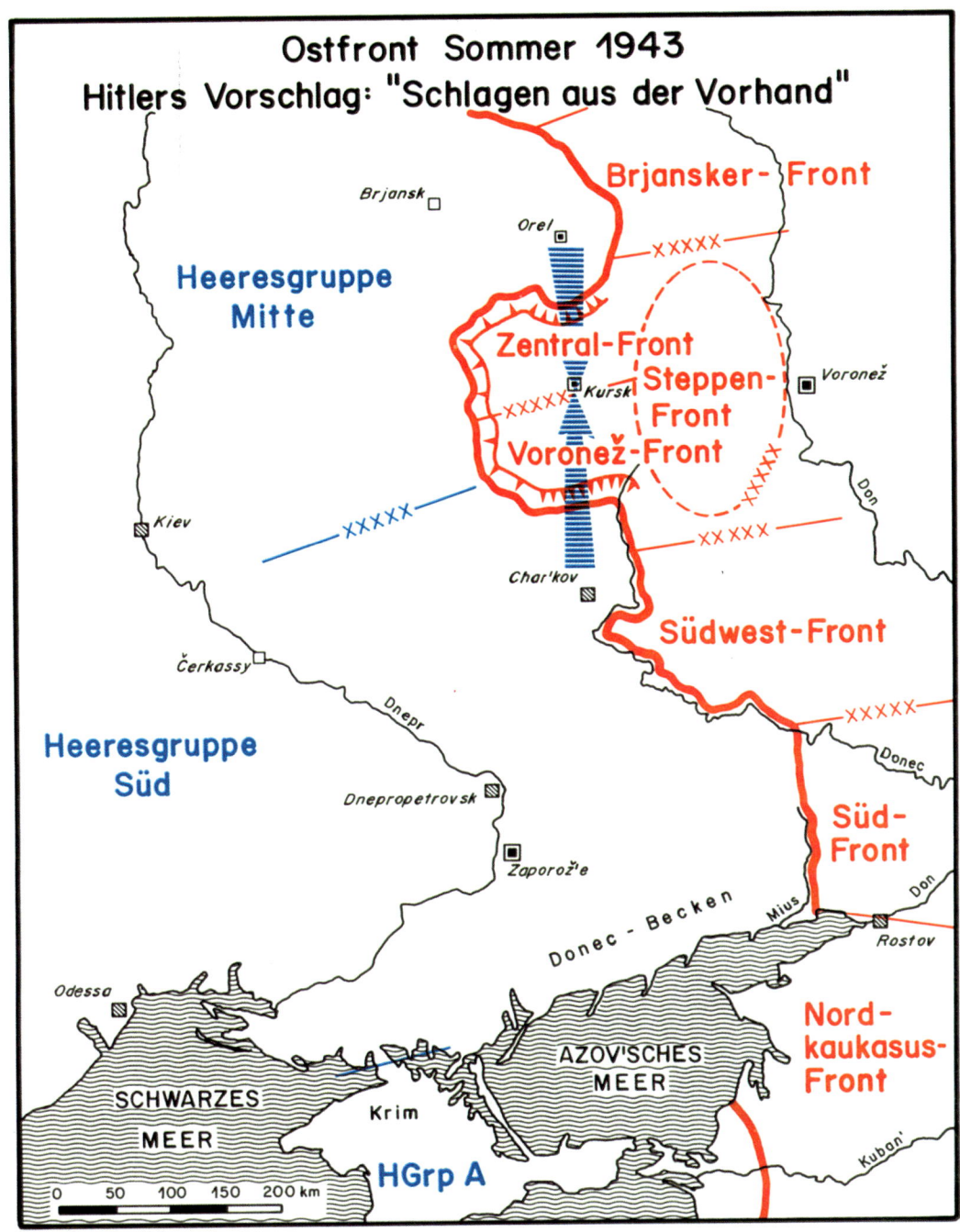

Ostfront Sommer 1943
Hitlers Vorschlag: "Schlagen aus der Vorhand"

Brjansker-Front

Brjansk

Orel

Heeresgruppe Mitte

Zentral-Front

Kursk

Steppen-Front

Voronež

Voronež-Front

Don

Kiev

Char'kov

Südwest-Front

Čerkassy

Dnepr

Donec

Heeresgruppe Süd

Dnepropetrovsk

Süd-Front

Zaporož'e

Donec-Becken

Mius

Don

Rostov

Odessa

AZOV'SCHES MEER

Nord-kaukasus-Front

SCHWARZES MEER

Krim

Kuban'

HGrp A

0 50 100 150 200 km

re zu starten. Parallel zur sowjetischen Südwest-Front hatte inzwischen nördlich davon die Voronež-Front eine Offensive in Richtung Dnepr gestartet. Doch auch hier wurde diese viel zu weit vorgetragene Offensive den Angreifern zum Verhängnis. Mansteins Truppen zerschlugen die meisten Verbände von weiteren drei Armeen. Einen wichtigen Erfolg stellte hierbei die Rückeroberung von Char'kov, der viertgrößten Stadt der Sowjetunion, dar. Nun war auch in diesem Frontabschnitt das Gebiet bis zum Donec zurückgewonnen.

Die strategische Bedeutung von Mansteins Gegenschlag liegt jedoch weniger darin, was er gewonnen hatte, sondern vielmehr darin, was er verhindern konnte, nämlich den frühzeitigen Zusammenbruch der gesamten Ostfront noch im Frühjahr 1943. Dies wäre nach der von der Roten Armee beabsichtigten

Einschließung des deutschen Südflügels unvermeidlich gewesen.

II. »Schlagen aus der Nachhand« oder »Schlagen aus der Vorhand«?

Manstein bezeichnete das Verfahren des operativen Gegenangriffs als »Schlagen aus der Nachhand« und empfahl es Hitler als Erfolgsrezept. Das kräftemäßig unterlegene deutsche Heer sollte in der strategischen Defensive bleiben und die Sowjets angreifen lassen, um dann durch Gegenangriffe in die Flanke zu kontern. Dies galt beispielsweise für einen sowjetischen Angriff aus dem Kursker Bogen heraus. Noch wahrscheinlicher er-

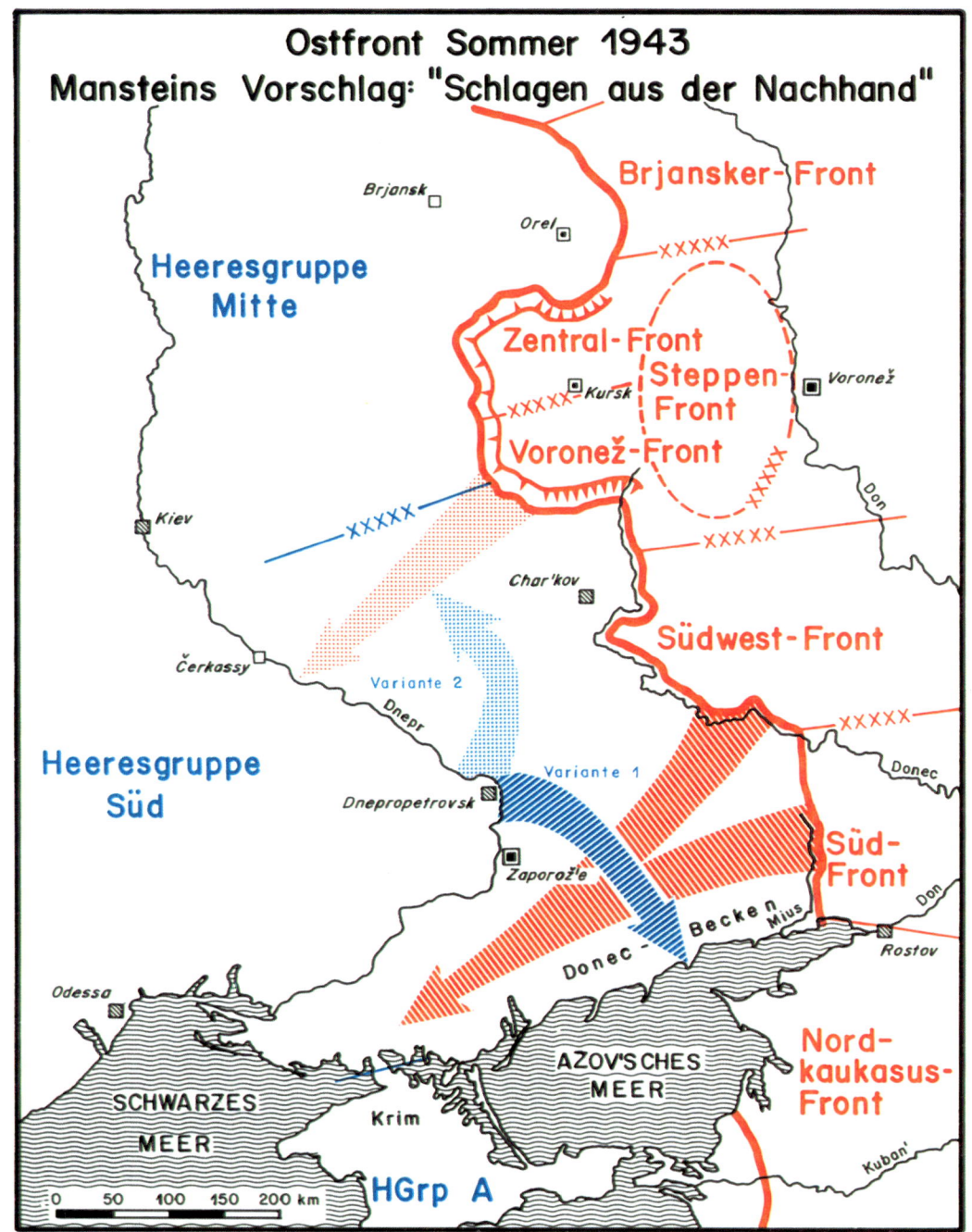

Ostfront Sommer 1943
Mansteins Vorschlag: "Schlagen aus der Nachhand"

schien ihm eine Offensive gegen den überdehnten Südflügel seiner Heeresgruppe. Hierbei entwickelte er folgenden Plan: Er wollte der sowjetischen Führung das wirtschaftlich bedeutsame Donec-Becken gleichsam als Köder anbieten und sie an diesem Frontabschnitt zu einer Offensive provozieren, indem er den Südflügel absichtlich schwächte. Wenn es gelang, die Offensive der Roten Armee in diese Richtung zu lenken, dann sollte im Rücken der Angreifer ein Vorstoß zum Azovschen Meer erfolgen, um diese in einem gewaltigen Kessel einzuschließen[5]. Manstein plante gleichsam eine Neuauflage seines »Sichelschnitts« von 1940, als durch den deutschen Panzervorstoß an die Somme-Mündung über eine Million alliierter Soldaten an der Kanalküste eingeschlossen wurden. Damals stellte der Raum Flandern den Köder dar, der die Alliierten dazu reizen

sollte, nach vorne zu stürmen. Sie lösten dadurch ungewollt einen Drehtür-Effekt aus, denn je ungestümer sie vorwärts drängten, desto leichter konnten ihnen die deutschen Panzerdivisionen in den Rücken stoßen. 1914 war diese Drehtürbewegung in umgekehrter Richtung nicht in Gang gekommen, obwohl sie eigentlich das Grundprinzip des Schlieffenplanes dargestellt hatte. Der Kaiser und sogenannte vaterländisch gesinnte Kreise hatten es nämlich abgelehnt, die Franzosen in die Falle von Elsaß-Lothringen hineinzulocken, weil sie keinen Fußbreit Boden preisgeben wollten. Nun zeigte sich Hitler in ähnlich statischen Denkkategorien befangen, er weigerte sich – entgegen Mansteins Vorschlag –, Raum preiszugeben, um auf diese Weise zu einem operativen Bewegungskrieg übergehen zu können. So erklärte er: „Ich kriege immer einen Horror, wenn ich so etwas höre, daß man sich irgendwo absetzen muß, um dann ›operieren‹ zu können[6].«

Doch es kam noch schlimmer; der Diktator entschloß sich sogar anzugreifen. Statt eines Schlagens aus der Nachhand forderte er ein Schlagen aus der Vorhand.

III. Die deutsche Offensivplanung – eine vorprogrammierte Niederlage

Hitler wollte unbedingt den Kursker Bogen mit einem Zangenangriff abkneifen. Dieser Plan erscheint auf den ersten Blick durchaus plausibel. Manstein hatte bereits im März unmittelbar nach der Rückeroberung von Char´kov beabsichtigt, auf das noch unbefestigte Kursk vorzustoßen, was jedoch von Hitler abgelehnt worden war[7]. Anschließend machte die Tauwetterperiode großräumige Bewegungen unmöglich. Doch Hitler verschob auch später immer wieder den Beginn der Offensive. So fand diese weder im März noch im April statt, sondern erst im Juli 1943. Dann allerdings unter völlig anderen Voraussetzungen. Einer der Hauptgründe hierfür war Hitlers Technikwahn. Er versprach sich nämlich Wunderdinge vom Einsatz neuartiger Panzertypen – sehr zum Leidwesen von Generaloberst Heinz Guderian. Dieser lehnte es als Inspekteur der Panzertruppen ab, neue Panzermodelle, die noch nicht frontreif waren, in die Schlacht zu werfen. Trotzdem wurden diese eingesetzt, und so kam es, daß gleich am ersten Tag der Offensive bei der 4. Panzerarmee von 200 PANTHERN 160 vor allem wegen technischer Pannen ausfielen[8]. Doch gerade wegen dieser neuen Panzer hatte Hitler den Angriffstermin mehrmals verschieben lassen! Was bei der Kursker Offensive gänzlich fehlte, war der Überraschungseffekt. Wie bereits Clausewitz schreibt, steht der Faktor Überraschung in Relation zur Ökonomie der Kräfte. Je unerwarteter ein Angriff erfolgt, um so weniger hat der Verteidiger Zeit, sich darauf vorzubereiten, und desto weniger Kräfte muß der Angreifer aufwenden, um einen Durchbruch zu erzielen[9]. Die Rote Armee aber hatte inzwischen monatelang Zeit gehabt, die deutschen Angriffsabsichten genauestens aufzuklären und den Kursker Bogen zu einer Festung auszubauen. So mußten sich die deutschen Angriffsdivisionen über Dutzende von Kilometern durch mehrfach hintereinander gestaffelte Abwehrsysteme hindurchkämpfen. Hierbei erwartete sie ein Labyrinth aus Schützengräben, Bunkern, Panzerfallen, Pakriegeln und Minenfeldern. Pro Frontkilometer waren durchschnittlich 1500 Panzerminen und 1700 Schützenminen verlegt und in den Hauptabschnitten pro Kilometer 92 Artilleriegeschütze und schwere Granatwerfer in Stellung gebracht worden[10].

Es wurden nun verschiedene Pläne entwickelt, wie man im Rahmen der Operation »Zitadelle« die »Kursker Festung« aufbrechen konnte. Hierbei war es offenbar Manstein, der vorschlug, den Kursker Bogen nicht in einer schablonenartigen Zangenbewegung von Norden nach Süden her zu durchstoßen, sondern den Gegner dadurch zu überraschen, daß man frontal von Westen her angreifen würde. An dieser Stelle waren die sowjetischen Verteidigungsstellen am schwächsten ausgebaut. Nach dem relativ leichten Durchbruch hätte man nach links und rechts auffächern und die Sowjets in ihre eigenen Minenfeldern drücken können. Somit wäre es nicht zu einer konzentrischen Umfassungsbewegung von außen, sondern zu einer exzentrischen Umfassungsbewegung von innen her gekommen. Wie beispielsweise Guderian berichtet, verfolgte auch Hitler zeitweilig diese Idee. Sie wurde jedoch wieder verworfen, weil man angeblich zu wenig Zeit hatte, die Verbände umzugruppieren[11]. Manstein sah noch ein anderes Problem. Er befürchtete, daß während des Vorstoßes auf Kursk der sowjetische Gegenangriff mit voller Wucht auf die abgekämpften deutschen Truppen prallen würde. Unmittelbar hinter dem Kursker Bogen stand schließlich eine gesamte Heeresgruppe, die Steppen-Front, als sogenannte »strategische Reserve« bereit. Deshalb schlug der Feldmarschall vor, in einem Zangenangriff beider Heeresgruppen zunächst die Reserve der Roten Armee anzugreifen[12]. Hierbei hätte die deutsche Panzerwaffe beim Stoß in die Tiefe ihre große Stärke, nämlich das Führen beweglicher Operationen, ausspielen können. Gleichzeitig wäre der Kursker Bogen weiträumig umfaßt worden. Doch auch dieser Gegenvorschlag wurde abgelehnt. So kam es zur unsinnigsten aller Möglichkeiten: Die Deutschen griffen an der Stelle an, wo dies die Rote Armee erwartet und sich perfekt darauf vorbereitet hatte. So fuhren die deutschen Panzer am 5. Juli in kilometertiefe Minenfelder hinein.

Dieses Vorgehen erscheint noch paradoxer, wenn man folgendes bedenkt: Die Sowjets wußten genau, wo die Deutschen angreifen würden, und die Deutschen wußten, das die Sowjets wußten, wo sie angreifen würden. So wurden Hitler Luftaufnahmen gezeigt, die demonstrierten, daß die Rote Armee exakt in der geplanten Angriffsrichtung tiefgestaffelte Verteidigungsanlagen errichtet hatte[13]. Doch der Diktator war derart von der Durchschlagskraft der neuen schweren Panzer überzeugt, daß er die Offensive unverändert nach dem nun einmal festgelegten Schema durchführen ließ.

Die Führung der Roten Armee kannte aber nicht nur die Stoßrichtung, sondern auch den Zeitpunkt des deutschen Angriffs[14]. Normalerweise werden große Offensiven durch einen überraschenden Feuerschlag der eigenen Artillerie auf die Stellung des Verteidigers eingeleitet. Bei Kursk war es umgekehrt. Zwei Stunden vor Beginn des Angriffs erfolgte ein massiver Feuerschlag der sowjetischen Artillerie gegen die deutschen Angriffsverbände[15]. Ebenso waren die sowjetischen Flugzeuge bereits vor den deutschen in der Luft, um diesen zuvorzukommen. Hierbei griffen jedoch die Bomber häufig ohne Jagdschutz an und erlitten heftige Verluste[16].

Bei der Schlacht von Kursk gab es eine weitere Ungereimtheit. Nach einer alten militärischen Faustregel sollte ein Angreifer eine Überlegenheit von 3:1 besitzen, eine Relation, die angesichts einer gut ausgebauten Abwehrstellung sogar noch erhöht werden muß. Die Deutschen griffen lediglich mit drei Armeen (theoretische Stärke 650 000 Mann[17]) sowie 2000 Panzern und Sturmgeschützen[18] an, unterstützt von rund 1500 Flugzeugen[19]. Doch allein im Kursker Bogen (Voronež-Front und Zentral-Front) und der dahinter aufgebauten Steppen-Front waren 18 sowjetische Armeen (knapp zwei Millionen Mann) mit 5130 Panzern konzentriert. Die Anzahl der sowjetischen Flugzeuge betrug (ohne Berücksichtigung der Reserven) etwa 3200 Maschinen[20]. Rechnet man noch die Verbände hinzu, die im Raum Orel und Belgorod (bei der Brjansker Front und der Südwest-Front) für den Gegenschlag bereitstanden, so

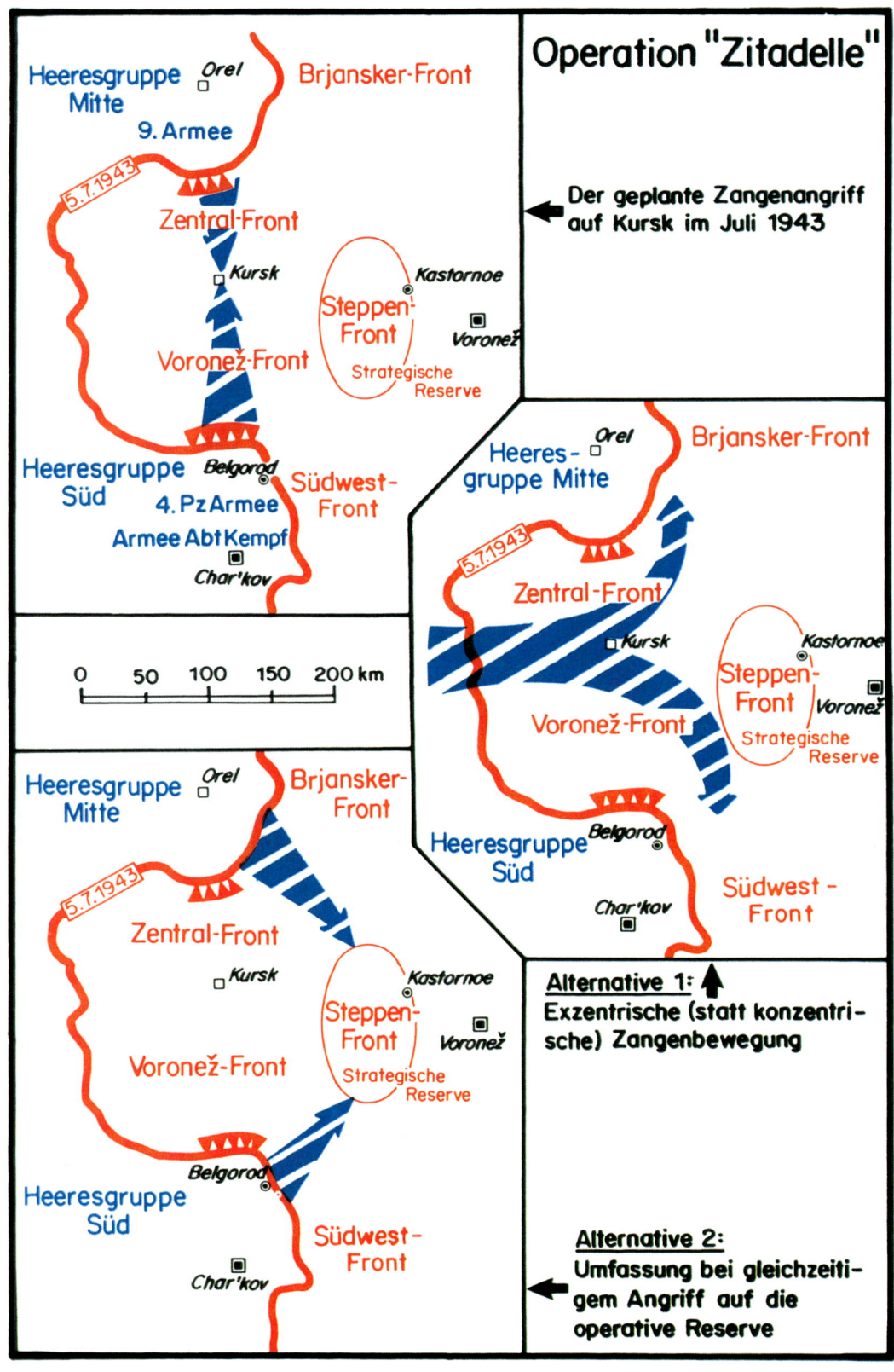

Operation "Zitadelle"

← Der geplante Zangenangriff auf Kursk im Juli 1943

Alternative 1: ↑
Exzentrische (statt konzentrische) Zangenbewegung

Alternative 2:
← Umfassung bei gleichzeitigem Angriff auf die operative Reserve

kommt man auf 27 sowjetische Armeen[21]. Ein großer Teil dieser Armeen war jedoch derart gut getarnt als zweite Staffel zurückgehalten worden, daß die Deutschen zehn Armeen, davon zwei Panzerarmeen, nicht aufklären konnten[22].

Dennoch reichte allein die Anzahl der aufgeklärten Armeen aus, um eine abschreckende Wirkung zu erzielen. Nachdem die Offensive immer wieder verschoben worden und somit jeglicher Überraschungseffekt verloren war, rieten immer mehr Generale Hitler davon ab[23]. Vor allem die Operationsabteilung im Generalstab des Heeres versuchte verzweifelt, Hitler von seiner fixen Idee abzubringen[24]. Als General Guderian den Diktator geradezu anflehte, auf die Offensive zu verzichten, gab dieser zu, auch er habe ein ganz »mulmiges« Gefühl im Bauch[25]. So stellt sich die Frage, weshalb er trotzdem unbedingt angreifen wollte. Die Antwort darauf könnte in einem markanten Satz des Operationsbefehls Nr. 6 liegen, den Hitler persönlich einfügen ließ: »Der Sieg von Kursk muß für die Welt wie ein Fanal wirken[26].«

Genau dies war es: Hitler wollte um jeden Preis einen Prestigeerfolg, um nicht bei Deutschlands schwankenden Verbündeten, sondern bei der eigenen Bevölkerung den Glauben an die Stärke der deutschen Waffen wieder herzustellen. Mit anderen Worten: die Offensive gegen Kursk erfolgte nicht so sehr aus militärischen, sondern vielmehr aus politisch-propagandistischen Gründen. Hierbei spielte Hitler wieder einmal Vabanque und setzte alles auf eine Karte.

IV. Die Offensive gegen Kursk: Ablauf und Bewertung

Der Ablauf der Schlacht, die am 5. Juli begann, soll nur kurz skizziert werden: Von Norden her griff im Bereich der Heeresgruppe Mitte die 9. Armee unter Generaloberst Walter Model an. Doch der Angriff kam nur schwer voran. Als die Sowjets am 11. Juli bei Orel zu einer Gegenoffensive antraten, wurde der Angriff endgültig abgebrochen[27]. Erheblich erfolgreicher verliefen die Operationen bei der Heeresgruppe Süd. Hier griff die 4. Panzerarmee unter Generaloberst Hermann Hoth an, unterstützt von der Armeeabteilung Kempf. Die Lage entwickelte sich für die Rote Armee derart kritisch, daß sie bereits frühzeitig ihre »strategische Reserve« in die Waagschale werfen mußte.

Doch die eigentliche Entscheidung über die Fortführung der deutschen Offensive fiel 3000 Kilometer entfernt auf Sizilien, wo am 10. Juli amerikanische und britische Truppen landeten[28]. Diese Nachricht löste bei Hitler eine Überreaktion aus, weil er nun den Abfall des italienischen Bundesgenossen befürchtete. Am 13. Juli bestellte er Feldmarschall Günther v. Kluge, den Oberbefehlshaber der Heeresgruppe Mitte, und Feldmarschall v. Manstein, den Oberbefehlshaber der Heeresgruppe Süd, zu sich und befahl das Herauslösen des II.SS-Panzerkorps, das nach Italien verlegt werden sollte. Dies bedeutete das Ende der letzten deutschen Offensive an der Ostfront.

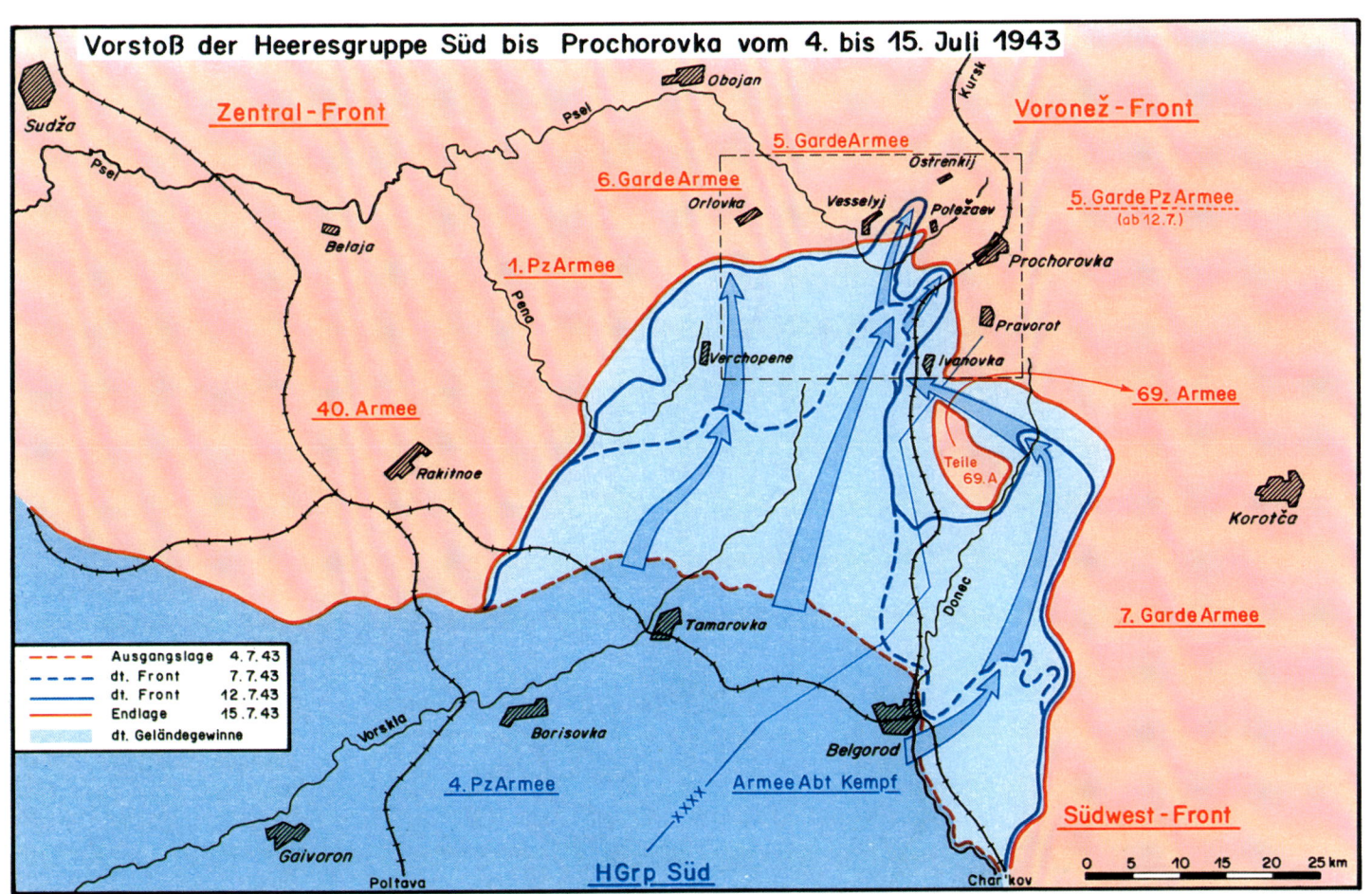

Vorstoß der Heeresgruppe Süd bis Prochorovka vom 4. bis 15. Juli 1943

Im folgenden soll auf zwei wissenschaftliche Kontroversen zur Schlacht von Kursk eingegangen werden, bei denen es zwischen der deutschen und russischen Historiographie erhebliche Meinungsunterschiede gibt:

1. Die Panzerschlacht von Prochorovka

Bei Prochorovka fand am 12. Juli 1943 die »größte Panzerschlacht der Kriegsgeschichte« statt. Die deutsche 4. Panzerarmee war von Süden her nahezu unaufhaltsam vorgedrungen und stand am 11. Juli vor dem entscheidenden Durchbruch. In dieser kritischen Situation mußte die Führung der Roten Armee die letzte verfügbare Trumpfkarte, nämlich die 5. Gardepanzerarmee, ins Gefecht werfen. Deren Einsatz wird in sowjetischer Darstellung, z.B. im dritten Band der Geschichte des Großen Vaterländischen Krieges, sehr dramatisch geschildert[29]. So soll es am 12. Juli zum Zusammenprall von etwa 1500 Panzern gekommen sein, und zwar in der nur etwa drei Kilometer breiten Enge von Prochorovka zwischen dem Eisenbahndamm und dem Fluß Psël. Nach dieser Darstellung rollten 850 sowjetische und 700 deutsche Panzer »wie zwei Lawinen aus Stahl« aufeinander zu. Hierbei sollten 400 deutsche Panzer vernichtet und das II.-SS-Panzerkorps aufgerieben worden sein.

Doch hier besteht ein erheblicher Unterschied zwischen Mythos und Realität. Das SS-Panzerkorps verfügte an diesem Tag nur über 273 einsatzfähige Panzer[30], also kann es kaum 400 verloren haben. Zwar fielen 43 aus[31], die Totalverluste aber betrugen – wie aus den Akten eindeutig hervorgeht – nicht mehr als fünf Panzer[32]. Andererseits sollen – nach Schätzungen des SS-Panzerkorps – die Sowjets mindestens 244 Panzer verloren haben[33]. Inzwischen sind die Archivakten des russischen Generalstabs zugänglich gemacht worden. Die daraus ersichtlichen Angaben über Totalverluste der sowjetischen Panzerwaffe sind derart hoch, daß die deutschen Schätzungen wohl nicht allzu übertrieben erscheinen[34]. Die 5. Gardepanzerarmee war gerade neu aufgestellt worden und gehörte zur »strategischen Reserve«. Sie bestand aus dem XVIII. und XXIX. Panzerkorps sowie dem V. mechanisierten Korps, außerdem waren ihr das II. Panzerkorps und das II. Gardepanzerkorps unterstellt. Gleich am ersten Tag ihres Einsatzes, am 12. Juli, verlor sie bei Prochorovka innerhalb weniger Stunden einen großen Teil ihrer Panzer und mußte den wuchtig begonnenen Angriff wieder einstellen. Ihre Verbände hatten mit einer bemerkenswerten Verbissenheit und Opferbereitschaft gekämpft. Nun aber waren sie derart angeschlagen, daß sie in den nächsten Tagen nur noch wenig in Erscheinung traten[35]. Welche Folgen dieser frontale Zusammenprall mit den deutschen Panzern hatte, zeigt beispielsweise eine Statistik im »Bericht über die Kampfhandlungen des XXIX. Panzerkorps«, das entlang des berühmten Bahndamms südwestlich von Prochorovka angegriffen hatte. Am 12. Juli mußte dieses Korps folgende Ausfälle hinnehmen:

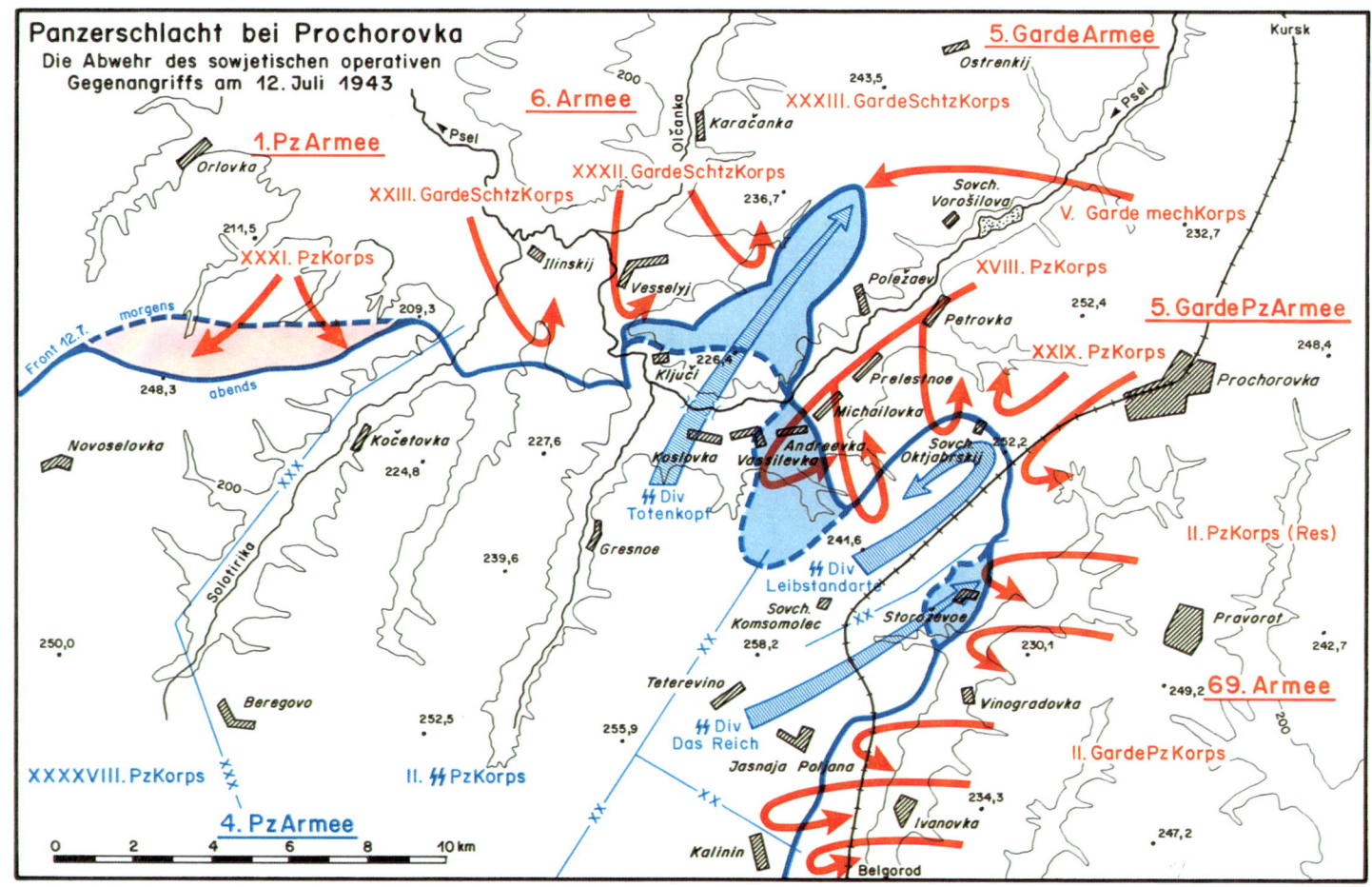

- Von 122 T-34-Panzern insgesamt 95, davon 75 Totalverluste,
- von 70 T-70-Panzern insgesamt 36, davon 28 Totalverluste,
- von 20 Sturmgeschützen insgesamt 19, davon 14 Totalverluste[36].

Dies bedeutet, daß allein das XXIX. Panzerkorps am 12. Juli von 212 eingesetzten Panzern (und Sturmgeschützen) 150 verlor; davon werden 117 als »unwiederbringliche« Verluste bezeichnet.

Aus Sicht der deutschen Panzerverbände erschien der 12. Juli als äußerst harter, aber erfolgreicher Kampftag, da es gelungen war, den operativen Gegenangriff weit überlegener sowjetischer Panzerverbände zurückzuschlagen[37]. Empfindlich waren allerdings die Verluste bei der Begleitinfanterie; außerdem stauten sich inzwischen in den Reparaturwerkstätten die ausgefallenen Panzer und sonstigen Fahrzeuge. Im übrigen zeigten sich die deutschen Soldaten schockiert über die mit geradezu selbstmörderischem Einsatz vorgetragenen Attacken der sowjetischen Panzerverbände. Doch schon am nächsten Tag, dem 13. Juli, setzte das SS-Panzerkorps den Angriff fort und konnte bis zum 15. Juli in einem Zangenangriff zusammen mit dem III. Panzerkorps den sogenannten »Kessel [nördlich] von Belgorod« schließen. Inzwischen jedoch hatte die südlich von Prochorovka eingesetzte sowjetische 69. Armee den Rückzug angetreten. So konnte ein Großteil ihrer Verbände der Einkesselung entgehen.

Aus heutiger Sicht läßt sich feststellen: Die Panzerschlacht bei Prochorovka am 12. Juli wurde weder von den Deutschen noch von den Sowjets gewonnen, da keine der beiden Seiten das angestrebte Ziel erreichen konnte[38]. Einerseits scheiterte der Gegenangriff der 5. Gardepanzerarmee schon im Ansatz unter heftigsten Verlusten, andererseits aber wurden die deutschen Verbände, die sich in der Offensive befanden, vorübergehend in die Defensive gedrängt. Sie konnten deshalb nicht wie geplant am 12. Juli den Durchbruch erzwingen.

Den Kulminationspunkt der Operation »Zitadelle« stellte zweifellos die Panzerschlacht in der Enge von Prochorovka am 12. Juli dar. Diese Episode wurde durch die sowjetische Propaganda derart überdramatisiert, daß sie schließlich zum Mythos geriet. Daran entzündete sich auch die Phantasie westlicher Autoren, wobei die ursprünglichen Übertreibungen sowjetischer Historiker sogar noch zugespitzt wurden[39]. So ist beispielsweise in einem kürzlich publizierten Artikel – dazu noch in einer Zeitschrift der Bundeswehr – zu lesen, bei Prochorovka sei es zu einer Begegnungsschlacht von 1500 Panzern auf einem Schlachtfeld von »höchstens 500 Meter Breite und 1000 Meter Tiefe«(!) gekommen[40]. Im Sommer 1993 brachte das zweite Deutsche Fernsehen eine Sendung über die Panzerschlacht von Prochorovka mit dem Titel »Erinnerungen an das Inferno«. Hierbei wurden die bekannten Klischees übernommen und die Geschehnisse zu einer Apokalypse hochstilisiert. Wie jedoch ein Vergleich deutscher und russischer Originalakten, vor allem der Lagekarten, ergibt, prallten in der nur drei Kilometer breiten Enge von Prochorovka (zwischen dem Bahndamm und dem Fluß Psël) keineswegs zwei komplette Panzerarmeen aufeinander. Es standen sich vielmehr auf deutscher

Seite (im wesentlichen) eine Panzerdivision und auf sowjetischer Seite das XVIII. Panzerkorps sowie Verbände des XXIX. Panzerkorps gegenüber[41]. Auch bei russischen Militärhistorikern herrscht heutzutage offenbar Einigkeit darüber, daß der Begriff »Panzerschlacht von Prochorovka« weiter als bisher gefaßt werden muß, da er sich auf die operative Ebene bezieht[42]. Er umfaßt die Gesamtheit aller Panzergefechte, die – je nach Interpretation – vom 10. bis 16. Juli im Großraum Prochorovka auf einer Frontbreite von etwa 50 Kilometern stattfanden. Hierbei kämpften zwei deutsche Panzerkorps (mit etwa 420 Panzern und Sturmgeschützen[43]) gegen drei sowjetische Armeen[44].

Wie ist nun das entstehen des Mythos von Prochorovka zu erklären?
General Pavel A. Rotmistrov, der Oberbefehlshaber der 5. Gardepanzerarmee, befand sich später in einem Rechtfertigungszwang, als er die außerordentlich hohen Panzerverluste seiner Armee, und dies bereits am ersten Tag ihres Einsatzes, erklären mußte. So entstand nicht zuletzt durch seine dramatische Schilderung der Mythos von Prochorovka, wo angeblich der deutschen Panzerwaffe am 12. Juli das Rückgrat gebrochen wurde[45]. Den dramatischen Höhepunkt stellte jene vielbeschriebene Episode dar, wonach der Fahrer eines T-34 einen deutschen TIGER gerammt und sich mit ihm zusammen in die Luft gesprengt haben soll. Diese Szene ist auch von sowjetischen Schlachtenmalern auf die Leinwand gebannt worden. Doch wie aus den deutschen logistischen Akten zweifelsfrei hervorgeht, verlor die Heeresgruppe Süd am 12. Juli keinen einzigen TIGER durch Totalausfall[46]. Die Behauptung von General Rotmistrov, seine Armee habe an diesem Tag 70 TIGER vernichtet, ist insofern nicht nachvollziehbar[47]. Gleichzeitig ist jedoch darauf hinzuweisen, daß die Deutschen in der Schlacht von Kursk auch etliche Exemplare des modifizierten PANZER IV (Ausführung H mit 7,5 cm Langrohrkanone L/48) einsetzten, die eine gewisse Ähnlichkeit mit dem TIGER aufwiesen. Im Qualm des Schlachtfeldes könnte es durchaus zu Verwechselungen gekommen sein. Ebenso wurden später an der Westfront von britischen und amerikanischen Verbänden häufig Abschüsse von TIGERN gemeldet, obwohl es sich in Wirklichkeit um das Modell (H) des PANZERS IV. gehandelt hatte.

Zum sowjetischen Panzereinsatz bei Prochorovka läßt sich feststellen: Der Angriff der 5. Gardepanzerarmee wurde mit atemberaubender Kühnheit, jedoch völlig überstürzt vorgetragen. Entsprechend waren auch die Verluste. Die Rote Armee befand sich in jener Phase eigentlich noch in der »strategischen Defensive«. Insofern erscheint es sonderbar, daß dieser Einsatz, der den deutschen Angriff aufhalten sollte, im Stil einer Durchbruchsschlacht (!) erfolgte. Hierbei richtete sich der Schwerpunkt ausgerechnet gegen die Spitze des deutschen Panzerkeils, und dies als Frontalangriff in deckungsarmem Gelände. Diese Taktik wurde vielen T-34-Panzern zum Verhängnis, wenn sie versuchten, die kaum bezwingbaren TIGER-Panzer anzugreifen[48].

Erheblich geschickter war wenige Tage vorher die 1. Panzerarmee eingesetzt worden. Die deutschen Angriffsverbände hatten bereits zwei Tage nach Beginn der Offensive die Stellungen der 6. Gardearmee weitgehend durchstoßen, was bei den Sowjets zu einer Krise führte. Nun kam es in den höheren Führungsstäben zu einer heftigen Auseinandersetzung um den defensiven bzw. offensiven Einsatz der operativen Panzerreserven. General Nicolaj F. Vatutin, der Oberbefehlshaber der Voronež-Front, wollte die T-34-Panzer in die Erde eingraben lassen, um eine Panzerabwehrfront zu bilden. Doch Marschall Georgij K. Žukov protestierte als Vertreter des sowjetischen Oberkommandos gegen diesen »sinnwidrigen Gebrauch« der Panzerwaffe; er verlangte einen energischen Gegenangriff. Auf diese Weise wäre es jedoch zu einer offenen Feldschlacht gekommen, bei der die Deutschen ihre taktische Überlegenheit hätten ausspielen können. Dann wäre der Weg frei gewesen für einen raschen Vorstoß in Richtung Kursk. Daß Stalin schließlich zugunsten des defensiven Einsatzes der Panzer intervenierte, ist nicht zuletzt auf das energische Vorgehen eines Mannes zurückzuführen, der später einer seiner Nachfolger werden sollte. Es handelte sich um Nikita S. Chruščev, den damaligen Kriegsrat (= Politkommissar) der Voronež-Front. So konnten am 7. Juli die deutschen Panzer zunächst gestoppt werden[49]. Dies gelang später auch bei Prochorovka - aber unter welch sinnlosen Verlusten! So blieben auf diesem Schlachtfeld hunderte von sowjetischen Panzerwracks liegen, während die Deutschen nur relativ wenige Totalverluste zu verzeichnen hatte. Insofern muß es als Propagandamythos erscheinen, Prochorovka zum »Grab der deutschen Panzerwaffe« hochzustilisieren.

Daß die deutschen Panzer bei den zahlreichen Duellen meist Sieger blieben, ist hauptsächlich auf drei Faktoren zurückzuführen:

(1) Die Deutschen verfügten über die größere Erfahrung im taktischen Einsatz von Panzerverbänden. Guderians neuartige Ideen hatten sich bereits im Polenfeldzug (1939) bewährt und waren seitdem weiterentwickelt worden.

(2) Sämtliche deutsche Kampfpanzer waren mit Funkgerät ausgestattet, bei der Roten Armee in der Regel nur der Führungspanzer. Deshalb konzentrierten die deutschen Einheiten ihr Feuer hauptsächlich auf den (an den Antennen erkennbaren) Panzer des jeweiligen gegnerischen Kompaniechefs. War dieser ausgeschaltet, so zeigten sich die Besatzungen der übrigen sowjetischen Panzer häufig orientierungslos. Das Schlachtfeld von Prochorovka war in einer Wolke von Staub und Rauch gehüllt, so daß viele Panzerbesatzungen ohnehin immer wieder den Sichtkontakt zum Panzer ihres Vorgesetzten verloren. Insofern bewährte sich in diesem Getümmel das »Führen durch Funk«.

(3) Die sowjetischen Verbände wurden schematisch nach »Befehlstaktik«, die deutschen hingegen flexibel nach »Auftragstaktik« geführt. Dieses Führungsprinzip der Wehrmacht, bei dem die militärischen Führer ein hohes Maß an Handlungsspielraum und Entscheidungsfreiheit besaßen, erwies sich gerade im Chaos von Prochorovka als unschätzbarer Vorteil. Am 12. Juli verlor zeitweilig auf beiden Seiten die obere Führung die Kontrolle. Die Panzerschlacht löste sich in zahllose Einzelgefechte auf, was den zum selbständigen Führen ausgebildeten Offizieren und Feldwebeln der deutschen Panzertruppe sehr entgegenkam.

Im übrigen markiert die Schlacht von Kursk in technologischer Hinsicht eine Zäsur. Durch die Einführung neuer Modelle war es der Wehrmacht erstmalig gelungen, den sowjetischen Vorsprung in der Panzertechnik nicht nur einzuholen, sondern sich qualitativ an die Spitze zu setzen. So zeigte sich die neu entwickelten TIGER und PANTHER dem T-34 eindeutig überlegen. Die deutsche Panzertechnik hatte sich zu Beginn des Zweiten Weltkrieges praktisch noch in den »Kinderschuhen« befunden. Auf Grund der restriktiven Bestimmungen des Versailler Vertrages war es dem Deutschen Reich verboten gewesen, Panzer zu produzieren. Wie groß der technische Rückstand von Hitlers überstürzt aufgebauter Panzerwaffe im Vergleich zu den westlichen Alliierten war, zeigte sich schockierend im Westfeldzug 1940. Nur auf Grund revolutionärer taktischer Methoden konnten die überlegenen, jedoch noch im Stil des Ersten Weltkrieges eingesetzten Panzer der Westmächte ausmanövriert werden[50]. Hierbei erscheint es wie eine Ironie der Geschichte, daß es zu diesem Zeitpunkt wohl noch überhaupt keine einsatzfähige deutsche Panzerwaffe gegeben hätte, wenn nicht vorher (während der Weimarer Republik) ausgerechnet der spätere sowjetische Gegner Hilfe geleistet hätte. Auf Grund des Freundschaftsvertrages von Rapallo hatte nämlich die Rote Armee der deutschen Reichswehr gestattet, insgeheim auf sowjetischem Territorium Panzerversuche durchzuführen.

Nach neuesten russischen Angaben verlor die Rote Armee in der Schlacht um den Kursker Bogen 6064 Panzer und Sturmgeschütze, davon 1614 während der Verteidigungsphase (5. Juli bis 23.Juli), 2586 während der Offensive bei Orel (12. Juli bis 18. August) und 1864 während der Offensive gegen Belgorod und Char'kov (3. August bis 23. August)[51]. In der vorliegenden Darstellung sollen auf deutscher Seite nur die Verluste während der deutschen Offensive (»Zitadelle«) untersucht werden. Die nördlich von Kursk angreifende Heeresgruppe Mitte brach bereits nach wenigen Tagen den Vormarsch ab. Ihre Panzerverbände hatten (vom 5. bis 14. Juli) – soweit rekonstruierbar – Totalverluste von 87 Kampfpanzern und Sturmgeschützen[52]. Bei der Heeresgruppe Süd läßt die Verlaufskurve hinsichtlich der Einsatzstärken der Panzer folgende Entwicklung erkennen: Die 4. Panzerarmee und die Armeeabteilung Kempf griffen am 5. Juli mit 1043 Panzern und 202 Sturmgeschützen an. Das entspricht einer Einsatzbereitschaft von ca. 90 Prozent[53]. Diese Quote sank bereits nach wenigen Tagen auf etwa 40 Prozent, allerdings zumeist wegen technischer Ausfälle. Kurioserweise kam es zum Abschluß der nun folgenden einwöchigen Panzerschlacht bei Prochorovka nicht zu einem Absinken, sondern sogar zu einem leichten Ansteigen der einsatzfähigen Panzer auf 46 Prozent[54]. Dies bedeutet, daß die Anzahl der ausgefallenen Panzer niedriger war als die der inzwischen aus der Instandsetzung wieder zugeführten. Die Zahl der Totalausfälle während der zwölftägigen deutschen Offensive (5. bis 16. Juli) betrug nach einer Statistik der Heeresgruppe Süd lediglich 161 Kampfpanzer und 14 Sturmgeschütze[55]! Schätzungen, wonach gleichzeitig beinahe 2500 sowjetische Panzer abgeschossen und größtenteils vernichtet wurden[56], lassen sich anhand der heute zugänglichen russischen Akten in dieser Größenordnung nicht bestätigen. Die Voronež-Front, die mit Verstärkungen (vor allem durch die Steppen-Front) etwa 3000 Panzer und Sturmgeschütze umfaßte, verlor in dieser Phase je-

AUSFÄLLE H.GR.SÜD
Stand .. 16.7... 1943
Geheime Kommandosache — 73

Pz. Kpfw.

		7.Pz	19.Pz	6.Pz	SS T.	SS R.	SS A.H.	11.Pz.D.	Gr.D.	3.Pz.	Pz.Abt 51	52	503	Summe
Stand		16.	16.	16.	16.	16.	16.	16.	16.	16.	16.	16.	16.	
Pz.Kpfw.-Totalverluste seit 5.7.		10	23	20	11	8	11	5	19	9	{42	}	3	161
Flamm	Totalverluste seit 5.7.	0	0	3			0	0	0					3
III	Totalverluste seit 5.7.	8	7	6	2	1	1	2	3	6				36
IV	Totalverluste seit 5.7.	2	16	11	8	6	9	3	16	3				74
V	Totalverluste seit 5.7.										{42	}		42
VI	Totalverluste seit 5.7.				1	1	1						3	6

Sturmgeschütze

	Sturmgeschütz-Abt.							Summe
	228	905	911 (911.b/393)	SS R.	SS A.H.	SS T.	Gr.D.	
Stand	16.	16.	16.	16.	16.	16.	16.	16.
Totalverluste seit 5.7.	1	3	3	3	1	1	1	1	14

Quelle: BA-MA, RH 10/64

doch mehr als ein Drittel ihrer Kampfwagen durch Totalausfall[57]. Bei einem Vergleich der beiderseitigen Verlustzahlen muß die geringe deutsche Quote erstaunen. Die Erklärung liegt darin, daß die deutschen Verbände bis zum 16. Juli das Schlachtfeld behaupten konnten. So war es möglich, den größten Teil der ausgefallenen Panzer zu bergen und wieder instand zu setzen. Zu einem rapiden Anstieg der Totalverluste kam es erst später während der Rückzugskämpfe zum Dnepr, als zahlreiche Panzer nicht mehr repariert werden konnten, sondern auf dem Schlachtfeld zurückgelassen werden mußten. Dennoch lag die Ausfallquote der sowjetischen Panzer zumeist erheblich höher als die der deutschen. Insofern machte sich bei den Panzerverbänden der Wehrmacht allmählich Verzweiflung breit. Sie konnten so viel gegnerische Panzer abschießen wie sie wollten, es griffen immer wieder neue an. Im Sommer 1943 erlitt die deutsche Panzerwaffe unersetzliche Verluste und mußte die Initiative abgeben. Entscheidend hierfür war jedoch keine einzelne Schlacht wie etwa bei Prochorovka, sondern eine Vielzahl von Gefechten, wo selbst größere Erfolge zu Pyrrhussiegen ausarteten, da zuwenig neue Panzer an die Front geliefert wurden.

Die zweite Kontroverse, die es zu untersuchen gilt, bezieht sich auf den frühen Abbruch der deutschen Offensive durch Hitler, nachdem er von der Landung der Alliierten auf Sizilien erfahren hatte. Der Diktator überraschte seine engsten Mitarbeiter immer wieder mit seinen extremen Gefühlsschwankungen. Er neigte zu maßloser Überschätzung der eigenen Möglichkeiten und geriet andererseits bei Mißerfolgen häufig in übertriebene Katastrophenstimmung[58]. Während der bereits erwähnten Besprechung am 13. Juli erklärte ihm Manstein, der Sieg liege „in greifbarer Nähe". Und er fuhr fort: „Jetzt den Kampf abzubrechen, würde bedeuten, daß man den Sieg verschenkte[59]!" Als Oberbefehlshaber der Heeresgruppe Süd beurteilte er die Erfolgsaussichten eher optimistisch. Der Gegner war gezwungen worden, bereits zu einem sehr frühen Zeitpunkt seine greifbaren Reserven in die Schlacht zu werfen. Außerdem hatte Manstein seine eigene operative Reserve, das XXIV. Panzerkorps, noch gar nicht eingesetzt. Der entscheidende Durchbruch stand unmittelbar bevor. Nachdem sich jedoch die Offensive der von Norden her auf Kursk angreifenden 9. Armee festgefahren hatte, entschloß sich Manstein statt dessen zu einer neuen Angriffsplanung, der »Operation Roland«. Danach sollten die Panzerverbände nicht mehr über Prochorovka nach Norden auf Kursk vorstoßen, sondern in einer einarmigen Zangenbewegung die im Südwestteil des Kursker Bogens stehenden sowjetischen Verbände einkesseln[60]. Doch Hitler verlor wieder einmal die Nerven. Er traf drei Fehlentscheidungen:

(1) Obwohl sich bei der Heeresgruppe Süd ein Erfolg abzeichnete, wurde ein Großteil der hier eingesetzten Flugzeuge zur Heeresgruppe Mitte abgezogen. Es verblieben nur noch 250 Jagd- und Schlachtflieger, jedoch keine Bomber und Stukas, obwohl diese in den entscheidenden Phasen der Panzerschlacht zeitweilig mehr feindliche Panzer zerstört hatten, als es der eigenen Panzerwaffe gelungen war[61].

(2) Als Manstein auf dem Höhepunkt der Schlacht die operative Reserve seiner Heeresgruppe, nämlich das XXIV. Panzerkorps, zum Einsatz bringen wollte, wurde ihm dies von Hitler untersagt.

(3) Der unverständlichste Fehler Hitlers aber war seine Kurzschlußreaktion, das SS-Panzerkorps, das den Rammbock des Angriffs dargestellt hatte, herauszulösen, um es nach Süditalien zu verlegen[62]. Dies widersprach jeglicher militärischer Logik. Der Abzug dieses Panzerkorps mußte für Italien ohnehin zu spät kommen, für die Operation bei Kursk jedoch viel zu früh. Im übrigen änderte der Diktator schon nach wenigen Tagen wieder seine Meinung und behielt die Masse des herausgelösten Korps doch im Osten.

Nach Aussage von General a. D. Graf Johann Adolf v. Kielmansegg reagierte damals die Operationsabteilung im Generalstab des Heeres geradezu bestürzt auf die vorschnelle Entscheidung Hitlers. Im privaten Kriegstagebuch des Generals findet sich am 16. Juli der bezeichnende Satz: „Damit ist [Operation] ›Roland‹ vor dem Entstehen tot. Es ist zum Weinen"[63].

Auch die mitten im Angriff befindlichen Panzerverbände zeigten sich überrascht über Hitlers Rückzugsbefehl[64].

Aus heutiger Sicht erscheint die Lagebeurteilung Mansteins eindeutig zutreffender als die Hitlers. Die Offensive gegen Kursk war »eine auf halben Wege abgebrochene Schlacht, eine kurz vor dem Höhepunkt verschenkte Entscheidung«[65]. Dennoch gilt es an dieser Stelle, der Gefahr einer »Dolchstoß-Legende« entgegenzutreten. Es war keineswegs so, daß die deutsche Panzertruppe, ironisch ausgedrückt, »im Felde unbesiegt« nur durch einen unsinnigen Halt-Befehl Hitlers am Erfolg gehindert wurde – wie im Westfeldzug 1940 vor Dünkirchen. Mansteins These vom »verschenkten Sieg« mag durchaus zutreffend gewesen sein, doch es wäre einmal mehr ein »verlorener Sieg« geworden, um den Titel seiner Memoiren zu zitieren. Er hätte nur einen vorübergehenden operativen Teilerfolg erzielen können, der angesichts der bevorstehenden Sommeroffensive der Roten Armee schon bald wieder zerronnen wäre. Der Gegner, der in diesem Frontabschnitt 27 Armeen konzentriert hatte, war derart überlegen, daß er – auch bei glänzenden deutschen Anfangserfolgen – Mansteins Verbände letztlich doch erdrückt hätte. So war die Schlacht eigentlich schon verloren, noch bevor sie begonnen hatte.

V. Schlußbetrachtung

Der Zweite Weltkrieg war ein Krieg der industriellen Ressourcen; er wurde eigentlich nicht auf dem Schlachtfeld entschieden. Die Entscheidung fiel vielmehr an der gleichen Stätte wie schon im Ersten Weltkrieg, nämlich in den Fabrikhallen. So produzierten die Deutschen insgesamt 25 000 Kampfpanzer. Doch diese Zahl erscheint geradezu verschwindend gegenüber den 200 000 Kampfpanzern, die gleichzeitig in den USA, Großbritanien und der Sowjetunion gebaut wurden[66]. Mit anderen Worten: die Deutschen hatten auf Dauer gesehen nicht die geringsten Chancen, diesen Krieg zu gewinnen.

Insofern läßt sich feststellen: Die Schlacht von Kursk war keine Entscheidungsschlacht, der Ausgang des Krieges war eigentlich schon entschieden. Es handelte sich, realistisch betrachtet, auch um keine Wende, sondern nur um den verzweifelten Versuch, doch noch eine Wende zu erzwingen. Den gleichermaßen aussichtslosen Versuch unternahm Hitler auch Ende 1944 gegen die Westmächte mit der sogenannten Ardennenoffensive.

Der Angriff gegen die Sowjetunion mit ihren überlegenen militärischen Ressourcen war von vornherein ein Abenteuer gewesen. Doch das abenteuerlichste Unternehmen innerhalb dieses Feldzuges bildete die Offensive gegen Kursk. Manstein hatte im Frühjahr 1943 trotz seines Sieges klar erkannt, daß der Krieg nicht mehr siegreich beendet werden konnte, und deshalb zur strategischen Defensive geraten. Die Offensiven des Gegners sollten durch »Schlagen aus der Nachhand« pariert werden, um auch der Gegenseite das Siegen zu verwehren. So hätte es wenigstens noch eine einzige Chance gegeben, nämlich eine militärische Pattsituation, die eventuell zu einer politischen Lösung hätte führen können[67].

Die deutsche Wehrmacht besaß immer noch eine wichtige Trumpfkarte, ihre Panzerdivisionen, die sich bislang deutlich überlegen gezeigt hatten, wenn sie weiträumig im operativen Bewegungskrieg eingesetzt worden waren. Hitler aber fiel nichts Besseres ein, als seine Panzerwaffe ausgerechnet gegen den als »Panzerabwehrfestung« ausgebauten Kursker Bogen frontal anrennen zu lassen. Im Westfeldzug 1940 hatte die deutsche Führung den alliierten Gegner – wie ein Torero den Stier – ins Leere laufen lassen, um dann die Panzerdivisionen wie einen Degen zum Stoß in seine Flanke anzusetzen. Bei Kursk jedoch sollte der Stier geradewegs an den Hörnern gepackt werden. Während also im Westfeldzug die deutsche Panzerwaffe operativ eingesetzt worden war, mißbrauchte man sie jetzt – zum Entsetzen Guderians – für einen rein taktischen Zweck. Es kam zu jenem furchtbaren »Sich-Hindurchfressen« durch feindliche Stellungssysteme, das für den Ersten Weltkrieg typisch gewesen war. So geriet Kursk zu einer rollenden Materialabnutzungsschlacht der deutschen Panzerwaffe. Die Rote Armee aber schlug die Wehrmacht genau mit der Methode, zu der Manstein geraten hatte. Sie ließ den Gegner anrennen, bis er erschöpft war, und eröffnete dann – aus der Nachhand schlagend – eine Gegenoffensive in die Flanken.

So läßt sich über diesen deutschen Angriff auf Kursk das gleiche sagen, was Winston Churchill über die letzte deutsche Offensive des Ersten Weltkrieges, die sogenannte Ludendorff-Offensive im Frühjahr 1918, äußerte: »Ihre eigene, nicht unsere Offensive war es, die ihren Untergang herbeiführte[68].«

Diese Worte könnte Churchill geradewegs von Clausewitz übernommen haben. Als Napoleon im Jahr 1812 seinen Feldzug gegen Rußland führte, erlebte der preußische Oberst Carl von Clausewitz, auf russischer Seite kämpfend, wie die französische »Grande Armée« dahinschmolz, bis schließlich die russische Armee zum Gegenschlag ausholte. Clausewitz war seitdem vom Vorteil der strategischen Defensive überzeugt. Denn wer allzu ungestüm die Offensive sucht, der wird – um es mit Clausewitz zu formulieren – nicht nur »durch das Schwert des Verteidigers«, sondern „durch seine eigenen Anstrengungen zugrunde" gerichtet[69].

1 Lew Besymenski, Die Schlacht um Moskau 1941, Köln 1981, S. 46 (als Quelle wird Speer angegeben).

2 Vgl. hierzu Günther Roth, Operatives Denken bei Schlieffen und Manstein, in: Entwicklung, Planung und Durchführung operativer Ideen im Ersten und Zweiten Weltkrieg, hrsg. vom Militärgeschichtlichen Forschungsamt, Freiburg i.Br., Herford, Bonn 1989, S. 7-64, hier S. 32 f. Der Verfasser leistete Beiträge zu bestimmten Aspekten dieser Darstellung.

3 Zu Mansteins Gegenschlag vgl. Eberhard Schwarz, Die Stabilisierung der Ostfront nach Stalingrad, Göttingen, Zürich 1985, S. 44 ff.; Dana V. Sadaranda, Beyond Stalingrad. Manstein and the operations of Army Group Don, New York 1990; Bernd Wegner, Der Krieg gegen die Sowjetunion 1942/1943, in: Das Deutsche Reich und der Zweite Weltkrieg, Bd. 6, Stuttgart 1990, S. 1068 ff., 1075 ff.; Othmar Hackl, Operative Führungsprobleme der Heeresgruppe Don bzw. Süd bei den Verteidigungsoperationen zwischen Donez und Dnepr im Februar und März 1943, in: Truppenpraxis, 26 (1982), Nr. 3, S. 191-200, Nr. 4, S. 268-274; ders., Das »Schlagen aus der Nachhand«, in: Truppendienst, 22 (1983), Nr. 2, S. 132-137; Paul Carell, Verbrannte Erde. Schlacht zwischen Wolga und Weichsel, Frankfurt, Wien 1976, S. 158 ff.; Wehrgeschichtliches Symposium an der Führungsakademie der Bundeswehr (9.9.1986): Ausbildung im operativen Denken unter Heranziehung von Kriegserfahrungen, dargestellt an Mansteins Gegenangriff im Frühjahr 1943, hrsg. von Dieter Ose, Bonn 1987; Erich v. Manstein, Verlorene Siege, Koblenz 1987, S. 397 ff.; Friedrich Wilhelm v. Mellenthin, Panzerschlachten, Neckargemünd 1963, S. 131 ff.; Walther Nehring, Die Geschichte der deutschen Panzerwaffe 1916-1945, Berlin 1969, S. 283 ff.

4 Zur Darstellung der sowjetischen Operationen siehe Geschichte des Großen Vaterländischen Krieges, Bd. 3, Berlin (Ost) 1964, S. 133 ff.; David M. Glantz, From

the Don to the Dnepr. Soviet Offensive Operations Dezember 1942-August 1943, London 1991, pp. 82 ff., 151 ff.

5 Manstein, Verlorene Siege (wie Anm. 2), S. 476 ff. Vgl. hierzu zwei Jahresarbeiten der Führungsakademie der Bundeswehr in Hamburg aus dem Jahre 1986 über das gleichlautende Thema „Untersuchen Sie die operativen Ideen Mansteins hinsichtlich Schwerpunktbildung, Überraschung, Initiative und Handlungsfreiheit an den Beispielen Westfeldzug 1940 (Sichelschnitt-Plan) und Operation `Zitadelle'": Norbert Hanisch, S. 27 f., Thomas Rosche, S. 15.

6 Siehe Alfred Philippi/Ferdinand Heim, Der Feldzug gegen Sowjetrußland 1941-1945, Stuttgart 1962, S. 228.

7 Schwarz, Stabilisierung (wie Anm. 3), S. 228 f.; Ernst Klink, Das Gesetz des Handelns. Die Operation »Zitadelle« 1943, Stuttgart 1966, S. 59.

8 Bundesarchiv-Militärarchiv, Freiburg (BA-MA), RH 10/64, Bl. 19; siehe auch Nehring, Geschichte (wie Anm. 3), S. 319.

9 Nach Clausewitz liegt die Überraschung »mehr oder weniger allen Unternehmungen zum Grunde, denn ohne sie ist die Überlegenheit auf dem entscheidenden Punkt eigentlich nicht denkbar« (ders., Vom Kriege, 19. Aufl., Bonn 1980, S. 379). Vgl. hierzu Johann Adolf Graf v. Kielmansegg, Bedeutung der Überraschung im Kriege, in: Truppenpraxis, 31 (1987), Nr. 5, S. 472.

10 Grigorij A. Koltunov, Kurskaja bitva v cifrach (period oborony) [Die Kursker Schlacht in Zahlen (Verteidigungsphase)], in: Voenno-istoričeskij Zurnal [Militärgeschichtliche Zeitschrift], Nr. 6 (1986), S. 58, 60; Gotthard Heinrici/Friedrich Wilhelm Hauck, Zitadelle. Der Angriff auf den russischen Stellungsvorsprung bei Kursk, in: Wehrwissenschaftliche Rundschau (WWR), 15 (1965), S. 589.

11 Heinz Guderian, Erinnerungen eines Soldaten, Stuttgart 1986, S. 282; Carell, Verbrannte Erde (wie Anm. 3), S. 83 f.; Nehring, Geschichte (wie Anm. 3), S. 300; Leopold Vrba, Kursk, Rastatt 1986, S. 33; BA-MA, Study P-114 c, Part V, S. 62.

12 BA-MA, RH 19-VI/45, S. 242, 246.

13 Guderian, Erinnerung (wie Anm. 11), S. 278; BA-MA, Study P-114 c, Part V, S. 80.

14 Zur sowjetischen Aufklärungstätigkeit vgl. David M. Glantz, Soviet Operational Intelligence in the Kursk Operation (July 1943), in: Die operative Idee und ihre Grundlagen. Ausgewählte Operationen des Zweiten Weltkrieges, hrsg. vom Militärgeschichtlichen Forschungsamt, Herford, Bonn 1989, S. 53-77; Timothy P. Mulligan, Spies, Ciphers and `Zitadelle': Intelligence and the Battle of Kursk, 1943, in: Journal of Contemporary History, vol. 22 (1987), pp. 235-260.

15 Heinrici/Hauck, »Zitadelle« (wie Anm. 10), S. 586; Carell, Verbrannte Erde (wie Anm.3), S.26.

16 Carell, Verbrannte Erde (wie Anm. 3), S. 53 ff.

17 Nach Auffassung von Stefan Gläser ist diese Zahl zu hoch gegriffen, da sie sich auf die sogenannte Verpflegungsstärke bezieht. Diese umfaßte auch die rückwärtigen Dienste im Hinterland (dabei zahlreiche russische Hilfswillige) und umfangreiche Verbände, die Wachaufgaben zum Schutz vor Partisanenüberfällen zu übernehmen hatten. Legt man die geschätzten Gefechtsstärken zugrunde, so dürften nur etwa 300 000 Mann tatsächlich zum Angriff angetreten sein; vgl. ders., Die Schlacht um Kursk 1943. Logistik und Versorgung des deutschen Heeres (Magisterarbeit Freie Universität Berlin 1991), S. 29 ff.,34.

18 Nach der Akte BA-MA, RH 10/64 (Panzerlage »S«, Zitadelle, 5.–17.7.43) verfügten die beiden Angriffsarmeen der Heeresgruppe Süd (4. Panzerarmee und Armeeabteilung Kempf) am 5. Juli zusammen über 1137 Kampfpanzer, davon 1043 einsatzbereit. Hinzu kamen 240 Sturmgeschütze, davon 202 einsatzbereit (nach anderen Angaben waren 229 Sturmgeschütze einsatzbereit). Vgl. hierzu die Zahlen in BA-Ma, Study P-114 c, Part V, Anhang, Tabelle XIII, S. 119. Hierzu fehlen allerdings die Angaben für die Sturmgeschütze des III. Panzerkorps. Bei der zur Heeresgruppe Mitte gehörenden 9. Armee befanden sich ihrerseits wahrscheinlich 523 Kampfpanzer und etwa 300 Sturmgeschütze, dabei 90 »Ferdinand« (BA-MA,RH 10/64, Bl. 24); vgl. hierzu Heinrici/Hauck, Zitadelle (wie Anm. 10), S. 542.

19 Nach der Akte BA-MA, Study P-114 c (Part V, S. 70 f.) verfügten die Fliegerverbände der 4. Luftflotte, die den Angriff der Heeresgruppe Süd unterstützten, theoretisch über 1334 Flugzeuge (inklusive Aufklärer); davon waren etwa 825 einsatzbereit. Demgegenüber umfaßten die Verbände der 6. Luftflotte, die von der 9. Armee (Heeresgruppe Mitte) eingesetzt waren, ca. 700 Flugzeuge (Study T 9, II. Teil, 12. Kap., S. 45); vgl. auch Heinrici-Hauck, Zitadelle (wie Anm.10), S. 541; Klink, Gesetz des Handelns (wie Anm. 7), S.191.

20 Zahlenangaben nach Boris V. Sokolov, vgl. dessen Beitrag im vorliegenden Band.

21 Gläser, Schlacht (wie Anm. 17), S. 42 ff.; vgl. hierzu die Tabellen bei Koltunov, Kurskaja (wie Anm. 10), Nr. 7, S. 77-92.

22 Glantz, Soviet Operational Intelligence (wie Anm. 14), S. 72.

23 Guderian, Erinnerungen (wie Anm. 11), S. 278 ff.; Klink, Gesetz des Handelns (wie Anm. 7), S. 270 f.; Mulligan, Spies (wie Anm.14), p. 253; BA-MA, RH 19-VI/45, S. 156, 241 f.; BA-MA, Study T-9, II. Teil, 12. Kap., S. 40.

24 Der Verfasser konnte hierzu den früheren Oberbefehlshaber (Europa Mitte der NATO), General a.D. Johann-Adolf Graf v. Kielmansegg, befragen. Dieser war 1943 als Ia in der Operationsabteilung im Generalstab des Heeres eingesetzt. Chef der Operationsabteilung war Generalleutnant Adolf Heusinger, der später der erste Generalinspekteur der Bundeswehr wurde.

25 Guderian, Erinnerung (wie Anm. 11), S. 280.

26 Operationsbefehl Nr. 6 vom 15.4.1943, abgedruckt bei Klink, Gesetz des Handelns (wie Anm. 7), S. 292.

27 Siehe vor allem den zusammenfassenden Gefechtsbericht über die »Schlacht im Orelbogen« (BA-MA, RH 20-9/155). Aus der neuesten Literatur soll folgende Darstellung hervorgehoben werden: Antonius John, Kursk `43. Szenen einer Entscheidungsschlacht, Bonn 1993. Der Autor verbindet hierbei seine persönlichen Erinnerungen als damaliger Panzeroffizier mit militärhistorischen Reflexionen.

28 Die Landung der Alliierten auf Sizilien spielte die ausschlaggebende Rolle für Hitlers Entschluß zum frühzeitigen Abbruch der Offensive. Wie General a.D. Graf v. Kielmansegg berichtet, hätte die deutsche Angriff auf Kursk ohnehin nicht stattgefunden, wenn diese Landung schon vorher erfolgt wäre. Darüber sei sich die deutsche Führung weitgehend einig gewesen. Das Scheitern der von Norden her auf Kursk vorstoßenden 9. Armee war für diesen Entschluß nur von untergeordneter Bedeutung. Man hatte von vornherein einkalkuliert, daß es im Nordabschnitt größere Schwierigkeiten geben werde und deshalb den Schwerpunkt zur Heeresgruppe Süd verlegt. Guderian hatte sich als strikter Anhänger des Schwerpunktprinzips ohnehin dafür ausgesprochen, »sämtliche Panzerkräfte an einer Stelle, entweder bei [Heeresgruppe] Süd oder Mitte zusammenzufassen, um mit erdrückendem Übergewicht zu klotzen«. Siehe BA-MA, RH 19-Vi/45, S. 162, 164.

29 Geschichte des Großen Vaterländischen Krieges der Sowjetunion, Bd. 3, Berlin 1964, S. 324 ff. Siehe auch P. A. Rotmistrov, Tankovoe Sraženie pod Prochorovskoj [Die Panzerschlacht bei Prochorovka], Moskva 1960 (auszugsweise Übersetzung im MGFA); Ilja I. Markin, Die Kursker Schlacht, Berlin 1960, S. 126 ff.; I. G. Andronikow/W. D. Mostovenko, Die roten Panzer, München 1963, S. 101 ff.; Boris Solovyov, The Battle of Kursk, Moskau 1988, pp. 48 ff. Zur Kritik an der sowjetischen Darstellung vgl. Gläser, Schlacht (wie Anm. 17), S. 50 ff., 90; Heinrici/Hauck, Zitadelle (wie Anm. 10), S. 597 f., sowie die aus einer Dissertation hervorgegangene Darstellung von Alfred Zins, Die Operation Zitadelle. Die militärgeschichtliche Diskussion und ihr Niederschlag, im öffentlichen Bewußtsein als didaktisches Problem, Frankfurt a. M. 1986, S. 114 ff.

30 Heinrici /Hauck, Zitadelle (wie Anm. 10), S. 598. Wie hier aufgelistet wird, verfügte das SS-Panzerkorps am 5. Juli über 34 einsatzbereite Tiger, wovon am 12. Juli nur etwa 20 verfügbar waren. Nach dieser Berechnung kommt man keineswegs auf die »hundert« TIGER-Panzer, die nach sowjetischer Darstellung bei Prochorovka angegriffen haben sollen. Ebenso ist auszuschließen, daß hierbei schwere Jagdpanzer vom Typ »Ferdinand« eingesetzt wurden, da diese Modelle bei der Heeresgruppe Süd nicht konzentriert waren.

31 Nach Heinrici/Hauck (ebd.) betrug beim SS-Panzerkorps die Differenz der Einsatzstärken zwischen dem 12. und 13. Juli lediglich 51 Kampfpanzer (ohne Berücksichtigung der Sturmgeschütze). Der Akte BA-MA, RH 10/64, Bl. 48, ist zu entnehmen, daß an diesem Tag 87 Kampfpanzer und elf Sturmgeschütze wegen kurzfristiger (häufig nur technisch bedingter) Schäden zur Instandsetzung gemeldet wurden. Auf die Einsatzstärke wirkten sich aber hauptsächlich die 43 Kampfpanzer und zwölf Sturmgeschütze aus, die langfristig in die Instandsetzungswerkstätten mußten.

32 Zwar liegen für den Stichtag 12. Juli keine vollständigen Angaben über die Totalverluste des SS-Panzerkorps vor. Am 13. Juli jedoch betrug die Gesamtbilanz der Totalverluste (seitdem 5. Juli) insgesamt 22 Kampfpanzer und drei Sturmgeschütze, während das Korps bis zum 10. Juli erst 17 Kampfpanzer und drei Sturmgeschütze als Totalverluste gemeldet hatte (BA-MA, RH 10/64, Bl. 22,63). Aus dieser Differenz ergibt sich, daß am 12. Juli nur maximal fünf Panzer des SS-Panzerkorps zerstört worden sein können. Die in der sowjetischen Literatur angegebenen, weit überzogenen Verlustzahlen müssen deshalb stark in Zweifel gezogen werden. So schreibt beispielsweise Markin, Die Kursker Schlacht (wie Anm. 29), S. 131, daß »allein in dem kleinen Geländeabschnitt südwestlich von Prochorovka, in dem am 12. Juli die Panzerbegegnungsschlacht stattgefunden hatte, über 400 zerschossene und ausgebrannte deutsche Panzer« gezählt worden sein. Dies erscheint auch insofern übertrieben, als das SS-Panzerkorps während der gesamten Kursker Offensive vom 5. bis zum 16. Juli nur 30 Kampfpanzer und drei Sturmgeschütze als Totalverluste zu verzeichnen hatte (BA-MA, RH 10/64, Bl. 73).

33 Hier gilt es zu bedenken, daß die im Kriegsstabbuch des Korps (BA-MA, RS 2-2/17) am 12. Juli als »vorläufig« bezeichnete Anzahl von 244 abgeschossenen Panzern noch unvollständig ist. Sie beinhaltet nämlich noch nicht die Nachmeldungen vom 13. Juli. Im Feindlagebericht des Korps (BA-MA, RS 2-2/18, Teil 2) vom 12. Juli ist zunächst nur von »bisher 120« abgeschossenen Panzern die Rede. Hingegen findet sich im Feindlagebericht für den 13. Juli (S. 3) die erstaunlich hohe Zahl von 249 abgeschossenen Feindpanzern, obwohl gleichzeitig in allen Tagesberichten von einer im Vergleich zum Vortag deutlichen Abschwächung der feindlichen Panzerangriffe die Rede ist. Dies ergibt eine Gesamtbilanz von 369 außer Gefecht gesetzten Panzern. Im Wehrmachtbericht für den 12. Juli ist vermerkt, daß in diesem Raum (nördlich Belgorod) Verbände des Heeres, der Waffen-SS und der Luftwaffe über 400 Panzer und 103 Flugzeuge abgeschossen hätten (»Das Oberkommando der Wehrmacht gibt bekannt...«. Der deutsche Wehrmachtsbericht, Osnabrück 1982, Bd. 2, S. 517).

34 Bei den militärhistorischen Tagungen am 12. Juli 1993 in Moskau und im September desselben Jahres in Ingolstadt wurden etliche bis vor kurzem noch geheimgehaltenen Akten der russischen Generalstäbe öffentlich präsentiert. Vgl. dazu die Beiträge von Venkov und Muchin in diesem Band. Besonders aufschlußreich waren folgende Dokumente: (1.) Svedenija o sostojanii, poterjach i trofejach častej i soedinenij 5 gvardejskoj tankovoj armii na 16.7.43 g [Meldung über Zustand, Verluste und Beute von Teilen und Verbänden der 5. Gardepanzerarmee für den 16.7.43], unterschrieben am 17. Juli 1943 vom Chef des Stabes

der 5. Gardepanzerarmee, Garde-Generalmajor der Panzertruppen Baskakov, S. 2. An „unwiederbringlichen Verlusten" sind aufgeführt: 222 T-34, 89 T-70, 12 Churchill-Panzer (aus britischer Lieferung) und 11 Sturmgeschütze. Diese 334 Totalverluste dürften sich hauptsächlich auf den 12. Juli beziehen, da die 5. Gardepanzerarmee erst an diesem Tag in die Front eingeschoben wurde und während der darauffolgenden Tage bis zum 16. Juli nur noch in begrenztem Umfang eingesetzt war.
(2.) Svedenija o bezvozvratnych poterjach tankov (vcech vidov), imevšichsja na vooruženii 5 gvardejskoj tankovoj armii, pridannoj iz rezerva Stavki VGK Voronežskomu frontu za period oboronitel'nogo sraženija Kurskoj bitvy (5.7.43-23.7.43) [Meldung über die unwiederbringlichen Panzerverluste vom 5. bis 23.7.43 (aller Typen), die sich im Bestand der 5. Gardepanzerarmee befanden, und aus der Reserve des Hauptquartiers des Obersten Befehlshabers während der Verteidigungsphase der Kursker Schlacht der Voronežer Front unterstellt wurden]. In dieser Auflistung finden sich keine Eintragungen zum 12. Juli. Am darauffolgenden 13. Juli jedoch sind 350 Panzerverluste vermerkt.

35 Vgl. z.B. BA-MA, RH 21-4/104, S.160, 171.

36 Otčet o boevych dejstvijach 29 tankovogo korpusa za period s 7.7 po 24.7.43 g), [Bericht über die Kampfhandlungen des XXIX. Panzerkorps in der Zeit vom 7.7. bis 24.7.43], S. 8, unterschrieben vom Kommandeur des XXIX. Panzerkorps, Garde-Generalmajor der Panzertruppen Kiričenko, sowie von seinem Stabschef, Garde-Oberst Fominych.

37 Vgl. hierzu die Eintragungen im Kriegstagebuch des SS-Panzerkorps (BA-MA, RS 2-2/17) vom 12. und 13. Juli (teilweise abgedruckt bei Sylvester Stadler, Die Offensive gegen Kursk 1943. 2. SS-Panzerkorps als Stoßkeil im Großkampf, Osnabrück 1980, S. 100 ff.); siehe auch die Lageberichte in: BA-MA, RS 2-2/18, Teil 2. Das Kriegstagebuch der 4. Panzerarmee spricht sogar von einem »vollen Erfolg«, da die sowjetische Offensive nicht nur zurückgeschlagen wurde, sondern das SS-Panzerkorps am selben Tage nach Fortsetzung des Angriffs noch Geländegewinne erzielen konnte (BA-MA, RH 21-4/104, S. 152). Vgl. auch BA-MA, Study P-114 c, Part V, S. 154; Klink, Gesetz des Handelns (wie Anm. 7), S. 244. Zum Einsatz der drei Divisionen des SS-Panzerkorps siehe Rudolf Lehmann, Die Leibstandarte Bd. 3, Osnabrück 1982, S. 262 ff. James Lucas/Matthew Cooper, Hitlers Elite. Die Leibstandarte SS 1933-45, London 1975, pp. 113 f.; Otto Weidinger, Division »Das Reich«. Der Weg der 2. SS-Panzer-Division »Das Reich«. Die Geschichte der Stammdivision der Waffen-SS, Bd. 4, Osnabrück 1979, S. 197 ff.; Charles W. Sydnor, Soldiers of Destruction. The SS Death's Head Division, 1933-1945, Princeton, New Jersey 1977, pp. 288 ff.

38 Zu diesem Urteil gelangen auch Klink, Gesetz des Handelns (wie Anm. 7), S. 243 f. und Janusz Piekalkiewicz, Unternehmen Zitadelle, Bergisch Gladbach 1983, S. 201. Nehring, Geschichte (wie Anm. 3), S. 317, wendet sich insbesondere gegen das Wort von Marschall Ivan S. Konvej, die Operation „Zitadelle" sei der »Schwanengesang der deutschen Panzertruppe« gewesen. Dem widerspricht auch die Bewertung durch Paul Hausser, dem damaligen Kommandierenden General des II. SS-Panzerkorps (ders., Waffen-SS im Einsatz, Göttingen 1953, S. 101).

39 Vgl. beispielsweise Geoffrey Jukes, Die Schlacht der 6000 Panzer, Rastatt 1982, S. 107 ff.

40 Siehe »Die größte Panzerschlacht der Weltgeschichte«, in: Truppenpraxis, 37 (1993), Nr. 4, S. 424. Diese Behauptung ist auch in früheren Darstellungen verbreitet worden.

41 Der Verfasser konnte sowohl im Juli 1993 in Moskau als auch im September desselben Jahres während der 35. Internationalen Tagung Militärgeschichte in Ingolstadt in entsprechende Dokumente Einblick nehmen. Es handelte sich um Exponate, die durch Oberst Venkov und Oberst Muchin vom Archiv des Generalstabes der Russischen Armee präsentiert wurden. Ein Teil der Dokumente wird in diesem Band besprochen.

42 Dies war auch das Ergebnis einer Diskussion, die der Verfasser am 13. Juli im Militärgeschichtlichen Institut in Moskau mit russischen Militärhistorikern (unter Leitung von Oberst Solokov) führen konnte.

43 Vgl. Heinrici/Hauck, Zitadelle (wie Anm. 10), S. 598.

44 Manche Autoren beziehen in die Panzerschlacht von Prochorovka neben dem SS-Panzerkorps und dem III. Panzerkorps auch das weiter westlich angreifende XXXXVIII. Panzerkorps ein. Ebenso berücksichtigen sie auf sowjetischer Seite alle neun Panzerkorps und die beiden mechanisierten Korps der Voronež-Front (inklusive Verstärkungen). Diese umfaßten insgesamt 2924 Panzer, wie aus einer russischen Archivakte hervorgeht; vgl. Anm. 57, Dokument 1 (Spravka o poterjach tankov).

45 Siehe das bereits angeführte Buch: Rotmistrov, Tankovoe (wie Anm. 29). Der Zusammenprall beider Panzerformationen ist von Rotmistrov (S. 66 ff.) derart eindrucksvoll beschrieben worden, daß seitdem nahezu alle Autoren, die über die Schlacht geschrieben haben, diese Schilderung als Zitat übernahmen. So beispielsweise Carell, Verbrannte Erde (wie Anm. 3), S. 69 f., der Rotmistrovs Darstellung »eines der besten Schlachtengemälde der jüngsten sowjetischen Militärgeschichte« nennt.

46 Dies läßt sich anhand der Statistiken in der Akte BA-MA, RH 10/64 (siehe auch die Anlage »K-2«) nachweisen, wo die Verluste und Schäden der an der Kursker Offensive beteiligten Panzer der Heeresgruppe Süd detailliert aufgelistet sind. Insgesamt verlor die Heeresgruppe vom 5. bis 16. Juli nur sechs TIGER durch Totalausfall.

47 Nach Rotmistrov, Tankovoe (wie Anm. 29), S. 86, sollen am 12. Juli durch die 5. Gardepanzerarmee bei Prochorovka »ungefähr 400 Feindpanzer (darunter 70 ›Tiger‹)« vernichtet worden sein. Wie bereits dargestellt, verfügte das SS-Panzerkorps am 12. Juli nur über 273 einsatzbereite Panzer, davon 20 TIGER.

48 Der TIGER konnte durch Geschosse der damals verfügbaren Kanone des T-34 nur seitlich, nicht aber frontal durchschlagen werden. Dies änderte sich erst 1944 mit der Einführung des T-34/85; vgl. Erinnerungen an die TIGER-Abteilung 503. 1942-1945, hrsg. von Alfred Rubbel, Bassum 1990, S. 66. Bei den vermeintlichen »TIGERN«, deren Bug – nach sowjetischen Gefechtsberichten – in der Schlacht von Prochorovka durch die Kanonen von T-34 Panzern auf nahe Distanz „durchbohrt" worden sein soll, handelte es sich offensichtlich um das Modell (H) des PANZER IV.

49 Geschichte des Großen Vaterländischen Krieges (wie Anm. 29), S. 320 ff.; Carell, Verbrannte Erde (wie Anm. 3), S. 82. f.; Vrba, Kursk (wie Anm. 11), S. 116 ff.

50 Vgl. hierzu die Monographie des Verfassers: Blitzkrieg-Legende. Der West-Feldzug 1940, München 1995.

51 Grif sekretnosti snjat. Poteri vooruzennych sil SSSR v vojnach, boevych dejstvijach i voennych konfliktach [Nicht mehr geheim. Verluste der sowjetischen Streitkräfte in Kriegen, Kampfhandlungen und militärischen Konflikten]. Red.: G. F. Krivošeev, Moskva 1993, S. 370.

52 Diese Zahl ist unvollständig und muß nach oben korrigiert werden, da – wie in der Akte vermerkt – für diesen Stichtag die Meldungen einzelner Verbände fehlten (BA-MA, RH 10/64, Bl. 70).

53 Nach derselben Akte, Bl. 15, betrug der Gesamtbestand 1137 Kampfpanzer und 240 Sturmgeschütze. Die genaue Anzahl der einsatzbereiten Sturmgeschütze am 5. Juli läßt sich nicht definitiv klären, da in den Akten sowohl 202 als auch 229 angeführt werden.

54 BA-MA, Study P-114 c, Part V-Anhang, S. 100, 128-130.

55 BA-MA, RH 10/64, Bl. 73.

56 BA-MA, Study P-114 c, Part V, S. 171.

57 Die Zahlenangaben stellten sich in den russischen Akten uneinheitlich dar: (1.) Spravka o poterjach tankov po dejstvujuščim frontam v bojach s 5.7.43 g. po 24.7.43 g. [Meldungen über die Panzerverluste der in den Kämpfen eingesetzten Fronten vom 5.-20.7.43], unterschrieben vom Stellvertreter des Chefs des Stabes der Panzer- und mechanisierten Truppen der Roten Armee, Oberst Zaev, am 23. Juli 1943. Nach dieser als „Streng geheim" eingestuften Statistik büßte die Voronežer Front von 2924 am 5.7. vorhandenen Panzern bis zum 20.7. insgesamt 1254 an Totalverlusten ein. Es bleibt jedoch unverständlich, weshalb beispielsweise beim XXIX. Panzerkorps die Ausfälle erheblich niedriger beziffert werden, als dies aus dem speziellen Gefechtsbericht (vgl. Anm. 36) hervorgeht. (2.) Demgegenüber ist einer Meldung der Voronežer Front zu entnehmen, daß bereits für den Zeitraum vom 5.–13. Juli 1223 Panzer als Totalausfälle zu verzeichnen waren. Vgl.: Svedenija o bezvozvratnych poterjach tankov, imevšichsja na vooruženii vt imv Voronežskogo fronta za period oboronitel'nogo sraženija Kurskoj bitvy (s 5.7.43 goda po 23.7.43 goda) [Meldungen über die unwiederbringlichen Panzerverluste im Bestand des (vt imv, Übersetzung unklar, d. Hrsg.) der Voronežer Front während der Verteidigungsphase der Kursker Schlacht (vom 5.7.43 bis 23.7.43)].

58 Siehe z.B. Franz Halder, Hitler als Feldherr, München 1949, S. 16.

59 Manstein, Verlorene Siege (wie Anm. 3), S. 502.

60 Ebd., S. 503; BA-MA, RH 21-4/104, S. 164, 168, 170, 174; BA-MA, Study T-9, II. Teil, 12. Kapitel, S. 79; BA-MA, Study T-26, Teil B, S. 18 f.

61 BA-MA, Study P-114 c, Part V, S. 174 f.; BA-MA, Study T-9, II. Teil, 12. Kapitel, S. 80, 86.

62 Hitler eröffnete seine Entscheidung, das SS-Panzerkorps für den Einsatz in Italien herauszulösen, bereits am 13. Juli in einer Besprechung mit Manstein und Kluge. Die Umsetzung des Befehls erfolgte jedoch erst im Verlauf des 16. Juli – nach erneuter Intervention Hitlers. Dies wird in der bisherigen Literatur darauf zurückgeführt, daß Manstein den Befehl zunächst noch nicht an seine Verbände weitergegeben hatte. Eine zusätzliche Erklärung bringt General a.D. Graf v. Kielmansegg. Danach verzögerte auch die Operationsabteilung im Generalstab des Oberkommandos des Heeres absichtlich die Weiterleitung von Hitlers übereiltem Befehl, um Zeit zu gewinnen.

63 General a.D. Graf v. Kielmansegg, der dem Verfasser Einblick in sein damaliges persönliches Kriegstagebuch gewährte, äußerte die Überzeugung, daß die »Operation Roland« durchaus Erfolgschancen gehabt hätte. Dadurch wäre eine Krise bei der Roten Armee ausgelöst worden.

64 Vgl. hierzu Ba-Ma, Study T-26, Teil A, S. 28. Danach hatten die Verbände der Heeresgruppe Süd rein subjektiv die Überzeugung, »Sieger über einen an Zahl und Material weit überlegenen Gegner geblieben zu sein«.

65 Joachim Engelmann, Zitadelle, Friedberg 1980, S. 5.

66 Christopher F. Foss, Die Panzer des Zweiten Weltkrieges, Friedberg 1988, S. 7; vgl. auch The Effects of Stratgic Bombing, Washington, D.C. 1945, p. 278 f.

67 Manstein, Verlorene Siege (wie Anm. 3), S. 474 ff.

68 Zit. nach Ludwig Reiners, In Europa gehen die Lichter aus, München 1981, S. 335.

69 Clausewitz, Vom Kriege (wie Anm. 9), S. 655.

Karl-Theodor Schleicher:
Übersicht über die Entwicklung der Konzeption gepanzerter Kampftruppen von 1945 bis 1990

Allgemeine Betrachtungen nach Ende des Zweiten Weltkrieges

Nach Gründung der Vereinten Nationen 1945 gab man sich im Westen der Hoffnung auf einen immerwährenden Frieden hin und verschrottete den Großteil der Waffen, während der Osten – vor allem die Sowjetunion – unter Waffen blieb. Erst die sowjetische Expansion in Osteuropa, die Blockade von Berlin 1948 und die letztlich zum Ausbruch des Koreakrieges führenden Verhältnisse dämpften die pazifistische Entwicklung im Westen und ließen realistisch Denkende wieder stärker zu Wort kommen. 1949 wurde zum Schutz des Westens gegen die Bedrohung aus dem Osten die NATO gegründet. Dabei blieb es nicht aus, daß man sich bei Siegern und Besiegten des Zweiten Weltkrieges auch wieder mit den Erscheinungsformen des Krieges, seinen Hauptwaffen und deren Einsatzkonzepten befaßte. Der Büchermarkt wurde mit Kriegserinnerungen und Folgerungen für eine zukünftige Einsatzkonzeption moderner Armeen und deren Ausrüstung geradezu überschwemmt. Außerdem lagen bald neue Erkenntnisse aus dem Koreakrieg und von den Kriegshandlungen aus Nahost vor.

Der Koreakrieg, 1950–1953, der anfangs auch stark vom Einsatz mechanisierter Kräfte geprägt war, entwickelte sich jedoch mehr und mehr zum Infanteriekampf mit Panzerunterstützung.

Das Gelände im Nahen Osten eignete sich für die Führung von Bewegungskriegen. Die anfangs dafür fehlende Ausstattung an mechanisiertem Großgerät – sowohl beim jungen Staat Israel als auch bei den ihn bedrohenden Nachbarn – ließen diesen aber nur in geringem Maße zu.

Ausgehend von der Diskussion um die Europäische Verteidigungsgemeinschaft von 1952 bis 1954, die dann aufgrund der ablehnenden Haltung Frankreichs nicht zustande kam und letztlich zur Aufnahme der Bundesrepublik Deutschland 1955 in die NATO führte, beschäftigten sich nun auch die deutschen Experten mit den Fragen zu Auftrag, Struktur und Ausrüstung der neu zu schaffenden Bundeswehr. Kriegstagebücher des OKW, des OKH sowie verschiedener Kommandobehörden und Großverbände wurden ebenso ausgewertet wie die Veröffentlichungen von Kriegsteilnehmern aller Dienstgrade aus Ost und West. Im »Amt Blank«, dem Vorläufer des späteren Verteidigungsministeriums wurden darüber hinaus ehemalige Offiziere der Wehrmacht mit Auswertungen und Planungen beschäftigt.

Herauszuheben aus dieser Zeit ist das 1956 herausgegebene Buch von Middeldorf »Taktik im Rußlandfeldzug – Erfahrungen und Folgerungen«, weil es sich im Gegensatz zu vielen anderen Veröffentlichungen über Feldzüge und verpaßte Siege im Detail mit den taktischen Problemen des Kampfes in Rußland auseinandersetzt, deutsche und russische Methoden einander gegenüberstellt und die entsprechenden Folgerungen für eine zukünftige Armee

Ein SHERMAN-Panzer der 8. U.S.-Army in Korea im August 1950 Patton Museum Fort Knox

zieht. Lehren und Erfahrungen daraus haben ihren Niederschlag auch in der Konzeption des neuen deutschen Heeres und den entsprechenden Dienstvorschriften gefunden und Einfluß auf die Struktur genommen. General Heusinger, der erste Generalinspekteur der Bundeswehr, hat dies in seinem Vorwort zu diesem Buch herausgestellt[1].

Daneben ist auch heute noch das Buch »Die deutschen gepanzerten Truppen bis 1945« von Oskar Munzel – erster Nachkriegskommandeur der Panzertruppenschule in Munster und späterer General der Kampftruppen – ein Werk, das jeder Vorschriftenverfasser gerne nutzt, da in ihm die Einsatzgrundsätze der gepanzerten Kampftruppen durch alle Führungsebenen beschrieben sind.

Gepanzerte Kampftruppen der Bundeswehr 1956 bis 1973

Die gepanzerten Kampftruppen der Bundeswehr – bestehend aus der Panzertruppe, Panzergrenadiertruppe, Panzerjägertruppe und Panzeraufklärungstruppe – wurden in der Heeresstruktur 1 zunächst in Bataillonen unterhalb der Division mit variabler Zuordnung zu Kampfgruppen nach dem Muster der US-Army gegliedert, die sich ihrerseits stark an die deutsche Großverbandsgliederung der Wehrmacht der letzten Kriegsjahre angelehnt hatte. Von den USA übernahm die Bundeswehr auch die erste Ausrüstung und die Konzeption des Einsatzes. Doch bereits im ersten Manöver, der Lehr- und Versuchsübung 58, entschloß sich das neue deutsche Heer zur Struktur 2, Division 59 genannt, mit einer Brigadegliederung oberhalb der Verbände. Die Brigade war auch versorgungsmäßig autark ausgestattet und somit in der Lage, das Gefecht

Panzer-Divison: Stand: 30. 4. 1956

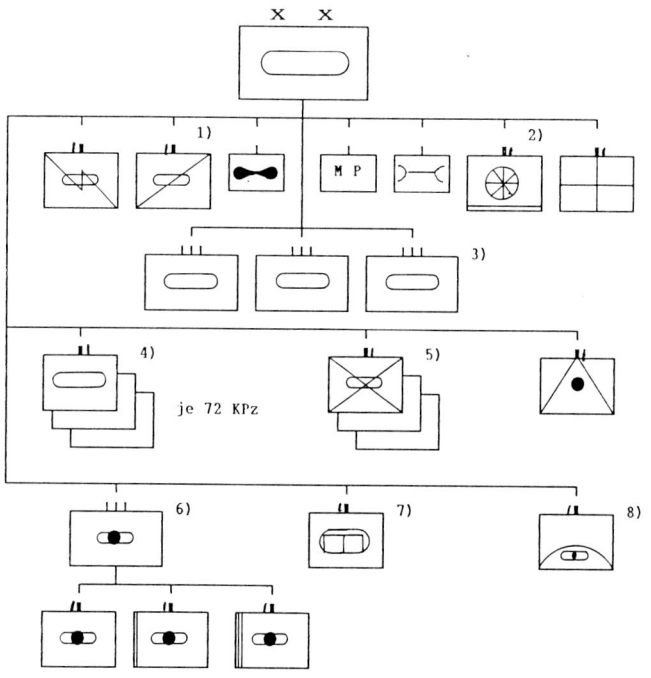

Die Gren-Div wich in folgenden Punkten ab:
1) – 1 PzAufklKp
2) – 1 Nsch u. TraspKp
3) – 3 GrenKpfGrp statt PzKpfGrp
4) – 1 PzBtl
5) – 7 GrenBtl mit 3 GrenKp und 1 GrWerfKp
6) – 1 FeldArtRgt
7) – 1 PionierBtl ohne PzBrKp
8) – 1 FlaBtl mit 4 schießenden Bttr   Sammlung Beckmann

selbständig über drei bis fünf Tage zu führen. Dieses Grundmodell setzte sich allmählich in der NATO als Standardmodell durch.

Da der Hauptauftrag der Bundeswehr im Rahmen der NATO darin bestand, einen Aggressor aus dem Osten abzuwehren, lag es auf der Hand, daß die Kriegserfahrungen der Rückzugs- und Verteidigungskämpfe der gepanzerten Kampftruppen der Wehrmacht

Division 59: Stand: 15. 12. 1959, Panzerbrigade   Sammlung Beckmann

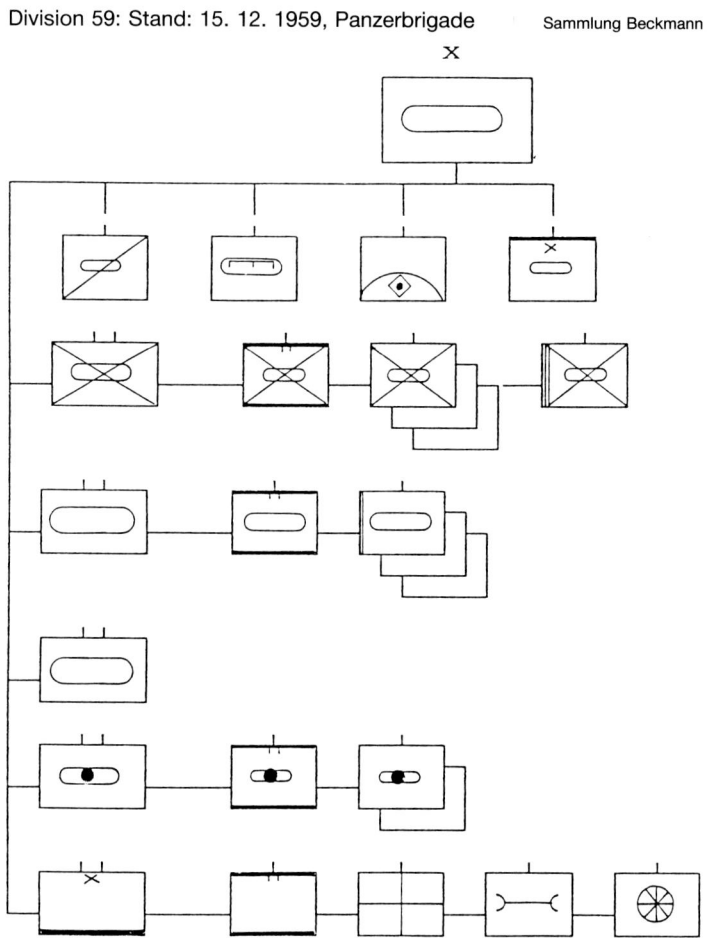

Sammlung Beckmann

Doktrin und Gliederung der Bundeswehr stärker bestimmten als die Panzerraids der ersten Kriegsjahre.

So wurde dem Zusammenwirken von Panzern mit Panzergrenadieren – Anfang der 60er Jahre ausgestattet mit dem Schützenpanzer HS 30 – und Panzerjägern, aber auch mit Kampfunterstützungstruppen großer Wert beigemessen. Gleichzeitig war man sich jedoch auch der Tatsache bewußt, daß nur gepanzerte Brigaden in der Lage sein würden, verlorengegangenes Gelände im Gegenangriff zurückzugewinnen.

Über die verschiedenen Heeresmodelle und -strukturen entwickelte sich der Gedanke des Gefechts der verbundenen Waffen immer weiter bis zu seiner Verfeinerung, wie wir es heute kennen; allerdings unter Aufgabe des Prinzips gemischter Verbände – Wunschgedanke der Planungsvorstellungen 90 (PV 90) – aus finanziellen und infrastrukturellen Gründen.

Die Doktrin der »Massiven Vergeltung« der 50er und 60er Jahre – von John Foster Dulles, dem damaligen US-Außenminister kreiert –

Das zur Übergabe der Kaserne im Frühjahr 1960 angetretene Panzerbataillon 54 in Wolfhagen. Im Hintergrund die aus den USA beschafften Kampfpanzer vom Typ M 47   Sammlung Schleicher

beeinflußte zwangsläufig auch die Konzeption der gepanzerten Kampftruppen der NATO und somit der Bundeswehr. Die HDv 100/2 »Führungsgrundsätze des Heeres für die atomare Kriegsführung – Truppenführung 1960« (TF 60) und die Nachfolgevorschrift HDv 100/1 »Truppenführung« (TF 62) vom Oktober 1962 wiesen den gepanzerten Kampftruppen – vor allem der Panzertruppe – im wesentlichen die Aufgaben zu, zunächst den angreifenden gepanzerten Feind aus eigenem Riegel durch starkes Feuer vor demselben zu Massierungen zu zwingen, so daß er in einem dem Riegel vorgelagerten Feuerfeld durch eigenes atomares Feuer vernichtet werden konnte; sodann die noch kämpfenden Feindteile – sofort nach dem Atomschlag antretend – im Gegenangriff zu vernichten. Der Kampfpanzer war aufgrund seines im Stahlkleid der Panzerung innewohnenden Schutzes als einziger in der Lage, sich auf einem atomverstrahlten Gefechtsfeld zu bewegen. Aufgrund der

atomaren Bedrohung war der Truppenführer jedoch immer gezwungen, seine Kräfte zum entscheidenden Schlag *zusammenzufassen,* danach aber sofort wieder *aufzulockern* – stärker als dies zum Schutz vor feindlichem Artilleriefeuer im Zweiten Weltkrieg notwendig gewesen war.

Feuer und Bewegung blieben zwar die Hauptelemente des Kampfes gepanzerter Verbände, doch mußte immer bedacht werden, daß Atomwaffeneinsatz einerseits in vielen Fällen eine Abhängigkeit der Bewegung vom Feuer bewirken konnte, andererseits aber Bewegungen der Kampftruppen oft erst die Voraussetzungen für den Einsatz eigener Atomwaffen schufen. Als stärkstes Mittel zur Bildung eines Schwerpunktes wurden die Atomwaffen angesehen. Sie standen auch im Mittelpunkt aller taktischen und operativen Überlegungen.

Vorbeimarsch der 2. Kompanie des Panzer-Bataillons 44 anläßlich einer Kommandeurübergabe 1966 in Mengeringhausen. Dem soeben an der Tribüne vorbeifahrenden Kompaniechef, dem damaligen Hauptmann Schleicher, folgt die mit Kampfpanzern vom Typ M 48 ausgerüstete Kompanie

Sammlung Schleicher

Kampfpanzer vom Typ M 48 (l.) und M 60 (r.) beim Nachtschießen auf dem Truppenübungsplatz Bergen 1963   Sammlung Schleicher

Schützenpanzer Hs 30   Sammlung Böker

Die TF 62 enthielt jedoch auch Lehren aus den letzten Jahren des Zweiten Weltkrieges, die es auch im Gefecht unter atomarer Bedrohung oder Bedingung zu beherzigen galt. »Der Schwächere kann durch Schnelligkeit an der entscheidenden Stelle der Stärkere sein« und: »Beweglich führen, heißt beweglich denken[2].« Diese beiden Aufforderungen gelten gleichsam als Devise für die gepanzerten Kampftruppen und vor allem für deren Führer.

Panzeroperationen nach dem Zweiten Weltkrieg

Der einzige Staat, der mit Fortführung der Panzerkonzeption des Zweiten Weltkrieges Erfahrungen im Gefecht aufzuweisen hat, ist Israel. Israel hatte – nach seiner Gründung 1948 – in vier Kriegen gegen seine Nachbarn sein Lebensrecht behaupten müssen. War der Unabhängigkeitskrieg unter der Führung Ben Gurions noch ein Feldzug mit improvisierten Streitkräften, vornehmlich Infanterie, so waren die letzten drei Feldzüge durch das beweglich geführte Gefecht gepanzerter Truppen gekennzeichnet.

Aus den Erfahrungen des ersten Krieges hatten die Israelis, wie Messenger schreibt, auch durch Liddell Hart inspiriert, aus ihrer Bedrohungslage – lange Grenzen, geringe territoriale Tiefe an Engstellen, ringsum von Feinden umgeben – die Doktrin des Präventivschlages entwickelt[3].

Das Mittel jedoch, um einen Präventivschlag nach den Prinzipien des Blitzkrieges führen zu können, sah man in einer ausgewogenen Mischung aller konventionellen Truppengattungen. Aber auch hier wurde sehr schnell die Frage des Einsatzes von Panzern – unabhängige Panzeroperationen oder Panzer allein zur Infanterieunterstützung – zum Streitpunkt. Der deutsche Generalfeldmarschall Manfred Rommel galt als Vorbild für wendige, kühne und listenreiche Panzeroperationen. Als Verfechter verschiedener Ideen standen sich Generalmajor Haim Laskov und Generalleutnant Moshe Dayan gegenüber. Laskov verfolgte den Plan, die gesamte Israeli Defence Force in Panzerbrigaden, bestehend aus Panzern, mechanisierter Infanterie und Artillerie zu organisieren: »Diese Brigaden sollten die feindlichen Linien durchbrechen, sie in Kessel aufteilen, die durch die nachfolgende motorisierte Infanterie ausgeräumt wurden, während die Panzer zum nächsten Ziel weiterjagten. Das war genau die Art, wie Guderian operiert hatte[4]«.

Das Jahr 1956 war von den Auseinandersetzungen um den Suez-Kanal zwischen England und Frankreich einerseits und Ägypten andererseits, aber auch durch die Niederschlagung der Freiheitsbestrebungen in Ungarn durch die Sowjets bestimmt. In Verbindung mit der anglo-französischen Intervention schlugen die Israeli am 29. Oktober 1956 los. Hauptziel war die Öffnung der Straße von Tiran, die die Ägypter für die israelische Schiffahrt geschlossen hatten. Die Art der Führung – die Kommandeure erhielten eine Angriffsachse und ein Endziel – war der deutschen Führung gepanzerter Verbände und Guderians »Fahrkarte bis zur Endstation« vergleichbar.

Durch Ausnutzung der Erfolge unmittelbarer Luftunterstützung und vorausgegangener Luftlandungen wurde der Sinaifeldzug zu einem »Klassiker« der jüngsten Militär- und Kriegsgeschichte. Zwar sollte in Übereinstimmung mit der Dayan-Doktrin die Infanterie das Rückgrat der Offensive bilden, doch in der Praxis waren es die schnellen Panzervorstöße, die innerhalb drei Tagen gemäß den Vorstellungen Laskovs fast die ganze Sinaihalbinsel unter israelische Kontrolle brachten. Israel mußte nach Eingreifen der Vereinten Nationen den Sinai zwar wieder räumen, aber die Straße von Tiran war frei für seine Schiffahrt.

Die Panzerdoktrin hatte einen Sieg davongetragen, der dem Panzerkorps eine unangefochtene Stellung bescherte. In mehreren Manövern in den Jahren 1964–1966 übte das Panzerkorps – nunmehr unter dem Kommando von General Tal, Ein- und Durchbruchoperationen.

Im 6-Tage-Feldzug vom Juni 1967, der die Schlagzeilen der Weltpresse beherrschte, wurde die Befähigung dazu unter Beweis gestellt. Als Vorbedingung war zunächst in einem Überraschungs-

PATTON-Panzer der Israelischen Armee bei einer Angriffsoperation auf der Sinaihalbinsel während des Sechs-Tage-Feldzuges 1967   Sammlung Schneider

schlag die ägyptische Luftwaffe ausgeschaltet worden[5]. Gleichzeitig hatten israelische Panzerkeile unter Führung von Generalmajor Tal im zähen Kampf die ägyptische Front bei Rafah und südlich davon durchbrochen. Mit dem nächsten Schlag – Wegnahme des Mitla-, Gidi- und Khatmiapasses – war den Ägyptern tief in ihrem Rücken der Rückweg abgeschnitten. Die mit T-54 und T-55 ausgestatteten ägyptischen Panzerdivisionen waren in der

Generalmajor Tal von der Israelischen Armee vor einem erbeuteten ägyptischen Panzer vom Typ T 55 im Sechs-Tage-Krieg an der ägyptischen Front im Nord-Sinai 1967   Sammlung Tal

Zange. Im Westen lagen ihnen die Panzer Tals und Joffes vor, von Osten her trieb General Sharon sie genau gegen diese Stellungen. Am 5. Tag bereits standen die Israelis am Suezkanal. Die Ägypter waren aus dem gesamten Sinai geworfen worden. Der kühne Ansatz, die Zusammenfassung der Kräfte zum Durchbruch und die Beibehaltung des Angriffsschwunges auch unter Inkaufnahme offener Flanken hatten einen in aller Welt beachteten Sieg gebracht. Gleichzeitig hatte Israel auch auf der Westbank gegen Jordanien zugeschlagen und Syrien die Golanhöhen abgetrotzt. Erstmals glaubte man, sichere Grenzen zu haben.

Im Yom Kippur-Krieg im Oktober 1973 mußte Israel sich im Zweifrontenkrieg gegen ägyptische und syrische Angriffe wehren. Für alle Welt überraschend waren die Angriffe erfolgt. Die durch die Erfolge im Sechstage-Krieg sich sicherfühlende und zu stark auf die »Nur-Panzer-Doktrin« Tals abhebende israelische Armee mußte im Sinai zunächst erhebliche Verluste hinnehmen, bevor sie die Fronten in der Bar Lev-Linie stabilisieren und zum Gegenangriff übergehen konnte. Neuartig auf dem Gefechtsfeld waren die mit RPG- und SAGGER-Lenkflugkörpern bestückten Abwehrstellungen der Ägypter, die den gewohnten schnellen Durchstoß der israelischen Panzer bremsten und diese zur Rückkehr von aus allen Waffengattungen zusammengesetzten Kampftruppen zwang.

Chaim Herzog zieht folgendes Fazit, wobei er es an Lob über den Gegner nicht fehlen läßt: »Unter militärischen Gesichtspunkten gesehen, wurde die Unausgewogenheit in der Zusammensetzung der israelischen Streitkräfte im Laufe des Krieges offensichtlich. Wegen des Mangels an gepanzerten Mannschaftswagen war die israelische Infanterie nicht beweglich genug, so daß die Panzer nicht als Teil einer Gesamttruppe, sondern auf eigene Faust vorgingen. Es wurde versäumt, verfügbare Informationen, z.B. über die SAGGER-Panzerabwehrrakete zu berücksichtigen und organisatorisch und operativ einzubeziehen [. . .] Die ägyptische und die syrische Armee schlugen sich im Gefecht sehr viel besser als in irgendeiner früheren bewaffneten Auseinandersetzung mit der israelischen Armee[6] .«

Er war der erste Krieg, in dem im größeren Umfang verschiedene Typen von Panzerabwehrraketen/-lenkflugkörpern eingesetzt wurden. Die Art und Weise des Einsatzes und der Erfolg dieser Waffensysteme entfachte erneut die alte Diskussion um Wert und

Israelischer Kampfpanzer MERKAVA MK 3, eine Weiterentwicklung des MK 1, von 1990. Dieser modernste Kampfpanzer der Israelischen Armee ist mit einer 120-mm-Bordkanone bewaffnet. Das Triebwerk befindet sich im vorderen Teil des Kampfwagens   Sammlung Tal

Unwert des Panzers und seine Dominanz bzw. seine Verwundbarkeit auf dem Gefechtsfeld.

Der Vollzähligkeit halber sei auch die Operation »Frieden für Galiläa« vom Juni 1982, die mit Unterbrechungen bis zum Mai 1983 andauerte, erwähnt, weil hier die Besonderheiten von Kämpfen gepanzerter Truppen im Bergland hervortraten.

Der israelische Plan sah einen Vorstoß mit drei Angriffsgruppen – insgesamt ca. acht Divisionen – vor. Der Zweck war es, die militärische Infrastruktur der PLO zu zerstören und das Gebiet nördlich von Israel bis zu einer Tiefe von 40 bis 45 km zu säubern. Die erste Angriffsgruppe sollte durch die Küstenebene, die zweite durch das Schuf-Gebirge und die dritte durch das südliche Bekka-Tal vorgehen. In die Gefechte, die sich zunächst ausschließlich gegen PLO-Kräfte richteten, wurde die syrische Armee mithineingezogen. Erstmals trafen somit der neue von General Tal entworfene israelische Kampfpanzer MERKAVA MK 1 und syrische T-72 aufeinander, wobei ersterer seine Bewährungsprobe bestand. Bis heute ist der Panzer das zentrale Element der israelischen Armee und gilt als wichtigster und entscheidender Faktor auf dem modernen Gefechtsfeld des Landkrieges.

Neue Doktrin, neue Konzeption

Der Verlust des Atommonopols seitens der Amerikaner führte Mitte der 60er Jahre zu einer neuen Doktrin, zur »Flexiblen Reaktion«. Diese hatte wiederum auch Auswirkungen auf Konzeption und Gliederung der gepanzerten Kampftruppen, ja des gesamten Heeres, sowohl der Bundeswehr wie auch der NATO-Partner. Die Bedeutung der konventionellen Verteidigungskräfte war wieder gewachsen.

Die Vorneverteidigung spielte eine entscheidende, für die Bundesrepublik Deutschland lebenswichtige Rolle. Äußerlich wurde dies auch sichtbar durch den Übergang in die Heeresstruktur 3 – einer Spezialisierung der Großverbände, ihrem Verteidigungsauftrag entsprechend – und durch die neue Konzeption in der HDv 100/100

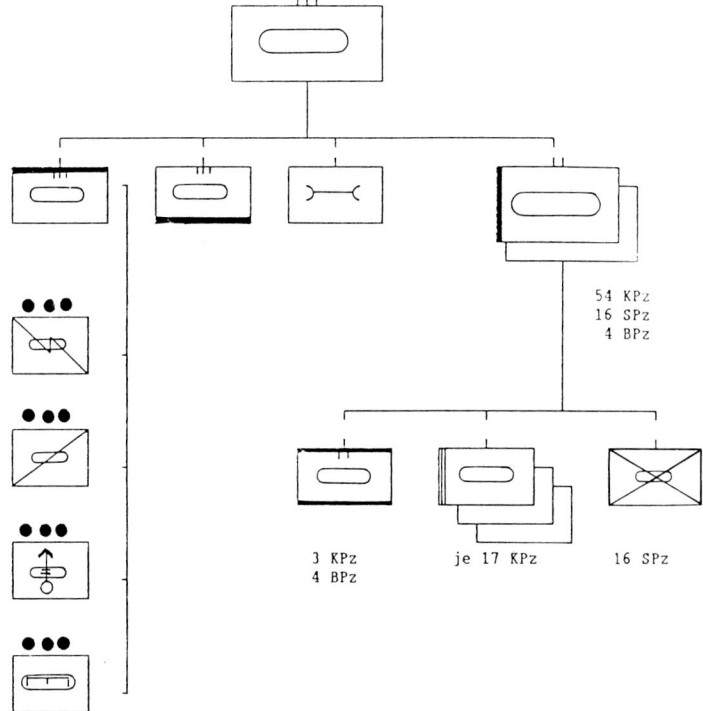

Panzerregiment (70), STAN 320 2100, vom 8. 1. 1970

Sammlung Beckmann

»Führung im Gefecht« (TF/G 73). Für die gepanzerten Kampftruppen ergab sich als Neuschöpfung – in der Heeresübung »Großer Rösselsprung« im Jahre 1969 aus der Taufe gehoben – das aus Panzern und einem geringeren Anteil Panzergrenadieren bestehende Panzerregiment als offensive, bewegliche Eingreifreserve auf Korpsebene. Dies wurde als Billiglösung akzeptiert, weil zusätzliche Panzerbrigaden nicht finanzierbar waren.

Deutscher Kampfpanzer LEOPARD 1, A1A1,
beim Gefechtsschießen auf dem Truppenübungsplatz Bergen   Heeresamt

Die TF/G 73 stellte das konventionelle Gefecht gepanzerter Großverbände, aber auch der daneben geschaffenen Jägerdivisionen und Luftlandebrigaden stärker unter den Gedanken des Gefechts unter atomaren und chemischen Bedrohungen im Gegensatz zur TF 62, die fast ausschließlich auf das Gefecht unter atomarer und chemischer Bedingungen ausgerichtet war. Man besann sich auch in der Lehre und Ausbildung wieder mehr auf die Erfahrungen konventioneller Kampfhandlungen des Zweiten Weltkrieges und schulte großräumige Operationen in den jeweiligen Heeresübungen.

Die TF/G 73 hob die Forderungen an die gepanzerten Kampftruppen deutlich heraus:
»Kennzeichen des Gefechts sind die rasch wechselnden Lagen, die sich aus der hohen Beweglichkeit und der starken Feuerkraft der Truppen [. . .] ergeben [. . .] Zusammenfassung und Auflockerung der Truppen, die Gefechtsarten und die Truppeneinteilung wechseln mitunter in rascher Folge. Freie Räume, Lücken, offene Flanken gehören ebenso zu den Merkmalen des Gefechtes wie enge Verzahnung mit dem Feind, Einschließung und Kampf im Rücken eigener und feindlicher Kräfte[7]«.

Kampfpanzer LEOPARD 1, A2A1, bei einer
Gefechtsübung im November 1975
                                Heeresamt

Bewegliche – auch geistige – Führung, Initiative, Einfallsreichtum und Mut zum Risiko waren verlangt. Die Auftragstaktik, besser: Führen mit Auftrag, als »Markenzeichen« deutscher Führungskunst wurden wieder stärker herausgehoben. Das Zusammenwirken von Panzern mit Infanterie/Panzergrenadieren – in der Art anders als bei den Verbündeten und auch bei den Warschauer-Pakt-Staaten – hatte letztlich auch zur Konzipierung des Schützenpanzers MARDER geführt, der, ab 1971 zulaufend, so zum echten Kampfgefährten des Kampfpanzers LEOPARD 1, der ersten deutschen Nachkriegsentwicklung wurde.

Dieser, hervorgegangen aus der »Philosophie« leicht und schnell, da ballistischer Schutz gegen die damals vorherrschenden Bordkanonen technisch nicht erreichbar war, befand sich seit 1964 in Serienfertigung. Eine technische Neuheit für deutsche Panzer war die später nachgerüstete Waffenstabilisierungsanlage, die zielsicheres Schießen aus der Fahrt – ein besonderes Leistungsmerkmal des LEOPARD – zuließ. Der Kommandant verfügte jedoch nicht über eine stabilisierte Optik.

Die Erfahrungen aus dem Yom Kippur-Krieg mit dem Aufkommen der Raketentechnik lösten Ende der 70er, Anfang der 80er Jahre

Amerikanischer Kampfpanzer vom Typ M 60 im Manöver REFORGER II 1970 in der Bundesrepublik Deutschland
Patton Museum Fort Knox

Kampfpanzer LEOPARD 1, A 4 bei einer
Gefechtsübung im November 1975

Rheinmetall

eine Strategiediskussion aus. Wieder einmal sprach man vom Ende des Kampfpanzers. Vielerorts sah man in der Panzerabwehr, im durch Panzersperren unterstützten »Feuerkrieg«[8] oder in der Raum-Verteidigung nach dem Modell »Spannocci« (benannt nach seinem Urheber, dem Chef des Generalstabes des österreichischen Bundesheeres) das Allheilmittel.

Vergessen dabei wurde und wird immer wieder, wenn derartige Anschauungen diskutiert werden, was der damalige Inspekteur des Heeres, Generalleutnant Poeppel zur Einführung des Kampfpanzers LEOPARD 2 gesagt hat: »Verteidigung heißt in erster Linie: Kampf gegen gepanzerte Kräfte. Das verlangt Waffen hoher Feuerkraft und Überlebensfähigkeit.

Sie müssen sich der Wirkung feindlichen Feuers durch Auflockerung entziehen und im Schwerpunkt zur Entscheidung rasch zusammengefaßt werden können.

Schützenpanzer MARDER im Gelände,
November 1975   Rheinmetall

Die stärkste Panzerabwehrwaffe ist und bleibt deshalb für die absehbare Zukunft der Kampfpanzer. Er vereinigt in sich in bestmöglicher Weise Feuerkraft, Beweglichkeit und Schutz. Aus diesem Grund ist der Panzer in unserem Heer der Kern eines ausgewogenen Systems von Kampftruppen, das auf den Kampf gegen gepanzerte Kräfte ausgerichtet ist. Der Kampfpanzer ist zudem der Träger des dynamischen Elements der Verteidigung. Eine rein statische Verteidigung ohne Kampfpanzer mit lückenloser Dichte und ausreichender Tiefe ist nicht denkbar. Denn unser Auftrag verlangt, die Integrität unseres Territoriums nicht nur zu erhalten, sondern sie auch gegebenenfalls wieder herzustellen. Dazu brauchen wir gepanzerte Kräfte, die im Rahmen der Verteidigung durch Gegenangriffe verlorengegangenes Terrain wieder zurückgewinnen. Auch in dieser Rolle bleibt der Kampfpanzer Hauptwaffe unseres Heeres[9]«.

Die neue Bedrohung am Ende der 70er Jahre durch die Staaten des Warschauer Paktes, an ihrer Spitze die Sowjetarmee, aber auch die Veränderungen in der Struktur der durch Zersiedelung geprägten Landschaft, erforderten eine stärkere, wirkungsvollere und reaktionsschnellere Verteidigungskonzeption.

Im Wechselverhältnis – neue Konzeptionen rufen nach neuen Waffen, bzw. neue Waffen ermöglichen neue Kampfformen – war Ende der 70er Jahre letzteres zutreffend. Eine neue Generation moderner Waffen war herangereift, mit denen auf eine neue Gliederung und Konzeption Einfluß genommen werden konnte.

Zu diesen Waffen gehörten u. a. der Panzerabwehrhubschrauber (PAH) und für die gepanzerten Kampftruppen – dem Trend zu schwereren und besser geschützten Kampfpanzern folgend, was lange die Domäne der Briten war –, der Kampfpanzer LEOPARD 2. Durch den Zulauf des Kampfpanzers LEOPARD 2 erhöhten sich Kampfkraft und Einsatzspektrum der Panzertruppe in den Bereichen Feuerkraft (neue Feuerleitanlage), Beweglichkeit (stärkerer Motor, neue Wanne), Schutz (neue Schutztechnologie) und Kampf bei eingeschränkter Sicht (Restlichtverstärkung/Wärmebildtechnik). Mit der Aufstellung von drei PAH-Regimentern erfuhren die gepanzerten Kampftruppen ab 1979 eine wesentliche Unterstützung in der Panzerabwehr.

Die Brigade nach Heeresmodell 3 – mit nur drei, allerdings relativ großen Kampftruppen-Bataillonen – entsprach nicht mehr den Forderungen der Führungsvorschriften nach beweglicher Operationsführung mit gepanzerten Kampftruppen. Insbesondere fehlte ein viertes Führungselement, das Bilden und die Führung der Brigadereserve war oft ein Problem; daneben erachtete man die Bataillone als zu groß, um sie flexibel einsetzen zu können und um die unmittelbare Einwirkung der Führer auf der Bataillons- und Kompanieebene auf das Gefecht noch zu ermöglichen. 1980 begann das Heer mit den ersten Großverbänden die Heeresstruktur 4 einzunehmen.

Im Frühjahr 1980 erging eine besonders auf die gepanzerten Kampftruppen zugeschnittene Anweisung für Führung und Ein-

Eine Gruppe von zwei Kampfpanzern LEOPARD 2 bei der Gefechtsaufklärung 1987

Heeresamt

Kampfpanzer LEOPARD 2 bei der Heeresübung »Kecker Spatz« im September 1987   Heeresamt

Panzerbrigade (Heeresstruktur 4); Stand: 1980   Sammlung Beckmann

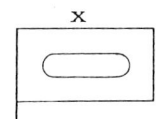

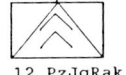
12 PzJgRak

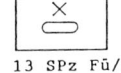
4 PiPz
4 PzBr

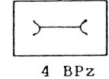
13 SPz Fü/Fu
10 SPz kz

4 BPz

350 to

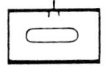
435

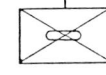
2 KPz
2 SPz Fü/Fu
2 BPz
3 gepKrKw

11 SPz

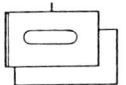
13 KPz

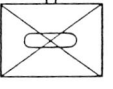
619

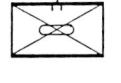
2 SPz
2 SPz Fü/Fu
2 BPz
3 gepKrKw

11 SPz

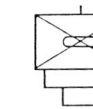
6 PzMrs

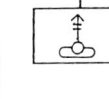
375

2 KPz
2 SPz Fü/Fu
2 BPz
3 gepKrKw

13 KPz

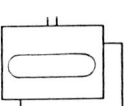
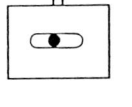

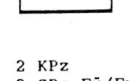
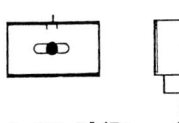
1 SPz Fü/Fu
1 BPz

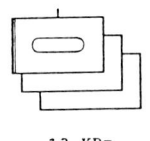
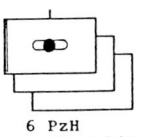
6 PzH
4 SPz FÜ/Fu
3 SPz Beob

satz (AnwFE) 700/108 »Führungs- und Einsatzgrundsätze der Kampftruppen – Änderungen und Ergänzungen durch die Heeresstruktur 4« vom Januar 1980. Generalmajor Helmut Fischer, der damalige General der Kampftruppen, betrachtete die Aufgabe, einen insbesondere an Kampfpanzern quantitativ überlegenen, mit nahezu lückenloser Kampfunterstützung operierenden Gegner schlagen zu müssen, nur dann als lösbar, wenn es gelinge, die eigene quantitative Unterlegenheit durch konsequente Anwendung der Führungskonzeption, die in den Vorschriften verankert sei und in deren Mittelpunkt die taktische und operative Beweglichkeit stehe, auszugleichen. Man müsse operativ und taktisch schneller sein als der potentielle Gegner. Die Heeresstruktur 4 mit vier Kampftruppenbataillonen sollte diese höhere taktische Flexibilität bringen. Gleichzeitig erhöhte sich bei den nunmehr kleineren Bataillonen und Kompanien die Führerdichte[10] und damit die unmittelbare Auswirkung der unteren Führer, vor allem auch in den aufgrund der technischen Ausstattung (Nachtsehgerätetechnik) in Zukunft ununterbrochen ablaufenden Operationen, im sogenannten 24-Stunden-Kampftag.

Der potentielle Gegner bis Ende der 80er Jahre
Mitte der 50er Jahre war die Sowjetunion zur Atommacht aufgestiegen. Ihre Streitkräfte wurden bald mit taktischen Atomwaffen ausgestattet. Gliederung und Konzeption ihrer gepanzerten Truppen hatten sich danach ausgerichtet. In der Panzerentwicklung waren die Sowjets bei technischen Neuerungen oft und in der Quantität immer führend. Vor allem mit dem Nachfolger der die 50er Jahre bestimmenden Kampfpanzer T-54/T-55, mit dem 1965 zulaufenden T-62 bewiesen sie erneut, daß sie auch qualitativ gute Panzer bauen konnten. Bis Mitte der 70er Jahre hatte die Sowjetarmee eine weitere quantitative und qualitative Verstärkung erfahren. Die bereits erdrückende Anzahl der Kampfpanzer war durch moderne Schützenpanzer und Panzerartillerie so verstärkt worden, daß die Fähigkeit zu schnellen, weiträumigen Angriffsoperationen erheblich zunahm. Als neue KPz-Typen waren ab 1967 der T-64, ab 1971 der T-72 eingeführt worden, Panzer, die qualitativ in ihrem Leistungsvermögen mit denen des Westens gleichgezogen hatten.

371

Ein tschechoslowakischer gepanzerter
Verband aus Kampfpanzern T 55 und
BMP 1 auf dem Marsch ins Manöver 1975
Militärhistorisches Museum Dresden

Zu Beginn der 80er Jahre hatte die sowjetische militärische
Führung in ihrem Bemühen, die operativen Angriffsoptionen
mechanisierter Großverbände zu verbessern, *ein neues Konzept*
entwickelt, dessen Verwirklichung durch die waffentechnologi-
sche Entwicklung begünstigt wurde. Zugleich wurde damit die
konventionelle Komponente der Kriegführung aufgewertet. Für
das Konzept stand der Begriff »Operative Manövergruppe«
(OMG). Mit ihrem Einsatz sollten Erfolge der Hauptangriffskräfte –
in mehreren Hauptrichtungen – durch hochbewegliche, gepanzerte Verbände unter Einbeziehung der 3. Dimension zum raschen
Stoß in das rückwärtige Gebiet des Gegners genutzt werden.

Ein russischer Kampfpanzer von Typ T 72 M bei einer Gefechtsübung
Heeresamt

Ein russischer Kampfpanzer vom Typ T 62   Heeresamt

Diese operative Zielrichtung war mehr als eine taktische Variante.
In die Nachfolge der konzeptionellen Begriffe von der »Beweglichen Gruppe« (Zweiter Weltkrieg), der »Schnellen Marschgrup-
pen«, der »Abteilungen für überfallartige Kampfhandlungen« oder
der »Streifzugoperationen« der Spezialtruppen war das Konzept
nur bedingt einzureihen. Diese Kräfte wurden für ihren Einsatz
gesondert zusammengestellt, die OMG bediente sich der stark
verbesserten organischen Kampf-, Kampfunterstützungs- und
Führungsstrukturen.

Sicher aber war es als eine Weiterentwicklung der in Durchbruch-
abschnitten eingesetzten Panzerregimenter zu werten, deren
taktisches Konzept es noch in den 60/70er Jahren war, im »kühnen
Stoß«, mit Unterstützung der Fliegerkräfte, bei hohem Tempo, in
die Tiefe des Gegners vorzudringen. Der Einsatz der OMG sollte
auf den verschiedenen operativen Führungsebenen bis zur Stärke
einer Armee erfolgen und bis in die strategische Planung hineinrei-
chen mit dem Ziel, den geordneten Aufbau der gegnerischen
Verteidigung in der Tiefe zu verhindern. Damit war die OMG eine
Voraustruppe mit Kampfauftrag. Sie sollte, trotz der zum Teil
beträchtlichen räumlichen Trennung zu den Hauptkräften, stets
Teil der gesamten Operation bleiben. Ein weiteres, bedeutendes
Ziel war es, das atomare Ersteinsatzrisiko zu vermindern.
Unter Ausnutzung von Lücken und Schwächen des Gegners und
mit dem Element Überraschung sollte die OMG mit größtmöglicher
Wucht bis zu einer Tiefe von ca. 100 km vor der Masse der
angreifenden Hauptkräfte vorstoßen. Ihr Ziel war in erster Linie die
Desorganisation und Vernichtung der gegnerischen Kräfte. Um
eine hohe Angriffsgeschwindigkeit erzielen zu können, sollte die
OMG organische oder zugeteilte Front- und Armeefliegerkräfte

und Raketentruppen der sie einsetzenden Führungsebene erhalten.

Zu Einsätzen der gepanzerten Kampftruppen gegen einen Gegner außerhalb des kommunistischen Machtbereiches ist es, mit Ausnahme des Krieges in Afghanistan, nicht gekommen. Wohl aber waren die gepanzerten Kampftruppen der Sowjetunion und auch einiger Staaten des Warschauer Paktes bei der Niederschlagung der Aufstände 1952 und 1956 in Polen, 1953 in der DDR, 1956 in Ungarn und 1968 in der CSSR beteiligt. Gerade der Einsatz in der CSSR ist ein Paradebeispiel für eine großräumige Umfassung aus verschiedenen Richtungen. Wir erinnern uns der Bilder des August 1968, als im »Würgegriff« der verbündeten Warschauer-Pakt-Armeen der »Prager Frühling« im Herbst sein Ende erlebte. Die sowjetische Invasion in Afghanistan, 1979 bis 1988, zeigte allerdings auch die begrenzten Möglichkeiten einer Großmacht in einem für großräumige Operationen gepanzerter Truppen ungeeigneten Gelände auf, vor allem, wenn der Gegner nach Partisanenart kämpft.

Planungsvorstellungen gepanzerter Kampftruppen 1990

Eine Untersuchung über die voraussichtliche Bedrohung in den 90er Jahren löste anfangs der 80er Jahre eine Diskussion über Art der Auftragserfüllung, Struktur und Ausrüstung der gepanzerten Kampftruppen aus. Gero Koch und Joachim Bauers, damals Oberst i. G. und OTL i. G. im Führungsstab des Heeres, hatten ihre Auffassungen in dem Artikel »Gedanken über die gepanzerten Kampftruppen der Zukunft« 1982 veröffentlicht[11]. Als Schwerpunktaufgabe des Heeres sahen sie auch in der Zukunft den Kampf gegen zahlenmäßig überlegene, qualitativ gleichwertige, hochbewegliche und feuerstarke, mechanisierte Angriffskräfte. Sie folgerten daraus, daß nur mindestens qualitativ gleichwertig ausgestattete gepanzerte Kampftruppen mit einer bestimmten Mindestzahl an Hauptwaffensystemen in der Lage seien, das Gefecht auch unter atomaren Bedingungen mit Aussicht auf Erfolg zu führen. Im Detail der Struktur forderten sie die Mischung von Panzern und Panzergrenadieren bereits im Frieden. Diese Forderung war in der

Heeresstruktur 4 für das 1. Bataillon der Panzer/Panzergrena-
dierbrigade bereits festgeschrieben.

Für die Weiterentwicklung der gepanzerten Kampftruppen stellten
sie daher ihre Leitidee eines Systems gepanzerter Kampftruppen
90, eingebettet in die Brigade, mit einer geordneten Vielfalt von
Elementen vor, deren Funktionen sich gegenseitig ergänzen und in
der die Stärken der einen Waffe die Schwächen anderer möglichst
ausgleichen sollten. Es wurden also nicht mehr Waffensysteme
gefordert, die in einer Universalrolle alles können, sondern in einer
»Panzerfamilie« aus verschiedenen aufeinander abgestimmten
Modellvarianten sollten sie sich gegenseitig ergänzen. Die optimale Waffenmischung aus Kampfpanzern und Panzerabwehr-
lenkflugkörpern, aus Wucht- und Hohlladungs-Munition sollte
gleichzeitig den Gegner zwingen, sich gegen mehr als nur eine
Waffen-/Munitionsart schützen zu müssen. Diese Überlegungen
wurden mehrfach fortgeschrieben. Ihre evolutionäre Entwicklung
auf der Grundlage der Heeresstruktur 4 wurde Ende der 80er Jahre
hauptsächlich aus Kostengründen verworfen.

Konzeptionen/Planungen der 90er Jahre

1987 wurde unter Beibehaltung der Strategie der flexiblen Reaktion die TF/G 73 zur HDv 100/100 »Truppenführung« fortgeschrieben. Neu an der verbesserten Auflage 87 waren[12]:

○ Neben die Elemente Feuer und Bewegung tritt das Element
Sperren. »Hauptelemente des Gefechts sind Feuer und Bewegung; Sperren ergänzen sie. *Sperren* sollen den Feind abnutzen
und ihn aufhalten, zumindest sein Vorgehen verlangsamen und
ihn so immer wieder zur Änderung seines Operationsplanes
zwingen. Der *Kampf mit Sperren* hilft der Truppe, Gelände zu
halten, Zeit zu gewinnen und Kräfte zu sparen. Sperren sind vor
allem dort anzulegen, wo der Feind auflaufen soll, damit er

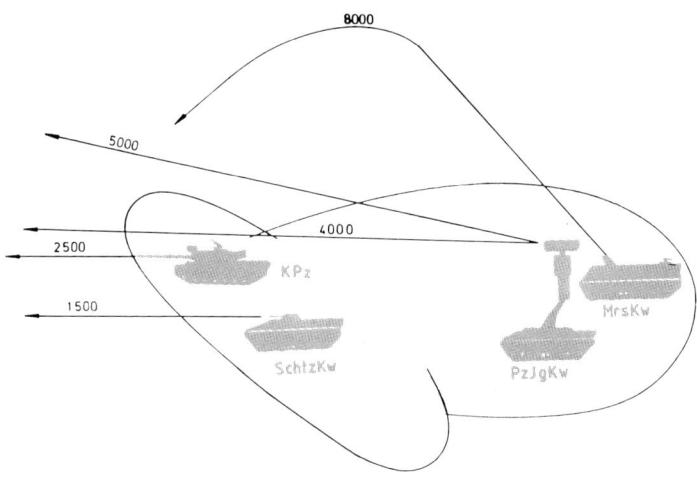

System der gepanzerten Kampftruppen

Heeresamt

durch zusammengefaßtes Feuer oder im Gegenangriff zerschlagen werden kann.«

○ Die Panzerwabwehr erfährt eine Aufwertung durch den neu
konzipierten Jagdpanzer PANTHER, der seine Raketen von einer
elevierbaren, d. h. hoch ausfahrbaren Plattform verschießen
kann. Er kann somit auch die Rolle des Überwachungspanzers
gegen Feindpanzer auf weite Enfernung und gegen feindliche
Kampfhubschrauber wahrnehmen.

○ Die Panzerabwehr aus der Luft und der luftbewegliche Einsatz,
also die Nutzung der 3. Dimension durch das Heer, gewinnen an
Bedeutung.

○ »Vorneverteidigung schließt die Bekämpfung des Feindes in
der Tiefe seines eigenen Territoriums mit ein.«

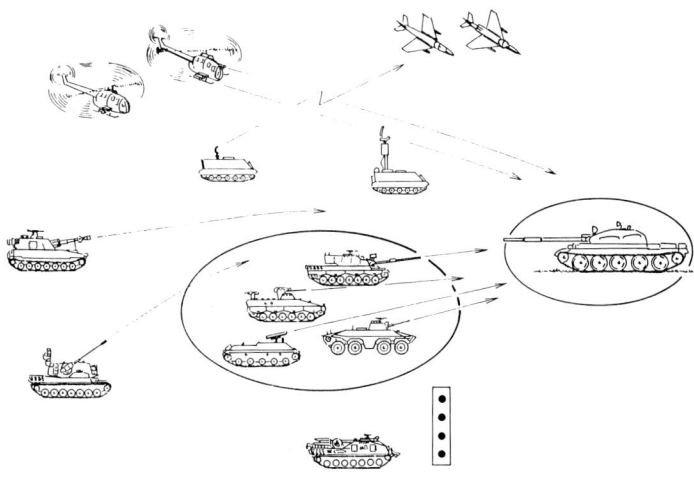

Gefecht der verbundenen Waffen

Heeresamt

Im Zuge der Überlegungen zur Einsatzkonzeption wurden auch neue Überlegungen zu einer Heerestruktur 2000 angestellt, deren Grundzüge im Februar 1988 vom Bundesministerium für Verteidigung genehmigt wurden.

Die neue Struktur zielte auf ein kleineres, professionelles Heer ab, das dabei aber hochpräsent, hochmobil und hochmodern sein sollte. Es muß den Erfordernissen des modernen Gefechts u. a. aufgrund der Fortentwicklung der Nachtsehfähigkeit sowie der elektronischen Störmöglichkeit gerecht werden und in ununterbrochener Operation – d.h. rund um die Uhr – sowie unter Nutzung moderner integrierter Führungs- und Informationssysteme kämpfen können.

1990 erfolgte die Erarbeitung der Planungsvorstellungen der gepanzerten Kampftruppen. Dabei ging der Trend weg von Mehrzweckgroßverbänden hin zu Großverbänden unterschiedlicher Beweglichkeit und Feuerkraft, die aufgrund ihrer Leistungsmerkmale im Rahmen der Vorneverteidigung jeweils nur einen Teil des Gesamtaufgabenspektrums der Kampftruppen abdecken können. Gepanzerte Kampftruppen blieben trotz wachsender Bedeutung der Luftbeweglichkeit und der Steigerung der Ele-

Heeresstruktur 2000: Gliederung einer Panzerbrigade (Stand: März 1990)

Heeresamt

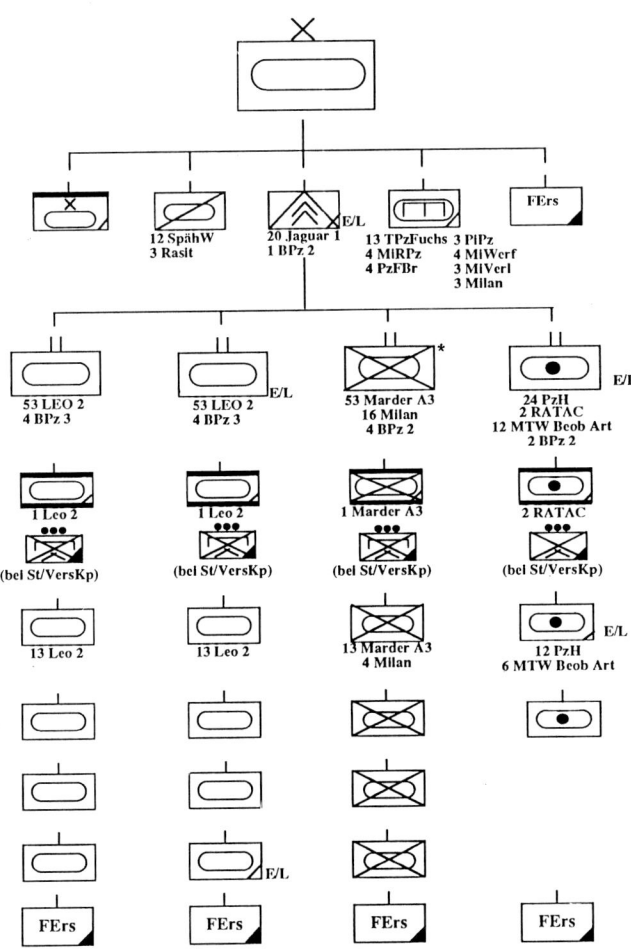

*ggf. wird ein 2. Panzergrenadierbataillon eingegliedert

Heeresstruktur 2000: Gliederung einer Panzergrenadierbrigade (Stand: März 1990)

Heeresamt

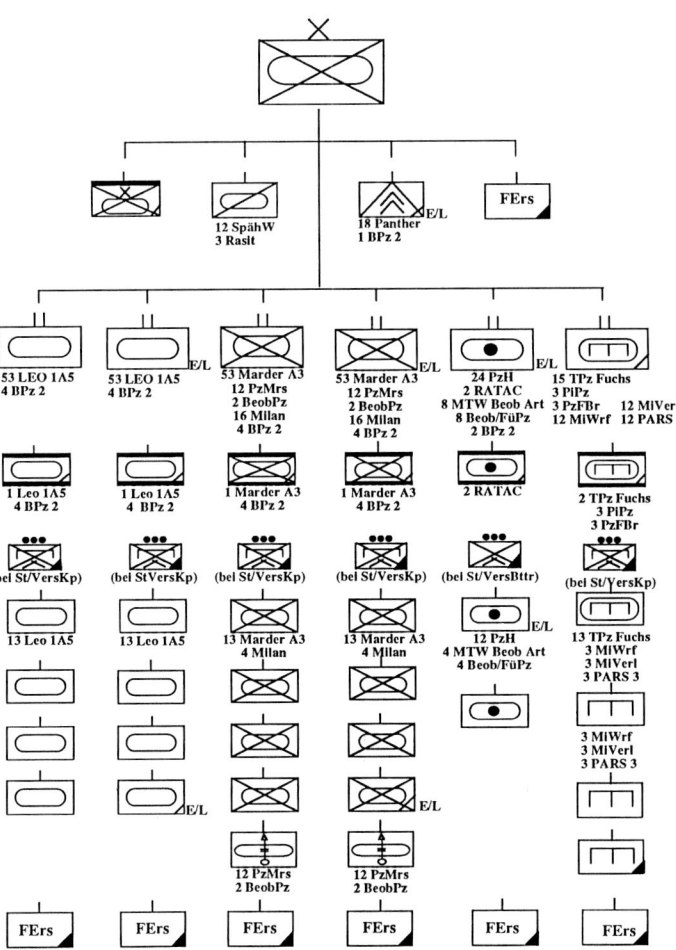

Raketenwerfer 110 mm auf Selbstfahrlafette   Kampftruppenschule 2

mente Feuer und Sperren das Kernelement der operativen Führung, jedoch zeichnete sich für sie eine Zweiteilung in der Aufgabenstellung ab:

Es waren demnach einmal gepanzerte Brigaden geplant, die in allen
Gefechtsarten – wenn auch nur bedingt – einsetzbar bleiben,
deren Schwerpunktaufgabe jedoch in der Standfestigkeit einer
beweglich geführten Verteidigung gesehen wird. Daneben wurde
über einen weiteren Typ gepanzerter Brigaden nachgedacht, der
aufgrund seiner modernen Ausrüstung in der Lage sein wird,
uneingeschränkt in allen Gefechtsarten eingesetzt zu werden, und
dessen Durchsetzungsfähigkeit es zuläßt, diese Brigaden als
operative Gegenangriffskräfte u. a. zur Wiederinbesitznahme ver-
lorengegangenen Terrains einzusetzen.

Die Konzeptionen der gepanzerten Truppen der NATO-Staaten
waren im wesentlichen denjenigen der Bundeswehr vergleichbar;
sie unterscheiden sich nur in Nuancen. Dies mag als ein Beweis für
gute militärische Kooperation gelten.

In allen NATO-Armeen sowie auch im Warschauer Pakt bildete der
Kampfpanzer nach wie vor den Kern der gepanzerten Kampftruppen. Das deutsche Modell der Zusammenarbeit zwischen Panzern
und Schützenpanzern hat in Ost und West Nachahmer gefunden,
so daß der Schützenpanzer gleichberechtigt neben dem Panzer
steht. Auch die gepanzerten Kampftruppen der Sowjetarmee
haben sich weiterentwickelt. Durch Nutzung neuer Technologien,
einschließlich der Elektronik, hat die Sowjetunion gerade auch im
Panzerbau Fortschritte in der Feuerkraft, der Beweglichkeit und im
Schutz erreicht, die den Qualitätvorsprung, auf den man in der
NATO noch in den 70er Jahren stolz war, zusammenschmelzen
ließ und Antworten technischer und taktischer Art der einzelnen
NATO-Staaten und des Bündnisses in seiner Gesamtheit abver-
langten.

An weiteren Qualitätssteigerungen, besonders hinsichtlich der
Fähigkeit zur mechanisierten Gefechtsführung, ist auf beiden
Seiten in den 80er Jahren gearbeitet worden.

Welche Auswirkungen der sich in Osteuropa vollziehende Wandel
und die Ergebnisse der Wiener Abrüstungsverhandlungen auf
Konzeption, Struktur, Umfang und Ausrüstung der Armeen beider
Seiten haben werden, bleibt abzuwarten. Eines ist jedoch festzu-
halten: Die von der Bundesrepublik Deutschland unterhaltenen
Streitkräfte dienen ausschließlich der Verteidigung. Durch die

Jagdpanzer PANTHER   Firma Wegmann

Amerikanischer Kampfpanzer
ABRAMS M 1, 1984   Patton Museum Fort Knox

Schützenpanzer MARDER 1 A 2, 1984
Heeresamt

Ein Kampfpanzer LEOPARD 2 des 5. Bauloses

Rückblick und Ausschau

Bis 1990 sind über 70 Jahre vergangen, seit der Tank als neue Waffe auf dem Gefechtsfeld aufgetreten ist. Mehrmals wurde sein Ende vorausgesagt, nach dem Ersten Weltkrieg, nach dem Zweiten Weltkrieg und schließlich nach dem Aufkommen der auf dem Hohlladungsprinzip funktionierenden Panzerabwehrraketen/-lenkflugkörper. Doch ist und bleibt er in Ost und West auf absehbare Zeit – d. h. über die Jahrtausendwende hinweg – das Hauptwaffensystem der gepanzerten Kampftruppen und zugleich der Träger des dynamischen Elements der Verteidigung. Allerdings hat sich seine Rolle im Lauf der Zeit mehrfach geändert; so wird in Zukunft die Panzerabwehr vermehrt von anderen Waffensystemen übernommen werden, die eine größere Reichweite haben und die für die Panzervernichtung ein besseres Kosten-Nutzen-Verhältnis aufweisen.

Trotzdem bleibt der Kampfpanzer ein Hauptwaffensystem des Heeres, optimiert hinsichtlich Schutz und Beweglichkeit, Stoßkraft in den Feind zu tragen und im Gegenangriff die Entscheidung zu erzwingen.

Demonstration ihrer Fähigkeit, einen Angreifer erfolgreich mit angemessenen Mitteln abwehren zu können, dienen sie zunächst der Verhinderung von Kriegen und dann zur Erhaltung der territorialen Unversehrtheit. Streitkräfte sind damit auch ein Ausdruck der Souveränität eines Staates und leisten deshalb bereits im Frieden einen wichtigen Beitrag zur Erhaltung der politischen Handlungsfähigkeit. Ihre Stärke und Ausrüstung haben sich neben den finanziellen Möglichkeiten an der strategischen Zielsetzung eines Staates unter Berücksichtigung möglicher Bedrohungen zu orientieren.

1 Middeldorf, S. 5.
2 Siehe hierzu: Heeresdienstvorschrift (HDv) 100/1, Truppenführung (TF 62) vom Oktober 1962, HDv 100/100, Truppenführung im Gefecht (TF/G 73) und HDv 100/100 Truppenführung (2. verb. Auflage, TF/G 73, Sept. 1987).
3 Messenger, S. 314.
4 Ebd., S. 317.
5 Chaim Herzog, Kriege um Israel 1942–1989, Wien 1984, S. 179 f.
6 Ebd., S. 380 f.; Für das Folgende S. 403.
7 HDv, TF/G 73, Nr. 1003.
8 Jochen Löser, Weder rot noch tot, München 1981, S. 117.
9 Gen. Lt. Poeppel, in: Soldat und Technik 9 (1980), S. 478.
10 Unter Führerdichte versteht man das quantitative Verhältnis von Führern zu Geführten.
11 Abgedruckt in: Truppenpraxis 3 (1982), S. 117–188.
12 HDv, TF/G 73 (verbesserte Auflage 1987), Nr. 117, 720, 107.

Heinrich Felix Beckmann

45 Jahre Lehr- und Versuchsübung 1958 (LV 58)

Das Heer befindet sich nach wie vor in der LV58 erprobten Grundgliederung, der Brigadegliederung. Seit 1959 hat das Heer mehrere Strukturreformen- und -anpassungen durchgeführt, dabei aber die bewährte Brigadegliederung beibehalten. Diese Gliederungsform ist nach ausreichender Erprobung im September 1958 erst ab dem 1. März 1959 eingenommen worden. Spätere Strukturreformen des Heeres sind, außer der Lehr- und Versuchsübung 1975 und der Struktur 4, nicht mehr so gründlich vorbereitet und erprobt worden.

Ausgangslage

In der Denkschrift vom 7. Januar 1955 an den Bundeskanzler hatte das Amt Blank für die Aufstellung des Heeres in der Bundeswehr einen Umfang von sechs Panzer- und sechs Infanteriedivisionen vorgeschlagen. Nach Abgleichung unterschiedlicher Auffassungen im Amt Blank wurde eine Struktur, die sich an die Struktur des Heeres 1944 anlehnte, verworfen. Für die Gliederung der Großverbände des Heeres, die in das NATO-Bündnis zu integrieren waren, wurde eine Gliederungsform gesucht, die denen der US-Armee entsprach. Das Planungsreferat im Amt Blank Abt II schlug vor, Divisionen zu bilden, die sich aus drei Kampfgruppenstäben und einem Artillerieregiment sowie aus einer unterschiedlichen Zahl selbständiger Bataillone bestehen sollten.

Diese Division galt als Trägerin des Gefechtes der verbundenen Waffen nach den Grundsätzen der Taktik. Alle Truppenteile sollten gepanzert, vollmotorisiert und nach modernen Gesichtspunkten gegliedert werden.

Für die **Panzertruppe** bedeutete dies, das Abgehen von der bewährten Gliederungsform des Regiments. An die Stelle des Panzerregiments trat jetzt das **Panzerbataillon**.

In der Konzeption des Heeres waren die Panzerbataillone als Schwerpunktverbände der Divisionen vorgesehen. Diese Konzeption wies den Panzerbataillonen folgende Aufgaben zu:

Stoß in die Tiefe des feindlichen Kampfraumes mit dem Ziel der Vernichtung der feindlichen Kräfte unter Ausnutzung von Beweglichkeit, Feuer, Panzerung und Schockwirkung in engem Zusammenwirken mit den anderen Waffen der Division. Die Panzerdivision sollte drei Panzerbataillone erhalten und die Infanteriedivision ein Panzerbataillon. In dieser Struktur befand

sich das Heer im Sommer 1958. Bis zu diesem Zeitpunkt waren 12 Panzerbataillone aufgestellt worden: davon neun PzBtl in den Divisionen, zwei PzBtl als Korpsverfügungstruppe und ein PzBtl als Lehr-Btl an der Panzertruppenschule.

Nachdem die Sowjetunion beschlossen hatte, ihre Streitkräfte in Mitteleuropa mit taktischen Atomwaffen auszustatten und mit der Stationierung dieser Waffen ab Mai 1958 begann, wurde es für das deutsche Heer notwendig, sich auf diese Bedrohung vorzubereiten. Einer Änderung des Kriegsbildes von so umwälzender Art mußte die Struktur des Heeres zu entsprechen suchen.

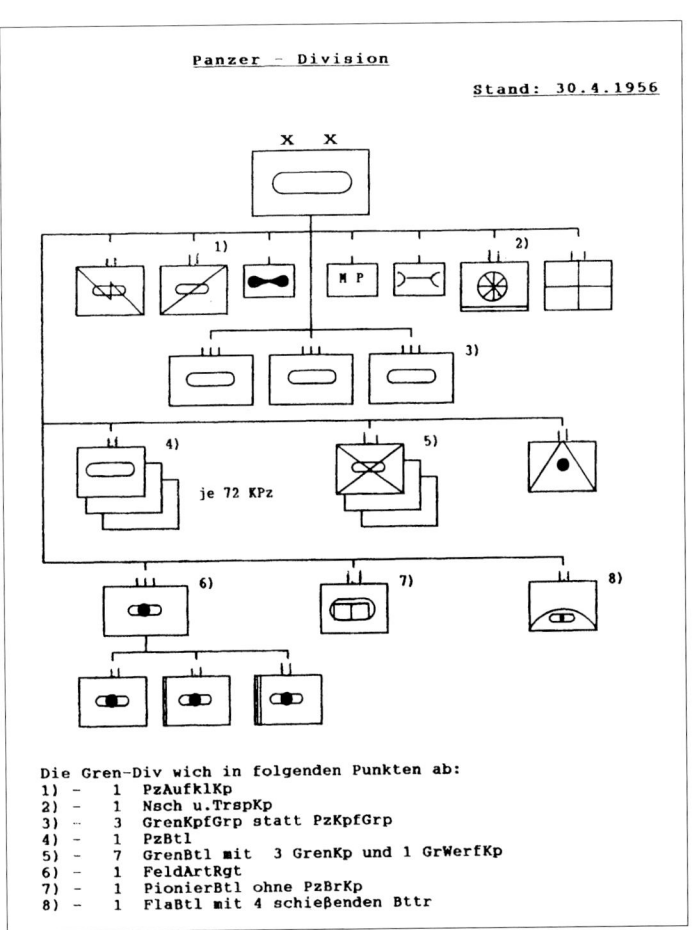

```
Panzer - Division
                                    Stand: 30.4.1956

Die Gren-Div wich in folgenden Punkten ab:
1) -  1  PzAufklKp
2) -  1  Nsch u.TrspKp
3) -  3  GrenKpfGrp statt PzKpfGrp
4) -  1  PzBtl
5) -  7  GrenBtl mit  3 GrenKp und 1 GrWerfKp
6) -  1  FeldArtRgt
7) -  1  PionierBtl ohne PzBrKp
8) -  1  FlaBtl mit 4 schießenden Bttr
```

Gliederung Panzer-Division 56   Sammlung Beckmann

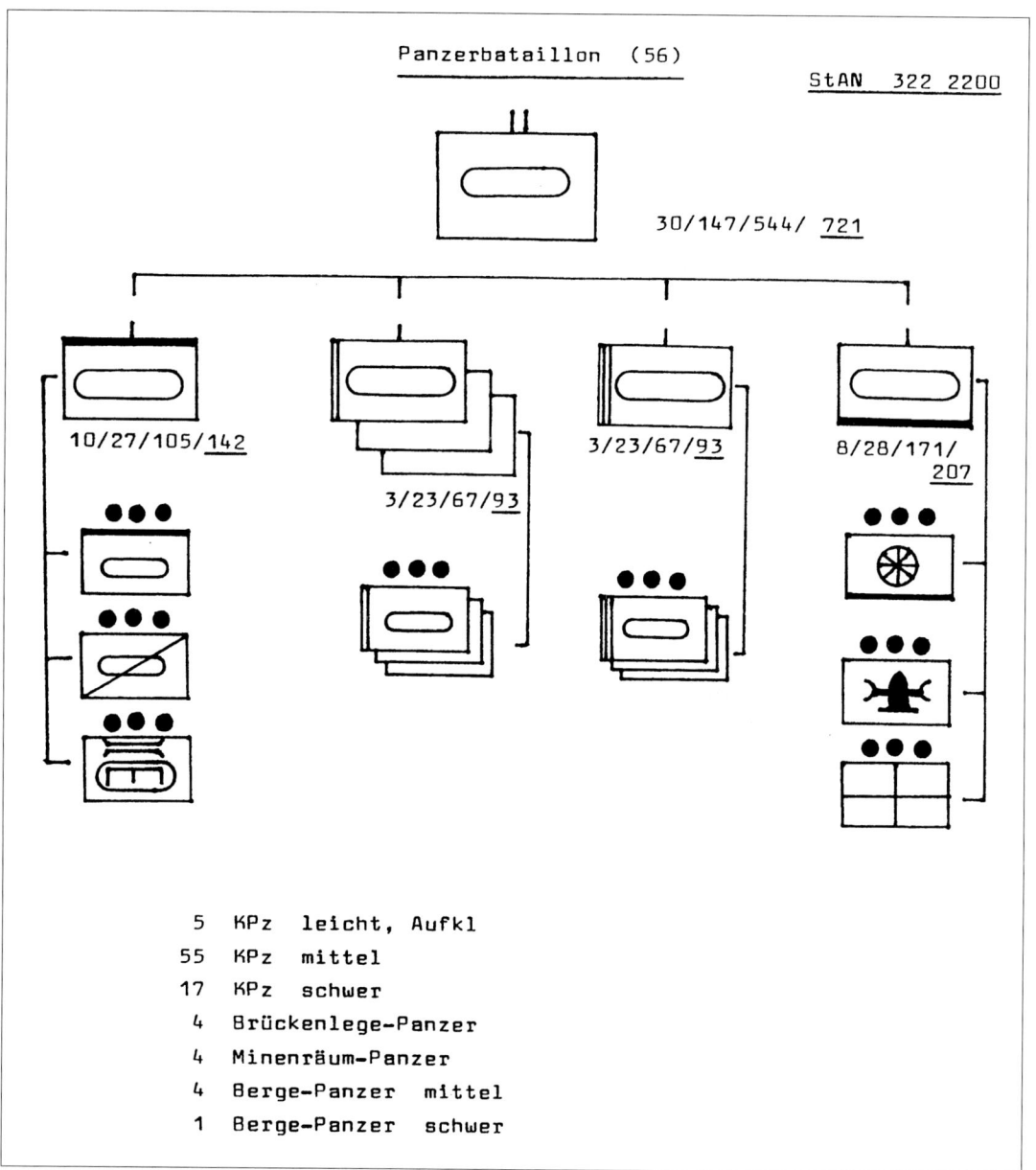

Panzerbataillon (56)

StAN 322 2200

30/147/544/ 721

10/27/105/142

3/23/67/93

3/23/67/93

8/28/171/
207

```
 5  KPz   leicht, Aufkl
55  KPz   mittel
17  KPz   schwer
 4  Brückenlege-Panzer
 4  Minenräum-Panzer
 4  Berge-Panzer   mittel
 1  Berge-Panzer   schwer
```

Nach eingehenden Untersuchungen im Führungsstab des Heeres wurde der politischen Leitung vorgeschlagen, die Führungsebene im Gefecht der verbundenen Waffen von der unübersichtlich gewordenen Divisionsebene nach unten zu verlagern. Als zweckmäßige Lösung wurden für das Heer zwei Brigadegrundtypen entwickelt:
– die Grenadierbrigade und
– die Panzerbrigade.

Daneben wurden für Sonderaufgaben Gebirgs- und Fallschirmjägerbrigaden gebildet.

Die Strukturänderung wurde wie folgt begründet:
a) Ausrüstung der sowjetischen Streitkräfte in Mitteleuropa mit taktischen Atomwaffen.
b) Ausrüstung der NATO und damit auch des Heeres mit gleichwertigen modernen Waffen.

c) Notwendigkeit, für alle Grade der stufenweisen Abschreckung militärisch ausgerüstet und entsprechend gegliedert zu sein.

Für die Neugliederung des Heeres entstanden die nachfolgenden **Forderungen**:

1. Das Heer muß mit seinen Verbänden in der Lage sein, sowohl konventionelle wie moderne Waffen für die Verteidigung anzuwenden.
2. Seine Verbände müssen im Rahmen der Gesamtverteidigung sowohl zur Verteidigung als auch zu Gegenangriffen geeignet sein.
3. Seine Verbände müssen einen optimalen Grad an motorisierter Beweglichkeit erhalten, sollen anderseits aber auch in der Lage sein, unter primitiven Verhältnissen und Voraussetzungen zu kämpfen.
4. Seine Verbände sollen in sich möglichst einheitlich sein. Mit

einem Minimum an Menschen soll ein Maximum an Kampfkraft erreicht werden.

5. Seine Verbände müssen in der Lage sein, mehrere Tage lang
auf sich selbst gestellt, ohne Verbindung mit den Hauptver-
sorgungsstellen zu kämpfen.

Zur Erfüllung dieser Forderungen erhielt der Verteidigungsminister einen **Vorschlag des Inspekteur des Heeres**. In diesem
Papier schlug der Inspekteur dem Minister die Umgliederung
des Heeres vor. Diese Umgliederung sollte im einzelnen noch
praktisch in der Lehr- und Versuchsübung 1958 überprüft werden.

Die vorgeschlagene Neugliederung ließ folgende Grundsätze
erkennen:

1. Die Division verliert ihre Bedeutung als Grundelement der
verbundenen Waffen, gewinnt aber andererseits als
Führungselement an Bedeutung.

2. Anstelle der Division, die im Zweiten Weltkrieg über etwa
20.000 Mann verfügte, tritt jetzt die Brigade – als der entscheidende Kampfverband verbundener Waffen. Die Stärken dieser Brigaden liegen zwischen 3.000 und 4.000 Mann.
Sie verfügen über Grenadiere, Panzergrenadiere, Panzertruppen, konventionelle Artillerie, Flugabwehr, Pioniere, Panzerjäger, Aufklärer, Fernmelde- und Versorgungstruppen für
den unmittelbaren Gefechtsbedarf.

3. Es werden zwei Typen von Brigaden gebildet, und zwar die
Grenadierbrigade und die Panzerbrigade.

4. Die Mannschaftsstärken in den Kompanien und Bataillonen
sind um etwa 1/4 gekürzt worden, die Kampfkraft - also die
Feuerkraft – wird aber erhalten. Dadurch können wir die Ge-
samtkampfkraft des Heeres um mindestens 20 % erhöhen.
Sparsamste Personalstärke bei hoher Kampfkraft erfordert
äußerst wendigen und rationellen Einsatz. Hierzu sind erfahrene Kommandeure, tatkräftige Einheitsführer und ein hoher
allgemeiner Ausbildungsstand Voraussetzung.

5. Die Versorgungsführung, die bisher bei der Division lag,
kommt in die Hand des Brigadekommandeurs. Die Versorgung wird so aufgebaut, daß die Brigade mehrere Tage völlig selbständig kämpfen kann.

6. Da die Brigaden in sich einheitlich sind und es nur zwei Typen von Brigaden geben wird, können die Divisionen im
»Baukastensystem« je nach Auftrag zusammengesetzt werden. Die Zahl der unterstellten Brigaden ist variabel.

7. Die Brigaden befinden sich bereits im Frieden in ihrer Kriegsgliederung. Der Kommandeur ist für die Ausbildung an den
verschiedenen, in seiner Brigade vorhandenen Waffen, voll
verantwortlich. Das setzt einen ganz bestimmten, spann-
kräftigen Kommandeurstyp mit einem umfassenden militärischen Fachwissen voraus.

8. Die Brigade verfügt nur über konventionelle Waffen. Die
Mehrzweckwaffen finden sich erst auf der Divisions- und
Korpsebene, zentral vom NATO-Oberbefehlshaber gesteu-
ert. Aus dieser »Abstufung der Bewaffnung« wird die »Abstufung der Abschreckung« auch in der Praxis deutlich.

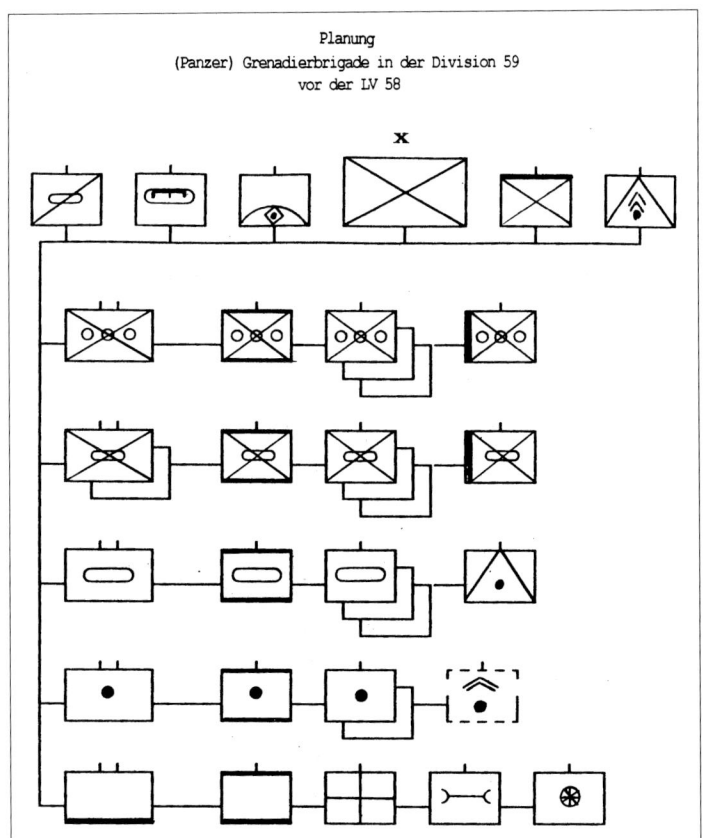

Sammlung Beckmann

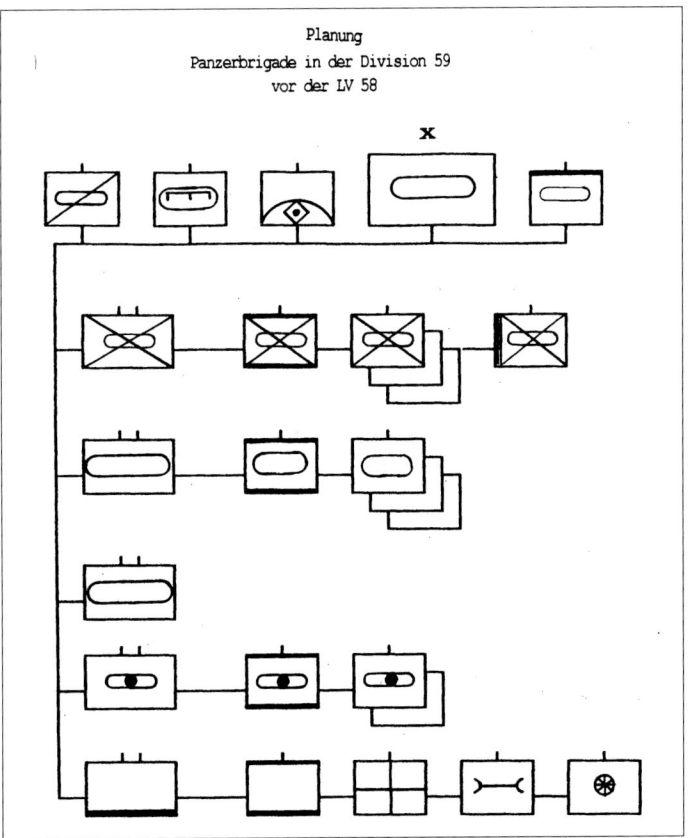

Sammlung Beckmann

Erprobung

Zur Erprobung der Brigadegliederung wurden zwei Übungsbrigaden gebildet. Die neue Heeresstruktur erhielt die Bezeichnung Division 59 (Einheitsdivision).

Für die Durchführung der Lehr- und Versuchsübung wurde der Raum um die Truppen-Übungsplätze Munster-Nord und Bergen-Hohne bestimmt.

Übungsbrigaden in der
Lehr- und Versuchsübung 1958 (LV 58)

GRENADIER—BRIGADE		PANZER—BRIGADE	
3.964 Soldaten 878 RadKfz 281 Ketten- KFz	ÜB-Gren-Brig 50	2.841 Soldaten 633 RadKfz 286 Ketten- Kfz	ÜB-Pz-Brig 60
50	Kdr BrigGen de Maiziére G 3 Maj Dr. Plass G 4 Maj i.G.Haseloff	60	Kdr Oberst Lueder G 3 Oberstlt Lingenthal G 4 Oberstlt von Grote
501	Kdr Oberstlt Thulke	601	Kdr Oberstlt Middeldorf
502	Kdr Oberstlt Sinram	602	Kdr Oberstlt Willikens
503	Kdr Oberstlt Gerlach	603	Kdr Oberstlt Pfannkuche
504	Kdr Oberstlt Scheidemann	604	Kdr Maj Zschoch
505	Kdr Maj Küster	605	Kdr Maj Gossing
506	Kdr Oberstlt Jaedtke		
507		607	
508	Chef Hptm Emmrich	608	Chef Maj Hermann
509	Chef Hptm Hantke	609	Chef Hptm Peters

Die Übungsverbände wurden gebildet aus Teilen der:
1. Grenadierdivision
3. Panzerdivision
6. Grenadierdivision
1. Luftlandedivision
Lehrtruppe des Truppenamtes
Heeresfliegerkommando 801
ABC-Abwehr-Lehr-Kompanie
Feldzeugbataillon 511
Feldzeugbataillon 513
Quartiermeister-Transport-Bataillon 915

Zur Vorbereitung, Durchführung und Auswertung der Übung bildete der Führungsstab des Heeres einen Leitungsstab Lehr- und Versuchsübung 1958. Leiter: Brigadegeneral Müller-Hildebrand.
Daneben entstand: a) ein Oberschiedsrichterstab
                       b) Stab für Überprüfung und Auswertung
                       c) Stab für Zuschauer
                       d) Pressestab.
Die Gesamtleitung hatte sich der Inspekteur der Heeres, Generalleutnant Röttiger, vorbehalten.

Zeitablauf:
18.–30.08.1958 Vorbereitung der Truppenteile in den Standorten

01.–12.09.1958 Zusammentreffen der Verbände in den Standorten

13.–14.09.1958 Anmarsch zu den Truppenübungsplätzen

15.–17.09.1958 Ausbildung und Überprüfung nach STAN im Bataillonsrahmen

18.09.1958 Übung »Anton«
Übungszweck: Angriff der PANZERBRIGADE aus der Bewegung unter atomarer Bedrohung

19.09.1958 Übung »Berta«
Übungszweck: Abwehr der GRENADIERBRIGADE unter atomarer Bedrohung

20.09.1958 Übung »Cäsar«
Übungszweck: Aufklärung, hinhaltender Kampf (bewegliche Kampfweise) der PANZERBRIGADE, Angriff der GRENADIERBRIGADE

22.09.–23.09.1958 Übung »MAX«
Übungszweck: für die PANZERBRIGADE: Marsch, Begegnungsgefecht, Abbrechen des Gefechts, Umgliederung zum erneuten Angriff, Angriff nach Bereitstellung.
Übungszweck: für die GRENADIERBRIGADE: Marsch, Begegnungsgefecht, Abbrechen des Gefechtes, Übergang zur Abwehr unter atomaren Bedingungen.

25.09.–26.09.1958 Übung »Moritz« (Schlußübung)
Übungszweck: wie bei Übung Max, jedoch werden zur Verstärkung der Abwehr bei der GRENADIERBRIGADE Panzer-Abwehr-Lenkraketen eingesetzt. Einsatz von Atomsprengkörpern wird nur durch die Feindseite vorgesehen.

Den Übungstruppenteilen waren vor allem folgende Aufgaben gestellt:
– Überprüfung der STAN-Entwürfe und Umgliederung auf die neue Struktur.
– Die Möglichkeiten der Führung und des Einsatzes in der neuen Struktur zu überprüfen,
Schwerpunkt: Kampf der verbundenen Waffen.
– In den Brigadeübungen soll in Angriff und Abwehr unter atomarer Bedingen geklärt werden,
ob
   – Gliederung und Führungsmittel eine wendige Führung in wechselnden Lagen zulassen,
   – das Verhältnis der Truppengattungen zueinander den Erfordernissen des Kampfes der verbundenen Waffen entspricht.
– Durch die Abschlußübung sollen die Brigaden in beweglicher Kampfführung der Öffentlichkeit vorgestellt werden.

Bundeskanzler Adenauer bei der Schlußübung »Moritz« der LV 58 am 26. September 1958 im Gespräch mit GenLt Heusinger (GenInsp) und GenLt Röttiger (InspHeer).   Sammlung Beckmann

Auf beiden Seiten sind Atomwaffen anzunehmen.

Ergebnis
Die Versuchsübung wurde durchgeführt, nach dem die Übungstruppenteile etwa drei Wochen in der Versuchsgliederung gelebt hatten. In aufbauenden Übungen wurde zunächst die Gliederung und Ausstattung der Einheiten im einzelnen auf ihre Zweckmäßigkeit sowie das Zusammenwirken erprobt. Die Erprobung wurde anschließend im Verbandsrahmen fortgesetzt. Danach wurden beide Brigaden in mehreren Brigadeübungen vor verschiedenartige Kampfaufgaben gestellt, um die Möglichkeiten ihrer Führung in wechselnden Lagen und die Zweckmäßigkeit ihrer Zusammensetzung – grundsätzlich unter atomarer Bedrohung – zu erproben. Schwerpunkte im Verlauf der Übungen waren die Auflockerung der Truppe, Schnelligkeit

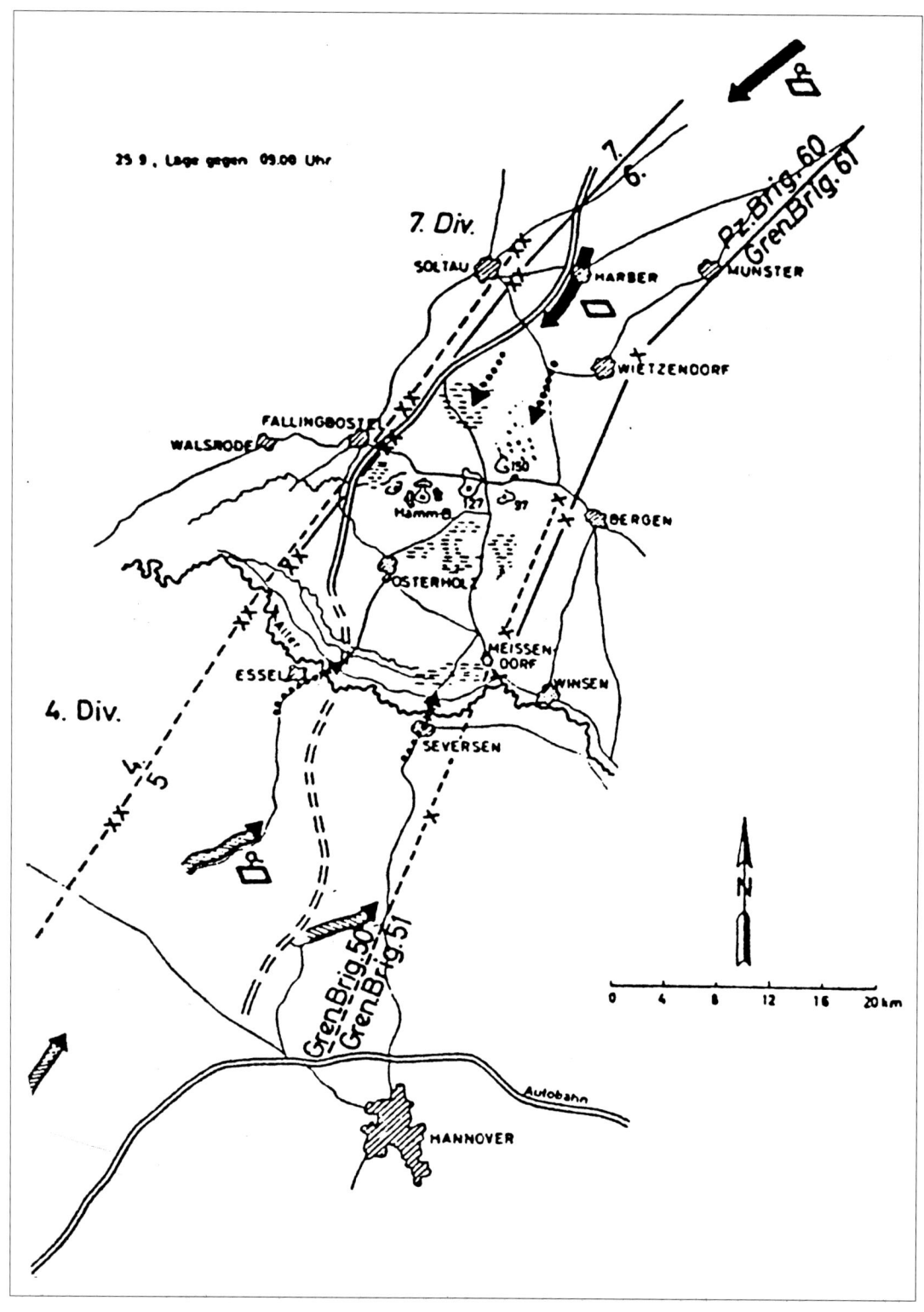

25.9., Lage gegen 09.00 Uhr

7. Div.

SOLTAU

HARBER

MUNSTER

Pz.Brig.60

GrenBrig.61

WIETZENDORF

FALLINGBOSTEL

WALSRODE

150

127

97

Hamm.B.

BERGEN

OSTERHOLZ

MEISSEN-DORF

ESSEL

WINSEN

4. Div.

SEVERSEN

5

GrenBrig.50

GrenBrig.51

N

0   4   8   12   16   20 km

Autobahn

HANNOVER

Sammlung Kissel

Lage der Abschlussübung »Moritz«

Die *blaue Üb.Gren.Brig.50* geht am 25. September im Rahmen einer – angenommenen – stärkeren Kräftegruppe westlich Hannover in nordostwärtiger Richtung gegen die untere Elbe vor, um feindliche Kräfte anzugreifen, die sich dort in der Versammlung befinden.
Die *rote Üb.Pz.Brig.60* überschritt in der Nacht zum 25. Septem-

ber im Rahmen einer – angenommenen – stärkeren Kräftegruppe die untere Elbe. Sie geht in südwestlicher Richtung vor, um zunächst bei Essel einen Brückenkopf über die Aller zu gewinnen.
Skizze zeigte die Lage beider Brigaden kurz nach Übungsbeginn gegen 9.00 Uhr.

bei der Ausführung von Aufträgen und ein hohes Maß an Beweglichkeit.

Die Truppe wurde unter kriegsmäßigen Bedingungen versorgt. Dabei wurde der Versorgungsweg, die Leistungsfähigkeit und die Organisation der Versorgungstruppenteile eingehend überprüft.

Die Mitwirkung fliegender Verbände, der Heeresflieger, war auf den Transport von Truppenteilen und Versorgungsgütern sowie auf den Abtransport von »Verwundeten« ausgerichtet. Außerdem wurden Heeresflieger für den Aufklärungsdienst, Überwachung der übenden Truppe durch Luftaufnahmen und für das Einschießen der Artillerie eingesetzt. Die Luftwaffe stellte eine begrenzte Anzahl von Jagdflugzeugen zur Verfügung.

Da die Zusammensetzung der Übungstruppe nicht in allen Bereichen der geplanten Gliederung entsprach, mußten materielle Aushilfen vorgesehen werden. Besonders in der Grenadierbrigade mußten nicht vorhandene gepanzerte Fahrzeuge durch Rad-Kfz dargestellt werden.

Die Beanspruchung der Übungtruppe insgesamt war erheblich. Die verkürzte Personalausstattung machte sich besonders bemerkbar. Die unzureichende persönliche Ausstattung belastete die Truppe, die teilweise drei Wochen im Biwak lebte, erheblich.

Nach Abschluß der Lehr- und Versuchsübung gab der Kommandeur der ÜbGrenBrig 50, Brigadegeneral Ulrich de Maiziere, folgendes Urteil ab: (auszugsweise)

»ÜbBrig 50 29. September 1958
Kommandeur
     Gesamturteil über die GrenBrig der Div 59

Das Verhältnis der Truppengattungen untereinander ist ausgewogen.

Personell sind alle Einheiten auf das äußerste Minimum herabgesetzt worden. Jeder personelle Ausfall bedeutet jetzt unmittelbar einen spürbaren Verlust an Kampfkraft. Der personelle Ersatz für die Brigade muß daher dicht herangehalten werden. Das Ziel, mit der GrenBrig einen Kampfverband der verbundenen Waffen zu schaffen, der über einen Zeitraum von mehreren Tagen selbständig Kampfaufgaben lösen kann, ist im wesentlichen als erreicht anzusehen.«

Aus dem Erfahrungsbericht vom 17. Oktober 1958 (Vortrag) ist zu entnehmen, daß der Führungsstab des Heeres seine Planung durch die Ergebnisse der Lehr- und Versuchsübung 1958 bestätigt ansah. Aus dem Bericht wurde u.a. über den Einsatz von Panzern wie folgt vorgetragen:

»Was haben wir mit dieser neuen Gliederung gewonnen? Ich möchte Ihnen einen Vergleich zeigen von einer Grenadier-Division und einer Panzer-Division alter Art und zwei Divisionen neuer Art. Hier sehen Sie deutlich die größere Zahl der Kampfeinheiten, die wir erreicht haben.

Abgesehen von dem Gewinn an kämpfenden Einheiten glauben wir auch, daß diese Organisation für die Aufgaben, die den deutschen Streitkräften im Kriegsfall zufallen werden, besser geeignet ist. Mit dieser gemischten Division wird vermieden, daß Panzer zu früh gebunden werden, evtl. in ungeeignetem

Gelände oder mit einer Aufgabe, für die sie nicht geschaffen worden sind...

Die Panzer und besonders die Panzer-Brigaden sind die Angriffstruppen, und ich möchte Ihnen in großen Zügen unsere Grundgedanken hinsichtlich ihrer Verwendung entwickeln.

Ich glaube, daß diese Grundidee der Verwendung von Panzern mit Panzer-Grenadieren sich nicht ändern wird. Wir müssen sie nur jetzt der kleineren Einheit, der Brigade, anpassen, da es die Division oder den noch größeren Verband in diesem Sinne nicht mehr gibt.

Wir sind überzeugt, daß die Kombination von Feuerkraft und Beweglichkeit das entscheidende Charaktermerkmal eines gepanzerten Verbandes ist.

Wir sind daher dagegen, Panzer in kleine Gruppen zu verteilen, in der sie die Rolle der Selbstfahrlafetten-Kanone übernehmen müssen, die den zu Fuß kämpfenden Infanteristen vorschießt. Wenn wir das tun, nehmen wir dem Panzer eines seiner wichtigsten Charaktermerkmale: Beweglichkeit.

Es kann eingewendet werden, daß wir dieses Prinzip durchbrochen haben, in dem wir der Grenadier-Brigade ein Panzerbataillon zugeteilt haben. Dieses Bataillon umfaßt aber drei Panzer-Kompanien und eine Panzer-Jäger-Kompanie.

Eine der Hauptaufgaben dieses Bataillons wird es sein, den Panzerkampf in der Grenadier-Brigade zu führen. Da die Grenadier-Brigade auch über mindestens ein Panzer-Grenadier-Bataillon verfügt, läßt sich der Grundgedanke, der Verwendung von Panzern und Panzer-Grenadieren in Angriff und Gegenangriff, in verkleinertem Maßstab auch in der Grenadier-Brigade durchführen, wenn die gesamte Stoßkraft der Panzer-Brigade noch nicht erforderlich ist.

Werden jedoch Panzer im Rahmen eines Gegenangriffs eines Grenadier-Bataillons – im Gegensatz zu einem Panzer-Grenadier-Bataillon – verwandt und das ganze Panzer-Bataillon wird nicht eingesetzt, so darf nicht weniger als eine geschlossene Panzer-Kompanie unter Führung ihres Chefs dem Bataillon, das für den Gegenangriff verantwortlich ist, unterstellt werden.

Wir haben die Grenadier-Brigade mit einem größeren und unabhängigeren Stehvermögen und die Panzer-Brigade mit ihrer großen Schlagkraft in Angriff und Gegenangriff. Wir glauben auch, daß diese neuen Verbände, beweglich und flexibel wie sie sind, besser geeignet sind, die Rolle in dem Gesamt-Plan der NATO-Verteidigung zu spielen, die ihnen zugedacht ist.

Die Versuche mit den neuen Brigaden haben bis jetzt gezeigt, daß wir uns auf dem richtigen Wege befinden. Es mögen und werden wahrscheinlich geringfügige Änderungen in der Organisation erfolgen; grundsätzlich ist aber die Zusammensetzung dieser Brigaden und der neuen Division wohl richtig.«

Mit einigen erheblichen Änderungen der erprobten Gliederung begann das Heer ab März 1959 mit der Umgliederung in die Struktur 2.

Die Gliederung **Brigade** wurde später in der NATO als Standardgliederung übernommen.

Zusammenfassung und Bemerkungen

Obwohl die Division in der Planung als Einheitsdivision bezeichnet wurde, bildete das Heer in seiner neuen Struktur Panzergrenadierdivisionen und Panzerdivisionen. In der Kriegsgliederung erhielt die PzGrenDiv zwei PzGrenBrig und eine PzBrig, die PzDiv jedoch zwei PzBrig und eine PzGrenBrig.

Die geplanten Grenadier-Brigaden wurden in Panzergrenadierbrigaden umgewandelt und erhielten ein motorisiertes PzGrenBtl und zwei PzGrenBtl, ausgestattet mit Schützenpanzern.
In dem PzBtl der PzGrenBrig entfiel die PzJgKp.

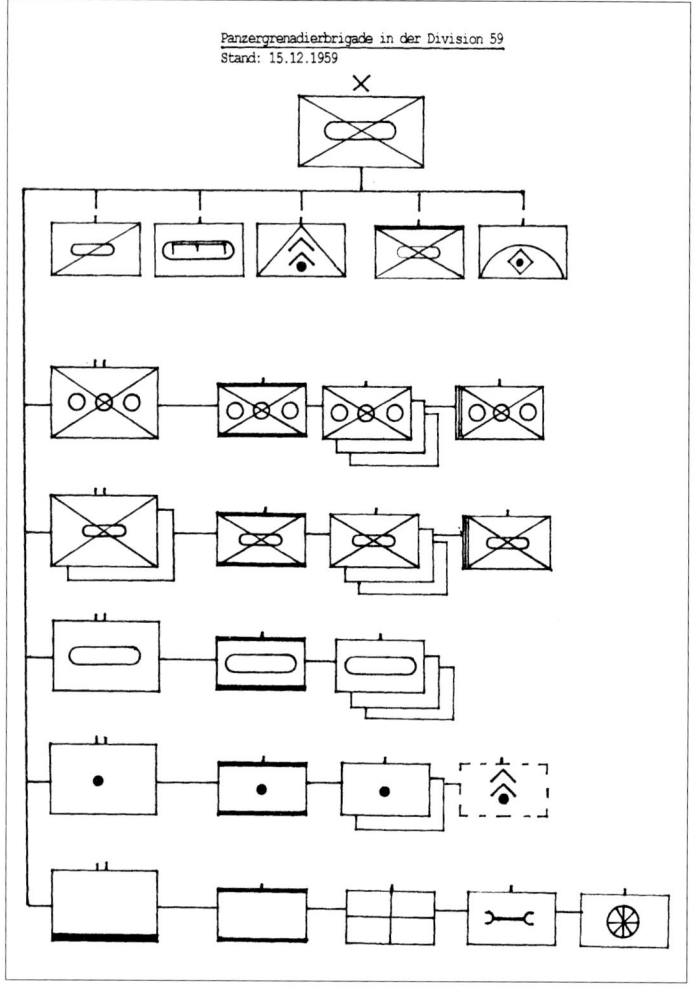

Sammlung Beckmann

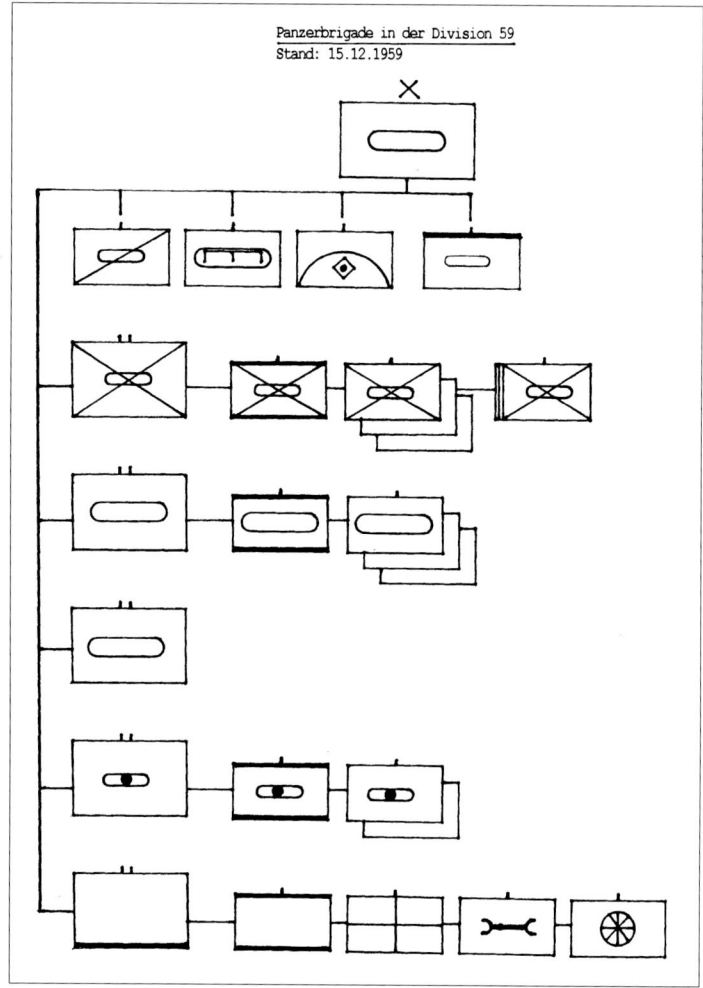

Sammlung Beckmann

Das Panzerbataillon als Schwerpunktwaffe des Truppenführers behielt auch im Gefecht unter atomarer Bedrohung seine besondere Stellung. Da Panzerung weitgehend die Wirkungen atomaren Feuers mindert, sind Panzerverbände befähigt, auch im atomaren Gefecht ihre Aufträge mit Erfolg zu erfüllen.
In der neuen Gliederung wurde die Zahl der Panzerkompanien im Panzerbataillon von 4 auf 3 verringert. Mit der verbleibenden Anzahl von 54 KPz besaß das PzBtl noch eine ausreichende Stoßkraft.

Damit veränderte sich die Zahl der Kampfpanzer in den Divisionen wie folgt:

– in der Grenadierdivision 1956   =   72 KPz
– in der Panzergrenadierdivision 1959 =   216 KPz
– in der Panzerdivision 1956   =   216 KPz
– in der Panzerdivision 1959   =   270 KPz

Mit der Einführung der Brigadegliederung führte das Heer zugleich eine neue Grundordnung in der Bezeichnung der Truppenteile ein.
Je nach Brigade-Typ entstand eine Grundordnung nach Bezeichnung und Numerierung.

In der PzGrenBrig erhielten
die PzGrenBtl   die End-Nr. 1, 2 und 3
das PzBtl   die End-Nr. 4
das PzArtBtl   die End-Nr. 5
das VersBtl   die End-Nr. 6

In der PzBrig erhielten
das PzGrenBtl   die End-Nr. 2
die PzBtl   die End-Nr. 3 und 4
das PzArtBtl   die End-Nr. 5
das VersBtl   die End-Nr. 6

386

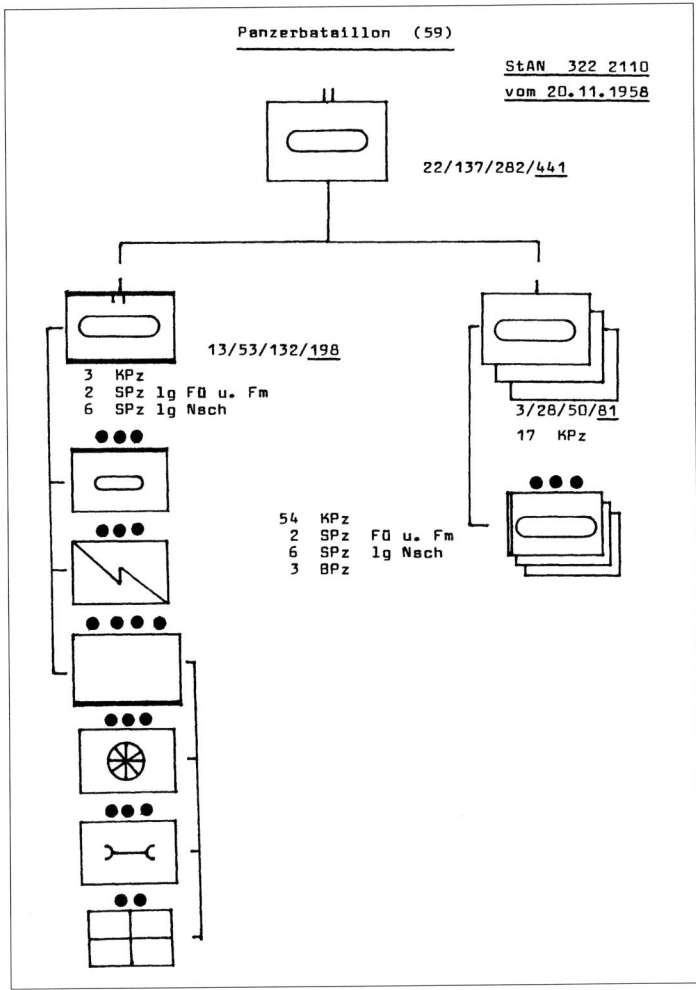

Panzerbataillon (59)

StAN 322 2110
vom 20.11.1958

22/137/282/441

13/53/132/198

3   KPz
2   SPz lg FÜ u. Fm
6   SPz lg Nach

3/28/50/81

17   KPz

54   KPz
2   SPz   FÜ u. Fm
6   SPz lg Nach
3   BPz

Sammlung Beckmann

Vor die jeweilige Endnummer wurde die Nummer der Brigade gestellt. Den Brigadeeinheiten wurde an die Nr. der Brigade die Ziffer 0 angehängt.

Die Truppe, besonders die Verbände aus der Struktur 1, haben sich anfangs nur schwer an die neuen Bezeichnungen gewöhnen können (hohe Hausnummern). Diese Grundordnung in den Bezeichnungen der Truppenteile war logisch nachvollziehbar und erlaubte eine rasche Identifizierung und Einordnung zur Verbesserung der Führbarkeit.

Das Heer hat mit geringfügigen Änderungen 21 Jahre in der Brigadegliederung 1959, seinen Auftrag erfüllt.

Einschneidende Veränderungen in der Gliederung der Brigade brachte die Struktur 4. Auch die folgenden Umgliederungen bis zur Jahrhundertwende haben die Brigaden noch immer befähigt, das Gefecht der verbundenen Waffen zu führen. Die bereits 1959 angestrebte Führerdichte und ein ausreichender Personalbestand in den Einheiten konnte jedoch zu keiner Zeit erreicht werden.

Über 40 Jahre war die Brigade in ihrer Grundgliederung Träger des Gefechts der verbundenen Waffen. In der neuen Struktur des Heeres hat sie in ihrer Grundgliederung diese Fähigkeit verloren. Die Brigade ist nunmehr auf Unterstellungen und Zu-

sammenarbeit mit mehreren Ebenen angewiesen. Dieses führt zu Reibungsverlusten und im Frieden zu Erschwernissen in der Ausbildung und damit in der Einsatzbereitschaft.

Die bisherigen Erfahrungen bei Strukturveränderungen geben Veranlassung, auf einige Grundgedanken und Leitlinien für neue Strukturen hinzuweisen:

1. Die Erfüllung des Auftrages ist wesentlich von der Organisation (Gliederung) der Truppenteile abhängig.
2. Der Zweck der Organisation ist die am Auftrag orientierte zweckmäßige Ordnung und Zuordnung der verfügbaren personellen und materiellen Mittel. Ihr Ziel ist es, durch optimale Aufbau- und Verfahrensstrukturen oder vorgegebenen Beschränkungen höchstmögliche Einsatzbereitschaft sicherzustellen.
3. Jede militärische Organisation ist ein in sich geschlossenes, empfindliches (weil aus Menschen bestehendes) System, in dem kein Element ohne Folgen für die übrigen und den Gesamtorganismus verändert werden kann. Stets sind daher evolutionäre Strukturentwicklungen anzustreben. Grundlegend andersartige, revolutionäre Strukturen sind im Hinblick auf die tiefgreifenden Auswirkungen nur dann zu rechtfertigen, wenn nach kritischer Prüfung aller denkbaren Alternativen evolutionäre Weiterentwicklungen keine Problemlösung bringen würden.
4. Die Realisierbarkeit neuer Strukturen ist vor endgültiger Entscheidung sorgfältig zu prüfen.
5. Oberstes Ziel muß es sein, Strukturänderungen auf das unumgängliche Maß zu begrenzen und neue Strukturen in bestmöglicher Weise dem gestellten Auftrag anzugleichen, ohne dadurch die Lebensfähigkeit der Truppe zu gefährden und die innere Struktur des Heeres irreparabel zu stören.
6. Jede Heeresstruktur muß die Lebensfähigkeit der Truppe im Frieden erhalten. Lebensfähigkeit bedeutet die Fähigkeit zur uneingeschränkten Erfüllung des gestellten Einsatzauftrages. Lebensfähigkeit erfordert eine ausreichende »Personaldecke« durch ausreichend Zuschnitt der Friedens-STAN. Die Personaldecke kann als ausreichend angesehen werden, wenn die Truppenteile trotz Abkommandierung, Urlaub, Krankheitsfällen und sonstigen Ausfällen den Ausbildungsdienst durch entsprechende Tagesdienststärken auf einer entsprechenden Höhe halten können. Dazu gehört auch, daß der Personalersatz für die »Regie« der Einheiten und Verbände nicht so gering bemessen wird, daß der KpChef bzw. Kommandeur gezwungen wird, für den Friedensbetrieb fehlendes Regiepersonal aus den »Kampfeinheiten« zu holen und dort Teileinheiten stillzulegen.

Daraus ergibt sich:

Jede grundlegend neue Struktur stellt einen tiefgreifenden Einschnitt in das gewachsene Gefüge dar. Sie wird Führer, Unterführer und Soldaten höchsten Belastungen aussetzen. Ihr Gelingen wird entscheidend von Einsicht und Einsatzbereitschaft aller abhängen. Wird eine neue Struktur unvermeidlich, kommt neben einer rechtzeitig geistig-psychologischen Motivierung der Truppe vor allem der soliden Planung und Organisation entscheidende Bedeutung zu.

Optimales Leistungsvermögen zur Erfüllung des Auftrages unter gegebenen Beschränkungen und bei vertretbarem Risiko als Ziel eine Struktur, (wie bisher gefordert) ist nur bei präziser, umfassender Planung möglich. Das erfordert:

– die Prüfung notwendiger Strukturveränderungen mit allen Zusammenhängen und unter Berücksichtigung der vielfältigen Einflußgrößen personeller, materieller, infrastruktureller, wirtschaftlicher, finanzieller und geistig-psychologischer Art,
– die Entwicklung und Analyse von Alternativen mit vergleichender Bewertung der Vorteile, Nachteile und Risiken einschließlich der ausreichenden Erprobung wichtiger Strukturelemente in **Truppenversuchen**
<u>als Grundlage und Voraussetzung für die verantwortliche, richtige Entscheidung der politischen Führung.</u>

Das setzt die kooperative Entwicklung neuer Strukturen unter Beteiligung aller zuständigen Stellen voraus. Nur so kann die Basis für eine realisierbare, alle Erfordernisse in bestmöglicher Weise berücksichtigende und von allen gemeinsam zu verantwortende und zu tragende Heeresstruktur geschaffen werden.

Der <u>Leitgedanke</u> muß sein, der <u>Truppe die Lebensfähigkeit in der neuen Struktur zu erhalten.</u>
Jedes Abweichen von diesem Grundsatz müßte zu hohlen Organisationsstrukturen führen und die Erfüllung des dem Heer gestellten Auftrages in schwerwiegender und unverantwortlicher Weise gefährden.

1. Archivmaterial des Bundesarchiv-Militärarchiv
2. ORG-Mappe Heer BMVtdg V B V B 1 vom 4.5.1956
3. BMVtdg V - V B 1 2357/56 vom 21.6.1956
4. BMVtdg V - V B 1 2459/56 vom 28.6.1956
5. BMVtdg V - V 51 vom 27.4.1957
6. BMVtdg V A4 b vom 1.7.1957
7. BMVtdg TrAmt Abt PzTr vom 2.8.1957
8. PzTrSch S 3 Az 34-31 vom 17.7.1958
9. BMVg Fü H 1664/58 vom 5.12.1958
10. Eigene Aufzeichnungen (Tagebücher)
11. Heinrich Felix Beckmann »Schild und Schwert - Die Panzertruppe der Bundeswehr«, Podzun-Pallas-Verlag 1989
12. Hans Kissel »Bundeswehr: Die Lehr- und Versuchsübung 1958 in der Lünerburger Heide«, Wehrkunde VII. Jahrgang, Nov. 1958, Heft 11

Ralf Ketzel

Das Waffensystem Kampfpanzer Leopard 2

LEOPARD-Familie   Foto: Kraus-Maffei Wegmann

Zur Entwicklung des Leopard 2

Nach der Erstausrüstung der Bundeswehr mit amerikanischen Panzern M47/M48 begannen 1956/57 Überlegungen, einen eigenen deutschen Kampfpanzer zu entwickeln. Die Entwicklung dieses neuen Kampfpanzers einschließlich der Prototypphase wurde von der Arbeitsgemeinschaft der Firmen Porsche, Jung, Luther-Jordan und Mak durchgeführt. Anfang der 60erJahre wurde als Generalunternehmer für diese Aufgabe Krauss-Maffei ausgewählt, nachdem erste Prototypen bereits seit 1960 getestet worden waren.

Die ersten LEOPARD 1 wurden ab 1965 ausgeliefert; insgesamt hat Krauss-Maffei mehr als 4740 LEOPARD 1 in verschiedenen Konfigurationen an elf Nationen ausgeliefert. Hiervon hat Krupp Mak als Vorgängerunternehmen der Rheinmetall Landsysteme 148 LEOPARD 1 sowie weitere Fahrgestelle als Konsortialpartner und Koproduzent von Krauss-Maffei geliefert. Bis heute ist der LEOPARD 1 bei elf Nationen im Einsatz.

Die junge deutsche Panzerindustrie hatte damit Anfang der 70er Jahre – nach der systematischen Entwicklung sowie der intensiven Erprobung und den Truppenversuchen von LEOPARD 1 und KAMPFPANZER 70 – ausreichend Erfahrung gesammelt, um mit dem LEOPARD 2 ein bezüglich Leistung, Funktionen und Zuverlässigkeit, Baugröße, Gewicht und Kosten optimales Gesamtsystem zu realisieren.

Bereits 1964 wurde in Deutschland die Entwicklung einer Glattrohrkanone (Kaliber 105 und 120 mm) mit dazugehöriger Muni-

tion einschließlich teilverbrennbarer Treibladung initiiert. Diese waren als Entwicklung von Rheinmetall ab 1972 für die Erprobung in den Prototypen des LEOPARD 2 verfügbar. Bei der Auslegung der Geschosse wie auch bei der verbrennbaren Hülse wurden neue Wege beschritten. Dabei mußten viele Schwierigkeiten überwunden und Probleme gelöst werden, bis schließlich 1979 ein truppentaugliches und serienreifes Produkt zur Verfügung stand.

Die Technologie der Feuerleitanlage orientierte sich anfangs noch stark an den vom LEOPARD 1 vorgegebenen Randbedingungen, da eine spätere Nachrüstung des LEOPARD 1 mit den moderneren Komponenten möglich sein sollte. Da man bedarfsträgerseitig Anfang der 70er Jahre noch wenig Vertrauen in die Brauchbarkeit eines Laser-Entfernungsmessers unter Gefechtsfeldbedingungen hatte, wurden über viele Jahre hinweg optische Entfernungsmesser bevorzugt. Letztlich hat sich beim Übergang auf die Prototypen der zweiten Generation (LEOPARD 2 AV) die Philosophie der KPz 70-Feuerleitanlage (primär stabilisierte Optiken, nachgeführte Waffe) sowie Laser-Entfernungsmesser und passive Nachtsicht durchgesetzt. Die unabhängige 20-mm-Sekundärwaffe erwies sich bereits beim KPz 70 als technisch zu komplex und überforderte auch die Besatzung. Auf sie wurde beim KPz LEOPARD 2 in der Serie verzichtet. Ebenso wurde auf die hydropneumatische Laufwerksfederung mit Niveauregelung und Möglichkeit zum Verkantungsausgleich verzichtet. Diese Baugruppe erwies sich aufgrund der hohen dynamischen Belastung als nicht ausreichend

LEOPARD 2B   .   Foto: Kraus-Maffei Wegmann

standfest und erhöhte die Komplexität des Gesamtsystems beträchtlich. Das vom KPz 70 übernommene Triebwerk bedurfte bis zur Serienreife noch erheblicher Entwicklungsarbeiten. So zeigte der Originalmotor (Hubraum 39,8 l) z.B. beim Beschleunigen (»Sprung aus der Deckung«) ein ausgeprägtes »Turboloch«. Durch Reduzierung des Aufladegrades und Erhöhung des Hubraumes (auf 47,6 l) konnte dieser Mangel bis zur Serie behoben werden.

Schließlich profitierte der LEOPARD 2 am Ende der Entwicklung bei der Auslegung des Panzerschutzes noch im erheblichen Maße von den Kenntnissen, die Mitte der 70er Jahre im parallel verlaufenden deutsch-britischen Kampfpanzer-3-Programm erarbeitet wurden. Mit Abkehr von der Einfach-Schottpanzerung der Prototypen der ersten Generation und Einsatz einer aktuellen Sonderpanzerung mit großer Bautiefe konnte partiell ein überragender HI-Schutz und ein beachtlicher Schutz gegen KE-Munition erreicht werden. Allerdings war damit auch die Anhebung des Gewichtslimits von der MLC 50 (ca. 47,5 to) auf die MLC 60 (55,4 to) verbunden. Insgesamt wurden 17 Prototypen der ersten Generation sowie zwei Fahrzuge (LEOPARD 2 AV) der zweiten Prototyp-Generation mit zahlreichen Ausstattungsvarianten untersucht und bewertet, bis 1978 das endgültige Konzept für die Serienkonfiguration feststand und die Serienreifmachung begann. Die ersten Serienfahrzeuge LEOPARD 2 wurden 1979 an die Bundeswehr ausgeliefert.

Der Leopard 2-Club – das Waffensystem und seine Nutzer

Über 3.400 LEOPARD 2 wurden seither von Krauss-Maffei Wegmann an die Landstreitkräfte von Deutschland, den Niederlanden, der Schweiz, Spaniens, Schwedens und künftig auch Griechenlands geliefert, wobei die Industrien der jeweiligen Länder am Fertigungsprogramm beteiligt sind – bis hin zur Lizenzfertigung. Für die Bundeswehr wurden 45% aller LEOPARD 2 sowie weitere Fahrzeuge für die Niederlande von Krupp Mak in Kiel in Koproduktion gefertigt. Die Serienauslieferung an Spanien beginnt 2003, Griechenland wird ab 2006 folgen.

Österreich hat ebenfalls aus Beständen der Niederlande den LEOPARD 2 beschafft, und Dänemark wird die von der Bundeswehr übernommen Panzer kampfwertsteigern. Finnland und Polen haben LEOPARD 2 A4 aus Bundeswehrbeständen erhalten. Norwegen hat 52 LEOPARD 2 von den Niederlanden übernommen.

Mit einer Verbreitung vom schwedischen Polarkreis über die Schweizer Alpen bis in den Süden Spaniens wird der LEOPARD 2 mittlerweile zurecht als Euro-LEOPARD 2 bezeichnet.

Das LEOPARD 2-Fahrgestell wird aber auch für Familienfahrzeuge verwendet. Neben dem bereits ausgelieferten Bergepanzer 3 BÜFFEL wird gegenwärtig die Variante PANZERSCHNELLBRÜCKE 2 entwickelt.

Der LEOPARD 2 ist somit ein wahrhaft internationales Waffensystem hinsichtlich seiner Nutzung – im Einsatz bereits in elf europäischen Ländern! Dies ist ein gewichtiger Faktor beispielsweise bei internationalen Friedenseinsätzen. Interoperabilität ist aber nicht nur so sichergestellt, sie wird auch gefördert durch die Verwendung standardisierter 120-mm-Munition.

Diese internationale Kooperation unter Führung von Krauss-Maffei Wegmann hat sich bewährt und bietet zukünftigen Nutzerstaaten die Gewähr, daß die heimische Industrie problemlos in die Fertigung eingebunden werden kann – von der Komponenten-Zulieferung bis hin zum Lizenzbau.

Der LEOPARD 2 wurde ständig an die Erfordernisse angepaßt durch die konsequente Weiterentwicklung der Panzertechnologie unter Einbezug der Erfahrung der internationalen Nutzer.

Der Leopard 2 – Lösung für heutige und zukünftige militärische Einsätze

Neben der klassischen Aufgabe, numerisch überlegene gegnerische Panzerverbände in der Bewegung aus der Fahrt zu zerstören, gewinnt der Kampfpanzer als vielseitiges System in der Bewältigung von Missionen innerhalb von friedensschaffenden und friedenserhaltenden Operationen der Internationalen Gemeinschaft neue Aufgabengebiete.

Die Konflikte der jüngeren Vergangenheit unterstrichen die Rolle des Panzers in allen Bereichen:
• Zerschlagung von Landstreitkräften (2. Golf Krieg),
• Demonstration von Ordungskraft und -willen (Jugoslawien-Konflikt).

Der Einsatz militärischer Mittel ist für moderne westliche Staaten gekennzeichnet durch folgende Kriterien:
• möglichst präzise Beschränkung der militärischen Operation auf politisch und militärische begrenzte Ziele,
• hoher Schutz der eigenen Soldaten,
• effizienter Einsatz von Material und Personal,
• hohe Zuverlässigkeit des Systems bei geringen Kosten.

Der Kampfpanzer und hier insbesondere der LEOPARD 2 bietet hierfür die beste Lösung:
• Der LEOPARD 2 ist im Gegensatz zu vielen anderen Waffensystemen auf den hochpräzisen Waffeneinsatz optimiert
• Der Einsatz ist optimiert auf Kampfentfernungen, die eine präzise Identifikation von Zielen gestatten.

Die Leistung des LEOPARD 2 orientiert sich an der Aufgabe, auch quantitativ deutlich überlegene Gegner abzuwehren.
• Der ballistische Schutz erlaubt den verantwortungsvollen Einsatz von eigenen Soldaten auch in extremen Bedrohungsszenarien.
• Die Kombination aus Feuerkraft, Aufklärungsfähigkeit, Mobilität und modernster Anbindung an Führungssysteme machen den KPz LEOPARD 2 sowohl als autonomes System im Gefecht unter extremen Bedingungen kampffähig als auch zum überaus effektiven Auge und zur starken Hand im politisch sensiblen Low-Level-Konflikt.
• Die stets demonstrierte hohe Zuverlässigkeit des LEOPARD 2 erlaubt auch den Einsatz unter logistisch schwierigen Bedingungen.

Kampfpanzer LEOPARD 2AG

Foto: Kraus-Maffei Wegmann

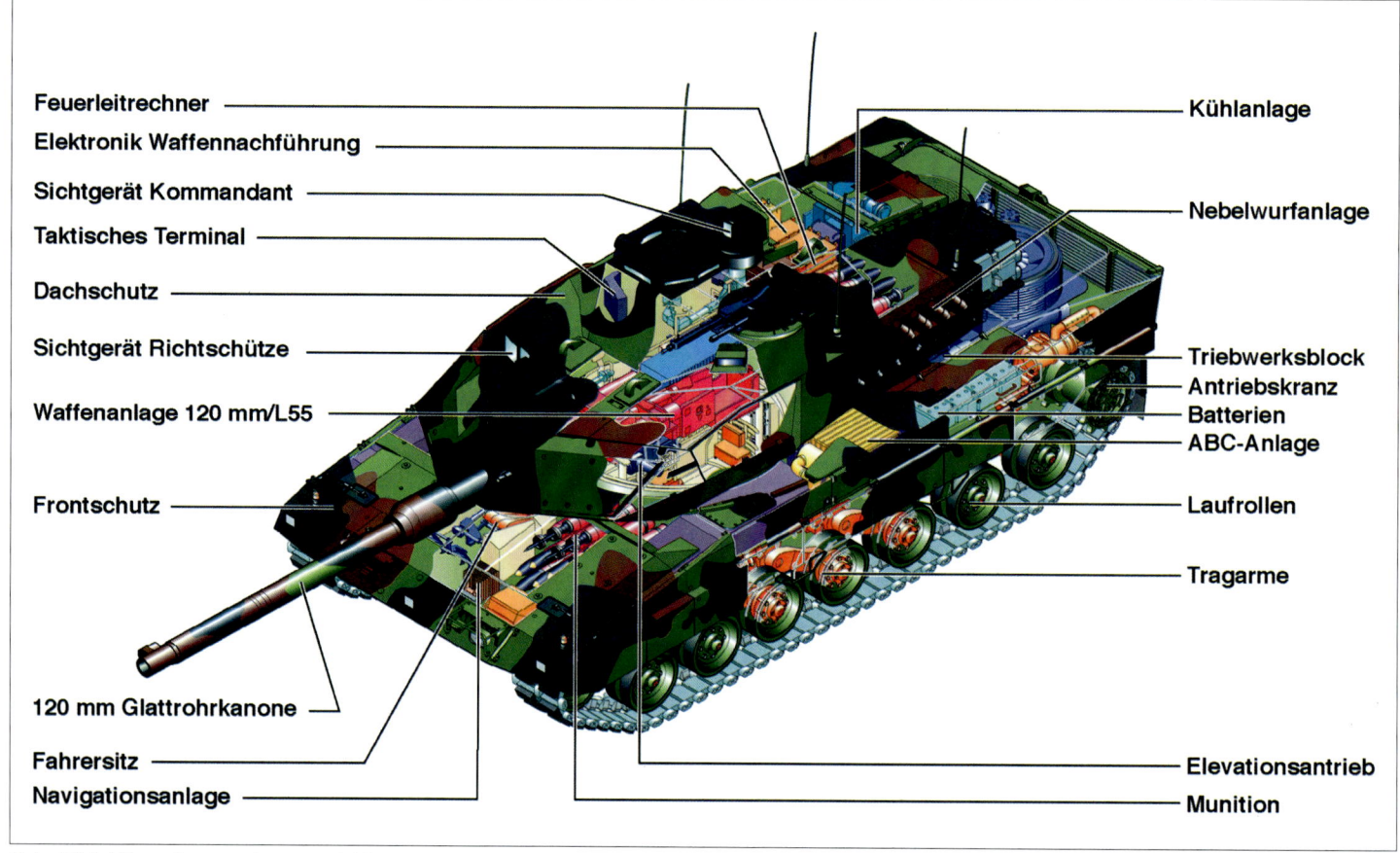

Feuerleitrechner
Elektronik Waffennachführung
Sichtgerät Kommandant
Taktisches Terminal
Dachschutz
Sichtgerät Richtschütze
Waffenanlage 120 mm/L55
Frontschutz
120 mm Glattrohrkanone
Fahrersitz
Navigationsanlage

Kühlanlage
Nebelwurfanlage
Triebwerksblock
Antriebskranz
Batterien
ABC-Anlage
Laufrollen
Tragarme
Elevationsantrieb
Munition

Schnittbild Kampfpanzer LEOPARD 2AG

Foto: Kraus-Maffei Wegmann

• Die hohe Mobilität des Kampfpanzers Leopard 2 in extremen Gelände bis hin zur Fähigkeit, Gewässer zu queren, gestattet es ihm, jenseits jeder verkehrstechnischen Infrastruktur zu operieren.

Für eine moderne Armee, die sich den verschiedensten Aufgaben innerhalb der internationalen Staatengemeinde und im Rahmen der nationalen Verteidigung stellen muß, bietet der Kampfpanzer LEOPARD 2 das zukunftssichere Potential für das 21. Jahrhundert.

Leistungsparameter und technischer Aufbau

Die zuverlässige Verfügbarkeit ausgewogen optimierter technischer Leistungen bei einfacher Bedienung unter allen möglichen Umweltbedingungen kennzeichnen die Gesamtleistung eines modernen Kampfpanzers. Diese Leistungsparameter sind:

• Feuerkraft,
• Schutz,
• Beweglichkeit,
• Führbarkeit und
• Logistische Unterstützung.

Feuerkraft

Die Feuerkraft des LEOPARD 2 ist hinsichtlich **Präzision** und **Durchschlagsleistung** führend. Dies wurde in zahlreichen Vergleichserprobungen auf internationaler Basis nachgewiesen. Die von Rheinmetall entwickelte, international eingeführte und NATO-standardisierte 120-mm-Glattrohrkanone setzte bei ihrer Einführung neue Maßstäbe für die Durchschlagsleistung. Mit der serienreifen Einführung der verlängerten Version L 55 und der neuen deutschen KE-Munition wird dieser Anspruch für die Zukunft bestätigt.

Die Verwendung der 120-mm-Glattrohrtechnologie garantiert die effektive internationale Versorgung und Weiterentwicklung im Bereich der Munition. Mit der Erweiterung des Einsatzspektrum besteht gerade hier ein besonderes Potential zur Fortentwicklung.

So sind neben leistungsgesteigerten KE-Geschossen auch Mehrzweckhohlladungsgeschosse und Sprenggeschosse eingeführt. Weitere Munitionstypen befinden sich in der Entwicklung.

Die für moderne deutsche Kampfpanzer selbstverständliche Fähigkeit, aus der Fahrt fahrende Ziele zu bekämpfen und dabei die Führbarkeit des Systemes sicherzustellen, ist im LEOPARD 2 zur Perfektion gelangt. Die für einen Panzer unabdingbare Treffgenauigkeit in der Bewegung auf fahrende Ziele wird erreicht durch:

- die leistungsstarke Feuerleitanlage,
- das hoch präzise Stabilisierungssystem für Optiken und Waffen.

Primärstabilisierte Optiken mit integrierten Wärmebildgeräten für Richtschützen und Kommandant und Laserentfernungmesser garantieren ein sicheres Zielen.
Die umfassende Ausstattung mit Beobachtungs-, Richt- und Zielgeräten für Kommandant und Richtschützen stellt überlebenswichtige Redundanz und Reaktionsschnelligkeit im Gefecht unter allen Witterungsbedingungen sicher. In vielen feuerleittechnischen Details und in der Anbindung an das Führungssystem wird die Optimierung Hinsicht des Duells auch gegen einen zahlenmäßig überlegenen Gegner deutlich.

Schutz

Das ausgewogen hohe Schutzniveau gegen alle Arten von Bedrohungen kennzeichnet den LEOPARD 2 vor allen anderen Panzern. Der LEOPARD 2 ist geschützt gegen:
- Direktbeschuß mit KE- oder Hohlladungsmunition,
- Top Attack-Bedrohung durch Bomblets,
- Minen und
- ABC-Waffen.

Der ballistische Schutz des LEOPARD 2 stellt sicher, daß die Besatzung auch ihre Aufgaben unter extremster Bedrohung geschützt ausführen kann. Mit modularen Schutzpaketen ist höchster Schutz gegen jede Art von KE- und Hohlladungsmunition gewährleistet.
Die modulare Auslegung stellt auch sicher, daß der LEOPARD 2 über seine gesamte Nutzungsdauer hinsichtlich des Schutzes angepaßt werden kann. Der Verzicht auf den Einsatz von gefährlichem strahlenden oder explosiven Material garantiert den unbedenklichen Einsatz des LEOPARD 2 unter Friedensbedingungen und im Rahmen von Low Level-Konflikten.
Mit dem modularen Dachschutz bietet der LEOPARD 2 auch Schutz gegen moderne Hohlladungsstreumunition, wie sie als Bomblet heutzutage von zahlreichen Artilleriesystemen und Flugzeugen eingesetzt werden können.
Bereits die spezielle Formgebung des Wannenbodens bietet im LEOPARD 2 einen guten Minenschutz. Mit der angebotenen zusätzlichen Schutztechnologie kann dieses Niveau noch deutlich angehoben werden.
Der gute Sekundär-Schutz wird durch eine Reihe von Maßnahmen sichergestellt wie:
- unter Panzerschutz untergebrachte Munition und Kraftstoff,
- hochwirksames Feuer- und Explosionsunterdrückungssystem im Kampf- und Motorraum,
- Kampfraum-Überdruck-ABC-Schutzanlage
- konsequente Reduzierung jeglicher Hydraulik im Kampfraum unter anderem durch den Einsatz des elektrischen Turm- und Waffenrichtantriebes.

Beweglichkeit

Die ausgezeichnete Geländegängigkeit des LEOPARD 2 wird in Europa vom Polarkreis über die Alpen hin zur Iberischen Halbinsel täglich bewiesen. Hierbei überzeugen:

- die für den Einsatz wichtige hohe Geschwindigkeit auch im Gelände,
- die robuste Auslegung des Laufwerkes mit extrem hoher Zuverlässigkeit,
- die Fähigkeit, extreme Hindernisse zu überwinden,
- die Fähigkeit, ohne große Vorbereitung Gewässer schnell zu durchwaten,
- die Fähigkeit, auch Gewässer bis 4 m Tiefe ohne Unterstützung zu überwinden und
- das optimal abgestimmte Federungs- und Dämpfungssystem, das die hohe Treffgenauigkeit beim Schießen aus der Fahrt unterstützt.

Mit seinem 1100 kW starken Diesel-Triebwerk und seinem speziell für hohe Geschwindigkeit im extremen Gelände ausgelegten drehstabgefederten, progressiv gedämpften Laufwerksystem erreicht der LEOPARD 2 seine Spitzenleistungen. Mit dem automatischen hydrodynamischen Wechsel-, Wende- und Lenkgetriebe kann der LEOPARD 2 sicher auch unter Streß sicher gelenkt und geschaltet werden.

Die Leistungsgrenze der Mobilität des LEOPARD 2 ist auch nach Erhöhung des Gefechtgewichtes auf 62 t noch nicht erreicht. Die Fähigkeit zum Queren von Gewässern bis zu 4 m Wassertiefe belegt die konsequente Umsetzung von taktischen Forderungen in solide technische Lösungen im Gesamtsystem unter Berücksichtigung der militärischen Einsatzerfordernisse.

Führbarkeit

Der LEOPARD 2 stellt hinsichtlich der Führbarkeit bei unterschiedlichen Missionen das Optimum dessen, was derzeit erreichbar ist, dar.
Im schwedischen LEOPARD 2 STRV 122 wurde weltweit zum erstenmal in einem Kampfpanzer serienmäßig ein modernes Führungssystem integriert, das den Anforderungen bezüglich Information, Kommunikation und Kontrolle bei möglichen Missionen des 21. Jahrhunderts gerecht wird:

- präzise Positionsbestimmung durch hybride Navigationsanlage (GPS und autonom inertialer Anteil),
- digitale graphische Lage- und Befehlsübermittlung,
- Integration aller relevanten Systemkomponenten (Navigation, Feuerleitung etc.),
- farbige digitale Kartendarstellung,
- optimale ergonomische Anpassung an die Bedienplätze und Funktionen,
- Integration von taktisch relevanten Funktionen (Zielkoordinatenberechnung, Zielmeldewesen, Marschplanung, Marschunterstützung).

Konzeptionell vergleichbare Führungssysteme werden für die Leoparden der deutschen Bundeswehr, der Niederlande und für die spanische Armee eingeführt.

Mit dem Führungssystem können die Leistungen des LEOPARD 2 im modernen, schnell geführten Panzergefecht zur vollen Entfaltung gebracht werden.

Die Anforderungen des Gefechtes waren auch hier bei der Auslegung des Systems hinsichtlich seiner Führbarkeit der Maßstab der Entwicklung:

- einfache Bedienung des Führungssystems über eine Touch screen,
- Reduzierung der Führungskommunikation innerhalb des Panzers durch:
  - automatische Routenführung bei Marschfahrten,
  - problemloses Rückwärtsfahren bei Stellungswechseln durch Rückwärtsfahrkamera,
  - Anzeige relevanter logistischer Daten am Kommandantenplatz,
- unabhängige Tag/Nachtsicht für den Kommandanten,
- Integration taktisch wichtiger Funktionen zur schnellen und sicheren Zuweisung von Zielen über Visier oder Turm.

Die heute im LEOPARD 2 realisierte Führbarkeit sowohl im Einzeleinsatz als auch im Verband stellt für viele andere Panzer auch heute noch ein Entwicklungsziel dar.

Mit dem modularen Aufbau des Systems ist der LEOPARD 2 auch weiterhin Schrittmacher in der Panzertechnologie für die Zukunft.

Logistische Unterstützung

Bei der Auslegung des LEOPARD 2 wurde einer hohen Systemzuverlässigkeit eine ebenso große Bedeutung beigemessen wie dem Erreichen einer hohen Kampfkraft. Zahlreiche konstruktive Maßnahmen stellen dies sicher.

Einfachste Wartung, gute Zugänglichkeit und Instandsetzbarkeit der Komponenten und Baugruppen, schnelle Austauschbarkeit – z.B. des gesamten Triebwerkblocks mit Motor, Getriebe und Kühlung in weniger als einer halben Stunde – sowie hohe Zuverlässigkeit und Lebensdauer aller Bauteile garantieren eine hohe Verfügbarkeit des Waffensystems auch bei härtester Beanspruchung.

Daraus ergeben sich sehr niedrige Lebenswegkosten, die von keinem anderen Kampfpanzer erreicht werden, wie in den Vergleichserprobungen nachgewiesen wurde.

Für den LEOPARD 2 steht ein bewährtes, internationales logistisches Unterstützungssystem zur Verfügung mit:

- Ausbildungsunterlagen für Bedien- und Wartungspersonal,
- Ausbildungsanlagen und Simulatoren für Fahr-, Schieß- und Gefechtsausbildung,
- Sonderwerkzeugen und automatisierten Meß- und Prüfmitteln,
- umfassender technischer Dokumentation,
- hocheffizienter Ersatzteilversorgung,
- standardisiertem Configuration Management.

Die deutsche Industrie hat den LEOPARD 2 konsequent gemäß internationalen Standards und unter Einbezug der Erfahrungen

LEOPARD 2 als KFOR-Panzer im ehem. Jugoslawien

Foto: Kraus-Maffei Wegmann

Brückenlegepanzer LEGUAN

aller Nutzer logistisch analysiert. Die aufbereiteten Ergebnisse gestatten eine optimierte Gestaltung der Logistik für den LEOPARD 2 nach den Bedürfnissen der jeweiligen Armee.

Basierend auf langer Erfahrung in der Systembetreuung von Kampfpanzern und gepanzerten Systemen und unterstützt durch moderne logistische Analysesysteme bietet KMW entsprechend den nationalen Bedürfnissen ein individuelles logistisches Konzept an. Hierbei werden die Aspekte Gliederung, Dislozierung, Ausbildungskonzept, bestehende Instandsetzungspilosophie, bestehende Infrastruktur sowie logistische Zielsetzung berücksichtigt.

Leopard 2 Familienfahrzeuge

Die Entwicklung von Familienfahrzeugen zur Unterstützung des Kampfpanzers LEOPARD 2 im Einsatz erfolgte konsequent mit der Maßgabe, diese weitgehendst logistisch gleich zu halten. Zur LEOPARD-Familie gehören der Brückenleger »Leguan«, der Bergepanzer »Büffel« und der Pionierpanzer »Dachs«.

Der **Büffel** basiert auf dem LEOPARD 2-Fahrgestell und ist in der niederländischen Armee und der Bundeswehr eingeführt und wird es in Kürze auch bei der schwedischen Armee.

Der **Büffel** ist in der Lage, den LEOPARD 2 zu bergen und abzuschleppen. Mit Hilfe der Krananlage läßt sich das Triebwerk ziehen und der Turm abheben. Die Feldinstandsetzung wird mit Hilfe des Bergepanzers auf Kompanieebene wesentlich unterstützt.

Die Panzerschnellbrücke **Leguan** ist charakterisiert durch:
• MLC 70 Lastklasse
• Spannweite 26 m

In Norwegen und Belgien ist sie auf dem LEOPARD 1-Fahrgestell eingeführt. Die Verwendung des LEOPARD 2-Fahrgestelles für das Brückensystem **LEGUAN** ist beim Wunsch nach weitgehender logistischer Gleichheit auf Brigadeebene ebenfalls möglich.

Für die deutsche Bundeswehr wird die **PANZERSCHNELL-BRÜCKE 2** entwickelt. Hierbei handelt es sich um eine modulare Panzerbrücke mit folgenden technischen Merkmalen:

Spannweite :	1 Modul:	9 m
	2 Module :	18 m
	3 Module:	27 m

Das Brückensystem wird voraussichtlich ab 2007 in der Bundeswehr eingeführt.

Der Pionierpanzer **DACHS** dient zur Vorbereitung von Gewässerdurchfahrten, Vorbereiten von Stellungen oder allgemein gesprochen zur Erhaltung der Beweglichkeit der Truppe bei der Durchführung ihrer Missionen.

Leopard 2-Aufwuchspotential und Stand der technischen Maßnahmen

Die Entwicklung des LEOPARD 2 ist ein kontinuierlicher Prozeß, so daß Krauss-Maffei Wegmann den LEOPARD 2 in einer Version

Bergepanzer BÜFFEL

Foto: Kraus-Maffei Wegmann

Pionierpanzer DACHS

Foto: Kraus-Maffei Wegmann

anbieten kann, die den speziellen nationalen Forderungen angepaßt ist und die dem heutigen Stand der Technik Rechnung trägt. Bereits weitgehend serienreif entwickelt sind:

- Integration meteorologischer Sensoren für die Feuerleitanlage,
- Integration einer Kühlanlage im Turmheck zur Kühlung des Kampfraumes,
- Integration eines Stromerzeugers im Fahrgestell Heckbereich,
- Integration von Zusatztanks.

Derzeit werden entwickelt:

- Integration eines verbesserten Minenschutzes,
- Integration des modernen Euro-Triebwerkes zur Erhöhung der operativen Reichweite,
- Integration eines modernen Bandmagazines, das die Verstauung des gesamten Munitionsvorrates im Turmheck gestattet und den Betrieb des Kampfpanzers mit drei Mann Besatzung ermöglicht.

Meteorologische Sensoren wurden bereits in der zum LEOPARD 2 ähnlichen Feuerleitanlage MOLF integriert. Die L 55-Waffe wird in Deutschland und den Niederlanden eingeführt, so daß die dortigen LEOPARD 2 die Konfiguration A6 erhalten. Auch in Spanien und in Griechenland wird die Waffe eingeführt; zusätzliche Neuerungen wie Klimaanlage und Stromerzeuger sind bereits in einem LEOPARD 2 zur Vorführung und Erprobung integriert worden und werden auch Bestandteil des LEOPARD 2 A6 EX (Export) für diese zwei Nationen sein.

Zusatztanks werden bereits erfolgreich am LEOPARD 1 verwendet.

Die Integration eines Triebwerkes aus der 880-Serie (Eurotriebwerk) wird im Programm Panzerhaubitze 2000 erfolgreich in Serie praktiziert, die Einrüstung in einen ersten LEOPARD 2 wird derzeit erprobt.

Das Bandmagazin wurde als Prototyp bereits erfolgreich erprobt.

Im Rahmen des LEOPARD 2-Clubs wird derzeit ein verbesserter Minenschutz, der noch höherer Bedrohung durch Minen gerecht wird, für den LEOPARD 2 serienreif gemacht.

Systemverantwortung und Technologie-Kompetenz

Die Firma Krauss-Maffei Wegmann GmbH & Co KG (KMW) trägt für den LEOPARD 2 die Systemverantwortung im Konsortium mit den führenden deutschen Firmen der Wehrtechnik .

Rheinmetall als Entwickler und Produzent der 120-mm-Glattrohrkanone und deren Munition, STN Atlas Elektronik als dem Hersteller der Feuerleitanlagen MOLF, EMES 18 und des LEOPARD 2, Zeiss Optronik GmbH als Hersteller von Optiken und ESW als Hersteller der Waffenrichtanlage liefern im Konsortium die wesentlichen Teilsysteme, die Feuerkraft, Treffgenauigkeit und Führbarkeit des LEOPARD 2 bestimmen.

Mit den Firmen MTU, Renk, Diehl und ZF sind die weltweit führenden deutschen Hersteller aus dem Bereich der Getriebe und Antriebstechnik sowie der Gleiskettentechnologie im LEOPARD 2-Konsortium vertreten.

Die breite Palette von eingeführten gepanzerten Fahrzeugen für Artillerie, Patrouillenaufgaben, Pioniere, Flugabwehr und Aufklärung belegen das technische Know-how von KMW als Systemhaus.

Technische Daten	A6	A6 EX
Leistungsdaten		
Höchstgeschwindigkeit	72 km/h	72 km/h
Höchstgeschwindigkeit, rückwärts	31 km/h	31 km/h
Fahrbereich, Straße	500 km	500 km
Kraftstoffvorrat	1200 l	1200 l
Steigfähigkeit	60 %	60 %
Querneigung	30 %	30 %
Kletterfähigkeit	1,1 m	1,1 m
Grabenüberschreitung	3,0 m	3,0 m
Waten, ohne Vorbereitung	1,0 m	1,0 m
Tiefwaten, nach Vorbereitung	2,35 m	2,35 m
Unterwasserfahrt	4,0 m	4,0 m
Besatzung	4	4
Gewicht und Abmessungen		
Höhe Turmdach	2,64 m	2,64 m
Höhe bis Kommandantenperiskop	3,00 m	3,00 m
Gefechtsgewicht	60,4 t	62,4 t
Spezifische Antriebsleistung	18,0 kW/t	17,6 kW/t
Spezifischer Bodendruck	9,2 N/cm^2	9,6 N/cm^2
Länge (Rohr 12 Uhr)	10,97 m	10,97 m
Länge (Rohr 6 Uhr)	9,79 m	9,79 m
Breite mit Kettenblenden	3,74 m	3,74 m
Breite ohne Kettenblenden	3,55 m	3,55 m
Bodenfreiheit	0,53 m	0,53 m
Kettenbreite	0,635 m	0,635 m

Die Panzergruppe in der Gefechtsaufklärung; zwei Kampfpanzer LEOPARD 2 des 5. Bauloses

Krauss-Maffei

Wolfgang Schneider

Übersicht über die Entwicklung der Panzertruppe vom Ende des Kalten Krieges bis zum Heer der Zukunft im Jahre 2003

Auftrag, Aufgaben und Struktur

»Panzer voran«

Werkfoto: Krauss-Maffei

Neues Aufgabenspektrum für das Heer

Mit der Auflösung des Warschauer Paktes und der Osterweiterung der NATO ist die ehemals vorrangige Einsatzoption »Landesverteidigung« für die Bundeswehr in den Hintergrund getreten.

Lautete der Auftrag bis Ende 1989 gemäß HDv100/100 Truppenführung (TF) noch:

»Im Krieg hat das Heer den Auftrag,

    – mit dem Feldheer in den ihm zugewiesenen Räumen die Vorneverteidigung

        + mit herkömmlichen Kriegsmitteln und

        + falls erforderlich unter Einsatz von Atomsprengkörper zu führen

    – mit dem Territorialheer die Aufgaben der Militärischen Landesverteidigung zu erfüllen«[1],

so hat sich dies in den Nachfolgevorschriften geändert.

Mit der veränderten politischen Lage und dem geänderten Auftrag endete auch eine Zeit, die durch Ost/West-Denken und das GDP-Denken (General Defense Plan) geprägt war.

Auf dem NATO-Gipfel am 7. und 8. November 1991 in Rom wurde ein neues strategisches Konzept des Bündnisses verabschiedet, das sich in seiner Zielsetzung von der bloßen Friedenserhaltung hin zur Friedensgestaltung entwickelt hat. Dieses Konzept setzte neue Akzente. Bei erheblicher Verringerung

Krisen- und Konfliktmanagement		Spezialoperationen
	Landes- und Bündnisverteidigung	
Zusammenarbeit	STREITKRÄFTE GEMEINSAM & MULTINATIONAL	Hilfseinsätze

Fähigkeitsspektrum   BMVg, FüH

Sehr große Operation		
Große Operation	XX (+)	
Mittlere Operation	Bis zu 2 gleichzeitige Einsätze	
Kleine Operation	Rettung / Evakuierung Spez-Op	

Forderungen an das Deutsche Heer   BMVg, FüH

der Gesamtumfänge der Streitkräfte müssen um so mehr präsente und mobile Kräfte zum Kriseneinsatz in Mitteleuropa, teilweise auch darüber hinaus befähigt sein.

Neben die Verteidigungsfähigkeit im Rahmen des bisherigen NATO-Auftrages trat der Einsatz im Rahmen neuer Risiken/Aufgaben.

Diese anderen Einsatzszenarien müssen für wahrscheinlicher erachtet werden und erfordern Anpassungen sowohl der Doktrinen als auch der Strukturen. Nicht unerheblich dabei ist auch der Faktor Finanznot des Staates und der politischerseits erklärte Zwang zur drastischen Reduzierung der Streitkräfte. Auf die daraus resultierenden Folgen muß näher eingegangen werden.

Zusätzlich zu den klassischen Fähigkeiten im »Gefecht der Verbundenen Waffen« ergeben sich weitere, neuartige Einsatzformen. Gemeint sind die Aufgaben im sogenannten «Erweiterten Aufgabenspektrum« (EAS), die friedenserhaltende oder auch friedenschaffende Maßnahmen beinhalten im Rahmen internationaler Einsätze der NATO bzw. mit UN-Mandat. Seit Mitte der 90er Jahre sind auch deutsche Panzersoldaten bei IFOR-, SFOR- und KFOR-Einsätzen beteiligt.

Der Inspekteur des Heeres, GenLt Gert Gudera, sprach anläßlich seines Vortrages beim Tag der Panzertruppen am 16.11.2001 zur Einnahme der neuen Struktur/Heer der Zukunft (HdZ) und dabei auch vom Wandel von der Friedens- zur Einsatzarmee. Das Fähigkeitsspektrum und die Forderungen an das Deutsche Heer werden in den Abbildungen deutlich.[2]

»Der Einsatz des deutschen Heeres hat deutlich gemacht, daß der LEOPARD 2 auch bei Friedensmissionen wichtige Aufgaben übernehmen muß. Seine enorme Feuerkraft und seine außerordentlich wirksame Panzerung bieten den Besatzungen ein beispielhaftes Durchsetzungspotential verbunden mit höchst möglichem Schutz. Diese Fähigkeiten wirken gerade bei einer Friedensmission in besonderem Maße abschreckend auf die Konfliktparteien.« (GL Willmann, Inspekteur des Heeres). Das Bild zeigt eine verstärkte Panzerkompanie der deutschen Einsatzbrigade KFOR vor dem Abmarsch nach Prizren am 12. Juni 1999

Detmar Modes, BMVg

Die Hinwendung zu den leichten und mittleren Kräften – fest-
gemacht an der augenblicklichen Realität der Einsätze – droht
jedoch den Blick zu verstellen für die eigentlichen Erfordernisse des Gefechts. Diese zu bedenken ist umso dringlicher, da in
allen Risikoanalysen darauf hingewiesen wird, daß binnen extrem kurzer Zeiträume mit Eskalationen und Lageverschärfun-
gen gerechnet werden muß.

Dies gilt besonders für risikobehaftete Einsätze wie in Afghanistan, auf dem Balkan u. ä. und natürlich für Einsätze im Gefecht, in mittleren und großen Operationen.[3]

Es ist dann davon auszugehen, daß Systeme mit besonders
hoher Durchsetzungsfähigkeit – also Kampf- und Schützenpanzer – benötigt werden; der Einsatz unzureichend geschützter Kampffahrzeuge würde der Verantwortung für das Leben
der Soldaten nicht gerecht.

Auftrag der Panzertruppen im Gefecht der Verbundenen Waffen

Zukünftig wird das Gefecht der Verbundenen Waffen gekennzeichnet sein durch weiträumig gleichzeitig ablaufende <u>unmit-
telbare Operationen</u> und <u>Operationen in der Tiefe</u>, die mit <u>ho-
her Geschwindigkeit</u> und in <u>vielfältige Richtungen</u> erfolgen.

Im »Gefecht der Verbundenen Waffen« wirken Kampf- und
Schützenpanzer eng mit den übrigen Kampfunterstützungssy-
stemen (schießende und beobachtende Artillerie, Flugabwehr,
Kampfhubschrauber) zusammen. Es ist als Führungssystem
zu verstehen, um unterschiedliche Kräfte zur sich ergänzen-
den, optimalen Wirkung zu bringen.
Das Gefecht besteht aus zeitlich und räumlich zusammenhängenden Kampfhandlungen. Es wir von der Taktischen Führung
nach den Grundsätzen der Taktik geführt. Durch das Zusammenwirken verschiedener Kräfte unter einheitlicher Führung
wird es zum Gefecht der verbundenen Waffen.[4]

Kampfpanzer LEOPARD 2 und
Panzerabwehrhubschrauber
BO-105 im Gefecht verbunde-
ner Waffen   Detmar Modes, BMVg

Kampfpanzer LEOPARD 2 und
Schützenpanzer Marder 1A3 im
Zusammenwirken auf dem Ge-
fechtsfeld   Detmar Modes, BMVg

Voraussetzung, um den <u>Gegner schlagen</u> zu können, wird es sein, daß unter Erzwingen und Halten der <u>Initiative</u> an entscheidender Stelle die <u>örtliche Überlegenheit</u> errungen wird. Hierzu wird der Wechsel von

– Auflockerung,
– Zusammenführen,
– Zusammenwirken

unter den Bedingungen:

– einer deutlich verbesserten Lagekenntnis beider Seiten,
– einer in Präzision, Reichweite, Wirkung im Ziel und Schnelligkeit gesteigerten Bedeutung des Feuers,
– einer DV-gestützten und damit schneller ablaufenden Planungs- und Führungstätigkeit,
– der höheren taktischen Mobilität und Reaktionsfähigkeit aller Gefechtsfahrzeuge und
– einer stärkeren Nutzung des bodennahen Luftraumes

stattfinden müssen.

Offene Flanken, Kampfhandlungen ohne Anlehnung und in Insellagen werden häufiger als in der Vergangenheit zu bestehen sein.

Auftrag der Panzertruppen und Grundforderungen

Panzertruppen erzwingen und halten die Initiative mit dem Ziel, den Gegner an entscheidender Stelle zu schlagen.

Hierzu wirken sie

– im Rahmen ununterbrochener Operationen bei Tag und Nacht,
– durch Stoßkraft,
– im Verbund mit Feuer, Sperren sowie Aufklärungskräften

im auf ein Ziel vereinter boden- und luftbeweglicher Kampfkraft.

Sie sind darüber hinaus befähigt,

– Räume zu nehmen und zu halten,
– Räume, Lücken und offene Flanken zu überwachen und aufzuklären.

Voraussetzung für die wendige Operationsführung ist ein aktuelles, umfassendes Lagebild, welches durch die unmittelbare Verfügbarkeit eigener Aufklärungskräfte und -mittel am Boden sowie in der Luft ergänzt wird.

<u>Grundforderungen</u> an die Fähigkeiten der Panzertruppen sind

– eine bewegliche Operationsführung,
– Überlebensfähigkeit, Durchhaltefähigkeit, Stoßkraft,
– der bewegliche Einsatz der gepanzerten Träger des Feuerkampfes gegen harte, halbharte und ungeschützte Bodenziele sowie Luftziele,
– der zeitlich begrenzte abgesessene Kampf der Panzergrenadiere,
– die Feuerunterstützung durch Steilfeuer,
– die kontinuierliche Flugabwehr gegen bemannten und unbemannten Luftfeind,
– eine grundsätzlich gleichwertige Qualität in Überlebensfähigkeit (Schutz) und Beweglichkeit für alle Elemente,
– die Fähigkeit zum Überwinden von Engen, Sperren und Hindernissen,
– zunehmend Einsatz in urbanen und zersiedelten Räumen.[5]

Aufgabe der Panzertruppe

Aufgabe der Panzertruppe ist das Schlagen gegnerischer Kräfte im ununterbrochenen Gefecht der Verbunden Waffen, im raschen Wechsel der Gefechtsarten, auch unter schwierigen Gelände- und Sichtbedingungen.

Die Panzertruppe hat daher im engen Zusammenwirken mit der Panzergrenadiertruppe als Hauptträger der Stoßkraft das beweglich geführte Gefecht auch ohne Anlehnung an Nachbarn und aus der Bewegung heraus gegen Front, Flanke und Rücken eines Gegners zu führen.

Dazu muß sie befähigt sein,

– mit modernen Führungsmitteln Entscheidungen rasch vorzubereiten, zu treffen und umzusetzen,
– modern ausgerüstete mechanisierte Feindkräfte mit überlegener Feuerkraft zu zerschlagen,
– starkem Feinddruck durch Überlebens- und Durchhaltefähigkeit standzuhalten,
– schnelle Bewegungen auch unter Feindfeuer ausführen zu können, um so Stoßkraft zu entwickeln, die Initiative zu erringen und Entscheidungen rasch herbei zu führen.

<u>Hauptaufgabe</u> der Panzertruppe ist die Vernichtung feindlicher Kampfpanzer. Hierzu verfügt der Kampfpanzer über eine großkalibrige Kanone mit panzerbrechender Munition/KE-Geschosse (KE = kinetische Energie. Es handelt sich um unterkalibrige Pfeilgeschosse mit hoher Mündungsgeschwindigkeit), eine gegen leicht gepanzerte und auch Flächenziele optimierte Zweitmunition mit Spreng- und Splitterwirkung sowie zwei Maschinengewehre zur Bekämpfung von Erd- und Luftzielen.

Die Panzertruppe im Wechsel der Strukturen

Heeresstruktur 5

Beim Übergang zur deutschen Einheit nahm 1990 beginnend das Heer Abschied von der bis dato gültigen Heeresstruktur 4. In dieser hatte die deutsche Panzertruppe den Gipfelpunkt erreicht mit insgesamt 85 (!) aktiven und nichtaktiven Bataillonen. In mehreren Zwischenschritten wurde die Heeresstruktur 5 eingenommen.

Die Panzertruppe wurde in 23 mechanisierte Brigaden (mech.Brig) eingegliedert: je 2 aktive Panzerbataillone (Btl) in 3 aktive mech. Brig (sog. Einsatzbrigaden), je 1 aktives und je 1 AufwuchsBtl in 18 teilaktive mech. Brig, je 2 nicht aktive PzBtl (Geräteeinheiten) in 2 nicht aktive mech. Brig.

Die wesentlich reduzierte Panzertruppe verfügte damit nur noch über 24 aktive PzBtl, 18 gekaderte PzBtl (Aufwuchs-Btl) und 4 PzBtl als reine Geräteeinheiten, d.h. insgesamt über **46** Bataillone.[6]

Die Struktur von Stamm- und Aufwuchsbataillonen sollte die personelle und materielle Einsatzbereitschaft (»Lebensfähigkeit«) der Einheiten des Stammbataillons im Frieden verbessern. 2/3 der PzBtl wurden mit KPz LEOPARD 2 und 1/3 mit KPz LEOPARD 1 ausgerüstet.

Die PzBtl erhielten nun 4 Kampfkompanien (KpfKp). Darüberhinaus wurde gemäß einer Entscheidung des Inspekteurs des Heeres, Generalleutnant von Ondarza, die Binnenstruktur der Panzerkompanie (PzKp) und des Panzerzuges (PzZg) geändert. Statt bisher 3 Züge à 4 Kampfpanzer (KPz) verfügten die

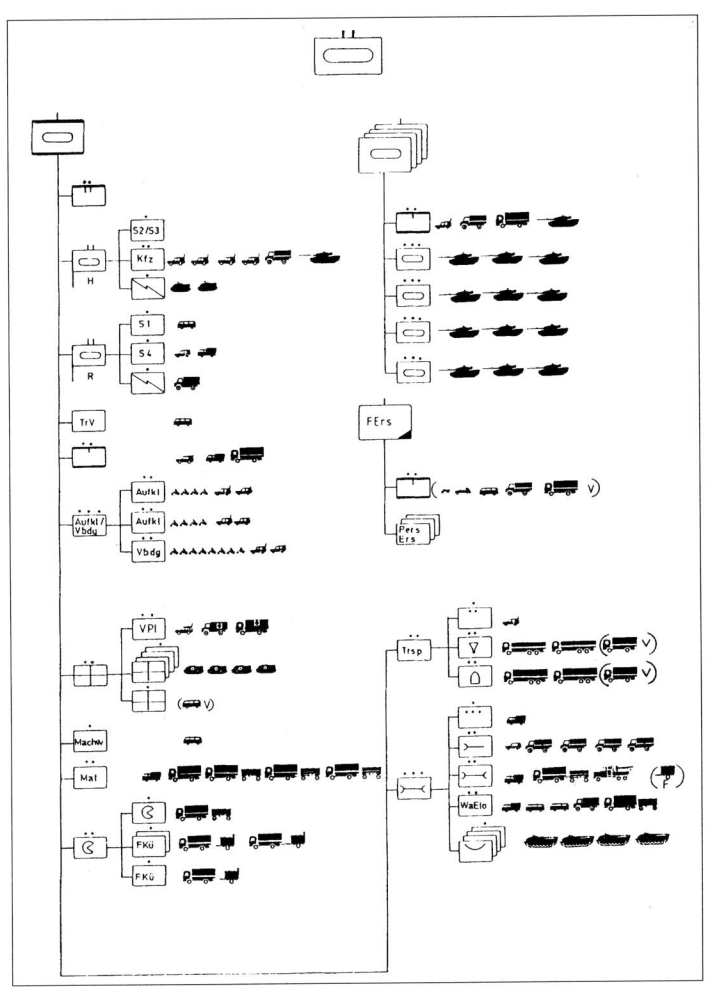

Das Panzerbataillon in der Heeresstruktur 5   HA, ehem. Abt. KpfTr

Gliederung der mechanisierten Brigade in der Heeresstruktur 5

1) 1x LehrBrig mit aktiver PzJgKp und aktiver PzPiLehrKp
2) Im F PzAufklBtl Div/WB unterstellt
3) 2x als PzArtBtl

BMVg, FüH

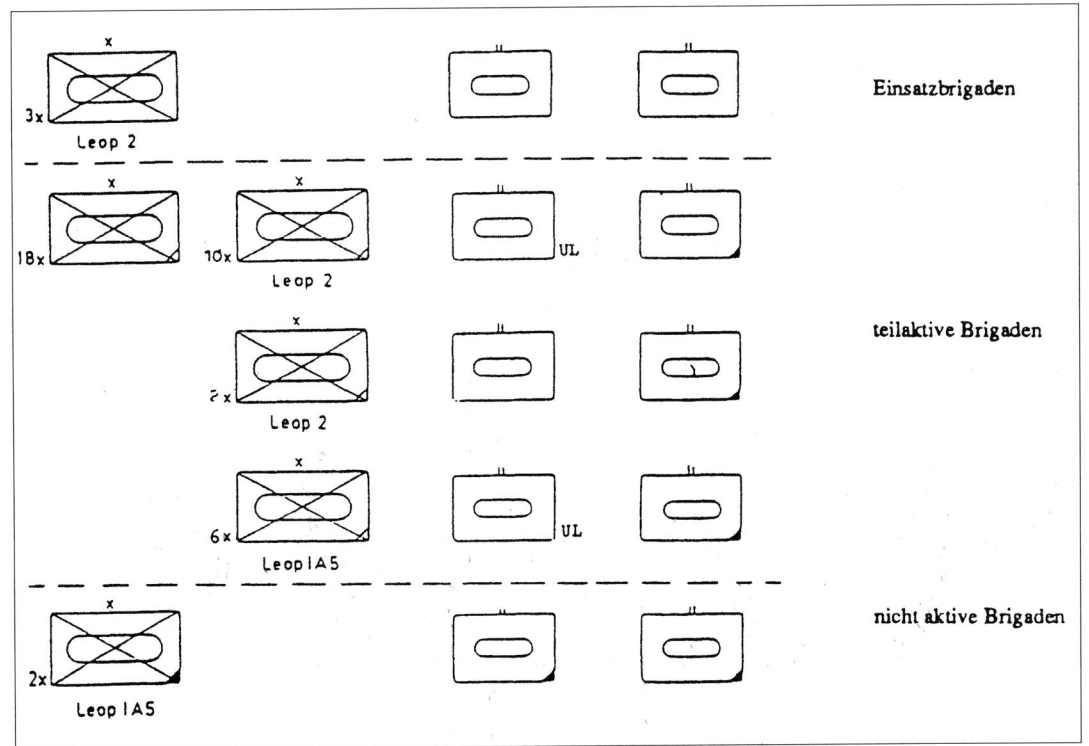

Einsatzbrigaden

Leop 2

teilaktive Brigaden

Leop 2

Leop 2

Leop I A5

nicht aktive Brigaden

Leop I A5

Anteil der Panzer-Truppe in den
23 mechanisierten Brigaden des
Heeres   HA, ehem. Abt. KpfTr

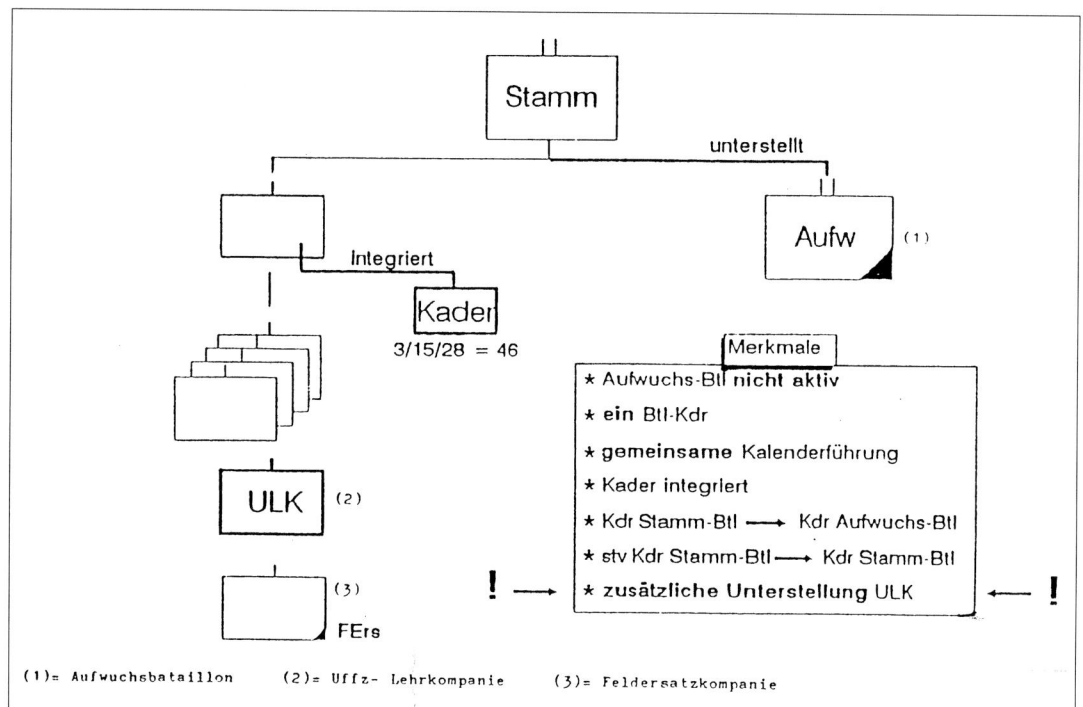

Stamm

unterstellt

Aufw (1)

Integriert

Kader

3/15/28 = 46

ULK (2)

(3)

FErs

Merkmale

* Aufwuchs-Btl nicht aktiv
* ein Btl-Kdr
* gemeinsame Kalenderführung
* Kader integriert
* Kdr Stamm-Btl ⟶ Kdr Aufwuchs-Btl
* stv Kdr Stamm-Btl ⟶ Kdr Stamm-Btl
* zusätzliche Unterstellung ULK

(1)= Aufwuchsbataillon   (2)= Uffz- Lehrkompanie   (3)= Feldersatzkompanie

PzKp nunmehr über 4 Züge à 3 KPz. Mit dieser Umgliederung, die – was kein Geheimnis ist – aus Einsatzgrundsätzen nicht den Vorstellungen der Truppengattung entsprach, wollte der Inspekteur eine Verbesserung der Führerdichte in der PzKp erreichen. 2 PzZg sollten von Leutnanten/Oberleutnanten und 2 von Hauptfeldwebeln geführt werden.[7]

In diese Zeit fiel auch der Abbau der **Panzertruppe der Nationalen Volksarmee** (NVA) und der Aufbau der Panzertruppe der Bundeswehr in den neuen Bundesländern. Ab Oktober 1990 führten Ministerium und Heeresamt, so auch General der Panzertruppen, Brigadegeneral Dietrich Rogler, der Inspizient der Panzertruppe, Oberst Gerd Reitemeier, und der Gruppenleiter Panzertruppe, Oberst Karl-Theo Schleicher, Truppen- und Informationsbesuche bei Kommandobehörden, in Standorten und auf Truppenübungsplätzen im Bereich des Bundeswehrkommandos Ost durch.

In Gesprächen mit dem Bundeswehrkommando Ost in Straußberg und dem Heereskommando Ost in Potsdam wurden die Überleitungspläne der NVA-Panzertruppe in die Bundeswehr, Abzug der sowjetischen Panzertypen – die ehem. NVA verfügte über 2.222 KPz, 1.673 KPz vom Typ T-54 und T-55 sowie 549 KPz vom Typ T-72 – und die Zuführung von KPz LEOPARD 1 und LEOPARD 2 erörtert.[8]

Deutsche Offiziere (in der Mitte Oberst Roggenbau, Gruppenleiter HA-II 4, zugleich Herausgeber »Das schwarze Barett«) aus zwei Armeen in der Uniform der Bundeswehr und der »Nationalen Volksarmee« vor einem sowjetischen Panzer T55 beim MotSchützenregiment 3, September 1990, in Brandenburg. Die Wiedervereinigung der beiden deutschen Teilstaaten mit dem Beitritt der ehemaligen DDR (Deutsche Demokratische Republik) zur Bundesrepublik Deutschland brachte das Ende der NVA

Sammlung SB

Der Kommandeur PzBtl 423, Oberstlt. Steiner, rollt mit dem ersten LEOPARD 2 in die »Fläming-Kaserne« in Brück am 11.7.1991 ein
Sammlung SB

Abtransport der Kampfpanzer T-55 der NVA aus Bad Salzungen. »Die Vergangenheit hinter sich lassen…«
Sammlung SB

Der Gruppenleiter Panzertruppe im Heeresamt, Oberst Schleicher, mit dem Kommandanten des Truppenübungsplatzes Nochten, Oberst Gnausch (ehem. NVA), dem Stabschef des Panzerregiments 14, Spremberg, Hauptmann Wager (ehem. NVA) und dem Dezernenten Truppenausbildung im Heeresamt, Oberstleutnant Höfs (v.r.n.l.) im Oktober 1990. Als letztes großes Manöver der letzten Jahre fand auf diesem Truppenübungsplatz das Manöver »Völkerfreundschaft« statt. Die Offz. der ehem. NVA sind bereits in BW-Uniform
Sammlung Schleicher

Die Reduzierung der Panzertruppe um 40% ihres Personals bedeutete auch die Auflösung bzw. Kaderung zahlreicher PzBtl. So wurden zwar in den Jahren 1991 und 1992 12 Bataillone in den neuen Bundesländern neu aufgestellt, dafür wurden aber in den alten Bundesländern 20 PzBtl umgegliedert und 24 PzBtl außer Dienst gestellt. Davon betroffen waren PzBtl, die über 30 Jahre bestanden, und Tausende von Soldaten mit ihren Familien.

Neben den in der ehem. NVA bisher eingesetzten o.a. KPz wurden in Folge der Auswirkungen der Verhandlungen über konventionelle Streitkräfte in Europa (VKSE) auch ca. 640 KPz M-48 (105 mm) – ca. 30 Jahre im Dienst der Bundeswehr – und ca. 820 LEOPARD 1 A1-A3 außer Dienst gestellt. Diese KPz wurden der Verschrottung bzw. anderweitiger Verwertung zugeführt.[9]

Struktur im Neuen Heer für Neue Aufgaben

Der Auftrag des Heeres ist die Landes- und Bündnisverteidigung sowie eine Teilnahme an internationaler Krisenbewältigung. Dafür stehen Hauptverteidigungskräfte (HVK) und Krisenreaktionskräfte (KRK) zur Verfügung. KRK sind im Frieden bereits voll präsent und einsatzbereit. Teile der HVK werden zur Ablösung von KRK-Verbänden bereitgehalten. Somit besteht ein Zusammenhang von KRK und HVK, die »die Armee der Einheit« sicherstellen sollen und eine Zweiklassenarmee verhindern. Als gepanzerte KRK-Brigaden wurden die PzBrig 21 in Augustdorf und die PzBrig 12 in Amberg bestimmt.[10]

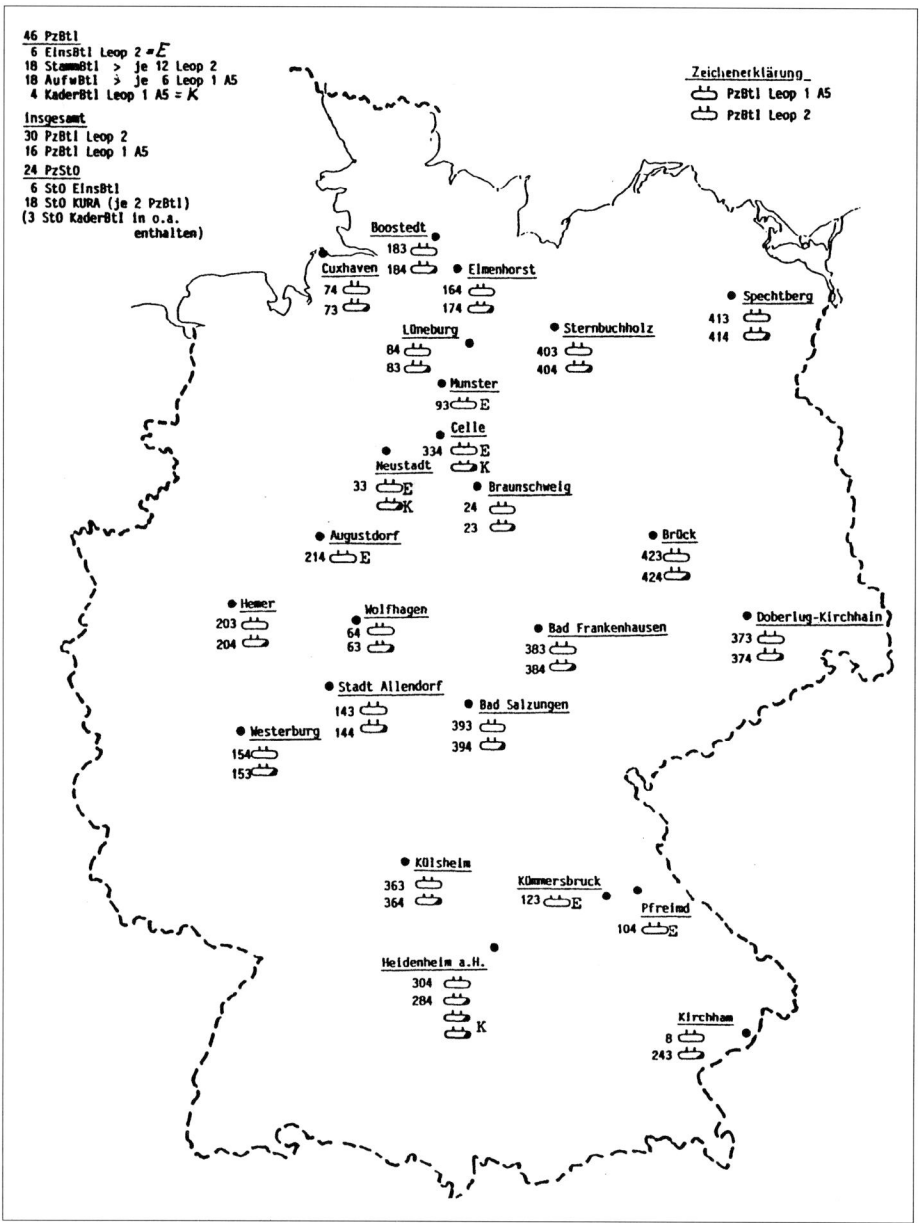

46 PzBtl
6 EinsBtl Leop 2 = E
18 StammBtl } je 12 Leop 2
18 AufwBtl }
4 KaderBtl Leop 1 A5 = K

Insgesamt
30 PzBtl Leop 2
16 PzBtl Leop 1 A5

24 PzStO
6 StO EinsBtl
18 StO KURA (je 2 PzBtl)
(3 StO KaderBtl in o.a. enthalten)

Zeichenerklärung
PzBtl Leop 1 A5
PzBtl Leop 2

Boostedt
183
Cuxhaven 184   Elmenhorst
74   164
73   174
Lüneburg   Sternbuchholz   Spechtberg
84   403   413
83   404   414
Munster
93 E
Celle
334 E
Neustadt   334 K
33 E   Braunschweig
K   24
23
Augustdorf   Brück
214 E   423
424
Hemer   Wolfhagen
203   64   Bad Frankenhausen   Doberlug-Kirchhain
204   63   383   373
384   374
Stadt Allendorf
143   Bad Salzungen
Westerburg   144   393
154   394
153
Külsheim
363   Kümmersbruck
364   123 E   Pfreimd
104 E
Heidenheim a.H.
304
284   Kirchham
K   8
243

Typ	Brigade	Division	zugehörige Verbände der TrGtg Pz u. PzGren		
KRK	21 AUGUSTDORF	7 DÜSSELDORF	33 NEUSTADT	214 AUGUSTDORF	212 AUGUSTDORF
HVK Typ B Erg	40 SCHWERIN	14 NEUBRANDENBURG	403 STERNBUCHHOLZ	84 LÜNEBURG	401 HAGENOW
KRK	12 AMBERG	10 SIGMARINGEN	112 REGEN	122 OBER-VIECHTACH	104 PFREIMD
HVK Typ B Erg	39 ERFURT	5 MAINZ	391 BAD SALZUNGEN	52 ROTHENBURG	393 BAD SALZUNGEN

Panzer-/Panzergrenadiertruppe in den KRK-Brigaden und KRK-Ergänzungsbrigaden aus dem HVK-Bereich
Sammlung SB

Die Struktur des Neuen Heeres für Neue Aufgaben (NHNA) sah Anfang 1995 für die Panzertruppe **34** Panzerbataillone vor. Davon waren 20 aktiv, 14 weitere sollten in der Krise zur Einsatzstärke aufwachsen.

Die Panzertruppe nutzte zu dieser Zeit noch drei unterschiedliche Kampfpanzertypen.

Mit dem nicht mehr bedrohungsgerechten Kampfpanzer LEOPARD 1 A5 waren 4 aktive und 4 nichtaktive Panzerbataillone ausgerüstet.

Der nur noch eingeschränkt bedrohungsgerechte Kampfpanzer LEOPARD 2A4 war in 10 aktiven und 10 nichtaktiven Panzerbataillonen eingesetzt.

Der Kampfpanzer LEOPARD 2A5 genügte mittelfristig den Anforderungen, mit ihm waren 6 aktive Panzerbataillone ausgerüstet.[11]

Heer der Zukunft

2002 beginnend, wurden Strukturanpassungen zum »Heer der Zukunft« (HdZ) vorgenommen.

In einem ersten Schritt wurde die Zahl der Panzerbataillone auf **18**, 13 aktive und 5 nichtaktive reduziert. In diese Umgliede-

rung hinein fiel die taktisch nicht nachvollziehbare Entscheidung, daß in jedem Bataillon die vierte Panzerkompanie gestrichen wurde. Der Verband ist nun aus eigener Kraft nicht mehr in der Lage, eine schlagkräftige Reserve zu bilden, da im Gefecht stets mehr als nur zwei Manöverelemente benötigt werden.

Um mehr Finanzmittel für Investitionen freizubekommen, hat Verteidigungsminister Struck im Februar 2003 weitere Einschnitte bei den Betriebskosten angeordnet, die nicht ohne Auswirkung auf die Ausrüstung und Strukturen der Teilstreitkräfte und Truppengattungen bleiben können. Ein weiterer Reduzierungsschritt erfolgt somit zur Zeit auch für die gepanzerten Kampftruppen. Die Zahl der schweren Panzer vom Typ LEOPARD 2 soll von derzeit **1.569** auf **854** verringert werden.[12]

Ausweg aus dieser Planungsenge wird durch den General der Panzertruppen darin gesehen, daß ggf. gemischte Panzertruppenbataillone (Panzer und Panzergrenadiere) gebildet werden, um wieder einsatzfähige Verbände zur Verfügung zu haben.

Die neuen Verteidigungspolitischen Richtlinien sind am 21.05.2003 erlassen worden und danach werden weitere Planungen zu erwarten sein. Der Übergang in die neue Struktur wird daher weit in das Jahr 2004 hinein andauern.

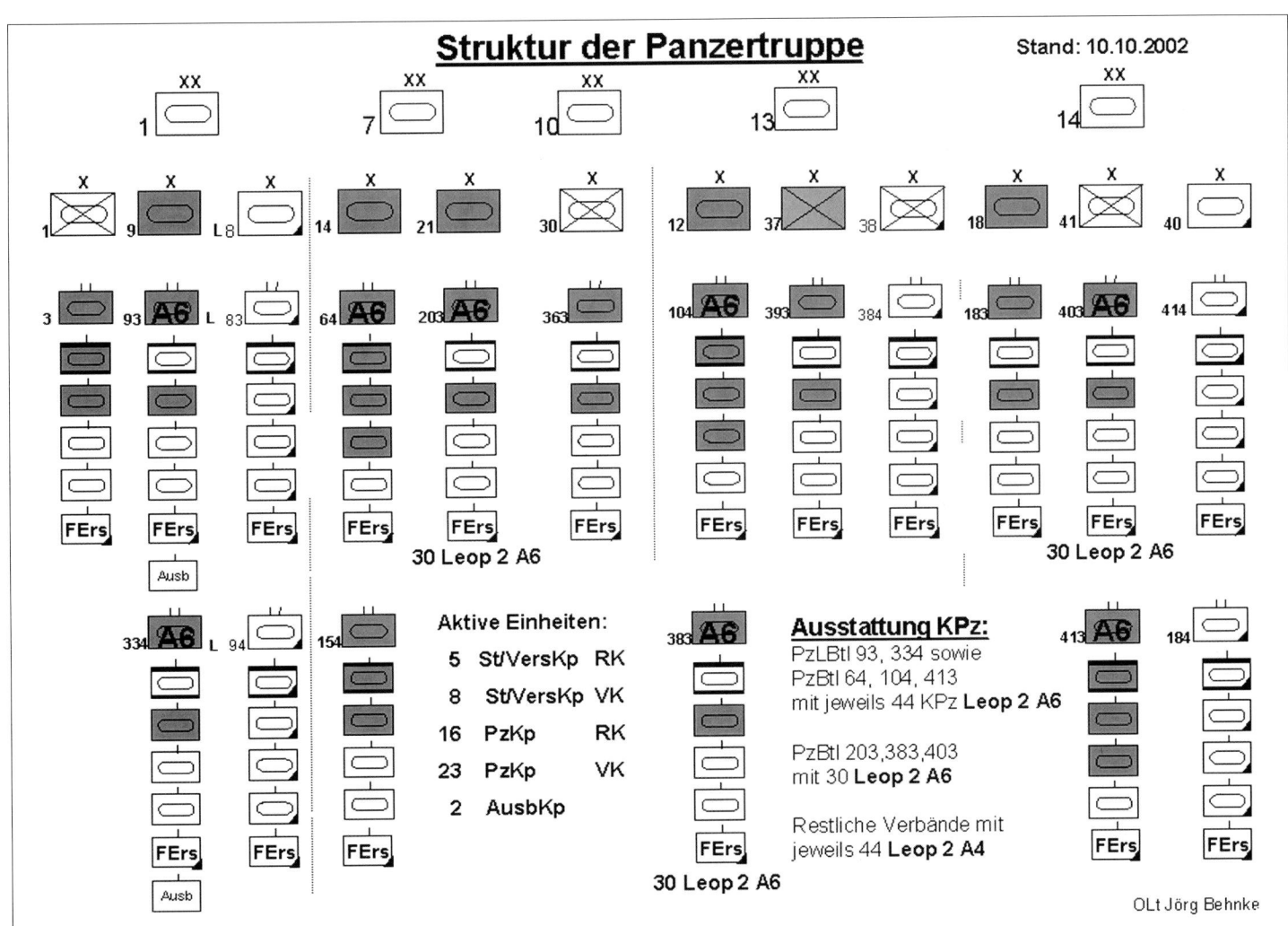

Organisation der Panzertruppe im »Heer der Zukunft«. Diese Struktur wird zwischen 2002 und 2004 eingenommen. **Anmerkung:** Hier ist nur die Zuordnung der PzTr – nicht die anderer TrGtg – zu Div und Brig aufgezeigt

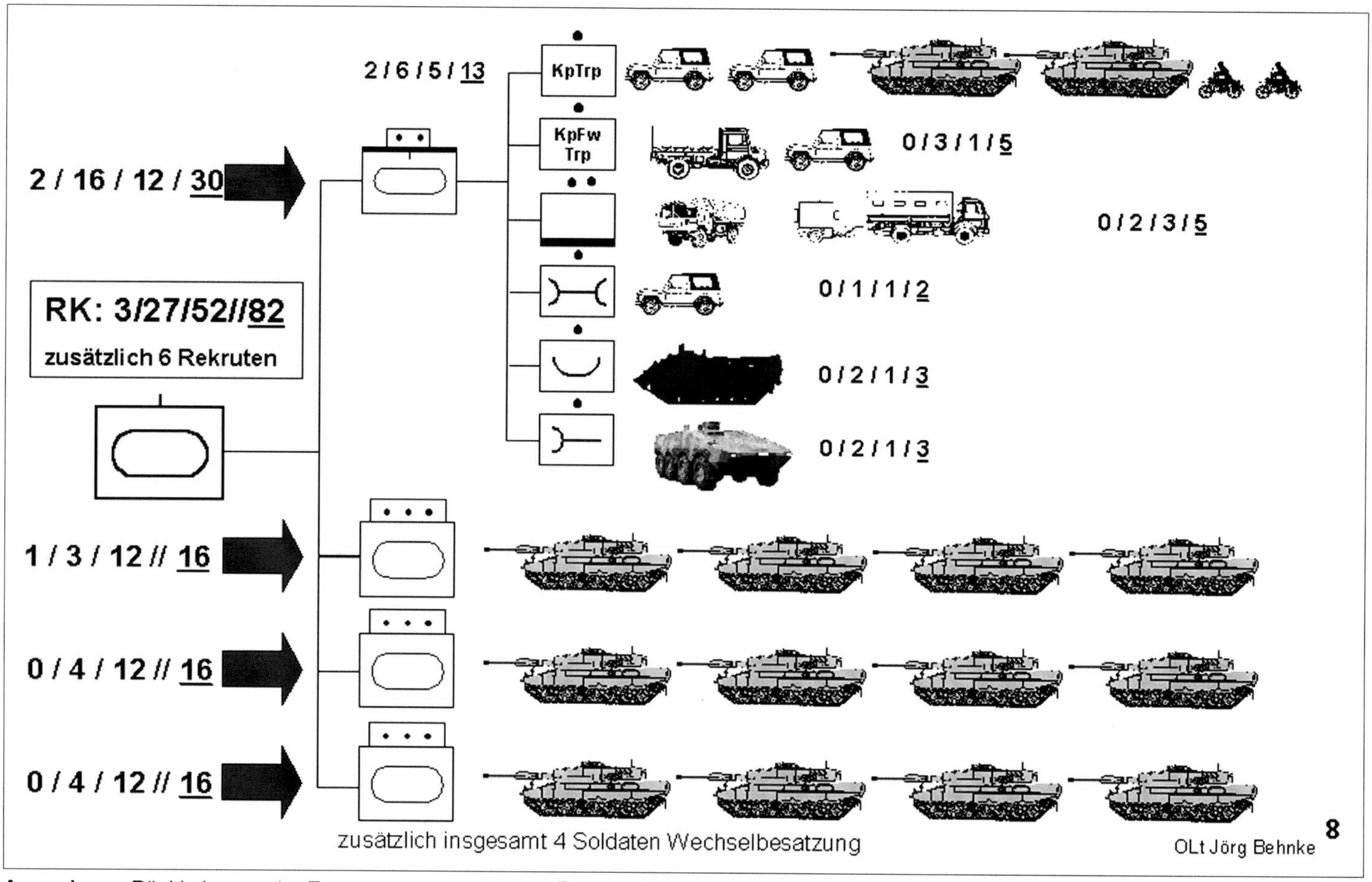

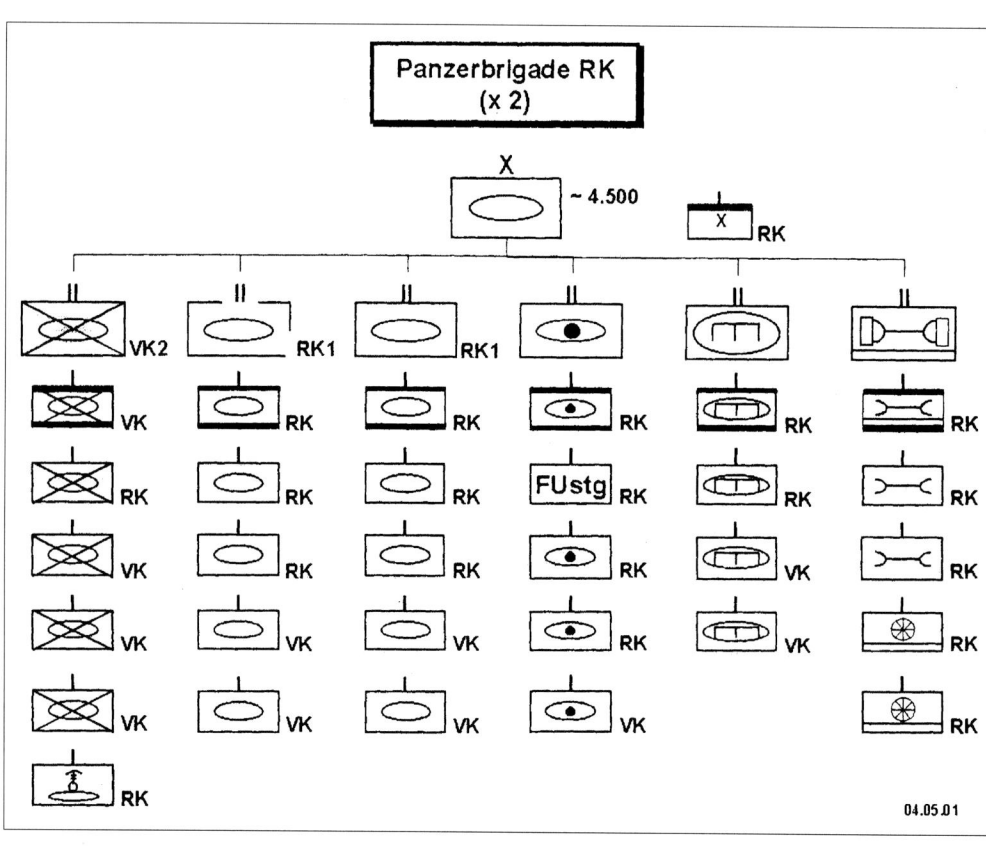

2 / 6 / 5 / <u>13</u>

KpTrp

KpFw Trp

0 / 3 / 1 / <u>5</u>

0 / 2 / 3 / <u>5</u>

0 / 1 / 1 / <u>2</u>

0 / 2 / 1 / <u>3</u>

0 / 2 / 1 / <u>3</u>

2 / 16 / 12 / <u>30</u>

RK: 3/27/52//<u>82</u>

zusätzlich 6 Rekruten

1 / 3 / 12 // <u>16</u>

0 / 4 / 12 // <u>16</u>

0 / 4 / 12 // <u>16</u>

zusätzlich insgesamt 4 Soldaten Wechselbesatzung

OLt Jörg Behnke **8**

Anmerkung: Rückkehr zum 4er Zug

Panzerkompanie RK

Sammlung SB

Panzerbrigade RK
(x 2)

X
~ 4.500

X RK

VK2

RK1

RK1

VK

RK

RK

RK

RK

RK

RK

RK

RK

FUstg RK

RK

RK

VK

RK

RK

RK

VK

RK

VK

VK

VK

RK

VK

RK

VK

VK

VK

VK

RK

RK

04.05.01

Panzerbrigade RK im »Heer der Zukunft«

Sammlung SB

408

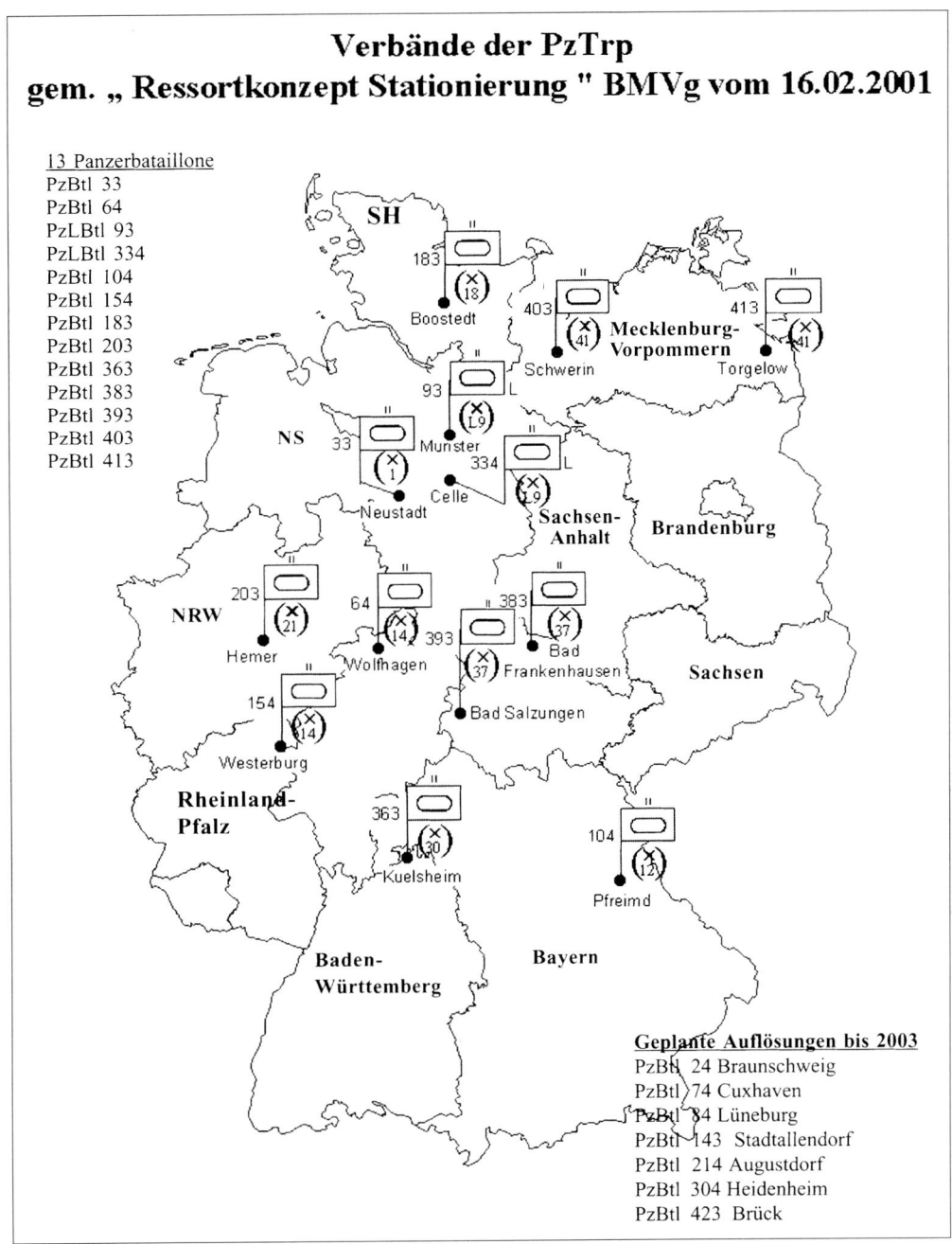

Verbände der PzTrp
gem. „ Ressortkonzept Stationierung " BMVg vom 16.02.2001

13 Panzerbataillone
PzBtl 33
PzBtl 64
PzLBtl 93
PzLBtl 334
PzBtl 104
PzBtl 154
PzBtl 183
PzBtl 203
PzBtl 363
PzBtl 383
PzBtl 393
PzBtl 403
PzBtl 413

SH

183 — Boostedt (X 18)

403 — Schwerin (X 41) Mecklenburg-Vorpommern

413 — Torgelow (X 41)

93 L — Munster (X 19)

NS

33 — Neustadt (X 1)

334 L — Celle (X 19) Sachsen-Anhalt

Brandenburg

203 — Hemer (X 21)

NRW

64 — Wolfhagen (X 14)

393 — (X 37) Bad Salzungen

383 — Bad Frankenhausen (X 37)

Sachsen

154 — Westerburg (X 14)

Rheinland-Pfalz

363 — Kuelsheim (X 30)

104 — Pfreimd (X 12)

Baden-Württemberg

Bayern

Geplante Auflösungen bis 2003
PzBtl 24 Braunschweig
PzBtl 74 Cuxhaven
PzBtl 84 Lüneburg
PzBtl 143 Stadtallendorf
PzBtl 214 Augustdorf
PzBtl 304 Heidenheim
PzBtl 423 Brück

Sammlung SB

Drastische Einschnitte bei den Panzerumfangszahlen in der Bundeswehr seit 1990

In diesem Abschnitt wird noch einmal der drastische Rückgang an Großgerät bei der deutschen Panzertruppe aufgezeigt.

In der **Heeresstruktur 4** verfügte die deutsche Panzertruppe mit Stand 09/**1989** über **5.136** KPz, im einzelnen 2.050 KPz LEOPARD 2, 2.437 KPz LEOPARD 1 und 649 KPz M48.

Mit der **Wiedervereinigung** Deutschlands kamen im Oktober **1990** 2.222 KPz vom Typ T-54, T-55 und T-72 der ehem. NVA hinzu. Insgesamt verfügte Deutschland damit über **7.358** KPz. Da als Obergrenze für das wiedervereinigte Deutschland gem. VKSE-Verhandlungsergebnis vom 19.11.1990 **4.166** KPz festgelegt wurden, mußten mindestens 3.192 KPZ (d.h. über 43%) abgerüstet werden.

In der HStr5 waren für die Panzertruppe und Panzeraufklärungstruppe folgende Großwaffensysteme eingeplant: 2.125 KPz LEOPARD 2 und 1.225 KPz LEOPARD 1 A5, d.h. insgesamt **3.350** KPz, womit man noch wesentlich unter der VKSE-Obergrenze blieb.[13]

Im neuen Heer für neue Aufgaben waren ca. 2500 KPz eingeplant.

Im Heer der Zukunft waren zunächst **1.569** KPz vorgesehen, die nunmehr nochmals auf **854** Kampfpanzer – darunter 350 KPz LEOPARD 2 A6 – reduziert werden sollen.[14]

Moderne Ausbildung

Das Anfang 1988 gebilligte »Ausrüstungskonzept für die Aus-

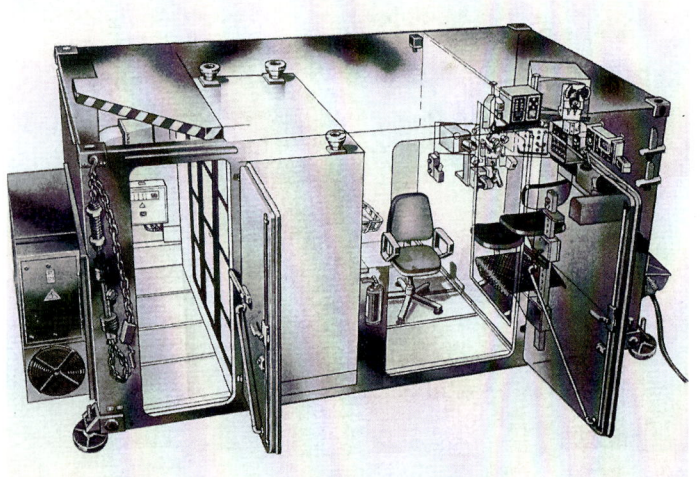

Schießsimulator der Panzertruppe (ASPT)   Sammlung SB

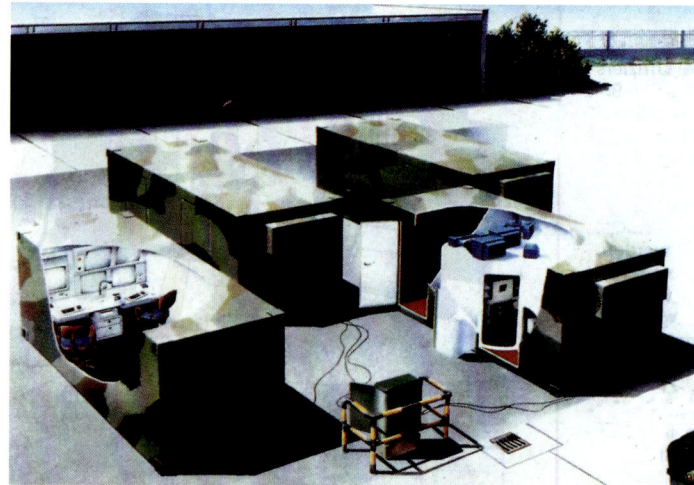

Der Gefechtssimulator der Panzertruppe (AGPT)   Sammlung SB

bildungsmittel der Panzertruppe nahm allmählich Gestalt an. Im November 1990 übergab der Amtschef des Heeresamtes, GenLt Klaffus die Ausbildungsanlage Feuerleitsimulator Panzerzug (ASPA) an die Kampftruppenschule 2 in Munster. Im Juni 1993 erfolgte dann die Übergabe der ersten Fertigungen des Schießsimulators der Panzertruppe (ASPT) der Firma ATLAS-ELEKTRONIK und des Gefechtssimulator der Panzertruppe (AGPT) der Firma WEGMANN an die Pz(Lehr-)Brig 9 in Munster.

Diese kombinierte Ausbildung – Ausbildung am Simulator und Originalgerät – ist erforderlich, um – auch unter dem Zwang der Einsparung von Betriebskosten und Entlastung der Umwelt – mit geringerem Aufwand an Zeit und Material, ohne Übungsgelände zu jeder Tages- und Nachtzeit, bei jedem Wetter in einer bisher nicht vorstellbaren Realität unter simulierten Kriegsbedingungen Schießausbildung betreiben und die Phasen des Gefechts üben zu können.

Dies ist eine wesentliche Voraussetzung für effektive Ausbildung der Panzerbesatzungen und -züge.

Simulatoren erlauben ein kontinuierliches Training und ein rasches Überprüfen des Ausbildungsstandes. Die Ausbildung an Simulatoren ist aber kein Ersatz für das Üben mit dem Originalgerät, mit dem Kampfpanzer und dem scharfen Schuß. Wichtig bleibt die Ausgewogenheit, der »Dreiklang«: Ausbildung an Simulatoren, Ausbildung an Duellsimulatoren in Verbindung mit dem KPz, Ausbildung am Originalgerät, dem Kampfpanzer.

Aufgrund des Verzichtes von »Herbstmanövern«, Großübungen mit Volltruppe außerhalb von Truppenübungsplätzen – eine politische Vorgabe –, erfahren Führer und Truppe das Zusammenwirken im freien Gelände nicht mehr; um so wichtiger ist daher das Übungsangebot des im Januar 1993 vom Deutschen Bundestag gebilligten Truppen-Übungsplatzkonzeptes und die Nutzung des modernsten und in der Welt wohl einmaligen Gefechtsübungszentrums des Heeres, ALTMARK.[15]

Erstaufstellung für den Durchgang des Panzerbataillons 363 im Gefechtsübungszentrum des Heeres im Juni 2001

Sammlung SB

410

Kampfpanzer LEOPARD 2 beim CAT-Schießen – ein häufiger Sieger. Die letzte CAT fand im Sommer 1991 auf dem Truppenübungsplatz Bergen-Hohne statt

Sammlung Schleicher

Über Jahrzehnte war der Schießwettbewerb vieler NATO-Nationen um die Canadian Army Trophy (CAT) ein Gradmesser für Leistungsfähigkeit von Panzerzügen und -besatzungen. Im Sommer 1991 fand auf dem Truppenübungsplatz Bergen-Hohne in der Lüneburger Heide der letzte Wettbewerb statt.

Internationaler Erfahrungsaustausch

Neben der Informationsgewinnung durch die Heeresverbindungsorganisation (HVO) fanden schon in frühen Jahren der Bundeswehr Panzerexpertengespräche – vor allem mit den Nationen der Hauptverbündeten und Israel – statt, lange unter Leitung des FüH (ehem. VII 3), Oberst i.G. Albert Klenke.

Ab 01.04.1990 wurde das Heeresamt in Köln umgegliedert. Die alte Abteilung »Kampftruppen« (im ehem. Truppenamt »Inspektion der Kampftruppen«) wurde in zwei neue Abteilungen umgegliedert: in die Abt. »Panzertruppen« und die Abt. »Infanterie«. Ein Ziel war dabei die Stärkung der Truppengattungen mit einer eigenständigen Spitze im Heeresamt. Zum ersten »General der Panzertruppen« wurde Brigadegeneral Dietrich Rogler (seit April 1993 im Ruhestand) ernannt. Damit ging auch die Wahrnehmung der Panzerexpertengespräche auf die Abt. »Panzertruppen« über. Erstmals nach der Wende besuchten auch deutsche Panzeroffiziere als Mitglieder einer Delegation des BMVg im Herbst 1994 Moskau und die »Raketen-Fabrik« in Kolomna, um gemeinsam mit russischen Ingenieuren das Flugkörperabwehrsystem ARENA zu testen.

Mit der Umstrukturierung des Heeres am 01.04.1995 und der Zusammenlegung der Funktion »General der Panzertruppen« mit der des »Schulkommandeurs der Panzertruppenschule« ging die Zuständigkeit von Köln nach Munster. Die »Panzertruppen« umfassen nun neben den bisherigen Truppengattungen Panzer, Panzeraufklärer und Panzerjäger auch die Panzergrenadiere, welche aus dem Verbund der Infanterie herausgelöst wurden. Damit ist auch der Wechsel in der Besetzung des o.a. neuen Dienstpostens zwischen Generalen aus der Panzertruppe und der Panzergrenadiertruppe ein normaler Vorgang.[16]

Besuch einer deutschen Delegation in Israel im Herbst 1991. Hier in General Tals Panzerschmiede bei Tel Aviv. Von l.n.r. GenMaj Tal (Isr.), Brig Gen Rogler (D) und BrigGen Rabin (Isr.).

Foto: Schleicher

Besuch einer israelischen Delegation im Sommer 1991 in Deutschland, hier auf dem TrÜbPl Bergen-Hane anläßlich eines CAT-Wettbewerbs. Die Israelis interessieren sich für deutsche Panzerentwicklung, Ausbildung und Einsatzgrundsätze. Sie verstehen sehr viel vom Panzerkampf. Ihre Ausbildung ist hart und effektiv. Von links: Oberst Friedmann, israel. Heeresamt, Abt PzTr; Oberst I.G. Klenke, Referatsleiter im Führungsstab des Heeres; Baudirektor Hälsig, Bundesbeschaffungsamt; Oberst Yachin, israel. Verteidigungsministerium (Abt Forschung u. Entwicklung); BrigGen Rogler, Gen PzTr; Oberst Levinger, israel. Offizier; Dr. Deutsch, 1. Sekr. israel. Botschaft in Bonn; Ltd BauDir. Brand, BWB und Oberst K.T. Schleicher, Leiter Gruppe Panzertruppe im Heeresamt
Foto: Archiv Schleicher

Brigadengeneral Wolf-Dieter Langheld (PzGrenOffz, 1. von links) übernimmt das Kommando als General der Panzertruppen und Kommandeur der Panzertruppenschule von BrigGen Christian Trull (PzOffz, 2. von links)
Foto: PzTrS

Besuch von BrigGen Trull, General der Pz-Truppen und Kdr der PzTrS aus Munster in Fort-Knox. Von links: BG Trull, US-General Bell, Oberstlt. W. Gruhl. Oberstlt. Gruhl war 1998 Leiter HVS USA 3
Sammlung SB

Besuch einer dt. Delegation bei der US-PzTrS Fort Knox 1995. Von links: Oberst Kraft, OTL Schneider, US-Oberst Bryla (US-DelLtr ACDEP), Oberst Schleicher (dt. DelLtr ACDEP), ?, OTL Bähr, ?, Hptm. Kuhl
Foto: Archiv Schleicher

Derzeitige Ausrüstung der Panzertruppe sowie neue Technologien für Kampfwagen der Zukunft

Derzeitiger Stand der Ausrüstung

Bedeutung des Kampfpanzers weltweit

Foto: PzTrS

Von allen gepanzerten Kampffahrzeugen ist der Kampfpanzer das komplexeste und somit von den Beschaffungs- und Unterhaltungskosten teuerste System.

Da er aber im Gefecht der Verbundenen Waffen aufgrund seiner Durchsetzungsfähigkeit eine dominierende Rolle spielt, ist er in den meisten Armeen in zum Teil größerer Stückzahl vorhanden, ist gegenwärtig nach wie vor in der Beschaffung und wird durch Modernisierungen und Kampfwertsteigerungen den gestiegenen Anforderungen angepaßt. Dies geschieht trotz ständig wiederkehrender Prognosen, dieser sei angesichts weitreichender Bekämpfungsoptionen zu Lande und aus der Luft nicht mehr zeitgemäß.

Hinzu gekommen ist die Diskussion, operative Bedürfnisse mit Hilfe sogenannter »Medium-« oder gar »Light-Forces« – auch wegen ihrer günstigeren Verlegefähigkeit – besser bedienen zu können. Überlegungen dieser Art sind ohne weiteres nachvollziehbar, ist doch augenfällig, daß friedenserhaltende Missionen mit Aufgaben wie Überwachung, Konvoischutz und Patrouillendienst nicht gerade optimal durch den Kampfpanzer

erfüllt werden. Hinzu kommt, daß diese Missionen oft unter schwierigen Gelände- und Infrastrukturbedingungen durchgeführt werden müssen, unter denen der Kampfpanzer seine besonderen Stärken weniger gut zur Wirkung bringen kann. Dennoch ist sein Drohpotential unerreicht, und oft wird er in einer »Show-of-Force«-Rolle (Stärke zeigen durch Präsenz) – z.B. auch im Kosovo – eingesetzt.

Die Überlegungen freilich, die mechanisierten Anteile der eigenen Streitkräfte im wesentlichen auf diese Art der Einsätze auszurichten, weil sie nun einmal gegenwärtig die höchste Eintrittswahrscheinlichkeit haben, sind ohne weiteres kritisch zu sehen. Wächst sich zum Beispiel eine solche friedenserhaltende Maßnahme infolge des Einsatzes irregulärer Kräfte oder gar militärischer Intervention zu einer Auseinandersetzung aus, die zunehmend nach den Grundsätzen des Gefechts der Verbundenen Waffen geführt werden muß, stoßen Leichte Kräfte mit ihren nicht sehr durchsetzungs- und überlebensfähigen Systemen rasch an ihre Grenzen. Der klassische Kampfpanzer wird in der absehbaren Zukunft keineswegs ausgedient haben; er muß freilich den Anforderungen des modernen Gefechts entsprechend in seiner Kampfkraft und seiner jeweiligen Rolle angepaßt werden.

Lassen Sie uns die weltweit im Dienst befindlichen Kampfpanzer daraufhin untersuchen, inwiefern sie diesen Anforderungen gerecht werden können bzw. was mittelfristig an kampfwerterhaltenden und einsatzwertsteigernden Maßnahmen zu erwarten ist. Dabei ausgeklammert werden solche Kampfpanzer, die aufgrund ihres Alters und ihrer unzureichenden Leistungsfähigkeit nicht mehr in ihrer eigentlichen Rolle eines duellfähigen Systems von hoher Schlagkraft einsetzbar sind.

Eine erste Betrachtung zeigt, daß es auch bei den jetzt nach wie vor in Fertigung stehenden Systemen – mehr oder minder augenfällig – Qualitätsunterschiede gibt und auch auf die einzelnen kampfkraftbestimmenden Parameter (z.B. »Schutz«) unterschiedlich großer Wert gelegt wird. Hinzu kommt, daß entwicklungs- und besonders fertigungstechnisch nach wie vor einige Staaten hinterherhinken, und das trotz weltweit fast beschränkungsfreier Proliferation auch modernster Systemkomponenten. Weitere Gesichtspunkte sind finanzielle Engpässe und Unterschiede in den Einsatz- und Ausbildungsphilosophien.

Kampfpanzer im deutschen Heer

Hauptwaffensystem der Panzertruppe ist der Kampfpanzer, der sich im 2. Weltkrieg zum kampfentscheidenden System entwickelt hatte. In allen militärischen Auseinandersetzungen danach dominierte er das Gefecht. Kampfpanzer sind im Entfernungsbereich bis ca. 3000–3500 m nach wie vor gegen alle Arten von gepanzerten Gefechtsfahrzeugen das leistungsfähigste Einsatzmittel. Ihr hoher ballistischer Schutz, besonders im Frontalbereich, und ihre hohe Beweglichkeit auch in schwierigem Gelände verleihen ihnen ein hohes Maß an

Durchsetzungsfähigkeit und – in Verbindung mit der leistungsfähigen Feuerleitanlage – eine höhere Duellfähigkeit als andere Systeme der Panzerbekämpfung. Mit der in den nächsten Jahren einzuführenden neuen Generation der KE-Munition werden auch mit modernem ballistischen Schutz ausgestattete gegnerische Kampfpanzer ausgeschaltet.

Zum Zeitpunkt der Aufstellung der Bundeswehr ab 1955 mußte auf amerikanische Panzer der Typen **M47** und **M48** zurückgegriffen werden, bevor ab Mitte der 60er Jahre die deutsche Eigenentwicklung LEOPARD aufgrund seiner überlegenen Beweglichkeit sowie seiner Feuerkraft Maßstäbe setzte. Sowohl der M48 als auch der LEOPARD (mittlerweile mit dem Zusatz »1« versehen) wurden mehrmals modernisiert (z.B. Einrüstung des 105-mm-Waffenrohres auch beim M48 oder Einbau einer feuerleitgestützten Waffenanlage sowie eines Wärmebildzielgeräts in den LEOPARD 1A5).

Die Spitze der Panzerentwicklung – auch weltweit – bildet der in den 70er Jahren entwickelte Kampfpanzer LEOPARD 2. Bis 2004 wird der LEOPARD 1 aus der Panzertruppe der Bundeswehr ausgemustert. Neben dem LEOPARD 2A6 wird der Rest der Ausstattung aus dem LEOPARD 2A4 bestehen.

Kampfpanzer Leopard 2

Zum Zeitpunkt seiner Einführung Ende der 70er Jahre wurde mit dem LEOPARD 2 gegenüber den damals bekannten Kontra-

Fahrzeugfamilie Leopard: von links LEOPARD 1, LEOPARD 2 A4, A5 und A6

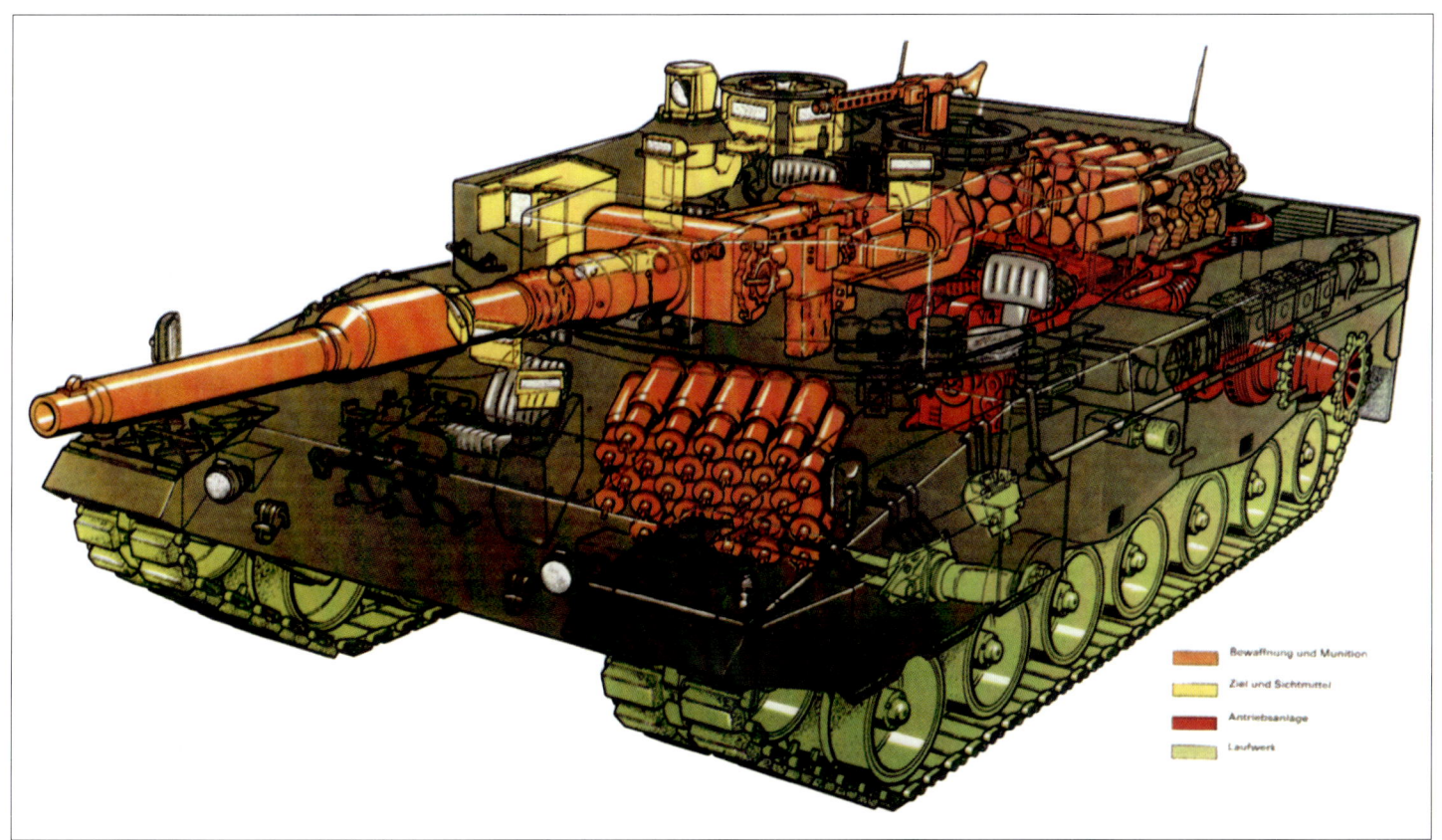

Blick in das Innenleben der Kampfpanzer: LEOPARD 2

Legende:
- Bewaffnung und Munition
- Ziel und Sichtmittel
- Antriebsanlage
- Laufwerk

henten in allen wichtigen kampfkraftbestimmenden Parametern eine deutliche Überlegenheit erzielt.

Von jeher auf das Duell mit gegnerischen Panzern optimiert und als wirkungsvolle Schlagwaffe in der Hand des Truppenführers konzipiert, wurde mit dem LEOPARD 2 ein Leistungssprung vollzogen.

Erstmals ausgestattet mit primärstabilisierten Visierlinien und nachgeführter Waffe konnten aus voller Fahrt auch in schwierigem Gelände Ziele aufgeklärt und mit hoher Treffaussicht wirkungsvoll bekämpft werden.

Mit neuer KE-Munition – verschossen aus der 120-mm-Glattrohrkanone – wurden alle damals vorhandenen gegnerischen Panzer durchschlagen, auch weit über die bislang geltende Hauptkampfentfernung von 1000 m hinaus.

Dank der rechnergestützten Feuerleitanlage und den hochauflösenden Optiken verkürzten sich die Zeiten in Zielaufklärung und -bekämpfung auf wenige Sekunden. Dies bezieht sich – bei etwas niedrigeren Reichweiten – auch auf den Kampf bei eingeschränkter Sicht, da der Richtschütze über ein Wärmebildziel- und -beobachtungsgerät verfügt. Da auch der Kommandant über eine eigene, vollstabilisierte Optik verfügt, wird die Aufklärungsrate gravierend erhöht.

Anfang der 80er Jahre wurden die veralteten Panzer auf sowjetischer Seite binnen kurzer Zeit durch verbesserte Varianten ersetzt, die sich durch besseren, auch reaktiven Schutz auszeichneten und mit der 125-mm-Glattrohrkanone über eine Waffe verfügten, die auf Entfernungen um 2000 m und darunter auch dem LEOPARD 2A4 gefährlich werden konnte.

Ein weiterer Leistungssprung bei der KE-Munition konnte dies zum Teil ausgleichen.

Die Situation verschärfte sich wenige Jahre später dadurch, daß deutliche Verbesserungen im ballistischen und reaktiven Schutz beim potentiellen Gegner eintraten durch die Verwendung von Mehrschichtpanzerungen, neuer KE-Munition auch auf DU-Basis (depleted Uranium = abgereichertes Uran) zu verschießen.

In einer ersten Kampfwertsteigerungsstufe (KWS-Stufe) wurden die erkannten **Schutzdefizite** behoben sowie die **Führungsfähigkeit** gesteigert.

Dank neuer interner Schutzpakete sowie des vorgebauten keilförmigen Prallschildes wird der LEOPARD 2A5 zur Zeit im Frontalbereich von keiner weltweit eingeführten KE durchschlagen, und auch großkalibrige Hohlladungsgefechtsköpfe sind wirkungslos.

Eine weitere Schutzerhöhung ergab sich durch den Wegfall der hydraulischen Richtanlage mit dem leicht entzündlichen Hydrauliköl, die durch eine elektrische ersetzt wurde, sowie einen Innenliner, der die Besatzung gegen Splitter schützt.

Ein Leistungszuwachs in der Führbarkeit ergibt sich dadurch, daß nunmehr auch der Kommandant über ein eigenes Wärmebildgerät zur Zielaufklärung verfügt. Außerdem hat der Panzer auch eine GPS-gestützte Navigationsanlage, die raschere Bewegungen im Gelände und auch die Übermittlung von positionsgenauen Zieldaten an das eigene Steilfeuer (Artillerie und Mörser) ermöglicht.

Noch nicht behoben waren durch diese Maßnahmen die er-kannten **Wirkungsdefizite**.

Dies ändert sich mit der KWS-Stufe zum Rüststand A6.

Mit der neuen KE-Munition DM-53 und dem 1,3 m längeren Waffenrohr L55 wird die Duellfähigkeit des LEOPARD 2 gegenü-ber modernsten Widersachern wieder hergestellt.[17]

In den Stufen A5 und nunmehr A6 ist der Kampfpanzer LEO-PARD 2 wieder bedrohungsgerecht und dementsprechend durchsetzungsfähig.

Aber auch mit vergleichsweise geringem Aufwand werden Lei-stungszuwächse erzielt. Der LEOPARD 2A5/A6 verfügt am Heck über eine Rückfahrkamera. Mit Hilfe eines Monitors ist nun-mehr der Fahrer in der Lage, völlig eigenständig – zum Beispiel bei erforderlichen Ausweichbewegungen – rückwärts zu fah-ren. Besonders in schwierigem Gelände erforderte dies bisher die ständige Aufmerksamkeit des Kommandanten, der sich dann aber nicht um die Zielaufklärung kümmern konnte. Auch hat der Fahrer ein Anzeigegerät, das ihm Richtungs- und Ent-fernungsangaben anzeigt, entsprechend der vom Komman-danten am Führungs- und Waffeneinsatzsystem (FüWES) ein-gegebenen Wegpunkte.

Die Geschichte des LEOPARD 1 und 2 zeigt, wie durch techni-sche Maßnahmen ein leistungsstarkes System den sich wan-

»Roll out« / Vorstellung und Aus-lieferung des ersten Exemplars Kampfpanzer LEOPARD 2A6
Foto: Krauss-Maffei

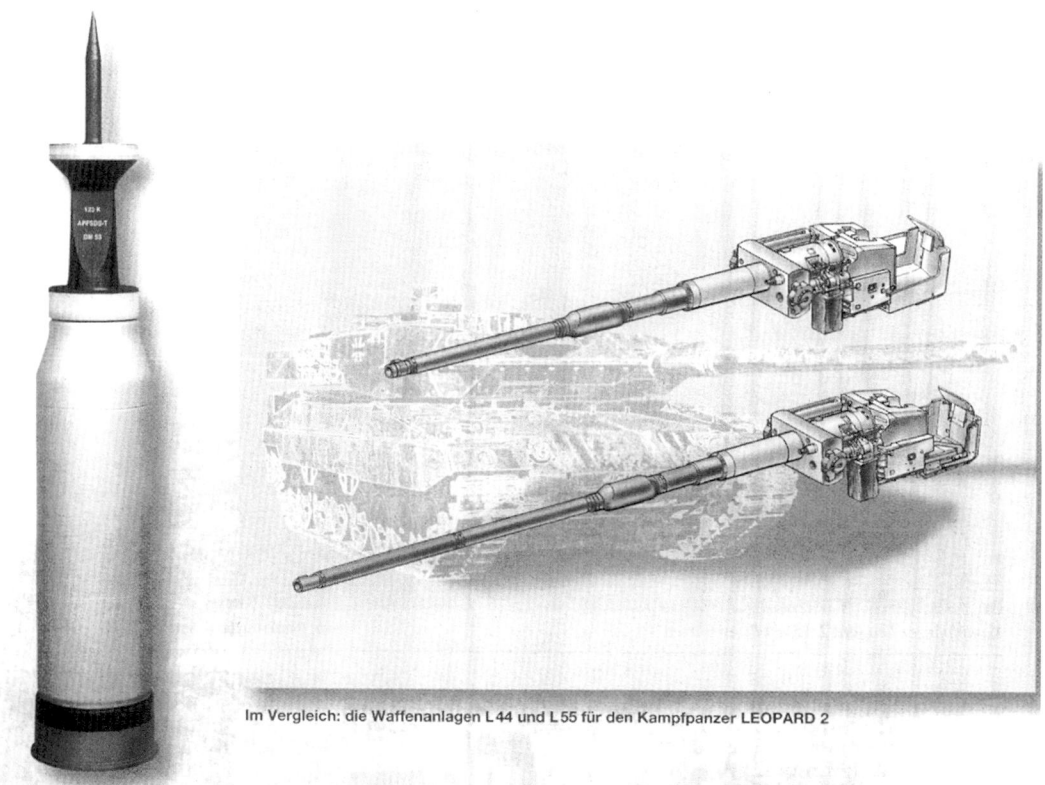

Im Vergleich: die Waffenanlagen L 44 und L 55 für den Kampfpanzer LEOPARD 2

Die Panzermunition
120mm DM 53 (LKE II)

Vergleich der Langrohrkanone L55 des LEOPARD 2A6 mit dem Rohr L44 der LEOPARD 2A4 und 2A5
Fotos: Rheinmetall

Die Maßnahmen zur KWS II, LEOPARD 2, sind alle angelaufen (hier Nachversuch im Dezember 1993 in Munster). Auf dem Bild v.l. Hptm Kruhl, OTL Götze (†), Oberst Kraft, Oberst Schleicher, OTL Schneider, Major Grumann (Offz 1-3 PzTrS, Gruppe Weiterentwicklung, Offz 4-6 HA, GrpPzTr)

Sammlung SB, Nr. 13, 1995

delnden Anforderungen des Gefechts wirkungsvoll angepaßt werden kann.

In der kampfwertgesteigerten Version A6 ist der LEOPARD 2 weiterhin an der Spitze und in der Lage, sich im modernen Gefecht zu behaupten.

Dem tragen auch die aktuellen Planungen für den zusätzlichen Minenschutz sowie die Entwicklung einer leistungsfähigen Zweitmunition auf HE-Basis Rechnung (high-explosive = Sprengmunition).

Blick über den Zaun/Leistungsvergleich von weltweit im Dienst stehenden Kampfpanzern

Gute Fingerzeige geben die im Zuge von Beschaffungsentscheidungen der heutigen Zeit mehrfach durchgeführten vergleichenden Erprobungen von Kampfpanzern, wie zum Beispiel in Schweden, Spanien, Griechenland oder der Türkei. Hier stellten sich im wesentlichen folgende Kampfpanzer:

M1A1/A2 ABRAMS, CHALLENGER 2, LECLERC, LEOPARD 2A5/A6 und **T-80U/T-84** zum Vergleich.

In den Beschaffungsüberlegungen anderer Staaten spielen noch Systeme eine Rolle wie der russische **T-90** und die **chinesischen Muster der 80er und 90er Typreihen**. Wei-

Kampfpanzer LEOPARD 2A6

Foto: PzTr

US-Kampfpanzer »ABRAMS« M1 A2   Sammlung SB

Russischer Kampfpanzer TU-80 mit Schutzsystem ARENA
                                                 Sammlung SB

Kampfpanzer CHALLENGER, 2. Paradestück des Royal Armoured Corps
                                                 Sammlung SB

Kampfpanzer MERKAVA der israelischen Streitkräfte.
Das Bild unten zeigt MERKAVA mit zusätzlicher Bewaffnung; auf dem
Turmdach weitere Maschinengewehre bis zum Kaliber 12,7 mm.
                                                 Sammlung SB

Französischer Kampfpanzer LECLERC   Sammlung SB

                                                 Sammlung SB

terhin in der Fertigung bzw. Kampfwertsteigerung sind leistungsfähige Fahrzeuge wie der israelische **MERKAVA**, der **ARIETE** in Italien, der **Typ 90 in Japan** und der **Typ 88A1 in Südkorea**.

Auch wenn oft – z.B. in militärischer Trivialliteratur – die Frage nach dem »weltbesten« Kampfpanzer gestellt wird und die eben erwähnten Vergleichstest stets wiederkehrend nur ein oder zwei Systeme an der Wertungsspitze sehen, sind Bewertungen hinsichtlich des Einsatzwertes des einen oder anderen Typs nur nach differenzierter Betrachtung möglich. Dies soll

anhand der wesentlichsten Aussagen bei den Kampfkraftparameter »Feuerkraft«, »Schutz«, »Beweglichkeit« und »Führungsfähigkeit« geschehen.

Feuerkraft

Hier wird allzu oft nur ein (wesentlicher) Aspekt bewertet, nämlich die Durchschlagsleistung der Hauptwaffe gegenüber gegnerischen schwer gepanzerten Zielen. Diese ist selbstredend wichtig, und die Tatsache, daß es seit Mitte der 70er Jahre mittlerweile die fünfte Generation von APFSDS-Geschossen

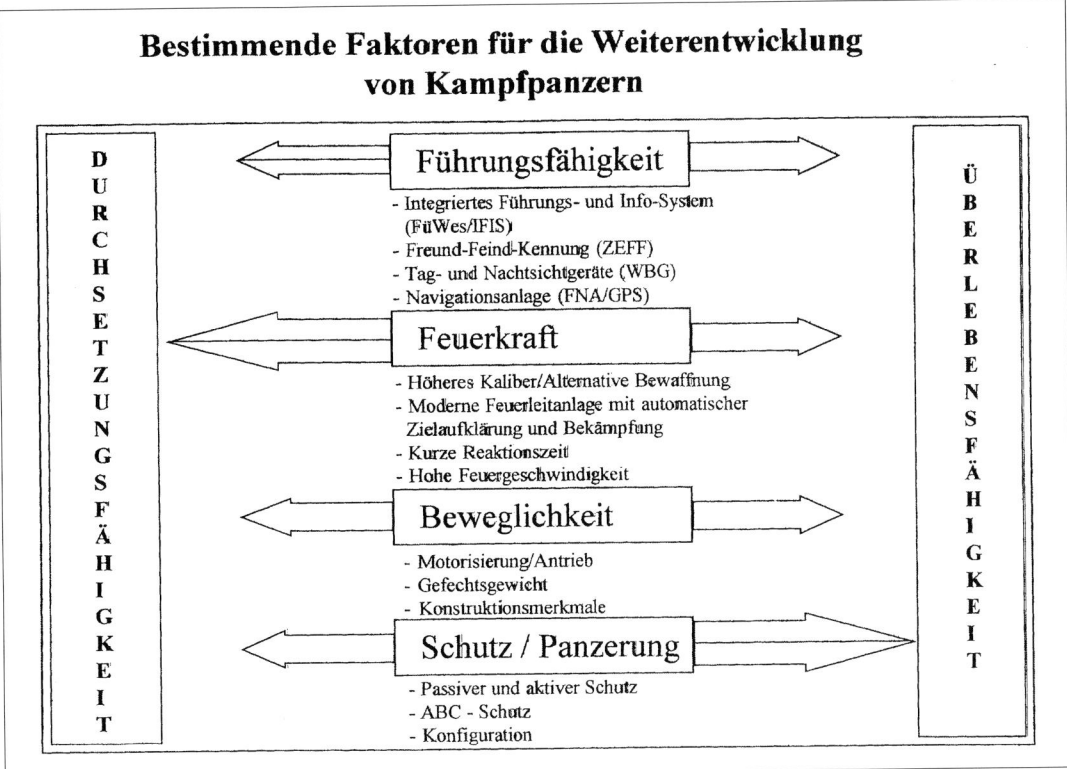

Bestimmende Faktoren für die Weiterentwicklung von Kampfpanzern

D U R C H S E T Z U N G S F Ä H I G K E I T

Führungsfähigkeit
- Integriertes Führungs- und Info-System (FüWes/IFIS)
- Freund-Feind-Kennung (ZEFF)
- Tag- und Nachtsichtgeräte (WBG)
- Navigationsanlage (FNA/GPS)

Feuerkraft
- Höheres Kaliber/Alternative Bewaffnung
- Moderne Feuerleitanlage mit automatischer Zielaufklärung und Bekämpfung
- Kurze Reaktionszeit
- Hohe Feuergeschwindigkeit

Beweglichkeit
- Motorisierung/Antrieb
- Gefechtsgewicht
- Konstruktionsmerkmale

Schutz / Panzerung
- Passiver und aktiver Schutz
- ABC - Schutz
- Konfiguration

Ü B E R L E B E N S F Ä H I G K E I T

---

gibt, weist dies aus. Aber die Feuerkraft gerade auch des Kampfpanzers ist stark davon abhängig, wie rasch und wie präzise er – auch unter Bedingungen eingeschränkter Sicht – sowie beim Schießen während der Fahrt in der Lage ist, auch weit entfernte Ziele, die ihrerseits ihre Beweglichkeit zu nutzen verstehen, mit hoher Wahrscheinlichkeit zu treffen und zu vernichten.

Hier scheiden sich oft die Geister, und eine Reihe von Systemen zeigen zum Teil deutliche Schwächen im Systemverbund ihrer feuerleittechnischen Einzelkomponenten. Dies gilt für meßbare Parameter (Sensorreichweiten, Stabilisierungsgüten, optronische Vergrößerungen usw.), dies betrifft aber auch ganz wesentlich Aspekte der Ergonomie und der Bedienerfreundlichkeit.

So ist unstrittig, daß die russische 125-mm-Kanone ballistisch sehr leistungsfähig ist und daß die neuesten Modelle der KE-Munition eine beträchtliche Durchschlagsleistung aufweisen. Dennoch haben die heutigen Serienmodelle der T-72/90 und T-80-Baureihen keine Chance, die Erstschußtreffwahrscheinlichkeiten beim Schießen aus der Fahrt eines M1 ABRAMS oder eines LEOPARD 2 zu erreichen.

Im Zusammenhang mit der Baugröße des Kampfpanzers und der Länge und des Gewichts der Panzermunition wird die Verwendung eines automatischen Munitionsladers als zusätzlichen Faktor für die Steigerung der Feuerkraft ins Feld geführt. Für das Laden der Kanone ist entscheidend, wie rasch der <u>Folgeschuß</u> geladen werden kann. Dies kann beim Autoloader je nach Länge des Transportweges für die nächste Patrone womöglich mehr als 5 Sekunden dauern; hier ist ein Ladeschütze, der die nächste Patrone bereits in der Hand hält, mit ein bis zwei Sekunden immer schneller.[18]

Der limitierende Faktor bei der Zielbekämpfung ist zu allererst die Fähigkeit zur raschen Zielauffassung. Diese hängt ab von einer Reihe von Einzelfaktoren wie Vergrößerung und Breite des Gesichtsfelds der Optik, Stabilisierungsgüte und Vibrationsarmut des Betrachterbildes, Dämpfungsvermögen des Laufwerkes während der Fahrt und ähnlichem.

Die Bekämpfungszeiten sind von früher ein bis zwei Minuten pro Ziel zurückgegangen auf klar unter 30 Sekunden. Verfügt der Panzer auch über ein primärstabilisiertes Kommandantenperiskop, ergeben sich noch günstigere Zielaufklärungsraten. So wurde bei der deutschen Panzertruppe unmittelbar nach Einführung des LEOPARD 2 die Zeitgrenze für die Zielbekämpfung von 30 auf 15 Sekunden gesenkt.

Weiter reduzieren könnte man die Zielbekämpfungszeiten, wenn man den Ablauf automatisieren würde. Ein erster Schritt sind z.B. optronische Zieltracker beim MERKAVA 3 Baz.
Aber auch vergleichsweise einfache »Features« wie das Tippvisier des schwedischen und des deutschen LEOPARD 2A5 erleichtern die Zielbekämpfung.

Bleibt noch eine wesentliche Frage im Zusammenhang mit der Panzerhauptbewaffnung zu behandeln: die Frage der <u>Bekämpfungsreichweite</u>. Spielte sich in den 40er Jahren das Panzergefecht noch auf Entfernungen um die 1000 m oder gar darunter ab, so sind Reichweiten von über 2000 m mittlerweile die Regel.

Die Leistungssteigerungen der APFSDS-Munition dienten aber in erster Linie dazu, die Leistungssteigerungen beim Schutz auf Seiten des Gegners zu kompensieren. Die Einführung rohrverschießbarer Lenkflugkörper durch die Sowjets

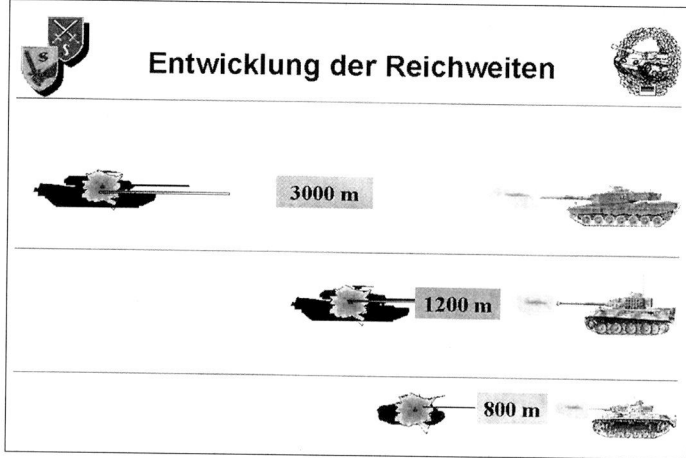

Entwicklung der Reichweiten

3000 m

1200 m

800 m

3000 m = heute; 800 m bzw. 1200 m = Zweiter Weltkrieg

Sammlung PzTrS

in den 80er Jahren und auch die amerikanischen Diskussionen im Zusammenhang mit den Untersuchungen zur TERM-Munition (Tank extended range ammunition = Pz-Mun mit erhöhter Reichweite) ließen vermuten, daß eine signifikante Reichweitensteigerung auf 4 bis 5 km oder sogar darüber hinaus erstrebenswert sei. Diese Überlegungen lassen allzu oft außer acht, daß der Kampfpanzer in erster Linie ein auf Schnelligkeit getrimmtes Duellsystem ist, der – anders als zum Beispiel Steilfeuersysteme – nicht nur mit Feuer gegen den Feind wirkt, sondern durch wuchtigen Stoß und Präsenz örtlich die Entscheidung herbeiführt. Es macht wenig Sinn, die Reaktionsgeschwindigkeiten der Panzerbesatzung im Sekundenbereich und darunter zu optimieren, und ihr im Kampf dann unerträglich lange Einzelzielbekämpfungszeiten von 10 Sekunden und mehr zuzumuten. Sinnvoll wäre lediglich die Einrüstung von Fire-and-forget-Flugkörpern, was aber momentan aus Kostengründen (z.B. PARS 3 LR ca. 200.000 Euro pro Stück) abwegig sein dürfte.

Sinnvoll und auch in unterschiedlichen Phasen der Realisierung ist die Steigerung der Reichweiten der IR-Sensoren. Hier besteht bei den russischen und chinesischen Neufahrzeugen noch eine gravierende Leistungslücke zu den westlichen Konkurrenten.

Durch die Verwendung der 120-mm-Glattrohrkanone von Rheinmetall in fast allen modernen Kampfpanzern (ausgenommen der mit den russischen 125-mm-Mustern ausgestatteten) ist ein hohes Maß an Standardisierung eingetreten.

So leistungsfähig die Hauptbewaffnung des Kampfpanzers ist, so wenig ansprechend stellt sich die Sekundärbewaffnung dar. Fliegerabwehr-Maschinengewehre und das bei allen Panzern übliche koaxiale MG haben eine sehr bescheidene Wirkung. Dies ist u.a. auch der Grund, warum es z.B. auf israelischen Panzern oft üblich ist, auf dem Turmdach (teilweise mehrere) großkalibrige MG zu nutzen. In Schweden und in Israel gebräuchlich sind auch kleinkalibrige Mörser

zum Zweck der Gefechtsfeldbeleuchtung oder auch dem Verschuß von Sprengmunition. Seit kurzem auf chinesischen Fahrzeugen zu beobachten sind Mittelenergie-Laserwaffen zum Zweck der Schädigung von optronischen Systemen und glasoptischen Oberflächen bzw. Blendung des Richtschützen. Diese stellen eine Bedrohung dar, deren Ausmaß dringend zu bewerten ist!

Schutz

Unterschiede ergeben sich bei modernen Kampfpanzern auch hinsichtlich der Schutzphilosophien. Entsprechend des Einsatzprofils des Kampfpanzers als Stoßwaffe und Duellant ist der Frontalbereich besonders geschützt (möglichst im Winkelbereich von ± 30°). Auf diesen Winkelbereich kommen der M1 ABRAMS, der LEOPARD 2 und der CHALLENGER 2. Angestrebt wird dort ein vollumfänglicher Schutz gegen KE und Hohlladungsmunition; angesichts von Durchschlagsleistungen von mehr als 600 mm bzw. 1300 mm ein sehr anspruchsvolles Unterfangen. Hierzu muß gesagt werden, daß die Durchschlagsleistungen sich stets auf den wenig aussagekräftigen RHA-Wert (Rolled homogenious armour = homogener Walzstahl) beziehen. Kein moderner Panzer verwendet jedoch noch Homogenstahl, sondern vielmehr mehrschichtige Panzerungsstrukturen mit abstandswirksamen Anteilen.[19]

Besonders augenfällig für den letztgenannten Aspekt sind ERA-Panzerungen (Explosive reactive armour = explosive Reaktivpanzerung), die mittlerweile auch so leistungsfähig sind, daß sie nicht nur gegen Hohlladungen wirken, sondern auch den KE-Penetrator zumindest teilweise beschädigen und ihn so wirkungsmindern. Diese Panzerungen werden unter dem wenig aussagekräftigen Sammelbegriff »Sonderpanzerung« subsummiert. Ganz gleich, wie ihr spezieller Aufbau ist, gleich ist ihnen, daß sie, bezogen auf ihre jeweilige Dicke, stets einen höheren Schutzfaktor als RHA haben. Besonders hoch ist er gegenüber Hohlladungen: vier- bis sechsfach und deutlich darüber. Bei KE hat man bei den modernen Panzerungen immerhin wohl dem Faktor zwei erreicht oder auch überschritten, d.h. daß Panzer mit schutzrelevanten Bautiefen von 300 mm und mehr ausreichend geschützt oder erst bei sehr niedrigen Bekämpfungsentfernungen gefährdet sind. Diese Rahmenbedingungen gelten momentan nur für wenige Kampfpanzertypen wie den LEOPARD 2A5, den M1A1 HA/A2, den CHALLENGER 2 und den MERKAVA 3 Baz. Alle anderen fallen schutzseitig, zum Teil beträchtlich ab.

Ein Schutz gegen Minen, besonders gegen solche mit projektilbildenden und HEAT-Wirkkörpern, ist nur begrenzt möglich. Wollte man rundum ein ähnlich hohes Niveau erreichen wollen wie vorn, käme man auf Fahrzeuggewichte, die – abgesehen von den Bautiefen – bei 90 und mehr Tonnen den Einsatzwert des Systems hinsichtlich der taktischen Beweglichkeit stark einschränken würden.

Dies ist auch ausschlaggebend dafür, daß mit Druck an der Entwicklung abstandswirksamer Systeme gearbeitet wird. Hier sind sogenannte Soft-kill-Optionen im Entstehen, die durch Entdeckungsverminderung und Täuschung eine Aufklärung oder Bekämpfung verhindern sollen sowie »Hard-kill-

System«. Letztere wirken direkt gegen anfliegende Bedroher, indem sie mit Blast- oder Splitterwirkung beaufschlagt werden. Auf beiden Gebieten gibt es für die russischen Systeme bereits realisierte Systeme (Drozd bzw. Arena).[20]

Wirkungsweise von ARENA   Sammlung DASA, München

Beweglichkeit

Vorstellungen, man könne durch deutliche Leistungszuwächse bei der Beweglichkeit die Getroffenwahrscheinlichkeit wesentlich mindern, finden ihre Grenzen in der Leistungsfähigkeit moderner Feuerleitanlagen. Wie schnell müßte ein Fahrzeug im Gelände fahren, um nicht mehr getroffen zu werden? Wenn man bedenkt, daß die vom Richtschützen anwendbare Winkelgeschwindigkeit einer modernen Feuerleitanlage größer als 50 Strich ist, so ergäbe sich die Erfordernis, daß ein sich auf 1000 m Entfernung in Querfahrt befindliches Ziel eine Fahrgeschwindigkeit von möglichst mehr als 180 km/h haben müßte (auf größeren Entfernungen entsprechend mehr)! Entscheidend ist viel mehr als die absolute Höchstgeschwindigkeit, die Spurtfähigkeit eines Fahrzeuges, damit der Sprung in die nächste Deckung in kürzerer Zeit möglich ist. Das Überwinden freier Geländeabschnitte ist kürzer und damit auch die Reaktionszeit potentieller Bedroher. Leistungsgewichte von 20 kW/t und mehr verleihen den meisten Panzern eine beachtliche Agilität; hier haben der CHALLENGER 2 und der MERKAVA Defizite.

Wichtig ist auch die operative Beweglichkeit. So sind die mit Gasturbinen ausgestatteten M1 ABRAMS und der T-80U mit rund doppelt so hohen Verbrauchswerten wie ihre mit Dieseltriebwerken ausgestatteten Konkurrenten der Albtraum aller Logistiker. Hier ist momentan das Euro-Powerpack MTU-883 das Maß aller Dinge; nicht umsonst wird es mittlerweile potentiellen Kunden nicht nur für den LEOPARD 2 und den LECLERC angeboten, sondern wurde auch im CHALLENGER 2 und im ABRAMS integriert. Das Hyperbar-Triebwerk DU V8X 1500 des LECLERC ist sicher vom Wirkungsgrad ein überlegenes Konzept, wartet aber mit thermischen Problemen auf, die z.B. einen Einsatz unter heißen klimatischen Bedingungen problematisch erachten lassen.

Führungsfähigkeit

Dieser Kampfkraftparameter hat mittlerweile eine zentrale Bedeutung und gibt im Gefecht der Verbundenen Waffen den Ausschlag, weil aufgrund gestiegener Aufklärungsleistungen und weitreichender Bekämpfungsoptionen des Gegners Panzerverbände so reaktionsfähig wie möglich agieren müssen, angesichts latenter Bedrohung so aufgelockert wie möglich, in den Phasen vernichtender Stöße jedoch zu raschen Kräftekonzentrationen fähig. Bezogen auf den Einzelpanzer bedeutet dies, daß der taktische Führer auf allen Ebenen in der Lage sein muß, seine ihm unterstellten Fahrzeuge führen zu können, sich selbst im Gelände zurecht zu finden, Befehle, Meldungen und technisch-logistische Statusabfragen ohne großen Aufwand absetzen bzw. verarbeiten kann, um rasch an jegliche, für ihn relevanten Informationen eigener Sensoren und Aufklärungsmittel heranzukommen.

Dies alles wird durch eine ganze Reihe von Systemkomponenten sichergestellt. Zum einen sind es die Sensoren und Beobachtungsmittel des Panzers, zum anderen zusätzliche Systeme zur Navigationsunterstützung, Kommunikation und Informationsverarbeitung.[21]

Moderne Führungs- und Waffeneinsatzsysteme (FüWes) sind in der Lage, den Kommandanten – speziell in den Phasen vor und nach dem Gefecht – präzise mit gewünschten Informationen auszustatten und ihn von Routineaufgaben zu entlasten. Schwedische und amerikanische Versuche im Zuge der sogenannten »Digitalisierung« von Verbänden zeigen, daß Befehle und Meldungen wesentlich rascher übermittelt werden können, Lagebeurteilungen erleichtert werden können und zeitraubender Sprechfunk abgekürzt wird.
Robotik-Versuche in mehreren Staaten werden mittelfristig den Automatisierungsgrad auch im Kampfpanzer weiter erhöhen helfen. Denkbar sind (teil-)automatische Zielerfassung und -bekämpfung, Hinderniserkennung (z.B. bei eingeschränkter Sicht), Warn- und Schutzsysteme mit Effektoren zu koppeln. Letztere, wie zum Beispiel Nebel- und Splitterwirkkörper, müssen heute noch – oft nicht rechtzeitig genug – manuell ausgelöst werden.

Weitere Aspekte

Neben Leistungsparametern, die direkten Einfluß auf die Kampfkraft eines Systems haben, gilt es noch weitere Gesichtspunkte zu bedenken. Es sind dies u.a. die Betriebskosten, die Versorgbarkeit über die Zeit, der Aufwand für die Ausbildung. So war z.B. für die Schweiz seinerzeit von besonderer Bedeutung die »Milizfähigkeit« des Systems. Wesentliche Forderung war, daß der Panzer auch bedienbar war von kurzausgebildeten Reservisten, daß der für die Ausbildung zu betreibende zeitliche Aufwand möglichst niedrig sein mußte.

Trotz aller Leistungsfähigkeit im Einsatz ist es bei den meisten Systemen sehr unbefriedigend, daß im Schadensfall ein vergleichsweise hoher Aufwand betrieben muß, um Fehler zu lokalisieren, um Aggregate auszutauschen. Hier haben der LECLERC und der LEOPARD 2 ihre besonderen Stärken. Bei letzterem schafft es zum Beispiel auch eine wenig eingeübte Besatzung, das komplette Triebwerk binnen einer halben Stunde zu wechseln.

Kampfpanzer LEOPARD 2A5 (kampfwertgesteigerter KWS) als »EURO-LEO« mit den Flaggen von Deutschland, Schweden, der Schweiz, der Niederlande und Spanien, anläßlich einer Vorführung 1995 in München.
Bild: Krauss-Maffei

Die Stunde der Wahrheit für ein logistisches Konzept eines Systems schlägt regelmäßig, wenn die Serienfertigung ausgelaufen ist. Besonders Systemkomponenten, die Mängel in der Standfestigkeit haben oder einen zu hohen Wartungsaufwand nach sich ziehen, können einen gravierenden Einfluß auf die Verfügbarkeit des Gesamtsystems haben. Auch gilt es, organisatorische Vorkehrungen zu treffen, die für potentielle Käufer verläßlich sind, auch über viele Jahre hinweg. Ein besonders positives Beispiel ist hier das System der kooperativen Logistik aller LEOPARD 1 und 2-Nutzerstaaten.

Am 30.09.1969 gründeten Deutschland, Belgien, Norwegen und die Niederlande die Leopard-Benutzerstaaten-Organisation (LEOBEN), der von 1974 bis 1982 Italien, Dänemark, Kanada, Australien, die Türkei und Griechenland beitraten. Für die LEOPARD 2-Nutzer-Staaten gibt es eine ähnliche Organisation, der Deutschland, die Niederlande, Dänemark und Spanien angehören. Weitere LEOPARD 1-Nutzer sind Brasilien und Chile. Weitere LEOPARD 2-Nutzer sind oder werden Finnland, Griechenland, Norwegen, Österreich, Polen, Schweden und die Schweiz. Das sind 18 Länder, die von der Qualität deutschen Panzerbaus überzeugt sind.[22]

Jeder Staat muß für sich bewerten, ob das System Kampfpanzer seinen sicherheitspolitischen und militärischen Anforderungen entspricht. Er wird jedoch mittelfristig noch eine gewichtige Rolle auf dem Gefechtsfeld spielen, wenn er – im Verbund mit anderen Systemen – richtig eingesetzt wird und wenn

seine individuellen Systemleistungen eine hohe Reaktions- und Durchsetzungsfähigkeit garantieren.

Es muß nunmehr die Gretchenfrage nach den Zukunftsaussichten des Kampfpanzers gestellt werden. Neben evolutionären Ansätzen, wie z.B. in Israel, gibt es auch revolutionäre, wie z.B. das FCS (Future Combat System = zukünftiges Kampfsystem) in den USA. Dieses Konzept sieht die Schaffung eines Systemverbunds unterschiedlicher, sich gegenseitig ergänzender Plattformen vor, die auf das Erzielen höchstmöglicher (vernichtender) Wirkung beim Gegner optimiert sind. Dabei muß jedoch hinterfragt werden, inwieweit dies mit sehr leichtgewichtigen Fahrzeugen (ca. 20 Tonnen mit günstiger Luftverlastbarkeit) und dem daraus resultierenden begrenzten Schutzlevel erreicht werden kann. Pate hierfür dürfte der deutsche Ansatz der »Neuen Gepanzerten Plattformen« gestanden haben.[23]

Überblick über die wesentlichsten Neuansätze in Deutschland bis zur Jahrhundertwende
Panzerkampfwagen 2000 (KW 2000 2x2 Mann-Besatzungskonzept)
Diese Vorhaben lief bereits Ende der 80er Jahre an. Man vertrat damals die Auffassung, den Weg – den Schutz der Besatzung mit immer mehr zusätzlicher Panzerung des zu schützenden Raumes erreichen zu wollen – nicht länger verfolgen zu können, weil dies zu immer großvolumigeren Kampfpanzern und steigendem Gewicht führen würde.
Die Forderung lautete daher, bei zukünftigen Entwicklungen

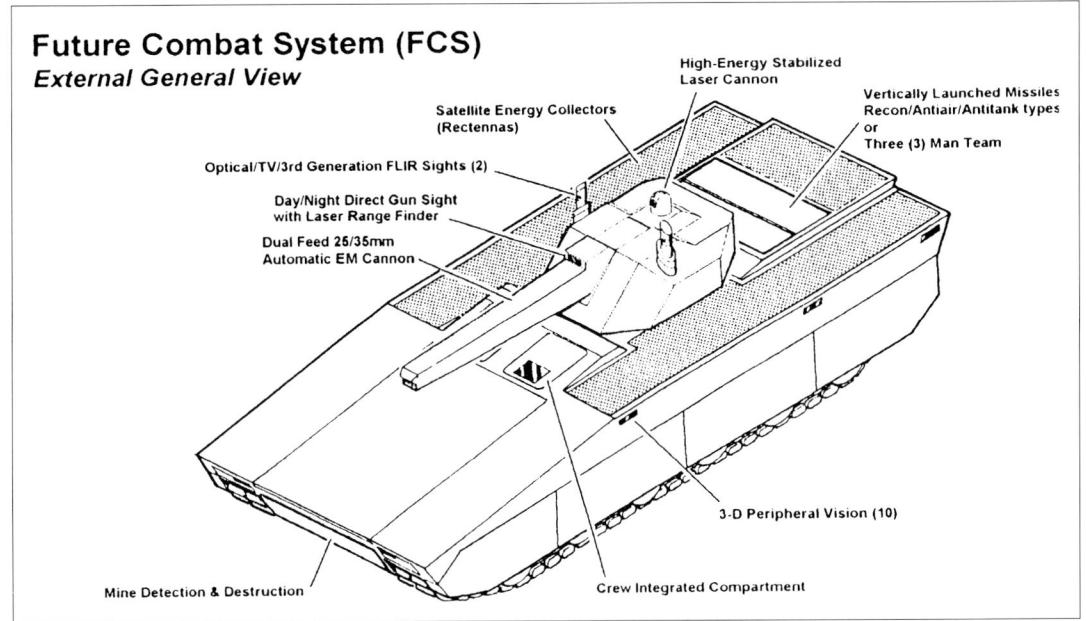

Future Combat System (FCS)
External General View

High-Energy Stabilized Laser Cannon

Satellite Energy Collectors (Rectennas)

Vertically Launched Missiles Recon/Antiair/Antitank types or Three (3) Man Team

Optical/TV/3rd Generation FLIR Sights (2)

Day/Night Direct Gun Sight with Laser Range Finder

Dual Feed 25/35mm Automatic EM Cannon

3-D Peripheral Vision (10)

Mine Detection & Destruction

Crew Integrated Compartment

unter Nutzung technischer Lösungsansätze einen Kernschutz um die Besatzung herum zu verwirklichen u.a. mit:
– einem modularen Schutzaufbau um Besatzung und besondere sensible Baugruppen herum,
– einer verringerten Besatzungsstärke,
– verkleinerter Silhouette.

1990 begannen die Feldversuche des 2x2-Mann-Konzeptes mit dem Versuchsträger 2000 (VT 2000). Die Bedienung sollte in einem Pilot-Kopilotsystem erfolgen, wie man es beim Kampfhubschrauber kennt. Das 2x2-Mann-Konzept sah eine Besatzung von zwei Mann und aus Gründen der Forderung des ununterbrochen zu führenden Gefechts eine Wechselbe-

satzung von zwei Mann vor. Leider wurde dieses zukunftsweisende Projekt Anfang der 90er Jahre aus politischen Gründen eingestellt.[24]

Vorhaben Schützenpanzer Marder 2 und Leopard 2 KWS III
Anfang 1994 war die Welt der gepanzerten Truppen in Deutschland noch in Ordnung. Für die Panzergrenadiere in der Planung war der Schützenpanzer MARDER 2, die Panzertruppe sollte den in der Stufe III kampfwertgesteigerten Kampfpanzer LEOPARD 2 erhalten.

Der **Marder 2** stellte eine evolutionäre Weiterentwicklung des Marder 1-Prinzips dar, verfügte aber über einen höheren

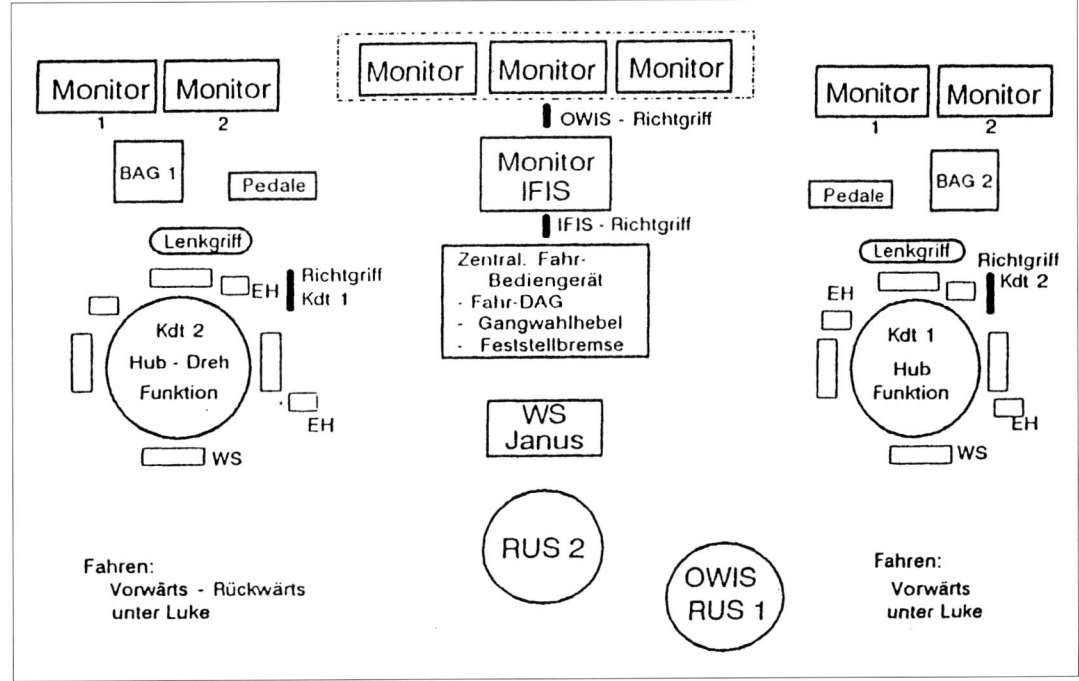

Panzer der Zukunft? Versuchsträger VT 2x2, Plätze und Bedieneinrichtungen der Besatzung

Schutz, eine etwas höhere Beweglichkeit und einen zeitgemäßen Waffenturm mit der 35/50-mm-BK-Rh-503. 1998 beginnend sollten insgesamt 700 Stück gebaut werden.

Der **Leopard 2 KWS III** war ein Vorhaben, bestehend aus einem völlig neuen Zweimannturm mit einer 140-mm-Pulverkanone mit automatischem Lader, aufgesetzt auf gebrauchte Panzerwannen. Mit dieser Hauptwaffe hätte die Durchschlagleistung signifikant um ca. 90 % gegenüber der 120-mm-BK mit der damals modernsten KE-Munition DM-33 gesteigert werden können. Ab 2002 sollten 650 Stück in Serie gehen.

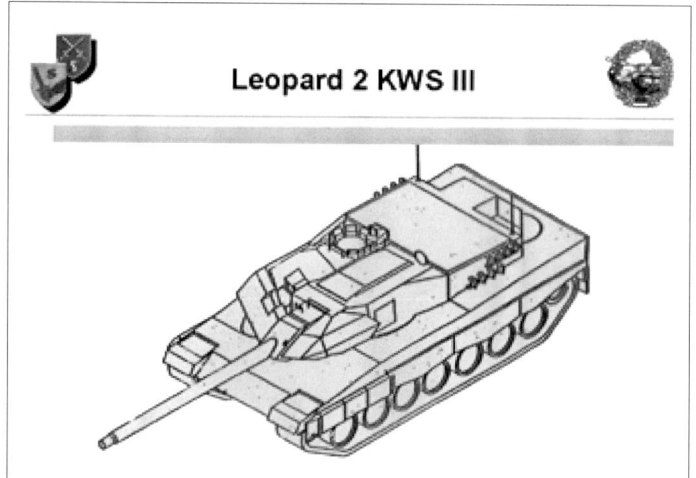

LEOPARD 2 Kampfwertsteigerung III   Sammlung PzTrS

Im Frühjahr 1994 brach das erste dieser beiden Standbeine weg, nach Einstellen der Beschaffung des MARDER 2 ohne jegliche Nachfolgeplanung. Wenig später, im Mai 1995, traf es auch das Vorhaben KWS III LEOPARD 2, nachdem nur wenige Monate zuvor die TTF (= taktisch-technische Forderung) durch den Staatssekretär Rüstung gebilligt worden war.
Seitens der damals für den Phasenvorlauf Verantwortlichen im

Führungsstab des Heeres (Fü H VI 5) war mit Billigung der Studiengruppe »Kampf« die Absicht verfolgt worden, erneut eine Nachfolgeplanung für einen SPz-Nachfolger in den Bundeswehr-Plan unter dem Begriff »neuer Schützenkampfwagen« einzubringen. Die Planungszeilen »LEOPARD 2 KWS III« und »neuer Schützenkampfwagen« wurden durch den zunächst nichtssagenden Begriff »Neue Gepanzerte Plattformen« ersetzt.

Neue gepanzerte Plattform (NPG)
Unmittelbar danach wurde der Fü H VI 5 initiativ und stellte Mitte August 1995 erste Konzeptüberlegungen für die NGP vor.
Nach Bewerten der absehbaren Veränderungen im Gefecht der Zukunft, eingehender Technologiebewertungen und einer Aufwandsabschätzung für Entwicklung und Fertigung wurden eine Reihe von Kernforderungen aufgestellt. Dies geschah auch vor dem Hintergrund, daß das Aufwuchspotenzial – besonders des Schützenpanzers MARDER 1 – begrenzt war.

Es wurden folgende Prämissen aufgestellt:
• Gestiegene Entwicklungs- und Fertigungskosten ebnen den Weg für modulare Konzepte und zwingen zu einem höheren Maß an Standardisierung.
• Die gestiegenen Anforderungen des Gefechts erfordern Systeme, die qualitativ einen gravierenden Leistungszuwachs aufweisen, und zwar in allen kampfkraftbestimmenden Parametern. Diese Steigerungen sind nur mit modernen Technologielösungen zu erzielen; dies setzt die Bereitschaft voraus, innovative Lösungen zu verfolgen.
• Da die Einsatzsysteme des mechanisierten Gefechts der Verbundenen Waffen alle gleichermaßen bedroht werden, sind die Schutzforderungen prinzipiell gleich. Hinzu kommt, daß Systeme mit gravierenden Schutzdefiziten eine deutlich höhere Ausfallrate haben als früher.
Wesentliche Neuerung war der sogenannte **Modularansatz**. Dabei wird davon ausgegangen, daß es trotz unterschiedlicher

Einsatzmissionen (z.B. Kampf gegen unterschiedliche Zielspektren) und daraus resultierenden verschiedenen missionsspezifischen Ausstattungsmerkmalen eine vergleichsweise große Teilmenge jeder Fahrzeugvariante gibt, die gleich sind, wie z.B. Bedienkomponenten, Sensorik. Folgerichtig werden im TaK (= Taktisches Konzept) NGP mehrere Varianten beschrieben:

A (System gegen schwerstgepanzerte Ziele)
B (Masse des Erdzielspektrums plus Absitzkomponente)
D (Kampf gegen bodennahe Flugziele)
E (Bergen von NGP)
F (Pionieraufgaben).

Eine Besonderheit war die Variante C (genauer: C1 und C2). Diese stellt als SPz-Nachfolge die bereits Ende der 80er Jahre beim Vorhaben Kampfwagen-90 verworfene »Zweiwagenlösung« dar. Hierbei werden ein gesondertes Fahrzeug für die Absitzkomponente und ein separater Träger der Maschinenwaffe sozusagen paarweise auf »Zusammenarbeit angewiesen«, mit den irrigen Annahmen, man könne beide Fahrzeuge so besser optimieren und auch schützen. Zwei OR-Studien (Operations Research = Einsetzbarkeits-Studien) bei der Firma IABG haben (wieder einmal) diesen Ansatz verworfen, zugunsten eines mehrrollenfähigen SPz, der insgesamt durchsetzungsfähiger ist.

Die für das Konzept NGP erforderlichen Leistungssteigerungen wollte man durch moderne Technologie erzielen. Leistungssteigerungen in der Aufklärungsfähigkeit und höhere Treffaussicht einerseits sowie gesteigerte Wirkung im Ziel andererseits haben die Forderungen nach Schutz erhöht, da – das zeigen alle OR-Studien – binnen kurzer Zeit Systeme mit deutlichen Schutzdefiziten nicht mehr in der Lage sind, am Gefecht teilzunehmen.

Mittlerweile betrachtete man den Schutz ganzheitlich, also nicht mehr nur auf den passiven ballistischen Schutz begrenzt. Dieser Ansatz firmiert unter dem Begriff »Gesamtschutzkonzept« und hat zum Ziel, bereits Aufklärung und Zielauffassung zu beeinträchtigen sowie durch geeignete Maßnahmen abstandsaktiver Art (z.B. Blastgranaten) anfliegende Flugkörper oder Penetratoren zu schädigen.

Bei der Beweglichkeit wurde über elektrische Fahrantriebe und Notfahrfähigkeiten nachgedacht, bei der Bewaffnung über elektrothermische und elektromagnetische Kanonen. Bei der Feuerleitung und der gesamten Fahrzeugbedienung sollte durch weitere Automatisierungen die Reaktionszeiten der Besatzung verbessert werden. Dies hat auch die damaligen Konzeptionäre bewogen, Überlegungen in Richtung einer Zweimann-Kernbesatzung anzustellen.

In erster Linie aus Finanzgründen wurde auch dieses Konzept wenige Jahre später eingestellt, weil die zu geringen Finanz-

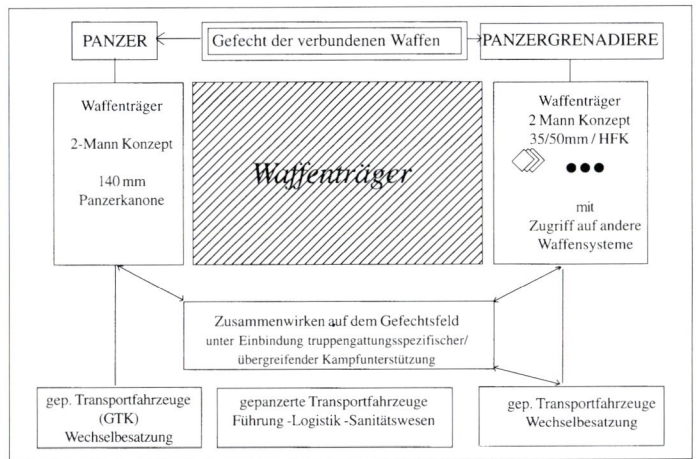

Waffenträgerkonzept   Sammlung: PzTrS

Experimental-Gesamtschutz (EGS) von Krauss-Maffei   Werkfoto: Krauss-Maffei

mittel nur noch in die Nachfolgeüberlegungen für einen neuen Schützenpanzer flossen.[25]

Stellt sich die Frage, welche Zukunftsüberlegungen für die Nachfolge des Kampfpanzers seitens der Truppengattung momentan angestellt werden eingedenk der Tatsache, daß das heutige Kampfpanzerkonzept zunehmend Fähigkeitslücken aufzeigt.

Kampfpanzer LEOPARD 2A6   Sammlung Schneider

Überlegungen zum Fähigkeitsprofil zukünftiger Kampfpanzer

Ausgangslage

Die Diskussion über die Weiterentwicklung des Kampfpanzers war zu allen Zeiten gekennzeichnet durch Irrungen und Mißverständnisse bis hin zu emotionalen Anfeindungen. Wie bei Todgesagten üblich, trotzt er bis dato allen Bestrebungen, seine Daseinsberechtigung in Abrede zu stellen. Frankreich, Spanien, Dänemark, Norwegen und Polen führen moderne Kamfpanzer in Gestalt des LEOPARD 2 bzw. des LECLERCS ein, die GUS-Staaten erleben einen nie gekannten Exportboom neuer und gebrauchter Systeme, bei den meisten Peacekeeping-Missionen wirkt sein bloßes Erscheinen auf der Szene »beruhigend« (d.h. deeskalierend) auf konfliktbereite Parteien. In den letzten fünf Jahren hat eine regelrechte Proliferationswelle dafür gesorgt, daß sich auch viele asiatische und afrikanische Länder mit Kampfpanzern versorgt haben. Der erfolgreiche Ausgang des Golfkrieges wäre ohne starke mechanisierte Kräfte nicht denkbar gewesen. In den momentanen Auseinandersetzungen beherrschen sie fast nach Belieben die Szene. Und dennoch: erneut schießen die »zukunftsweisenden« Prognosen wie Pilze in die Höhe, die zum wiederholten Mal das endgültige Aus des Kampfpanzers herbeireden mit gleichzeitigem euphorischem Hinwenden zu vermeintlich be-

sonders vielseitig einsetzbaren leichten und mittleren Systemen. Leider ist es mehr als fragwürdig, Forderungen nach wünschenswerten Fähigkeiten den Realitäten und Erfordernissen des Gefechts nach Belieben unterzuordnen, und nicht selten physikalische Gegebenheiten so hinzubiegen, daß die eigene Argumentationslinie stimmig ist. Versachlichung tut Not!

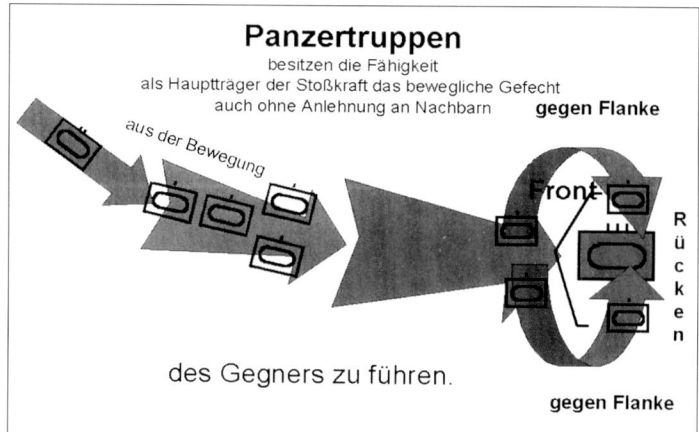

Kampfpanzer LEOPARD 2A6   Sammlung Schneider

Der »Show-of-Force«-Effekt (Stärke zeigen durch Präsenz) von Kampfpanzern ist unbestreitbar hoch

Sammlung Schneider

Bilder und Graphiken von Seite 426–433 Sammlung Schneider, wenn nicht anders ausgezeichnet!

426

Kampfpanzer heutiger Auslegung sind optimiert für das raumgreifende Gefecht der Verbundenen Waffen in vorwiegend offenem Gelände und demzufolge duellfähig gegen stark gepanzerten Feind.

Besonders in den neuen Einsatzspektren, die von friedenserhaltenden oder konfliktdämmenden bis hin zu friedenserzwingenden Missionen reichen, aber auch hinsichtlich des Gefechts der Verbundenen Waffen der Zukunft ergeben sich zunehmend Fähigkeitslücken des Kampfpanzers.

Bedrohung

Die Wahrscheinlichkeit einer Konfrontation mit überlegenem gegnerischem Wehrmaterial im Falle eines Einsatzes wird mit zunehmend längerer Indiensthaltung eigenen Geräts und aufgrund des sich in immer kürzeren Schüben vollziehenden technologischen Fortschritts weiter ansteigen. Bereits jetzt sind moderne Systeme in Teilbereichen (FüWES, IR-Sensoren) auch dem Kampfpanzer 2A6 überlegen. In den kommenden Jahren wird sich dieser Trend verstetigen.

Diese neue Bedrohungsqualität resultiert in erster Linie aus:

• dem optimierten Zusammenwirken von vernetzten boden-, luft- und raumgestützten multispektralen Aufklärungsmitteln
• in Reichweite, Abstandsfähigkeit, Wirkung und Präzision erheblich gesteigerten, zunehmend auch endphasengelenkten oder völlig autonomen Waffen-/Einsatzsystemen und deren Munition
• und der Effizienzsteigerung und Beschleunigung der Abläufe im Verbund Führung – Aufkärung – Wirkung durch Automatisierung und Digitalisierung.

Diese neue Qualität der Bedrohung erfordert einen möglichst umfassenden Schutz eigener Kräfte und Mittel sowie vielfältige Befähigung zur Wirkung auf Distanz.

Bezogen auf gepanzerte Kampffahrzeuge wird es in allen kampfkraftbestimmenden Feldern neue Qualitäten der Bedrohung geben.

Im Bereich »**Wirkung**« sind bereits heute eingeführte Maschinenkanonen im Kaliberbereich bis 30 mm in der Lage, auch Kampfpanzer zumindest auf nahen und mittleren Kampfentfernungen zum (zeitweiligen) Missionsabbruch zu zwingen oder

Maschinenkanonen m Kaliberbereich 35-50 mm sind gegen ein großes Zielspektrum besonders leistungsfähig wegen der Durchschlagsleistung der Pfeilmunition bzw. der Splitterwirkung (auch tempierbar)
Sammlung Schneider

bei flankierendem Feuer sogar an weniger gut geschützten Stellen zu durchschlagen. Unmittelbar bevor steht in einer Reihe von Staaten die Einführung von mittelkalibrigen Maschinenkanonen, gegen die ein wesentlich höherer ballistischer Schutz notwendig ist. Gegen diese Bedroher sind auch abstandswirksame Schutzsysteme nutzlos, da sie jeweils nur einige wenige Abfangprozeduren durchführen können.

Bei großkalibrigen Waffen kann es längerfristig ebenfalls zu weiteren Leistungssteigerungen kommen. Darstellbar sind diese durch Kalibersteigerungen oder aber auch durch die Einführung elektrischer oder elektro-thermischer Kanonen. Bei der letzten Gruppe wären bei höherer V_o bei Beibehaltung der Penetratorgewichte sogar gewichtsreduzierende Kaliberabsenkungen trotz Leistungssteigerung denkbar. Vorstellbar sind jedoch auch alternative Wirkmittel, die nicht ausschließlich das Durchschlagen der gegnerischer Panzerung zum Ziel haben, sondern einen Missionsabbruch herbeiführen sowie andere zerstörerische Wirkungen. Hier geht die Bandbreite von großkalibrigen Blastladungen, FAE-Wirkkomponenten bis hin zu Mittelenergie-Lasern mit optik/optronikzerstörender Wirkung, Hochleistungsmikrowellen u. ä. Nach wie vor evident ist die Bedrohung durch boden- und luftgestützte Lenkflugkörper, zielsuchende Munition sowie Bomblets.

Aber auch im Bereich »**Schutz**« öffnen neuartige hybride Konstruktionen (Kombination zwischen Mehrschichtbasispanze-

Neue Qualität der Bedrohung durch Mittelenergie-LASER – hier als Zusatzbewaffnung chinesischer Kampfpanzer – mit deren Hilfe Glasoberflächen von Optiken, Elektronikanteile und auch gerade hindurchblickende Richtschützen geschädigt werden können.

Sammlung Schneider

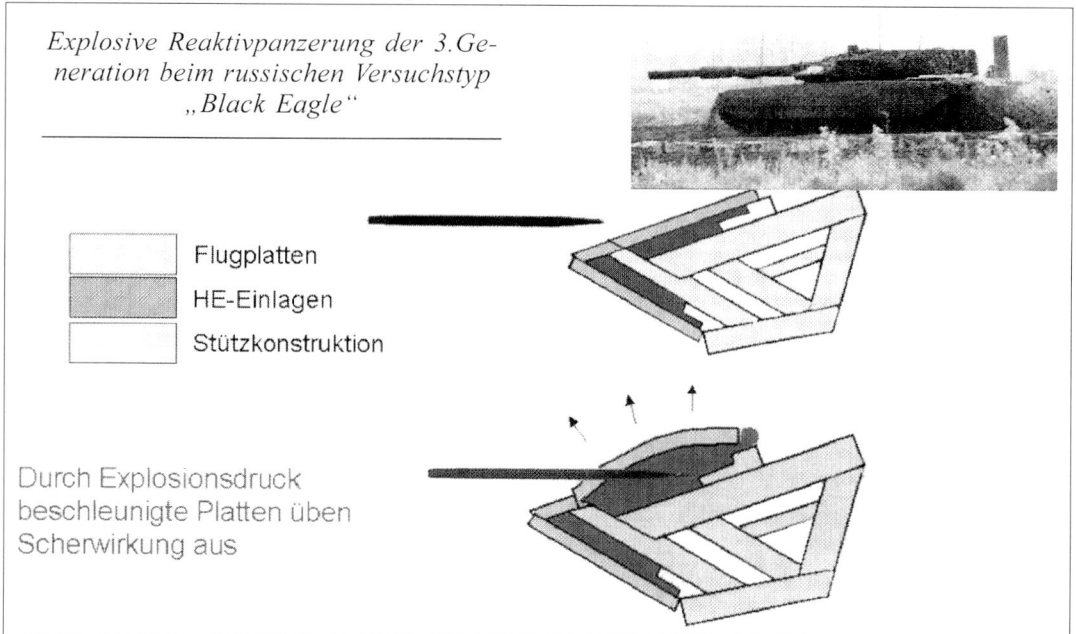

Explosive Reaktivpanzerung der 3.Generation beim russischen Versuchstyp „Black Eagle"

Flugplatten

HE-Einlagen

Stützkonstruktion

Durch Explosionsdruck beschleunigte Platten üben Scherwirkung aus

rung mit reaktiven und sonstigen schockaufzehrenden Wirkungsanteilen) – wie z.B. festgestellt beim russischen »Black Eagle«-Versuchstyp – den Weg zu gravierenden Verbesserungen nicht nur für Kampfpanzer. Die Tatsache, daß Einzelheiten dieses Schutzaufbaus im Internet (russische Patentbehörde) frei zugänglich sind, zeigt, daß eine schrankenlose Proliferation erwünscht ist. Bereits in wenigen Jahren werden Hard-Kill-Systeme in der Lage sein, anfliegende Gefechtsköpfe (V = ca. 700m/sec) vor dem Auftreffen nachhaltig vorzuschädigen.

Steigerung in der »Beweglichkeit« sind zwar möglich, wirken sich aber angesichts der mittlerweile hohen Waffenpräzision nicht mehr entscheidend aus.

Einen gravierenden Einfluß auf die Durchsetzungsfähigkeit gepanzerter Systeme werden die anstehenden Leistungssteige-

rungen bei der »**Aufklärungsfähigkeit** und der **Führbarkeit**« haben. Dies betrifft einerseits Reichweite und Leistung von Sensoren und die Verwendung von Warnsystemen (gekoppelt mit Soft-Kill-Maßnahmen) sowie andererseits die Realisierung einer FüWES-gestützten Echtzeitkommunkation, die weitgehend EloGM-sicher und positionsgenau ist. Das unmittelbare Zusammenwirken mit anderen Systemen und daraus resultierend eine drastische Verkürzung der Reaktionszeiten sowie der Möglichkeit der raschen Zielbekämpfung mit dem best geeigneten Wirksystem hat tiefgreifenden Einfluß auf Auslegung sowohl von Einzelsystemen als auch von Systemverbundstrukturen.

Hinzu kommt, daß sich auch im jetzigen Systemverbund der das Gefecht führenden gepanzerten Kampftruppen und sie unterstützender mechanisierten Kampfunterstützungskräfte

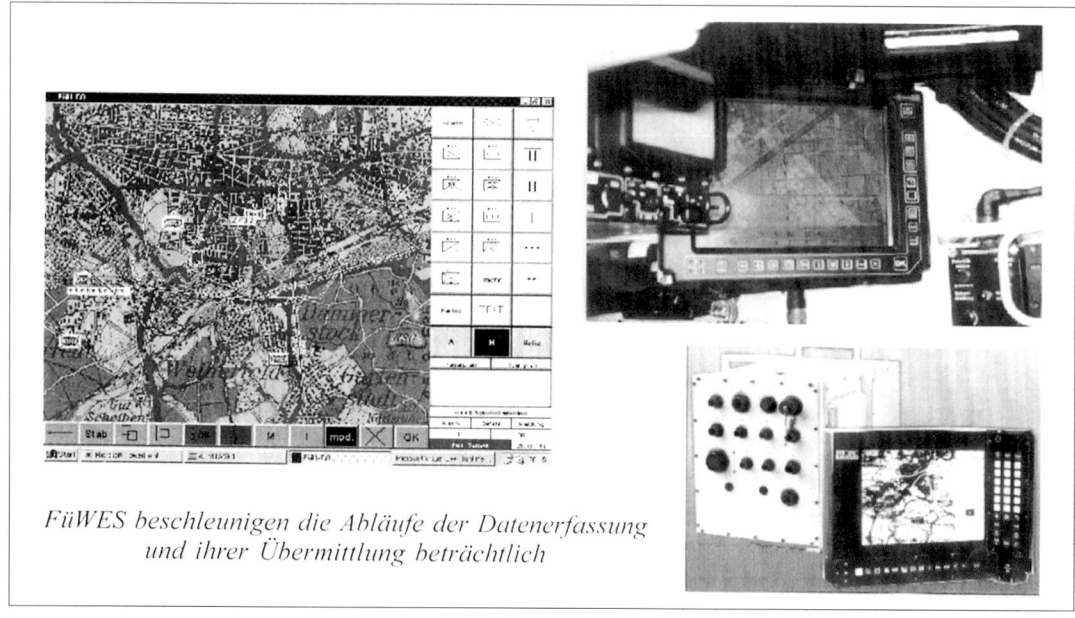

FüWES beschleunigen die Abläufe der Datenerfassung und ihrer Übermittlung beträchtlich

428

zunehmend Defizite ergeben werden. Die z.Zt. noch guten Leistungsmerkmale des Kampfpanzer LEOPARD 2 werden so auch durch die Unzulänglichkeit anderer Waffensysteme reduziert. Moderne, eigenen Einzelsystemen überlegen gegenüberstehende Waffensysteme brechen den Systemverbund des Gefechts der Verbundenen Waffen auf, zwingen zur Übernahme ursprünglicher Nebenaufgaben als Hauptaufgabe – z.B. die Bekämpfung gegnerischer gut geschützter Schützenpanzer – und führen insgesamt zur Unterlegenheit des Gesamtsystems.

Heutige Kampfpanzer

Heutige Kampfpanzer entsprechen in ihrer Auslegung dem Stand der 70er Jahre, auch wenn ihre Systemleistungsdaten durch Modernisierung angepaßt werden konnten. Auch zur Zeit in der Fertigung befindliche Systeme (z.B. LECLERC) stellen keinen gravierenden Schritt nach vorn dar. Der Kampfpanzer von heute weist Defizite im Schutz, in der Feuerkraft und in der Führbarkeit auf, die nur noch zum Teil durch kampfwertsteigernde Maßnahmen behoben werden können. Die Pulverkanone stößt an ihre Systemgrenzen, eine verläßliche Durchdringungsfähigkeit gegenüber immer leistungsfähigerer passiver und zunehmend auch abstandswirksamer Schutzkomponenten ist auch künftig nicht abzusehen. Die Duellsituation erforderte einen hohen Schutz der Frontalbereiche des Fahrzeugs. Da damit jedoch Gewichtsgrenzen, die peripheriebedingt zwingend einzuhalten sind, bereits erreicht werden, müssen Schwächen beim Schutz im gesamten Wannenbereich sowie im Seiten- und Dachbereich des Turmes weiter hingenommen werden, obwohl die Gefährdung z.B. durch »top attack« erkennbar zunimmt. Weiteres Wachstum wäre bei diesem Kampfpanzerkonzept nur durch gravierende, kostspielige Eingriffe in das System zu erzielen. Eine weitere Leistungssteigerung der Waffe wäre z.B. nur noch durch eine Kalibervergrößerung zu erzielen, was einen anderen Turm bedingen würde. Einzelmaßnahmen dieser Art führen jedoch nur zu einem unausgewogenen Gesamtsystem, wenn nicht in anderen Bereichen (z.B. Antrieb) gleichwertige Maßnahmen ergriffen werden.

Auch unter Einsatz modernster Technologien (z.B. neuartige Werkstoffe beim Passivschutz) wird man durch Aufbringen des zusätzlichen Schutzes keinen Panzer mit deutlich höheren »Nehmerqualitäten« schaffen können, will man taktisch-technisch sinnvolle Obergrenzen einhalten. Auf der »anderen Seite« ist auch eine beliebig ansteigende Wirkung rein kinetisch wirkender Penetratoren fraglich. **Ein im Frontalbereich hervorragend geschützter Kampfpanzer ist dann nutzlos, wenn die auf sein Konzept zugeschnittene Duellsituation nicht eintritt, wenn andere Forderungen hinsichtlich seiner Durchsetzungsfähigkeit gestellt werden.**

Fähigkeitslücke

Es sind also gravierende Mängel im Bereich der Durchhaltefähigkeit gegeben. In allen Lagen, in denen der Kampfpanzer nicht seine hohe Stoßkraft sowie seine Duellfähigkeit gegen alle gepanzerten Ziele zum Tragen bringen kann, wird er in hohem Maße angreifbar von der Mehrzahl der Bedroher, die ihm sonst wegen seiner überlegenen Waffenreichweite, seinen weitreichenden Bewegungen und seiner Schnelligkeit nicht gefährlich werden können. Für einen derartigen »Infight« ist er konzeptionell weitgehend ungeeignet, da alle Bereiche des Panzers außerhalb des Frontalabschnitts deutlich weniger geschützt sind. Dies könnte durch zusätzliche Schutzmodule nur unwesentlich geändert werden. Ein Wirkungsverbund mit Partnersystemen (z.B. Schützenpanzer, VB-Träger) kann diese Defizite nur in solchen Lagen teilweise kompensieren, in denen sich die Bedrohung auf lokale Scharmützel oder weniger intensive Kampfhandlungen beschränkt, da auch diese Systeme den gleichen Einschränkungen unterliegen. Wie limitiert die Einsatzoptionen heutiger Systeme außerhalb des klassischen mechanisierten Gefechts der Verbundenen Waffen sind, belegen Erfahrungen z.B. aus den Tschetschenien-Konflikten – abgesehen von den bestürzend hohen Verlusten an Personal – eindringlich.

Konzeptbestimmende Faktoren

Trotz wesentlich in Reichweite und Präzision gesteigerter luft- und bodengestützter Systeme wird es in der Mehrzahl aller mit militärischer Gewalt ausgetragener Konflikte erforderlich sein, diese maßgeblich auch durch **Präsenz am Boden und unmittelbaren Kontakt mit dem Gegner** unter Kontrolle zu bekommen. Dies gilt ganz besonders für Missionen im Erweiterten Aufgabenspektrum.

Je nach Konfliktintensität und Fähigkeiten des Gegners bedarf es hierzu neben rasch, auch per Lufttransport verlegbaren

= kritische Schutzbereiche

Kampfpanzer LECLERC

Passiver Schutz – hier im amerikanischen XM-8 – muß künftig teilweise modular adaptiert sein, um das Fahrzeug missionsgerecht ausstatten zu können

Sammlung Schneider

leichten Kräften (mit gewichtsbedingten Einschränkungen im Schutz), auch solcher, die sich durch besonders hohe Durchsetzungs- und Durchhaltefähigkeit auszeichnen. Die eingangs beschriebenen Tendenzen bei den Parametern »Wirkung« sowie »Schutz« stellen derart hohe Anforderungen an die Fähigkeiten künftiger Kampf- und Unterstützungssysteme, daß sich ein eindimensionales Nachfolgedenken verbietet. Auch wird man künftigen, komplexen Bedrohungsprofilen nicht durch »Alleskönner«-Einzelsystemen begegnen können.

Die daraus abzuleitenden Auswirkungen auf die Konzeption künftiger Fahrzeuge stellen sich wie folgt dar:

Bei der Definition des Schutzniveaus ist zu berücksichtigen, daß es einen allumfassenden, individuellen Schutz gegen alle Bedroher – auch bei Überschreiten taktisch sinnvoller Gewichtsobergrenzen – nicht gibt. Gleichwohl ist die Durchhaltefähigkeit dann sehr eingeschränkt, wenn in großer Zahl auf dem Gefechtsfeld vorhandene Bedroher in der Lage sind, das eigene System mit geringem Aufwand auszuschalten. Diese sind großkalibrige Handwaffen, Maschinenwaffen mittleren Kalibers (30–50 mm) sowie Panzerabwehr(hand)waffen. Alle anderen Systeme, die für die Panzerbekämpfung optimiert sind, bzw. weitreichende luft- und bodengestützte Wirkmittel sind – z.Zt. auch geländebedingt – häufig in deutlich geringerer

Zahl vorhanden oder aber nicht durchgehend verfügbar. Daher ist ein »**Grundschutz**«, vorrangig rundum, zwingend erforderlich. Dieser muß gegen Bedrohungen, denen nicht mit Aussicht auf Erfolg abstandswirksam (s.o.) begegnet werden kann, passiv ausgelegt sein. Je nach zukünftig zu verwirklichender Schutztechnologie ergibt sich hieraus eine wesentliche bestimmende Größe für das Fahrzeuggewicht. Weitere Parameter sind konstruktive Anforderungen, die sich aus den antriebsseitigen, missionsrelevanten und sonstigen Auslegungen ergeben.

Darüber hinaus wird es notwendig sein, zumindest einen Teil der Gefechtsfahrzeuge im Schutzniveau so auszustatten, daß sie sich auch in Situationen behaupten können, die eine wesentlich größere Durchhaltefähigkeit erfordern. Dies gilt für den Einsatz in schwierigem und urbanen Gelände sowie teilweise im Erweiterten Aufgabenspektrum, in denen es Lagen geben kann, die Gegenmaßnahmen – ROE-bedingt – erst nach Abwarten gegnerischer Aktionen gestatten. Eine technisch und taktisch sinnvolle Flexibilität wird sich nur durch adaptive Maßnahmen, d.h. Aufbringen von zusätzlichen passiven sowie abstandswirksamen Schutzmodulen erzielen lassen. Hier bietet es sich an, gestufte Schutzlevel zu definieren, um lagegerecht agieren zu können und auch das System nicht unnötigem Ver-

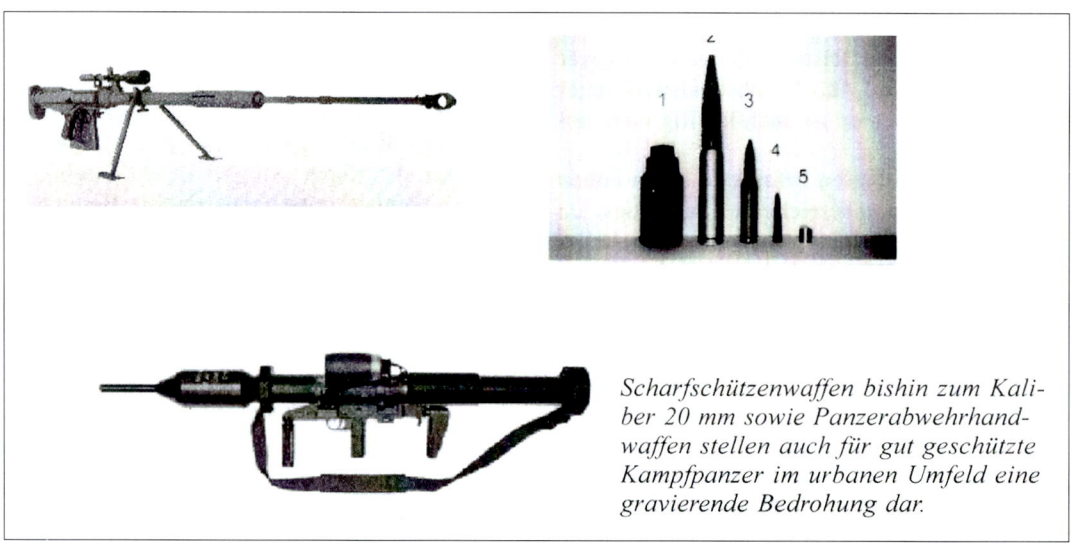

Scharfschützenwaffen bishin zum Kaliber 20 mm sowie Panzerabwehrhandwaffen stellen auch für gut geschützte Kampfpanzer im urbanen Umfeld eine gravierende Bedrohung dar.

Sammlung Schneider

schleiß zu beaufschlagen. Letzteres gilt auch besonders für den Ausbildungsbetrieb. Von der Auslegung her sollten die Fahrzeuge aber in jedem Fall für die höchstmögliche Gewichtskonfiguration konzipiert werden.

Was die Antriebsauslegung selbst betrifft, so kommt es neben dem Erzielen hoher Beweglichkeitsparameter – vorrangig auf dem Gebiet des Beschleunigungsvermögens (Sprung in die nächste Deckung) – darauf an, daß eine Konfiguration gewählt wird, die auch den Kriterien zukünftigen Energiebedarfs (z.B. für elektrische Großverbraucher wie elektrische Waffen usw.) genügt.

Außerordentlich differenziert zu betrachten ist das Wirkkonzept, d.h. die Integration von Waffen und sonstigen Wirkmitteln. Das mit direktem Feuer zu bekämpfende Zielspektrum ist derartig breit gefächert, nicht nur in quantitativer Hinsicht, sondern mehr noch hinsichtlich der Zusammensetzung, daß es bei weitem nicht mehr sinnvoll nur von einem einzigen System oder einem Waffentyp bedient werden kann. Hinzu treten andere Aspekte, wie anwachsende Sensierreichweiten, Erfordernis der Redundanz, um Abwehrmaßnahmen zu unterlaufen, wünschenswerte Unterschiede bezüglich Reaktionszeiten und Wirkintensität und dgl.

Die Integration mehrerer unterschiedlicher Wirksysteme auf einem Fahrzeug findet dort Grenzen, wo sich gravierende Nachteile ergeben hinsichtlich Volumen, Kampfbeladung und Bedienbarkeit. Auch dürfen einseitige Optimierungen, wie z.B. hinsichtlich von Reichweiten, nicht erkauft werden mit Minderung der Reaktionsfähigkeit (unvertretbar lange Bekämpfungszeiten), zu große Sensoraperturen (schutzproblematisch) oder mangelnde Fähigkeit zur Wirkung im Verbund.

Ausweg aus dieser konzepteinengenden Problematik könnte eine teilweise **Trennung von Bekämpfer und Verbringer** sein. Beim Einsatz von Steilfeuer ist dies seit langem eine akzeptierte Selbstverständlichkeit. Um den Kampfpanzer (heutiger Auslegung) in seiner Durchsetzungsfähigkeit sowie seiner Eignung für eine Hauptaufgabe besser optimieren zu können, hat man mit der Beistellung eines Schützenpanzers sowie anderer Unterstützungskomponenten ein **Verbundsystem** geschaffen, in dem Einzelsysteme die systembedingten Schwächen des anderen ausgleichen. Die gleiche Vorgehensweise muß in der Zukunft mit noch dringlicherer Konsequenz verfolgt werden, weil die Anforderungen des Gefechts dazu zwingen.

Es ist daher das Zielspektrum dahingehend zu klassifizieren, welche Ziele mit einem Höchstmaß an Reaktionsschnelligkeit auszuschalten sind (akute Duellsituation) bzw. welche aufgrund ihres späteren Eintretens ins Gefecht oder besonderer Fähigkeiten auf anderem Weg bekämpft werden sollten/könnten.

Die immer größer gewordene, bereits beschriebene Wirkungslücke des heutigen Kampfpanzers (die abgestuft ebenso für den heutigen Schützenpanzer zutrifft) kann weitgehend geschlossen werden durch ein Kampffahrzeug, das in der Hauptsache über eine mittelkalibrige Maschinenkanone (Kaliber größer als 40 mm) verfügt und deren Munition ein breites Wirkungsspektrum bieten muß (panzerbrechend und hohe Sprengwirkung mit Multifunktionszündmodi). Ein solches System wäre gerade im Erweiterten Aufgabenspektrum, das durch das »Fehlen« stark gepanzerter Ziele gekennzeichnet ist, wesentlich vielseitiger einsetzbar als ein heutiger Kampf- oder Schützenpanzer. Besonderheit einer solchen Maschinenwaffe ist es, daß auch gegen Ziele, die stark geschützt sind, bis zu einer Entfernung von ca. 2500 m gewirkt werden kann. Dies geschieht, indem dessen Sensoren für den Waffeneinsatz sowie abstandswirksame Schutzsysteme beschädigt werden, Reaktivanteile zur Auslösung gebracht werden oder ein »Mobility-Kill« herbeigeführt wird. Unverzichtbar bleibt die Erfordernis, derartige Ziele treffsicher vernichten zu können. Die Auswahl des geeigneten Wirkmittels ist dabei abhängig davon, ob dies – bedingt durch Bedrohungspotential und Zielentfernung – ohne jeden Verzug zu leisten ist.

Wegen der stetig anwachsenden Aufklärungsreichweiten und gleichzeitiger Reduzierung der zeitlichen Reaktionsfenster,

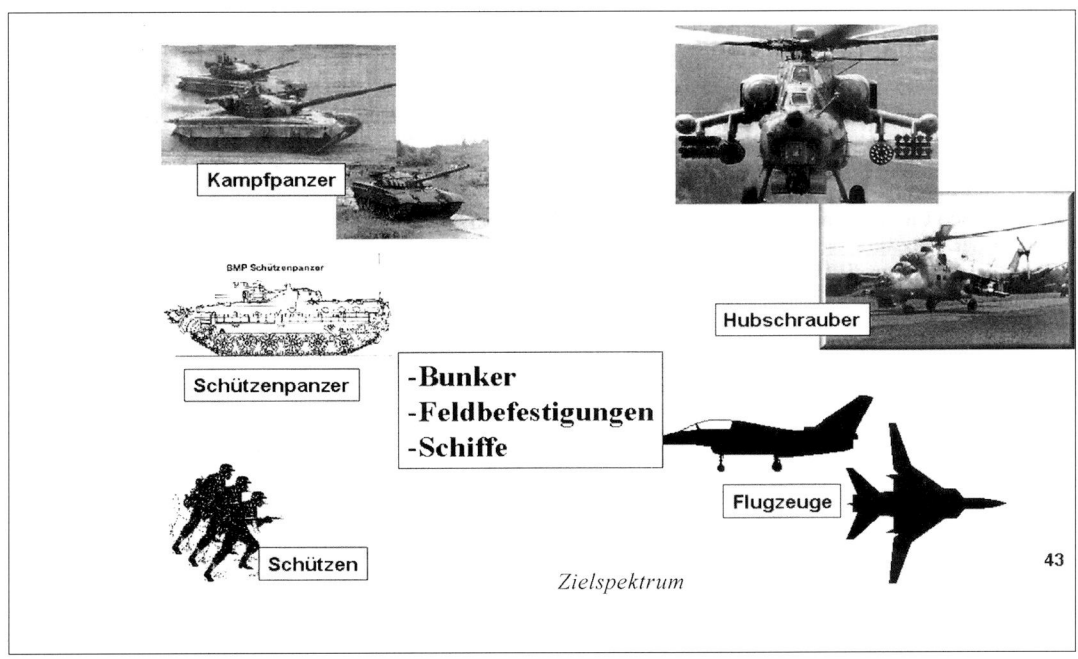

Kampfpanzer

BMP Schützenpanzer

Schützenpanzer

-Bunker
-Feldbefestigungen
-Schiffe

Hubschrauber

Flugzeuge

Schützen

Zielspektrum

43

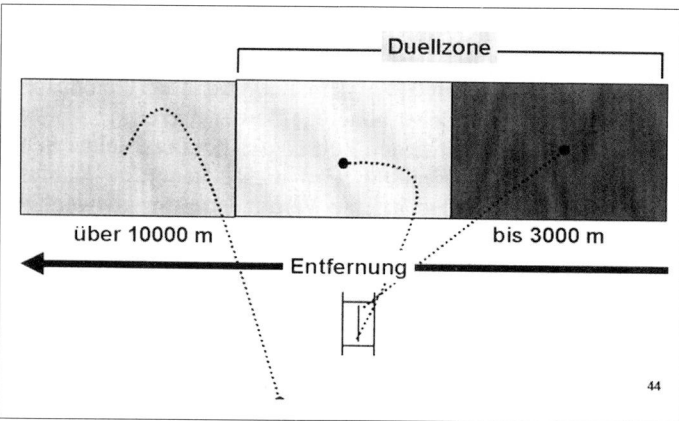

Der Kampfpanzer muß auch auf weiten Kampfentfernungen ein breites Waffenspektrum entweder selbst oder aber von dritter Seite abrufbar einsetzen können

Sammlung Schneider

wird es zunehmend wichtig, alle Line-of-sight-Ziele so rasch wie möglich neutralisieren zu können. Ein weniger tauglicher Versuch, dies zu ermöglichen, ist heute die Ausstattung von Kampfpanzern mit weitreichenden (rohrverschießbaren) Lenkflugkörpern, obwohl die Reichweite der Sensoren nicht beliebig angepaßt werden kann und obwohl die Duellfähigkeit während der zu langen Bekämpfungszeit nicht mehr gegeben ist.

Es sind daher Wirkmittel erforderlich, die keine eindeutige optronische Haltepunktfestlegung am (weit entfernten) Ziel erfordern mit entsprechend taktisch nicht vertretbaren Sensorkonfigurationen (z.B. große Aperturen und sonstige Aufbauten). Infrage kommen Flugkörper, die mittels Laser ins Ziel gelenkt werden, oder auch Fire-and-forget-Flugkörper. Für den sofort verfügbaren Einsatz benötigt ein künftiges Kampffahrzeug demnach – neben der o.g. Hauptwaffe – einen Startcontainer mit derartigen Flugkörpern. Aus Volumengründen bietet sich ein Einbau für den Vertikalstart an.

Für den Kampf auf weite Entfernungen ist das enge Zusammenwirken mit einem Wirkungslieferanten endphasengelenkter (Lenk)Flugkörper erforderlich, d.h. es wird eine arbeitsteilige Unterstützung durch andere Verbringer beigestellt. Für diese Einsatzoption muß nicht zwingend eine spezialisierte Platt-

BLOS-Beyond line of sight. Zeichnung von Krauss-Maffei Wegmann

form (»Flugkörperträger«) entwickelt werden, sondern dies kann z.B. mit Hilfe eines leistungsfähigen Mörserkampfsystems geleistet werden. Für derartige Einsatzoptionen bietet es sich an, künftige Kampf-(und auch Schützen-)panzer in die Lage zu versetzen, Mini-Drohnen einzusetzen bzw. – bei Einsatz durch Dritte – deren Aufklärungsdaten zu verwerten.

Sicher ist zu prüfen, inwieweit angesichts der zu erwartenden Steigerungen im passiven und abstandswirksamen Schutz (s.o.) weiterhin der Einsatz kinetisch wirkender Wirkkomponenten erfolgversprechend ist. Diese Einschätzung ist im hohen Maß abhängig von der Verfügbarkeit hybrider oder rein elektrischer Bewaffnungen sowie ihrer zu erwartenden Wirkung gegen modernen Passivschutz und kann daher momentan nur schwierig abgeschätzt werden.

Gleichwohl wäre es konstruktiv mit überschaubarem Aufwand darstellbar, ein künftiges Kampfpanzernachfolgesystem in beiden Varianten auszulegen, eine mit großkalibriger Maschinenwaffe und eine andere mit elektrischer Kanone (ohne Flugkörpercontainer). Bei beiden Varianten wäre die Basisauslegung nicht nur fahrzeugseitig, sondern auch hinsichtlich der übrigen zu fordernden Leistungen bei Sensorik, Feuerleitung, interne und externe Kommunikation im Wesentlichen identisch, so daß nicht zwei völlig unabhängig voneinander laufende Entwicklungen betrieben werden müßten.

Aspekte der Systemauslegung

Bereits beim 1995 in Deutschland aus der Taufe gehobenen - jedoch bald wieder aufgegebenen – Vorhaben »Neue Gepanzerte Plattformen« (NGP) war man sich darüber im klaren, daß im künftigen Gefecht nur entsprechend leistungsfähige, mit innovativer Technik versehene Systeme bestehen werden. Da sich die Fähigkeiten zur Zielaufkärung und raschen Bekämpfung wesentlich steigern werden, muß die Durchsetzungsfähigkeit signifikant in einem Maß gesteigert werden, daß die Bekämpfungsoptionen des jeweiligen Gegners nicht zum Tragen kommen. Überlegenheit soll sich auf der »Aktivseite« ergeben, weniger auf der »Passivseite«, also beim individuellen Schutz. Dies ist das Einschlagen eines Entwicklungsweges, wie er bei luft- und seegestützten Systemen längst gang und gäbe ist. Grob vereinfacht heißt dies: ein System, das nicht bekämpft werden kann und das durch die eigene Feuerkraft das Gefecht beherrscht, setzt sich durch.

Der Begriff »System« sollte dabei nicht auf ein Einzelfahrzeug limitiert werden, vielmehr dürfte ein künftiges Kampfsystem ein System-von-Systemen darstellen, welches Sensor-, Feuer- und Führungsfunktionen umfaßt. Die anzustrebende Einsatzstruktur muß auf einem Konzept der Netzwerkorientierung aller Teilnehmer liegen, in dem die Überlegenheit bei der Informationsgewinnung und -verarbeitung unmittelbar in militärische Überlegenheit umgesetzt wird.

Wesentlicher Grundgedanke ist, daß die Verantwortlichkeit für die Zielbekämpfung getrennt von den individuellen Fähigkeiten zur Zielaufklärung und -bekämpfung betrachtet wird. Im heutigen Duell Panzer gegen Panzer durchläuft jede einzelne Besatzung stets dieselbe Handlungskette. Jede Besatzung klärt ihre Ziele selber auf und ist auch für die Bekämpfung vollständig verantwortlich. Daran ändert auch die Tatsache nichts, daß benachbarte Fahrzeuge oder Meldungen von dritter Seite Be-

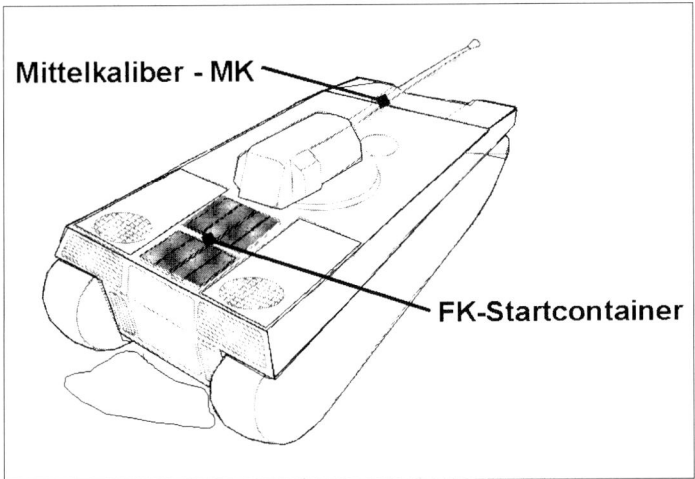
Kampfpanzer mit dualer Bewaffnung   Sammlung Schneider

Er
- ist in der Lage, die Masse des Direktzielspektrums selbst zu bekämpfen, z.B. durch eine duale Bewaffnung: mittelkalibrige Maschinenkanone (alternativ elektromagnetische Kanone) sowie Fire-and-forget-Flugkörper,
- besitzt einen ballistischen Basisschutz (möglichst rundum) gegen KE-Penetratoren mittelkalibriger Maschinenwaffen,
- ist gegen die Wirkung angreifender Lenkflugkörper sowie großkalibriger KE durch Hard- und Softkillmaßnahmen weitgehend geschützt,
- verfügt über signaturreduzierende Maßnahmen zur Erschwerung der gegnerischen Aufklärung,
- hat ein weitgehend (teil-) automatisiertes Bedien- und Anzeigekonzept zwecks Optimierung der Reaktionsgeschwindigkeit und Verkürzung der Zielbekämpfungszeiten,
- arbeitet eng und echtzeitnah mit anderen (auch luftgestützten) Sensorträgern und »Wirkungslieferanten« zusammen, um das Zielspektrum sowie den Einsatzraum voll umfänglich abdecken zu können.

Die zu fordernden Fähigkeiten hinsichtlich Durchsetzungsvermögen und sonstiger Systemleistungen laufen damit auf ein Kettenfahrzeug im Gewichtsbereich – in der höchsten Schutzstufe – vermutlich nicht unter 50 Tonnen hinaus mit einer dem LEOPARD 2 vergleichbaren (möglichst höheren) Beweglichkeit.

Mit seinen Führungsmitteln und seiner Sensoranbindung wird dieses neuartige Kampffahrzeug in eine Verbandstruktur »beweglich geführtes Gefecht Verbundener Waffen« eingepaßt und erfüllt dort in der Hand des Truppenführers in erster Linie die Rolle eines – vorwiegend angriffsweise eingesetzten – Schlaginstruments, das gegenüber einem Großteil des Bodenzielspektrums durchsetzungsfähig ist.
In der unteren Schutzstufe kann u.U. ein Gewichtsniveau erreicht werden, daß eine Luftverlegbarkeit ermöglicht, mit entsprechenden Einsatzoptionen auch unter Rahmenbedingungen der Krisenbewältigung.

Abschließende Bemerkungen zum Panzereinsatz der Zukunft

Anders als im oben beschriebenen klassischen Gefecht der Verbundenen Waffen, wird künftig der Kampfpanzer seine eigentlichen Stärken nicht oder nur abgeschwächt zur Wirkung bringen können. Neu in diesem Zusammenhang ist der Begriff des asymmetrisch operierenden Gegners. Damit ist gemeint, daß der Feind sich nicht auf derselben Stufe, mit gleichen Mitteln, zum Kampf stellt. In vielen Fällen wird der Gegner nicht willens sein, das Gefecht der verbundenen Waffen zu führen (oder nicht dazu befähigt) und danach trachten, sich durch Kleingruppentaktik und nadelstichartige, verdeckte Aktionen einer direkten Konfrontation zu entziehen.

Durch überlegene Technik vornehmlich in den Bereichen Aufklärung, Führung und Überwachung kann die eigene Handlungsfreiheit teilweise behauptet sowie der eigene Schutz erhöht werden. Mit zur Punktzielbekämpfung geeigneten Wirk-

rücksichtigung finden. Zukünftig besteht in einem Panzerverband eine arbeitsteilige Verbundstruktur, in der jeder das leistet, wozu er besser bzw. rascher befähigt ist. Dazu gehört, daß jede Einzelplattform in diesem Verbund eingebunden ist, prinzipiell das gleiche Lagebild hat, Daten der anderen nutzt und die eigenen Leistungen anderen Klienten zur Verfügung stellt, abhängig von der jeweiligen Dislozierung des Feindes und dessen Verhalten. Die Zuständigkeit zur Zielbekämpfung wechselt ständig, sie erfolgt in Abhängigkeit zum verfügbaren Wirkmittel und der Entfernung zum Ziel. Dabei wird nicht unterschieden, ob man selbst eine Waffe abfeuert oder aber die von einem anderen Verbringer abgerufene Wirkkomponente (z.B. einen endphasengelenkten Flugkörper) ins Ziel lenkt. Das Konzept mag auf den ersten Blick innovativ erscheinen, ist aber nur die konsequente Anwendung von Bekämpfungstaktiken, wie sie beim unterstützenden Einsatz z.B. von Steilfeuer schon lange gängige Praxis sind. Dank neuer Möglichkeiten der Gewinnung und Verarbeitung von Lagedaten sollte man zukünftig dazu in der Lage sein, dies auch ausdehnen zu können auch auf den direktgerichteten Feuerkampf (wobei die Übergänge freilich fließend sind). Folgerichtig wird auch an die Integration von Robotiksystemen zu denken sein.
Die Verfügbarkeit eines soeben skizzierten Kampfpanzerfolgesystems entbindet die gepanzerten Kampftruppen auch vom Zwang, dem Kampfpanzer in möglichst jeder Lage einen Schützenpanzer zur Seite zu stellen, der für beide Rollen (auf- und abgesessener Kampf) nur unzureichend optimiert und geschützt werden kann. Ein künftiger Schützenträger könnte entweder auf die Begleitrolle hin optimiert werden (da der Kampfpanzer das Gros des Zielspektrums bekämpfen kann) oder aber für andere Optionen (z.B. Einsatz mittlerer Kräfte). Ggf. kann der Kampfpanzer der Zukunft für den zeitlich befristeten Mittransport von kleinen Schützenteams (Merkava-Prinzip) – unter Inkaufnahme einer etwas geringeren Kampfbeladung – ausgelegt werden. Moderne Antriebskonzepte erlauben eine flexiblere Nutzung des Innenraums.

Zusammenfassung
Wie könnte somit ein Kampfpanzer der Zukunft konfiguriert sein?

mitteln können präzise Schläge geführt werden, auch unter weitgehender Vermeidung von Kollateralschäden.

Hinzu kommt der Aspekt andersartiger Umwelteinflüsse, d.h. es muß unter geografischen und klimatischen Bedingungen operiert werden, die anders im Vergleich zu Mitteleuropa sind. Künftige wahrscheinliche Einsätze finden überwiegend in Regionen statt, die gekennzeichnet sind durch besonders widrige Geländestrukturen und Klimabedingungen, die extrem belastend sind für Personal und Material.

Mit entsprechenden Anpassungen (Klimatisierung und Entfeuchtung) können auch die heutigen, für den Einsatz in Mitteleuropa konzipierten Systeme eingesetzt werden. Dies zeigen die langjährigen Hitzeerfahrungen in Kanada (Shilo) sowie die Auswertung der Übungsvorhaben in Spanien, Polen und in den USA. Künftige Systeme sollten von vornherein entsprechend ausgelegt werden.

Soldaten der Gepanzerten Kampftruppen sind dabei durch ihre Gefechtsfahrzeuge wesentlich besser vor Witterungseinflüssen geschützt und somit über längere Zeiträume einsetzbar als die abgesessen eingesetzten Kräfte.

Auch gilt es die Auswirkungen unterentwickelter oder zerstörter Infrastruktur zu berücksichtigen. In möglichen Einsatzgebieten für künftige Operationen ist mit nur mäßig entwickelter Infrastruktur zu rechnen, mehr noch können auch rudimentäre Strukturen durch zuvor stattgefundene Kampfhandlungen nachhaltig zerstört oder durch Verminung zunächst nicht nutzbar sein. Truppen müssen in solchem Umfeld besonders in der Lage sein – Bewegungen auch abseits befestigter Straßen und Wege durchführen zu können –, sich mit vorhandenen eigenen Mitteln gegen klimatische Einflüsse ausreichend zu schützen, eine Anfangsversorgung mit Wasser, Verpflegung, Munition und Betriebsstoffen aus eigenen Beständen sicherzustellen.

Gepanzerte Kampftruppen sind aufgrund ihrer materiellen Ausstattung und ihrer Einsatzgrundsätze mit diesen Fähigkeiten ausgestattet.

Ein besonderes Problem ergibt sich durch den Kampf im urbanen Gelände. Aufgrund der Landflucht der Bevölkerung der Dritten Welt werden sich zukünftig die Mehrzahl der Konflikte in urbanen Räumen abspielen. Diese stellen neue Anforderungen an Gepanzerte Kampftruppen.

Urbane Räume bieten vor allem verdeckt kämpfenden Feindkräften gute Einsatzmöglichkeiten, zumeist Nichtkombattanten, aber auch Terroristen, die außerhalb jeder Norm des Humanitären Völkerrechts agieren und sich im Schutz urbaner Bebauung, vielfach unter bewußter Mißachtung der Zivilbevölkerung bewegen.

Entgegen oftmals vorgebrachten Einwänden können Gepanzerte Kampftruppen auch dort wirksam eingesetzt werden, da ihre Systeme Schutz bieten und da sie Reichweitenvorteile haben. Die kanalisierende Infrastruktur urbaner Räume verlangt aber eine konzeptionelle Weiterentwicklung der taktischen Vorgehensweise, ohne bewährte Einsatzgrundsätze außer

Kraft zu setzen. Ziel muß es weiterhin sein, den kräfteverschleißenden Ortskampf zu vermeiden, an dessen Stelle hingegen Einsatzformen zu entwickeln, die den besonderen Stärken der Gepanzerten Kampftruppen Rechnung tragen. Der gute Schutz gepanzerter Gefechtsfahrzeuge, ihre sehr gute Feuerkraft und Beweglichkeit, nicht zuletzt die einzigartigen Vorteile der Panzergrenadiertruppe mit ihrer Befähigung zum schnellen Wechsel der Kampfweise, lassen sich bereits heute hervorragend in urbanen Räumen umsetzen, um robust vorzugehen, einzelne Schlüsselobjekte quasi handstreichartig zu nehmen, Ortschaften abzuriegeln, und so Infiltration aber auch Exfiltration verdeckt kämpfender Gegner zu unterbinden, nicht zuletzt aber auch um terroristische Widerstandsnester zu nehmen beziehungsweise auszuschalten.

Mit vertretbarem technischen Aufwand können gepanzerte Fahrzeuge mit zusätzlicher Bewaffnung sowie Schutzanbauten versehen werden. Langfristig leiten sich hieraus Folgerungen für den Einsatz, Binnenstruktur, Ausrüstung und Ausbildung der Gepanzerten Kampftruppen ab, die ihr zukünftiges Bild wesentlich mitprägen werden.

Wenn dann noch Systeme entwickelt werden, wie in »Überlegungen zum Fähigkeitsprofil …« beschrieben, dann könnten die gepanzerten Kampftruppen auch künftig ihre Dominanz nach Anpassung von Taktik und Technik ausspielen.

Daher ergibt sich ein nachhaltiger Appell an die Bereitschaft der politisch Verantwortlichen, die hier geschilderten Rahmenbedingungen zur Kenntnis zu nehmen und daraus Folgerungen zu ziehen. Sicherheitspolitik darf nicht auf leere Bekenntnisse zum Frieden reduziert werden und es dabei zu versäumen, nüchtern und ergebnisoffen erforderliche Fähigkeiten zu definieren. Aber auch Argumentationsbeflissenheit mancher Uniformierter hilft der Sache nicht. Betrüblich ist nur, daß wir zunehmend Gefahr laufen, mit unangenehmen Ereignissen konfrontiert zu werden, die über kurz oder lang größer werdende Defizite offenlegen. Die Rahmenbedingungen des Gefechts und neue Bedrohungen nehmen auf Budgetzwänge bekanntlich keine Rücksicht!

Quellennachweis

1 Heeresdienstvorschrift (HDv) 100/100 vom Sept. 1987, Nr. 401.

2 K.-T. Schleicher (K.T.S.), Die Panzertruppe in der Heeresstruktur 5, Truppenpraxis (TrPr) 1/1992, S. 38. G. Gudera, Zur Lage des Deutschen Heeres, Das Schwarze Barett (SB) Nr. 26, 12/2001, S. 5–7 und C. Westphal, Die konzeptionelle Weiterentwicklung des Heeres, SB Nr. 26, 12/2001, S. 11. HDv 221/100 (zE) vom Juli 2001, Nr. 21001 ff.

3 C. Trull, Lage und Zukunft der gepanzerten Truppe, SB Nr. 27, 6/2002, S. 9.

4 HDv 1001/100 vom Dez. 2000, Nr. 411.

5 HDv 221/100 (zE) vom Juli 2001, Nr. 1002 ff.

6 K.T.S., Ziele der Ausrüstungsplanung der Panzertruppe, Soldat und Technik (S+T) 5/1992, S. 315.

7 K.T.S., Die Panzertruppe... (siehe 2), TrPr 1/1992, S. 43

8 K.T.S., Truppen- und Informationsbesuch im Bereich BW-Kdo Ost, Mitteilungsblatt Offz. PzTr.IV./1990, S. 15-16, 43.

9 K.T.S., Ziele... (s. 6), S+T 5/1992, S. 316.

10 N.N., Die Neuordnung der gepanzerten Krisenreaktionskräfte des Heeres, SB Nr. 15, 6/1996, S. 11 ff.

11 N.N., Die Grobstruktur des neuen Heeres, SB Nr. 13, 1995, S. 7 und 8.

12 Die Bundeswehr 3/2003.

13 K.T.S., Ziele… (siehe 6), S+T 5/1992, S. 314 u. 316

14 HA, Abt. IV vom 05.05.1995; siehe 12.

15 K.T.S., Warum Simulatoren?, TrPr 4/1993, S. 391–392. G. Kühlein, Das simulatorgestützte Ausbildungskonzept der Panzertruppe, ebd., S. 393–395. K.T.S. und S. Götze, Bedeutung des Kampfpanzers heute und in der Zukunft, SB Nr. 14, 12/1995, S. 6.

16 Abt. VII/Heeresamt, Panzertruppen, SB Nr. 7, 1990, S. 18, 28, 33-35. S. Götze u. B. Foorden, Spitze der Panzertruppen, SB Nr. 13, 6/1995, S. 16-19.

17 R. Glass, Kampfwertsteigerungen des Leopard 2, Sonderheft EURO-Leopard 2 1995 (Report-Verlag), S. 26–29.

18 K.T.S., J. Grumann, A. Knechtges, Automatische Lader in Kampfpanzern, S+T 9/1993, S. 542–549.

19 K.T.S., J. Grumann, P. Gall, Panzerschutz-Möglichkeiten und Verbesserungen, S+T 3/1995, S. 163-171.

20 R. Hilmes, Aktive Schutzsysteme für gepanzerte Fahrzeuge, S+T 12/1994, S. 664–665.

21 K.T.S. und W. Schneider (W.S.), Die Panzertruppe – ein Blick nach vorn, TrPr 7/1996, S. 441–444.

22 J. Fante, Die Leopard-Benutzerstaaten Organisation – Arbeitsweise – Ausblick, SB Nr. 23, 6/2000, S. 36–38.

23 W.S., Zukunft des Kampfpanzers – ein Blick über den Zaun, SB Nr. 27, 6/2002, S. 25-27.

24 K.T.S., Ziele ...(siehe 6), S+T 5/1992, S. 317-318.

25 W.S., Die »Neuen Gepanzerten Plattformen« des Heeres, SB Nr. 16, 12/1996, S. 4–11.

Mitglieder des Komitees Nachbau Sturmpanzerwagen A7V nach der feierlichen Übergabe des A7V an das Panzermuseum in Munster am 20. Juni 1990.
Von links nach rechts: Oberst Peter Kuhlow, Oberst Dipl.-Ing. Uwe Larsen, Professor Dr. Ing. Wolfram Funk, Brigadegeneral a.D. Dipl.-Ing. Raimund M. Rothenberger, Direktor Rolf Huhn (Korvettenkapitän d.R.,†), Oberst a.D. Edelfried Baginski und Oberst Karl-Theodor Schleicher.

Sammlung Rothenberger

Das Komitee wurde am 1. April 1987 von Brigadegeneral Dipl.-Ing. Raimund Max Rothenberger in Köln gegründet

Komitee Nachbau Sturmpanzerwagen A7V

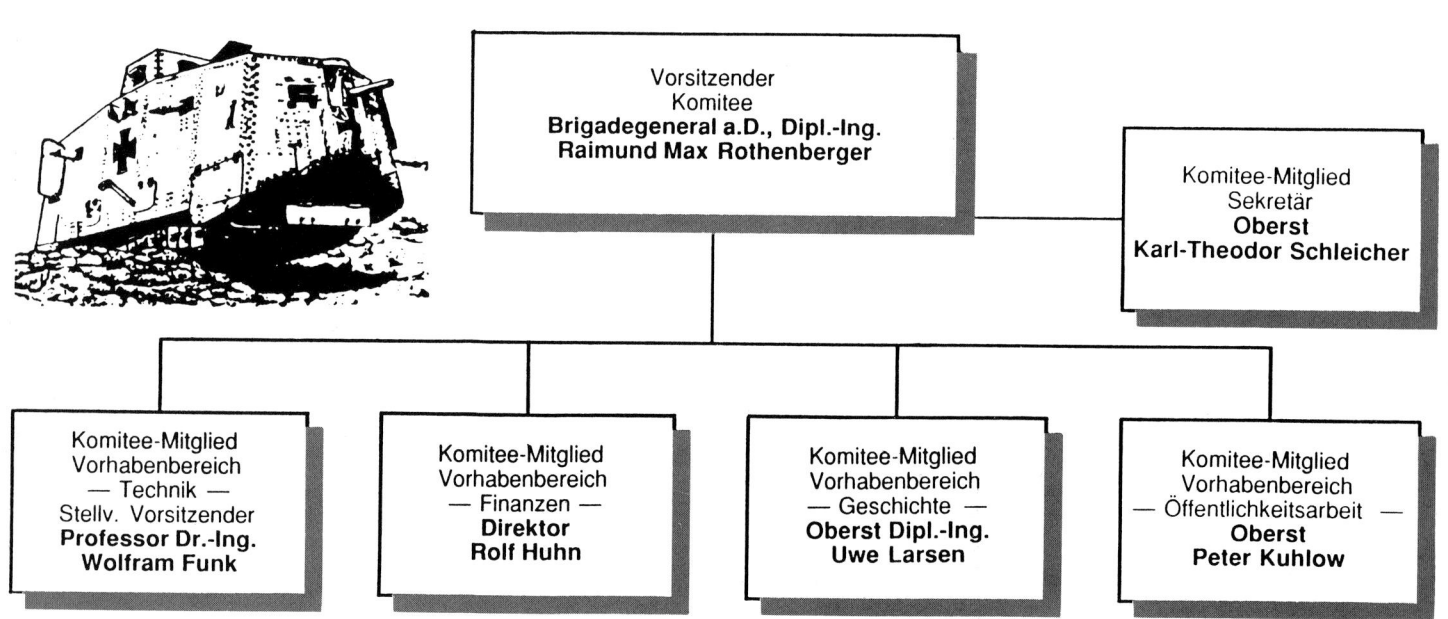

	Vorsitzender Komitee **Brigadegeneral a.D., Dipl.-Ing. Raimund Max Rothenberger**	Komitee-Mitglied Sekretär **Oberst Karl-Theodor Schleicher**

Komitee-Mitglied Vorhabenbereich — Technik — Stellv. Vorsitzender **Professor Dr.-Ing. Wolfram Funk**	Komitee-Mitglied Vorhabenbereich — Finanzen — **Direktor Rolf Huhn**	Komitee-Mitglied Vorhabenbereich — Geschichte — **Oberst Dipl.-Ing. Uwe Larsen**	Komitee-Mitglied Vorhabenbereich — Öffentlichkeitsarbeit — **Oberst Peter Kuhlow**

Zeichnung Rothenberger

Anmerkung: Oberst a.D. Baginski war als aktiver Offizier zuständig für den Bereich Öffentlichkeit. Ihm folgten Oberst Sievert Paulsen und dann Oberst Kuhlow nach.
Oberst a.D. Baginski war nach seinem Ausscheiden aus dem aktiven Dienst Beauftragter des Bauabschnittes II und ist Ehrenmitglied des Komitees.
Direktor Rolf Huhn verstarb unerwartet am 3. Juni 1995 im Alter von 65 Jahren.

Karl-Theodor Schleicher

Geschichte des Nachbaus Sturmpanzerwagen A7V

Von der Gründung des Komitees zum Nachbau des Sturmpanzer-wagens A7V (StPzW A7V) aus dem Ersten Weltkrieg am 1. April 1987 bis zur Abnahme des fertiggestellten Fahrzeuges durch Mitglieder des Komitees am 5. April 1990 vergingen nur drei Jahre. In so kurzer Zeit entstand in echter Wertarbeit der deutschen Industrie ein technisches Denkmal von hohem historischem Wert. Erste Überlegungen und vorbereitende Maßnahmen, wie z. B. Vermessungsarbeiten am Wannengehäuse des einzigen noch vorhandenen A7V in Australien, erfolgten jedoch schon vorher.

Initiativen

Anfang 1983 hatte man noch die Vorstellung, den in Australien stehenden, einzigen noch erhaltenen StPzW A7V mit dem Namen MEPHISTO im Tausch gegen einen Panzer des Zweiten Weltkrieges, gegen den australische Verbände gefochten haben, zu erwerben. Auf der Jahrestagung des Lenkungsausschusses der Leopard-Benutzerstaaten im Juni 1983 in Ankara/Türkei appellierte der General der Kampftruppen, Generalmajor Siegfried F. Storbeck, an die Mitgliedsnationen (Australien und neun NATO-Staaten, in deren Armee der deutsche Kampfpanzer Leopard 1 Verwendung findet) und bat um Hilfe und Unterstützung bei der Ergänzung der »Lehrsammlung Gepanzerte Kampftruppen« an der Kampftrup-penschule 2 in Munster.

Die Antwort des damaligen Verteidigungsattachés bei der Australi-schen Botschaft in Bonn, Oberst i. G. Hellyer, vom 13. September 1983 ließ wenig Raum zur Hoffnung. Das Australien War Memorial lehnte ein Tauschersuchen mit dem Hinweis ab, dieser Panzer sei von australischen Truppen erbeutet worden und darüber hinaus in seiner Art einzigartig.

Nachdem man nun davon überzeugt war, daß ein Erwerb des A7V unmöglich sei, faßte man einen Nachbau ins Auge. Dabei war zunächst nur an den äußeren Nachbau, also die Erstellung einer Attrappe, gedacht.

Der Gedanke, den A7V auch in seinem Inneren so nachzugestal-ten, wie er im Panzermuseum in Munster heute zu sehen ist, kam erst 1987. Der Spezialstab ATV der Kampftruppenschule 2 bemühte sich im Herbst 1983 nun über das Bundesverteidigungs-ministerium, Stabsabteilung II 1 im Führungsstab des Heeres und durch Einschaltung des Verteidigungsattachés bei der Botschaft der Bundesrepublik Deutschland in Canberra/Australien um die

Beschaffung von Bauunterlagen für einen Nachbau des A7V aus dem Ersten Weltkrieg.

Wesentliches Ergebnis dieser Verbindungsaufnahme war die Bereitschaftserklärung des War Memorial vom 4. November 1983, bei der Beschaffung von Unterlagen behilflich zu sein. Man ging davon aus, daß die in diesem Zusammenhang anfallenden Kosten von der Kampftruppenschule 2 beglichen würden. Haushaltsmittel standen dafür jedoch nicht zur Verfügung.

Der damalige Kommandeur der Kampftruppenschule 2, Brigade-general Ahrens, wollte sich damit aber nicht abfinden und machte am 28. November 1983 noch einen Vorstoß an den General der Kampftruppen im Heeresamt. Er regte an, unter Beteiligung des Generals der Heeresrüstung und des Präsidenten des Bundesamtes für Wehrtechnik und Beschaffung, Verhandlungen mit der Industrie zum Zwecke der Finanzierung zu führen. Zu Beginn des Jahres 1984 richtete das Heeresamt erste Anfragen an das Bundesarchiv-Militärarchiv in Freiburg/i. Br. und an das Bayeri-sche Hauptstaatsarchiv-Kriegsarchiv München nach Plänen und Bauzeichnungen des StPzW A7V.

Gleichzeitig wandte sich Oberst Reitemeier, damals Leiter der Abteilung V 2 (1) im Heeresamt, an die Hochschule der Bundes-wehr in Hamburg, Fachbereich Maschinenbau, mit der Bitte um Unterstützung des Vorhabens Nachbau StPzW A7V. Ihm schweb-ten die Erstellung von Plänen nach Originalaufnahmen des MEPHISTO aus Australien und der Nachbau des A7V in seiner äußeren Konfiguration ggf. in einem Heeresinstandsetzungswerk der Bundeswehr vor.

Nun trat Prof. Dr. Ing. Wolfram Funk auf den Plan, der als auch im Bereich des Panzerbaus erfahrener Konstrukteur auf eine langjäh-rige Industrieerfahrung zurückblicken konnte. Er vertritt auch heute noch das Fachgebiet Maschinenelemente und Getriebe-technik an der o. a. Hochschule.

Es war auch an der Zeit, die technischen, finanziellen und rechtlichen Risiken des Nachbaus konkret zu besprechen. Eine Entscheidung über das weitere Vorgehen tat not. Am 23. März 1984 trafen im Heeresamt die Abteilung V - Kampftruppen und Abteilung III - Heeresrüstung zu einer Besprechung zusammen. Unter Leitung ihrer beiden Abteilungsleiter, Generalmajor Sieg-fried F. Storbeck und Brigadegeneral Dipl.-Ing. Raimund M. Rothenberger, unterhielten sie sich über die notwendigen Schritte für einen Nachbau.

Brigadegeneral Rothenberger, General der Heeresrüstung, schlug vor, bei den vorbereitenden Untersuchungen möglichst weit zurückzugehen, um den A7V so originalgetreu wie möglich nachzubauen. Er brachte auch erstmals den Gedanken an einen Innenausbau zur Sprache.

Der Nachbau sollte in folgenden Schritten vorbereitet werden:
○ Sammlung von Dokumenten, soweit diese im Bereich der Industrie, von Museen und der Bundeswehr verfügbar waren
○ Auswerten dieser Dokumente
○ Anfertigen einer Baukonstruktionszeichnung
○ Erschließen von Materialquellen für den Nachbau.

General Rothenberger machte seine Mitarbeit von einer offiziellen Anfrage durch den General der Kampftruppen und einer danach von ihm vorgesehenen Prüfung der Realisierungsmöglichkeiten unter Einschaltung von Fachleuten abhängig.

Mit den bis Anfang 1986 vorliegenden Dokumenten und Konstruktionsunterlagen war ein Nachbau nicht möglich. Die Vermessung und Dokumentation des Originals war daher unumgänglich.

Am 1. April 1986 wurde es ernst mit den Reisevorbereitungen zur Vermessung der australischen Kriegsbeute, des StPzW A7V MEPHISTO in Australien. Der deutsche Verteidigungsattaché in Canberra wurde um Details über die Aufstellung des A7V im Museum gebeten.

Der 1. April 1986 machte den Kapitän zur See, Frhr. v. Ledebur, den damaligen deutschen Amtsinhaber – wie er selbst schrieb – stutzig, aber aus seiner Antwort vom 24. April 1986 war zu entnehmen, daß er die Anfrage trotzdem nicht als Aprilscherz auffaßte.

Am 13. November 1986 trat Professor Funk die Reise an. Begleitet wurde er von seiner Ehefrau, die ihn bei seinen Arbeiten unterstützte, so daß sich die Bereitstellung eines Helfers erübrigte.

Erlebnisse mit dem MEPHISTO (Auszug aus dem Reisebericht von Sigrid Funk)

»Sein Standort schien mir von der Museumsleitung recht gut ausgewählt – er stand im Schatten, wie in einer nach vorne geöffneten Garage an einem Seitenflügel des Museums.

Zu Anfang begegnete man uns bei der Museumsleitung etwas zurückhaltend, obwohl man von unserem Kommen wußte. Doch nach den ersten ausgetauschten Höflichkeiten und dem überreichten Gastgeschenk der Hamburger Universität der Bundeswehr, einem Wappen, ging es lockerer zu. Wenn ich ehrlich bin, es begann mir Spaß zu machen. Wir bauten also alles, d. h. Tisch, Stuhl, Stativ und Kamera, neben MEPHISTO auf. Ich bekam von meinem Mann erklärt, was ich aufzuschreiben hatte, und los ging's.

So ein Tag war recht abwechslungsreich, denn es mußten nicht nur die photogenen Gesichtspunkte bei MEPHISTO herausgefunden werden, sondern auch die akkuraten Vermessungsdaten. Wir legten Liste für Liste an, ab und zu unterbrochen von netten und lustigen Begebenheiten. So mußte ich immer und immer wieder erklären, warum hier an meinem Tisch nicht der Eintritt für den Museumsbesuch bezahlt werden mußte. Wir hatten auch unseren Spaß dabei, denn der Haupteingang des Museums war nur ca. 20 m entfernt, links um die Ecke, gekennzeichnet durch eine fast pompöse Doppelglastür mit Überschrift. Und Eintritt kostenlos! Dagegen konnte mein Tisch gar nicht konkurrieren.

Unsere Anwesenheit verschaffte diesem Gebäudeteil mit MEPHISTO in diesen Tagen interessante Besucher aus aller Welt. Und unsere Herkunft »West Germany« beflügelte manchen zu Sympathiekundgebungen. Ein älterer amerikanischer Tourist wollte sich gar nicht mehr losreißen, so geriet er ins Schwärmen über seine Zeit als Soldat in Kaiserslautern, den deutschen Wein und seine Wochenenden in Heidelberg.«

Nach Rückkehr des Professors aus Australien sollte das Projekt nun beschleunigt in Angriff genommen werden. Herr Funk nahm im Dezember 1986 Kontakt zu Herrn Bachmann von der Firma Thyssen-Maschinenbau in Witten, bei der er in früheren Jahren als Leiter des Panzerbaus tätig war, auf.

Nun hielt die Panzertruppe Ausschau nach einem geeigneten Leiter für die Durchführung des Nachbaus. Man suchte jemanden mit technischem Sachverstand und Organisationsvermögen für Wehrmaterialvorhaben. Was lag daher näher, als den General der Heeresrüstung zu wählen. So wandte sich Generalmajor Hans Grillmeier, General der Kampftruppen, am 12. Januar 1987 mit einer entsprechenden Bitte an General Rothenberger.

A7V MEPHISTO im Queensland Museum Brisbane. Von links nach rechts: Prof. Funk, Lt. Col. K. A. Loughrey, Mr. E. Beutel und der Fahrer   Sammlung Funk

Die Vermessung der Dachpartie war wegen der geringen Deckenhöhe schwierig. Prof. Funk auf dem MEPHISTO
Sammlung Funk

Dieser erklärte sich in einem Schreiben vom 10. März 1987 gegenüber General Grillmeier bereit, die Federführung für die weiteren Vorbereitungen und den eigentlichen Nachbau des Sturmpanzerwagens A7V zu übernehmen. Vorweg hatte er sich der Mitarbeit von Professor Funk und einiger anderer Herren versichert. Nun konnten die Vorarbeiten für eine erste grundlegende Besprechung aller interessierter und zu interessierenden Personen und Gruppen erfolgen.

Gründung des Komitees und Bildung des Kreises der Freunde und Förderer des Nachbaus des StPzW A7V

Erste grundlegende Besprechung

Am 1. April 1987 fand unter Leitung von General Rothenberger, General der Heeresrüstung, eine erste grundlegende Besprechung im Heeresamt zu Köln statt, zu der er Vertreter aus der Rüstungsindustrie, der Universität der Bundeswehr Hamburg, dem Bundesamt für Wehrtechnik und Beschaffung sowie aus verschiedenen Abteilungen des Heeresamtes begrüßen konnte. General Rothenberger informierte den Teilnehmerkreis über die seit 1983 begonnenen Maßnahmen und Überlegungen zum Nachbau des StPzW A7V.

Als Ziele dieser ersten grundlegenden Besprechung bezeichnete er

○ die Aufhellung des geschichtlichen Hintergrundes,
○ die Information über das Vorhaben »Nachbau Sturmpanzerwagen A7V«,
○ das Wecken von Interesse am Nachbau sowie
○ das Gewinnen von Firmen für die aktive Mitarbeit.

Im weiteren ging er auf die erforderlichen Maßnahmen ein und stellte einen Strukturplan für die Organisation des Komitees Nachbau StPzW A7V mit den verschiedenen Vorhabensbereichen vor; ausführlicher erläuterte er die Bereiche Technik und

Geschichte. Seine Vorstellungen hielt er später in der »Grundsätzlichen Erklärung« fest. Er hob ferner hervor, daß alle Leistungen im Zusammenhang mit dem Nachbau auf freiwilliger Basis und nicht im Rahmen der Bundeswehr erfolgen müßten. Anschließend gab Professor Funk einen Sachstandsbericht über den Bereich Technik. Er berichtete dabei über seine Reise nach Australien zum Zwecke der Vermessung des StPzW MEPHISTO in Brisbane.

Mit den dort gewonnenen Unterlagen (Handskizzen, Fotos) könne man nun Konstruktionszeichnungen fertigen. Ein Zusammenfügen der Panzerplatten in Nietentechnik sei wohl nicht mehr möglich. Diese ließen sich aber »aufsetzen«. Der Nachbau des Fahrwerks sei schwieriger. Die Kette entspreche den noch heute bei den Baustellenfahrzeugen verwendeten. Ein Kettenabdruck liege vor. Der Turm konnte nicht vermessen werden, weil er am Originalteil in Brisbane fehlt.

Ein Nachbilden des Innenraumes und seiner Details sei schwierig, weil der MEPHISTO zwar noch den Motor enthalte, aber ansonsten nach Beschuß (Schäden erkennbar) ausgebrannt sei.

Oberst Dipl.-Ing. Uwe Larsen ergänzte die Reihe der Vorträge mit seinen Vorstellungen zum Bereich Geschichte. Oberst Larsen besitzt Aufzeichnungen seines Vaters, der als Leutnant und Kommandant eines Kampfwagens im Ersten Weltkrieg eingesetzt war und in der Nachkriegszeit eine Panzer-Kampfwagen-Abteilung befehligt hat, die bei inneren Unruhen auf seiten regierungstreuer Truppen eingesetzt wurde.

Bei der Diskussion um die Namensgebung des Nachbaumodells wiesen Brigadegeneral Rothenberger und Oberst Larsen darauf hin, daß WOTAN als Name geeigneter sei als MEPHISTO. Außerdem schlug Larsen vor, in Polen zu recherchieren, da nach dem Ersten Weltkrieg 8 bis 10 A7V als Kriegsbeute dorthin verbracht wurden und bei Kämpfen nachweislich auch eingesetzt worden waren.

In einer anschließenden Diskussion sprachen sich alle Teilnehmer für den Nachbau des StPzW A7V – allerdings als Unikat – aus, um einen Beitrag zur Wehrgeschichte des deutschen Heeres zu leisten. Der Gedanke, ggf. an ein Originalteil heranzukommen, war faszinierend. Prof. Funk erhielt den Auftrag, einen Durchführungsplan Technik zu erstellen. Die anwesenden Firmenvertreter erklärten ihre Bereitschaft, das Vorhaben durch Arbeitsleistung, finanzielle Mittel oder auf andere Weise zu unterstützen. Dem von General Rothenberger vorgestellten Strukturplan für das Komitee und den Vorhabensbereichen wurde zugestimmt.

Als Termin für eine Gründungsversammlung in größerem Kreise wurde der 29. Juni 1987 festgelegt. Generalmajor Grillmeier bedankte sich im Namen der gepanzerten Kampftruppen nochmals ausdrücklich bei General Rothenberger für seine Bereitschaft, ein Komitee zum Nachbau StPzW A7V zu gründen und die Leitung für den Nachbau zu übernehmen. Er wünschte dem Vorhaben Glück und Erfolg.

Gründung des Komitees

Am gleichen Tage – am 1. April 1987 – erfolgte in Köln die Gründung des Komitees zum Nachbau Sturmpanzerwagen A7V. Es hat folgende Vorhabensbereiche und Mitglieder:

○ Vorsitzender

Brigadegeneral a. D. Dipl.-Ing. R. M. Rothenberger

○ Technik

Professor Dr.-Ing. W. Funk Stellvertreter des Vorsitzenden

○ Finanzen — Direktor R. Huhn

○ Geschichte — Oberst Dipl.-Ing. U. Larsen

○ Öffentlichkeitsarbeit

Oberst E. Baginski (1. 4. 1987 – 30. 9. 1987) Oberst S. Paulsen (1. 10. 1987 – 30. 6. 1988) Oberst P. Kuhlow (seit dem 1. 7. 1988)

○ Sekretariat — Oberst K.-T. Schleicher

Herr Oberst a. D. Baginski, der Beauftragte für den Bauabschnitt II des Nachbaus, ist seit dem 1. Dezember 1989 Ehrenmitglied des Komitees. Herr Dipl.-Ing. W. Flume ist Pressereferent des Komitees. Für die Berufung dieser Mitglieder bestanden folgende Gründe:

○ Prof. Funk war frühzeitig an der Grundidee des äußeren Nachbaus beteiligt. Inzwischen Dekan des Fachbereichs Maschinenbau, bringt er den technischen Sachverstand ein.

○ Direktor Huhn vom Bankhaus Merck Finck & Co ist Mitglied beim Verein der Freunde und Förderer des Panzermuseums Munster e.V. und auch dort als Schatzmeister tätig. Daher bot sich seine Tätigkeit im Komitee an.

○ Der Vater von Oberst Larsen war im Ersten Weltkrieg als junger Leutnant Kommandant in der Bayerischen Panzerkampfwagenabteilung 13 eingesetzt. Was lag da näher, als auch den an der Geschichte der deutschen Panzertruppen interessierten Sohn einzubeziehen, der von 1985 – 1989 in der Abteilung »Heeresrüstung« als Gruppenleiter für das Wehrmaterial für Führung und Aufklärung verantwortlich war.

○ Oberst a. D. Baginski war auf dem Dienstposten Gruppenleiter »Wehrmaterial der Kampftruppen« im Heeresamt ebenfalls für eine Mitarbeit prädestiniert.

○ Oberst Schleicher als Gruppenleiter »Panzertruppe« im Heeresamt, somit als Vertreter der in besonderem Maße betroffenen gepanzerten Kampftruppen, konnte hier nicht fehlen.

Das Komitee hatte sich nicht nur zur Aufgabe gemacht, den Sturmpanzerwagen A7V nachzubauen, sondern wollte zusätzlich folgende Maßnahmen durchführen:

○ Gestalten des Umfeldes des Sturmpanzerwagens A7V in der Ausstellungshalle (Diorama),

○ Herstellen einer Bildwand zu Geschichte, Technik und Einsatz des Sturmpanzerwagens A7V,

○ Aufstellen eines nachgebildeten Soldaten der Besatzung des Sturmpanzerwagens A7V,

○ Herausgabe eines Buches zum Sturmpanzerwagen A7V,

○ Erstellung einer Dokumentation.

Der Nachbau des Sturmpanzerwagens A7V erfolgte in zwei Bauabschnitten:

○ Bauabschnitt I : Äußere Konstruktion

○ Bauabschnitt II : Innenausbau

Die Arbeit des Komitees erfolgte nach Grundsätzen, die der Vorsitzende nach Abstimmung mit dem Komitee in der überarbeiteten endgültigen Fassung am 2. September 1988 als »Grundsätzliche Erklärung« und »Geschäftsordnung für das Komitee zum Nachbau des StPzW A7V« erlassen hat.

Gründungsveranstaltung

Auf Einladung des Komitees fand am Montag, dem 29. Juni 1987, in Köln die Gründungsversammlung zum Nachbau des Sturmpanzerwagens A7V statt. Dankenswerterweise hatte sich die Firma Klöckner-Humboldt-Deutz AG als Gastgeber zur Verfügung gestellt.

Der Hausherr, Dr.-Ing. Bodo Liebe, Vorsitzender des Vorstandes Fa. KHD und der Vorsitzende des Komitees Nachbau StPzW A7V, Brigadegeneral Rothenberger, konnten über 60 Teilnehmer aus den Bereichen Industrie, Bundeswehr und Fachpresse begrüßen. Dr. Liebe wies auf das Beziehungsgeflecht zwischen Industrie und Heer hin und stellte heraus, daß KHD – aber auch die gesamte deutsche Industrie – der Tradition einen hohen Stellenwert beimessen und diese Aktion »Nachbau StPzW A7V« daher gerne unterstützen würden.

In einem ausführlichen Vortrag stellte der Vorsitzende des Komitees die historischen Hintergründe des A7V dar und zeigte dessen Bedeutung für die Gegenwart auf. Dann machte er die Teilnehmer mit der Zielsetzung des Komitees sowie mit dem Vorhaben Nachbau StPzW A7V vertraut und stellte die Mitglieder des Komitees mit ihren Aufgabenbereichen vor. Nach seinen Vorstellungen sollte der Nachbau des Sturmpanzerwagens A7V in zwei Bauabschnitten erfolgen:

Bauabschnitt I: Äußere Konstruktion

Originalgetreuer Nachbau mit folgenden wesentlichen Baugruppen:

○ Wannengehäuse:

Konstruktion – Prof. Dr.-Ing. W. Funk Fertigung – Thyssen-Maschinenbau

○ Fahrwerk:

Konstruktion – Diehl, Remscheid Fertigung – Diehl, Krauss-Maffei, Blohm & Voss

Gründungsveranstaltung des Komitees
am 29. Juni 1987 in Köln. Von links nach
rechts: Oberst Schleicher, Brigadegeneral Dipl.-Ing. Rothenberger,
Professor Dr. Ing. Funk, Oberst Dipl.-Ing.
Larsen   Sammlung Komitee

○ Hauptbewaffnung: Konstruktion und Fertigung – Rheinmetall
○ Äußere Gestaltung des Fahrzeuges

Bauabschnitt II: Innenausbau
Verschiedene Bauteile, Vorrichtungen und Geräte. Soweit vorhanden oder erwerbbar Orginalteile, wie z. B. Handwaffen, sonst
originaltreuer Nachbau, und in der äußeren Form nachgebildete
Bauteile, sofern ein originalgetreuer Nachbau aus technischen
und finanziellen Gründen nicht möglich ist.
Anschließend folgten Vorträge von Oberst Larsen zur Geschichte
des StPzW A7V und von Prof. Funk über erste technische
Vorstellungen zum Nachbau des StPzW A7V. Grußworte sprachen
u. a. der Amtschef des Heeresamtes zu Köln, Generalleutnant
Wolfgang Odendahl, sowie für das Panzermuseum Munster – wo
der StPzW A7V einmal seine Heimat finden sollte – Stadtdirektor
Peters von der Stadt Munster/Örtze. Grußadressen hatten der
Staatssekretär im BMVg, Prof. Dr. Timmermann, sowie der Stell-
vertreter des Inspekteurs des Heeres, Generalleutnant Malecha,
gesandt.
Alle Redner und Absender von Grußadressen sagten dem Vorha-
ben ihre volle Unterstützung zu, brachten ihre Freude und Aner-
kennung über die Absicht des Komitees, den StPzW A7V nachzubauen, sowie ihre Erwartung an das entstehende Produkt zum
Ausdruck.
Es folgten ein ergänzender Lichtbildervortrag durch den Leiter des
Wehrgeschichtlichen Museums Rastatt, Oberstleutnant Dipl.-Ing.
K. P. Böhm, sowie eine ausführliche Diskussion über Art und
Umfang von Unterstützungsmaßnahmen. Die breite Zustimmung
aus dem Plenum, die auch durch Eintragung in die Liste »Erklärung
der Bereitschaft zur Mitwirkung am Nachbau des StPzW A7V«
durch finanzielle, Sach- oder/und Arbeitsleistungen zum Ausdruck
kam, bestärkt das Komitee in seiner Aufgabe.

Die Zeichner in o. a. Liste bilden neben anderen Interessenten den
Kreis der Freunde und Förderer des Nachbaus des StPzW A7V.
Nur durch diesen Kreis konnte der Nachbau verwirklicht werden.
Die Zielsetzung der Gründungsversammlung, einen großen Fir-
men- und Personenkreis mit dem Vorhaben vertraut zu machen
und dessen Interesse für eine Mitarbeit zu wecken, konnte vom
Vorsitzenden in seinem Schluß- und Dankeswort als gelungen
bezeichnet werden.

Realisierung
Mit der grundlegenden Besprechung und der Gründung des
Komitees Nachbau StPzW A7V vom 1. April 1987 sowie der
Gründungsveranstaltung vom 29. Juni 1987 waren die *Funda-
mente* gelegt worden, nun kam es darauf an, in der Realisierungs-
phase die Planungen in konkrete Schritte umzusetzen.
Das Echo aus dem In- und Ausland auf Veröffentlichungen des
Komitees A7V in Fachzeitschriften und in der Presse war zahlreich
und informativ. Besonders erfreulich ist die Tatsache, daß auf
diese Weise Frau Gisela Zincke aus Wuppertal, die Enkeltochter
des Konstrukteurs des StPzW A7V, Oberingenieur Vollmer, mit
dem Komitee in Kontakt kam. Nach einem Besuch des Leiters
Vorhabensbereich Geschichte und des Sekretärs konnte sie zur
Mitarbeit, vor allem als Autorin dieses Bandes verpflichtet werden.
Neben der Möglichkeit, außer dem Archiv »Daimler« den Sammlungen des Wehrgeschichtlichen Museum Rastatt nun auch das
Archiv »Vollmer« zu nutzen, stand und steht dem Komitee A7V
neues Plan-, Bild- und Textmaterial sowohl für die Konstruktions-
arbeit – vor allem des Innenausbaus – als auch für das Buch zur
Verfügung.
Der Sekretär, Oberst Schleicher, steht in *Verbindung* mit
○ 10 amerikanischen Briefpartnern,
○ 3 Briefpartnern in Frankreich,

○ je 1 Briefpartner in Luxemburg, Schweden, CSSR, Großbritannien, Neuseeland und Australien sowie mit
○ ca. 30 Briefpartnern in Deutschland.

Von den vielen Hinweisen, die der Sekretär bekommen hat, sollen nur einige hervorgehoben werden:

○ die besonders guten Planzeichnungen und Beschreibungen des A7V vom Patton-Museum aus Ft. Knox/USA (hierbei wurde dem Komitee A7V erstmals bekannt, daß es auch Pläne für einen A7V-Nachrichtenvermittlungswagen gab),
○ der Bildersatz von Commandant Beraud aus Frankreich über den A7V im Einsatz und nach Erbeutung,

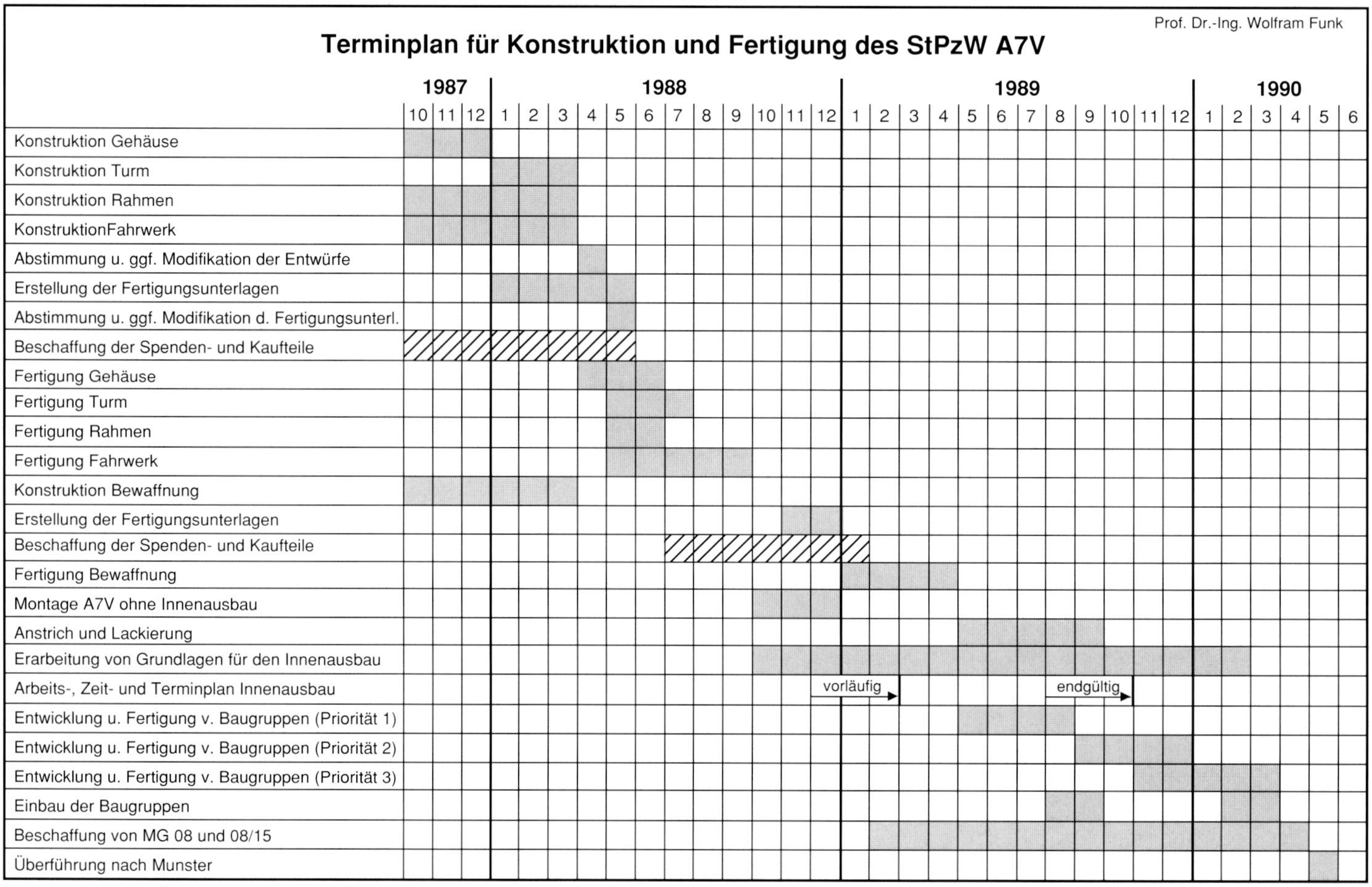

Terminplan für Konstruktion und Fertigung des StPzW A7V

Prof. Dr.-Ing. Wolfram Funk

Zeitraster (Monate): 1987: 10 11 12 | 1988: 1 2 3 4 5 6 7 8 9 10 11 12 | 1989: 1 2 3 4 5 6 7 8 9 10 11 12 | 1990: 1 2 3 4 5 6

Aktivität	Geplanter Zeitraum (Balken)
Konstruktion Gehäuse	10–11/1987
Konstruktion Turm	1–3/1988
Konstruktion Rahmen	10/1987–2/1988
Konstruktion Fahrwerk	11/1987–1/1988
Abstimmung u. ggf. Modifikation der Entwürfe	3–4/1988
Erstellung der Fertigungsunterlagen	2–4/1988
Abstimmung u. ggf. Modifikation d. Fertigungsunterl.	5/1988
Beschaffung der Spenden- und Kaufteile	10/1987–6/1988 (schraffiert)
Fertigung Gehäuse	5–6/1988
Fertigung Turm	6–7/1988
Fertigung Rahmen	6–7/1988
Fertigung Fahrwerk	7–8/1988
Konstruktion Bewaffnung	10/1987–3/1988
Erstellung der Fertigungsunterlagen	1988
Beschaffung der Spenden- und Kaufteile	7/1988–1/1989 (schraffiert)
Fertigung Bewaffnung	1–2/1989
Montage A7V ohne Innenausbau	10–12/1988
Anstrich und Lackierung	4–5/1989
Erarbeitung von Grundlagen für den Innenausbau	1988/1989
Arbeits-, Zeit- und Terminplan Innenausbau	vorläufig → / endgültig →
Entwicklung u. Fertigung v. Baugruppen (Priorität 1)	1989
Entwicklung u. Fertigung v. Baugruppen (Priorität 2)	1989
Entwicklung u. Fertigung v. Baugruppen (Priorität 3)	1989/1990
Einbau der Baugruppen	1989/1990
Beschaffung von MG 08 und 08/15	1989/1990
Überführung nach Munster	6/1990

Zeichnung Funk

Vorsitzender Komitee
Nachbau Sturmpanzerwagen

Vorhabenbereich Technik
Leiter: Professor Dr.-Ing. Wolfram Funk

Abschnitte		Bauteile	Durchf. Firmen	Konstruktion	Steuerung	Fertigstellung
Bau-Abschnitt I: Äußere Konstruktion Zusammenbau: Thyssen-Henschel	1	Wannengehäuse	Thyssen Maschinenbau	Prof. Dr.-Ing. Funk	Professor Dr.-Ing. Funk	Ende 88
	2	Fahrwerke	Diehl	Fa. Diehl		
	3	Hauptbewaffnung	Rheinmetall	Fa. Rheinmetall		
	4	Äußere Gestaltung		Komitee	Oberstleutnant Schrader	
Bau-Abschnitt II: Innenausbau Fertigstellung des Panzers: Krauss-Maffei		– Kanone	Rheinmetall	Professor Dr.-Ing. Funk (Herr Böhm)	Oberst a. D. Baginski	Anfang 90
		– MG-Stände	KUKA			
		– Kdt.- u. Fahrerstand	MaK			
		– Kdt.- u. Fahrersitz	Porsche			
		– Motorblock	Daimler Benz			
		– Getriebe und Antrieb	ZF Friedrichshafen			
		– Brennstoffbehälter	IVECO Magirus			
		– Röhrenkühler	Kühler Lübbers			
		– Handwaffen	Heeres Inst Werk			

Zeichnung Rothenberger

Begutachtung des Wannengehäuses bei der Firma Thyssen im August 1988. Im Wannengehäuse v.l.n.r.: Schleicher, Funk, Rothenberger und Herr Bachmann von der Firma Thyssen, links davon außen (v.l.n.r.): die Herren Berntzen (Thyssen Maschinenbau), Minow (Krauss-Maffei), Böhm, Nürnberger (Krauss-Maffei) und Wiesner (Diehl)

Thyssen Maschinenbau

○ Bilder hoher Qualität über die Fertigung, Erprobung und den Einsatz des A7V aus der Sammlung von Walter J. Spielberger (er ist freier Mitarbeiter der Firma Krauss Maffei und Autor mehrerer Bücher über die Entwicklungsgeschichte gepanzerter Fahrzeuge bis zur Gegenwart) sowie

○ der Bildersatz des US-Verbindungsoffiziers Major Hatfield zum Wehrbereichskommando IV, Mainz, dessen deutscher Großvater, Leutnant Vietze, Kommandant eines A7V im Ersten Weltkrieg war.

Das Wannengehäuse, gefertigt von Thyssen Maschinenbau, wird bei Thyssen-Henschel auf den Unterbau (Rahmen und Fahrwerk), gefertigt von Blohm + Voss, Diehl und Krauss-Maffei, aufgesetzt

Krauss-Maffei

443

Nach Auswertung der Bereitschaftserklärungen der Firmen und der auf Grund des Aufrufs des Komitees eingegangenen Unterlagen wie Bauzeichnungen, Pläne und Bilder konnten nunmehr Konstruktionsunterlagen für den Nachbau des StPzW A7V erstellt werden.

In gewissen Zeitabständen wurden immer wieder Zwischenbesprechungen zur Prüfung des Sachstandes und Terminplanes und zur Abklärung aufgetretener Probleme sowie zum Festlegen weiterer Maßnahmen durchgeführt.

Bauabschnitt I

In mehreren Sitzungen, mit einigen Mitgliedern im kleinen Kreis in Köln oder des gesamten Komitees an verschiedenen Orten, gewann das Vorhaben immer mehr an Gestalt, aber auch an Interesse.

So konnte der Vorsitzende bei einer Sitzung des Komitees am 12. Januar 1988 in den Räumen der Firma Rheinmetall GmbH, Düsseldorf, mit Genugtuung auf Schreiben des Bundesministers der Verteidigung, Dr. Manfred Wörner, des Staatssekretärs für Rüstungsangelegenheiten im BMVg, Prof. Dr. Timmermann, sowie des Inspekteurs des Heeres, Generalleutnant Henning v. Ondarza, verweisen, welche das gemeinsame Vorhaben nachdrücklich unterstützten. Der Leiter des Bereichs Technik konnte Pläne zum äußeren Nachbau des StPzW A7V (Bauabschnitt I) im Detail vorstellen. Damit stand die Konstruktion zur Fertigung des Wannengehäuses. Probleme taten sich noch bei den Schnittstellen zu Rahmen und Fahrwerk auf. Die Studienarbeit des Oberleutnants Dipl.-Ing. Tinnemeier im Fachbereich Maschinenbau der Universität der Bundeswehr Hamburg stellt eine umfassende Dokumentation der bekannten Quellen zum StPzW A7V dar.

Weitere Probleme sah die Gesprächsrunde aus Komitee und Fa. Rheinmetall im Innenausbau des A7V, da bisher keine Detailunterlagen aufgefunden wurden. Trotzdem kam man überein, den Innenausbau »flankierend« in Angriff zu nehmen und charakteristische Bedienplätze (Kommandanten-, Richtschützen- und Kraftfahrerplatz) zu gestalten.

Beim Gesamtnachbau wurde an der Forderung nach Bugsierfähigkeit festgehalten. Auf den Bau eines eigenständigen Antriebs wurde aus Kostengründen verzichtet.

Bei der Komiteesitzung am 27. Juni 1988 – Gastgeber war die Fa. Diehl KG in Vieringhausen – konnte man weitere Fortschritte verzeichnen. Der Vorsitzende, Brigadegeneral Rothenberger, konzipierte ausführlich den Ablauf des Projektes mit seinen verschiedenen Bereichen mit dem Ziel, zu einem Gesamt-Übersichtsplan zu kommen, um ein Steuer- und Kontrollinstrument zu besitzen. Besonders ging er auf den Bereich Technik ein.

Der Leiter VB Technik trug zum Sachstand über den Bauabschnitt I – äußere Konstruktion – vor.

Fachlich wurde der Bericht durch die Herren Bachmann (Fertigungsleiter der Firma Thyssen-Maschinenbau), Wiesner (Direktor der Firma Diehl KG) und Sauerwald (Abteilungsleiter der Firma Rheinmetall) ergänzt.

Schwierigkeiten tauchten auf bei der Fertigung der Rollenwagen, bei der Schnittstelle zwischen Waffenanlage und Gehäuse. Beeindruckt waren die Mitglieder des Komitees vom Vortrag über Planzeichnungen von Kette und Laufwerk sowie von der Präzision, aber auch von dem Engagement, mit dem die Mitarbeiter der Firma Diehl sich dem Vorhaben widmeten.

Aus Gesprächen mit den leitenden Herren der verschiedenen Firmen, aber auch manchmal durch Augenschein vor Ort, hatten Komiteemitglieder immer wieder den Eindruck, daß der Nachbau nicht als Last empfunden wurde, sondern daß er auch Experimentierfreude weckte und bereits in Vergessenheit geratene Fertigungstechniken (z. B. die Niettechnik) wieder zu Ehren brachte.

Fertigstellung Wannengehäuse

Nach erfolgter Fertigstellung des Wannengehäuses des Nachbaus StPzW A7V nahmen Mitglieder des Komitees – an der Spitze der Vorsitzende – die Gelegenheit wahr, eine Fachbesprechung bei der Fa. Thyssen-Maschinenbau in Witten anzuberaumen.

Am 31. August 1988 konnte Dipl.-Sozialwirt Ulrich Berntzen, Vorsitzender des Vorstandes der Thyssen-Industrie AG in Witten, neben vier Vertretern des Komitees auch sieben Herren aus dem Bereich der den Nachbau durchführenden Firmen begrüßen. In seiner Einführung wies Herr Berntzen darauf hin, daß in diesem Werk für die Bundeswehr schon der fast legendäre Schützenpanzer (SPz) HS 30 (HISPANO SUIZA) und später der SPz MARDER gebaut wurden. Er hoffe für das Werk, »daß das Wannengehäuse des A7V nicht das letzte sei, das man für die Bundeswehr« baue.

Auf manche Kritik Außenstehender an der Rüstungsindustrie eingehend stellte er fest, »daß wir von 1945 – 1988 in der längsten Friedensperiode, nämlich fast 44 Jahre, der letzten Jahrhunderte leben«. Diesen Erfolg führte er auf die Balance of Power zurück, zu der wohl auch die Rüstungsindustrie beigetragen habe.

Vergangenheit und Gegenwart wurden bei einem Rundgang durch das Fabrikgelände verknüpft, wobei man hier den Schritt nach rückwärts ging, einen Sprung von Zukunft und Gegenwart in die Vergangenheit bzw. Geschichte tat.

Vorbei an Fertigungsstätten für Kommandantenluken und Gehäuseteilen für einen der modernsten Kampfpanzer der Welt, den LEOPARD 2, stand man plötzlich dem Wannengehäuse des Sturmpanzerwagens A7V gegenüber. Entgegen der ursprünglichen Planung, das Panzergehäuse zu schweißen und die Nietköpfe als Attrappen aufzubringen, wurde das Gehäuse von der Firma Thyssen Maschinenbau in Originaltechnik genietet. Dazu hatte man einen ehemaligen Meister »reaktiviert«.

Mit Freude, aber auch einem gewissen Stolz über das gelungene Werk erklärten die Herren Berntzen und Bachmann den erstaunten und beeindruckten Besuchern den Gang der Arbeiten von der Erteilung des Fertigstellungsauftrages bis zur Vollendung. Für die anwesenden Mitglieder des Komitees war dies ein großes Erlebnis.

Nach manchen Zweifeln, die man am hochgesteckten Ziel des Komitees hatte, war man von der hohen Qualität des Nachbaus des Wannengehäuses so eingenommen, daß der Nachbau des StPzW A7V einschließlich des Innenausbaus keine Illusion mehr zu sein schien.

Vorstellung des Bauabschnittes I (mit Fleckentarnanstrich) in Kassel am 31. Januar 1989 durch das Kom A7V. BrigGen. a.D. R.M. Rothenberger beim Festvortrag.   Sammlung Komitee

Frau Gisela Zincke, Enkeltochter des A7V-Konstrukteurs Joseph Vollmer im Gespräch mit den Komiteemitgliedern Schleicher (l.) und Larsen (r.) bei der Vorstellung des Bauabschnittes I bei Firma Thyssen-Henschel in Kassel am 31. Januar 1989.   Sammlung Komitee

Vorstellung des Bauabschnitts I des Nachbaus des Sturmpanzerwagens A7V bei der Firma Thyssen-Henschel in Kassel am 31. Januar 1989

Am Dienstag, dem 31. Januar 1989, stellte das Komitee bei der Fa. Thyssen-Henschel in Kassel einem Kreis geladener Gäste, vorwiegend aus dem Bereich der Industrie und Bundeswehr, den Nachbau des Sturmpanzerwagens A7V im Bauabschnitt I vor. Bei dieser Veranstaltung wurde der Sturmpanzerwagen A7V feierlich enthüllt. Alle Anwesenden – einschließlich des Komitees – waren tief beeindruckt von der hohen Qualität der Fertigung von Gehäuse, Rahmen, Laufwerk und Kette; ein Meisterstück handwerklichen Könnens stellte sich vor.

Der Hausherr, Dipl.-Ing. Klaus Bax, Vorsitzender des Vorstandes von Thyssen-Henschel, begrüßte die Gäste. In seiner Ansprache stellte er heraus: »daß es durchaus einmal erfrischend, ja belebend sein kann, sich mit einem Projekt zu beschäftigen, das den Rahmen unseres betrieblichen Alltags sprengt. Unser Alltag läßt uns weder Zeit für die Spurensicherung, noch für die Pflege historischer Überlieferungen [. . .] Ereignisse und Lebensformen einer Zeit werden durch den technologischen Wandel beeinflußt. Der heutige Tag ist daher für mich mehr als die Präsentation des Nachbaus eines historischen Fahrzeuges. Es ist ein Tag, an dem wir der Technikgeschichte ein Stück Zukunft geben.«

Der Vorsitzende des Komitees stellte nach einführenden Bemerkungen zur Bedeutung des A7V sowie der gepanzerten Kampffahrzeuge in der Gegenwart den Bauabschnitt I des Nachbaus sowie die weiteren Maßnahmen im einzelnen vor.

Das Komitee und alle Anwesenden waren nach Besichtigung des Nachbaus einhellig der Meinung, daß der Bauabschnitt I des Sturmpanzerwagens A7V die Erwartungen der Zielsetzung der Gründungsveranstaltung vom 29. Juni 1987 weit übertraf.

Der Vorsitzende bedankte sich nochmals bei allen Firmen, die durch Sach- bzw. Arbeitsleistungen oder in anderer Weise am Nachbau des Bauabschnitts I mitgewirkt hatte, sowie beim Gastgeber für die gelungene Vorstellung des Sturmpanzerwagens A7V am 31. Januar 1989.

Er rief alle auf, im Interesse der deutschen Heeresgeschichte an der Vollendung des Nachbaus des Sturmpanzerwagens A7V im Bauabschnitt II mitzuwirken und das Komitee in geeigneter Weise zu unterstützen.

Dem Vorsitzenden war es eine besondere Freude, als kleines Zeichen des Dankes den am Nachbau des Bauabschnitts I beteiligten Firmen

○ Thyssen Maschinenbau (Witten)	Fertigung des Wannengehäuses
○ Diehl (Remscheid)	Gesamtkonstruktion des Fahrwerkes Fertigung der Ketten Gesamtkoordination beim Bau des Fahrwerkes
○ Krauss-Maffei (München)	Fertigung von Fahrwerkteilen und Zusammenbau von Fahrwerk und Rahmen
○ Blohm u. Voss (Hamburg)	Fertigung des Fahrwerkrahmens
○ Rheinmetall (Düsseldorf)	Hauptbewaffnung
○ Thyssen-Henschel (Kassel)	Zusammenbau

eine gerahmte Urkunde mit dem Emblem des Sturmpanzerwagens A7V zu überreichen.

Bauabschnitt II

Die Zielsetzung für den Bauabschnitt II war es, den jungen Soldaten der Bundeswehr, Historikern und Fachleuten, aber auch der übrigen interessierten Öffentlichkeit einen plastischen Eindruck zu vermitteln, unter welchen ergonomischen und technischen Bedingungen die Urväter der deutschen Panzersoldaten im Ersten Weltkrieg ihre schwere Pflicht getan haben und ihnen damit

ein Denkmal zu setzen. Ebenso sollte aber damit auch das technische und handwerkliche Können unserer Vorväter vor 70 Jahren, die dieses Waffensystem in einer Rekordzeit entwickelt und gefertigt haben, demonstriert werden.

In der Komitee-Sitzung am 27. Juni 1988 bei der Firma Diehl in Remscheid wurde Oberst a. D. Edelfried Baginski vom Vorsitzenden des Komitees als Beauftragter für den Bauabschnitt II (BA II) eingesetzt, um alle mit dem Innenausbau zusammenhängenden Maßnahmen zu koordinieren, geeignete Firmen zur Mitarbeit zu gewinnen, sie zu steuern und zu beraten sowie den planmäßigen Zulauf und Einbau der einzelnen Baugruppen gemäß einem zu erstellenden Durchführungs- und Zeitplan sicherzustellen.
Voraussetzungen für die Erstellung eines Arbeits-, Zeit- und Durchführungsplanes waren

○ die Kenntnis der nachzubauenden Baugruppen mit Funktionen, technischer Anordnung und Abmessungen;
○ entsprechende Unterlagen wie Zeichnungen, Fotos und Beschreibungen sowie
○ die Bereitschaft geeigneter Firmen zu ehrenamtlicher Mitarbeit.

Die Suche nach technischen Unterlagen und nach Literatur erstreckte sich über das In- und Ausland. Die Resonanz auf entsprechende Aufrufe in der Fachpresse war erfreulich. Museen, Archive und Privatpersonen in Deutschland, Frankreich, Großbritannien, den USA, Australien und Neuseeland zeigten sich sehr hilfsbereit. Ihnen allen sei an dieser Stelle gedankt. Dennoch blieb das Grundlagenmaterial für den Innenausbau unvollständig. Gründe lagen u. a. darin, daß im Jahre 1918 Blitzlichtaufnahmen in dem engen Kampfraum sehr schwierig waren und daher Fotos der Innen-Baugruppen aus dieser Zeit sehr selten sind. Wertvolle Unterlagen gingen in Deutschland am Ende des Zweiten Weltkrieges verloren; so gelang es z. B. nicht, eine Bedienungsvorschrift für den A7V aufzutreiben.

Eine unverzichtbare Hilfe waren Schilderungen und Beschreibungen ehemaliger Kampfwagenkommandanten sowie eine erfreuliche Menge Literatur aus den Archiven.
Sehr wichtig war auch die Reise einiger Komitee-Mitglieder zum Queensland-Museum in Brisbane/Australien, um am dortigen A7V MEPHISTO »Spurensuche« zu betreiben und die im Museum vorhandenen Unterlagen zu sichten.
Ein Schuß MG-Munition und ein Stück Stacheldraht, die seinerzeit im MEPHISTO gefunden worden waren, vervollständigten die Ausbeute dieser Reise. Dem dortigen Kurator für Geschichte und Technologie, Mr. Mark Whitmore, der selbst eine Broschüre über den A7V MEPHISTO verfaßt hat, soll hier für seine Unterstützung besonders gedankt werden.
Die Aufteilung der zu fertigenden Baugruppen auf die einzelnen Firmen erfolgte unter Berücksichtigung ihrer technischen und finanziellen Leistungsfähigkeit in der Wehrtechnik, der von einigen Firmen bereits bei der Gründungsversammlung des Komitees eingegangenen freiwilligen Selbstverpflichtung zur ehrenamtlichen Mitarbeit und selbstverständlich unter dem Gesichtspunkt der Lastenverteilung. Die von dem Beauftragten Bauabschnitt II angesprochenen weiteren Firmen haben fast ausnahmslos spontan ihre Mitarbeit zugesagt. Sie alle haben damit ein bemerkenswertes Zeichen der Solidarität zur Tradition der deutschen Wehrtechnik gesetzt.
In einer ersten Besprechung zum Bauabschnitt II unter Leitung des Leiters Vorhabensbereich Technik, Professor Funk mit dem Beauftragten für Bauabschnitt II sowie dem als Konstruktionszeichner gewonnenen Herrn Günter Böhm aus Witten wurden die Komponenten und Baugruppen für den Innenausbau festgelegt und die weiteren Maßnahmen beschlossen.
Bereits bei der nächsten Besprechung am 12. Dezember 1988 legte Herr Böhm die ersten grundlegenden Zeichnungen für den Innenausbau vor, deren Anzahl sich im Laufe der Zeit auf insgesamt 26 erhöhte. Sie bildeten u. a. auch die Grundlage für

Zeit- und Durchführungsplan Bauabschnitt II

Position	Baugruppe	Firma	Liefertermin IV/89	I/90
18	**Kanone 57 mm**	**Rheinmetall Düsseldorf**		▽
	– Rohr mit Verschluß	**Rheinmetall Düsseldorf**	▽	
	– Rohrjacke mit Rücklaufeinrichtung	**Rheinmetall Düsseldorf**	▽	
	– Sockellafette	**Rheinmetall Düsseldorf**	▽	
	– Richtschützenstuhl m. Gestänge	**Rheinmetall Düsseldorf**	▽	
	– Munitionsnachbildungen (10 EA)	**Rheinmetall Düsseldorf**		▼
	– Seiten- und Höhenrichtantrieb	FWM	▽	
	– Zylinderpanzer	Blohm & Voss Hamburg	▼	
	– Wiege mit Rohrpanzer	Diehl Remscheid / Mariahütte	▽	
	– Oberlafette	Thyssen Henschel Kassel	▽	
	– Blendenabdeckung	Thyssen Maschinenbau Witten		▽
	– Zielfernrohr	Carl Zeiss Oberkochen		▼
	– Munitionsbehälter (3 EA)	Mauser-Werke Oberndorf		▼
20	**MG-Stände vollständig (6 EA)**	**KUKA Augsburg**		▽
	– MG-Halterung mit Blende	**KUKA Augsburg**	▽	
	– Gestänge	**KUKA Augsburg**		▽
	– Munitionsbehälter zugl. Sitze (7 EA)	Mauser-Werke Oberndorf		▽
	– Patronenkästen MG-Munition (20 EA)	Mauser-Werke Oberndorf		▽
1 – 12	Bodenbleche	MAK Kiel	▼	
25, 26	Kdt.- und Fahrerstandaufbau	MAK Kiel	▼	
14 – 16	Brandschutzplatten über KrStTanks	MAK Kiel	▼	
44	Kdt.- und Fahrersitz	Porsche AG Stuttgart	▽	
	Lenkrad mit Säule	Porsche AG Stuttgart	▽	
28 – 32	Kupplungspedale mit Gestänge, Bremshebel, Fahrstufenhebel, Rückwärtsschalthebel (Abgüsse)	Queensland-Museum Brisbane/Australien		▽
34	Behälter Druckschmierung (2 EA)	FWM Mainz	▽	
	Kraftstoff-Anlasserpumpe	FWM Mainz	▽	
	versch. Rohrleitungen	FWM Mainz	▽	
40, 41	Anlaßmagnet-Lichtbogenzündung (2 EA), Schalter (2EA)	Bosch GmbH Stuttgart	▽	
	Gemischpumpe (vor d. Fahrer)	Bosch GmbH Stuttgart	▽	
44	2 Drehzahlmesser, 2 Öldruckanzeiger	VDO Frankfurt	▽	
40, 41	Nachbildungen 2 Motoren	Daimler-Benz Stuttgart		▽
42	Gehäuse Fahrgetriebe	ZF Friedrichshafen		▽
39	2 Röhrenkühler mit Luftleitblechen	Kühler-Lübbers Bielefeld	▽	
13, 33, 34	2 Kraftstofftanks, 2 Anlassertanks, 1 Schmierstoffbehälter	IVECO Magirus Ulm	▽	
37, 38	Auspuffanlage	Deutz-Service-Stützpunkt München		▽
	Halterungen für Handwaffen (EA) Stahlösen für Halteschlaufen (12 EA)	Heeresinstandsetzungswerk St. Wendel	▼	
	2 MG 08, 1 MG 08/15, 2 – 4 Karabiner	Komitee / Beauftragter BA II		▽
	Einbau aller Baugruppen, Fertigstellung Gesamtsystem, Abnahme und Übergabe an das Komitee	Krauss-Maffei München		▽

Legende: Geplanter Fertigstellungstermin : ▽
Erfüllter Fertigstellungstermin : ▼

Tabelle Baginski

Aus einem Bericht der deutschsprachigen Zeitung
DIE WOCHE IN AUSTRALIEN: Die Komiteemitglieder Schleicher, Baginski und Rothenberger (v. l. n. r.) bei einer ersten Auswertung der Innenraumvermessung des A7V MEPHISTO im Queensland Museum Brisbane im Mai 1989
Die Woche

Die Woche in Australien

Brisbane River untersucht

Nr. 23 Dienstag, den 6. Juni 1989 32. Jahrgang Price: $ 1.20

Registered by Australia Post - Publication No. NBF0419

zahlreiche Schnittstellenangaben, ohne die ein reibungsloser Innenausbau nicht möglich gewesen wäre. Die Krönung ist die Übersichtszeichnung des A7V vom 30. März 1990.

Nachdem am 31. Januar 1989 der Bauabschnitt I, bestehend aus Rahmen, Fahrwerk und Panzergehäuse, bei der Firma Thyssen-Henschel in Kassel der Öffentlichkeit vorgestellt worden war, wurde das Fahrzeug zur Firma Kraus-Maffei nach München überführt, die dankenswerterweise den Einbau und die Integration aller Baugruppen und damit die Fertigstellung des Nachbaus übernommen hatte.

Bereits am 23. Februar 1989 wurde vom Beauftragten BA II der vorläufige Arbeits-, Zeit- und Durchführungsplan dem Komitee zur Genehmigung vorgelegt. Vorläufig deshalb, weil zu diesem Zeitpunkt noch nicht alle Firmen ihre vorgesehene Mitarbeit bestätigt hatten und bei einigen Baugruppen noch technische Unklarheiten bestanden.

Nachdem alle vorbereitenden Maßnahmen im wesentlichen abgeschlossen waren, wurden die von der Industrie für dieses Vorhaben benannten Projektleiter zu einer Koordinierungsbesprechung am 20. Juni 1989 in das Heeresamt Köln eingeladen. Hierbei wurde ein für alle Beteiligten erforderlicher Informationsstand hergestellt, technische Unterlagen ausgegeben, Schnittstellen festgelegt und Termine geplant. Im Oktober 1989 konnte schließlich durch Oberst Baginski der endgültige Zeit- und Durchführungsplan erstellt und herausgegeben werden.

Bemerkenswert ist in diesem Zusammenhang das Angebot eines australischen Technikers vom Queensland Cultural Centre in Brisbane, Mr. Greg Isaac, der in einem Schreiben anbot, beim dort befindlichen A7V MEPHISTO erhalten gebliebene Teile auszubauen, danach Formen zu fertigen und diese abzugießen, so daß man praktisch originalgetreue Muster erhalten würde. Das Komitee hat

dieses Angebot in bezug auf die Bedien-/ Schalthebel, Pedale, Wellen und Lager im Bereich des Fahrerstandes dankbar angenommen. Mr. Isaac war auch später noch bei technischen Nachforschungen behilflich. Er hat sich damit um den Nachbau sehr verdient gemacht.

Während des gesamten Jahres 1989 und bis zum April 1990 fanden bei einzelnen Firmen Besprechungen statt, um den Lieferumfang festzulegen, Schnittstellen zu anderen Baugruppen zu bestimmen, verfügbare Unterlagen auszuwerten, Baugruppen zu identifizieren und Entscheidungen hinsichtlich der technischen Gestaltung von Baugruppen zu treffen. Damit verbunden war ein intensiver Telefon- und Schriftverkehr. Das Komitee wurde in mehreren Zwischenberichten und einem Abschlußbericht über den jeweiligen Stand des Bauabschnitts II unterrichtet.

Schwierigkeitsgrad und Aufwand für die Herstellung der einzelnen Baugruppen waren naturgemäß sehr unterschiedlich. Gemeinsam war jedoch die von allen beteiligten Ingenieuren, Technikern und Arbeitern bewiesene Passion für diese ungewöhnliche Aufgabe, die Technik aus der Zeit des Ersten Weltkrieges von 1914 bis 1918 nachzubauen. Sie war sehr oft verbunden mit Staunen und Hochachtung über das technische Wissen unserer Vorväter.

Der Nachbau des 5,7-cm-Sockel-Panzerwagen-Geschützes war für die Firma Rheinmetall in Düsseldorf eine reizvolle Herausforderung. Glücklicherweise fand sich dafür brauchbare Literatur, die durch Besuche beim Imperial War Museum in Duxford, England, das einen Torso der »Schnuck-Kanone« besitzt, sowie bei der Wehrtechnischen Studiensammlung in Koblenz, wo sich eine 5,7-cm-Coquerill-Nordenfeldt-Kanone Baujahr 1892 befindet, ergänzt werden konnte. Mit Unterstützung der Firmen FWM, Blohm & Voss, Diehl Remscheid, Thyssen-Henschel, Thyssen Maschinenbau, Carl Zeiss und Gebrüder Schöne ist mit der Kanone, die sich von ihrem Original des Jahres 1918 so gut wie nicht unterscheidet, eine besondere Sehenswürdigkeit entstanden, an der Herr Pehker von der Fa. Rheinmetall besonderen Anteil hat. Zehn Patronen Handhabungsmunition vervollständigen den Anteil der Firma an diesem Vorhaben.

Mit dem Nachbau der 6 MG-Stände hatte die Firma Keller & Knappich (KUKA) in Augsburg keine einfache Aufgabe übernommen, weil die Unterlagen unvollständig waren und die Funktionen der Gestänge nachempfunden werden mußten. Auf der Grundlage der von Herrn Böhm gefertigten Zeichnungen und in enger Abstimmung mit der Firma Mauser-Werke Oberndorf, die die sieben Munitionsbehälter für die MG-Munition herstellte, ist ein originalgetreuer Nachbau gelungen.

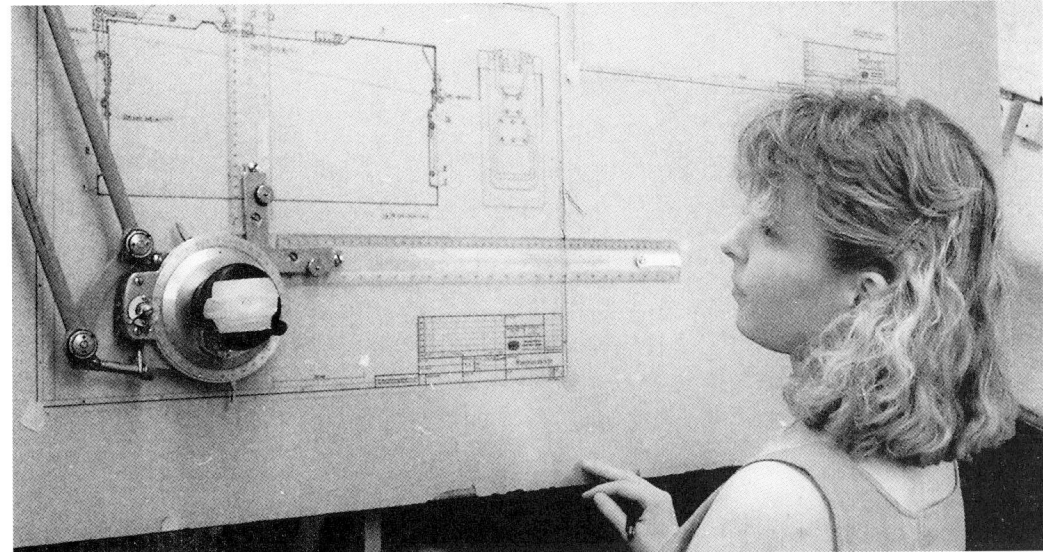

Fräulein Heike Schadow, Auszubildende zur Technischen Zeichnerin bei den Mauserwerken, an einer Zeichnung für den Nachbau des Patronenkastens
Mauserwerke

Besichtigung der fertigen Kanone bei der Firma Rheinmetall am 9. Februar 1990, v.l.n.r. die Herren Becker (Rheinmetall), Schöne, Pehker, Schleicher, Böhm, Fuchs und Wiesner (Diehl). Auf dem Richtsitz Oberst a. D. Baginski
Sammlung Baginski

Die Wehrtechnische Studiensammlung in Koblenz unterstützte die Konstruktionsarbeiten durch Ausleihe eines MG 08.

Neben den sieben Munitionsbehältern für MG-Munition, die zugleich die Sitze für die MG-Schützen waren, fertigte die Fa. Mauser-Werke weiterhin die drei Munitionsbehälter für je 60 Schuß 5,7-cm-Munition, 20 Gurtkästen und zwei Gurttrommeln für MG-Munition, wobei man sich bemühte, die Herstellungstechniken der damaligen Zeit anzuwenden.

Vor einer ähnlichen Aufgabe stand die Firma Iveco Magirus in Ulm beim Nachbau der insgesamt fünf Kraftstoffbehälter, wobei die Verbindung der Blechteile vor allem durch Bördeln, Weichlöten und Nieten hergestellt wurde.

Ein besonders herausforderndes Aufgabenpaket hatte, ohne zu zögern, die Firma Telefunken Systemtechnik in Wedel mit dem Nachbau der Lichtsignalanlage zu den sieben Waffenstationen, der Zielweiseranlage vom Kommandanten zur Kanone, der Innen-

beleuchtung einschließlich der gesamten elektrischen Verkabelung und eines Transformators übernommen. Von den ersten beiden Baugruppen existiert nur ein Foto, das die Empfänger und die dazugehörigen Kabel zeigt; im übrigen gibt es nur Erwähnungen in Gefechtsberichten ehemaliger Kampfwagenkommandanten und in technischen Beschreibungen. Nach Auswertung dieser Unterlagen sowie der Marinetechnik aus der damaligen Zeit wurden in intensiven Diskussionen Lösungen erarbeitet und realisiert, die der Realität in hohem Maße entsprechen.

Als erste Baugruppen des Bauabschnitts II waren die Bodenbleche, der Kommandanten-/Fahrerstand mit Armaturenblechen und Kühlerhalterungen sowie die Brandschutzplatten über den Kraftstofftanks zu konstruieren und zu fertigen. Die Firma Krupp MaK Kiel hatte diese Aufgabe übernommen und vorbildlich gelöst. Die genannten Baugruppen waren eine Voraussetzung für alle weiteren Innenarbeiten.

Der Ausbildungsmeister mit Auszubildenden beim Zuschneiden des Bleches für die Kraftstoffbehälter mit der Handschere bei der Firma Iveco Magirus
Magirus

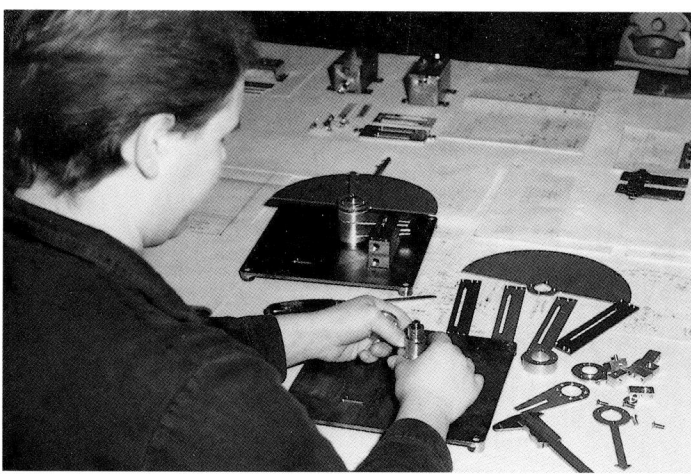

Montage des Empfängers der Zielweiseranlage bei der Firma Telefunken
Telefunken

Waren die Herstellung des Kommandanten- und des Fahrersitzes für die Firma Porsche AG in Stuttgart noch Routinearbeiten, so gab der Nachbau der Lenkeinheit mit Lenkrad, Lenkradsäule und vor allem dem Übertragungsmechanismus zu den Motoren zunächst manche Rätsel auf, die sich erst durch weitere Untersuchungen von Mr. Isaac am MEPHISTO in Brisbane etwas aufhellten. Diese komplizierte Konstruktion nötigt besondere Hochachtung sowohl vor den seinerzeitigen Konstrukteuren als auch vor den heutigen Nachbauern ab.

Der Nachbau der Fahrer-Bedien- und Kontrolleinrichtungen durch Mr. Isaac in Brisbane ist bereits erwähnt worden. Sie entsprechen den Originalen.

Getreu ihrem Metier hatten die Feinmechanischen Werke in Mainz (FWM) die Nachbildung verschiedener Baugruppen wie Anlaßdynamo, Druckschmierbehälter, Kraftstofffilter, Absperrhähne und Rohrleitungen sowie vor allem der Seiten- und Höheneinrichtungen übernommen. Bei auftretenden neuen Erkenntnissen hat die Firma schnell reagiert und stand auch als »Notnagel« stets zur Verfügung. Sie leistete mit ihren Baugruppen einen wertvollen Beitrag für die Kanone sowie im Bereich des Kommandanten- und Fahrerstandes.

Die Firma Robert Bosch – Zentralstelle Sondertechnik – in Stuttgart war eine der ersten Firmen, die ihre Mitarbeit am Sturmpanzerwagen-Nachbau anbot. Sie konnte aus ihrem umfangreichen Archiv auf ausgezeichnete Unterlagen zurückgreifen, die zum Teil Anbauteile an den Motoren wie Lichtmaschine, Zündapparate, Anlasser, Hilfsvergaser usw. zum Teil aber auch eigene Baugruppen wie Kraftstoffzerstäuberpumpe, Schalter und Anlaßmagnet-Lichtbogenzündung betreffen. Für den Nachbau hat die Firma Bosch zum Teil funktionsfähige Originalteile aufgetrieben und zur Verfügung gestellt, die eine besondere technische Attraktion darstellen.

Die Nachbildung der beiden Drehzahlmesser und der beiden Öldruckmanometer nach historischem Vorbild lag in den bewährten Händen der Firma VDO Luftfahrtgeräte Werk in Frankfurt. Diese Anzeige-Instrumente sind wichtige Bestandteile im Armaturenblech des Kommandanten- und Fahrerstandes.

Die beiden Daimler-Benz-Motoren nehmen in der Mitte des Fahrzeuges unter dem Kommandanten-Stand einen zentralen Platz ein. Ihre Nachbildung war daher zwingend geboten. Die

Firma Mercedes Benz in Stuttgart hatte schon frühzeitig ihr Archiv durchforstet und wertvolle Fotos und Zeichnungen zur Verfügung gestellt. Mit ihrer Hilfe hat es diese Firma zusammen mit einem Unterauftragnehmer geschafft, beide Motoren originalgetreu nachzubilden, wozu die Originalteile der Firma Bosch wesentlich beitrugen. Die Nachbildung der beiden Motoren stellt einen wertvollen Beitrag zur deutschen Technikgeschichte dar.

Die Antriebseinheit wäre unvollständig ohne das Fahrgetriebe mit den beiden Übertragungswellen. Die Firma Zahnradfabrik Friedrichshafen (ZF) unterzog sich der schwierigen Aufgabe, dieses große Getriebegehäuse nur nach Fotos und vorgegebenen Einbaumaßen nachzubilden – mit großer Erfahrung und Sachkenntnis, wie ein Blick unter die Bodenbleche im hinteren Kampfraum beweist.

Den Nachbau der beiden großen Röhrenkühler vor und hinter den beiden Motoren delegierte die Süddeutsche Kühlerfabrik in Stuttgart an die Firma Lübbers-Kühler in Brackwede. Sie bilden einen Blickfang im Kampfraum und lassen erkennen, mit welch selbstverständlicher Präzision diese Firma die Fotos und Maßangaben in originalgetreue Hardware umgesetzt hat.

Von der Auspuffanlage, die von der Firma Klöckner-Humboldt-Deutz in Köln angefertigt wurde, sieht man zwar äußerlich nur die beiden Endrohre. Ein näherer Blick auf die Auspuffkrümmer zwischen den beiden Motoren, die zur Geräusch- und Hitzedämmung umwickelten Rohre im Kampfraum sowie auf die Auspufftöpfe unter Panzerschutz am Fahrwerk zeigt, daß diese für die ergonomischen Bedingungen im Kampfraum wichtige Baugruppe mit großer Sachkenntnis nachgebaut wurde.

Auch der Weilburger Lackfabrik soll an dieser Stelle für ihre schnelle Hilfe gedankt werden.

Ebenso hat die erst später eingeschaltete Firma MAN – Unternehmensbereich Nutzfahrzeuge – in München durch ihre Transporthilfen und andere Unterstützungsleistungen einen wertvollen Beitrag für das Vorhaben geleistet.

Das Zusammenführen dieser zahlreichen Baugruppen und damit die Systemintegration lag schließlich in den bewährten Händen der Firma Krauss-Maffei Wehrtechnik GmbH in München und insbesondere bei ihrem Projektleiter Herrn Eike-Dietrich Minow und seinen Mitarbeitern. Diese Systemintegration beinhaltete über den Einbau der Baugruppen hinaus das Konstruieren und Fertigen von

Detail eines Daimler-Benz-Antriebsmotors mit Anlasser von Bosch (r.)
Daimler-Benz

Fahrgetriebe mit Übertragungswellen wurden von der Zahnradfabrik Friedrichshafen nachgebildet
Zahnradfabrik Friedrichshafen

Halterungen, Gestängen, Sicherungen, den Endanstrich und die schnelle Reaktion bei auftretenden Schnittstellenproblemen. Die hierbei bewiesene fachliche Kompetenz und die persönliche

Den Nachbau der beiden großen Röhrenkühler vor und hinter den Motoren delegierte die Süddeutsche Kühlerfabrik an die Firma Lübbers-Kühlerbau in Brackwede
Lübbers

Identifizierung mit der Aufgabe stehen stellvertretend für die gesamte am Nachbau beteiligte Industrie. Herr Minow hat zusätzlich zu seiner eigentlichen Aufgabe durch Vorschläge und durchdachte Ideen wertvolle Beiträge zum Gesamtvorhaben geleistet. Die Darstellung des Bauabschnittes II wäre unvollständig, ohne die Bemühungen um die Beschaffung von Original - MG des Typs 08 zu erwähnen. Nach Anfragen bei allen in Frage kommenden Museen in Belgien, England und den Niederlanden wurde der Beauftragte Bauabschnitt II beim Koninklijk Nederlands Leger & Wapenmuseum »General Hoefer« in Delft/NL und beim Koninklijk Museum van het Leger en van Krijgsgeschiedenis in Brüssel/BE fündig. Nach längeren Verhandlungen und nach der Lösung zum Teil schwieriger formal-juristischer Probleme gelang es schließlich, drei MG 08 zu beschaffen. Auch den beiden o.a. Museen soll an dieser Stelle für ihre freundschaftliche Zusammenarbeit gedankt werden.

Der geplante Fertigstellungstermin – 31. März 1990 – konnte trotz mancher im letzten Augenblick aufgetretenen Friktionen dank des besonderen Einsatzes aller Beteiligten eingehalten werden. Die Endabnahme durch den Vorsitzenden und weitere Mitglieder des Komitees am 5. April 1990 bei der Firma Krauss-Maffei bewies, daß es in unglaublich kurzer Zeit gelungen war, in den beiden Bauabschnitten den deutschen Ur-Panzer des Ersten Weltkrieges bis in die Einzelheiten nahezu originalgetreu nachzubilden. Am 10./11. April 1990 wurde der Nachbau per Tieflader zum Panzermuseum nach Munster/Örtze befördert, um hier in einem Diorama seinen endgültigen Aufstellungsplatz zu erhalten – zum Gedenken an die Leistungen und Leiden der ersten deutschen Panzersoldaten.

Übergabe des Nachbaus des Sturmpanzerwagens A7V an das Panzermuseum in Munster

Die Vorbereitungen zur Übergabe liefen seit Sommer 1989. Der Leiter des Vorhabensbereiches Öffentlichkeitsarbeit, Oberst Kuhlow, zeichnete dafür verantwortlich.

Im November 1989 fand dazu eine Besprechung bei der Stadt Munster statt, bei der die Modalitäten einer vertraglichen Übergabe geklärt wurden.

Nach Überführung des Nachbaus A7V von München nach Munster erstellte ein Team unter Leitung von Oberstleutnant Grundies von Mitte April bis Mitte Mai 1990 das Diorama, das in seiner Art in deutschen Museen einzigartig ist und besondere Beachtung findet.

Am 20. Juni 1990 waren ca. 400 geladene Gäste aus den Bereichen der Industrie und der Bundeswehr, zum Teil aus dem Ausland, der Einladung des Komitees zur feierlichen Übergabe des Nachbaus A7V gefolgt.

Die Begrüßungsworte sprach der Kommandeur der Kampftruppenschule 2, Brigadegeneral Schultze-Rhonhof, der in seiner Rede auf den Zusammenhang von Tradition und Fortschritt einging.

Anschließend zog der Vorsitzende des Komitees, Brigadegeneral a. D. Rothenberger, einen historischen Vergleich und ließ in seiner Ansprache noch einmal den Nachbau mit all seinen Aktivitäten Revue passieren.

Redaktionskonferenz am 10. Februar 1990 im Hause Larsen. V. l. n. r. die Autoren: Schleicher, Kaufhold-Roll, Funk, Zincke, Baginski, Böhm, Walle

Sammlung Larsen

Generalleutnant H. Schulz, Stellvertreter des Inspekteurs des Heeres, bei seiner Ansprache bei der Übergabe des A7V-Nachbaus in Munster am 20. Juni 1990

Heeresamt

Aus der Zahl der Ehrengäste hob er Frau Gisela Zincke, die Enkeltochter des Konstrukteurs des A7V, Oberingenieur Vollmer, und den 99jährigen Professor Dr. Julius Gerken, der als junger Leutnant am 24. April 1918 mit dem Artillerieregiment 26 den Angriff der Sturmpanzer A7V bei Villers-Brettoneux mitgemacht hat, hervor.

Seine Ansprache schloß er mit den Worten:

»Der Nachbau des Sturmpanzerwagens A7V ist vollendet, und die begleitenden Maßnahmen sind abgeschlossen. Mit der Übergabe des Fahrzeuges durch das Komitee an das Panzermuseum in Munster, im Beisein der am Nachbau beteiligten Firmen, der Freunde und Förderer und der interessierten Öffentlichkeit, soll die gemeinsame Leistung gewürdigt werden und ihren feierlichen Abschluß finden.«

Festakt im Panzermuseum Munster anläßlich der Übergabe des Nachbaus am 20. Juni 1990. Der Kommandeur der Kampftruppenschule 2, Brigadegeneral G. Schultze-Rhonhof, bei der Begrüßung der Gäste   Kampftruppenschule 2

Übergabe des Panzerwagens A 7 V an das Panzermuseum am 20. Juli 1990: ^{x)}

Stadt Munster wird per Vertrag Besitzerin des Einzelstückes

Nachbau des Fahrzeugs findet weltweit Beachtung / Viele Unternehmen am Projekt beteiligt

Munster. Der Nachbau des Sturmpanzerwagens A 7 V soll am 20. Juni 1990 im Rahmen einer großen Veranstaltung mit internationaler Beteiligung vom Vorsitzenden des eigens am 29. Juni 1987 dafür gebildeten „Komitee Nachbau Sturmpanzerwagen A 7 V", Brigadegeneral a. D. Diplomingenieur Raimund Max Rothenberger, an das Panzermuseum in Munster übergeben werden. Nationale und internationale Presse, Rundfunkanstalten und Fernsehsender werden neben rund 600 geladenen Gästen aus Industrie, Fördervereinen, Militär und der Bevölkerung dazu eingeladen. Mit der Vertragsunterzeichnung geht der A 7 V an diesem Tag in das Eigentum der Stadt Munster über. Der Nachbau mit dem Namen „Wotan", der in Zusammenarbeit von rund 25 Firmen in zwei Bauabschnitten originalgetreu angefertigt wird, stellt eine weltweite Sensation für das Panzermuseum dar.

Am Donnerstag fanden die abschließenden Gespräche über den Stand der Arbeiten, die Vertragsmodalitäten, die Gestaltung des Standortes für den A 7 V in der Halle 3 des Panzermuseums und die Übergabe statt. General a. D. Rothenberger, Bürgermeister Alfred Schröder, Stadtdirektor Heinrich Peters, Brigadegeneral Gerd Schultze-Rhonhof, der Kommandeur der Kampftruppenschule 2 (KTS) sowie die Obristen Karl-Theodor Schleicher (Sekretär) und Peter Kuhlow (Öffentlichkeitsarbeit) und der Leiter der Lehrsammlung Gepanzerte Kampftruppen, Oberstleutnant Reimar Grundies, nahmen an dem Gespräch im Ollershof teil.

General Rothenberger gab zum derzeitigen Stand der Arbeiten am A 7 V bekannt, daß der Wagen sich bei der Firma Krauss-Maffei in München befinde, die es übernommen habe, alle Teile für den Innenausbau einzubauen. Der Sturmpanzerwagen solle dann bis Ende März in fertigem Zustand nach Munster gebracht werden. Nicht nur der A 7 V sei ein wichtiges Stück deutscher Panzergeschichte, sondern das Drumherum ebenfalls. So erscheine zur Buchmesse 1990 ein Standardwerk über den Werdegang und Einsatz, die Technik- und Funkgeschichte deutscher Panzerentwicklung mit einem Bildteil, der vom „Urpanzer" bis zum heutigen Kampfpanzer Leopard 2 reiche. Darin sei natürlich auch der A 7 V enthalten, der von Fachleuten beschrieben werde, sagte Rothenberger.

Bei der Übergabe des Nachbaues sollen neben einer Archivaufstellung weltweit beschafften Bildmaterials auch Konstruktionszeichnungen übergeben werden, die sonst nirgends in einem Museum zu sehen sein werden. In Vitrinen, mit einem Museumsfaltblatt und an Hand einer Bildwand sollen die Besucher in die Lage versetzt werden, das Geschehen im A 7 V und im 1. Weltkrieg auf dem Schlachtfeld nachzuvollziehen. Außerdem wird eine bebil-

derte Broschüre über die Nachbaubeschreibung, die Vorgeschichte dazu und die beteiligten Firmen am Tag der Übergabe bereitliegen.

Die Aktivitäten des deutschen Komitees hätten sogar dazu geführt, daß das einzige Original des A 7 V, das im Queenslandmuseum in Brisbane (Australien) steht, vervollkommnet wird, berichtete Rothenberger.

Den Bauabschnitt I des A 7 V hatten die Firmen Thyssen-Henschel (Wannengehäuse), Diehl, Krauss-Maffei, Blohm & Voss (Fahrwerk) und Rheinmetall (Hauptbewaffnung) nach den Zeichnungen des Hamburger Konstrukteurs Professor Dr. Ingenieur Wolfram Funk, zugleich 2. Vorsitzender des Komitees, gefertigt. Für den Bauabschnitt II fanden sich weitere 20 kleinere Firmen, die detailgetreu den Innenausbau bis zur kleinsten Schraube bewerkstelligen. Nur so ist es auch möglich, daß sich beispielsweise die Kanone heben, senken und laden läßt, die Sitze zu bewegen sind, die Maschinengewehre sich schwenken lassen und weitere Details in der Funktion zu sehen sind.

Die Handfeuerwaffen werden entweder auf dem Weltmarkt gekauft oder aber originalgetreu nachgebaut. Daimler-Benz sucht weltweit nach einem Originalmotor. Der Nachbau eines neuen Motors, mit dem der A 7 V im Gelände beweglich gemacht werden könnte, sei nicht zu bezahlen.

Man suche nach einer Ersatzlösung dafür, sagte General Rothenberger.

Der A 7 V soll in der Halle 3 einen bevorzugten Platz erhalten, der mit Hilfe eines Dioramas so ausgestaltet werden soll, daß der Besucher den Sturmpanzerwagen auf einem echten Schlachtfeld wähnt. Echtes Trichtergelände, Granatsplitter, Stacheldraht und ähnliches wird so arrangiert, daß man sich ein Bild seines Einsatzes machen kann. Ähnliches gilt auch für die Besatzungsmitglieder, die am Platz ihrer Funktion in Originaluniformen zu sehen sind. Das Diorama soll ebenfalls zum Zeitpunkt des Eintreffens des A 7 V fertig sein.

Peter Kuhlow betonte den ungeheuren Wert, den dieser Nachbau darstelle. So sei es nur verständlich, daß man die Besucher durch eine Tür so in das Innere blicken lassen müsse, daß sie nichts beschädigen, aber einen wesentlichen Einblick in die Arbeit der 18köpfigen Besatzung erhalten könnten.

Karl-Theodor Schleicher führte noch Schnittzeichnungen des australischen Museumsdirektors in Brisbane, Mark Whitmore, an, die gerade den jungen Bundeswehrsoldaten einen Eindruck verschaffen könnten, wie es damals im A 7 V ausgesehen habe.

General Rothenberger dankte sowohl der KTS 2 als auch der Stadt Munster für die gute Vor- und Zusammenarbeit.

Joachim Voß

x) Berichtigung v. 27.11.89

Aus Munster

Übergabe des A 7 V ist am 20. Juni

bz Munster. Zu dem Sonnabend-Bericht „Stadt Munster wird per Vertrag Besitzerin des Einzelstücks" ist klarzustellen, daß die Übergabe des Panzerwagens A 7 V an das Panzermuseum am 20. Juni nächsten Jahres erfolgt. Dieser Termin wurde bei der jüngsten Besprechung des A-7-V-Komitees genannt.

Besprechung des A-7-V-Komitees. Von links: Stadtdirektor Heinrich Peters, Brigadegeneral a. D. Dipl.-Ing. Raimund Max Rothenberger, der 1. Vorsitzende des Komitees „Nachbau Sturmpanzerwagen A 7 V", Oberstleutnant Reimar Grundies, der örtliche Leiter der Lehrsammlung gepanzerter Kampftruppen, Oberst Karl-Theodor Schleicher, Bürgermeister Alfred Schröder, Brigadegeneral Gerd Schultze-Rhonhof und Oberst Peter Kuhlow.

Foto: jov

Die Aufstellung des Nachbaus A7V WOTAN erfolgte in einem Diorama, welches einem Schlachtfeld vom Frühjahr 1918 in Flandern nachgebildet wurde

Bild Schleicher

An das gemeinsame Werk und an die feierliche Übergabe am 20. Juni 1990 in Munster sollten wir uns immer mit Stolz und Genugtuung zurückerinnern.«

Danach nahm er gemeinsam mit dem gesamten Komitee die offizielle Übergabe des Nachbaus A7V an die Stadt Munster und die Kampftruppenschule 2 vor.

Der Bürgermeister der Stadt Munster, Herr A. Schröder, dankte dem Komitee und der Industrie für das gelungene Werk und überreichte seinerseits den Mitgliedern des Komitees eine Erinnerungsgabe der Stadt Munster.

Der Stellvertreter des Inspekteurs des Heeres, Generalleutnant H. Schulz, überbrachte dem Vorsitzenden und allen Mitgliedern des

Komitees im Namen des deutschen Heeres den Dank des Inspekteurs, Generalleutnant v. Ondarza. Er gratulierte allen beteiligten Damen und Herren des zivilen und militärischen Bereichs, insbesondere der in großzügiger Weise unterstützenden Industrie, für diese herausragende und beispielhafte Leistung.

Die Stadt Munster und die Kampftruppenschule 2 beglückwünschte er zu dem neuen Ausstellungsstück, das dem Panzermuseum noch mehr Aufmerksamkeit als bisher verleihen werde. In seiner Festansprache ging er auf die politischen Veränderungen in unserer Zeit ein und auf die Auswirkungen, die diese auf das zukünftige deutsche Heer haben werden. Er betonte dabei die Bedeutung des Panzers als unabdingbares Element beweglicher

Das Diorama mit dem A7V WOTAN im Panzermuseum Munster

Bild Schleicher

Die Mitglieder des KOMITEES NACHBAU STURMPANZERWAGEN A7V zusammen mit dem Stadtdirektor und Bürgermeister aus Munster nach der Übergabe des Nachbaus an das Panzermuseum Munster: V. l. n. r.: Oberst a. D. Baginski, Oberst Dipl.-Ing. Larsen, Korvettenkapitän d. R. Direktor Huhn (†), Brigadegeneral a. D. Dipl.-Ing. Rothenberger, Oberst Schleicher, Oberst Kuhlow, Professor Dr. Ing. Funk, ferner Stadtdirektor Peters und Bürgermeister Schröder

Kampftruppenschule 2

Verteidigung auch in einem zukünftigen Heer. Die intensive Beschäftigung mit der Geschichte und Entwicklung der Panzertruppe sei die Voraussetzung für eine erfolgreiche Gestaltung ihrer Zukunft. »Der Gestaltung der Zukunft fehlte ohne Besinnung auf die Vergangenheit die Substanz.«

Die Darstellung der Entwicklung des Panzers dürfe jedoch nicht bei der Präsentation von Technik allein stehenbleiben. Sie bedürfe der Einordnung in den historischen Zusammenhang. Eine Waffe oder ein Waffensystem gewinne seinen Wert oder Unwert niemals aus sich selbst und seinen Leistungsdaten heraus, sondern aus dem,

wofür es eingesetzt werde. Dieser Verteidigungsauftrag der Soldaten der Bundeswehr ist im Grundgesetz verankert.

Der Festakt wurde umrahmt vom Heeresmusikkorps 1, Hannover, das in seinen Darbietungen den Bogen schlug vom Parademarsch des königlich-preußischen Sturmbataillons Nr. 5 (Rohr) »Gut Sturm« bis hin zum Lied der Soldaten der Panzertruppen »Ob's stürmt oder schneit . . .«

Nach einem feldmäßigen Mittagessen nahmen die Besucher dann die Gelegenheit zur Besichtigung des Nachbaus und des Dioramas wahr. Eine dynamische Waffenschau der Panzerlehrbrigade 9 schloß am Nachmittag die Veranstaltung ab.

BrigGen a.D. R.M. Rothenberger übergibt den Nachbau StPzW A7V im Beisein von Stadtdirektor H. Peters und dem Bürgermeister der Stadt Munster A. Schröder.

Sammlung Rothenberger

Ein besonderes Ereignis bei der Übergabe des A7V: Professor Dr. Julius Gerken, als Leutnant Teilnehmer beim Angriff der A7V am 24. April 1918, gestützt von seinem Sohn und dem VorsKomA7V. Er trägt zum letzten Mal das Eiserne Kreuz in der Öffentlichkeit.

Sammlung Rothenberger

Anhang I

Anlagen zum Beitrag
Klaus Paprotka
Taktische Einsätze der Sturmpanzerwagen A7V im Jahre 1918

Anlage 1

Gesamtlage im Westen 21. März bis 15. Oktober 1918

Diese sehr einfache und rein schematische Übersichtsskizze, nur mit wenigen charakteristischen Ortschaften als Orientierungshilfe angereichert, soll verdeutlichen, welche operativen Möglichkeiten die dritte OHL (Hindenburg – Ludendorff) sah, um 1918 an der Westfront die Lage zugunsten der Mittelmächte entscheidend zu verändern. Die Skizze ist gekennzeichnet von zwei Frontverlaufslinien.
Die Linie 15. Juli 1918. Das ist das Datum des letzten deutschen Angriffstages im Westen. Der Beginn des »Marneschutz-Reims«-Angriffes. Diese Linie gibt den allgemeinen Frontverlauf im Westen nach Durchführung aller Angriffe seit dem 21. März 1918 (»Michael«) wieder.
Die Linie 15. Oktober 1918 gibt den Frontverlauf elf Tage vor der Entlassung Ludendorffs, zehn Tage nach dem deutschen Waffenstillstandsangebot an Präsident Wilson vom 4./5. Oktober 1918, 14 Tage vor der Meuterei der Deutschen Hochseeflotte (29. Oktober 1918), wieder. Zwei Monate vorher, am 14. August 1918, hatte die dritte OHL die Fortführung des Krieges für aussichtslos erklärt. Alle Hoffnungen, die man am Morgen des 21. März 1918, vor dem Losschlagen im »Michael«-Angriff, noch hegte, waren nun begraben worden.
Die Linie vom 15. Oktober 1918 entspricht in etwa dem Verlauf der »Hermann«- und »Hunding«-, d. h. insgesmt der »Brunhildstellung«.
Die Linie vom 16. September 1918 gibt die Michaelstellung nach Beendigung der »Loki«-Bewegung wieder (Räumung des Frontbogens von St. Mihiel durch die deutschen Truppen).
Die Heeresgruppen-Trennungslinien Kronprinz v. Bayern, Deutscher Kronprinz und Gallwitz verlaufen von der Frontlinie vom 15. Oktober 1918 nach Nord-Osten. Die zugehörigen Armeen sind durch Zahlen in Kreisen angedeutet. Sie sind hinter die Linie vom 15. Oktober zurückgenommen worden, um die graphische Darstellung der beabsichtigten und tatsächlich durchgeführten Angriffsoperationen sowie deren Bezeichnungen nicht zu beeinträchtigen.
Die Angriffsoperation »Kurfürst« wurde nicht in die Skizze aufgenommen. Sie sollte lediglich gedanklich vorbereitet werden; welche Kräfte dafür vorgesehen werden sollten, war zum Zeitpunkt der Auftragserteilung am 2. Juli 1918 noch nicht zu übersehen. »Kurfürst« sollte in einem offensiven Stoß der 2. Armee auf Amiens und dem Hauptstoß der 18. Armee und des rechten (Nord-)Flügels der 9. Armee in südwestliche Richtung auf dem Wald von Villers-Cotterets bestehen. Ziel war, die Front vor dem linken (Süd-)Flügel der 9. Armee und vor allem vor der 7. Armee im großen Marnebogen südlich Soissons aufzurollen. Dort – in den Waldungen von Villers-Cotterets – stellten sich dann aber die Ententekräfte für die große

Gegenoffensive am 18. Juli 1918 bereit, die die OHL zur Rücknahme der deutschen Front in die allgemeine Linie Soissons – Reims zwangen. Gestrichelte Linien deuten Möglichkeiten an, die auch teilweise durchgeführt werden konnten. Die gepunktete Angriffslinie auf St. Pol entspricht der Planung der OHL ab 20. März 1918. Sinn dieser Bewegung war, durch Umfassung nach Norden, die Briten von den Franzosen zu trennen. Die gepunkteten Angriffslinien aus dem Raum Amiens nach Süden geben die Planungen der OHL ab 26. März 1918 wieder. Zu diesem Zeitpunkt nahm die OHL von der Absicht, einen Angriff von Doullens auf St. Pol vorzutragen, Abstand und suchte den Erfolg in südlicher Richtung bei den Franzosen, weil dort die »Michaeloffensive« günstiger als erwartet vorangekommen war.
Zusammenfassend soll diese Skizze »Gesamtlage im Westen 1918« folgende Fakten verdeutlichen:
Das Unternehmen »Michael« mit den Teilangriffen »Michael 1, 2 und 3« der 17., 2. und 18. Armee, die »große Schlacht in Frankreich«, hatte nicht die erhoffte Entscheidung im Westen gebracht.
An der Absicht, die Entscheidung weiterhin nördlich der Somme gegen die Briten zu erzwingen, wurde jedoch festgehalten. Nach Regeneration der deutschen Kräfte sollte dieser Angriff in Flandern geführt werden. Diese Absicht schlug sich in den Planungen für den Angriff »Neu-Georg«, später als »Hagen« bezeichnet, nieder. Ursprünglich ab November/Dezember 1917 war in Flandern der »Georg«-Angriff durch die 4. und 6. Armee gegen die Briten geplant. Ziel war die strategische britische Gegenküste im Raum Dünkirchen – Calais – Boulogne. Der »Georg«-Angriff trat dann hinter die »Michaelplanung« zurück. Er wurde am 23. März 1918 von der OHL endgültig abgesagt. Zur Ausführung gelangte nur ein kleiner Nebenstoß »Georgette« durch die 6. Armee. Nun wurde für die Entscheidungsschlacht der »Hagen«-Angriff geplant. Vorbedingung aber für ein Gelingen war nach Ansicht der OHL ein vorhergehendes Abziehen französischer und auch teilweise britischer Reserven aus Flandern und von der Somme in den südlichen Teil der Westfront in den Raum Montdidier – Soissons – Reims. Diese Bewegung des Abzuges britischer und französischer Reserven aus dem Norden sollte durch ein System von vorgetäuschten und tatsächlich durchgeführten Ablenkungs- und Entlastungsangriffen bewirkt werden. Der gewünschte Effekt wurde allerdings nicht erreicht. »Hagen« wurde auf Juni, dann auf Juli/August verschoben. Die »Ablenkungsangriffe« weiteten sich zu großen Schlachten aus. Teilweise mußte sogar auf die für »Hagen« bereitgestellten Reserven zurückgegriffen werden.
Der Angriff »Hagen« fand nie statt! Statt dessen begann am 18. Juli 1918 die französische Gegenoffensive aus den Wäldern von Villers-Cotterets heraus. Damit wurde das Prinzip des vorbereitenden »Entlastungsangriffs« ad absurdum geführt.

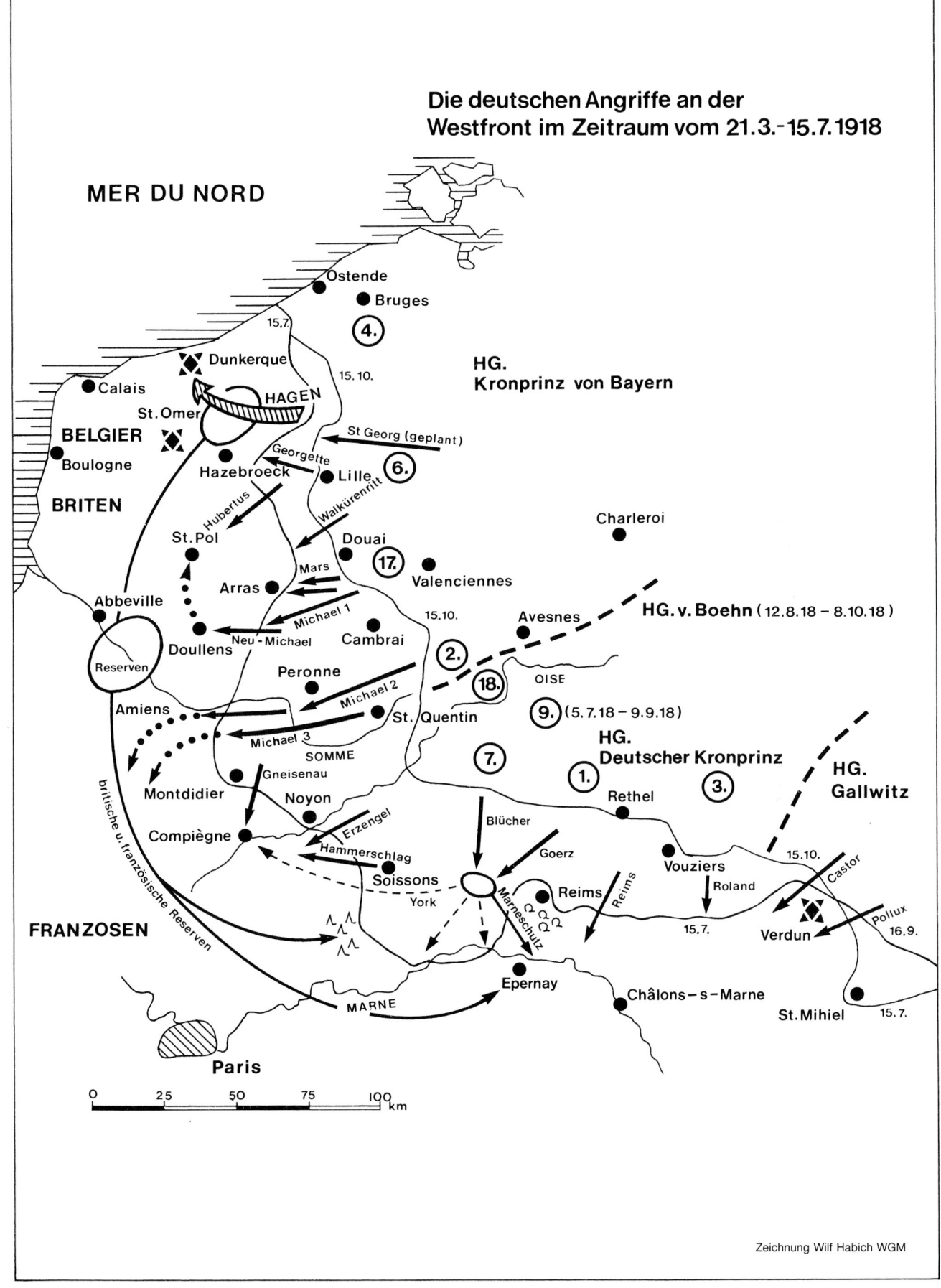

Die deutschen Angriffe an der Westfront im Zeitraum vom 21.3.-15.7.1918

MER DU NORD

Ostende

Bruges

④

Dunkerque 15.7.

Calais

St. Omer HAGEN 15.10.

BELGIER

Boulogne

Hazebroeck Georgette St Georg (geplant) ⑥

BRITEN

Lille Walkürenritt

Hubertus

St. Pol Douai ⑰

Mars Valenciennes

Arras

Abbeville Michael 1 15.10.

Neu-Michael Cambrai

Doullens

Reserven Peronne ②

Michael 2 ⑱ OISE

Amiens St. Quentin ⑨ (5.7.18 – 9.9.18)

Michael 3 SOMME

britische u. französische Reserven

Montdidier Gneisenau ⑦

Noyon

Erzengel

Compiègne Hammerschlag

Soissons York

FRANZOSEN

MARNE

Epernay

Paris

Châlons–s–Marne

HG. Kronprinz von Bayern

Charleroi

Avesnes

HG. v. Boehn (12.8.18 – 8.10.18)

HG. Deutscher Kronprinz

① Rethel ③

Blücher Goerz HG. Gallwitz

Reims 15.10.

Vouziers Castor

Marneschutz Roland

Reims 15.7. Pollux

Verdun 16.9.

St. Mihiel 15.7.

0   25   50   75   100 km

Zeichnung Wilf Habich WGM

457

Die hier in Anlagen wiedergegebenen Texte sind weitgehend in ihrer Originalschreibweise, auch mit den dort vorhandenen Schreibfehlern belassen worden.

Bericht des Tankfahrers, Unteroffizier Schuchard. Schilderung des Einsatzes vom 21. März 1918 und vorhergehender Erlebnisse

BA-MA N 89/6 Nachlaß Greiff

Freiwillige vor für eine Spezialtruppe! So hieß der Tagesbefehl, welcher von der Versuchsabteilung Berlin-Lankwitz im Anfang 1917 an alle Kraftfahrersatzabteilungen ausgegeben war. Trotz der großen Niederlage der Engländer 1917 bei Cambrai, wo der größte Teil der eingesetzten englischen Tanks vernichtet wurde, legte das deutsche Armeeoberkommando Wert darauf, Sturmpanzerwagen zu bauen. Ich meldete mich wieder freiwillig zu dieser Spezialtruppe. Ich wurde daraufhin mit dem Ziele Berlin-Lichtenfelde, Abtlg. A7V Wagen, Versuchsabteilung, in Marsch gesetzt. Mit 12 Mann waren wir nun hier für diese Spezialtruppe angekommen. Zur Schulung standen uns zwei Raupenschlepper von der österreichischen Motormörserbatterie auf dem Tempelhofer Felde zur Verfügung.
Große Granattrichter und Hindernisse mußten überfahren werden. Ragte das Vorderteil der Maschine mit dem Schwerpunkt in die Luft, so mußte die Maschine gefühlsmäßig abgefangen werden. März 1917. Die Vorprüfungen auf Caterpillar für die ersten Fahrer von der schweren Sturmpanzer-Abteilung 1 sind beendet. Jetzt begann unsere praktische Arbeit in Marienfelde bei Daimler. Konstruktion und Bauleitung lag in den Händen von Ob.-Ing. Vollmer von der Versuchsabteilung A7V Wagen. Die ersten zwei Fahrgestelle sind aufgelegt. Motor und Getriebe wurden eingebaut, sämtliche Armaturen angebracht. Im Juni 1917 steht der erste ungepanzerte Überlandwagen, der zukünftige Sturmpanzerwagen, zur Vorführung von Probefahrten vor einer hohen Militärkommission auf dem Gelände Marienfelde. Die ersten Probefahrten zeigten auch schon die Konstruktionsfehler an: Getriebebruch beim Überfahren von Granattrichtern, beim Überfahren von Schützengräben senkten sich die Laufbänder, der Wagen entgleiste vom Raupenband. Fangvorrichtungen wurden angebracht. Die Aluminiumgetriebe wurden durch Stahlgußgetriebe ersetzt. Alle diese Fehler warfen den Tankbau auf viele Wochen zurück.
Eine Holzattrappe ersetzt den Panzer. In Erbenheim bei Wiesbaden – Fort Biehler – erwarten uns Generalstabsoffiziere aus dem Felde. Vor einer hohen Abnahmekommission legten wir die letzte Hauptbelastungsprobe ab. Nach dem Urteil dieser Kommission mußten Tanks schnellstens fertiggestellt werden. Zurück nach Berlin-Tempelhof. Die Panzerplatten waren bereits eingetroffen. Von morgens früh bis abends spät arbeiteten wir bei Steffens und Nölle und nieteten mit schweren Luftniethämmern die schweren Panzerplatten von Krupp und Dillinger Hütte zu einer Panzerglocke zusammen.
8. Januar 1918. Abfahrt zur Front. Nach einem Jahre langer Versuchsarbeit stehen die ersten deutschen Tanks auf der Verladerampe Bahnhof Berlin-

Marienfelde zur Abfahrt. Vier deutsche Tanks standen auf langen Spezial-SS-Eisenbahnloren mit Zeltbahnen und Fliegernetzen bedeckt zur Abfahrt. Ein kleines Dörfchen – Longuion – an der Westfront bei der Festung Longwy. Hier wurden wir ausgeladen. Hinter dem Dorfe unter den Bäumen, welche durch Fliegernetze künstlich getarnt wurden, bezogen wir Stellung. Dieser Aufenthalt sollte nicht lange dauern. Die ersten Tage begannen schon mit einer regen Tätigkeit von Übungsfahrten. Hier sollten die ersten vier deutschen Tanks ihre Verwendungsmöglichkeit im Felde noch einmal unter Beweis stellen. Das gesetzte Ziel wurde erreicht. Die Mauern wurden umgelegt, große Trichter und Gräben überfahren, Bäume entwurzelt, mit einer zeitweisen Geschwindigkeit von dreizehn Kilometer in der Stunde. So mußten doch drei englische Beutetanks, welche bei dieser Großübung mit eingesetzt waren, auf halber Strecke aufgeben. Ihre Geschwindigkeit erreicht kaum 7 Kilometer. General Ludendorff gibt Befehl: Tanks stehen am 17. März gefechtsbereit. Die letzten Vorbereitungen werden getroffen, die Motore werden genau noch einmal überprüft. Farbtöpfe werden beigeholt. Die Tanks werden mit dem grauen Feldanstrich mit allen Schattierungen versehen. Ein achtzig Zentimeter großer Totenkopf wurde als unser Symbol auf die Stirnwand gemalt: Furchtlos und treu. Nur die erste schwere Sturmpanzerabteilung trug auf der Stirnwand den Totenkopf. Die Seitenwände wurden mit hohen Zahlen versehen: 526, 527, 525 und 501. Dieses war dem Feinde gegenüber eine große Täuschung. Dagegen führten wir beim zweiten Tankangriff am 24. April 1918 bei Villers-Bretonneux deutsche und römische Zahlen in einem runden Kreis auf den Seitenwänden und immer waren es wieder dieselben Sturmwagen.
Einiges noch, was dem Auge von außen durch die Panzerwände verborgen blieb: So betrug das Gewicht 680 Zentner, Stärke der Panzerung: Seitenwände von Krupp 2 cm, von Dillinger Hütte 2 1/2 cm, Heck- und Stirnwände 3 cm, Länge 9,15 m, Maschinenstärke 200 PS, je 100 PS, Innentemperatur 42 bis 48 Grad, 6 schwere MG., 12 Mann, ein Geschütz 5,7 mit 3 Mann, 280 Schuß Artilleriemunition, Panzerkopf, Aufschlagzünder und Kartätschen, Maschinenpersonal 2 Mann, welche auch zugleich die Flammenwerfer bedienten, Fahrer und Kommandant 2 Mann, Funk und Nachrichten 1 Mann, Photograph 1 Mann, zusammen 21 Mann Besatzung im Führertank 526. Die schnellsten und größten Tanks, welche je an einer Front eingesetzt waren, waren diese deutschen Tanks.
Am 19. März 1918 steht die deutsche Sturmpanzer-Abteilung 1 gefechtsbereit und verladen vor dem Dörfchen Longuion und geht es nun dem feindlichen Gelände entgegen. Der 20. März 1918, 4 Uhr vormittags: Das Artilleriefeuer läßt nach. Langsam rollt der Zug an die Verladerampe. Hier und da schlagen noch einige Granaten ein. Das Ausladen dauert kaum 20 Minuten. Einem roten Lichtzeichen folgend, setzen wir uns hintereinander in Fahrt. Da die englische Stellung direkt an der Stadtgrenze lag, mußte während der Fahrt Maschinengewehrfeuer abgegeben werden, um das Klappern der Raupenbänder zu übertönen. In einer zerschossenen Fabrik angekommen, sucht sich jeder ein kleines Ruheplätzchen auf einige Stunden. Am 20. März, 9 Uhr morgens, Paroleausgabe: Oberleutnant

Sturmpanzerwagen A7V und Daimler-LKW verlassen um die Jahreswende 1917/18 im Bahntransport die Daimler-Werke Berlin-Marienfelde

Sammlung Spielberger

Kommandanten von Sturmpanzerwagen der Abteilung 1 mit ihrem Kommandeur. V.l.n.r.: Leutnant Volckheim, Oberleutnant Skopnik, Leutnant Vietze, Hauptmann Greiff, Hauptmann Bornschlegel Kdt. St.Pz.Kr.W.Abt.

Major Hatfield US-Army

Skopnik gibt Befehl: 6 Uhr abends stehen die 4 Tanks einsatzbereit. Flammenwerfer, Handgranaten, M.G.-Munition, Kaffee, Wasser usw. werden an Bord genommen. Als Fahrer vom Tank 526, welcher als einziger ein Geschütz hatte, faßte ich noch 280 Schuß Artilleriemunition. 6 Uhr abends erfolgt die Meldung: Tanks stehen fertig zum Angriff. Endlich ergeht die letzte Meldung um 4.14 Uhr früh am nächsten Morgen: Abfahrt zur Ausgangsstellung 500 Meter hinter unserer Infanteriestellung. Das schwere Trommelfeuer hatte bereits begonnen. Hunderte von Geschützen aller Kaliber schleuderten einen Eisenhagel auf die feindlichen Gräben. Unter diesem Höllenlärm verließen wir die letzten Häuser von St. Quentin. Durch das freie Gelände an einer Feldschlucht angekommen, bezogen wir Stellung. Dieses war der Ausgangspunkt vom 21. März 1918, 6.15 Uhr. Tanks fertig zum Angriff. Als Fahrer vom Tank 526 von Oberleutnant Skopnik hatte ich die Führung am rechten Flügel. Der Angriff hatte begonnen. Die Uhren zeigen 6.20 Uhr. Seit zwei Stunden tobte nun diese Feuervorbereitung. Ein zuckendes und krachendes Flammenmeer über den feindlichen Gräben. Auch schwere Kaliber der Engländer sausten auf unsere Stellung. Die Gegend um uns ist milchig grau. Die Luft ist geschwängert mit Nebel, Pulverdampf und zurücktreibenden Kampfstoffen. Die aufgestellten Einnebelungstöpfe der Engländer haben das Gelände undurchsichtig gemacht. Dieses war für unsere Sturmwagen die größte Gefahr: Nichts zu sehen und doch weiter zu fahren. Die Augen waren an die winzig kleinen Sehschlitze festgepreßt, aber vergebens. Immer wieder schwere Explosionen von dicht einschlagenden Granaten. Sand und Staub wirbelt auf und dringt durch unsere Sehschlitze. Die Hitze ist schon unerträglich geworden: 42 Grad. Die 200 PS laufen nun schon seit morgens 4.14 Uhr ununterbrochen und immer noch nichts vom Feinde zu sehen. So hatten wir doch die feindliche englische Stellung schon einige Male überfahren, ohne daß wir es wußten und kreisten so im Nebel auf derselben Stelle. Die Uhren zeigen 9.30 Uhr. Das Gelände ist übersichtlicher geworden. Ziele sowie Granattrichter und Gräben sind auf 30 Meter schon gut zu erkennen. Wir befinden uns hinter der ersten englischen Infanteriestellung, welche durch das schwere Trommelfeuer morgens von den Engländern kampflos geräumt worden war. Von morgens 6.15 Uhr, seit dem Angriff, bis 9.30 Uhr konnte auf dieser Stellung die zweite englische Stellung noch nicht eingenommen werden. Hier tobte ein erbitterter Kampf, ein Beweis, daß die zweite englische Stellung noch nicht eingenommen war. Die Engländer hielten links und rechts auf kleinen Anhöhen mit schwerem M. G. die Hauptangriffspunkte unter Feuer. 526 und 527 greifen an. Unsere Infanterie macht Platz, um nicht von den Raupenbändern platt gedrückt zu werden. Sie freuen sich; man merkt es ihnen an. Der Kampf wird ihnen jetzt leichter gemacht. Jeder sitzt fieberhaft auf seinem Platze. Die ersten Tak-Tak-Tak-Tak! M. G.-Feuer liegt auf den vorderen Sehschlitzen an den Turmluken. Noch eine starke Rechtsschwenkung, um die

Augen wieder fester an die Sehschlitze pressen zu können. Da sausten auch schon die ersten Gewehrgranaten auf die Sehschlitze. Nun hatte der Hexentanz begonnen. Die zweite englische Stellung liegt einige Meter vor uns. Die Fahrgeschwindigkeit wird auf 3 Stundenkilometer vermindert. Unser Tankgeschütz und sechs schwere M. G. schießen sich ein. Die Geschoßeinschläge liegen zu kurz oder zu weit. Während der Fahrt eine sehr schlechte Zielsicherheit, trotz der Fahrgeschwindigkeit von drei Kilometern. Wir halten einen Augenblick, um besseres Ziel zu bekommen, und nun werfen sechs schwere M. G. und das Tankgeschütz einen Hagel von Geschossen und Granaten auf die feindlichen Gräben. Wer dem Tode durch Laufgräben entrinnen konnte, hatte Glück. Schrappnels, welche auf uns niederprasselten, immer wieder über uns die kleinen weißen Wölkchen, Geschosse mit Brennzünder krepierten über uns. Links und rechts einschlagende Granaten. Diese konnten unsere Fahrt nicht aufhalten. 526 und 527 haben eine Durchbruchsbreite bald von etwa 2000 m. Auf der rechten kleinen Anhöhe legt eine englische Batterie Sperrfeuer vor uns. Fahre sofort nach rechts ab, um die Batterie von der linken Flanke anzugreifen. Kaum waren wir in Sicht, verließen die Engländer fluchtartig ihre Geschütze. Vor mir sind Raupenspuren sichtbar. Ich fahre denselben nach, einem Feldwege entlang nach der Pontschu-Ferm. Eine englische Schützenlinie liegt links von dem Feldwege ausgeschwärmt. Einige von ihnen versuchen sich zu erheben. Da setzte ein schweres M. G.-Feuer aus unserem Tank ein. Da senkten sich die Gestalten wieder zur Erde. Da erst merkten wir, daß der Tod hier schon seine Ernte gehalten hat. Als einziger Tank erreichte ich, der Raupenspur folgend, 527 an der Pontschu-Ferm. Dieser versuchte, die Engländer durch M.G.-Feuer aus den Stollen zu treiben. Doch vergebens. Acht Stolleneingänge in den Kreidefelsen waren für die Engländer ein sicherer Schutz. Hier konnte nur das Tankgeschütz helfen, um die Eingänge zuzuschießen; und schon sausten die ersten Geschosse von unserem Geschütz am Turm von 527 vorbei auf die Stolleneingänge. Der Tod ist uns sicher, dachte die Mannschaft von 527. Sie glaubten zuerst eine feindliche Batterie im Rücken zu haben. Schuß auf Schuß gingen auf die Eingänge. Große Freude natürlich lag auf den Gesichtern der Mannschaft, als sie sofort merkten, daß das das Tankgeschütz von 526 war. Kaum einige Minuten später kommen die Tommis mit erhobenen Händen aus den Stolleneingängen. Es konnten über 100 Mann gewesen sein.

Anmerkung Verfasser: Unteroffizier Schuchard irrt in der Angabe der Nummern der Tanks. Am 21. März 1918 waren bei Abt. 1 eingesetzt: Wagen 501 (MG-Wagen), GRETCHEN, Kdt Hptm. Greiff; Wagen 505 (Mg-Wagen), BADEN I, Ltnt. Voß; Wagen 506 (Geschütz-Wagen), MEPHISTO, Oltnt. Skopnik; Wagen 507 (MG-Wagen), CYKLOP, Ltnt. Bartens.

Gefechtsbericht über den Einsatz der deutschen Panzerwagen am 24. April 1918 bei dem XI. und XIV. Armee Korps

KTB Abt. 1, BA-MA N 89/5 Nachlaß Greiff

Die Panzerwagen-Abteilungen 1, 2 und 3 wurden auf Befehl des A.O.K. 2 dem XI. und XIV. A.K. zur Verwendung beim Angriff zugewiesen.
Die Abteilungen trafen am 22. April 1918 abends mit zusammen 13 Panzerwagen auf der Bahn in Guillaucourt ein und wurden sofort nach ihrem Bereitstellungsplatz (Wiencourt) vorgefahren.
Dem XI. A.K. wurde die Abt. 2, dem XIV. A.K. die Abteilung 1 und 3 zugeteilt.
Aus den Abteilungen wurden 3 Panzergruppen formiert und den zum Angriff bestimmten Divisionen wie folgt zugeteilt:

der 228. I. D.	Panzergruppe Skopnik mit 4 Panzern
der 4. G. I. D.	Panzergruppe Uihlein mit 6 Panzern
der 77. R. I. D.	Panzergruppe Steinhardt mit 4 Panzern

Gefechtsstärke:
a) Personal:

Abt. 1:	8 Offz	157 Unteroffze und Mannschaften
Abt. 2:	7 Offz	134 Unteroffze und Mannschaften
Abt. 3:	7 Offz	112 Unteroffze und Mannschaften
zus.	22 Offz	403 Unteroffze und Mannschaften

b) Panzerwagen

Abt. 1:	5
Abt. 2:	4
Abt. 3:	5
zus.	14

Aufgabe:
Die Panzergruppen haben am Angriffstage Wiencourt mit Beginn der Artillerie-Bekämpfung zu verlassen und 06.45 Uhr vorm. in der Ausgangsstellung eingetroffen sein. Sie unterstützen den Infanterie-Angriff auf die Dörfer Villers-Bretonneux und Cachy, sowie auf den Ostrand des Bois d'Aquenne.
Panzergruppe Skopnik: hat durch Vorgehen nördlich des Bahndammes die feindlichen Anlagen an dieser Bahn aufzurollen und die inneren Flügel der 228. I. D. zu unterstützen. Demnächst ist der Infanterie das Eindringen in Villers-Bretonneux durch Bekämpfung der Verteidigungsanlagen am Ostrande dieses Ortes zu erleichtern.
Nach dem Eindringen der Infanterie in das Dorf selbst haben die Panzerwagen auch das Vorgehen der Infanterie nördlich des Dorfes zu unterstützen. Sie haben nach ihrer Ausgangsstellung zurückzukehren, sobald Villers-Bretonneux ganz genommen ist.
Gruppe Uihlein: hat beim Angriff zunächst in Richtung Bahnhof Villers-Bretonneux und besonders gegen die Stützpunkte und Verteidigungsanlagen südöstlich des Bahnhofes mitzuwirken.
Hierauf ist die Infanterie bei der Wegnahme des Südwestteiles von Villers-Bretonneux zu unterstützen.
Nach der Wegnahme von Villers-Bretonneux ist auch das Eindringen der Infanterie in den Bois d'Aquenne zu unterstützen.
Rückkehr nach der Sturmausgangsstellung, nachdem die Infanterie in den Bois d'Aquenne eingedrungen ist.
Gruppe Steinhardt: greift über die Nordspitze des Waldes von Hangard vorgehend Cachy an. Sie geht nicht über den Ost- bzw. Südrand Cachys hinaus. Nach der Wegnahme des Ortes durch die Infanterie kehren die Panzer in ihre Ausgangsstellung zurück. Die Panzergruppen haben mit sämlichen Panzern zur befohlenen Zeit am 24. 04. 18 vorm. die Ausgangsstellungen erreicht und stießen zu der festgesetzten Zeit mit der Infanterie zum Angriff vor. Über den Fortgang des Kampfes siehe beiliegende Sonderberichte der einzelnen Gruppen.
Infolge Maschinendefektes und Umstürzen blieben 2 Panzerwagen der Gruppe Steinhardt vollkommen bewegungsunfähig in vordersten Linien liegen. Ein Bergen der Panzerwagen scheint vorerst nicht möglich.

Verluste:
a) Personal:

Offiziere:	gef.	schw. verw.	l. verw.
Abt. 1:	–	1	–
Abt. 2:	1	–	–
Abt. 3:	–	–	2
zus.	1	1	2

Unteroffiziere und Mannschaften:

	gef.	schw. verw.	l. verw.	verm.
Abt. 1:	2	1	9	–
Abt. 2:	4	–	15	1
Abt. 3:	1	4	16	–
zus.	7	5	40	1

Panzerwagen:

Abt. 1:	-----
Abt. 2:	2 Panzer
Abt. 3:	1 Panzer (wird geborgen)
zus.	3 Panzer

Ferner 1 Panzer der Abt. 3 auf dem Anmarsch durch Cylinderbruch.
Gemachte Erfahrungen:
Während des Angriffes ist es in einzelnen Abschnitten vorgekommen, daß die Infanterie den Panzerwagen nicht folgte, oder weit hinter denselben zurückblieb.
Wie aus allen Panzern beobachtet wurde, sind die feindlichen Grabenbesatzungen beim Herannahen der Panzer in die Grabenunterstände geflüchtet, oder wollten sich gleich ergeben.
In der Annahme, daß sich die feindlichen Grabenbesatzungen in diesem Falle als Gefangene verhalten würden, stießen einzelne Panzer weiter vor. Es wurde jedoch in den meisten Fällen beobachtet, daß sich die feindlichen Besatzungen wieder zur Wehr setzten und die nachfolgende Infanterie nicht vorwärtskommen ließ.
Auch erhielten auf diese Weise die weiter vorgestoßenen Panzer von hinten Feuer und hatten dadurch Verluste aufzuweisen.
Wenn auch in vielen Fällen feindliche M. G. Nester durch ihr Feuer die Infanterie am Vorgehen hindern, und noch einer gründlichen Niederkämpfung durch die Panzerwagen bedürfen, so ist es doch unbedingt erforderlich, daß lichte Schützenketten den Panzern unmittelbar folgen und sofort die Entwaffnung und den Abtransport der feindlichen Grabenbesatzungen vornehmen.

Anlage 4

Gefechtsbericht der Panzergruppe Skopnik bei Villers-Bretonneux am 24. April 1918

KTB Abt. 1, BA-MA N 89/5 Nachlaß Greiff

Gefechtsbericht

der Panzergruppe *Skopnik,* bestehend aus 3 Panzerwagen der Abteilung 1.
Wagen 526, Kommandant Obtl. Skopnik
Wagen 527, Lotti, Ltn. Vietze
Wagen 560, Alter Fritz, Ltn. Volckheim
zum Angriff der 228. I. D. zugewiesen.

Aufgabe:	Auszug aus dem Angriffsbefehl der Panzerwagen-Abteilungen vom 20. 04. 1918.
Ziffer 6:	3 Panzer der Abteilung 1 gehen nördlich der Bahn auf Ostrand Villers-Bretonneux vor und unterstützen den Angriff der Infanterie auf den Ort. Die 3 Panzer fahren nicht über den Ostrand von V. B. hinaus.

Ziffer 7: Nach Erreichung ihres Angriffszieles kehren die Panzer unverzüglich nach erfolgter Mitteilung an die Führung der Sturm-Infanterie nach Wiencourt zurück.

Wetter: Bei Beginn des Angriffs dichter Nebel. Das Wetter klarte gegen 11 Uhr etwas auf.

Bodenver-
hältnisse: Trockener Acker und Wiesenboden

Am 24. 04. 1918, 04.45 Uhr vorm. bei Beginn des Trommelfeuers setzten sich die 3 Panzerwagen von dem Standplatz Wiencourt auf der Straße rechts der Bahn nach Marcelcave nach der Ausgangsstellung in Marsch. 06.50 Uhr vorm. wurde die Ausgangsstellung von den 3 Wagen verlassen. In der Mitte Panzerwagen Ltn. Volckheim, rechts Ltn. Vietze, links Obtln. Skopnik; Anschluß der Panzer Skopnik. Die erste eigene Linie wurde von den 3 Panzern um 07.00 Uhr vorm. überschritten. Zu gleicher Zeit trat die Sturm-Infanterie zum Sturm an. Infolge des dichten Nebels ging jedoch bald der Anschluß der Wagen untereinander verloren. Die ersten feindlichen Gräben wurden kurz nach 07.00 Uhr von allen Panzerwagen überschritten. Die feindlichen Grabenbesatzungen stellten sich in den zum großen Teil noch unversehrten Gräben hartnäckig zur Gegenwehr, besonders die sehr versteckt liegenden M. G. Nester, die in dem starken Nebel nicht frühzeitig genug erkannt werden konnten, eröffneten ein rasendes Feuer auf die Panzer. Hierbei wurden 3 Mann durch Eindringen der Infanteriegeschosse durch die Sehschlitze im Gesicht leicht verwundet. Nach kurzem heftigen Kampf ergaben sich die im ersten feindlichen Graben befindliche engl. Infanterie, sowie die umher liegenden M. G. Nester. Die Gefangenen wurden der weit rückwärts folgenden Infanterie zugetrieben. Der Wagen Skopnik fuhr unter stärkster feindlicher infanteristischer und artilleristischer Gegenwirkung parallel mit der Bahn ungefähr

---

Leutnant d.R. Vietze, Kommandant des A7V Nr. 527, Lotti in der St.Pz.Kr.w.Abt. 1, Lt. Vietze wanderte nach 1918 in die USA aus. Sein Enkel, Major Hatfield, US-Army, z. Z. amerikanischer Verbindungsoffizier in Mainz, stellte diese Aufnahme zur Verfügung.   Major Hatfield US-Army

A7V 527, Lotti, Kampfwagen 2 der Abteilung 1

Er kam nur zweimal in das Gefecht. Am 24. April 1918 bei Villers-Bretonneux und am 1. Juni 1918 bei dem Fort de la Pompelle, wo er zerstört wurde. Die Büsche hinter dem Eisenbahnwagen sind belaubt. Möglicherweise zeigt die Aufnahme A7V 527 Ende Mai 1918, bei dem Transport zu seinem letzten Einsatz. Die Mündung der Kanone ist zum Schutz gegen Schmutz und Feuchtigkeit mit einem Lappen verstopft. Die Qualität der Aufnahme läßt eine ausführliche Beschreibung der Kennzeichnungen auf der Traverse des Tiefladers nicht zu. Rechts ist ein weißes Sechseck mit der Zahl 35 zu erkennen, d. h. Tragfähigkeit 35 t. In der Mitte ein weißes Viereck mit schwarzem Adler, das ist das Eigentumssymbol der KPEV = Königlich-Preußischen-Eisenbahn-Verwaltung. Der im Kommandoturm sitzende Soldat mit Schirmmütze und Schutzanzug ist auch in Volckheim »Erlebnisse« abgebildet. Es ist vermutlich Ltnt Bergemann, der Führer des 527, so das KTB der Abt. 1, war erst am 2. 4. 1918 von der Abteilung übernommen worden; zusammen mit 526, 541, 560 und 562. Bis dahin waren diese Wagen des St.P.K.W.A. 3 zugeteilt gewesen. 527 brachte Neuerungen mit, die Feuerleit-Lichtanlage und das Rundblickfernrohr am Geschütz.
Auch vom 6. bis 11. April 1918 war 527 im Rahmen der Abt. 1 auf der Bahn verladen. Abt. 1 sollte bei St. Gobain eingesetzt werden. Der Einsatz fiel aus, obwohl 527 und 526 St. Gobain schon erreicht hatten.

Sammlung WGM

---

100 m vor den Ostrand von V. B. Da die Infanterie nicht folgte und auch jede Verbindung mit derselben fehlte, fuhr der Panzer wieder zurück. Beim Zurückgehen wurden 4 M. G. Nester, die beim Vorfahren unerkannt geblieben waren und den Panzer von hinten angegriffen hatten, restlos vernichtet. Die sich inzwischen herangearbeitete Infanterie, Teile des I. R. 207 und 2. Komp. R. I. R. 93 stießen mit Panzer Skopnik bis zum Ostrand dicht beim Bahndamm von V. B. vor. Der Ostrand gab starkes M. G. Feuer auf den Panzer und die Infanterie ab. Hierauf fuhr Panzer Skopnik am Ostrand von V. B. entlang und vernichtete die dort sich zäh wehrenden engl. M. G. Nester. Die Panzer Vietze und Volckheim, die inzwischen auf Anruf der Infanterie und des Leutn. Graedke der Minenwerfer-Komp. 7 I. R. 207 stark verschanzte engl. M. G. Nester, die das Vordringen der Infanterie ins Stocken gebracht hatten, gesäubert hatten, trafen 08.45 Uhr vorm. vor der Ziegelei mit Panzer Skopnik zusammen. Die Ziegelei, die mit M. G. gespickt war, wurde von den Panzerwagen angegriffen und zusammengeschossen. Was noch lebte, ergab sich. Die Gefangenen wurden der dicht auffolgenden Infanterie zugetrieben. Nachdem die Infanterie die Ziegelei im Besitz hatte, stießen die Panzerwagen auf die vor dem Ostrande von Villers-Bretonneux mit zahlreichen M. G. versehenen Fliegerschuppen vor. Die sich dort verzweifelt wehrenden feindlichen M.G.-Besatzungen wurden zusammengeschossen. Hierauf drang der Panzer Skopnik mit Teilen von II/48 und Teilen von II und III/207 am Ostrand in das Dorf ein und fuhr bis zur Bahnunterführung dicht bei der Römerstraße am Westrand von Villers-Bretonneux durch das Dorf vor. Beim Eindringen in das Dorf wurde ebenfalls starker feindlicher Widerstand gebrochen. Die Panzer Volckheim

und Vietze fuhren am Ostrande des Dorfes entlang und erreichten, nachdem inzwischen noch verschiedende in den Häusern eingebaute M. G. Nester erledigt waren, die Römerstraße. Hier bemerkte Ltn. Volckheim noch rechtzeitig eine auf kürzeste Entfernung feuernde engl. Batterie, die den Weg nach dem Westrande versperrte.

Nachdem die Panzerwagen gegen 12.00 Uhr mittags das gesteckte Ziel erreicht hatten und ihre Aufgabe hiermit erledigt war, kehrten die Wagen nach ihrer Ausgangsstellung zurück und trafen gegen 01.30 Uhr nachm. an der Zuckerfabrik Marcelcave ein. Auf Befehl wurden die Panzer am Abend nach Wiencourt zurückgefahren.

Die Panzerbesatzungen, die ununterbrochen 9 Stunden in dem stark übertemperierten Maschinen- und Gefechtsraum saßen, haben sich ohne jede Ausnahme tapfer und ausharrend gezeigt. Mehrere Mannschaften, die gleich von Anfang an Verwundungen durch eindringende Infanteriegeschosse an den Gefechtsstationen erhielten, kämpften bis zum Schluß durch.

Verluste:
         1 Offizier schwer verwundet
         2 Mann tot
         10 Mann leicht verwundet

Anlage 5

Bericht des Feldwebels Eggert, Geschützführer in einem A7V, über das Gefecht bei Villers-Bretonneux am 24. April 1918

Aus: Die Kraftfahrkampftruppe 7/1937, S. 220 – 221

Ich war bei der Kampfwagen-Abt. 1, im Kampfwagen 505, dessen Kommandant Leutnant Volckheim war, als Geschützführer eingeteilt. Am Morgen des 24. April 1918 stand die schwere Kampfwagen-Abt. 1 – 50 m hinter der eigenen ersten Linie – einsatzbereit, nachdem zuvor noch in der Zuckerfabrik Marcelcave der Betriebsstoff ergänzt und den Kampfwagen noch je 1 Pioniergruppe zum Angriff zugeteilt war.

Unsere Abteilung wurde am rechten Flügel des Angriffabschnitts bei der 4. Garde-Division eingesetzt. Links schlossen sich die Abteilung 2 in der Mitte und die Abteilung 3 am linken Flügel bei der 288. Infanterie-Division bzw. der 77. Reserve-Division an.

Die Abteilung 1 hatte die Aufgabe, den Infanterieangriff auf Villers-Bretonneux zu unterstützen.

Wenige Minuten vor der befohlenen Angriffszeit brachen unsere Kampfwagen gegen die feindliche Linie los.

Durch sehr dichten Nebel hatten wir jedoch bald den Anschluß an die Infanterie verloren. Auch war von unseren Pionieren bald nichts mehr zu sehen. Anscheinend bekam sie schon feindliches Feuer.

Wir staunten, als wir in der ersten feindlichen Linie keinen eigentlichen Graben, sondern nur Maschinengewehrnester vorfanden, noch größer war unser Erstaunen als diese M. G.-Nester nicht, wie wir erfahren hatten, mit Franzosen, sondern mit Engländern besetzt waren. Anscheinend hatten die Engländer hier noch keinen deutschen Kampfwagen gesehen und machten daher ein ziemlich verdutztes Gesicht. Als sie sich aber von ihrem ersten Schrecken erholt hatten, schossen sie tapfer auf unseren Kampfwagen und ich hielt es für angebracht, den großen Sehschlitz in meiner Stirnwand zu schließen und nur durch die kleinen Löcher zu beobachten. Als die Engländer außer unserem M. G.-Feuer noch einige Kartätschen aus geringer Entfernung serviert bekamen, dachten sie wie Till Eulenspiegel: »Der Gescheiteste gibt nach« und ergaben sich.

Ich war als Erster aus dem Kampfwagen, ließ abschnallen und ohne Tritt zogen die Engländer unserer Infanterie entgegen. Dann fuhr unser Wagen der 2. und 3. feindlichen Linie zu und es wurde überall gründlich aufgeräumt. Darauf stattete unser Panzer den Fliegerzelten vor Villers-Bretonneux einen Besuch ab, aber leider waren die Vögel schon ausgeflogen.

Im Weiterfahren sahen wir einen deutschen Offizier mit einigen Mannschaften winkend auf uns zukommen. Wir erhielten von ihm die Meldung, daß die Engländer aus der 3. Linie sich in der 2. Linie wieder festgesetzt hatten. Da wir mit unserem Kampfwagen zu schnell vorwärts gekommen und schon im Feuer unserer Artillerie waren, war uns das Zurückfahren ganz angenehm. Unangenehmer war den Engländern unser nochmaliges Erscheinen und die wenigsten von ihnen brauchten noch den Weg in die Gefangenschaft antreten.

Nun war auch der Anschluß an unsere Infanterie wieder gewonnen. Es ging nun wieder vorwärts und bei der Ziegelei sahen wir die Besatzung eines anderen Kampfwagens bei der Bekämpfung dieses festungsartig ausgebauten Komplexes. Wir beteiligten uns nun auch an der Bekämpfung und bald stürzte die Besatzung aus den Gräben und Löchern hervor und rannte in dem Vernichtungsfeuer unserer beiden Wagen im Gelände umher, bis sie dann die Arme erhoben und sich ergaben.

Wir fuhren nun unseren Panzer neben einen Heuschober, stiegen aus und entwaffneten die Engländer. Nachdem unsere Infanterie die Gefangenen (eine stattliche Zahl) in Empfang genommen hatte, sollte die Fahrt weiter gehen. Beim Anwerfen der Maschinen entstand eine Fehlzündung, welche den Heuschober in Brand setzte. Gleich darauf kamen etwa 15 Engländer mit 4 Maschinengewehren aus dem Heuschober herausgestürzt. Unsere Überraschung war natürlich groß, wie leicht hätte unser letztes Stündlein geschlagen, wenn die Engländer ihre 4 M. G. in Tätigkeit gesetzt hätten, nachdem wir unseren Wagen verlassen hatten. Wir waren also noch einmal mit einem blauen Auge davon gekommen.

Dann fuhr unser Kampfwagen direkt nach Villers-Bretonneux hinein. Das Dorf schien verlassen, aber aus verschiedenen Häusern wurde doch noch geschossen. Leutnant Volckheim ließ anhalten und ich machte mich mit einigen Leuten auf die Suche nach den Schützen. Kaum war der Kampfwagen weiter gefahren und wir in einem Haus verschwunden, schlug eine schwere Granate an der Stelle ein, an welcher 1 Minute vorher noch unser Wagen stand.

Da wir die feindlichen Schützen nicht finden konnten, schlichen wir uns an den Hauswänden entlang zu unserem Panzer.

Vor dem Dorf fanden wir noch ein M. G.-Nest vor, das von unserem Wagen aus nicht bekämpft werden konnte. Ich stieg mit einigen M. G.-Schützen aus und kämpfte mit Handgranaten das M. G.-Nest nieder.

Nach dem Eintreffen unserer Infanterie war unser Auftrag erledigt und es kam der Befehl zum Abrücken nach der Zuckerfabrik bei Marcelcave.

Wir setzten uns bei der Rückfahrt auf unseren Kampfwagen und freuten uns über den gelungenen Einsatz. Bald mußten wir aber in dem Panzer Schutz suchen; denn ein französischer Infanterieflieger hatte uns erspäht und schickte uns in ganz niederem Fluge seine Geschoßgarben auf den Panzer.

Anlage 6

Tagesbefehl des Hauptmanns Bornschlegel an die Panzerwagenabteilungen nach dem Gefecht von Villers-Bretonneux am 24. April 1918

KTB Abt. 1, BA-MA N 89/5 Nachlaß Greiff

Tagesbefehl N° 32
d. Kdrs. d. Panzerwg. Abt.

Der erste grössere Einsatz hat den Panzerwagen-Abteilungen einen vollen Erfolg gebracht. Sowohl das A. O. K. und die Genkdo., Div. und nicht zuletzt die Truppen selbst, denen die Abteilungen zugeteilt waren, haben ihren Dank und ihre vollste Anerkennung für die ganz vorzüglichen Leistungen ausgesprochen.

Dank der ausserordentlichen gründlichen Vorbereitungen, des grossen Schneids und der ausserordentlichen Tapferkeit aller an der Durchführung beteiligten Offiziere, Untffz. u. Mannschaften, ist es gelungen, sämtliche Gefechtsaufträge restlos zu erfüllen. An dem Erfolg des Tages haben die Panzerwagen hervorragenden Anteil.

Der 24. 4. ist ein Ehrentag für die neue Tanktruppe. Mit Stolz werden jederzeit die Orte Villers-Bretonneux und Cachy in der Geschichte der Panzerwagen-Abteilungen genannt werden können.

Auch die Bemühung um die Bergung liegen gebliebener Fahrzeuge müssen besonders hervorgehoben werden. Es ist von allen Beteiligten das Menschenmögliche geleistet worden. Leider haben wir auch den Verlust eines tapferen Offiziers und von 9 wackeren Untffz. u. Mannschaften zu beklagen. Sie gaben ihr Herzblut fürs Vaterland.

Den im Kampf Verwundeten wünschen wir, dass sie recht bald von ihren Verletzungen genesen möchten.

So hat denn die Truppe den grösseren Kampf ehrenvoll bestanden und voll und ganz bewiesen, dass auch ihr jener deutsche Geist inne wohnt, der seit den schweren Augusttagen 1914 die deutschen Waffen von Sieg zu Sieg geführt hat. Sie wird, dessen bin ich fest überzeugt, auch in ferneren Tagen

Vorführung von Panzern am 18. Mai 1918. V.l.n.r.: Leutnant Theodor Larsen, Tankkommandant in der Bayerischen Pz.Kr.W. Abt. 13 (Beute), Kronprinz Wilhelm von Preußen, Hauptmann Bornschlegel, Kommandeur der Sturm-Panzerkraftwagen-Abteilungen   Sammlung Larsen

weitere Kraftproben ehrenvoll bestehen, um der grossen deutschen Sache zum Endsiege zu verhelfen und zu einem ehrenvollen starken deutschen Frieden.
Heil und Sieg für die fernere Zukunft!

Anlage 7

Angriffsbefehl für Panzerwagen Abt. 3 für den Angriff in der Schlacht an der Matz am 29. Juni 1918

Aus: Ernst Volckheim: Deutsche Kampfwagen im Angriff 1918, in: Schwarte (Hrsg.) Kriegslehren in Beispielen aus dem Weltkrieg, Bd. 1, H. 3, Berlin o. J., S. 124

Kampfwagen-Abteilung 3.   den 6. 6. 18.

Angriffsbefehl

1. Das XVII. Armeekorps greift am 9. 6. in Richtung Mortemer, Orvillers-Sorel, Biermont an.
2. Kampfwagen-Abteilung 3 unterstützt den Angriff in Richtung Orvillers und Biermont.
3. Wagen 1 und 2 werden der 227. Infanterie-Division und Wagen 3, 4, 5 der 19. Infanterie-Division unterstellt.
4. Bereitschaftsstellung: Waldecke 1 km südlich Tilloloy westlich der Straße auf Conchy-les-Pots, wohin die Wagen am 8. 6. vom Auslade-bahnhof aus marschieren.
5. Aufgaben: Wagen 1 und 2 bei 227. Infanterie-Division marschieren in Richtung Biermont, nehmen die Stützpunkte nördlich Biermont; das Dorf selbst und bahnen der Infanterie den Weg in Richtung Hagrand-Wald und Wald von Ressons. Allgemeine Abschnittsgrenze: Eisen-bahnlinie. Wagen 3 und 5 bei 19. Infanterie-Division greifen Orvillers von Norden her an und stoßen dann nach Süden vor, indem sie die Waldstücke bei Sorel-Schloß, südlich davon und nördlich von Sechel-les umfahren und säubern. Wagen 4 bei 19. Infanterie-Division geht in Richtung auf Waldstück westlich Biermont vor und greift Orvillers-Sorel in der linken Flanke an. Weitere Aufgaben wie Wagen 3 und 5.
6. Die Staffel verbleibt in der Bereitschaftsstellung.
7. Kraftradfahrer und sechs Meldeläufer ab 8. 6. bei mir.
8. Ich befinde mich bei Meldekopf der Abteilung (Regimentsgefechts-stand Infanterie-Regiment 78) ab 8. 6. vorm.

gez. X
Hauptmann und Abteilungsführer.

Bug- und Steuerordseite des zum Bahntransport verladenen A7V 543 ADALBERT. Dieser Kampfwagen trug zuvor den Namen HAGEN und wurde später in KÖNIG WILHELM umbenannt

Das in der Sockellafette ruhende Geschützrohr ist mit einem Stopfen verschlossen. Der Kommandoturm ist schon fast zerlegt (Gefahr in Tunnels!). 543 läßt gut eine technische Improvision erkennen. Von den ersten zehn bestellten Panzerungen lieferten je fünf Krupp und fünf Röchling. Die Panzerplatten von Krupp waren verzogen und ließen sich dem inneren Rahmen (»Fachwerk«) des A7V aus gelochten Profilstahl-streben nur anpassen, als man sich entschlossen hatte, die Panzerung zu zerschneiden und in Einzelplatten aufzulegen. So entstanden die A7V-Panzerwagen mit zweiteiliger Bug- und Heck-, sowie fünfteiliger Steuer-bord- und Backbordpanzerung.
An der Traverse der SSml Love links von dem vorne sitzenden Soldaten eine der Einsteckvorrichtungen für die herausnehmbaren Rungen, rechts von dem Mann die 35 als Angabe der Tragfähigkeit des Wagens in t, weiter rechts auf ovalem, reliefartigem Schild die Herstellbezeichnung.
Auch die Zurrung des Tanks für den Bahntransport ist gut zu erkennen – an Bug und Heck je zwei stabile Profileisen, die die Haken am Tank mit dem Wagenboden verbinden, zusätzlich Vierkanthölzer vor und hinter den Ketten.

Sammlung WGM

Wenn es im Feuerkampf des Gefechts heiß herging, durften die einzel-nen Kampfstände im Panzer nicht verwechselt werden. Das KTB der Abteilung 1 berichtet über folgende Abhilfe. Im A7V wurden folgende Bezeichnungen festgelegt.
In Fahrtrichtung:
der Bug mit dem Geschützkampfstand
Backbord:
MG-Kampfstände 4 und 6
Steuerbord:
MG-Kampfstände 5 und 3
Heck:
MG-Kampfstände 2 und 1

```
        6          5

   BACK-      STEUER-
   BORD        BORD

        4          3


        2          1
```

Zeichnung Wilf Habich WGM

463

A7V 543, ADALBERT auf dem gleichen Waggon, etwas später aufgenommen

Man beachte den ausklappbaren Sitz an der Tür des Tanks und die an
der Innenseite der Tür aufgemalte Fahrgestellnummer 543.
Der Kommandoturm ist jetzt ganz zerlegt. Die Besatzung hat begonnen,
Panzerplane und Tarnnetz für den Bahntransport auf dem Panzerkasten
auszubreiten. Die MG-Kampfstände 6 und 4 sind durch die herabhän-
gende Plane verdeckt. MG-Kampfstände im Heck 2 und 1 sind sogar
noch aufgerüstet. Das Foto zeigt eine für das Gefecht besondere Einzelheit: zwei Sehschlitze jeweils rechts oberhalb der MG-Kampf 2 und 1.
Dazu das Kriegstagebuch der Abteilung 1 vom 15. 2. 1918: »Zur Beobachtung der Geschoßgarbe durch den Schützen 3 sind für die Gefechtsstände der Steuer- und der Backbordseite Sehschlitze anzubringen.
Lage 50 cm, rechts vom Gewehr, Höhe vom Boden des Wagens gemessen 115 cm. Bei den Wagen der St.P.K.A. 1 im Felde, bei den Wagen der
folgenden Abteilungen durch Vakraft auszuführen.« Es fällt auf, daß bei
einem Wagen des ersten Bauloses Sehschlitze am Heck zunächst nicht
gefordert wurden, dann aber doch angebracht worden sind. Auch war
die Forderung der St.P.K.A. 1 nicht ohne weiteres umzusetzen; bei den
MG-Kampfständen 3 und 6 bedeutete das, daß der Sehschlitz in der
Tür(!) anzubringen war. Ursprünglich waren die Sehschlitze nur für den
Kommandoturm vorgesehen.
Spätere Aufnahmen zeigen auch Ausblicke, vor die von außen befestigt
ein Stahlblech zu schwenken war.
An der Traverse des Tiefladers sind noch die Aufschriften zu erläutern:
Hannover 37433 und SS ml.
Die obere Aufschrift bedeutet ein Erfassungsmerkmal, es gibt die Eigen-
tumsdirektion (KED) Königl. Eisenbahndirektion Hannover und die Ord-
nungsnummer des Wagens an. SS ml bedeutet:
SS = Schienenwagen (Transport von Schienen. Verf.) mit eisernen
     Rungen, 4achsig und mehr
m = Ladegewicht mehr als 35 t
l = Die Rungen sind herausnehmbar, der Waggon kann ohne sie
     benutzt werden.
SS ml Wagen wurden von 1913 bis 1923 in dieser Form gebaut in einer
Gesamtstückzahl von 4000. Die Länge über Puffer betrug 17,1 m, die
Ladelänge 15,6 m, der Drehzapfenabstand betrug (Länge zwischen den
Drehgestellagern) 10,0 m. Der Wagen durfte maximal 65 km/h laufen.
Die Ausfertigung für die KPEV hat an jeder Seite sechs eiserne Steckrun-
gen und Ladeschwellen auf dem Wagenboden.   Sammlung WGM

Gefechtsbericht der Panzerwagen-Abt. 1 über den Angriff am 9. Juni 1918 in der Schlacht an der Matz

KTB Abt. 1, BA-MA N 89/5 Nachlaß Greiff

Gefechtsbericht.

Die Panzerwagen-Abt. 1 mit den Panzerwagen
No 1 Kommandant Ltn. Volckheim
No 1 Hilfskommandant Ltn. Bergemann
No 4 Kommandant Abt.-Führer Obltn. Skopnik
No 4 Hilfskommandant Ltn. Philipp
No 5 Kommandant Ltn. Bartens
traf am 6. 6. 18. in Nesles ein. Sie wurde der 3. I. D. zwecks Verwendung
beim Angriff zugeteilt.

Aufgabe: Nach Vereinbarung mit Div. u. Regimentern.
4,20 Uhr vorm. Antreten zum Angriff. Die Panzerwagen gehen an der
Strasse Rollot-Coucelles (Anschluss linker Wagenstrasse) vor und nehmen
Stützpunkt Höhe 110. Dann entsprechend der Feuerwalze Aufrollen der
Stellung in südöstlicher Richtung auf Mortemer. Weiteres Vorgehen an der
Strasse westlich Grosser Wald bis zur Südspitze, Aufrollen der Zwischen-
stellung und der zweiten Stellung in südöstlicher Richtung, Ostausgang
Méry. Überschreiten der Strasse Méry-Lataule und nehmen der Höhenstel-
lung südöstlich Méry (3. Stellung.)

Wetter:
Während des Angriffes sehr starker Nebel, der sich erst gegen 8 Uhr vorm.
verzog.

Bodenverhältnisse:
Trockener Wiesenboden, bestellte Kornfelder.

Geländeschwierigkeiten:
Mit Waldstücken, Baumgruppen bedecktes Gelände. In der feindlichen
Stellung Trichtergelände. Am 8. 6. 18 9 Uhr abends verliessen die
Panzerwagen ihre Bereitschaftsstellung (Boulogne Schloss). Die Panzerwagen 4 und 5 trafen 11 Uhr abends bei der Ausgangsstellung 500 m
südlich Rollot, an der Strasse Rollot-Coucelles ein. Der Wagen 3 wurde in
Boulogne 10,15 Uhr abends durch Artl. Treffer kampfunfähig (Schmierrohr
der Wasserpumpe gebrochen, Wasserschläuche durch Splitter zerschla-
gen), Ltn. d. R. Bergemann wurde hierbei verwundet. 2,45 Uhr vorm. wurde
der Abt.-Führer, Oberltn. Skopnik und Kommandant Leutnant d. R. Bartens
schwer verwundet, und übernahm Leutnant Volckheim die Führung der
beiden Panzerwagen 4 und 5. Diese verliessen 3,50 Uhr morgens die
Ausgangsstellung und traten zur befohlenen Zeit 4,20 Uhr 50 m vor der
Infanterie (Regt. von Heydebrink) zum Sturm an, Richtung feindlicher
Stützpunkt Höhe 110.
Panzer 5 (Ltn. Volckheim) fuhr rechts der Strasse
Panzer 4 (Ltn. Philipp) fuhr auf der Strasse.
Nach kurzem Feuergefecht mit Artl. und M. G. war der feindliche Stützpunkt
Höhe 110 niedergekämpft. Nach Erledigung dieses Gefechtsauftrages
fuhren die Panzer in südöstlicher Richtung am feindlichen Graben entlang
auf Richtung Nordausgang Mortemer. Infolge des undurchdringlichen
Nebels und obgleich Verbindungsleute zur Erkundung der Wegeverhält-
nisse aus dem Tank vorausgeschickt waren, fuhr der Wagen 5 in ein
grosses Loch (ca. 10 m lang, 6 m breit), 4 m tief, in welchem er fast senkrecht
zu stehen kam, und bohrte sich die Spitze des Wagens tief in den Erdboden.
Infolgedessen war es unmöglich den Wagen mit eigener Kraft, oder mit
Hilfe des anderen Wagens wieder herauszuziehen. Panzer 4 fuhr dann allein
bis dicht vor Mortemer weiter. Da ein Motor verschiedenemale aussetzte,
das Getriebe gerissen war und einige Rollen gebrochen waren, entschloss
sich der Kommandant, Ltn. Philipp, der inzwischen von dem Unfalle des
anderen Wagens benachrichtigt worden war zu diesem zurückkehren, um
ihm evtl. noch Hilfe zu bringen; denn ein weiteres Vorgehen hielt er bei dem
Zustande des Wagens für erfolglos.
Der Führer, Ltn. Volckheim, liess die M.G. nebst Munition und die
wichtigsten Teile des Motors von Wagen 5 bergen und gab dem Wagen 4
den Befehl zur Ausgangsstellung zurückzukehren, wo er 6,45 Uhr eintraf.
Nach Meldung des Leutnant Volckheim bei der Div. wurden die Panzerwagen entlassen.
Um 10 Uhr vorm. war der durch Artl. Treffer beschädigte Wagen 3 wieder
soweit hergestellt, dass er einigermassen fahrfähig war.

Beide Wagen No 3 und 4 traten dann den Rückmarsch nach Roye an, wo sie gegen 2 Uhr mittags eintrafen.

Gefechtsstärke: a) Personal:
6 Offiziere
140 Untffz. u. Mannschaften

b) Panzerwagen:
3 Panzer No 3, 4 und 5

Verluste: a) Personal:
2 Offiziere schwer verw.
1 Offizier leicht verw.
3 Mannsch. tot
3 Mannsch. schwer verw.
5 Mannsch. leicht verw.

b) Panzerwagen:
1 Panzer No 5.

Anlage 9

Divisionsbefehl für Panzerwagen. Befehl des Kommandeurs der 123. Königl. sächsischen Infanterie-Division, Generalleutnant Lucius, für den Angriff am 15. Juli 1918

BA-MA PH 20/29

Regts. St. Qu., 10./9. 18

Abschrift.

123. K. 8. Inf. Div.*
Ia No 538 geh. op.
»Löwe«
Persönlich!

Div. St. Qu., am 12. 7. 18

Divisions-Befehl für Panzerwagen.

1.) Ein Kommando der Panzer-Abteilung des Hauptmanns Thofehrn unterstützt den Angriff der Div. mit 3 Panzerwagen; Führer: Oberlt. Steinhardt, trifft am 13. 7. 18 bei Regts. Stab Inf.-Regt. 351 ein.

2.) Es werden eingesetzt:

a) 1 Panzerwagen (Nr. 3) im Gefechtsstreifen des rechten Rgts (Inf.-Regt. 178).

Auftrag: Unterstützung der Inf. beim Durchstoßen durch den Courton-Wald durch Umfassung von Norden und bei Einnahme von Nappes, möglichst noch darüber hinaus, *bis einschl. Espilly.*

Ausgangsstellung: Nördlich Boujacourt.

Weg: Aus dem Gefechtsstreifen der 22. Inf. Div. hinter deren vordersten Wellen × + 220 vorbrechend, sucht der Panzerwagen beschleunigt Anschluß an die vorderste Welle des rechten Batlns. Dieser muß bis zum Westrand des Waldes erreicht sein. Am Waldrand entlang fahrend, kreuzt der Panzerwagen den Gefechtsstreifen des linken Batlns. und stellt, wenn nötig, auch diesem den Einbruch in den Wald sicher.
Bei Blaupkt. K 1 biegt er in Richtung Nappes nach Südosten ab und hält am nordöstlichen Waldsaum oder aus dem Dorfe etwa noch aufflackernden Widerstand nieder.
Wenn es das Gelände erlaubt, begleitet er den Inf.-Angriff noch über les Haies hinaus bis zur Einnahme von Espilly.
Ist das nicht möglich, so nimmt er im Walde Deckung und fährt, *nachdem das I. R. 106 mit allen Teilen den Sattel nördlich des Waldes überschritten hat,* zurück.
Während des Halts im Walde ist die Front nach dem Feinde zu nehmen und jede Gelegenheit, der vorgehenden Infanterie Feuerunterstützung zu gewähren, auszunutzen.
Im Falles eines feindl. Gegenangriffs verbleibt der Panzerwagen auf seinem Platze und beteiligt sich nach Kräften an der Abwehr (eventl. durch Aussetzen von MG's).
Hierbei untersteht er dem Batln., in dessen Gefechtsstreifen er sich jeweils befindet.

b) 2 Panzerwagen (Nr. 2 und 1) im Gefechtsstreifen des linken Regts. (Inf. Regt. 351).

Auftrag: Unterstützung der Infanterie beim Überschreiten des »Frauenbusens« (scharfe Ausbuchtung der Straße Chambrecy-Bligny nach Norden) und **beim Vordringen auf Chaumucy** besonders durch Niederhalten etwaigen Widerstandes in Linie der feindlichen Artl.-Schutzstellung oder aus dem Ortsrand des Eclisses Waldes heraus.

Ausgangsstellung für Panzerwagen 2: (siehe auch Ziffer 5) + 180 bei A 2 eingetroffen.

Weg: × 220 hinter vorderster Welle der Infanterie am Ostausgang Chambrecy aufbrechend auf großer Strasse nach Bligny bis zur Höhe des Frauenbusens.
Von hier aus in ungefähr gleicher Höhe mit Panzerwagen 1 (dieser 200 – 300 m weiter östlich) in südöstlicher Richtung weiter bis über die feindliche Artl.-Schutzstellung hinaus.
Wenn es das Gelände und die feindliche Gegenwirkung erlauben, ist der Infanterie noch weiter der Weg nach Chaumuzy hinein zu bahnen.
Dies wird sich voraussichtlich schon deshalb empfehlen, weil in der Nähe des Dorfes besserer Schutz gegen feindliche Sicht vorhanden ist, als auf dem kahlen Osthang des Eclisse Rückens und weil die Wirkungsmöglichkeit der feindlichen Artl. nach dem Ardre Tal zu abnimmt.
An der *Abwehr etwaiger feindlicher Gegenangriffe* haben sich beide Panzerwagen, eventl. durch Aussetzen von M. G. s aufs nachdrücklichste zu beteiligen unter dem Befehl des Batlns., in dessen Gefechtsstreifen sie sich jeweils befinden.

3). Als Begleitkommandos stellt Pi. Kdr. 123 für jeden Panzerwagen 1 Utffz., 4 Mann.

Meldung: 13. 7. 18, 9° vorm. bei Ortskommandantur Lhery.

Ausrüstung: je zwei große Schanzzeuge.

Die Abteilung hat, dem Panzerwagen als Patrouille *voraus*gehend, etwaige Hindernisse zu beseitigen. Sollte der Panzerwagen auf der Straße liegen bleiben, so haben die Pioniere sofort die Wegesperre zu beseitigen (Umgehungsweg).
Oberleutnant Steinhart sorgt für eingehende Instruktionen über ihre Aufgaben.

4). *Divkonach 123* hat jeden Panzerwagen mit 4 Brieftauben auszurüsten. Abholen durch Boten der Panzerwagen am 14. 7. 10° abds. 300 m östlich les Malades Fe.

5). Die 3 Panzerwagen werden vom 12. 7. ab bei B 2 untergebracht. Von hier aus geht Panzerwagen 2 in der Nacht y – l/y nach A 2 so vor, daß er × 180 dort eingetroffen ist.
Panzerwagen 1 steht am 14. 7. 18 früh bei A 1 bereit und setzt sich am y Tage so in Marsch, daß er × 220 hinter der vordersten Welle der Infanterie zum Sturm vorbrechen kann.
Panzerwagen 3 erhält Befehl für Einrücken in die Ausgangsstellung nördlich Boujacourt durch Oberlt. Steinhart.

6). Merkblätter für Verhalten der Infanterie im gemeinsamen Angriff mit Panzerwagen anbei. Am 14. 7. 18 haben bei Inf. Regt. 351 und Inf. Regt. 178 eingehende Belehrungen der Komp.-Führer an die Gruppenführer stattzufinden.

7). Nach *Durchführung ihrer Gefechtsaufträge* sind die Panzerwagen zur Verfügung ihres Abteilungsführers zu entlassen. Oberlt. Steinhart hat baldigst einen kurzen Bericht über die Beteiligungen der 3 Panzerwagen am Angriff der 123. I. D. einzureichen.

gez. Lucius

F. d. R.
Fischer

---

*) Hier ist im Original ein Schreibfehler unterlaufen. Es muß heißen: »123. K. S. Inf. Div.« (K. S. = Königl. Sächsische (Verf.).

Anlage 10

Gefechtsbefehl der Panzerwagen-Abteilung 1 für den Angriff am 15. Juli 1918 in der 2. Schlacht an der Marne

KTB 1, BA-MA N 89/5 Nachlaß Greiff

13. 07. 1918   **Gefechtsbefehl**

für den Einsatz mit der 22. Infanterie-Division

1. Die Division greift am Y-Tage unter Befehl des Korps Schmettow mit den Nachbardivisionen (rechts 195 I. D., links 123 I. D.) an und wirft den Feind durch das Bois de Nanteuil und Bois de Courton über Nanteuil nach Osten zurück.
2. Y = Angriffstag; X = Uhrzeit (werden später befohlen)
3. Angriff der Division:
   Rechte Grenze: Linie Südwestspitze des Bois de la Cohette-Orcourt (ausschl.) = Gand Pré (ausschl.) = Cormoyeux (ausschl.) = Mitte des Sees westlich St. Imoges.
   Linke Grenze: Linie Champlat (einschl.) = 400 m südlich Espilly = 200 m südlich Presle = Ferme = Nogent (einschl.) Siehe Karte Anlage 1
4. **43 I. B. mit unterstellten Sonderwaffen greift an mit:**
   I. R. 83 rechts
   I. R. 167 links
   Trennungslinie zwischen beiden Regimentern:
   Wegekreuz Ostrand Wald von Cohette, 700 m südwestlich Boujacourt – Südrand la Neuville – 200 m südlich Paradis – 300 m nördlich Nanteuil
5. Die Sturmpanzer-Abteilung 1 (Hauptmann Thofehrn) unterstützt den Angriff des I. R. 167 (links) mit 4 Panzer.
6. *Aufgabe der Sturmpanzer-Abteilung 1:*
   Unterstützung des I. R. 167 bei Wegnahme von Champlat, La Neuville und Paradis.
   Zu erreichendes Ziel:
   Paradis das zu nehmen ist.
7. Nach 3 Stunden 40 Minuten Artillerie-Vorbereitung tritt I. R. 167 zum Sturm an. Zu dieser Zeit, also X + 220 müssen die Panzer die vordere Linie erreicht haben und treten gleichzeitig mit der Infanterie an. Nach Überschreiten der vorderen eigenen Linie wenden sich die Panzer ihren Aufgaben zu. Die Abteilung gliedert sich in 2 Gruppen zu 2 Panzern:
   Gruppe 1: Tank Bergemann (No 2) und Wagner (No 4),
   Gruppe 2: Tank Vietze (No 5) und Lommen (No 3).
   Angegliedert: Tank Melching, der nach Durchschreiten unseres Vormarschabschnittes seine Aufgabe zur Unterstützung der sächsischen Division durch Abstreifen des West-, Nord-, Ostrandes und Beschießung von Nappes erfüllt.
   Gruppe 1 (Bergemann, Wagner) geht immer an der Feuerwalze bleibend nach Verlassen des Waldweges Ville en Tardenois – Boujacourt südwestlich der Straße Boujacourt-Champlat vor, bekämpft erkannten Widerstand am Westrand des Waldes südlich Champlat, durchschreitet diesen Wald und stößt auf den West- und Südausgang La Neuville mit der Aufgabe, die westlich und südwestlich von La Neuville gelegenen feindlichen Stellungen niederzukämpfen. Hierauf Bekämpfung des Süd- und Ostausganges La Neuville. Alsdann weiter Vormarsch südlich des Courton Waldes westlich Paradis auf dieser Ortschaft.
   Gruppe 2 (Vietze, Lommen) durchschreitet bzw. umschreitet Boujacourt. Panzer Vietze stößt durch Champlat bzw. umschreitet diesen Ort, passiert das Schloß südöstlich davon und erreicht den Nordwestausgang La Neuville. Rollt die Stellung westlich La Neuville auf, kehrt zum Nordwestausgang zurück, dringt in das Dorf bis zur Kirche ein und wendet sich nach dem Ostausgang zur Bekämpfung der dort vermuteten Geschütze. Dann weiterer Vormarsch und Wegnahme von Paradis.
   Tank Lommen begleitet Tank Vietze bis in die Nähe von Champlat, bekämpft das Stellungssystem am Nordwestrand von Champlat, dringt in den Nordwestausgang und umschreitet das Dorf nördlich. Hierauf Bekämpfung des Nordostausganges und Vormarsch auf Westrand vom Cohedon-Wald in Höhe der Divisionsgrenze, Abstrei-

fen des Westrandes nach Süden, Vorstoß auf Ostausgang von La Neuville. Hierbei Bekämpfung vermutlicher Dorfgeschütze.
Sammelpunkt nach dem Gefecht: Ausgangsstellung A 1, Nordwestrand vom Courmont Wald.
8. Standort des Abteilungsführers beim Regimentskommandeur von I. R. 167. Regimentsgefechtsstand: ca. 300 m nordwestlich Punkt 0 1 (Pl. Qu. 44 67), im späteren Verlauf des Gefechts im Schloß von Champlat.
9. *Nachrichtenübermittlung:* Meldekopf I: beim Regimentskommandeur I. R. 167. Meldekopf 2: (zugleich mit für Abt. 2) in Lhery.
   Von 1 bis 2, sowie von 2 nach Crugny – Courville Motorradverbindung. Meldung von den Panzern an Meldekopf 1 durch Meldegänger. Nach A. O. K., 22. I. D. und an Hauptmann beim Stabe durch Brieftauben gemäß Anlage 3 zum Einsatzbefehl vom 12. 07.
10. **Bergungstrupp** steht marschbereit in Lhery. Führer Sergt. Geppert. Dieser veranlasst das Nachführen von Betriebsstoff und Wasser und führt den Bergungstrupp auf Anforderung nach vorn.
11. Verpflegung:
    a) Ausgabe von Essen von der Feldküche vor Abmarsch in die A 1-Stellung, desgl. Ausgabe von Kaffee.
    b) Ausrüstung der Panzer mit eisernen Portionen für 2 Tage. Getränke untergebracht in 10 oder 20 ltr Kannen im Tank.
12. Tragbahre im Tank mitgeführt. Im übrigen ärztliche Versorgung durch I. R. 167.
    Anmerkung:
    Kampfunfähig auf dem Gefechtsfeld liegengebliebene Panzerwagen sind unbedingt zu bergen. Ist dieses nicht mehr möglich, so müssen Geschütz, M. G., Munition, sowie Magnet aus den Panzern entnommen und dieser zur Sprengung vorbereitet werden; hierbei Verwendung der Pioniere. Sprengung nur dann, wenn Rücktransport ausgeschlossen ist und wenn er in Feindeshand fallen könnte. Wenn irgend möglich, ist vom liegengebliebenen Tank mit dem Geschütz, sowie mit dem M. G. weiter auf den Feind wirken. Die zugeteilten Pioniere erhalten besonderen Befehl.

Anlage 11

Gefechtsbefehl der Panzerwagen Abt. 1 für den Angriff am 31. August 1918 bei Cambrai

KTB Abt 1, BA-MA N 89/5 Nachlaß Greiff

Abschrift.

Panzerwagen-Abt. II
Tgb.-Nr. 15

**Nicht in die vorderste Linie mitnehmen.
Gefechtsbefehl für Panzerwagen-Abt. I.**

Das 18. A. K. greift am 31. 8. früh gleichzeitig mit dem 14. R. K. auf und nördlich der Chaussee Beugny-Bapaume an. Die Panzerwagen-Abt. I wird für den Angriff dem 18. A. K. zugeteilt. Bereitstellung nördlich der Strasse Cambrai-Bapaume in Gegend Ziegelei am Wegekreuz Morchies-Beaumetz und Bapaume-Cambrai.
Der Angriff wird vorbereitet durch starkes zusammengefasstes Artl.-Feuer von 5.30 bis 5.35 Uhr vorm. auf die vorderste feindliche Stellung, namentlich Fremicourt und Bancourt. Um 5.35 Uhr tritt die Infanterie hinter einer Feuerwalze, die von 5 zu 5 Minuten um je 200 m vorwärts springt, zum Angriff an. Die Feuerwalze wird aus allen verfügbaren Feldbatterien gebildet. Die schweren Batterien bleiben auf Fremicourt und Bancourt liegen und werden von der fortschreitenden Walze aufgenommen. Die Walze rollt ab bis zum Wegekreuz westlich Fremicourt-Westrand Bancourt und bleibt dicht vor dieser Linie 10 Minuten lang als Abriegelungsfeuer liegen. Das Feuer ist im Bedarfsfall durch rote Leuchtkugeln erneut anzufordern.
Der Angriff wird beim 14. R. K. ebenfalls unterstützt durch 4 deutsche Tanks (Abt. II), die nördlich der Strasse Cambrai-Bapaume von Beugny auf Fremicourt vorstossen.
Die Panzerwagen-Abt. I untersteht für den Angriff der 23. I. D. Leutnant Bergemann setzt hierzu mit der Div. unmittelbar ins Benehmen. Er sorgt

Sommer 1918: A7V 504.
SCHNUCK, der Abteilung 2 wartet mit zwei anderen Tanks an einem Bahnanschluß

Für die Soldaten auf dem Heck von SCHNUCK ist sogar Zeit für ein Lese- und Mußestündchen, das durch das Auftauchen feindlicher Flieger allerdings jäh unterbrochen werden konnte.

Orginaluntersschrift: »Aufnahme aus dem Westen 10655) Deutscher Panzerwagen in Bereitschaft.« Eine wohl etwas leichtfertige Behauptung: Die wenigen Besatzungsmitglieder absolut sorglos, keine Auflockerung, keine Tarnung und die MG-Kampfstände nicht aufgerüstet!

SCHNUCK trägt die aufgeschnittene Kruppsche Panzerung des ersten Bauloses. Das sogenannte »Mannloch« am Heck ist gut sichtbar. SCHNUCK hat keine Sehschlitze für die Heck-MG-Stände 2 und 1. Der Panzerkasten von SCHNUCK war ursprünglich auf das Fahrgestell 544 (1. Baulos) montiert und wurde, als dieses unbrauchbar ausgesondert werden mußte, auf den Bergungsschlepper 504 umgesetzt.

Auf ein interessantes Detail ist noch hinzuweisen. Am linken und am ganz rechten Tank hängt jeweils am rechten Schlepphaken ein Gestell am Heck. Das ist einer der Munitionssitze, die auf einer Schwenkvorrichtung hinter den MG-Schießscharten angebracht waren. Die Schwenkvorrichtungen waren um einen senkrecht stehenden Bolzen drehbar angeordnet. Der dreieckig-gleichschenklige Fortsatz, mit dem der Sitz am Haken von SCHNUCK hängt, verhindert ein Verrutschen des Sitzes auf der Plattform der Schwenkvorrichtung. Letztere hat die gleiche Form (Dreiecksspitze nach vorne hin zum Bolzen), ist am Rande aufgebogen und konnte das Sitzgestell so fest aufnehmen (vgl. eine Zeichnung von R. Strasheim in: Schneider-Strasheim: Deutsche Kampfwagen im 1. Weltkrieg. Der A7V und die Anfänge deutscher Panzerentwicklung. Friedberg 1988, S. 15). Der als Gestell ausgebildete Sitz konnte auch Munition, Wasser, Öl und Werkzeug für MG in sogenannten (genormten) Einheitskästen aufnehmen. Das Sitzgestell und die Plattform (oder Rahmen?) der Schwenkvorrichtung waren zu entfernen, wenn die in der Bodenplatte des Tanks befindlichen Deckel der darunter angebrachten Werkzeugkästen geöffnet werden mußten. Diese Situation ist am SCHNUCK und dem Panzer ganz rechts im Bilde eingetreten.

Sammlung WGM

»Aufnahme aus dem Westen. Deutscher Panzerwagen auf einem Eisenbahnwagen verladen«. (Originalbildunterschrift)

A7V 563, WOTAN, der Abt. 2, ist über eine Behelfskopframpe, erkennbar an der Balkenpackung ganz links, wohl auf einen SS-ml-Wagen ohne Rungen gefahren. Leider ist auf der Traverse des Plattformwaggons keine einzige Beschriftung zu erkennen. Rechts davon A7V SIEGFRIED, Abt. 2. Bei WOTAN und auch bei SIEGFRIED sind die Mannlöcher am Heck gut auszumachen. SIEGFRIED hat wieder das Munitions-Sitzgestell am Haken. Die Abteilung 2 war zusammen mit der Abteilung 1 am Angriff vom 31. August 1918 beteiligt.

Sammlung WGM

---

dafür, daß die Abteilung 5.35 Uhr rechtzeitig mit der Infanterie zum Sturm auf Fremicourt antreten kann.

Das Ziel für Abt. I ist erreicht, wenn die eigene Infanterie den Westrand von Fremicourt hält. Abt. I dreht dann nach Norden ab und kehrt selbständig nach Erreichen ihres Gefechtszieles in die Ausgangsstellung zurück, woselbst dann weiterer Befehl eintrifft.

Es stehen der Abteilung zu Meldezwecken pro Panzerwagen 4 Brieftauben zur Verfügung, die direkt zum Gruppenschlag fliegen. (Bereitgestellt sind diese Tauben in Oyses-le-Verger) Abholung durch Abt. I.

Meldungen erstmals erforderlich, ob und wieviel Panzer mit der Infanteriewelle zum Angriff angetreten sind.

Ich befinde mich beim Gen.Kdo. 18 A. K. wohin auch sämtliche Meldungen der Abteilungen zu richten sind. Unmittelbar nach dem Gefecht haben die Abteilungen kurze Meldungen über Verlauf des Gefechts, Verluste, Beute, Gefangene usw. einzureichen, ebenso reichen die Abteilungen die Namen für evtl. Auszeichnungen ein.

Grösste Vorsicht ist zu beachten, dass ein Beschuss eigener Truppe vermieden wird.

gez. Steinhardt
Oberltn. u. Führer der verstärkten
Panzerwagen-Abteilung.

Gefechtsbericht der verstärkten Panzerwagen – Abt. 1 für den Einsatz am 31. August 1918 bei Cambrai

KTB Abt. 1, BA-MA N 89/5 Nachlaß Greiff

Zusammengefasster Bericht über den Einsatz
am 31. 8. 1918

Am 28. 8. 1918 4.15 Uhr nachm. rollte die Abteilung mit 3 Panzerwagen

No 2 501 Kommandant Leutant Bergemann
No 3 540 Kommandant Leutnant Auffermann (jetzt Wagner)
No 5 541 Kommandant Vizef. Lommen

und dem nötigen Zubehör vom Bahnhof Marchienne au Pont ab und kam am 29. 8. 18 6.20 Uhr nachm. in Cambrai Bahnhof Cantimpré (A 1) an, wo Panzer

No 4 560 Kommandant Leutnant Volckheim, der von Tournai abberufen und bereits am 28. 8. nachm. in Cantimpré eingetroffen war, zur Abteilung stiess. Nach dem Entladen fuhren die Panzer und Kraftwagen zur Bereitstellung (B 1) in den Nordwestrand des Bourlon-Waldes.
Am 30. 8. 1918 ca. 6.20 Uhr nachm. erhielt Leutnant Bergemann von Oberleutnant Steinhardt, dem gemeinsamen Führer von Abteilung I und II durch Fernsprecher mündlich den Befehl, sofort das Gelände für einen Angriff am Morgen des 31. 8. auf Vaulx ca. 3 km nördlich Fremicourt zu erkunden. Leutnant Bergemann fuhr dann mit den Kommandanten Leutnant Wagner, Volckheim und Unterffz. Mally der für Vizefeldw. Lommen, der von Oberleutnant Steinhardt bereits zu einer Erkundung fortgeschickt war, mitkam, nach vorne.
Leutnant Auffermann der zurückblieb und gleichzeitig die technische Aufsicht bei den Arbeiten an den Panzern der Abt. II hatte, wurde hierbei am 30. 8. 18 ca. 8 Uhr nachm. durch Bombensplitter getötet.
Als Leutnant Bergemann mit den Kommandanten 9.30 Uhr abends von der Erkundung zurückkehrte, war inzwischen telefonisch ein Befehl von Oberleutnant Steinhardt gekommen, dass die Abteilung nicht bei Vaulx, sondern beim Angriff der 23. I.D. auf Fremicourt, nördlich der grossen Strasse Cambrai-Bapaume am 31. 8. 1918 5.30 Uhr vorm. mitwirken sollte. Wegstrecke 18 km.

Behutsam fährt A7V 563, Woтаn, der Abteilung 2, über eine Kopframpe auf einen Waggon
Die Rampe ist behelfsmäßig, eine Erdanschüttung, an den Seiten durch senkrecht in den Boden getriebene Balken befestigt. Der Kommandoturm ist fast zerlegt. Links im Turm der Soldat hat wohl Blickverbindung zu einem Einweiser, der weiter links auf dem Wagen stehend, nicht mehr abgebildet ist. Ganz rechts, tief im Turm, sieht man den Fahrer, wie er den Kopf hochstreckt, um über den gewaltigen Bug von Woтаn hinweg wenigstens einen Orientierungspunkt erkennen zu können. Der Angriff vom 31. August 1918 wurde von den Abteilungen 1 und 2 gemeinsam durchgeführt.

Sammlung WGM

10.15 Uhr abends begab sich Leutnant Bergemann zwecks Rücksprache per Auto zu der Division und den Regimentern. Leutnant Wagner erhielt den Befehl, die Panzer sofort zur Bereitschaftsstellung (B 3) Wegekreuz Marchies-Beaumetz, Boursies – Beugny in Marsch zu setzen.
Durch Festfahren des Tanks Volckheim, Reissen des Ventilatorriemens bei Tank Lommen, wodurch die hinteren Panzer infolge des schmalen Waldweges im Weiterfahren behindert wurden, erreichten die Panzer erst ca. 1.15 Uhr am Südrand des Waldes die grosse Strasse Cambrai – Bapaume. Hier blieb Tank Volckheim (V) infolge Bruchs des 2. Ventilatorflügels liegen. Auch beim weiteren Vorfahren hatten die Panzer Verzögerungen durch Maschinendefekte, Heisslaufen der Rollenkästen und Verstopfung der Strasse. (Siehe Fahrtberichte der Kommandanten Anlage 2 – 5.)
Als Leutnant Bergemann von den Regimentsstäben im Hohlweg Beugny – Morchies kommend, um 3.20 Uhr vorm. an die befohlene Bereitstellung (B3) am Wegekreuz kam, waren die Panzer noch nicht eingetroffen. Leutnant Bergemann fuhr nun der Abteilung entgegen, begegnete ca. 3.30 Uhr in Höhe Louverval 3 Panzern der Abteilung II und stiess 3.50 Uhr morgens ca. 300 m östlich Wegekreuz Moeuvres – Demicourt, Boursies-Cambrai (T) auf 2 Wagen der Abteilung Tank Lommen und Bergemann (Hilfskommandant Vizefeldwebel Ludwig), Panzer Wagner lag noch ca. 1 km zurück. Da die Wagen noch eine Strecke von über 10 km bis zur Ausgangsstellung hatten, ein schnelles Fahren behinderte der starke Kolonnenverkehr, so befahl Leutnant Bergemann, dass die Wagen halten sollten, da ein rechtzeitiges Eintreffen zu dem örtlichen Angriffe, welcher in einer halben Stunde erledigt war, unmöglich erschien. Leutnant Bergemann begab sich dann sofort zur 23. I. D. und meldete dieses, worauf der Infanterieangriff bei dieser Division abgesagt wurde. Die 3 Panzer 2, 3, 5

A7V 563, Woтаn, ist auf den Wagen gefahren, der sich unter dem Gewicht von 35 to durchbiegt
Diese Aufnahme ist unmittelbar nach dem vorherigen Bild gemacht worden. Es hat den Anschein, als nehme die Truppe das mit Humor; vielleicht auch nur die nicht unmittelbar davon betroffenen Kameraden? Zu diesem Problem gibt eine Notiz aus dem KTB der ebenfalls mit A7V ausgerüsteten Abteilung 1 vom 10. April 1918 interessante Aufschlüsse:
»Die von der Eisenbahn zur Verfügung gestellten Loren, (SS m – Wagen) mit 10 m Achsstand halten die Belastung durch die A7V-Wagen nicht aus, trotzdem sie für eine Tragfähigkeit von 35 Tonnen gebaut sind und das Gewicht der Panzerwagen mit vollkommener Ausrüstung 35 to nicht übersteigt. Offenbar sind die SS m-Wagen nur fähig, 35 to zu tragen, wenn die Last senkrecht über den Achsen angreift. Greift die Last jedoch in der Mitte der Lore an, wie es bei der Belastung durch A7V-Wagen der Fall ist, so sind Hauptträger und Längsverstrebungen zu hoch beansprucht. Infolgedessen sind bei den letzten Transporten erhebliche Beschädigungen der Loren hervorgerufen worden, die meistens ihre Unbrauchbarkeit verursachten. Es wird daher vorgeschlagen, Wagen von grösserer Tragfähigkeit zum Transport der A7V-Wagen zu benutzen oder solche Wagen mit 35 Tonnen Tragfähigkeit, deren Achsstand 6 m nicht übersteigt.« (BA-MA N 89/5)

Sammlung WGM

fuhren dann bis an den Ostrand von Boursies (B 1), wo sie in Gefechtsbereitschaft blieben. Am Abend wurden die Panzer auf Befehl des Oberleutnants Steinhardt in den Südrand des Bourlon-Waldes zurückzogen. Der Rücktransport der Abteilung erfolgte am 4. 9. 18 von Cantimpre. Abfahrt 6.30 Uhr nachm. Ankunft Charleroi Bahnhof Süd am 5. 9. 18 7.10 Uhr vorm. wo die Abteilung die Last- und Personenwagen entlud. Die 4 Panzer wurden zum Bahnhof Marchienne au Pont umrangiert, wo sie 2 Uhr nachm. eintrafen.

i. V.
Bergemann
Leutnant u. stellv. Abt.-Führer

Anlage 13

Bericht des Vizefeldwebels Lommen über das Gefecht vom 31. August 1918

KTB Abt. 1, BA-MA N 89/5 Nachlaß Greiff

Bericht des Tank 3 (541) über den Anmarsch zum Gefecht am 31. August 1918 bei Fremicourt

Ich erhielt am 31. 8. nachm. den Befehl von Herrn Oberleutnant Steinhardt, mich mit der 36. und 23. I. D. in Verbindung zu setzen, um unbedingt Skizzen über den Einbau von Minen vor unseren Stellungen mitzubringen, da diese für unseren Tankangriff sehr wichtig seien. Ausserdem musste ich noch eine Brückenstelle erkunden.
Von diesem Auftrag kehrte ich erst um 11.45 Uhr nachm. in die Ausgangsstellung der Abt. I zurück. Hier erfuhr ich, dass die Panzer inzwischen den Befehl erhalten hatten, nach vorne zu fahren. Ich fuhr sofort mit einem Personenwagen nach, um meinen Tank noch aufzuholen. Schon nach 5 Minuten hatte ich den Tank erreicht, weil er wegen Riss des Ventilatorriemens im Bourlon-Wald festlag. Als der Schaden behoben war, fuhr ich 500 m weiter, wo ich halten musste, weil Tank Volckheim sich fest gefahren hatte. Ein Vorbeifahren auf dem schmalen Waldweg, der ausserdem steile Böschungen hatte, war mir unmöglich. Ich musste den Tank Volckheim rückwärts abschleppen. Um 1.15 Uhr kam ich erst auf die Strasse Cambrai – Bapaume, wo ich sofort den Tank Volckheim überholte und nun fuhr ich als erster der Abteilung. I. Nach kurzer Zeit holte ich den Wagen der Abt. II auf, denen ich mich anschloss. Der Anschluss ging leider durch Reissen eines Ventilatorriemens wieder verloren. Dieses passierte mir dreimal. Dadurch erhielt ich einen Zeitverlust von 1 Stunde. Ich versuchte die Verspätung durch Fahren mit dem zweiten und dritten Gang wett zu machen. 500 m östlich des Dorfes Boursies musste ich eine kleine Pause einlegen, da mein Kühlwasser ins Kochen geraten war. Als ich im Begriff war, weiterzufahren, traf Herr Leutnant Bergemann ein, der mir erklärte, es sei vollkommen unmöglich, noch zeitig ins Gefecht zu kommen, da die Wagen noch 8 km zu fahren hätten. Er gab mir den Rückmarschbefehl, den ich erst nach Rücksprache mit Leutnant Wagner ausführte. Dieser Befehl wurde aber bald überholt und die Wagen kehrten nach Boursies zurück, wo wir Bereitschaftsstellung bezogen.

gez. Lommen
Vizefeldwebel

Anlage 14

Bericht des Leutnant Volckheim über das Gefecht am 31. August 1918

KTB Abt. 1, BA-MA N 89/5 Nachlaß Greiff

O. U. den 1. September 1918

Bericht über die Fahrt des Panzerwagens No 4 (560) der Bereitschaftsstellung zur Ausgangsstellung in der Nacht vom 30. zum 31. August 1918

Am 30. 8. zwischen 10.30 und 10.45 Uhr abends verliess der Panzer 4 die Bereitschaftsstellung im Bourlon-Wald, 500 m südöstlich Dorf Bourlon. Infolge der Dunkelheit, obwohl mehrere Leute zum Dirigieren des Wagens vorausgingen, fuhr der Wagen sich in dem Seitengraben rechts fest, so

dass er sich mit eigener Kraft nicht wieder herausarbeiten konnte. Trotzdem die Wagenbesatzung die Raupe freilegte, gelang auch dieses nicht. Erst der folgende Panzerwagen Lommen konnte den Wagen rückwärts wieder herausziehen. Hierdurch hatte der Wagen 45 Minuten Aufenthalt. Nachdem der Wagen wieder 10 Minuten weiter gefahren war, begann der Motor an zu kochen, so daß der Motor nicht mehr zog. Bei Untersuchung des Motors stellt es sich heraus, dass ein Ventilatorflügel abgebrochen war. Da der Wagen eilig nach vorne musste, gab ich nach etwa 20 Minuten, währenddessen der Motor sich abkühlen konnte, den Befehl zur Weiterfahrt. Vom Bourlon-Wald aus kam der Wagen auf die grosse Strasse Cambrai – Bapaume und fuhr auf dieser nach vorne zu. Nach kurzer Zeit kochte die Maschine wieder und die Motorteile glühten. Bei nochmaliger Untersuchung der Maschine stelle es sich heraus, dass auch ein zweiter Ventilatorflügel abgebrochen war. Aus diesem Grunde war ein Weiterfahren mit dem Panzer unmöglich. Nachdem der Wagen etwas zur Seite gefahren war, wurde auf meinen Befehl hin sofort mit der Reparatur begonnen. Vom Werkstattwagen wurden die nötigen Ersatzteile beschafft. Als mit der Reparatur begonnen wurde, war es 1 Uhr nachts. Da wegen Fliegergefahr (der Wagen stand ungedeckt direkt auf der Strasse) gar kein Licht angemacht werden durfte, nur zeitweise, ging die Arbeit nur sehr langsam vonstatten. Aus diesem Grunde konnte der Wagen nicht rechtzeitig zum Angriff nach vorne fahren.
Der Wagen war vor der Abfahrt gefechtsbereit gewesen, nachdem am ganzen Tage der Wagen repariert worden war. Der Wagen war nämlich in der Nacht vorher festgefahren und beim Herausziehen durch zwei andere Panzerwagen hatte die Kupplung stark gelitten, der rechte Rollenkasten war aus der Kette gesprungen und der Kettenspanner stark verbogen. Am Abend war die Reparatur beendet.
Ein Grund für die häufigen Defekte des Wagens war ferner noch dass der Wagen vorher bei einer Besichtigung in Tournai schon etwa 25–30 km zurückgelegt hatte und schon einmal ein Ventilatorflügel abgebrochen war, der aber sofort wieder angenietet wurde. Da der Panzerwagen in Tournai noch einen zerschossenen engl. Beutewagen 8 km schleppen mußte. Der engl. Wagen konnte nur so mit der Kette befestigt werden, dass der rechte Motor besonders stark beansprucht wurde, was zur Folge hatte, dass der Motor oft kochte.

gez. Volckheim
Leutnant

Anlage 15

Bericht des Leutnant Wagner über das Gefecht am 31. August 1918

KTB Abt. 1, BA-MA N 89/5 Nachlaß Greiff

Bericht
über das Vorbringen des Panzers V (541) zur Ausgangsstellung

Gegen 10.45 Uhr nachm. fuhr ich als letzter Wagen aus der Bereitschaftsstellung im Bourlon-Walde, 500 m südöstlich Bourlon, den anderen Panzern folgend, nach der Hauptstrasse Camprai – Bapaume. Schon nach 10 Minuten Fahrt musste ich halten, da der Panzer Lommen infolge Riss des Ventilatorriemens liegen blieb. Ein Vorbeifahren auf der schmalen, mit seitlichen hohen Böschungen versehenen Strasse war unmöglich! Um 12.10 Uhr konnte ich weiterfahren und hielt wieder, da Panzer Volckheim 700 m vor mir im Strassengraben festgelaufen. Er wurde von Panzer Lommen herausgeschleppt. Nach ca. 20 Minuten fuhr ich weiter, musste langsam fahren, da auf den Waldwegen Artillerie und Kolonnen standen. An der Hauptstrasse Cambrai Bapaume am Südrande des Bourlon-Waldes traf ich gegen 1.20 Uhr Panzer Volckheim, an dem ich vorbei fuhr. Ich fuhr teilweise im ersten und zweiten Gang weiter, wurde aber in meiner Fahrt durch Fuhrwerke mitunter für einige Minuten aufgehalten. Um 2.30 Uhr waren die Maschinen so heiss gelaufen und die Rohrleitungen in Weissglut gebracht, dass das Wasser im Kühler kochte und ich halten musste. Erst als das Wasser abgekühlt war und nicht mehr kochte, konnte ich Neues von dem mitgeführten nachfüllen und fuhr um 3.15 Uhr weiter. Dies war in der Nähe der Zuckerfabrik (Cucrerie). Nach einer weiteren guten Stunde, die ich der Maschine wegen nur im ersten Gang fahren konnte, war ich gezwungen wieder zu halten und zwar 100 m westlich der Schleuse am Wege Moeuvres – Demicourt, um neues Wasser aufzufüllen und die Maschine abzukühlen. Dies Wasser musste erst geholt werden, da das in den beiden mitgeführten Gieskannen verbraucht war. Um 4 Uhr setzte ich meinen Marsch fort. Um 4.25 Uhr kam Vizefeldwebel Lommen zu mir, mit dem Befehl von Leutnant Bergemann zum Rückmarsch, da wir nicht mehr zur Zeit kommen würden, da der Angriff bereits 5.30 Uhr beginnen würde. Nach grossem Zögern diesen Befehl auszuführen, und Unterredungen mit Vizefeldw. Lommen, der mit mir trotzdem zum Einsatz wollte, – wenn wir auch eine halbe oder dreiviertel Stunde Verspätung gehabt – führte ich den Befehl von Leutnant Bergemann gegen meinen Willen aus.

Ich war erst am 30. 8. um 7 Uhr nachm. vom Urlaub zurückgekehrt und sofort auf Erkundung gefahren und kam erst um 9.45 Uhr zurück, um dann zum Einsatz mit einem neu übernommenen Panzer vorzugehen.

Wagner
Leutnant

Anlage 16

Erlebnisbericht des Leutnant Volckheim über das Gefecht bei Iwuy-Avesnes-le-Sec am 11. Oktober 1918

Aus: Die Kraftfahrkampftruppe 7/1937, S. 215 – 218

Es ist der Morgen des 11. Oktober. – Das Wetter ist nebelig. Alles ist ruhig, eine fast unheimliche Totenstille. In unserem kleinen Wäldchen stehen wir. Ab und zu sehen wir feindliche Flieger über uns. Sie lassen uns aber ungestört frühstücken. – Dennoch sind wir alle in einer Unruhe, es liegt wohl etwas in der Luft, das uns alle beeinflußt.

So oft in diesen Tagen erwarteten wir den Einsatz, wir wissen, daß es diesmal ganz besonders darauf ankommt, vollen Erfolg zu halben. Denn – man sagte uns ja, wir seien mit die letzte Reserve an dieser Stelle, an dem wichtigen Bogen bei Cambrai, der noch gehalten werden muß, um planmäßig trotz des scharf angreifenden Feindes die vorbereiteten Stellungen besetzen zu können. Das ist es auch wohl, was uns unrastig macht. – Man fragt mich, »ob es heute losginge«. Ich weiß es ja auch nicht, doch ich glaube es, obwohl ein Befehl noch nicht vorliegt. Auch ist es ja ganz ruhig an der Front, wo es am Abend noch so lebhaft zugegangen ist.

Unser Gefühl und unsere Vermutungen täuschen uns aber nicht. Denn um 10 Uhr beginnt der Feind sein Trommelfeuer, wohl zunächst in den Nachbarabschnitt; denn wir bleiben davon noch unberührt.

Wenig später kommt unser Abteilungsführer, Hauptmann Thofehrn; er bringt den Angriffsbefehl mit. Danach sollen wie im Abschnitt des XIV. Reserve-Korps zusammen mit dem Infanterie-Regiment 371 zum Gegenstoß antreten, um den Gegner, der bei der 10. Ersatz-Division eingebrochen ist, zurückzuwerfen. – Schon bei Beginn des Feindfeuers ist seine Sturminfanterie gegen unsere Linien vorgebrochen. Kavallerie ist gefolgt und hat bereits verschiedene Ortschaften in Besitz genommen.

Nur kurz verabschieden wir uns vom Abteilungsführer – doch er drückt dann mir die Hand, länger wie das sonst bei ihm üblich ist: »Kommen Sie gut wieder« sind seine letzten Worte. Und ich habe das sichere Gefühl, diesmal verwundet zu werden. Dann gebe ich den Befehl zum Antreten. Mein Wagen rollt vorwärts, die anderen folgen. – Da höchste Eile geboten ist, geht es rasch gegen den Feind. Ich sitze oben auf dem Turm, um bei dem diesigen Wetter beobachten zu können. Noch ist vom Feinde nichts zu sehen, wohl aber knattert sein Gewehr- und Maschinengewehrfeuer schon recht nahe.

Zurückflutende Infanterie kommt uns entgegen. Wir erfragen die Lage vorn: »Der Feind ist in schnellem Vorgehen, greift mit Kavallerie an, deren Anfänge bereits Avesnes le Sec erreicht haben!« – Wir feuern die Infanterie an, wieder mit vorzugehen. Zuerst folgt sie nicht, zögert – doch, als das Feuer unserer Panzer ertönt, die Infanterie unser Vorgehen nach allen Richtungen auf den Feind sieht, macht sie kehrt und schließt sich unserem Angriff an. Auch unsere Artillerie – darunter erkennen wir auch österreichische Batterien –, die hier und da schon ziemlich verwirrt zum Teil im Galopp zurückraste, hält an, macht kehrt und baut sich zum Abwehrfeuer wieder ein. »Hurra Tank« tönt es uns auch diesmal entgegen. – Ja, wir werden Euch helfen!

Alle fünf Wagen der Abteilung haben sich getrennt; jeder fährt in seinem Abschnitt vorwärts, oder dorthin, wo es Feindziele zu bekämpfen gibt. Jeder Wagen kämpft selbständig zunächst zusammen mit der in diesem Raum befindlichen Infanterie, später allein, da die Infanterie unser Tempo ja nicht halten kann. – Immer stärker wird das Feindfeuer, besonders das der

Artillerie. – Weiter geht es vorwärts, endlich müssen wir doch an den Feind herankommen. Zum Glück kann uns der Gegner noch nicht sehen, kann uns mit seiner Artillerie auch nicht erledigen.

Nun erscheint endlich feindliche Infanterie, die sich im Vorgehen befindet unter dem Schutze feuernder Maschinengewehre. Ihr Feuer prasselt uns nun entgegen. – Schleunigst vom Turm herunter und in den Wagen. »Gefechtsklar – alle Luken schließen!« lautet der Befehl – »Alles dicht!« kommt, der Gegner wendet sich zur Flucht – zu schrecklich ist der Feindpanzer – und beim Fortlaufen wird noch mehr niedergestreckt – das, was noch übrigblieb.

Nun sind wir vorerst gerettet. Ein Zufall – daß ich die Orientierung verloren und auf geeigneterem Wege zurückfahren wollte, verschaffte uns diese günstigen Ziele.

Schon beim Antreten am Morgen war die Maschine nicht in Ordnung, aber wir mußten ja angreifen; denn wir wußten, um was es ging. Und unser Wagen hat durchgehalten, der Fahrer, Untffz. Pfeiffer, alles aus der Maschine herausgeholt. – Wir alle wissen, wie es gerade auf ihn ankommt. – Und jetzt läuft unser Wagen wieder so vorzüglich, als sei er nicht defekt gewesen. Daran haben wesentlichen Anteil auch unsere Monteure, die während der Fahrt unermüdlich die Motoren überwachen, sie ölen und instand halten.

Und alle Männer der Besatzung sind großartig, auf jeden von ihnen ist vollster Verlaß. Sie alle wissen, wie es auf jeden einzelnen ankommt. Denn nur die ganze Besatzung kann den Erfolg bringen. Versagt einer, ist es der Schade der anderen.

Nun ist Feuerpause, und ich höre das Stöhnen einiger Leute. Mehrere sind verwundet. Der Artillerieunteroffizier z. B., Untffz. Schmid hat einen Bauchschuß, das meldet mir die Gefechtsordonnanz, die neben mir steht, um manchen Befehl zu übermitteln. Aber Schmid sitzt an seinem Geschütz, als sei ihm nichts geschehen, und mit ihnen die anderen Verwundeten – jeder an seinem Platz.

Aber wir haben auch nicht Zeit, an uns zu denken, wir können uns umeinander nicht kümmern, wachsam müssen wir den Gegner beobachten, wenn wir nicht selbst vernichtet sein wollen.

Nun bekommen wir wieder starkes Feuer. Eine starke feindliche Schützenlinie erkennen wir, wohl in Bataillonstärke. Sie liegt uns gedeckt, aber doch erkennbar gegenüber. Wenig dahinter stehen einige Geschütze, die uns zum Ziele nehmen. Dies Feuer erwidern wir lebhaft, doch auch das Feindfeuer verstummt noch nicht. Wir müssen drauflosfahren – näher, damit unsere Waffen wirksamer werden.

Dann ein gewaltiger Schlag auf meine rechte Schulter – als schlage jemand mit dem Beil darauf – ich stürze vom Sitz im Turm auf die rechte Seite herunter – dann höre ich – ganz von fern – einen Mann rufen »Der Leutnant verwundet« – komme aber schnell wieder zu mir; denn die Betäubung kann nur wenige Sekunden gedauert haben – mein rechter Arm ist nicht zu bewegen, doch wenig später sitze ich schon wieder auf meinem Sitz, habe die Führung meines Wagens. – Aber in dem gleichen Augenblick, wo ich heruntersank, und mein Melder rief, daß ich verwundet sei, hat der älteste Unteroffizier bereits meinen Platz neben dem Fahrer eingenommen. Nun haben wir wieder getauscht.

Auch dieser Feind wird rasch niedergekämpft, unerhörtes Glück haben wir. – Aber um uns herum schart sich schon wieder der Gegner – in unermeßlicher Zahl muß er bereitstehen. Aber unsere Waffen tun weiter ganze Arbeit – wieder wendet sich der Feind zur Flucht unter Zurücklassen vieler Toter und Verwundeter, wie wir es heute schon so oft erlebten.

Im Wagen haben wir jetzt eine Hitze von 86 Grad Celsius! Ein aufgehängtes Thermometer zeigt das an. – Die Wunden brennen, der Stahlhelm, den wir zum Schutz gegen die Stöße beim Überwinden von Hindernissen aufhaben, ist kaum noch zu ertragen.

Vom Feinde ist jetzt nichts mehr zu sehen. Nach allen Seiten beobachte ich. – Wir fahren immer weiter in Richtung unserer eigenen Truppe. Ganz weit hinten scheint eigene Infanterie sich vorzuarbeiten – und nun kann ich zurückfahren dorthin, da wir die eigene Truppe kommen sehen.

Jetzt werden wir auf einmal von einem Geschoßhagel überschüttet. Es hat sich aufgeklärt. Artillerie hat uns gefaßt – ist es feindliche – oder ist es gar eigene, wir wissen es nicht, doch wir müssen aus der Schußrichtung annehmen, daß es die eigene ist, die einen Kampfwagen, der aus Feindrichtung kommt, unter Feuer nimmt, ihn für einen feindlichen hält. Die Entfernung ist groß, die Witterung immer noch diesig – der Irrtum daher entschuldbar. – Große weiße Flecke haben wir auf unsere Panzer gemalt – wir taten das nicht gern, doch wir sahen ein, daß es für unsere Artillerie wichtig ist, uns zu erkennen, da die vorn und an den Seiten aufgemalten Eisernen Kreuze wohl nicht ausreichend sichtbar sind.

In schneller Gangart, in unregelmäßiger Fahrweise, wie wir es bereits verschiedentlich anwenden müssen, versuchen wir diesem Artilleriefeuer, das uns eingabelt, unser Ende bedeuten kann, zu entgehen. – Rote Leuchtraketen werden abgeschossen, ein mit der Artillerie hier vereinbartes Zeichen, eine nach der anderen – Immer mehr – und das Feuer verstummt nicht. – Ist es doch Feindartillerie? – Aber das ist unwahrscheinlich.

Und dann ein ohrenbetäubender Krach. Einschlag einer Granate bei uns, in unmittelbarer Nähe! – Treffer –, der Wagen steht. – Dann bewegt er sich wieder – ganz langsam. Der Fahrer schaltet einen niederen Gang ein, kuppelt, wieder ein anderer Gang, doch der Wagen dreht sich leicht, kommt aber nicht von der Stelle. – Jetzt zieht der rechte Motor etwas an, aber das ist kläglich, die linke Gleiskette scheint sich in den weichen Boden einwühlen zu wollen. – Der Fahrer merkt schnell, was los ist, die linke Gleiskette ist zerschossen, der Wagen kann ja gar nicht mehr fahren. – Verdammt!

Wenig vor uns sehe ich einen Hohlweg. Diesen müssen wir unter allen Umständen erreichen und damit dem Artilleriefeuer entgehen. Ob es eigenes, ob es feindliches ist, das ist im Augenblick gleichgültig. – Wir müssen den Hohlweg schon deshalb erreichen, weil er uns allein die Möglichkeit gibt, den fahrunfähigen Wagen in Deckung zu verlassen. Denn schon kommt auch M.G.-Feuer wieder auf uns.

Der Fahrer müht sich ab. Der schwere Panzer läßt sich nicht so leicht lenken. Schwere Arbeit ists für ihn. – Doch obwohl der Wagen sich anfangs dreht und kaum von der Stelle rührt – schließlich gelingt es uns doch, in den Hohlweg zu kommen. Mit einem Ruck kippt der Wagen die Böschung herunter, so daß wir an der vorderen Einstiegluke unter eigenem Panzerschutz den Wagen verlassen können – aber doch nicht gleich, obwohl wir uns gerettet fühlen.

Dort liegt nämlich die Besatzung eines englischen Stützpunktes. – Ein Kartätschenschuß erledigt die Besatzung. Ich sehe gerade noch, wie sich ein englischer Offizier dabei an den Oberschenkel greift, während die Masse seiner anderen Leute gefallen oder verwundet ist.

Nun kann ich den Befehl geben »Panzer mit allen Maschinengewehren verlassen!« – Sehr schnell sind die unverwundeten Leute mit den Waffen draußen, nehmen die noch lebenden Engländer gefangen, gehen mit den M. G. in Stellung. – Gleich auch muß das Feuer aufgenommen werden, denn überall ist der Engländer, überall sammelt er sich, macht sich zum Vorgehen bereit. – Er hat unsere hilflose Lage erkannt.

Ich bin durch die beiden Verwundungen – sie liegen zeitlich auseinander, denn die Zahl der Splitter, die mir ins Gesicht, die Zahl der Geschosse, die mir durch die Schulter gingen, sind nicht so rasch zu zählen – doch noch recht matt, und weitere elf meiner Besatzung sind teils schwer, teils leicht verwundet und fallen für das weitere Gefecht aus. – Aber wir müssen die Schlucht halten, müssen unseren Wagen verteidigen und verhindern, daß er in Feindeshand gerät und wir dann die eigene Truppe da ist. – Wir befinden uns aber jetzt noch im Feindgebiet; als die eigene Infanterie viel später eintrifft, wissen wir, daß durch unseren Einsatz nicht nur die alte Linie, sondern noch weiteres Gelände darüber hinaus gewonnen wurde.

Unser M. G.-Feuer hat die Wirkung, daß wir uns den allerdings nicht sehr scharf nachdrängenden Feind vom Leibe halten können. – Er wird immer wieder zu Boden gezwungen. – So bleibt mir die Möglichkeit, mich näher im Hohlweg umzusehen. – Von der feindlichen M. G.-Besatzung leben noch einige, sie sind verwundet. Wir nehmen uns ihrer an, nachdem die eigenen Leute versorgt sind. Der Offizier mit dem Oberschenkelschuß – es ist nur eine große Fleischwunde – ist rasch verbunden, die anderen Engländer folgen. Natürlich wurden erst unsere Leute verbunden, ihre Verwundungen sind, wie dann festgestellt wird, doch meist nur leicht. Nur Unteroffizier Schmid, ein uns lieb gewordener Bayer, hat unter dem Bauchschuß zu leiden. – Immer habe ich befürchtet, daß er seiner Verwundung erlegen ist. – Erst 1934, als ich wieder in Münsdorf eintreffe, bei derselben Truppe, bei der ich einst in Münsdorf begonnen habe, erhalte ich – das war eine besondere Freude für mich und symbolisch für die neu erstandene Panzerwaffe zugleich – von ihm einen Brief, der uns die kameradschaftlichen Beziehungen wieder aufnehmen ließ.

Durst haben die Engländer – und uns verlangt es nach einer Zigarette. Kameradschaftlich können wir uns aushelfen. Während wir von unserem Tee abgeben, der allerdings durch die Hitze im Wagen sehr heiß ist, gibt uns der englische Offizier von seinen Zigaretten.

Immer noch hält das Artilleriefeuer auf uns an. Doch endlich verstummt es. Unsere Leuchtzeichen haben wohl doch den nötigen Erfolg gebracht. – Dann sehe ich etwa 400 Meter von mir entfernt einen anderen deutschen Kampfwagen fahren. Freiwillige melden sich sofort, ihn heranzuholen. Drei Mann gehen dorthin, erreichen ihn auch, obwohl dies im Feindfeuer nicht leicht ist. Aber wir können hier ja nicht liegen bleiben. Es muß dafür gesorgt werden, daß unser Wagen abgeschleppt oder im Notfall auch gesprengt wird, da Gefahr besteht, daß er in Feindeshand gerät.

Eine Stunde fast sind wir allein. Immer wieder müssen wir mit den Maschinengewehren uns den wieder vorfühlenden Engländer vom Leibe halten. – Vorher hatten wir eigene Infanterie gesehen –, war es wirklich eigene, waren es wieder Engländer? – Jetzt ist von eigener Truppe nichts zu sehen.

Dann kommt der herbeigerufene Panzer unter Führung von Leutnant Schück heran. Versuche, meinen Wagen abzuschleppen, haben keinen Erfolg. So muß er zur Sprengung vorbereitet werden. Während dies meine unverwundeten Leute zusammen mit denen des anderen Kampfwagens tun, übergebe ich meinem Kameraden, der zu Hilfe geeilt ist, meinen Wagen. Er übernimmt in seinen Panzer die noch unverwundete Besatzung, die Maschinengewehre und die wichtigsten Teile.

Damit ist meine Arbeit getan, ich kann – gestützt auf zwei Leichtverwundete, zurückgehen. Mit mir die anderen Verwundeten – elf sind es von meiner Besatzung – dazu die Engländer, die wir niedergestreckt haben, als wir in den Hohlweg kamen. – Bald tauchen seitwärts von uns drei Engländer auf. – Rasch reicht mir jemand eine Pistole, doch feuere ich auf diesen Feind mit der linken Hand, denn der rechte Arm versagt. – Einer der Engländer stürzt, anscheinend getroffen, die beiden anderen laufen eilends davon. – Das hätte gerade noch gefehlt, jetzt gefangen genommen zu werden.

Später hören wir eine starke Detonation hinter uns, wir sehen uns um – und wissen, was dies zu bedeuten hat. Unser Kampfwagen ist gesprengt worden. – Nur kurze Zeit – dann haben wir das Wehmutsgefühl überwunden, was uns befällt in Gedanken an die zahlreichen Gefechte, die wir in unserem Kampfwagen überstanden haben. Treu hat uns dieser Panzer gedient, hat uns vor allem beim letzten Gefecht nicht im Stich gelassen. – Nun müssen wir rasch zurück; denn es gilt, möglichst bald Meldung zu erstatten.

Nach einer Stunde des Zurückgehens, teilweise Springens von Deckung zu Deckung, hier in einen Trichter – dort sich hinter einer Böschung duckend, kommen uns eigene Infanterie-Stoßtrupps entgegen. Ihre Führer werden über die Lage vorn, soweit uns das möglich ist, unterrichtet. – Bei ihnen befindet sich ein Sanitätsfeldwebel, und der verbindet mich, wozu vorher keine Zeit war. – Alkohol aus der Labeflasche erfrischt. – Nun wir die eigene Infanterie im Vorgehen sehen – immer mehr kommen an, jetzt schon in Kolonnen – sind wir zufrieden.

Schließlich gelangen wir nach Haßpres zum Abteilungsführer. Drei Stunden haben wir dazu gebraucht. Zunächst aber noch müssen wir durch starkes Artilleriefeuer, was am Dorfeingang liegt. – Dann kommt eine ungedeckte Stelle, wo keine Häuser stehen. Gerade hier erfolgt ein feindlicher Fliegertiefangriff mit M. G. und Bomben. – Wir werfen uns in einen Graben. Auf einem kleinen Platz stehen neugierige Dorfbewohner, denn hier gibt es noch Zivilbevölkerung. Eine der Bomben rafft einige von ihnen zu Boden.

Dann liege ich auf einem Militärbett des Geschäftszimmers und erstatte dem Hauptmann Thofehrn Meldung, den Gefechtsbericht. Die nun eintretende Schwäche wird durch reichlichen Alkohol überwunden. – Die Meldung wird gleich an die Brigade gegeben; der Brigadekommandeur, General Rumschöttel, läßt bald darauf anfragen, ob ich selbst kommen könne, auch ihm Bericht zu erstatten. – Da bietet man natürlich alle Kraft auf, geht zu ihm und darf melden, was wir heute leisten konnten. Später bringt mich und einige meiner Leute ein Kraftwagen fort über Valenciennes nach Peruvels in Belgien, wo unser Verbindungsoffizier, Oberleutnant Steinhard, in kameradschaftlicher Weise sich meiner annimmt, bis ich ins Lazarett eingeliefert bin. – Wenig später läßt mich der Schlaf für eine Nacht das letzte Erleben vergessen.

Anhang II

Anlage 17 Heinrich Walle

Die Anfertigung einer originalgetreuen Replik eines »Sturmpanzerwagens A7V« aus dem Jahre 1918 war unter anderem nur dadurch ermöglicht worden, weil zahlreiche Firmen den Nachbau in ihren eigenen Fertigungsstätten ausgeführt haben.

Wie der Leser aus den vorangehenden Kapiteln unschwer ersehen konnte, traten hier vielfach wieder die gleichen Firmen auf den Plan, die bereits vor mehr als sieben Jahrzehnten die entsprechenden Originalteile und -anlagen für diesen ersten deutschen Panzer angefertigt hatten. So ist es für das »Komitee Nachbau Sturmpanzerwagen A7V« eine selbstverständliche Pflicht, den Anteil der Firmen, welche in so uneigennütziger Weise den Nachbau eines Exemplars dieses ersten komplexen Waffensystems des deutschen Heeres durchgeführt haben, durch ein knappes Firmenporträt der am Nachbau beteiligten Häuser zu würdigen.

Die hier aufgeführten 21 Unternehmen gehören unbestreitbar zur Spitzenindustrie unseres Landes. Viele der hier genannten Firmen tragen traditionsreiche Namen und haben in der deutschen Industrie- und Wirtschaftsgeschichte bedeutende Pionierleistun-

gen erbracht. Seit dem Beginn der Industrialisierung, welche in größerem Umfang in Deutschland seit Mitte des 19. Jahrhunderts einsetzte, stehen Militärpotentiale in einer direkten Abhängigkeit vom Entwicklungsstand technischen Fortschrittes, industrieller Produktionsmethoden und -kapazitäten wie auch wirtschaftlicher und materieller Ressourcen. Gegenständen für den militärischen Bedarf, seien es Waffen oder Ausrüstungsstücke aller Art, kam seit Mitte des 19. Jahrhunderts eine wichtige Schrittmacherrolle für die allgemeine technische Entwicklung wie auch für die Ausprägung industrieller Fertigungstechniken zu. Zunächst einmal waren und sind Waffen immer Produkte der Spitzentechnik, und da sie stets in großen Stückzahlen produziert werden mußten, gingen von hier wesentliche Impulse für die Entwicklung rationeller Fertigungsverfahren aus. Von keinem Gegenstand für den zivilen Markt wurden in der Anfangsphase der Industrialisierung so große Stückzahlen einander völlig identischer Exemplare benötigt. So waren Gewehre die ersten Massenprodukte, deren Einzelheiten präzise nach festgelegten Normen gefertigt wurden. Das erste technisch komplexe Massenprodukt für die zivile Nutzung war die Nähma-

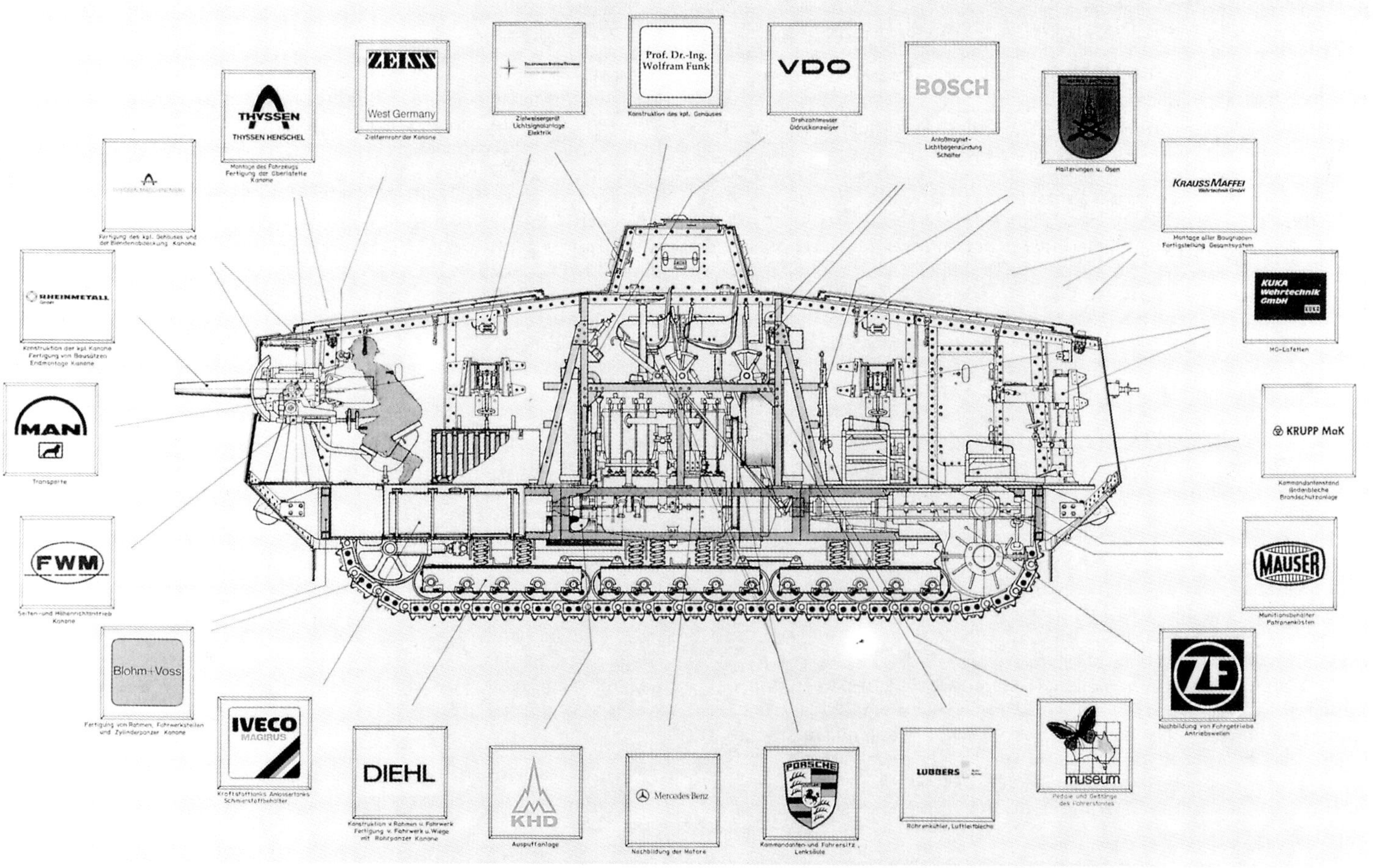

Zeichnung Funk

schine, welche später – nach den gleichen Methoden fabriziert und vielfach auch von den gleichen Produzenten hergestellt – auf den Markt kam. Weitere Beispiele lassen sich unschwer finden. Der Aufbau einer nationalen Rüstungsindustrie und die Erhaltung ihrer Leistungsfähigkeit waren bis 1945 auch ein Frage der nationalen Sicherheit, und dies gilt auch heute noch, wenngleich im Falle der Bundesrepublik Deutschland die für die Rüstung benötigten Industriekapazitäten nicht mehr ausschließlich aus deutschen Unternehmen bestehen, sondern aus Firmen aller in der westlichen Allianz zusammengeschlossenen Nationen.

So beruht die Sicherheit unseres Landes nicht zuletzt auch auf dem Vorhandensein einer leistungsfähigen Rüstungsindustrie, deren Unternehmen aus den verschiedenen Partnerstaaten auf vielfältige Weise kooperieren und damit auch zu einem wichtigen Integrationsfaktor der internationalen wirtschaftlichen Zusammenarbeit geworden sind.

Wie ein Blick auf die Wirtschafts- und Industriegeschichte Europas zeigt, haben alle industriellen Großunternehmen im Laufe ihrer Entwicklung Anteil an der Rüstungsproduktion genommen, was durch eine Wechselwirkung vielfältiger Gründe bedingt war. Die Notwendigkeit, an der Spitze der technischen Entwicklung stehen zu müssen oder zumindest eine führende Stellung darin zu behaupten, war unbestreitbar eine der Grundvoraussetzungen, um konkurrenzfähig bleiben zu können und damit wirtschaftlichen Erfolg zu erringen.

Dies war bis weit ins 20. Jahrhundert hinein auf vielen Bereichen der Technik nur durch eine Teilnahme an der Entwicklung und Produktion von Rüstungsmaterial aller Art möglich. Dabei zeigte sich bereits im 19. Jahrhundert, daß der Anteil der reinen Rüstungsproduktion durchaus nicht immer das Hauptvolumen der Gesamtproduktion eines Unternehmens ausmachen mußte. Allein das Problem, eine für einen Rüstungsauftrag aufgebaute Produktionsorganisation kontinuierlich auszulasten, führte bei vielen Firmen dazu, mit den gleichen Methoden Gegenstände für den zivilen Gebrauch herzustellen. So blieben bis zum heutigen Tage Firmen, die sich ausschließlich mit der Herstellung von Wehrmaterial beschäftigen, in der gesamten Produktionskapazität einer nationalen Wirtschaft eine kleine Minderheit hochqualifizierter Spezialunternehmen. Gerade die großen und vielfach vornehmlich durch ihre Rüstungsprodukte bekannt gewordenen Häuser haben schon sehr früh eine große Produktionspalette für den zivilen Markt gefertigt.

Außer dem hier bereits genannten Umstand der zivilen Nutzung von technischem Know-how, das bei der Entwicklung von Rüstungsmaterial gewonnen worden war, gibt es auch frühe Beispiele für den umgekehrten Weg. Oberingenieur Joseph Vollmer hat bei der Konstruktion seines Sturmpanzerwagens zahlreiche Elemente aus dem Automobilbau verwendet und konnte nur dadurch den Ur-Panzer in so kurzer Zeit fertigstellen.

So ist Rüstungstechnik seit jeher ein integraler Bestandteil der allgemeinen technischen Entwicklung und von dieser nicht zu trennen. Deshalb konnte beispielsweise kein technisches Museum darauf verzichten, bei der Präsentation von technischem Gerät wenigstens in Einzelstücken auch Wehrmaterial auszustellen.

Die Schrittmacherrolle militärischer Entwicklungen für die Zivilproduktion hat sich im Verlauf der Geschichte unbestritten gewandelt. War diese bis 1945 noch eindeutig dominant, so wurde sie später von anderen führenden technischen Großprojekten, wie beispielsweise der Raumfahrt, übernommen. Modernes Rüstungsmaterial, wie etwa elektronisches Gerät, ist vielfach nichts anderes als die Kombination von Elementen aus der zivilen Entwicklung zu Anlagen für die Durchführung militärischer Aufgaben. Auch hier wird wieder die Integration von militärischer und ziviler Technik deutlich.

Wie die nachfolgende Firmenaufzählung deutlich werden läßt, ist bei den meisten dieser Unternehmen das reine Wehrmaterial nur ein – und oft sogar nur ein anteilmäßig kleiner – Teil einer oft breiten Produktionspalette für den zivilen Bedarf. Der herausragend gute Ruf, den diese Firmen vor allem auf dem Weltmarkt haben, beruht auf der hohen Qualität ihrer Produkte, die durchweg Ergebnisse der Spitzentechnik sind. Daß hierbei die Qualität des von diesen Häusern produzierten Rüstungsmaterials mit dazu beigetragen hat, ist zweifellos und beweist nur, daß die Produkte Ergebnisse modernster Technik sind. Wenn früher eine Schrittmacherfunktion für die technische Weiterentwicklung von der Entwicklung von Wehrmaterial ausging, so sind Rüstungsgüter heute bis auf wenige, ganz spezifische Produkte zumeist nichts anderes als Kombinationen von Elementen technischer Entwicklungen, die eigentlich ursächlich für den zivilen Bedarf gemacht wurden.

Im Jahr 1990 führte Krauss-Maffei als Generalunternehmer die Endmontage des Fahrzeugs durch. Mit Teilnahme an Konstruktions- und Sachstandsbesprechungen sowie Koordination der Material- und Zulieferaktivitäten bewies Krauss-Maffei seine Generalunternehmereigenschaft. Die Replik des Sturmpanzerwagens A7V wurde in nur 29 Arbeitstagen montiert, hier im Bild der fertige A7V bei der Verladung auf einen Speziallader zum Transport nach Munster.   Werkfoto: Krauss-Maffei

Beteiligte Firmen:

Blohm + Voss AG, Hamburg
Robert Bosch GmbH, Stuttgart
Diehl GmbH & Co., Remscheid
Feinmechanische Werke Mainz GmbH
Iveco Magirus AG, Ulm
Klöckner-Humboldt-Deutz AG, Köln
Krauss-Maffei Wehrtechnik GmbH, München
Krupp MAK Maschinenbau GmbH, Kiel
KUKA Wehrtechnik GmbH, Augsburg
MAN Bereich Nutzfahrzeuge AG, München
Mauser Werke Oberndorf GmbH
Mercedes-Benz AG, Stuttgart
Porsche AG, Stuttgart
Rheinmetall GmbH, Düsseldorf
Süddeutsche Kühlerfabrik
   Julius Fr. Behr GmbH & Co. KG, Stuttgart
Telefunken System Technik GmbH, Wedel
Thyssen Henschel, Kassel
Thyssen Maschinenbau GmbH, Witten
VDO Luftfahrtgeräte Werk, Frankfurt/M.
Zahnradfabrik Friedrichshafen AG
Carl Zeiss, Oberkochen

Weitere Unterstützung für den Nachbau gewährten folgende Unternehmen und Institutionen:

Adam Opel AG, Rüsselsheim
AEG Hochfrequenztechnik, Ulm
Bankhaus Merck Finck & Co, Frankurt a. M.
Bodensee-Gerätetechnik GmbH, Überlingen
Buck Chemische Werke GmbH & Co, Bad Reichenhall
Clouth Gummiwerke AG, Köln
Daimler-Benz AG, Stuttgart
Dornier GmbH, Friedrichshafen
Dynamit Nobel, Troisdorf
Eltro GmbH, Gesellschaft für Strahlungstechnik, Heidelberg
FFG Flensburger Fahrzeugbau Gesellschaft, Flensburg
Freundeskreis Offiziere der Panzertruppe e. V., Köln
Heeresinstandsetzungswerk 860, St. Wendel
Honeywell Regelsysteme GmbH, Maintal
IBP Pietzsch GmbH, Ettlingen
Interatom, Bergisch-Gladbach
Jung Jungenthal GmbH, Kirchen
Karl Kässbohrer Fahrzeugwerke GmbH, Ulm
Krupp Atlas Elektronik GmbH, Bremen
MTU Motoren- und Turbinen-Union GmbH, Friedrichshafen
Philipps GmbH, Bonn
Queensland Museum, Brisbane/Australien
Rhode & Schwarz & Co KG, München
Singapore Airlines, Frankfurt a. M.
Weilburger Lackfabrik, Weilburg/Lahn

Die Autoren

Autoren bei Erstauflage und Neuauflage

Edelfried Baginski, Oberst a.D.,
ehem. Gruppenleiter »Rüstung Kampftruppen« im Heeresamt der Bundeswehr in Köln

Dipl.-Ing. Uwe-Peter Böhm,
Oberstleutnant a.D., ehem. Leiter des Wehrgeschichtlichen Museums in Rastatt

Prof. Dr.-Ing. Wolfram Funk,
Institut für Konstruktions- und Fertigungstechnik Universität der Bundeswehr in Hamburg

Dr. Heinz Kaufhold-Roll,
freier Autor in Bonn

Udo Lander, Hauptmann a.D.,
ehem. Fachgebietsleiter Feuerwaffen Wehrgeschichtliches Museum Rastatt

Dipl.-Ing. Uwe Larsen, Oberst a.D.,
ehem. Lehrgruppenkommandeur Heeresfernmeldeschule in Feldafing

Klaus Paprotka, Oberstleutnant a.D.,
ehem. Stellv. Leiter des Wehrgeschichtlichen Museums in Rastatt und Fachgebietsleiter Uniformen

Karl-Theodor Schleicher, Oberst a.D.,
ehem. Gruppenleiter Panzertruppe und »Inspizient der Kampftruppen« im Heeresamt der Bundeswehr in Köln

Dr. Heinrich Walle, Fregattenkapitän a.D.,
ehem. Beauftragter für das Museumswesen der Bundeswehr, Militärgeschichtliches Forschungsamt in Freiburg

Gisela Zincke, Enkelin des Erbauers des StPzW A7V und freie Autorin in Wuppertal

Zusätzliche Autoren bei der Neuauflage

Heinrich Felix Beckmann, Generalmajor a.D.,
ehem. Stellv. Amtschef und Chef des Stabes im Heeresamt der Bundeswehr in Köln

Dr. Karl-Heinz Frieser, Oberst,
Leiter Fachbereich II des Militärgeschichtlichen Forschungsamtes in Potsdam

Dipl.-Ing. Ralf Ketzel,
Projektleiter Leopard 2 bei Krauss-Maffei Wegmann in München

Wolfgang Schneider, Oberstleutnant,
ehem. Dezernatsleiter Panzertruppe an der Panzertruppenschule in Munster, anschl. Einsatz im NATO-Hauptquartier im Kosovo

---

Legende / Zeichenerklärung

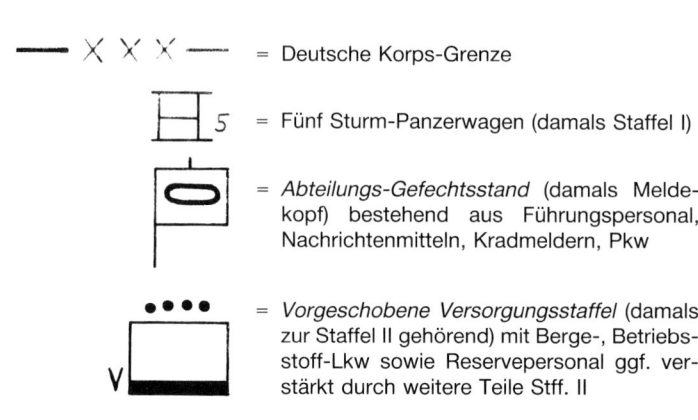

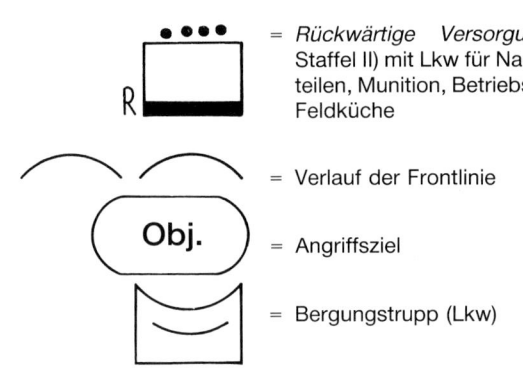

= Deutsche Korps-Grenze

= Fünf Sturm-Panzerwagen (damals Staffel I)

= *Abteilungs-Gefechtsstand* (damals Meldekopf) bestehend aus Führungspersonal, Nachrichtenmitteln, Kradmeldern, Pkw

= *Vorgeschobene Versorgungsstaffel* (damals zur Staffel II gehörend) mit Berge-, Betriebsstoff-Lkw sowie Reservepersonal ggf. verstärkt durch weitere Teile Stff. II

= *Rückwärtige Versorgungsstaffel* (damals Staffel II) mit Lkw für Nachschub von Ersatzteilen, Munition, Betriebsstoff, Werkstatt und Feldküche

= Verlauf der Frontlinie

= Angriffsziel

= Bergungstrupp (Lkw)

Zeichnung Wilf Habich WGM

Die Mitarbeiter

Mitarbeiter der Erstauflage

Redaktionsteam:
Brigadegeneral a. D. Dipl.-Ing. Raimund M. Rothenberger
Oberst Dipl.-Ing. Uwe Larsen
Oberst Karl-Theodor Schleicher

Wissenschaftliche Redaktion:
Fregattenkapitän Dr. Heinrich Walle

Wissenschaftliche Beratung:
Aus dem Militärgeschichtlichen Forschungsamt, Freiburg:
Oberst i. G. Dr. Roland G. Foerster
Oberstleutnant i. G. Dr. Wedig Kolster, M. A.
Major Karl Diefenbach, M. A.
Major Dr. Karl-Heinz Frieser
Hauptmann Winfried Heinemann
Wissenschaftlicher Oberrat Dr. Karl-Volker Neugebauer
Aus dem Bundesarchiv, Koblenz, Abteilung Bildarchiv:
Archivoberrat Dr. Peter Hofmann
Meinrad Nilges

Umschlagentwurf:
Wolfgang Ronstadt, Zeichenstelle BMVg

Zeichnungen:
Ulf Balke, Militärgeschichtliches Forschungsamt, Freiburg
Wilf Habich, Wehrgeschichtliches Museum, Rastatt

Lektorat:
Therese Trésoret-Michaely, Freiburg

Der Herausgeber dankt folgenden Institutionen und Personen für die Bereitstellung von zusätzlichen Dokumenten und Bildmaterial:
Australien War Museum, Canberra/Australien
Bayerisches Hauptstaatsarchiv, München, Abt. IV, Kriegsarchiv
Bundesarchiv, Koblenz
Bundesarchiv-Militärarchiv, Freiburg
Daimler-Benz-Archiv, Stuttgart
Ecole d'application de l'Arme blindée cavalerie, Saumur/Frankreich
Etablissement de Conception et de Production Audiovisuelle des Armées, Paris/Frankreich
Hauptstaatsarchiv, Stuttgart
Heeresamt, Köln
Icks Collection, Patton Museum, Fort Knox/USA
Imperial War Museum, London/Großbritannien
Kampftruppenschule 2, Munster
Militärhistorisches Museum, Dresden
Musée de l'Armée, Paris/Frankreich
Panzermuseum, Munster
Patton Museum of Cavalry and Armour, Fort Knox, Kentucky/USA
Queensland Museum, Brisbane/Australien
The Tank Museum, Bovington Camp, Dorset/Großbritannien
Wehrtechnische Studiensammlung, Koblenz
Wehrgeschichtliches Museum, Rastatt

Oberst a. D. Edelfried Baginski, Erftstadt
Generalmajor a. D. Heinrich-Felix Beckmann, Münster
Major Yves Beraud, Mantes-La-Ville/Frankreich
Oberstleutnant Horst Böker, Köln
Aaron Fox, Invercargill/Neuseeland
Professor Dr.-Ing. Wolfram Funk, Hamburg
Paul Goschenhofer, Nördlingen
Generalmajor a. D. Heinz Guderian, Bonn
Major Egon Hatfield, US Army, Wiesbaden
Heinz Kaufhold-Roll, Bonn
Oberst Dipl.-Ing. Uwe Larsen, Feldafing
Hermann Schäfer, Wuppertal
Oberst Karl-Theodor Schleicher, Erftstadt
Major Wolfgang Schneider, Lüneburg
Walter J. Spielberger, Weßling
Stabsfeldwebel a. D. Günter Stümke, Neumünster
Generalmajor Israel Tal, Tel Aviv/Israel
Oberstleutnant Tilo Throm, Erftstadt
Gisela Zincke, Wuppertal

Mitarbeiter bei der Neuauflage
Redaktionsteam:
Brigadegeneral a.D. Dipl.-Ing Raimund M. Rothenberger
Oberst a.D. Karl-Theodor Schleicher

Wissenschaftliche Redaktion:
Fregattenkapitän a.D. Dr. Heinrich Walle

Der Herausgeber dankt folgenden Institutionen und Personen für die Bereitstellung von zusätzlichen Dokumenten und Bildmaterial für die Neuauflage:

Krauss-Maffei Wegmann, München
Panzertruppenschule, Munster

Oberst a.D. Ulfert Roggenbau, Bonn, Herausgeber des Nachrichtenblattes »Das Schwarze Barett« für Soldaten und Reservisten der Panzer- und Panzerjägertruppe und Organ Freundeskreis Offiziere der Panzertruppe e.V:
Brigadegeneral a.D. Dipl.-Ing. Raimund M. Rothenberger, Meckenheim
Oberst a.D. Karl-Theodor Schleicher, Erftstadt
Oberstleutnant Wolfgang Schneider, Lüneburg
Oberst Dr. Karl-Heinz Frieser, Potsdam
Generalmajor a.D. Heinrich Felix Beckmann, Münster
Dipl.-Ing. Ralf Ketzel, München

Weitere Leihgeber, die hier nicht aufgezählt sind, wurden in den jeweiligen Bildunterschriften genannt.

Gegenüberliegende Falttafel zum Beitrag Klaus Paprotka
Taktische Einsätze des Sturmpanzerwagens A7V im Jahre 1918
Seite 218: Kapitel: Die Abteilung 1 (A7V) bei St. Quentin am 21. März 1918 (Unternehmen Michael)

Zeichnung Wilf Habich WGM

Lage der Sturmpanzerwagen Abt. 1 (A7V) und 11 (Beute), am 21. März 1918. Unternehmen Michael

Zum Beitrag
Edelfried Baginski
**Einsatzgrundsätze
deutscher Kampfwagen
im
Ersten Weltkrieg**

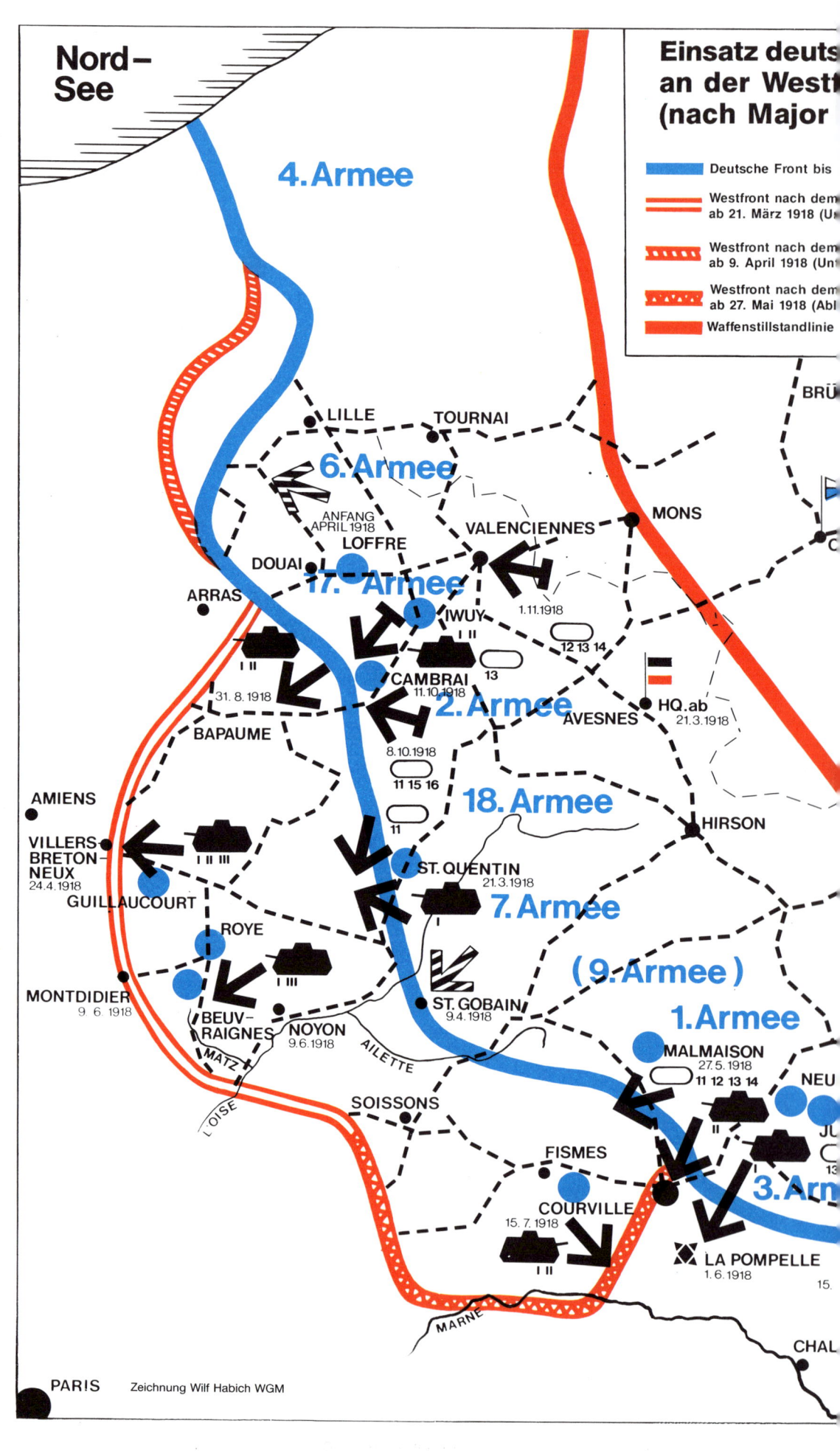

Zeichnung Wilf Habich WGM